中国老龄工作年鉴

（2016）

全国老龄工作委员会办公室　编

华龄出版社

责任编辑 李梦娇
责任印刷 李未圻

图书在版编目（CIP）数据

中国老龄工作年鉴．2016／全国老龄工作委员会办公室编．—北京：华龄出版社，2016.12
ISBN 978-7-5169-0797-9

Ⅰ．①中…　Ⅱ．①全…　Ⅲ．①老年人—工作—中国—2016—年鉴　Ⅳ．①D669.6-54

中国版本图书馆 CIP 数据核字（2016）第 284407 号

书　　名：中国老龄工作年鉴（2016）
作　　者：全国老龄工作委员会办公室　编
出版发行：华龄出版社
印　　刷：环球东方（北京）印务有限公司
版　　次：2016 年 12 月第 1 版　　2016 年 12 月第 1 次印刷
开　　本：787×1092　1/16　　**印　张：**29
定　　价：220.00 元

地　　址：北京市朝阳区东大桥斜街 4 号　　**邮编：**100020
电　　话：58124218　　**传真：**58124216
网　　址：http：//www.hualingpress.com

中国老龄工作年鉴（2016）

重要指示、批示

中共中央总书记、国家主席、中央军委主席习近平日前对加强老龄工作作出重要指示强调，有效应对我国人口老龄化，事关国家发展全局，事关亿万百姓福祉。要立足当前、着眼长远，加强顶层设计，完善生育、就业、养老等重大政策和制度，做到及时应对、科学应对、综合应对。此事要提上重要议事日程，“十三五”期间要抓好部署、落实。

中共中央政治局常委、国务院总理李克强作出批示指出，要围绕科学应对人口老龄化问题，结合“十三五”规划编制实施，抓紧研究提出相关政策建议，并注重可操作性。

4 月 13 日，全国老龄工作委员会在京召开第 17 次全体会议，总结 2014 年工作，部署 2015 年老龄工作任务。国务委员、全国老龄工作委员会主任王勇作重要讲话。

10月21日，在我国传统节日“重阳节”和法定“老年节”到来之际，国务委员、全国老龄工作委员会主任王勇到北京市走访老年人家庭，看望慰问老年人。

5 月 19 日，全国基层老年协会建设推进会在遵义召开之际，全国老龄办常务副主任王建军来到三岔镇庆远社区老年协会考察调研。

9月8日上午，由全国老龄办和中国记协主办的全国老龄宣传工作研讨会在京召开。全国老龄办常务副主任王建军、中国记协书记处书记王冬梅出席会议并讲话。

目　　录

重要指示、批示

第一部分　特　　载

第二部分　领导讲话、报告

第三部分　法规、文件选编

第四部分 老龄工作综述

第五部分　调查报告

附 录

第一部分

特　　载

在全国老龄工作委员会第十七次全体会议上的讲话

（2015年4月13日）

国务委员 王勇

今天，我们召开全国老龄工作委员会第十七次全体会议，主要任务是：贯彻落实党的十八大、十八届三中、四中全会和中央经济工作会议、全国“两会”精神，深入学习领会习近平总书记、李克强总理关于老龄工作的一系列重要指示精神，回顾总结2014年工作，安排部署当前和今后一个时期的老龄工作。

刚才，李立国同志代表全国老龄委通报了2014年全国老龄工作情况和2015年工作安排意见，发展改革委、民政部、财政部、人力资源社会保障部、住房城乡建设部、卫生计生委等部门的同志作了发言，讲得都很好，谈了很多前瞻性、深层次的问题，我听了很受教育，也很受启发。会后请全国老龄办根据大家提出的意见建议，认真修改完善全国老龄委的工作报告，并落实到今后的工作中去。下面我谈几点意见：

一、充分肯定2014年老龄工作取得的成效

2014年，在党中央、国务院的坚强领导下，全国老龄委各成员单位和各地老龄委紧紧围绕党和国家工作大局，积极进取，努力工作，推动老龄事业提高到新的水平，取得了明显成效，突出表现在以下几个方面。

一是老年人民生保障进一步加强。基本养老、基本医疗保险制度实现全覆盖，保障水平稳步提升。企业退休人员基本养老金水平提高10%；城镇居民基本医疗保险和新型农村合作医疗政府补助标准持续提高。社会救助制度全面建立，临时救助制度全面实施，城乡低保标准分别提高9.97%和14.1%，符合政策的困难老年人基本实现应保尽保。残疾军人、烈属和老复员军人等优抚对象生活补助标准提高20%以上。老年社会福利制度进一步健全，全国已有19个省份建立了高龄津贴制度，有23个省份建立了经济困难老年人养老服务补贴制度。

二是老年人基本公共服务水平进一步提升。截至2014年底，每千名老年人拥有养老床位26张，全国养老床位总数达到550万张。全国城乡社区养老服务覆盖率分别达到70%和37%。异地就医结算服务稳步推进，基层医疗卫生服务机构为老年人服务能力逐渐加强，“医养结合”步伐加快。以贫困老年人为重点的农村危房改造工作进展顺利。企业退休人员社会化管理服务率达到80.2%。公共文化、全民健身、司法保护等惠及老年人的基本公共服务不断增加。

三是涉及老龄工作领域的相关改革进一步深化。城乡基本养老保险制度实现整合与衔接，机关事业单位工作人员养老保险制度改革取得突破。公办养老机构改革、养老机构远程医疗、计划生育家庭养老照护、老年人住房反向抵押养老保险等试点工作陆续启动。政府购买养老服务、专业人才培养、养老用地、税收优惠等方面的政策陆续出台。

四是老年人权益保障法贯彻落实力度进一步加大。各地在基本养老保险、医疗保障和卫生服务、无障碍环境建设，以及养老、健康、保险、旅游等服务方面，制定实施了一系列配套措施。各种形式的普法宣传广泛开展，老年人法律援助和服务工作成效明显。

五是老年群众工作进一步活跃。广泛开展了“敬老文明号”创建、“敬老月”活动、“最美老有所为人物”评选、离退休干部“先进集体先进个人”表彰等活动，老年群众性文化、健身活动蓬勃开展，老年人精神文化生活不断丰富。全国老年大学增加到5.97万所，在校学员达到670多万人。城乡基层老年协会规范化建设积极推进，全国老年协会覆盖率达到74%。

这些成效的取得，是党中央、国务院坚强正确领导的结果，是各级政府、各级老龄委及成员单位共同努力的结果，是社会各界大力支持的结果。借此机会，我代表全国老龄委，向各级政府、各级老龄委及成员单位，向关心支持老龄事业发展的社会各界人士，向老龄工作战线广大干部职工表示诚挚的感谢！

二、进一步增强做好老龄工作的责任感和紧迫感

目前，我国正处于人口老龄化快速发展期，老龄问题已经成为关系国计民生和国家长治久安的重大战略问题。截至2014年底，我国60岁以上老年人口已经达到2.12亿，占总人口的15.5%。当前和今后一个时期，我国人口老龄化发展呈现以下特点：一是老年人口增长快，规模大。我国老年人口将以年均近1000万人的规模持续增长，到2034年预计将达到4.12亿，占总人口的比例接近30%。社会抚养负担持续加重，从2014年到2034年，老年抚养比将从23.2%提升到50%，增长约1.2倍。二是高龄、失能老人增长快，社会负担重。2014年我国80岁以上老年人近2400万人，60岁以上失能老人3500万人，预计到2034年高龄老人将达到5650万人，失能老人将达到7300万。三是农村老龄问题突出。目前，我国农村老年人口1.19亿，农村老龄化水平为18.6%，高于城镇6个百分点。随着城镇化进程的加快，城乡人口老龄化倒置现象将进一步加剧。到2034年农村老龄化水平预计将达到37%，高于城市近13个百分点。四是老年人家庭空巢化、独居化加速。目前，空巢和独居老年人近1亿人，预计到2034年将增加一倍。五是未富先老矛盾凸显。发达国家长时间、分阶段出现的老龄问题，我国将在短期内同步呈现、集中爆发，使我国未富先老、未备先老的矛盾更加凸显，给我国经济增长、城乡协调发展，以及社会保障、医疗卫生、社会管理等诸多领域都将带来深刻、巨大的影响，实现经济可持续发展与改善亿万老年人民生的双重任务更为艰巨和繁重。

面对这样的形势，党中央、国务院高度重视老龄工作。习近平总书记明确指出，人口老龄化日趋发展是我国经济发展面临的新常态之一，并多次就老龄工作作出重要指示，强调“要完善制度，改进工作，推动养老事业多元化、多样化发展。让所有老年人都能老有所养、老有所依、老有所乐、老有所安”，“让每一位老年人都能生活得安心、静心、舒心，都能够健康长寿，安享幸福晚年”。李克强总理也多次作出明确指示，在今年的政府工作报告中强调，对高龄和失能老人等特困群体，要“健全福利保障制度和服务体系”，“鼓励社会力量兴办养老设施，发展社区和居家养老”。我们要清醒认识老龄事业发展面临的新形势、新任务、新挑战和新要求，把思想统一到中央的决策部署和习近平总书记、李克强总理的一系列重要指示精神上来，站在党和国家事业发展全局的高度，切实增强紧迫感、责任感和使命感，进一步加强组织领导，研究分析深层次问题，制定细化政策措施，积极应对人口老龄化，主动引领解决老龄问题，把老龄事业这个事关国家发展、社会和谐、家庭幸福的大事要事抓紧抓好。

三、突出重点，持续推进老龄事业健康发展

当前和今后一个时期，老龄事业发展要按照中央“四个全面”战略布局的要求，紧紧围绕党和国家中心任务，认真贯彻落实好党中央、国务院关于老龄工作的决策部署和习近平总书记、李克强总理的一系列重要指示精神，着力做好以下重点工作。

（一）大力推动养老服务业发展。要认真贯彻落实《国务院关于加快发展养老服务业的若干意见》，加大改革创新力度，推动养老服务业快速发展。一要鼓励支持社会力量发展养老服务业。要进一步细化支持养老服务业发展的政策措施，抓紧分析解决政策实施中存在的问题，打通政策落地的“最后一公里”。要采取民办公助、政府补贴、拓宽政府购买服务范围等方式，进一步激发各类市场主体参与养老服务的活力，逐步使社会资本成为发展养老服务业的主体。二要继续推动公办养老机构改革。要稳步推进公办养老机构转企改制，完善法人治理，鼓励社会力量和民间资本运营公办养老机构，强化公办养老机构的托底功能，充分发挥公办养老机构在社会养老服务体系中的基础性、保障性、公益性作用。三要促进养老服务和医疗服务融合发展。要探索养老机构和医疗机构合作新模式，鼓励医疗机构开设或转型为医护型养老机构。要加大扶持力度，引导民间资本和社会力量积极参与社区和居家养老服务，重点发展完善社区健康养老服务和居家护理服务，促进养老服务、医疗卫生服务资源在社区和居家层面的有机融合。四要进一步加大资金投入。养老产业在我国仍处于市场培育阶段，各级政府、各部门要进一步加大财政支持力度，增加福利彩票公益金对养老服务产业的投入。要拓宽融资渠道，建立风险补偿资金，鼓励金融机构创新金融产品和服务方式，改进和完善对社会养老服务产业的金融服务和信贷投入。五要大力开发养老服务消费市场。养老产业是市场潜力巨大的综合产业。随着老年人口的快速增长，老年人的衣、食、住、行、用和文化娱乐等方面的需求日益多样，消费市场广阔、潜力巨大。各地和相关行业部门在创新养老产业发展方面，要进一步加大投入，加强政策扶持，引导和支持企业、社会组织更加关注老年产品和服务的研发、生产、提供，不断提高产品和服务质量，努力把养老服务产业做大做强。

（二）加快老年人社会福利和保障体系建设。有关部门在制定完善社会养老保险、医疗保险、住房保障、社会救助等社会保障政策措施时，要注意考虑老年人的特殊情况，按照普惠和特惠相结合的原则，有针对性地向老年人倾斜，提高老年人的社会保障水平。一要抓紧完善涉及老年人的养老、医疗、护理、住房等社会保障制度，逐步缩小城乡、区域、人群之间的保障差距。二要加大困难老年人社会救助的力度，将符合条件的贫困、病残、高龄、失能老人以及农村留守老人等特殊困难老年人全部纳入救助对象，并优先救助、适当照顾，切实解决困难老年人生活中的实际问题。三要进一步完善老年人社会福利制度。完善老年人优待办法，逐步健全高龄津贴、养老服务补贴、康复辅具补贴、计划生育家庭奖励扶助等制度，不断提高老年人社会福利水平。

（三）进一步加强老龄事业法制建设。我国已初步建立起以老年人权益保障法为支撑的老龄工作法律法规体系框架，但在相关专项立法、执法和普法等方面还存在不少薄弱环节。因此，要主动适应老龄事业发展的新要求和老年群众的新期待，进一步研究制定和完善老年人权益保障法的配套法规和政策措施，建立健全有中国特色的老龄工作法律法规体系。要加大涉老法律法规的执法力度，健全执法机制，严肃查处侵犯老年人合法权益的违法行为。要广泛开展老龄法制宣传和培训，加强针对老年人的法律服务、法律援助和司法救助，营造全社会依法维护老年人权益的良好氛围。

（四）进一步加强老龄工作人才队伍建设。要努力建设一支政治素质高、业务能力强、热爱老龄事业、甘于奉献的老龄工作队伍和养老服务人才队伍，为老龄事业发展提供有力的组织和人力资源保障。各级老龄委及成员单位要充实老龄工作力量，加强业务培训，提升管理水平，加快培养适应老龄事业发展需要的老龄工作队伍。广大老龄工作人员，特别是领导干部，要以饱满的热情投入到老龄事业中去，真心关爱老年人，及时帮助解决老年人生产生活中的实际困难。各级政府和有关部门要重视养老服务人才队伍建设，改进高等教育、职业教育专业设置，开设相关专业课程，加强岗位技能培训。同时，要大力弘扬敬老爱老助老的优良传统，提高养老服务从业人员的工资福利待遇、拓宽职称晋升渠道，引导和培养更多的专业人员从事养老服务工作。

四、做好老龄事业发展“十三五”规划编制工作

今年是老龄事业发展承前启后的关键一年。首先，要着力做好老龄事业发展“十二五”规划收官工作。各地和有关部门在安排今年工作时，要认真对照检查“十二五”规划确定的目标任务完成情况，仔细查找差距，针对薄弱环节，加大工作力度，强化工作措施，努力实现“十二五”规划的主要目标任务。今年下半年，全国老龄委要组织开展“十二五”规划实施情况终期评估，各成员单位都要积极参与，通过认真总结成绩、查找问题，进一步理清发展思路，为编制老龄事业发展“十三五”规划打下扎实基础。

其次，要精心编制好老龄事业发展“十三五”规划。加快老龄事业发展，规划是引领。全国老龄办要把编制老龄事业发展“十三五”规划作为今年工作的重中之重，集中精干力量，深入调研，周密部署；各成员单位要积极参与规划的研究编制，密切配合，通力协作，确保编制出一个高质量的规划。根据多年来我国老龄事业发展的实践经验，在规划编制过程中，要正确处理好四个关系。一是当前与长远的关系。要把破解当前老龄工作的重点难点问题和长期应对老龄化的战略安排结合起来，与全面建成小康社会的目标要求结合起来，在老龄事业制度体系、养老服务基础设施建设、老年困难群众兜底保障等方面，谋划实施一批打基础、管长远、利发展、惠民生的重大举措，为应对即将到来的高龄化社会挑战打下坚实基础。二是局部与全局的关系。要加强统筹协调，确保老龄事业发展“十三五”规划与国家经济社会发展总体规划相融合，与各部门专项规划相衔接。三是政府、市场、社会与老年人的关系。要发挥好政府在老龄事业中的主导作用，市场在资源配置中的决定性作用，社会组织、家庭和老年人自身的积极作用，促进形成政府、市场、社会和老年人共同参与老龄事业和产业发展的良好局面。特别是要树立积极的老龄观，把老年人视为社会重要财富，帮助老年人自立自强，重视发挥老年人作用，使老年人成为参与社会治理和老龄事业的重要力量。四是保障服务普惠和特惠的关系。既要通过基本民生保障、基本公共服务等普惠性制度安排，保障广大老年人生存发展的基本需求，也要根据老年人身心特点和差异化需求，在保障项目、范围、内容和标准等方面给予差异化的制度设计、设施安排和适当照顾，解决好老年人的特殊需求和实际困难。

此外，要组织实施好第四次中国城乡老年人生活状况抽样调查。这是编制好老龄事业“十三五”规划的重要基础性工作，对摸清我国老龄事业发展底数，提升老龄工作科学决策能力具有重要意义。这次调查由全国老龄办牵头，要制定好方案，周密组织，财政、民政、统计等部门要密切配合，提供必要的物资经费保障和技术支持，确保调查工作顺利完成。尤其要做好数据开发利用和成果转化，最大限度发挥抽样调查数据的社会效益，为“十三五”规划编制提供重要参考依据。

同志们，做好老龄工作、加快老龄事业发展，形势非常紧迫，任务非常艰巨，我们肩负的责任非常重大。我们要在以习近平同志为总书记的党中央的坚强领导下，深入贯彻落实党中央、国务院的决策部署，团结协作，开拓进取，以更加务实的作风，更加扎实的工作，努力开创老龄工作新局面，为全面建成小康社会、实现中华民族伟大复兴的中国梦作出新的更大的贡献！

第二部分

领导讲话、报告

关于2014年全国老龄工作情况和2015年工作安排意见的报告

民政部部长 李立国

（2015年4月13日）

尊敬的王勇国务委员，各位副主任，各位委员，同志们：

首先，向会议通报一下：根据工作需要，经研究并征求27个成员单位意见，报请王勇国务委员同意，全国老龄委决定增补科技部、工业和信息化部、国土资源部、交通运输部、商务部5部门为成员单位。借此会议之际，我们对新增的5部门，表示热烈的欢迎！

按照会议安排，我向全体会议汇报2014年全国老龄工作情况和2015年工作安排意见。

关于2014年全国老龄工作基本情况

2014年，在党中央、国务院的坚强领导下，各地、各部门高度重视老龄工作，突出抓好政策创制，老龄事业取得了长足进步。

一是老年社会保障制度建设取得重大进展。2014年以来，国务院相继发布了《关于建立统一的城乡居民基本养老保险制度的意见》和《关于机关事业单位工作人员养老保险制度改革的决定》，发布了《社会救助暂行办法》，我国老年社会保障领域改革取得重大进展。人力资源社会保障部、财政部联合印发了《城乡养老保险制度衔接暂行办法》，明确了城乡养老保险制度衔接政策。截至2014年底，全国城乡基本养老保险参保人数8.42亿人，比上年底增加0.23亿人。待遇水平稳步提高，全国企业退休人员基本养老金实现“十一连涨”，月人均达2000多元。全国城乡居民基本养老保险基础养老金最低标准进一步提高，从每人每月55元提高至70元。财政部、民政部、全国老龄办联合印发《关于建立健全经济困难的高龄、失能等老年人补贴制度的通知》，进一步解决困难老年人的基本生活问题。社会化管理服务体系建设不断加强，截至2014年底，全国纳入社区管理的企业退休人员0.6亿人，占企业退休人员的80.2%。

二是老年医疗卫生服务水平显著提高。截至2014年底，城镇基本医疗保险参保人数5.98亿人，比上年底增加了0.27亿人。各级财政对城镇居民医疗保险和新农合人均补助标准提高到每人每年320元，中央财政对西部和中部地区的补助比例分别提高到68.8%和56.3%，个人缴费水平相应提高到每人每年90元。2014年城镇居民基本医疗保险和新农合政策范围内住院费用支付比例分别达到70%以上和75%左右，进一步缩小了与实际住院费用支付比例之间的差距。人力资源社会保障部稳步推进异地就医结算服务，全国28个省份启用省内异地就医结算平台，其中22个省份基本实现省内异地就医结算。各地积极推行城乡居民大病保险，全国约有80%以上的地市启动实施了大病保险。卫生计生委加快新农合信息化建设，全国基本实现了省内新农合信息网的互联互通和即时结报，国家信息平台已与16个省级平台互联互通；进一步加大了老年人健康管理和慢病防治力度，开展了国家慢性病综合防控示范区创建工作，2014年中央财政投入6.38亿元用于慢性病综合干预和防治工作；发挥中医药“治未病”与养生保健优势，促进中医药与养老结合。

三是养老服务业发展取得重大成效。全国老龄委各成员单位以贯彻落实《国务院关于加快发展养老服务业的若干意见》为指引，主动作为，积极配合，在养老服务体系建设、服务人才培养、服务设施规划建设、服务产业发展及无障碍环境建设、老年福利制度等各涉老领域密集出台了一系列政策文件，有力地推动了养老服务业的改革发展。截至2014年底，全国养老床位总数为550万张，每千名老年人拥有养老床位达到26张，全国城乡居家和社区养老服务覆盖率分别达到70%和37%。国务院办公厅牵头组织了贯彻落实国务院35号文的专项督查，对促动各地、各相关部门工作发挥了重要作用。发展改革委与民政部开展养老服务业综合改革试点和公办养老机构改革试点工作，规范养老机构服务收费管理，加强以社区日间照料中心和专业化养老机构为重点的养老服务设施建设，与体育总局等10部门联合推进健康与养老服务工程建设，与公安部、工业和信息化部等12部门加快实施信息惠民工程。教育部、人力资源社会保障部等9部门出台意见加快推进养老服务业人才培养。科技部积极推进社区养老服务信息技术研究与集成应用示范试点工作。民政部深入推进“社会养老服务体系建设推进年”活动，鼓励和引导民间资本进入养老服务领域。财政部与发展改革委等4部门推进政府购买养老服务工作，与商务部联合发文启动以市场化方式发展养老服务产业试点。住房城乡建设部、国土资源部加强了养老服务设施用地及规划建设工作。交通运输部积极做好老年人交通优待工作。卫生计生委积极推进医疗机构与养老机构融合发展，探索基层医疗卫生机构与老年人医疗契约服务关系。税务总局进一步明确了对养老机构免征营业税等政策。商务部、民政部出台香港、澳门服务提供者及外商在内地投资举办营利性养老机构政策。工商总局、统计局等部门积极推进养老服务业统计工作。保监会开展了部分城市老年人住房反向抵押养老保险试点。

四是老年人权益保障工作更加扎实。外交部等部门利用双边多边国际交流，阐明我国维护老年人权益的立场。国家民委进一步推动少数民族和民族地区老年人平等参与社会生活。各级公安机关在治安管理、户政审批、出入境管理、涉老案件查办等工作中，主动维护老年人合法权益。各级司法行政部门2014年度共组织办理老年人法律援助案件11.3万件，解答老年人法律咨询34万多人次，全国共建立老年人法律援助工作站2137个，使老年人法律援助申请及时就近得到受理。全国总工会加大对困难退休职工的帮扶救助力度。团中央完善为老服务工作机制，推动志愿者为老服务的法制化、制度化。全国妇联推动反家暴立法、维护妇女土地权益等重点工作中关注老龄妇女特殊需求。中央安排230亿元用于农村危房改造，优先将符合条件的农村贫困老年人纳入补助对象范围。

五是敬老爱老助老社会氛围日益浓厚。习近平、刘云山、张高丽等党和国家领导人出席了中组部组织的全国离退休干部“双先”表彰大会，接见了与会代表。习近平总书记发表了重要讲话。总政治部召开全军老干部工作暨“三先”表彰会议，习近平主席专门发了贺电。中宣部、全国妇联、全国老龄办组织评选“全国孝老爱亲最美家庭”和“最美老人”，起到了很好的示范作用。北京市公安局公交安保总队老党员先锋队、“陆良八老”等老年人先进集体和龚全珍、邬沧萍等老年人先进典型得到广泛宣扬。全国老龄办、中宣部等10部门联合发布了《关于培育和践行社会主义核心价值观加强老龄宣传教育工作的通知》，明确了当前和今后一个时期加强老龄宣传教育工作的主要任务。中宣部、新闻出版广电总局指导各类媒体广泛宣传报道老龄题材“正能量”新闻及文艺作品，对提高全民老龄意识和营造尊老敬老的社会氛围发挥到了重要作用。司法部深化老年人法制宣传教育，提高老年人依法维权意识和法治氛围。文化部加快构建现代公共文化服务体系，不断丰富针对老年人的公共文化产品供给；举办了第十六届中国老年合唱节；实施了专门针对民族地区老年人的文化志愿服务项目。体育总局广泛指导开展老年体育健身活动，启动老年人健身器材研制工作。旅游局指导各类景区加强老年旅游设施建设，推进老年旅游产业改革发展。全国老龄办推进城乡基层老年协会标准化建设。据统计，目前全国城乡社区建有老年协会49万个，覆盖率达到74%。

2014年以来，全国人大、全国政协高度关注老龄事业和老龄工作，养老方面的建议、提案数量屡创新高，并通过组织专题调研、双周协商座谈会对老龄工作提出建议。最高法、中央编办、中央文明办、中直机关工委、中央国家机关工委、人民银行、审计署、质检总局、食品药品监管总局、银监会、中医药局、中国残联、国家标准委等部门积极支持参与老龄工作，在合力推进老龄事业快速发展中都发挥了重要作用。新华社、人民日报、中央人民广播电台、中国国际广播电台、中央电视台、人民网、新华网等新闻媒体以及众多网络新媒体、自媒体在强化老龄宣传、传播舆论正能量等方面做出了重要贡献。

2014年以来，各地进一步加大了老龄工作推进力度。在老龄法规政策创制上，各地积极贯彻落实《老年人权益保障法》，山东、陕西已完成条例的修订工作，23个省份已列入立法计划并已开展相关修订工作。天津颁布实施了《养老服务促进条例》，北京通过了《居家养老服务条例》，浙江颁布实施了《社会养老服务促进条例》。30个省份出台了加快本地养老服务业发展的政策文件和配套政策措施。在老年社会保障制度建设上，全国19个省份出台了高龄津贴政策，23个省份出台了经济困难老年人养老服务补贴政策，陕西、青海及广东部分地区将高龄津贴发放年龄降低到70岁。大部分省份推广实施了老年人意外伤害保险制度，开展了高龄特困老年人的帮扶救助工作。北京、天津、上海、黑龙江等4省（市）建立了失能老年人护理补贴制度；青岛率先探索试行的长期照护社会保险成效明显。在创新为老服务方式上，江苏在城镇打造老年金融服务示范点、社区为老服务电子商务平台，为社区居民提供便捷养老服务。河南下放审批权限，取消开办养老服务机构的筹建审批手续，积极引导和鼓励社会资本举办规模化、连锁化的养老服务机构。重庆、海南、四川等多地加强老龄产业布局，为老年人提供形式多样、内容丰富的养生养老服务。上海、浙江、湖北3省开展了老年友好型城市、老年宜居社区建设活动。在营造良好社会氛围上，各地深入开展“敬老文明号”等创建活动，举办老年合唱节、老年文化艺术节等老年文化活动，开展了形式多样的孝亲敬老人物评选活动，积极组织开展“银龄行动”和“老有所为”楷模评选，丰富了老年人的精神文化生活。

在充分肯定成绩的同时，还要清醒地认识到，我国老龄工作仍存在一些薄弱环节。一是老龄事业发展与社会各界的期盼还有不小差距，社会养老保障水平较低，失能、空巢、失独和农村留守老年人养老等诸多矛盾和问题，逐步成为社会舆论关注的热点；二是养老服务业发展仍存在不少障碍，政府作用仍需进一步加强，市场活力还有待进一步释放，养老需求多元与供给方式落后的矛盾仍然存在；三是老龄事业“十二五”规划的落实力度还需进一步加大，某些约束性任务离规划目标还有较大差距，城乡、区域发展不平衡问题还比较突出；四是老年人社会管理方面的矛盾逐渐增多，侵犯老年人合法权益的现象仍时有发生，老龄工作的基层基础仍很薄弱，基层老龄工作体制机制还需进一步理顺。对于这些矛盾和问题，我们要高度重视，积极采取针对性的措施推动解决。

关于2015年全国老龄工作安排意见

2015年，全国老龄工作委员会工作的总体思路是：高举中国特色社会主义伟大旗帜，以邓小平理论、“三个代表”重要思想、科学发展观为指导，全面贯彻党的十八大和十八届三中、四中全会精神，贯彻落实习近平总书记系列重要讲话精神，按照“四个全面”的战略布局要求，以推动落实《老年人权益保障法》、督促完成《中国老龄事业发展“十二五”规划》、研究编制《中国老龄事业发展“十三五”规划》为重点，加强调查研究，加快政策创制，强化综合协调，健全体制机制，广泛动员各方面力量积极参与老龄事业，努力开创老龄事业发展新局面。建议重点抓好以下几方面工作。

一是精心组织老龄事业发展“十三五”规划编制工作。规划编制工作要认真学习和贯彻落实习近平总书记系列重要讲话精神和“四个全面”战略布局思想，深入研究我国经济发展新常态下老龄事业和老龄产业面临的新问题。要认真组织开展“十二五”规划终期评估检查，今年下半年全国老龄委将组成联合检查组，对各地老龄事业“十二五”规划实施情况进行终期检查，重点检查规划约束性任务完成情况。要全力做好第四次中国城乡老年人口状况抽样调查工作，确保调查数据的客观真实。要做好老龄事业发展“十三五”规划研究编制工作，参考评估检查、四次抽样调查和预研究的成果，重点对“十三五”时期老龄事业发展的战略目标、主要指标、重点改革、重大任务、重要工程等，理清思路，增强规划的政策性、前瞻性和可及性。

二是统筹抓好社会保障制度建设。统筹研究完善城乡居民基本养老保险制度，稳步实施机关事业单位养老保险制度改革。积极推进企业职工基本养老保险基础养老金全国统筹。扩大“全民参保登记计划”试点。坚持精算平衡原则，统筹考虑基金收支状况，适度提高基本养老、基本医疗保险待遇水平，研究建立健全兼顾各类人员的社会保险待遇确定和正常调整机制。尽快实现大病保险全覆盖，出台推进老年人意外伤害保险工作的指导意见。继续完善社会救助制度体系，开展“救急难”综合试点工作，研究制定政府购买社会救助服务政策措施。推动地方及时制定经济困难的高龄、失能老年人补助制度的资金管理办法和具体实施方案。促进实现省内异地住院费用直接结算，加快推进跨省异地就医系统建设，建立国家级异地就医结算平台，开展跨省异地就医结算系统试点应用。探索建立多层次长期照护保障体系，指导有条件的地方建立长期照护社会保险制度，支持发展商业长期护理保险，完善医养结合政策和服务供给体系。

三是不断深化社会养老服务体系建设。进一步完善促进养老服务业发展的配套政策法规，做好社会养老服务体系“十三五”规划编制工作，推进养老服务设施建设，力争各类养老床位达到663万张，每千名老年人拥有养老床位数达到30张，日间照料服务基本覆盖100%城市社区和50%以上的农村社区。进一步加强农村老龄工作，构建经济困难、计划生育家庭、空巢及农村留守老人等特殊老年群体关爱服务体系。积极推进医养结合工作，推进养老服务业综合改革、公办养老机构改革、支持以市场化方式发展养老服务产业等试点工作，推进养老机构设立“先照后证”改革，推动各地建立政府购买养老服务政策，督促各地加大对养老服务业发展相关政策的落实力度。

四是扎实推进老年宜居环境建设。继续推进《老年人居住建筑设计规范》等标准规范的制定修订工作，进一步健全养老服务设施规划建设标准体系。制定《城市总体规划编制审批办法》，完善和规范各类涉老服务设施规划要求，推进地方老年人家庭及公共设施无障碍改造。研究制定加强老年宜居环境建设的指导意见，编制老年宜居环境建设的相关标准指南，研究鼓励支持物业服务企业等社会组织开展居家养老服务的具体政策。指导各地积极稳妥地推进农村危房改造工作，切实帮助包括贫困老年人在内的农村困难群众解决住房安全问题。

五是进一步加强老年人权益保障工作。不断加强老年人法律服务、法律援助工作，依法维护老年人合法权益。推动把老年人法治宣传教育列入“七五”普法重要内容，组织好老年人主题法治宣传活动。进一步改善少数民族和民族地区老年人平等参与社会生活的物质条件和精神环境。切实加强包括困难离退休职工在内的城乡特殊困难老年群体的帮扶救助力度。积极完善老年人优待政策法规体系，进一步提升优待水平。联合开展老年维权工作评选表彰活动。积极参与老龄领域的国际交流与合作。

六是继续营造敬老助老社会氛围。充分发挥老年人积极能动作用，鼓励引导老年人自立自强，总结推广“银龄行动”成功经验，研究制定支持老年人社会参与的措施和途径。加强老龄宣传工作，抓好“敬老文明号”创建工作和“全国敬老月”活动，树立先进典型，营造全社会敬老助老的浓厚氛围。出台加强老年教育的指导意见，研究编制《全国老年教育发展规划（2015－2020）》，完善我国终身教育体系，提高老年教育参与率。研究制定老年旅游服务规范及相关意见。积极推进“乐龄工程”，深化全国基层老年协会规范化建设。广泛开展老年文化和体育健身活动。深入开展老年志愿服务活动，探索为老志愿服务新模式。

以上汇报，提请全会审议。

认真贯彻全国老龄委第十七次全会精神 在“四个全面”战略布局中推动老龄工作创新发展

——在全国老龄办主任会暨第四次中国城乡老年人生活状况抽样调查动员会议上的讲话

民政部部长　李立国

（2015 年 4 月 20 日）

同志们：

在今天的会议中，邹铭同志传达了全国老龄委第十七次全会精神，特别是王勇国务委员的重要讲话精神，吴玉韶同志就第四次老年人生活状况抽样调查进行了部署，同志们要认真学习领会，结合实际，抓好落实。北京、辽宁等 7 省（市）分别作了交流发言，成绩显著，各具特色，希望大家学习借鉴，把好的经验运用到推动本地老龄事业发展中。

关于 2014 年度全国老龄工作情况，我在第十七次全委会上从养老保障制度、卫生医疗服务、老年社会服务、老年人权益保障、爱老敬老助老氛围 5 个方面作了总结，王勇国务委员用 5 大特点概括和高度评价了去年的工作。回顾一年来的工作，我们可以自豪地说，这是一个政策丰收年，围绕贯彻落实国务院《关于加快发展养老服务业的若干意见》，国家有关部门出台了 20 多个政策文件，30 个省（区、市）出台了相关文件，基本实现了全覆盖。特别是上海、天津、北京、浙江 4 省（市）出台了地方性法规，大大提升了政策效力。这是一个改革创新年，一些制约老龄事业发展的瓶颈问题开始得到破解，养老保险制度改革、医疗保险制度改革、养老服务业综合改革、公办养老机构改革、养老机构远程医疗、计划生育家庭养老照护、老年人住房反向抵押养老保险、老年人意外伤害保险以及老年人照护保险等试点相继启动，特别是统一城乡居民基本养老保险、机关事业单位工作人员与城镇职工养老保险并轨等已上升为国家的制度安排。这是一个老年人更多受益年，企业退休人员基本养老金再提高 10%，实现“十一连涨”，城镇居民基本医疗保险人均政府补助从每人每年 280 元提高至 320 元，城乡低保标准分别提高 9.97% 和 14.1%，符合政策的困难老年人基本实现应保尽保，残疾军人、烈属和老复员军人等优抚对象生活补助标准提高 20%以上，19 个省份建立了高龄津贴制度，23 个省份建立了经济困难老年人养老服务补贴制度等。这些成绩来之不易，凝聚着各级党委政府和社会各界的关心重视，倾注了全国老龄事业有关部门和老龄工作机构的辛勤努力。

2015 年是全面深化改革的关键之年，也是全面推进依法治国的开局之年。第十七次全委会提出，要按照“四个全面”战略布局要求，推进本年度老龄工作。各地老龄办要按照全委会部署，因地制宜，结合实际，就完成年度任务制定明确的路线图、时间表，以时不我待、勇于担当的精神，努力推进老龄工作再上新台阶。下面，我讲三点意见。

一、在“四个全面”战略布局中创新发展老龄事业

党的十八大以来，习近平总书记站在时代发展和战略全局的高度，发表了一系列重要讲话，深刻回答了新的历史条件下党和国家发展的一系列重大理论和实践问题，提出并形成了全面建成小康社会、全面深化改革、全面推进依法治国、全面从严治党的战略布局。这是我们党治国理政的总方略，是新形势下党和国家各项工作的基本遵循。我们要深入学习领会习近平总书记系列重要讲话精神，全面贯彻落实党中央国务院关于发展老龄事业重大决策部署，自觉在“四个全面”战略布局中谋划和推进老龄工作。

（一）要以全面建成小康社会为指引，把握老龄工作方向。全面建成小康社会是实现中华民族伟大复兴中国梦的关键一步。全面建成小康社会，核心在于“全面”，包括政治、经济、文化、社会和生态文明建设的全面进步，

包括各区域、各行业、各群体、各民族的共同发展。两亿多老年人既是全面建成小康社会的参与者、建设者，更是全面建成小康社会受益者、共享者。没有亿万老年人的小康，就没有全国的小康。要立足这个历史坐标，谋划老龄事业发展。要把老年群体同步进入小康社会作为发展老龄事业的出发点和落脚点，本着缺什么补什么，什么问题最紧迫就解决什么问题的原则，找准问题，聚焦靶心，持续发力，对症下药，着力解决老年群体同步实现小康的现实问题。要把统筹兼顾作为发展老龄事业的根本方法，针对我国老龄事业发展存在的不平衡、不协调、不可持续的突出矛盾，针对我国养老服务供给滞后于老年群体多领域、多层次、差异化需求的普遍问题，加大统筹，分类施策，加强“五老”建设，实现区域共振，保持协调发展。要把困难老年人作为发展老龄事业的重中之重，目前，我国空巢和独居老年人近1亿人，80岁以上老年人近2400万，60岁以上失能半失能老年人约3500万，低保五保老年人约2800万。这些特殊老年群体，既是发展养老服务业重点保障对象，也是同步进入小康社会的难点所在，我们要高度关注，格外努力，尽量从制度上、法律上、物资和服务支持上予以妥善安排。

（二）要在全面深化改革背景下，破解老龄事业发展难题。改革是破解难题的重要法宝、推进工作的强劲引擎、发展事业的不竭动力。全面释放改革红利，是新形势下我们推进各项事业的必由之路。在经济社会快速发展、各项体制机制急速变革、老龄化程度快速深化、各方面利益诉求交错复杂的形势下，老龄事业面临诸多深层次的矛盾和问题，如城乡统筹的老年社会保障、跨区域结算的医疗保险服务、留守与空巢老人精神慰藉、养老服务体系建设、发挥市场在养老服务业资源配置中的决定性作用、老年人力资源开发利用等问题。破解这些难题，必须靠改革创新。我们要坚定改革信念，聚焦思想观念束缚和体制机制障碍，抓住老龄事业发展的“薄弱点”和“牛鼻子”，用“涉险滩”、“啃硬骨头”的精神，在重点领域和关键环节取得突破。要把握改革的系统性和协同性，善谋改革举措，研究和利用其他有关方面改革的契机，强化部门协同，以更宽的视野、更高的站位、更实的举措谋划和推动老龄工作。要尊重基层创造和群众首创精神。高龄老年人津贴和养老服务补贴制度、为老社会服务组织公益创投、智能化养老服务等都是首先来自基层创造，之后才在全国推广。要时刻关注、及时总结基层和群众的创造性举措，适时总结提炼为制度安排，使之惠及更多老年人。

（三）要落实全面依法治国要求，以法治方式推进工作。法律是治国之重器，是各项事业健康有序发展的关键保障条件。党的十八届三中全会提出要全面深化改革，十八届四中全会明确要全面依法治国，两个全会的决定是“姊妹篇”，互为支撑，改革需要法治保障，法治需要深化改革。深入推进老龄事业的改革发展，必须全面加强老龄法治建设。要树立法治思维，按照法治方式推进老龄事业改革，做到重大改革于法有据，在改革实施过程中自觉维护法律尊严，避免部门利益和个人意志干扰影响改革举措的落实，让各项老龄事业改革沿着法治轨道推进，使改革获得亿万老年人的支持。要实施好现行法律制度，充分利用《老年人权益保障法》提供的制度空间和条件，大胆探索和创新，特别是抓紧时间构建上下贯通、协调配套的老年人权益保障法规体系。要补齐法律的“短板”，针对老龄法治建设存在的不适应、不符合问题，实事求是、与时俱进地分类做好相关法律制度立改废释工作。

（四）要严格落实全面从严治党，保障老龄事业健康发展。中国共产党是中国特色社会主义事业的领导核心。在推进老龄事业中要进一步落实全面从严治党要求，党员干部要强化宗旨意识，在老龄工作中要了解、研究老年人生活照料、精神慰藉、社会参与和价值实现需求，以是否保障老年人利益、满足老年人需要、解决老龄化问题作为我们工作的出发点和落脚点。要进一步加强老年人党建工作，帮助他们增强组织归属感，积极参与党内生活，发挥老党员传播党的政策、宣传社会主义核心价值观、传承优秀传统文化、促进代际和谐、参与社会治理、维护社会稳定的重要作用。要进一步加强老龄工作机构能力建设，不断提升能力、改进作风，打造有创造力、执行力、战斗力的组织和队伍，把党和政府老龄事业法规政策落实好，树立良好的老龄工作形象。

二、圆满完成年度老龄工作重点任务

第一，要全力做好老龄事业发展“十二五”规划收官工作和“十三五”规划编制工作。今年是“十二五”规划的收官之年，也是“十三五”规划的编制之年。各级老龄办要依据“十二五”规划确定的目标任务，自查自评，找出“短板”，加大工作力度，尽快将“短板”补齐，按时完成“十二五”规划主要任务。下半年，全国老龄委将会同全国人大、全国政协及相关部委，对各地贯彻落实“十二五”规划情况进行终期检查评估，评估结果向国务院汇报，向各地党委政府通报。

关于“十三五”规划编制工作，第十七次全委会已提出了明确要求。我着重强调一点，就是规划要贯彻落实习近平总书记系列重要讲话精神和“四个全面”战略布局思想，充分体现我国经济发展新常态下老龄事业和老龄产业面临的新形势、新问题，提出的思路要“准”，确定的任务要“实”，分解给部门的工作要有刚性约束。

第二，要认真组织好第四次老年人生活状况抽样调查工作。这是进一步摸清我国老龄情况、服务经济社会发展的一件大事，也是对我们老龄系统工作能力的一次检验。

各地要高度重视，主动加强与财政、民政、统计等相关部门的沟通、协调和配合，建立健全协调推进机制，层层落实责任制，主要领导要亲自抓，确保调查顺利开展。全国老龄办要认真组织，细化方案，确保调查的真实性和科学性，注意做好数据的开发利用和成果转化，最大限度地发挥为经济社会发展服务的功效。

第三，要深入开展好老年宜居环境建设工作。老年宜居环境建设是应对我国人口老龄化的重要举措，是我国城镇化建设的重要组成部分，是优化老年人群养老环境的民心工程，也是推动老龄工作的重要抓手。全国老龄办要联合相关部门尽快制定出台《关于加强老年宜居环境建设的指导意见》，编制老年宜居环境建设的相关标准指南。各地老龄办也要从实际出发，积极探索适合当地老年人的宜居环境实现模式，促进老年人居住环境、出行环境、公共服务环境、社会参与环境和敬老文化环境的全面改善。

第四，要贯彻落实好老年人权益维护工作。新修订的《老年人权益保障法》颁布后，只有少数省（市）及时跟进，大多数地区还没有制定或修订相关地方性法规，贯彻落实力度还亟待加大。今年，各地老龄办一定要积极做好老年人权益保障法的贯彻落实，协调推进地方性法规制定或修订工作，进一步完善老年人权益保障法的配套法规和政策措施。要尽快实现省、市、县三级老年人优待政策全覆盖，确保今年内实现县级以上地方人民政府全面建立和完善老年人优待政策。要推动把老年人法治宣传教育列入“七五”普法重要内容，组织好老年人主题法制宣传活动，营造依法维护老年人权益的社会氛围。

第五，要努力丰富好老年人精神文化生活。要继续抓好“敬老文明号”创建工作和“全国敬老月”活动，树立先进典型，营造全社会敬老助老的浓厚氛围。要进一步加强老年宣传工作，拓宽外宣和内宣渠道，注重传统媒体和新媒体结合，广泛动员社会各界关注老龄问题、关心老龄工作。要深化全国基层老年协会规范化建设，更好发挥老年协会在基层社会治理中的纽带作用。要协调有关部门就老年人社会参与、老年人力资源开发利用、老年教育学习、老年旅游服务、法律服务和法律援助等开展综合调研，研究出台相关政策措施，鼓励老年人互帮互助、自立自强。鼓励各地开展多样化老年文化和体育健身活动，丰富老年人精神文化生活。

三、发挥职能优势，提升工作效能

应对老龄化、发展老龄事业，涉及方方面面工作，不是单一部门能够承担的任务，老龄办要发挥综合协调职能，切实发挥应有作用。

第一，重点抓好跨部门政策创制。政策创制是老龄办特别是全国老龄办及省级老龄办充分发挥职能作用的重要手段，也是提高履职能力的重要基础。要紧紧围绕老年人当前和今后一个时期最关心最迫切最紧要的问题，紧紧扭住制约老龄事业发展的关键性因素，从制度上突破，从机制上创新，如老年宜居环境建设问题、长期照护保险制度建立问题、老龄产业发展问题等。老龄办要积极协调有关部门做好调研工作，共同做好政策创制工作。

第二，突出抓好重点问题研究。老龄办具有专门聚焦老年人问题、综合掌握老龄工作资料和协调开展老龄工作的职能优势，要以调查研究为基本功，不断深入开展老年人问题和老龄工作问题研究。明年，将筹备召开国务院第四次全国老龄工作会议，研究部署“十三五”时期的老龄工作。各地老龄办特别是全国老龄办和各省级老龄办，要从现在开始加强调查研究，对一些重大问题预研预判，对工作中的成功经验总结提炼，提出政策创制课题，协调有关部门确定推进工作措施。

第三，着力抓好自身能力建设。老龄办的职能履行情况、优势发挥程度取决于自身能力水平。要完成好党中央、国务院和同级党委政府交给的任务，各级老龄办要进一步抓好能力建设，从加强学习、加强调研、改进作风、强化纪律、创新方法等角度入手，着力提高干部队伍素质和机关效能，为完成任务、取得新的工作成效打下良好基础。

同志们，年度任务已经明确，关键是抓好落实。我们要认清新形势，适应新常态，要有新作为。让我们紧密团结在以习近平同志为总书记的党中央周围，以积极进取、开拓创新的精神，为老龄工作创新发展做出新的贡献。

全国老龄委第十七次全会精神传达提纲

民政部原副部长　邹　铭

（2015年4月20日）

同志们：

4月13日，全国老龄工作委员会在北京召开了第十七次全体会议。国务委员、全国老龄委主任王勇主持会议并做了重要讲话。全国老龄委成员单位有关同志出席了会议。

会议审议通过了全国老龄委副主任、民政部部长李立国代表全国老龄委所作的2014年全国老龄工作情况和2015年工作安排意见的报告。中宣部、发展改革委、科技部、民政部、财政部、人力资源社会保障部、国土资源部、住房城乡建设部、卫生计生委、全国妇联等部门分别就建立长期照护制度、加强社区养老、强化居家养老、加大财政投入、加快养老服务人才培养、推进医养结合、重视农村养老服务业、完善涉老服务设施标准体系、培育敬老孝老价值观以及编制老龄事业发展“十三五”规划提出了意见和建议。

会议决定，增补科技部、工业和信息化部、国土资源部、交通运输部、商务部5部门为全国老龄委成员单位。

这次会议，在全国老龄委各成员单位的密切配合下，取得了圆满成功。现将会议的主要精神传达如下。

一、关于2014年老龄工作

会议认为，2014年全国老龄工作在党中央、国务院的坚强领导下，全国老龄委各成员单位和各地老龄委紧紧围绕党和国家工作大局，高度重视老龄工作，突出抓好政策创制，积极进取，努力工作，取得了显著成绩。

一是老年人民生保障进一步加强。基本养老、基本医疗保障制度实现全覆盖，参保人数持续增加，保障水平稳步提升。企业退休人员基本养老金实现“十一连涨”。城镇居民基本医疗保险和新型农村合作医疗政府补助标准持续提高，老年人医疗费用负担进一步减轻。社会救助制度全面建立，临时救助制度全面实施，城乡低保标准分别提高9.97%和14.1%，符合政策的困难老年人基本实现应保尽保。残疾军人、烈属和老复员军人等优抚对象生活补助标准提高20%以上。老年社会福利制度进一步健全，全国已有19个省份建立高龄津贴制度，23个省份建立经济困难老年人养老服务补贴制度。

二是老年人基本公共服务水平进一步提升。截至2014年底，每千名老年人拥有床位数达到26张，全国城乡社区养老服务覆盖率分别达到70%和37%。异地就医结算服务稳步推进，老年人健康管理和慢性病防治力度加大，基层医疗卫生服务机构为老年人服务能力显著提升，“医养结合”步伐加快。以贫困老年人为重点对象的农村危房改造工作进展顺利。企业退休人员社会化管理服务率达到80.2%。公共文化、全民健身、司法保护等基本公共服务惠及更多老年人。

三是涉及老龄工作的相关领域改革进一步深化。城乡基本养老保险制度实现整合与衔接，基础养老金全国统筹积极推进，机关事业单位工作人员养老保险改革取得突破。养老服务业综合改革、公办养老机构改革、养老机构远程医疗、计划生育家庭养老照护、老年人住房反向抵押养老保险等试点工作陆续启动。政府购买养老服务、专业人才培养、养老用地、税收优惠等方面的政策陆续出台，养老服务业发展的政策环节进一步改善。

四是《老年人权益保障法》贯彻落实力度进一步加大。老年人优待政策进一步健全，各地在基本养老保险、医疗保障和卫生服务、无障碍环境建设，以及养老、健康、保险、旅游等服务业发展等方面，制定实施了一系列配套政策措施。各种形式的普法宣传广泛开展，老年人法律援助和服务工作成效显著。

五是老年群众工作进一步活跃。广泛开展“敬老文明号”创建、“敬老月活动”、“最美老有所为先进人物”评选、离退休干部“双先”表彰等活动，老年人群众性文化、健身活动蓬勃开展，老年人精神文化生活不断丰富。全国老年大学增加到5.97万所，在校学员达670万人。城乡基层老年协会规范化建设积极推进，全国老年协会覆盖率达74%。

二、当前老龄工作形势

在这次全委会上，王勇国务委员站在国家发展全局，对我国老龄事业和老龄工作所面临的形势，进行了科学分析。他指出，我国目前正处于人口老龄化快速发展期，老龄问题已经成为关系国计民生和国家长治久安的重大战略性问题。截至2014年底，我国60岁以上老年人口已经达到2.12亿，占总人口的15.5%。当前和今后一个时期，我国人口老龄化发展将呈现出老年人口增长快，规模大；高龄、失能老人增长快，社会负担重；农村老龄问题突出；老年人家庭空巢化、独居化加速；未富先老矛盾凸显等五个特点。他指出，发达国家长时间、分阶段出现的老龄问题，我国将在短期内同步呈现、集中爆发，是我国未富先老、未备先老的矛盾更为凸显，给我国经济增长、城乡协调发展、以及社会保障、医疗卫生、社会管理等领域都将带来深刻影响，实现经济社会可持续发展与改善亿万老年人民生的双重任务更为艰巨和繁重。他强调，要清醒认识老龄事业发展面临的新形势新任务新要求，把思想统一到党中央、国务院的决策部署和习近平总书记、李克强总理的重要指示精神上来，要站在党和国家事业发展全局的高度，切实增强责任感和紧迫感，进一步加强组织领导，锐意进取，奋发有为，把老龄事业这个事关国家发展、社会和谐、家庭幸福的大事抓紧抓好。

三、当前和今后一个时期的重点工作

会议明确，2015年全国老龄工作委员会工作的总体思路是：高举中国特色社会主义伟大旗帜，以邓小平理论、“三个代表”重要思想、科学发展观为指导，全面贯彻党的十八大和十八届三中、四中全会精神，贯彻落实习近平总书记系列重要讲话精神，按照“四个全面”的战略布局要求，以推动落实《老年人权益保障法》、督促完成《中国老龄事业发展“十二五”规划》、研究编制《中国老龄事业发展“十三五”规划》为重点，加强调查研究，加快政策创制，强化综合协调，健全体制机制，广泛动员各方面力量积极参与老龄事业，努力开创老龄事业发展新局面。

王勇国务委员在讲话中强调，做好2015年的老龄工作，要大力推动养老服务业改革发展，鼓励社会力量发展养老服务业和养老产业，继续推动公办养老机构改革，推动养老服务和医疗服务融合发展，加快养老服务业和产业人才培养。要加快老年人社会福利和保障体系建设，完善涉及老年人的养老、医疗、护理、住房等社会保障制度，逐步缩小城乡、区域、人群之间的保障差距，加大困难老年人社会救助力度，切实解决他们生活中的实际困难，进一步完善老年人社会福利制度。要加强老龄事业法制建设，抓紧制定《老年人权益保障法》的配套法规和政策措施，建立健全有中国特色的老龄工作法律法规体系，加大涉老法律法规的执法力度，健全执法机制，严肃查处侵犯老年人合法权益的违法行为，广泛开展老龄法制宣传和培训，营造依法维护老年人权益的氛围。要加强老龄工作队伍建设，努力建设一支政治素质高、业务能力强、勇于奉献的老龄工作队伍。

王勇国务委员要求，各地、各有关部门要认真对照检查“十二五”规划确定的目标任务完成情况，查找差距，针对薄弱环节，加大工作力度，强化工作措施，确保“十二五”规划的主要目标任务能够如期完成。全国老龄办要把编制老龄事业发展“十三五”规划作为今年工作的重中之重，各成员单位要积极参与规划的研究编制，密切配合，通力协作，在组织编制过程中，要正确处理好当前与长远，局部与全局，政府、市场与社会，保障服务普惠和特惠四大关系。还要组织实施好第四次中国城乡老年人生活状况抽样调查。财政、民政、统计等部门要密切配合和支持，做好物资经费保障和技术支持，尤其要做好数据开发利用和成果转化，最大限度发挥抽样调查数据的社会效益。

同志们，全国老龄委第十七次全体会议，是在“十二五”规划的收官之年，也是规划“十三五”发展的布局之年举行的一次承上启下的重要工作会议。希望各地要认真抓好会议精神的传达学习，认真落实会议部署的工作任务，以更加饱满的激情、更加务实的作风，为推进老龄事业又好又快发展做出新的更大的贡献！

在全国部分省市农村养老服务工作观摩座谈会上的讲话

民政部原副部长　邹　铭

（2015年11月26日）

同志们：

今年是“十二五”规划收官定局之年，也是科学谋划“十三五”工作的关键之年。民政部高度重视农村养老服务工作，2010年以来先后3次召开全国性会议，展示、研究和探讨各地在农村养老服务工作中取得的经验和主要做法。这次会议的主要任务是统一思想认识，明确“十三五”时期农村养老服务工作的基本形势、总体目标和主要任务。近年来，山东省委、省政府高度重视发展养老服务业，出台了多项含金量高、力度大的政策措施，财政投入、用地保障、购买服务、医养结合等工作也走在了全国前列。特别是东平县立足本地实际，提出了“向幸福前进”的发展理念，大力推进农村幸福院建设，花小钱办大事，解决了“人从哪里来、钱从哪里出、院落如何建、建成如何管”四个关键问题。刚才，内蒙古、吉林、江苏、江西、山东、河南、湖北、重庆、青海9个省市介绍了经验，另有9个省进行了书面材料交流，对全国农村养老工作都具有很强的指导和借鉴意义。

一、农村养老服务工作的主要成绩

近年来，特别是十八大以来，各地积极发展农村养老服务，取得明显成效，主要体现在四个方面。

（一）加大投入健全农村养老服务设施

各地认真贯彻落实国务院办公厅印发的《社会养老服务体系建设规划（2011—2015年）》，大力开展“社会养老服务体系建设推进年”活动，积极实施包括农村养老服务设施建设在内的敬老爱老助老工程。“十二五”以来，中央预算内投资、各级财政资金和福利彩票公益金等已累计投入近1000亿元支持包括农村养老在内的社会养老服务体系建设。特别是2013年，财政部、民政部下发《中央专项彩票公益金支持农村幸福院项目管理办法》，连续3年共安排30亿元，支持农村互助幸福院建设。截至目前，全国农村养老服务机构近3万家，互助型养老服务设施4.03万个，农村日间照料服务设施覆盖率已超过37%。初步形成了以家庭赡养为基础，养老机构和互助幸福院为依托、农村老年协会参与、乡镇敬老院托底的农村养老服务供给格局。

（二）建立和完善农村老年人生活保障体系

在现有的社会保险、社会救助、慈善事业等社会保障制度基础上，各地积极推动建立高龄津贴、养老服务补贴、护理补贴等老年人福利补贴制度，不断提升农村老年人生活质量，全国19个省份建立了80周岁以上高龄老人津贴制度，惠及2155万人；23个省份建立了生活困难老人养老服务补贴制度，惠及654.9万人；4个省份建立了失能老人护理补贴制度，惠及109万人。认真贯彻落实《社会救助暂行办法》，将符合条件的农村高龄、失能等困难老年人及时纳入最低生活保障范围。采取分散供养和集中供养相结合的方式，将所有符合条件的农村特困老年人纳入政府供养范围。不断提高供养水平，扩大保障范围，给予他们生活照顾和物质帮助。初步形成了老年人社会救助、老年人福利补贴和农村特困人员供养等相衔接、广覆盖、可持续的农村老年人生活保障体系。

（三）因地制宜探索创新多种发展模式

各地在学习河北省肥乡县、内蒙古化德县等地建设农村幸福院经验基础上，立足本地实际，创新发展模式，进一步丰富和拓展了农村养老服务的内涵和形式。第一是互助养老模式。河北、山西、湖北、甘肃等地利用现有设施建设幸福院和“老年灶”，院内老人在生活上相互照顾，最大限度降低了建设服务成本。第二是新农村建设模式。江西通过建设颐养之家，江苏通过建立家办托老所、村办养老院、村建养老区，内蒙古通过整合各方面投向农村资源，以发展农村养老推进新农村建设。第三是功能互补模式。安徽和江苏启东等地把敬老院、光荣院、社会福利院整合为区域性养老服务中心，形成了实行集中建设、分区养护、公共资源共享的格局，提高了整体管理服务水平。黑龙江、重庆、广西等地还以“五保家园”为基础，改建了一批农村互助幸福院。第四是老年协会支撑模式。四川依托基层老年协会，丰富农村居家养老服务方式，涌现出了金堂县“一中心、多站点、重点巡访”、兴文县“协议养老”、昭化区“十户联防”等多个接地气的经验做法。

（四）探索建立农村留守老年人关爱体系

各地贯彻落实中央决策部署，立足于农村留守老年人数量大、居住分散等特点，依托基层党组织、村民自治组织和基层老年协会等，广泛开展各种形式的留守老年人关爱行动。重点针对留守老人面临的生存、心理、安全三大问题，在完善农村养老服务日间照料功能的基础上，探索开展基层联络人登记制度、“呼叫救助”等公益行动。大力宣传尊重、关心、帮助老年人的社会风尚，广泛开展“敬老月”和“五好家庭”、“好媳妇”等评比活动，积极开展志愿服务活动，初步形成了多方参与、形式多样、内容丰富的农村留守老年人关爱服务体系。

虽然取得了一定成效，但是我们必须清醒地认识到，我国农村养老服务与农村老年人特别是留守、高龄、失能等老年人的迫切需要相比，与日益紧迫的农村养老形势相比，与党中央、国务院对发展养老服务的要求相比，存在着较大差距，我们必须高度重视，认真研究分析，在今后的实践中努力加以解决。

二、认清形势，准确把握农村养老服务工作的指导思想和发展目标

“十三五”时期，是全面建成小康社会的决胜阶段，也是我国养老服务体系建设加快构建、全面推进、转型优化和可持续发展的战略机遇期和黄金发展期。中共中央关于制定国民经济和社会发展第十三个五年规划的建议指出：“积极开展应对人口老龄化行动，弘扬敬老、养老、助老社会风尚，建设以居家为基础、社区为依托、机构为补充的多层次养老服务体系，推动医疗卫生和养老服务相结合，探索建立长期护理保险制度。全面放开养老服务市场，通过购买服务、股权合作等方式支持各类市场主体增加养老服务和产品供给。"这对推进包括农村养老服务工作在内的社会养老服务体系建设提出了新的更高要求。我们必须认清形势，明确指导思想和工作目标，切实把农村养老服务体系建设提高到一个新水平。

（一）发展农村养老面临的形势

一是社会需求更加迫切。当前，我国农村老龄化率明显高于城镇。在我国2.12亿老年人中，农村老年人约有1.19亿，占全国老年人口总数的56%，其中农村留守老年人高达5000万。伴随着城镇化的加快推进，将会有越来越多的农村中青年迁入城市或外出务工，这对我们发展农村养老服务提出了迫切要求。农村养老服务的需求比城市更加迫切，同城市相比，农村养老服务面临不同的形势。由于农村养老服务消费需求不旺、消费能力不足等因素影响，社会资本不愿进入农村养老服务市场，政府供给也比较薄弱，尚未实现乡乡都建有养老院。但同时，农村养老具有灵活、互助等特点，拥有土地能做到部分自给自足，城市养老面临的土地问题在农村并不突出。

二是党和政府更加重视。习近平总书记、李克强总理和王勇国务委员等中央领导同志多次就发展养老服务工作作出重要批示，每年的政府工作报告都有发展农村老龄服务的内容表述。党中央、国务院刚刚印发的《深化农村改革综合性实施方案》着重指出要推进形成城乡基本公共服务均等化的体制机制，加强农村老年人关爱服务体系建设。加上近期中央密集出台的医养结合、发展生活性服务业、发挥新消费引领作用三个重要文件，都为我们发展农村养老服务指明了方向。

三是政策措施更加有力。近年来，特别是党的十八大以来，各级政府和有关部门出台了一系列应对人口老龄化、发展养老服务业的法律法规、规划和政策，对发展农村养老服务作出了明确规定和具体部署，再加上各地的实践探索，为我们发展农村养老服务奠定了坚实基础。

四是外部环境更加优化。随着经济社会发展和人民生活水平的提高，特别是中央更加注重保障基本民生和精准扶贫战略的提出，将使更多的公共资源和各级财政资金投向农村养老服务领域。同时，农村养老服务具有花钱不多、见效很快、反响很好的特点，这些都让我们对发展农村养老服务充满信心。

（二）发展农村养老服务的指导思想

今后一个时期，发展农村养老服务的指导思想是，以党的十八大和十八届三中、四中、五中全会精神和党中央、国务院领导同志重要批示精神为指导，坚持积极应对人口老龄化，城乡统筹协调推进。按照中央深化农村改革的总要求，继续落实好《国务院关于加快发展养老服务业的若干意见》和各项配套举措，加强供给侧结构性改革，从创新社会治理、群众自治和合作共治入手，落实政府兜底责任，充分发挥社会力量在发展农村养老服务中的主体作用。把不断满足农村老年人日益增长的养老服务需求作为一切工作的出发点和落脚点，重点解决好留守、高龄、失能等老年人的养老问题，织密织牢农村基本养老服务保障网。

（三）发展农村养老服务的工作目标

今后一个时期，发展农村养老服务的目标是，到2020年，在农村全面建成以居家为基础、社区为依托、机构为补充，功能完善、规模适度、医养结合的养老服务体系；生活照料、医疗护理、精神慰藉、紧急救援等养老服务在农村方便可及；符合标准的日间照料中心、老年人活动中心等服务设施覆盖90%以上的乡镇和60%以上的农村社区，农村养老服务机构数量和水平明显提升；农村养老服务产品更加丰富，网络逐步健全，实现持续健康发展。让农村老年人共享经济社会发展成果，为实现"十三五"养老服务业发展目标做出贡献。

实现这样的目标需要经过三个发展阶段：第一阶段，构建广覆盖、低标准、保基本的农村养老服务体系建设格局，迅速提高农村养老服务体系覆盖率，大力复制、推广各地示范点的经验模式；第二阶段，推动农村养老服务拓功能、建体系、全覆盖，从基本生活照料拓展到精神抚慰、居家服务、部分医疗服务等，争取做到农村养老服务全覆盖；第三阶段，实现农村养老服务机构数量和水平明显提升、农村养老服务产品比较丰富，真正做到城乡养老服务均等化。

三、推进农村养老服务体系建设的主要任务

（一）提振老年人养老消费能力

根据经济社会发展水平和职工平均工资增长、物价上涨等情况，进一步完善落实基本养老、基本医疗、最低生活保障等政策，适时提高养老保障水平。推广建立高龄津贴、养老服务补贴、护理补贴等老年人福利补贴政策，逐步提高补贴标准，扩大覆盖范围，改善农村老年人生活条件。坚持保基本、托底线、救急难的原则，不断健全和完善农村老年人社会救助体系。落实《中华人民共和国老年人权益保障法》有关农村可以将未承包的集体所有的部分土地、山林、水面、滩涂等作为养老基地，收益供老年人养老的要求。结合深化农村土地制度改革和农村土地承包经营制度改革，发挥保障功能，着力解决农村老年人无钱养老等问题。

（二）构建老年人分类服务体系

对于仍然从事生产劳动的老年人，重点搞好精神文化生活，整合农家书屋、体育健身等文化体育资源，采取政府购买、项目补贴、定向资助等方式，解决其精神孤独、缺少安全感等问题。对于部分丧失生活自理能力的老年人，重点搞好农村社区日间照料和家庭支持服务，继续推进农村社区养老服务设施建设。对于高龄、失能等老年人，要发挥县乡社会福利机构的辐射带动作用，推进运营模式改革，盘活空置床位，引进社会资本、增强发展活力，着力解决最为迫切的护理难题。

（三）加强农村养老服务设施建设

健全农村五保供养机构功能，在满足农村五保对象集中供养需求的前提下，支持乡镇五保供养机构改善设施条件并向社会开放，提高运营效益，增强护理功能，使之成为区域性养老服务中心。以建制村和较大自然村为基点，依托村民自治和集体经济，积极探索农村互助养老新模式。农村党建活动室、卫生室、农家书屋、学校等要支持农村养老服务工作，组织与老年人相关的活动。建立城市公办养老机构与农村五保供养机构等建立长期稳定的对口支援和合作机制，采取人员培训、技术指导、设备支援等方式，帮助其提高服务能力。鼓励农村集体经济组织依法使用本集体所有土地，为本集体经济组织内部成员兴办非营利性养老服务设施。民间资本举办的非营利性养老机构与政府举办的养老机构可以依法使用农民集体所有的土地。

（四）加大农村养老服务资金投入

加大对发展农村养老服务在投融资、土地供应、税费优惠、财政补贴等方面的支持力度。各级政府用于养老服务的财政性资金应重点向农村倾斜。民政部本级彩票公益金和地方各级政府用于社会福利事业的彩票公益金，要支持发展农村养老服务，并随老年人口的增加逐步提高投入比例。整合村级危房改造资金、扶贫资金、灾后恢复重建资金、农村社区设施建设资金等农村现有资金渠道，支持农村社会养老服务体系建设。加强集体经济对农村养老服务的投入，鼓励城市资金、资产和资源投向农村养老服务。完善城乡特困人员供养制度，扩大老年人优待范围和水平，鼓励慈善组织以及其他组织和个人为老年人提供物质帮助等。

（五）鼓励社会力量参与发展农村养老服务

要创造条件，鼓励农民工参与农村养老机构和服务设施的建设、管理和运营。要激发以老年协会为主体的农村社会组织活力，发挥其在管理农村幸福院、调解涉老纠纷、活跃老年人精神文化生活等方面的积极作用，弥补农村社会化养老服务的不足。要发挥集体经济组织的作用。引导和组织农民成立村民议事会、道德评议会等，发挥乡规民约对发展农村养老服务的积极作用。要组织开展邻里互助，培育养老服务公益慈善组织，开展农村养老志愿服务活动。

（六）巩固家庭养老地位

要加强老年人权益保障法和相关法律法规的宣传工作，通过树立正反典型、以案说法等方式，对子女错误言行进行公开批评，对典型案例公开曝光，突出家庭主责，让老年人知晓自己的权利，让子女明白赡养老年人应尽的义务。探索建立一些制度性的措施，增强家庭的养老功能，确保家庭成员经济上供养、生活上照料、精神上慰藉老年人。对尊老、敬老、养老的子女和亲属，要帮助其解决实际困难，并给予表彰和奖励，营造敬老、养老、助老的良好社会风尚。

（七）提升规范发展水平

加强信息化建设，积极推动城镇社区养老服务信息网络平台向农村延伸，扩大信息化服务覆盖范围，为农村老年人提供高效便捷的服务。强化监督管理，督促和指导农村养老机构依法设立，强化安全管理，推广应用老年人意外伤害保险等，提高农村老年人抗风险能力，实现农村健康有序发展。要加强督促检查，将农村养老服务发展纳入各级政府督查任务，定期组织相关部门开展联合督查，并将督查结果纳入政府绩效考评范围，确保各项政策措施落到实处。

四、加强领导，大力推进农村养老服务体系建设

（一）统一思想、提高认识

养老服务的大头和难点在农村，发展的基础和突破的关键也在农村。各地要充分认识加强农村养老服务体系建设的重要意义，切实把发展农村养老服务作为开展应对人口老龄化行动的重要内容，作为全面建成小康社会的重要举措，作为统筹城乡协调发展的重要环节，下大力气抓实抓好。

（二）纳入规划、科学实施

要把农村养老服务体系建设作为养老服务体系建设“十三五”规划的重中之重，纳入国民经济和社会发展规划，科学规划，配置资源，统筹实施，促进城乡基本养老服务均等化。

（三）加强协调、合力推进

民政部门对外要加强与发展改革、财政、建设、规划、国土资源等部门的沟通协调，在法律政策允许的范围内，尽可能地对农村养老服务给予政策倾斜；对内要整合优抚、救助、福利、基层政权、社会事务等多个业务部门的职能，形成齐抓共管、整体推进的工作格局。

同志们，加快发展农村养老服务任务艰巨、责任重大、使命光荣。各级民政部门一定要认清形势、奋发向上，全力推进农村养老服务体系建设，为实现农村老年人有尊严地安享晚年生活做出应有贡献！

谢谢大家！

在全国医养结合工作会议上的讲话

民政部原副部长　邹铭

（2015 年 12 月 4 日）

尊敬的王随莲副省长、王培安副主任，同志们：

今天，民政部与国家卫生计生委联合召开全国医养结合工作会议，国家发展改革委、住房城乡建设部、人力资源社会保障部、全国老龄办等部门相关司局负责同志也到会指导。主要目的是学习传达《国务院办公厅转发卫生计生委等部门关于推进医疗卫生与养老服务相结合指导意见的通知》（以下简称《通知》）精神，安排部署推进医养结合工作。刚才卫生计生委王培安副主任做了重要讲话，各级民政部门一定要认真学习领会，抓好贯彻落实。下面，我代表民政部，就民政部门贯彻落实《通知》精神，推进医养结合工作，加快养老服务业发展谈四点意见。

一、充分认识推进医养结合工作的重要意义

党中央、国务院高度重视积极应对人口老龄化，加快发展养老服务业工作。2013 年新修订的老年人权益保障法将积极应对人口老龄化上升为国家的一项长期战略任务，同年国务院印发的《关于加快发展养老服务业的若干意见》（以下简称国务院 35 号文件），提出要把服务亿万老年人的夕阳红事业打造成蓬勃发展的朝阳产业。去年以来，国务院发布的关于发展现代保险服务业、生活性服务业等宏观政策都把养老服务业作为重要内容，部署开展的推进政府与社会资本合作、实施“互联网＋”行动计划、促进大数据发展行动战略、积极发挥新消费引领作用等工作也都把发展养老服务业作为重要方面，提出了明确目标任务。近日，习近平总书记、李克强总理等中央和国务院领导同志多次对应对人口老龄化作出重要批示，要求加强顶层设计，结合“十三五”规划编制实施，抓紧研究提出操作性强的政策建议。党的十八届五中全会通过的关于“十三五”规划的建议，更是明确提出要积极开展应对人口老龄化行动，建设多层次养老服务体系，推动医疗卫生和养老服务相结合。

当前我国面临着人口老龄化的严峻挑战，老年人的健康养老服务需求十分迫切。推进医养结合工作，既有利于提高老年人生活质量，延长健康寿命，实现老有所养、老有所医的老龄化目标，又有助于释放健康养老服务需求，带动康复辅具、生活性服务业等相关产业协同发展，对稳增长、促改革、调结构、惠民生和全面建成小康社会具有重要意义。

近年来，民政部门联合卫生计生等相关部门，积极推进医养结合工作，取得了明显成效。在政策制定方面，北京、天津、山西、吉林、江苏、福建、山东、四川、青海等省（市）民政、卫生、人社等部门联合下发了专门政策文件或启动了地方试点工作。上海、青岛、南通等地探索建立了长期照护保障制度。在服务开展方面，重点发展养护型、医护型养老机构，截至今年 9 月底，全国有 23.61％的养老机构内设有医院、医务室等医疗服务设施；2014 年全国养老机构收住失能和半失能老年人 69.46 万名，占比达 29％，民政所属老年人与残疾人服务机构年康复和医疗门诊量达 645.12 万人次。在保障措施方面，民政部联合发展改革委、卫生计生委等部门实施健康养老重大工程、远程医疗合作试点等工程，推进中医药健康养老服务合作。医养结合虽然是我们当前工作中的短板和瓶颈问题，但蕴含着巨大的发展潜力和成长空间，我们要充分认识推进医养结合工作的重要意义，采取切实有效措施抓紧抓好，抓出实效。

二、要全面领会和准确把握《通知》的主要内容和精神实质

《通知》在总结实践经验的基础上，为适应新形势新任务的需要，对推进医养结合工作提出了明确要求，内容丰富、措施有力。这是落实党中央、国务院决策部署的实际行动，是统筹利用医疗卫生和养老服务资源，促进两个服务体系发展的重大战略举措，更是满足老年人多样化养老服务需求，让老年人有更多改革获得感的硬招实招。各级民政部门要全面领会和准确把握《通知》的主要内容和精神实质。

（一）要准确把握“医”和“养”的有机统一

一是要明确养老服务和医疗卫生服务之间的关系。医养结合是养老和医疗服务资源的有机共享和功能互补，而不是简单的重复建设或功能趋同。养老服务主要是以生活照料为核心，涵盖医疗护理、精神慰藉、紧急救援等内容的综合服务，医疗卫生服务以救死扶伤、防病治病为宗旨。对于民政部门管理的各类养老机构和支持开展的各类养老服务来讲，养是基础，医是保障。二是要明确养老机构和医疗机构之间的功能定位。养老机构主要是为失能、半失能及其他有特殊需要的老年人提供专门服务，养老机构中医疗卫生服务主要是以康复护理为核心的健康管理、长期照护和临终关怀等服务，医疗机构则主要是以疾病诊断和治疗活动为核心。要防止养老机构医院化倾向，对于多数急性病或重症老年人，仍应以医疗机构治疗为主。三是要明确民政部门和卫生计生部门的工作职责。依照老年人权益保障法规定，设立养老机构应当取得民政部门许可后方能开展服务。医疗机构内设养老机构开展养老服务的，应当依法申请养老机构设立许可。同样，养老机构内设医疗机构也应依法依规取得医疗机构设立许可。在这其中，民政部门和卫生计生部门都负有重要管理职责，应加强沟通合作，互相给予支持配合，协调落实各项优惠政策。

（二）聚焦问题精准施策，推动落实医养结合各项任务

《通知》针对推进医养结合工作中的关键问题，提出了明确的政策措施，各级民政部门要认真抓好落实。一是解决老年人家门口看病难问题，提升社区居家健康养老服务水平。《通知》提出要推动医疗卫生服务延伸至社区、家庭。要充分依托国家基本公共卫生服务项目，以及社区各类服务资源，加强社区日间照料中心、托老所、居家养老服务站点等社区养老服务设施与城市社区卫生服务机构的合作，实现功能和服务的无缝对接。对于身体状况较好、生活基本能自理的居家老年人，通过养老提供辅助生活照料服务，辅之以健康管理、疾病预防等公共卫生服务。对于生活不能自理的高龄、独居、失能等居家老年人，要在完善居家和社区养老服务的同时，通过基层医疗卫生机构提供定期体检、上门巡诊、家庭病床、社区护理、健康管理等基本健康服务。

二是解决养护型、医护型养老机构发展滞后问题，提升养老机构医养结合服务能力。《通知》提出要建立健全医疗卫生机构与养老机构合作机制，支持养老机构开展医疗服务。提升养老机构医养结合能力，重点是统筹养老机构和医疗机构的设置规划，支持养老机构与医疗机构就近就便开展合作，开通绿色转诊通道，提供治疗期住院、康复期集中护理、稳定期生活照料相结合的健康养老服务。支持采取内设医务室、护理站、卫生所（室）等或引入周边医疗机构分支机构等形式，满足老年人医疗服务需求。对于具备一定规模的养老机构，可以根据自身条件，按相关规定开办老年病医院、康复医院、护理院、中医医院、临终关怀机构。对于养老机构设置的医疗机构，应按规定享受发展社会办医的优惠政策。

三是解决老年人养老护理服务费用支出问题，发挥医保支持作用，探索建立长期照护保障制度。《通知》多处细化了医保支持医养结合服务政策，规范为居家老年人提供的医疗和护理服务项目，将符合规定的医疗费用纳入医保支付范围。落实好将偏瘫肢体综合训练、认知知觉功能康复训练、日常生活能力评定等医疗康复项目纳入基本医疗保障范围的政策，为失能、部分失能老年人治疗性康复提供相应保障。对符合基本医疗保险定点医疗机构认定条件的养老机构内设医疗机构，依申请纳入定点范围，与社会保险经办机构签订定点服务协议，入住的参保老年人按照规定享受相应待遇。要全面建立生活长期不能自理、经济困难老年人护理补贴制度，并做好与重度残疾人护理补贴制度的衔接。鼓励探索建立包括长期照护补贴、长期护理社会保险和商业保险在内的多层次长期护理保障制度，积极探索多元化的保险筹资模式。

四是解决养老机构医护和服务人员不足问题，为医养结合提供智力支持和人才保障。《通知》提出要加强人才队伍建设。做好职称评定、专业技术培训和继续医学教育等方面的制度衔接。要积极探索养老机构与医疗机构在技术和人才等方面的合作机制，鼓励医护人员到养老机构、社区养老服务设施等开展多点执业和轮岗服务，帮助培养基层养老护理员和实用人才。支持养老机构中的医护人员到医疗机构进修培训。确保在养老机构中服务的具有执业资格的医护人员，在职称评定、专业技术培训和继续医学教育等方面，享有与医疗机构医护人员同等待遇。鼓励医护人员等专业技术人员创办养老机构或开展社区居家养老服务。建立高级养老护理员培训基地，以岗位管理为抓手，为养老服务专业技术人才提供在本职岗位发展进步的职业台阶。

（三）加强政策衔接融合，统筹落实好医养结合优惠扶持政策。要抓好国务院35号文件、40号文件以及《通知》的整合落实工作，加强供给侧结构性改革，加大对医养结合型养老机构建设的政策支持力度。重点做好社区居家养老服务政策与强化基层医疗卫生服务政策，鼓励社会力量举办养老机构与促进社会办医等政策的衔接，加大对医养结合机构在投融资、土地供应、税费优惠、财政补贴等方面的支持力度，鼓励社会力量提供医养结合服务。充分发挥公立医疗机构和公办养老机构在推进医疗卫生和养老服务结合中的示范作用，共同实施好健康养老重大工程、远程医疗合作试点等建设项目，加快信息惠民工程、“互联网+”养老等信息化项目建设进度。全面放开养老服务市场，通过购买服务、股权合作等方式支持各类市场主体增加养老服务和产品供给。

三、全力做好《通知》的贯彻落实工作

推进医养结合工作的大政方针已经确定，关键是抓好贯彻执行。各级民政部门要把贯彻落实《通知》作为当前和今后一个时期的一件大事和重点任务，摆在突出位置，

抓好组织实施。

（一）部级层面落实分工，加强政策创制

推进医养结合工作，关系到积极应对人口老龄化和推进健康中国建设两项重大战略任务，直接涉及两亿多老年人的切身利益。民政部建议与卫生计生委等部门一道，梳理任务分工，从部级层面研究解决带有基础性、机制性的重点问题，制定一些管根本、利长远的落实政策。一是要研究制定加强养老机构和服务设施医疗护理能力的政策措施，推动养老机构和社区养老服务设施与医疗机构的对接，完善养老机构内设医疗机构的许可条件和程序，制定建设养老医疗联合体，鼓励医疗机构与区域内养老机构开展合作的具体措施。要完善医养结合服务需求评估和服务质量监管，确保服务质量和安全。二是要制定养老服务人才培养、使用和激励政策，消除人才技术障碍。整合养老和医疗领域现有专业技术人才培养、评价、选拔、使用政策，加强基层和一线养老服务专业技术人才队伍建设。以职业分类为基础，统筹专业技术职务聘任制度和职业资格制度，创新专业技术人才评价机制。要将养老护理员培训作为加强职业培训促进就业的重要方面，落实职业培训和技能鉴定补贴政策，推广岗位津贴和就业奖补政策。三是发挥基本医疗保障制度对推进医养结合的支持作用。对符合认定条件的养老机构内设医疗机构，简化纳入医保定点的申请批准程序，加快办理进度，促进医疗卫生服务向社区、家庭和机构延伸。要会同有关部门积极研究论证长期照护保障制度。四是积极做好与相关规划的衔接。积极争取把推进医养结合工作纳入到国家“十三五”规划，同时做好与基本公共服务体系建设规划、“十三五”社会养老服务体系建设规划、老龄发展规划、中医药健康服务发展规划等专项规划的衔接工作。

（二）各级民政部门要提高认识，加紧落实

一是要制定贯彻实施意见。按照《通知》提出的要求，立足本地实际，借鉴先行地区经验，制定具体实施意见。要按照《通知》确定的目标节点，形成切实可行的工作方案，确保目标如期实现。二是要寻求突破关键问题。要把握问题导向，找准“病灶”，集中突破“中梗阻”，优先选择能够早突破、早见效的薄弱环节和突出问题，精准发力，把《通知》含金量充分展示出来，增强政策的可及性和获得感。三是要加强部门沟通协调。各级民政部门要积极争取地方党委政府对医养结合工作的重视，加强与卫生计生、发展改革、财政、人力资源社会保障、国土资源、住房城乡建设等部门的沟通协调，建立经常性的会商机制，形成齐抓共管医养结合的工作格局。四是要鼓励社会力量参与。积极推进政府购买基本健康养老服务，逐步扩大购买服务范围，完善购买服务内容。要结合公办养老机构改革，将医养结合作为实施政府与社会资本合作的重要内容，吸引社会资本参与医养结合项目的投资、运营管理，提升服务供给能力和效率。

（三）上下联动探索创新

一是要尽快着手启动试点。各级民政部门要根据《通知》精神，积极选取本地区有条件的地方和项目开展医养结合试点，并向民政部、卫生计生委申报。民政部和卫生计生委将尽快研究制定开展医养结合试点地区的工作方案和试点内容，以及医养结合试点项目的建设方式、服务内容和管理模式等。二是要勇于开拓创新。有条件的地方，可以整合审批环节，缩短审批时限，为设立医养结合机构提供一站式便捷服务。鼓励各地设立健康产业投资基金，支持医养结合发展。支持有条件的地方先行先试，创新体制机制和政策措施，为全国提供经验。三是要加强督促检查。各地要密切跟踪医养结合进展情况，分析解决工作中的重大问题，总结推广好的经验做法，要会同相关部门加强工作督查，建立监测平台，定期通报工作进展，确保各项政策措施落到实处。

四、巩固督查成果，加快养老服务业发展

按照国务院办公厅关于开展督查工作的统一部署和委托，今年9月下旬至10月中旬，民政部在全国集中开展了养老服务业政策措施落实情况督查。总体上看，35号文件印发后，各地党委政府高度重视，全面部署，支持社会力量参与养老服务业发展力度很大，推进各项政策措施很实，取得了初步成效。同时，各种深层次问题也逐步显现。

（一）养老服务业发展取得积极进展

一是政策和法规体系日益完善。国务院35号文件下发后，民政部出台了推进公办养老机构改革、建立养老服务协作、开展服务评估等政策，同时还会同或配合有关部门出台了30多项政策文件，所有省级人民政府均出台贯彻落实35号文件的具体实施意见，各地出台养老服务政策近300个。二是居家社区养老服务网络初步建立。全国社区老年人日间照料中心覆盖率明显提升。四川、山东等地从无到有发展迅速；江苏、上海等5个省市的城市社区日间照料中心覆盖率达到了100%，农村日间照料中心覆盖率超过了50%，提前完成了“十二五”建设目标。养老服务信息平台建设取得新进展，各地已建立养老服务信息平台840个。三是养老床位建设目标基本实现。截至今年9月底，养老床位总数达到654.9万张，每千名老人拥有床位数从2010年底的17.8张增长到目前的32.33张（高于2014年底27.2张），已经提前完成30张的目标。四是社会力量作用初步显现。截至今年9月底，全国民办养老机构达到13677家，占养老机构的比例达到29.3%。全国推行公建民营的养老机构达到1179家，占比达3.6%。五是资金支持力度逐步增大。“十二五”以来，地方各级财政累计投入487亿元，地方福彩公益金累计投入249.7亿，总计约737亿元支持社会养老服务体系建设。截至今年9月底，全国高龄津贴发放人数2155万人，护理补贴发放人数109万人，居家养老服务补贴享受人数达到572万，机构养老服务补贴享受人数达到82.9万。六是服务人才队伍建设初具规模。与“十一五”末相比，各地养老护理人员持证比例明显提高，全国平均达到33.73%，超过50%的省市的养老护理人员持证比高于全国平均水平。

（二）亟待解决的重点难点问题

一是法规政策衔接存在“断头路”。养老用地抵押担保政策与物权法和全国人大法工委解释相冲突。养老设施消防合格验收标准较高。二是养老服务总体供给不足，供给侧改革任重道远。从民生领域重要指标和任务完成情况来看，基本养老服务补贴目标人群覆盖率还有部分省区未达标。社区居家服务设施覆盖率偏低，养老机构结构功能还不完善。三是养老服务业发展资金缺口较大。一方面公共财政投入不足，政府购买养老服务水平不高。另一方面一些地方政府未将养老服务设施建设资金列入财政预算，仅靠争取中央预算内投资和福利彩票公益金补助，造成项目资金短缺。四是社会力量扶持政策措施难落实。有的省份社会力量扶持政策措施存在不完善或落实难问题。养老机构特别是民办养老机构仍然面临“用地难、融资难、运营难、用工难”等共性问题。五是养老服务工作涉及部门多协调难。养老服务工作是一项复杂多元的系统工程，政出多门、资源分散。民政部门在制定、落实养老服务政策过程中，需要大量时间和精力用于协调工作。

（三）加大工作力度，加快推进养老服务业发展

一要坚持分类施养、各尽其责。进一步明确政府基本职责定位，厘清政府、社会、市场、家庭包括老年人在内的各方责任。政府主要是保基本、兜底线，重点保障高龄、失能、孤寡、经济困难老年人的养老问题；市场主要是发挥在养老服务资源配置中的决定性作用，逐步使社会力量成为发展养老服务业的主体；家庭主要是发挥基础性作用，承担养老服务功能，满足老年人的情感和精神需求。

二要完善法律法规，强化养老服务业发展法律保障。一是研究起草促进养老服务业发展的法规，为养老服务业发展提供法律支撑。二是修改完善养老机构设立许可办法或地方实施办法。三是从法律上完善养老机构以出让等有偿形式取得的建设用地使用权的担保政策，扩大担保物范围。

三要发挥规划对养老服务业发展引领作用。一是争取将发展养老服务业纳入各级国民经济和社会发展“十三五”规划，将社会养老服务体系建设“十三五”规划列入重点专项规划，加强对“十三五”时期社会养老服务体系建设的引导，促进地区和城乡之间协调发展。二是将养老服务设施建设纳入城乡总体规划、控制性详细规划以及土地利用总体规划等，分级分区域制定养老服务设施规划，保障养老机构和社区养老服务设施用地。

四要出台重点政策，破解养老服务业发展难题。一是制定出台养老服务业金融支持政策，创新养老机构投融资模式，鼓励和引导商业银行等金融机构开发养老信贷产品。二是完善社区居家养老服务支持政策，鼓励就近居住或共同生活、带薪休假、经济支持、喘息照顾等政策。三是加强老年宜居环境建设，制定出台老年人居住环境无障碍改造政策。

五要加强基础建设，夯实养老服务业发展基础。加强养老服务业标准化建设、人才专业化建设和信息化建设。四是加强行业统计和国家级养老信息系统建设，准确、及时、全面反映养老服务业发展的规模和水平。

六要强化监管督查，促进养老服务业健康规范发展。按照简政放权要求，加强养老服务业行业监管，完善监管政策，强化监管手段。同时，将养老服务业发展政策落实情况纳入各级政府督查任务，将督查结果纳入政府绩效考评范围，切实提高决策执行力。

同志们，推进医养结合工作任务艰巨、责任重大、使命光荣。让我们紧密团结在以习近平同志为总书记的党中央周围，认真学习贯彻党的十八届五中全会精神，以贯彻落实《通知》为动力，齐抓共管、协同推进、锐意进取，扎实工作，为积极应对人口老龄化，加快推进社会养老服务体系建设，促进医养结合发展，满足老年人健康养老服务需求，增进老年人福祉，实现全面建成小康社会的目标作出新的更大的贡献！

认清形势　明确任务　抓好落实
不断推动老龄事业创新发展

——在全国老龄办主任会暨第四次中国城乡老年人生活状况抽样调查动员会议上的总结讲话

全国老龄办常务副主任　王建军

（2015 年 4 月 20 日）

同志们：

通过大家共同努力，全国老龄办主任会暨第四次中国城乡老年人生活状况抽样调查动员会议，已完成既定议程，就要结束了。上午，立国部长亲临会议并作了重要讲话，邹铭副部长传达了全国老龄委第十七次全会精神，吴玉韶副主任就第四次中国城乡老年人生活状况抽样调查进行了动员部署。我们要认真学习，深刻领会，抓好落实。7 省市进行了大会发言。刚才，大家又围绕全国老龄委第十七次全会精神和立国部长讲话，结合各自实际，进行了热烈讨论，提出许多好的意见和建议，希望大家相互学习借鉴，自觉运用到工作之中。这次会议，内容丰富，安排紧凑，两个会议套开，效果很好，达到了预期目的。

一是认清了形势。人口老龄化是我国的基本国情，老龄化加速发展是我国经济发展新常态的重要特征。经济发展新常态下，积极应对老龄化形势更加严峻，王勇国务委员在全国老龄委第十七次全会讲话中，概括为五大特征，即老年人口增长快，规模大，影响越来越深；高龄、失能老人增长快，社会负担重；农村老龄人口比例高，问题突出；老年人家庭空巢化、独居化加速，矛盾加剧；未富先老、未备先老特征明显，任务繁重，并指出，积极应对人口老龄化，加快发展老龄事业，中央高度重视，社会广泛关注，群众十分期待。各级党委政府和相关部门，务必将这一事关经济发展、社会和谐、家庭幸福的工作抓紧抓好。所以，老龄工作只能加强，不能消弱，只能做好，不能做差。

二是理清了思路。大家感到，王勇国务委员和立国部长的讲话，站位很高，内容很实，针对性、指导性很强，思路更加清晰，路径更加实际。核心就是深入学习贯彻习近平总书记系列重要讲话精神，在“四个全面”战略布局中谋划老龄事业发展。具体而言，就是将老龄事业发展纳入全面建成小康社会总目标；在全面深化改革中破解老龄事业发展难题；在全面推进依法治国中，推动老龄事业改革创新；在认真落实全面从严治党要求中，保障老龄事业在经济发展新常态下健康发展。大家表示，思路决定出路，明确的发展方向和路径，为开创老龄工作新局面打下坚实的基础。

三是明确了任务。关于当前和今后一个时期，老龄工作的主要任务，王勇国务委员和立国部长讲的十分明确具体，概括一下，就是深入贯彻《老年人权益保障法》，加快配套法规政策建设步伐；突出“十三五”规划编制，做好“十二五”规划收官，组织好第四次老年人生活状况抽样调查；以问题为导向，聚焦制约老龄事业发展瓶颈，全面深化老龄事业体制机制改革。

总之，这是一次承前启后的重要会议，也可以说是明年国务院第四次全国老龄工作会议的预备会。会议结束后，各地要将会议精神，特别是王勇国务委员和立国部长的讲话，原原本本地向当地老龄工作委员会主要领导进行汇报。及时组织各级老龄办进行传达和学习，并结合实际，认真抓好贯彻落实。下面，我就贯彻这次会议精神，进一步做好今年工作，再谈两点意见。

一、建立健全工作机制，切实发挥老龄办职能作用

今年是老龄事业创新发展的关键一年，时间紧、任务重、难度大、要求高。能否圆满完成全国老龄委第十七次全会确定的工作任务，很大程度上取决于各级老龄办的工作能力和水平。希望大家敢于担当，不辱使命，完善制度，建立机制，用好用足老龄委这一平台，撬动各方资源，凝聚成员合力，推动老龄事业创新发展，不断开创老龄工作新局面。

一要找准定位，依法履职。大道至简，工作定位就是部门职责，决定着履职方式。职权法定，法无授权不可为，法定职责必须为，这既是中央要求，也是法律原则。因此，无论是老龄委的五项职责，还是老龄办的六项职责

始终是我们工作的基本遵循。由于历史的原因，各地的机构设置不尽相同，职能职责也不完全一致。但无论如何，机构性质，部门职责都决定着履职方式，从全国情况看，我认为主要就是调查研究、政策创制、综合协调、检查落实。调查研究是前提，政策创制是根本，综合协调是关键，检查落实是保证。因此，现阶段全国和省级老龄办要在《老年人权益保障法》大的框架下，真正把调查研究、政策创制、综合协调、检查落实作为履职的主要方式。通过调查研究，提供决策参考；通过政策创制，推动事业发展；通过综合协调，形成工作合力；通过检查落实，保证制度措施效力。面对日益繁重的改革发展任务，希望大家认真研究，深入思考，找准定位，发挥优势，不断提高履职尽责的能力。

二要建立机制，借势聚力。应对人口老龄化、发展老龄事业，涉及方方面面的工作，目前，全国老龄委成员单位已扩大到32家，涵盖党政军群等诸多领域。作为老龄委的办事机构，天然具有“上通天、下接地、横到边”的工作优势，能否有效发挥好这种优势，关键在于机制建设，即通过科学的制度安排，在老龄委成员单位之间及老龄系统，形成目标一致，内外协同、上下联动的工作格局。从而聚焦“积极应对人口老龄化，大力发展养老服务业和产业”的目标任务，充分发挥老龄办承接上下、沟通左右、协调各方的职能作用，凝聚各方力量，形成工作合力，共同促进老龄事业创新发展。

三要与时俱进，提升能力。老龄问题涉及政治、经济、文化、社会和生态诸多领域，跨学科、跨部门、跨领域特征明显。坚持“四个全面”战略布局，主动适应经济发展新常态，落实党中央、国务院关于老龄工作的部署要求，迫切需要我们进入新状态，提升新能力。包括学习能力、依法履职能力、责任担当能力和改革创新能力。为此，我们要自觉树立学习意识，让学习适应要求，让要求形成习惯；要自觉树立规矩意识，让规矩成为标准，用标准规范行为；要自觉树立担当意识，让担当成为责任，让责任化为动力；要自觉树立问题意识，让问题成为导向，让导向引领行动。这既是新形势、新任务对我们的新要求，也是我们能否高质量发挥职能作用的前提。

二、统筹兼顾，突出重点，确保完成年度工作任务

今年，是我国全面深化改革的关键之年，也是全面推进依法治国的开局之年，更是老龄事业发展“十二五”规划收官之年，认真贯彻落实全国老龄委第十七次全会和本次会议精神，完成好会议确定的各项工作任务，要求很高，难度很大，需要大家讲究策略，注意方法，抓住重点，整体推进。为此，我们将今年的工作梳理概括为：“突出一条主线、开展好两个创建、打好三大战役、建设四项工程、打造五大品牌”。

一要突出一条主线。以深入宣传贯彻落实新老年法为主线，集中做好三方面工作。第一，配合全国人大进行执法检查。坚持把执法检查与政策创制相结合，与代表议案、建议办理相结合，与促进老龄工作开展相结合。利用人大的执法检查，进一步促使有关方面和地方更加重视老龄工作，关心老龄事业，维护老年人合法权益。第二，推动政策创制。根据新老年法的制度安排，研究确定政策创制计划，并分步分领域组织落实。大力协调推动有关部门制定老年人力资源开发利用、意外伤害保险、宜居环境建设、健康管理服务、旅游健身服务、老年人法律服务和法律援助等政策文件。第三，深化新老年法的宣传。新老年法进一步明确了政府、社会、家庭、个人及各有关部门的权力义务，强化了老龄工作部门的法律责任，是老龄工作部门、涉老职能部门工作的基本遵循和依据。因此，各级老龄工作部门要认真贯彻落实，依法指导老龄工作有序进行，推进老龄事业健康发展。要充分利用广播、电视、报纸和新闻网络等媒体作用，采取专题讲座、培训、会议等形式，广泛深入宣传，努力做到新老年法家喻户晓，人人皆知。

二要开展好两个创建。两个创建是老龄工作的重要抓手。第一是第二届“敬老文明号”创建活动。要注重拓展创建领域，主动把普遍创建与重点行业创建相结合，以扩大范围、规范过程、强化监督、提升质量为重点，深化与卫生计生等系统共同开展“敬老文明号”创建活动。第二是联合最高人民法院、最高人民检察院、公安部、民政部、司法部等部门开展全国老年维权工作先进集体评选活动，重点表彰基层老年维权组织，推进基层老年法律维权工作，切实保障亿万老年人的合法权益。

三要打好三大战役。三大战役是今年老龄工作的三大硬仗，各地务必做好充分准备，来者能战，战则必成。第一是做好“十二五”规划终期评估。各级老龄办要抓紧联合有关部门全面检查评估老龄事业发展“十二五”规划执行情况，对照规划任务，进行认真梳理，抓住重点领域，全面推动落实。届时，全国老龄办将委托第三方进行综合评估，评估结果要上报国务院。第二是做好“十三五”规划的编制。这是今年老龄工作的重中之重，必须下大力气，用真功夫，捞出干货。各地要结合实际，把解决当前老龄问题同老龄事业长远发展结合起来，使老龄事业中亟待解决的问题和亟需加强的领域在新规划中充足体现。努力从指导思想、发展目标、主要任务、政策导向、保障措施等方面，编制出具有权威性、前瞻性、政策性、针对性、可操作性的发展规划。第三是做好第四次老年人生活状况抽样调查。这次抽样调查是写入《老年人权益保障法》的重要法定调查，是准确反映我国老年人生活状况的基础性、公益性、战略性的国情调查，样本规模达22万多份，首次覆盖全国31个省（区、市），意义重大。希望各地真正摆上位置，积极配合，掌控进度，保证质量，圆满完成抽样调查任务，努力将其做成精品工程，为制定应对人口老龄化战略、规划、政策提供大数据支撑。

四要建设四项工程。四项工程是老龄事业发展的基础性工作。第一是老龄数据平台建设工程。我国老龄事业发展很快，但老龄信息化工作还处于初级阶段，由于顶层设计不够、缺乏统一信息平台、技术落后等因素，长期以来，涉老底数不清，数出多门，准确性、权威性屡受质疑，不仅影响全国老龄办的威信，更主要的是误导舆论，影响决策。在这方面，上海、北京、辽宁、浙江、重庆等地做的很好，为我们树立了榜样。我们要认真抓好老龄数据平台建设，收集整理涉老工作统计数据和指标，尽快建立涉老数据获取、分析、评估、审核和发布的权威数据平台。第二是新型老龄传媒平台建设工程。为贯彻落实中央关于推动传统媒体与新媒体融合发展的要求，按照民政部党组的决定精神，中国老年报、中国老年杂志、华龄出版社正在联合筹建中国老龄新闻出版集团。主要目标是坚持以技术为支撑、内容建设为根本，整合现有纸质媒体，推进数字平台建设，努力打造中国第一家老龄传媒集团，形成有影响力的老龄舆论传播体系。各地要结合本地实际，对老龄传媒进行优化整合，发挥老龄媒体的最大功能和效益。第三是老年宜居环境建设工程。大家知道，“三个创建”是近年来老龄办的一项重要工作，经过五年多的实践探索，形成了一系列重要成果，为推动“老年宜居环境建设”写入新老年法打下了很好的基础。我们要坚持一张蓝图绘到底，一茬接着一茬干，继续深入扎实做好这项工作。各级老龄办要积极协调和引导职能部门从城市规划、道路交通、居住环境、公共设施、社区服务、社会政策、文化建设和敬老氛围等方面，把应对人口老龄化的理念贯穿到新型城镇化建设之中，为老年人提供安全、便利、健康、舒适、愉悦的生活环境和条件。要突出社区为老服务重点，把发展为老服务与创造老年自主生活条件结合起来，带动社区服务硬件和软件建设全面发展，构筑完善的为老服务体系。各地要因地制宜，积极探索宜居环境建设方式，扎实推进，讲究实效，使之成为开展老龄工作的重要抓手。第四是基层老年协会建设工程。要以完成“十二五”规划提出的目标任务为抓手，进一步贯彻落实《关于加强基层老年协会建设的意见》和将要下发的《进一步加强城乡社区老年协会建设的通知》，积极开展基层老年协会建设推进年活动。继续实施“乐龄工程”，引导财政资金、福利彩票公益金和社会资金投入基层老年协会建设，夯实基层老年协会基础。

五要打造五大品牌。五大品牌是推动老龄工作的具体举措。第一是老年友好型城市建设。世界卫生组织自2007年开始倡导全球老年友好城市理念，随即我们启动了老年友好型城市、老年宜居社区、老年温馨家庭“三个创建”试点，并取得了重要成果。齐齐哈尔市是目前我国唯一获得世界卫生组织命名的“国际老年友好型城市”，今年，全国老龄办将对“三个创建”进行整合提升，集中推进老年友好型城市建设，争取每年有1～2个城市进入国际老年友好型城市行列。第二是“敬老月”系列活动。“敬老月”活动已连续开展了五年，活动内容丰富、形式多样、参与人数多、社会影响大，得到了各级党政领导的高度重视。今年，要通过组织志愿行动、实施品牌项目、开展精品活动等方式，扩大“敬老月”活动的社会影响力，使广大老年人特别是困难老年人和农村老年人得到更多实惠。第三是“银龄行动”。继续鼓励和倡导各地开展东部地区援助西部地区、边远山区、少数民族地区和省内援助工作。同时创新工作思路，创造老年人社会参与途径和条件，深入挖掘老有所为先进典型事迹，搭建老有所为平台，发挥老年人在大众创业、万众创新中的积极作用。第四是老年人法律服务和法律援助活动。这项活动文件已发，全国老龄办与司法部联合组织这项活动，引导广大律师、公证、基层法律服务机构、法律援助机构及人员参与涉及老年人合法权益的诉讼、调解、仲裁和法律咨询等活动，着力解决老年人最关心的法律问题。10月份集中开展以“法治阳光温暖老龄”主题服务活动，使广大老年人感受到社会的公平正义。第五是建设老龄政策研究基地和老龄专家库。我们将在全国范围内遴选一批高水平、综合性、研究型的院所机构，合作建立国家老龄政策研究基地。建立凝聚老龄委成员单位、老龄工作系统、社会专家学者成果和智慧的工作制度，建立老龄工作专家库，动员各方力量参与老龄工作战略研究和政策制定，为中央决策提供智力支持和参考。

同志们，“惟改革者进，惟创新者强，惟改革创新者胜”。新常态呼唤新状态，新任务催生新作为。让我们紧密团结在以习近平同志为总书记的党中央周围，以踏石留印、抓铁有痕的精神，扎实工作，开拓创新，为推进老龄事业创新发展做出新的更大贡献！

在全国基层老年协会建设推进会上的讲话

全国老龄办常务副主任　王建军

（2015 年 5 月 19 日）

同志们：

根据全国老龄委第十七次全委会、2015 年全国老龄办主任会议部署，为贯彻落实《全国老龄办、民政部关于进一步加强城乡社区老年协会建设的通知》精神，加快基层老年协会建设步伐，努力完成老龄事业发展"十二五"规划任务，今天我们在贵州遵义专门召开基层老年协会建设工作推进会，很必要，也很有意义。这既是一次现场观摩学习会，也是深入开展基层老年协会推进年活动动员会，更是研究探讨未来基层老年协会的定性、定位、定向发展的务虚会。刚才，陈鸣明副省长发表了热情洋溢的致辞，向大家介绍了贵州的自然地理和民族风情，尤其是近年来贵州全省经济社会发展取得的辉煌成绩，使我们倍受鼓舞。播放的贵州老龄工作纪实片，立体展示了省委省政府主动把老龄工作摆上位置，纳入大局，不断加强老龄政策法规建设，努力健全老年社会保障体系，切实保障和改善老年民生，积极维护老年人合法权益，创造性地实施"345 工程"，探索形成"七个一工作推进法"，在全国率先基本完成老龄事业发展"十二五"规划目标任务的工作亮点，使我们深受启发。遵义、辽宁、湖北、云南、陕西及杭州的经验介绍，各具特色，值得学习借鉴。黄茹副局长、甄炳亮副司长到会并讲话，增强了我们推进基层老年协会建设的信心。

这次会议得到了贵州省和遵义市的大力支持，让我们以热烈的掌声向省市两级领导和同志们表示衷心感谢！下面，我讲三点意见。

一、南宁会议以来基层老年协会建设的实践需要认真总结

2012 年底，全国老龄办在广西召开了全国基层老年协会规范化建设经验交流会。以这次会议为标志，基层老年协会建设开始换挡提速，发展进入快车道，质量进入提速期，作用发挥日益彰显。几年来，各级老龄部门认真贯彻会议精神，结合新修订的《老年人权益保障法》的宣贯工作，围绕"十二五"规划目标任务，一手抓增点扩面，一手抓制度规范，推动了基层老年协会建设快速发展，取得了明显成效。

一是党政更加重视。党的十八大以来，从中央到地方，各级党委、政府越来越重视老龄事业，尤其对基层老年协会在城乡社会治理、为老服务和老年维权中发挥更大作用寄予厚望。《老年人权益保障法》、《国务院关于加快发展养老服务业的若干意见》，既明确了老年协会等依法设立的老年人组织的地位职能，也对老年人组织作用发挥的重点领域、主要内容提出了具体要求。根据新形势、新任务，全国老龄办有针对性地加强了对基层老年协会建设的指导，从改革方向上，按照建立现代社会组织体制要求，制定了《村（居）老年协会章程（示范文本）》，鼓励基层老年协会依法登记或备案；在规范建会和发挥作用上，实施了"乐龄工程"，启动了中西部地区农村老年协会建设扶持项目。各级老龄部门抢抓机遇，与时俱进，主动作为，努力把扶持基层老年协会建设列入当地民生建设、社会建设以及城乡社区设施建设规划，强化考核硬指标，突出建设覆盖率，基层老年协会建设实现了历史的跨越。贵州、陕西、河北、安徽、重庆、厦门、宁波等省市适时召开基层老年协会建设推进会，开展了老年协会星级评定工作。湖北层层传导责任，把基层老年协会建设纳入与分管省长签订的年度目标责任书。湖南量化了建会指标，把基层老年协会建设纳入全省社会管理综合治理考评内容。辽宁健全工作机制，开展了基层老年协会建设促进工程。黑龙江、新疆、吉林分别研制了基层老年协会建设规范化标准，制定实施了推进基层老年协会规范化建设方案。青岛、杭州强化"乐龄工程"推进计划，拓宽了支持基层老年协会建设渠道。

二是改革更加有力。全国多个省市抓住社会组织管理体制改革的有利时机，将基层老年协会纳入社会组织管理制度改革范畴，在改革登记管理制度、承接政府转移职能、购买养老服务等方面做了许多有益尝试。北京专门下发文件，鼓励和扶持老年协会以社会团体形式登记注册或备案管理，探索多种形式的老年协会组织方式。广东把老年协会列为城乡社区服务类社会组织，实行登记和备案"双轨制"，并且在登记过程中，利用社会组织发展基金，对老年协会进行扶持。上海实施"老伙伴"计划，以项目承接方式向区、街道、社区老年协会购买互助养老服务。广西、深圳把具备资质的老年协会纳入政府购买服务主体范围。湖北、江苏等省采取公益招投标、公益创投等方式，引导老年协会参与老年精神慰藉、矛盾调处和家政服务等工作。这些积极而有效的探索，提升了基层老年协会的活力。

三是环境更加优化。各地充分发挥老龄委的作用，积极探索政府主导、部门配合、社会参与的基层老年协会规范化建设新模式，基层老年协会发展的良好社会环境进一步形成。对老年协会的财政支持力度进一步加大，尤其在全国老龄办实施中西部地区农村老年协会建设扶持项目和“乐龄工程”以后，各地主动作为，积极配套，加大资金投入，从2014年以来，中央和地方福利彩票公益金对中西部基层老年协会建设投入达到1.23亿元，前所未有。民政部从去年开始，将部本级福利彩票公益金的50%用于老年事业。更为可贵的是，社会力量、社会资金开始投向基层老年协会建设，浙江省老龄办联合省内三家慈善机构，资助基层老年协会开展“圣奥·独居老人暖巢行动”，创意新，效果好，影响大，代表了下一步基层老年协会在资金争取上的主要方向。各地进一步落实基层老年协会建设税费减免优惠政策、加大资源整合力度，广西壮族自治区政府规定，凡是老年协会创办的项目，在项目审批、税收等方面予以优惠或减免。云南持续组织实施“百村建设”项目计划，大大改善了基层老年协会的基础设施。山东、河南等省整合社区公共服务资源，向基层老年协会开放了为老服务场地设施。内蒙古、青海、宁波等地主动协调，将基层老年协会免费纳入社会组织孵化基地，利用高校资源和专业社会工作机构，对老年协会进行培育，收到良好效果。

四是作用更加明显。各地引导基层老年协会发挥优势，广泛开展养老互助、老年教育、志愿服务、社会公益等活动，尤其在养老服务体系建设、老年维权、社会参与等工作中，老年协会的作用得到进一步凸显。湖北、甘肃等地将农村居家养老服务设施交由老年协会进行日常管理服务，助推了养老服务的可持续发展。贵州、福建采取“会院合一”的方式，充分发挥老年协会在农村幸福院建设过程中的组织引领作用。杭州以村为单位，通过加强农村老年协会组织建设，整合了商会及基层慈善组织的功能，助推了“银龄互助”服务。四川开展基层老年协会参与农村空巢老人居家养老服务试点工作，开局良好。大连鼓励社区老年协会把服务商纳入会员单位，拉近了与老年服务对象的距离。天津、宁波等地依托老年协会采取多种形式向老年人开展《老年人权益保障法》普法活动，深受老年人欢迎。在《老年人权益保障法》的宣贯上，除了利用媒体，还有一个非常有效的途径就是老年协会。江西、宁夏等地老年协会成立了专门的老年维权调解小组，督促赡养人落实对老年人的家庭赡养和抚养责任，大大缓解了农村地区家庭养老矛盾。

总之，南宁会议后，全国各地普遍加大了基层老年协会推进力度，成效明显。据统计，2012年底全国基层老年协会总数为44.7万个，不分城乡总的覆盖率是60%。截止去年6月，全国基层老年协会已发展到49.2万个，覆盖率达到了74%。其中，北京、辽宁、浙江、甘肃、贵州等11个省（区、市）基本实现了“十二五”规划城市社区覆盖率目标，山东、江苏、福建、广西、宁夏等12个省（区、市）实现了“十二五”规划农村社区覆盖率目标。

二、基层老年协会建设面临的深层次问题需要认真研究

今年是全面深化改革关键之年，是全面推进依法治国开局之年。在中央“四个全面”战略布局中思考和推进老龄工作，是全国老龄委第十七次全委会和今年老龄办主任会确定的基本工作思路。积极应对人口老龄化，大力发展老龄事业，确保老年群体同步步入全面小康，既需要全力做好顶层设计，也需要激发社会活力，夯实基层工作基础。“十二五”期间，基层老年协会建设虽然进展很快，具备了很好的基础，但城乡区域发展不平衡、资金扶持不到位、自身建设不规范、作用发挥不显著等问题依然存在，特别是一些深层次矛盾和问题，需要我们上下共同努力，集中攻关，形成共识，拿出破解之道，提出可行建议，为编制老龄事业发展“十三五”规划创造条件。

一是缺乏系统研究，顶层设计滞后。按照《老年人权益保障法》的规定，“县级以上人民政府负责老龄工作的机构，负责组织、协调、指导、督促有关部门做好老年人权益保障工作”。同时规定，“基层群众性自治组织和依法设立的老年人组织应当反映老年人的要求，维护老年人合法权益，为老年人服务”。显然，在老龄事业中，除各职能部门外，体制内的部门就是县级以上各级老龄办，在基层、在体制外主要就是村居委会和基层老年协会等涉老组织。应该说，以新《老年人权益保障法》为标志，基层老年协会进入了转型升级的新阶段。大家知道，基层老年协会是改革开放的产物，经过30多年的发展变化，其性质、功能和形态都已不同以往，面临的背景、形势、任务和要求也大不一样。对此我们研究不多，准备不足。从能查到的资料看，2004年，中国老龄协会同南开大学人口所合作，对基层老年协会进行过专题研究，但成果主要是对现状的梳理和描述。老龄系统平时有些研究，大都是调查报告，关注的主要是无人、缺钱、没场地这些表象问题，少有透过现象看本质的力作。由于缺乏深入系统研究，从改革开放初期，江西兴国县江背镇高寨村诞生第一个“老人互助会”，到1996年第一部《老年人权益保障法》颁布施行，将近20年时间，国家层面没有出台过关于基层老年协会的专门政策文件，基层老年协会基本处于自发状态。直到2012年全国老龄办下发《关于加强基层老年协会建设的意见》，才算填补了政策空白。但由于文件层级低，效力不足，影响有限，很难引起地方党政领导重视和各部门的响应，这是多年来基层老年协会发展缓慢的重要原因。

二是组织定性模糊，与现行法律法规规定脱节。《全国老龄办关于加强基层老年协会建设的意见》，参照工青妇等人民团体的性质，结合基层老年协会实际，规定“城乡社区老年协会是老年人自我管理、自我教育、自我服务的老年群众组织，是基层老龄工作的重要组织载体，是党和政府联系广大老年群体的桥梁和纽带”。组织性质决定组织方式，这种定性符合基层老年协会发展的历史，但与现行法律法规规定却有很大距离。从法的角度看，村居委会组织法是基层群众性自治组织的专门法律，但没有基层老年协会的内容，新旧《老年人权益保障法》对老年人组织进行了界定，但核心是“依法成立”。从法规的角度看，目前，社团、民非和基金会三个条例是规范社会组织的核心法规，如果将基层老年协会纳入社会组织范畴，其组织方式、内部治理、能力建设和监督管理等，无一例外都得从其规定。从改革方向看，消减行政审批，放权于市场、放权于社会，最大限度激发市场和社会活力，是本届政府下的“先手棋”，深化财政体制改革，通过政府购买服务方式解决公共服务供给，日益成为新常态。从履职方式看，职权法定，法无授权不可为，法定职责必须为，依法行政将成为政府履职的基本方式。这一系列变化，对推进基层老年协会是个巨大挑战，继续维持现状，保持老年群众组织特性，于法无据，难有作为，纳入现代社会组织范畴，能力不足，标准不够，登记困难。这是个两难选择，但必须做出选择。

三是老年人的需求日益广泛，基层老年协会组织形式和功能单一。老年人的需求虽有共性，但千差万别。按照《老年人权益保障法》的规定，依法设立的老年人组织是与老年人权益有关的各种社会组织的统称，包括社团、民非和基金会三种组织形式，社会团体是以成员为基础的组织，而基金会和民非则是以财产为基础的组织。这种规定充分考虑到了老年人多样化、差异化需求，也符合老年社会组织发展实际。但现实的情况是，各级老龄部门关注最多的就是基层老年协会。一方面，基层老年协会总体上属于社会团体，老年维权功能表现比较突出，但登记条件很高、要求很严、登记最为困难。另一方面，老年人需求普遍的是服务，而能够提供相应服务的社会组织应该是民非，并且登记也相对容易。不仅如此，从近几年政府购买服务实践看，民非所占比重最大。支持型基金会资助的重点也是民非组织。这种对象需求与工作重点的错位，需要认真思考。

以上三个问题是否准确，大家可以深入讨论，但“十三五”期间无法回避，过去我们就讲，不打无准备之仗，对此我们必须未雨绸缪，认真研究，深入思考，理清思路，拿出对策。一方面要登高望远，跳出协会看协会，将基层老年协会放到“四个全面”战略布局下思考和把握，重点应考虑《老年人权益保障法》的规定；另一方面要开阔视野，过河搭桥、借船下海，将基层老年协会纳入全局抓落实，重点要发挥各级老龄委的职能作用，真正从体制机制上实现基层老年协会健康有序发展。

三、基层老年协会建设年活动需要认真推进

今年是全面完成“十二五”规划的收官之年，为指导各地按时完成规划目标，全国老龄办把今年定为基层老年协会建设推进年，并与民政部共同下发了《关于进一步加强城乡社区老年协会建设的通知》。这是全国老龄办和民政部首次联合下发的专题文件，针对性比较强。希望各地在系统总结“十二五”规划执行情况的同时，结合各自实际，认真贯彻落实。

一要明确目标。各地要按照“抓落实、广覆盖、强组织、增活力，努力完成‘十二五’规划目标”的总体要求，扎实开展基层老年协会建设推进年活动。力争实现三个目标：第一，覆盖率进一步提高。提高城乡社区老年协会覆盖率是推进年活动的首要任务。要注重统筹区域平衡，聚焦重点难点，实化、细化措施，填洼地、补短板，着力解决薄弱环节，最大限度推进“十二五”规划目标。第二，工作水平进一步提升。各级老龄部门要充分发挥老龄委优势，承担起工作推进的主体责任，有效利用政策引导和扶持培育两大杠杆，增强发展的内动力。第三，规范化水平和服务能力进一步提升。贯彻《全国老龄办关于加强基层老年协会建设的意见》，以及《村（居）老年协会章程（示范文本）》，优化治理结构，加强监督管理，突出作用发挥，使基层老年协会的向心力、吸引力、凝聚力普遍增强。要认真学习贵州“七个一工作推进法”和规范标准，争取党委政府的高度重视，打造一批受老年群体欢迎的基层老年协会，也可以探索通过老年组织联合会的形式规范社区老年协会。

二要积极扶持。资源匮乏是基层老年协会存在的普遍问题，要积极争取有关部门配合，综合运用财政补助、行政奖励、购买服务、税收优惠等多种手段对基层老年协会进行扶持引导。要积极协调民政部门，加大福利彩票公益金对老年协会建设的投入力度。要推动符合条件的老年协会承接政府购买服务项目或公益创投项目。要继续积极实施“乐龄工程”，整合各类社会资金和资源，尤其要鼓励引导基金会等社会力量支持基层老年协会建设，这既是浙江等省的成功经验，也是未来发展方向。要深入研究基层老年协会和其他老年社会组织的关系及特点，鼓励同类型的老年社会组织加强合作，共享资源，共同开展为老服务。

三要提升能力。在基层老年协会建设过程中，既要解决增量问题，更要注重解决存量问题，要一手抓协会覆盖率，一手抓协会能力建设。要围绕更好发挥基层老年协会作用，制订老年协会骨干培训计划，安排专项经费，统筹培训资源，灵活运用购买服务、专业社工指导等方式，提升老年协会能力。要认真研究社区老年人的诉求，研究基层老年协会建设与基层社会治理的结合点，找准基层老年协会参与社会的着力点，以问题为导向，不断提高基层老年协会骨干培训的针对性、实用性，帮助基层老年协会建立起富有活力的工作班子和专业化队伍，提升基层老年协会服务老年人、服务社区的能力，增强老年协会的吸引力和凝聚力。在农村地区，要努力把老年协会打造成农村留守老人关爱平台，并发挥老年协会在农村互助养老服务设施持续运营管理中的作用。要探索建立基层老年群众组织评估、激励机制，引导基层老年协会严格按照章程依法依规开展活动，开展诚信自律建设，建立起自我约束、自我发展、自我服务的管理机制，逐渐提高基层老年协会的诚信度和公信力。这方面的成功案例很多，建议大家看看四川宜宾老年协会的经验，他们创造的“和字当头、为字当头、助字当头、乐字当头”十六字秘诀很有嚼头。还有福建三明清流县城关老年协会，他们真正做到了“有机构管事、有章程监事、有资金理事、有人头议事、有办公室办事”很值得借鉴。

四要加强领导。中央领导同志曾经指出，加强基层老年协会建设，对做好新形势下城乡社区老龄工作具有重要意义，各级党委、政府和老龄、民政等部门要重视做好这项工作。基层老年协会建设既是基层老龄工作的重要内容，也是基层老龄工作的基础。加强基层老年协会建设，既符合国家激励和培育社会组织改革方向，也是转变基层老龄工作方式的客观要求。因此，各地老龄部门务必要转变观念，开拓创新，不要指望通过增加行政力量来解决基层老龄工作，更不要热衷于通过建机构、搞项目来推进基层老龄工作，而应该在基层老年协会建设上花气力、下功夫。要站在推动基层社会治理创新、转变政府职能的高度去谋划基层老年协会建设工作，把培育发展基层老年协会作为创新社会治理和加强老龄工作的重要内容。要积极争取党委、政府对基层老年协会建设的重视，把老年协会建设列入政策创制范畴，纳入工作目标考核内容，确保领导重视到位、责任落实到位、目标考核到位。要积极营造良好的社会氛围，优化基层老年协会发展的舆论环境，树立典型，加强宣传，为社会参与、支持基层老年协会建设创造条件。

同志们，当前，我国已经进入全面建成小康社会的关键时期和深化改革开放的新阶段，老龄工作也将迎来新跨越。任务已经明确，关键在于行动。让我们紧密团结在以习近平同志为总书记的党中央周围，开拓创新，扎实工作，促进基层老年协会发展壮大，为广大老年人提供更加优质的服务，在全面建设小康社会和构建社会主义和谐社会中发挥更大的作用。

在“宣传老年法　关爱老年人”全国老龄宣传工作研讨会上的讲话

全国老龄办常务副主任　王建军

（2015 年 9 月 8 日）

同志们：

今天，我们在这里召开全国老龄宣传工作研讨会，主要任务是交流老龄新闻宣传的经验，探索新形势下老龄宣传工作如何创新发展，提升老龄宣传工作的整体水平。首先，我代表全国老龄办向中国记协表示感谢。这几年，在中国记协的支持下，广大新闻媒体和全国老龄办宣传部门通力合作，围绕涉老问题做了大量宣传报道，成效显著，尤其是今年上半年两个单位共同组织开展的“记者基层行”活动，形成了很好的宣传效果，受到立国部长高度肯定，批示全国老龄办和中国记协要广泛合作，加强舆论引导，唤起全社会对老龄工作的重视。

此次研讨会的主题是“宣传老年法　关爱老年人”。下面，我就老龄宣传工作谈三点看法，同大家交流。

一、老龄宣传工作要强化发展意识，突出持续性

众所周知，我国从 1999 年开始进入老龄化社会，按照国际标准，一般是指 60 岁进入老龄，目前有些国家已经延迟到 65 岁或者 67 岁，虽然我国现在也将中央国家机关女性处级干部退休年龄延长到 60 岁，但实际上全社会平均退休年龄还不到 55 岁。长期以来，党中央、国务院高度重视老龄工作，确定了积极应对人口老龄化的战略，采取了许多重大举措，主要体现在六个方面：一是 2000 年 8 月，出台了《中共中央、国务院关于加强老龄工作的决定》，奠定了新世纪应对人口老龄化的政策基础、制度基础和思想基础；二是 2013 年 7 月 1 日，正式实施了新修订的《中华人民共和国老年人权益保障法》，将积极应对人口老龄化上升为党和国家的一项长期战略任务；三是 2001 年—2015 年，连续出台了关于中国老龄事业的一个发展纲要和两个“五年”规划，细化了老龄事业发展的阶段目标、重点任务，明确了具体要求；四是 2009 年—2012 年，全国老龄委组织实施了国家应对人口老龄化战略研究项目，为推动我国老龄事业进入视野更开阔、思想更深刻、认识更全面、工作更务实的新阶段奠定了坚实基础，为我们立足长远、谋划全局、科学决策、积极应对人口老龄化提供了重要依据；五是 2013 年至今，国家先后下发了《国务院关于加快发展养老服务业的若干意见》及其一系列配套政策文件，对发展养老服务业做出了全面系统安排，形成上下贯通、相互衔接的政策体系；六是 2014 年开始，全国老龄委依法组织开展了第四次中国城乡老年人生活状况抽样调查，为编制老龄事业发展的“十三五”规划提供基础数据支持，为党中央、国务院和各级党委政府统筹制定应对人口老龄化战略、规划和政策提供科学支撑。

尽管我国在积极应对人口老龄化方面做了许多工作，但发达国家长时间、分阶段出现的老龄问题，将会在我国短期内同步呈现、集中爆发，使我国未富先老、未备先老的矛盾更为凸显，经济发展不平衡、人口结构不平衡造成的城乡、区域发展不平衡问题更为突出，人口老龄化形势仍然比较严峻。针对这种情况，全国老龄委、全国老龄办按照中央部署，正在全力开展以下几项工作：

一是加强调查研究，尽快出台国家层面的新时期进一步加强老龄工作的决定，努力将积极应对人口老龄化上升为国策，将老龄工作方针完善为“党政领导、社会参与、全民关怀、自立自强”。二是抓紧制定中国老龄事业发展“十三五”规划，以让所有老年人同步进入全面小康社会为目标，分解任务、量化标准、明确措施。三是积极筹备第四次全国老龄工作会议，通过国务院高层会议加大动员力度，统筹协调、形成合力，推动各项工作更好地贯彻落实。四是加快建立应对人口老龄化的国际论坛，做好前期调查研究，努力在我国搭建一个全球应对人口老龄化的交流平台。

老龄宣传工作是党的宣传思想工作的重要组成部分，也是老龄工作的重要构成，它既是党和政府关于老龄方针政策的传播渠道，也是社会各个方面对老龄工作的反馈途径，还是老龄事业发展的动力和支持。因此，老龄宣传工作要从国家宏观层面来考虑宣传的导向和内容，要结合老龄事业发展面临的新形势以及推进老龄工作遇到的新挑战，与时俱进，形成可持续发展的舆论环境。

二、老龄宣传工作要强化创新意识，突出融合性

人口老龄化的快速发展给我国经济增长、城乡协调发展、以及社会保障、医疗卫生、社会管理等领域都带来深刻影响，应对人口老龄化问题，并不单单指的是养老问题，而是要通盘考虑和处理好各方面关系。

一是老龄事业、养老服务业和老龄产业之间的关系。党的十八大和十八届三中全会提出了积极应对人口老龄化，大力发展养老服务业和产业的要求。习近平总书记多次就老龄工作做出重要指示，明确指出：“我国老年人口增加很快，老年服务产业发展还比较滞后。要完善制度，改进工作，推动养老事业多元化、多样化发展，让所有老年人都能老有所养、老有所依、老有所乐、老有所安。”李克强总理在今年的政府工作报告中明确提出了发展养老服务业、健全老年人福利保障制度和服务体系的要求。中央的决策部署和习近平总书记、李克强总理的重要指示精神为做好新时期的老龄工作指明了方向，未来要在养老服务业和老龄产业同步发展的基础上，进一步壮大老龄事业的发展。

二是居家养老、社区养老和机构养老之间的关系。这是养老服务体系建设的问题，《老年法》和《中国老龄事业发展“十二五”规划》明确提出要“建立以居家为基础、社区为依托、机构为支撑的养老服务体系，居家养老和社区养老服务网络基本健全，全国每千名老年人拥有养老床位数达到 30 张”。数据显示，包括北京、上海在内的许多城市，入住养老机构的老年人口比率不超过 4%。因此，要通盘考虑三者的关系，核心应是对居家养老提供政策支持。在立足我国实际国情的基础上，充分借鉴国外一些好的经验和做法为我所用。比如：日本法律规定，长子继承制，子女继承资产，就应该照顾父母。在新加坡，子女照顾父母，印花税可以减免等等，但我国目前这方面政策还有所欠缺，急需在家庭养老支持政策上用力。

三是物质保障、服务保障和精神保障之间的关系。在党中央、国务院的正确领导下，在各级党委政府和各有关部门的不断努力下，我国的基本养老、基本医疗保险制度已经实现全覆盖，社会救助制度全面建立，临时救助制度全面实施，老年人的物质保障相对完善。各地各有关部门认真贯彻落实《国务院关于加快发展养老服务业的若干意见》，抓紧完善和落实相关政策措施，推动养老服务业快速发展，老年人的服务保障也在稳步推进。但老年人的精神保障方面，我们还有很多工作要做，新修订的《老年法》为什么要将“常回家看看”写进法律条文？根本目的就是要全社会关注老年人的精神慰藉问题。从社会治理的角度来看，如果我们不能为广大老年人提供强大的精神保障，不仅会直接影响老年人的身体健康状况，更会影响到基层的稳定和整个社会的和谐。

四是政府、社会和市场之间的关系。要解决中国的人口老龄化问题，必须将政府、社会和市场三者有机结合起来，这已经成为全社会共识。未来五年是全面建成小康社会的冲刺时期，但我国目前还有近1亿的空巢和独居老年人，约3500万的失能半失能老年人，约2800万的低保五保老年人，要使这些特殊的老年群体同步进入小康社会，就一定要处理好这三者之间的关系，摆正各自的位置。各地各级政府应该充分发挥"保基本、兜底线"的作用，在弥补过去欠账的基础上，逐步把精力转向到引导、指导和监管上来，同时发挥市场的决定性作用，鼓励和支持社会力量及社会资本进入老龄产业，激发各类主体活力，增加养老服务和产品供给，满足人们日益增长的养老需求。

五是城市养老、农村养老和区域养老之间的关系。这是养老发展的布局问题，受客观条件所限，一直以来全社会对城市养老的关注度都远远高于农村，对发达地区养老问题的关注度都远远高于中西部欠发达地区，但这并不完全符合中国国情。事实上，城市的老龄化问题要小于农村，而且农村大部分是留守老人，他们面临的困难和问题更多，更难解决。近年来，民政系统开始推广农村幸福院的建设，很多社会资本也开始在农村结合土地的流转建立生态养老园，这些探索都是老龄工作进步的标志。但还远远不够，今后，我们要把更多的精力投放在对农村养老、留守老人问题的关注上，这样才能更好地体现党和政府以及社会对全体老年人的关怀和关爱。

六是老年人防病、治病和康复之间的关系。1990年9月，世界卫生组织在哥本哈根会议上首次提出"健康老龄化"的理念，1999年，为应对21世纪人口老龄化给世界各国经济社会发展带来的问题，世界卫生组织又在此基础上提出了"积极老龄化"的理念。实践证明，这两个理念非常先进、正确。根据2010年第六次全国人口普查详细汇总资料计算，我国人口平均预期寿命达到74.83岁，高于世界平均水平，但老年群体的健康年龄段与西方发达国家差距比较大，这不仅占用了大量医疗成本，造成资源浪费，而且也给家庭增加了负担，影响自身生活质量。因此，中国的养老要走医养结合的路子，要引导广大老年人树立健康管理的理念，自觉提高疾病预防意识，重视治疗结束后的康复，这样才能真正健康、积极、有尊严地生活。

七是专业护理、子女尽孝和智能化养老之间的关系。孝亲敬老是中华民族的传统美德，是公民的基本道德行为准则，是社会主义核心价值观的重要内容。近年来，全国老龄办协调相关职能部门，不断加大宣传力度，全社会尊老敬老、爱老助老的社会氛围日益浓厚。但随着独生子女家庭日益增多，居家养老完全依靠子女尽孝已不现实，可以考虑通过政府购买服务等形式，面向高龄、独居、空巢、低收入和失能半失能老年人，提供专业护理和服务。同时，要树立互联网＋的思维，自觉将现代科技与养老服务有机结合，在条件允许的地区和群体内推广智能化养老模式，满足老年人的特殊需求。

三、老龄宣传工作要强化法制意识，突出针对性

法律是治国之重器，是各项事业健康有序发展的关键保障条件。要深入推进老龄事业的改革发展，必须全面加强老龄法制建设，营造有法可依、有法能依、有法必依的社会舆论环境。1996年8月29日，第八届全国人民代表大会常务委员会第二十一次会议通过了我国第一部《中华人民共和国老年人权益保障法》。2012年12月28日，十一届全国人大常委会第三十次会议审议通过了新修订的《老年法》，进一步明确了政府、社会、家庭、个人及各有关部门的权力义务，充实完善了家庭赡养与扶养、社会保障、社会服务、社会优待、宜居环境、参与社会发展等各方面与老年人权益息息相关的规定，前瞻性很强，为发展老龄事业预留了很大的制度空间。

《老年法》是老龄工作部门、涉老职能部门工作的基本遵循和依据，也为老龄宣传工作指明了方向，奠定了基调。近20年来，《老年法》在推动老龄事业发展、维护广大老年人合法权益、积极应对人口老龄化、促进我国经济社会发展等方面发挥了重要作用。最近，全国人大已经做出决定，今年九、十月份对《老年法》进行执法检查，张德江委员长对此做出重要批示，要求积极应对人口老龄化，加快发展各项老龄事业是关系千家万户的重大民生问题，也是全面建成小康社会的重大任务，要通过这次老年人权益保障法执法检查，进一步推动老年人社会保障体系和社会养老服务体系建设，营造全社会依法维护老年人权益的良好氛围，促进老龄事业与经济社会协调发展，把老有所养、老有所依、老有所乐、老有所为落到实处，充分体现了国家对老龄事业的高度重视。

因此，做好老龄宣传工作一定要紧紧围绕《老年法》，突出这个主题，把其作为立足点和"靶心"，认真深入宣传，反复强化宣传，重在宣传效果。考虑到法律条文准确简练、严肃严谨的特性，在宣传过程中可以多方结合，比如与中华民族传统美德结合起来，与人口老龄化国情教育结合起来，与普法教育活动结合起来，与"老年节"系列活动结合起来，与代表议案、建议办理结合起来，用案例、故事、图表等方式来深入浅出地解释居家养老的基础性地位，失能老年人的长期护理问题、社会养老服务体系如何建设、老年群体需要精神慰藉等等，使全社会都知晓、理解、遵守、运用《老年法》，有效发挥法律武器的作用，切实保障广大老年人的合法权益。

同志们，我国人口老龄化快速发展的新形势、经济转型升级的新常态、中央对老龄工作的新要求、老年群众对过上幸福美满生活的新期待，为老龄宣传工作打开了更加广阔的空间，我们要坚持方向、锐意进取、创新发展，共同把老龄宣传工作做实做好，为我国老龄事业的健康发展创造更好的环境。

谢谢大家！

在院校老年教育工作座谈会上的讲话

教育部副部长　鲁昕

2015 年 9 月 22 日，教育部副部长鲁昕出席院校老年教育工作座谈会并发表了题为“加快发展老年教育服务国家积极老龄化战略”的讲话；鲁昕在讲话中分析了国际国内人口老龄化的严峻形势与挑战，阐述了新形势下大力发展老年教育的重要意义，明确指出，发展老年教育是国际社会应对人口老龄化的一致选择，是实现中国梦的重要内容，是促进老年人终身发展的重要保证，是推动转型升级的新增长点，是实现教育发展战略目标的必然要求。

鲁昕强调，今后一个时期老年教育发展的主要任务，一是创新老年教育管理体制机制；二是以满足基层需求为重点扩大老年教育供给；三是整合开放各类老年教育资源；四是丰富老年教育内容形式；五是探索养教结合新模式；六是积极支持老有所为。

鲁昕要求，教育系统要发挥优势积极开展老年教育，一是各级教育行政部门要把老年教育切实提上议事日程，作为发展继续教育、完善终身教育体系的重要内容；要主动加强与组织、文化、民政、老龄等部门的沟通协调。二是各类院校要积极开展老年教育。普通高校要创造条件举办和实施老年教育；职业院校要把发展老年教育作为面向社会提供终身学习服务的重要领域；社区教育机构要把推进基层老年教育作为加快发展的工作重点；要把发展老年开放教育作为老年教育模式创新的突破点。三是积极发挥高校第三年龄大学联盟的作用，服务好国家老年教育发展战略，搭建院校发展老年教育的交流平台。

关于贯彻实施《中国老龄事业发展“十二五”规划》情况的报告

全国妇联

（2015 年 9 月 23 日）

全国老龄工作委员会：

《全国老龄委关于开展〈中国老龄事业发展“十二五”规划〉执行情况检查评估的通知》下发后，全国妇联高度重视，按照要求对几年来贯彻实施《中国老龄事业发展“十二五”规划》（简称《规划》），开展老龄妇女工作的情况进行了认真的自查和总结，现将《规划》执行情况报告如下。

一、开展的主要工作

全国妇联紧紧围绕党和国家工作大局，以代表和维护广大老龄妇女群众的根本利益为出发点，结合妇联工作实际，切实履行全国老龄工作委员会成员单位职责，在推动《规划》相关工作任务的贯彻落实，协助党和政府做好老龄工作方面发挥了积极作用。

（一）源头参与，积极推动与老龄妇女相关的法律法规和政策规划的修订与完善

全国妇联坚持源头参与，积极参加与老龄妇女相关的法律法规和政策的制定工作，争取在国家立法和决策中，反映和体现老龄妇女的权益。近年来，全国妇联和各级妇联组织先后参与了《老年人权益保障法》《社会救助法》《社会保险法》等多部国家和地方性法律法规的修改和完善，针对老龄妇女在社会保障、医疗保障、社会福利、社会救助、老年优待等方面的特殊利益诉求提出妇联组织的

主张和意见建议。积极推动《反家庭暴力法》立法工作，目前在各有关部门的共同努力下，该法已提交十二届全国人大常委会第十六次会议审议，这部法律出台后，将填补我国对公民婚姻家庭领域法律保护的空白，惠及包括老龄妇女在内的亿万妇女及其家庭。在《中国妇女发展纲要(2011—2020年)》《中国老龄事业发展“十二五”规划》制订过程中积极建言献策，例如在《中国妇女发展纲要》中专门设置了有关老龄妇女在健康、社会福利及生存环境领域保障和发展的指标。通过妇联系统的人大代表和政协委员的建议和提议案，反映老龄妇女的呼声和意愿。例如在“两会”上提交“服务民生、关爱家庭、促进家政服务业健康发展”“提高高龄贫困妇女生活津贴”“男女同龄退休延迟女性退休年龄、应对人口老龄化挑战”等提议案。加大调查研究力度，为政策出台提供依据。例如在全国妇联与国家统计局联合开展的第三期中国妇女社会地位调查中，设立了老年妇女问题专卷，并积极推动将研究成果转化为惠及老龄妇女利益的相关政策；在历次《中国性别平等与妇女发展报告》绿皮书中，收录了对老龄妇女群体研究的专门文章。这些研究成果为国家制定应对人口老龄化长期战略提供了基础数据和参考依据。

（二）以家庭为阵地，努力营造敬老助老社会氛围

敬老助老是中华民族的传统美德。近年来，全国妇联认真贯彻落实习近平总书记关于“注重发挥妇女在社会生活和家庭生活中的独特作用，发挥妇女在弘扬中华民族家庭美德、树立良好家风方面的独特作用”“注重家庭、注重家教、注重家风”指示精神和《中共中央关于加强和改进党的群团工作的意见》精神，坚持以培育社会主义核心价值观为主要内容，以注重家庭、注重家教、注重家风为核心任务，以促进家庭和睦、促进亲人相亲相爱、促进下一代健康成长、促进老年人老有所养为工作目标，以光大德孝文化为特色，开展了丰富多彩的家庭文明建设活动，将孝老爱亲内容融入其中。

一是组织开展寻找“最美家庭”活动和“好家风好家训”宣传展示活动，传承夫妻和睦、尊老爱幼、科学教子、勤俭持家、邻里互助的中华民族家庭美德，以实际行动为培育和践行社会主义核心价值观贡献力量。全国妇联从2014年起利用城乡社区70多万个“妇女之家”开展了寻找“最美家庭”和“好家风好家训”宣传展示活动，把上下联动集中寻找与阶段性推进相结合，吸引社区基层及机关、企业、军营、学校群众广泛参与，目前这项活动已常态化开展，寻找和展示活动贯穿全年。连续两年各推选出了100个全国“最美家庭”和230户提名家庭，敬老助老家庭是其中重要表彰对象，例如与中宣部向全社会公布了任全来家庭等20户“全国孝老爱亲最美家庭”的先进事迹，这些家庭敬老爱老、奉行孝道，倾心孝顺父母公婆，倾情照顾孤寡老人，志愿服务困难群体。在持续开展好家风好家训征集活动中，敬老助老也是一项重要内容。

二是参与寻找“最美孝心少年”公益活动，宣传孝敬长辈、为家庭排忧解难、代父母担当家庭责任、自强不息、阳光向上、奋发有为的孝亲好少年。在中央电视台连续两年开展的“寻找最美孝心少年”大型公益活动中，全国妇联作为重要指导单位参与其中，组织妇联系统层层推荐最美孝心少年候选人，引导儿童更多地发现身边的榜样，学习身边的榜样，传承和弘扬中华民族孝道文化。暑期，我会与中央电视台少儿频道共同开展了“请到我家来做客”特别节目制作活动，在北京精心挑选了30多户志愿者家庭的孩子，与孝心少年候选人结成爱心伙伴，共同生活，共同学习，通过交流，彰显社会各界的爱心和正能量，把榜样请到孩子身边，使更多的儿童加入到践行孝道的行列中。

三是强化宣传，树立敬老助老良好社会风尚。全国妇联充分运用主流媒体及所属宣传阵地，并通过主流网络、妇联网站和微博微信、移动客户端等新媒体平台，宣传党和国家老龄工作的方针政策，宣传《老年人权益保障法》和《妇女权益保障法》，宣传敬老助老先进典型。例如2014年中国妇女报策划“齐家·圆梦”大型系列主题宣传活动，开设了寻访“身边的孝星”专栏，刊发的故事感动社会，更为人们践行、传承孝老爱亲美德树立了榜样；2015年中国妇女报开设“最美夕阳”专版，宣传中国老龄事业发展成果、解读党和国家有关推动积极人口老龄化的政策措施等。全国妇联与中宣部、教育部、民政部、文化部、全国总工会、共青团中央、中央文明办、全国老龄办等部委共同开展了“全国敬老爱老助老主题教育”、“全国敬老月”、“全国敬老文明号”创建等活动；联合印发了《关于培育和践行社会主义核心价值观　加强老龄宣传教育工作的通知》，为弘扬社会主义核心价值观，营造敬老助老良好社会氛围贡献力量。

（三）依法维权，切实维护老龄妇女的合法权益和特殊利益

全国各级妇联以贯彻实施《妇女权益保障法》、《老年人权益保障法》、中国妇女发展纲要为主线，利用国家法制宣传日、妇联“三八维权周”、全国“敬老月”宣传国家涉老法律法规，把尊老敬老的思想道德教育和法制教育贯穿于老龄妇女维权工作的始终，增强全社会维护老年人合法权益和为老年人服务的意识，引导老龄妇女学会运用法律手段维护自身的合法权益。开展法律和心理咨询服务，将老龄妇女问题作为妇联系统信访管理重点，在全国妇联系统信访信息管理软件中，设置了老龄妇女的专项统计；充分发挥12338妇女维权热线、妇女儿童维权站、法律援助受理点等阵地作用，在热线咨询、司法调解、法律

援助服务中为老龄妇女提供优先和便利，大力推动保障老龄妇女在住房、财产、婚姻、继承、赡养等方面的合法权益。

2014年在22个省区市妇联开展“中国妇女法律援助行动”项目，申请法律援助案件补贴247万元，帮助妇女、老年人、未成年人及残疾人总计1535人，挽回经济损失近8300万元，有效维护了包括老龄妇女在内弱势群体的利益。在指导基层维权服务中关注老龄妇女特殊需求，在编写的《12338妇女维权热线工作指南》和《妇女之家维权服务指南》中，专门设计了“老年妇女的维权服务流程”和“老年妇女生活困难风险评估表”，从12个方面评估，找出存在的主要问题，要求重点关注经济困难、失能的老龄妇女，对权益受损的老龄妇女给予心理关爱，提供解困救难的服务。努力做好老龄妇女信访个案服务，在修改下发的《妇联组织信访工作规定》中，专门增加一条信访场所的内容，要求信访接待场所应当方便残疾人、老年人进行信访活动。在日常接待工作中，开辟老年人优先接待的绿色通道，对待困难行动不便的老年人给予特殊的照顾和关心。通过扎实认真的工作，既切实保障了老龄妇女“过得好”，也为维护社会稳定作出了贡献。

（四）发挥优势，积极为老龄妇女办实事、做好事

全国妇联从关注老龄妇女民生、服务老龄妇女需求出发，在推进家政服务、创业就业、健康检查等工作中使她们能够老有所护、老有所为、老有所乐。

一是将居家养老作为巾帼家政服务工作的一项重要内容，力促“老有所护”。全国2000多家巾帼家政服务机构在家政料理、康复护理、精神慰藉等方面为老年人提供了有针对性的服务，在国家大力推行的居家养老模式中发挥了积极作用，其中“阳光大姐”“木兰花”“川妹子”等，已成为知名的家政服务品牌。2014年3月，在山东济南召开了“贯彻落实习近平总书记系列重要讲话精神，加快巾帼家政服务健康发展推进会”，全国人大常委会副委员长、全国妇联主席沈跃跃在讲话中指出，目前我国老龄人口超过2亿，养老问题已成为国家重要的民生问题，发展家政服务是解决这一问题的重要途径。各级妇联在家政服务培训中专门设置居家养老课程，2014年培训巾帼家政服务员58万人次，提高了养老服务人员的技能和综合素质，并实行持证上岗，为空巢、高龄、失独及生活不能自理的老年人提供贴心、周到的服务，帮她们解决生活中的难题。

二是组织动员老龄妇女参与手工编织，实现“老有所为”。手工编织具有资源消耗少、劳动强度低、便于居家操作等特点，特别适合中老年妇女和残疾妇女参与。2014年5月，全国妇联在四川成都召开了发展手工编织促进妇女创业就业工作推进会，各地妇联积极落实会议精神，动员老龄妇女参加手工编织，既能做到“老有所为”，又可以陶冶情操、增加收入、促进家庭和谐。老人们感到，手工编织其乐无穷，既锻炼大脑，延缓衰老，又增加收入，何乐而不为。

三是扩大“两癌”（乳腺癌、宫颈癌）免费检查范围，提高老龄妇女的健康水平。全国妇联着力推动将妇女“两癌”免费检查的范围由原来的35至59岁扩展到64岁，把老龄妇女纳入免费检查范围。同时，为增强妇女特别是老龄妇女的健康保健意识，拍摄制作了“两癌”免费检查公益广告，在中央电视台、电影频道、地铁、公交等平台播出，发放健康知识宣传册，制作妇女健康知识宣传画、台历等，广泛宣传妇女健康知识。2014年，在浙江、福建、辽宁、河南等地先后举办女性健康知识讲座11场，发放调查问卷2400份；在北京、四川、天津等地举办“健康与美丽同行”长跑活动，组织医务工作者现场咨询，组织老龄妇女参加体检。

四是全国妇联持续开展多年的“母亲水窖”、“母亲健康快车”、“农村留守妇女儿童关爱行动”、“贫困母亲两癌救助专项基金”等民生项目，为众多老龄妇女提供了切实的帮助。促进农村妇女互助组发展，目前在全国建立农村留守妇女互助组数十万个，实现了包括老龄妇女在内的留守妇女在生产上相互帮助、生活上相互扶持、情感上相互依靠、安全上相互关照。

五是开展立足社区、面向家庭、见诸日常、细致入微的巾帼志愿服务。各级妇联将敬老助老内容纳入常态化开展的“践行雷锋精神·百万巾帼志愿者在行动”活动中；一些地方妇联创造性地推出了“爱心呼唤器”、“一键通”呼叫热线等服务载体，为老年贫困妇女、空巢家庭、孤寡老人等开展家庭保洁、医疗保健、家电维修、心理疏导等志愿服务，得到了社会的欢迎和认可。

二、几点建议

全国妇联以维护老龄妇女群体特殊利益为重点，贯彻实施《中国老龄事业发展“十二五”规划》，工作中我们感到在医疗保障、人身权益维护、高龄丧偶老龄妇女生活保障和如何更好地发挥老龄妇女在家庭及社会发展中积极作用等方面，与老龄妇女的需求还有一定差距，还有待加强。因此，提出以下几点建议：

1. 关注老龄妇女健康和医疗保障。随着新型农村医疗保障制度的完善，老龄妇女社会医疗保障享有率已达到95%，但与世界其他国家一样，与老年男性相比，中国老龄妇女寿命较长，健康状况较差，慢性病患病率、多重疾患率高，生殖系统疾病风险高，但女性享有的医疗保障水平较低、照料资源等相对较少，她们面临着比同龄男性更多的困境和压力，尤其是身处农村、高龄、丧偶、独居、贫困及残疾的老龄妇女，对长期性、基础性医疗保健服务的需求量更大。因此，建议对老龄妇女在健康和医疗保健

方面的特殊困难给予切实帮助。

2. 关注对老龄妇女的法律援助和服务。由于女性在整个生命周期和社会发展中常常处于弱势地位，这种性别弱势和步入老年后的年龄弱势叠加在一起，使得老龄妇女成为社会最为弱势的一个群体，她们的权益最易受到侵害，维护自身权益的意识和能力最弱，尤其是农村老龄妇女权益保障存在很多问题，通过正规诉讼方式解决权益受损问题面临着更大障碍和困难。如在现实生活中老龄妇女遭受家庭暴力比老龄男性多，且农村老龄妇女显著高于城镇老龄妇女。而大多数遭受家庭暴力的老龄妇女都采取沉默忍受的方式，极少人会主动寻求社会的支持和帮助。因此，建议对法律援助和服务措施具体细化，实实在在为老龄妇女维权提供帮助。

3. 关注高龄丧偶老年妇女的生活医疗保障。“女高男低”的平均期望寿命和“男大女小”的婚姻模式，导致了老年丧偶寡居的女性化现象，高龄妇女的丧偶率比同龄男性高出了近30个百分点。四成多丧偶老龄妇女生活在社会经济发展水平相对落后的农村地区。数千年来形成的“男主外、女主内”的社会性别分工模式并没有被彻底地消除，相反，由于女性的就业机会较少，以及女性更多承担生育子女、照顾家人饮食起居等无酬的家务劳动，导致大多数女性的收入都不及男性配偶，一旦配偶离世，特别是那些缺乏独立收入来源的女性陷入贫困的风险会大大提高。因此，建议在社会救助体系中设立特殊高龄生活补助金，为缺乏独立生活来源的高龄老人尤其是高龄丧偶妇女提供经济支持，为她们提供负担得起的居家医疗康复和生活照料服务，给予她们特别的关注和切实的帮助。

4. 关注老龄妇女在家庭和社会发展中的积极作用。相对于中青年妇女而言，老龄妇女更多在家庭和社区事务中发挥着积极作用。步入晚年的女性，她们并非只是单方面地接受其他家庭成员的供养和照料，相反，很多情况下她们中许多人还承担着对家人的照料看护等劳动，很多老龄妇女依旧是家庭相关事务的主要参与者和承担者。当前我国老龄妇女的主体是身体相对健康的低龄老人，她们是社区文娱活动、志愿服务的主力军，也是社区公共事务最积极的参与者和最忠实的实施者。习近平总书记在羊年春节发表的讲话中专门阐述了家庭建设问题，强调不论时代发生多大变化，不论生活格局发生多大变化，我们都要重视家庭建设，注重家庭、注重家教、注重家风，充分体现了以习近平同志为总书记的党中央对家庭建设的高度重视。而广大的老龄妇女在传承优良家风家训，弘扬社会主义核心价值观，发扬光大中华民族传统家庭美德，促进家庭和睦、亲人相亲相爱、下一代健康成长和老年人老有所养方面蕴藏着巨大热情和潜力，发挥着独特的作用。因此，建议为老龄妇女参与社区管理和活动搭建丰富多彩的平台，充分发挥她们在建设和睦家庭、实施科学家教、弘扬良好家风，构建和谐社区，传递社会正能量中的重要作用。

以上情况，特此报告。

在北京市老龄工作委员会2015年第一次全体会议暨贯彻落实《北京市居家养老服务条例》工作会上的讲话

北京市副市长　戴均良

（2015年3月26日根据会议录音整理，未经本人审阅）

同志们：

今天下午，我们召开市老龄委2015年第一次全体会议暨贯彻落实《北京市居家养老服务条例》工作会，总结去年工作，部署今年任务，很及时，也很重要。

刚才，万钧同志总结了去年的工作，提出了今年的工作思路和安排；市人大常委会法制办的同志介绍了《北京市居家养老服务条例》立法情况；红兵和建国同志分别对落实《条例》和建立老龄委两项工作制度作了说明；市发改委、卫计委、西城和海淀区政府负责同志作了发言。我们还签订了落实《北京市居家养老服务条例》责任书。全国老龄办吴玉韶副主任作了重要讲话，讲话很有针对性，对我们贯彻落实好《条例》很有指导意义，希望大家认真学习领会，深入贯彻落实。借此机会，我讲三点意见，供大家参考。

一、充分肯定去年全市老龄工作取得的突出成绩

2014年，对北京来说是具有里程碑意义的一年。习近平总书记视察北京，充分肯定了北京多年来取得的成绩。在这个基础上，也指出了北京令人揪心的“城市病”问题，明确了北京的城市功能定位、发展方向、发展思路、发展目标和工作要求。这个目标就是要建设国际一流的和谐宜居之都。总体要求是要推进首都治理体系建设和治理能力的现代化，要提高北京精细化管理水平。这些要求是北京各项工作的行动纲领，市委、市政府认为这是在北京发展历史上具有里程碑意义的一年。对北京的养老工作而言，我认为也是风生水起、蓬勃发展的一年，老龄事业得到了前所未有的关注和重视，出现了全社会谈论养老问题、宣传报道养老问题的热潮。社会资本对养老事业也表现出极大的热情和兴趣，初步形成了比较浓厚的参与养老的社会氛围。一年来，在市委、市政府的正确领导和全国老龄办的有力指导下，经过各级政府和各部门的共同努力，我市老龄工作取得突出成绩。

（一）养老工作推进机制高效有力

2014年，金龙书记、安顺市长多次深入基层，调研养老服务需求，研究政策措施，推进相关工作。市人大常委会将“推进养老服务体系建设”列为2014年的1号议案，市政协将养老提案列为2014年主席督办提案。市人大将《条例》列入地方立法计划，高度重视，主要领导和分管领导亲自主持召开立法会议，亲自带队进行调研，在今年北京市人代会上《条例》高票通过，在全国来说也是开先河的，得到了上自中央领导下自老百姓的充分肯定。围绕落实国务院和市政府关于加快推进养老服务业发展的意见，市老龄委充分发挥牵头协调作用，各成员单位根据各自职责分工，认真抓好任务落实。人力社保、卫生计生、民政、残联等部门积极完善老年人社会保障，发展改革、财政、规划、国土、住建等部门在资金投入、规划设计、土地供应、项目审批等方面大力支持，宣传、文化、教育、体育等部门广泛开展老年人宣传教育和文体娱乐活动，交通、旅游、园林、文物等部门在敬老优待服务方面做了大量的工作。全社会的养老热情和社会关注度日益高涨，越来越多的企事业单位、社会组织和个人积极投身到养老事业之中，初步形成了有利于养老工作的人文环境和社会基础，形成政府主导、部门协作、上下联动、多方参与、共同推进的养老服务工作格局。

（二）养老服务发展思路改革创新

市老龄委作为市政府主管本市老龄工作的议事协调机构，去年也积极适应新形势要求，主动作为，创新思路，开拓进取，推进老龄事业创新发展。一是坚持养老事业与产业同步发展，将养老服务作为拉动内需、扩大就业的重要力量。二是坚持社会多元主体共同参与，广泛调动社会力量参与养老服务。三是坚持均衡布局发展，从重养老机构建设向重社区居家养老转变，确立“夯实中间、带动两头”思路，超额建设104个养老照料中心。四是坚持科学化管理，推进养老券“券变卡”，提高了政府对养老服务信息化管理的精准度。

（三）养老产业实现长足发展

围绕养老产业发展，一方面加大政府对养老产业的投资力度，另一方面开放养老服务市场，积极引进社会资本投身养老产业，首都养老产业有了良好的发展基础，已经初具规模。正因为各个方面的共同努力，得到了市委、市政府的充分肯定，更是得到了国务院的充分肯定。去年底，市政府向国务院报送了《关于落实国务院养老服务业发展政策措施自查情况的报告》，得到国务院较高评价和充分肯定。

2014年，各成员单位和各区县政府齐心协力、攻坚克难、奋勇拼搏，老龄工作取得的显著成就，是市委、市政府坚强领导的结果，是全国老龄委有力指导的结果，也是全市各部门、各区县共同努力的结果。在此，我代表市政府向各单位和各区县，向全市老龄工作战线上的广大干部职工表示衷心的感谢。

二、正确认识和谋划新常态下的老龄工作

当前，我国经济正由高速发展向中高速发展转变，向高端、中高端水平迈进。认识新常态、适应新常态、引领新常态，是我们各项工作的共同要求。在新常态下，北京作为发展较快的特大城市，许多新常态的特征比外地、比其他地方更为突出，更为明显，面临的环境人口资源压力更为突出。在经济社会发展中，老龄问题需要更加关注，更加重视。

（一）正确认识人口老龄化的严峻形势

2014年底，全市60周岁及以上户籍老年人口接近300万，占户籍人口总数的22.5%，高于全国15.5%的老年人口比例（全国老年人口21242万，占总人口的15.5%），位居各省市区前列。简单的说，北京市人口老龄化的程度高于外地，高于全国平均水平，这也是北京的生活水平高、生活质量高的一个必然的结果。据预测，全市老年人口预计2020年将超过400万，预计2030年将超过500万，2040年将超过600万。到时候每三个人中，就有一个老人，人口老龄化形势非常严峻。人口老龄化是挑战与机遇并存，人口老龄化的加剧，正给经济社会发展带来巨大挑战。一是老年人口快速增长，社会抚养负担愈发沉重，社会保障压力越来越大。我市户籍老年人口抚养比由2009年的4位劳动力人口抚养1位老年人，提高到2014年的3位劳动力人口抚养1位老年人。预计到2030年，将达到两位劳动力人口抚养1位老年人，到2050年前后将可能达到1位劳动力人口抚养1位老年人。二是家庭户规模日趋缩小，人均预期寿命提高，社会养老服务需求激增，家庭赡养老人负担日益加重。“四二一”人口结构家庭成为一种新常态，甚至“八四二一”家庭也已经出现，家庭养老压力空前，对社会养老服务提出挑战。

面对人口老龄化的压力和挑战的新形势，我们要变压力为动力，变挑战为机遇，积极谋划，主动作为，将养老服务这项原来政府包办的“夕阳事业”变成社会新兴的“朝阳产业”。据预测，从2014年到2050年，中国老年人口的消费潜力将从4万亿元左右增长到106万亿元左右，占GDP的比例从8%左右增长到33%左右。北京市老年人口消费潜力预计将从2014年的2000亿元增长到2050年的6万亿元左右，养老服务业潜在就业需求从50万人增长到200万人。只要我们未雨绸缪，积极应对，扎实贯彻落实国务院和北京市有关发展养老服务业的意见和要求，落实市委、市政府有关的部署和决策，养老服务业就有可能成为拉动内需、扩大就业、推动经济转型升级、促进首都服务业健康持续发展新的增长点。所以我们对人口老龄化的严峻形势和未来要一分为二的看，既要看到压力和挑战，又要看到动力和机遇，要积极主动的去应对。

（二）发展好新常态下的首都老龄事业

改革开放以来，首都经济发展速度较快、水平较高，当前的新常态的特征比外地更突出，经济增速、结构调整都发生了很大的变化。当前外地有些地方GDP的增长还在9%、10%以上，北京市从前年开始就低于8%了，今年目标在7%左右。所以，我们不得不主动“瘦身健体”、提质增效，加快疏解非核心功能、转变发展方式、调整产业结构。2014年底召开的中央经济工作会议要求主动适应经济发展新常态，以提高经济质量和效益为中心，提出了8个“更加注重”的要求，其中一个就是要重视保障和改善民生，注重满足人民群众需要。从老年人口的增长速度和比例来看，老龄问题越来越成为我国最大的民生工程。在新常态下，要保障好、改善好民生，必须首先要高度重视养老问题。要研究新问题，出台新举措，在中国经济适应新常态的过程中，提质增效，转型升级，迈向中高端，在实现一、二、三产业融合发展的新常态过程中，发展好养老事业，提高养老的服务质量和水平。面对新的形势要求，首都的老龄事业要加强顶层设计，全面统筹谋划，不断健全完善养老保障制度和服务体系，要像重视新兴战略产业那样大力发展养老服务业。养老服务业涉及到千家万户，关系到国计民生和首都的和谐稳定，既是首都社会治理的重要内容，更是重大的民生工程、民心工程和幸福北京工程，我们既要大力发展居家养老服务，又要加强机构养老服务，还要积极推进居家养老服务和机构养老服务的融合发展。要围绕解决老年人吃饭、医疗、康乐等重点、难点问题，大力发展养老事业和养老产业，针对不同年龄、不同消费需求的老年人，积极发展餐饮服务、医疗健康服务、信息服务、旅游服务、文化教育服务和金融服务等各种业态。要通过信息化的技术手段，建立起没有围墙的养老院，把机构服务的项目延伸到千家万户，让居家的老年人也能享受到医院、养老院的服务。我认为这将是我们的发展方向，也是养老服务巨大的市场。前不久我和戴卫副秘书长调研了一些社区，它们已经在探索推进“医养康”融合发展，社区既提供医疗卫生服务，又发展生活照料和康复服务，还通过移动互联网、云计算、物联网等信息技术，提供身体健康检查和电子测量等服务，融养老服务、医疗服务、信息化服务为一体。我们看到，围绕健康养老服务业开发新兴电子产品，正在迅速成为一个大的消费市场。我们要深入贯彻落实国家和北京市关于发展养老服务、医疗健康服务、信息消费服务、文化服务等有关文件精神，去年北京市在这四个方面都出台了专项文件，而且都是有含金量的文件，我们要贯彻落实好这些政策措施，强化融合发展的理念，研究探索新的思路和举措，创新养老服务消费新模式。

（三）引导培养京津冀一体化的养老服务市场

京津冀协同发展作为国家重大发展战略，中央高度重视，市委、市政府高度重视，积极主动融入进去，养老服务业也要发挥三地协同发展的作用。特别是在疏散人口方面要有所作为，我们要贯彻落实市委、市政府关于协同发展的有关要求。在养老事业方面，今年政府工作报告当中提出要在周边联合发展一些养老项目，这是政府的折子工程，我们必须落实好。

三、突出重点抓好今年几项工作的落实

2015年是全面深化改革的关键之年，全面依法治国的开局之年，更是北京市落实习近平总书记视察北京重要讲话精神，推进瘦身健体、转型升级的关键之年。做好今年的老龄工作，要以党的十八大、十八届三中、四中全会特别是习近平总书记系列重要讲话精神为指导，要在“四个全面”的战略布局中，找准老龄事业的位置，发挥好老龄事业的作用，形成健全完善的首都养老服务体系。刚才万钧同志对今年的工作在报告中进行了全面的部署，在这里，我再重点强调几点。

（一）扎实做好老龄民生工作

今年两会，习近平总书记参加吉林代表团审议时，特别强调要扎实推进保障和改善民生工作。他指出，民生工作面广量大，具有稳定性、连续性、累积性等特点。要有坚持不懈的韧劲，一件接着一件办，不要贪多嚼不烂，不要狗熊掰棒子。要发扬钉钉子精神。要一诺千金，说到就要做到，不开空头支票，要同经济发展阶段相匹配，既要积极作为，又要量力而为。我们要深刻学习领会习总书记的重要讲话精神，扎实推进各项老龄工作。

（二）贯彻实施好《北京市居家养老服务条例》

这次会议的重要任务就是部署贯彻落实《北京市居家养老服务条例》。《条例》即将于5月1日正式实施，这对于完善本市社会养老服务体系建设，提升居家老年人生活质量意义重大。《条例》是全国首个地方性居家养老服务地方法规，中央领导、全国人大等各方都非常关注。对于贯彻落实工作，市人大很重视，我们要高度重视。《条例》具有创新性和一定的探索性，有不少是新的工作领域，必然存在诸多难点。任务涉及到的各有关单位，特别是作为牵头部门的单位，要明确本部门和配合部门的责任，积极主动作为，加强部门联动，不要推诿扯皮，按照任务分工要求的时间节点和完成时限将任务落实到位。要加强宣传，尽快启动全市普法准备工作，向社会广泛开展宣传和解读，要把内容宣传到家喻户晓，人尽皆知，特别是我们的社区工作者，养老的职能部门以及相关工作人员，要掌握好内容。

（三）科学制定“十三五”养老规划

今年是“十二五”的收官之年，也是谋划“十三五”的开局之年。市发改委已经在牵头汇总各个方面的专项规划，市里要做好市本级规划，各个区县要抓好各个区县的规划，区县的养老规划要纳入区县总体的规划之中。“十三五”是我国全面建成小康社会最后冲刺的五年，也是首都建成和谐宜居之都决定性的五年，要抓住和利用好这五年重大战略机遇期，把握好战略方向，坚持问题导向，突出改革主线，体现首都特色，编制一个推动养老工作上台阶、人民群众得实惠的高水平规划。

（四）完善社会养老服务体系

按照“9064”养老模式，继续加快发展社区居家养老服务，培育扶持更多居家养老服务商实行连锁式、规模化经营。今年再建设40个街乡镇养老照料中心，实现中心城区全覆盖。在建成的基础上，要积极地完善照料中心的模式、体制、机制，要以改革创新的办法，推进社会化运营，提高运营和服务质量。要加强老旧小区的养老服务设施建设，老旧小区欠账太多，设施短缺、老化等问题比较突出，居民反映强烈。最近，金龙书记多次批示要求市有关部门，主要是规划、发改、财政、民政、国土等部门要联手互动，分期分批逐步解决老旧小区的设施、场地等问题，各有关部门要将这项内容纳入工作计划，要有计划表，落实好。

各区县的分管区县长今天也来参会了，分管很关键，要加大力度出台涉及本区县一些养老重大任务安排。各相关部门回去后要及时向一把手全面汇报本次会议内容，争取重视和支持，并尽快出台本年度涉老工作重点任务。要结合老龄委成员单位年度述职制度和老龄工作督查督办制度，确保工作任务落实到位。

我就讲这么多，谢谢大家！

在2015国际社会养老事业发展合作论坛暨江浙沪养老服务业高峰论坛上的致辞

江苏省副省长　许津荣

（2015年11月3日）

尊敬的王建军主任，各位专家、各位来宾，女士们、先生们、朋友们：

大家上午好！

今天，2015国际社会养老事业发展合作论坛暨江浙沪养老服务业高峰论坛在美丽的宜兴隆重开幕。在此，我谨代表江苏省政府，向来自中外学界、业界、传媒界的各位专家和来宾，以及民政部和兄弟省市的各位领导表示热烈的欢迎！向长期以来关心支持江苏养老事业发展的社会各界人士致以衷心的感谢！

江苏地处东部沿海长三角地区，面积10.26万平方公里，人口7900多万，是中国经济增长较快、开放程度较高、发展活力较强的省份之一。改革开放以来，在党中央、国务院的正确领导下，江苏经济社会发展取得了显著成绩，总的来讲就是，以约占全国1%的土地、6%的人口，创造了约占全国10%的经济总量。“十二五”期间，全省经济总量连跨5、6两个万亿元大台阶，今年有望达到7万亿元；人均地区生产总值连跨6、7、8三个万元台阶，今年将突破8.5万元；公共预算收入连跨5、6、7三个千亿元台阶，今年可超过8000亿元。

江苏在经济社会取得健康发展的同时，也已进入人口老龄化快速发展阶段，是全国老龄化程度最高的省份。全省60周岁以上老年人口已达1500万人，占户籍人口总数超过20%。其中，80周岁以上高龄老人242万，占老年人口总数的15.3%。人口寿命的延长，是社会进步的重要标志之一，也是全人类的共同期望。但与此同时，快速老龄化给经济社会发展带来了深刻影响，广泛体现在社会保障制度建设、公共财政分配、产业结构调整等方方面面。老龄化已不单纯是老年人问题，而是涉及发展全局的重大课题。

江苏省委、省政府历来高度重视社会养老事业发展，将社会养老服务列入民生幸福工程“六大体系”，着力构建城乡一体化、投资多元化、管理规范化、队伍专业化的社会养老服务体系。近年来，重点在保障养老服务用地、增加养老服务融资、发展养老服务产业、加强护理型床位建设、促进医养融合、扩大养老服务业对外开放度等方面创新举措，出台了一系列重大政策措施，推动全省社会养老事业加快发展。目前，全省每千名老人拥有各类养老床位数达35张，建成城乡社区（村）居家养老服务中心18000多家，建立虚拟养老院95个。同时，我们也清醒地认识到，与面临的形势和任务相比，与全省人民对健康养老的期盼相比，我们还有很多需要完善的地方。

本次论坛汇聚了众多国内外专家、业界精英和兄弟省市的专家型领导。我们希望，借这个论坛，在不同国家和地区之间搭建起沟通桥梁及合作平台，在全球治理的背景下共同研讨社会养老事业的发展。希望各位专家为我们传授宝贵的先进经验，加强与江苏的交流合作，帮助我们加快完善社会养老服务体系，共同推动社会养老事业创新发展。

各位来宾、朋友们，刚刚召开的党的十八届五中全会描绘了未来5年国家发展的宏伟蓝图，体现了“四个全面”战略布局，为夺取全面建成小康社会伟大胜利提供了科学指导和行动指南。“十三五”期间，我国发展仍处于大有作为的重要战略机遇期。我们将深入贯彻习近平总书记系列重要讲话精神和对江苏工作的指示要求，在各位专家的指导和帮助下，制定好江苏社会养老事业发展“十三五”规划，发挥好政府的主导作用和社会力量的主体作用，深化制度创新与融合，扎实做好老龄工作，加快发展养老事业，为“迈上新台阶、建设新江苏”作出新贡献。

最后，预祝本次论坛取得圆满成功。再次感谢各位来宾的大力支持！祝大家工作顺利、生活愉快！

谢谢大家。

在浙江省十二届人大常委会第二十次会议上的讲话

浙江省副省长　省老龄委主任　熊建平

（2015年5月22日）

主任、副主任、秘书长，各位委员：

根据省十二届人大常委会第二十次会议安排，由我代表省人民政府，向本次会议报告我省居家养老服务体系建设情况。

一、所做的工作和取得的初步成效

居家养老是传统家庭养老的重要延伸，是社会养老服务体系的重要构成。省委、省政府历来高度重视居家养老服务工作，将其作为积极应对人口老龄化的一项重要举措，纳入老龄事业和社会福利事业发展总体规划，采取积极有效措施，予以大力推进。省人大对这项工作给予了有力的监督和指导，2013年听取社会养老服务体系建设工作情况报告并进行专题询问，去年又开展了《浙江省社会养老服务促进条例》立法工作，并于今年颁布实施，将全省社会养老服务工作纳入法治化轨道。本届省政府成立以来，进一步加大居家养老服务工作推进力度，连续3年将其列入为民办实事内容，每年确定一项重点工作，细化分解目标任务，督促各地抓好责任落实。去年，省政府同时出台了《加快发展养老服务业》、《发展民办养老产业》两个文件，明确了发展养老服务业的一系列新举措，对居家养老服务体系建设作出了新的部署。今年以来，省政府以贯彻实施《条例》为有利契机，以法治方式推进居家养老服务体系建设持续深化提升。

经过这些年的努力，我省居家养老服务体系建设取得了初步成效。目前，全省共有市县养老服务指导中心88个，乡镇（街道）养老服务中心1275个，社区（村）居家养老服务照料中心1.3万多个、居家养老服务站（星光老年之家）1.6万多个，日间照料及托老床位近12万张；共有老年食堂7000个，老年活动中心（室）2.3万个。居家养老服务已基本覆盖了所有城市社区和75%的农村地区。这些年我省推进居家养老服务体系建设，主要采取了以下五方面举措。

（一）科学规划，分类推进，着力构建统一完善的居家养老服务体系

一是确立基本模式。综合考虑我国传统的家庭养老模式和现阶段我省经济状况及各方面承受能力，确立了以家庭为基础、社区为依托、专业化社会化服务为支撑的居家养老服务模式。具体来讲，家庭仍然是最基本的单元，承担着供养老人的主要责任；社区是基础平台，通过这个平台实现各类养老资源的整合利用；专业化、社会化是内在支撑，是提高居家养老服务水平的关键所在。基于这一模

式，形成了“分散居住在家庭养老”和“到社区接受养老服务”两种方式，前者由家庭成员或专人上门提供服务，后者由社区居家养老服务照料中心集中提供服务。

二是优化发展目标。自建立社会养老服务体系之初，就将居家养老摆在基础地位，并根据经济社会发展状况和老龄化程度，对居家养老服务在社会养老服务中的比重进行适当调整。去年，在反复研究论证的基础上，省政府将社会养老服务“9732”的目标调整为“9643”，将老年人享受居家养老服务的比例由97%调整为96%，将老年人享受养老服务补贴的比例由2%提高到3%，并进一步明确，到2017年底，全省城乡社区实现居家养老服务全覆盖，形成20分钟居家养老服务圈。

三是实行分层分类。根据老年人的身体状况、经济状况进行分类，分别提供相应的居家养老服务。其中，对独居、空巢、高龄、失能老年人，根据其经济困难程度，提供无偿或低偿的服务；对中高收入的普通老年人，通过个人自付或给予一定优惠的方式享受居家养老服务。省政府还建立了养老服务补贴制度，将低保家庭中的失能、失智老年人确定为“一类对象”，省里给予每人每年不少于6000元的居家养老服务补贴；将经济困难的其他失能、失智老年人确定为“二类对象”，由各地根据实际提供一定标准的补贴。在省定标准的基础上，大多数地方都扩大了补贴范围，提高了补贴额度。截至目前，全省共有18万老年人享受了居家养老服务补贴。

（二）整合资源，加大投入，不断强化居家养老服务设施建设的要素保障

一是加强用房保障。采取新建与改建相结合的方式，加快推进居家养老服务设施建设。尤其在资源整合上加大力度，将闲置的学校、厂房、办公楼改造成为居家养老服务照料中心，不断扩大服务覆盖面。去年省政府又作出进一步规定，要求新建住宅项目必须配建居家养老服务设施，并与住宅同步规划、同步建设、同步验收、同步交付使用，同时满足不低于总建筑面积的2‰、不少于20平方米两个条件；对尚未配建居家养老服务设施的老城区和居住区，要通过购置、置换、租赁等方式予以解决。

二是加大资金投入。省里设立养老服务专项资金，对符合条件的居家养老服务照料中心给予5万元的一次性补助。各地也纷纷建立专项资金，对每个中心另外再给予10万～50万元的建设补贴，一些市县还建立了运行经费补贴，对居家养老服务照料中心日常运行提供补贴。据统计，2011年以来，全省用于居家养老服务的财政资金高达25亿元以上。在发挥财政投入主渠道作用的同时，积极动员各方力量参与支持居家养老服务，鼓励经济条件较好的村（社区）将部分集体经济收益用于居家养老；引导民间资本和慈善基金捐资兴建居家养老设施，形成了多元化、多渠道的资金筹措机制。

三是实行税费减免。认真落实国家税费优惠政策，参照福利性、非营利性老年服务机构办法，减免居家养老服务组织机构的营业税、房产税、土地使用税、水利建设专项资金等税费，并确保其享受中小企业、小型微利企业和家庭服务业等相应的税费优惠政策。居家养老服务照料中心用水、用电、用气实行与居民同价，免收电话、电视、宽带一次性接入费。对失业人员、残疾人、退役士兵及毕业2年以内的高校毕业生创办的居家养老服务机构，按规定给予3年内免收管理类、登记类和证照类有关行政事业性收费。通过税费减免，有效降低了居家养老服务机构的运行成本。

（三）建立标准，制订规范，着力完善居家养老服务管理运行机制

一是建立评估制度。省里指导各地成立专门的评估小组，全面开展养老服务需求评估，对老年人的经济状况、身体状况、居住状况、养老服务需求等进行调查，形成评估意见，作为提供居家养老服务、确定养老服务补贴的依据。对通过评估掌握的老年人信息，进行分类登记造册，统一录入当地养老服务信息管理系统。目前，已对全省一半以上的老年人进行了评估。

二是制定规范标准。省有关部门先后制定出台《城镇居家养老服务设施规划配建标准》、《农村社区居家养老服务照料中心规范化建设指导意见》，从设施配备、服务规范、岗位设置、资金使用等方面作出具体规定，为城乡居家养老服务设施的规划建设和管理运行提供了依据，提高了居家养老服务的标准化、规范化水平。同时，省里要求所有居家养老服务照料中心使用统一的名称和标识，形成居家养老服务的统一品牌。

三是加强安全管理。针对居家养老服务照料中心服务对象特殊、容易引发安全事故等问题，相关部门认真履行管理职责，严格落实安全生产责任制，切实抓好食品卫生、消防安全等工作。完善安全管理制度，制订应急预案，开展风险排查，确保了居家养老服务设施安全运营。同时对口强空巢老人关爱工作，开展结对服务，定期上门查看电器、燃气设备等设施的安全状况，及时排除安全隐患。

（四）健全网络，壮大力量，不断加强居家养老服务组织队伍

一是完善管理服务网络。加快推进县乡村三级管理服务网络建设，市县层面设立养老服务指导中心，承担居家养老服务的工作指导、业务培训、监督管理等职能；乡镇（街道）层面设立养老服务中心，为社区开展居家养老服务提供指导，并协助做好监督管理等工作；社区（村）层面设立居家养老服务照料中心，承担信息管理、需求评

估、补贴发放、服务质量监督等具体实施工作。三个“中心”职责分工明确，功能各有侧重，形成了有机统一的整体，为居家养老服务工作提供了有力的组织保障。

二是加快专业队伍建设。依托大中专院校，积极开展养老服务与管理专业教育，深入实施“入职奖补”政策，鼓励初高中毕业生报考养老护理相关专业，有力扩大了养老服务专业人才培养规模。目前，全省已有37所大中专院校开设了相关专业，近两年招收学生近3万名。指导各地各有关部门通过设立教育培训墓地、定期举办职业技能竞赛等形式，大力开展护理员职业培训。目前，全省已建立养老服务人员培训基地160多个，培训4万多人次，有7000多人取得了初级以上职业资格。据统计，目前全省共有专兼居家养老服务人员近15万名。

三是开展志愿为老服务。通过宣传发动、建立“时间银行”、完善注册登记制度等方式，大力发展为老志愿者队伍，为老年人提供理发、义诊、健康体检等免费服务。目前，全省共有为老服务志愿组织1.6万个、登记注册的志愿者达56万人。积极发挥基层老年协会作用，组织开展以低龄、健康老人帮助高龄、失能老人的“银龄互助”活动，据统计，全省共有2.3万多个老年协会开展了志愿服务活动，服务人数达380万，有力弥补了专业护理力量的不足。

（五）创新机制，优化服务，加快提升居家养老服务专业化水平

一是培育专业服务组织。采取民办公助、公建民营、政府购买服务等方式，鼓励社会力量举办专业化居家养老服务机构。引导有一定规模的机构开展集团化经营，培育了杭州三替、巾帼西丽、嘉兴管佳、金华田野风等一批省内居家养老服务知名企业，引入了北京慈爱嘉、上海蔡康等省外知名企业落户我省。目前，全省共有提供居家养老服务的专业机构8800多家，每年服务老年人超过288万人次。

二是探索开展“家院互融”。强化机制创新，加快建设兼具居家养老和机构养老功能的养老综合服务设施。在社区引进养老服务机构或建立对口服务关系，借助机构专业力量为社区提供养老服务。鼓励养老机构设立具有老年食堂、旧间照料、文化娱乐功能的居家养老服务照料中心，将机构资源向附近社区开放。通过开展“家院互融”，打破了居家和机构的界限，促进了二者之间的资源共享、优势互补，使老年人享有多样化、专业化的照料服务。

三是构建“智慧养老”平台。依托“96345”“81890”等信息平台，运用互联网、大数据等现代信息技术，加快构建智能化、网络化居家养老服务信息平台。目前，全省共有86个市县建立了居家养老服务信息系统，大多数平台具备了紧急呼叫、信息管理、需求对接、绩效评估等功能。通过“智慧养老”平台建设，实现了老年人需求和养老服务供给的紧密对接，大大提高了服务效率，促进了资源优化配置。

二、存在的主要问题

虽然我省居家养老服务体系建设已取得了初步成效，但总体上仍处于起步阶段，与广大老年人的需求和期望相比，还存在不小差距。

（一）服务体系发展不够均衡

从布局上看，城市和农村之间居家养老服务发展不均衡，城市已实现了全覆盖，农村仍有四分之一的地区没有覆盖到位。特别是部分农村偏远山区，居住分散，资金匮乏，居家养老服务设施布局比较困难。从功能上看，部分设施建设标准偏低，较为简陋；部分设施功能单一，偏重文体娱乐，缺乏康复护理、精神慰藉等服务功能，难以满足老年人的实际需求。

（二）配套政策不够完善

发展居家养老服务的主要政策已经有了，但还缺乏一些具体细化的配套措施。比如，居家养老服务照料中心建设环节，省里已专门安排了补助资金，但日常运行环节，还没有出台经费补助政策，不利于居家养老服务照料中心持续健康运行。再比如，实施小区适老化改造、为多层住宅加装电梯，省里的政策意见是明确的，但是，由于这一问题较为复杂，协调难度很大，缺乏行之有效的操作办法，工作进展较为缓慢。

（三）产业化水平不高

从政府层面看，目前居家养老服务主要依靠政府投人，重点保障的是困难老人，其他普通老人的多样化服务需求难以满足。从市场层面看，整个居家养老服务市场还不成熟，服务内容比较单一，服务质量参差不齐。大多数居家养老服务企业和组织的层次较低，规模较小，服务的专业性不高。

（四）护理人员较为缺乏

一是总量不足。全省现有15万名居家养老服务人员中，专职人员占比不到50%，平均每个居家养老服务照料中心专职服务人员不足3人，远远不能满足居家养老服务的需要。二是专业素质不高。从事社区居家养老服务工作的人员大多为40、50人员，专业护理知识缺乏，难以适应岗位要求，影响了居家养老服务质量的提高。

三、下一步工作打算

当前和今后一个时期，是我省人口老龄化加速发展期。截至去年底。全省60周岁以上老年人达945万，占户籍人口近20%，每5个人中就有1个老年人；预计到2020年达1200万，每4个人中就有1个老年人，而且，高龄老人、失能老人、纯老家庭人口数量在不断增加，加

快推进居家养老服务工作已经成为一项重要而又紧迫的任务。下一步，省政府将继续认真落实中央和省里的一系列决策部署，紧密结合落实省人大常委会的审议意见，以更加有力的举措抓好《条例》的贯彻实施，全面提升居家养老服务体系建设水平。重点抓好以下五个方面：

（一）完善服务网络

指导各地通过“新建一批、提升一批、转型一批”的方式，加快推进居家养老服务照料中心建设。新建一批，就是在居家养老服务尚未覆盖的地方，采取“社区主体、财政支持、社会参与”的方式，加快建设一批居家养老服务设施；提升一批，就是对基础条件较好的居家养老服务站、星光老年之家进行改造提升，将其打造成为居家养老服务照料中心；转型一批，就是推进乡镇敬老院和各类养老机构转型，使其具有居家养老服务照料中心的功能。通过推进“三个一批”，确保到2017年，实施社区居家养老服务照料中心全覆盖，形成30分钟居家养老服务圈。

（二）提升服务功能

一是推进医养融合。优化设施布局，强化资源整合，推进居家养老服务照料中心在社区卫生服务中心附近布局，甚至同址建设，使老年人能就近就便接受医疗服务。对在家中养老的老年人，由社区卫生服务中心与其建立医疗契约服务关系，提供上门护理服务。二是开展专业社工服务。加强社工队伍建设，在居家养老服务组织中引进专业社工，为老年人提供情感慰藉、心理疏导等专业服务，更好地满足老年人心理精神层面的需求。三是推进适老化改造。研究制订适老化改造的具体措施，在老年人较为集中的小区，加快推进无障碍通道、老年专用服务设施建设。探索推进住宅的适老化改造，通过房租置换、加装电梯等方式，逐步解决老年人行动不便、出行困难的问题。

（三）建立长效机制

一是加强评估考核。加快制定实施全省统一的居家养老服务质量评价标准，从设施规模、规章制度、服务功能、人员配备等方面对居家养老服务设施开展评估，并根据评估结果进行星级评定，促进其自觉改进服务质量。二是确保运行经费。加快研究制订居家养老服务设施日常运营扶持政策，根据星级评定结果、服务对象数量、服务质量等，通过政府购买服务或“以奖代补”的方式，提供一定标准的运行经费补贴。三是提高信息化水平。总结推广各地“智慧养老”“数字养老”的经验做法，加快推进养老服务综合信息平台建设，促进各类数据信息汇聚整合，实现对老年人的动态管理，提供更加便捷高效的服务。

（四）推进市场化运作

一是逐步改变居家养老服务照料中心传统发展模式，通过政府补助、购买服务等方式，鼓励社会力量、民间资本参与居家养老服务照料中心建设，并委托第三方开展专业化运营。二是全面落实用房、用地、税费等优惠政策，支持有条件的居家养老服务企业规模化、连锁化经营，开发运营形式多样的居家养老服务项目，培育更多专业服务品牌。三是建立居家养老服务行业准入、退出机制，完善定价机制，加强市场监管，进一步规范居家养老服务市场秩序。

（五）加强队伍建设

一是加强校企合作。建立职业院校和养老服务机构间的密切合作关系，设立兼具服务与教学功能的培训基地，加强实用性专业护理人才培养，实现专业设置与社会需求紧密对接。二是加强职业培训。全面实施养老护理员培训计划，开展在职轮训和继续教育，提高养老护理人员通过职业技能鉴定的比例，确保到2020年实现全部持证上岗，50%以上的人员持有初级以上职业资格证书。三是调整“入职奖补”政策。鼓励各地将政策关口前移，将奖励补助资金提前到入学或入职环节发放，并在省定标准的基础上适当提高奖补额度，吸引更多学生报考养老护理等专业并从事相关工作。

在山东省老龄委第二十三次全体会议上的讲话

山东省副省长　王随莲

（2015年3月17日）

同志们：

这次省老龄委全体会议，主要是总结去年的工作，分析老龄工作面临的形势，安排部署今年的重点任务。刚才，丁希滨主任通报了去年的工作情况，介绍了今年的重点任务安排。省民政厅、司法厅、人力资源社会保障厅、文化厅等四个部门的负责同志作了发言，讲得都很好，希望大家认真学习借鉴。

去年以来，在省委、省政府的正确领导下，全省各级各有关部门采取有效措施，大力发展养老服务产业，健全完善老年人服务体系，积极应对人口老龄化，全省老龄工作取得新的明显成绩。一是老年人社会保障体系更加健全。建立完善了全省统一、城乡一体的居民基本养老保险制度，居民基础养老金标准提高到每人每月 75 元。连续 10 年调整企业退休人员养老金，城乡低保、城镇"三无"老人和农村"五保"老人的供养标准都有了大幅提高。二是发展老年人事业的法规政策更加完善。修订了《山东省老年人权益保障条例》，完善了家庭赡养与扶养、社会保障与服务等方面的政策措施。出台了《关于加快发展养老服务业的意见》等多个规范性文件，涉及老年人的法规政策体系不断完善。三是养老服务产业发展更加迅速。各级不断加大财政投入，支持养老服务体系建设，养老服务产业的发展速度进一步加快。截至目前，全省养老床位达到 50 万张，千名老年人拥有养老床位 29.4 张。四是老年人的文化生活更加丰富多彩。大力推进老年文化建设，打造了"银龄风采艺术节"等一批老年文化品牌，开展了"敬老文明号"等多项评选活动，县以上举办各类文体活动 2 万多场次，大大丰富了老年人的文化生活。这些成绩的取得，是各级各有关部门特别是省老龄委成员单位共同努力的结果，是社会各界关心支持的结果。在这里，我代表省政府对大家表示诚挚感谢！

在看到成绩的同时，也要清醒地认识到，当前我省的老龄工作还面临一些困难和问题。一是我省人口老龄化现象十分严重。我省从 1994 年就进入了人口老龄化社会。截至 2014 年底，全省 60 岁以上老年人口达 1800 万，占全省人口总数的 18%，是全国第一老年人口大省。据预测，到 2020 年，全省老年人口比例将达到 22%左右，每年大约平均增加 80 万人。届时，5 个山东人中就有 1 个 60 岁以上的老人。可以说，我省人口老龄化的形势非常严峻。人口老龄化的迅速发展，使劳动力结构、人口赡养比结构、代际利益关系等发生重大变化，对养老服务、医疗保障、文化教育等公共服务体系提出了新的更高要求。我省是在经济还不十分发达的情况下进入了老龄社会，各项公共福利制度不够完善，社会整体保障水平相对偏低，属于"未富先老"，应对人口老龄化的任务非常艰巨。二是养老服务产业整体水平不高。总体上看，我省养老服务业发展不均衡，普通的养老服务机构多，有品牌、有规模、有质量的养老服务机构相对较少；城市面向社会老人的养老服务机构多，农村面向社会老人的养老服务机构少；服务健康老年人的养老服务机构多，服务失能老人的养老服务机构少。民办养老服务机构经营相对困难，由于缺少专业人才、管理护理水平不高等原因，一些民办养老服务机构的入住率不高。市场发育还不健全，优惠政策不落实、市场竞争无序、监管不到位等问题还在一定程度上存在。三是农村老年人养老难的问题日益凸显。随着产业结构的调整和城镇化进程的加快，农村青年快速向城市流动，导致农村老龄化程度高于城市。农村是养老服务体系的薄弱环节，面向老年人服务的养老设施相对较少。农村老年人丧失劳动能力后，多数以家庭养老为主，由于没有固定的生活保障，需要年轻人的照料。一旦年轻人到城市寻找工作，老人和小孩留守在农村，老年人在生活照顾、看病就医等方面就面临很大困难。大家一定要充分认识我省老龄工作所面临的严峻形势，切实增强做好老龄工作的责任感和使命感，坚定信心，扎实工作，努力推动全省老龄事业再上新台阶。

下面，我就今年的重点工作，讲几点意见。

一、要在贯彻实施《山东省老年人权益保障条例》上取得新突破

对《条例》进行重新修订，是我省积极应对人口老龄化的重要举措，对于依法开展老龄工作，加快发展老龄事业，具有重要意义。省老龄委成员单位要根据各自的职责分工，抓好《条例》的贯彻实施。首先，抓好《条例》的学习宣传。学习好、宣传好《条例》，是贯彻《条例》的首要环节。今年，要把《条例》的学习宣传作为一项重点任务，创新方式，务求实效。要通过巡回讲座、现场咨询、发放读本、开展培训等多种形式，认真解读好《条例》。要加强与新闻媒体的沟通联系，通过开设专版、专栏，组织社区文艺演出等多种方式，宣传好《条例》，让广大人民群众知晓《条例》的内容。其次，狠抓《条例》的贯彻落实。修订后的《条例》，在老年人免费乘车、免费体检等方面提出了一些新的要求，制定了一些新的保障措施。如何把这些好的政策措施落实到位，既是工作的重点，也是工作的难点。一方面，要对照《条例》内容，认真梳理本部门、本系统涉及老年人的政策措施，凡是与《条例》不一致的，要尽快进行清理修订。另一方面，要按照职责分工，尽快制定贯彻《条例》的具体措施。特别是对老年人免费乘车、65 岁以上老人免费体检等新的内容，部门之间要加强协调配合，研究出台操作性强的配套政策，把《条例》规定的保障措施，尽快转化为全社会对老年人的关心关爱。第三，维护好老年人的合法权益。老年人随着年龄的增长，体力、精力不断衰退，逐渐成为相对弱势群体。维护好老年人的合法权益，是全社会的共同责任。要针对老年人赡养权、财产权容易受到侵害的特点，以《条例》修订为契机，大力宣传涉及老年人的法规政策，让全社会都了解老年人依法享有的权利，知晓对老年人应尽的义务，增强老年人依法维护自身权利的法律意识，共同做好老年人的维权工作。省老龄办要积极协调司法部门，畅通老年人维权的绿色通道，积极为老年人提供便捷、周到的法律援助和法律服务，解决好老年人维权难的问题。

二、要在实施“银龄安康”工程上取得新突破

2009年，我省创新开展了以“老年人意外伤害组合保险”为主要内容的“银龄安康”工程。实施6年来，累计参保人数达2248万人次，赔付12.7万例，赔付金额2.5亿元，帮助许多老年人家庭度过了难关，受到社会各界特别是老年人的热烈欢迎。今后，省老龄办要把实施“银龄安康”工程摆在更加突出的位置，加强工作指导，创新工作方式，把这项民生工程抓紧、抓好。一是提高老年人的参保率。要进一步加大宣传力度，积极发挥基层老龄组织和村委会（居委会）的作用，通过多种形式，大力宣传“银龄安康”工程给老年人带来的帮助和保障，动员更多的老年人加入“银龄安康”工程，让这项惠民工程惠及更多的老年人。这里我特别强调一下，各级各部门在实施“银龄安康”工程中，一定要充分尊重老年人的意愿，不允许搞强迫和摊派。二是逐步扩大保险范围。要引导各市和承保的保险公司，根据当地经济社会发展水平和保险基金运营状况，精心制定符合本地实际的保险方案，开展更多适合老年人的保险品种，满足不同层次老年人的多元化需求。要完善政策措施，鼓励各地逐步扩大职工长期护理保险试点，多渠道筹集资金，以基层医疗卫生机构和老年护理机构为依托，妥善解决好失能老人的护理问题。三是积极促进多方参与。要注重走社会化路子，充分发挥“银龄安康”工程的平台和载体作用，采取企业冠名、社会赞助等多种方式，鼓励社会各界为老年人捐赠意外伤害保险，形成全社会广泛参与的良好局面，不断提高“银龄安康”工程的保障能力和水平。四是强化理赔管理。要引导保险公司改进服务方式，简化理赔程序，根据老年人的身体生活状况，主动上门服务，最大限度地方便老年人。各级老龄办要做好这方面的监督工作，防止出现损害老年人利益的情况。

三、要在发展养老服务产业上取得新突破

在这方面，政府首先要承担起应有的责任，概括起来说，就是保基本、兜住底，切实保障好城镇“三无”对象、农村“五保”对象以及其他需要政府供养的老年群体。同时，我们还要看到，在当前的经济社会发展水平下，要解决好养老问题，仅靠政府的力量是不够的，还必须充分发挥市场配置资源的决定性作用，注重走社会化路子，推动社会力量大力发展养老服务产业，把养老服务产业培植成山东经济新的增长点。一是落实好各项扶持政策。为加快发展养老服务产业，国家和省里先后出台了涉及土地、税收、财政等方面一系列含金量非常高的政策措施。各级各部门要用足用好这些政策措施，不折不扣地抓好落实，推动养老服务产业快速健康发展。要放宽市场准入范围，凡是法律法规没有明令禁止的养老服务产业领域，都要向社会资本开放。要进一步简化审批程序，探索推行联审联批制度，更加方便社会力量举办养老服务产业。举办养老服务产业，是造福老年人的善事，我们一定要高看一眼、厚爱一层，少设障碍、多开绿灯。二是积极发展社会化养老服务机构。要积极鼓励各类社会资本投资发展养老服务产业，支持民营企业、爱心人士和慈善组织冠名捐建养老服务设施，扶持发展一批有规模、连锁经营的养老服务机构。要积极推进医养结合，引导有条件的医疗机构拓展养老服务，特别要充分发挥中医药在康复、保健方面的优势，积极开展老年健康服务。要鼓励有条件的养老服务机构，通过与周边医疗卫生机构开展合作，或内部设立诊所、护理康复机构等形式，进一步提高为老年人服务的能力和水平。要充分利用我省优越的自然地理环境和人文名胜优势，整合海滨度假、温泉养生、休闲旅游、医疗保健等资源，引进战略资本，实施品牌战略，统筹建设一批养老、医疗、养生一体化的综合服务体，促进养老服务产业和健康、文化、休闲、旅游的融合发展。三是大力发展居家养老服务。老年人都到养老机构养老是不现实的。在国际上，居家养老始终是老年人养老的主流模式。从我省情况看，受经济社会发展水平、传统文化影响，居家养老是最符合省情、最符合老年人心愿的养老模式。居家养老能否行得通，关键是要解决好老年人在就餐、保洁、就医等方面的难题。当前，一些地方通过建立社区老年人日间照料中心、社区食堂、上门家政服务等方式，为老年人提供了便捷的日常服务，解决了老年人的后顾之忧，效果很好。下一步，要加快建设社区老年人日间照料中心、农村幸福院、老年助餐点等养老服务设施，为居家老年人提供餐饮、保洁、医疗等方面的便捷服务，不断提升社区的综合养老服务功能。要积极培育发展专业化的居家养老服务机构，支持他们连锁经营、统一管理、打造品牌，开展优质的居家养老服务。

四、要在推进孝德文化建设上取得新突破

山东是“孔孟之乡”，是齐鲁文化的发祥地。郭树清省长在今年的省政府工作报告中，对齐鲁文化专题进行了阐述，大家一定要学习好、落实好。孝德文化是齐鲁文化的重要组成部分。我省孝德文化资源丰富，孝德故事、孝德人物、孝德古迹遍布全省。新时期，如何传承好、发展好、建设好齐鲁孝德文化，是摆在我们面前的一个重要课题。省老龄办要牵头组织有关部门，动员社会各方面力量，加强对传统孝德文化的发掘，保护好、收集好、整理好孝德文化，并赋予它们崭新的时代内涵。要继续开展孝德文化宣传教育，充分利用电视、报刊、网络等新闻媒体，有计划地做好宣传普及工作，努力让孝德文化深入人心。要打造好齐鲁孝德文化品牌。目前，我省已经形成了邹城“中华母亲节”、乳山“母爱文化艺术节”和省“健康长寿与孝德文化论坛”等一批知名孝德文化品牌。要鼓励各地结合当地孝德文化资源，打造一批具有地方特色的孝德文化品牌。要继续开展好“敬老文明号”、“敬老模范个人”等评选活动，以孝德模范的先进事迹，带动全社会践行孝德文化，努力营造尊老、敬老、爱老的良好社会氛围。

五、要在构建大老龄工作格局上取得新突破

老龄工作是一项复杂的系统工程，涉及面广、牵涉部门多。做好老龄工作，需要各方面的共同努力。今年是“十二五”规划的收官之年，也是“十三五”规划的制定之年，各项工作任务都很繁重。省老龄办要充分发挥参谋助手、综合协调、督促检查的作用，对全省老龄问题积极开展调研，研究提出促进老年人事业快速发展的政策措施，为党委政府和老龄委决策建言献策，为成员单位搞好服务。要认真梳理老龄事业发展“十二五”规划完成情况，会同有关部门制定好老龄事业发展“十三五”规划。要与有关部门一起，积极发展养老服务产业，维护好老年人的合法权益，组织开展多种老年活动，努力为老年人搞好服务。省老龄委各成员单位要按照职责分工，结合各自职能，主动作为、积极作为，认真抓好相关任务落实，形成强大的工作合力。当前，老龄工作中的新情况、新问题不断出现。各有关部门要进一步解放思想，更新观念，紧紧围绕省委、省政府的决策部署，围绕全省经济社会发展大局，围绕老龄工作的中心任务，积极开展调查研究，抓住重点、突破难点，不断探索做好老龄工作、发展老龄事业的新思路、新方法，为加快发展老龄事业作出新的贡献。

同志们，家家有老人，人人都会老，今天的老人就是明天的我们。希望大家按照省委、省政府的部署要求，认真履行职责，抓好工作落实，将全省老龄事业推向一个可持续发展的新阶段。

在河南省老龄委第十次全体会议上的讲话

河南省省长　李亚副

（2015 年 10 月 19 日　根据录音整理）

同志们：

再过两天就是重阳节了，今天我们召开全省老龄委第十次全体会议，首先我代表省政府、省老龄委向全省老年人表示亲切的问候和美好的祝福，祝全省 1400 万老年人健康长寿。借此机会，向老龄委各成员单位多年来为老龄事业所做的积极的工作，付出的辛勤努力，表示衷心的感谢。刚才，省民政厅冯昕厅长代表省老龄委通报了去年以来的工作情况，分析了形势，查找了不足，明确了下一步工作重点，我都赞同。省委组织部宗义副部长讲了四个方面很好的意见，请各成员单位结合自己的实际和职责，认真抓好落实。发改、财政、人社、卫生计生和住建五个部门做了很好的发言，各有特色、各有侧重，在政策上有创新，在落实上有举措，也希望其他成员单位认真借鉴。下面，我再讲四点意见：

一、充分肯定一年来我省老龄事业取得的成绩

省老龄委第九次全会召开一年来，在省委、省政府的正确领导下，各成员单位忠实履职，通力合作，积极探索，为推动全省老龄事业发展开展了大量有益的工作，发挥了重要作用。上周，由民政部李立国部长带队的国务院养老服务业发展政策落实情况督查组，到河南进行了为期4天的督导调研和检查，同郭庚茂书记、谢伏瞻省长进行了沟通，向省政府作了正式的反馈，对河南的老龄工作给予了充分肯定，认为河南在老龄人口基数大、经济社会处于快速发展时期、各方面欠账比较多的情况下，能够做出这样的成绩，来之不易。

一年来，我们的工作主要体现在以下几点：

（一）积极推进政策创制

省委、省政府高度重视养老服务业发展，连续三年列入十大重点民生工程，去年又列入九大高成长服务业加大扶持力度。近年来，省政府密集出台了一系列促进养老服务业发展的政策，各成员单位履职尽责，先后出台了一系列政策文件，民政、发改、财政、人社、卫生计生等部门都配合出台了一些文件，为健全完善上下贯通、左右衔接的养老服务体系提供了可靠的政策制度保障。与此同时，社会各界对养老服务业和老龄工作给予了极大的关注，新闻媒体大力宣传，集中报道，在全社会进一步营造了良好的尊老敬老助老氛围。

（二）老年人公共服务水平进一步提高

2011 年至 2015 年，省财政累计筹措下达企业退休职工和城镇居民养老保险补助资金 1038 亿元，基本养老保险待遇得到了有效保障；连续五年按 10%的幅度提高企业退休人员基本养老金；建立了社会救助和保障标准与物价挂钩的联动机制。将高龄生活困难老人纳入最低生活保障范围，保障标准不断提高；全省百岁老人高龄补贴全面落实，高龄补贴政策有条件的市扩大到60岁或80岁以上。近五年来，全省用于养老服务体系建设资金36亿元，目前，全省共有各类养老服务机构4139家，养老床位总数38.8万张，每千名老人拥有床位27.6张。

（三）不断完善养老服务体系

省政府出台文件，结合我省实际，提出了“居家为基础、社区为依托、机构为支撑、医养相结合”的建设要求，不断加强和完善养老服务体系建设。

一是整合资源，着力推进居家和社区养老服务。加强社区养老服务设施的规划建设，引导和激发社会中介组织、家政服务企业等社会力量参与居家和社区养老服务。二是健全网络，创新养老服务模式。努力推进县（市、区）、乡镇（街道）、村（社区）三级居家养老服务网络建设，不断创新“互联网＋养老服务”模式，积极推动“12349”为老服务信息平台建设与居家养老服务实体的有效结合。三是推进医养结合，积极推进医疗卫生与养老服务相结合，满足多样化养老需求。四是认真落实各项优惠政策，鼓励民间资本参与养老事业的发展。积极推进养老健康产业发展示范园区（基地）的规划建设，提升我省养老服务的整体能力和水平。

（四）切实加强养老服务机构监管力度

省委省政府在“三严三实”专题教育活动中，开展了“三查三保”活动，各地深刻汲取“5·25”鲁山火灾事故的教训，举一反三，采取了一系列措施，切实加强了对养老机构的安全管理，对养老服务机构进行了拉网式的安全隐患排查整治工作，依法取缔不合格养老机构110家，拆除一大批易燃彩钢板建筑。

一年来，省老龄委各成员单位及在座的各位同志各司其职，通力协作，为全省老龄事业的发展做出了大量卓有成效的工作。在此，我代表省政府和省老龄委向在座的全体同志和各成员单位表示衷心的感谢。

二、勇于正视我省老龄事业存在的问题和不足

近年来，虽然我省老龄事业得到了较快的、长足的发展，取得了很大成效，但总体形势不容乐观。一方面，河南是人口大省，也是老龄人口大省，截至2014年底，全省60周岁以上老年人口达1400多万，占人口总数的13％以上。预测到2020年，全省60周岁以上老年人口将达到1700万。另一方面，失能、半失能老人、80岁以上高龄老人、空巢老人比例都比较大，失能、半失能老人254万，空巢老人600万。河南人口老龄化呈现出总体基数大、增长快，高龄化、失能化、空巢化趋势明显的特点。

随着人口老龄化进程加快，社会各界给予了极大的重视和关注，养老服务保障滞后等问题更显突出，工作中还存在诸多薄弱环节。主要表现在：一是居家和社区养老服务设施覆盖率较低。我省城乡社区养老服务设施覆盖率仅为27％和17％，均低于2014年底全国平均水平，距“十二五”规划的目标要求差距更大，每千名老人拥有床位数要求30张的目标也有一定距离。二是对民办养老机构的政策落实不到位。各级对养老服务投入的资金还不多，对民办养老机构建设补贴和运营补贴标准较低，有的县（市）尚未落实建设和运营补贴政策，有些地方用水、用电、用气、用暖及融资信贷等政策尚未落到实处。省级层面虽然设立了养老服务业专项引导资金，但数额比较小，虽然出台了养老健康发展示范园区（基地）建设的意见，但落实督导见效还有待加强。地方政府及相关部门在养老服务监管上还有所缺失，特别是发生了“5.25”鲁山火灾重特大事故，我们非常痛心，并且还有一批无证经营的养老机构，安全监管形势依然严峻。三是养老服务机构功能需要优化。我省医养结合型养老机构、养护型养老机构、临终关怀型养老机构数量总体上还较少，专门服务于失能半失能老年人的护理型床位占比较低，居家护理、医疗康复、精神慰藉等专业化服务较少，难以满足老年人多元化、个性化需求。四是养老服务人才建设尚需加强。专业技术人员比例低、数量少，缺乏系统、专业的培训和管理服务专业技能。特别是养老机构护理人员，工资待遇低，队伍不稳定、流动性大，缺口较大。五是养老服务业发展不平衡。主要表现在城乡发展不平衡；居家和社区养老服务发展不平衡，有些省辖市如洛阳、郑州、焦作的社区日间照料中心覆盖率比较高，有些省辖市欠账比较多；公办、民办发展不平衡。另外，品牌化、连锁化、规模化的民办养老机构数量还比较少。

面对我省老龄事业存在的问题和日渐严峻的老龄化趋势，老龄委各成员单位和具体从事老龄工作的同志，一定要切实增强责任感和紧迫感，按照中央和省委、省政府的决策部署，不断提高全社会积极老龄化意识，认真研究分析深层次问题，制定细化相关政策措施，积极应对人口老龄化，主动引领解决老龄问题，切实把这项事关国家发展、社会和谐、家庭幸福的大事要事抓紧抓好。

三、突出抓好老龄事业的重点工作

当前和今后一个时期，我们要认真贯彻落实《国务院关于加快发展养老服务业的若干意见》和《河南省人民政府关于加快发展养老服务业的意见》精神，针对国务院督查组指出的问题，采取有效措施，加大工作力度，围绕“五个着力”，确保各项工作目标的如期完成。

（一）着力健全完善养老服务体系

一是大力推进社区和居家养老。首先要加强规划布局。认真落实人均0.1平方米养老建设用地要求，各级政府，住建部门、国土部门都要落实这个刚性政策，有了规划布局的完善，才有社区和居家养老建设的基础。其次要积极创建一批养老服务示范社区，不断提高社区和居家养老服务水平。到 2020 年，符合标准的老年人日间照料中心、老年人活动中心等服务设施要覆盖所有城市社区，90%以上的乡镇和 60%以上的农村社区要建设包括养老服务在内的社区综合服务设施和站点。支持建立以机构和企业为主体、社区为纽带、满足老年人各种服务需求的居家养老服务网络，引导和鼓励社会力量参与居家和社区养老服务。二是抓紧健全养老服务网络。不断完善 12349 居家养老信息服务平台，努力扩大居家养老服务组织规模，力争全面掌握老年人基本情况，逐步实现对老年人信息的动态管理。三是积极推进医养结合。鼓励医疗机构开设或转型为医护型养老机构，着力发展完善社区健康养老服务和居家护理服务，积极促进养老服务、医疗卫生服务资源居家层面的有机融合。民政、卫生计生、人社、财政等部门要联合推进对医养结合型养老机构的“卫生准入、民政扶持、医保定点”工作，有效破解医疗机构与养老机构各自独立、医保定点和医保额度限制等政策瓶颈，既能解决老人的医疗和护理难题，又能减轻老人经济负担和精神压力，同时还可促进养老行业护理水平的提高，加快同步实现“老有所养老有所医”，回应社会化养老新期待。这也是我们最近在基层调研，养老机构、老年人和医疗单位的殷切期盼，这项工作要着力推进，加快实施，打通政策瓶颈。

（二）着力加大养老服务的资金投入

目前，养老服务机构少、床位少是制约我省养老服务的根本问题，解决这个问题关键在投入，在资金，要加大力度，多策并举，加强养老机构建设。一是鼓励和吸引社会力量。要认真贯彻落实民政部等 10 部委的实施意见，引导和鼓励民间资本参与养老服务业发展。我们要在土地、资金、信贷、税费、人才培育等方面落实好国家和我省的相关政策措施。积极探索实施公建民营、民建公助、政府补贴、购买服务、公私合营等方式，引导民间资本和社会力量参与养老服务。目前，社会资本投入养老服务的比例已占 60%以上。二是扎实推进养老健康产业发展示范园区（基地）建设。省政府高度重视这项工作，年初省政府工作报告明确提出，要在资源禀赋、区位优势、生态环境良好的地方规划建设一批养老健康产业发展示范园区（基地）。发改委将此纳入高成长服务业，既能满足多样化的养老服务需求，又能带动经济转型。要贯彻落实省政府出台的推进计划，加快实施，力争到 2020 年全省建成 50～60 个养老产业示范园区（基地），建成后将增加养老床位 5 万～8 万张。三是加大财政支持力度。省级层面要加大对养老服务的资金投入，加快制定完善高龄老人津贴、困难老人补贴、政府购买服务、对民办养老机构进行建设运营补贴等政策文件，并建立动态增长机制，逐步提高标准。省级相关部门可借鉴外省和基层好的做法，如湖南省设立养老产业基金，漯河市建立老龄产业投资公司，进一步拓宽融资渠道，加快金融创新，完善对养老服务业的信贷投入和支持力度。

（三）着力加强养老服务基层基础建设

一是切实加强养老服务队伍建设，从福彩公益金中安排专项资金，用于养老机构从业人员的教育培训，并逐年增加培训经费投入。要不断拓展养老服务人才培养渠道，开展继续教育和远程教育，进一步提升养老服务从业人员的整体素质。二是积极开展各种敬老爱老助老活动以及“敬老月”宣传教育活动，大力弘扬中华民族敬亲孝老传统美德，努力营造敬老爱老助老的浓厚社会氛围。三是切实维护老年人合法权益。加强对《老年人权益保障法》和《河南省老年人保护条例》的宣传，启动《河南省老年人保护条例》的修订工作。认真落实老年人优待政策，积极做好老年人法律服务和法律援助工作，严厉打击侵害老年人合法权益的违法犯罪行为。四是强化安全监管。继续深化“三查三保”活动，排查隐患整改到位，坚决防范和遏制各类养老服务机构安全事故的发生。

（四）着力加强农村养老服务设施建设

河南农村人口比例大，农村留守老人多，同时农村养老服务工作是我们的薄弱环节，要作为下一步的重点任务抓紧抓好，既要补上过去的短板，又要不出现新的城乡不平衡。要探索建立“以敬老院、幸福院为载体，以基层老年协会为纽带，以政府投入为主导，以自我教育管理服务”为方式的农村养老服务体系，河南在这一方面要走在前列。要切实关爱农村留守老人，加大对农村困难老人的社会救助力度。

（五）着力做好“十二五”收官和“十三五”谋划

各成员单位要认真对照既定目标任务，回头看，找差距，采取措施，迎头赶上，特别是在养老床位数和城乡养老服务覆盖率方面要加大力度补上短板，努力实现“十二五”规划的目标任务。要按照省政府的总体思路和要求，将养老服务业进入各级政府的“大盘子”，精心编制谋划好老龄事业发展“十三五”规划和明年的工作。要重点围绕养老发展趋势、全面建成小康社会目标要求，在体系建设、基础建设、困难群众兜底保障等方面，谋划一批打基础、管长远的重大举措。要与国家经济社会发展总体规划相结合，精心谋划我省养老服务事业发展，谋划要实实在在，要具体到规划和布局、具体到项目和地块、具体到机构和床位，要深入调研，尽快启动，为我省养老服务业在下一个五年的发展明确目标任务，列出时间表和路线图。

四、切实强化成员单位的职责任务

做好老龄事业是政府的责任，是各职能部门的义务，是全社会共同关心的问题。老龄委各成员单位及社会各界，要增强责任意识，形成合力，共同推进我省老龄事业健康发展。

一是省老龄委要加强统筹协调。老龄委是主管老龄工作的议事协调机构，要充分发挥综合管理、宏观指导、组织协调、督促检查的作用。老龄办作为老龄委的办事机构，要开阔视野，创新方法，做好与各成员单位的联系、协调、沟通工作；及时研究提出全省老龄工作发展的方针政策和规划，拟定实施办法；督促检查老龄委决定事项的落实工作；开展调查研究，总结推广先进经验。

二是成员单位要切实发挥优势。发展改革部门要不断完善政策措施，积极吸引社会资本进入养老服务业，尽快出台规范养老机构服务收费管理办法；财政部门要加大对老龄事业发展的支持力度，建立动态增长机制，尽快出台经济困难的高龄失能老人补贴办法和积极推进政府购买养老服务办法；住房和城乡建设部门要加强无障碍设施和老年健身设施建设，要推进按照人均0.1平方米的标准规划建设养老服务设施用地，细化出台社区养老设施用房同步规划、同步建设、同步验收、同步交付使用具体办法，要积极推进老年人建筑设施规范设计；人社和卫生计生部门要指导落实好养老服务人才培训和就业政策，细化落实养老保险、医疗保险政策，落实养老服务机构的医疗政策，建全覆盖城乡所有老年人的养老、医疗保障体系，推动现有医疗机构开展老年健康服务；司法部门要做好老年人的法制教育工作，维护老年人合法权益；宣传、新闻出版广电、教育等部门要做好国家老龄政策和老年法律法规的宣传教育工作，营造良好的氛围；文化、体育、旅游等部门要指导开展好老龄文体、旅游活动。其他各成员单位都要结合各自部门特点，履职尽责，做好老龄事业。总之，各成员单位都要结合部门职责，认真开展工作，加强协作配合，发挥部门优势，形成工作合力。

三是不断创新，致力多办实事。一方面各成员单位要立足于为老龄事业办实事，不断改进创新思维模式，努力提高工作水平。有关部门在制定完善养老保险、医疗保险、住房保障、社会救助等社会保障措施时，要充分考虑老年人的情况，按照普惠和特惠相结合的原则，有针对性地向老年人倾斜，提高老年人的社会保障水平。另一方面要不断探索创新，开阔视野和思维，要总结基层好的做法，指导和支持洛阳“互联网＋”养老、漯河老龄服务投资公司等作为全面养老服务试点，探索、总结可复制、推广的经验做法，进一步完善老年人社会福利制度，提高老年人社会福利水平。

四是督导督查，确保政策落地见效。一方面要不断健全完善政策体系，细化实化相关配套措施，另一方面要狠抓政策落地，破除中梗阻，打通政策落地最后一公里。省老龄办要经常对地方和老龄委各成员单位贯彻落实国家和省委、省政府相关政策情况进行督导督查。会后，省里也要参照国务院对全国养老服务业政策落实情况进行督查的办法对全省各地养老服务政策落实情况进行督导检查，对懒政、不作为的要进行通报、问责，通过督导督查确保政策落地见效。

同志们，做好老龄工作，发展老龄事业，任重道远，使命光荣，我们要认真贯彻落实习近平总书记系列重要讲话精神，按照省委、省政府的决策部署，带着责任，带着感情，扎实工作，多办实事，努力开创河南老龄工作的新局面。

广东省贯彻实施《中华人民共和国老年人权益保障法》的情况汇报

广东省副省长 省老龄委主任 邓海光

（2015年9月14日）

今天，全国人大内司委马馼主任亲自带队莅临广东，对我省贯彻实施老年人权益保障法情况进行检查指导，充份体现了全国人大常委会对广东老年人权益保障工作的高度重视和关怀，将对我省进一步贯彻好《老年法》、促进老年人权益保障工作发展起到重要推动作用，受朱小丹省长委托，借此机会，我谨代表广东省政府对马馼主任及执法检查组各位领导的到来表示热烈的欢迎和衷心的感谢！按照会议安排，下面我简要汇报一下广东贯彻实施《老年法》的有关情况。

一、高度重视，认真贯彻实施《老年法》

省委、省政府一直高度重视人口老龄化问题，将贯彻实施《老年法》作为积极应对人口老龄化、促进老龄事业与经济社会协调发展、改善底线民生工作的重要举措。胡春华书记多次听取汇报，研究部署进一步加强和改善老年人权益保障工作。省政府将贯彻实施《老年法》摆上重要议事日程，朱小丹省长亲自主持制定《提高我省底线民生保障水平实施方案》，并多次就会惠老民生事项作出批示。各级政府、各有关部门加强宣传学习，加强政策配套，加强工作落实，采取各种有力措施，切实维护老年人合法权益，促进老年人共享经济社会发展成果。

（一）注重制度先行，建立完善法规、规划和政策“三位一体”的老年人权利保障体系

近年来，我省相继出台一系列惠老政策法规及规划，为发展老龄事业、促进老年人权益保障法规和规章提供了坚强制度保障。一是制定完善老年人权益保障法规和规章。2005年，省人大审议通过《广东省老年人权益保障条例》，推动我省老年人社会保障从基本型转向全面型。2013年底，省政府制定了《广东省老年人优待办法》，这是新修订的《老年法》颁布实施后，国内出台的首部老年人优待的省级政府规章。各地也先后出台了老年人优待的配套政策文件。二是建立完善支持老龄事业发展的规划体系。我省将老龄事业发展纳入了省“十二五”规划纲要，并专项编制《广东省老龄事业十二五发展规划》，建立起我省应对老龄化政策体系的基本框架。同时把扶持民办养老机构发展等内容纳入《实施〈珠江三角洲地区改革发展规划纲要〉实现“九年大跨越”工作方案》。在《广东省促进健康服务业发展行动计划（2015－2020年）》中专门设置“健全养老服务体系”的章节。此外，在编制新一轮土地利用总体规划及“三旧”改造专项规划过程中，坚持优先安排养老服务事业发展用地，将养老服务设施建设纳入城乡规划和城乡社区配套设施建设规划。三是进一步完善老年人权益保障政策体系。2011年，省委、省政府把发展社会养老服务事业列入《关于加强社会建设的决定》和《幸福广东指标体系》，作为建设幸福广东考核指标之一。省政府出台《关于加快发展养老服务业的实施意见》，进一步完善以居家为基础、社区为依托、机构为支撑的养老服务体系，要求除财政支持外，各级福利彩票公益金要按不低于50%的比例用于养老服务体系建设，并随老年人口的增加逐步提高投入比例，同时在信贷融资、土地供应、税收优惠、管理体制等方面明确了具体的支持措施。

（二）加大支持力度，着力构建具有广东特色的养老服务体系

近年来，我省将“调整财力支出结构，加大对五保、低保、养老等方面的投入力度”作为工作重点，充分发挥财政资金的杠杆作用，积极引导社会力量参与养老服务业发展，为全省老龄事业健康发展提供有力的物质保障，初步建立以居家为基础、社区为依托、机构为支撑的具有广东特色的养老服务体系。据统计，截至今年6月底，我省共有养老机构2780个，养老床位27.7万张，每千名老人拥有床位23.2张．在加大财政资金投入方面，一是着力提高老年人社会救助水平。在人均财力相对紧张的情况下，我省连续3年将提高低保、五保、城乡居民基本医疗保险水平等底线民生保障工作列入省十件民生实事，大幅提高保障标准。经过努力，全省城乡低保补差、农村五保年人均集中供养和分散供养，以及城乡居民基本医疗保险等各项指标均进入全国前列。二是着力建构建养老服务保障体系。将养老服务事业经费列入各级财政预算，2013—2015年，省财政投入近8.47亿元用于支持全省特别是欠发达地区的养老服务体系建设及其相关补助。五年来补助各地农村敬老院改扩建经费2亿多元，改扩建敬老院348所。三是统筹推进重点养老项目建设。启动“居家养老服务示范活动”，打造105个居家养老服务示范中心，优先保证高龄、独居、空巢、失能和低收入老人的养老服务需求。实施农村养老服务“幸福计划”，打造200个农村居家养老服务示范点。在实施廉租房、公租房和城镇危旧房改造等住房保障制度时，重视统筹照顾老年人等特殊人群的住房保障需求，给予老年人优先选择的权利。四是积极争取国家有关部门支持。据统计，“十二五”以来，我省共有53个养老服务项目获得中央预算内投资1.82亿元，带动投资总规模超过10亿元，有力推动我省养老服务体系特别是机构设施的建设发展。2014年我省广州、深圳市被民政部、国家发改委确定为首批全国养老服务综合改革试点地区，开展先行先试，为全国养老服务业发展提供经验。

在鼓励社会资金投入方面，我省以政策扶持为导向，鼓励各地采取多种措施吸引社会资金投入。一方面，落实税费减免优惠政策，对各类养老机构实行了免征育养服务营业税等10多项扶持养老建设税费减免等优惠政策。另一方面，落实差别化用地政策，对非营利性老年人社会福利设施用地以划拨方式供应土地。各地还相应出台扶持政策，对新建、改扩建的非营利性民办养老机构落实床位补贴制度和运营补贴。

（三）强化统筹协调，努力构建城乡统一的养老保障制度体系

在推行城乡居民基本养老保险方面，我省连续十年提高企业退休人员基础养老金标准，修订《广东省城乡居民基本养老保险实施办法》，建立统一的城乡居保养老保险制度。在基本医疗保险方面，逐步建立健全全民医保体系，包括老年人在内的各类参保人实现了应保尽保，目前

全省参保率超过98%，退休人员政策规定的住院费报销比例超过88%，部分老年人常见多发疾病的门诊医疗费用纳入统筹基金支付，全面实现统筹区内就医直接结算。在探索长期护理保障制度方面，要求各地建立健全经济困难的高龄、失能等老年人的补贴制度。广州、深圳、珠海等地对经济困难、高龄、重点优抚对象等老年人，每月发放一定金额的“综合养老服务券”，可凭券享受等值的养老服务。在完善老年人社会福利制度方面，推动建立高龄津贴制度，目前全省已有19个地级以上市建立了全面普惠制高龄老人津贴制度。加快推进“银铃安康行动”（老年人意外险），各地均实现了政府出资为特殊困难老年群体投保。建立计划生育家庭老年人奖励、扶助制度，据统计2014年奖励对象达63.39万人，投入奖励资金约9.6亿元。

（四）各部门协同配合，依法维护老年人合法权益

在医疗优待方面，逐步实现基本公共卫生服务均等化，全省基层医疗卫生机构免费为辖区65岁以上老年人建立居民健康档案、每年一次免费体检、健康教育和健康指导服务，定期评估老年人健康状况。全省共712.39万名老年人享受免费的健康管理服务，管理服务率达到80.3%。推动各级医疗机构开设老年人优先服务窗口，设置专门的挂号、收费窗口和老年人就医通道。在交通出行方面，各地均出台了老年人乘坐公共交通工具的优惠政策。其中，深圳、佛山、东莞、茂名等7个地市及江门鹤山市不限户籍，将优惠范围扩大到外埠老年人。同时，完善涉老工程建设标准体系，使老龄设施在城镇建设中得到的规划和实施。在文体休闲方面，从1986年开始我省每年4年举办一次老年人运动会，已成功举办了8届。各地积极开展长寿文化乡建设，目前我省有佛山市三水区、梅州市丰顺县等8个县（市、区）被授予“中国长寿之乡”称号。其中，梅州市蕉岭县在2014年成为国际自然医学会认定的世界第七个“世界长寿之乡”，这也是全国第四个“中国长寿之乡”。在老年人参与社会发展方面，2004年以来，坚持每年组织老科技知识分子到贫困地区开展助医、助学、助农、科普为主要内容的“银龄行动”。其中，华南师范大学退休教授秦兆年荣获中国好人榜“助人为乐”道德模范称号。同时，充分发挥老年协会在保持社会稳定、协调涉老纠纷、维护自身权益等方面的积极作用，积极组织各类老年志愿服务活动，调动老年人参与社会发展的积极性。

（五）加大宣传力度，广泛开展了人口老龄化国情教育和法制教育

我省以新修订的《老年法》实施为契机，按照既有密度又有深度，既有声势又有时效的要求，广泛开展老龄政策法规宣传，在全社会牢固树立老龄意识。一方面，大力开展宣传培训。与联合国国际老龄研究所开展长期合作，举办四期“应对人口老龄化高级研修班”。将《老年法》纳入“六五”普法计划并大力宣传，面向全省各地各有关部门举办培训班，广泛学习《老年法》和《广东省老年人优待办法》。另一方面，积极开展尊老敬老先进人物评选表彰活动。每两年组织一次全国敬老模范人物和敬老模范单位评选活动。开展广东寻找“最美家庭”系列活动，将孝老爱亲系列列为一项重要评选内容，营造尊老敬老助老的社会良好社会氛围。

二、贯彻实施老年法过程中存在的问题

总的来看，今年来我省社会养老服务体系建设得到长足发展，在保障老年人合法权益上取得了明显成效，受到了民政部等国家有关部门领导的充分肯定。但也应看到，我省老年人权益保障工作与人口老龄化的总体形势和人民群众需求相比，仍存在一些困难和问题。一是养老保障体系建设仍滞后于社会需求。养老床位不够，养老需求多元与供给方式相对单一的矛盾，以及区域发展不平衡的问题仍较为突出。二是老龄工作基层基础较为薄弱。监督《老年法》落实缺乏刚性约束，侵害老年人合法权益案件仍时有发生。三是老龄产业发展尚处于起步阶段。特别是老龄产业发展仍受土地等政策因素的束缚，政策体系有待完善。四是老年人参与社会发展还缺乏统一规划和组织，有的地区总体参与程度不高。

三、下一步工作措施

下一步，我省将以贯彻落实党的十八大、十八届三中、四中全会精神为指导，认真贯彻落实习近平总书记关于培育和践行社会主义核心价值观、注重家庭家教家风建设的重要讲话精神，继续深入贯彻实施《老年法》在全面深化改革中破解老龄事业发展难题，努力推动我省老年人权益保障工作再上新台阶。

（一）进一步抓好《老年法》贯彻落实

一是进一步完善《老年人权益保障法》的配套法规和政策措施。根据国家新修订的《老年法》，抓紧完成《广东省老年人权益保障条例》修订工作。全力做好老龄事业发展“十二五”规划收官工作和“十三五”规划编制工作。二是进一步加大宣传工作力度。把宣传人口老龄化基本国情与积极应对策相结合，不断提高全社会维护老年人权益的法律意识，营造尊老敬老养老助老的良好社会氛围。三是要切实加大资金投入。推动建立老龄事业经费投入与经济发展同步增长机制，全面建立普惠型高龄津贴制度，不断提升我省老年人福利水平。四是加强督导检查。组织开展老年人权益保障工作执法检查，切实推动将《老年法》落到实处。

（二）进一步完善社会养老保障体系建设

加快推进异地就医结算服务，最大限度方便看病就

医，健全城乡居民医疗保险体系，把老年困难群体作为重点对象，进一步扩大医疗保险覆盖面，推动基本医疗保障制度向适度普惠水平建设。全面贯彻国务院《社会救助暂行办法》，努力构建全方位的社会救助体系。

（三）进一步推进社会养老服务体系建设

积极推进社会养老服务事业创新发展，努力走出一条适应老龄化进程、与经济社会协调发、具有广东特色的社会养老服务事业发展的新路子。

（四）进一步丰富老年人精神文化生活

加强老年文体活动设施建设，鼓励老年人积极开展各种有利于身心健康的文体活动，提高生活质量。建立健全老年继续教育机制，办好老年大学。充分发挥老年人的作用，加强对老年志愿服务和老年人才资源的开发和研究，积极组织开展“银龄行动”，调动和发挥老年人参与经济发展，维护社会和谐稳定的积极作用。

尊敬的马駇主任和检查组各位领导，各位人大代表，同志们，做好老年人权益保障工作，为老年人创造良好的环境，让他们安享晚年，是我们的光荣使命，更是我们义不容辞的责任。我省将以这次执法检查为契机，认真研究执法检查组提出的问题和意见，进一步贯彻落实《老年法》，切实保障老年人权益，努力推动我省老龄事业再上新台阶，谢谢大家！

在海南省老龄委第五次全体会议上的讲话

海南省委常委　常务副省长　省老龄委主任　毛超峰

（2015 年 12 月 4 日）

同志们：

本次省老龄委第五次全体会议，主要内容是学习贯彻全国老龄工作委员会第十七次全体会议精神，回顾总结“十二五”时期我省老龄工作和老龄事业发展情况，研究部署“十三五”时期工作任务。刚才苗建中同志对我省“十二五”老龄事业发展作了全面细致地总结，省发改委、省财政厅、省人社厅、省卫计委、省住建厅的负责同志分别作了书面发言，从不同方面介绍了推动老龄事业发展的好的思路和经验做法。下面，我再讲四点意见。

一、充分肯定“十二五”时期我省老龄工作和老龄事业发展取得的成绩

“十二五”期间，全省老龄系统在省委、省政府的正确领导下，坚持“党政主导、社会参与、全民关怀”的工作方针，围绕“六个老有”的工作目标，开拓创新，真抓实干，深入贯彻执行《海南省实施〈中华人民共和国老年人权益保障法〉若干规定》，全省老龄事业呈现出持续健康发展的良好局面。归结起来，主要有以下五个方面的亮点：

一是老龄工作政策措施与法规制度日趋完善。近年来，省委、省人大、省政府先后颁布了一批社会养老保障政策法规，各市县、各部门切实加强对老龄工作政策法规建设和贯彻落实力度，大病救助、长寿补助等老龄工作制度逐步确立，老年人的医疗保健、生活服务、维护权益等都有了可靠保证。

二是全省养老保险实现省级统筹。全省新型农村社会养老保险比国家规定时间提前 4 年实现全覆盖，城市“三无”老人和农村五保老人实现了应保尽保，少数民族地区慈善惠民医院建设进展顺利。

三是社会化养老服务体系建设有序推进。省和市县财政加大财力投入，鼓励引导社会力量参与老龄服务工作，社区居家养老服务网络实现全省覆盖，养老机构数量及床位数大幅度增长，机构养老保障能力明显增强。

四是老年人精神文化生活日益丰富。社区老年文化体育网络初步形成，老年文体活动蓬勃发展。老年协会、老年体协、老年科技工作者协会等老年社团组织积极参与多种形式的社会公益活动，受到了社会广泛赞誉。

五是老龄工作齐抓共管的格局正在逐步形成。省老龄委各成员单位各尽其责、积极履职，认真落实优待老年人的各项政策规定，形成了上下贯通、运转有序的老龄工作运行体制和机制。全社会关心、关爱老年人的社会氛围日趋浓厚。

二、深刻认识我国和我省人口老龄化的严峻形势

“十三五”时期，我国面临的人口老龄化形势将更加严峻，人口老龄化呈现出老年人口规模全球最多、老龄化速度全球最快、解决老龄问题难度全球最大三个主要特点。就我省的情况而言，与国内发达地区进入老龄化社会时所具备的先进生产力相比，我省是在生产力相对落后、城乡二元结构依然存在的省情下进入人口老龄化社会的，这就是“未富先老”。人均收入较低、财政实力有限、社会保障体系尚不健全、养老保障积累较少等问题明显，全省老龄事业发展面临着严峻形势。目前，全省 60 岁及以上户籍老年人口 125.52 万人，占总人口的 13.7%；80 岁以上老年人口18.4万人，占老年人口总数的14.66%。“十二五”期间我省老龄化、高龄化进程进一步加快，高龄、失能老年人医疗、照料压力显著加大。对此，我们决不可掉以轻心。各市县、各有关部门一定要保持清醒头脑，居安思危，进一步增强工作责任感和紧迫感，以积极的态度、政策和行动应对人口老龄化，制定周密策略，采取有力措施，不断满足日益增长的养老服务需求，提高为老服务水平，使老年人生活得更充实、更幸福、更有尊严。

三、扎实推进我省老龄事业健康发展

今年是“十二五”规划的收官之年，也是“十三五”规划的谋篇之年。积极做好老龄工作，对推进全省经济社会又好又快发展至关重要。全省上下要坚持“老有所养、老有所医、老有所学、老有所为、老有所乐”的目标，统筹兼顾，突出重点，全面推进，努力开创全省老龄事业新局面。

第一，要全力做好老龄事业发展“十二五”规划收官工作和“十三五”规划编制工作。各级老龄委要依据“十二五”规划确定的目标任务，认真自查“短板”，加大工作力度，尽快将“短板”补齐，按时完成“十二五”规划主要任务。同时，要结合新常态下的国情与省情，科学制定省级养老服务业发展“十三五”总体规划及市县级规划，合理布局养老服务机构，培育扶持养老服务产业。规划的思路要“准”，确定的任务要“实”，分解给部门的工作要有刚性约束，具体到每一年要办成几件实事。总体上要分清事业和产业，养老事业是政府要干的事，养老产业主要依靠市场、依靠社会和民间资本。要围绕项目编制规划，抓紧策划一批老龄事业重点建设项目，以项目建设带动老龄事业科学、有序发展。

第二，加快建立和完善社会化养老服务体系。在城乡规划建设、旧城旧村改造及居住区开发过程中，要把老年服务设施作为公共服务配套设施，统一规划和合理建设，鼓励和支持有条件的地方盘活利用闲置的土地、校舍、厂房等公共资源，改建扩建社会养老服务中心、居家养老（日间照料）服务中心、农村敬老院等养老服务机构和设施，满足老龄服务需求。但要特别指出的是，社会养老服务体系建设，政府不能完全包办。从未来的发展趋势看，养老产业蕴藏着巨大的发展潜力。尤其是对我们海南来讲，来自全国各地的候鸟人群大多是来养老的，大力发展养老产业不仅可以满足我省老年人不断增长的服务需求，还可以安置大量人员就业、促进经济结构调整和培育新的经济增长点。全省要通过落实财政扶持、税费减免、用地保障等优惠政策，采取“公办民营”、“民办公助”等不同方式，鼓励、引导和支持社会力量兴办老年公寓、护理院、托老所等养老设施，参与养老服务事业的发展，逐步提高老龄产业在整个经济中的比重。

第三，认真落实和完善社会养老保障制度。一是要扎实推进社会养老保险制度。进一步巩固完善新型农村养老保险和城镇居民社会养老保险体系，推动解决无固定收入老年人的养老保障问题。要建立健全基本养老金正常调整机制，保证老年人养老金的增长不低于城乡居民可支配收入和物价水平的增长。二是要不断完善基本医疗保险制度。按照“广覆盖、保基本、多层次、可持续”的原则，深化基本医疗保险制度改革，巩固和完善新型农村合作医疗制度，逐步提高城镇居民医保、新农合人均筹资标准和保障水平，减轻老年人医疗费用负担。要研究探索失能老年人的长期护理保障制度，进一步落实老年人医疗优待政策，更加注重和关心老年人精神和心理健康。三是要建立健全老年人社会救助和社会福利制度。根据经济社会发展水平和政府财力的增长，适时调整提高城乡低保户、农村五保户等人员的抚恤和生活补助标准。进一步完善城乡医疗救助制度，重视解决老年人因病致贫、因病返贫、因病致残的问题。要加快完善老年人基本住房保障制度，重视无障碍设施建设，积极营造老年人宜居环境。

第四，不断探索完善老年人权益保障和服务工作政策措施。要加大对社会养老服务的政策扶持和财政补贴力度，建立社会养老服务政府补贴和政府购买服务制度。要根据新形势下老年优待的需求，从就医、乘车、通讯、购物、旅游等领域进一步完善老年优待政策，提高优待标准，扩大优待范围，提高优待效果，使老年人得到更多改革发展带来的成果。

四、切实加强对老龄工作和老龄事业的组织领导

老龄问题是关系国计民生和长治久安的全局性、战略性问题，也是重要的民生工程和民心工程。省老龄委成员单位、各级政府一定要从思想上、认识上牢固树立、高度重视老龄事业，采取力所能及的措施抓好工作落实，竭尽全力推动老龄事业发展。

（一）健全高效顺畅的老龄工作体制。要进一步完善党政主导、老龄委协调、部门尽责、社会参与、全民关怀的大老龄工作格局。各级老龄委及其办公室要充分发挥综合协调、督促检查和参谋助手作用。要重视加强老龄委办公室建设，落实人员编制和工作经费，为加快老龄事业发展提供有力组织保障。老龄委各成员单位要认真履行职责，做好老龄工作，圆满完成我省老龄事业发展“十二五”规划的各项目标任务。

（二）建立多元化的老龄事业发展投入机制。重视发挥公共财政的主导作用，将老龄事业发展经费列入地方财政年度预算，并根据经济社会发展情况和老龄工作实际，建立与人口老龄化形势和老龄事业发展要求相适应的财政投入增长机制。要加大彩票公益金用于发展老龄事业的比例，进一步完善资金扶持政策和土地保障政策，积极探索养老机构多元化、社会化的投资渠道，引导社会资本兴办各类养老服务业，不断缓解养老服务供求矛盾。

（三）强化老龄事业舆论引导和宣传教育。积极宣传党和政府关于加强老龄工作、发展老龄事业的方针政策及工作措施，引导全社会树立积极的老龄观，正确认识和积极应对人口老龄化。要坚持开展敬老先进评比表彰和宣传教育活动，大力弘扬中华民族敬老爱老助老的优良传统。要把敬老爱老活动与和谐社区、文明村镇、五好家庭等活动紧密结合起来，不断营造敬老爱老社会氛围，为积极应对人口老龄化、加快老龄事业发展创造良好的社会环境。

同志们，做好老龄工作，发展老龄事业，责任重大，使命光荣。让我们在省委、省政府的正确领导下，以高度的责任感和使命感，以更饱满的热情、更扎实的态度、更积极的行动做好老龄工作，为促进我省老龄事业与经济社会持续协调发展，加快国际旅游岛建设做出新的更大的贡献。

在云南省社会救助暨养老服务体系建设推进会议上的讲话

云南省副省长　张祖林

2015年12月30日

今天，省政府召开全省社会救助暨养老服务体系建设推进会议，主要任务是贯彻落实中央和省委系列决策部署，总结工作、交流经验、分析形势、安排任务，全力推进我省社会救助和养老服务体系建设持续健康发展。上午，大家参观了昆明市柏寿老年公寓、关上社区居家养老服务中心、太和街道“一门受理、协同办理”窗口，观看了昆明市居民家庭经济状况核对操作演示；刚才，曲靖市、镇雄县作了视频交流，昆明市、大理州、官渡区、个旧市作了交流发言，省发展改革委、民政厅、财政厅分别作了专题发言，参观现场和交流经验都具有典型性、样板性，希望各地认真学习借鉴。下面，我讲四点意见：

一、社会救助和养老服务体系建设取得显著成效

“十二五”期间，在省委、省政府的正确领导下，各地、各有关部门认真贯彻落实党中央、国务院和省委、省政府的系列决策部署，社会救助和养老服务制度建设日趋完善，保障能力不断加强，救助服务水平逐步提高，为困难群众编密织牢了一张全方位、多层次、广覆盖的民生安全网，以居家为基础、社区为依托、机构为补充的社会养老服务体系初步建立。

一是社会救助政策体系日趋完善。以省政府文件出台《云南省社会救助实施办法》，形成了以最低生活保障、特困人员供养、受灾人员救助、医疗救助、临时救助、教育救助、住房救助和就业救助为主要内容，以社会力量参与为补充的新型社会救助体系，全面建立了临时救助制度，积极帮助群众应对突发性、紧迫性、临时性生活困难。

二是社会救助资金保障力度持续加强。“十二五”期间，中央和省级累计投入低保、临时救助、医疗救助、灾害救助资金535亿元，实施救助6483万人次，帮助受灾群众恢复重建倒损民房31.47万户；实施保障性安居工程近130万套（户），统筹实施农村危旧房改造及地震安居工程170万户，对符合条件的近100万户城乡困难家庭实施住房救助。2014年鲁甸、景谷地震发生后，社会救助工作发挥了重要作用，灾区群众得到了各级的直接救助。

三是社会救助工作机制不断健全。15个州（市）和112个县（市、区）建立了由民政牵头，教育、卫生、人社等部门共同参与的社会救助联席会议制度，“政府主导、民政牵头、部门协作、社会参与”的工作格局进一步强化，“一门受理、协同办理”机制全面建立，所有乡镇均设立了一门受理窗口，明晰了交办、分办、转办流程，打通了政策落实的“最后一公里”。居民家庭经济状况核对机制初显成效，2015年全省已累计比对核查救助申请信息169万人次，精准救助水平进一步提高。一站式即时结算服务工作全面推开，各级民政部门实现了与690多所州、县级医疗机构救助费用结算的无缝对接，方便了困难群众看病就医。

四是养老服务政策措施系统完善。省政府相继制定出台了《云南省老龄事业发展“十二五”规划》、《云南省社会养老服务体系建设规划》和《关于加快发展养老服务业的实施意见》等政策措施，省级部门先后出台了居家养老服务设施建设管理，养老服务设施用地，养老机构设立许可、管理、收费、价格等落实文件，厘清了我省养老服务发展思路，确立了总体发展目标，细化了政策措施。

五是养老服务设施建设取得新进展。“十二五”期间，省政府每年将养老服务建设项目列入20项重要工作和10件惠民实事内容，设立了10.8亿元养老服务体系建设专项资金。2012年以来连续4年每年投入2.7亿元，今年起省级又连续3年补助资金5000万元，对新建和改扩建民办养老机构给予补助。中央、省级财政、发改和福彩公益金5年共投入23亿元，建成了195个城市养老机构、663个农村敬老院、1424个居家养老服务中心等一大批养老服务设施。与“十一五”末相比，全省社会养老床位由4.43万张增加到12.7万张，增长了189%；每千名老年人拥有社会养老床位由9张增加到23张，增长156%。

六是养老服务供给取得新成效。充分发挥居家养老服务机构平台功能作用，为居家老人提供日间照料、康复护理、文体教育等服务，居家老人服务需求基本得到满足。积极改善就医服务和报销结算流程等，老年人医疗服务质量明显提升。认真落实老年人凭证免费乘坐市内公交车、进公园、公厕、公共文化场所等优待政策，累计发放高龄补贴13.7亿元。

总体来看，我省社会救助及养老服务体系建设取得显著成效。这些成绩来之不易，是全省各级各部门尤其是民政、老龄部门工作人员坚持不懈、辛勤工作的结果，是全省上下团结奋斗、共同努力的结果。但我们也要清醒认识到，一是随着广大人民群众的公平意识、民主意识、权利意识不断增强，救助需求、社会矛盾越来越多样化，社会救助担负的任务更为艰巨；二是随着制度化建设的不断推进，以往相对粗放的社会救助管理方式与当前社会救助法治化进程的新要求已经不相适应；三是各地对养老服务体系建设思想认识还有一定偏差、政策制定执行不够到位，财政支持保障困难多、配套难到位、缺口大，设施建设滞后，养老服务和产品供给不足，养老服务体系建设任务还很艰巨。这些问题要引起我们高度重视，在今后的工作中切实加以解决。

二、编密织牢社会救助安全网，切实保障困难群众基本生活

民政部门的业务大大小小有100多项，但社会救助在整个民政业务工作中，居于重中之重的位置，是新的历史条件下党和政府的民生工程，是贫困群众如期脱贫的托底保障，是困难群体的最后防线。“十三五”时期，各地各部门要牢牢把握社会救助工作的原则和要求，按照“兜底线、救急难、可持续”的工作方针，深入贯彻落实《云南省社会救助实施办法》，紧紧围绕“织牢一个网底，补齐两块短板，完善四大机制”开展工作，切实把民生保障安全网编牢织密。

（一）抓住主线，依法救助。《实施办法》确立了今后我省社会救助工作的总纲和核心，各地要尽快出台配套方案和细则，实现零散救助制度的整合，明确工作目标，整体推进，使全省社会救助体系建设再上一个新台阶。民政、教育、住建、人社等有关部门要紧密结合《实施办法》规定，健全完善制度基础，让各项救助制度落到实处。《实施办法》重点任务牵头部门要按照责任分工，制定实施方案，确保任务按期保质完成。

（二）织牢网底，兜住底线。低保和特困人员供养制度是涉及对象最多、资金量最大的救助政策，也是社会救助体系中最基础、最核心的救助制度。各地要合理提高保障标准和补助水平，确保救助底线根基牢固。一要科学合理制定标准。省级民政部门要会同统计、物价等部门，根据上年度经济、物价、人均消费性支出等情况，测算确定并公布城乡低保保障标准基数。各地要以省级指导标准基数为基础，科学、有序、合理提高低保保障标准，并对临时救助、特困人员救助标准进行相应调整。二要继续加强规范管理。要进一步严格审核审批程序，完善居民家庭经济状况核对办法，加强精准施保，加强动态管理，让保障对象有进有出、补助水平有升有降成为常态。今天上午大家看了太和街道“一门受理、协同办理”样板，各地要认真学习借鉴和推广，尽职尽责，把精准服务落实到基层街道、村、社区、村民小组。三要切实加强制度衔接。不断强化低保与医疗救助、临时救助以及就业、住房、教育等专项救助制度的衔接，尤其要加强社会救助与扶贫开发制度的衔接，做到“三个衔接，两个逐步，一个全面”工作。“三个衔接”，就是要做到农村低保对象认定与建档立卡贫困户识别紧密衔接、低保与扶贫开发两项制度标准调整紧密衔接、核对机制与动态管理机制紧密衔接，应扶尽扶、应救尽救、应退尽退，确保精准救助、精准扶贫、精准脱贫。“两个逐步”，就是要做到低保保障标准、补助水平逐步提高，充分发挥救助资金使用效能，使最困难的群体在共建共享发展中有更多获得感。“一个全面”，就是要对未脱贫对象实施全面兜底，必须对丧失劳动能力，无法通过产业扶持和就业帮助实现脱贫的贫困人口，通过纳入低保范围实施政策性兜底扶贫，确保救助制度与脱贫攻坚进程相衔接。民政兜底保障对象大都老弱病残、没有生产能力，一定要与建档立卡户、基层社会救助信息网实行无缝对接，实事求是把他们“兜”起来，不能漏一人、少一人，也不能错一个人，切实把财政资金用在关键处、用在刀刃上。四要有序推进城乡统筹。加强农村五保供养和城市“三无”人员保障制度的衔接，健全特困人员供养制度，统一救助内容、方式和程序，有条件的地区，要逐步缩小城乡救助标准差距。

（三）织密“网眼”，补齐短板。临时救助和重特大疾病医疗救助是当前救助体系中最薄弱、群众最关心的两块短板，必须重点突破，让群众紧迫性、临时性的救助需求得到妥善解决。一要全面完善临时救助制度。认真落实省政府《关于全面建立临时救助制度的实施意见》精神，尽快健全完善实施办法，处理好暂住人员、非户籍对象的临时救助问题，及时采取妥善方式实施救助。二要加快推进重特大疾病救助制度建设。全面开展重特大疾病医疗救助，抓紧建章立制，在重点保障低保对象和特困人员的基础上，适当拓展救助对象范围，分类分段确定救助比例和最高救助限额，加强重特大疾病救助与基本医疗保险、大病医疗保险等制度的衔接，通过医疗救助扶持一批贫困人口脱贫，有效防止因病返贫、因病致贫。三要扎实推进急难救助工作。救急难综合试点县区要抓紧完善实施方案，以有序衔接医疗救助、教育救助、就业救助、疾病应急救助、流浪乞讨救助、法律援助等专项救助制度为重点，明确救急难的事项、标准、程序和责任，发挥制度整体效能。各州市要将试点地区取得的经验和做法及时进行总结推广，力争明年在所有县区全面推行救急难工作。四要积极引导社会力量参与社会救助。畅通参与渠道，引导、鼓励社会组织、志愿者参与到主动发现、协助申请等环节，搭建救助信息共享平台，形成政府救助与社会力量救助的良性互动。民政系统和有关部门要把这项工作作为全面建成小康社会的重要组成部分来认识、思考、部署，在大专院校、青年较多的机关、企事业单位等进行宣传，动员他们积极参与到平时的志愿服务中来，县、乡两级政府和有关部门要做好具体组织实施工作。民政部门要主动牵头，共青团、妇联、工会等组织要积极参与，建立长效协商协调机制，把志愿者的宣传动员形成常态化。

（四）编牢网线，持续发展。当前，要健全完善四大机制，为社会救助这个保障网提供最牢固的网线，确保线不断、网不漏、底不破。一要进一步健全居民家庭经济状况核对机制。用大数据理念完善信息库数据，提高救助基础信息采集和利用水平，实现信息化核对、网络化管理，稳步推进核对信息资源互联共享，真正发挥核对机制应有的作用。二要进一步完善"一门受理、协同办理"工作机制。不断强化乡镇、街道的"一门受理"窗口的基础纽带作用，灵活运用政府购买服务、设置公益性岗位等方式，充实窗口工作力量，加强工作人员培训，提高经办能力和服务质量。三要进一步强化社会救助工作协调机制。各级政府要发挥好主导作用，统筹协调本地区社会救助工作，尚未建立社会救助联席会议制度的地方要抓紧建立。教育、住房城乡建设、人力资源社会保障等部门要有序开展救助工作，确保救助对象在学习、就业、住房方面的困难及时解决，依托联席会议制度推动救助制度有序衔接，确保部门合力最大化。

三、加强养老服务体系建设，积极应对人口老龄化

当前，党中央、国务院把积极应对人口老龄化作为实现国家经济社会发展战略目标、共享改革成果、全面建成小康社会的国家行动，作为保障改善民生和促进产业转型升级、加快发展现代服务业的重要内容，养老服务体系建设已列入国家 17 个专项规划之一。各地、各部门要深入贯彻落实国家和省的决策部署，牢固树立积极应对人口老龄化理念，以全覆盖、高质量满足老年人需求为出发点，紧紧抓住政府、市场共推共进两根主线，坚持统筹规划、政策推动、企业参与、市场运作、社会支持思路，突出养老服务法规政策体系、设施支撑体系、产品供给体系、保障评估体系建设，加快形成养老服务体系建设多样化、多元化、多业态发展良好格局。力争到 2020 年，居家养老服务实现全覆盖，养老服务设施和站点覆盖所有城市社区、90%以上的乡镇和 60%以上的农村社区，全省社会养老床位数达 21 万张以上，每千名老年人拥有养老床位 35 张以上。其中，社会力量兴办的养老床位占到养老床位总数的 30%，提供就业岗位 20 万个以上。

（一）认真编制并落实规划和政策措施。省民政厅要根据养老服务面临的新形势编制好养老服务体系建设规划，谋划一批基础性、功能型重大养老服务项目，切实提高我省养老服务保障能力。省级有关部门要根据《云南省人民政府关于加快发展养老服务业的实施意见》和重点任务分工要求，认真履行职能，落实责任，抓紧制定具体措施。各州、市、县、区要制定配套的具体办法和实施计划，省民政厅要牵头组织有关部门加强监督检查，确保各项工作有力推进、有效落实、有序发展。

（二）加强养老服务设施建设。各级各部门要坚持公建民办结合、事业产业融合路子，全力抓资金、项目、土地、规划环节，充分吸引社会力量参与养老服务机构建设，建好养老服务支撑体系的 4 个支柱，努力构建功能完善、覆盖城乡的社会养老服务支撑体系。城市公办养老机构建设要抓好补缺、改制和增效的工作，社区居家养老服务站（中心）建设要抓好扩大覆盖面和规范服务的问题，农村敬老院建设要突出抓好增量增效工作，民办养老机构建设要以落实政策措施为重点。

（三）调动社会力量广泛参与。全面开放养老服务市场，通过简政放权、放管结合、优化服务、政策落实等措施，解决好社会力量参与养老服务体系建设的"最先一公里"和"最后一公里"，营造平等参与、公平竞争的市场环境。积极推行公建民营、民办公助、股份制合作、PPP、BOT 等方式，落实运营补贴经费、健全惠老优待和服务补贴制度，发挥资金杆杠撬动作用，推动养老服务业重大工程尽快实施，打造一批高端养老服务机构、康体休闲养老机构、养老服务基地，使社会力量逐步成为养老服务体系建设的主体。

（四）推进医养融合发展。各级要认真贯彻落实国务院部署要求，把工作重心和着力点放在破解影响医养结合政策体制多头、推进体系分割、专业差异大、扶持力度不够、市场培育不充分、转型升级困难多等问题上，着力加强医养整合政策制度建设，破除医养融合政策障碍。尽快

建立由政府主导、相关部门参加的医养结合联系协调工作机制，及时启动医养结合试点工作，提高养老机构建设标准起点、加大养老机构升级改造力度，提升医养结合服务能力。注重社区平台医疗服务功能设置，推进驻区医养合作和为老年人家庭签约服务模式，完善社区老年人医疗健康档案等。

（五）培育养老服务消费市场。挖掘养老服务市场潜力、打造云南养老基地，是我们发展养老服务业的必然选项和独特优势。各地、各部门要逐步规范建立以基本养老为基础、服务需求为牵引的养老服务目录，体现基本性、多元化和云南特色。鼓励支持企业积极进入老年产品用品开发、供给、流通等领域，引进一批实力雄厚的企业落户云南，开发一批市场前景好的康复辅具、食品药品，以及具有民族特色的精神文化和服装服饰等产品，并充分利用物联网、互联网等信息技术和平台优势，开辟网上网下两条通道。引导商场、超市、批发市场设立老年用品专区专柜和组织参与老年服务用品博览展销活动，打通服务市场“最后一里路”。引导规范商业银行、保险公司、证券公司等金融机构开发适合老年人的理财、信贷、保险等产品，扩大养老服务市场容积量、活跃度，提高养老资源保质增质效果，增强老年人养老服务消费购买力。

（六）加强养老服务队伍建设。要紧紧抓住养老服务软实力建设，积极拓展养老管理服务从业人员培养领域与方式，支持高等院校和中等职业学校增设养老服务相关专业和课程。建立落实参加养老护理职业培训和职业技能鉴定人员培训费用补贴等制度。充分吸引各级院校、职业技术学校养老服务管理和社会工作等专业人才到养老服务机构就业，切实解决养老护理人员严重短缺问题。要结合扶贫开发，促进农村贫困地区适宜青年通过服务业就业实现脱贫，省民政厅要加强与扶贫、教育等部门沟通衔接，争取明年秋季在有关中高等职业院校把养老服务专业和课程开办起来，让适龄、适宜的青年有就业路子，实现“两头”收益。

（七）强化养老服务监督管理。坚持管理与服务并重原则，完善养老服务体系建设政策法规体系和技术标准体系，建立健全养老服务评估、行业监督、资格认证、从业规范等一系列养老服务职业制度，规范服务流程，拓展服务内容，提升服务质量，确保养老服务和产品质量，营造安全、便利、诚信的服务环境。加快推进养老服务机构法人登记工作。

四、狠抓工作落实，确保社会救助和养老服务体系建设目标任务圆满完成

社会救助、养老服务体系建设是国民经济和社会发展中不可或缺的重要内容，各级各有关部门要把思想认识统一到贯彻落实中央“四个全面”总要求、习近平总书记考察云南重要讲话和十八届五中全会精神的高度上来，把行动统一到党中央、国务院和省委、省政府部署要求上来，加强组织领导、落实责任分工、强化资金保障和监督管理，确保社会救助工作和养老服务体系建设持续健康创新发展。

一要强化领导责任。州县两级政府要切实担负起本辖区内的社会救助和养老服务体系建设工作主体责任，将其作为重要内容纳入“十三五”国民经济和社会发展规划，统筹协调各部门做好配套政策制定、资金筹集、日常监督管理工作。要指导乡镇政府、街道办事处履行好救助申请受理、调查审核职责，提高经办机构能力，畅通救助渠道。

二要健全资金筹措机制。按规定将社会救助资金、社会救助工作经费和老龄事业发展经费、养老服务体系建设经费纳入财政预算。建立完善资金筹集机制，优化财政支出结构，拓宽筹资渠道，盘活存量，确保各项救助制度顺利开展。逐步加大财政资金投入养老服务力度，用于社会福利事业的彩票公益金，50%以上用于支持养老服务体系建设，提高保障水平。积极拓展社会养老服务市场化融资渠道，采取直接补助或贴息等方式，支持民间资金投资养老服务。规范资金运行，严格执行有关规定，加快制定困难群众生活救助补助资金管理办法和民办养老机构建设补助管理办法。继续强化资金监管，加强审计监督，完善绩效考核办法，强化考核结果运用。

三要加强部门协作。省民政厅要加强与省委党校衔接，加强社会救助和养老服务体系建设的专题研究、培训。各地、各部门要树立“一盘棋”思想，进一步建立健全政府领导、民政老龄部门牵头、有关部门配合、社会力量参与的社会救助和养老服务体系建设工作协调机制，并按各自职责抓好落实。

四要加强基层能力建设。各地要督促乡镇、街道落实社会救助经办机构和人员，采取购买服务、设置公益性岗位等方式继续加强基层工作力量。充分发挥城乡社区群众自治组织、社区社会组织和专业社工、志愿者的作用，协助做好社会救助工作、提供居家养老服务。要有针对性的开展社会救助和养老服务管理业务培训工作，不断提高管理服务水平。

做好社会救助工作、加快养老服务业发展责任重大、使命光荣，让我们按照党中央、国务院的决策部署，统一思想、坚定信心，以更扎实的作风、求真务实的态度，全力以赴抓好政策措施落实，切实加强社会救助工作、加快养老服务体系建设步伐，为谱写好“中国梦”云南篇章作出新的更大的贡献。

在青海省老龄工作委员会第十次全体(扩大)会议上的讲话

青海省副省长　省老龄委主任　匡湧

（2015年3月30日）

刚才，罗松达哇同志代表省老龄委总结了2014年我省老龄工作，安排了2015年的重点工作，我完全赞同。西宁市政府、海西州政府、省民政厅、省人力资源社会保障厅、省卫生计生委结合各自的工作实际作了会议交流发言，讲的都很好，也深受启发。希望大家认真学习领会，抓好贯彻落实。下面，我讲四点意见。

一、充分肯定全省老龄事业取得的显著成效

“十二五”以来，在省委、省政府的正确领导下，在各级政府、省老龄委各成员单位、社会各界的共同努力下，我省各项涉老政策、制度不断完善和落实，有力地促进了老龄事业与经济社会协调发展，全省老龄事业取得了显著的成效。主要表现在以下五个方面：积极应对人口老龄化的工作机制和政策体系初步形成。《中共青海省委、青海省人民政府关于进一步加强老龄工作的意见》（青发〔2012〕12号）、《青海省人民政府办公厅转发省老龄办等部门关于建立青海省高龄补贴制度意见的通知》（青政办〔2010〕218号）、《青海省人民政府办公厅关于印发〈青海省社会养老服务体系建设规划（2011—2015年）〉的通知》（青政办〔2012〕293号）、《青海省人民政府关于加快发展养老服务业的实施意见》（青政〔2014〕33号）等一批法规政策相继出台，为发展老龄事业指明了方向，注入了活力，提供了遵循。社会养老保障制度不断完善。逐步建立了全省统一的职工基本养老保险、新型农牧区社会养老保险、城镇居民社会养老保险、新型农村合作医疗、城镇居民基本医疗保险、城乡最低生活保障、城乡医疗救助等重大制度，进一步完善了社会救助、农村五保、老年优待、社会福利、高龄补贴等制度，实现了社会保障制度的全覆盖。社会养老服务体系建设成效明显。以“居家为基础、社区为依托、机构为支撑”的社会养老服务体系建设稳步推进，积极探索以“村级主办、互助服务、政府扶持、社会参与”为主要内容的农村互助养老服务模式，适度普惠的社会养老服务体系基本框架初步形成。截止2014年底，全省老年福利设施达到1293个，机构养老床位达到1.59万张，平均每千名老年人拥有25张养老床位。敬老爱老助老社会氛围日益浓厚。积极开展“尊老敬老宣传月”、“扶老助残志愿服务”等敬老爱老创建活动，重点关注高龄、空巢、患病老人，大力营造尊老敬老的社会氛围，有效促进了家庭和睦与社会和谐。老年人参与社会活动范围不断扩大。全省老年学校已发展到19所，建立了2982个村级和城镇社区老年协会，组织老专家、老知识分子赴各地开展银龄援农、银龄义诊、银龄义演活动60余次。

可以说，我省老龄事业取得了较好的成绩，广大老年人享受到了改革开放的成果，老龄工作也积累了一些宝贵的经验，归结起来体现在“五个必须坚持”上：一是必须坚持把老龄事业纳入经济社会发展全局来统筹规划。老龄事业是全面建成小康目标的重要组成部分，只有从全省经济社会发展的大局来认识老龄问题，从战略高度研究应对措施，将老龄事业纳入经济和社会发展总体规划，才能确保老龄事业与经济社会发展相协调，促进社会全面进步。二是必须坚持发挥党委、政府的主导作用。发展老龄事业是构建社会主义和谐社会的重要组成部分，做好老龄工作，需要各级党委、政府高度重视并加强领导，把老龄工作切实摆上重要议事日程，及时解决老龄工作遇到的新情况、新问题。三是必须坚持以人为本，全心全意为老年人服务的宗旨。做好老龄工作必须紧紧围绕老年人的所思所想，切实维护老年人的根本利益，把为广大老年人办实事、做好事、解难事作为一切工作的出发点和落脚点，使老年人真切感受到党和政府的关怀，真正得到实惠。四是必须坚持始终把工作重点放在基层。时刻抓住基层这个工作重点，发展基层老年群众组织，加强为老服务设施建设，努力构建以城乡社区为依托的居家养老服务体系，强化社区为老服务功能，增强全社会敬老、爱老、助老的良好氛围。五是必须坚持调动社会各方积极性。老龄事业是一项社会事业，必须广泛发挥企业、社会、家庭等各方作用，充分调动老年人的主动性和积极性，动员全社会力量参与和支持老龄工作，积极促进资源整合，共同推动老龄事业发展。

二、进一步增强做好老龄工作的责任感

当前，人口老龄化的问题日益严峻和突出。我省于2009年进入老龄化社会。截止2014年底，我省60周岁以上人口已达到65.39万，占全省总人口的11.21%。据预测，到“十二五”末，全省60岁以上人口将达到67.66万，约占总人口的11.51%；到2020年，老年人口将达到79.20万，占总人口比例为12.98%。我省人口老龄化起步晚、进程快、“未富先老”和区域间不均衡的现象比较突出。2000年到2010年的10年间，全省常住人口年均增长0.83%，而同期老年人口年均增长4.69%，远高于常住人口的增幅，也高于全国同期老年人口年均3.3%的增幅。我省老龄化社会具有典型的“未富先老”特征，应对老龄问题的经济基础比较薄弱。同时，老年人口地区分布不均衡，西宁和海东老龄化程度已分别达到了13.05%和11.78%，高出全省11.21%的平均水平，两市老年人口约占全省老年人口总数的71.72%。人口老龄化快速发展与工业化、城镇化相伴随，与经济转轨、社会转型相交织，对经济社会发展将产生诸多影响。对经济发展的影响，主要体现在劳动年龄人口相对高龄化，导致长期以来推动经济平稳较快发展的“人口红利”逐步减少甚至消失，影响劳动力资源的合理分配。对社会发展的影响，主要反映在老年人的大量增加带来的养老保障方面的问题，老年人的退休金、医疗费用开支以及相应的社会管理成本等将迅猛增长。对每个家庭也带来深远影响，我省城镇、农牧区放弃生育二胎的家庭已超过50%，随着“四二一”家庭结构日益普遍，社会正面临着越来越多的空巢家庭，传统的家庭养老模式难以为继。

面对人口老龄化的严峻形势，我们要切实增强新形势下做好老龄工作的责任感，制定周密的应对方略，确保在人口老龄化快速发展背景下实现我省经济社会全面协调可持续发展。党的十八大提出了在新的历史条件下夺取中国特色社会主义新胜利，全面建成小康社会的宏伟目标，对包括老龄事业在内的民生工作提出了更高的要求。党的十八届三中全会强调，积极应对人口老龄化，加快建立社会养老服务体系和发展老年服务产业。2013年9月，国务院印发了《关于加快发展养老服务业的若干意见》（国发〔2013〕35号）。省第十二次党代会强调，要加快发展养老、家政等与提高人民生活质量密切相关的生活性服务业。2014年5月，省政府印发了《关于加快发展养老服务业的实施意见》（青政〔2014〕33号），进一步提出加快养老服务业持续健康发展，全面建成适度普惠型的养老服务体系。各级政府、老龄委各成员单位和有关部门一定要从全局和战略的高度，充分认识应对人口老龄化、做好老龄工作的极端重要性，以更高的站位审视老龄问题，以更广阔的视野谋划老龄事业，以更有力的措施推进老龄工作。

三、认真抓好重点工作任务的落实

全面制定实施应对人口老龄化战略，是党中央、国务院总揽全局、审时度势作出的重大决策。当前老龄工作的中心任务，就是要认真贯彻党的十八届三中、四中全会精神，省委十二届七次、八次全体会议和省十二届人大四次会议精神，以及习近平总书记系列重要讲话精神，牢固树立积极的老龄观，坚持目标方向不变，坚持战略方针不变，保持工作的连续性，以改革创新的决心，采取扎实有效的措施，不断推动老龄事业全面发展。

（一）全力保障老年人基本民生需求

全面建成小康社会，要求我们不断满足老年人的民生需求，使老年人共同享受经济社会发展成果。一要继续完善城镇职工基本养老保险制度，巩固我省新型农村养老保险和城镇居民社会养老保险全覆盖的成果。坚持“广覆盖、保基本、多层次、可持续”的基本方针，加快完善养老保障体系。要建立健全基本养老金正常调整机制，保证老年人养老金的增长不低于城乡居民可支配收入和物价水平的增长。二要不断完善基本医疗保险制度。巩固和完善新型农村合作医疗制度，逐步提高城镇居民医保、新农合人均筹资标准和保障水平，减轻老年人医疗费用负担。进一步落实老年人医疗优待政策，更加注重和关心老年人精神和心理健康。三要建立健全老年人社会救助和社会福利制度。要适时调整提高城乡低保、农村五保供养标准和重点优抚对象抚恤和生活补助标准。进一步完善城乡医疗救助制度，加大临时救助力度，重视解决老年人因病致贫、因病返贫、因病致残的问题。要发展适度普惠型的老年社会福利事业，不断健全完善高龄补贴增长机制。通过构建多层次养老经济供养和保障体系，不断提高老年人的社会福利水平。

（二）大力发展老年服务业

认真贯彻落实国发〔2013〕35号和青政〔2014〕33号文件精神，加快推进我省养老服务业发展，满足广大老年人多层次、多样化的养老服务需求，促进富裕文明和谐的小康社会建设。一是进一步完善居家为基础、社区为依托、机构为支撑的社会养老服务体系。加快建立健全居家养老服务网络和支持体系，加强养老服务设施建设，统筹推进养老机构建设，发展老年人护理康复服务。落实和完善投融资、土地供应、税收优惠、补贴支持、从业、公益慈善等扶持政策，促进养老服务向社会化、市场化、产业化方向发展。二是发展人人享有、方便可及的老龄服务。发展老年文化体育、健康教育等服务，推动服务内容从基本生活照料到医疗健康、专业护理、精神慰藉、心理疏导、法律援助、紧急救护等方面延伸。围绕适合老年人的衣、食、住、行、医、文化娱乐等需要，开发老年用品产品，稳步发展养老产业，繁荣养老服务消费市场。三是加强养老服务队伍建设。加大对养老服务队伍的培训力度，制订服务规范和标准。鼓励和引导社会工作专业人才从事社区居家养老服务工作，积极倡导中小学生和在校大学生、大学毕业生到社区参与居家养老志愿服务，鼓励社会人员和低龄健康老年人参与社区居家养老服务。

（三）进一步完善老龄事业政策体系

认真抓好《青海省老年人权益保障条例》的修订工

作。《中华人民共和国老年人权益保障法》已由全国人大常委会于2012年12月修订通过，自2013年7月1日起施行。根据形势发展，我省于2002年4月1日颁布施行的《青海省老年人权益保障条例》也应修订。有关部门要做好修订前的调研和征求意见工作，尽快建议并积极配合省人大常委会做好修订工作，为老年人提供更加完善的权益保障。认真做好老龄事业发展“十三五”规划的调研编制工作。要对“十二五”规划执行情况进行评估，开展自查自评，总结经验，分析不足，找出差距，形成评估报告。同时，要做好“十三五”规划的调研工作。要有针对性地开展调研工作，认真研究“十三五”时期老龄事业发展的目标任务、主要指标、重点领域、重要项目等，增强规划的前瞻性和可行性。进一步健全老年人优待政策体系。2013年底，中央24个部门联合制定出台了《关于进一步加强老年人优待工作的意见》（全国老龄办发〔2013〕97号），进一步完善了优待政策体系。各地区、有关部门要紧密结合实际，认真贯彻落实，为广大老年人提供更多更便捷的惠民保障和服务。省老龄办尽快会同有关部门认真研究我省贯彻落实的实施意见，把对老年人优待内容与新修订的《青海省老年人权益保障条例》紧密衔接，使我省的优待政策更加完备、内容更加丰富、社会氛围更加浓厚。

（四）高度重视基层老龄组织建设

基层老年协会，既是老年人参加社区自治和互助服务的重要载体，也是老龄工作在基层的网络体系。要借助“乐龄工程”的实施，制定基层老龄协会建设的专项规划，合理编制实施方案，不断健全和完善老年协会管理体系和运行机制。多方筹措资金，以多种方式引导和支持基层老年协会建设。发挥基层老年骨干，特别是老党员、退休干部的积极作用，支持他们从事老年协会的工作。以老年协会的建设，带动和发展好各种老年人自娱自乐、自我管理服务和反映老年人诉求的基层老年人组织。要重视发挥基层老龄组织的优势，及时处理各种赡养矛盾和纠纷，努力确保老年人能够颐养天年。

（五）积极推动老年人广泛参与社会活动

要坚持把发展公益性文化事业作为保障老年人基本文化权益的主要途径，加快基层公共文化服务体系建设，增加基层老年公共文化产品供给，办好各类老年大学，支持基层老年群众组织广泛开展各类文化、教育、体育等活动，不断丰富老年人的精神文化生活。要在乡镇、街道广泛开展“老年宜居社区”、“老年温馨家庭”创建活动和“敬老好儿女”评选活动，不断营造家庭和睦、代际和谐的良好社会环境。

四、切实加强对老龄工作的组织领导

加强老龄工作，发展老龄事业，是党中央、国务院面向新世纪作出的一项重大决策。老龄问题涉及政治、经济、文化和社会生活等诸多领域，是关系国计民生和国家长治久安的一个重大社会问题，各级政府、各部门必须从全省改革、发展、稳定的大局出发，高度重视和切实加强老龄工作。

（一）高度重视，加强对老龄工作的领导

各级政府要统一思想，提高认识，加强领导，认真贯彻落实《中共青海省委、青海省人民政府关于进一步加强老龄工作的意见》（青发〔2012〕12号），高度重视老龄工作，把老龄事业发展摆上重要议事日程，列入国民经济和社会发展总体规划，及时研究解决老龄工作中遇到的突出问题和困难。坚持党委、政府的主导作用，为老龄工作打下坚实的基础，推动老龄事业取得更大成绩。

（二）加强联络，积极促进涉老部门关注老龄工作

加强老龄工作联络员队伍建设，各成员单位要安排承担有老龄事业发展职能的重点处室主要负责人作为老龄工作的联络员，发挥联络协调各方的作用。各部门要重视老龄工作，积极研究现阶段老龄化社会现状，结合各自职能特点，切实做好老龄工作。

（三）协调各方，充分调动社会力量参与老龄工作

老龄工作涉及党、政、军、群诸多方面，必须完善党政主导机制和社会参与机制，广泛发挥社会组织、企业、家庭、个人等社会各方的作用，充分调动广大老年人的主动性和积极性，坚持齐抓共管，合力推进，努力形成党政领导高度重视、老龄委协调有力、各成员单位尽职尽责、社会力量积极参与、全民共同关怀的老龄工作推进机制，共同推动老龄事业发展。

（四）强化措施，理顺和健全老龄工作体制

各级政府要重视加强基层老龄工作机构建设，理顺工作体制，从实际需要出发，强化老龄机构配置，为加快老龄事业发展提供有力的组织保障。省、州、县各级财政分别按本级老年人口数人均不低于1元、2元、3元的标准列支老龄事业经费，并建立与社会经济发展相适应的老龄事业经费稳定增长机制，确保老龄工作正常开展。各地区、各部门要结合各自实际，建立综合评价考核制度。各级老龄委及其办公室要切实履行协调、督促、检查职责，定期开展评估分析和督促检查，确保老龄工作各项目标任务全面完成。

同志们，全省正处在奋力打造三区、建设全面小康的关键时期，发展老龄事业是关系国计民生的全局性、战略性的重大任务，我们要按照省委、省政府的决策部署，改革创新，齐心协力，扎实工作，不断开创我省老龄事业发展的新局面，为全面建成小康社会做出更大贡献。

在新疆维吾尔自治区老龄工作会议上的讲话

新疆维吾尔自治区党委常委　老龄委主任　肖开提·依明

（2015 年 2 月 7 日）

同志们：

这次会议的主要任务是：深入贯彻党的十八届三中、四中全会和第二次中央新疆工作座谈会精神，全面落实自治区党委八届七次、八次全委（扩大）会议精神，总结 2014 年老龄工作，安排部署 2015 年工作，进一步把思想和行动统一到中央和自治区党委的决策部署上来，大力推进我区老龄事业发展，为维护新疆社会稳定和实现长治久安做出新贡献。

2014 年，在自治区党委的领导下，全区各级老龄工作部门主动适应新形势新任务要求，自觉把思想和行动统一到习近平总书记一系列重要讲话精神和中央要求上来，统一到自治区党委的安排部署上来，紧紧围绕社会稳定与长治久安的总目标，坚持“党政主导、社会参与、全民关怀”的老龄工作方针，充分发挥“综合协调、督促检查、参谋助手”职能作用，老龄工作扎实推进，老龄事业蓬勃发展。各地不断加大社会养老保障体系建设力度，城市社区居家养老服务工作和农村老龄服务事业有了新的进展。充分调动社会力量为老年人排忧解难，切实保障了老年人合法权益。加强老龄工作宣传，大力宣传敬老先进典型，弘扬了中华民族敬老传统美德。认真落实各项老年优待政策，积极组织开展老年文体活动，因地制宜地发展老年教育，不断丰富老年人的精神文化生活。积极拓宽“老有所为”工作领域，成功实施“银龄行动”。抓住热点难点问题开展调查研究，培训基层老龄工作干部，提高了老龄干部队伍整体素质。这些成绩的取得，得益于各级党委、政府的高度重视，得益于各老龄委成员单位和社会各界的大力支持，得益于各级老龄工作部门的辛勤努力。在这里，我代表自治区党委、自治区人民政府，向广大老龄工作者致以诚挚的问候、衷心的感谢！

2015 年，是全面深化改革的关键之年，是全面推进依法治国的开局之年，是全面完成“十二五”规划的收官之年。做好今年的老龄工作，对于建设团结和谐、繁荣富裕、文明进步、安居乐业的社会主义新疆具有重要意义。下面，我就做好今年的老龄工作讲几点意见。

一、统一思想，提高认识，增强做好老龄工作的责任感和使命感

面对新形势新任务，老龄工作的地位和作用更加重要，任务更加艰巨繁重。我们一定要把思想和行动统一到中央和自治区党委安排部署上来，深刻认识做好老龄工作的重要意义，切实增强做好老龄工作、发展老龄事业的责任感和使命感，努力为新疆社会稳定和长治久安做出应有贡献。

（一）深刻认识老龄工作的地位和作用

老龄工作是党和政府的重要工作，老龄事业是中国特色社会主义事业的重要组成部分。加快老龄事业发展，实现好、维护好、发展好老年人的根本利益，让老年人共享改革发展成果，是着力保障改善民生的重要举措，是促进社会公平正义、维护社会和谐稳定的重要保证。党中央、国务院历来高度重视老龄问题和老龄工作。党的十八大报告首次提出“积极应对人口老龄化，大力发展老龄服务事业和产业”。十八届三中全会明确提出，要“积极应对人口老龄化，加快建立社会养老服务体系和发展老年服务产业，健全农村留守老年人关爱体系”。《中华人民共和国老年人权益保障法》修订施行，国务院出台了《关于加快发展养老服务业的若干意见》。习近平总书记强调，“我国老年人口增加很快，老年服务产业发展还比较滞后，养老问题越来越突出。要完善制度、改进工作，推动养老事业多元化、多样化发展。加强养老公共服务，内容上要多样，财力上要倾斜，全社会要一起努力，把老年人安顿好、照顾好，让所有老年人都能老有所养、老有所依、老有所乐、老有所安”。中央新疆工作座谈会以来，自治区不断加大老龄工作力度，出台了一系列惠老政策，下发了《关于加快发展养老服务业的实施意见》。新农保和城镇居民基本养老保险实现全覆盖，“五七工”、家属工参加了养老保险社会统筹，解决了破产企业退休人员医保问题，80 岁以上老年人享受到了养老补贴和免费体检。张春贤书记非常关心老年人，多次要求有关部门解决好老年人的各种困难和问题，把“为千万子女尽孝，为老年人解难，为政府解忧”的思想推广到全疆，希望老年朋友继续关心时事，充分利用人生中积累的丰富社会经验和深厚知识，切实发挥智慧和作用，建设美好新疆。我们一定要站在全局和战略的高度，充分认识做好老龄工作的重要意义，更加自觉主动地做好老龄工作。

（二）准确把握老龄工作面临的形势

在党中央对新疆工作的特殊重视和对新疆各族人民的

特殊关怀下，在自治区党委的坚强领导下，我区老龄工作迎来了难得的发展机遇。第二次中央新疆工作座谈会，对新疆工作又一次做出一系列重大决策部署，出台一系列力度空前的支持举措。经济、干部、人才、教育、科技等全方位对口援疆，规格之高、态度之积极、跨度时间之长、力度之大前所未有。自治区党委广泛汇集民意民智，先后召开八届七次、八次全委（扩大）会议和自治区党委经济工作会议、稳定工作会议，就贯彻落实中央精神作出全面安排部署。各级党委政府对老龄工作越来越重视，老龄工作的社会地位和影响力进一步提高，全社会对人口老龄化问题越来越关注，发展老龄事业的社会氛围日益浓厚。这些都为我们进一步做好老龄工作提供了良好机遇和条件。同时，我们也要清醒地看到，我区老龄工作仍然面临严峻复杂形势和新的挑战。我区已于2010年进入老龄化社会，截止目前全区60岁以上老年人口253.18万人，占总人口的11.18％。我区的人口老龄化是在综合实力还不强、经济社会发展各项任务十分繁重的情况下到来的，短期内需要解决的问题较多、困难较大。随着人口老龄化严峻形势的不断加剧，社会养老服务需求的不断增长，养老服务工作正在发生重大的变化。在服务人群上，由过去主要服务“三无”、“五保”人员，拓展到了全社会的老年人。在体系布局上，由过去仅注重发展养老服务事业，拓展到养老服务事业和产业并举。在水平要求上，由过去偏重物质保障，拓展到物质保障与精神满足并重。随着城市“空巢老人”和农村“留守老人”日益增多，对社会化养老服务的需求越来越迫切。积极应对人口老龄化，是一项重要而紧迫的战略任务。目前，我区老龄工作还存在一些突出问题，主要是不少同志包括一些党政领导对老龄工作的重要性、紧迫性认识不足，重视不够，有的甚至认为老龄工作可有可无；受经济发展、自然条件等多种因素制约，各地老龄工作发展不平衡；各级政府和社会力量对老龄事业的投入力度还需加大，支持老龄事业持续发展的资源配置体制和机制还没有完全形成；老龄工作的法规政策还不够完善，侵犯老年人权益的现象仍时有发生。机遇与挑战并存，责任与使命并重。我们必须切实增强做好老龄工作的责任感和使命感，及早谋划，统筹协调，趋利避害，在应对人口老龄化挑战中赢得主动权，实现老龄事业又好又快发展。

（三）充分认识老年群体的重要性

老年人是党和国家的宝贵财富。我区各族老年人在十分艰苦的生活环境和工作条件下，扎根边疆，无私奉献，为新疆的建设、改革、发展做出了重要贡献。没有老年人过去的奉献，就没有我们今天的美好生活。老年人是人生历程的最后阶段，他们的今天就是我们的明天，尊敬老年人、爱护老年人、善待老年人，让老年人分享改革开放和社会发展的成果，不仅是中华民族的传统美德，更是对历史的尊重，对老年人曾经做出贡献的尊重。我们要真心尊重老年人，真诚服务老年人，切实维护好他们的权益，让他们安度晚年。老年人蕴藏着独特的经验优势和智慧优势，在经济社会发展中有着十分重要的作用。我区每年有大批老年人退休，这些老年人长期受党的教育培养，对党和人民有深厚的感情，具有丰富的实践经验，有的还有一技之长。他们在反对民族分裂、维护社会和谐稳定、促进科技发展、传播先进文化、弘扬社会公德、关心教育下一代等方面能够发挥积极的作用。要发挥好老年人的积极作用，通过他们带动千千万万家庭，凝聚起维护新疆社会稳定和实现长治久安的强大力量。

（四）深入理解落实张春贤书记“五项要求”

张春贤书记在新年第二天的自治区党委理论学习中心组学习时提出了“善学习、讲法治、比团结、抓落实、重效果”的五项要求，这是对各级领导班子和各级领导干部的要求，同样也是对老龄工作干部的要求。我们要认真学习、深刻把握、切实贯彻张春贤书记这五项要求。在善学习方面，老龄工作干部要认真学习习近平总书记系列重要讲话精神，认真学习中央和自治区重大决策部署，认真学习老龄工作业务知识。通过学习，达到“党中央的要求就是我们的任务”要求，适应复杂多变的形势，推动老龄事业不断发展。在讲法治方面，各级老龄工作部门要以法治为导向，树立法治思维，善于用法治方式思考和处理各种问题，在法治框架内推进老龄工作。要坚持“一反两讲”，强化老年群体的法制观念和秩序意识，使他们自觉维护社会稳定。在比团结方面，老龄工作干部要以身作则、率先垂范，积极教育引导老年群体包容宽容、尊重差异、互相欣赏，说有利于民族团结的话，做有利于民族团结的事，促进各民族交往交流交融，努力实现更深层次的团结，实现大团结、真团结。在抓落实方面，老龄工作干部要牢固树立宗旨意识和正确政绩观，提升理解力、执行力、落实力，用百折不挠的意志去争创一流业绩，在实际工作中做到狠抓落实、善抓落实。在重效果方面，老龄工作部门要以党中央、自治区党委的部署要求是否得到落实来检验效果；以决策部署是否符合实际、是否见到了预期目的来检验效果；以绝大多数各族人民群众是否满意作为检验标准。

二、聚力社会稳定和长治久安，大力推进老龄事业发展

社会稳定和长治久安是新疆工作的着眼点和着力点，也是新疆工作的总目标。我们一定要紧紧围绕社会稳定和长治久安总目标，统筹谋划、切实推进老龄事业发展，发挥好老龄工作在维护新疆社会稳定和实现长治久安中的作用。

（一）全面推进老龄工作法制化建设

党的十八届四中全会就全面推进依法治国作出重大部署。自治区党委八届八次全委（扩大）会议全面安排依法治疆各项任务。我们要切实把思想和行动统一到党的十八届四中全会和自治区党委八届八次全委（扩大）会议精神上来，坚持依法治疆战略，全面推进老龄工作法治化进程。要认真贯彻落实《中华人民共和国老年人权益保障法》和《新疆维吾尔自治区保护老年人合法权益条例》，充分发挥法治的引领和规范作用，构建办事依法、遇事找法、解决问题用法、化解矛盾靠法的法治环境。要坚持运用法治思维和法治方式，解决老龄事业发展中的重点难点问题，使老龄工作生机勃勃又井然有序。要切实加强法制宣传教育，筑牢老年人相信法律、依赖法律、信仰法律的思想基础，引导老年人自觉运用法律维护权益，使老年人成为社会主义法治的忠实崇尚者、自觉遵守者、坚定捍卫者。要加强对广大群众尤其是青少年的老龄法制宣传，从基层抓起，从家庭抓起，从学生抓起，大力弘扬敬老传统美德，进一步提高全社会维护老年人合法权益的法律意识。要整合法律服务资源，拓宽法律援助渠道，充分发挥基层法律服务工作者和法律服务站点的作用，大力开展法律援助，就地就近为老年人提供法律服务。要逐步健全有关职能部门为主体，社会团体、企事业单位、公益性组织等共同参与的老年维权网络，切实形成综合治理、齐抓共管的社会化大维权格局。要加强与司法、公安等有关部门的协作配合，依法查处侵害老年人合法权益的案件。

（二）搭建好老年人参与社会建设的平台

老年人在社会建设上具有独特的重要作用。要完善体制机制和相关政策措施，充分调动各族老年人参与经济发展和社会建设的积极性、主动性、创造性，有效发挥老年人的智力优势和经验优势。要加快推进基层老年协会规范化建设，增强老年人社会组织的自我教育、自我管理、自我服务功能，引导老年人通过各类老年社会组织，有序参与社会管理和开展互助服务活动。要深入开展老年教育，支持社会办好各类老年学校和老年课堂，广泛开展老年志愿服务活动，鼓励支持老年人参加“银龄行动”，在青少年教育、咨询服务、维护治安和协助调解民间纠纷等方面发挥积极作用。

（三）充分发挥老年群体在维护民族团结和社会稳定中的作用

我区各族老年人对党、对祖国、对人民有着深厚的感情，祖国统一、民族团结和社会稳定是他们的共同愿望和根本利益，确保老年群体的团结稳定，发挥老年群体在维护民族团结和社会稳定中的作用，是当前我区老龄工作的首要任务。要充分认识到没有各族老年群众的团结，就不会有各民族的大团结；没有老年群体的稳定，社会稳定就会受到很大影响。做好老年群体的民族团结工作，有利于增进各民族的大团结。解决好老年群体问题，社会稳定的基础才会更加牢固。要充分认识到老年群体不是孤立的，一位老年人身后通常都有一个大家庭，老年人有着丰富的阅历和经验，在家庭和社会中有着较高的威望和影响，可以通过老年人让他们身后的千千万万个家庭更加深刻地认识到民族团结和社会稳定的重要性，始终保持清醒头脑，自觉增进民族团结，坚决维护社会稳定。要在老年群体中大力开展民族团结宣传教育，强化“三个离不开”和“四个认同”的意识，进一步增强老年群体维护民族团结的自觉性和主动性。要把党和政府对老年人的关怀落到实处，真诚关心老年群众的疾苦，及时倾听老年群众的诉求，切实维护老年群众的合法权益，着力解决人口老龄化带来的各种矛盾和问题，坚决确保老年群体的稳定。要教育引导各族老年群众深刻认识团结稳定是福、分裂动乱是祸，主动发声亮剑，坚决同“三股势力”作斗争，凡是有利于民族团结、社会稳定的话和事就大张旗鼓地说和做，凡是不利于民族团结、社会稳定的话和事就要旗帜鲜明地加以反对，争当促进民族团结、维护社会稳定的践行者、传播者、捍卫者。要着力发挥老年人在家庭和社会上的独特作用，带动他们的家庭、他们身边的人，自觉维护祖国统一、民族团结和社会稳定。

（四）充分发挥老年群体在“去极端化”中的作用

宗教极端是“三股势力”的思想基础。我们要坚决防止宗教极端势力对老年群体的渗透，在老年群体中大力弘扬现代文化，增强老年群体抵制宗教极端思想的“免疫力”，发挥好老年群体在遏制宗教极端中的作用。要教育老年群体始终树立正确的祖国观、民族观，自觉践行社会主义核心价值观，坚持尊重差异、包容多样、相互欣赏，大力弘扬“爱国爱疆、团结奉献、勤劳互助、开放进取”的新疆精神。要在老年群体中大力倡导进步、开放、包容、文明、科学的现代文化理念和行为方式，引导他们在精神和情趣上向世俗化、现代化靠近。要教育引导老年群体正确区分宗教和宗教极端，正常宗教活动和非法宗教活动，宗教活动和民族习俗，在他们中间深入揭批宗教极端思想的罪恶本质，戳穿“圣战殉教进天堂”等歪理谬论，使他们充分认识宗教极端的本质和危害，明辨是非，提高免疫力。要教育引导老年人严密防范宗教极端思想的渗透，自觉抵制宗教极端活动，鼓励和支持老年人与宗教极端思想做斗争，使他们带动家人、亲戚、朋友远离极端、抵制极端、揭批极端。

（五）持续保障和改善老年群体的民生

民生问题与老龄事业紧密相连，实现老有所养是改善民生的重要内容。要认真落实自治区第六个“民生建设年”有关老龄事业的安排部署，坚持以人为本、群众第一，把事关老年群体的民生实事办好、办实、办出成效。要顺应老年人过上美好生活的期待，从老年人的利益和愿望出发，带着对老年人的深厚感情，时刻把老年人的冷暖挂在心上，从解决老年人最关心、最直接、最现实的实际问题入手，为广大老年人诚心诚意办实事、尽心竭力解难事。要掌握老年人的生活状况，了解他们的实际困难，弄清他们的所需、所急、所盼，尽力为他们排忧解难。各级老龄工作部门的同志都要学会换位思考，时刻想到老年人的今天就是我们的明天，把老年人的事当成自己的事来办，对涉及老年人切身利益的事情，即使再小也要竭尽全力去办，使老年人的意愿得到充分尊重、老年人的困难得到彻底解决、老年人的生活得到明显改善、老年人的积极性得到充分发挥，让广大老年人共享改革发展和现代化建设成果，健康幸福地安度晚年。

三、加强组织领导，不断提高老龄工作水平

加强老龄工作，发展老龄事业，是各级党委、政府和全社会的共同责任。各地要从全局出发，本着对党和人民高度负责的精神，切实加强对老龄工作的领导，精心组织，狠抓落实，以更大的力度、更实的举措做好各项工作，不断推进老龄事业向前发展。

（一）各级党委政府要高度重视老龄工作

做好老龄工作，党政主导是关键。只有党政领导认识到位了、真正重视了、摆上位置了，老龄工作才能顺利推进。各级党委、政府要加强领导，把老龄工作列入重要议事日程，及时研究解决老龄工作中的重大问题，在人力、物力、财力上保障老龄工作顺利开展。尤其是党政分管领导要把老龄工作作为份内之事、应尽之责，真正放在心上、抓在手上，真正把担子担起来，种好自己的“责任田”。要根据老龄工作不断出现的新情况、新问题，坚持一个问题一个问题地解决，一个环节一个环节地落实，一个步骤一个步骤地推进，一个层面一个层面地拓展。

（二）凝聚老龄工作的强大合力

老龄工作是一项综合性工作，做好老龄工作单靠一个或几个部门是远远不够的，需要社会各界、方方面面的共同努力，形成党政领导高度重视、老龄委协调有力、各成员单位尽职尽责、社会力量积极参与的强大工作合力。要进一步健全老龄工作领导体制和运行机制，建立和完善老龄工作的目标管理和量化考核制度，调动和发挥老龄委成员单位的职能作用，推动老龄工作的发展。各级老龄委成员单位要有全局意识和大局意识，认真履行各自职能，全力支持配合，主动协调跟进，抓好任务落实，扎扎实实做好老龄工作。要通过政策引导，大力宣传，策划有影响的活动，充分调动企事业单位、社会组织和社会各界关心老年人、支持老龄工作、参与发展老龄事业的积极性，充分利用社会资源为老年人办实事。要借鉴社会公益事业的成功经验，探索由老龄部门牵头、企业参与、公益组织运作的老龄工作新模式。要加大福利彩票资金对老龄事业的投入，努力拓宽筹资渠道，吸引更多社会组织投入资金，建设老年服务设施和服务网络，生产老年消费用品，为老年人提供各种社会服务和消费产品。

（三）加强自身建设

“打铁还需自身硬”。各级老龄工作部门要根据新形势新任务要求，以自身建设新成效，推动我区老龄工作再上新台阶。要增强大局意识，紧紧围绕社会稳定和长治久安总目标，做好老龄工作。要加强调查研究，做到情况清、底数明，解决好老龄工作中的重点难点问题。要加强基层老龄工作，建立健全上下联动的机制，使中央和自治区党委有关老龄工作的各项安排部署落地生根。要进一步加大综合协调工作力度，积极争取党委、政府的支持，积极寻求相关单位的配合，积极动员社会力量的参与，形成各方面共同做好老龄工作的格局。要加大宣传工作力度，提高全社会对做好老龄工作重要性的认识，进一步营造重视老龄工作、支持关心老龄事业的良好社会氛围。要始终高度重视队伍建设，按照“三严三实”和“四强干部”要求，努力培养和造就一支政治强、业务精、作风硬、讲奉献的老龄工作干部队伍。老龄工作者要热爱老龄工作，把老龄工作当作接受锻炼的“大熔炉”、提升能力的“大课堂”和施展才华的“大舞台”，认真钻研业务知识，不断提高工作能力和水平，努力成为老龄工作的行家里手。要敢于担当，勇于作为，充分发挥主体作用，保持锐意进取、开拓创新、奋发有为的精神状态，以自身优异工作成绩推动老龄事业发展进步。

同志们，做好新形势下的老龄工作任务艰巨，责任重大。让我们在自治区党委的坚强领导下，以更加饱满的精神状态、更加扎实的工作作风、更加有为的工作业绩，努力开创我区老龄事业的新局面，为维护新疆社会稳定和实现长治久安做出新的贡献。

在新疆维吾尔自治区老龄工作会议上的讲话

新疆维吾尔自治区副主席　老龄委常务副主任　吉尔拉·衣沙木丁

（2015年2月7日）

同志们：

这次自治区老龄工作会议是经自治区党委、自治区人民政府批准召开的一次重要会议。会议的主要任务是：深入贯彻落实中央新疆工作座谈会和自治区党委八届八次全委（扩大）会议精神，总结2014年的老龄工作，安排部署2015年的工作任务。上午，自治区党委常委肖开提·依明同志作了重要讲话，深刻阐述了发展老龄事业对新疆社会稳定和长治久安的重要意义，全面分析了当前的形势和任务，对做好今后一个时期的老龄工作提出了明确要求，肖开提常委的讲话具有很强的针对性、指导性和可操作性，对我们把握全局、推动老龄事业跨越式发展具有十分重要的意义。

下面，我就贯彻落实肖开提·依明同志重要讲话，进一步做好老龄工作，讲几点意见。

一、认清形势，提高认识，进一步增强做好老龄工作的责任感和紧迫感

老年人是党和国家的宝贵财富，回顾自治区成立60年来的光辉历程，我区各族老年人在十分艰苦的生活环境和工作条件下，扎根边疆，无私奉献，为自治区的建设、改革、发展做出了重要贡献。没有老年人过去的奉献，就没有我们今天的美好生活。老龄问题涉及政治、经济、文化和社会生活等诸多领域，是关系国计民生和国家长治久安的一项重大社会问题。做好新形势下的老龄工作，让各族老年群众分享改革开放和社会发展的成果，就是尊重历史，尊重老年人曾经做出的贡献。我们必须从改革、发展、稳定的大局出发，深刻认识老龄工作的重要性，进一步增强做好老龄工作的责任感和使命感。

（一）做好老龄工作是应对人口老龄化的客观要求

我区已于2010年进入老龄化社会，截止目前，全区60岁以上老年人口253.18万人，占总人口的11.18%。伴随着人口老龄化步伐的加快和人民生活水平的不断提高，老年人对物质、精神文化和社会服务的需求将不断增多，社区照料服务需求会迅速增加，劳动年龄人口对老年人赡养负担加重，老年人的养老、医疗、精神文化生活、参与社会发展、社会照料、权益维护等方面的问题会越来越突出，人口老龄化给经济社会可持续发展带来的巨大压力，将迫使经济社会结构和消费结构不断调整，社会劳动力结构逐步趋向老龄化，养老压力逐年加大，对政府社会管理和公共服务职能的加强，对老年文化、教育、卫生、体育事业的发展都提出了新的更高的要求。然而，我区生产的结构性矛盾依然存在，经济增长方式转变的任务依然艰巨，农牧民增收难度大，城乡区域发展不平衡，就业再就业形势严峻，财政收支矛盾仍然突出，一些关系群众切身利益的问题一时难以解决，维护社会稳定的任务十分繁重，这势必增大我们解决人口老龄化问题的难度。做好老龄工作，发展老龄事业，对促进经济发展、维护社会稳定、构建和谐社会具有十分重要的意义，更是顺应我区人口老龄化发展趋势、有效应对人口老龄化挑战的必然选择。

（二）做好老龄工作是促进民族团结、维护社会稳定的重要措施

稳定是新疆的大局，是第一要务。确保老年群体的稳定，发挥老年群体在维护社会稳定中的重要作用，是老龄工作服务于自治区党委、自治区人民政府中心工作的首要任务和基本立足点。当前，新疆社会大局稳定可控，但稳定的基础依然脆弱，形势依然极其严峻、极其复杂。新疆反恐怖斗争已进入比以往更加复杂、更加尖锐激烈的新阶段。这是一场历史的较量。狭路相逢勇者胜，我们必须主动亮剑、主动进攻、全面出击、重点突破，形成强大“势场”、压住敌人，牢牢掌握斗争主动权。做好2015年社会稳定工作意义极其重大，我们必须在统一思想、凝聚共识上主动进攻，切实把一切工作的着眼点和着力点转到这个总目标、总要求上来，坚持发展为要、稳定为先、民生为本，谋长远之策，行固本之举，动员一切力量，不惜一切代价，采取一切措施，实现从小稳定向大稳定转变，从一时的稳定向长久的稳定转变，从治标的稳定向治本的稳定转变。只有保持社会稳定，我们才有可能集中财力人力解决人口老龄化带来的一系列问题。没有稳定的局面，老龄事业的发展就会受到严重影响，甚至我们已经取得的发展成果也会丧失殆尽。我区各族老年人对党、对祖国、对人民有着深厚的感情，对民族团结、社会稳定和祖国统一有着牢固的思想基础，反对民族分裂、保持新疆和谐稳定与长治久安，是各族老年人的共同愿望和根本利益所在。各级老龄工作者要进一步增强政治意识、大局意识、责任意

识，深入基层开展扎实细致的工作，真诚关心老年人的疾苦，及时倾听老年人的诉求，切实维护老年人的合法权益，教育引导各族老年群众深刻认识团结稳定是福、分裂动乱是祸，在民族大团结的旗帜下，增强老年群体的凝聚力和向心力，团结带领广大老年人共同为维护民族团结、维护社会稳定做贡献。

（三）做好老龄工作是改善民生的重要内容

民生问题，事关大局，牵动全局。抓住了民生问题，做实了民生实事，温暖的是民心，稳固的是根基。自治区党委经济工作会议确定，2015年要继续坚持民生优先、群众第一，实施第六个民生建设年，调整优化民生项目布局，把重点放在群众看得见、摸得着、感受真切的小项目小工程上，切实改善民生。自治区党委、政府对民生问题的关注，可谓空前，不仅让老百姓得到了实惠，同时也对各族干部群众提出了新要求、新期待。民生问题与老龄事业紧密相连，与老年人的生活息息相关。人口老龄化"未富先老"的现状，不仅是改善民生需要重点关注的发展态势，也是重要的现实问题。关注老年人的生活，保障老年人的生活，改善老年人的生活，已经成为各级党委、政府关注民生、保障民生和改善民生的重要内容。加强老龄工作，发展老龄事业，不仅是坚持以人为本的重要体现，也是关注民生、保障民生、改善民生的重要举措。我们一定要把实现好、维护好、发展好广大老年人的根本利益，作为老龄工作的根本出发点和落脚点，把民生问题和老龄工作有机结合起来，把做好老龄工作作为保障和改善民生的有力抓手，顺应老年人过好生活的新期待，从老年人的利益出发，带着对老年人的深厚感情，时刻把老年人的冷暖挂在心上，把老年人满意不满意作为衡量老龄工作好坏的唯一标准，着力办好老年人所思所盼的事，让发展的成果惠及老年人，让各族老年人满怀希望、满怀信心地建设美好家园。

（四）做好老龄工作是各级政府应尽的职责

老龄问题是一个重大的社会问题，和全社会每个人的切身利益息息相关，和我们的未来紧密相连。做好老龄工作，不仅关系到维护社会稳定、促进社会文明进步、实现经济协调发展，也是衡量政府执政能力的显著标志。当前，社会管理和公共服务是政府职能的两个弱项，而老龄问题是政府加强社会管理和公共服务的重要组成部分，特别是在我区进入老龄化社会后，老龄问题越来越成为整个社会关注的热点问题，老年人已成为政府加强社会管理和公共服务的重点对象和重要群体。广大老年人为自治区的经济建设和社会发展做出过重要贡献，应当给予他们特殊的关注和照顾。如何全面加强养老服务体系建设，为老年群体提供医疗卫生、健康娱乐、养老保障等方面服务，让老年人和青年人、中年人一样均等享受政府提供的社会化服务，共享改革开放和社会发展成果，是各级政府和各有关部门义不容辞的责任。

二、理清思路，明确目标，扎实做好老龄工作

2015年是全面推进依法治疆的开局之年，是全面深化改革的关键之年，也是自治区成立60周年，做好今年的老龄工作意义重大。各级政府和老龄工作部门要坚持围绕中心、服务大局，注重研究老龄工作的新情况、新问题，把握规律，突出重点，完善措施，狠抓落实。

（一）科学制定老龄事业发展"十三五"规划

五年规划的制定和实施，是科学谋划老龄事业发展的重要抓手，对于加快未来五年老龄事业的发展，促进全面建设小康社会，推进我区社会稳定与长治久安具有重要意义。今年是自治区老龄事业发展"十二五"规划的收官之年，各级党委、政府要加大督查力度，责成老龄委成员单位和有关部门认真落实《规划》确定的目标任务，组织进行规划终期检查、评估、验收，全面总结落实情况，要根据规划提出的目标、任务和要求，重点检查和评估老年人养老、医疗、服务设施、贫困救助、合法权益维护等方面的保障情况。在此基础上，针对我区人口老龄化特点、趋势，分析存在的问题，研究对策措施，认真组织开展老龄事业发展"十三五"规划的预研究工作。及时了解和掌握本地《规划》编制情况，切实解决工作中存在的困难和问题。在规划制定中，要贯彻"五个统筹"，突出改革创新，正确处理老龄事业与经济社会发展的关系，抓住老龄事业发展中普遍存在的突出问题，在公共财政投入、项目安排和政策引导上，充分体现向基层、农村和困难老年群体倾斜，科学谋划"十三五"时期老龄事业发展远景。

（二）切实保障老年人合法权益

保障老年人合法权益，是构建社会主义和谐社会的重要基础性工作，是一项需要全社会共同参与的系统工程和长期任务。各级各有关部门要贯彻"依法治疆、团结稳疆、长期建疆"的治疆方略，全面加强老年维权体系建设，加大力度贯彻落实涉老法规政策，努力形成保障老年人权益的社会环境。要做好《中华人民共和国老年人权益保障法》的宣传贯彻工作，做好《新疆维吾尔自治区保护老年人合法权益条例》专题调研和修订工作，切实保障老年人合法权益。各级老龄委成员单位要充分发挥职能作用，切实采取措施贯彻落实涉老法规政策，根据职能分工分解职责任务，层层抓好落实。要加强对广大群众尤其是青少年的宣传教育，从基层抓起，从家庭抓起，从娃娃抓起，大力弘扬敬老传统美德。要进一步加强与司法、公安及有关新闻媒体的联系协作，将正面宣传与批评曝光相结合，充分发挥舆论的激励和监督作用。要大力开展法律援助，积极整合法律服务资源，拓宽法律援助渠道，适当降低援助条件，充分发挥基层法律服务工作者和法律服务站点的作用，就地就近为老年人提供法律服务。要重视基层老年维权网络建设，利用现有的老年活动室，设立老年维权咨询、投诉和涉老纠纷调处小组，接待老年人来访，调解涉老矛盾和纠纷，听取老年人的意见和建议，为老年人服好务。

（三）探索加强农村老龄工作的有效途径

长期以来，我们在城市老龄工作上投入精力较多，对农村老龄工作重视不够，致使农村老龄工作发展相对滞后、基础相对薄弱。雪克来提主席在自治区农村工作会议上强调，要深刻认识农业农村发展环境变化，准确把握中央和自治区党委关于新时期"三农"工作的战略思想、主要任务和重大措施，主动适应新常态，全力做好"三农"工作，加快推进农牧业现代化，为社会稳定和长治久安奠定坚实基础，这为加强农村老龄工作提供了难得的机遇。各级老龄工作部门要认真贯彻落实自治区党委、政府关于加强农村工作的安排部署，充分认识新时期加强农村老龄工作的重大意义，增强做好农村老龄工作的责任感和紧迫感。要根据农村老龄工作面临的新形势、新任务，调整工作思路，创新工作方式，积极研究和探索解决农村老龄问题的新路子，高度重视农村建设中的涉老问题，按照推进城乡经济社会发展一体化的要求，把公共资源配置的重点放在农村，着力加强农村养老保障制度和老龄服务体系建设。要根据当地农村人口老龄化的发展趋势，逐步加大对农村老龄事业的投入力度。要借助全面实施新型农村合作医疗、独生子女家庭奖励制度和农村最低生活保障制度的东风，切实解决农村贫困老年人的基本生活和医疗问题。要巩固家庭养老功能，同时加快建设一批为老服务站点，培养一批为老服务的专兼职人员，改变农村老年人文化生活设施短缺、服务供给严重不足的状况。

（四）加大老龄宣传工作力度

老龄工作具有社会性、群众性、综合性的特点，与每个人、每个家庭都有着密切的联系，老龄宣传容易被大家接受，容易成为社会的焦点，更容易抓出实效。因此，我们要认真总结老龄宣传工作经验，研究新时期老龄宣传工作的新特点，运用各种方式营造良好的老龄事业发展环境。老龄工作起步晚、发展慢，只有加强宣传，才能提高人们对老龄问题的认识，才能唤起全社会对老龄事业的关心和支持。我们必须把宣传工作作为老龄事业初创和发展阶段的长期任务来抓，在思想上真正树立依靠宣传起步，深化宣传发展，强化宣传提高老龄工作整体水平的思路，为我区老龄工作求发展、上水平创造良好的舆论环境。要坚持以现代文化为引领，围绕培育和践行社会主义核心价值观，加大敬老宣传工作力度，组织开展"我与新疆"征文活动，展现自治区60年发展的辉煌成就，举办老年文化艺术节，组织开展敬老文化论坛，老年文艺演出、老年书画摄影作品展、敬老公益广告征集、老年文化下乡、老年文体活动等系列宣传活动。要大力开展"敬老文明号"创建活动，通过开展法规政策宣传、先进典型评选表彰、敬老主题教育、老年文体活动等活动，进一步深化老龄宣传的社会影响。

（五）认真抓好老年优待和贫困老人救助工作

优待老年人是社会文明进步的重要标志。《自治区优待老年人规定》发布实施已达十年之久，对营造敬老良好氛围产生了积极的推动作用，要认真总结规定贯彻落实情况，研究解决老年人优待工作中出现的新情况、新问题，健全完善相关制度和政策措施，进一步扩大优待范围，把这件好事办实、实事办好，真正让老年人得到实惠。要坚持把贫困老人救助工作摆在突出位置，采取有效措施，保障他们的衣食住用等基本生活需要，对有老年人的困难家庭，要按政策规定及时兑现自治区的有关政策。要通过资金补助、实物配发、年节慰问等方式，加大对贫困老人临时救助力度。要以城市"三无"老人、下岗失业家庭老人、零就业家庭老人和农村"五保"老人、特困老人为重点，积极推行定点定人定时探视救助制度。要进一步落实高龄老人生活补贴和体检、计划生育家庭补助等各项涉老惠民政策，切实保障老年人的基本生活，提高老年人的生活质量。

（六）以居家养老为重点推进为老服务体系建设

要围绕《国务院关于加快发展养老服务业的若干意见》和自治区人民政府《关于加快发展养老服务业的实施意见》，加大督促检查力度，针对当前养老服务业发展存在的问题，积极开展调查研究，提出对策建议。发展居家养老服务适应我区当前"未富先老"状态下的生产力发展水平，既能有效缓解机构养老资源不足的矛盾，又能弥补家庭养老的缺憾。各地要加强对居家养老服务和养老服务机构的行业管理和指导，形成上门服务、日托、康复站等多形式的社区养老服务网络。要创新居家养老服务模式，进一步拓宽思路，采取购买服务、服务外包、项目委托、政策扶持、以奖代补等多种形式，鼓励和引导社会中介组织、市场服务主体积极参与居家养老服务特别是生活照料护理服务，为不同生活条件的老年群体提供不同档次的居家养老服务。要统筹规划，整合资源，建立多形式、广覆盖的居家养老服务站，打造服务平台，为老年人提供生活照料、休闲娱乐、康复护理和精神慰藉等全方位、多层次的服务。逐步使我区居家养老服务从临时性向经常性、从随意性向规范性、从无偿性向有偿加补贴性、从面向特殊老人的有限服务向整个老年群体的广阔范围来拓展和转变，形成以政府为主导、社会力量参与、服务载体多元化的社区居家养老服务新格局。要规范居家养老服务管理。加强对服务人员和志愿者的专业培训，逐步推行专门服务人员职业技能等级证书和持证上岗制度及行业自律规范，不断提高居家养老服务队伍的专业化水平。要引导广大老年群体和公民树立居家养老服务的消费观念，培育居家养老服务的有效需求，逐步实现服务供应和需求的相互促进和平衡。

（七）引导老年人参与社会发展

老年人是社会的重要组成部分，各族老年人在维护社会稳定和实现长治久安中有着不可替代的重要作用。各地要认真研究面临的新形势、新情况、新特点、新任务，紧紧围绕党委、政府工作大局和战略部署，制定鼓励“老有所为”的政策措施，积极为老年人参与经济社会发展创造条件。要引导老年人发挥自身优势，开展自助、互助服务，参与社会公益事业。要积极开发老年人才资源，设立老年人才信息库，开展老年人才交流活动。要广泛组织各族老年人参与民主监督、社会治安、移风易俗、民事调解、关心教育下一代等活动；组织身体健康、符合需要的老年知识分子参与“银龄行动”，在当地或到经济欠发达地区从事专业技术和管理等工作；组织低龄老人开展多种形式的志愿服务，为孤寡老人、空巢老人和其他困难老人提供照料服务。要进一步贯彻落实自治区《关于加强老年教育工作的意见》，让广大老年人在建设美好新疆的过程中，紧跟时代步伐，不断学习提高，体现人生价值，展示时代风采，用事实告诉全社会，老年人是财富而不是包袱，从而在全社会树立起敬老社会风尚。

三、加强组织领导，进一步提高老龄工作整体水平

老龄事业是一项庞大的社会系统工程，涉及方方面面，需要各地、各部门分工协作、齐抓共管。各级党委、政府和老龄工作部门一定要站在推动科学发展、维护和谐稳定的高度，切实把老龄工作摆上重要位置，加强组织领导，扎实有效推进，不断提升全区老龄工作整体水平。

（一）各级政府要高度重视老龄工作

老龄工作是党和政府工作的重要组成部分，各级政府要进一步重视发挥老龄工作在构建和谐社会、促进社会稳定与长治久安中的重要作用。这些年来，也正是在各级党委、政府的正确领导下，我区老龄事业取得了长足的发展。但同志们也要看到，这还远远不够。有些领导在谈到老龄工作时，总是强调各种各样的困难，认为自己的无所作为是无能为力，而不讲应该在力所能及的情况下尽最大的努力有所作为。我们不要求脱离实际地发展老龄事业，也不提倡脱离实际地开展老龄工作。我们应该在现有的条件下，真正把老龄工作放在心上、抓在手上，把高度重视见诸在具体的行动之中。前面，6个地州市的分管领导作了很好的发言，从不同的侧面介绍了各地加强老龄工作、发展老龄事业的经验体会，这充分表明，各级党委、政府高度重视和切实解决老龄问题，做了大量卓有成效的工作。我们要进一步加大工作力度，把老龄工作放到中心工作的大格局中通盘考虑，把老龄事业纳入经济社会发展的总体规划，及时研究解决老龄工作中的困难和问题，不断加大对老龄事业投入力度，把老龄事业经费纳入财政预算，确保老龄事业与经济社会各项事业全面协调可持续发展。要根据老龄工作不断出现的新情况、新问题，拿出切实可行的举措，每年真正抓出几件实实在在有影响、群众认可、老年人满意的实事、好事，从人、财、物等各方面保障各级老龄工作部门履行好职责。

（二）社会各界要合力发展老龄事业

老龄工作是一项综合性工作，做好老龄工作单靠一个或几个部门是远远不够的，需要社会各界、方方面面的共同努力。各级老龄委成员单位和有关部门要结合实际，研究制定具体政策措施，认真履行老龄工作职责，做到老龄工作年初有计划、年中有检查、年底有总结，抓好老龄工作任务的落实。社会各界要积极参与老龄事业的发展，根据国家相关政策规定，发挥行业优势为老年人解决实际问题。要积极探索养老服务业的体制机制创新，采取公建民营、民办公助、政府补贴、购买服务等多元化资金投入和经营运作方式兴办养老服务业，优化资源配置，建立公开、平等、规范的养老服务业准入制度，鼓励社会力量以独资、合资、合作、联营、参股、特许经营等多种方式兴办养老服务业，鼓励社会创办家庭养老院、托老所，以创业促就业。要组织或推动制定养老服务设施建设标准和养老服务业行业规范，建立资质评估认证体系，加强监督检查，实施定期评估，提高管理服务水平，保证养老服务业健康发展。

（三）老龄工作部门要不断加强自身建设

近年来，各级老龄工作部门在思想建设、组织建设、制度建设以及业务工作等方面，都有了很大的发展。但我们也要清醒的看到，各级老龄办的自身建设与新时期老龄工作的形势、任务和要求还有较大的的差距：一些制度还不够完善，工作机制尚不够顺畅；少数干部思想理论水平不够高，研究解决复杂问题的本领不强；少数地县老龄办职能作用发挥的不够明显，工作起色不大。因此，各级老龄办要从适应越来越繁重的老龄工作任务需要出发，进一步加强自身建设，不断提高老龄工作队伍的整体素质，推动我区老龄工作上水平、上台阶。要站在党和政府工作全局的高度，自觉地服务中心、服从大局，加强调查研究，主动及时向各级党委、政府汇报老龄事业发展的新情况、新问题，争取各级党委、政府的重视、关心和支持，努力解决老龄工作中的实际困难。要进一步加大综合协调工作力度，及时向社会各界通报老龄工作的新要求、新举措、新情况，争取最广泛的理解和支持，把工作重点放在动员社会力量共同参与老龄工作上，放在以整体行为推动老龄工作上，推动有关部门出台更多的涉老政策措施，努力形成分工负责、齐抓共管的工作格局。要加强对基层老龄工作的指导，建立上下联动的工作机制，形成整体协作的良好态势。各级老龄工作者都要以时不我待、只争朝夕的精神，研究老龄工作规律，改进工作方法，掌握工作技巧，熟悉基层情况，提高工作能力，努力成为老龄工作的行家里手。

同志们，今年的各项目标任务已经明确，抓落实十分关键。让我们在自治区党委、政府的坚强领导下，深入贯彻落实中央新疆工作座谈会、自治区党委八届八次全委（扩大）会议精神，坚定信心，振奋精神，开拓进取，扎实工作，为推进新疆社会稳定与长治久安做出新的更大的贡献，以优异的成绩向自治区成立60周年华诞献礼。

在吉林省老龄办主任会暨省老龄委成员单位联络员会议上的讲话

吉林省老龄委副主任 省民政厅厅长 省老龄办主任 郑国君

（2015年5月15日）

同志们：

这次会议是经省政府同意召开的。会议的主要任务是，贯彻落实党的十八届四中全会、省委十届四次全会、全国老龄委第十七次全体会议和全国老龄办主任会议精神，总结2014年工作，部署2015年任务，长春市、大安市、和龙市、绿园区四个市、区老龄办同志还要交流经验。省政府对召开这次会议十分重视。会前，忠诚副省长听取了汇报，并作出重要批示。我们要认真学习领会，抓好贯彻落实。下面，我讲三点意见。

一、2014年全省老龄工作取得新进展

2014年，在各级党委、政府的领导下，在各成员单位的共同努力及社会各界的大力支持下，全省老龄事业取得了新进展。

老年社会保障政策创制力度加大。省政府下发《关于建立统一的城乡居民基本养老保险制度的实施意见》、《关于进城落户农民参加城镇职工基本养老保险有关问题的通知》，省人社厅与省财政厅联合下发《吉林省城乡养老保险制度衔接暂行办法》，建立起统一的城乡居民基本养老保险制度，实现了养老保险制度的城乡全覆盖。省委、省政府制定出台《关于实施特困群体救助工程的意见》，省政府出台《关于贯彻实施〈社会救助暂行办法〉的意见》、《关于全面建立临时救助制度的意见》，对低保家庭中的老年人实行重点保障制度，按不低于当地50%比例增发补助金。截至2014年底，县（市、区）普遍实施高龄老人津贴发放制度，67558位老年人享受到高龄津贴，各级财政年发放高龄津贴资金6446万元，部分县（市）百岁老人的月生活津贴标准达到1000元。

养老服务设施建设不断推进。省政府出台《关于加快养老服务业发展的实施意见》，继续开展省市县乡村五级养老服务网络工程建设，启动养老服务产业“1213”工程。省民政厅、省财政厅、省住建厅等部门陆续制定出台了配套政策，加快了养老服务业改革的步伐。各级政府不断加大投入，公办养老机构设施建设进一步加强，公建民营、民办公助的养老服务运营模式得到发展。全省建设县级以上公办养老机构34个，建成590个城市社区老年人日间照料中心，改造农村社会福利服务中心106个，新建500个农村居家养老服务大院。全省城乡养老服务机构达到1731家，床位总数13.5万张，每千名老人拥有养老床位31张，高于全国平均26张的水平。

老年人合法权益得到有效维护。各地及老龄委各成员单位结合实际深入开展老年优待工作，本着因地制宜、突出重点、适度普惠、积极推进的原则，在老年人医、食、住、行等方面出台优待政策，使老年人充分享受经济社会发展成果。截至2014年底，全省累计免费向老年人发放《老年人优待证》123万个，约占全省老年人比例的26%；为老年人办理免费乘车证（IC卡）25.49万个，各地财政年度补贴资金5401万元。254所医疗机构对老年人实行免挂号费，79所半价优待。全省共有236处文化设施向老年人免费开放，118处公园园林景点对老年人实行减免门票优待。有242处收费体育设施对老年人实行免费开放，59处实行半价收费。建立老年人法律咨询服务站777个，成立维护老年人权益协调组织600个。省司法厅开展“法律援助便民服务”主题实践活动，省公安厅在窗口单位设立老年人“绿色通道”，为老年人提供便捷有效的法律服务。

老年群众组织建设进一步加强。省老龄办印发了《关于加强基层老年协会建设的意见》和《基层老年协会建设“乐龄工程”实施方案》，指导各地进一步加强和规范老年协会工作。为全省599个农村老年协会配发液晶电视机等设备。省老年发展基金会、书画研究会、老年学学会、老年体协等组织开展一系列富有成效的全省性老年群众活动。全省建立基层老年人协会7838个、老年文艺（文化）活动组织6698个、老年体育健身活动组织6598个，基层老年群众性组织在参与当地经济社会发展、新农村建设、关心教育下一代、维护社会治安、调解邻里纠纷等方面发挥了重要作用。

敬老、爱老的社会氛围更加浓厚。以敬老爱老助老为主题，广泛开展了“敬老文明号”、“全国敬老爱老助老主题教育”、“老有所为先进人物”评选活动，我省2人分别被授予全国“最美老有所为人物”和“十大中华孝亲敬老楷模”称号。省委宣传部、省新闻出版广电局发挥职能优势，通过省内主流媒体加强对老龄工作的宣传报道。省老龄办会同相关部门举办了全省首届老年人书法绘画摄影大赛、首届老年好声音大赛、首届老年人春节联欢晚会、全省老年人趣味运动会等活动。各地也纷纷开展了形式多样的文体活动，长春市组织了“第六届长春市老年文化艺术节”活动，延边州组织了“纪念延边老人节30周年”系列活动。我省承办了全国老龄宣传工作会议，我省老龄宣传工作经验得到国家老龄办及各省与会人员的充分肯定。

在肯定工作成绩的同时，还要看到，我省老龄工作还存在社会保障水平不高、养老服务业多元需求与供给不足的矛盾还比较大、老年人优待政策落实还不到位、老龄工作基础还不够扎实等问题。当前，我省人口老龄化进入加速发展期，呈现出基数大、增速快、高龄化、空巢多的特点。截至2014年底，全省60岁以上老年人口已达到469万，占全省总人口的17%，高于全国1.5个百分点。65岁以上老年人296万，占全省总人口的10.7%，高于全国0.6个百分点。按这个增速计算，到2020年，全省老年人口所占比重将上升到21.4%。人口老龄化给经济社会发展带来的影响将会越来越大。各地、各有关部门要深刻认识我省人口老龄化的严峻形势，切实增强做好老龄工作的紧迫感、责任感和使命感，紧紧围绕全省经济社会发展大局，主动将加强老龄工作融入到推进“四个全面”的战略布局中，融入到实现我省“五大发展”的目标中，把老龄群体同步进入小康社会作为老龄事业发展的出发点和落脚点，把统筹兼顾作为发展老龄事业的根本方法，把困难老人作为发展老龄事业的重中之重，以改革的思路、法治的方式，努力推进老龄工作再上新台阶。

二、努力推进全省老龄工作实现新发展

2015年，全省老龄工作总体思路是：认真贯彻落实全国老龄委第十七次全体会议、全国老龄办主任会议和省委十届四次全会精神，以贯彻落实《老年人权益保障法》和省政府《关于加快养老服务业发展的实施意见》为统领，以推进立法和政策落实为重点，进一步完善养老保障和服务体系，加大政策创制力度，加快养老服务业发展，强化基层基础工作，积极营造良好氛围，努力开创老龄事业新局面。年初省老龄办已经将工作要点印发给各地，各地要抓好落实。在此，我重点强调以下几方面工作。

（一）进一步完善养老保障制度

一是深化养老保障制度改革。按照“全覆盖、保基本、多层次、可持续”的基本方针，全面落实城乡居民基本养老保险政策，不断扩大参保覆盖面。切实做好城乡养老保险关系转移接续工作。按照全国统一部署，积极推动机关事业单位养老保险制度改革，加快社会保障城乡统筹步伐，适时提高城乡居民基础养老金水平。二是推进养老医疗保障体系改革。在推进医疗卫生机构综合改革中，探索医养结合办法，研究制定老年人意外伤害保险政策，探索建立老年人长期照护保险制度，提高老年人抵御意外风险的能力。继续做好老年人健康管理和疾病防控工作，把老年人作为健康教育和健康促进活动重点人群予以关注。三是加大社会救助工作力度。继续完善社会救助制度体系，推进“救急难”试点工作，研究制定政府购买社会救助服务政策，推动各地及时制定经济困难的高龄、失能老年人补助制度的资金管理办法和具体实施方案，提升社会救助整体水平。

（二）大力推进养老服务体系建设

一是完善养老服务业发展配套政策。继续抓好省政府2014年9号文件贯彻落实工作，推动各部门尽快出台养老服务设施建设、购买养老服务、养老服务评优、医养融合发展等扶持政策和规范性文件，建立与市场经济相适应的社会养老服务发展模式、管理方式和运行机制。根据省政府9号文件确定的责任分工，尚有几个部门的配套政策没有出台，请各部门按照责任分工，尽快出台配套政策。继续推进养老服务网络工程建设、居家养老社会化改革、公办养老机构改革，为养老服务业发展创造良好政策环境。二是大力培育和发展老龄产业。进一步发挥市场机制的作用，按照5月12日国务院简政放权视频会议的要求，加快转变政府职能，营造平等参与、公平竞争的市场环境。通过进一步完善金融措施，实行政府购买服务，鼓励和支持个人、集体、企业等社会力量参与发展养老服务业。大力推进居家养老服务社会化，鼓励社会力量承接养老服务，使市场在养老服务资源配置中起到决定性作用，促进我省老龄产业发展。三是不断提升农村养老服务水平。加大财政扶持和倾斜力度，推进500个农村养老服务大院建设，新建、改建130所农村社会福利服务中心，开展“农村留守老年人关爱计划”，探索为留守老人的养老服务提供帮助和支持的途径，使农村老年人特别是留守老年人得到更多的物质和精神关爱。

（三）认真落实老年人优待政策

一是制定出台《吉林省老年人权益保障条例》。制定出台《吉林省老年人权益保障条例》已经列入了2015年省人大立法计划，省老龄办要积极协调、配合省政府法制办、省人大，制定出台一部高质量的地方性法规，为我省老龄事业发展提供强有力的法律保障。二是进一步落实《吉林省优待老年人规定》。目前，我省还有半数以上的县（市）没有出台老年人优待政策，这是老年民生保障的一个薄弱环节。全国老龄委要求今年内实现县级以上地方人民政府全面建立和完善老年人优待政策。下半年，省政府将组织省老龄办及各涉老职能部门对各地落实老年人优待政策情况进行督查，并在全省范围内通报。各市（州）也要组织开展一次自查，督促所辖区域认真落实优待政策，没有出台老年人优待政策的要尽快出台，6月份形成自查报告报省老龄办。启动老年宜居环境建设工作，促进老年人居住环境、出行环境、公共服务环境、社会参与环境和敬老文化环境的全面改善。三是切实做好老年权益保障和法律服务工作。加大涉老法律法规的执法力度，健全执法机制，确保老龄法律法规的有效实施。建立健全老年法律服务网络，不断拓展老年维权渠道，及时受理涉及侵害老年人合法权益的申诉、控告和检举，严厉打击侵害老年人人身、财产安全等各种违法犯罪行为。

（四）切实加强基层老龄工作

基层老年协会是老龄事业发展的重要基础和组织保证。省政府高度重视基层老年协会建设，将“加强城乡基层老年协会建设，力争60%的基层老年协会达到规范化标准”列入2015年省政府重点工作目标责任制，并将全年跟踪督查。各地要以此为契机，加强基层老年协会的规范化建设。一是扩大基层老年协会组织覆盖率。针对我省基层老年协会覆盖率不高的情况，加大协调和指导力度，力争“十二五”期末实现城市社区老年协会覆盖率95%、农村老年协会覆盖率80%的目标。二是推进基层老年协会规范化建设。各地要按照省老龄委《关于加强基层老年协会建设的意见》提出的“设施完善、制度健全、班子得力、经费落实、作用明显”标准，制定分批次推进基层老年协会规范化建设具体工作计划，通过开展达标创建活动，有计划、有步骤地推进基层老年协会规范化建设。省老龄办将定期调度各地达标创建活动进展情况，对完成规范化建设目标的，省老龄办将安排一定资金给予支持。三是丰富基层老年人精神文化生活。支持社会力量兴办社区老年教育，重视组织老年文艺汇演、老年才艺展示、老年书画摄影展等活动，丰富老年人的精神文化生活。

（五）继续强化老龄宣传工作

充分利用广播、电视、报刊及网络等新兴媒体，加强对党和政府关于发展老龄事业的方针政策、法律法规的宣传，引导全社会正确认识和积极应对人口老龄化。要坚持开展敬老先进典型评比表彰和宣传活动，大力弘扬中华民族敬老传统美德。我省今年组织开展的“双百”评选活动，把国家部署的第二届“敬老文明号”创建活动与吉林敬老好儿女评选活动结合起来，既有敬老先进单位，又有敬老先进个人，各地要对这项评选活动给予足够的重视，按照评选条件，本着公开、透明的原则，把那些事迹确实过硬的敬老先进典型推荐到省里参评。各地、各部门要对“双百”评选活动以及在活动中涌现出的先进典型事迹进行大力宣传，不断营造敬老养老助老的社会氛围。还要通过创办老年人学校、广泛组织开展老年文体活动，来活跃、丰富老年人的生活，并强化对活动的宣传，造成良好的社会影响。

（六）认真做好老龄事业发展“十二五”规划收官工作和“十三五”规划编制工作

今年是老龄事业发展“十二五”规划的收官之年，也是“十三五”规划的布局之年。各地、各部门要在全面总结“十二五”规划的基础上，提早谋划“十三五”发展战略。一方面要着力做好老龄事业发展“十二五”规划收官工作。各地、各相关部门要认真对照检查“十二五”规划提出的各项目标任务，特别是要检查约束性指标到年底能否完成，差距还有多大。在此基础上，有针对性地强化工作措施，确保主要指标任务能够如期完成。今年下半年，全国老龄委要组织开展“十二五”规划实施情况的终期评估，还要到各省检查，并向国务院报告。我们要做好准备，各成员单位要先期搞好评估，并积极配合省老龄办迎接检查。另一方面要精心编制好老龄事业发展“十三五”规划。省老龄办要把编制老龄事业发展“十三五”规划作为今年工作的重要任务，集中精干力量，深入调研，周密部署；各成员单位要积极参与规划的研究编制，密切配合，通力协作，确保编制出一个高质量的老龄事业发展规划。在组织编制过程中，要正确处理好当前与长远的关系，局部与全局的关系，政府、市场与社会的关系，普惠和特惠的关系，增强规划的科学性、操作性。

（七）认真组织开展第四次老年人生活状况抽样调查工作

国家老龄委今年将组织进行第四次老年人生活状况抽样调查工作，我省已经确定了7个市（州）9个县（市、区）进行抽样调查。相关地区要高度重视，老龄办要主动加强与财政、民政、统计等相关部门的沟通、协调和配合，层层落实责任制，确保调查顺利开展。这次调查，是进一步摸清我国老龄情况、服务经济社会发展的一件大事，也是了解我省老年人状况及老龄工作的一个重要契机。各地要重视老年人状况调查和研究。省老龄办今年将建设集各类老龄信息于一体的信息化平台，各部门要配合省老龄办，采集全省老年人口基本情况，为老龄工作的分析研究、信息发布、制定政策、开展服务提供依据。省老龄办将根据抽样调查及全省信息采集的情况，适时召开新闻发布会，进一步增强各级政府和全社会应对老龄化的意识。

三、进一步完善大老龄工作格局

应对老龄化、发展老龄事业，涉及方方面面工作，不是某个部门能够承担的任务。确保今年各项老龄工作任务圆满完成，必须进一步完善大老龄工作格局，充分发挥几个方面的作用，形成推动老龄事业发展的合力。

一是发挥好老龄委的作用。各级老龄办要站在全局高度研究和谋划工作，积极争取党委、政府的支持和重视，及时提请老龄委审议老龄工作中遇到的重大问题和重要事项，通过老龄委研究解决老龄工作中存在的问题，形成政府主导、老龄办协调、各部门协同的大老龄工作格局，合力推动老龄事业发展。

二是发挥好老龄办的作用。各级老龄办要切实增强履职能力，进一步发挥好参谋助手、综合协调和督促检查的作用。通过深入实际，调查研究，及时向同级党政领导和老龄委报送工作情况和意见建议，为老龄工作决策提供参考和服务，发挥好参谋助手的作用；通过及时调度各个成员单位、各地工作的情况，进行综合分析，协调落实老龄委的决策事项和同级党委政府制定的老龄政策，推动和配合有关部门做好老龄工作，发挥好综合协调作用；协调相关部门，对重点工作进行督查、督办，确保各项工作落到实处，发挥好督促检查的作用。各级老龄办要按照中央和省委的部署，扎实开展“三严三实”教育，进一步为实现全省老龄事业新发展提供保障。

三是发挥好各部门的作用。老龄工作职能分布在各个部门，只有各个部门都履职尽责、充分发挥职能作用，老龄工作才能实现全面发展。各部门要认真履行部门职责，加强政策指导，加大投入力度，特别是要加强涉老行业相关优惠政策的制定，为老龄事业发展提供政策支持。坚持把老龄工作纳入本部门工作计划和工作部署中，纳入本部门工作目标责任制，狠抓落实，积极为老年人办好事、实事。各部门之间要加强协调、配合，努力形成推动老龄工作发展的整体合力。

同志们，面对我省人口老龄化快速发展的新形势、经济转型升级的新常态和中央对老龄工作的新要求，老龄工作的责任更加重大、任务更加艰巨。我们要在省委、省政府的正确领导下，以饱满的精神状态和求真务实的作风，扎实工作、奋发有为，努力完成好今年的各项老龄工作任务，推动老龄事业实现新发展，为吉林的振兴发展作出贡献！

在重庆市庆祝老年节大会上的讲话

重庆市政府副秘书长　李世奎

（2015 年 10 月 21 日）

秋风送爽，又到重阳。我们兴高采烈，欢聚一堂，隆重庆祝第三个老年节。在此，我代表市人民政府和市老龄工作委员会向全市 656 万老年朋友表示节日的问候！向从事老龄工作的同志们和关心支持我市老龄事业发展的各界人士表示衷心的感谢！

九九重阳节，浓浓敬老情。广大老年人中，既有为共和国诞生出生入死的老战士，又有为建立和巩固社会主义制度呕心沥血的老模范，还有为改革开放和现代化建设锐意进取的老闯将。你们为民族解放、国家的繁荣富强、城市的发展进步、筚路蓝褛，艰苦奋斗，建立了不可磨灭的历史功勋。尽管因年龄原因先后离开工作岗位，但很多老年人坚持老有所学，老有所为，一如既往地关心党和国家大事，关心重庆的改革发展，继续以不同形式报效国家，奉献社会，在各项事业中发挥着不可替代的作用。可以说，全市发展的每项成果都凝结着广大老同志的辛勤汗水，每项事业的发展进步都离不开老同志的关心和支持。广大老年朋友表现出的这种奉献精神和家国情怀，值得全市人民尊重和学习。

人，都是要老的。老年人的昨天，就是我们的今天；老年人的今天，就是我们的明天。发展老龄事业，我们责无旁贷。近年来，全市各级党委、政府高度重视老龄事业，认真贯彻落实中央关于老龄工作的重大部署，坚持“党政主导、社会参与、全面关怀”的老龄工作方针，落实“老有所养、老有所医、老有所学、老有所为、老有所乐”的工作目标，老年社会保障水平不断提升。参加城镇职工基本养老保险和城乡居民社会养老保险人数比例达 90%。在全国率先建立了城市三无人员供养保障制度，率先建立了社会救助保障标准与经济发展水平和物价上涨的“双联动”机制；老年健康卫生支持力度不断加大。全市参加城乡基本医疗保险人数比例达到 96.4%，老年人健康管理率达到了87.9%，卫生服务网络发达，为老年人就近就医提供了方便；养老服务体系建设不断加快。目前全市已建成城乡养老机构1408所，床位16.8万张，平均每千名老人拥有养老机构床位30张；老年宜居环境建设力度不断加强。新建公共设施和养老场所无障碍率达到100%。按照老年建筑设计和老年住宅建设标准，对新建公共服务设施和养老场所进行规划，对新建的公共服务设施和养老场所的坡道、弯路、台阶等均按照无障碍设施建设标准进行建筑审核，确保老年人安全出行；老年社会参与不断扩大。市和区县共建有老年社会组织2514个，基层老年协会10828个，参与的老年志愿者达35万余名，在各行各业谱写老有所为的新篇章。从总体看，全社会关心老年人、尊重老年人、照顾老年人的氛围比较浓厚。

同志们、老年朋友们，当前，我市人口老龄化形势不断加深加剧。截至去年底，全市有60岁以上户籍老年人口656万，占全市户籍人口的19.45%。年均增长超过20万，增速达4%。与此同时，全市有空巢老人165万，有80岁以上高龄老人91万，有百岁老人1356人，失能老人120万。而重庆虽然是直辖市，但仍处于欠发达地区、欠发达阶段，未富先老的矛盾尤为突出。尽管如此，市委市政府在研究制定“十三五”规划时一再要求各级各有关方面要考虑老年人的实际需求，建设与重庆经济社会发展水平相适应、与老年群体期盼相符合的老龄事业发展体系，确保老年人同步进入小康社会，让老年人体面、尊严养老。各级、各部门特别是广大老龄工作者，一定要准确把握老龄工作面临的新形势、新任务，进一步增强做好老龄工作紧迫感、使命感，切实把工作抓紧抓好。

要健全覆盖城乡居民的社会养老保障体系，不断提升参保率和待遇水平，实现全市老年人享有基本养老保障。特别要关注农村“五保”、城市“三无”老人，失能老人，城乡贫困老人，残疾老人，农村空巢老人，城乡失独老人等老年群体。要健全老年人基本医疗保障体系，提高医疗健康服务水平。健康养老服务覆盖所有居家老年人，重视老年病预防与保健，发展社区卫生服务，提高人均预期寿命。要健全社会养老服务体系，强化居家养老基础、大力发展机构养老、依托社区服务、突出信息服务。探索推广医养结合模式、护养结合模式、托养结合模式、学养结合模式、游养结合模式、住养结合模式等养老服务新模式。要健全老年文体活动体系。办好老年大学和远程教育，提高老年人教育参与率。发展好基层老年协会和老年体育组织，组织引导老年人开展健康文明的文体娱乐活动。要健全老龄产业体系。增加养老公共产品供给，在家庭服务、社区服务、农村服务、商务服务、餐饮、文化体育、科技信息、旅游、金融、物流等行业和领域，扩大和增加为老服务业务，满足老年人多层次、多种类的服务需求。要加强宣传引领，营造浓厚的敬老社会氛围。各类媒体要积极宣传敬老、助老、养老的典型事迹，营造良好的舆论氛围。教育部门要加大对青少年的美德教育，从小培养青少年敬老助老养老的意识和习惯。大力宣传老年法，司法、公安、法院、检察院要加大打击侵犯老年人合法权益的力度，切实维护老年人的合法权益。

同志们，做好新形势下的老龄工作，使命光荣、责任重大。希望大家进一步振奋精神，扎实工作，切实为老年人谋幸福、为老龄事业谋发展。

最后，祝全市老年朋友们节日愉快，身体健康，阖家幸福，万事如意！

在厦门市老龄委全体（扩大）会议上的讲话

厦门市政府副市长　市老龄委主任　倪超

（2015年4月28日）

同志们：

这次市老龄委全体（扩大）会议的主要任务是贯彻落实3月14日在北京召开的全国老龄委全体会议精神，总结回顾去年工作，安排部署今年工作任务。刚才，市老龄委副主任、市老龄办常务副主任李文晖同志向全委会报告了工作，对今年全市老龄工作作了全面的安排部署，我完全同意，希望大家认真抓好落实。

去年以来，全市老龄工作主动融入市委“美丽厦门共同缔造”战略规划的大局，市政府相继出台加快发展养老服务业、加强养老服务机构医疗服务的实施意见等惠老政策，不断完善老年社会保障制度和社会化养老服务体系；建成和启动一批重大养老设施项目，推动老龄事业整体水平不断提高；实施“让夕阳更美”提升老年人素质行动等特色文化养老活动，展现特区老人风采；加大宣传力度，主流媒体开设老年专刊专版，敬老助老舆论氛围日益浓厚。这是各区、各部门，以及社会各方面共同努力的结果，成绩来之不易，值得充分肯定。下面，我就如何做好新形势下全市老龄工作，讲三点意见。

一、人口老龄化日趋发展已成为经济发展新常态

从我市情况来看，全市 60 岁以上的老年人达到 28.5 万人，占总人口的 14.3%，人口老龄化呈现加速发展的态势。加之老龄化、高龄化、空巢化、失能化“四化叠加”，老年人在物质生活、医疗卫生、文化教育方面的需求越来越多，老年抚养比例越来越高。老龄工作虽然存在着严峻性、特殊性，但也迎来了难得的发展机遇。一是党中央、国务院高度重视老龄事业，积极应对人口老龄化的挑战。习总书记在阐述我国经济新常态特征时，把“人口老龄化日趋发展”作为特征之一。这次全国“两会”，李克强总理所作的政府工作报告 14 次提及“养老”改革提速。十八大以来，多项养老领域的重大改革相继“破冰”，新农保和城居保正式合并，企退人员养老金实现十一连涨，存在近 20 年的养老金双轨制终结，多项基本民生保障制度日趋完善，这都是改革开放红利由包括广大老年群体的全体人民共享的具体表现。二是近年来国务院陆续出台《国务院关于加快发展养老服务业的若干意见》《国务院关于促进健康服务业发展的若干意见》《国务院关于加快发展现代保险服务业的若干意见》等一系列决策部署，为加快养老事业发展明确了方向，提供了坚实的政策保障。三是我市经济社会持续快速发展为做好老龄工作奠定了坚实的物质基础。随着我市被列入自贸区和“一路一带”重要枢纽城市，我们有条件、有能力投入更多的人力、物力、财力，为推动老龄事业发展提供坚强有力的物质保障。四是多年的工作实践，使全社会老龄意识显著增强，孝亲敬老氛围日益浓厚。这些为做好老龄工作奠定了坚实的工作基础，营造了良好的社会氛围。老年人的今天，就是我们的明天。全市各级党委、政府一定要从推进科学发展和促进社会和谐的高度，深刻审视老龄工作面临的新形势、新任务和新要求，把握机遇，迎接挑战，进一步增强做好工作的针对性和实效性，努力把全市老龄工作提升到一个新的水平。

二、扎扎实实完成今年全市老龄工作任务

老年人是社会的弱势群体，维护他们的利益，保障老年人基本生活，让老年人共享经济社会发展成果是各级党委、政府的应尽之责。今年，市老龄委制定《厦门市幸福晚年行动计划》，各级各部门要各司其职，突出重点，加大力度，全力抓好各项工作落实，力求在六个方面取得新突破。

一要在加快发展居家养老服务上力求新突破。居家养老服务是一种社会化养老服务形式，是破解养老服务难题的根本出路。今年重点是加快推进社区日间照料中心建设，破解半失能老人养老困局。社区老年人日间照料中心是指为社区内生活不能完全自理、日常生活需要一定照料的半失能老年人提供膳食供应、个人照顾、保健康复、休闲娱乐等日间托养服务的机构。社区老年人日间照料中心具有投资少、见效快、受益面广的特点。各级政府要安排财政专项资金支持社区老年人日间照料中心建设，充分发挥市场机制作用，动员、鼓励和支持企业、个人、公益慈善组织以及其他社会力量兴办社区日间照料中心。照料中心可实行无偿、低偿、有偿服务相结合的运营模式，对辖区内享受政府养老服务补贴的老年人和“三无”老人、低收入老年人、其他老年人分别按照有关政策和市场价格，提供无偿、低偿及有偿服务，并实现从基本生活照料向专业化、全方位服务方面转变延伸。要尽快出台加快推进我市社区老年人日间照料中心建设工作的指导意见，建立政府主导、民政牵头、社区实施、部门配合、社会参与的日间照料中心建设工作机制，完成年内每个区至少 1 家社区老年人日间照料中心的建设目标。

二要在优先发展社会养老服务上力求新突破。在基本公共服务的养老事业领域要保证财政支持，在市场化的养老产业领域要打破垄断、鼓励竞争，充分释放发展潜力。进一步加快市爱鹭老年养护中心新建项目、市爱心护理院扩建工程、市福利中心松柏医院改扩建项目和市老年活动中心改扩建工程等重大养老项目的建设。要积极创造条件，加大鼓励社会力量兴办养老产业的扶持力度，优化资源配置，采取公建民营、民办公助、政府补贴、安排公益性岗位、购买服务等多元化投入和经营运作方式，引导社会力量参与养老服务。鼓励社会力量创办家庭养老院、托老所，以创业促就业，全面加快养老服务体系建设。要进一步研究加强对民办养老福利机构的政策扶持，鼓励和吸引社会力量投入老龄事业，促进养老福利服务事业多元化发展。近日，上海市对全市非营利性养老机构实行“以奖代补”制度，具体奖补项目有三项：（1）养老机构新设内设医疗机构且投入正常使用的，最高可获 50 万元一次性补贴；（2）养老机构招持证养老护理员，可按上年度最低工资的一定标准给予养老机构奖励补贴；（3）品牌连锁经营奖，凡连锁经营机构数 2 家以上，符合一定条件的，给予一次性奖励 15 万元，每增加 1 家机构奖励 15 万元。我们也要继续研究加大扶持力度，放开市场准入范围，凡是法律法规没有明令禁止的养老服务产业领域，都要向社会资本放开。要加强对养老机构的监督管理，不断加强养老服务标准化、信息化和专业化建设。健全政府购买社会组织服务制度，协助厘清政府权责边界，完善编制政府购买社会组织服务清单，抓好 8 个市级购买社工服务项目的监督评估。

三要在夯实农村老龄工作基础上力求新突破。从我市的实际情况看，农村人口老龄化问题日益凸显，老龄事业的薄弱环节在农村。各级各部门要把老龄工作的重心更多地放在农村，夯实工作基础。要着力加强农村养老保障制度和老龄服务体系建设，采取有效措施，高度重视解决农村高龄、失能、贫困、空巢老年人的实际问题，切实保障他们的生活和照料服务。今年要重点推进30个“农村幸福院”的建设，并研究制订好管理服务的规范，确实发挥好作用。在“美丽厦门共同缔造”实践中，我们感觉到，农村老年人的问题解决得好不好，关键要看农村基层党建的成效好不好，基层组织建设好的地方，为老服务的工作也做的好；反之，村级班子软弱涣散，为老服务工作也无从谈起。因此，要进一步加强村级组织建设，提高服务群众水平，确保农村老龄工作有人抓、有人管。要注意发挥农村老年人协会和乡贤的作用，我们一些农村幸福院，例如翔安马塘村老年公寓、翔安莲塘村“老人之家”、同安五峰村老人幸福院等都是本村的企业家办起来的，总之，要努力探索一条家庭养老与社会养老相结合的农村养老服务新路子。

四要在加快信息技术与老龄服务融合上力求突破。居家养老服务信息化工作是今年养老服务工作的重要内容。有关部门要主动协调指导运营商开展工作，要着眼于化解日益突出养老难题，利用信息化平台建设，夯实居家养老服务体系的基础，充分整合、调动全市为老服务资源，满足老年人多样化、多层次养老需求。居家养老服务信息化平台建设是一项系统工程，涉及面广，有关政府部门主要定位于养老服务的规划者和购买者；社会组织主要定位于养老服务的生产者和提供者；居家老人则是养老服务的消费者和使用者。要充分发挥政府的主导作用。民政、老龄等部门要充分发挥制定规划、组织协调、指导实施、监督检查等牵头作用，负责落实做好考察确定运营商，审核承办机构相关资质，督促制定工作方案、操作流程、管理办法及协调整合各类养老服务资源等，并协调运营商建设市级居家养老信息化建设平台。各级、各有关部门要积极配合、形成合力，市、区财政部门应积极支持居家养老服务工作，负责对开展辖区居家养老政府购买服务项目的经费的预算、拨付，同时做好对使用情况的监督。同时，要积极研究制定相关扶持优惠政策，引导社会力量参与居家养老服务信息化平台建设，鼓励家政服务企业、社会组织及各类服务商家参与居家养老服务，共同协助做好居家养老服务信息化工作。居家养老服务信息化平台建设要立足于全市养老服务资源的有效整合，由点及面、稳步推进，要逐步做好养老服务系统与其他公共服务信息系统的衔接，将部分区已有的呼叫系统并入其中，建立市级统一的居家养老信息化工作平台，努力打造“无围墙”的虚拟智慧养老院。做好政府购买服务的区、街（镇）财政结算等工作。市级老龄、民政部门作为全市居家养老服务信息化建设的管理主体，要在试点推进、总结经验的基础上，指导运营商细化信息化平台建设及服务管理办法，加强对信息平台服务中心各项工作的监督和管理，并定期组织对运营情况、服务情况的跟踪检查，及时协调处理信息化平台建设中的相关问题，切实保障老年人合法权益，让老年群体共享特区经济社会发展成果。

五要在丰富老年人精神文化生活上力求新突破。各级党委、政府和有关部门要注重老年文体设施建设，为老年人活动创造条件。要积极开展形式多样、内容丰富、健康有益的基层老年文体活动，培养老年人科学、健康、文明的生活方式。市老龄委要组织举办好今年的“第五届厦门市老年文化艺术节”。要积极发展老年教育，丰富办学形式和内容，提高教学质量，市老龄委要继续办好老年教育“微课堂”，逐步形成深受老年人喜爱的老年教育网络。要经常组织老年人学习交流活动，及时向老年人传达中央、省、市的有关文件精神，使他们了解国内外形势，参与全市经济社会发展和社会公益活动，不断丰富老年人的精神文化生活。

三、努力提升全市老龄工作整体水平

老龄工作事关经济社会发展全局，体现着社会文明程度。各级各有关部门要切实加强组织领导，强化工作措施，狠抓工作落实，以高度负责的精神、求真务实的态度、真抓实干的作风做好老龄工作。

一要加强组织领导。各级党委、政府要切实把老龄工作摆上重要议事日程，把老龄事业纳入经济社会发展总体规划，纳入公共财政保障范围，纳入精神文明创建内容，认真研究和协调解决老龄事业发展中的实际困难和问题。要进一步加大老龄工作投入，加快建立老龄事业经费稳定增长机制。要进一步理顺和完善区级老龄工作体制，关心老龄工作干部的成长，形成党委政府高度重视、老龄工作机构协调有力、社会力量积极参与的工作机制。市养老领导小组每2月召开一次，要建立健全老龄工作责任落实、督促检查和考核评价机制，做到任务分工到人，责任明确到人，形成一级抓一级、层层抓落实的工作格局。

二要加强舆论宣传。要充分利用各种新闻媒体，提倡尊老爱幼道德风尚。要加强老龄工作法律法规、政策的宣传，增强群众维护保障老年人权益的法律意识，提高尊老爱老敬老的自觉性。要采取各种形式，广泛发动社会团体、组织和个人积极投身老龄慈善事业，为老年人谋利造福，努力在全社会营造尊老敬老、支持老龄事业发展的浓厚舆论氛围。要宣传倡导老龄工作不仅仅是老龄工作者的工作，老龄事业也不仅仅是老龄工作者的事业。从每一个人都是老年人和人人都有父母的意义上说，老龄工作和老龄事业是全社会所有人的工作和事业。要继续发挥好《厦门晚报老年周报》《海西晨报夕阳红周刊》等老年专刊的作用。注重新媒体在老年领域的作用，为老年人服务的同时，积极宣传和推动老龄产业的发展，让新媒体在老龄工作中发挥正能量。

三要加强协作配合。老龄工作是一项社会系统工程，需要各方面协作配合、共同推进。发展养老事业、养老产业要结合联动，要通盘考虑，注意养老服务业与健康产业相结合、与医疗服务业相结合、与旅游业相结合。市老龄委及办公室要充分发挥职能作用，做好老龄工作的政策研究、规划指导、组织协调、督促检查等工作。民政、财政、社保等成员单位要各司其职，相互配合，共同推动老龄工作落实；工、青、妇等群众团体和其他部门，也要千方百计为老年人办实事、办好事。我赞同这样一个观点"政府的各项工作都是老龄工作，各项工作做好了，老龄工作才有希望，做不好就是在攒老龄化的危机"。

同志们，老年人不是别人，就是我们自己。老龄工作是一项关系国计民生和国家长治久安的全局性、战略性重大问题。各级各部门一定要以这次会议为契机，按照"四个全面"战略布局，振奋精神，扎实工作，全力推动老龄事业与经济社会协调发展，努力为老年人（也是为我们自己）办更多实事好事，努力为全市经济社会转型跨越发展做出新的更大的贡献！

第三部分

法规、文件选编

国务院办公厅转发卫生计生委等部门关于推进医疗卫生与养老服务相结合指导意见的通知

国办发〔2015〕84号

各省、自治区、直辖市人民政府，国务院各部委、各直属机构：

卫生计生委、民政部、发展改革委、财政部、人力资源社会保障部、国土资源部、住房城乡建设部、全国老龄办、中医药局《关于推进医疗卫生与养老服务相结合的指导意见》已经国务院同意，现转发给你们，请认真贯彻执行。

国务院办公厅

2015年11月18日

关于推进医疗卫生与养老服务相结合的指导意见

为贯彻落实《国务院关于加快发展养老服务业的若干意见》（国发〔2013〕35号）和《国务院关于促进健康服务业发展的若干意见》（国发〔2013〕40号）等文件要求，进一步推进医疗卫生与养老服务相结合，现提出以下意见。

一、充分认识推进医疗卫生与养老服务相结合的重要性

我国是世界上老年人口最多的国家，老龄化速度较快。失能、部分失能老年人口大幅增加，老年人的医疗卫生服务需求和生活照料需求叠加的趋势越来越显著，健康养老服务需求日益强劲，目前有限的医疗卫生和养老服务资源以及彼此相对独立的服务体系远远不能满足老年人的需要，迫切需要为老年人提供医疗卫生与养老相结合的服务。医疗卫生与养老服务相结合，是社会各界普遍关注的重大民生问题，是积极应对人口老龄化的长久之计，是我国经济发展新常态下重要的经济增长点。加快推进医疗卫生与养老服务相结合，有利于满足人民群众日益增长的多层次、多样化健康养老服务需求，有利于扩大内需、拉动消费、增加就业，有利于推动经济持续健康发展和社会和谐稳定，对稳增长、促改革、调结构、惠民生和全面建成小康社会具有重要意义。

二、基本原则和发展目标

（一）基本原则

保障基本，统筹发展。把保障老年人基本健康养老需求放在首位，对有需求的失能、部分失能老年人，以机构为依托，做好康复护理服务，着力保障特殊困难老年人的健康养老服务需求；对多数老年人，以社区和居家养老为主，通过医养有机融合，确保人人享有基本健康养老服务。推动普遍性服务和个性化服务协同发展，满足多层次、多样化的健康养老需求。

政府引导，市场驱动。发挥政府在制定规划、出台政策、引导投入、规范市场、营造环境等方面的引导作用，统筹各方资源，推动形成互利共赢的发展格局。充分发挥市场在资源配置中的决定性作用，营造平等参与、公平竞争的市场环境，充分调动社会力量的积极性和创造性。

深化改革，创新机制。加快政府职能转变，创新服务供给和资金保障方式，积极推进政府购买服务，激发各类服务主体潜力和活力，提高医养结合服务水平和效率。加强部门协作，提升政策引导、服务监管等工作的系统性和协同性，促进行业融合发展。

（二）发展目标

到2017年，医养结合政策体系、标准规范和管理制度初步建立，符合需求的专业化医养结合人才培养制度基本形成，建成一批兼具医疗卫生和养老服务资质和能力的医疗卫生机构或养老机构（以下统称医养结合机构），逐步提升基层医疗卫生机构为居家老年人提供上门服务的能力，80%以上的医疗机构开设为老年人提供挂号、就医等便利服务的绿色通道，50%以上的养老机构能够以不同形式为入住老年人提供医疗卫生服务，老年人健康养老服务可及性明显提升。

到2020年，符合国情的医养结合体制机制和政策法规体系基本建立，医疗卫生和养老服务资源实现有序共享，覆盖城乡、规模适宜、功能合理、综合连续的医养结合服务网络基本形成，基层医疗卫生机构为居家老年人提供上门服务的能力明显提升。所有医疗机构开设为老年人提供挂号、就医等便利服务的绿色通道，所有养老机构能够以不同形式为入住老年人提供医疗卫生服务，基本适应老年人健康养老服务需求。

三、重点任务

（三）建立健全医疗卫生机构与养老机构合作机制

鼓励养老机构与周边的医疗卫生机构开展多种形式的协议合作，建立健全协作机制，本着互利互惠原则，明确双方责任。医疗卫生机构为养老机构开通预约就诊绿色通道，为入住老年人提供医疗巡诊、健康管理、保健咨询、预约就诊、急诊急救、中医养生保健等服务，确保入住老年人能够得到及时有效的医疗救治。养老机构内设的具备条件的医疗机构可作为医院（含中医医院）收治老年人的后期康复护理场所。鼓励二级以上综合医院（含中医医院，下同）与养老机构开展对口支援、合作共建。通过建设医疗养老联合体等多种方式，整合医疗、康复、养老和护理资源，为老年人提供治疗期住院、康复期护理、稳定期生活照料以及临终关怀一体化的健康和养老服务。

（四）支持养老机构开展医疗服务

养老机构可根据服务需求和自身能力，按相关规定申请开办老年病医院、康复医院、护理院、中医医院、临终关怀机构等，也可内设医务室或护理站，提高养老机构提供基本医疗服务的能力。养老机构设置的医疗机构要符合国家法律法规和卫生计生行政部门、中医药管理部门的有关规定，符合医疗机构基本标准，并按规定由相关部门实施准入和管理，依法依规开展医疗卫生服务。卫生计生行政部门和中医药管理部门要加大政策规划支持和技术指导力度。养老机构设置的医疗机构，符合条件的可按规定纳入城乡基本医疗保险定点范围。鼓励执业医师到养老机构设置的医疗机构多点执业，支持有相关专业特长的医师及专业人员在养老机构规范开展疾病预防、营养、中医调理养生等非诊疗行为的健康服务。

（五）推动医疗卫生服务延伸至社区、家庭

充分依托社区各类服务和信息网络平台，实现基层医疗卫生机构与社区养老服务机构的无缝对接。发挥卫生计生系统服务网络优势，结合基本公共卫生服务的开展为老年人建立健康档案，并为65岁以上老年人提供健康管理服务，争取到2020年65岁以上老年人健康管理率达到70%以上。鼓励为社区高龄、重病、失能、部分失能以及计划生育特殊家庭等行动不便或确有困难的老年人，提供定期体检、上门巡诊、家庭病床、社区护理、健康管理等基本服务。推进基层医疗卫生机构和医务人员与社区、居家养老结合，与老年人家庭建立签约服务关系，为老年人提供连续性的健康管理服务和医疗服务。提高基层医疗卫生机构为居家老年人提供上门服务的能力，规范为居家老年人提供的医疗和护理服务项目，将符合规定的医疗费用纳入医保支付范围。

（六）鼓励社会力量兴办医养结合机构

鼓励社会力量针对老年人健康养老需求，通过市场化运作方式，举办医养结合机构以及老年康复、老年护理等专业医疗机构。在制定医疗卫生和养老相关规划时，要给社会力量举办医养结合机构留出空间。按照“非禁即入”原则，凡符合规划条件和准入资质的，不得以任何理由加以限制。整合审批环节，明确并缩短审批时限，鼓励有条件的地方提供一站式便捷服务。通过特许经营、公建民营、民办公助等模式，支持社会力量举办非营利性医养结合机构。支持企业围绕老年人的预防保健、医疗卫生、康复护理、生活照料、精神慰藉等方面需求，积极开发安全有效的食品药品、康复辅具、日常照护、文化娱乐等老年人用品用具和服务产品。

（七）鼓励医疗卫生机构与养老服务融合发展

鼓励地方因地制宜，采取多种形式实现医疗卫生和养老服务融合发展。统筹医疗卫生与养老服务资源布局，重点加强老年病医院、康复医院、护理院、临终关怀机构建设，公立医院资源丰富的地区可积极稳妥地将部分公立医院转为康复、老年护理等接续性医疗机构。提高综合医院为老年患者服务的能力，有条件的二级以上综合医院要开设老年病科，做好老年慢性病防治和康复护理相关工作。提高基层医疗卫生机构康复、护理床位占比，鼓励其根据服务需求增设老年养护、临终关怀病床。全面落实老年医疗服务优待政策，医疗卫生机构要为老年人特别是高龄、重病、失能及部分失能老年人提供挂号、就诊、转诊、取药、收费、综合诊疗等就医便利服务。有条件的医疗卫生机构可以通过多种形式、依法依规开展养老服务。鼓励各级医疗卫生机构和医务工作志愿者定期为老年人开展义诊。充分发挥中医药（含民族医药，下同）的预防保健特色优势，大力开发中医药与养老服务相结合的系列服务产品。

四、保障措施

（八）完善投融资和财税价格政策

对符合条件的医养结合机构，按规定落实好相关支持政策。拓宽市场化融资渠道，探索政府和社会资本合作（PPP）的投融资模式。鼓励和引导各类金融机构创新金融产品和服务方式，加大金融对医养结合领域的支持力度。有条件的地方可通过由金融和产业资本共同筹资的健康产业投资基金支持医养结合发展。用于社会福利事业的彩票公益金要适当支持开展医养结合服务。积极推进政府购买基本健康养老服务，逐步扩大购买服务范围，完善购买服务内容，各类经营主体平等参与。

（九）加强规划布局和用地保障

各级政府要在土地利用总体规划和城乡规划中统筹考虑医养结合机构发展需要，做好用地规划布局。对非营利性医养结合机构，可采取划拨方式，优先保障用地；对营利性医养结合机构，应当以租赁、出让等有偿方式保障用地，养老机构设置医疗机构，可将在项目中配套建设医疗服务设施相关要求作为土地出让条件，并明确不得分割转让。依法需招标拍卖挂牌出让土地的，应当采取招标拍卖挂牌出让方式。

（十）探索建立多层次长期照护保障体系

继续做好老年人照护服务工作。进一步开发包括长期商业护理保险在内的多种老年护理保险产品，鼓励有条件的地方探索建立长期护理保险制度，积极探索多元化的保险筹资模式，保障老年人长期护理服务需求。鼓励老年人投保长期护理保险产品。建立健全长期照护项目内涵、服务标准以及质量评价等行业规范和体制机制，探索建立从居家、社区到专业机构等比较健全的专业照护服务提供体系。

落实好将偏瘫肢体综合训练、认知知觉功能康复训练、日常生活能力评定等医疗康复项目纳入基本医疗保障范围的政策，为失能、部分失能老年人治疗性康复提供相应保障。

（十一）加强人才队伍建设

做好职称评定、专业技术培训和继续医学教育等方面的制度衔接，对养老机构和医疗卫生机构中的医务人员同等对待。完善薪酬、职称评定等激励机制，鼓励医护人员到医养结合机构执业。建立医疗卫生机构与医养结合机构人员进修轮训机制，促进人才有序流动。将老年医学、康复、护理人才作为急需紧缺人才纳入卫生计生人员培训规划。加强专业技能培训，大力推进养老护理员等职业技能鉴定工作。支持高等院校和中等职业学校增设相关专业课程，加快培养老年医学、康复、护理、营养、心理和社会工作等方面专业人才。

（十二）强化信息支撑

积极开展养老服务和社区服务信息惠民试点，利用老年人基本信息档案、电子健康档案、电子病历等，推动社区养老服务信息平台与区域人口健康信息平台对接，整合信息资源，实现信息共享，为开展医养结合服务提供信息和技术支撑。组织医疗机构开展面向养老机构的远程医疗服务。鼓励各地探索基于互联网的医养结合服务新模式，提高服务的便捷性和针对性。

五、组织实施

（十三）加强组织领导和部门协同

各地区、各有关部门要高度重视，把推进医养结合工作摆在重要位置，纳入深化医药卫生体制改革和促进养老、健康服务业发展的总体部署，各地要及时制定出台推进医养结合的政策措施、规划制度和具体方案。各相关部门要加强协同配合，落实和完善相关优惠扶持政策，共同支持医养结合发展。发展改革部门要将推动医疗卫生与养老服务相结合纳入国民经济和社会发展规划。卫生计生、民政和发展改革部门要做好养老机构和医疗卫生机构建设的规划衔接，加强在规划和审批等环节的合作，制定完善医养结合机构及为居家老年人提供医疗卫生和养老服务的标准规范并加强监管。财政部门要落实相关投入政策，积极支持医养结合发展。人力资源社会保障、卫生计生部门要将符合条件的医养结合机构纳入城乡基本医疗保险定点范围。国土资源部门要切实保障医养结合机构的土地供应。城乡规划主管部门要统筹规划医养结合机构的用地布局。老龄工作部门要做好入住医养结合机构和接受居家医养服务老年人的合法权益保障工作。中医药管理部门要研究制定中医药相关服务标准规范并加强监管，加强中医药适宜技术和服务产品推广，加强中医药健康养老人才培养，做好中医药健康养老工作。

（十四）抓好试点示范

国家选择有条件、有代表性的地区组织开展医养结合试点，规划建设一批特色鲜明、示范性强的医养结合试点项目。各地要结合实际积极探索促进医养结合的有效形式，每个省（区、市）至少设 1 个省级试点地区，积累经验、逐步推开。卫生计生、民政部门要会同相关部门密切跟踪各地进展，帮助解决试点中的重大问题，及时总结推广好的经验和做法，完善相关政策措施。

（十五）加强考核督查

各地区、各有关部门要建立以落实医养结合政策情况、医养结合服务覆盖率、医疗卫生机构和养老机构无缝对接程度、老年人护理服务质量、老年人满意度等为主要指标的考核评估体系，加强绩效考核。卫生计生、民政部门要会同相关部门加强对医养结合工作的督查，定期通报地方工作进展情况，确保各项政策措施落到实处。

卫生计生委　民政部　发展改革委
财政部　人力资源社会保障部
国土资源部　住房城乡建设部
全国老龄办　中医药局

全国老龄委关于开展《中国老龄事业发展“十二五”规划》执行情况检查评估的通知

全国老龄委发〔2015〕4号

各省、自治区、直辖市及计划单列市老龄工作委员会，新疆生产建设兵团老龄工作委员会，全国老龄工作委员会各成员单位：

按照《中国老龄事业发展“十二五”规划》（国发〔2011〕28号，以下简称“《规划》”）和《全国老龄工作委员会关于落实〈中国老龄事业发展“十二五”规划〉成员单位分工的意见》（全国老龄委发〔2012〕1号，以下简称“《分工意见》”），根据全国老龄工作委员会（以下简称“全国老龄委”）第十七次全体会议部署，经研究，现就开展《规划》执行情况检查评估工作有关事项通知如下：

一、检查评估目的

全面掌握《规划》执行情况，客观评估“十二五”期间老龄事业的发展目标、重点任务、政策措施等落实情况和成效，分析《规划》执行过程中存在的主要矛盾和问题，提出进一步推进老龄事业发展的措施建议，为研究编制《中国老龄事业发展“十三五”规划》、更好地推动老龄事业实现新发展创造条件。

二、检查评估内容

（一）各地检查评估的主要内容

1.《规划》确定的主要任务、主要指标的完成情况。

2.贯彻落实《规划》采取的主要措施和取得的成绩、经验。

3.贯彻落实《规划》存在的主要问题及原因。

4.对研究编制《中国老龄事业发展“十三五”规划》提出意见和建议，重点就老年宜居环境建设、老年群体社会治理、老年人社会参与、老年人权益保障、老龄产业发展、农村老龄事业发展等领域的发展指标、主要任务、政策举措，以及要创制的重大政策、可实施的重大项目、重大工程等方面提出意见和建议。

（二）各成员单位检查评估的主要内容

1.老龄政策创制、老龄活动开展、老龄工作数据的基本情况。

2.老龄工作存在的主要问题及原因。

3.对研究编制《中国老龄事业发展“十三五”规划》的意见和建议。

三、检查评估安排

（一）自评阶段（2015年7月—9月）。各地、各成员单位根据全国老龄委第十七次全体会议要求，按照《规划》和各地老龄事业发展规划以及《分工意见》，首先进行自查自评，并在此基础上形成自查评估报告。各地同时填写《〈中国老龄事业发展“十二五”规划〉各地执行情况检查评估指标表》（以下简称“评估指标”）。自查评估报告及评估指标（含纸质版和电子版）于9月30日前报全国老龄工作委员会办公室（以下简称“全国老龄办”）。

（二）抽查阶段（2015年10月－11月）。协调全国老龄委成员单位，邀请第三方评估机构及相关专家组成联合检查组，通过听取汇报、座谈交流、实地考察的方式对部分地方、成员单位老龄事业“十二五”规划执行情况进行抽查。

（三）第三方评估（2015年7月－12月）。委托国家发展改革委社会发展研究所作为第三方，对部分地方、成员单位老龄事业“十二五”规划执行情况进行抽查，并收集全国各地、各成员单位的相关数据和信息，参照各地、各成员单位自查评估报告以及抽查情况，运用评估指标，进行独立评估。

（四）形成检查评估总报告（2015年12月－2016年1月）。全国老龄办根据各地、各成员单位自查评估报告、评估指标和抽查情况以及第三方评估报告，综合提出《中国老龄事业发展“十二五”规划执行情况检查评估报告》，上报国务院。

四、检查评估要求

（一）要高度重视，把这项工作作为一项重点工作，加强领导，及早安排，制定具体方案。各地老龄办要做好组织协调工作，确保按时按计划完成检查评估工作。

（二）要认真准备，结合本地、本部门实际，实事求是地做好自查自评，并组织专门力量，搞好调查研究，写好自查评估报告，如实填写评估指标。提交的自查评估报告应包括以下内容：1.主要目标任务的完成情况；2.《规划》实施中开展的主要工作和主要经验；3.存在的主要问题及原因分析；4.对策建议。同时提交1－2个县（市、区）典型材料。

自查评估报告采用的数据截止时点为2015年6月30日；第三评估报告和最终报告采用的数据截止时点为2015年12月31日。

（三）要广泛听取意见，听取涉老部门、老龄企事业单位和老年群体意见，认真总结老龄事业发展“十二五”规划执行的经验和不足，对编制老龄事业发展“十三五”规划提出意见和建议。

联系人：肖文印　赵建国

邮　箱：xwy@cncaprc.gov.cn

zhaojianguo@cncaprc.gov.cn

传　真：010－58122085

电　话：010－58122083　58122076

附件：《〈中国老龄事业发展“十二五”规划〉各地执行情况指标量化表》及其说明

全国老龄工作委员会

2015年7月15日

附件

《中国老龄事业发展“十二五”规划》实施情况检查评估量化指标表

任务	各地执行情况检查评估量化指标	2010年12月底	2014年12月底	2015年6月底
老年社会保障（17）	1. 城乡基本养老保险参保人数（万人）			
	2. 企业退休职工基本养老金待遇（元/月）			
	3. 城乡三项基本医疗保险参保人数（万人）			
	4. 城镇居民医保人均筹资标准（元）			
	5. 城镇居民医保最高支付限额（元）			
	6. 城镇居民医保政策内住院费用支付比例（%）			
	7. 新农合人均筹资标准（元）			
	8. 新农合最高支付限额（元）			
	9. 新农合政策内住院费用支付比例（%）			
	10. 职工医保最高支付限额（元）			
	11. 职工医保政策内住院费用支付比例（%）			
	12. 城镇最低生活保障标准（元/月）			
	13. 农村最低生活保障标准（元/年）			
	14. 农村五保集中供养标准（元/年）			
	15. 农村五保分散供养标准（元/年）			
	16. 基本养老服务补贴覆盖率（%）			
	17. 高龄老年人补贴覆盖率（%）			
老年医疗卫生保健（2）	18. 提供老年医疗保健服务的医疗机构数（所）			
	19. 65岁以上老年人健康管理率（%）			
老年家庭建设（1）	20. 农村计划生育老人奖励扶助金标准（元/年）			
老龄服务（7）	21. 城镇社区综合服务设施覆盖率（%）			
	22. 农村社区综合服务设施覆盖率（%）			
	23. 养老机构数量及总床位数（个，张）			
	24. 每千名老年人拥有养老床位数（张）			
	25. 地级以上城市专业性养老护理机构数量（个）			
	26. 县级以上城市老年养护设施覆盖率（%）			
	27. 养老护理员人数（万人）			

续表

任务	各地执行情况检查评估量化指标	2010年12月底	2014年12月底	2015年6月底
老年人生活环境（3）	28. 基层体育健身设施覆盖率（%）			
	29. 新建公共设施和养老场所无障碍率（%）			
	30. 老年人设施人均用地（平方米）			
老年人精神文化生活（4）	31. 老年大学（学校）数量（所）			
	32. 老年大学（学校）在学人数（万人）			
	33. 老年体育人口占比（%）			
	34. 老年志愿者占比（%）			
老年社会管理（5）	35. 城镇社区老年协会数量及比率（个,%）			
	36. 农村社区（行政村）老年协会数量及比率（个,%）			
	37. 企业退休人员社区化管理比例（%）			
	38. 街道乡镇老龄工作人员配备率（%）			
	39. 县级以上老龄机构覆盖率（%）			
老年人权益保障（2）	40. 省级老年人权益保障条例或贯彻国家老年法配套实施政策文件数量（件）			
	41. 基层老年法律援助覆盖面（%）			
地方自选指标（选填，可加项）				

《中国老龄事业发展“十二五”规划》检查评估量化指标表说明

本检查评估指标表基于规划中期检查评估的实际情况，对2013年印发的《中国老龄事业发展“十二五”规划评估指标体系》（全国老龄委发〔2013〕1号）进行了部分调整完善，新增2项一级指标、20项二级指标，合并、删除各1项二级指标。共包括老年社会保障、老年医疗卫生保健、老年家庭建设、老龄服务、老年人生活环境、老年人精神文化生活、老年社会管理、老年人权益保障等8项一级指标，41项二级指标。具体新增指标说明如下：

（一）老年社会保障

反映基本养老保险、医疗保险、老年社会救助等方面的进展。新增企业退休职工基本养老金待遇、城镇居民医保人均筹资标准、城镇居民医保最高支付限额、城镇居民医保政策内住院费用支付比例、新农合人均筹资标准、新农合最高支付限额、新农合政策内住院费用支付比例、职工医保最高支付限额、职工医保政策内住院费用支付比例、农村五保集中供养标准、农村五保分散供养标准、高龄老年人补贴覆盖率等12项指标，将城乡最低生活保障标准拆分为城镇最低生活保障标准和农村最低生活保障标准2项指标。

1. 城乡居民基本养老保险参保人数（单位：万人），指城镇职工基本养老保险和城镇居民社会养老保险和新型农村社会养老保险参加人数之和。

2. 企业退休职工基本养老金待遇（单位：元/月），指企业退休职工月人均基本养老金数额。

3. 城乡三项基本医疗保险参保人数（单位：万人），指城镇职工基本医疗保险、城镇居民基本医疗保险和新型农村合作医疗的参保人数之和。

4. 城镇居民医保人均筹资标准（单位：元），指参加城镇居民医疗保险的公民个人年度缴费数额。

5. 城镇居民医保最高支付限额（单位：元），指城镇居民医疗保险一年内所能支付的参保公民医疗费用的最高数额。

6. 城镇居民医保政策内住院费用支付比例（单位:%），指在政策范围内，城镇居民医疗保险对参保公民住院费用的支付比例。

7. 新农合人均筹资标准（单位：元），指参加新型农村合作医疗保险的公民个人年度缴费数额。

8. 新农合最高支付限额（单位：元），指新型农村合作医疗保险一年内所能支付的参保公民医疗费用的最高限额。

9. 新农合政策内住院费用支付比例（单位：%），指在政策范围内，新型农村合作医疗保险对参保公民住院费用的支付比例。

10. 职工医保最高支付限额（单位：元），指城镇职工基本医疗保险统筹基金在一个医疗年度内医疗费用所能报销的上限。

11. 职工医保政策内住院费用支付比例（单位：%），指在政策范围内，城镇职工基本医疗保险对参保职工住院费用的支付比例。

12. 城镇最低生活保障标准（单位：元/月），指以2010年末为基期、城镇最低生活保障标准。

13. 农村最低生活保障标准（单位：元/月），指以2010年末为基期、农村最低生活保障标准。

14. 农村五保集中供养标准（单位：元/年），指公共财政对农村五保对象进行集中供养的人均年度补助费用。

15. 农村五保分散供养标准（单位：元/年），指公共财政对农村五保对象进行分散供养的人均年度补助费用。

16. 基本养老服务补贴覆盖率（单位：%），指家庭经济困难且生活难以自理的失能半失能65岁及以上城乡居民中享有基本养老服务补贴的比例。

17. 高龄老年人补贴覆盖率（单位：%），指对80岁以上高龄老年人发放津补贴的县级城市所占比例。

（二）老年医疗卫生保健

反映老年医疗卫生服务、老年人健康管理等方面的情况。

18. 提供老年医疗保健服务的医疗机构数（单位：所），指设有老年病科和康复医学科的医院、开展康复医疗服务的乡镇卫生院和社区卫生服务中心、护理院（站）的数量之和。

19. 65岁以上老年人健康管理率（单位：%），指接受健康管理的65岁以上老年人占辖区内65岁及以上常住居民数的比例。

（三）老年家庭建设

20. 农村计划生育老人奖励扶助金标准（单位：元/年），以2015年6月为节点，针对年满60周岁、只生育一个子女或两个女孩的农村计划生育家庭夫妇的人均奖励扶助金标准。

（四）老龄服务

反映社区养老服务、养老设施建设、护理员队伍与能力等方面的进展。新增城镇社区综合服务设施覆盖率、农村社区综合服务设施覆盖率、养老机构数量及总床位数、地级以上城市专业性养老护理机构数量、养老护理员人数等5项指标。

21. 城镇社区综合服务设施覆盖率（单位：%），指建有综合服务设施的街道（乡镇）所占比例。

22. 农村社区综合服务设施覆盖率（单位：%），指建有综合服务设施的农村社区（行政村）所占比例。

23. 养老机构数量及总床位数（单位：个、张），指各类养老机构个数以及各类养老床位的总数。

24. 每千名老人拥有养老床位数（单位：张），指养老床位数与老年人口数的比率。

25. 地级以上城市专业性养老护理机构数量（单位：个），指地级以上城市建有专门的养老护理院（所）或超80%的床位为护理床位的养老机构的数量。

26. 县级以上城市老年养护设施覆盖率（单位：%），指建有以收养失能半失能老年人为主的养护设施的县级及以上城市所占比例。

27. 养老护理员人数（万人）：指在各级各类养老服务机构中从事养老护理职业的人员数。

（五）老年人生活环境

反映无障碍设施建设、体育健身设施覆盖率等方面的情况。

28. 基层体育健身设施覆盖率（单位：%），指建有便捷实用的体育健身设施的街道（乡镇）和社区（行政村）所占比例。

29. 新建公共设施和养老场所无障碍率（单位：%），指符合无障碍设施工程建设标准的城市新建公共设施（含道路、公共建筑、公共交通设施、居住建筑和居住区）和养老场所所占比例。

30. 老年人设施人均用地（单位：平方米），指老年人设施规划用地指标与人口数的比率。

（六）老年人精神文化生活

反映老年教育、老年志愿服务、老年体育等方面的情况。新增老年大学（学校）数量、老年大学（学校）在学人数2项指标。

31. 老年大学（学校）数量（所），指各级各类老年人教育培训机构（包括老年大学、社区教育中心或社区学院、社区学校以及电视和网络等老年远程教育方式）的数量。

32. 老年大学（学校）在学人数（万人），指在各级各类老年人教育培训机构内接受教育培训的老年人总数。

33. 老年体育人口占比（单位：%），指经常参加体育健身（每周不少于3次、每次不少于30分钟、锻炼强度中等以上）的老年人占老年人口的比重。

34. 老年志愿者占比（单位:%），指注册为志愿者的老年人占老年人口的比重。

（七）老年社会管理

反映老年协会建设、企业退休人员社区化管理等方面的情况。

35. 城镇社区老年协会数量及比率（单位：个,%），指建有老年协会的城市社区数量及所占比例。

36. 农村社区（行政村）老年协会数量及比率（单位：个,%），指建有老年协会的行政村数量及所占比例。

37. 企业退休人员社区化管理比例（单位:%），指纳入社区管理的企业退休人员占企业退休人员总数的比例。

38. 街道乡镇老龄工作人员配备率（单位:%），指配备有专兼职老龄工作人员的乡镇和街道所占比例。

39. 县级以上老龄机构覆盖率（单位:%），指建有老龄工作专门机构的县级及以上地区所占比例。

（八）老年人权益保障

反映老年法律援助及贯彻老年法等方面的情况。新增省级老年人权益保障条例或贯彻国家老年法配套实施政策文件数量1项指标。

40. 省级老年人权益保障条例或贯彻国家老年法配套实施政策文件数量（单位：件），指省级出台并适时修订本地老年人权益保障条例，或出台老年法配套法律法规政策等规范文件数量。

41. 基层老年法律援助覆盖面（单位:%），指提供老年法律援助服务的基层（县、市、区及以下）法律援助中心及乡镇（街道）法律援助工作站或服务点所占比例。

全国老龄工作委员会关于开展2015年全国“敬老月”活动的通知

全国老龄委发〔2015〕5号

各省、自治区、直辖市及计划单列市老龄工作委员会，新疆生产建设兵团老龄工作委员会，全国老龄工作委员会各成员单位：

为贯彻落实党的十八大、十八届三中、四中全会精神，落实习近平总书记关于重视家庭建设，促进家庭和睦的指示，根据全国老龄工作委员会第十七次全体会议部署，进一步营造尊老敬老、爱老助老的良好社会氛围，全国老龄工作委员会决定开展2015年全国“敬老月”活动。现将有关事项通知如下。

一、活动宗旨

深入贯彻落实习近平总书记关于注重家庭家教家风建设的讲话精神，以培育和践行社会主义核心价值观、实施积极应对人口老龄化战略为根本任务，广泛组织和动员有关部门、社会组织、企事业单位、家庭和个人，为老年人办实事、做好事、献爱心，积极引导广大老年人自尊自立自强，建设和睦家庭，传承优良家风，安度幸福晚年，进一步营造尊老敬老的社会氛围。

二、活动主题和时间

2015年全国“敬老月”活动主题是“培育敬老家风，建设和睦家庭”。

活动时间：2015年10月1日至10月31日

三、活动内容

（一）广泛开展孝亲敬老家庭建设活动。各地、各有关部门要把弘扬中华民族孝亲敬老传统美德与家庭建设紧密结合起来，高度重视家庭对于凝聚人心和稳定社会的独特作用，深刻认识家庭、家教、家风的时代内涵，传承优良家风，建设和睦家庭，以家庭和睦促进社会和谐。要以孝亲敬老为核心内容，组织开展传统家庭美德宣教宣讲活动，重点面向广大青少年，传播优良家风家训，深化思想道德教育，提升尊老敬老意识。在党政机关、企事业单位、社会组织和居民家庭中，深入开展以家庭为单位的精神文明创建活动，评选表彰孝亲敬老好家庭和好公民，通过报刊、网络等多种形式，广泛深入宣传其感人事迹，引导全社会在参与实践中自觉接受教育，以实际行动培育和践行社会主义核心价值观，推动形成尊老爱幼、互爱互敬、宽容和睦的家庭文明新风。

（二）扎实开展老年维权优待活动。各地、各有关部门要把宣传《中华人民共和国老年人权益保障法》与弘扬中华民族尊老敬老爱老传统美德结合起来，与人口老龄化国情教育结合起来，与“六五”普法教育结合起来，与发扬光大传统家庭美德结合起来，及时总结推广宣传贯彻《中华人民共和国老年人权益保障法》的好经验和好做法。积极推动政府、社会、家庭、个人及各有关部门依法履行权力义务，依法推动相关政策创制。充分发挥“老年维权示范岗”“老年优待服务窗口”和“敬老文明号”的作用，全面落实老年优待政策。坚持组织开展老年法律援助和涉老政策、法律咨询活动，送法律维权知识到老年人手中，

10月份集中开展以“法治阳光温暖老龄”为主题的服务活动。认真组织开展全国老年维权工作先进集体评选活动，选树基层老年维权组织先进典型，加大宣传力度，扩大影响范围。

（三）积极开展走访慰问和为老志愿服务活动。各地、各有关部门要以“敬老月”为契机，倡导和鼓励全社会以家庭为单位，从我做起，从身边事做起，为长者送温暖献爱心，重点关注高龄、空巢、失独、困难、抗战老兵家庭，将物质慰问与精神关爱相结合，讲求实际效果。组织青年、妇女、老年等社会各界志愿者走进养老机构、老年社会组织和老年人家庭，通过与困难老人结对帮扶等多种形式，提供家政、照料、护理、信息咨询、心理疏导等服务。广泛动员社会组织，特别是老年群众组织和老年志愿者充分发挥示范引领作用，积极倡导老年人开展邻里互助，鼓励健康老年人帮扶高龄、病残老年人，带动更多组织和个人，为老年人衣食住行、精神慰藉等提供优质优惠服务。

（四）组织开展“老有所为”宣传教育活动。各地、各有关部门要积极引导广大老年人树立积极老龄化、健康老龄化的理念，倡导老年人终身学习、奉献社会、自尊自爱、自立自强的时代风尚。结合实现中华民族伟大复兴中国梦和社会主义核心价值观要求，引导广大老年人通过各种形式为党的事业增添正能量，充分发挥其在文化教育、维权维稳、保护环境、移风易俗、关心下一代等方面的积极作用，推动“老有所为”典型宣传和“银龄行动”逐步深入。注重发挥老年人在优秀传统文化和思想道德建设中的传承和引领作用，突出其在培育敬老家风、建设和睦家庭中的重要地位，用良好家风促进党风社风，扩大对中青年群体的辐射影响范围。充分利用基层老年协会的自我管理、自我教育、自我服务功能，组织更多老年人参与经济社会发展。

（五）大力开展老年文化体育活动。各地、各有关部门要注重和发挥文化的引领作用，充分利用公共场所和现有公益性群众文化单位，加大老年人公共文化服务供给。积极开辟面向基层的文化广场、社区活动站等老年文化体育活动场所，鼓励支持老年人开展自发、健康的文化娱乐健身活动，在国庆节、老年节等重要节日，集中组织开展系列老年文体活动，让老年人共度欢乐祥和的节日。鼓励将老年题材纳入文学艺术创作，舞台艺术生产，电影和电视剧制作，报刊、图书、电子音像与网络出版计划，重点规划和扶持一批围绕老年主题的创作项目和文化工程，着力打造深受老年群众喜爱的优秀文化作品。重视老年群体的精神健康需求，充分发挥家庭成员的精神关爱和心理支持作用，鼓励为老年人的家庭成员提供专项培训和支持，发动企事业单位举办社区讲座、科普宣传、文化产品赠送等面向老年人的特色文化服务项目。

四、工作要求

（一）提高思想认识，加强组织领导。各地、各有关部门要充分认识“敬老月”活动的重要意义，将社会主义核心价值观内容融入“敬老月”活动的宗旨和实践，认真抓好日常宣传、典型宣传、主题宣传和热点引导，积极倡导敬老文明，增强敬老意识。要把“敬老月”活动纳入年度工作重要议事日程和考核内容，紧密结合“老年节”的庆祝活动，广泛组织和动员各种社会力量，精心策划，周密部署，有序开展。各级老龄委成员单位要充分发挥各自优势，明确责任部门，分解细化内容，提供相应支持。各级老龄办要充分履行牵头协调职能，积极争取党政领导重视，加强宏观引导、活动示范、业务指导和督促检查，确保活动稳步推进。

（二）动员社会力量，整合多方资源。各地、各有关部门要积极整合政府、市场、个人等各类资源，动员城乡社区、企事业单位、公益组织等各种社会力量，协调配合、通力合作、凝聚力量，营造关爱老年人、关心老龄事业发展的良好氛围。要充分发挥各级老龄工作系统及涉老部门的主导作用，鼓励和引导各类社会组织通过“敬老月”活动，参与提供公益性养老服务，看望慰问困难老年人，组织为老志愿服务，开展老年文体活动等。要大力弘扬家庭养老的优良传统，发挥好家庭成员在提供物质供养、生活照料和精神慰藉等方面的重要作用，让广大老年人真正体会到晚年幸福。

（三）突出活动重点，注重实际成效。各地、各有关部门要把“敬老月”活动的重点放在基层、社区和农村；把“敬老月”活动关爱的重点对象明确为高龄、空巢、失独、失能、困难老人；把“敬老月”活动的内容集中在为老年人办实事、做好事、献爱心；把“敬老月”活动的效果体现在惠老助老，让广大老年人安度晚年。要立足老年群体实际需求，创新活动内容和形式，增强活动实效，通过“敬老月”活动为老年人提供最需要、最迫切的服务，让广大老年人有获得感，感受到党和政府的关怀和温暖，感受到全社会的关爱和重视。

各地老龄办请于9月30日前、11月10日前分别向全国老龄办宣传部报送“敬老月”活动实施方案和活动总结。

联系电话：全国老龄办宣传部

010－58122106　58122102

专用邮箱：jinglaoyue@cncaprc. gov. cn

全国老龄工作委员会

2015年7月30日

全国老龄工作委员会关于调整成员单位和组成人员的通知

全国老龄委发〔2015〕6号

各省、自治区、直辖市、计划单列市老龄工作委员会，新疆生产建设兵团老龄工作委员会，全国老龄工作委员会各成员单位：

根据人事变动情况和工作需要，全国老龄工作委员会决定对成员单位和组成人员进行调整。新增科技部、工业和信息化部、国土资源部、交通运输部和商务部为全国老龄工作委员会成员单位。现将调整后的组成人员名单通知如下：

主　任：王　勇　国务委员
副主任：李立国　民政部部长
尹蔚民　人力资源社会保障部部长
陈　希　中央组织部副部长
孟　扬　国务院副秘书长
委　员：王世明　中央宣传部副部长
李　勇　中直机关工委副书记
陈存根　中央国家机关工委副书记
李保东　外交部副部长
王晓涛　发展改革委副主任
杜玉波　教育部副部长
张来武　科技部副部长
王黎明　工业和信息化部总工程师
陈改户　国家民委副主任
夏崇源　公安部政治部主任
邹　铭　民政部副部长
赵大程　司法部副部长
余蔚平　财政部副部长
游　钧　人力资源社会保障部副部长
胡存智　国土资源部副部长
陆克华　住房城乡建设部副部长
刘小明　交通运输部党组成员
房爱卿　商务部副部长
杨志今　文化部副部长
王培安　卫生计生委副主任
解学智　税务总局副局长
吴尚之　新闻出版广电总局副局长
冯建中　体育总局副局长
张为民　统计局副局长
吴文学　旅游局副局长
黄　洪　保监会副主席
崔昌军　总政治部主任助理
焦开河　全国总工会副主席、书记处书记
汪鸿雁　共青团中央书记处书记
孟晓驷　全国妇联副主席、书记处书记
王建军　中国老龄协会会长

全国老龄工作委员会
2015年8月25日

全国老龄办、民政部、财政部关于开展第四次中国城乡老年人生活状况抽样调查的通知

全国老龄办发〔2015〕2号

各省、自治区、直辖市、计划单列市老龄办、民政厅（局）、财政厅（局），新疆生产建设兵团老龄办、民政局、财政局：

为全面掌握新时期我国城乡老年人生活状况，根据全国老龄委第十六次全体会议精神和王勇国务委员的指示，全国老龄委决定开展“第四次中国城乡老年人生活状况抽样调查”（以下简称“第四次调查”），现将有关事宜通知如下：

一、指导思想

以邓小平理论、“三个代表”重要思想、科学发展观为指导，深入贯彻落实十八届三中、四中全会和习近平总书记系列重要讲话精神，努力加强老龄事业的基础工作，进一步摸清中国城乡老年人生活状况和养老服务需求，为党中央、国务院和各级党委政府统筹制定应对人口老龄化战略、规划和政策提供科学支撑，为编制《国民经济和社会发展“十三五”规划》、《中国老龄事业发展“十三五”规划》和全国老龄委成员单位制定“十三五”专项规划提供基础数据支持，为全面促进中国特色老龄事业发展打下坚实基础。

二、调查内容与调查方式

第四次调查紧紧围绕老年人生活状况和养老服务需求，重点了解城乡老年人健康、照料护理服务、家庭、经济、社会参与、维权意识与行动、宜居环境以及精神文化生活等方面的状况。调查采取入户访谈和调查问卷收集数据，主要以满足全国代表性需要而抽取样本。调查问卷分为个人问卷和社区问卷。

三、调查对象、范围和样本量

第四次调查对象为居住在中华人民共和国境内的（不包括台湾省、香港特别行政区和澳门特别行政区）60 周岁及以上的中国公民。调查范围为全国各省、自治区、直辖市和新疆生产建设兵团，涉及 466 个县（区），1864 个乡镇（街道）（每个抽中的县（区）抽 4 个乡镇（街道）），7456 个村（居）委会（每个抽中的乡镇（街道）抽 4 个村（居）委会），首次实现覆盖全国范围的调查目标。调查样本规模为 22.368 万（总抽样比约为 1‰）。

四、调查时间安排

第四次调查共持续 3 年左右时间，2014 年做好调查前期准备，2015 年组织实施调查，2015 年底整理公布主要数据，2016 年进行数据深度开发。以 2015 年 8 月 1 日零时为调查标准时点，持续一个月。调查工作主要分三个阶段：

准备阶段（2014 年 3 月 1 日至 2015 年 7 月 31 日）：做好第四次调查的各项基础准备工作，包括组建专家队伍、制定抽样实施方案、设计调查问卷；进行试调查，修订调查问卷，编写调查员手册；印制调查问卷及调查员手册等资料；召开第四次调查工作部署会议；各地各级老龄办选拔、培训督导员。

调查阶段（2015 年 8 月 1 日至 8 月 31 日）：以各省、自治区、直辖市、计划单列市、新疆生产建设兵团为单位开展入户调查工作。同时，全国老龄办将组织调查督导组赴各地进行调查督导工作。

分析阶段（2015 年 9 月 1 日至 2016 年 12 月 30 日）：调查问卷录入、初步汇总主要数据，撰写数据发布报告；经全国老龄办批准后，全国及各地可以公开发布或使用相关的统计结果；全国老龄办将组织有关部门、高校和研究机构对调查数据进行研究开发，形成专题研究报告。

五、组织领导

第四次调查在全国老龄委领导下，由全国老龄办主办，全国 31 个省级老龄办协办，中国老龄科学研究中心负责技术保障工作，被抽中的县（区）、乡镇（街道）、村（居）委会承担具体工作。

为加强第四次调查的组织领导，成立第四次调查工作领导小组，由全国老龄委副主任、民政部部长、全国老龄办主任李立国任组长，全国老龄办、民政部、财政部等部门相关负责同志任副组长。领导小组下设办公室，办公室设在全国老龄办。

六、工作要求

（一）加强组织领导。各地老龄、民政、财政部门要高度重视，加强领导，把这项工作摆上议事日程。各省、自治区、直辖市、计划单列市、新疆生产建设兵团和被抽中的市、县（区）老龄办要成立调查组织领导机构，负责本地的调查组织实施工作，按照调查实施方案要求，认真做好本地区的组织实施工作。

（二）保障调查经费。各地各级财政部门要根据调查工作需要，将调查经费列入同级预算予以保障。

（三）充分利用基层和社会力量。要充分发挥老龄、民政工作组织网络和社区基层组织的本地优势，调动民政助理员、基层老年人协会骨干、社区干部及社会工作者、志愿者等积极参与，统一组织，形成合力，做好调查工作。

（四）做好调查宣传工作。各地老龄、民政部门要积极开展调查宣传工作，宣传调查的意义与作用，努力扩大调查的社会影响力，增强全社会人口老龄化国情意识。

（五）做好调查培训工作。调查培训工作关系到调查的质量，是调查成败的关键。各地老龄办务必认真选拔调查督导员、访问员，组织好培训工作。

（六）做好调查成果转化工作。各地老龄、民政部门要充分利用调查数据，为各级党委政府统筹制定应对人口老龄化的战略、规划和政策提供科学支撑，为制定本省、自治区、直辖市的老龄事业发展“十三五”规划提供基础数据支持。同时，要充分利用调查数据和成果，建立和完善老龄统计制度。

（七）做好联络工作。请各省级老龄办对抽样名单进行核对，无误后通知抽中地区做好调查准备，同时请各省级老龄办确定 1 名调查主管处室负责人为联络员，请抽中区县确定 1 名业务骨干为联络员，并于 2015 年 1 月 31 日前将省县两级联络员名单（所在单位、姓名、职务、联系电话、联系地址、邮政编码、电子邮箱）报第四次抽样调查领导小组办公室。

附件：1.“第四次调查”领导小组成员名单

2.“第四次调查”领导小组办公室成员名单

3.“第四次调查”专家委员会成员名单

4.“第四次调查”各省、自治区、直辖市被抽中县（区）名单

全国老龄办　民政部　财政部

2015 年 1 月 15 日

附件 1

“第四次调查”领导小组成员名单

组　　长：李立国　民政部部长、全国老龄委副主任、全国老龄办主任

常务副组长：王建军　全国老龄办常务副主任

副　组　长：俞建良　民政部社会福利和慈善事业促进司司长

徐　立　民政部规划财务司司长

秦　斌　财政部社会保障司副司长

吴玉韶　全国老龄办副主任、中国老龄科学研究中心主任

附件 2

“第四次调查”领导小组办公室成员名单

主　任：吴玉韶　全国老龄办副主任、中国老龄科学研究中心主任

副主任：刘增瑞　全国老龄办综合部主任

张民巍　全国老龄办政策研究部主任

庞　涛　全国老龄办事业发展部副主任

刁海峰　全国老龄办宣传部主任

党俊武　中国老龄科学研究中心副主任

联系人：陶　红　领导小组办公室秘书处处长（全国老龄办综合部处长）

电　话：010－58122050，18210961559

翟德华　领导小组办公室秘书处副处长（中国老龄科学研究中心统计所副所长）

电　话：010－58122236/38，13701213650

邮　箱：dscdc2015@cncaprc. gov. cn

地　址：北京市东城区安定门外大街甲 57 号

邮政编码：100011

附件 3

“第四次调查”专家委员会成员名单

主　任：金勇进　中国人民大学应用统计科研中心主任、教授

委　员：王大华　北京师范大学发展心理研究所教授

王广州　中国社科院人口与劳动研究所教授

王志会 中国疾控中心老年健康室主任、研究员
冯乃林 国家统计局人口和就业司司长
冯士雍 中国科学院数学与系统科学研究院研究员
刘 民 北京大学公共卫生学院教授
杜 鹏 中国人民大学社会与人口学院教授
李 军 中国社科院数量经济研究所研究员
何珊珊 民政部规划财务司原副巡视员
陈 功 北京大学人口研究所教授
胡 英 国家统计局人口司副巡视员
原 新 南开大学人口与发展研究所教授
钱军程 国家卫生计生委统计信息中心研究员
黄荣清 首都经济贸易大学人口与经济研究所教授
萧振禹 中国老龄科学研究中心研究员、高级统计师

附件 4

"第四次调查"各省、自治区、直辖市被抽中县（区）名单

北京市（7个区县）：

朝阳区、东城区、房山区、丰台区、海淀区、顺义区、西城区。

天津市（4个区县）：

滨海新区、红桥区、南开区、武清区。

河北省（23个区县）：

高阳县（保定市）、涞水县（保定市）、涞源县（保定市）、满城县（保定市）、清苑县（保定市）、新市区（保定市）、河间市（沧州市）、承德县（承德市）、隆化县（承德市）、围场满族蒙古族自治县（承德市）、曲周县（邯郸市）、武安市（邯郸市）、安平县（衡水市）、景县（衡水市）、霸州市（廊坊市）、大城县（廊坊市）、永清县（廊坊市）、昌黎县（秦皇岛市）、正定县（石家庄市）、丰润区（唐山市）、内邱县（邢台市）、宁晋县（邢台市）、宣化区（张家口市）。

山西省（11个区县）：

大同县（大同市）、阳高县（大同市）、洪洞县（临汾市）、文水县（吕梁市）、平鲁区（朔州市）、平定县（阳泉市）、临猗县（运城市）、芮城县（运城市）、万荣县（运城市）、闻喜县（运城市）、城区（长治市）。

内蒙古自治区（7个区县）：

临河区（巴彦淖尔市）、青山区（包头市）、宁城县（赤峰市）、回民区（呼和浩特市）、阿荣旗（呼伦贝尔市）、扎兰屯市（呼伦贝尔市）、扎鲁特旗（通辽市）。

辽宁省（18个区县）：

立山区（鞍山市）、岫岩满族自治县（鞍山市）、建平县（朝阳市）、喀喇沁左翼蒙古族自治县（朝阳市）、凌源市（朝阳市）、双塔区（朝阳市）、金州区（大连市）、沙河口区（大连市）、阜新蒙古族自治县（阜新市）、兴城市（葫芦岛市）、凌河区（锦州市）、灯塔市（辽阳市）、辽阳县（辽阳市）、盘山县（盘锦市）、苏家屯区（沈阳市）、铁西区（沈阳市）、昌图县（铁岭市）、调兵山市（铁岭市）。

吉林省（9个区县）：

洮北区（白城市）、龙潭区（吉林市）、梨树县（四平市）、扶余市（松原市）、辉南县（通化市）、柳河县（通化市）、梅河口市（通化市）、德惠市（长春市）、绿园区（长春市）。

黑龙江省（12个区县）：

让胡路区（大庆市）、肇源县（大庆市）、阿城区（哈尔滨市）、宾县（哈尔滨市）、南岗区（哈尔滨市）、尚志市（哈尔滨市）、绥滨县（鹤岗市）、富锦市（佳木斯市）、克东县（齐齐哈尔市）、龙沙区（齐齐哈尔市）、依安县（齐齐哈尔市）、安达市（绥化市）。

上海市（9个区县）：

宝山区、奉贤区、虹口区、黄浦区、闵行区、浦东新区、普陀区、杨浦区、崇明县。

江苏省（33个区县）：

溧阳市（常州市）、淮阴区（淮安市）、金湖县（淮安市）、盱眙县（淮安市）、高淳区（南京市）、六合区（南京市）、浦口区（南京市）、启东市（南通市）、如东县（南通市）、如皋市（南通市）、通州区（南通市）、常熟市（苏州市）、姑苏区（苏州市）、昆山市（苏州市）、太仓市（苏州市）、吴中区（苏州市）、张家港市（苏州市）、海陵区（泰州市）、姜堰区（泰州市）、泰兴市（泰州市）、兴化市（泰州市）、北塘区（无锡市）、江阴市（无锡市）、沭阳县（宿迁市）、泗阳县（宿迁市）、丰县（徐州市）、沛县（徐州市）、滨海县（盐城市）、大丰市（盐城市）、东台市（盐城市）、亭湖区（盐城市）、邗江区（扬州市）、

江都区（扬州市）。

浙江省（20个区县）：

淳安县（杭州市）、建德市（杭州市）、江干区（杭州市）、临安市（杭州市）、萧山区（杭州市）、海宁市（嘉兴市）、海盐县（嘉兴市）、嘉善县（嘉兴市）、南湖区（嘉兴市）、平湖市（嘉兴市）、兰溪市（金华市）、武义县（金华市）、慈溪市（宁波市）、宁海县（宁波市）、常山县（衢州市）、柯桥区（绍兴市）、上虞区（绍兴市）、越城区（绍兴市）、诸暨市（绍兴市）、椒江区（台州市）。

安徽省（24个区县）：

太湖县（安庆市）、桐城市（安庆市）、望江县（安庆市）、固镇县（蚌埠市）、龙子湖区（蚌埠市）、谯城区（亳州市）、东至县（池州市）、定远县（滁州市）、凤阳县（滁州市）、琅琊区（滁州市）、明光市（滁州市）、天长市（滁州市）、阜南县（阜阳市）、临泉县（阜阳市）、太和县（阜阳市）、颍东区（阜阳市）、颍上县（阜阳市）、肥东县（合肥市）、庐阳区（合肥市）、瑶海区（合肥市）、金寨县（六安市）、裕安区（六安市）、砀山县（宿州市）、埇桥区（宿州市）。

福建省（11个区县）：

晋安区（福州市）、闽侯县（福州市）、台江区（福州市）、延平区（南平市）、涵江区（莆田市）、荔城区（莆田市）、德化县（泉州市）、鲤城区（泉州市）、思明区（厦门市）、漳浦县（漳州市）、诏安县（漳州市）。

江西省（13个区县）：

南城县（抚州市）、赣县（赣州市）、吉水县（吉安市）、遂川县（吉安市）、乐平市（景德镇市）、都昌县（九江市）、瑞昌市（九江市）、修水县（九江市）、青山湖区（南昌市）、西湖区（南昌市）、芦溪县（萍乡市）、湘东区（萍乡市）、袁州区（宜春市）。

山东省（37个区县）：

滨城区（滨州市）、博兴县（滨州市）、惠民县（滨州市）、武城县（德州市）、东营区（东营市）、成武县（菏泽市）、定陶县（菏泽市）、东明县（菏泽市）、牡丹区（菏泽市）、嘉祥县（济宁市）、莱城区（莱芜市）、费县（临沂市）、莒南县（临沂市）、兰山区（临沂市）、罗庄区（临沂市）、郯城县（临沂市）、城阳区（青岛市）、黄岛区（青岛市）、即墨市（青岛市）、胶州市（青岛市）、莱西市（青岛市）、平度市（青岛市）、市南区（青岛市）、莒县（日照市）、五莲县（日照市）、新泰市（泰安市）、环翠区（威海市）、荣成市（威海市）、安丘市（潍坊市）、诸城市（潍坊市）、牟平区（烟台市）、蓬莱市（烟台市）、栖霞市（烟台市）、山亭区（枣庄市）、滕州市（枣庄市）、沂源县（淄博市）、张店区（淄博市）。

河南省（31个区县）：

林州市（安阳市）、内黄县（安阳市）、修武县（焦作市）、兰考县（开封市）、杞县（开封市）、通许县（开封市）、洛龙区（洛阳市）、洛宁县（洛阳市）、邓州市（南阳市）、南召县（南阳市）、内乡县（南阳市）、新野县（南阳市）、镇平县（南阳市）、宝丰县（平顶山市）、叶县（平顶山市）、永城市（商丘市）、柘城县（商丘市）、汝州市（省直辖县级行政区划）、罗山县（信阳市）、平桥区（信阳市）、浉河区（信阳市）、魏都区（许昌市）、许昌县（许昌市）、鄢陵县（许昌市）、中原区（郑州市）、商水县（周口市）、太康县（周口市）、西华县（周口市）、项城市（周口市）、确山县（驻马店市）、正阳县（驻马店市）。

湖北省（20个区县）：

鄂城区（鄂州市）、恩施市（恩施土家族苗族自治州）、红安县（黄冈市）、大冶市（黄石市）、钟祥市（荆门市）、洪湖市（荆州市）、沙市区（荆州市）、天门市（省直辖县级行政区划）、张湾区（十堰市）、东西湖区（武汉市）、江岸区（武汉市）、硚口区（武汉市）、武昌区（武汉市）、安陆市（孝感市）、大悟县（孝感市）、应城市（孝感市）、当阳市（宜昌市）、夷陵区（宜昌市）、宜都市（宜昌市）、长阳土家族自治县（宜昌市）。

湖南省（25个区县）：

澧县（常德市）、石门县（常德市）、桃源县（常德市）、桂阳县（郴州市）、永兴县（郴州市）、耒阳市（衡阳市）、祁东县（衡阳市）、辰溪县（怀化市）、涟源市（娄底市）、娄星区（娄底市）、新化县（娄底市）、洞口县（邵阳市）、双清区（邵阳市）、花垣县（湘西土家族苗族自治州）、龙山县（湘西土家族苗族自治州）、赫山区（益阳市）、沅江市（益阳市）、宁远县（永州市）、临湘市（岳阳市）、汨罗市（岳阳市）、宁乡县（长沙市）、望城县（长沙市）、雨花区（长沙市）、岳麓区（长沙市）、茶陵县（株洲市）。

广东省（28个区县）：

潮安区（潮州市）、湘桥区（潮州市）、市辖区（东莞市）、南海区（佛山市）、顺德区（佛山市）、番禺区（广州市）、天河区（广州市）、东源县（河源市）、和平县（河源市）、台山市（江门市）、揭东区（揭阳市）、电白县（茂名市）、茂南区（茂名市）、信宜市（茂名市）、大埔县（梅州市）、丰顺县（梅州市）、佛冈县（清远市）、连州市（清远市）、澄海区（汕头市）、乐昌市（韶关市）、江城区（阳江市）、阳西县（阳江市）、罗定市（云浮市）、新兴县（云浮市）、赤坎区（湛江市）、雷州市（湛江市）、徐闻县（湛江市）、市辖区（中山市）。

广西壮族自治区（17个区县）：

德保县（百色市）、合浦县（北海市）、桂平市（贵港市）、平南县（贵港市）、荔浦县（桂林市）、临桂区（桂林市)、钟山县(贺州市)、柳江县(柳州市)、鹿寨县(柳州市)、江南区(南宁市)、隆安县(南宁市)、邕宁区(南宁市)、钦北区(钦州市)、岑溪市(梧州市)、蒙山县(梧州市)、万秀区(梧州市)、兴业县(玉林市)。

海南省(3个区县):

澄迈县(省直辖县级行政区划)、乐东黎族自治县(省直辖县级行政区划)、文昌市(省直辖县级行政区划)。

重庆市(13个区县):

涪陵区、合川区、江津区、南岸区、万州区、永川区、长寿区、丰都县、铜梁县、潼南县、秀山土家族苗族自治县、云阳县、忠县。

四川省(34个区县):

通江县(巴中市)、成华区(成都市)、金堂县(成都市)、双流县(成都市)、温江区(成都市)、武侯区(成都市)、开江县(达州市)、万源市(达州市)、中江县(德阳市)、广安区(广安市)、邻水县(广安市)、利州区(广元市)、峨眉山市(乐山市)、古蔺县(泸州市)、合江县(泸州市)、仁寿县(眉山市)、涪城区(绵阳市)、江油市(绵阳市)、三台县(绵阳市)、盐亭县(绵阳市)、游仙区(绵阳市)、高坪区(南充市)、阆中市(南充市)、蓬安县(南充市)、市中区(内江市)、仁和区(攀枝花市)、荥经县(雅安市)、翠屏区(宜宾市)、兴文县(宜宾市)、安岳县(资阳市)、简阳市(资阳市)、雁江区(资阳市)、大安区(自贡市)、富顺县(自贡市)。

贵州省(12个区县):

西秀区(安顺市)、金沙县(毕节市)、花溪区(贵阳市)、息烽县(贵阳市)、水城县(六盘水市)、黎平县(黔东南苗族侗族自治州)、三都水族自治县(黔南布依族苗族自治州)、松桃苗族自治县(铜仁市)、印江土家族苗族自治县(铜仁市)、汇川区(遵义市)、仁怀市(遵义市)、习水县(遵义市)。

云南省(14个区县):

施甸县(保山市)、剑川县(大理白族自治州)、弥渡县(大理白族自治州)、云龙(大理白族自治州)、个旧市(红河哈尼族彝族自治州)、泸西县(红河哈尼族彝族自治州)、禄劝彝族苗族自治县(昆明市)、麒麟区(曲靖市)、广南县(文山壮族苗族自治州)、丘北县(文山壮族苗族自治州)、红塔区(玉溪市)、通海县(玉溪市)、盐津县(昭通市)、彝良县(昭通市)。

西藏自治区(2个区县):

堆龙德庆县(拉萨市)、南木林县(日喀则地区)。

陕西省(12个区县):

白河县(安康市)、金台区(宝鸡市)、城固县(汉中市)、汉台区(汉中市)、略阳县(汉中市)、勉县(汉中市)、未央区(西安市)、新城区(西安市)、泾阳县(咸阳市)、乾县(咸阳市)、秦都区(咸阳市)、榆阳区(榆林市)。

甘肃省(8个区县):

临洮县(定西市)、通渭县(定西市)、榆中县(兰州市)、康县(陇南市)、礼县(陇南市)、正宁县(庆阳市)、甘谷县(天水市)、秦安县(天水市)。

青海省(2个区县):

城西区(西宁市)、湟中县(西宁市)。

宁夏回族自治区(2个区县):

平罗县(石嘴山市)、沙坡头区(中卫市)。

新疆维吾尔自治区(5个区县):

莎车县(喀什地区)、沙湾县(塔城地区)、鄯善县(吐鲁番地区)、吐鲁番市(吐鲁番地区)、天山区(乌鲁木齐市)。

说明:

1. 每个区县抽取的老年人数统一为480人。
2. 新疆生产建设兵团单独安排抽样。

全国老龄办关于表扬2014年全国“老龄新闻宣传”好作品和优秀组织单位的通报

全国老龄办发〔2015〕13号

各省、自治区、直辖市及计划单列市老龄工作委员会办公室，新疆生产建设兵团老龄工作委员会办公室，全国老龄委各成员单位：

为营造老龄事业发展的良好社会环境，鼓励全国新闻工作者关注老龄工作、宣传老龄事业，去年10月，全国老龄工作委员会办公室下发通知，拟通报表扬2014年全国“老龄新闻宣传好作品”和优秀组织单位。各地老龄办、各老龄委成员单位、各主流媒体和老年媒体对此项活动高度重视，积极参与，推荐了一大批涉老新闻宣传作品。经组委会评选，全国老龄委办公室决定，对

《“最美老有所为人物”发布会》等131件新闻好作品和国家卫生和计划生育委员会等12家优秀组织单位予以通报表扬。

希望受到表扬的单位和个人珍惜荣誉，发扬成绩，继续提高舆论引导能力和新闻报道质量，创作出更多更好的具有时代特色的老龄新闻宣传精品，为促进老龄事业全面协调可持续发展、构建社会主义和谐社会做出新贡献。

附件：2014年全国“老龄新闻宣传好作品”和优秀组织单位通报表扬名单

全国老龄办

2015年3月23日

附件

2014年全国“老龄新闻宣传好作品”和优秀组织单位通报表扬名单

（排名不分先后）

特别奖（1件）

《“最美老有所为人物”发布会》

中国网络电视台2014年11月20日

作者：王一如　张国霞　彭锋　胡晓彬　赵俊

一等奖（10件）

1.《让每一个老年人都能安享晚年》

《人民日报》2014年10月3日

作者：潘跃

2.《唱响“关爱老人　构建和谐”敬老主旋律》

新华社2014年11月17日

作者：黄小希

3.《探访陕西高陵“夕阳关爱”老年维权》

中国新闻社2014年9月22日

作者：张希敏

4.《我国全面建立健全老年人优待政策》

中央电视台《新闻联播》2014年1月1日

作者：白央　向晖　晓佩　玉梅　墨白　晨源

5.《养老产业“金矿”怎么挖》

中央电视台2套《中国财经报道》2014年9月27日

作者：潘敏　李晓民

6.《填补居家养老供需缺口》

《经济日报》2014年10月22日

作者：陈郁

7.《“乐龄工程”启动　我国基层老年协会已达48万个》

《人民网》2014年2月28日

作者：常红

8.《首届全国敬老文化论坛（图文直播）》

《中国网》2014年11月19日

作者：戴凡

9.《十城市万名老年人居家养老状况调查发布》

《光明日报》2014年2月28日

作者：梁捷

10.《“老有所为”先进典型人物系列片》

中央电视台12套《夕阳红》2014年10月21日－10月31日

作者：王水雯　武宇新　谢圣华　史倩倩　赵浩男

二等奖（20件）

1.《情系共和国功臣——全军和武警部队老干部工作综述》

《解放军报》2014年10月15日

作者：张明刚　王昌伟　滕晓东

2.《〈中国老年人防诈骗指南〉首发》

《法制日报》2014年12月21日

作者：陈丽平

3.《老年人的刚需是什么——专访全国老龄办副主任吴玉韶》

《瞭望东方周刊》2014年5月21日

作者：陈融雪

4.《老年人购买服务消费未形成　报告建议加大居家养老政策扶持力度》

中央人民广播电台中国之声《全国新闻联播》2014年3月1日

作者：车丽

5.《身后事　非小事》

中央电视台4套《走遍中国》2014年3月16日

作者：刘定晟　刘学成

6.《四成居家养老机构“缺钱”》

《中国青年报》2014年2月28日

作者：王亦君

7.《老龄产业将成未来经济发展新引擎》

《中国改革报》2014年9月24日

作者：王健生

8.《老龄产业进入快速成长期》

《中国财经报》2014 年 10 月 14 日

作者：李继学

9.《首届全国敬老文化论坛通过〈北京宣言〉》

《人民网》2014 年 11 月 20 日

作者：熊如梦

10.《国内首个养老品牌实验室成立　引领打造养老服务龙头企业》

《新华网》2014 年 1 月 16 日

作者：崔静

11.《90%老人以退休金为主要收入来源》

《经济参考网》2014 年 3 月 1 日

作者：金辉

12.《我国老年人保障水平进一步提升》

中央电视台 1 套《朝闻天下》2014 年 7 月 23 日

作者：李玉梅

13.《Scarcity of facilities for elderly worries urban residents（养老设施缺乏困扰着城市居民）》

《中国日报》2014 年 3 月 3 日

作者：贺丹

14.《没有广场舞，你的世界就安静了吗?》

中央人民广播电台老年之声《夕阳红茶馆》2014 年 9 月 21 日

作者：汪群均　冯玉婷　侯珊

15.《国内首个养老品牌实验室成立》

《中国老年报》2014 年 1 月 21 日

作者：蓝青

16.《削减“三公经费”发展老龄事业》

《辽宁老年报》2014 年 5 月 15 日

作者：毕叶叶

17.《浙江出台多项优惠政策　鼓励民资进入养老产业》

浙江卫视《浙江新闻联播》2014 年 11 月 15 日

作者：夏学民

18.《最美还是夕阳红——记全国最美老有所为人物》

《老年之友》2014 年 11 月 28 日

作者：芳华

19.《政策松绑，民办养老院才有市场》

《齐鲁晚报》2014 年 4 月 20 日

作者：张榕博

20.《“五一”全区将开通“12349 防走失热线”10 万个“蓝手环”免费等您拿》

《广西日报》2014 年 4 月 15 日

作者：蒋予昕

三等奖（40 件）

1.《〈中国老龄产业发展报告（2014）〉称我国老龄产业市场潜力巨大》

《中国劳动保障报》2014 年 9 月 26 日

作者：王辉

2.《Silver hair industry about to boom（银发产业即将迅猛发展）》

《中国日报》2014 年 9 月 25 日

作者：郑金冉

3.《我国城乡老年家庭空巢率超五成空巢老人更易被诈骗》

中央人民广播电台中国之声《全国新闻联播》2014 年 12 月 10 日

作者：何源

4.《欢乐的是老人受益的是社会——北京市第五届“敬老月”缤纷活动侧记》

《中国社会报》2014 年 10 月 23 日

作者：陈桐林　冀昕宇

5.《首届全国敬老文化论坛在京开幕》

《中国妇女报》2014 年 11 月 20 日

作者：代刚

6.《第二期居家养老状况调查在京启动》

《中国社会报》2014 年 8 月 18 日

作者：张馨允

7.《“医养融合”新型养老服务模式托起夕阳红——湖北省基层开展“医养融合”试点巡礼》

《中国人口报》2014 年 7 月 15 日

作者：李权林　向秀芳　夏其芳　李婷

8.《“书记好比咱亲娃!”》

《中国老年报》2014 年 10 月 21 日

作者：莎莉娃

9.《第四届中国老年文化艺术节在北京启动》

《中国文化传媒网》2014 年 2 月 28 日

作者：张小兰

10.《〈十城市万名老年人居家养老状况调查〉发布 7 成老人表示退休金大致够用》

《北京晨报》2014 年 2 月 28 日

作者：崔红

11.《中国老龄办：社会化养老应与家庭养老并重》

新华网络电视 2014 年 11 月 28 日

作者：刘潇　杨志刚

12.《方军：一边是鬼子兵，一边是抗日战士》

《中国老年》2014 年 10 月下半月刊

作者：卓成华

13.《我国智能养老技术标准发布》

《健康报》2014年11月6日

作者：甘贝贝

14.《2014年全国“敬老月”活动在京启动》

《中国保险网》2014年9月25日

作者：宫伟瑶

15.《全国“敬老月”在京启动本市区县出台具体方案五项敬老活动传承中华美德》

《中老年时报》2014年9月23日

作者：葛登杨

16.《深入开展第二届“敬老文明号”创建活动》

《神州·养老》2014年6月刊

作者：刘奇民

17.《全国老龄办启动“乐龄工程”助推基层老年协会发展》

《中国社会工作·老龄》2014年3月刊

作者：李新涛

18.《如何破解“养老难”?》

《海外网》2014年3月11日

作者：申孟哲

19.《陪伴是最好的礼物：做别人的专职女儿》

北京电视台《北京新闻》2014年10月7日

作者：吴静　阚成伟

20.《“大数据”健康管理对接医养结合》

《中老年时报》2014年8月24日

作者：刘震

21.《家庭报传承“新家风”》

太原广播电视台老年之声《知心聊吧》2014年6月30日

作者：马文　张剑锋　闫锐

22.《“60后”老人玩转智能手机》

《东胜报》2014年3月24日

作者：王小燕

23.《辽宁召开市县老龄办主任会议》

《中国老年报》2014年9月3日

作者：郝明利

24.《适老性改造组合报道》

《文汇报》2014年12月11日

作者：钱蓓

25.《“9073”养老格局的着力点不在“3”》

《上海老年报》2014年4月10日

作者：赵宗仁

26.《金陵老年大学扇面画青奥村受热捧》

《老年周报》2014年8月26日

作者：王小磊　陈红

27.《安吉：打造“一刻钟”养老服务圈》

《湖州日报》2014年10月21日

作者：周建巨　钟建鸣

28.《关爱独居老人我们一直在路上》

《青年时报》2014年8月27日

作者：丛杨　郑茜茜　叶锡挺

29.《我是你的“眼”——90岁坚强母亲照顾盲女65年》

舒城电视台2014年6月17日

作者：石俊生　朱梅雪

30.《民办老年大学生存状况调查》

《老年人》杂志2014年10月刊

作者：徐炯权

31.《广州推广网格式养老试点提供“喘息服务”》

《广州日报》2014年11月7日

作者：谭秋明

32.《积累十五年　就照城里算》

《人民日报》2014年6月13日

作者：白天亮

33.《老协“掌舵”3400余老人签约抱团养老低龄帮高龄、健康帮体弱，随时搭把手，互助度晚年》

《晚霞报》2014年5月29日

作者：陈正达

34.《喻朝芬的15本民情日记》

《贵州老年报》2014年12月19日

作者：龙金毓　龙艳

35.《太原养老现状系列调查1—4期》

《太原日报》2014年10月12日—10月16日

作者：张慧

36.《最美保洁员谢玉凤：大学生眼中的“心灵导师”》

《新疆日报》2014年11月13日

作者：赵西娅

37.《2014“微孝圆梦”公益助老活动系列报道》

《慈溪日报》2014年8月18日

作者：冯梦苓

38.《爱心陪伴空巢老人大型公益活动系列报道》

《青岛日报》2014年1月16日

作者：韩军营

39.《“学会爱老，一起敬老”“敬老月”系列报道1—17期》

《青岛早报》2014年10月25日—11月2日

作者：黄飞

40.《泼墨挥毫字字寄净言》

《浙江日报》2014年7月10日

作者：袁艳

优秀奖（60 件）

1.《老龄产业报告：2025 年中国老龄人口突破 3 亿》

《第一财经网》2014 年 9 月 23 日

作者：王羚

2.《扎根基层社区提供专业护理如何使社会组织办养老叫好又叫座?》

《北京社区报·老年专刊》2014 年 4 月 23 日

作者：陈瑾

3.《大学生志愿者没回家，陪空巢老人过节一定让老人过个快乐年》

《城市快报》2014 年 2 月 7 日

作者：单学熙

4.《做全村老人的大孝子——农村免费居家养老模式探索者》

河北收视指南频道 2014 年 12 月 8 日

作者：徐蕾　马敬晔　佟景阳　代晓旭

5.《太钢：活跃在社区的志愿者们》

《中国老年》杂志 2014 年 1 月上半月刊

作者：赵晶　牛保海　李淑红

6.《兰州铁路局以“火车头”精神争创“敬老文明号”》

《中国老年报》2014 年 6 月 27 日

作者：李明远　李明

7.《久病床前见真情孝老孝亲好榜样》

扎赉特旗电视台 2014 年 10 月 3 日

作者：包策勒木格

8.《老有所为献余热辽宁省委党校老教授首倡“辽宁精神”》

《辽宁老年报》2014 年 5 月 22 日

作者：王颖

9.《毕业生成“香饽饽”却鲜有考生报考》

《辽宁老年报》2014 年 6 月 26 日

作者：卢祥云

10.《长春市 200 多位孤寡老人乐品“饺子宴”》

《吉林老年报》2014 年 11 月 4 日

作者：王秋月

11.《冰城老人 7 成多“空巢”高于全国平均数》

《生活报》2014 年 10 月 11 日

作者：张立　于海霞

12.《“医养结合”系列报道》

《上海老年报》2014 年 12 月 2 日—9 日

作者：吴汝琴

13.《老人残障人士监护权忽成“香饽饽”孰喜孰忧?》

《上海法治报》2014 年 11 月 17 日

作者：王川　陈颖婷

14.《养老资源如何用在“刀刃”上》

《解放日报》2014 年 10 月 5 日

作者：栾吟之　朱珉迕

15.《为何容不下一张临终关怀的床》

《新民晚报》2014 年 5 月 15 日

作者：孙云

16.《专业养老护理员路在何方?》

《老年周报》2014 年 7 月 11 日

作者：黄贤娟

17.《“老年代步车”便捷的背后》

《老年周报》2014 年 4 月 4 日

作者：顾泱

18.《嘉善县实施养老服务“五化五融合”》

《中国社会报》2014 年 9 月 30 日

作者：吴巧玲　周竑

19.《车轮上的食堂》

《浙江老年报》2014 年 4 月 30 日

作者：周瑜

20.《合肥：老人点菜政府埋单社会组织服务》

《中国社会报》2014 年 6 月 20 日

作者：苏天真　李登奇

21.《永安“三助”康乐点：让农村空巢老人不再孤单》

《福建日报》2014 年 11 月 12 日

作者：郑美清　林智岚　许国英

22.《养老护理应早日走向“职业化”》

江西新闻综合频率《新闻广角》2014 年 9 月 9 日

作者：彭世翔

23.《世界难题的山东求解》

《大众日报》2014 年 12 月 4 日

作者：李占江　潘思兴

24.《泗水：弘扬优秀传统文化，打造“儒风孝道之乡”》

《大众日报》2014 年 4 月 10 日

作者：包庆森　庄新明

25.《爱心储蓄推行 3 年仍未星星之火》

《楚天时报》2014 年 4 月 29 日

作者：王焕冬　卢君晨

26.《关怀老人心灵沟通要走进内心》

《楚天时报》2014 年 4 月 24 日

作者：杨翼远　张夏夏

27.《明确责任边界：湖南养老服务业发展提速》

《中国社会报》2014 年 8 月 8 日

作者：王铭

28.《粤老人险半年覆盖百万人》

《南方日报》2014年12月15日

作者：郭家轩

29.《岁月如歌我们组团把青春再唱一遍》

《东莞时报》2014年6月6日

作者：蔡嘉莉

30.《广东试点“家庭医生”》

《老人报》2014年10月22日

作者：符映珊　黄旭君

31.《编外清洁工》

钦州电视台《钦州综合频道》2014年1月8日

作者：文梅霄　黄喜裕

32.《海南养老服务的发展步伐》

《中国社会报》2014年9月19日

作者：吴贵民

33.《三亚：居家养老网络撒满32个社区》

《海南日报》2014年4月9日

作者：张靖超

34.《牵挂居民的社区好干部》

重庆卫视2014年9月9日

作者：田园　蒲克

35.《十年回家路》

重庆电视台《新闻频道》2014年2月17日

作者：廖洋益　卓嘉

36.《微博记录老人故事活动丰富老人生活吸引众多“粉丝”走进福利院开展爱心志愿活动》

《晚霞报》2014年11月20日

作者：蔡勇

37.《健全居家养老服务体系，缓解“养老难”》

《贵阳日报》2014年9月21日

作者：田方　李春明

38.《樊锦诗——“敦煌的女儿”》

《兰州晨报》2014年11月13日

作者：雷媛

39.《日间照料中心：现代养老新方式》

《鑫报》2014年3月17日

作者：王志俭

40.《钟情“尕老汉”》

青海广播电视台《新闻圆桌》2014年6月17日

作者：李赟

41.《热菜热饭暖心窝——宁夏泾源县设立农村“老饭桌”》

《华兴时报》2014年5月26日

作者：艾福梅

42.《宁夏试点为入住养老院老人购意外险》

《宁夏日报》2014年10月29日

作者：刘惠媛

43.《兴庆区爱心公社“私人订制”暖了老人心》

《银川日报》2014年12月17日

作者：王一平

44.《“银龄使者”情洒援疆路》

《老年康乐报》2014年10月10日

作者：胡晓珊　姬新悦

45.《托里县六色卡方便居民》

《塔城日报》2014年6月25日

作者：陈路蔓　高慧

46.《刘凤君与剪贴本的故事》

第四师政务网2014年10月1日

作者：李惠

47.《一件事，他已做了52年》

第十师广播电台2014年8月15日

作者：李梦娜

48.《不能将老年人关在高科技的门外》

《哈密开发报》2014年7月4日

作者：程晓桢

49.《做职工群众身边的雷锋》

《兵团日报》2014年9月5日

作者：楚申周

50.《厦大全市“最空巢”敬老模式很独到》

《厦门晚报·老年周报》2014年5月23日

作者：吴笛

51.《智慧养老，路有多远》

《宁波日报》2014年9月4日

作者：厉晓杭　吴红波　顾筠　沈莹　陈旻杰

52.《“送真情，助老行，聚拢来，乐起来”——“全国敬老文明号”宁波西门街道居家养老互助中心用十二字圈起幸福大家庭》

宁波电台老少广播FM90.4《爱晚亭》2014年5月28日

作者：胡旭霞　杨翰钰

53.《戴上孝亲手镯享24小时在线照顾》

《老年生活报》2014年10月13日

作者：徐慧　蒋南

54.《流动的车厢流动的敬老窗口》

青岛电台党建频道2014年10月8日

作者：于聪

55.《宝鸡市面对面沟通解“失独”老人忧愁》

《中国人口报》2014年11月18日

作者：吴永平

56.《老龄办建议个人所得税征收应考虑家庭养老因素》

21世纪网—《21世纪经济报道》2014年11月20日

作者：定军　陈冰洁

57.《四部门联合发文要求加强养老服务设施规划建设》

《中国建设报》2014年2月17日

作者：汪汀　余山川

58.《交通运输行业四举措优待老年人》

《中国交通报》2014年7月25日

作者：卢锐

59.《15万册〈中国老年人防诈骗指南〉免费发放》

中国警察网《热点·深度》2014年12月10日

作者：石杨

60.《为贫困学子撑起一片蓝天》

《中国老年报》2014年10月9日

作者：郭娟娟

优秀组织单位（12个）

国家卫生和计划生育委员会

上海市老龄工作委员会办公室

浙江省老龄工作委员会办公室

江西省老龄工作委员会办公室

湖北省老龄工作委员会办公室

广东省老龄工作委员会办公室

甘肃省老龄工作委员会办公室

宁夏回族自治区老龄工作委员会办公室

新疆维吾尔自治区老龄工作委员会办公室

新疆生产建设兵团老龄工作委员会办公室

宁波市老龄工作委员会办公室

青岛市老龄工作委员会办公室

全国老龄工作委员会办公室2015年工作要点

2015年，全国老龄工作委员会办公室的总体工作思路是：以邓小平理论、“三个代表”重要思想、科学发展观为指导，全面贯彻党的十八大和十八届三中、四中全会精神，贯彻落实习近平总书记系列重要讲话精神，按照“四个全面”战略布局要求，以推动落实《老年人权益保障法》、督促完成《中国老龄事业发展“十二五”规划》、研究编制《中国老龄事业发展“十三五”规划》为重点，加强调查研究，加快政策创制，强化综合协调，健全体制机制，广泛动员各方面力量积极参与老龄事业，努力开创老龄事业发展新局面。

一、深入贯彻落实《老年人权益保障法》，推动完成老龄事业发展“十二五”规划任务。积极配合全国人大开展《老年人权益保障法》执法检查工作。根据《老年人权益保障法》确定的制度安排，研究细化政策创制计划。协调有关部门出台老年人力资源开发利用、意外伤害保险、宜居环境建设、老年教育学习、基层老年协会建设、老年旅游服务、法律服务和法律援助等政策文件和涉老服务设施建设规范标准。加快老年人社会福利和保障体系建设，完善老年人社会养老保障、医疗保障、住房保障、社会救助等政策措施。牵头推动有条件的地方建立长期照护社会保险制度。积极参与农村留守老年人关爱服务体系建设，推动公共资源配置向农村养老服务设施倾斜。广泛开展基层老年协会建设推进年活动，继续实施“乐龄工程”，引导社会力量积极参与基层老年协会建设，努力完成老龄事业发展“十二五”规划确定的建设目标。深入贯彻落实《关于进一步加强老年人优待工作的意见》，推动老年人各项优待政策的落实。与有关部门联合开展老年维权工作评选表彰活动。支持在有条件的地方开展老龄工作创新试点。发挥政府主导作用、市场在资源配置中的决定作用，促进形成政府、市场、社会共同参与老龄事业和产业的良好局面。以政策为引领，激发养老服务业发展活力，引导老龄产业有序发展。联合相关部门对老龄事业发展“十二五”规划完成情况进行检查，委托第三方进行综合评估，指导各级老龄办开展自查自评工作。

二、深入调查研究，编制好老龄事业发展“十三五”规划。协助全国人大、全国政协做好老龄事业专题调研工作。以全面建成小康社会为目标，围绕编制老龄事业发展“十三五”规划重点任务，就养老事业、养老产业、养老金融、养老文化、养老环境、老年维权、老年参与、老年活动、老年教育等问题进行专题研究，努力形成一批高质量研究成果。联合成员单位，搞好协同配合，确保编制出高质量的“十三五”规划。建立凝聚老龄委成员单位、老龄工作系统、社会专家学者成果和智慧的工作机制，成立老龄事业和老龄工作专家库，动员各方力量参与编制老龄事业发展“十三五”规划。加强对各地编制“十三五”规划的指导。在全国范围内遴选一批高水平、综合性、研究型的院所机构，合作建立国家老龄政策研究基地。建立调研课题管理机制，评选年度老龄政策创制成果。

三、加强综合协调，强化老龄工作体制机制建设。完善与各级老龄委成员单位的联络工作制度，充分发挥综合协调职能。建立沟通机制，拓展联络范围，聚焦跨部门、跨领域的重大涉老问题，定期召开老龄工作委员会全委会和成员单位联络员信息员会议，适时沟通情况，交流信息，集中研究解决老龄事业发展中的重点难点问题。统筹老龄工作资源，发挥职能部门优势，形成工作合力，推动政策创制和重点任务的完成。加强各级老龄工作机构的联系，畅通工作渠道，建立联动机制，促进各项老龄工作任务的落实。调动成员单位、企业、社会组织及各级老龄工作机构的积极性、主动性，促进“大老龄”工作格局的形成。

四、深化老龄宣传工作，营造良好社会氛围。开展《老年人权益保障法》普法宣传教育，力争把老年人权益保障法列入国家“七五”普法规划。拓宽外宣和内宣渠道，注重传统媒体和新媒体结合，广泛动员社会各界关注老龄问题、关心老龄工作，维护老年人合法权益。发挥老龄宣传媒体整体合力，推动建立行业组织。开展敬老爱老助老主题教育活动，集中做好第二届全国“敬老文明号”创建和“敬老月”系列活动宣传，特别是第四次中国城乡老年人生活状况抽样调查的宣传。联合有关部门，探索老年服务、护理人才培养方式和途径，拓展老年人社会参与平台，广泛开展老年教育、老年参与和文化体育活动。深入开展“银龄行动”，探索为老志愿服务新模式，抓好“老有所为”工作。积极开展双边和多边国际交流，拓展合作渠道，提升我国老龄工作的国际地位和影响。

五、精心组织安排，做好第四次老年人生活状况抽样调查。会同民政部、财政部等有关部门高起点、高标准、高效率做好第四次中国城乡老年人生活状况抽样调查工作。精心准备，成立抽样调查领导机构，组建专家团队，设计好调查问卷，制定好调查方案，明确任务分工和时间节点，推进各项工作有序进行。细化安排，召开动员会，部署抽样调查工作任务。以确保调查质量为中心，抓住重点环节，做好督导员、调查员培训、入户调查和督导工作。发挥各地老龄办的协调作用，调动各方面力量，形成工作合力。做好数据分析，促进成果转化，为制定人口老龄化战略、规划、政策提供数据支撑。

六、加强自身建设，提高干部队伍素质。加强学习型、研究型、担当型机关建设，建设一支政治素质高、业务能力强、勇于奉献的老龄工作队伍，努力做到懂业务、讲规矩、敢担当。加强机关基础建设，开展规章制度规范年活动。探索老龄事业专业人才培养机制，加强老龄系统干部培训，提高各级干部履职能力。启动老年人口基础数据平台建设，加强涉老舆情监测，完善老龄统计制度和信息发布制度。加强党的建设，落实主体责任。坚持科学民主决策，提高工作整体水平。加快中国老龄新闻出版集团组建工作，搭建新平台、探索新途径，提高宣传影响力。持续深化作风建设，落实党风廉政建设责任制。强化群团工作，激发机关活力。完善后勤保障，优化工作环境。理顺工作关系，规范各类老年人社会组织行为，发挥涉老社会组织作用。

全国老龄工作委员会办公室

2015 年 4 月 17 日印发

全国老龄办、民政部
关于进一步加强城乡社区老年协会建设的通知

全国老龄办发〔2015〕23 号

各省、自治区、直辖市、计划单列市老龄办、民政厅(局)，新疆生产建设兵团老龄办、民政局：

城乡社区老年协会是老年人自我管理、自我教育、自我服务的老年群众组织。自 2012 年全国老龄办下发《关于加强基层老年协会建设的意见》(全国老龄办发〔2012〕1 号）以来，各地不断加大对城乡社区老年协会的扶持力度，促进了城乡社区老年协会健康有序发展。截至 2014 年年底，我国城乡社区老年协会已达 49 万个，覆盖率达 74%，在推动基层老龄事业、社会公益事业、社区公共服务和社会治理中发挥了重要作用，但仍存在覆盖率不高、区域发展不平衡、经费设施不足、作用发挥不够充分等问题。为深入贯彻落实《中华人民共和国老年人权益保障法》、《中国老龄事业发展“十二五”规划》和《国务院关于加快发展养老服务业的若干意见》精神，进一步加强城乡社区老年协会建设，现就有关事项通知如下：

一、提高覆盖率

各级老龄、民政部门要把提高城乡社区老年协会覆盖率作为今年老年协会建设工作的首要任务，统筹区域平衡，细化数量指标，制定具体措施，突出建设重点，明确时间进度，加快建设步伐。力争到 2015 年底完成城市社

区老年协会覆盖率95%、农村社区老年协会覆盖率80%的“十二五”规划目标。

二、做好登记管理

将城乡社区老年协会纳入公益慈善类或城乡社区服务类社会组织范畴，进行直接登记。在法律法规允许的范围内，放宽条件，简化手续，做到能登尽登。暂时不具备登记条件的老年协会，可在乡镇（街道）备案。对依法登记的老年协会，要按章程规定，完善法人治理结构，建立健全民主决策机制，依法依规开展活动，充分发挥作用；对不具备登记条件的老年协会，要制定并规范章程，加强民主管理和自我监督。鼓励城乡社区老年协会自愿组合，成立联合组织，依法进行登记。

三、加强设施建设

深入开展基层老年协会“乐龄工程”。力争把老年协会设施建设纳入城乡社区配套建设规划，着力新建或改扩建一批功能实用的老年协会活动场所。福利彩票公益金补助地方老年福利项目资金可对老年协会的设施建设给予扶持。努力实现每一个城乡社区老年协会都有固定的活动场所。要充分利用整合城乡社区服务设施，改善老年协会活动条件。老年“星光计划”、“幸福计划”以及社会福利院、敬老院、养老服务中心（站）、社区服务中心、社区综合服务设施、老年活动中心、老年大学（学校）教学点等各类资源要向老年协会开放，鼓励涉老服务和活动设施由老年协会参与管理。

四、加大扶持力度

争取把老年协会建设纳入财政预算，积极协调财政部门研究制定对老年协会的资助和奖励办法，加大对老年协会的扶持。支持老年协会承接政府购买服务项目或公益创投项目，把具备承接政府购买服务资质的老年协会纳入承接主体，探索开展政府购买老年协会服务试点工作并逐步推广试点经验。中央及地方各级政府用于社会福利事业的福利彩票公益金可投入老年协会建设。各级民政部门设立的社会组织孵化资金应重点支持老年协会。各类扶持资金要向农村贫困地区倾斜。对利用未承包的集体所有的土地、山林、水面、滩涂等建设的养老基地，应无偿向老年协会提供办公或活动场所。

五、鼓励社会力量参与

整合各类社会资金和资源，鼓励企事业单位、社会组织等社会力量为老年协会建设投入资金和设备支持。激励引导大中专院校以及机关、企事业单位、公益组织、志愿服务组织等社会机构为老年协会开展志愿服务。建立完善社会力量参与老年协会建设的平台和渠道，为社会力量参与老年协会建设创造条件、提供便利。

六、开展业务培训

统筹培训资源，加大培训力度，提升老年协会队伍素质。制订老年协会骨干培训计划，安排专项培训经费，用三到五年时间完成对老年协会骨干的业务培训。把老年协会骨干人员的培养纳入西部城乡社区服务人才队伍能力建设项目或当地社会组织人员培训计划。要在城乡社区开发设立公益性岗位，安排专职或兼职人员为老年协会提供培训指导。引导社会工作服务机构为老年协会开展活动提供专业支持，会同老年协会共同开展老年社会服务。

七、优化发展环境

充分利用报刊、广播、电视等媒体和互联网，广泛宣传老年协会及各类老年社会组织的先进人物、特色活动、积极作用、工作成果等，宣传老年协会建设的主要内容和政策措施，在全社会营造关心、理解、支持老年协会发展的良好社会氛围。建立老年协会激励评价体系和信息公开制度，引导老年协会开展诚信建设，提高公信力。及时选树典型，定期向社会发布老年协会参与社会建设和管理的优秀事迹。

八、加强组织领导

各级老龄、民政部门要统一思想、提高认识，加强对老年协会建设的组织领导。把老年协会建设纳入工作目标考核内容，纳入和谐社区建设示范单位创建活动和养老服务业综合改革试点工作，在考察评审过程中要充分考虑老年协会建设及发挥作用情况。建立老龄、民政部门联席会议制度，及时沟通、密切配合，共同推进老年协会健康有序可持续发展。

各地要根据本通知要求，抓紧制定相关配套政策措施。全国老龄办、民政部将适时督促检查落实情况。

全国老龄办　民政部
2015年4月30日

全国老龄办、中国记协关于开展2015年“新闻联合报道活动”的通知

各省、自治区、直辖市及计划单列市老龄工作委员会办公室、新闻工作者协会，新疆生产建设兵团老龄工作委员会办公室、新闻工作者协会：

2015年是中国老龄事业发展“十二五”规划的收官之年，也是贯彻落实国务院《关于加快发展养老服务业的若干意见》的关键之年。为进一步推动老龄事业和老龄工作健康发展，营造代际和谐、共建共享的良好氛围，全国老龄办和中国记协决定组织开展“新闻联合报道活动”。现将有关事项通知如下：

一、指导思想

坚持正确的政治方向和舆论导向，全面贯彻“党政主导、社会参与、全民关怀”的老龄工作方针，推动党和政府老龄工作方针政策的贯彻落实，宣传党和政府对老年群体的高度重视和亲切关怀，充分展现当代老年人乐观、积极向上的精神风貌，弘扬中华民族尊老敬老的传统美德，为构建和谐社会、全面建设小康社会营造良好氛围。

二、主要内容

（一）开展记者走基层活动

为贯彻落实中央“走基层、转作风、改文风”的指示精神，将组织中央主流媒体的编辑记者，围绕《老年人权益保障法》宣教实施、老龄事业发展“十二五”规划进展情况、老年维权、基层老年协会建设、社会力量支持养老等不同主题，深入基层采

写专题报道，使全社会更加关注广大老年人的生活生命质量，推动基层有针对性地开展老龄工作，弘扬敬老、爱老社会新风尚。

（二）举办老龄宣传工作座谈会

为探索新形势下老龄宣传工作深入、创新发展的方式方法，提升整体工作水平，将组织专题座谈会，邀请从事或分管宣传工作的高层领导、宣传工作突出的地方老龄办负责人、多年坚守老龄战线的资深记者、重点研究过老龄宣传的专家学者参会，交流经验，献计献策，选树先进典型，扩大社会影响。

（三）编印2015年老龄工作新闻宣传作品集

以上述两项活动的宣传成果为基础，面向全国老龄工作系统，面向各地各级涉老部门，面向全社会新闻工作者，征集本年度有关老年人、老龄工作和老龄事业的优秀新闻作品，择优结集成册，弘扬主旋律，传播正能量，培育和践行社会主义核心价值观，进一步提升全民人口老龄化意识，积极营造敬老爱老助老的社会氛围。

三、时间安排

（一）记者走基层活动：拟于6月初或11月上旬完成。

（二）老龄宣传工作座谈会：拟于7月或8月在京召开。

（三）2015年老龄工作新闻宣传作品集：2015年底完成征集整理，2016年初编辑出版。

四、几点要求

（一）高度重视，抓住机遇。各地各级老龄办要提高认识、突出重点、找准着力点，把开展“新闻联合报道”活动作为带动工作、提升能力的良好契机，认真组织，周密部署，与当地新闻工作者协会通力合作，互相配合，努力提升基层老龄宣传工作整体水平。

（二）不走过场，注重实效。各地各级老龄办、新闻工作者协会要结合实际情况，科学安排采访调研，敏锐洞察老龄事业面临的新形势新情况新问题，真实反映老年群体所展现出来的新精神新风貌新气象，扎扎实实地将活动推向深入。

（三）弘扬美德，营造氛围。各地各级老龄办、新闻工作者协会要把这项活动作为培育和践行社会主义核心价值观的重要举措，通过深入宣传营造良好的社会法制环境和舆论引导氛围，增加全社会应对人口老龄化的信心和决心，大力推动我国老龄事业健康持续发展。

全国老龄办　中国记协

2015年5月8日

全国老龄办关于继续开展“老有所为”先进典型人物宣传活动的通知

各省、自治区、直辖市老龄办及计划单列市老龄办，新疆生产建设兵团老龄办，全国性老年社会组织：

2014年全国老龄办成功开展了“老有所为”先进典型人物宣传活动，9位个人和1个集体荣获“最美老有所为人物”称号，88位个人和3个集体荣获“全国老有所为楷模”称号。社会反响强烈，取得了良好的宣传效果。为推动老年志愿服务活动和“银龄行动”工作的开展，鼓励更多的老年人积极参与社会，自立自强，全国老龄办决定继续开展“老有所为”先进典型人物宣传活动。

一、活动宗旨

贯彻落实新修订的《中华人民共和国老年人权益保障法》和《中国老龄事业发展“十二五”规划》中关于加强老年志愿服务工作和“老有所为”的要求，大力宣传老年群体参与社会、服务社会的良好形象，激励更多的老年人树立积极老龄观、人生观、价值观，发挥自身价值，增添正能量，为经济社会发展做出新贡献。

二、推荐条件

1. 重点推荐基层普通老年群众典型，年龄60周岁以上，品德高尚，有社会责任感和奉献精神。

2. 在文化教育、互助养老、维权维稳、保护环境、移风易俗、家庭和睦、关心下一代、“银龄行动”等领域做出贡献，有突出成绩。

3. 事迹生动感人，受到社会广泛赞誉，有代表性和感召力。

三、活动内容

1. 推荐人选。各推荐单位按要求认真组织评选活动，确保质量。

2. 适时发布。在各地推荐的基础上，组织有关专家推选出“老有所为”先进典型人物，并在2015年“敬老月”期间召开发布会。

3. 集中宣传。组织中央、地方主流媒体和老龄媒体开展宣传活动，并在《中国老年报》、《中国老年》、《中国社会工作·老龄》、全国老龄办门户网站开设专栏进行专题宣传。

4. 结集出版。将“老有所为”先进典型人物典型事迹编辑成册，出版发行，扩大社会影响，掀起宣传高潮。

四、具体要求

1. 各省老龄办、全国性老年社会组织要认真组织、严格落实，把确有先进事迹的优秀典型推荐上来。

2. 各省、自治区、直辖市、计划单列市及新疆生产建设兵团老龄办、全国性老年社会组织各推荐“老有所为”先进典型人物2名（包括老年人物群体）。

3. 2014年度已经获得“最美老有所为人物”、“全国老有所为楷模”荣誉称号的老年人及群体不在此次推荐范围内。

4. 推荐材料中主要事迹不少于2000字，内容真实，能够反映被推荐人的先进事迹，请于9月21日之前报全国老龄办宣传部（纸质版和电子版各一份）。

5. 提供被推荐人电子版高清生活照片5张（不同类型生活照片，像素不低于3M），电子版二寸照片1张（老年群体全体成员各提供1张）。

邮政地址：北京市东城区安定门外大街甲57号
邮政编码：100011
电子邮箱：liweixu@cncaprc.gov.cn
电　话：010－58122109　13426286937
传　真：010－58122111
联系人：李伟旭

附件：“老有所为”先进典型人物推荐表

全国老龄办
2015年8月10日

附件

“老有所为”先进典型人物推荐表

<table>
<tr><td>姓名</td><td></td><td>性别</td><td></td><td>出生年月</td><td></td><td rowspan="5">二寸照片</td></tr>
<tr><td>专业</td><td></td><td>职称</td><td></td><td>参加工作时间</td><td></td></tr>
<tr><td colspan="6">原工作单位</td></tr>
<tr><td colspan="6">联系地址</td></tr>
<tr><td colspan="6">联系电话</td></tr>
<tr><td colspan="7">主要事迹（不少于 2000 字，可加页）</td></tr>
<tr><td>推荐单位
审核意见</td><td colspan="6">（盖章）
2015 年　月　日</td></tr>
</table>

全国老龄办关于开展 2015 年全国“老龄新闻宣传好作品”评选活动的通知

全国老龄办发〔2015〕47 号

各省、自治区、直辖市及计划单列市老龄工作委员会办公室，新疆生产建设兵团老龄工作委员会办公室：

为进一步加强老龄宣传教育工作，创新宣传形式，丰富宣传内容，努力营造老龄事业发展的良好社会环境，全国老龄工作委员会办公室决定开展 2015 年度全国“老龄新闻宣传好作品”评选活动。现将有关事项通知如下：

一、指导思想

坚持正确的政治方向和舆论导向，全面贯彻“党政主导、社会参与、全民关怀”的老龄工作方针，通过好新闻作品的通报表扬，树立典型，表彰先进，提升老龄工作的宣传水平，增强宣传效果，扩大老龄工作的社会影响力，促进社会和谐和老龄事业的发展。

二、推荐标准

1. 本年度新闻媒体刊登的与老年人、老龄工作和老龄事业有关的新闻作品；

2. 作品导向正确、内容深刻、形式新颖，具有较强的教育作用和感召力；

3. 为社会公众或老年人所喜爱，读者印象深，读看率高。

三、推荐方式

由各省、自治区、直辖市及计划单列市老龄办，新疆生产建设兵团老龄办，有关社会团体、老年群众组织和新闻媒体组织初评和推荐候选新闻作品；由活动办公室组织有关方面的人员和专家，评选出“老龄新闻宣传好作品”。

四、组织领导

（一）领导小组

组　长：吴玉韶（全国老龄办副主任）

副组长：刁海峰（全国老龄办宣传部主任）

（二）活动办公室

成　员：王品、钟长征

五、具体要求

（一）各地老龄办要把这次活动作为加强老龄宣传教育工作的重要方式，高度重视，精心组织，周密安排，及时把好新闻作品推荐上来，确保活动的顺利开展。

（二）坚持面向基层，面向基层新闻工作者，活动要与新闻单位“走转改”成果相结合，注意推荐来自基层的鲜活的一线新闻作品。

（三）各地要以此次活动为契机，结合自己的实际情况，大力开展有关老龄新闻事件的宣传，扩大社会影响，营造尊老、敬老的良好社会氛围，进一步促进老龄工作的开展。

（四）报送和推荐候选新闻作品发表的截止时间，统一为2015年12月31日，最终结果将于2016年3月公布。

六、联系方式

联系人及电话：张希 010－58122106

电子信箱：zhx@cncaprc. gov. cn

通讯地址：北京市东城区安定门外大街甲57号

邮政编码：100011

附件：1. 2015年全国“老龄新闻宣传好作品”评选活动细则

2. 2015年全国“老龄新闻宣传好作品”登记表

全国老龄办

2015年10月9日

附件1

2015年全国“老龄新闻宣传好作品”评选活动细则

为保证推荐工作更加规范有序，现提出如下注意事项：

1. 作品必须为公开发表的报刊、通讯社、广播电台、电视台作品。体裁包括通讯、消息、评论、系列报道。图片、业务论文、宣传彩页、图册等不在推荐范围。

2. 推荐作品以省级为单位，统一报送，原则上不超过20件，全国老龄委各成员单位报送作品原则上不超过10件。

3. 报送单位须完整填写《2015年全国“老龄新闻宣传好作品”登记表》（附件2），注明报送单位联系人姓名、电话。登记表的纸质版和电子版均需报送。

4. 报刊社、通讯社类作品需提供以下材料：

（1）样报样刊或作品复印件1份；

（2）作品电子版。

5. 广播、电视类作品需提供以下材料：

（1）脚本或截图1份，附300字以内简要文字说明；

（2）脚本、截图、简要文字说明电子版。

6. 报送的电子版文件须发至活动指定电子信箱，纸质版资料统一用A4纸打印，于截止日期前邮寄或快递至活动办公室（以邮戳为凭），信封需注明“推荐2015年全国老龄新闻宣传好作品”字样。（邮寄地址：北京市东城区安定门外大街甲57号邮编：100011张希收）

7. 本通知和附件可直接到全国老龄办官网查询和下载。（点击“全国老龄门户”（http：//：www. cncaprc. gov. cn）首页→最新发布）

附件 2

2015 年全国“老龄新闻宣传好作品”登记表

报送单位： 联系人及电话： 通讯地址： 邮政编码：

推荐单位	刊播媒体	作品标题	作者姓名	刊播时间

注：1. 报送单位为省级老龄办或全国老龄委各成员单位。2. 推荐单位为具体报送作品的单位。例如：XX 电视台、XX 县老龄办。3. 刊播媒体为作品发表媒体。

全国老龄办关于在全国“敬老文明号”创建活动中广泛开展“双关爱”活动的通知

全国老龄办发〔2015〕48 号

各省、自治区、直辖市、计划单列市老龄办，新疆生产建设兵团老龄办：

为深入贯彻《全国老龄工作委员会关于开展全国“敬老文明号”创建活动的通知》，推动“敬老文明号”创建活动扎实开展，全国老龄办决定在全国“敬老文明号”创建活动中广泛开展“双关爱”活动。“双关爱”活动是指“敬老文明号”先进单位和参创单位深入社区和家庭为失能半失能老人、贫困老人开展物质帮扶和精神关爱的服务活动。开展“双关爱”活动，旨在帮助失能半失能老人、贫困老人改善生活生命质量，弘扬尊老敬老传统美德，进一步在全社会形成关心、帮助老年人的良好社会氛围。现将有关事项通知如下：

一、关爱对象

城乡失能半失能老人、贫困老人。

二、活动内容

各级老龄工作部门广泛动员“敬老文明号”先进单位和参创单位，根据当地实际，结合老年人的实际需求，重点开展以下五项活动。

（一）爱心捐赠。通过资金捐助以及健康体检产品、医疗保健用品、康复辅具用品、日常生活用品、文体活动器材等捐助，有针对性地为失能半失能老人、贫困老人提供帮助，分忧解难。

（二）上门服务。为失能半失能老人、贫困老人提供助餐、助洁、助医、助浴、代购等生活照料服务；为失能半失能老人家庭开展医疗指导、家庭保健、护理照料等方面的知识讲座；与老年协会开展联谊结对，为老年互助服务提供资助和指导。

（三）心理支持。根据老年人的心理特点，开展形式多样的老年心理健康咨询、精神慰藉和心理疏导活动；与社区合作建立老年精神关爱站点，或依托老年协会，与社区工作者、社区社会组织共同开展老年精神关爱互动服务项目。

（四）权益维护。为老年人开展形式多样的普法宣传教育活动，增强老年人的法制观念、维权意识和自我保护能力；为老年人提供法律咨询、法律援助等服务，协调有关法律组织和机构，为老年人提供诉讼便利，维护老年人人身、财产、赡养、婚姻等合法权益；为社区老年人及老年团体举办防诈骗、防盗窃、防事故等安全常识宣传活动，加强对老年人的安全防范意识教育。

（五）文化帮扶。深入失能半失能老人、贫困老人家庭开展志愿文化服务，为老年人提供陪伴阅读、手工制作、娱乐互动等形式多样的文化服务项目；深入到失能半失能老人相对较多的敬老院、幸福院，为老年人赠送书报刊、音像制品，为老年人开展文化兴趣辅导、演出文艺节目，满足他们的文化娱乐需求，丰富他们的精神文化生活。

三、活动要求

（一）提高认识，强化领导。“双关爱”活动是动员广大涉老服务单位开展老年人关爱服务的重要载体，是提升“敬老文明号”品牌影响力的重要举措，各级老龄办要高度重视，加强领导，发挥老龄部门的综合协调作用，积极争取党政和社会各界支持，充分发挥涉老部门、为老服务组织和公共服务窗口单位的优势，扎实开展“双关爱”活动。把“双关爱”活动开展情况作为申报“敬老文明号”的重要依据之一，促进“敬老文明号”创建更加扎实有效。

（二）精心组织，务求实效。各级老龄办要做好具体安排和统一协调，要采取组织化动员和社会化动员的方式，发动“敬老文明号”先进单位和参创单位积极参加活动并与老年人建立结对关系，开展“一对一”或者“多对一”结对服务。要督促各“敬老文明号”先进单位和参创单位制订切实可行的措施方案。采取项目化运作和社会化推进的方式，把服务单位、服务内容、服务方式、服务对象、工作目标进行细化分解，引导“敬老文明号”单位形成接力帮扶，形成一批固定的关爱项目，建立一批服务阵地，打造起“敬老文明号”失能半失能老人、贫困老人关爱服务网络，确保活动取得实效。

（三）加大宣传，树立品牌。各地、各部门要及时总结报道“双关爱”活动的进展情况、成功做法和典型经验。要深入挖掘活动品牌内涵，做好活动品牌宣传，要结合社会关注点，利用传统媒体以及互联网、自媒体等新媒体，通过活动启动、项目征集、典型推广、集中活动等多种形式，大力宣传“双关爱”活动的重要意义，扩大活动的社会影响，动员更多单位和组织积极参与活动。

全国老龄办

2015年9月22日

全国老龄办、最高人民法院、最高人民检察院、公安部、民政部、司法部关于评选表彰“全国老年法律维权工作先进集体”的通知

全国老龄办发〔2015〕52号

各省、自治区、直辖市老龄工作委员会办公室、高级人民法院、人民检察院、公安厅（局）、民政厅（局）、司法厅（局），新疆生产建设兵团老龄工作委员会办公室、新疆高院兵团分院、人民检察院、公安局、民政局、司法局：

近年来，在党中央、国务院正确领导下，全国各地、各有关部门认真贯彻落实《中华人民共和国老年人权益保障法》，依法维护老年人合法权益，做了大量卓有成效的工作，涌现出一批先进典型。为发挥先进典型的示范引导作用，进一步推动新形势下老年法律维权工作，经中央批准，全国老龄办、最高人民法院、最高人民检察院、公安部、民政部、司法部决定，联合开展“全国老年法律维权工作先进集体”评选表彰活动。现将有关事项通知如下：

一、评选范围

人民法院、人民检察院、公安机关、民政部门、司法行政部门、老龄工作机构中直接从事老年法律维权工作的县（处）级（含）以下机构和单位。包括：人民法院及内设机构、派出机构等；人民检察院及内设机构、派出机构等；公安机关及内设机构、基层所队等；民政部门及内设机构、涉老单位等，城乡社区村（居）民委员会；司法行政机关内设机构、律师事务所、公证处、基层法律服务所、法律援助机构、社会法律援助组织、基层司法所、人民调解组织等；老龄工作部门及内设机构、所属机构等，老年协会和老年社会组织。

二、评选条件

（一）重视老年法律维权工作，有规范的法律服务制度，在依法维护老年人合法权益方面成绩显著，在同行业起到示范引导作用，受到社会各界普遍好评。

（二）积极开展老年人权益保障法等涉老法律法规宣

传，弘扬中华民族传统美德，引导社会各界关注老年维权工作，老年人自我维权、防范侵害的意识和能力显著提升。

（三）依法打击、及时预防侵害老年人合法权益的违法犯罪行为，及时受理侵害老年人合法权益的报警、控告、检举和求助。对损害老年人人身权益的申诉案件、刑事案件，优先受理、优先审查、优先解决。

（四）为老年人诉讼提供受理、立案、审理、执行等优先便捷服务。积极为老年人开展优质高效的法律服务工作，对申请法律援助且经济困难老年人提供缓减免服务费。

（五）研究推动出台维护老年人权益的法律法规，积极开展老年权益保护行政管理工作，联合协调推动相关部门解决老年维权有关问题，积极开展老年维权活动。

（六）贯彻落实老年人权益保障法律法规，为老年人提供优质安全服务。引导老年人自立自强，反映老年人合理诉求，积极调解老年纠纷，开展为老互助服务，促进家庭邻里和睦，受到老年人好评。

三、名额分配

本次评选表彰名额为300个。按照各省（自治区、直辖市、计划单列市）常住老年人口数、地（市）级行政区划数和老年法律维权工作实际情况分配（见附件1）。

四、评选程序

遵循“两审三公示”程序，即：全国老年法律维权先进集体评选表彰工作领导小组进行初审和复审，分别在本单位、省（自治区、直辖市、计划单列市）范围和全国范围公示5个工作日。

（一）推荐公示。省级评选表彰工作领导小组要科学分配名额。相关部门要按分配名额、评选条件和要求，研究提出本系统拟推荐对象，并在其本单位公示。公示内容包括：拟推荐对象名称、主要事迹、拟获荣誉名称。公示无异议的，填写《全国老年法律维权工作先进集体推荐审批表》，按系统逐级上报，汇总至省级评选表彰工作领导小组办公室。

（二）省级审查。省级评选表彰工作领导小组办公室就推荐程序的规范性、推荐材料的真实性及推荐对象的基本情况、主要事迹等进行审查，经省级评选表彰工作领导小组研究通过后，报全国评选表彰工作领导小组办公室。

（三）初审公示。全国评选表彰工作领导小组办公室对推荐对象进行初审，经全国评选表彰工作领导小组审议通过后，省级评选表彰工作领导小组办公室及相关部委对推荐对象进行公示。公示无异议的，报送正式推荐材料。

（四）复审公示。全国评选表彰工作领导小组办公室对推荐对象进行复审，确定拟表彰对象并在全国范围内公示。公示无异议的，报领导小组审定。

（五）通报表彰。全国老龄办、最高人民法院、最高人民检察院、公安部、民政部、司法部联合授予“全国老年法律维权工作先进集体”荣誉称号，并进行通报表彰。

五、组织领导

全国老龄办、最高人民法院、最高人民检察院、公安部、民政部、司法部联合成立“全国老年法律维权工作先进集体”评选表彰工作领导小组，负责组织评选表彰工作。领导小组办公室设在全国老龄办。各省级老龄办要联合相关部门成立评选表彰工作领导小组，设立办公室，做好本地区评选表彰的组织、指导和协调工作。

“全国老年法律维权工作先进集体”评选表彰工作领导小组：

组　长　王建军　全国老龄办常务副主任
副组长　王绍忠　全国老龄办副主任
成　员　董文濮　最高人民法院政治部副主任
　　　　刘雅清　最高人民检察院侦查监督厅高级检察官
　　　　李剑涛　公安部治安管理局副局长
　　　　甄炳亮　民政部社会福利和慈善事业促进司副司长
　　　　周院生　司法部律师公证工作指导司司长
　　　　刘增瑞　全国老龄办权益保护部主任
　　　　张民巍　全国老龄办政策研究部主任

评选表彰工作领导小组办公室主任　刘增瑞

六、工作要求

（一）高度重视。各地、各部门要切实加强领导，明确分工，认真组织，加强指导。各级老龄办要充分发挥牵头作用，积极协调相关部门抓好工作落实。

（二）严格标准。坚持公开公平公正原则，严格按照评选条件、程序和要求认真推荐。要坚持面向基层，面向一线，不评选副司局级或者相当于副司局级以上单位，不评选县级以上党委、政府。

（三）加强宣传。各地、各部门要宣传开展评选表彰工作的重要意义，把评选过程作为贯彻老年人权益保障法、强化全社会维护老年人合法权益意识和责任的过程，着力营造尊老敬老爱老的良好社会风尚。

（四）加强监督。对弄虚作假，未按照评选条件和要求推荐的对象，一经查实，要取消其评选资格，撤销荣誉称号。对有关人员要按照有关规定进行严肃处理。

（五）严格时限。2015年10月30日前将省级评选表彰工作领导小组及办公室成员名单、联系电话报全国评选表彰工作领导小组办公室。2015年12月18日前报送基本情况汇总表（附件2）、推荐审批表（附件3）等初审材料。2016年1月22前报送正式材料。事迹材料在2000字左右，提供3张以上维权工作照片并配文字说明。初审和正式材料以纸质文件和光盘形式报送，纸质版用A4纸，一式6份。相关表格电子版已登载在全国老龄办门户网站。

联系人：张宝　徐平

联系电话：010—58122153、58122066

传真：010—58122066

电子邮箱：flwqbz@cncaprc.gov.cn

地址：北京市东城区安外大街甲57号

邮政编码：100011

附件：1. 全国老年法律维权工作先进集体推荐名额分配表

2. 全国老年法律维权工作先进集体推荐单位基本情况汇总表

3. 全国老年法律维权工作先进集体推荐审批表

全国老龄办　最高人民法院　最高人民检察院

公安部　民政部　司法部

2015年10月22日

附件1

全国老年法律维权工作先进集体推荐名额分配表

序号	单　位	名　额
1	北京市	8
2	天津市	8
3	河北省	11
4	山西省	9
5	内蒙古自治区	9
6	辽宁省	9
7	吉林省	8
8	黑龙江省	8
9	上海市	8
10	江苏省	11
11	浙江省	10
12	安徽省	11
13	福建省	9
14	江西省	10
15	山东省	11
16	河南省	10
17	湖北省	10
18	湖南省	11
19	广东省	10
20	广西壮族自治区	10
21	海南省	7
22	重庆市	8
23	四川省	11
24	贵州省	9
25	云南省	10

续表

序号	单 位	名 额
26	西藏自治区	4
27	陕西省	10
28	甘肃省	8
29	青海省	6
30	宁夏回族自治区	8
31	新疆维吾尔自治区	9
32	新疆生产建设兵团	3
33	大连市	2
34	宁波市	2
35	厦门市	2
36	青岛市	2
37	深圳市	2
38	全国老龄办	1
39	最高人民法院	1
40	最高人民检察院	1
41	公安部	1
42	民政部	1
43	司法部	1
合计		300

附件 2

全国老年法律维权工作先进集体推荐单位基本情况汇总表

推荐单位（盖章）：____________________ 填表日期： 年 月 日

序号	集体名称	所在地	行政级别	所在单位	单位所属系统	负责人职务	负责人姓名	负责人电话

注：1. 根据评选要求填写，可加页或调整行高，每页均需加盖印章。

2. 填表说明：推荐单位栏，填写省级评选表彰工作小组名称。所在地栏，自省级区划开始，精确至县级区划。所在单位栏，被推荐集体为具有独立法人资格的单位的，填写本单位全称；被推荐集体为内设机构、派出机构等不具有独立法人资格的，填写机构所属单位全称。单位所属系统栏，根据所在单位或主管单位的性质，选填法院、检察、公安、民政、司法或老龄。

附件 3

全国老年法律维权工作先进集体推荐审批表

填表说明

一、本表是全国老年法律维权工作先进集体推荐用表，由被推荐集体如实填写，作假者经查实将取消评选资格。

二、本表用打印方式填写，要求字迹清晰工整，数字统一使用阿拉伯数字。

三、本表中盖章栏均需要相关负责人签字确认并加盖公章。

四、集体性质栏，根据被推荐集体性质选填机关、参公事业单位、事业单位、社团或其他。

五、在行政级别栏，填写被推荐集体的级别，没有行政级别的集体填写“无”。

六、所在单位栏，被推荐集体为具有独立法人资格的单位的，填写本单位全称；被推荐集体为内设机构、派出机构不具有独立法人资格的，填写部门所属单位全称。

七、所属系统栏，根据所在单位或主管单位的性质，选填法院、检察、公安、民政、司法或老龄。

八、公示期间收到异议的，在异议情况栏填写“有”，并将异议的原始材料复印件和初查结论随本表一并上报；没有收到异议的，填写“无”。

九、先进事迹要求内容真实、重点突出，主要反映取得成绩、经验做法和重点事迹，一般在2000字左右，仿宋3号字打印。

十、推荐审核意见自所在单位的上一级单位开始填写。

十一、本表上报一式6份，规格为A4纸。

<table>
<tr><td colspan="2">集体名称</td><td colspan="3"></td></tr>
<tr><td colspan="2">集体性质</td><td></td><td>行政级别</td><td></td></tr>
<tr><td colspan="2">集体人数</td><td></td><td>行政区划</td><td></td></tr>
<tr><td colspan="2">所在单位</td><td></td><td>所属系统</td><td></td></tr>
<tr><td rowspan="3">集体负责人情况</td><td>姓名</td><td></td><td>职务</td><td></td></tr>
<tr><td>联系电话</td><td></td><td>邮编</td><td></td></tr>
<tr><td>单位地址</td><td colspan="3"></td></tr>
<tr><td colspan="2">所在单位公示时间</td><td></td><td>异议情况</td><td></td></tr>
<tr><td colspan="5">基本情况和先进事迹</td></tr>
<tr><td colspan="5"></td></tr>
<tr><td colspan="2">所在单位意见</td><td colspan="3">签字人：
（盖章）
年 月 日</td></tr>
</table>

续表

推荐审核意见	
（县级法院、检察、公安、民政、司法或老龄部门意见）	签字人： （盖章） 年 月 日
（地市级法院、检察、公安、民政、司法或老龄部门意见）	签字人： （盖章） 年 月 日
（省级评选表彰工作领导小组意见） （可由省级老龄办代章）	签字人： （盖章） 年 月 日
（全国评选表彰工作领导小组意见） （由全国老龄办代章）	签字人： （盖章） 年 月 日

全国老龄办关于印发《全国老龄工作委员会成员单位联络员信息员工作规则》的通知

全国老龄办发〔2015〕59号

中央组织部、中央宣传部、中直机关工委、中央国家机关工委、外交部、国家发展改革委、教育部、科技部、工业和信息化部、国家民委、公安部、民政部、司法部、财政部、人力资源社会保障部、国土资源部、住房城乡建设部、交通运输部、商务部、文化部、卫生计生委、国家税务总局、国家新闻出版广电总局、国家体育总局、国家统计局、国家旅游局、中国保监会、总政治部、全国总工会、共青团中央、全国妇联、中国老龄协会：

为进一步推动全国老龄工作委员会各成员单位之间的联络协调工作，更好地提高制度化、规范化水平，现将《全国老龄工作委员会成员单位联络员信息员工作规则》印发给你们，请贵单位参考执行。

全国老龄办

2015年11月24日

全国老龄工作委员会成员单位联络员信息员工作规则

为进一步推动全国老龄工作委员会（以下简称全国老龄委）成员单位之间的联络协调工作，更好地规范联络员、信息员工作，提高全国老龄委成员单位联络工作制度化、规范化水平，提高整体工作合力和效率，制定本规则。

第一条　全国老龄委成员单位联络员、信息员负责本单位、成员单位及各涉老部门之间的联络工作。

第二条　联络员、信息员由成员单位的涉老业务部门干部担任。联络员为司局级干部，信息员为处级干部。

第三条　联络员的基本职责：负责协助本单位全国老龄委委员开展工作，协调推动全国老龄委决定事项在本部门的贯彻落实，参与全国老龄委及其办公室组织的相关活动等。

第四条　信息员的基本职责：负责协助联络员开展工作，按要求收集整理本单位老龄工作计划、工作动态、工作总结、报表数据等相关材料和信息，通报涉老工作动态和重要工作进展情况，开展与全国老龄办及各成员单位的联络协调、信息交流及反馈，参与全国老龄委及其办公室组织的相关活动等。

第五条　建立会议制度。全国老龄办每年至少召开1次联络员信息员全体会议，通报本年度老龄工作情况，为召开全国老龄委全体会议做准备。

根据工作需要，可不定期召集全体或部分联络员、信息员举行专题会议。专题会议可以由全国老龄办召集，也可以由相关成员单位召集。

第六条　建立信息交流制度。联络员、信息员要充分利用本单位简报、通报、网站等载体，及时通报、发布和交流所在单位涉老工作开展情况。

第七条　建立联合调研制度。根据全国老龄委领导指示和全会要求，组织联络员、信息员进行老龄工作专题调研和工作开展情况督导检查。调研和督导检查结果要形成专题报告，上报全国老龄委领导。

联合调研督导可由全国老龄办组织，也可由相关工作主要牵头部门组织。

第八条　全国老龄办将不定期对业务突出的联络员、信息员予以表扬。

第九条　联络员、信息员因工作或任职变动需要调换时，成员单位要及时将变更人员名单函告全国老龄办。

第十条　本规则自2016年1月1日起正式实施。

国家发展改革委、民政部
关于规范养老机构服务收费管理促进
养老服务业健康发展的指导意见

发改价格〔2015〕129号

各省、自治区、直辖市发展改革委、物价局、民政厅（局）：

为建立科学合理的养老机构（指依照《养老机构设立许可办法》设立并依法办理登记的为老年人提供集中居住和照料服务的机构）服务收费管理体制，充分调动社会资本进入养老服务领域积极性，改善养老服务供求关系，促进养老服务业健康发展，根据《中华人民共和国老年人权益保障法》、《国务院关于加快发展养老服务业的若干意见》（国发〔2013〕35号）、《国务院关于创新重点领域投融资机制鼓励社会投资的指导意见》（国发〔2014〕60号）等有关规定，现就养老机构服务收费管理等问题，提出如下指导意见：

一、建立市场形成价格为主的养老机构服务收费管理机制

（一）民办养老机构服务收费标准由市场形成。民办营利性养老机构服务收费项目和标准均由经营者自主确定，政府有关部门不得进行不当干预；民办非营利性养老机构服务收费标准由经营者合理确定，政府有关部门可结合对非营利机构监管需要，对财务收支状况、收费项目和调价频次进行必要监督。

（二）政府投资兴办养老机构区分服务对象实行不同收费政策。政府投资兴办的养老机构主要发挥保基本

作用，着力保障特殊困难老年人的养老服务需求。其中，“三无”（无劳动能力、无生活来源、无赡养人和扶养人，或者其赡养人和扶养人确无赡养和扶养能力）老年人入住政府投资兴办的养老机构，根据《中华人民共和国老年人权益保障法》规定实行免费政策；对其他经济困难的孤寡、失独、高龄老年人及失能、半失能老年人等提供养老服务，其床位费、护理费实行政府定价或政府指导价，伙食费等服务收费项目按照非营利原则据实收取。

（三）积极探索公建民营等方式运营的养老机构收费管理模式。以公建民营方式运行的养老机构，应采用招投标、委托运营等竞争性方式确定运营方，具体服务收费标准由运营方依据委托协议等合理确定。鼓励政府通过向民办养老机构购买服务的方式承担保障对象养老服务，相关收费政策由各地根据本地实际情况确定。

二、科学合理制定政府投资兴办养老机构服务收费标准

（四）划清管理权限。制定、调整政府投资兴办的养老机构服务收费标准的权限，由各省、自治区、直辖市价格、民政部门按照事权、财权对等和属地化管理原则确定。各省、自治区、直辖市价格、民政部门要加强本地区养老机构服务收费管理工作的统筹协调和指导。

（五）明确定价原则。制定、调整政府投资兴办的养老机构服务收费标准，应以扣除政府投入、社会捐赠后的实际服务成本为依据，按照非营利原则，并考虑群众承受能力、市场供求状况等因素核定。在推进建立健全养老服务评估制度基础上，逐步实现按照护理服务等级分级定价。

各地价格、民政部门要按照以上要求，对本地区政府投资兴办的养老机构服务收费项目、标准进行统一梳理审核，并向社会公布。

三、进一步规范养老机构服务收费行为

（六）加强收费公示工作。养老机构应将收费项目、收费标准等内容在收费场所显著位置进行公示，建有门户网站的同时在网站进行公示，接受社会监督。公示内容包括养老机构基本设施与条件、服务内容与等级、收费项目与标准等事项。

（七）建立年度财务报表公开制度。政府投资兴办的养老机构和民办非营利养老机构要于每年3月底前，向实施许可的民政部门以及同级价格部门报送本单位上一年度财务收支情况，以及当地民政、价格部门要求的相关报表，由民政部门通过适当形式向社会公布，接受社会监督。各地省级人民政府民政部门要加强本地区财务报表公开工作的督导。

（八）规范养老机构服务收费行为。养老机构床位费、护理费、伙食费原则上按月度收取，伙食费等项目根据服务对象的实际消费情况，据实结算。实行市场定价的收费标准应保证相对稳定，并提前告知服务对象。养老机构事前应与接受服务的老年人或者其代理人签订书面服务合同，确保老年人知情权和选择权，并定期提供费用清单和相关费用结算账目。对合同期内退养的老年人，收费结算按照合同约定执行。养老机构不得违反老年人意愿强制服务，强制收费。

四、切实落实相关收费和价格减免政策

（九）认真落实国家规定的价格和收费优惠政策。所有养老机构用电、用水、用气、用热按居民生活类价格执行。政府及相关部门要严格按照国家统一规定，对非营利性养老机构建设免征有关行政事业性收费，对营利性养老机构建设要减半征收有关行政事业性收费，对养老机构提供养老服务也要适当减免行政事业性收费。鼓励各地根据本地区情况，减免本地区设立的相关行政事业性收费项目，降低养老机构有线电视收视维护费等相关服务收费标准。

五、加快推进完善相关配套政策措施

（十）强化行业规范化管理。各地民政部门要抓紧制定养老服务行业管理和服务规范，规范护理服务内容和服务等级标准。各地民政部门要利用国家养老服务信息系统，对养老机构数量、收住老年人数量、收费标准等信息实行信息化管理。推动将养老机构服务质量、信誉状况等情况纳入信用体系建设。

国家发展改革委　民政部

2015年1月19日

国家发展改革委办公厅、民政部办公厅、老龄委办公室综合部关于进一步做好养老服务业发展有关工作的通知

发改办社会〔2015〕992 号

《国务院关于加快发展养老服务业的若干意见》（国发〔2013〕35 号，以下简称《意见》）实施以来，养老服务业发展态势良好，发展环境得到明显改善，社会资本投入积极性显著提高，政策效果逐步显现。为进一步加快发展养老服务业，抓好近期重点工作，现就有关事项通知如下：

一、督促落实养老服务业发展政策

各地要进一步落实好《意见》要求和中央部门出台的配套政策，并加强对实施情况的监督检查。要认真跟踪和分析养老服务业发展形势，及时总结重要政策创新、产业发展模式创新、规模以上企业发展、养老与相关产业融合等方面的进展和经验，分析存在问题，并提出下一步工作建议和计划，请于 4 月 30 日前向国家发展改革委、民政部和全国老龄办报送养老服务业政策落实和发展形势报告。有关情况与数据统计截止到 2015 年 3 月底。

二、切实加大养老服务体系投入力度

各地要优化投资结构，进一步加大政府投入支持养老服务体系建设。要确保将政府用于社会福利事业的彩票公益金 50%以上用于养老服务业。同时发挥好政府投资引导作用，积极支持社会资本进入。发展改革部门要会同民政部门做好 2015 年度中央预算内投资计划有关工作，以老年养护院等专业养老服务设施和社区老年人日间照料中心等社区养老设施为建设重点，加强组织协调，确保项目建设进度和质量，并做好养老服务项目储备。

三、积极谋划“十三五”养老服务体系建设

各地要适时开展“十二五”养老服务体系建设规划实施情况评估，针对养老服务体系存在的困难和问题，研究提出“十三五”养老服务体系建设思路，根据人口变化趋势和当地实际，科学分析发展需求，合理确定发展目标，确保建设思路的可操作性、针对性和创新性，进一步健全完善以居家为基础、社区为依托、机构为支撑的养老服务体系。

四、统筹推进养老服务业综合改革试点

各地要深入贯彻落实《意见》政策措施，养老服务业综合改革试点地区要率先按照深化体制改革、坚持保障基本、注重统筹发展和完善市场机制的思路，以综合改革试点为抓手，在已确定的八项试点任务基础上，大胆创新，不断深化综合改革试点方案。要对照试点主要目标、具体任务、重大项目、保障措施、时间安排等落实进度，总结形成一批可持续、可复制的示范经验和创新政策，及时上报，三部门将适时在全国范围宣传推广。

五、扎实推进健康与养老服务重大工程

省级发展改革部门要会同民政、卫计、国土、住建、银监、老龄等部门，推动社区老年人日间照料中心、老年养护院等专业养老服务设施、养老院和医养结合设施、以及农村养老服务设施等建设，加强重大工程建设工作的统筹协调，健全工作联动机制，按时调度上报项目数据，及时协调解决重大问题。要进一步落实工作责任，安排专人负责项目统计和上报工作，建立健全重大建设项目综合统计制度。

六、积极推动养老服务业创新发展

各地要结合养老服务业综合改革试点和“健康与养老服务”重大工程，培育一批产业链长、覆盖领域广、经济社会效益显著的养老示范企业。要在养老领域推进“互联网+”行动，将信息技术、人工智能和互联网思维与居家养老服务机制建设相融合，对传统业态养老服务进行改造升级，通过搭建信息开放平台、开发适宜老年人的可穿戴设备等，不断发现和满足老年人需求，强化供需衔接，扩大服务范围，提供个性、高效的智能养老服务。要以长效合作机制建设为重点，建立医疗机构与养老机构之间的医疗服务绿色通道，积极推动医养融合发展。要在居家社区服务方面推动养老企业连锁化经营，实施品牌战略，大力加强社区养老服务设施建设，开展社区无障碍设施改造等工作，并要鼓励养老领域的大众创业，培育小微型家庭式养老服务机构，对普通住宅用于开设社区养老服务机构在变更设施用途、消防审批等方面提供便利条件。

七、探索建立多元化投融资模式

积极开展养老产业专项债券品种创新，对于具有稳定偿债资金来源的养老产业项目，按照融资—投资建设—回收资金封闭运行的模式，将企业项目收益债券推广到养老服务领域。各地在实施“健康与养老服务”重大工程中，

要积极利用新政策工具，鼓励政府和社会资本合作等方式发展多层次、多样化的养老服务。要切实推广政府购买养老服务，逐步扩大购买范围，充分考虑小微企业发展现状，为其参与购买服务创造条件。鼓励各地结合实际，按照政府引导、市场化运作的原则，探索以基金管理方式运用政府投资，采取创业投资引导基金、产业投资基金等模式，逐步与金融资本相结合，发挥撬动社会资本的杠杆作用。

八、有力维护养老服务业发展环境

各地要依法履行职责，坚持放管结合，切实加强对养老服务业发展的事前调研、事中督查和事后监管，形成整体监管合力。要完善守信激励、失信惩戒机制，依法纠正和查处违法违规特别是对侵犯老年人合法权益的行为。要切实营造公平竞争环境，坚持依法行政、简政放权，最大限度支持养老服务市场主体创新发展，有效激发市场活力。发展改革部门、民政部门、老龄工作部门将适时组织专项督查，促进养老服务业健康发展。

国家发展改革委办公厅　民政部办公厅

老龄委办公室综合部

2015 年 4 月 22 日

民政部、发展改革委等十部门关于鼓励民间资本参与养老服务业发展的实施意见

民发〔2015〕33 号

各省、自治区、直辖市民政厅（局）、发展改革委、教育厅（局）、财政厅（局）、人力资源社会保障厅（局）、国土资源厅（局）、住房城乡建设厅（局），卫生计生委、银监局、保监局，各计划单列市民政局、发展改革委、教育局、财政局、人力资源社会保障局、国土资源局、住房城乡建设局、卫生局、银监局、保监局，新疆生产建设兵团民政局、发展改革委、教育局、财政局、人力资源社会保障局、国土资源局、住房城乡建设局、卫生局：

根据《国务院关于加快发展养老服务业的若干意见》（国发〔2013〕35 号）精神，为了充分发挥市场在资源配置中的决定性作用和更好地发挥政府作用，逐步使社会力量成为发展养老服务业的主体，现就鼓励民间资本参与养老服务业发展，提出如下意见。

一、鼓励民间资本参与居家和社区养老服务

鼓励民间资本在城镇社区举办或运营老年人日间照料中心、老年人活动中心等养老服务设施，为有需求的老年人，特别是高龄、空巢、独居、生活困难的老年人，提供集中就餐、托养、助浴、健康、休闲和上门照护等服务，并协助做好老年人信息登记、身体状况评估等工作。符合民办非企业单位登记条件的居家和社区养老服务机构，可以依法登记为民办非企业单位，其他机构依法登记为企业。

通过政府购买服务、协调指导、评估认证等方式，鼓励民间资本举办家政服务企业、居家养老服务专业机构或企业，上门为居家老年人提供助餐、助浴、助洁、助急、助医等定制服务。积极引导有条件的居家养老服务企业实行规模化、网络化、品牌化经营，增加和扩大网点，提高养老服务的可及性。支持社区居家养老服务网点引入社会组织和家政、教育、物业服务等企业，兴办或运营形式多样的养老服务项目。鼓励专业居家养老机构对社区养老服务组织进行业务指导和人员培训。

推进养老服务信息化建设，逐步实现对老年人信息的动态管理。支持民间资本运用互联网、物联网、云计算等技术手段，对接老年人服务需求和各类社会主体服务供给，发展面向养老机构的远程医疗服务，发展老年电子商务，为老年人提供紧急呼叫、家政预约、健康咨询、物品代购、服务缴费等服务项目。有条件的地方，可为居家老年人免费配置"一键通"等电子呼叫设备。

二、鼓励民间资本参与机构养老服务

支持采取股份制、股份合作制、PPP（政府和民间资本合作）等模式建设或发展养老机构。

鼓励社会力量举办规模化、连锁化的养老机构，鼓励养老机构跨区联合、资源共享，发展异地互动养老，推动形成一批具有较强竞争力的养老机构。

支持机关、企事业单位将所属的度假村、培训中心、招待所、疗养院等转型为养老机构，支持民间资本对企业厂房、商业设施及其他可利用的社会资源进行整合和改造，用于养老服务。

鼓励将政府投资举办的养老机构特别是新建机构，在明晰产权的基础上，通过公开招投标，以承包、联营、合资、合作等方式，交由社会力量来运营，实现运行机制市场化。有条件的地方，可稳妥开展把专门面向社会提供经营性服务的公办养老机构转制成为企业或社会组织的试点工作，完善法人治理结构。

鼓励通过政府购买服务的方式，支持民办养老机构接收城乡特困人员或政府承担照料责任的其他老年人。

三、支持民间资本参与养老产业发展

鼓励和引导民间资本拓展适合老年人特点的文化娱乐、教育、体育健身、休闲旅游、健康服务、精神慰藉、法律维权等服务，加强对残障老年人专业化服务。

支持企业开发安全有效的康复辅具、食品药品、服装服饰等老年用品用具和服务产品，引导商场、超市、批发市场设立老年用品专区专柜，鼓励有条件的地区建立老年用品一条街或专业交易市场。鼓励已有电商平台完善服务功能，增加适应老年人消费需求及特点的商品和服务。

鼓励民间资本参与老年公寓和居住区养老服务设施建设以及既有住宅适老化改造。对按照《城市居住区规划设计规范》、《老年人居住建筑设计标准》等建设标准规划建设的适老住区和老年公寓项目中，其配套的符合独立登记条件的养老机构按规定享受相应的扶持政策。

扶持发展龙头企业，特别要发展居家养老服务企业，培育一批带动力强的龙头企业和知名度高的养老服务业品牌，形成一批产业链长、覆盖领域广、经济社会效益显著的产业集群。

引导和规范商业银行、保险公司、证券公司等金融机构开发适合老年人的理财、信贷、保险等产品。

四、推进医养融合发展

支持有条件的养老机构内设医疗机构或与医疗卫生机构签订协议，为老年人提供优质便捷的医疗卫生服务。各级卫生计生行政部门要对养老机构设立医务室、护理站等医疗机构给予大力支持，积极提供便利；按规定进行设置审批和执业登记。

养老机构内设医疗机构符合职工基本医疗保险、城镇居民基本医疗保险和新型农村合作医疗定点医疗机构条件的，要按规定申请纳入定点范围。在定点医疗机构发生的符合规定的医疗康复项目费用，可按规定纳入基本医疗保险支付范围。

扶持和发展护理型养老机构建设。对民间资本投资举办的护理型养老机构，在财政补贴等政策上要予以倾斜。

要将养老机构内设医疗机构及其医护人员纳入卫生计生行政部门统一指导，在资格认定、职称评定、技术准入和推荐评优等方面，与其他医疗机构同等对待。

加强对养老机构中医师、执业护士、管理人员等的培训，强化医养融合发展的人才保障。鼓励医师和执业护士到养老机构、医疗机构中提供服务。

促进医疗卫生资源进入社区和居民家庭，加强居家和社区养老服务设施与基层医疗卫生机构的合作。

五、完善投融资政策

加大对养老服务业发展的财政资金投入。有条件的地区，可设立专项扶持资金。充分利用支持服务业发展的各类财政资金，探索采取建立产业基金、PPP等模式，支持发展面向大众的社会化养老服务产业，带动社会资本加大投入。通过中央基建投资等现有资金渠道，对社会急需、项目发展前景好的养老项目予以适当扶持。

民政部本级彩票公益金和地方各级政府用于社会福利事业的彩票公益金，要将50%以上的资金用于支持发展养老服务业，并随老年人口的增加逐步提高投入比例。其中，支持民办养老服务发展的资金不得低于30%。

民办非营利性养老机构应当为捐资举办，机构享有对其资产的法人财产权，捐资人（举办者）不拥有对所捐赠财产的所有权。对于举办者没有捐赠而以租赁形式给予组织使用的固定资产、以及以借款方式投入组织运营的流动资金，允许其收取不高于市场公允水平的租金和利息。行业管理部门和登记管理机关应当对其关联交易进行披露并进行必要监管。

民办非营利性养老机构停办后，应当依法进行清算，其剩余资产由民政部门负责统筹，以捐赠形式纳入当地政府养老发展专项基金。原始捐资有增值的，经养老机构决策机构同意并经审计符合规定的，可对捐资人（举办者）给予一次性奖励。

鼓励通过财政贴息、补助投资、风险补偿等方式，支持金融机构加快金融产品和服务方式创新，推进实施健康与养老服务工程。研究以养老服务产业为基础资产的证券化产品，稳步推进金融机构直接或间接投资养老服务业。

拓宽信贷抵押担保物范围，允许民办养老机构利用有偿取得的土地使用权、产权明晰的房产等固定资产办理抵押贷款，不动产登记机构要给予办理抵押登记手续。

六、落实税费优惠政策

对民办养老机构提供的育养服务免征营业税。养老机构在资产重组过程中涉及的不动产、土地使用权转让，不征收增值税和营业税。

进一步落实国家扶持小微企业相关税收优惠政策，对符合条件的小型微利养老服务企业，按照相关规定给予增值税、营业税、所得税优惠。

对家政服务企业由员工制家政服务员提供的老人护理等家政服务，在政策有效期内按规定免征营业税。

对符合条件的民办福利性、非营利性养老机构取得的收入，按规定免征企业所得税。

对民办福利性、非营利性养老机构自用的房产、土地免征房产税、城镇土地使用税。对经批准设立的民办养老院内专门为老年人提供生活照顾的场所免征耕地占用税。

对企事业单位、社会团体以及个人通过公益性社会团体或者县级以上人民政府及其部门，用于《中华人民共和国公益事业捐赠法》规定的公益事业的捐赠，符合相关规定的不超过年度利润总额12%的部分，准予扣除。对个人通过非营利性的社会团体和政府部门向福利性、非营利性的民办养老机构的捐赠，在缴纳个人所得税前准予全额扣除。

对民办非营利性养老机构建设免征有关行政事业性收费，对营利性养老机构建设减半征收有关行政事业性收费。

七、加强人才保障

支持职业院校设立养老服务相关专业点，扩大人才培养规模；加快发展养老服务专科本科教育，积极发展养老服务研究生教育，培养老年学、人口与家庭、人口管理、老年医学、中医骨伤、康复、护理、营养、心理和社会工作等方面的专门人才。拓展人才培养渠道，打通技术技能人才的培养发展通道，推进医学专业外其他适宜专业的“3+2”、五年一贯制等中高职一体化人才培养。编制实施《全国老年教育发展规划（2015－2020年）》。充分发挥开放大学作用，开展继续教育和远程教育，进一步提升养老服务从业人员整体素质。

依托职业院校和养老机构等，加强养老护理人员培训，对符合条件参加养老照护职业培训和职业技能鉴定的从业人员，按规定给予补贴。

允许符合条件的医师到民办养老机构医疗机构开展多点执业。鼓励民办养老机构引入社会工作人才。对在民办养老机构就业的专业技术人员执行与公办机构相同的执业资格、注册考核政策。

做好养老护理员工资指导价位发布工作，指导民办养老机构和组织合理确定养老护理员劳动报酬。养老机构和组织应当依法足额缴纳社会保险费，对吸纳就业困难人员就业的养老机构，按规定给予社会保险补贴。就业困难人员以灵活就业方式从事居家养老服务的，可按规定享受灵活就业社会保险补贴。积极改善养老护理员工作条件，加强劳动保护和职业防护。

八、促进民间资本规范有序参与

建立完善政府领导、民政牵头、相关部门参与的工作机制，充分发挥已经建立的各类养老服务议事协调机构的作用，加强政策协调，定期分析问题，共同研究鼓励民间资本参与养老服务业发展的推进举措。

民政部门要切实履行监督管理、行业规范、业务指导职责，及时编制养老服务业发展规划。发展改革部门要将养老服务业纳入经济社会发展规划，支持养老服务体系建设。住房城乡建设部门要制订养老服务设施建设标准，组织编制养老服务设施专项规划，指导养老服务设施有序建设。其他有关部门要各司其职，按照职责分工，做好鼓励民间资本参与养老服务业发展工作。

贯彻落实养老服务业相关政策法规，建立公开、透明、规范的养老服务业准入、退出、监管制度，营造平等参与、公平竞争的市场环境。凡是法律法规没有明令禁入的养老服务领域，都要向民间资本开放。

加快制订和完善养老服务相关标准，建立健全养老服务标准体系，不断提升养老服务的规范化和标准化水平。加强对民间资本进入养老服务业的跟踪监测和服务。

培育和发展养老服务行业协会，发挥其在行业自律、监督评估和沟通协调等方面的作用，推动形成政府、社会组织、养老服务实体三者相结合的管理机制。

九、保障用地需求

民间资本投资养老服务设施所需建设用地，适用国家规定的养老服务设施用地供应和开发利用政策，国土资源管理部门应按照《国土资源部办公厅关于印发〈养老服务设施用地指导意见〉的通知》（国土资厅发〔2014〕11号）相关规定，积极做好用地服务工作。

民政部　发展改革委　教育部
财政部　人力资源社会保障部　国土资源部
住房城乡建设部　卫生计生委　银监会　保监会
2015年2月3日

民政部、公安部关于印发《社会福利机构消防安全管理十项规定》的通知

民函〔2015〕280号

各省、自治区、直辖市民政厅（局）、公安厅（局），新疆生产建设兵团民政局、公安局：

为深刻汲取“5.25”河南省鲁山县康乐园老年公寓特别重大火灾事故教训，进一步做好社会福利机构消防安全管理工作，民政部、公安部联合制定了《社会福利机构消防安全管理十项规定》，现印发各地，请遵照执行。

民政部　公安部

2015年8月28日

社会福利机构消防安全管理十项规定

一、落实消防安全责任

社会福利机构应当依法建立并落实逐级消防安全责任制，明确各级、各岗位的消防安全职责。

社会福利机构的法定代表人或者主要负责人对本单位消防安全工作负总责。属于消防安全重点单位的社会福利机构应当确定一名消防安全工作专业人员为消防安全管理人，负责组织实施日常消防安全管理工作，主要履行制定落实年度消防工作计划和消防安全制度，组织开展防火巡查和检查、火灾隐患整改、消防安全宣传教育培训、灭火和应急疏散演练等职责。

社会福利机构应当明确消防工作管理部门，配备专（兼）职消防管理人员，建立志愿消防队，具体实施消防安全工作。

二、开展防火检查

社会福利机构应当每月至少组织各部门负责人开展一次防火检查，做好检查记录，重点检查以下内容：

（一）消防安全管理制度落实情况；

（二）每日防火巡查是否落实，是否发现并及时消除隐患；

（三）护理人员、保安、电工、厨师等员工是否掌握防火灭火常识和疏散逃生技能；

（四）起居室、疗养室、病房、活动室、厨房等重点部位防火工作落实情况；

（五）消防设施设备运行和维护保养情况；

（六）设有消防控制室的，值班和管理情况；

（七）电气线路、用电设备和燃气管道、液化气瓶、灶具定期检查情况，电气线路是否采取穿管等保护措施；

（八）厨房灶台、油烟罩和烟道清理情况；

（九）火灾隐患整改和防范措施落实情况。

对发现的消防安全问题，应当及时督促整改。

三、落实每日防火巡查

社会福利机构应当安排专人进行每日防火巡查，养老机构还应当组织夜间防火巡查，且不应少于两次，做好巡查记录，重点巡查以下内容：

（一）有无玩火、违规吸烟和违章动用明火现象，使用蚊香、蜡烛、煤炉时是否落实防护措施；

（二）有无违规用电，使用电热毯、电磁炉、热得快等大功率电热器具；

（三）消防设施设备是否正常工作，消火栓、灭火器等消防设施器材是否被遮挡、损坏；

（四）安全出口、疏散通道、消防车通道是否畅通，应急照明、安全疏散指示标志是否完好；

（五）消防安全重点部位值守人员是否在岗在位；

（六）常闭式防火门是否处于关闭状态，防火卷帘下是否堆放物品。

对巡查中发现的问题要当场处理，不能处理的要及时上报，落实整改和防范措施。

四、配备消防设施器材

社会福利机构应当按照国家、行业标准配置消防设

施、器材。对不需要设置自动消防系统的建筑，应当加强物防、技防措施，在服务对象住宿和主要活动场所安装独立式感烟火灾探测报警器和简易喷淋装置，配备应急照明和灭火器。

五、加强消防设施管理

社会福利机构应当依照规定对建筑消防设施、器材进行维护保养和检测，确保完好有效。设有自动消防设施的，可以委托具有相应资质的消防技术服务机构进行维护保养，每月出具维保记录，每年至少全面检测一次。

六、严格消防控制室管理

设有消防控制室的，工作人员应当持有消防行业特有工种职业资格证书，实行每日 24 小时专人值班制度，每班不少于两人，在值班时间严禁脱岗、擅离职守。

自动消防设施的各种联动控制设备应当处于正常工作状态，火灾自动报警、自动喷水灭火、防排烟系统应当设在自动状态，消防水泵、防排烟风机、防火卷帘等消防用电设备的配电柜启动开关应当处于自动位置（通电状态）。

消防控制室应当在明显位置张贴消防控制室管理制度和值班应急处置程序。值班人员接到火灾警报后，应当立即以最快方式确认；确认火灾后，立即确认联动控制开关处于自动状态，同时拨打“119”报警，并立即启动单位应急疏散和灭火预案。

七、设置消防安全标识

社会福利机构应当针对特殊服务对象特点，在疏散通道、安全出口和重要场所、重点部位的显著位置设置消防安全警示、提示标识，在消防设施、器材上设置醒目的标识，并标明操作使用方法。

八、开展消防安全教育培训

社会福利机构应当对所有员工每半年至少开展一次消防安全培训。员工新上岗、转岗前应当经过岗前消防安全培训。所有员工应当了解本岗位火灾危险性和防火措施，会报火警、会扑救初起火灾，会组织疏散逃生。

社会福利机构应当结合服务对象的身体、心理健康状况，有针对性地开展防火常识和逃生自救教育。

九、制定预案并开展消防演练

社会福利机构应当制定本单位灭火和应急疏散预案，明确每班次、各岗位人员负责报警、疏散、扑救初起火灾的职责，并每半年至少演练一次。

社会福利机构应当结合单位实际，对特殊服务对象制定专门疏散预案，明确负责疏散的工作人员及其职责，并配备轮椅、担架等疏散工具，定期组织演练并及时修改完善预案。除组织有自理能力的服务对象有序疏散外，对无自理能力或者行动不便的服务对象，原则上应当安排在建筑较低层和便于疏散的地点，并逐一明确疏散救护人员。

十、禁止行为

（一）严禁使用未经消防行政许可或者备案的建筑、场所；

（二）严禁采用夹芯材料燃烧性能低于 A 级的彩钢板搭建有人居住或者活动的建筑；

（三）严禁私拉乱接电线，超负荷用电；

（四）严禁在起居室、疗养室、病房内吸烟、使用明火；

（五）严禁在起居室内使用电热毯、电炉、热得快等大功率电器设备；

（六）严禁锁闭安全出口，占用、堵塞疏散通道、消防车通道；

（七）严禁在活动室、疗养室、病房的外窗设置影响疏散逃生和灭火救援的铁栅栏；

（八）严禁违规存放、使用易燃易爆危险品；

（九）严禁埋压、圈占消火栓，擅自停用、关闭消防设施设备。

本规定所称社会福利机构，主要是指床位数在 10 张以上的国家、社会组织和个人举办的养老机构、社会福利院、精神病人福利院、儿童福利院、敬老院、优抚医院、光荣院、救助管理站及其托养机构等社会福利和公益机构。民政部门管理的军休服务管理机构、军供站、救灾物资储备库、烈士陵园（纪念馆）等机构按照消防安全有关规定，参照本规定执行。

民政部、公安部关于组织开展社会福利机构消防安全专项治理工作的通知

民函〔2015〕281 号

各省、自治区、直辖市民政厅（局）、公安厅（局），新疆生产建设兵团民政局、公安局：

5月25日19时许，河南省平顶山市鲁山县康乐园敬老院发生火灾，造成39人死亡，2人受伤。党中央、国务院高度重视，习近平总书记、李克强总理等党中央、国务院领导同志作出重要批示，强调必须始终高度重视人民群众生命财产安全，必须绷紧安全工作这根弦，采取有力措施，加强安全管理，彻底排查安全隐患，尤其要做好老年人、少年儿童、残疾人等的安全保护，坚决防范和遏制各类安全事故发生。为认真贯彻党中央、国务院领导同志重要批示精神，深刻吸取河南鲁山“5·25”火灾事故教训，民政部与公安部决定利用一年时间组织开展社会福利机构消防安全专项治理工作。现将《社会福利机构消防安全专项治理方案》印发给你们，请严格按照方案组织实施。

民政部　公安部

2015年9月6日

社会福利机构消防安全专项治理方案

河南鲁山“5·25”火灾事故损失惨重，造成极大社会影响，暴露出违规采用易燃可燃材料为芯材的彩钢板，建筑耐火等级低；项目建设、设计不符合相关要求，安全疏散通道狭窄拥挤；安全管理存在漏洞，用火用电管理不规范，隐患排查治理不及时，应急处置能力不足；监管责任不落实、监管措施不到位等诸多问题。为认真贯彻党中央、国务院领导同志重要批示精神，深刻吸取河南鲁山“5·25”火灾事故教训，民政部与公安部决定组织开展为期一年的社会福利机构消防安全专项治理工作。工作方案如下：

一、目标任务

全面检查社会福利机构，摸清底数、排查隐患，严禁夹芯材料燃烧性能低于A级的彩钢板建筑，依法整治各类火灾隐患，对存在重大火灾隐患的社会福利机构，提请当地政府督促落实整改责任，彻底整治。建立完善长效管理机制，严格把好源头关，实行标准化管理，强化落实社会福利机构消防安全主体责任，提高消防安全管理水平。

二、专项治理的范围和重点

（一）范围

此次专项治理范围以床位数在10张以上的国家、社会组织和个人举办的养老机构、社会福利院、精神病人福利院、儿童福利院、敬老院、优抚医院、光荣院、救助管理站及其托养机构等社会福利和公益机构为主。民政部门管理的军休服务管理机构、军供站、救灾物资储备库、烈士陵园（纪念馆）等机构按照消防安全有关规定，参照本方案实施。

（二）重点

1. 新建建筑是否依法经过建设工程消防验收合格或者进行竣工验收消防备案；需要批准的，是否取得相关部门下发的证书；是否符合设置的基本标准，是否采用夹芯材料燃烧性能低于A级的彩钢板搭建建筑；是否按规定经过年度检查合格；是否办理变更手续，活动是否超出批准范围。

2. 是否依法建立并落实逐级消防安全责任制，是否明确消防工作管理部门，配备经过培训的专（兼）职消防管理人员。

3. 是否每月至少组织各部门负责人开展一次防火检查，每天安排专人进行防火巡查；对防火检查巡查发现的消防安全问题，是否及时组织整改。

4. 是否建立并落实用火、用电、用油、用气制度，电气线路、用电设备和燃气管道、液化气瓶、灶具是否定期检查，有无违规用火用电现象。

5. 是否按照国家、行业标准配置消防设施、器材，是否按照规定对建筑消防设施、器材进行维护保养和检测，确保完好有效；设有自动消防设施的，是否委托具有相应资质的消防技术服务机构进行维护保养和检测；不具备接入市政自来水管网条件的，是否建有消防水池，配备消防水泵等消防器材设施；是否安装应急呼叫系统和视频监控系统。

6. 安全出口、疏散通道和消防车通道是否保持畅通，是否在门窗处设置影响逃生和灭火救援的障碍物，外廊式建筑是否有两条以上的消防通道。

7. 设有消防控制室的，是否在明显位置张贴消防控制室管理制度和值班应急处置程序，工作人员是否持有消防行业特有工种职业资格证书；是否实行每日24小时专人值班制度，每班不少于两人，值班人员是否掌握应急处置程序，能够熟练操作消防设施设备。

8. 已安装的自动消防设施，各种联动控制设备是否处于正常工作状态，火灾自动报警、自动喷水灭火、防排烟系统是否设在自动状态，消防水泵、防排烟风机、防火卷帘等设备的配电柜启动开关是否处于自动位置。

9. 是否针对特殊服务对象特点，在消防设施器材上和疏散通道、安全出口和重要场所、重点部位的显著位置设置醒目的消防安全警示、提示标识。

10. 是否对所有员工每半年至少开展一次消防培训；护理人员和其他员工新上岗、转岗前是否经过岗前消防培训；是否结合服务对象的身体、心理健康状况，有针对性地开展防火常识和逃生自救教育。

11. 是否根据白天和夜间、工作日和节假日值班在岗人员情况，制定切合实际的灭火和应急疏散预案，明确每班次、各岗位人员负责报警、疏散、扑救初起火灾的职责，每半年至少演练一次；是否针对特殊服务对象制定专门疏散预案，明确负责疏散的工作人员及其职责，配备轮椅、担架等疏散工具；对无自理能力或者行动不便的服务对象，是否优先安排在建筑较低层和便于疏散的地点，逐一明确疏散救护人员。

三、专项治理的时间和步骤

此次专项治理的时间从2015年9月20日起至2016年9月20日结束，分为动员部署、联合检查、培训演练、集中整治四个阶段。

（一）动员部署（2015年10月31日前）。各级民政部门要会同公安机关，主动向当地政府报告民政部、公安部工作部署情况，争取重视支持。要联合制定具体实施方案，明确工作职责，召开动员会议，广泛宣传发动，迅速部署开展工作。

（二）联合检查（2015年11月30日前）。各级民政部门要组织社会福利机构开展一次消防安全自查自改。要将本方案确定的专项治理重点内容统一制定成表格，逐项检查，自查自改报告经法定代表人或主要负责人签字后，向民政部门报告。民政部门要抽调精干人员，与公安机关人员混合编组，对社会福利机构逐家进行实地检查，查看建筑物是否符合消防安全标准要求，查清机构消防安全基本状况。检查要实行“实名制”，谁检查、谁签字、谁负责，逐项记录在案。对于检查发现的火灾隐患，要会同公安机关加强分析研判，专题报告当地政府，制定针对性防控对策和源头管控措施。

（三）培训演练（2015年12月31日前）。各级民政部门要以县（市、区、旗）为单位，组织社会福利机构管理人员和专兼职消防管理人员开展一次集中消防培训，公安机关派员授课、指导。培训结束后，要进行考核，考核通过后发放消防安全培训合格证书。要督促社会福利机构组织全体员工开展一次消防培训、一次应急疏散逃生演练，提高自防自救能力。

（四）集中整治（2016年9月20日前）。对于检查发现的火灾隐患和违法行为，属地公安机关要依法下发法律文书督促整改，属地民政部门要督促社会福利机构落实整改责任、方案、资金和整改期间的防范措施。对于社会福利机构存在重大火灾隐患但自身确无能力整改的，属地民政部门要会同公安机关提请当地政府协调解决。

四、工作措施

（一）把好消防安全源头关。对于未依法取得消防行政审批手续，或者未进行消防备案的，民政部门不得给予许可；对于未经批准、擅自开展服务的社会福利机构，属地民政部门要会同有关部门责令改正：符合法律法规规定的，依法补办相关手续；逾期达不到法定条件的，要报告当地政府，抄告有关部门，责令停办并协调安置入住人员。各级公安机关对依法申报消防设计审核、消防验收和消防备案的社会福利机构，要积极受理，及时实施消防设计审核、验收和备案抽查，对于不符合条件的，不得审批或出具合格意见。

（二）严格执行“九个严禁”。社会福利机构严禁使用达不到国家工程建设消防技术标准的建筑、场所；严禁采用夹芯材料燃烧性能低于A级的彩钢板搭建有人居住或者活动的建筑；严禁私拉乱接电线，超负荷用电；严禁在起居室、疗养室、病房内卧床吸烟、使用明火；严禁在起居室内使用电热毯、电炉、热得快等大功率电器设备；严禁锁闭安全出口，占用、堵塞疏散通道、消防车通道；严禁在活动室、疗养室、病房的外窗设置影响疏散逃生和灭火救援的铁栅栏；严禁违规存放、使用易燃易爆危险品；严禁埋压、圈占消火栓，擅自停用、关闭消防设施设备。

（三）采取消防安全物防技防措施。对设置消防设施设备所需经费确有困难的社会福利机构，要争取各级政府通过发放财政补贴帮助解决，同时通过政府财政支持、社会捐助、单位自筹等多种方式加大投入，在服务对象住宿和主要活动场所安装独立式感烟火灾探测报警器和简易喷淋装置，配备应急照明和灭火器材，积极利用物联网等技术手段，切实提高火灾防范水平。

（四）落实消防安全监管职责。各级民政部门要切实履行行业管理职责，督促社会福利机构严格落实消防安全管理规定，建立长效管理机制，培养消防安全管理专业人员，定期开展消防安全自查评估，组织落实防火检查巡查、消防设施维护、培训演练、隐患整改等工作，根据需要建立志愿消防队伍，提高火灾自防自救能力。各级公安机关要认真履行对社会福利机构的消防监督管理职责，按照标准确定消防安全重点单位，对于小微机构，要会同民政部门研究制定符合实际的消防管理办法措施。对于因土地、建筑规划等前期手续不健全，或存在改变建筑原有使用性质作社会福利机构使用，无法申报消防有关手续的，各级民政部门和公安机关要联合向当地政府报告，提请政府予以研究解决。

五、工作要求

（一）加强组织领导。各级民政部门、公安机关要高度重视、协同配合，联合制定工作方案，细化工作要求，明确工作措施，立即组织开展社会福利机构消防安全专项治理。各地要成立专门工作机构，定期通报情况，实施统一指挥调度。

（二）形成工作合力。各级民政部门、公安机关要明确各自工作职责，建立定期信息沟通和联合执法机制，互相通报专项治理工作进展情况，有针对性地采取措施，形成合力推进专项治理。要在当地政府领导下，主动联合相关部门，采取法律、行政、经济、技术、舆论等手段，积极推动解决社会福利机构存在的消防安全突出问题。

（三）加大资金投入。各级民政部门、公安机关争取当地政府以财政投入为主渠道，加大对社会福利机构消防安全工作的支持。各地财政资金对社会福利机构的建设补贴，要争取重点用于消防安全设施建设。民政部决定，从今年起，连续3年，民政部本级补助地方的福利彩票公益金，将优先用于支持社会福利机构消防安全设施建设。各地留成的福彩公益金也应优先安排用于社会福利机构消防安全设施建设。

（四）强化督导检查。各级民政部门、公安机关要建立领导干部分片包干责任制，层层分解责任，切实将工作任务落实到各级领导、各个岗位、每个环节。对于问题突出的地区，省级民政部门、公安机关要派出工作组加强督导，民政部、公安部将视情对重点省份进行专项督导。

各省、自治区、直辖市专项治理工作部署情况请于2015年10月31日前同时报送民政部办公厅、公安部消防局。2015年10月份起，每季度最后一个工作日，报送当季工作小结。2016年9月20日，报送专项治理工作总结。

民政部、国家开发银行关于开发性金融支持社会养老服务体系建设的实施意见

民发〔2015〕78号

各省、自治区、直辖市民政厅（局），新疆生产建设兵团民政局，国家开发银行各分行、代表处，总行各部门，控股子公司：

为了促进社会养老服务健康可持续发展，破解长期以来制约发展的融资难问题，根据《国务院关于加快发展养老服务业的若干意见》等文件精神，民政部和国家开发银行本着“优势互补，促进发展”的原则，决定进一步合作加大对社会养老服务体系建设的支持。现就有关工作提出如下意见。

一、指导思想

运用开发性金融的理论和方法，充分依托民政部门的组织协调优势，推动形成“政府引导、金融支持、社会参与、市场运作”的社会养老服务发展体制机制，发挥开发性金融的资金引领作用，吸引民间资本投入，秉承养老普惠的理念，共同引领以居家为基础、社区为依托、机构为支撑的社会养老服务体系建设。

二、支持重点

申请国家开发银行贷款支持的养老项目，应通过民政部门推荐或认可。重点支持下列五个方面：

（一）社区居家养老服务设施建设项目。主要包括城市社区日间照料中心、老年食堂、老年活动中心和养老服务信息平台；其他为改善老年人居住条件和生活环境的便利化社区养老服务设施。此类项目以市、县（区）为单位，实施整体融资支持。

（二）居家养老服务网络建设项目。主要包括支持为老年人上门提供助餐、助浴、助洁、助急、助医等涵盖生活照料、健康服务、文化娱乐、精神慰藉、法律咨询等服务的居家养老服务型小微企业以及各类规模化、连锁化、品牌化的组织发展，对于此类项目通过统贷方式批量化支持。

（三）养老机构建设项目。主要包括养老院、社会福利院、老年养护院、敬老院、养老社区等各类为老年人提供集中居住和照料等综合性服务的建筑及设施。

（四）养老服务人才培训基地建设项目。主要包括支持高等院校和职业院校增加养老服务相关专业和学科建设，培养相关专门人才；支持依托职业院校和养老机构开展养老服务培训实训基地建设，加强对相关人员的专业培训。

（五）养老产业相关项目。主要包括支持直接为老年人提供生活照料、健康服务、产品用品的企业。

三、贷款条件

（一）借款人

借款人应为依法成立的实施社会养老服务体系建设的企（事）业法人及其他合格主体，具有清晰的产权关系和健全的治理结构，并具有与国家开发银行合作开展业务的相应资质。不同类型的借款人需满足相应行业的从业资质

和条件。

（二）项目筹资

养老项目的资本金来源含政府补助资金、借款人自有资金和纳入项目总投资的借款人非货币资产等。资本金占比应不低于总投资的20%，不足部分可申请贷款；项目资本金应与贷款资金同比例到位。

（三）还款来源

公司融资的还款来源主要为公司自由现金流，包括但不限于借款人日常经营性收入、借款人自身拥有的资产变现产生的收益等。

项目融资的还款来源主要为项目自由现金流，包含但不限于养老床位的租赁收入、各项养老服务的收费、配套商业设施的销售（或租赁）收入等。

（四）贷款利率和期限

贷款利率按照国家开发银行贷款定价模型进行测算。

贷款期限根据项目偿债能力分析确定，最长不超过15年，宽限期应不超过项目建设期，且一般不超过3年。

（五）信用结构

充分利用借款人、担保人、项目自身、地方政府等相关利益方的有效资源构建信用结构，可采用资产抵押、保证担保、股权质押、收费权质押等合格担保方式。

完善其他风险缓释措施，包括客户在国家开发银行建立监管账户等。

四、操作流程及双方职责

（一）项目开发

民政部门和国家开发银行要共同建立广泛的项目入口机制，有贷款需求的借款人，可填写开发性金融支持养老服务项目申请表（见附件），说明项目建设内容、总投资额、拟申请贷款额度以及享受政府各项补贴和优惠情况等，并报民政部门提出意见。对符合国家政策和养老服务业发展方向、属于当地重点支持范围且可以纳入社会养老服务体系融资范围的养老项目，当地民政部门要予以支持，并积极向国家开发银行各分行推荐。

（二）评审及审批

国家开发银行对具备评审条件的项目，按照工作流程纳入评审计划、完成评审工作和审批程序，及时将审批结果反馈民政部门，并给予业务指导。

民政部门对项目评审提供政策指导，协助国家开发银行判断当地养老市场现状和趋势，必要时共同对部分项目现场调研，并积极争取相关优惠政策。

（三）信贷管理

国家开发银行审批通过的项目，按照工作规程进行合同签订、贷款发放与支付、本息回收、贷款管理等工作。

民政部门在贷款发放后对项目实施提供后续跟踪指导，同时推动落实相关优惠政策。

五、合作机制

（一）民政部和国家开发银行建立开发性金融支持社会化养老服务体系建设工作联动机制。民政部社会福利和慈善事业促进司与国家开发银行评审三局作为对口联系部门，负责具体事务和工作联络，建立信息共享和沟通协调机制，联合开展项目调研和课题研究工作，协商解决合作中遇到的问题。

（二）民政部和国家开发银行要不定期召开工作协调会，确定近期工作计划和方案，沟通信息，监督合作项目的执行情况，协调解决合作中出现的重大问题。各地民政部门和国家开发银行各分行可根据实际情况，建立相应的工作机制，深化双方的合作，从规划合作入手，推动区域内养老领域的投融资体系完善和融资模式创新。

（三）民政部门要及时将社会养老服务体系建设相关政策、发展情况以及有关重大事项向国家开发银行通报；国家开发银行要定期将开发性金融支持社会养老服务体系建设情况及本行相关业务情况向民政部通报。

六、附则

（一）本意见自印发之日起执行。

（二）工作中如有问题请及时与民政部社会福利和慈善事业促进司与国家开发银行评审三局联系。

附件：开发性金融支持养老服务项目申请表（略）

民政部　国家开发银行

2015年4月14日

司法部、全国老龄办关于深入开展老年人法律服务和法律援助工作的通知

司发通〔2015〕29号

（2015年3月11日）

各省、自治区、直辖市司法厅（局）、老龄工作委员会办公室，新疆生产建设兵团司法局、老龄工作委员会办公室：

为深入贯彻党的十八大和十八届三中、四中全会精神，落实《老年人权益保障法》，更好地开展老年人法律服务和法律援助工作，现将有关事项通知如下。

一、充分认识深入开展老年人法律服务和法律援助工作重要意义

近年来，在党中央、国务院和各级党委、政府的高度重视和正确领导下，我国老年人法律服务和法律援助工作取得长足发展，在维护老年人合法权益、维护社会公平正义中发挥了重要作用。当前，我国人口老龄化进程日益加快，空巢化趋势日益明显，老年人利益多元化、诉求多样化的问题更加凸显，老年人在家庭赡养与扶养、社会保障待遇、人身财产权益等领域的法律服务和法律援助需求逐渐增多，维护老年人合法权益已经成为加强老龄工作的一项重要内容。

党的十八大和十八届三中、四中全会对加强老龄工作包括老年人法律服务和法律援助工作作出重要部署。习近平总书记强调指出，尊老敬老是中华民族的传统美德，爱老助老是全社会的共同责任。党中央的决策部署和习近平总书记的重要指示精神对做好老年人法律服务和法律援助工作提出了新的更高的要求。法律服务和法律援助工作者是做好为老服务、维护老年人合法权益的重要力量。引导律师、公证、基层法律服务工作者和法律援助人员深入开展老年人法律服务和法律援助工作，是适应我国老龄事业发展新形势，应对人口老龄化的重要举措；是依法维护老年人合法权益，满足老年人日益增长的法律服务和法律援助需求的客观需要；是保障和改善民生、维护社会和谐稳定、实现社会公平正义的必然要求；是法律服务和法律援助队伍践行职责使命的生动实践。各级司法行政机关、老龄工作机构要从政治和全局的高度，深刻认识深入开展老年人法律服务和法律援助工作的重要性和必要性，切实增强责任感和使命感，把深入开展老年人法律服务和法律援助工作摆上重要议程，认真组织，扎实推进，确保取得实效。

二、深入开展老年人法律服务和法律援助工作

各级司法行政机关要积极适应老龄事业发展的新形势、新需求，不断拓宽老年人法律服务和法律援助覆盖面，健全服务网络，创新服务方式方法，提升服务水平，切实形成老年人法律服务和法律援助工作新格局。

（一）明确服务重点

各地要结合实际，组织引导广大律师、公证、基层法律服务所、法律援助机构及人员参与涉及老年人合法权益的诉讼、调解、仲裁和法律咨询等活动，着力解决医疗、保险、救助、赡养、婚姻、财产继承和监护等老年人最关心、最直接、最现实的法律问题。要重点关注高龄、空巢、失独、失能半失能、失智及经济困难老年人法律服务和法律援助需求，引导广大法律服务和法律援助工作者带着对老年人的深厚感情，积极做好老年人法律服务和法律援助工作。

（二）加大服务力度

进一步降低老年人法律援助的门槛，把民生领域与老年人权益保护密切相关的事项纳入法律援助范围，使法律援助惠及更多老年人。倡导律师事务所、公证处、基层法律服务所对经济困难但不符合法律援助条件的老年人减免法律服务收费，对无固定生活来源的老年人追索赡养费案件，予以费用减免；对80岁以上的老年人办理遗嘱公证，予以免费。建立和完善各项便老助老措施，引导广大法律服务和法律援助工作者对老年人，特别是70岁以上以及行动不便、患病残疾的老年人实行电话和网上预约、上门服务。对经济困难的老年人提供免费政策咨询、慈善捐助等服务。在老年人法律服务、法律援助接待窗口配备适老用品，或由专人引导和协助，为老年人接受法律服务提供便利。

（三）开展专项活动

今年10月要在全国范围内组织开展1次为期1个月的以法律服务和法律援助为主题的“法治阳光温暖老龄”专项服务活动，努力为老年人提供适应其群体特点、满足其特殊需求的法律服务和法律援助，切实维护老年人合法权益。要搭建服务平台，集中开展服务活动，方便老年人进行法律咨询和寻求法律服务。倡导律师事务所、公证

处、基层法律服务所与当地老龄工作机构签订法律服务协议，为老年人提供优质高效的法律服务和法律援助，让老年人从法律服务和法律援助中沐浴法治的阳光，感受社会的公平正义。

（四）建设专门队伍

各地要整合本省（区、市）现有公益法律服务工作者和法律服务资源，统筹规划，协调发展，建设一支正规化、专业化的老年人公益法律服务队伍。要依托律师事务所、公证处、基层法律服务所设立一定数量的老年人公益法律服务中心，每个中心视情况安排律师、公证员、基层法律服务工作者相对集中为老年人提供公益法律服务。要加强老年人公益法律服务队伍的思想政治、业务能力、职业道德和党的建设，定期开展老年人法律服务工作培训，邀请行业专家、学者为老年人公益法律服务工作者授课，不断提升做好老年人法律服务工作的能力。

三、切实加强工作指导

（一）加强组织领导

各级司法行政机关、老龄工作机构要把开展老年人法律服务和法律援助工作作为一项重要民生工程，高度重视，精心组织，周密部署，紧密结合实际，制定具体实施方案，细化工作措施。要围绕开展专项活动，在经费补贴、场地设施等方面加强工作保障，确保工作到位、落实到位、效果到位。

（二）加强沟通协调

各级司法行政机关、老龄工作机构要进一步加强沟通联系，紧密配合，通力协作，建立健全信息交流和定期沟通机制，不断提升服务老龄工作的针对性、实效性，充分发挥法律服务和法律援助在服务老龄工作中的职能作用。

（三）表彰宣传先进典型

要通过深入开展活动，树立和表彰一批为老年人提供法律服务和法律援助的先进典型。要注重发挥模范效应，通过网络、报刊、影视等媒体大力宣传先进事迹优秀典型，大力弘扬为老服务的先进事迹和优良传统，展示法律服务行业的良好精神风貌，推动形成法律服务行业和法律援助服务老龄工作的新面貌、新气象。

各地贯彻本《通知》情况，请及时报司法部和全国老龄办。

中华人民共和国司法部　全国老龄工作委员会办公室

2015 年 3 月 11 日

体育总局等 12 部门关于印发《关于进一步加强新形势下老年人体育工作的意见》的通知

体群字〔2015〕155 号

现将《关于进一步加强新形势下老年人体育工作的意见》印发给你们，请遵照执行。

体育总局　发展改革委　民政部

财政部　农业部　文化部

卫生计生委　国家旅游局　全国老龄办

中华全国总工会　全国妇联　中国残联

2015 年 9 月 30 日

关于进一步加强新形势下老年人体育工作的意见

为深入贯彻落实国务院关于加快发展体育产业促进体育消费、加快发展养老服务业、加快构建现代公共文化服务体系、促进健康服务业发展的精神，充分发挥体育在应对人口老龄化过程中的积极作用，推进全民健身事业全面发展，根据《中华人民共和国体育法》、《中华人民共和国老年人权益保障法》、《全民健身条例》等有关法律法规，现就进一步加强新时期老年人体育工作提出如下意见。

一、充分认识加强老年人体育工作的重要性

（一）当前，我国已进入老龄化社会，对国家经济发展和社会和谐稳定提出了十分严峻的挑战，应对人口老龄化已经成为国家一项长期发展战略。尊老敬老是中华民族的传统美德，爱老助老是全社会的共同责任，党和政府始终高度重视和关心老龄工作，把老龄工作作为构建社会主义和谐社会、全面建成小康社会，实现中华民族伟大复兴的中国梦的重要组成部分。

（二）提高老年人健康水平是提高老年人生活质量的基础和前提。推进健康关口前移，延长健康寿命，增强自主活动能力，对于老年人自立自强、积极向上具有重要意义。体育健身活动是积极应对人口老龄化的便捷、经济、有效方式，也是老年人保持健康、延缓衰老的理想途径。老年人有迫切的健康长寿愿望，有强烈的体育健身热情，有大量的闲暇时间，因此，加强老年人体育工作对丰富老年人精神文化生活，提高老年人健康水平和生活质量具有不可替代的作用。

（三）老年人体育工作是我国老龄事业和体育事业的重要组成部分，要站在落实全民健身国家战略的高度，将老年人体育工作作为协调推进四个全面战略布局的重要举措，与经济发展、社会稳定、服务民生等工作紧密结合，充分认识新形势下进一步加强老年人体育工作的重要意义，认真贯彻落实党和政府有关老年人体育工作的各项方针政策，掌握新情况、适应新趋势，切实加强对老年人体育工作的指导与协调，大力发展老年人体育事业，维护和保障老年人体育健身权益。

（四）在发展全民健身事业和建设体育强国的过程中，抓好老年人体育工作是带动其他年龄人群参与全民健身的有效方法。改革开放以来，老年人体育工作蓬勃发展，并且随着经济发展、社会进步和人民生活水平的不断提高，老年人体育健身的需求越来越旺盛，参与体育健身的热情越来越高涨，但目前还普遍存在对老年人体育工作的重要性认识不充分，老年人体育组织网络不健全，老年人体育健身场地设施缺乏，老年人体育健身方式较少、科学性较差和经费投入不足等亟待解决的问题，新变化、新要求和新任务使老年人体育工作面临新的发展机遇和挑战。

二、明确老年人体育工作的目标任务

（五）要努力探索并遵循老年人体育工作规律，拓展老年人体育工作的新领域、新空间和新路子。要注重社会化，加快政府职能转变，创造条件吸引社会力量参与老年人公共体育服务；要注重制度化，整合利用各种资源，促进老年人体育健身与养老服务、健康服务、公共文化服务、文化创意和设计、教育培训、医疗卫生、家政、保险、旅游等相关领域交互融通；要注重科学化，创新老年人体育公共服务方式，提高能力和质量，使基础更加坚实，产品更加丰富，供给更加充足，努力满足老年人日益增长的多元化体育健身需求；要注重生活化，重点推进基层老年人体育工作，切实解决老年人体育健身的实际问题，引导老年人养成健康、文明、科学的生活方式。

（六）要把增强老年人体质、提高健康水平、丰富精神文化生活作为新形势下老年人体育工作的根本任务，建立健全有中国特色的老年人体育工作理论体系和政策法规体系，定期制定并实施老年人体育发展规划，并纳入全民健身计划；要切实建立“党政主导、部门尽责、协会组织、社会支持、重在基层、面向全体”的老年人体育工作格局，以加强体育场地设施建设为基础，以完善体育组织网络为依托，以开展体育健身活动为手段，实现老年人体育工作有组织、有人员、有阵地、有经费，并确保持续健康发展；要逐步建成惠及全体老年人的公共体育服务体系，提供适应老年人需求的公共体育产品和服务，使经常参加体育健身活动的老年人数逐年递增，老年人体育健身和消费意识显著增强，人均体育消费支出明显提高。

三、建立健全老年人体育组织网络

（七）建立健全老年人体育组织网络是加强老年人体育工作的重要前提和关键环节。要以“重在基层，面向全体”为工作方针，鼓励发展多种类型的老年人体育组织，满足老年人的不同健身需要。要鼓励、支持老年人体育组织自上而下延伸，县以上地区都要在民政部门依法登记成立老年人体育协会，在街道和乡镇普遍建立老年人基层文化体育组织，在城乡社区广泛建立老年人健身活动站点和体育健身团队，逐步形成并完善老年人体育组织网络。要加强对老年人体育组织的服务和引导，按照政社分开、管办分离的原则，切实帮助解决人、财、物和科学健身指导等方面的问题，提供办公和开展体育健身活动保障，保持人员队伍的稳定和活力，使老年人体育组织有人想事、管事、做事。

（八）老年人体育协会是为老年人体育健身提供服务的社会团体，是党和政府联系老年人的桥梁和纽带，是实现老年人公共体育服务职能的得力助手。要引导、支持各级老年人体协加强自身建设，健全工作机构，规范退（离）休领导干部在老年人体协兼职行为，聘用熟悉体育工作、组织协调能力较强的人员从事日常事务，不断提高老年人体协“自我发展、自我管理、自我服务、自律规范”的能力，增强吸引力、凝聚力，始终保持生机与活力。

（九）老年人体育工作始终与社区体育工作、农村体育工作紧密联系、相辅相成，体育部门要结合城乡社区老年人体育组织建设，充分发挥老年人和其他年龄人群体育健身的良性互动作用，街道办事处和乡镇政府要依托社区体育活动中心（站）、体育俱乐部、乡镇（街道）综合文化站等建立为老年人体育健身服务的基层文化体育组织。街道办事处和乡镇政府要通过对老年人体育健身活动站点和体育健身团队进行备案和以奖代补等形式予以扶持，使其成为老年人身边体育健身、文化娱乐的重要组织。

（十）要加强老年人体育工作骨干队伍建设。有计划、有针对性地培训建立服务老年人的社会体育指导员等志愿者队伍，不断提高其思想道德素质和服务能力，并充实到各级各类老年人体育组织；要加强老年人体育健身项目教练员、裁判员队伍建设，并对符合条件的颁发资格证书；要规范并加快培养服务老年人的职业社会体育指导员等从业人员，鼓励街道、乡镇聘用体育专业人才从事老年人体育健身服务工作，并与其他涉老组织在人员上统筹安排。

四、加强适合老年人体育健身的场地设施建设和使用

（十一）体育健身场地设施是老年人开展体育健身活动的必要条件和重要保障。要根据《公共文化体育设施条例》，将适合老年人体育健身的场地设施纳入体育健身圈建设内容，不断健全适合老年人体育健身的场地设施设计和施工规范以及技术要求等标准；要按照均衡配置、规模适当、功能优先、经济适用、节能环保的原则，根据当地经济发展状况、老年人数量和分布、地域特点以及体育健身习惯等因素，将适合老年人体育健身的场地设施建设纳入规划，因地制宜地与其他服务老年人的场地设施建设项目统筹安排。

（十二）要拓宽适合老年人体育健身的场地设施建设和运行管理的投融资渠道，将适合老年人体育健身的基本公共体育场地设施建设列入各级政府财政预算和投资计划。集中使用的彩票公益金支持体育事业专项资金要充分考虑老年人体育健身的需求，并加大对经济欠发达地区的支持力度；使用彩票公益金建设的“全民健身工程”要统筹考虑老年人体育健身功能，配置老年人喜爱、适用面广、便捷实用、健身效果显著的体育器材；要充分利用现有公共设施，在公园、广场、绿地及城市空置场所等建设适合老年人体育健身的场地设施，为老年人提供广场舞活动场地，做好电源、夜间照明等基础配套设施，有条件的配置移动音箱等器材设备；要盘活存量资源，改造旧厂房、仓库、老旧商业设施等用于老年人体育健身，对现有公共体育健身场地设施进行无障碍或者适老性改造，有条件的乡镇（街道）综合文化站要建设室外体育健身场地，配备适合老年人开展文体活动的器材和设备；要鼓励、支持企事业单位、社会组织、个人捐赠和赞助，要鼓励政府和社会资本通过PPP模式，积极兴办适合老年人体育健身的场地设施。

（十三）要通过财政补助、政府购买服务等方式，支持公共和民办体育场地设施免费低收费向老年人开放，并不断健全运营管理和服务标准体系，规范服务项目和服务流程，提高服务水平，并按照国家有关规定，争取对适合老年人体育健身的非营利性场地设施减免费用；要整合资源，加强社区公共体育场地设施与社区综合服务设施及社区卫生、文化、养老等社区专项服务设施的功能衔接，提高使用率，发挥综合效益。机关、企事业单位和社会团体内部的体育场地设施要为老年人参加体育健身活动提供便利和服务。公园、广场、绿地等公共场所要为老年人体育健身活动站点和体育健身团队开展活动创造条件。已有的老年人体育健身活动场地设施不得擅自改变用途，并加强管理和维护，确保其功能完好、使用安全，不被侵占、破坏。

五、广泛开展老年人体育健身活动

（十四）体育部门要支持、指导老年人体育组织利用全民健身日、节假日、纪念日、庆典日，按照“经常自愿、重在参与、就地就近、小型多样、文体结合、科学文明、有益健康”的原则，因时、因人、因地制宜地动员、组织老年人举办社区运动会、家庭运动会、楼群运动会等活动，开展体育表演展示交流，突出参与性、健身性、娱乐性、趣味性和多样性，不断创新活动方式，打造具有地方特色的老年人品牌活动，引导老年人选择一项活动、加入一个团队、享受一种快乐、收获一份健康，推动老年人经常性体育健身活动广泛深入地开展，使老年人体育健身活动常态化。

（十五）要积极为老年人开展体育赛事活动提供服务保障，并通过市场机制引入社会力量承办赛事；要定期举办全国性和区域性老年人体育健身活动，并逐步形成传统和制度，使之成为具有示范性的全民健身活动；要积极引导老年人健康、文明、有序地开展广场舞活动，将广场舞纳入文化、体育部门的重要工作内容，采取划片指导、结对帮扶、公益培训、展演展示等多种方式，探索规范老年人广场舞活动的模式；举办老年人体育活动要坚持“安全第一”和“重在参与、重在健康、重在交流、重在快乐”的原则，有条件的要购买运动伤害类保险，做好人身安全防范工作；体育部门要建立老年人体育健身志愿服务长效化工作机制，结合开展“三关爱”志愿服务活动，广泛组织社会体育指导员、体育科技工作者、体育院校师生、体育运动队等到基层为老年人送服务、送温暖、送健康，并加强对空巢老人、残障老人的体育健身服务。

（十六）要加强老年人体育健身方法的研究和体育健身活动的指导，举办体育健身培训讲座和健身指导咨询等，普及体育健身知识、传授体育健身技能；要不断挖掘整理、普及推广适合老年人特点，简便易行、科学、文明、有效的体育健身方法，根据老年人需求特点创编具有文化艺术内涵、体现科学健身理念、符合群众审美特点的广场舞作品，开展原创作品征集评选，特别是保健娱乐类项目，满足不同年龄、性别、爱好和健康程度老年人体育健身的多样化需要；要引导、支持老年人体育组织培育形成具有民族、民间传统特色的体育健身项目和示范队伍，推动老年人体育健身项目的传承和普及发展。

六、加大对老年人体育工作的经费投入和支持保障

（十七）体育部门要与发展改革、民政、财政、农业、文化、卫生和计划生育、旅游、老龄、工会、妇联、残联等有关部门加强沟通协调，建立健全并不断完善多部门密切合作、齐抓共管的老年人体育工作体制和充满活力的工作机制。要按照老年人体育工作发展的目标要求，在掌握老年人体育工作发展状况，总结经验的基础上，深入分析存在的问题，问需于老年人，研究制定符合实际的政策措施，积极为老年人参加体育健身活动创造条件，推动老年人体育工作与有关工作融合、互动发展。

（十八）老年人体育工作经费要坚持财政投入为主，社会赞助为辅的原则，实现经费来源多渠道、多元化。县级以上人民政府要把老年人体育工作经费作为全民健身工作经费的组成部分，纳入财政预算，并随着经济的发展逐年增加对老年人体育事业的投入。鼓励、支持机关、企事业单位、社会团体、个人向老年人体育组织赞助和捐赠活动经费。

（十九）要加大对老年人体育工作的宣传力度，充分利用广播、电视、互联网、报纸等各类媒体，开辟老年人体育健身专题、专栏，积极宣传、倡导在全社会形成关注老年人身心健康，有利于老年人参加体育健身的良好氛围，通过树立健康老人典型等手段，宣传体育健身效果，传播“多买健康少买药”、“多去运动，少去医院”、“我运动我健康，我快乐我长寿”的观念，提高老年人体育健身意识，激发老年人参与体育健身的热情；要鼓励、支持形式多样的老年人体育题材文艺创作，推广老年人体育文化，弘扬奥林匹克精神和中华体育精神，践行社会主义核心价值观。

（二十）要鼓励、支持相关行业积极拓展老年人体育健身产品和服务，组织编写出版老年人体育健身丛书等教学制品；要鼓励、支持社会力量提供公益性老年人体育健身服务，引导、支持老年人体育社会组织积极参与老年人体育公共服务的购买；要发展老年人体育健身服务业，提倡、引导老年人健康投资和体育健身消费，大力开发老年人体育健身消费市场；要鼓励、支持体育用品制造企业采用新工艺、新材料、新技术，研发老年人体育健身器材、可穿戴式运动设备、运动健身指导技术装备、运动功能饮料、营养保健食品药品等，不断提高产品的质量和科技含量。

（二十一）要争取各级人民政府把老年人体育工作纳入政府重要议事日程，纳入有关部门的目标责任考核内容；要充分发挥各级全民健身工作委员会的作用，每年专题研究老年人体育工作，提出明确目标任务，指导开展工作；要建立老年人体育工作激励机制，将老年人体育工作成绩显著的单位和个人作为群众体育先进单位和先进个人表彰对象；要根据本意见的要求，结合实际情况，抓紧制定具体实施意见和配套文件，并加强督查落实，总结推广成功经验和做法，保证老年人体育事业持续健康发展。

北京市居家养老服务条例

（2015年1月29日北京市第十四届人民代表大会第三次会议通过）

第一条　为了满足居住在家老年人的社会化服务需求，提高老年人生活的质量，根据《中华人民共和国老年人权益保障法》和有关法律、法规，结合本市实际情况，制定本条例。

第二条　本条例所称居家养老服务是指以家庭为基础，在政府主导下，以城乡社区为依托，以社会保障制度为支撑，由政府提供基本公共服务，企业、社会组织提供专业化服务，基层群众性自治组织和志愿者提供公益互助服务，满足居住在家老年人社会化服务需求的养老服务模式。

第三条　居家养老服务应当以居住在家老年人的服务需求为导向，坚持自愿选择、就近便利、安全优质、价格合理的原则。居家养老服务主要包括以下内容：

（一）为老年人提供社区老年餐桌、定点餐饮、自助型餐饮配送、开放单位食堂等用餐服务；

（二）为老年人提供体检、医疗、护理、康复等医疗卫生服务；

（三）为失能老年人提供家庭护理服务；

（四）为失能、高龄、独居老年人提供紧急救援服务；

（五）利用社区托老所等设施为老年人提供日间照料服务；

（六）为老年人提供家庭保洁、助浴、辅助出行等家政服务；

（七）为独居、高龄老年人提供关怀访视、生活陪伴、心理咨询、不良情绪干预等精神慰藉服务；

（八）开展有益于老年人身心健康的文化娱乐、体育活动。

第四条　老年人的子女及其他依法负有赡养扶助、扶

养义务的人，应当履行对老年人经济上供养、生活上照料和精神上慰藉的义务。需要由社会提供服务的，老年人家庭根据服务项目的性质和数量，承担相应费用。

第五条　市和区、县人民政府在居家养老服务中应当履行下列职责：

（一）将老龄事业纳入国民经济和社会发展规划及年度计划；

（二）将老龄事业经费列入财政预算，建立与老年人口增长和经济社会发展水平相适应的财政保障机制；

（三）完善与居家养老相关的社会保障制度；

（四）统筹规划、按标准配置社区养老设施；

（五）培育养老服务产业，完善扶持政策，引导、鼓励企业和社会组织开展居家养老服务；

（六）制定服务规范和标准，加强养老服务市场监管和信息网络建设；

（七）加强对居家养老服务工作的统筹协调，明确各相关部门的职责、任务、完成期限，完善工作机制，加强监督检查和绩效考核。

各级老龄工作机构应当组织、协调、指导、督促有关部门落实居家养老服务工作。

第六条　乡镇人民政府和街道办事处负责具体组织实施下列居家养老服务工作：

（一）整合社会资源，建立社区养老服务平台；

（二）指导、组织基层群众性自治组织、社区服务中心（站）及专职养老工作者为老年人服务；

（三）通过落实政府购买服务、设立项目资金、经费补贴等扶持政策措施，引导各类社会组织参与居家养老服务；

（四）支持、引导社会力量健全社区服务网点，运用信息网络服务平台开展紧急呼叫、健康咨询、物品代购、服务缴费等适合老年人的服务；

（五）推行社区老年人和志愿者登记制度，探索建立为老年人志愿服务时间储蓄和激励机制。

第七条　居民委员会、村民委员会应当发挥民主自治功能，组织社区老年人和其他居民开展以下活动：

（一）开展居民信息自愿登记，了解、反映老年人的服务需求；

（二）协助政府对企业和社会组织管理、运营社区养老设施及其他服务项目的情况进行监督、评议，向政府反映居民对完善居家养老服务的意见、建议；

（三）组织开展互助养老、志愿服务和低龄老年人扶助高龄老年人的活动；

（四）组织老年人开展文化娱乐、体育活动。

第八条　市和区、县人民政府应当引导、支持、鼓励企业和社会组织参与居家养老服务。

区县民政部门或者负责老龄工作的机构可以根据开展居家养老服务项目的需要，通过签约、购买服务等方式确定服务商和服务单位。

企业和社会组织从事居家养老服务可以使用政府提供的设施和场所，也可以自行兴建养老设施。

从事居家养老服务的企业和社会组织享受政府给予的政策扶持，并应当执行政府制定的服务规范、标准，接受政府的指导和社会的监督。

第九条　鼓励养老机构利用自身资源优势，为周边社区居住在家的老年人提供服务。

第十条　市和区、县人民政府应当根据老年人的实际需要，在城乡社区配置托老所和老年活动场站。托老所和老年活动场站的规划建设、配置标准、资金筹措、产权归属、移交方式、运营监管等由市人民政府依法规定。

新建居住区的养老设施，应当与住宅同步规划、同步建设、同步验收、同步交付使用。老旧小区没有养老设施或者现有设施未达到配建指标的，所在区、县人民政府应当通过购置、置换、租赁等方式配置；社区配建的养老设施出租用于其他用途的，应当收回用于社区养老服务。

第十一条　市和区、县人民政府应当整合社会资源，制定鼓励政策，引导企业事业单位和个人将居住区附近闲置的场所和设施，用于开展居家养老服务；引导机关、团体、企业事业单位开放所属场所，为附近社区的老年人提供服务；引导农村地区依托行政村、较大自然村，利用农家院等场所，建设托老所、老年活动场站等养老设施，开展居家养老服务。

第十二条　新建、改建和扩建居住区应当符合国家无障碍设施工程建设标准。

规划、住房和城乡建设等部门应当逐步推进老旧小区的坡道、楼梯扶手、电梯等与老年人日常生活密切相关的生活服务设施的改造。

第十三条　本市应当完善基本养老保险、基本医疗保险和最低生活保障等社会保障制度，并根据国民经济和社会发展情况，逐步提高老年人的社会保障水平。

第十四条　市卫生计生部门应当完善基层医疗卫生服务网络。政府投资兴办的社区卫生服务机构应当为居住在家的老年人提供下列服务：

（一）建立健康档案，按照有关规定提供定期免费体检和流感疫苗接种服务，提供疾病预防、伤害预防、自救及自我保健等健康指导；

（二）开展社区家庭医生式服务，对老年人常见病、慢性病进行综合管理，开展医疗、护理、康复服务指导；

（三）提供优先就诊和与其他医疗机构之间的双向转诊等服务；

（四）根据需要与社区托老所开展合作，为老年人提供签约式医疗卫生服务。

第十五条　市人力社保、卫生计生等部门应当完善基本医疗保险社区用药报销政策，按照社区卫生服务机构的服务功能完善基层用药制度，保证社区卫生服务机构药品配备，为老年人在社区治疗常见病、慢性病用药提供方便。

第十六条　市人民政府应当制定政策，支持、引导商业保险机构开发长期护理保险，为失能老年人提供长期护理保障，政府对长期护理保险的投保人给予适当补贴。

第十七条　市和区、县人民政府应当建立评估制度。对特殊困难老年人的家庭经济情况、身体状况、养老服务需求进行评估；对符合条件的低收入、失能、失独等特殊困难老年人给予居家养老服务补贴，根据需要进行家庭无障碍设施改造，配备生活辅助器具。

第十八条　本市应当推进养老服务人才队伍的职业化、专业化建设，培养具有职业素质、专业知识和技能的居家养老服务工作者。

市和区、县人民政府应当将养老服务人才队伍建设纳入人才教育培训规划，推进养老服务职业教育，完善养老服务专业人才的评价和激励机制。

从事养老服务的企业和社会组织应当吸纳专业人才，并对从事养老服务的员工进行培训。

第十九条　市和区、县人民政府应当将居家养老服务工作落实情况纳入监察和年度目标责任制考核，并建立责任追究制度。

本市各级人民政府及相关部门工作人员违反本条例规定，在居家养老公共服务活动中不履行、违法履行或者不当履行职责，导致老年人合法权益、公共利益受到损害或者造成严重后果的，依照《北京市行政问责办法》追究责任；违反有关法律法规规定应当承担纪律责任的，依照《行政机关公务员处分条例》给予处分；构成犯罪的，依法追究刑事责任。

第二十条　社区养老设施的管理者、使用者擅自改变政府投资或者资助建设、配置的养老设施功能和用途的，由民政部门责令限期改正，并责令退赔补贴资金和有关费用，可以处10万元以上100万元以下罚款；逾期不改正的，收回管理权、使用权。

第二十一条　享受政府补贴或者政策优惠的养老服务企业事业单位和社会组织没有履行相应义务的，由发放补贴的部门收回补贴，取消其享受优惠的资格，并记入本市信用信息系统。

第二十二条　本条例自2015年5月1日起施行。

北京市民政局、北京市老龄工作委员会办公室关于依托养老照料中心开展社区居家养老服务的指导意见

京民老龄发〔2015〕111号

各区县民政局、老龄办：

为了贯彻落实《北京市居家养老服务条例》，完善本市社会化养老服务体系，指导养老照料中心开展辐射社区居家养老服务，实现机构、社区和居家三类养老服务相互依托、资源共享、融合发展，满足居家老年人养老服务需求，按照《北京市民政局、北京市老龄工作委员会办公室关于印发〈北京市2014年街（乡、镇）养老照料中心建设工作方案〉的通知》（京民福发〔2014〕36号）和有关文件要求，现就依托养老照料中心开展社区居家养老服务工作，制定本指导意见。

一、重要意义

建设养老照料中心，发挥好其辐射区域内（以下简称“区域内”）社区居家养老服务功能，是市委、市政府完善养老服务体系的重要举措，对于发挥政府资金引导作用，鼓励社会资本参与，引入专业机构服务，解决居家养老专业化服务供给不足、质量不高的局面，保障广大老年人就近得到专业化社区居家养老服务需求，促进社会和谐具有重要作用。

二、基本任务

各区（县）要把养老照料中心作为区域内为老服务综合平台，与区域内托老设施、各类专业服务机构和服务团队组成养老服务联合体，满足区域内老年人社区居家养老服务需求。

（一）开展短期照料服务。养老照料中心在做好针对长期入住人员养老服务的同时，根据区域内的老年人日间或短期照料需求设置服务区域，创造性用好床位，主要为失能、高龄、独居和有需求的老年人提供日间照料、晚间托管、喘息服务和康复护理等服务。可尝试增设多样体验

式服务（如入住、就餐、护理等），以消除老人和亲属对入住养老机构的陌生感。养老照料中心可以利用自身专业护理人员组织开展上门入户服务，也可积极引进老年看护家政专业护理机构，承接上门照护服务。

（二）开展助餐服务。养老照料中心在满足收住人员就餐需求的基础上，在服务半径内向有助餐需求的老年人，提供就餐、送餐、助餐服务。有条件的养老照料中心可以针对区域内老年人营养膳食均衡和特殊需求提供服务。供餐能力不足或空间资源条件有限、安全隐患突出的养老照料中心可与有资质的餐饮企业合作，组织开展助餐服务。

（三）开展助洁服务。养老照料中心可引进专业助洁机构，也可配备家庭保洁、洗衣服务的有关设备和人员，根据老年人需求，提供家庭保洁和清洗衣服、床单、被罩、窗帘等服务。

（四）开展助浴服务。养老照料中心应配备适老公共洗浴设备，设置专人管理，尤其是为失能、高龄等老年人提供安全、专业、卫生的洗浴服务。对有上门助浴需求的居家老年人，提供上门助浴、理发、洗头、剪指甲等服务。

（五）开展助医服务。养老照料中心要与周边医院、社区卫生服务中心、康复护理等机构建立有效紧密的合作关系。为养老照料中心内外老年人提供就医和转诊的绿色通道，建立巡诊、连续医疗和健康管理的特定机制，为居家病床和针对骨折、术后以及脑卒中等患者提供专业康复医学指导。养老照料中心的医护人员或合作医疗机构医护人员可设立为老年人提供用药提醒和清理过期药品服务，对有需求的老年人可提供陪同就诊、取药等服务。

（六）开展精神关怀服务。养老照料中心应定期组织专业社会组织，为老年人提供心理健康评估筛查、情绪管理指导和健康知识讲座，促进心理健康。为有需求的存在轻度心理问题的老年人提供专业心理疏导服务，必要时进行心理干预；在服务过程中主动辨识存在中度到重度心理问题老年人，提醒家人尽早送老年人就医。定期组织开展适合老年人的文化、体育、手工、娱乐等活动，扩大老年人的社会参与，丰富老年人的精神文化生活。

（七）开展教育培训服务。养老照料中心要广泛传播养老服务的先进理念和实操技能，为老年人家属、家政服务人员、社区居民、志愿者进行生活照料和护理技能实训，为社区居民开展为老服务专业知识的传授和宣传，为老年人的护理、康复、照顾服务提供技术指导和支持。

（八）开展志愿服务。养老照料中心应实地走访，摸清老年人志愿服务需求项目，为志愿服务工作提供详实可靠的依据。按照“志愿者组织（团队）＋养老照料中心＋社区、家庭”的项目实施模式，组织为老服务志愿者岗前培训和对接老人，并建立接力机制。要发挥社区低龄老年志愿者照顾高龄老人的作用，形成长期有效帮扶，发挥好社会资源作用。

（九）开展信息管理服务。市老龄办负责免费向养老照料中心提供养老服务管理信息系统，并借助管理信息系统，形成区域内老年人动态需求数据库。积极配合开展政府购买服务和养老服务需求评估工作，根据信息管理需要配备相应设备，搭建区域内养老服务信息管理平台，并做好日常维护工作。开展对服务半径内老年人服务需求动态评估和获取的机制，与居家老年人和家庭建立起相互信任的服务关系。开展服务项目成本核算与过程监管工作，为政府购买服务提供重要依据。

（十）拓展服务项目。养老照料中心可设立助行服务项目，为周边老旧小区楼房中上下楼困难的老年人提供服务，其相应装备器材，可由政府予以支持。养老照料中心可提供辅助器具租赁等服务，有条件可设置居家智能养老和老年用品体验中心。

三、保障机制

（一）强化主导作用。区（县）民政、老龄工作部门要全面落实居家养老服务体系建设任务，优化配置养老服务资源，引导社会资本投入，全力推进养老照料中心平台的融合发展；将养老照料中心的建设纳入年度绩效考评项目，按照从实际出发、完善功能、注重实效、可操作且可持续的原则，出台扶持养老照料中心辐射居家、支持社区发展的政策，统筹协调跨街（乡、镇）的服务供给；发挥区（县）老龄委成员单位作用，为养老照料中心发展运营创造良好环境；建立养老照料中心行业自律机制，通过行业组织加强内部交流、相互合作、密切协同；引导养老照料中心为居家养老服务工作人员投保责任险或意外险；在实施政府购买养老服务项目中，养老照料中心有能力承接的，应优先由养老照料中心承接。

（二）突出保障措施。街（乡、镇）要成立由街（乡、镇）负责养老工作的主管领导任组长，区域内养老照料中心、社区卫生服务中心、社区服务中心、养老服务单位负责人为成员的社区居家养老工作小组，制定扶持和发展养老照料中心辐射居家功能的具体措施，负责养老照料中心年度绩效任务的完成；协调将辖区内的托老所等养老设施以合作、转让经营权等形式进行有效衔接；整合辖区内为老服务志愿者资源并与养老照料中心对接；指导养老照料中心制定规范的管理制度，包括规章制度、工作流程、人员职责、服务承诺、安全责任和意外事件应急处理机制等。

（三）建立监管机制。市民政局、老龄办每年对各区（县）养老照料中心工作进行绩效考评。区（县）民政、老龄工作部门实行统筹管理，定期进行检查抽查，及时发现、整改养老照料中心为老年人提供社区居家服务过程中存在的问题，进一步丰富服务内容，提高服务质量；针对养老照料中心运营状况，要积极开展跟踪分析，对工作推进情况进行总结，提出完善意见。街（乡、镇）要与养老照料中心签定合作协议，明确责、权、利，政府的相关投入应能折合成量比的社会效益，协议要明确退出和摘牌机制，要在区（县）民政、老龄工作部门备案；养老照料中心应建立意见征询机制，经常听取老年人及其家属的意见和建议，经常获取养老服务合作伙伴的建议和服务资讯。

（四）营造浓厚氛围。加大对养老照料中心开展社区居家养老服务工作的宣传力度，各区（县）养老照料中心要有统一、规范、清晰的标识，要使区域内老年人及老年人家庭都能全面了解此项工作，主动提出服务需求，选择符合自身需求的服务，形成全社会敬老、养老、爱老、助老、孝老的良好氛围。

北京市民政局　北京市老龄工作委员会办公室

2015 年 4 月 11 日

北京市民政局、北京市人力资源和社会保障局、北京市财政局、北京市老龄工作委员会办公室关于开展居家养老护理员培训试点工作的通知

京民老龄发〔2015〕215 号

各区县民政局，人力资源和社会保障局，财政局，老龄工作委员会办公室：

为贯彻落实《北京市居家养老服务条例》有关规定，推进本市居家养老服务人员职业化、专业化建设，培养具有职业素质、专业知识和技能的居家养老服务工作者，现将开展居家养老护理员培训试点工作有关事宜通知如下。

一、开展试点工作的必要性

按照《北京市“十二五”时期老龄事业发展规划》有关规定，到 2015 年养老服务和居家养老（助残）人员就业岗位需求将达到 25000 个，其中，居家养老服务需求所占比例超过 90%。居家养老护理员作为新兴职业，伴随着老龄化社会的到来，将面临着前所未有的发展机遇。当前，我市现有居家养老护理人员总量严重不足，绝大部分人员未经过专业技术技能培训。培育数量充足、素质优良、技能精湛的居家养老护理人员，建设具有职业素质、专业知识和技能的居家养老护理人才队伍，是满足居住在家老年人的社会化服务需求，提高老年人生活质量的必要前提和保障。

二、开展试点工作的原则

为保证试点工作正常开展，本市居家养老护理员培训将按照“政府主导、社会参与、持证上岗、行业自律”的原则进行。

三、开展试点工作的范围和时间

自文件下发之日起，利用两年时间在东城区、西城区、朝阳区、海淀区、丰台区、石景山区以及 2014 年、2015 年开展养老照料中心建设的远郊区县分期分批开展居家养老护理员培训试点工作。两年后，根据工作需要决定是否扩大试点或全市推开。

四、培训对象

凡在本市登记注册的、业务范围中包含《北京市居家养老服务条例》第三条所规定的医疗卫生服务、家庭护理服务、家政服务内容的企业、社会团体、民办非企业单位、基金会等社会组织中从事居家养老服务的合同制员工，可以由所在单位统一组织参加居家养老服务技能培训。试点期间，全市组织参加居家养老服务技能培训的各类型社会组织原则上不超过 30 家。

五、培训标准、教材与考核

为确保培训质量，居家养老护理员培训试点工作将采用统一的标准、教材、大纲和考核办法。《北京市居家养老护理服务技能标准（试行）》、《北京市居家养老护理员培训教材》、《北京市居家养老护理员培训教学大纲》、《北京市居家养老护理培训考核题库》由北京市老龄产业协会组织编写，并经市民政局、市老龄办组织专家评审确定。

六、培训与考核的组织实施

居家养老护理员从业单位负责组织居家养老护理员到试点培训机构进行培训。试点培训机构要按照《北京市居家养老护理员培训大纲》，结合培训教材及参培人员的实际情况，合理制定授课计划并组织落实，保证理论教学和实际操作课时内容完成。居家养老护理员理论知识和职业技能考核由北京市老龄产业协会组织，经考核合格的，由北京市老龄产业协会颁发《北京市居家养老护理员培训结业证书》。

七、培训机构的资质条件

（一）有办学或职业技能培训资质证明。具有独立的法人资格，依法取得办学许可，各相关证件须在有效期内并通过年检。

（二）具有相应职业的师资和管理力量。其中本单位具有资质的居家养老护理员培训师资不少于3人；具有培训管理经验的专（兼）职管理人员数量不少于3人。

（三）有必要的场地、设施设备等条件。有同时容纳20人以上的理论、实操教学的场地，多媒体电教设备齐全，含电脑、上网口及网线、投影仪、扩音设备。各项设施、设备须符合相关国家标准。

（四）有健全的培训质量保证体系和教学管理制度。必备有《北京市居家养老护理服务技能标准（试行）》、《北京市居家养老护理员培训教材》和《北京市居家养老护理员培训教学大纲》，以及根据《北京市居家养老护理服务技能标准（试行）》制定的教学计划和电子课件等。

符合条件的培训机构向市民政局（老龄办）提交本机构有关上述4项内容的证明材料复印件。市民政局（老龄办）会同人力社保局等相关部门，从试点实际需要出发，对申报机构进行评审验收，并实行动态管理。试点期间，居家养老服务培训机构原则上不超过10家。

八、居家养老护理员培训试点的支持政策

（一）试点区县范围内，被经区县民政局（老龄办）审核认定的居家养老服务企业招用为合同制员工（在法定劳动年龄内）、从事居家养老服务工作的本市城镇失业人员、本市农村转移就业劳动力、外省市来京务工人员、高校毕业生，可由所在单位统一组织，到经认定的试点培训机构参加一次免费职业技能培训。

（二）试点培训机构开展补贴培训前，需由市民政局（老龄办）将试点培训机构的基本信息向市人力社保局备案，由市人力社保局将试点培训机构名单及基本信息录入“北京市人力资源市场信息系统职业技能培训子系统”（以下简称“培训子系统”）。试点培训机构要安排专人使用“培训子系统”，并按要求及时完成人员身份核验、培训开班、培训结业、资金申请等信息录入工作。为保证居家养老护理员试点培训的质量，市民政局（老龄办）可以针对试点过程中的实际情况，对居家养老护理员的师资、教材等内容进行统筹、协调和调整。市人力社保局有关部门将对开展补贴培训的试点机构进行抽查。

（三）参加居家养老护理员培训，取得《北京市居家养老服务培训结业证书》的人员，按照每人1500元的标准予以培训补贴；未取得《北京市居家养老服务培训结业证书》的人员，不予补贴。补贴资金渠道按照《北京市人力资源和社会保障局、北京市财政局关于部分调整职业培训补贴政策有关问题的通知》（京人社能发〔2013〕139号）执行。

（四）居家养老护理员培训补贴由试点培训机构按季度申请。试点培训机构先向区县民政局（老龄办）提交申请材料（附件1），由区县民政局（老龄办）对试点培训机构提交的申请材料进行审核，并出具审核意见（附件2）后，试点培训机构再按属地向区县人力社保局提交申请材料及区县民政局（老龄办）的审核意见；区县人力社保局对申请材料的完整性进行审核，并根据区县民政局（老龄办）的审核意见，向试点培训机构拨付补贴资金。

九、工作要求

（一）加强领导，精心组织。开展居家养老护理员培训试点工作，推进本市居家养老服务人员职业化、专业化建设，培养具有职业素质、专业知识和技能的居家养老服务工作者，是积极贯彻落实《北京市居家养老服务条例》的重要举措。各区县民政局、人力社保局、老龄办要高度重视居家养老护理员培训管理工作，切实加强组织领导，密切部门间的协调、合作，建立、健全工作管理制度，全面推进居家养老护理员培训工作和规范上岗。

（二）部门配合，严密落实。市民政局、人力社保局、老龄办将不定期召开居家养老护理员岗位供需对接协调会，优先安排持证人员上岗就业。密切配合，做好试点培训机构资质认定工作。市老龄产业协会要发挥行业自律作用，针对居家养老护理服务从业单位和居家养老护理员个人建立信息管理平台和服务质量评价体系。各区县民政局、老龄办要全面掌握辖区内居家养老服务企业、社会组织和居家养老护理员的基本情况，制定居家养老护理员规范管理工作方案和培训规划。

（三）强化监督，严格管理。民政、人力社保、老龄办等部门要加强对试点培训机构开展居家养老护理员培训的日常管理和过程检查。各区县人力社保局要加强对试点培训机构的服务和指导，并按程序和要求及时做好培训补贴的审核工作；试点培训机构应按照要求开展培训，严格培训质量，在开展培训的过程中要配合并接受相关部门的培训质量抽查；在申请培训补贴资金时，要据实提交相关材料，不得弄虚作假。

（四）注重宣传，加强引导。充分发挥舆论导向作用，大力宣传居家养老护理员培训工作和规范上岗的重要意义。引导本市居家养老服务企业、社会组织落实先培训后上岗的制度，鼓励居家养老护理员积极参加职业技能培训，营造有利于居家养老护理员规范上岗、优质服务和提升技能素质的良好社会氛围。

附件：1. 居家养老护理员培训补贴申请材料
　　　2. 关于同意申请培训补贴资金的审核意见（式样）

北京市民政局　北京市人力资源和社会保障局
北京市财政局　北京市老龄工作委员会办公室
2015 年 6 月 17 日

附件 1

居家养老护理员培训补贴申请材料

一、职业培训补贴申请。

二、职业培训补贴申请表（附表）。

三、职业技能培训结业花名册（附表）。

四、试点企业、单位与参加技能培训人员签订的劳动合同复印件（至少复印劳动合同签订双方当事人基本情况、合同期限、双方当事人签字盖章页；由区县民政局（老龄办）对合同原件进行核对）。

五、试点培训机构在银行开立的基本账户凭证复印件。

六、外省市来京务工人员需提供身份证复印件（由区县民政局（老龄办）对身份证原件进行核对）。

七、本市应届高校毕业生需提供本人家庭户口簿、身份证、普通高等学校毕业证书、报到证（教育部统一印制，学校所在省、自治区、直辖市毕业生主管部门签发）复印件。

八、市职业能力建设指导中心抽查记录。

职业培训补贴申请表

（资金渠道：　　　　　　　）

申请单位（盖章）：　　　　　　　　单位：人、万元

职业（工种）名称	培训人数	结业取证人数	补贴标准	补贴资金
合　计				

单位负责人（签字）：　　　经办人：　　　填报时间：　　　　年　月　日

职业技能培训结业花名册

（资金渠道：　　　　　　　）

培训机构（盖章）：　　　　　　　　　　　　　　　　　　班级编号：

序号	姓名	性别	身份证号	户籍所在省、市或就业失业登记证、农村转移就业证号	结业证书编号

证书核发部门（盖章）：　　　　经办人：　　　　　　　　　　　　年　月　日

附件 2

区县民政局（老龄办）红头纸

关于同意申请培训补贴资金的审核意见

（式样）

__________区（县）人力社保局：

北京________________（试点培训机构名称）于______年___月___日到___月___日，组织开展了居家养老服务培训与考核。共有_________人参加培训，其中_________人经考核取得《北京市居家养老服务培训结业证书》。

__________区县民政局（老龄办）对此次培训考核工作进行了全程监管，监管过程中未发现问题。

综上所述，同意__________________________（试点培训机构名称）按照相关规定，向你区（县）申请培训补贴资金，共计________元，其中：失业保险基金负担________元，就业专业资金负担________元。

区县民政局（老龄办）公章

年　月　日

北京市民政局办公室

2015 年 6 月 25 日印发

北京市民政局、北京市财政局、北京市老龄工作委员会办公室关于支持养老照料中心和养老机构完善社区居家养老服务功能的通知

京民老龄发〔2015〕216号

各区（县）民政局、财政局、老龄办：

为深入贯彻《北京市居家养老服务条例》，保障落实北京市2015年重要民生实事项目第20项中"进一步完善已建成养老照料中心的居家辐射、社区支持功能"任务，完善本市社会化养老服务体系，引导推进已建成养老照料中心切实发挥综合辐射功能，鼓励养老机构利用自身资源优势开展社区居家服务，市级通过一次性项目补助方式，对全市养老照料中心和养老机构完善社区居家养老服务功能给予支持。现就有关事项通知如下：

一、支持办法

根据养老照料中心和养老机构辐射区域老年人需求，做实做强机构养老、居家助老、社区托老、专业支撑、技能实训、信息管理等六大服务功能，对照市民政局、市老龄办《关于依托养老照料中心开展社区居家养老服务的指导意见》（京民老龄发〔2015〕111号）规定的十项基本任务，按照"成熟一项、开展一项、支持一项、完善一项"的原则，每开展一项服务即作为一个分项目给与支持。

市民政局根据区县申报所属养老照料中心和养老机构年度项目情况，审核确定支持的项目清单，并商市财政局按照每个项目20万元标准，通过转移支付方式拨付区县一次性项目补助，一个养老照料中心和养老机构享受市级补助累计不超过200万元。市级补助资金在一个年度内分两次进行下达：第一次在上年9月底前，由市民政局核定下一年支持的项目计划和资金分配方案，市财政局审核后纳入当年市对区县转移支付预算整体方案中拨付；第二次在当年5月底前，由市民政局核定提出资金增补调整方案，原则不超过年初计划的10%，市财政局审核后拨付增补资金。2015年第一年实施，市级补助资金在2015年7月10日前完成核定拨付。

各区（县）作为指导和支持辖区养老照料中心和养老机构完善社区居家养老服务功能的实施主体，结合自身实际需求、财力情况和预算管理有关规定，做好相关工作经费的综合统筹安排，自主确定上述市级一次性项目补助的统筹使用方式。鼓励各区县结合自身财力情况确定配套资金。

二、项目标准

要把养老照料中心建成区域综合性为老服务平台，以合营、承包、协作等方式整合区域内托老设施、各类专业服务机构和服务团队共同组成居家养老服务联合体，采用分散或集成（流动服务车）方式为区域内老年人提供专业化、多样化的上门服务。鼓励养老机构从自身实际出发，开展单项或多项服务。其要求分别如下：

（一）短期照料服务要求。为辐射区域内失能、高龄独居以及其他需要临时短期托养的老年人提供就近全托服务，按照有关定价收取托老费用。制订喘息服务措施，对卧床超过半年，家属专职陪伴超过半年，提供一周以上短期托管服务。倡导与辐射区已有托老所签订协议，作为其分支机构，统筹管理和服务。

（二）助餐服务要求。养老照料中心和养老机构老年餐服务工作，2015年按照市民政局牵头另行印发的本市养老助餐服务体系试点建设的通知执行，以后年度按照市民政局后续出台的指导意见执行。

（三）助洁服务要求。养老照料中心或合作单位、养老机构可以根据服务需要配备家庭保洁、洗衣服务人员和有关设备，制定助洁服务流程，制定、公示收费价格，根据老年人需求，准时提供上门助洁服务。

（四）助浴服务要求。配备适老公共洗浴设备，设置专人管理。配备便携式上门助浴服务设备，设立专业上门助浴服务队伍。建立助浴服务安全操作规程，积极为居家生活老年人提供上门助浴服务。

（五）助医服务要求。与周边医院、社区卫生服务中心、康复护理等机构签订合作协议，建立有效紧密的合作关系。鼓励养老机构和养老照料中心为区域内老年人提供就医和转诊提供绿色通道，建立巡诊、连续性医疗和健康管理的服务制度。为术后、住院后或慢性病患者提供康复护理专业指导。为辐射区域内老年人提供用药提醒和清理过期药品服务，指导老年人遵循医嘱，正确用药。为老年人提供陪同就诊、取药等服务。

（六）精神关怀服务要求。可以与心理咨询等专业社

会组织合作，设立精神关怀服务工作站（室）。为辐射区域内老年人提供心理健康评估筛查、情绪管理指导和健康知识讲座，促进心理健康。对主动辨识存在中度到重度心理问题的老年人，提醒家人尽早送老年人到医疗机构就医。组织开展适合老年人的文化、体育、手工、娱乐等活动。

（七）教育培训服务要求。设立老年课堂，对老年人家属、家政服务人员、社区居民、志愿者进行生活照料和护理技能实训。对高龄、失能老年人家庭提供护理、康复、照顾服务技术指导和帮助。指导老年人开展家庭安全隐患排查。

（八）志愿服务要求。建立老年人志愿服务团队，开展实地走访，掌握老年人志愿服务需求。按照“志愿者组织（团队）＋养老照料中心＋社区、家庭”的模式开展服务。对志愿服务人员进行必要的岗前培训，采取一帮一、多帮一的方式对接老人，并建立接力服务机制。

（九）信息管理服务要求。开展辐射区域老年人基本情况调查，摸清需求情况。借助市里提供的养老照料管理信息系统，建立本区域老年人动态需求数据库。养老照料中心和养老机构要定期更新数据，做好日常数据维护，对需求信息进行动态评估，进行成本核算和过程监管，为政府购买养老服务或开展为老服务工作提出建议和依据。

（十）拓展服务要求。为行动不便老人，提供助行服务，如提供辅助上下楼梯设备器材服务。设置居家智能养老和老年用品体验中心，对家庭养老服务开展实训。设立养老辅助器具租赁、维修服务专门区域等。

三、工作要求

1. 区县民政、财政、老龄等相关部门要通力协调配合，共同谋划辖区养老照料中心和养老机构发展社区居家养老服务功能的顶层设计，并指导具体项目的规范、有序推进。区县民政（老龄）部门要积极指导所辖各街道（乡镇）、养老照料中心和养老机构，发挥养老照料中心在打造区域居家养老服务体系中的主导作用，指导养老照料中心和养老机构制订项目方案、完善服务功能、监督其开展服务。街道（乡镇）应与辖区养老照料中心和养老机构规范签订合作协议，明确开展社区居家养老服务工作责、权、利关系。凡是接受政府建设性资助的养老照料中心，都要不同程度开展辐射居家养老服务工作。

2. 区县民政（老龄）部门要根据本地区老年人的居家养老服务需求，结合养老照料中心和养老机构的实际，依据本通知第二条规定的“项目标准”，确定养老照料中心和养老机构辐射服务建设项目，明确进度安排，制定考核办法。要与相关街道（乡、镇）共同指导养老照料中心和养老机构制订社区居家养老服务项目。

3. 区县民政（老龄）部门建立项目资助资金审计制度。项目完成后要委托会计师事务所统一审核，于年度内完成项目考核验收。考核合格的，要按资助标准和管理要求核算各项目的资助额度，确保资助资金安全、及时、足额拨付至项目单位账户。考核不合格的要将相关预拨资金追回至区县财政。

4. 各承接项目的养老照料中心和养老机构要自觉接受各级民政、老龄、财政、审计部门的监督检查，严格按照进度要求落实项目。要用好市里提供的养老照料管理信息系统，做好日常数据维护、数据统计分析、需求评估，并在此基础开展针对性的服务。利用区域性服务数据分析，为政府工作提供依据。

5. 各区县要认真总结、及时推广辐射社区居家养老服务工作的典型经验，促进已建成养老照料中心全面开展辐射服务，推动养老机构利用自身资源优势，为周边社区居住在家的老年人提供服务，不断满足社会化养老服务需求，提高老年人生活质量。

北京市民政局办公室

2015 年 7 月 1 日印发

北京市民政局、北京市财政局、北京市老龄工作委员会办公室关于 2015 年开展养老助餐服务体系试点建设工作的通知

京民老龄发〔2015〕217 号

各区（县）民政局、财政局、老龄办：

为了贯彻落实《北京市居家养老服务条例》，积极推

进养老助餐服务体系建设，2015年拟在东城、西城、朝阳、海淀、丰台、石景山、房山、顺义8个区开展养老助餐服务体系试点建设工作，按照“科学布局、按需设点，政策扶持、社会参与，属地管理、区县主责，特困优先、兼顾其他”的原则，探索养老助餐服务各类模式，满足老年人就餐、配餐、送餐的需求，市级给予每个试点区一次性项目补助支持。现就试点建设有关工作通知如下。

一、重点任务

鼓励和支持社会力量参与养老助餐服务，逐步建立与市场经济相适应的养老助餐服务发展模式、管理方式和运行机制。

（一）重点支持专业餐饮企业。采取政府购买服务项目的方式，引进具备“中央厨房＋社区配送＋配餐、送餐、助餐”连锁经营能力的专业餐饮企业。

（二）发挥养老照料中心辐射功能。通过养老照料中心向区域内老年人提供助餐服务，也可引进专业餐饮企业通过“中央厨房＋养老照料中心＋就餐、配餐、送餐”等方式，与专业餐饮企业、老年餐桌、社区居委会、社区服务中心等合作，开展就配送餐服务。

（三）巩固提升老年餐桌质量。对设施较为完善、功能基本齐全的老年餐桌进行巩固和规范，支持其向专业化、连锁化、规范化发展，提升服务质量。

（四）突出重点服务保障对象。试点区要建立健全加快养老助餐服务体系建设的政策措施，重点做好对经济困难的孤寡、失能、高龄等老年人的养老助餐服务需求，有条件的要逐步拓展政府购买养老助餐服务的领域和范围。

（五）培育养老助餐特色品牌。鼓励大型专业餐饮企业加大老年营养膳食体系研究、制定老年餐和营养素品种研发、适合老年人需求的餐盒、智能餐柜、统一标识的助餐员服装和送餐车等，满足老年人多元化助餐需求。

二、工作模式

通过试点建设，实现老年餐桌和社区送餐点集中就餐、老年餐进入社区配餐点和老年人家庭的目标，初步形成养老助餐服务体系建设。

东城区要围绕“五进居家”构想，打造以专业化配送餐形式为主，其他形式为补充的（1＋X）综合助餐服务模式，实现老年餐桌集中就餐，社区分餐点集中取餐和送餐入户的方式，满足老年人就近服务和个性化需求。

西城区要充分利用现有条件，整合区域餐饮服务业资源，扶持具有提供老年人用餐需求能力的社会餐饮行业，分片包干、网格保障，通过专业化制作与配送，建设服务老年人需求的营养餐网络体系。

朝阳区要按照体系构建、区域统筹、需求覆盖、重点扶持的原则，构建“1＋43＋N”居家养老助餐服务体系。

海淀区要在挖掘现有服务资源的基础上，充分发挥养老照料中心功能和推广“中央厨房＋冷链运输＋社区配餐”的服务模式。

丰台区要利用养老照料中心和餐饮单位直营、建立社区集中就餐点、成品半成品配送到社区等多种形式，方便老年人就餐。

石景区要推广“乐龄”和“健乐苑”模式，帮助其形成连锁性经营。

房山区要按照“政府＋公司＋老年人”的模式，由政府搭台，企业市场化连锁经营，在社区建立老龄餐车配餐中心，解决老年人就餐问题。

顺义区要引进有规模、有体系、有标准的大型餐饮连锁服务企业，提供为老助餐服务。城镇地区采取小区自动售卖、成品半成品配送、店面直销等多种形式，农村地区利用相对集中村托老所进行周期配送。

三、项目扶持

市级给予每个试点区一次性项目补助支持，主要用于支持装修改造、配置设备设施、老年膳食研发等方向。区县收到市级补助资金后，结合自身实际需求、财力情况和预算管理有关规定，做好综合统筹试点工作资金保障工作。

（一）补贴项目

1. 装修改造。对不能满足老年助餐需求的餐厅和就餐点进行改造，主要用于简单装修、墙面粉刷、就餐场所无障碍改造、地面铺装防滑地砖或铺设橡胶的防滑垫，提高老年人就餐环境的安全和整洁。

2. 配餐设备。专业餐饮企业、老年餐桌需在街道（社区）设点的，应配备必要的膳食加工、外送、用餐设备。

3. 智能餐柜。对老旧小区和老年人相对集中的小区可安装智能配送柜，实现（互联网＋智能设备＋老年人就餐），智能配送柜可实现0－60℃低温冷藏、常温存储、加热保温等功能。

4. 膳食研发。为方便老年人营养膳食均衡和特殊需求服务（少数民族和咀嚼困难老年人），开展老年餐品种、形态的研发，鼓励支持产品进入消费市场。

（二）项目申报

按照属地管理的原则，养老助餐服务企业向所在试点区民政、老龄工作部门申报“养老助餐服务项目申请表”一式两份（申请表附后），试点区对上报的养老助餐服务项目进行认真审核，汇总向市老龄办上报“养老助餐服务体系试点建设项目申报表”一式两份（申报表附后）。

（三）资金拨付

市民政局、市老龄办核定认可试点区申报的试点方案后，依据北京市2013年60周岁及以上户籍老年人口数量，按照城六区每人20元、郊区每人30元标准核定试点区一次性项目补助分配方案，商市财政局通过转移支付方式拨付。

四、工作要求

（一）加强组织领导。各区（县）要充分认识养老助餐服务体系建设的重要性，试点区要成立领导小组及其办公室，明确各自职责分工，民政、老龄作为牵头部门，要加强组织协调，形成工作合力，做到实施有方案、落实有细则、任务有时限、督查有机制。其他有条件的区（县）可参照本通知要求，积极研究探索适宜本辖区的养老助餐服务模式。

（二）时间任务安排。①7 月 12 日前，试点区在充分调研的基础上，上报养老助餐工作方案和“养老助餐服务体系建设试点项目申报表”；②市民政局、市老龄办完成对试点区上报方案进行评估并提出指导意见，同时商市财政局完成市级一次性项目补助资金拨付工作；③7 月 11 日至 10 月 31 日为实施和验收阶段，做好迎接市人大常委会对《中华人民共和国老年人权益保障法》执法检查，并邀请市政协和有关部门协同检查养老助餐服务项目实现情况，以及老年人对助餐服务成效的评价；④11 月 1 日至 11 月 20 日，完成养老助餐服务体系建设试点工作总结，认真总结经验，查找不足，不断改进，同时研究制定今后在全市推广的指导意见。

（三）强化资金监管。市级补助资金坚持专款专用，主要用于助餐站点装修改造、配置设备设施、老年膳食研发等方向，具体使用方案由区（县）研究确定。试点区要严格落实，责任到位，加强对项目建设的督促、指导和监管，提高市级补助和相关配套资金的使用效益，探索建立养老助餐服务的长效机制，确保养老助餐项目按期保质完成。对参与养老助餐服务的企业应承诺 3 年以上的持续服务期，并在规范签订的合作协议中明确相关责、权、利关系，对没有发挥作用的应责令限期整改，整改仍不合格应予清退并追缴支持资金。

（四）加大宣传力度。各区（县）要充分利用各种宣传媒体，调动社会参与的积极性，为推进养老助餐服务体系建设营造良好的舆论氛围。试点区要按照公开、公平、公正的原则，鼓励有资质的社会组织参与申报养老助餐服务项目，参与养老助餐服务的企业要有记录老年人就餐痕迹的设备。要为养老助餐服务企业提供便捷服务，对符合条件的，优先受理、优先审核、优先纳入养老助餐服务项目范围。要采取多种形式，大力宣传养老助餐服务的意义，培育好典型。要大胆探索，勇于创新，鼓励企业建立联盟，协同发展，共同完成好这项惠及千家万户的民生工程。

附件：1. 区养老助餐服务体系试点建设项目申报表
　　　2.（公司、企业）养老助餐服务项目申请表

北京市民政局　北京市财政局
北京市老龄工作委员会办公室
2015 年 6 月 29 日

附件 1

________区养老助餐服务体系试点建设项目助贴申报表

项目负责人：

联系电话：

填表说明

一、要按照公开、公平、公正的原则，鼓励有资质的社会组织参与申报养老助餐服务项目，参与申请的养老助餐服务企业社会影响较好，有固定的服务主体、服务计划。

二、要具备制作老年营养膳食，提供就餐、送餐、助餐服务，符合食品安全卫生质量标准。参与养老助餐服务的企业要有记录老年人就餐痕迹的设备。

三、将“________区养老助餐服务体系试点建设项目补贴申报表”一式两份报送市老龄办。

四、联系方式

联系人：陈桐林

联系电话：65395479

地址：北京市朝阳区工人体育场东路 20 号

电子邮箱：CTL747056@126.com

<table>
<tr><td>项目名称</td><td colspan="5"></td></tr>
<tr><td>项目负责人</td><td colspan="2"></td><td>联系电话</td><td colspan="2"></td></tr>
<tr><td>项目总投资
（万元）</td><td colspan="5"></td></tr>
<tr><td>项目基本情况（包括助餐服务项目改造或前期准备情况、计划进度以及后期管理运营等）</td><td colspan="5"></td></tr>
<tr><td>餐饮企业和社区配餐点
改造方案
（请具体说明：企业、地址）</td><td>N家X（万元）</td><td>拟投入资金</td><td>（万元）</td><td>拟完成时间</td><td>11月底</td></tr>
<tr><td>街道（社区）配餐点
设备方案
（请具体说明：街道、地址）</td><td></td><td>拟投入资金</td><td></td><td>拟完成时间</td><td></td></tr>
<tr><td>智能配送柜方案
（请具体说明：社区、地址）</td><td></td><td>拟投入资金</td><td></td><td>拟完成时间</td><td></td></tr>
<tr><td>特殊膳食需求研发方案
（请具体说明：研发企业情况）</td><td></td><td>拟投入资金</td><td></td><td>拟完成时间</td><td></td></tr>
</table>

主管区长签名：

审核单位：区（县）民政局（公章）　　财政局（公章）　　老龄办（公章）

附件2

________（公司、企业）养老助餐服务项目申请表

项目名称：

项目负责人：

开户银行：

联系电话：

填表说明

一、申报项目要求：参与申报的养老助餐服务企业社会影响较好，有固定的服务主体、服务计划。要求具备制作老年营养膳食，提供就餐、送餐、助餐服务，要有记录老年人就餐痕迹的设备，符合食品安全卫生质量标准。

二、项目名称一栏应填写投资主体。

三、申报企业必须保证填写内容的真实性和严肃性。

四、项目投资主体向区级上报申请表一式两份。

五、联系方式

联系电话：

电子邮箱：

<table>
<tr><td>项目名称</td><td colspan="5"></td></tr>
<tr><td>项目地址</td><td colspan="5"></td></tr>
<tr><td>项目负责人</td><td colspan="2"></td><td>联系电话</td><td colspan="2"></td></tr>
<tr><td>项目总投资
（万元）</td><td colspan="5"></td></tr>
<tr><td>项目基本情况（包括助餐服务项目改造或前期准备情况、计划进度以及后期管理运营等）</td><td colspan="5"></td></tr>
<tr><td>餐饮企业和社区配餐点
改造方案
（请具体说明）</td><td>N点X（万元）</td><td>拟投入资金</td><td>（万元）</td><td>拟完成时间</td><td>11月底</td></tr>
<tr><td>街道（社区）配餐设备方案
（请具体说明）</td><td></td><td>拟投入资金</td><td></td><td>拟完成时间</td><td></td></tr>
<tr><td>送餐车方案
（请具体说明）</td><td></td><td>拟投入资金</td><td></td><td>拟完成时间</td><td></td></tr>
<tr><td>餐盒制作方案
（请具体说明）</td><td></td><td>拟投入资金</td><td></td><td>拟完成时间</td><td></td></tr>
<tr><td>送餐员服装方案
（请具体说明）</td><td></td><td>拟投入资金</td><td></td><td>拟完成时间</td><td></td></tr>
<tr><td>智能配送柜方案
（请具体说明）</td><td></td><td>拟投入资金</td><td></td><td>拟完成时间</td><td></td></tr>
<tr><td>特殊膳食需求研发方案
（请具体说明）</td><td></td><td>拟投入资金</td><td></td><td>拟完成时间</td><td></td></tr>
<tr><td>其它投资方案
（请具体说明）</td><td></td><td>拟投入资金</td><td></td><td>拟完成时间</td><td></td></tr>
</table>

审核单位：区（县）民政局（公章）　　财政局（公章）　　老龄办（公章）

北京市民政局办公室
2015年7月1日印发

北京市民政局、北京市财政局、北京市老龄工作委员会办公室关于2015年开展经济困难的高龄和失能老年人居家养老服务试点工作的通知

京民老龄发〔2015〕228号

各区县民政局、财政局、老龄办：

为加快建立我市经济困难的高龄和失能老年人居家养老服务补贴制度，保障困难老年人居家养老服务需求，按照《北京市居家养老服务条例》和财政部、民政部、全国老龄办《关于建立健全经济困难的高龄、失能等老年人补贴制度的通知》（财社〔2014〕113号）有关要求，市民政局、市财政局、市老龄办决定2015年开展经济困难的高龄和失能老年人居家养老服务试点工作。现就有关事项通知如下。

一、试点区县

根据老年人实际需求、地域环境等综合差异，结合区县目前开展老年人居家养老服务工作的基础情况，在我市四类功能区分别选取西城、海淀、顺义、密云四个区县开展试点工作。

二、试点内容

（一）试点服务对象

参照《北京市人民政府办公厅印发〈关于深化公办养老机构管理体制改革的意见〉的通知》（京政办发〔2015〕8号）中规定保障入住养老机构的基本养老服务对象范围，将城市特困、农村“五保”对象中的失能老年人和年满80周岁老年人，低保或低收入家庭中的失能老年人和年满80周岁老年人，以及计划生育特殊困难家庭中的失能老年人和年满70周岁老年人，作为开展试点居家养老服务基准服务对象。试点区县在基准服务对象基础上，可研究进一步扩大服务对象范围。

（二）试点服务方式

试点服务由政府直接组织提供或通过购买服务等方式，向困难老年人提供基本居家养老服务，将纳入“北京通”养老卡管理体系整体推进。建立部门协调机制，做好相关工作预案，积极探索、深入实践、努力创新，按计划推进试点工作。

（三）同步评估调查

市民政局、市老龄办在2015年将组织开展全市60周岁以上失能老年人的能力评估和高龄等老年人的养老服务需求调查，并对数据进行深入分析和开发。制定老年人能力评估和需求调查统一规范在各区县使用，逐步建立起我市养老服务评估组织、制度和管理体系。

三、市级扶持

市级财政给予每个试点区县一次性项目补助支持，主要用于支持为试点服务对象购买居家养老服务的直接费用、配置相关设备设施、居家养老服务商培养等方向。区县收到市级补助资金后，结合自身实际需求、财力情况和预算管理有关规定，研究综合统筹做好试点工作的资金保障。

市民政局、市老龄办根据确定的基准服务对象，测算试点区县困难老年人的潜在人数，按照首都功能核心区每人3000元、城市功能拓展区每人5000元、城市发展新区每人8000元、生态涵养发展区每人10000元标准，核定各试点区县一次性项目补助分配方案，商市财政局通过转移支付方式拨付。老年人能力评估和需求调查以及数据分析开发所需资金由市级财政统筹保障。

四、时间任务安排

2015年6月30日前，市民政局完成试点区县认定工作，并对试点区县的初步方案提出指导意见。

7月5日前，市民政局完成各试点区县所属困难老年人潜在服务对象人数核定工作，并按照前述明确的四类功能区分类标准，商市财政局完成市级一次性项目补助资金拨付工作。

7月31日前，试点区县向市民政局上报开展试点的正式方案，市民政局对区县正式方案提出进一步指导意见。

8月1日至12月31日为实施和验收阶段，期间试点区县做好迎接市人大常委会对《北京市居家养老服务条例》执法检查，市级相关主管部门督导检查，并将邀请市政协委员共同检查。试点过程中，将认真、全面总结经验，及时查找不足、不断改进，为加快制定我市经济困难的高龄和失能老年人补贴制度提供全面支撑。

五、工作要求

（一）加强组织领导

各试点区县要充分认识开展试点工作的重要性，建立区县民政、财政、老龄部门联合牵头的统筹协调机制，切实加强对试点工作的统筹安排，认真制定工作方案，及时解决瓶颈问题，加强指导检查，及时总结经验，高质量、高效率推进试点工作，为本区县持续推进和全市全面推开打好基础。

（二）完善信息系统

以我市养老服务管理信息系统为基础，完善全市老年人信息基本数据库建设，为试点工作提供基本数据支持。可采取政社合作新模式，充分利用社会单位评估信息系统研发优势，通过政府购买服务等创新方式，为试点工作提供信息化管理保障。

（三）强化服务体系建设

根据困难老年人实际需求类别、层次、数量、区域等因素，确定提供居家养老服务的范围、项目。依托现有服务体系建设专门服务队伍，并引导支持扩展服务范围、项目，根据老年人需求逐步拓展、优化。建立服务单位准入退出、质量管理、支付结算等制度，确保相关资金规范使用，保障困难失能老年人获得满意服务。

（四）提升结算系统功能

依托“北京通”养老卡管理体系，建立困难老年人居家养老服务专用支付结算通道。拓展养老卡功能，确保在限定的服务项目范围、由符合条件的服务单位提供。根据服务项目以上门提供为主的特点，建立便捷、可靠的移动支付、结算方式，提高资金使用效率。

北京市民政局　北京市财政局
北京市老龄工作委员会办公室
2015 年 7 月 3 日
北京市民政局办公室
2015 年 7 月 7 日印发

北京市民政局、北京市高级人民法院等 27 部门关于进一步加强北京市老年人优待工作的意见

京民老龄发〔2015〕289 号

各区县民政局、人民法院、党委宣传部、发展改革委、科委、公安局、司法局、财政局、人力社保局、住房城乡建设委、交通委、农委、商务委、文化局、卫生计生委、新闻出版广电局、体育局、残联、园林绿化局、公园管理中心、旅游委、金融局、市政市容委、铁路局、文物局、总工会、老龄工作委员会办公室：

为进一步增进老年人福祉，弘扬中华民族尊老敬老的传统美德，全面提高老年人优待工作水平，体现党和政府对老年人的关怀，根据《中华人民共和国老年人权益保障法》、全国老龄办等 24 个部门《关于进一步加强老年人优待工作的意见》（全国老龄办发〔2013〕97 号）、《北京市人民政府关于加快推进养老服务业发展的意见》（京政发〔2013〕32 号）和《北京市居家养老服务条例》（2015 年 1 月 29 日北京市第十四届人民代表大会第三次会议通过）有关规定，结合我市实际情况，现就进一步加强我市老年人优待工作，提出以下意见：

一、总体要求

（一）指导思想

以党的十八大、十八届三中、四中全会和习近平总书记系列重要讲话精神为指导，根据我市经济社会发展现状，从构建社会主义和谐社会和老年人的实际需求出发，积极完善优待政策措施，拓展细化优待内容、提高优待服务质量，营造尊重、关爱和照顾老年人的社会氛围。

（二）基本原则

1. 政府主导，社会参与。在政策制定、资金投入等方面发挥政府的主导作用，在多重领域积极为老年人提供优待，同时鼓励、引导和吸收社会力量参与老年优待服务。

2. 城乡统筹，因地制宜。根据城乡经济社会发展实际情况，分年龄、分层次确定优待范围、优待对象和优待标准，兼顾不同年龄群体的利益诉求，促进代际共融与社会和谐，坚持循序渐进地推进优待工作。

3. 突出重点，适度普惠。从不同老年群体的实际需求出发，对各优待项目的服务对象进行细分，优先考虑高龄、失能、贫困、空巢等困难老年群体的特殊需要，逐步发展面向老年人的普惠性优待项目。

二、优待项目和范围

60 周岁及以上的本市户籍老年人和常住外埠老年人，持北京通－养老助残卡（未发放北京通－养老助残卡前可

持北京市老年人优待卡或北京市老年人优待证）按照本意见享受相应的优待政策。

（一）政务服务优待

1. 制定社会救助、保障政策时，对贫困、失能老年人应给予重点照顾。享受本市城乡居民最低生活保障待遇、农村“五保”老年人应纳入医疗救助范围，提高其救助报销比例和额度，未纳入城镇职工基本医疗保险或新型农村合作医疗、城镇居民基本医疗保险的，资助其参加城镇居民基本医疗保险或新型农村合作医疗。

2. 在实施经济适用房、公租房等住房保障制度时，相关房管部门应明确设计及建设标准，在项目中安排一定比例的符合适老性标准的住房，并对本市户籍符合条件的老年人优先配租配售保障性住房，提高租金补贴标准；进行危旧房屋改造时，优先帮助符合条件的本市户籍老年人进行危房改造。残疾或失独老年人在其住房拆迁安置中，同等条件下可享受优先选择楼层的待遇。

3. 有关部门在办理房屋权属关系变更、户口迁移等涉及老年人权益的重大事项时，应依法优先办理，并就老年人的真实意愿进行询问，严格审查代理人资格。对有特殊困难、行动不便的老年人提供上门服务。

4. 免除农村老年人兴办公益事业的筹劳任务。免除农村70周岁及以上老年人兴办公益事业的筹资任务。

5. 经农村集体经济组织全体成员或本村村民委员会同意，将未承包的集体所有的部分土地、山林、水面、滩涂等作为养老基地（纳入国家和地方湿地保护体系及其自然保护区的重要湿地除外），可由本村基层老年协会负责管理经营，所得收益用于本村基层老年协会开展各类为本村老年人提供服务的公益项目，本村基层老年协会须定期公示养老基地管理经营情况及收益使用台账，并接受审计。

6. 重视老年人才资源的开发和利用，建立老年人才市场或中介机构，为老年人参与社会发展提供更多机会；引导老年人在教育、科研、咨询等领域再就业或从事维护社会治安、社区服务等社会公益活动，有关部门可在工作岗位和薪酬方面对老年人给予必要的倾斜照顾；充分发挥老年人在基层老年协会建设中的作用。

7. 具有本市户籍、且未享受我市丧葬补助费待遇的老年人去世后，享受丧葬补贴，标准为5000元。对去世老年人选择骨灰撒海的家庭实行免费，选择长青园骨灰林立体安葬方式的，给予相应补贴。

8. 加快建立养老服务评估制度，重点对特殊困难老年人的家庭经济情况、身体状况、养老服务需求进行评估；对符合条件的低收入、失能、失独等特殊困难老年人给予居家养老服务补贴，根据需要进行家庭无障碍设施改造，配备轮椅、拐杖、助行器等老年人出行及生活辅助器具。

（二）卫生保健优待

9. 社区卫生服务机构优先对辖区内65周岁及以上老年人免费建立健康档案。按照国家基本公共卫生服务规范的要求对辖区内65周岁及以上常住居民每年提供一次免费健康管理服务，包括生活方式和健康状况评估、体格检查、辅助检查和健康指导。

10. 结合本市社区家庭医生式服务的开展，社区卫生服务团队优先为辖区老年人开展签约式健康管理。对行动不便的老年人，提供上门健康指导服务。

11. 对于因亲属逝世形成精神障碍的老年人，居住地居（村）委会应协助监护人做好在专业机构内进行的精神干预支持工作。

12. 推进“医养结合”养老服务模式。不断拓展养老机构的医疗康复服务功能，鼓励有条件的养老机构设置医疗机构，按相关规定申请医保定点资质，优化养老服务资源。鼓励有条件的医疗机构利用闲置资源开办养老机构，满足长期患病、术后照护、残障等老年人的康复护理、临终关怀等服务需求。加强养老机构与医疗机构间的合作，开辟绿色通道，实现养老床位与就医资源的有效对接。

13. 大、中型医疗机构通过完善挂号、诊疗系统管理，开设专用窗口或快速通道、提供导医服务等方式，对重病、失能老年人就医提供挂号（退换号）、就诊、转诊、综合诊疗、化验、检查、交费、取药等优先服务。

14. 借鉴宣武医院与第一社会福利院合作远程医疗服务试点工作经验，加快推进以视频会诊、病理诊断、影像诊断、远程监护、远程门诊和远程查房等为主要内容的远程医疗服务模式。

15. 为本市户籍有需求的空巢老年人家庭免费安装紧急医疗救援呼叫器（一按灵）和烟感报警器（或液化气报警器、一氧化碳报警器），加大对空巢老年人的帮扶力度，完善空巢帮扶安全服务网，建立健全空巢老年人的安全预警服务系统。

16. 逐步为失智老年人配备防走失手环；为失独老年人提供心理咨询、情绪辅导、定期寻访等精神关怀服务，研究建立覆盖计划生育特殊困难家庭的综合保险制度，保障独生子女家庭老年人利益。

（三）交通出行优待

17. 车站等场所应设置老年人等候专座，并在醒目位置设置老年人优先标识，遇客流高峰期，视情况在身份验证、检票、安检及行李托运等处设置老年人专用进出通道。

18. 市域内有条件公交车站的首末站应设置老年人优先标志及无障碍等候专区，根据需要配备升降电梯、无障碍通道、无障碍洗手间等设施，方便老年人乘车。对于无人陪同、行动不便的老年人给予特别照顾。

19. 依托96106出租汽车召车热线，优先安排老年人叫车需求；加快推动无障碍出租汽车发展，为老年人和行动障碍人士提供个性化出行服务。

20. 65周岁及以上的本市户籍和常住外埠老年人持北京通一养老助残卡免费乘坐市域内地面公交车，建立老年人乘车数据库。

21. 完善老年人意外伤害保险制度，政府对本市户籍特殊困难老年人购买意外伤害保险予以资助。保险公司对其他参保老年人给予保险费、保险金额等方面的优惠。

22. 健全推广北京市为老服务单位综合责任保险制度，在为老服务单位提供服务的区域内有老年人因意外情况导致伤亡时，保险公司将按照相应标准予以赔付，并保障伤亡者享受先行赔付服务，减少为老服务单位的经营风险，充分发挥商业保险经济补偿功能。

23. 铁路部门应为列车配备无障碍车厢和座位，对有特殊需要的老年人订票和选座位提供便利服务。

24. 严格执行《无障碍环境建设条例》等建设标准，进行居住区公共服务设施无障碍改造工作，可结合老（旧）居住（小）区整治、棚户区改造、建筑抗震加固等专项工作统筹安排，重点推进居住区缘石坡道、轮椅坡道、人行通道，以及建筑公共出入口、公共走道、地面、楼梯扶手、电梯候梯厅及轿厢等设施和部位的无障碍改造，适当配备楼梯升降装置等辅助设备。新建或改造居住区时，建设单位要根据规划要求和《社区老年人日间照料中心建设标准》、《养老设施建筑设计规范》及《北京市居住公共服务设施配置指标》等建设标准，配套建设养老服务设施和老年人活动场所。

25. 规划过街天桥、人行横道、地下通道、交通信号灯等交通设施建设时要兼顾适老性原则，为老年人出行创造便利条件。

26. 已经建成的公厕，未配备无障碍设施的（如安全抓杆、轮椅可进入使用的坐式便器专用厕位等），有计划地逐步改造实现全覆盖，新建公厕必须配套建设无障碍设施。

（四）商业服务优待

27. 要根据老年人口规模和消费需求，合理布局商业网点，有条件的商场、超市设立老年用品专柜及老年人休息专座。

28. 有效利用北京通一养老助残卡数据信息，合理规划养老服务商发展，根据老年人需求，为其提供有针对性的精准服务。

29. 商业饮食服务网点、日常生活用品经销单位，以及水、电、暖气、燃气、通讯、电信、邮政等服务行业和网点，要根据行业特点和单位实际情况为老年人提供优先、便利、引导和优惠服务，增加社区、养老机构（包括养老照料中心）缴费网点，并在醒目位置设置优待标识。对行动不便的高龄、失能老年人应提供电话预约、免费上门等服务，满足老年人的特殊需求。

30. 金融机构应为老年人办理业务提供便捷服务，提供导银服务，对行动不便、重病的老年人提供上门服务或代办服务。鼓励金融机构为养老金客户开展减费让利。对办理转账、汇款业务或购买金融产品的老年人，金融机构应严格按流程办理业务，并对存在风险的问题做出详细说明，尽量了解老年人交易的真实目的，进行善意提醒，并在各网点ATM机、储蓄柜台等醒目位置张贴相关风险提示，利用科技手段进行防诈骗宣传，尽到风险提示义务。

（五）文体休闲优待

31. 增加公园、景区内服务老年人的设备，提高服务老年人设备的普及率。

32. 市、区（县）财政支持的公共体育场馆为老年人健身活动提供优惠服务，在淡季、老年节，对老年人活动实行优惠或免费提供场地。关注农村老年人体育需求，适当安排面向农村老年人的专题专场公益性体育服务。

33. 提倡影剧院、演出场馆不定期为老年人提供优惠票价，在淡季为老年文艺团体优惠提供演出场地。

34. 市、区（县）财政支持的公共图书馆应开设老年读者阅览区域，并为老年人提供大字阅读设备、触屏读报系统等以及老年镜、放大镜等方便阅读的物品。

35. 旅游景区、博物馆、公共体育场馆等场所在有条件的情况下开设老年人售票窗口，在入口排队区宜安放老年人优先标识或设置老年人专用通道。

36. 提倡非财政支持的旅游景区、图书馆、博物馆、体育场馆等文体设施为老年人提供免费、折扣、专场活动等优惠服务。

37. 老年教育资源要对城乡老年人公平开放。享受本市城乡居民最低生活保障待遇、农村“五保”老年人进入老年大学（学校）学习的，减免学杂费。

（六）维权服务优待

38. 各级人民法院对侵犯老年人合法权益的案件，要依法优先立案受理、优先审判和执行。重视审理赡养、继承、房产纠纷等各类涉老案件，切实维护老年人合法权益。有条件的基层人民法院可以成立老年人维权法庭（或老年人维权合议庭）。

39. 司法机关以开通电话和网络服务、上门服务等形式，为行动不便的高龄、失能、重病等老年人在报案、诉讼等方面提供便利。

40. 各级法律援助中心要设立老年人法律援助绿色通道，简化老年人申请法律援助程序，做到当天受理、当天审批、优先指派。积极推动放宽老年人法律援助经济困难标准，将更多老年人纳入法律援助保障范围，并重点关注孤寡、残疾、高龄以及空巢老人的法律援助需求。符合法律援助经济困难标准的老年人因其合法权益受侵害申请法律援助的，不再审查法律援助事项范围，重点做好赡养、婚姻、继承、邻里关系及因人身伤害事故（交通事故、医疗事故、产品质量事故以及其他事故）请求赔偿等老年人常见法律问题的法律援助工作。

41. 健全完善市中心、区（县）中心、街道（乡镇）工作站、社区（村）联系点四级一体的法律援助机构服务体系，不断拓展老年人申请法律援助的渠道，发挥基层法律援助站点作用，方便老年人就近申请获得法律援助。

42. 享受本市城乡居民最低生活保障待遇、农村“五保”以及其他生活困难的老年人因追索赡养费、扶养费、养老金、退休金、抚恤金、医疗费、劳动报酬、人身伤害事故赔偿金等提起诉讼，交纳诉讼费确有困难的，可以申请司法救助，缓交、减交或者免交诉讼费。因情况紧急需要先予执行的，可依法裁定先予执行。

43. 律师事务所、公证处、司法鉴定机构、基层法律服务所等法律服务机构，应优先为老年人提供费用减免法律咨询，有条件的法律服务机构应积极为经济困难的老年人提供其他免费或优惠服务。公证处为80周岁及以上老年人提供免费遗嘱公证业务，政府根据服务数量和质量给予其资金支持。

44. 充分发挥老年人法律援助律师团的作用，规范准入和退出机制，为经济困难老年人提供优质高效的法律援助服务。

三、组织实施

（一）各级有关部门要高度重视老年人优待工作，健全政府主导、老龄委组织协调、相关部门各司其职、企事业单位和社会团体以及志愿者积极参与的工作体制和运行机制。

（二）综合统筹保障开展老年人优待工作所需经费，深化落实各项财税优惠政策，对城市公交、公园等承接较重工作任务的单位，以老年人刷卡数据为基础，通过部门预算、政府购买服务等方式给予统筹支持。

（三）将老年人优待工作作为老龄工作的一项重要内容纳入年度目标责任考核，建立督查和奖惩制度，确保责任到位、任务落实。各有关部门要根据本意见，按照职责分工，落实各项老年人优待工作，于本意见发布之日起三个月内制定具体实施细则并向社会公布。区（县）人民政府和相关涉老职能部门要按照老年人有关法律法规和政策规定，结合当地实际情况和部门职责，制定老年人优待具体政策措施。

（四）各级涉老主管单位要规范服务，加强管理，督促各优待服务场所、设施和窗口设置优待标识，在主流媒体或指定网站公布并及时更新优待内容。

（五）有关部门要加强尊老敬老思想教育和道德宣传、老年维权法制教育活动，增强社会成员优待老年人的自觉性，提高老年人自我维权意识和能力。加大老年优待工作宣传力度，深入推进“敬老爱老助老”主题教育、“敬老文明号”和“老年节”活动，在全社会弘扬孝亲敬老传统美德，进一步营造尊重老年人、支持和参与老年人优待工作的社会氛围。

（六）各级老龄工作委员会负责老年人优待工作的组织协调和监督指导，要在同级政府的领导和支持下，建立有关涉老优待职能部门的联席会议制度，各级老龄工作委员会办公室承担老年人优待工作的日常事务管理，要会同有关部门定期开展监督检查。

（七）进一步发挥行政监督和社会监督的作用，建立健全信息反馈和监督机制，设立服务和监督热线，依托基层老年协会等社会组织及时受理老年优待方面的诉求，依法妥善解决好举报和投诉问题，对老年人优待工作中反映强烈的突出问题，要加大督办解决力度，做到尽早发现、及时解决。对不按规定或拒绝履行优待老年人义务的，由有关主管部门在主要门户网站、报刊杂志向社会进行公示并责令改正，拒不改正的纳入老年优待服务黑名单，其中财政支持的各类企事业单位一经列入黑名单，将对其当年财政预算进行相应核减。

（八）各级有关部门要积极主动配合做好同级人大代表、政协委员对老年人优待政策落实情况的视察、监督工作，推动各项优待政策的落实。

（九）本意见自印发之日起执行，《北京市人民政府办公厅关于转发市老龄工作委员会办公室北京市老年人社会保障和社会优待办法的通知》（京政办发〔2013〕30号）继续执行。

市民政局　市高级人民法院　市委宣传部
市发展改革委　市科委　市公安局
市司法局　市财政局　市人力社保局
市住房城乡建设委　市交通委　市农委
市商务委　市文化局　市卫生计生委
市新闻出版广电局　市体育局　市残联
市园林绿化局　市公园管理中心　市旅游委
市金融局　市市政市容委　北京市铁路局
市文物局　市总工会　市老龄办
2015年7月28日

北京市民政局办公室
2015年8月6日印发

山西省老龄工作委员会办公室、山西省民政厅关于进一步加强城乡社区老年协会建设的通知

各市老龄工作委员会办公室、民政局：

为认真贯彻落实全国老龄办《关于加强基层老年协会建设的意见》（全国老龄办发〔2012〕1号），全国老龄办、民政部《关于进一步加强城乡社区老年协会建设的通知》（全国老龄办发〔2015〕23号）和省老龄办《关于加强新形势下基层老年协会建设的意见》（晋老龄办字〔2012〕54号）精神，进一步规范、加强和推动全省城乡社区老年协会建设工作，现就有关事项通知如下：

一、加强组织建设

城乡社区老年协会是基层老龄工作的重要组织载体，是老年人自我管理、自我教育、自我服务的老年群众组织。各级老龄、民政部门要积极引导鼓励各地成立老年协会，逐步提高城乡社区老年协会覆盖率。要科学制定计划，明确时间进度，统筹城乡差异，综合区域平衡，加快建设步伐。力争2015年底完成全省城市社区老年协会覆盖率90%、农村老年协会覆盖率80%的“十二五”规划目标，“十三五”规划中期实现全省城市社区老年协会全覆盖，“十三五”规划末实现全省农村老年协会全覆盖。同时，要加强城乡社区老年协会规范化建设，按照省老龄办印发的《村（社区）老年协会章程（示范文本）》（晋老龄办字〔2014〕31号），明确老年协会的业务范围、组织机构、会员条件义务、资产管理使用等，不断规范和完善老年协会的组织、管理、运行体系。

二、依法登记管理

将城乡社区老年协会纳入公益慈善类或城乡社区服务类社会组织范畴，按照省民政厅《山西省四类社会组织直接登记管理暂行办法》（晋民发〔2015〕38号），进行直接登记。在法律法规允许的范围内，适当放宽条件、简化手续，做到能登尽登。暂时不具备登记条件的老年协会，应在乡镇（街道）备案。对依法登记的老年协会，要按章程规定，完善法人治理结构，建立健全民主决策机制，依法依规开展工作活动和进行资产管理使用，充分发挥应有的作用；对不具备登记条件的老年协会，要制定并规范协会章程，加强民主管理和自我监督。鼓励城乡社区老年协会自愿组合，成立联合组织，依法进行登记。

三、推动设施建设

老年协会应有固定的工作场所和活动场所。要争取把老年协会建设纳入城乡社区配套建设规划，新建、改扩建一批功能实用的老年协会工作和活动场所。继续深入开展老年协会“乐龄工程”。福利彩票公益金应对“乐龄工程”和老年协会设施建设给予资金支持。充分利用和整合城乡社区服务设施，不断改善老年协会和基层老年人活动条件。老年“星光计划”、“幸福计划”、社会福利院、敬老院、养老服务中心（站）、社区服务中心、社区综合服务设施、老年活动中心（站、室）、老年大学（学校）教学点等各类资源要向老年协会开放，鼓励和支持涉老服务和活动设施由老年协会参与管理和运行。

四、加大扶持力度

积极争取有关部门的支持，综合运用财政补助、行政奖励、购买服务、税收优惠等多种手段对老年协会进行扶持。协调财政部门，探索建立老年协会经费投入机制，争取把老年协会建设纳入财政预算，研究制定对老年协会的资助和奖励办法。支持老年协会承接或参与政府购买服务项目或公益创投项目，把具备承接政府购买服务资质的老年协会纳入承接主体，不具备承接资质的老年协会可参与项目的组织实施过程，发挥应有的作用。积极探索开展政府购买老年协会服务试点工作并逐步推广。各级政府用于社会福利事业的福利彩票公益金可投入老年协会建设。各级民政部门设立的社会组织孵化资金应重点支持老年协会。各类扶持资金要向农村贫困地区倾斜。对利用未承包的集体所有的土地、山林、水面、滩涂等建设的养老基地，应无偿向老年协会提供工作场所或活动场所。

五、鼓励社会参与

充分整合各类社会资源和资金，引导鼓励企事业单位、社会组织、个人等社会各界力量为老年协会建设进行资金投入和设施、设备的资助、捐助。激励引导机关、企事业单位、大中专院校、公益组织、志愿服务组织等为老年协会开展志愿服务。建立完善社会力量参与老年协会建设的平台和渠道，为社会力量参与老年协会建设创造条件、提供便利。

六、强化业务培训

根据城乡社区老年协会工作的实际需要，加强对老年协会负责人、骨干的教育培训，提升老年协会队伍素质。制订老年协会培训计划，安排专项培训经费，用三到五年

时间完成对老年协会负责人、骨干的培训。将党的路线、方针、政策，国家和我省关于老龄工作的法律法规、政策措施列为培训的必修内容，同时做好基层社会治理、为老服务、群众工作等业务知识培训，不断提高培训的针对性、实用性，着力提升老年协会服务老年人、服务社区的能力，充分发挥其在老年群体自我管理、自我教育、自我服务中的主体作用。把老年协会负责人、骨干的培养培训纳入社会组织人员培训计划。在城乡社区开发设立公益性岗位，安排专职或兼职人员为老年协会提供培训指导。引导社会工作服务机构为老年协会开展活动提供专业支持，会同老年协会共同开展老年社会服务。

七、营造良好环境

加大宣传力度，充分利用广播、电视、报刊、网络等媒体，广泛宣传老年协会先进人物、典型事迹、特色活动、积极作用、工作成果等，宣传老年协会建设的主要内容和政策措施，引导社会各界提高对老年协会在基层老龄事业、社会公益事业、社区公共服务、社会治理中重要作用的认识，在全社会营造重视、关心、理解、支持老年协会建设和发展的良好舆论氛围和社会环境。建立老年协会激励评价体系和信息公开制度，引导老年协会开展诚信建设，提高社会公信力。积极培养和树立先进典型，定期向社会发布老年协会参与社会建设和管理的优秀事迹。

八、加强组织领导

城乡社区老年协会建设既是基层老龄工作的重要内容，也是基层老龄工作的基础。加强老年协会建设，既符合国家激励和培育社会组织改革的方向，也是转变基层老龄工作方式的客观要求。要积极争取党委、政府对老年协会建设的重视，把老年协会建设列入重要议事日程，列为重点工作任务，纳入工作目标考核内容。各级老龄、民政部门要进一步统一思想，提高认识，站在推动基层社会治理创新、转变政府职能的高度谋划老年协会建设工作，切实加强对老年协会建设的组织领导。把老年协会建设纳入和谐社区建设示范单位创建活动和养老服务业综合改革试点工作，在考察评审过程中充分考虑老年协会建设及其作用发挥情况。建立老龄、民政部门联席会议制度，及时沟通，密切配合，采取措施，切实解决老年协会的实际困难和问题，协同推进全省城乡社区老年协会实现健康、有序、可持续发展。

山西省老龄工作委员会办公室　山西省民政厅

2015年8月20日

山西省老龄工作委员会办公室关于进一步做好老年优待证办理发放工作的通知

各市、省直机关老龄工作委员会办公室：

为认真贯彻《关于进一步加强老年人优待工作的实施意见》（晋老龄办字〔2014〕34号）文件精神，切实保障老年人各项合法权益，进一步提高老龄工作服务质量，现就老年优待证办理有关事项通知如下：

一、规范办证流程，提高服务质量

全省各级老龄工作机构应当坚持删繁就简、便老惠老的工作思路，进一步规范流程，提高效率。

（一）放宽办证条件，降低办证门槛

凡年满60周岁，具有我省户籍或者在我省居住、就业、就医等满3个月的老年人，均可申请办理《山西省老年优待证》，其中年满60周岁不满70周岁的老年人办理绿证，年满70周岁的老年人办理红证。

本省户籍的老年人初次申领证件、年满70周岁申请换证和因遗失、损坏等原因补办证件，只需持本人身份证或者户口簿等能够证明本人真实年龄的有效身份证件，以及本人近期一寸彩色免冠相片一张。

符合办证条件的外埠老年人，除上述办证资料外，还需要所在社区、村（居）民委员会开具居住满3个月的常住证明，有城市居住证的老年人无需再开具常住证明。

除上述办证资料外，不得要求老年人开具其他任何证明材料。

（二）简化办证程序，提高办证效率

申请办证可以社区、行政村为单位集体申办，也可个人申办。集体申办的，由社区、村（居）委会组织收集老年人的办证资料，统一申办。个人申办的，农村老年人可到乡镇人民政府申请办理，城市老年人可到县（市、区）老龄办申请办理；老年人行动不便的，还可委托其近亲属、邻居等代为申办。

办证时间原则上为每个工作日，受人员、办公条件等因素限制、执行确有困难的，需明确具体办理日期并予以公告。

符合办证条件的，即审即办，不得以无证等理由拒绝、推诿、拖延；不符合条件的，应当耐心解释；需补交材料的，应当以书面形式一次性告知。

办理《山西省老年优待证》不得向老年人收取任何费用。

（三）健全办证台账，完善档案管理

全省各级老龄工作机构要建立健全办证台账制度，做好老年优待证档案管理工作，保障档案资料的真实性、完整性、准确性和及时性，并按时向上一级老龄办报送相关数据。

二、转变工作作风，深入调查摸底

全省各级老龄工作机构应当切实增强为老年人服务意识，进一步转变工作作风，优化服务环境，对申请办证的老年人应当热情服务，老年人有不解的事项，应当耐心解释。各县（市、区）老龄办应当坚持原则性与灵活性相统一，老年人因旅游、探亲等事项急需办理优待证的，可以特事特办、急事急办。

各县（市、区）老龄办应于近期内，对所属行政区域各社区、自然村老年人的办证情况进行摸底普查，对多数老年人未办理优待证的社区、自然村，老龄办应当组织工作人员深入各社区、自然村，集中办证，上门服务，争取为符合条件的老年人全部办理优待证。摸底普查情况、集中办证情况，应以市为单位，于9月20日前用书面形式报送至省老龄办。

三、加强检查力度，确保工作落实

各市、县（市、区）老龄工作机构应当严格按照本通知要求，不断完善老年优待证办理制度，并通过网站、报纸、宣传栏等平台对老年人进行公开。各地应迅速开展自查整顿，对违反本通知规定、违背便老惠老原则的行为，应当及时纠正，自查整顿情况与摸底普查情况、集中办证情况一并上报省老龄办。

省老龄办将于近期内对全省各级老龄工作机构办证情况进行抽查，检查内容包括办证流程、工作态度、是否收费、办证台账等情况，检查方式包括听取汇报、实地查看、明察暗访等。各市老龄办也应加强对所属县（市、区）老龄办办证情况的监督、检查和指导，及时发现问题、解决问题，对违反办证制度、违背便老惠老原则的，要进行通报批评、责令整改；情节严重的，要建议有关主管机关进行相应的处分。

山西省老龄工作委员会办公室

2015年8月20日

辽宁省老龄办、辽宁省民政厅、辽宁省财政厅关于为全省城乡分散供养的特困老年人办理意外伤害保险的通知

辽老龄办发〔2015〕15号

各市老龄办、民政局、财政局：

为积极应对人口老龄化，提高老年人抵御意外风险能力，减轻政府和老年人家庭负担。根据国务院《关于加快发展养老服务业的若干意见》（国发〔2013〕35号）及辽宁省人民政府《关于加快发展养老服务业的实施意见》（辽政发〔2014〕4号）文件精神。2014年4月，省老龄办会同中国人寿保险公司辽宁省分公司在全省联合开展老年人意外伤害保险工作，即“关爱老年人健康工程”。此项工作的开展有效缓解了老年人及其家庭因意外伤害造成的经济负担，得到了社会各界和广大老年人的一致好评。2015年，省委省政府将启动“关爱老年人健康工程”，免费为城乡分散供养的特困老人（分散供养特困老人：指城市没有入住养老机构的“三无”老年人及农村没有入住养老机构的“五保”老年人）提供意外伤害保险列为我省重点民生实事，并列入政府督办重点工作内容。为使这项惠及老年人的民生实事落到实处，现就有关事宜通知如下：

一、重要意义

截至2013年底，我省老年人口数量已达789.9万，占全省总人口的18.5%，老年人口的快速增长进一步加剧了我省人口老龄化的严峻性和复杂性，使我省社会经济发展面临着严峻的挑战。为城乡分散供养的特困老年人办理意外伤害保险，对于有效应对人口老龄化、加强养老保障体系建设、减轻政府和特困老年人经济负担发挥了重要作用，也为引导全社会关心关爱老年人起到了很好的引领和示范作用。

二、基本原则

（一）政府主导的原则。省委省政府将此项工作列为重点督查督办民生实事内容，各市政府要加强组织领导、给予政策和经费支持，确保为城乡分散供养的特困老年人办理意外伤害保险工作落到实处。

（二）坚持属地管理的原则。为城乡分散供养的特困老年人办理意外伤害保险的对象以户籍为基础，按其所在

地实行属地化管理。

（三）坚持财政分级负担的原则。为城乡分散供养的特困老年人办理意外伤害保险保障资金由市、县两级财政负担。

（四）坚持公开、公平、透明的原则。严格按照规定确定参加保险对象，实行逐级审批、张榜公示，接受群众监督，增加工作透明度。

（五）社会参与的原则。引导全社会积极参与老年人意外伤害保险的惠老行动，支持企事业单位、社会组织和个人为老年人办理意外伤害保险，鼓励家庭成员为老年人办理意外伤害保险。

三、办理时间、范围和份数

（一）办理时间：自2015年4月1日起执行。

（二）办理范围：户籍在本省行政区域内，年龄在60周岁以上（女性55周岁）的城乡分散供养的特困老年人。

（三）办理份数：每人每份组合保险一年缴费20元，保险期限为一年，人均办理份数由各市、县政府根据当地实际情况自行确定。

四、工作要求

（一）加强领导，精心组织。各市、县有关部门要对为城乡分散供养的特困老年人办理意外伤害保险工作高度重视，切实加强领导，结合本地实际及时制定具体工作方案，精心组织、周密部署，认真抓好落实，省老龄办将每季度检查通报。

（二）明确任务，落实责任。财政部门要确保所需资金足额安排并及时拨付，并加强专项资金的监管；民政部门要积极提供城乡分散供养特困老年人的信息；老龄工作部门做好保险参保对象参保信息的审核及相关的统计、汇总、报送工作，协调人寿保险公司及时办理投保手续及督促做好理赔服务工作。

（三）广泛宣传，扩大影响。各地、各部门要加大宣传力度，积极宣传这项工作的重大意义，向社会公布办理保险的范围、程序和份数，做到家喻户晓、人人皆知，在全社会形成敬老爱老助老的良好社会氛围。

辽宁省老龄办　辽宁省民政厅　辽宁省财政厅

2015年3月16日

辽宁省老龄办、辽宁省编委办、辽宁省财政厅关于进一步落实《省人大常委会关于进一步促进全省老龄事业发展的决议》的通知

辽老龄办发〔2015〕45号

各市及绥中县、昌图县老龄办、编委办、财政局：

《省人大常委会关于进一步促进全省老龄事业发展的决议》（以下简称“《决议》”），自2014年5月30日辽宁省第十二届人民代表大会常务委员会第十次会议通过以来，各地认真落实，多措并举，有力推动了我省老龄事业的发展。目前，我省大老龄工作格局已基本形成，涉老优待政策落实逐步完善，老龄工作品牌工程效应显现，老龄服务业和产业不断发展，社会敬老风尚日益浓厚，各项老龄工作在全省得到了较好的落实。但各地还不同程度的存在《决议》尚未完全落实到位、老龄工作机构不够健全、老龄事业发展经费未列入财政预算、涉老优待政策落实有待加强和创新等问题。为进一步贯彻落实好《决议》，推动我省老龄事业蓬勃发展，现就有关事项通知如下：

一、继续全面贯彻落实《老年法》、省《老年人权益保障条例》和省人大常委会《决议》。要继续强化对《老年法》的宣传力度，使其家喻户晓。要结合省人大执法检查和调研发现的问题，多措并举，确保省人大常委会《决议》的全面落实。要积极参与省《老年人权益保障条例》修订工作，并做好落实。

二、着力强化惠老政策制定和落实。要全面落实好现有各项惠老政策，积极协调成员单位和有关部门，逐步扩大优惠优待标准和范围。要结合地区实际，不断建立完善老年人优待政策。要全面加强老年人维权工作，充分发挥维权网络作用，深入开展老年人法律服务和法律援助工作，切实维护、保障老年人合法权益。

三、重点抓好各项惠老工程。要继续落实好“80—89周岁低收入老年人高龄津贴政策”，确保足额、按时发放，争取提标扩面。要扎实开展好“关爱老年人健康工程”，做好为城乡特困老人免费办理意外伤害保险工作。要提高认识，加大推动力度，积极动员成员单位、相关部门和社会力量参与，争取扩大参保覆盖面。要协调督促本地区人寿保险公司，加大对工作人员的培训力度，畅通投保渠道，为老年人提供便捷高效的理赔服务。

四、统筹推进基层老年协会建设。要落实好《全国老

龄办、民政部关于进一步加强城乡社区老年协会建设的通知》（全国老龄办〔2015〕23 号）和省老龄办、省民政厅《关于加强基层老年协会建设的通知》（辽老龄办发〔2014〕31 号）以及省老龄办《关于开展基层老年协会建设促进工程的通知》（辽老龄办发〔2014〕42 号）等文件要求。要进一步加强基层老年协会规范化建设，继续完善登记备案、换届选举等管理工作。要继续推进基层老年协会建设促进工程，切实抓好试点建设，积极争取资金支持，充分整合各类资源，鼓励社会力量广泛参与，总结宣传典型经验。要引导基层老年协会积极开展各类活动，切实发挥其自我管理、自我教育、自我服务作用。

五、不断加强老龄工作机构建设。要进一步理顺市、县（市、区）老龄工作机构，规范和强化老龄办特别是县（市、区）老龄办的工作职能。要根据承担的职能和工作任务，配齐配强工作人员，尤其要加强基层的人员力量。市、县（市、区）要有老龄工作机构，并配备相应的专兼职人员。乡镇（街道）要配备专兼职老龄工作人员。村（社区）要有专人负责老龄工作，成立老年协会。

六、继续加大老龄事业经费投入。要将老龄事业经费足额纳入同级财政预算。省、市用于社会福利事业的彩票公益金，要将 50%以上的资金用于支持发展养老服务业。要继续落实好老龄事业专项工作经费，按照每名老年人市本级不低于年均 2 元、县本级不低于年均 3 元的标准拨发。要鼓励社会各方面加大对老龄事业的投入。

辽宁省老龄办　辽宁省编委办　辽宁省财政厅

2015 年 6 月 12 日

吉林省老年人权益保障条例

（2015 年 11 月 20 日吉林省第十二届人民代表大会常务委员会第二十一次会议通过）

第一章　总　则

第一条　为了保障老年人合法权益，发展老龄事业，弘扬中华民族敬老、养老、助老的美德，根据《中华人民共和国老年人权益保障法》等法律法规，结合本省实际，制定本条例。

第二条　本条例所称老年人是指六十周岁以上的公民。

第三条　县级以上人民政府应当制定本行政区域的老龄事业发展规划和年度计划，并将老龄事业纳入国民经济和社会发展规划；应当将老龄事业经费列入财政预算，并随着财政收入的增长，逐步增加对老龄事业的投入，建立稳定的经费保障机制；应当制定优惠政策，鼓励社会各方面投入，促进老龄事业与经济、社会协调发展。

县级以上人民政府用于社会福利事业的彩票公益金，应当将其中 50%以上的资金用于支持发展养老服务业，并随着老年人口的增加逐步提高投入比例。

第四条　县级以上人民政府负责老龄工作的机构，负责组织、协调、指导、督促有关部门做好老年人权益保障工作。

乡（镇）人民政府、街道办事处应当确定人员具体负责老年人权益保障工作。

第五条　国家机关、社会团体、企业事业单位和其他组织应当按照各自职责，做好老年人权益保障工作。

居民委员会、村民委员会应当安排专（兼）职人员负责老年人权益保障工作。

第六条　县级以上人民政府财政、审计等部门应当加强对老年人事业各项资金使用情况的监督，并按照有关规定向社会公开。

第七条　县级以上人民政府负责老龄工作的机构以及有关部门应当加强对老年人组织建设的指导，鼓励依法设立老年人组织。

依法设立的老年人组织，应当反映老年人的要求，组织开展有益于老年人身心健康的活动，调解老年人权益纠纷，维护老年人合法权益，为老年人服务。

第八条　县级以上人民政府相关部门应当支持老龄科学研究。

县级以上人民政府负责老龄工作的机构应当会同统计、公安、民政、人力资源和社会保障、卫生和计划生育等部门建立老年人状况调查统计和发布制度。

第九条　各级人民政府和有关部门对维护老年人合法权益、发展老龄事业和敬老、养老、助老成绩显著的组织、家庭或者个人，对参与社会发展做出突出贡献的老年人，按照国家和省有关规定给予表彰或者奖励。

鼓励居民委员会、村民委员会、老年人组织以及其他社会组织，对敬老、养老、助老的好子女、好家庭和老年服务工作成绩显著的集体、个人等先进典型给予表彰。

第二章 家庭赡养与扶养

第十条 赡养人和扶养人应当尊重老年人选择的养老方式。

第十一条 老年人的子女和其他被抚养人均有赡养老年人的义务。老年人的子女死亡或者子女无力赡养，有负担能力的孙子女、外孙子女有赡养老年人的义务。赡养人的配偶应当协助赡养人履行赡养义务。

老年人夫妻之间有相互扶养的义务。由兄、姐扶养的弟、妹成年后，对无赡养人的老年兄、姐有扶养的义务。由弟、妹扶养的兄、姐，对无赡养人的老年弟、妹有扶养的义务。

赡养人、扶养人不得以放弃继承权或者老年人离婚、再婚以及其他原因而拒绝履行法定的赡养、扶养义务。

第十二条 赡养人应当履行对老年人的经济供养义务，提供必要的医疗费用，保障老年人的生活水平不低于赡养人的生活水平。

对无收入或者低收入单独居住的老年人，赡养人应当按月或者按约定时间给付赡养费。

第十三条 赡养人应当在生活上照料被赡养的老年人。对患病或者生活不能自理的老年人，赡养人应当承担照料和护理的责任；不能亲自照料的，可以按照老年人的意愿委托他人或者养老机构等照料，老年人无力承担费用的，赡养人应当提供照料护理所需的费用。

赡养人应当尊重老年人的意愿，不得强行将老年夫妻分开赡养。

第十四条 赡养人以及其他家庭成员应当在精神上给老年人以慰藉，满足老年人精神方面的合理要求，尊重、保障老年人健康有益的生活方式。

第十五条 赡养人与被赡养人之间、赡养人之间可以就履行赡养义务签订协议。赡养人之间签订赡养协议应当征得老年人同意。赡养协议的内容不得违反法律的规定。

居民委员会、村民委员会、老年人组织或者赡养人所在单位应当监督赡养人履行赡养协议。

老年人可以与集体经济组织、居民委员会、村民委员会、养老机构等组织或者个人签订遗赠扶养协议或者其他扶助协议。

负有扶养义务的组织或者个人按照遗赠扶养协议，承担协议约定的义务，享有受遗赠的权利。

第十六条 老年人对自己合法的收入、房产、承包田和其他财产依法享有占有、使用、收益和处分的权利，子女或者其他亲属不得干涉。赡养人、扶养人不得因对其处分财产有异议而拒绝履行赡养、扶养义务。

有独立生活能力的成年子女或者其他亲属要求老年人给予经济资助的，老年人有权拒绝。成年子女及其亲属不得因无收入、低收入或者其他理由，以窃取、骗取、强行索取等方式侵犯老年人的财产权益。

第十七条 老年人与子女或者其他亲属共同出资购买、建造的住房，按照出资比例或者约定，依法享有相应份额的所有权和使用权。共有住房被征收、出租、出售或者改建的，应当保障老年人依法享有相应份额的所有权、使用权和收益权。

第十八条 老年人的婚姻自由受法律保护。子女或者其他亲属不得干涉老年人的婚姻自由和再婚后的家庭生活。

提倡再婚老年人对婚前个人财产以及婚姻关系存续期间所得财产进行书面约定或者公证。

第十九条 禁止对老年人实施家庭暴力。居民委员会、村民委员会、老年人组织和老年人退休前所在工作单位发现对老年人实施家庭暴力的，应当及时报告公安机关，并予以劝阻、制止、调解或者采取临时庇护等其他措施，保护老年人的人身安全。

第三章 社会保障

第二十条 省人民政府及其公安、人力资源和社会保障、卫生和计划生育、民政、住房和城乡建设等有关部门应当根据国家有关规定，制定老年人随配偶、赡养人和扶养人迁徙、异地生存认证与养老金领取、医疗保险、享受养老服务等具体办法，为家庭成员与老年人共同生活或者就近居住、照料老年人提供方便。

第二十一条 县级以上人民政府应当按照国家规定，完善城镇职工基本养老保险、城乡居民养老保险制度，根据经济社会发展状况，逐步提高老年人社会保障水平，保障老年人的基本生活。

第二十二条 县级以上人民政府应当完善职工基本医疗保险、城镇居民基本医疗保险、新型农村合作医疗体系，保障老年人的基本医疗需要。

享受最低生活保障的老年人和符合条件的低收入家庭中的老年人参加城镇居民基本医疗保险或者新型农村合作医疗所需个人缴费部分，由县级以上人民政府给予部分或者全额补贴。

在本省参保（参合），离开参保（参合）地在省内长期异地居住，取得居住地户籍或者居住证的老年人，异地就医时，按照有关规定以参保（参合）地的支付政策即时结算。

第二十三条 县级以上人民政府应当建立老年人长期护理保障制度，对生活长期不能自理、经济困难的老年人，根据其失能程度等情况给予护理补贴。

县级以上人民政府应当在基本医疗保险范围内逐步建立医疗照护保险制度。

鼓励商业保险公司开展针对老年人的长期护理保险、人身健康保险和意外伤害保险等相关业务。

第二十四条　县级以上人民政府应当按照有关规定，对享受城乡最低生活保障的老年人适当增发补助金；对符合条件的患病老年人实施医疗救助和困难群体重特大疾病医疗救助；对经济困难的老年人给予养老服务补贴。

第二十五条　县级以上人民政府对于独生子女伤残以及独生子女死亡后未再生育或者收养子女家庭的老年人，按照国家和省有关规定，在经济、养老和医疗等方面给予扶助。

第二十六条　县级以上人民政府实施廉租住房、公共租赁住房保障制度时，应当照顾符合条件的家庭成员均为老年人的家庭户，优先安排实物配租与租赁补贴；在农村进行危旧房屋改造时，对经济困难、家庭成员均为老年人且符合条件的，应当优先安排改造。

第二十七条　建立八十周岁以上低收入老年人高龄津贴制度，具体办法由县级以上人民政府制定。鼓励有条件的地方逐步扩大发放范围，提高标准。

第二十八条　农村可以将未承包的集体所有的部分土地、山林、水面、滩涂等作为养老基地，收益供老年人养老。

鼓励农村集体经济组织安排一定比例的集体经济收入用于老龄事业。

第二十九条　鼓励公民、法人、慈善机构和其他社会组织捐赠、资助老龄事业，为老龄事业发展提供人力、物力、资金和技术支持。

第四章　社会服务

第三十条　县级以上人民政府应当建立和完善以居家为基础、社区为依托、机构为补充，功能完备、规模适度、覆盖城乡的多层次养老服务体系。

第三十一条　县级以上人民政府及其有关部门在制定城市总体规划、控制性详细规划时，应当按照国家和省规定的标准，分区分级规划设置适合老年人的生活服务、医疗卫生和文化体育等设施，形成社区综合养老服务平台。

县级以上人民政府对新建城区和新建居住（小）区应当按照标准要求配套建设养老服务设施，同步建成交付使用；老城区和已建成居住（小）区无养老服务设施或者现有设施没有达到标准要求的，应当通过购置、置换、租赁等方式设置养老服务设施。

城乡社区公共活动场所，应当配备和设置适合老年人文化活动、休闲娱乐、体育健身的器材和设施，并明示使用方法和注意事项。

新建、改建和扩建道路、公共交通设施、建筑物、居民区等，应当符合国家无障碍设施工程建设标准。优先推进与老年人日常生活密切相关的公共服务设施无障碍改造。

第三十二条　县级以上人民政府应当在城市社区建立日间照料中心，在街道所在社区和较大社区建设城市社区居家养老服务中心，在行政村或者有条件的较大自然屯建设农村养老服务大院。

县级以上人民政府应当制定奖励、扶持办法，采取公建民营、民办公助、委托管理等多种方式，引导、支持社会力量兴办或者运营养老机构和养老服务设施。

第三十三条　各级人民政府应当支持建立以社会力量为主体、社区为依托的居家养老服务网络，引导社会组织和家政、物业等企业，经营适应老年人需要的用品，兴办或者运营老年供餐、社区日间照料、特色护理、家政服务、文化娱乐、休闲健身等形式多样的养老服务项目，为居家生活的老年人提供便捷、优惠的养老服务。

第三十四条　各级人民政府应当支持企业和机构建设和运用信息系统服务平台提供紧急呼叫、家政预约、健康咨询、物品代购、服务缴费等适合老年人的服务项目。

第三十五条　各级人民政府通过购买服务的方式或者组织社会工作者开展社区为老服务。

鼓励志愿服务组织招募为老服务志愿者，为老年人提供服务。

第三十六条　县级以上人民政府应当将各类养老服务设施建设用地纳入城镇土地利用总体规划和年度用地计划，合理安排用地需求，可以将闲置的公益性用地调整为养老服务用地。

民间资本举办的公益性养老机构与政府举办的养老机构享有相同的土地使用政策，可以依法使用国有划拨土地或者农民集体所有的土地。

养老服务设施用地，非经法定程序不得改变用途。

第三十七条　对公益性养老机构建设免征有关行政事业性收费，对经营性养老机构建设减半征收有关行政事业性收费，对养老机构提供养老服务应当按照标准下限征收行政事业性收费。

养老机构用电、用水、用气、用热按照居民生活类价格执行，使用有线（数字）电视、宽带互联网按照有关规定给予减免。

第三十八条　养老机构应当按照服务协议，为接受服务的老年人提供安全、卫生的生活环境和生活照料、康复护理、精神慰藉、文化娱乐等服务。

养老机构应当加强对养老服务管理和护理人员的培训，提高养老服务人员职业素养和业务水平。

鼓励建立养老服务行业协会，发挥行业自律作用。

第三十九条　政府投资兴办的养老机构，应当优先保障经济困难的孤寡、失能、高龄、独生子女伤残以及独生子女死亡后未再生育或者收养子女等老年人的服务需求。

第四十条　鼓励和引导养老机构投保责任保险、保险公司承保责任保险。县级以上人民政府可以通过补贴保险费等方式给予支持。

第四十一条　县级以上人民政府应当支持医疗卫生资源进入养老机构、社区和城乡居民家庭。

县级以上人民政府卫生和计划生育部门应当支持有条件的养老机构设置医疗机构，对符合条件的，应当纳入基本医疗保险定点范围，方便老年人就医。

二级以上医疗卫生机构应当开设老年病专科，增加治疗老年病的床位数量。乡镇医疗卫生机构和城市社区卫生机构应当为老年人建立健康信息档案，开展上门巡诊、健康查体、保健咨询等服务，做好老年慢性病防治和康复护理。鼓励医疗卫生机构为老年人建立家庭病床，提供义诊等免费医疗服务。

第四十二条　鼓励、支持高等院校、中等职业学校和职业培训机构设置相关专业或者培训项目，开展养老服务专业人才教育和从业人员职业培训。

对具有养老服务护理员培训资质的培训机构开展养老护理员职业培训的，依据相关规定给予培训费用补贴。

第五章　社会优待

第四十三条　县级以上人民政府及其有关部门根据经济社会发展情况和老年人的特殊需要，制定优待老年人的办法，并逐步提高优待水平。

老年人持身份证、优待证或者其他有效证件享受优待服务。

常住本省的外埠老年人享受同等优待。

第四十四条　商业、金融、供电、供水、供气、供热、电信等各类服务行业应当根据行业特点，为老年人提供优先、便利服务。

第四十五条　火车站、公路客运站、机场应当为老年人提供优先购票、检票等优待服务，并设置一定数量具有明显标志的老年人候车（机）座位。

第四十六条　六十五周岁以上的老年人免费乘坐城市公共汽（电）车、轻轨客车、地铁客车等公共交通工具，鼓励有条件的城市对未满六十五周岁的老年人乘坐市内公共交通工具实行费用减免，当地人民政府给予相应补贴。具体办法由当地人民政府制定。

城市公共交通工具应当设置敬老席。老年人乘坐城市公共交通工具，站点工作人员、司乘人员和乘客应当为老年人提供照顾和扶助。

第四十七条　需要收取费用的公共体育设施管理单位，应当根据设施的功能、特点为老年人健身活动提供减免费用优待。

第四十八条　收费公园、园林、景区、文物建筑以及遗址类博物馆应当对六十五周岁以上的老年人免收门票，未满六十五周岁的老年人享受门票半价优惠。鼓励景区内的观光车、缆车等代步工具对老年人给予优惠。

外埠老年人享受同等优待。

第四十九条　医疗卫生机构应当为老年人就医提供方便和优先服务，鼓励减免老年人普通门诊挂号费和贫困老年人诊疗费。

基层医疗卫生机构应当为辖区内常住老年人每年至少提供一次免费身体检查和健康指导，开展健康管理服务。

第五十条　农村老年人不承担兴办公益事业的筹劳义务。享受最低生活保障待遇的老年人、分散供养的“五保”老年人以及七十周岁以上的老年人不承担公益事业筹资义务。

第五十一条　具有本省户籍且享受城乡居民最低生活保障待遇的老年人去世，按照有关规定免收基本殡葬服务费用。

第五十二条　老年人因养老、医疗、人身伤害等合法权益受到侵害提起诉讼，缴纳诉讼费确有困难的，可以申请缓交、减交或者免交；需要获得律师帮助但无力支付律师费用的，可依法获得法律援助。对老年人提出的法律援助申请，应当简化程序、优先办理。

鼓励律师事务所、公证处、基层法律服务所和其他法律服务机构为经济困难的老年人提供免费或者优惠服务。

第六章　参与社会发展

第五十三条　县级以上人民政府及其有关部门应当完善老年人参与社会发展的政策，开拓老年人才发挥作用的渠道，为老年人参与社会发展创造条件。

第五十四条　制定地方性法规、规章和公共政策，涉及老年人权益重大问题的，应当听取老年人和老年人组织的意见。

老年人和老年人组织有权向国家机关提出老年人权益保障、老龄事业发展等方面的意见和建议。

第五十五条　各级人民政府对老年教育应当加强领导，统一规划，加大投入。

支持社会举办各类老年学校，鼓励利用广播、电视、网络等多种形式办学，发展老年教育事业。

第五十六条　县级以上人民政府文化、体育等有关部门应当指导、开展老年人文化、体育、娱乐活动。

基层群众性自治组织应当以老年人需求为导向，开展邻里交往、文体娱乐等有益于老年人身心健康的活动。

鼓励老年人成立各类文体活动团队，丰富晚年生活，提高生活质量。

第七章 法律责任

第五十七条 老年人合法权益受到侵害的，被侵害人或者其代理人有权要求有关部门处理，或者依法向人民法院提起诉讼。

人民法院和有关部门，对侵犯老年人合法权益的申诉、控告和检举，应当依法及时受理，不得推诿、拖延。

第五十八条 对不履行保护老年人合法权益职责的部门或者组织，其上级主管部门应当给予批评教育，责令改正。

国家工作人员违法失职，致使老年人合法权益受到损害的，由其所在单位、上级机关责令改正，或者依法给予处分；构成犯罪的，依法追究刑事责任。

第五十九条 对老年人负有赡养、扶养义务而拒绝赡养、扶养，侮辱、虐待、遗弃老年人，干涉老年人婚姻自由的，由行为人所在单位、基层群众性自治组织或者老年人组织给予批评教育；构成违反治安管理行为的，依法给予处罚；构成犯罪的，依法追究刑事责任。

第六十条 违反本条例规定，不履行优待老年人义务的，由有关部门责令改正；主管部门不履行管理和监督职责的，由同级负责老龄工作的机构督促履行职责或者提出工作建议。

第八章 附 则

第六十一条 本条例自2016年5月1日起施行。1998年9月25日吉林省第九届人民代表大会常务委员会第五次会议通过的《吉林省实施〈中华人民共和国老年人权益保障法〉若干规定》同时废止。

江苏省养老服务条例

（2015年12月4日江苏省第十二届人民代表大会常务委员会第十九次会议通过）

第一章 总 则

第一条 为了促进养老服务健康发展，规范养老服务行为，维护老年人合法权益，根据《中华人民共和国老年人权益保障法》等法律、行政法规，结合本省实际，制定本条例。

第二条 本省行政区域内的养老服务及其监督管理工作，适用本条例。

本条例所称养老服务，是指为老年人提供的生活照料、健康管理、康复护理、精神慰藉以及紧急呼叫与救援等服务。

第三条 养老服务应当与当地经济社会发展水平相适应，实行政府主导、社会参与、市场运作、统筹发展、保障基本、适度普惠的原则。

第四条 县级以上地方人民政府应当将发展养老服务纳入本地区国民经济和社会发展规划，制定专项规划和年度计划，建立并完善以居家为基础、社区为依托、机构为补充、医养融合发展的养老服务体系。

县级以上地方人民政府应当将养老服务事业经费列入同级财政预算，并根据本行政区域老年人口自然增长情况等因素，建立稳定的经费保障机制，增加对养老服务事业的财政投入。

第五条 县级以上地方人民政府民政部门主管本行政区域内的养老服务工作，管理、监督养老服务活动。发展改革、财政、人力资源社会保障、规划、建设、国土资源、卫生计生、教育、质量技术监督、工商、食品药品监管、价格等部门以及公安机关消防机构按照各自职责，协同做好养老服务工作。

工会、共青团、妇女联合会、残疾人联合会等人民团体发挥各自优势，参与相关养老服务工作。

第六条 县级以上地方人民政府老龄工作委员会负责协调、督促、指导有关部门做好养老服务的相关工作，其日常工作由民政部门承担。

第七条 乡镇人民政府、街道办事处具体负责组织实施本区域范围内的养老服务有关工作，指导村民委员会、居民委员会和养老服务组织等开展养老服务。

第八条 县级以上地方人民政府及其有关部门应当加大扶持力度，完善市场机制，引导社会力量成为发展养老服务业的主体。

鼓励公民、法人和其他组织通过捐赠或者提供志愿服务等方式参与养老服务。

第九条 支持成立养老服务相关行业协会。行业协会应当加强行业自律和诚信建设，开展业务培训、信息咨询、第三方评估，参与标准制定、质量监督等活动，发挥第三方社会组织的作用，引导和规范养老服务发展。

第十条 县级以上地方人民政府及其有关部门对在养老服务中作出显著成绩的单位和个人给予表彰或者奖励。

新闻媒体应当开展养老服务宣传，在全社会营造敬老、养老、助老、爱老氛围。

第二章　规划和建设

第十一条　县级以上地方人民政府在制定城镇总体规划、控制性详细规划时，应当按照国家和省有关标准，分区分级规划安排养老服务设施用地。

第十二条　民政部门应当会同发展改革、规划、国土资源、卫生计生等部门根据本地区国民经济和社会发展规划、城乡规划、土地利用总体规划和老年人口分布、公共服务资源、养老服务需求状况等因素，制定本地区养老服务设施布局专项规划，合理布局养老服务设施，经本级人民政府批准后实施。

第十三条　养老服务设施建设应当符合国家和省相关标准，并满足环境保护、消防安全、卫生防疫、食品安全、绿色建筑等要求。

第十四条　地方各级人民政府和有关部门闲置的培训中心、宾馆、招待所等场所适宜用于养老服务的，优先改造为养老服务设施。

机关、团体、企业事业单位以及其他社会组织将其闲置用房整合改造用于养老服务的，规划、国土资源等部门应当按照有关规定办理手续。

第十五条　规划、建设部门会同民政、国土资源、卫生计生等部门对养老服务设施的规划和建设情况进行专项督查。

第三章　居家养老服务和社区养老服务

第十六条　老年人养老以居家为基础，家庭成员应当尊重、关心和照料老年人。鼓励家庭成员与老年人共同生活或者就近居住。

老年人的子女及其他依法负有赡养、扶养义务的人，应当履行对老年人经济供养、生活照料、健康关心和精神慰藉的义务，照顾老年人的特殊需要。

第十七条　县级以上地方人民政府应当建立健全居家养老的扶持政策，通过购买服务等方式为居家养老提供服务。

第十八条　对经济困难的老年人，地方各级人民政府应当给予养老服务补贴。

对生活长期不能自理的经济困难老年人，地方各级人民政府应当根据其失能程度等情况给予护理补贴。

县级以上地方人民政府应当组织开展免费培训，向家庭成员普及照料失能、失智等老年人的护理知识和技能。

第十九条　地方各级人民政府和有关部门应当采取措施，发展城乡社区养老服务，鼓励、扶持专业服务机构以及其他组织和个人，为居家的老年人提供餐饮家政、紧急救援、医疗护理、精神慰藉、心理咨询等多种形式的服务。

第二十条　县级以上地方人民政府应当加强社区养老服务设施建设，充分考虑为老年人服务的便利性和服务半径等因素，分片区布点社区养老服务设施，均衡覆盖城乡社区。

第二十一条　社区养老服务设施建设应当纳入城乡社区配套用房建设范围。

新建住宅区按照每百户二十平方米以上的标准配套建设社区养老服务用房。新建住宅区的养老服务用房等设施，应当与住宅同步规划、同步建设、同步验收、同步交付使用。

已经建成的住宅区由所在的县（市、区）人民政府按照每百户十五平方米以上的标准通过购置、置换或者租赁等方式调剂解决。

任何单位和个人不得将社区养老服务用房等设施挪作他用。

第二十二条　鼓励养老服务组织为老年人提供助餐、助浴、助行、助洁、助购、助医、助急等服务。

推进老年人居家养老服务的市场化、社会化，引入社会力量和家政、物业等企业，兴办或者运营老年人助餐点、日间照料、全托半托、老年人活动中心等形式多样的养老服务项目，开展老年人居家养老服务。

鼓励机关、团体、企业事业单位和其他社会组织开放所属场所，为老年人提供就餐、文化、健身、娱乐等服务。

第二十三条　卫生计生部门应当支持有条件的医院开设老年医学科。

城乡基层医疗卫生机构应当为老年人建立健康档案，开展健康管理，通过智能终端、互联网和大数据平台，逐步实现信息共享。

鼓励城乡基层医疗卫生机构、老年护理院、康复疗养机构等为行动不便的独居、失能等老年人提供上门服务。

第二十四条　建立应急服务机制，对发生意外的老年人及时给予救助。城乡特困对象和经济困难的高龄、失能老年人接受救助所需承担费用，由政府负担。

第二十五条　新建、改建、扩建住宅区应当符合国家无障碍设施工程建设标准。

设区的市、县（市、区）人民政府应当推进老旧住宅区的坡道、楼梯扶手、电梯等与老年人日常生活密切相关的公共服务设施的无障碍改造。鼓励、支持已经建成的多层住宅加装电梯。

无障碍设施的所有权人和管理人应当对无障碍设施进行保护，有损毁或者故障及时进行维修，确保无障碍设施正常使用。

老年人家庭进行生活设施无障碍改造的，设区的市、县（市、区）人民政府住房城乡建设、民政部门应当给予指导。有失能、失智老年人的最低生活保障家庭、最低生活保障边缘家庭以及有重度残疾老年人的家庭进行生活设施无障碍改造的，县级以上地方人民政府应当给予资金补助。

第二十六条　设区的市、县（市、区）人民政府应当支持有条件的地区建设老年人集中居住社区，并完善配套设施。

第二十七条　鼓励邻里互助养老和老年人之间的互助服务，鼓励低龄健康老年人为高龄、独居、空巢老年人服务。

第二十八条　外埠老年人到子女所在城市与子女共同生活的，有关部门应当在户口安置、医保结算、公共交通、进入公园等方面给予便利。

第四章　机构养老服务

第二十九条　养老机构建设应当符合养老服务设施布局专项规划。

设立养老机构，应当符合有关法律、行政法规等规定的条件。

设立公益性养老机构，依法向民政部门申请行政许可。取得行政许可后，符合民办非企业单位条件的，向民政部门办理登记手续；经批准设置为事业单位的，向事业单位登记管理机关办理登记手续。

设立经营性养老机构，向工商行政管理部门办理登记手续后，依法向民政部门申请行政许可。

养老机构的设施建设符合规划、国土资源、环境保护和消防安全要求的，有关部门应当予以认可，并提供便利和帮助。

第三十条　公益性养老机构设施用地，可以依法使用国有划拨土地或者农民集体所有的土地。

经营性养老机构设施用地，依法办理有偿用地手续，优先保障供应。

养老服务设施用地，非经法定程序不得改变用途。

第三十一条　政府投资举办的养老机构应当保障无劳动能力、无生活来源又无法定赡养、扶养义务人或者其法定赡养、扶养义务人无赡养、扶养能力的老年人的养老服务需求。

最低生活保障家庭、最低生活保障边缘家庭中的失能、失智、高龄、独居、重度残疾的老年人和计划生育特殊家庭、优抚对象、劳动模范等老年人，申请入住政府投资举办的养老机构的，应当优先收住。

第三十二条　地方各级人民政府重点扶持护理型养老机构发展，推动医疗、养护、康复融合发展。

养老机构应当根据自身规模，在内部依法设立医疗机构或者卫生室、医务室等卫生设施，也可以与医疗卫生机构签订合作协议，为入住老年人提供医疗服务。养老机构应当配备康复设备或者设置康复区，开展专业化康复服务。卫生计生部门应当给予支持，并提供便利。

符合条件的内设医疗卫生机构和老年护理院等向人力资源社会保障、卫生计生部门申请纳入相关城乡基本医疗保险的定点结算范围的，人力资源社会保障、卫生计生部门应当将其纳入。

鼓励医疗卫生机构开展以康复护理为重点的养老服务，推动医养融合发展。

第三十三条　养老机构因故暂停或者终止养老服务，应当提前六十日向原许可机关提交老年人安置方案，经批准后方可实施。原许可机关应当在接到安置方案之日起二十日内作出是否批准的决定。

养老机构暂停或者终止养老服务的，应当按照安置方案妥善安置收住的老年人。民政部门应当督促养老机构制定和实施安置方案，并为其妥善安置老年人提供帮助。

第五章　人才培养和激励

第三十四条　民政部门会同人力资源社会保障部门建立健全养老服务人才培养、使用、评价和激励机制，依法规范养老服务用工，促进养老服务从业人员劳动报酬合理增长。

第三十五条　鼓励、支持高等学校、中等职业学校和培训机构设置养老服务相关专业或者培训项目，在养老机构设立实习基地，培养养老服务专业人才。

符合条件的养老服务从业人员和从事养老服务的社区工作者参加相关技能培训，按照规定享受职业培训补贴。

第三十六条　养老机构和其他养老服务组织聘用的专业技术人员，应当执行与医疗卫生机构、福利机构相同的执业资格、注册考核制度，在技术职称评定、继续教育、职业技能培训等方面享受同等待遇。

第三十七条　对取得养老护理员职业资格并从事养老护理岗位工作的人员，按照相应等级，由设区的市、县（市、区）财政按照省有关规定给予一次性补贴。

对在本省连续从事养老护理岗位工作满五年的高等学校、中等职业学校毕业生，由县级以上地方财政给予一次性入职奖励。

第六章　扶持和优惠措施

第三十八条　地方各级人民政府和有关部门应当通过购买服务、提供补贴、金融支持等方式，鼓励和支持社会力量举办养老机构、其他养老服务组织；或者通过购买服务、委托管理、承包经营、合资合作等方式，鼓励和支持社会力量运营政府投资建设的养老服务设施。

第三十九条　民政部门应当组织对需要政府保障、入住政府投资举办养老机构的老年人以及其他需要给予养老服务补贴、护理补贴的老年人进行评估确认。评估确认结果应当向社会公开。

民政部门应当逐步建立健全养老服务需求评估制度。

第四十条　民政部门应当建立健全养老服务质量评估制度，定期组织专家或者委托第三方专业机构，对养老机构和其他养老服务组织的人员配备、设施设备条件、管理水平、服务质量、服务对象满意度、社会信誉等进行综合评估。

民政部门根据养老服务质量评估结果，确定养老机构和其他养老服务组织的等级、类型以及补贴标准，并向社会公开。

第四十一条　地方各级人民政府应当按照规定，对符合条件的养老机构、其他养老服务组织给予相应的建设补贴和运营补贴。

第四十二条　鼓励发展品牌化和连锁经营的养老机构和其他养老服务组织，鼓励合理规划、建设养老服务业集聚区和养老服务特色产业基地。

对采用先进技术、创新能力强的养老机构和其他养老服务组织，可以按照省有关规定给予一次性奖励。

第四十三条　政府通过贷款贴息、直接融资补贴、融资担保和风险补偿等措施，引导信贷资金和社会资金投向养老服务业。

鼓励商业银行加大对养老服务业的信贷支持，创新抵押担保方式，开发适应养老服务业发展需求的金融产品和担保方式。符合规定条件的养老机构、其他养老服务组织可以按照规定申请创业担保贷款。

经民政部门认定的优质养老服务组织，可以纳入中小企业转贷方式创新企业范围。

第四十四条　县级以上地方人民政府应当帮助养老机构和其他养老服务组织拓展融资渠道，支持通过发行债券、证券等渠道融资。

支持金融、保险机构参与养老服务业发展。支持保险资金通过全资、股权合作、股权投资、投资信托基金等方式，促进保险服务业和养老服务业融合发展。

第四十五条　城乡基本医疗保险基金支付政策应当向提供合同服务、合作提供健康养老服务的基层医疗卫生机构倾斜。

鼓励、支持发展面向养老服务的各类保险，推动建立长期护理保险制度，为因疾病或者伤残需要长期护理的失能老年人提供基本护理保障。

鼓励养老机构和其他养老服务组织投保养老机构综合责任险，为入住老年人投保意外伤害保险，有条件的地区可以给予补贴。

第四十六条　养老机构和其他养老服务组织依法享受国家规定的税收优惠。

对与养老机构和其他养老服务组织有关的行政事业性收费，按照国家和省有关规定予以减免。

第四十七条　县级以上地方人民政府及其有关部门应当按照国家和省有关规定制定相关政策，扶持和引导企业开发、生产、经营适应老年人养老需求的产品、用品。

第四十八条　养老服务设施用水、用电、用气、用热，按照居民生活类价格标准收费；有线电视基本维护费按照当地居民用户终端收费标准减半收取。养老服务设施安装电话、有线电视、宽带网络免收一次性接入费。鼓励有条件的地区加大优惠力度。

第四十九条　鼓励、支持发展相关养老服务志愿组织，建立志愿服务时间储蓄等激励机制。志愿者或者其直系亲属进入老龄后根据其志愿服务时间储蓄优先、优惠享受养老服务。

鼓励、支持高等学校、中等职业学校和中学学生利用课余时间参加养老服务志愿活动。学校和志愿服务组织应当建立志愿服务情况登记档案或者记录卡。鼓励用人单位在同等条件下优先录取、录用、聘用有志愿服务经历者。

鼓励志愿者和老年人结对，重点为孤寡老人、空巢老人、农村留守老人提供生活救助和照料服务。

民政部门等有关单位应当对养老服务志愿者进行专业培训，并提供相关便利。

第七章　监督和管理

第五十条　县级以上地方人民政府应当加强对养老服务工作的监督，组织专项检查和考核，对发现的问题及时予以通报，并限期整改。

第五十一条　省标准化行政主管部门应当将养老服务标准纳入地方标准编制计划，加强地方养老服务标准制定工作，促进提高养老服务质量。

第五十二条　民政部门应当建立老年人口基本信息管理系统，完善老年人信息服务平台，实现对老年人信息的动态管理，并主动征询老年人的养老服务需求，提供养老服务供给信息。

第五十三条　民政部门应当建立养老服务行业信用评价体系，公布养老机构、其他养老服务组织诚信档案，接受社会查询。

第五十四条　民政部门应当建立养老服务投诉举报制度，公布投诉举报电话、邮箱；对公民、法人和有关组织的投诉举报，应当在二十日内核实处理。

第五十五条　审计机关按照国家有关规定，对政府投资举办或者接受政府补贴的养老机构和其他养老服务组织进行审计监督，并依法向社会公布审计结果。

第五十六条　价格主管部门依法开展价格管理监督，及时查处未落实收费优惠规定等价格违法行为。

第八章　法律责任

第五十七条　违反本条例第二十一条第四款规定，将社区养老服务用房挪作他用的，由民政部门责令限期改正；逾期不改正的，处一万元以上三万元以下罚款。

第五十八条　违反本条例第二十五条第一款规定，新建、改建、扩建住宅区不符合国家无障碍设施工程建设标准的，由住房城乡建设部门责令限期改正，依法给予处罚。

违反本条例第二十五条第三款规定，无障碍设施的所有权人或者管理人对无障碍设施未进行保护或者及时维修，导致无法正常使用的，由有关主管部门责令限期维修；造成使用人人身、财产损害的，无障碍设施的所有权人或者管理人应当承担赔偿责任。

第五十九条　违反本条例第三十条第三款规定，擅自改变养老服务设施用地用途的，由国土资源部门责令限期改正，依法予以处罚。

第六十条　违反本条例第三十三条规定，养老机构未经批准暂停、终止养老服务，或者暂停、终止养老服务未妥善安置收住的老年人的，由民政部门责令限期改正，处一万元以上三万元以下罚款；逾期不改正的，处三万元以上十万元以下罚款。

第六十一条　养老机构、其他养老服务组织或者个人骗取补贴、补助、奖励的，由民政部门责令退回，处骗取补贴、补助、奖励数额二倍以下罚款；构成违反治安管理行为的，由公安机关依法予以处罚；构成犯罪的，依法追究刑事责任。

第六十二条　民政等部门工作人员有下列行为之一的，由其所在单位或者上级主管部门依法给予处分；构成犯罪的，依法追究刑事责任：

（一）违反法定权限、条件和程序实施行政许可的；

（二）未依法履行监督管理职责，造成后果的；

（三）对接到的投诉举报未在二十日内核实处理，造成后果的。

第九章　附　则

第六十三条　本条例所称养老服务组织，包括养老机构、社区居家养老服务中心（站）、老年人日间照料中心、农村老年关爱之家、老年护理院、康复疗养机构，以及其他为老年人提供助餐、助浴、助行、助洁、助购、助医、助急等养老服务的组织。

本条例所称养老机构，是指经民政部门许可依法设立的为老年人提供集中饮食起居和照料护理等养老服务的机构。

第六十四条　本条例自2016年3月1日起施行。

江苏省人民政府办公厅
关于开展适宜养老住区建设试点示范工作的通知

苏政办发〔2015〕120号

各市、县（市、区）人民政府，省各委办厅局，省各直属单位：

为贯彻落实党的十八届五中全会关于坚持共享发展、积极开展应对人口老龄化行动、着力增进人民福祉的部署要求，健全完善养老服务体系和住房保障体系，经省有关部门研究，并报经省人民政府批准，决定在全省开展适宜养老住区（以下简称适老住区）建设试点示范工作，建设和改造一批充分考虑老年人生活需要、软硬件配套完善、能满足居家养老和社区养老需求的住宅小区（社区）。现将有关事项通知如下：

一、总体要求

（一）指导思想。贯彻落实党的十八届五中全会和习近平总书记视察江苏重要讲话精神，坚持共享发展理念，以满足日益增长的社区居家养老服务需求为出发点和落脚点，紧紧围绕养老服务体系和住房保障体系建设，有序开展适老住区建设和改造，积极探索“居住宜老、设施为老、活动便老、服务助老、和谐敬老”的方式和路径，为广大老年人提供健康舒适的居住环境和实用便捷的养老服务，为有效应对人口老龄化，建设经济强、百姓富、环境美、社会文明程度高的新江苏作出积极贡献。

（二）工作目标。从2016年起，用3—5年的时间，在全国率先建成一批示范效果明显、群众满意度高的适老住区，建立软硬件并举、合理高效的适老住区建设联动推进机制，形成比较完善的适老住区建设标准体系，适老住区建设试点示范工作取得明显成效。通过适老住区建设试点示范，探索建立适应人口结构变化的城市空间更新模式。

二、工作内容

（一）围绕居住宜老，完善相关标准。发挥规划引导作用，科学规划、建设和改造适老住区，努力适应居家养老、社区养老需求。城市住区中建设和改造一定比例符合《老年人居住建筑设计标准》的住宅，并与所在地老龄人口比例相匹配。鼓励、引导子女与老人共同或相邻居住，建设和改造一定比例的子女与老人共同或相邻居住的亲情养老住宅。在多层及以上住宅配置电梯。

（二）围绕设施为老，加强配套建设。适老住区应具有规模适宜的老年人活动中心、居家养老服务中心（站）、老年人护理中心（站）、社区日间照料中心等社区居家养老服务设施，并与住区周边的社区服务、医疗服务等公共服务设施相配套。新建住区按照每百户 20－30 平方米，既有住区按照每百户 15－20 平方米，合理确定养老服务用房类型、规模和标准。综合运用现代信息技术和手段，提供应急呼叫等服务。

（三）围绕活动便老，强化条件保障。推进老年人家庭和住区设施无障碍设计、建设、改造，小区道路和建筑物公共区域全面达到无障碍设计标准。小区有适合老年人散步、锻炼的户外活动场所。住宅和小区环境设计具有明显的指示性，便于老年人识别。照明系统能够满足老年人活动需求。既有住区通过改造加装电梯、扶手等设施，方便老年人日常出行。

（四）围绕服务助老，鼓励各方参与。住区内居家养老服务中心等设施按比例配备养老护理员，为住区老年人提供生活照料、康复护理、助浴助急、精神慰藉等专业化服务。基层医疗卫生机构为老年人建立健康档案，每年为 65 岁以上老年人提供 1 次健康管理服务。鼓励中央厨房和社会化餐饮服务公司为住区提供送餐服务，有条件的应设立独立老年人助餐点，政府可根据运营状况予以相应补贴。鼓励社会组织承接政府购买养老服务项目，为住区内老人提供优质便捷的养老服务。物业公司有针对老年人的服务条款，与专业养老服务机构合作，提供延伸服务。鼓励物业公司通过自办、上门等服务方式参与养老服务，针对住区内老年人口结构、身体状况、生活习惯等提供个性化养老服务。

（五）围绕和谐敬老，营造良好氛围。大力弘扬社会主义核心价值观，继承和发扬敬老、养老、助老优良传统，营造适老住区文化氛围，鼓励邻里守望相助。积极培育发展为老服务公益慈善组织，搭建志愿者服务网络，组织社工、志愿者、心理咨询师队伍为住区老年人开展文化娱乐、继续教育、健身指导、健康咨询、精神慰藉等工作。

三、组织实施

（一）加强组织协调。各级政府要充分认识推进适老住区建设试点示范的必要性，把这项工作列入养老服务体系和住房保障体系建设内容，加强统筹协调，制定实施方案，扎实加以推进。各级住房城乡建设部门要会同民政部门认真抓好试点示范的组织实施和工作指导，其他各有关部门要积极主动参与，形成工作合力。

（二）抓好项目建设。各省辖市要制定符合本地实际的适老住区试点示范项目建设标准，积极组织所辖县（市、区）开展适老住区建设试点示范工作。从 2016 年起，每个省辖市每年至少启动 1 个新建适老住区和 1 个既有住区适老化改造试点项目。省从各市确定的试点项目中，根据相关标准确定一批省级试点示范项目。省住房城乡建设厅要会同省民政厅加强项目推进过程中的指导、督促和检查，并对照标准做好项目验收，对验收达标的项目授予"江苏省适老住区示范项目"称号。

（三）完善扶持政策。各地、各有关部门要对照适老住区建设改造目标任务，结合实际研究相关政策措施。制定鼓励社会各方积极参与的优惠政策，制定子女与老人共同或相邻居住亲情养老模式的配套支持政策。调剂解决养老服务用房时，涉及土地性质、房屋用途改变等问题的，民政、规划、国土资源等相关部门应积极予以支持。省修订人居环境奖评选管理办法，增设适老住区建设相关内容，引导鼓励各地积极开展试点示范。

（四）落实相关经费。各市、县人民政府要从本地实际出发，合理安排适老住区建设试点示范资金，并创新投融资机制，积极吸引社会力量参与适老住区建设。"十三五"期间，省财政每年安排一定数量的资金，用于支持省级适老住区试点示范项目。

江苏省人民政府办公厅
2015 年 11 月 24 日

江苏省人民政府办公厅
关于进一步完善医疗救助制度的实施意见

苏政办发〔2015〕135号

各市、县（市、区）人民政府，省各委办厅局，省各直属单位：

为贯彻落实《社会救助暂行办法》（国务院令第649号）、《江苏省社会救助办法》（省政府令第99号）以及《国务院办公厅转发民政部等部门关于进一步完善医疗救助制度全面开展重特大疾病医疗救助工作意见的通知》（国办发〔2015〕30号）要求，不断提高医疗救助管理服务水平，现就进一步完善医疗救助制度提出以下意见：

一、总体要求

（一）指导思想。深入贯彻党的十八大和十八届三中、四中、五中全会以及省委十二届十一次全会精神，以健全社会救助体系、保障困难群众基本医疗权益为目标，进一步完善政策措施，强化规范管理，健全工作机制，加强统筹衔接，最大限度减轻困难群众医疗支出负担，编密织牢保障基本民生安全网。

（二）基本原则。

托住底线。按照救助对象医疗费用、家庭困难程度和负担能力等因素，科学合理制定救助方案，确保其获得必需的基本医疗卫生服务；救助水平与经济社会发展水平相适应。

统筹衔接。推进医疗救助制度城乡统筹发展，加强与基本医疗保险、城乡居民大病保险、疾病应急救助及各类补充医疗保险、商业保险等制度的有效衔接，形成制度合力。加强与其他社会救助制度及慈善事业有序衔接，实现政府救助与社会力量参与的高效联动和良性互动。

公开公正。公开救助政策、工作程序、救助对象以及实施情况，主动接受群众和社会监督，确保过程公开透明、结果公平公正。

高效便捷。优化救助流程，简化结算程序，加快信息化建设，增强救助时效，发挥“救急难”功能，使困难群众及时得到有效救助。

（三）目标任务。完善医疗救助制度，进一步细化实化政策措施，实现医疗救助制度科学规范、运行有效，与相关社会救助、医疗保障政策相配套，保障医疗救助对象获得基本医疗卫生服务。

二、合理界定救助对象

（一）保障重点对象。最低生活保障家庭成员，特困供养人员，具有当地户籍的临时救助对象中的大重病患者，享受民政部门定期定量生活补助费的20世纪60年代精减退职职工，重点优抚对象，享受政府基本生活保障的孤儿，设区的市、县（市、区）总工会核定的特困职工等7类对象为重点医疗救助对象。

（二）适当拓展对象范围。有条件的地区要逐步将其他低收入家庭的老年人、未成年人、重度残疾人、重病患者等困难群众（以下统称低收入医疗救助对象），以及县级以上地方人民政府规定的其他特殊困难人员纳入救助范围。有条件的地区，可以将不具有当地户籍的临时救助对象中的大重病患者纳入救助范围。在各类医疗救助对象中，要重点加大对重病、重残儿童的救助力度。

（三）特殊情形。重点医疗救助对象中的最低生活保障家庭成员，特困供养人员，享受民政部门定期定量生活补助费的20世纪60年代精减退职职工，重点优抚对象，享受政府基本生活保障的孤儿，设区的市、县（市、区）总工会核定的特困职工，丧失相应对象身份的，原则上次月起不再享受医疗救助待遇。

医疗救助对象住院治疗期间，丧失医疗救助对象身份的，当次住院仍按原医疗救助对象类别享受医疗费用补助待遇；在住院治疗期间取得医疗救助对象身份的，当次住院起即可按相应医疗救助对象类别享受医疗费用补助待遇。

重点医疗救助对象异地就学、就业等，应当由其身份相对应的生活保障（补助、待遇）领取（享受）地给予医疗救助。

对于因特殊情况未参加基本医疗保险的医疗救助对象，应当给予医疗救助，具体费用补助标准由县级以上地方人民政府确定。

三、科学确定救助方式和标准

（一）全面资助参保参合。对重点医疗救助对象参加城镇居民基本医疗保险或新型农村合作医疗的个人缴费部分给予全额资助，保障其获得基本医疗保险服务。其他医疗救助对象的参保参合个人缴费补贴标准，由县级以上地方人民政府根据当地经济社会发展水平和医疗救助资金筹集情况等因素确定。

（二）规范医疗费用补助。对医疗救助对象经基本医疗保险（包括城镇职工基本医疗保险、城镇居民基本医疗保险和新型农村合作医疗）、城乡居民大病保险和其他补充医疗保险支付后，符合规定的个人自负费用给予补助。

1. 明确医疗费用补助范围。医疗费用补助范围主要参照当地基本医疗保险的有关规定确定，对费用负担过重的救助对象，可以参照当地城乡居民大病保险合规医疗费用范围给予补助；基本医疗保险实行按病种付费的医疗救助对象，对病种定额补偿、城乡居民大病保险及其他补充医疗保险支付后剩余的医疗费用给予补助。

2. 合理确定医疗费用补助标准。综合考虑患病家庭负担能力、个人自负费用、当地筹资情况等因素，分类分段设置救助比例和最高救助限额。原则上重点医疗救助对象的救助比例高于低收入医疗救助对象，低收入医疗救助对象高于其他医疗救助对象；同一类救助对象，个人自负费用数额越大，救助比例越高。

对重点医疗救助对象应当全面取消救助起付线和救助病种限制。重点医疗救助对象在医疗救助定点医疗机构发生的政策范围内门诊、住院费用，对经基本医疗保险、城乡居民大病保险及其他补充医疗保险报销后的个人负担部分，在年度最高限额内按70%以上的比例给予救助。医疗费用补助的年度最高限额原则上应当达到当地城乡基本医疗保险封顶线的50%以上。门诊和住院救助最高限额由县级以上地方人民政府根据当地医疗救助对象需求和医疗救助资金筹集等情况分别确定。医疗救助定点医疗机构应当减免重点医疗救助对象住院押金，及时给予救治。确需到上级医疗机构或跨县域异地医院就诊的医疗救助对象，应按规定履行转诊或备案手续。对履行转诊或备案手续的医疗救助对象，不应降低救助标准。

四、规范救助资金结算程序

（一）参保参合费用结算。民政部门与基本医疗保险经办机构确认后，将符合救助条件的医疗救助对象人数、参保参合资助标准及所需资金总量提供给同级财政部门，同级财政部门从“城乡医疗救助基金专账”中将个人缴费补贴所需资金核拨至“城镇居民基本医疗保险专账”或“新型农村合作医疗专账”。

（二）即时救助费用结算。重点医疗救助对象到开展即时结算的医疗救助定点医疗机构就医时，需提供身份证、医疗保险证（卡）、医疗救助对象证件，由医疗机构直接扣减医疗救助费用。医疗救助定点医疗机构所垫付的医疗救助资金，在规定时间内经民政部门或民政部门委托基本医疗保险经办部门审核后，由民政部门向同级财政部门提出支付申请，财政部门通过“城乡医疗救助基金专账”支付给医疗救助定点医疗机构。民政、财政部门可采取先行支付方式，向医疗救助定点医疗机构提供一定额度的预付资金，主要用于代缴医疗救助对象的住院押金，方便救助对象看病就医。

（三）事后救助费用结算。即时救助未覆盖到的医疗救助对象，应当按规定提供基本医疗保险、城乡居民大病保险的补偿审核表或结算单（医疗费用发票）等能够证明政策范围内医疗费用的有效凭证，由民政部门或民政部门委托的基本医疗保险经办机构进行救助费用结算。经办机构应当提高工作效率，及时完成事后救助审核结算。财政部门收到支付申请后，通过“城乡医疗救助基金专账”直接支付给医疗救助对象。对救助对象个人的补助资金，原则上通过转账方式，减少现金支出。

五、健全保障机制

（一）健全统筹协调机制。各地要加强组织领导，细化政策措施，明确进度安排，落实管理责任，加大资金投入，加强能力建设，强化督促检查，务求取得实效。民政、财政、人力资源社会保障、卫生计生、保险监管等部门要加强协作配合，共同做好医疗救助与基本医疗保险、城乡居民大病保险、疾病应急救助、商业保险的有效衔接，实现政策对接、信息共享、业务协作、统筹管理、整体推进，不断提高困难群众医疗保障水平，更好地发挥医疗救助“救急难”作用。对于医疗救助政策难以解决的个案问题，要充分发挥当地社会救助协调工作机制，专题研究解决措施，避免冲击社会道德和心理底线的事件发生。

（二）健全资金筹集机制。各地要根据救助对象数量、患病率、救助标准、医药费用动态变化情况，以及基本医疗保险、城乡居民大病保险、商业保险报销水平等，科学测算医疗救助资金需求，加大财政投入，鼓励和引导社会捐赠，健全多元筹资机制。县级财政部门要根据测算的资金需求和上级财政补助资金情况，合理安排本级财政医疗救助资金，并纳入年度预算。省级财政部门对经济困难地区给予适当补助。各地应当根据年度资金筹集情况及时调整救助方案，提高资金使用效益。

（三）健全结算管理机制。各地要以基本医疗保险信息系统为支撑，进一步健全医疗救助与基本医疗保险、城乡居民大病保险、疾病应急救助、商业保险等信息共享、支付同步、公开透明的“一站式”结算平台。要进一步完善“一站式”结算平台医疗救助模块功能，实时掌握医疗救助对象医疗费用情况、各类医疗保险支付情况、医疗救助实施情况等信息，提升数据统计分析能力，为救助政策制定、救助资金监管等提供数据支持。要进一步强化“一站式”结算平台对象管理，符合救助条件的新增对象在审批当月应当及时纳入结算平台，尽快实现医疗救助对象全部纳入“一站式”结算平台管理。要进一步推进医疗救助异地结算工作，力争实现与基本医疗保险同时同步开通异地就诊即时结算。

（四）健全服务监管机制。各级民政部门要与医疗救助定点医疗机构签订委托合作协议，明确服务内容、服务质量、费用结算以及双方的责任义务，制定服务规范，并会同财政、人力资源社会保障、卫生计生等部门以及商业保险机构做好医疗服务行为质量的监督管理，防控不合理医疗行为和费用。对不按规定用药、诊疗以及提供医疗服务所发生的费用，医疗救助基金不予结算。对违反合作协议，不按规定提供医疗救助服务，造成医疗救助资金流失或浪费的，要终止合作协议，并依法追究单位及个人的责任。

（五）健全社会力量参与机制。各地要加强医疗救助与社会力量参与的衔接机制建设，落实国家有关财税优惠、费用减免等政策规定，支持、引导社会力量通过捐赠资金、物资，积极参与医疗救助特别是重特大疾病医疗救助，形成对政府救助的有效补充。要搭建信息共享平台，及时提供救助需求信息，为社会力量参与医疗救助创造条件、提供便利，形成合力。要从困难群众医疗保障需求出发，帮助他们寻求慈善帮扶。要注重发挥社会组织的专业优势，提供康复训练、心理疏导、亲情陪护等形式多样的慈善医疗服务，帮助困难群众减轻医疗经济负担，缓解身心压力。

江苏省人民政府办公厅

2015年12月21日

江苏省关于加快养老服务产业发展的若干意见

苏发改服务发〔2015〕108号

各市、县（市、区）发展改革委、经济和信息化委员会、教育局、民政局、财政局、人社局、国土局、农委、商务局、工商局、地税局、物价局：

为深入贯彻落实《国务院关于加快发展养老服务业的若干意见》（国发〔2013〕35号）和《省政府关于加快发展养老服务业完善养老服务体系的实施意见》（苏政发〔2014〕39号），现就我省进一步加快养老服务产业发展，壮大产业规模，提出如下意见：

一、引导养老服务企业创新发展

（一）将养老服务产业列入省现代服务业“十百千”行动计划重点支持方向。深化拓展全省现代服务业“十百千”行动计划内涵，加快推进养老服务产业化进程，通过在养老服务业领域实施一批重大项目、培育一批服务业集聚区和创新企业，全力推动养老服务业规模壮大、水平提升。

1. 在编制年度“十百千”行动计划中，适度放宽养老服务产业重点项目的入围门槛，发掘吸纳更多产业层次高、辐射功能强的优质项目，加大养老服务产业投入力度。对社会力量提供的床位数在200张、500张和1000张以上的养老服务，其投资项目分别列入县、设区市和省级服务业重点项目，优先给予用地保障，优先落实各项优惠和支持政策，除按规定给予补贴外，分别给予一次性奖励。

2. 以集聚区建设促进养老服务产业集聚化集约化发展。支持主导产业突出、产业链条完整、服务功能完善的养老服务业园区申报省级现代服务业集聚区，以养老服务业龙头企业和知名品牌为依托，促进养老服务领域的研发设计、信息咨询、商贸流通、电子商务、物流配送等上下游产业集聚化发展，鼓励相关园区建设养老服务公共平台。

3. 以创新企业培育引领养老服务产业专业化品牌化连锁经营发展。遴选一批养老服务业优秀企业进入“十百千”重点企业培育库，通过省市联动、滚动培育，积极引导企业开展技术创新、业态创新和品牌创新。支持企业开发信息化养老服务公共平台和管理系统，鼓励企业以网络信息技术研发和应用整合养老服务资源，提供紧急呼叫、家政预约、健康咨询、物品代购、服务缴费等多样化定制服务，以商业模式创新拓宽养老服务方式、拓展老年服务产品，以高标准高品质服务和专业化连锁化经营创建知名养老品牌，发挥市场主体的示范引领作用，推动产业质态提升。对采用先进技术、创新能力强的养老服务企业，支持其创建“现代服务业创新示范企业”，支持其上市融资，扩大发展规模。

（二）加大对养老服务产业的资金支持力度。积极争取中央预算内投资，支持养老服务设施建设。省级财政资金进一步探索尝试贷款贴息、直接融资补贴、融资担保和风险补偿等多种办法，让更多信贷资金和社会资金投向养老服务产业。对评为省级“现代服务业创新示范企业”的，由省级现代服务业发展专项引导资金给予100万元一次性奖励。优先支持养老服务业企业标准化建设，对列入国家和省服务业标准化计划的项目，省级现代服务业发展专项引导资金给予20万元一次性奖励。支持养老服务业企业开展“服务业创新团队”和“服务业科技企业家”评选。

（三）引导培育养老服务产业集群。加强规划引导，坚持以民生需求为方向，以消费升级为动力，以新型城镇化和城乡一体化为依托，支持鼓励各地大力发展老年生活用品用具和服务产品特色产业集群。在医药、医疗器械、绿色食品等产业基础较好地区，培育壮大适宜老年人需求的健康产品专业化生产研发基地，加快形成一批具有品牌影响力和较长产业链的养老产业制造业集群。围绕医疗护理、健康检测、卫生保健、康复陪护、旅游度假等为重点，注重服务功能整合，提升养老服务专业化、标准化、网络化水平，加快发展满足多层次需求的健康养老服务业集聚区。

（四）深入推进养老服务业改革试点。按照深化体制改革、坚持保障基本、注重统筹发展、完善市场机制的思路，重点在健全养老服务体系、引导社会力量参与养老服务、完善养老服务发展政策、创新养老服务供给方式、培育养老服务产业集群等8个方面开展试点，指导南京、无锡两个全国养老服务综合改革试点地区开展试点工作，注重与省级服务业综合改革试点的有机衔接，重点梳理影响产业发展的瓶颈和障碍，努力探索转变发展方式的新路径，力争取得政策环境和体制机制的新突破。对采用先进技术，创新管理运营体制机制和供给方式的养老服务集聚区及养老服务机构，支持其创建“江苏省现代养老服务业创新示范基地（机构）”。

二、支持社会力量发挥主体作用

（五）引导各类所有制投资主体进入养老服务业。进一步降低社会力量举办养老机构的门槛，取消法律、行政法规未设定的所有前置许可和审批手续，在土地供应、政府购买服务等方面给予支持，为社会力量举办养老机构提供便捷服务。鼓励国外、境外企业和个人在我省设立外资养老服务机构，与内资养老服务机构享有同样的信贷、税收等优惠政策。充分调动企业、社会组织、个人以及其他社会力量的积极性，到2020年，社会力量举办或者经营的养老机构床位数占比达到70%以上。

（六）逐步统一公办和其他所有制性质养老机构的政策待遇。对社会资本投资兴办护理院的，在建设补贴、运营补贴等政策上和公办养老机构享受同等待遇。引导和支持养老机构加快护理型床位建设，统一各种所有制性质护理型床位的补助标准，对自建产权用房举办和租赁且租期5年以上符合条件的养老机构，每张护理型床位给予不低于1万和5000元的建设、改造补助。各地要建立养老机构日常运营补贴制度，支持养老机构提高服务质量。调整公办养老机构收费标准，公办养老机构为社会老人提供的养老服务应与社会力量提供养老服务收费水平实现统一，形成公平竞争的市场环境。

（七）改革公办养老机构管理运营体制，以多种方式完善养老服务机构的治理结构。加大政府购买养老服务力度，政府投资兴办的养老机构（含农村敬老院）和养老床位要通过公建民营等方式管理运营，积极鼓励民间资本通过委托管理等方式，运营公有产权的其他养老服务设施。有条件的地方可以积极稳妥地把专门面向社会提供经营性服务的公办养老机构转制成为企业，完善企业法人治理结构。全省所有乡镇敬老院同时增挂本地区养老服务中心牌子，在满足本地区五保老人供养服务的同时，优先为经济困难的失能、半失能、高龄、空巢等老人提供养老服务，有条件地区可为本地区所有老年人提供养老服务。

（八）丰富完善养老服务产业体系建设。支持企业、社会组织、个人参与管理运营养老机构和社区养老服务，开展养老教育培训、咨询评估、标准制定、质量监督及第三方认证等服务。农村可以将未承包的集体所有的部分土地等资产作为养老基地，收益供老年人养老。鼓励保险机构以商业化运作模式参与养老服务机构和养老社区建设。鼓励社会力量捐资设立养老服务类非公募基金会。积极培育发展为老服务公益慈善组织。积极扶持发展各类为老服务志愿组织，开展志愿服务活动。倡导机关干部和企业事业单位职工、大中小学学生参加养老服务志愿活动。支持基层群众自治组织开展居家养老互助服务。支持老年群众组织开展自我管理、自我服务和服务社会活动。

三、落实养老服务税费优惠政策

（九）税收优惠。对养老机构提供的养老服务免征营业税。非营利性养老机构自用房产、土地免征房产税、城镇土地使用税。非营利性养老机构符合免税条件的收入免征企业所得税。对企业事业单位、社会团体和个人通过非营利性社会团体及政府部门向非营利性养老机构的捐赠，符合相关规定的，准予在计算其应纳税所得额时按税法规定比例扣除。对非营利性养老机构建设免征有关行政事业性收费，对营利性养老机构建设减半征收有关行政事业件收费，对养老机构提供养老服务适当减免行政事业性收费。

（十）公用事业收费优惠。养老机构用水、用电、用气、用热按居民生活类价格执行。养老机构安装电话、有线（数字）电视、宽带互联网免收一次性接入费，有线（数字）电视基本收视维护费按当地居民用户终端收费标准减半收取，有条件的地区应当加大优惠力度。

四、加强人才队伍建设保障

（十一）加快推进养老服务专业教育体系建设。引导和整合高等院校、中等职业学校教育资源，通过实行单独招生、增列招生计划、设立奖助学金等方式吸引扩充生源，拓展人才培养规模。加大养老服务应用型本科人才培养力度，鼓励引导高校设置老年服务与管理、康复治疗学、护理学、应用心理学和社会工作等涉老专业，培养适应当前养老服务业发展趋势的专业性人才。适当增加社会工作等硕士专业学位授权点数量，鼓励支持有条件高校在社会学、老年学、家庭发展等学科领域招收研究生，为养老服务业创新发展提供科研骨干人才和智力支持。将符合条件的高校和中等职业学校毕业生纳入现行就业服务和就业政策扶持范围，支持高校和中职学校涉老专业毕业生前往养老服务机构、企业进行就业。

（十二）大力开展养老服务人才职业培训。依托有关高等院校、中等职业学校、社区教育机构及各类养老护理员职业培训机构教育资源，开展养老护理员职业技能培训鉴定工作。将养老机构负责人和养老护理员培训纳入政府培训规划，在培训名额、培训经费上予以保障，确保到2020年底，全省养老护理员岗前培训率达到100%，持证上岗率达到90%以上。对取得国家养老护理员技师、高级工、中级工、初级工职业资格证书后，在养老机构护理岗位连续从业2年以上的人员，分别给予每人3000元、2000元、1000元、500元一次性补贴。鼓励院校、养老机构和医院建立养老服务实训基地。

（十三）建立养老服务专业技术人员激励制度。在养老机构就业的专业技术人员，执行与医疗机构、福利机构相同的执业资格、注册考核制度。社会办养老机构和养老服务企业在技术职称评定、继续教育、职业技能培训等方面与公办养老机构享受同等待遇。各地要根据职称、从业年限等因素，对从事养老服务业的专业技术人员给予一定补助。建立社会工作人才引入机制，在养老服务业中设置社会工作岗位。开展老年人长期照护者关爱行动，为社区和家庭中的长期照护者提供短期休整和疗养服务。适时发布养老护理员工资指导价位，积极推动养老服务机构依法开展工资集体协商，加强对养老服务机构工资支付情况的监督检查，努力提高养老护理员的工资水平，力争使本地区养老护理员工资不低于当地职工平均工资。

江苏省发展改革委　江苏省经济信息化委　江苏省教育厅　江苏省民政厅　江苏省财政厅　江苏省人社厅　江苏省国土厅　江苏省农委　江苏省商务厅　江苏省工商局　江苏省地税局　江苏省物价局

2015年1月29日

江苏省关于加强对外合作交流鼓励外资参与养老服务业发展的意见

苏民福〔2015〕11号

各市、县（市、区）民政局、商务局、发展改革委、卫计委、外事办（港澳办）、台办：

为全面贯彻落实《国务院关于创新重点领域投融资机制鼓励社会投资的指导意见》（国发〔2014〕60号）、《国务院关于加快发展养老服务业的若干意见》（国发〔2013〕35号）、《中共江苏省委、省政府关于深化开放型经济体制改革的若干意见》（苏发〔2014〕18号）、《省政府关于加快发展养老服务业完善养老服务体系的实施意见》（苏政发〔2014〕39号）要求，现就加强对外合作交流，鼓励外资参与我省养老服务业发展提出如下意见：

一、指导思想和发展目标

（一）指导思想。深入贯彻落实党的十八届三中、四中全会和省委十二届七次会议精神，坚持深化改革与扩大开放互动并进，以不断满足全省老年人多层次、多样化的养老服务需求为出发点，积极拓宽养老服务业对外开放领域，促进国内和国际要素有序自由流动，资源高效配置，充分发挥外资对加快我省养老服务业发展、经济结构转型升级、保障和改善民生的积极作用，进一步提升我省养老服务水平，健全具有江苏特色的开放型养老服务体系。

（二）发展目标。将养老服务业作为我省服务业有序开放的重点领域，降低外资准入门槛，下放审批权限，改善投资环境，落实优惠政策，注重引进吸收。力争到2016年底前，每个设区市引进1个以上外商投资或合作经营、外方管理的养老服务项目；到2020年底，外资养老服务项目增加值占全省养老服务业增加值比例显著提升。

二、政策措施

（三）鼓励外商投资养老服务业。鼓励支持境外投资者在我省独资或合资、合作举办营利性养老机构，在国家政策允许范围内，给予土地政策、税收优惠、财政支持等方面与省内营利性养老机构享有同等待遇。引导和支持外商投资设立护理型养老机构，对符合条件的以自建产权用房举办的养老机构，每张护理型床位给予不低于1万元的一次性建设补助；对符合条件的以租赁用房举办且租期5年以上的养老机构，每张护理型床位给予不低于5000元的一次性改造补助。外商投资养老机构根据入住老人的实际人数、身体状况、护理级别等因素，同等享受地方养老机构运营补贴，提升自身服务质量。鼓励外资养老机构按国家有关规定以多种形式内设医疗机构，开展医养融合服务。鼓励外商投资养老企业和机构在我省开展规模化、连锁化经营，为广大老年群体提供多层次、多样化的养老服务。

（四）鼓励境外养老服务企业和机构参与合作经营。鼓励境外养老服务企业和机构引入先进的养老服务理念、技术、管理、品牌，通过加盟经营、委托经营、合资合作等形式，参与养老服务。鼓励外资参与社区居家养老服务中心的建设、运营，提供生活照料、医疗保健、精神关爱、法律咨询等养老服务。

（五）鼓励引进外资开发、生产老年用品产品。在我省医药、医疗器械、绿色食品等产业基础较好地区，培育壮大适宜老年人需求的生活用品、健康产品专业化生产研发基地，吸引外资加大投入，形成一批具有品牌影响力和较长产业链的外资养老产业集群，为老年人提供功能多、效果好、价格优的老年食品、老年用品、医疗保健产品等。

（六）鼓励境外资本投资设立养老服务企业总部。鼓励大型外商投资养老服务企业和机构在江苏设立地区总部和功能性机构。支持跨国公司在我省设立地区总部和功能性机构类型的外商投资企业，为养老服务、老年产品生产企业人员出入境、进出口货物通关等提供便利化措施，并纳入我省鼓励跨国公司地区总部和功能性机构扶持政策给予支持。

（七）鼓励养老服务提供者投资参与境外养老服务业。积极拓展发展养老服务业的国际视野，支持有条件的企业和社会组织到境外创办养老机构和养老产品用品生产企业，提供优质的养老产品和服务。支持养老服务企业采取股权收购、企业并购、资产重组等方式，参与境外养老服务项目的国际化经营，促进养老服务能力在国际竞争中发展壮大。鼓励相关企业积极研发生产符合国际标准的养老产品和老年用品，扩大养老产品用品对外出口，提升国际收益和影响力。

（八）加强专业人才培养合作。鼓励各地每年有计划组织养老护理员赴境外学习交流。推动落实国（境）内外高校养老服务专业合作办学项目，通过互派师生、交流研讨、品牌合作等方式，培养具有国际视野的养老服务专业化人才。支持钟山学院与联合国老龄研究所合作，加强养老服务业研究及人才培养合作。鼓励境外大型养老服务企业和机构发挥行业经验和专业优势，与江苏养老服务培训机构建立长期合作关系，全面参与全省养老服务从业人员培训。

（九）加强养老服务业国际合作交流。采取“引进来”和“走出去”相结合的形式，积极开展与发达国家和地区养老服务领域的交流与合作，学习借鉴国（境）外养老服务业先进发展经验。强化与国（境）外先进养老服务管理团队的沟通与交流，重点引进国外老年医学、康复、护理、营养、心理等专业化管理人才、团队参与我省养老服务业发展。定期组织举办国际养老服务业发展合作论坛。

（十）落实税费优惠政策。外商投资营利性养老机构与内资投资举办的营利性养老机构享有同等的税收等优惠政策和行政事业性收费减免政策。外资营利性养老机构提供的养老服务免征营业税。外资营利性养老机构减半收取行政事业性收费。免征或减半收取的行政事业性收费项目包括：国土资源部门收取的土地复垦费、土地闲置费、耕地开垦费、土地登记费，住房城乡建设部门收取的房屋登记费、白蚁防治费，人防部门收取的防空地下室易地建设费等涉及养老机构建设的行政事业性收费。外资养老机构用水、用电、用气、用热按居民生活类价格执行。外资养老机构安装电话、有线（数字）电视、宽带互联网免收一次性接入费，有线（数字）电视基本收视维护费按当地居民用户终端收费标准减半收取，有条件的地区应当加大优惠力度。

三、工作要求

（十一）优化审批，简化流程。进一步简化审批流程，提升效能效率，外资养老机构设立许可申请由省民政厅委托所在地设区市民政局受理、审核，省民政厅将在受理外资养老机构设立申请之日 11 个工作日内，作出是否许可的决定。外资养老机构属于鼓励类项目，其设立及变更根据项目金额由地方商务主管部门负责审批。

（十二）部门协作，形成合力。各地区要建立工作机制，结合本地实际，制定出台鼓励外资投入养老服务业的行动计划和配套支持政策。优化对投资者的保障和服务，建立跨部门监管信息共享平台和工作协调机制，提高网络化监管和服务能力。各有关部门应根据自身职能，密切协作，探索建立投资者权益有效保障机制，实现各类投资主体的公平竞争。促进外资投入养老服务业各类政策的良性互动，督促政策全面落实到位。

（十三）健全制度，监督考核。优化改进考核办法，加大外资养老服务项目引进力度，将外资投入养老服务业指标作为现代服务业考核的重要内容。要提升利用外资的质量和效益，优化投资结构，引导外资投入医养融合、失能护理、康复辅具等供给相对不足的养老服务领域。要不断提高服务质量，改善投资环境，形成外资加快投入我省养老服务业的积极态势。

江苏省民政厅　江苏省商务厅　江苏省发展改革委　江苏省卫生计生委　江苏省人民政府外事办公室　江苏省人民政府台湾事务办公室

2015 年 6 月 26 日

江苏省民政厅
关于建立分散供养农村“五保”和
城市“三无”对象关爱照料制度的通知

苏民福〔2015〕15号

各市、县（市、区）民政局：

农村“五保”和城市“三无”对象是各级党委政府托底保障对象中的重点，分散供养的对象更是需要关注和关爱的重点，也是各级民政部门应尽之职。近年来，全国发生了多起独居老人因没有关爱照料而发生死亡的极端案例，引起了社会广泛关注，教训极为深刻。为切实守住民生保障底线，推动江苏现代民政建设，决定在全省范围内全面建立分散供养农村“五保”和城市“三无”对象关爱照料制度。现就有关事项通知如下：

一、严格按照标准保障基本生活

各地要按照《江苏省社会救助办法》（省政府第99号令）、《省政府办公厅关于加强我省城市“三无”老人保障工作的意见》（苏政办发〔2011〕173号）和《省政府办公厅关于进一步加强农村五保供养服务机构建设管理的意见》（苏政办发〔2013〕110号）的要求，严格执行城乡特困供养对象供养标准。苏南、苏中、苏北地区的城市“三无”和农村“五保”分散供养对象年供养标准不得低于上年度本地城镇居民可支配收入和农民人均纯收入的40%、45%和50%，集中供养对象标准可适当上浮。各地要按照供养标准足额安排资金，将供养经费足额纳入县级财政预算，每年7月1日前应完成提标工作，确保从7月1日起足额发放供养经费，分散供养对象供养资金按月或按季度并于季度首月足额打卡发放。

二、全面开展关爱服务

分散供养的农村“五保”和城市“三无”老人随着年龄增长，身体状况和生活自理能力日趋下降，要对他们全面开展关爱服务。由乡镇（街道）民政办、一名党员或村（居）干部（由村、居委员会确定）、一名供养对象的邻居或亲属（由村、居委员会帮助联系）和分散供养对象签订“1+1+1+1”的关爱照料服务协议，开展关爱服务，此项工作要作为硬任务，做到一户不漏全覆盖，最迟于2016年6月底前全面完成。协议要明确四方的责任和要求，民政办要履行主体责任，负责协议的签订，并督促各项协议内容的落实。包户的党员或村（居）干部每周至少1次查看分散供养对象的日常生活和身体状况，帮助解决遇到的困难和问题。邻居或亲属每周至少2次（遇到身体不适等状况应每天1次）查看身体和生活状况，及时帮助或解决反映遇到的困难和问题，力所能及提供需要的帮助和服务，尤其是在身体状况出现异常时要及时帮助解决或向村（居）干部反映，由村（居）干部视情况妥善处理。

三、积极开展生活照料服务

各地要采取政府购买服务的方式，为分散供养的农村“五保”和城市“三无”对象购买养老服务，所需经费由财政预算或福彩公益金地方留存部分安排，对80周岁以上的分散供养对象，全省都要按不低于60元/月人的标准给予护理、服务补贴。苏南等有条件的地区要争取将分散供养对象年龄延伸到60周岁以上，适当提高补贴标准，根据身体情况差别化购买需要的服务。苏中、苏北地区也要积极开展分散供养对象年龄延伸的试点工作，争取为更多的分散供养对象提供生活照料服务，对提供生活照料服务的邻居或亲属给予适当的补贴。各地要通过表扬、慰问等多种方式关心支持提供生活照料服务的亲属或邻居，可将他们纳入地方护理员免费培训范围。

四、全面提供健康管理

基层村（居）卫生服务机构要为分散供养的农村“五保”和城市“三无”对象建立健康档案，每年安排免费体检一次，每月巡诊一次，行动不便的要上门巡诊并做好记录。巡诊中发现身体状况异常的，要及时告知包户的党员或村（居）干部联系人，视情况逐级汇报处理。对生活不能自理或者身体状况较差的对象，应动员入住机构，集中供养。

各级民政部门要高度重视，突出底线思维，把关爱照料分散供养的农村“五保”和城市“三无”老人作为守住民生底线的重要抓手，足额保障、及时发放是基本动作，要把签订协议和开展生活照料服务作为守住底线的重要防线，签订协议要100%，确保一个不漏。市、县两级民政部门工作重心要下沉，阵地要前移，确保在所有城乡社区落到实处。从2016年起，列入城乡和谐社区和民政工作考核重要内容，凡有一户没有落实的社区不得参评和谐社区，实行一票否决，省厅将适时组织暗访和督查。

附件：分散供养农村“五保”和城市“三无”对象关爱照料服务协议书

江苏省民政厅

2015 年 8 月 21 日

附件

分散供养农村“五保”和城市“三无”对象关爱照料服务协议书

（供各地参考）

乡镇（街道）民政办：　　　　（以下简称甲方）

党员或村（居）干部：　　　　（以下简称乙方）

亲属或邻居：　　　　（以下简称丙方）

供养对象：　　　　（以下简称丁方）

为做好分散供养农村“五保”和城市“三无”对象供养工作，保障分散供养特困对象的基本生活，根据国务院《农村五保供养工作条例》和《江苏省社会救助暂行办法》及省、市有关政策规定，乡镇（街道）民政办（以下简称甲方）、党员或村（居）干部（以下简称乙方）、供养对象的邻居或亲属（以下简称丙方）与分散供养特困供养对象（以下简称丁方）经平等协商，签订本协议。

第一条　供养对象的情况

根据《江苏省社会救助办法》第十九条规定，经审核，（丁方姓名）符合特困人员供养条件，已批准给予特困人员供养待遇。本人自愿选择分散供养形式。

丁方基本情况为：性别____；身份证号：________________；家庭住址：________________________________；健康状况：____________________；

第二条　甲方的责任要求

1. 督促关爱照料服务协议的签订工作。印制关爱照料服务记录卡，记载服务的时间、内容、标准和程序等，发放给供养对象家中留存备查。

2. 按照《江苏省社会救助暂行办法》的要求，建立供养标准自然增长机制（县级统筹除外）。分散供养对象的供养资金，由财政部门直接拨付到设在当地金融机构的个人帐户，实行社会化发放。

3. 指导乙方和丙方落实服务协议各项内容，提供必要的支持和帮助，并定期对乙方和丙方服务情况进行监督、检查。

4. 为符合条件的分散供养对象购买养老或护理服务，为丙方提供免费护理员培训。

5. 对患病的分散供养对象及时送医院治疗，指定专人看护照料，并承担其医疗费用。

6. 通过公开表扬、慰问、召开座谈会和适当给予补贴等方式关心承担照料服务的邻居或亲属。

第三条　乙方的责任要求

1. 每周至少 1 次查看分散供养对象的日常生活和身体状况，上门的时候填写关爱照料服务记录卡。

2. 承担照料服务落实的监督责任，每半月要对丁方接受的照料服务进行一次监督。

3. 督促基层村居卫生服务机构为丁方建立健康档案，每年安排免费体检一次，每月巡诊一次。发现丁方身体状况异常的，视情况逐级汇报处理。

4. 及时向甲方报告甲方解决的困难和问题。

第四条　丙方的责任要求

1. 每周至少 2 次（遇到身体不适等状况应每天 1 次）查看供养对象的身体和生活状况。

2. 力所能及地提供需要的帮助和服务，及时解决困难和问题。

3. 身体状况异常时要及时向村（居）干部反映。

第五条　丁方的责任要求

1. 要保持居住场所基本的卫生环境。

2. 在用火用电等方面杜绝安全隐患。

3. 离开村（居）走亲访友办事等必须事先告知丙方和乙方。

第六条　协议未尽事宜

本协议如有未尽事宜，相关方应另行以书面形式补充。

第八条　协议份数

本协议一式五份，甲、乙、丙、丁四方各执一份，县

(市、区)民政部门留存一份，具有同等法律效力，自签字之日起生效。

甲方： 乙方：
法定代表人： 法定代表人：
单位公章： 单位公章：
日期： 日期：
丙方： 丁方：
签字： 签字(或手印)：
日期： 日期：

江苏省关于开展社区老年人助餐点项目建设的通知

苏民老龄〔2015〕2号

各设区市民政局、老龄办、财政局，昆山市、泰兴市、沭阳县民政局、老龄办、财政局：

2015年，省政府将新建2000个社区居民养老服务中心和2000个社区老年人助餐点列入继续办好保障改善民生十件实事的内容。为圆满完成社区老年人助餐点建设实事项目的目标任务，满足居家老人特别是高龄、空巢、失能、半失能和困难老人的助餐需求，各地要加大资金投入，对省预拨的养老服务体系建设专项资金要优先安排社区老年人助餐点建设经费。现将有关事项通知如下：

一、工作目标

2015年全省新建2000个社区老年人助餐点，其中苏南、苏中、苏北分别按照社区总数的15%、10%、5%进行建设(见附件1)。

二、建设原则

坚持“政策引导、政府扶持、社会参与、市场推动”，扎实有序地推进社区老年人助餐点建设。

三、机构设置及标准

社区老年人助餐点可以设置在社区居家养老服务中心、养老机构(含敬老院、社会福利院、老年公寓)和其他具备助餐条件的服务机构(见附件2)。

从事餐饮服务的社区老年人助餐点应向所在辖区行业监管部门申请办理餐饮服务许可；获得社区老年人助餐许可的服务机构，须到当地民政部门登记或备案。

四、相关要求

(一)加强组织领导。各地要高度重视社区老年人助餐点建设，将其列入重要议事日程，及时研究部署，明确目标任务，制定政策措施，抓好责任落实，加大推进力度，确保取得实效。

(二)加大投入力度。社区老年人助餐点是公益性的非营利性服务项目，为保证其可持续运营，各地要加大资金投入，采取以“以奖代补”方式，参照省补标准化社区居家养老服务中心的标准进行。各地要积极鼓励社会资金、慈善捐赠支持社区居家养老服务中心和社区老年人助餐点建设，形成多元化的投入机制。

(三)强化督查指导。各市、县(市、区)民政(老龄)部门要进一步细化目标任务，强化工作措施，加强进度管理；各设区市民政(老龄)部门要强化组织保障，加强指导和督查，确保民生实事项目，按照时序进度圆满完成。

附件：1.2015年全省社区老年人助餐点分配明细表
2.社区老年人助餐点建设标准
3.2015年社区老年人助餐点建设任务明细表

江苏省民政厅
江苏省老龄工作委员会办公室
江苏省财政厅
2015年3月

附件 1

2015 年全省社区老年人助餐点建设任务表

地区	社区数（个）	建设数（个）
全省	21386	2000
南京	1230	185
无锡	1217	183
徐州	2701	157
常州	1042	156
苏州	1714	257
南通	1908	178
连云港	1675	97
淮安	1692	98
盐城	2437	141
扬州	1367	128
镇江	760	114
泰州	1518	142
宿迁	987	58
昆山	309	46
泰兴	355	33
沭阳	474	27

注：2000 个社区老年人助餐点约占全省社区总数的 10%，根据我省经济发展现状，建议苏中按照社区总数的 10%基数建设，苏北建设任务数在 10%的基数上减少 5%，苏南建设任务数在 10%的基数上增加 5%。

附件 2

社区老年人助餐点建设标准

项目	机构设置	基础设施	功能设置	服务队伍	饮食安全	管理制度
社区老年人助餐点	1. 民非注册登记的社区居家养老服务中心内设服务项目。 2. 工商注册登记的餐饮机构。 3. 其他具备助餐条件的服务机构。	1. 在无污染、无危害的安全区域内。 2. 有与功能相配套的餐食保温、消毒等基础设施。 3. 用餐场所及环境要有无障碍设施。 4. 符合其它相关规定。	一、集中就餐 1. 集中就餐的场所应能容纳城市社区 20 人（农村 10 人）以上老年人同时就餐。 2. 餐厅内要保持室内外空气流通，无异味。 3. 餐厅内有适合老年人就餐桌椅和餐具，有防暑降温和防寒保暖设备。 4. 建立卫生消毒制度，定期消毒餐具和桌椅等物具。 二、送餐服务 1. 具有送餐服务的社区老年人助餐点，能提供城市 30 人（农村 20 人）以上的服务能力。 2. 送餐人员必须使用封闭式外送车辆，送餐车上有统一的标识。 3. 确保老年人用餐的时候，饭菜温度能够符合老年人需求。	1. 有至少 1 名专职管理人员。 2. 要配备与服务规模相适应的服务人员。 3. 服务人员应持证上岗，每年进行身体健康检查。	严格执行食品安全法规，加强内部管理，遵守行业主管部门的食品卫生要求，严防食物中毒。	1. 有工作职责、服务流程、服务项目、收费标准、服务记录、质量控制制度。服务项目、收费标准公示上墙。 2. 有人员培训制度。 3. 建立财务、会计制度，定期制作财务会计报告，接受审计等部门的监督。 4. 有服务的安全和风险规避等制度。

附件 3

2015 年社区老年人助餐点建设任务明细表

填报单位：__________市（盖章）

单位	序号	名称	项目属性	项目地址	建成时间	联系人	电话	服务人次（人次/月）
县（市区）								
县（市区）								

备注：项目属性栏填写：民非注册、工商登记、其他。

浙江省社会养老服务促进条例

（2015 年 1 月 25 日浙江省第十二届人民代表大会第三次会议通过）

第一章　总　则

第一条　为了完善社会养老服务体系，规范社会养老服务工作，促进社会养老服务事业健康发展，维护老年人合法权益，根据《中华人民共和国老年人权益保障法》和有关法律、行政法规，结合本省实际，制定本条例。

第二条　本省行政区域内的社会养老服务及其监督管理工作，适用本条例。

本条例所称社会养老服务，是指在家庭成员承担赡养、扶养义务的基础上，由政府的基本公共服务、社会组织的公益性和互助性服务、企业的市场化服务共同组成的为老年人养老提供的社会化服务，包括居家养老服务、机构养老服务等。

第三条　赡养、扶养老年人是公民应当履行的法定义务。赡养人、扶养人应当依照《中华人民共和国婚姻法》《中华人民共和国老年人权益保障法》等法律、法规的规定，履行对老年人的赡养、扶养义务，尊重、关心和照料老年人。

第四条　社会养老服务实行政府主导、社会参与、市场运作、统筹发展、保障基本、适度普惠的原则。

第五条　县级以上人民政府领导本行政区域内的社会养老服务工作，根据经济社会发展状况制定社会养老服务发展规划、社会养老服务设施建设规划；建立和完善社会养老服务体系，保障人人享有基本养老服务；建立健全社会养老服务需求评估、财政补贴、政府购买服务等制度，完善特困老年人的养老服务需求保障机制；制定政策措施，支持社会力量参与，发挥市场在社会养老服务中的作用。

各级人民政府应当将社会养老服务事业所需经费列入本级财政预算，建立与社会养老服务发展需求相适应的财政投入增长机制，逐步增加对社会养老服务的投入。

第六条　县级以上人民政府民政部门主管本行政区域内的社会养老服务工作。

县级以上人民政府其他有关部门应当按照职责分工，

做好相关社会养老服务工作。部门具体职责分工由县级以上人民政府确定并公布。

设区的市、县（市、区）的养老服务指导中心承担社会养老服务指导和业务培训、养老服务需求评估和审核、养老服务质量评估和检查等有关具体工作。

第七条　乡（镇）人民政府、街道办事处负责本区域内的社会养老服务工作。

乡（镇）、街道的养老服务中心应当配备专门的工作人员，指导村民委员会、居民委员会和其他社会组织开展居家养老服务，协助做好社会养老服务监督管理等工作。

第八条　县（市、区）人民政府和乡（镇）人民政府、街道办事处应当根据社会养老服务设施建设规划的要求，建设社区居家养老服务照料中心，为居家生活的老年人提供多种形式的养老服务。

第九条　县级以上人民政府老龄工作机构负责协调、督促、指导有关部门做好社会养老服务的相关工作。

工会、共青团、妇女联合会、残疾人联合会等人民团体和养老服务行业协会、老年人组织、公益慈善组织、志愿服务组织等社会组织，根据职责或者章程，参与相关社会养老服务工作。

第二章　居家养老服务

第十条　县级以上人民政府应当建立健全家庭养老支持政策，为老年人随配偶或者赡养人迁徙提供条件，倡导家庭成员与老年人共同生活或者就近居住，并通过组织开展免费培训等形式，向家庭成员普及照料失能、失智等老年人的护理知识和技能。

第十一条　县级以上人民政府应当加快推进坡道、电梯、公厕等与老年人日常生活密切相关的公共设施无障碍改造，鼓励已建成的多层住宅加装电梯。

有失能、失智老年人的最低生活保障家庭、最低生活保障边缘家庭以及有重度残疾老年人的家庭设施进行无障碍改造的，县级以上人民政府应当给予资金补助。

第十二条　社区居家养老服务照料中心应当积极创造条件，为居家生活的老年人提供日间照料、临时托养、上门探询、就餐、保健、文化、体育活动等服务。

社区居家养老服务照料中心由村民委员会、居民委员会负责运营管理，也可以通过公开招标等方式委托给专业组织、机构运营管理。

鼓励基层老年人协会参与社区居家养老服务照料中心的服务与管理。

第十三条　村民委员会、居民委员会可以依托社区居家养老服务照料中心，建立健全老年人社会养老服务需求和服务项目登记制度，协助建立老年人互助合作组织，联系居家养老服务专业组织、企业、志愿者等为老年人提供居家养老服务。

村民委员会、居民委员会应当将社区居家养老服务照料中心与社区文化、体育、教育等公共服务设施的功能相衔接，组织开展适合老年人的群众性文化、体育、娱乐等活动，丰富老年人的精神文化生活。

第十四条　新建住宅小区应当按照社会养老服务设施建设规划和省规定的社会养老服务设施配套建设标准，建设居家养老服务用房，并与住宅同步规划、同步建设、同步验收、同步交付使用。

已建成的住宅小区无居家养老服务用房或者现有用房未达到省规定的社会养老服务设施配套建设标准的，应当通过购置、置换、租赁等方式解决居家养老服务用房。

县（市、区）人民政府有关部门、乡（镇）人民政府、街道办事处应当考虑为老年人服务的便利性和服务半径等因素，统筹调配居家养老服务用房。

第十五条　各级人民政府应当推行便民信息网、远程监控、无线呼叫等智能化技术手段，提高居家养老服务水平。

鼓励、支持企业运用互联网、物联网等智能化技术手段，为居家老年人提供便利、快捷的居家养老服务。

第十六条　鼓励机关、团体和企业事业单位开放所属场所，为邻近社区的老年人提供就餐、文化、健身、娱乐等服务。

鼓励邻里互助养老，鼓励老年人之间的互助服务。

第三章　机构养老服务

第十七条　养老机构的建设应当符合社会养老服务设施建设规划，以护理型为重点、以助养型为辅助、以居养型为补充。

政府投资设立的养老机构应当以护理型养老机构为主。

第十八条　设立养老机构应当符合国家规定的有关条件，向县级以上人民政府民政部门申请设立许可，并依法办理相应的登记手续。

设立营利性养老机构的，向工商行政管理部门办理登记手续。设立非营利性养老机构，符合民办非企业单位条件的，向民政部门办理登记手续；经批准设置为事业单位的，向事业单位登记管理机关办理登记手续。

第十九条　政府投资设立的养老机构应当保障无劳动能力、无生活来源又无法定赡养、扶养义务人，或者其法定赡养、扶养义务人无赡养、扶养能力的老年人的养老服务需求。

最低生活保障家庭、最低生活保障边缘家庭中的失能、失智、高龄、独居、重度残疾的老年人和计划生育特殊家庭老年人，申请入住政府投资设立的养老机构的，应当安排收住。

政府投资设立的养老机构应当建立健全收住制度，向社会公开床位资源信息。

本条第二款所称计划生育特殊家庭，是指独生子女死亡或者伤病残的家庭。

第二十条 养老机构的老年人居住用房、公共服务用房、活动用房和呼叫装置、照明、标识等设施设备，应当符合国家和省相关安全和质量的标准、规范。

第二十一条 养老机构应当配备与服务、运营相适应的管理人员和专业技术人员，并按照不同护理等级，配备规定数量的养老护理人员。

第二十二条 养老机构应当按照国家和省有关规定，建立健全消防、安全值守、设施设备、食品药品等安全管理制度，确定专人负责，定期开展安全检查，及时消除安全隐患。

第二十三条 养老机构应当与收住的老年人或者其代理人订立养老服务合同，明确双方的权利和义务。养老机构应当按照养老服务合同的约定，为收住的老年人提供集中住宿、生活照料、紧急救援、康复护理、精神慰藉和文化娱乐等方面的服务。

养老服务合同示范文本由省人民政府民政部门会同有关行业协会制定。

第二十四条 政府投资设立的养老机构的基本服务收费按照国家和省有关规定实行政府指导价，其他养老机构的服务收费实行自主定价。省人民政府价格主管部门应当完善养老机构的服务收费定价机制。

养老机构应当公示各类服务项目的收费标准和收费依据。

第二十五条 养老机构暂停、终止服务的，应当于暂停或者终止服务六十日前，向实施许可的民政部门提交老年人安置方案，经核准后实施。安置方案应当明确收住老年人的数量、安置计划、费用结算及实施日期等事项。

养老机构应当按照安置方案的要求，妥善安置收住的老年人。民政部门应当督促养老机构实施安置方案，并及时为养老机构安置老年人提供帮助。

第二十六条 鼓励养老机构投保政策性综合责任保险。养老机构投保政策性综合责任保险的，县级以上人民政府应当给予相应补助。

第四章 养老服务人员

第二十七条 县级以上人民政府应当支持和指导高等学校和职业技术学校开设老年服务与管理相关专业或者课程，培养专业的养老服务人员。

第二十八条 高等学校和职业技术学校毕业生，进入本省政府投资设立的养老机构、民间资本设立的非营利性养老机构和组织、社区居家养老服务照料中心工作的，按照省有关规定给予入职奖励和补贴。

第二十九条 社区居家养老服务照料中心、养老机构和居家养老服务专业组织应当加强对本机构工作人员的职业道德教育和业务培训，提高其职业道德素养和业务能力。

人力资源和社会保障部门应当会同有关部门组织开展对养老护理人员职业技能培训。

鼓励养老机构、医疗卫生机构、学校作为养老护理人员培训基地，开展养老护理人员职业技能培训活动。

第三十条 养老护理人员应当参加相应的职业技能培训，提高业务能力。

养老护理人员参加养老服务护理职业技能培训和职业技能鉴定的，按照省有关规定享受培训和鉴定补贴。

第三十一条 养老机构内设医疗机构的医师、护士、康复技师等卫生专业技术人员，在执业资格、注册考核、专业技术职务评聘等方面，执行与医疗机构同类专业技术人员相同的政策。

第三十二条 各级人民政府应当逐步改善和提高养老护理人员的待遇。养老护理人员的工资待遇应当与其职业技能水平相适应。

县级以上人民政府人力资源和社会保障、民政部门定期发布当地养老护理人员职位工资指导价位。

实行养老护理人员特殊岗位津贴制度，具体办法由设区的市、县（市）人民政府规定。

第三十三条 各级人民政府应当支持发展为老年人服务的志愿服务组织，建立志愿服务激励机制，对表现突出的志愿服务组织、志愿者给予表彰和奖励。

志愿者可以根据其志愿服务时间储蓄优先享受社会养老服务，并享有《浙江省志愿服务条例》规定的权利。

第五章 养老服务激励保障

第三十四条 县级以上人民政府应当根据经济社会发展水平、人口老龄化发展趋势和社会养老服务需求状况，加大支持和引导力度，发挥民间资本在养老机构发展中的作用。

鼓励民间资本设立多种类型的养老机构，满足多样化、多层次的养老服务需求；鼓励通过委托管理、承包、合资合作等方式运营政府投资设立的养老机构。

鼓励民间资本参与社区居家养老服务照料中心的建设和运营。

第三十五条 县级以上人民政府应当建立健全社会养老服务需求评估制度。社会养老服务需求评估确定的类型和等级，是老年人入住政府投资设立的养老机构或者享受社会养老服务补贴的依据。社会养老服务需求评估的具体程序，按照省有关规定执行。

第三十六条 县级以上人民政府应当建立健全社会养老服务补贴制度。对最低生活保障家庭和最低生活保障边缘家庭中的失能、失智、高龄老年人，根据社会养老服务需求评估确定的类型和等级，给予相应社会养老服务补贴。

有条件的设区的市、县（市、区）人民政府，可以将社会养老服务补贴范围扩大到中低收入家庭中的失能、失智、高龄、独居老年人。

第三十七条 县级以上人民政府应当在公共财政、福利彩票公益金中安排社会养老服务资金。

省级财政安排的社会养老服务资金应当向农村和人均可支配收入较低的地区倾斜。

第三十八条 各级人民政府应当建立健全向养老机构和其他养老服务组织购买养老服务制度。

第三十九条 各级人民政府根据省有关规定，对社区居家养老服务照料中心、养老机构，给予相应的建设补助和日常运营补贴。

第四十条 县级以上人民政府及其有关部门应当落实国家和省对养老机构、社区居家养老服务照料中心和其他养老服务组织的税费优惠。

养老机构、社区居家养老服务照料中心用水、用电、用气、用热价格按照居民生活类价格执行。

第四十一条 县级以上人民政府和有关部门应当将社会养老服务设施建设用地纳入城乡规划、土地利用总体规划和年度用地计划，优先保障社会养老服务设施建设用地。

第四十二条 民间资本设立的非营利性养老机构与政府投资设立的养老机构执行相同的土地使用政策，可以依法使用国有划拨土地或者农民集体所有的建设用地。

民间资本利用城镇空闲的厂房、学校、社区用房，设立非营利性养老机构，经规划、国土资源部门批准临时改变建筑用途的，按照有关规定免交土地收益金。

第四十三条 营利性养老机构建设用地，按照省有关规定确定其使用性质并进行地价评估后，依法办理国有建设用地有偿使用手续。

养老机构可以利用有偿取得的土地使用权、产权明晰的房产等固定资产办理抵押贷款，不动产登记机构应当予以办理抵押登记。

养老机构建设用地和建筑物，未经法定程序不得改变用途，不得分割转让。

第四十四条 县级以上人民政府应当建立健全医疗卫生服务和社会养老服务衔接制度，促进医疗卫生服务与社会养老服务资源融合，合理布局养老机构、社区居家养老服务照料中心与老年病医院、老年护理院、康复疗养机构等。

医疗机构、社区卫生服务机构应当与养老机构、社区居家养老服务照料中心建立业务协作机制，为养老机构收住的老年人和居家的老年人提供基本医疗服务。

社区卫生服务机构应当建立老年人健康档案，开展上门巡诊、设立家庭病床，为老年人提供慢性病管理、健康教育和咨询、中医诊疗保健等服务。

鼓励规模较大的养老机构设立内部医疗机构，符合条件的，有关主管部门应当根据申请将其认定为基本医疗保险定点医疗机构。

第四十五条 县级以上人民政府和有关部门应当制定相应的产业政策和措施，积极培育养老服务业。

扶持和引导企业开发、生产、经营适应老年人衣、食、住、行、医、文化娱乐等需要的产品，提供相关服务。

民间资本按照国家和省有关规定建设老年住宅、老年公寓的，享受相应的扶持政策。

第六章 养老服务监督管理

第四十六条 省标准化主管部门应当会同民政部门组织制定和完善机构养老服务、居家养老服务等相关地方标准，建立健全社会养老服务标准体系。

第四十七条 县级以上人民政府民政部门负责养老机构的指导、监督和管理，其他有关部门依据职责分工对养老机构实施监督。

民政部门应当建立养老机构的养老服务质量评估制度，定期组织有关方面专家或者委托第三方专业机构，对养老机构的人员配备、设施设备条件、管理水平、服务质量、服务对象满意度、社会信誉等进行综合评估，将评估结果向社会公布，并根据评估结果对养老机构实行分类管理。

第四十八条 审计部门应当按照国家有关规定，对政府投资设立或者接受政府补助、补贴的养老机构的财务状况以及资金使用情况进行审计监督，依法向社会公布审计结果。

第四十九条 民政部门应当建立养老机构诚信档案，记录其设立与变更、日常监督检查、违法行为查处、综合评估结果等情况，并向社会公开，接受查询；对有不良信用记录的养老机构，应当增加监督检查频次，加强整改指导。

第五十条 民政部门应当建立举报投诉制度，公开举报投诉的电话、电子邮箱、网络平台等，受理对社会养老服务有关问题的举报和投诉。

民政部门对接到的举报、投诉，应当及时核实处理，并将结果告知举报人、投诉人。

第五十一条 民政、食品药品监督管理、公安消防等部门应当依法对养老机构举办者和服务人员进行安全教育，对养老服务场所进行安全检查，消除各类安全隐患。

卫生计生部门应当依法加强对养老机构内设医疗机构的监督管理。

第七章 法律责任

第五十二条 违反本条例规定的行为，法律、行政法规已有法律责任规定的，从其规定。

第五十三条 违反本条例规定，养老机构有下列行为之一的，由实施许可的民政部门责令限期改正；逾期不改正的，处一万元以上三万元以下罚款；情节严重的，处三万元以上十万元以下罚款：

（一）未与老年人或者其代理人订立服务合同的；

（二）未按照有关标准和规定开展服务的；

（三）配备人员的资格不符合规定的；

（四）利用养老机构的房屋、场地、设施从事与养老服务无关活动的；

（五）擅自暂停或者终止服务的。

第五十四条 违反本条例规定，采取虚报、隐瞒、伪造等手段，骗取补助资金或者社会养老服务补贴的，由民政部门责令退回非法获取的补助资金或者社会养老服务补贴，可以处非法所得一倍以上三倍以下罚款。

第五十五条 违反本条例规定，民政等有关部门及其工作人员有下列行为之一的，由有权机关对直接负责的主管人员和其他直接责任人员依法给予处分：

（一）未依法实施养老机构设立许可的；

（二）未依法履行监督检查职责，造成不良后果的；

（三）对接到的投诉、举报，未及时核实处理的；

（四）有其他玩忽职守、滥用职权、徇私舞弊行为的。

第八章 附 则

第五十六条 本条例自2015年3月1日起施行。

浙江省民政厅、浙江省卫生计生委、浙江省人力社保厅、浙江省发展改革委关于开展养医结合示范点建设的通知

浙民福〔2015〕76号

各市、有关县（市、区）民政局、卫生计生委（卫生局）、人力社保局、发展改革委：

根据省政府《关于加快发展养老服务业的实施意见》（浙政发〔2014〕13号）和《关于促进健康服务业发展的实施意见》（浙政发〔2014〕22号）精神，为提升养老机构的医疗服务能力，探索医疗机构支持参与养老服务的有效途径，推进我省养老服务与医疗卫生融合发展，经研究，确定杭州市社会福利中心等26家养老机构（医院）为省级养医结合示范点。请结合浙江省民政厅等有关部门下发的《关于推进医疗卫生与养老服务融合发展的实施意见》（浙民福〔2014〕216号）文件要求，抓好落实。

一、充分认识示范点建设的重要意义

养医结合示范点建设是探索养老、医疗、长期照料服务等社会养老服务的重要抓手，是实现养老、医疗资源共享、优势互补的有效途径，是适应我省人口老龄化、高龄化快速发展，实施积极老龄化、健康老龄化的的必然要求。各地要切实统一思想，提高认识，周密组织，把养医结合示范点建设成可看、可学、可推广的新模式，形成示范效应。

二、认真抓好示范点建设工作

养医结合示范点建设要紧密结合养老服务和医疗卫生服务的实际，以满足老年人养老和医疗服务需求为宗旨，不断改善设施，创造条件，真正做到养老与医疗之间的设施结合、人员结合和制度结合。

（一）加强养老机构医疗资源配置。可根据入住老人的数量，疾病特点，服务要求，尤其是失能、半失能老人的占比，合理设置床位数、相应的医疗机构诊疗科目、配备仪器诊疗设备。

（二）探索老年人养老、看病、护理一体化。参与养医结合示范点建设的养老机构和医疗机构要以老年护理服务为重点，配置相应设备和专业技术人员；取得医疗机构执业许可证的可同时视条件许可开设老年病、康复专业，达到康复医院和护理院基本标准的挂康复医院和护理院牌子，为老年人提供养老、看病、护理一站式的养老和基本医疗服务。

（三）健全养医结合联系制度，完善“医养联合体”的示范机制。要实行急救、治病、休养的无缝对接，同时完善老年人健康档案及医疗健康信息，实现对老年人疾病

早发现、早诊断、早治疗的健康优化管理。

（四）建立社会护理与医疗护理转诊制度。各地要根据老年人的身体状况，对老年人是否采取养老护理服务或康复医疗护理进行评估，建立相应评估体系。根据评估结果及时做好社会性护理与康复医疗性护理的相互转诊，实现两者之间的有机衔接。

（五）科学配置养老护理和医护人员。加强老年人专业护理队伍建设，养医结合示范点要按照浙江省《养老机构服务与管理规范》中的五星级养老机构标准配备养老护理人员、医生和护士，明确人员分工及工作职责，为入住老年人提供优质的服务。

（六）认真落实相关保障措施。各地要对参与养医结合示范点建设的养老机构和医院落实相关政策优惠。探索建立经费保障、定点医保、照护经费补助等机制，形成既能进行有效监管，又能减轻入住老年人负担的制度，为当地养医融合发展树立典型，提供经验。

三、加强对示范点建设的指导

（一）加强领导，细化落实方案。各地民政、卫生计生、人力社保、发展改革等部门要加大养医结合示范点建设的指导力度，进一步完善示范点建设方案，在设立许可、人员准入、医保定点、人才培养、资金补助等方面加大力度，抓好落实。要根据实际，建立养医结合联席会议制度，落实牵头单位，协调解决示范点建设中的困难。

（二）积极推进，强化监督管理。各地要对示范点建设实施动态管理，及时掌握示范点的设施建设、人员配备、入住老人、运营管理等情况，确保示范点建设的有效推进。每年对示范点建设情况进行一次综合评估，及时发现和纠正问题，完善措施，不断巩固示范点建设成果。对评估达不到养医结合示范点运营管理要求的要予以退出。

（三）示范推广，认真总结经验。各地要认真做好示范点建设工作的经验总结，并通过交流会、现场会等形式，推广好经验、好做法，充分发挥示范点的引导、辐射作用。省民政厅、卫生计生委、人力社保厅、发展改革委将适时通过召开座谈会、现场会等形式，总结推广典型经验和做法。

浙江省民政厅　浙江省卫生和计划生育委员会
浙江省人力资源和社会保障厅
浙江省发展和改革委员会
2015 年 4 月 20 日

浙江省卫生计生委等部门关于进一步完善计划生育特殊家庭扶助关怀政策的意见

浙卫发〔2015〕68 号

各市、县（市、区）卫生计生委局（卫生局、人口计生委局）、民政局、财政局、人力社保局、残联、计生协：

为了进一步解决计划生育特殊家庭在生活保障、养老照料、精神慰藉等方面遇到的特殊困难，在继续执行《浙江省卫生计生委等 6 部门关于进一步做好计划生育特殊困难家庭扶助工作的意见》（浙卫发〔2014〕28 号）等文件基础上，现就进一步完善计划生育特殊家庭扶助关怀政策提出如下意见。

一、对三级计划生育手术并发症人员的扶助金，提高到每人每月 200 元；对二级并发症人员的扶助金，提高到每人每月 400 元；对一级并发症人员的扶助金，提高到每人每月 600 元。

二、独生子女死亡家庭依法收养子女的，按户给予一次性 5 万元补助，补助资金在县（市、区）计划生育公益金中列支。

三、女方年满 49 周岁未满 60 周岁的独生子女伤残死亡家庭中夫妻一方或双方失能、失智等生活不能自理的，其特别扶助金标准提高到每人每月 700 元。

四、独生子女死亡的父母一方或双方失能、失智等生活不能自理，或 70 周岁及以上的，如果本人有意愿，由县（市、区）民政部门指定公办养老机构予以安排和接收。

五、独生子女死亡的父母一方或双方符合托养条件的残疾人，如果本人有意愿，由县（市、区）残联优先纳入重度残疾人托（安）养服务，并安排残疾人托养机构予以接收和照料。

六、独生子女死亡的父母以个体工商户身份参加企业职工基本养老保险的，对其个人缴费部分给予一定补贴，具体补贴办法和标准由各设区市制定。补贴所需资金在县（市、区）计划生育公益金中列支。

七、各级医疗机构开通“绿色通道”，为独生子女死亡的父母住院就医、转诊提供便利条件，具体办法由各县（市、区）卫生计生部门制定。基层医疗卫生机构优先为其提供责任医生签约服务，并免除个人承担的签约服务费用，服务费用由当地财政承担。

八、独生子女死亡的父母亡故后，符合农村五保和城镇“三无”人员条件的，由民政部门根据有关殡葬管理规定为其办理丧葬事宜。

九、独生子女死亡家庭中无监护人的孤寡独居对象，经本人同意，由村委会（社区居委会）作为监护人，主要履行该对象入住养老院、医疗手术等监护人职责。

十、各级卫生计生部门要全面掌握计划生育特殊家庭情况，并对乡（镇、街道）和村（居）联系人制度落实情况进行督促检查。通过政府购买服务、志愿服务相结合等方式，充分发挥各类群团组织、社会组织、群众自治组织，特别是基层计划生育协会的作用，积极发动理事、会员、志愿者、责任医生等提供结对帮扶服务，定期开展走访慰问，加强日常关心照顾，动员爱心企业、爱心人士捐款捐物，根据计划生育特殊家庭需求，为他们提供生活照料、生产帮扶、精神慰藉和心理援助等社会关怀服务。各级残联组织积极做好计划生育特殊家庭中残疾人家庭的关怀及各项助残政策的落实工作。

十一、各地、各部门要从维护群众切身利益和社会和谐稳定的高度，切实加强领导，进一步明确各有关部门责任，细化政策措施，将所需经费纳入财政预算，确保各项政策落到实处。

十二、本意见自 2016 年 1 月 1 日起执行。

浙江省卫生计生委　浙江省民政厅　浙江省财政厅
浙江省人力社保厅　浙江省残联　浙江省计生协
2015 年 9 月 22 日

福建省老龄办、中国人寿福建省分公司关于实施福建省“银龄安康工程”的通知

闽老龄办综〔2015〕1 号

各设区市老龄办、平潭综合实验区社会事业局、中国人寿各市分公司：

截至 2014 年底，我省 60 周岁及以上老年人口为 496 万人，占全省总人口的 13.03%，人口老龄化程度进一步加深，应对人口老龄化挑战更加严峻。为加强养老保障工作，提高老年人抵御风险能力，根据省政府《关于加快发展养老服务业的实施意见》（闽政〔2014〕3 号）和《关于加快发展现代保险服务业十二条措施的通知》（闽政〔2014〕60 号）的有关要求，决定在全省范围内实施以老年人意外伤害保险制度为内容的“银龄安康工程”。现将有关事项通知如下：

一、目标任务

“银龄安康工程”指实施全省老年人参加意外伤害保险及因意外伤害住院可享受医疗津贴保险的专项工作（详见附件）。自 2015 年 4 月 1 日起在全省推行实施，到今年底参保率达到 20%。此后每年保持 10 个百分点及以上的增长，至 2020 年底全省覆盖率力争达到 80%以上。

二、基本原则

（一）政府主导，自愿参与。老年人意外伤害保险作为福建保监局提出的 2015 年保险业“为民办实事”重点项目，事关广大老年人切身利益，事关千千万万个家庭福祉，应坚持政府主导，参保人自愿参与的原则，大力推动实施。

（二）因地制宜，多方筹资。一要鼓励各地以财政全额出资或部分补贴的方式，为辖区 80 周岁及以上的城乡低保老人、农村“五保”老人和优抚对象统一购买保险；二要积极倡导各企业单位、社团组织等出资和赞助的方式，为老年人购买保险；三要倡议子女为其老年父母出资投保。

三、主要工作

（一）加强领导。各级老龄办和中国人寿各分支机构要充分认识实施“银龄安康工程”的重要意义，采取切实有效措施，大力推动。各级老龄办要将实施“银龄安康工程”纳入当地老龄产业发展规划中，结合年度工作计划与考核，列入为老服务的重要内容之一。中国人寿各分支机构要将实施“银龄安康工程”纳入当地公司重点工作任务与考核，组成专项工作服务队伍，确保工作落到实处。

（二）统筹规划。各级要认真做好“银龄安康工程”的“四个一”工程：即联合开好一次沟通汇报会，并向政府领导汇报老年人意外伤害保险开展计划，争取资源支持（包括财政资金、联合发文等）；联合召开一次市级启动会，对老年人意外伤害保险工作进行全面部署；联合举办一次培训班，对相关方案、实务、流程进行普及性培训宣导；联合召开一次年中推进会，适时总结业务发展情况，合理推进下一阶段工作。

（三）分工协作。各级老龄办和中国人寿各分支机构

要充分发挥各自优势，加强协作配合，建立健全分工合理、职责明确、规范有序的工作机制。各级老龄办要在调查研究、宣传发动、组织协调、总结经验等方面发挥积极作用，发动基层老年协会等老年社团组织参与实施“银龄安康工程”。中国人寿各分支机构主要负责业务咨询、培训、承办、理赔等服务工作，中国人寿分布在全省各县（区）、乡镇网点的专职服务队伍应就近为承保老年人提供理赔等各类保险保障服务，必要时安排服务人员上门服务或在指定地点安排专人定点服务，做好面对面的现场理赔受理，切实维护老年人的合法权益。

（四）宣传发动。各级老龄办和中国人寿各分支机构要利用为老年人办实事及日常为老服务等时机，围绕参保范围、参保内容、资金来源、参保程序、理赔流程和问题反馈等内容开展宣传，让“银龄安康工程”家喻户晓，深入人心。

（五）强化督导。各级老龄办和中国人寿各分支机构要建立阶段工作沟通会议制度，及时通报辖内老年人参保、理赔情况；每季度总结“银龄安康工程”进展情况，探讨下一步推进措施。

（六）树立典型。各地要积极探索，大胆创新，总结经验，树立典型。省老龄办与中国人寿福建省分公司将对在推动“银龄安康工程”中取得突出成绩的单位和个人予以通报表扬。各级老龄办和中国人寿各分支机构要定期总结经验、挖掘典型、传播推广。

附件：福建省“银龄安康工程”保险保障方案

福建省老龄工作委员会办公室

中国人寿保险股份有限公司福建省分公司

2015 年 4 月 17 日

附件

福建省“银龄安康工程”保险保障方案

一、保险保障方案

保障方案	投保年龄	保费（每人、每年）	保险责任	保险金额	份数要求
方案一	50 至 80 周岁	20 元	意外身故或伤残	3000 元	每人限购 5 份
			意外伤害住院津贴	3600 元，每日津贴 20 元，最高补偿 180 日	
方案二	80 周岁以上	20 元	意外身故或伤残	1000 元	每人限购 2 份
			意外伤害住院津贴	2700 元，每日津贴 15 元，最高补偿 180 日	
备注	（1）以上方案为 2015 年方案，2016 年及后续方案将视情况调整。 （2）以上保障方案使用经中国保监会备案的保险产品：《国寿小额团体意外伤害保险（2013 版）》、《国寿小额意外伤害保险（2013 版）》、《国寿附加绿洲意外住院定额给付团体医疗保险》、《国寿附加绿舟意外住院定额给付医疗保险》，具体保险责任以保险合同、产品条款为准。				

二、保障责任介绍

（一）意外伤害身故。意外伤害是指遭受外来的、突发的、非本意的、非疾病的客观事件直接致使身体受到的伤害。被保险人遭受意外伤害，并自该意外伤害发生之日起 180 日内因该意外伤害导致身故的，中国人寿按合同约定的保险金额扣除已给付伤残保险金后的余额给付身故保险金。

（二）意外伤害伤残。被保险人遭受意外伤害，并自该意外伤害发生之日起 180 日内因该意外伤害导致身体伤残的，中国人寿根据《人身保险伤残评定标准（行业标准）》的规定，按合同约定的保险金额乘以该处伤残的伤残等级（10 级 281 项）所对应的保险金给付比例给付伤残保险金。

（三）意外伤害住院津贴保险金。在本合同保险期间内，被保险人遭受意外伤害，并因该意外伤害在二级以上（含二级）医院或本公司认可的其他医疗机构住院治疗，中国人寿按住院日定额给付金额乘以实际住院日数给付保险金，但每次住院的给付日数以90日为限，且每个保单年度累计给付日数以180日为限。若被保险人本次住院治疗与前次住院原因相同，并且前次出院与本次入院间隔不超过30日，则本次住院与前次住院视为同一次住院。

福建省老龄工作委员会办公室
2015年4月20日印发

福建省老龄办、福建省民政厅转发全国老龄办、民政部关于进一步加强城乡社区老年协会建设的通知

闽老龄办综〔2015〕4号

各设区市老龄办、民政局、平潭综合实验区社会事业局：

现将《全国老龄办、民政部关于进一步加强城乡社区老年协会建设的通知》（全国老龄办发〔2015〕21号，以下简称通知）转发给你们。结合我省实际，提出以下具体意见，请一并贯彻落实。

一、认真领会《通知》精神，着力推进协会建设

各级老龄和民政部门要根据《中华人民共和国老年人权益保障法》和《国务院关于加快发展养老服务业的若干意见》对老年协会建设提出的系列要求，积极争取党委、政府和有关部门的重视、关心和支持，着力推进城乡老年协会建设。到“十二五”末，各地要争取90%以上的城乡社区成立老年协会；到“十三五”末，争取95%以上的城乡社区成立老年协会。

二、按照《通知》要求，做好登记和备案管理工作

有注册登记意愿，符合社会组织管理登记有关规定的城乡老年协会，可以直接到县级民政部门依法申请社会组织注册登记，做到能登尽登。暂时不具备登记条件的老年协会，须按照《福建省民政厅关于大力培育发展社区社会组织的指导意见》（闽民管〔2014〕213号）要求，填写《福建省社区社会组织备案表》，由村（社区）“两委”初审，经乡镇人民政府（街道办事处）审核同意后备案，接受乡镇（街道）老龄委的业务指导和管理。

三、加强工作指导和资金支持

各级老龄和民政部门要加强对城乡社区老年协会的指导，切实履行服务和监督职能。鼓励城乡社区将集体经济收入的一部分用于资助老年协会开展活动；引导社会力量向老年协会捐赠；加大福利彩票公益金对基层老年协会支持力度，通过费随事转、政府购买服务、购买公益性重要管理工作岗位等方式，支持基层老年协会开展自我服务和服务社会活动。

四、加大宣传力度，营造良好舆论氛围

充分认识城乡社区老年协会在基层老龄事业、社会公益事业、社区公共服务和社会治理中的重要作用，善于借助和发挥各类报刊、广播、电视等传统媒体和网络新兴媒体的独特优势，不断增强老年协会建设宣传的传播力和影响力，努力提升支持老年人参与社会、支持城乡社区老年协会发展的舆论氛围。

各地要根据本通知要求切实加强城乡老年协会建设，出台落实加强老年协会建设的具体办法和措施。省老龄办、民政厅将适时抽查落实情况。

福建省老龄办　福建省民政厅
2015年7月6日

山东省人民政府关于机关事业单位工作人员养老保险制度改革的实施意见

鲁政发〔2015〕4号

各市人民政府，各县（市、区）人民政府，省政府各部门、各直属机构，各高等院校：

为贯彻落实《国务院关于机关事业单位工作人员养老保险制度改革的决定》（国发〔2015〕2号），结合我省实际，现提出以下实施意见：

一、实施范围

本意见适用于我省按照公务员法管理的单位、参照公务员法管理的机关（单位）、事业单位及其编制内的工作人员。

二、实行社会统筹与个人账户相结合的基本养老保险制度

基本养老保险费由单位和个人共同负担。单位缴纳基本养老保险费的比例为本单位工资总额的20%；个人缴纳基本养老保险费（以下简称个人缴费）的比例为本人缴费工资的8%，由单位代扣代缴。个人工资超过省或市上年度在岗职工平均工资300%以上的部分，不计入个人缴费工资基数；低于省或市上年度在岗职工平均工资60%的，按60%计算个人缴费工资基数。

凡国家和省统一规定的工资和津贴补贴项目，均应纳入个人缴费工资基数。精神文明奖等只适用于部分单位工作人员的项目，不纳入缴费工资基数。纳入个人缴费工资基数的具体项目，按照与纳入统筹的养老保险待遇项目相对应的原则确定。

按本人缴费工资8%的数额建立基本养老保险个人账户，全部由个人缴费形成。个人账户储存额（含本息，下同）只用于工作人员养老，不得提前支取，每年按照国家统一公布的记账利率计算利息，免征利息税。参保人员死亡的，个人账户余额可以依法继承。

三、改革基本养老金计发办法

自本意见实施之日起，实行新的基本养老金计发办法，建立待遇与缴费挂钩机制，多缴多得，长缴多得，提高单位和职工参保缴费的积极性。

（一）本意见实施后参加工作、个人缴费年限累计满15年的人员，退休后按月发给基本养老金。基本养老金由基础养老金和个人账户养老金组成。退休时的基础养老金月标准以省或市上年度在岗职工月平均工资和本人指数化月平均缴费工资的平均值为基数，缴费每满1年发给1%。个人账户养老金月标准为个人账户储存额除以计发月数，计发月数详见附件。

（二）本意见实施前参加工作、实施后退休且缴费年限（含视同缴费年限，下同）累计满15年的人员，在发给基础养老金和个人账户养老金的基础上，再依据视同缴费年限长短，发给本人指数化月平均缴费工资一定比例的过渡性养老金。

按照合理衔接、平稳过渡的原则，自改革之日起，设立10年过渡期，过渡期内退休的人员，按改革后计发办法（简称新办法）计发的基本养老金低于按改革前退休费计发办法（简称原办法）计发的待遇的，按照原办法计发的待遇发给基本养老金；按新办法计发的基本养老金高于按原办法计发的待遇的，高出部分分年度按比例予以封顶限制。

具体办法，由省人力资源社会保障厅会同有关部门按照国家规定制定并指导实施。

（三）本意见实施后达到退休年龄但个人缴费年限累计不满15年的人员，其基本养老保险关系处理和基本养老金计发比照《实施〈中华人民共和国社会保险法〉若干规定》（人力资源社会保障部令第13号）和我省有关规定执行。

（四）本意见实施前已经退休的人员，继续按照国家和省规定的原待遇标准发放基本养老金，同时执行基本养老金调整办法。其中，符合规定的待遇项目，经审核确认后，纳入基本养老保险基金支付；其他待遇项目，仍从原渠道列支。

（五）机关事业单位离休人员，不纳入机关事业单位养老保险制度改革范围，继续按照国家和省统一规定发给离休费，并调整相关待遇。所需资金从原渠道列支，可由原所在单位负责发放，或委托社会保险经办机构代发。

四、建立基本养老金正常调整机制

根据国务院统一部署，结合我省经济发展、物价水平、工资增长等因素，省政府统筹安排机关事业单位和企业退休人员的基本养老金调整，合理确定调整办法和调整水平。逐步建立兼顾各类人员的养老保险待遇正常调整机制，分享经济社会发展成果，保障退休人员基本生活。

五、加强基金管理和监督

逐步建立健全基本养老保险基金省级统筹。现阶段，我省暂实行省级基金调剂制度，明确各级政府征收、管理和支付的责任；在全省范围内统一基本养老保险制度和有关政策，统一缴费基数和比例，统一基本养老保险待遇，统一编制和实施基本养老保险预算，统一信息系统平台和相关业务流程。

机关事业单位基本养老保险基金单独建账，与企业职工基本养老保险基金分别管理使用。基金实行严格的预算管理，纳入社会保障基金财政专户，实行收支两条线管理，专款专用。依法加强基金监管，确保基金安全。

六、做好养老保险关系转移接续工作

参保人员在同一统筹范围（指设区的市，含省直，下同）内的机关事业单位之间流动，只转移养老保险关系，不转移基金。参保人员跨统筹范围流动或在机关事业单位与企业之间流动，在转移养老保险关系的同时，基本养老保险个人账户储存额随同转移，并以改革后本人各年度实际缴费工资为基数，按12%的总和转移基金，参保缴费不足1年的，按实际缴费月数计算转移基金。转移后基本养老保险缴费年限（含视同缴费年限）、个人账户储存额累计计算。

七、建立职业年金制度

机关事业单位在参加基本养老保险的基础上，应当为其工作人员建立职业年金。单位按本单位工资总额的8%缴费，个人按本人缴费工资的4%缴费。工作人员退休后，按月领取职业年金待遇。职业年金的具体办法，由省人力资源社会保障厅、省财政厅根据国家规定制定。

八、建立健全确保养老金发放的筹资机制

机关事业单位及其工作人员应按规定及时足额缴纳养老保险费。各级社会保险经办机构应切实加强基金征缴，做到应收尽收。各级政府应积极调整和优化财政支出结构，加大社会保障资金投入，确保基本养老金按时足额发放。同时，要为建立职业年金制度提供相应的经费保障，确保机关事业单位养老保险制度改革平稳推进。

对于基本养老保险和职业年金缴费确有困难的非财政供款单位，经审核确认后，可由同级财政给予适当补助。

九、做好与现行开展的机关事业单位养老保险统筹政策的衔接

各地现行开展的机关事业单位养老保险统筹，要按照新制度即行并轨。改革前，各地已积累的统筹基金并入新制度统一使用，应收未收的养老保险费要确保征缴到位。对于各地统筹期间的个人缴费部分，除由财政代缴的外，原则上，改革前已退休人员自改革之月、未退休人员自退休之月一次性发放给本人。具体发放方式，由各设区的市结合实际确定。

十、逐步实行社会化管理服务

提高机关事业单位社会保险社会化管理服务水平，普遍发放全国统一的社会保障卡，实行基本养老金社会化发放。继续加强街道、社区人力资源社会保障工作平台建设，加快老年服务设施和服务网络建设，为退休人员提供方便快捷的服务。

十一、提高社会保险经办管理水平

各地要根据机关事业单位工作人员养老保险制度改革的实际需要，加强社会保险经办机构能力建设，适当充实工作人员，提供必要的经费和服务设施。社会保险经办机构应做好机关事业单位养老保险参保登记、缴费申报、关系转移、待遇核定和支付等工作。要按照国家统一制订的业务经办流程和信息管理系统建设要求，建立健全管理制度，由省级统一集中管理数据资源，实现规范化、信息化和专业化管理，不断提高工作效率和服务质量。

省直机关事业单位、驻鲁中央国家机关所属单位基本养老保险的管理工作，按照国家规定实行属地化管理。省人力资源社会保障厅负责在省社会保险经办机构参保单位的基本养老保险管理工作，同时集中受托管理其职业年金基金。

本意见自2014年10月1日起实施，我省已有规定与本意见不一致的，按本意见执行。

附件：个人账户养老金计发月数表（略）

山东省人民政府
2015年2月15日

河南省人民政府办公厅关于印发养老健康产业发展示范园区（基地）规划建设推进计划的通知

豫政办〔2015〕123号

各省辖市、省直管县（市）人民政府，省人民政府有关部门：

《养老健康产业发展示范园区（基地）规划建设推进计划》已经省政府同意，现印发给你们，请结合实际，认真贯彻落实。

河南省人民政府办公厅

2015年9月29日

养老健康产业发展示范园区（基地）规划建设推进计划

建设养老健康产业发展示范园区（基地）（以下简称养老产业示范园区）是我省“居家为基础、社区为依托、机构为补充、医养相结合”养老服务体系的重要内容，是根据经济社会发展规划，由政府引导、市场主导、社会参与，采取多种形式建设的养老服务综合体，在全省养老产业发展中具有示范引领作用。为积极推进全省养老产业示范园区建设，提升养老服务整体水平，发挥养老服务在改善民生、推动经济发展、促进就业中的积极作用，特制定本推进计划：

一、总体要求

（一）基本思路。立足养老服务需求，依托区域资源优势，积极鼓励民间资本和社会力量参与，科学规划建设养老产业示范园区，培育发展一批产业链长、覆盖领域广、经济效益显著的养老产业集群，繁荣养老服务和产品市场，完善养老服务体系，带动和辐射基本养老，提升养老服务标准和水平。

（二）主要原则。

1.科学规划，合理布局。与经济社会发展规划及老年人口发展状况相衔接，依据各地城乡规划和土地利用总体规划，统筹资源配置，规模适宜，合理布局。

2.政府引导，市场主导。完善支持政策，充分发挥市场的主导作用，引导投资主体多元化，广泛调动社会力量参与。

3.规范管理，分类指导。针对不同投资主体和服务模式，分类指导，跟踪服务，加强监管，健康发展。

4.示范带动，整体推进。规范标准，提升水平，着力培育一批具有区域影响力的养老企业，示范带动，推动全省养老事业整体发展。

（三）推进目标。力争到2020年，全省建成50—60个养老产业示范园区，新增养老床位4—5万张。推动投资主体多元化，健全养老服务体系，实现居家养老、社区养老与机构养老有机衔接，推进医养结合，满足不同层次的养老服务需求，保障和改善民生。

二、主要任务

（一）因地制宜建设特色养老产业示范园区。各地要依托资源优势，统筹要素、理清思路，规划建设各具特色的养老产业示范园区。在生态良好、气候宜人、交通便利的地方，规划建设以旅游、休闲、养生为主的养老产业示范园区；在中医药资源丰富、优势明显的地方，规划建设以保健养生、医疗康复为主的养老产业示范园区；在老年人口集中、医疗资源丰富的城市或近郊，规划建设医养结合、以养老服务为主的养老产业示范园区。通过建设不同特点和各具特色的养老产业示范园区，满足老年人多元化养老服务需求。

（二）培育引进养老服务企业集团。要依据养老产业示范园区规划，积极开展专题招商，引进大型养老服务企业集团，提升我省养老产业建设水平。大力支持本地社会资本参与养老产业示范园区建设，积极培育，发展壮大。加强养老产业示范园区管理，鼓励养老服务企业探索创新，建立现代企业管理体系，提高专业化、产业化程度，增强养老服务保障和调控市场能力，努力打造一批龙头企业和知名养老服务品牌。注重发挥养老产业示范园区的引领带动作用，拉长产业链条，丰富养老产品和服务市场，提升服务管理水平，推动全省养老健康产业发展。

（三）推动投资主体多元化。鼓励房地产、金融保险、医疗养生、文化旅游等领域的企业投资养老产业，参与发展老年生活服务、医疗康复、饮食服装、营养保健、休闲旅游等为老年人服务产业，开发老年保健、老年照护、老年康复辅具、老年住宅、老年宜居社区等产品和服务，投资建设各类专业化养老服务机构或组织。鼓励探索运用政府和社会资本合作（PPP）模式建设一批养老产业示范园区项目，将符合条件的企业纳入养老产业基金和河南省PPP基金支持范围，按照“谁投资、谁受益”的原则，支持社会资本采取PPP等模式，投资建设养老产业示范园区。

三、推进措施

（一）科学规划。各地要立足于着力改善民生、加快服务业发展，推动产业结构战略性调整，高度重视养老产业示范园区规划工作。在经济社会发展总体规划和“十三五”规划中，要确立养老产业示范园区的发展定位，按照经济社会发展规划、城乡规划、土地利用总体规划、环境保护规划和重大基础设施规划“五规合一”要求，结合当地养老服务需求，尽快制定养老产业示范园区规划。规划既要满足老年人的养老服务需求，又要考虑养老产业示范园区的可持续发展。

（二）政策支持。优先保障养老产业示范园区建设用地供应。新建养老服务机构项目用地涉及新增建设用地，符合土地利用总体规划和城乡规划的，当地政府在土地利用年度计划指标中优先安排；符合城乡建设用地增减挂钩条件的，可优先安排周转指标。新建养老产业示范园区土地征收参照省重点项目用地报批。对利用工业厂房、仓储用房、医院、学校等存量资产改建养老产业示范园区的，所用土地性质按规定程序调整。对临时改变建筑使用功能从事非营利性养老服务的，可按照固定建筑办理建设、环评、消防等手续，对连续经营一年以上的，五年内可不增收土地年租金或土地收益差价，土地使用性质可暂不作变更。

充分发挥财政资金引导作用，通过财政贴息等方式支持养老服务企业提高融资能力，鼓励各地研究制定以补助投资、风险补偿等方式支持养老产业示范园区建设的具体办法，支持符合条件的养老服务企业通过设立产业投资基金、发行企业债券和中小企业私募债券等多渠道筹措资金。引导和规范商业银行、保险公司、证券公司等金融机构开发各种适合老年人的理财、信贷、保险等产品，鼓励金融机构加快金融产品和服务方式创新，探索实施老年长期护理保险制度，推动金融机构直接或间接投资养老服务业。

鼓励医疗卫生资源进入养老产业示范园区。对符合相关条件、为示范园区老年人提供服务的非公立医疗机构，可与公办医疗机构享有同等待遇，并按程序及时将其纳入医保定点服务范围，执行与同级公立医院相同的支付政策。

各地要认真落实国家和省相关政策，并根据本地实际，研究出台推进养老产业示范园区建设的具体政策措施。

（三）强化监管。安全监管部门要督促指导相关行业主管部门加强养老产业示范园区安全监管，依法对养老产业示范园区的生产安全事故进行调查处理。民政部门要切实履行行业监管职责，强化综合协调和监督管理职能，督促和指导养老产业示范园区强化内部管理，规范服务内容，既保护社会资本参与养老事业的积极性，又维护入住老年人的合法权益。公安、卫生计生、食品药品监管、住房城乡建设部门要定期开展业务指导和卫生防疫、建筑安全、消防安全等方面的检查，组织从业人员开展消防培训，督促养老机构落实卫生防疫、消防安全主体责任，确保养老产业示范园区安全运营。

（四）加强指导。各地要高度重视，切实加强组织领导，把养老产业示范园区建设纳入政府重要议事日程，研究解决工作中存在的问题，加大引导和扶持力度，因地制宜，研究制定具体的支持政策，为养老产业示范园区建设发展创造有利条件。发展改革、住房城乡建设、国土资源等部门要将养老产业示范园区建设纳入经济社会发展规划、城乡规划和土地利用总体规划，推动养老产业示范园区规划建设。民政部门要加强对养老产业示范园区的业务指导，根据项目建设的不同阶段，在规划设计、建设标准、运营管理等方面提出指导性意见，确保养老产业示范园区建设符合国家有关要求。

各职能部门要切实履行行业主管责任，落实各项政策措施。各地要坚持改革创新，大胆探索，积极推进。对全省养老产业示范园区建设情况，省政府将适时组织有关部门开展督导检查，及时发现并解决问题，总结推广经验做法，推动养老产业示范园区建设发展。

河南省民政厅、河南省发展和改革委员会、河南省教育厅等10家单位联合下发《关于支持民间资本参与养老服务业发展的若干意见》

豫民〔2015〕2号

根据《国务院关于加快发展养老服务业的若干意见》（国发〔2013〕35号）和《河南省人民政府关于加快发展养老服务业的意见》（豫政〔2014〕24号）精神，为贯彻落实民政部等10部委《关于鼓励民间资本参与养老服务业发展的实施意见》（民发〔2015〕33号），支持民间资本参与养老服务业发展，逐步使社会力量成为养老服务业发展的主体，不断加强和完善养老服务体系建设，现结合我省实际，提出如下贯彻意见：

一、充分发挥社会力量的主体作用

（一）加强政府引导，充分发挥社会力量的市场主体作用。要切实转变政府职能，提高服务意识，发挥政府对养老服务业的引导作用，不断完善市场机制，规范市场秩序，充分发挥市场在养老服务领域资源配置中的决定性作用，积极鼓励引导社会力量和民间资本从事养老服务业，不断培育专业化养老实体，为老年人提供方便可及、价格合理的各类养老服务和产品。

（二）贯彻落实国家有关养老服务业政策法规。要建立公开、透明、平等、规范的养老服务业准入、退出、监管制度，努力营造平等参与、公平竞争的市场环境。凡是法律法规没有明令禁入的养老服务领域，都要向民间资本开放。在土地供应、资金扶持、税费减免、融资信贷等方面，民间资本兴办的养老服务组织与公办养老服务机构享有同等待遇。

（三）规范许可程序，强化服务意识，加强监督管理。实施许可的民政部门要严格按照《养老机构设立许可办法》要求，在规定时间内，认真审核申请单位的兴办条件和提交的文件、资料，并进行实地查验。各有关部门要加强对养老机构日常监管工作，不定期进行检查抽查，对发现的问题，及时督促整改。有条件的地方可将养老机构设立许可事项纳入当地行政审批服务中心，实行窗口统一受理。

二、支持鼓励民间资本参与养老服务业发展

（四）鼓励民间资本参与居家和社区养老服务。要把居家和社区养老作为养老服务业发展的重中之重，加大政府扶持和奖补力度，落实建设和运营补贴，充分调动社会力量参与积极性，加快推进老年人日间照料中心、老年人活动中心等城乡养老服务设施建设。要通过政府购买服务、协调指导、评估认证等方式，支持鼓励民间资本举办或运营老年人日间照料中心、老年人活动中心、家政服务企业、居家养老专业机构或企业，为老年人提供集中就餐、托养、助浴、助急、休闲、助医等各项助老服务。积极引导有条件的居家和社区养老服务机构和企业实行规模化、网络化、品牌化、连锁化经营，帮助其增加和扩大网点，提高覆盖面和服务可及性。

推进养老服务信息化建设，逐步实现对老年人信息的动态管理。各地要尽快建立完善12349居家养老信息服务平台，逐步建立覆盖县（市、区）、乡镇（街道）和社区（村）三级居家养老服务网络，全面掌握老年人基本情况，推进信息平台与居家养老服务实体的有效连接，为老年人提供紧急呼叫、生活照料、家政服务、康复护理、物品代购、服务缴费等服务项目。有条件的地方，可为居家老年人免费配置“一键通”等电子呼叫设备。

（五）支持鼓励民间资本参与机构养老服务。机构养老是养老服务业发展的重要依托，各地要不断完善股份制、股份合作制、PPP（政府和民间资本合作）等养老机构建设发展新模式，切实加强养老机构建设。支持机关、企事业单位将所属的度假村、培训中心、招待所、疗养院等转型为养老机构，鼓励民间资本对闲置的医院、学校、企业厂房、商业设施、农村集体房屋及其他可利用的社会资源进行整合和改造，用于养老服务。支持社会力量和民间资本举办规模化、连锁化的养老机构，鼓励养老机构跨区联合、资源共享，发展异地互动养老，推动形成一批具有较强竞争力的养老机构。

鼓励政府投资兴办的养老机构特别是新建机构，在明晰产权的基础上，通过公开招投标，以承包、联营、合资、合作等方式，交由社会力量运营，实行市场化运营机制。有条件的地方可把专门面向社会提供经营性服务的公办养老机构积极稳妥地转制为企业或社会组织，完善法人治理结构。要通过政府购买服务的方式，支持民办养老机构接收城乡特困人员和政府承担照料责任的其他老年人。

三、支持民间资本参与养老健康产业园建设发展

（六）积极推进养老健康产业园建设。各地可在生态良好、气候适宜、交通便利的地方，依据城乡规划，建设养老健康产业发展示范园区（基地）（以下简称养老产业园），以养老服务业为支撑，融合发展老年医疗康复、居家养老、集中养老、老年教育、休闲娱乐、生态养生、旅游度假、商业服务、养老信息化建设、养老服务人才培训、老年用品生产研发等涉老服务业。各地对建设和入驻养老产业园的各类养老服务机构和企业，要予以大力支持，提供优质服务，在资金支持、土地供应、税费减免、信贷融资等方面，认真落实国家和我省对养老服务和养老产业的一系列优惠政策，帮助解决实际工作中遇到的具体问题。

（七）支持民间资本参与养老产业园建设发展。支持大型企业和社会资本兴建或入驻养老产业园，建设专业化、品牌化、功能完备的健康养老服务基地，拓展适合老年人特点的文化娱乐、教育、体育健身、休闲旅游、健康服务、精神慰藉、法律维权等服务，研发生产安全有效的康复辅具、食品药品、服装服饰等老年用品用具和服务产品，引导商场、超市、批发市场设立老年用品专区专柜，鼓励有条件的地区建立老年用品一条街或专业交易市场。支持已有电商平台完善服务功能，增加适应老年人消费需求及特点的商品和服务。对按照老年人居住建筑设计规范建设、有相应的护理服务团队、配有一定规模的养老护理机构的新开发老年社区和老年住宅项目，要积极保障合理用地需求，其配套的养老护理机构独立登记后享受相应的扶持政策。对老年地产涉及的物业开发、经营模式、持续运营、护理服务、市场培育、资本运作等方面，要给予鼓励、支持和引导，并加强服务和规范管理。

四、认真落实国家对养老机构的支持政策

（八）切实保障养老服务业建设用地。各地要将养老服务项目建设用地纳入当地土地利用总体规划和年度用地计划，并予以优先安排和重点保障。有条件的市县要开通建设用地报批“快速通道”，实行“一站式”办公，从项目选址、用地规模、计划指标、定额标准等方面为养老服务业用地单位做好服务。城市升级改造过程中，如无生态景观、历史文化保护等特殊控制要求，原则上养老机构用地应作为保障性公共服务设施用地予以保留，并优先用于社会力量投资兴办养老机构。新建养老服务设施用地依据规划单独办理供地手续的，其宗地面积原则上控制在 3 公顷以下。有集中配建医疗、保健、康复等医卫设施的，不得超过 5 公顷。

在符合规划的前提下，各地可将依法处置后由政府收回的城市闲置工业用地和社会公益用地，优先安排用于养老服务项目建设，对使用存量建设用地的养老服务项目，优先予以办理供地手续。对已经供应的建设用地，经依法批准改变用途后用于养老服务项目建设，以增加养老服务项目用地的供应。农村集体经济组织为本集体内部成员兴办非营利性养老服务设施，经依法批准可以使用本集体所有的土地。出让经营性房地产用地，可设定条件要求配建一定规模的公益性养老服务机构用房。

非营利性养老机构养老服务设施用地可采取划拨方式供地。民间资本兴办的非营利性养老机构，经民政部门认定后同意变更为营利性养老机构的，其养老服务设施用地报经市、县政府批准后，可以办理协议出让（租赁）土地手续，补缴土地出让金（租金）。为降低营利性养老机构的建设成本，各地可制定养老服务设施用地出租或先租后让的鼓励政策和租金标准，明确相应的权利和义务，向社会公开后执行。

对利用存量建设用地从事营利性养老设施建设，涉及划拨建设用地使用权出让（租赁）或转让的，在原土地用途符合规划的前提下，可不改变土地用途，允许补缴土地出让金（租金），办理协议出让或租赁手续；在符合规划的前提下，在已建成的住宅小区内增加非营利性养老服务设施建筑面积的，可不增收土地价款。若后续调整为营利性养老服务设施的，应补缴相应土地价款。企事业单位、个人对城镇现有空闲的厂房、学校、商业设施、社区用房等进行改造和利用，兴办养老服务机构，经规划批准临时改变建筑使用功能从事非营利性养老服务且连续经营 1 年以上的，5 年内可不增收土地年租金或土地收益差价，土地使用性质也可暂不作变更。

（九）加大对民办养老机构的资金支持力度。对新建、改（扩）建非营利性养老服务机构，依据其建设规模（含改扩建）、投资总额、土地租期等指标，由所在地政府给予一定的建设补贴；在运营期间，按照床位数、收养人数及服务对象的类别、入住率、管理服务水平、社会效益等指标，由所在地政府给予一定的运营补贴。具体补贴标准及操作细则由各地根据实际情况确定，所需费用列入同级财政预算。民办非营利性养老服务业吸纳农村五保对象和城市三无人员入住，可享受与公办养老机构同等待遇。对吸纳农村五保对象和城市三无人员入住的民办非营利性养老机构，同级财政部门要按规定供养标准足额纳入预算，按时拨付。

构建养老服务行业风险分担机制，积极推行养老机构责任保险制度。鼓励养老机构投保责任保险，保险公司承保责任保险。财政给予非营利性养老机构的运营补贴，可用于资助养老机构投保养老责任保险。

（十）积极支持民办养老机构的融资信贷需求。各级金融机构要加大民办养老机构的金融支持力度，在风险可控和商业可持续的前提下，适当放宽贷款条件，简化手续，增加对养老机构及其建设项目的有效信贷投入。鼓励通过财政贴息、补助投资、风险补偿等方式，支持金融机构加快金融产品和服务方式创新，探索支持养老产业发展的贷款新模式，推进实施健康与养老服务工程。研究以养老服务产业为基础资产的证券化产品，稳步推进金融机构直接或间接投资养老服务业。支持符合条件的养老企业发行养老产业专项债券。融资时，养老机构以有偿取得的建设用地使用权、产权明晰的房产、建设达到一定条件的在建工程等申请抵押登记，国土资源、房地产管理部门应当予以办理抵押登记手续。养老机构在办理抵押、质押贷款过程中适当减免登记费。

各地要探索实施老年长期护理保险制度，引导和规范商业银行、保险公司、证券公司等金融机构开发各种适合老年人的理财、信贷、保险等产品。支持保险公司设计符合老年人需求的护理保险，鼓励各地以政府购买服务或财政补贴等形式为老年人提供护理保险，增强老年人对护理照料的支付能力。支持保险公司开展个人税收递延型商业养老保险试点。鼓励有条件的企业建立企业年金、团体养老保障计划。

对当年新招用高校毕业生、登记失业人员、就业困难人员、复员转业退役军人等符合小额担保贷款申请人条件的人员达到机构（非劳动密集型小企业除外）现有在职职工总数30%（超过100人的企业达15%）以上，并签订1年以上期限劳动合同的民办养老机构（非劳动密集型小企业除外），根据招用人数，给予最高不超过200万元的贴息贷款，贷款期限不超过2年，可享受中国人民银行公布的同期限贷款基准利率50%的贷款贴息，并按规定给予财政贴息。

（十一）积极落实税费优惠政策。对养老机构提供的养护服务免征营业税，对非营利性养老机构自用房产、土地免征房产税、城镇土地使用税，对符合条件的非营利性养老机构按规定免征企业所得税，养老机构占用耕地的，符合规定条件的免征耕地占用税。对企事业单位、社会团体和个人向非营利性养老机构的捐赠，符合相关规定的，准予在计算其应纳税所得额时按税法规定比例扣除。境内外资本建设养老机构享有同等的税收优惠政策。各养老机构用水、用电、用热、燃气等要严格执行民用价格，固定电话、宽带费用执行家庭住宅价格。

各地对非营利性养老机构建设要免征省级批准设立的有关行政事业性收费，对营利性养老机构建设要减半征收省级批准设立的有关行政事业性收费，对养老机构提供养老服务要适当减免属于省级批准设立的行政事业性收费，具体减免办法由各地政府自行制定。

工商部门登记的养老服务企业，按规定享受国家对中小企业、小型微利企业和家庭服务业的相应税费优惠政策。外资或合资养老服务企业或机构，享受相应的招商引资和养老服务优惠政策。

（十二）积极鼓励“医养融合”型养老模式。积极推进医疗卫生与养老服务相结合，促进医疗卫生资源进入养老机构、社区和居民家庭。鼓励和支持社会力量重点发展医养结合，以收养失能、半失能、失智老年人为主，并提供长期照护服务的护理型养老机构。支持民办养老机构根据需求和规模设置医务室、护理站或独立的医疗机构，为入住老年人提供优质的医疗服务。

各有关部门要积极支持和发展养老服务，简化对养老机构内设医疗机构以及康复医院、老年病医院、护理院等老龄型医疗机构的立项、开办、执业许可等审批手续。养老机构内设医疗机构符合职工基本医疗保险、城镇居民基本医疗保险和新型农村合作医疗定点医疗机构条件的，要按规定申请纳入定点范围。在定点医疗机构发生的符合规定的医疗康复项目费用，可按规定纳入基本医疗保险支付范围。要将养老机构内设医疗机构及其医护人员纳入卫生计生行政部门统一指导，在资格认定、职称评定、技术准入和推荐评优等方面，与其他医疗机构同等对待。加强对养老机构中医师、执业护士、管理人员等的培训，强化医养融合发展的人才保障。鼓励专业医师和执业护士到养老机构、医疗机构中提供服务，开展多点执业。

（十三）切实加强人才队伍建设。大力支持职业院校设立养老服务相关专业点，扩大人才培养规模；加快发展养老服务专科、本科教育，积极发展养老服务研究生教育，培养老年学、老年医学、中医骨伤、康复、老年护理、营养、心理和社会工作等方面的专门人才。拓展人才培养渠道，打通技术技能人才的培养发展通道，充分发挥开放大学作用，开展继续教育和远程教育，进一步提升养老服务从业人员的整体素质。

加强养老护理人员培训。各地要从福彩公益金中安排资金用于养老机构从业人员培训，并逐年增加培训经费投入。要将社会力量兴办的养老机构管理人员、护理人员及其他各类提供养老服务组织的从业人员纳入政府培训教育规划，在培训名额、培训经费等方面给予支持，对取得相应职业资格证书的养老护理员给予培训补贴。对在民办养老机构就业的专业技术人员执行与公办机构相同的执业资格、注册考核政策。

做好养老护理员工资指导价位发布工作，指导民办养老机构和组织合理确定养老护理员劳动报酬。养老机构和组织应当依法足额缴纳社会保险费，对吸纳就业困难人员就业的养老机构，按规定给予社会保险补贴。就业困难人员以灵活就业方式从事居家养老服务的，可按规定享受灵活就业社会保险补贴。积极改善养老护理员工作条件，加强劳动保护和职业防护。

五、不断健全促进养老服务业健康发展的体制机制

（十四）不断建立完善体制机制，促进养老事业健康发展。各地要建立完善政府领导、民政牵头、相关部门参与的工作机制，充分发挥已经建立的各类养老服务议事协调机构的作用，加强政策协调，定期分析问题，共同研究鼓励民间资本参与养老服务业发展的推进举措。积极培育和发展养老服务行业协会，发挥其在行业自律、监督评估和沟通协调等方面的作用，推动形成政府、社会组织、养老服务实体三者相结合的管理机制。

民政部门要切实履行监督管理、行业规范、业务指导职责，及时编制养老服务业发展规划；发展改革部门要将养老服务业纳入经济社会发展规划，支持养老服务体系建设；规划部门要会同民政部门，组织编制养老服务设施专项规划，指导养老服务设施有序建设；住房城乡建设部门要严格把关，确保新建城区和新建居住（小）区，按人均用地不少于0.1平方米标准配套建设养老服务设施，并与住宅同步规划、同步建设、同步验收、同步交付使用，民政部门要参与养老服务设施的验收并予以业务指导；财政部门要加强资金保障，确保政府用于社会福利事业的彩票公益金，50%以上用于支持发展养老服务业，并随老年人口的增加逐步提高投入比例。其中，支持民办养老服务发展的资金不得低于30%。其他各相关部门要各司其职，按照职责分工，督促各项扶持政策切实落实到位，积极做好鼓励民间资本参与养老服务业发展工作，合力推进全省养老服务业健康快速发展。

六、加强养老机构安全监管

（十五）加强养老机构的安全管理。各有关部门要按照属地管理原则，切实履行职责，加强协作配合，对辖区内养老机构定期开展业务指导和卫生防疫、建筑安全、消防安全检查，督促养老机构落实卫生防疫、消防安全主体责任，对存在安全隐患的单位，要督促其迅速采取措施进行整改，对存在重大安全隐患的，要采取果断措施，责令其立即停业整改，确保老年人生命财产安全。新建、改扩建养老项目的安全设施，必须与主体工程同时设计、同时施工、同时投入生产和使用。

河南省民政厅　河南省发展和改革委员会　河南省教育厅　河南省财政厅　河南省人力资源和社会保障厅　河南省国土资源厅　河南省住房和城乡建设厅　河南省卫生和计划生育委员会　中国银行业监督管理委员会河南监管局　中国保险监督管理委员会河南监管局

2015年7月29日

河南省财政厅、河南省民政厅、河南省老龄工作委员会办公室关于建立健全经济困难的高龄、失能老人补贴制度的通知

各省辖市财政局、民政局、老龄办，有关县（市）财政局、民政局、老龄办：

为进一步解决经济困难的高龄、失能等老年人养老服务问题，更好保障其基本生活，根据《河南省人民政府关于加快发展养老服务业的意见》（豫政〔2014〕24号）和《财政部民政部全国老龄办关于建立健全经济困难的高龄、失能等老年人补贴制度的通知》（财社〔2014〕113号）要求，现就我省建立健全经济困难的高龄、失能老人补贴制度有关问题通知如下：

一、指导思想

认真贯彻落实《中华人民共和国老年人权益保障法》和国家、省政府关于加快发展养老服务业有关政策要求，进一步加大公共财政支持力度，切实解决经济困难的高龄、失能等老年人的后顾之忧，推动实现基本养老服务均等化。同时，建立健全养老服务评估机制，不断完善老年人权益保障制度和养老服务体系建设，有效推动我省养老服务业发展。

二、目标任务

建立健全经济困难的高龄、失能等老年人补贴制度的目标任务是：贯彻落实省政府及国家部委要求，将豫政〔2014〕24号文件提出的“鼓励有条件的地方建立80岁以上低收入老年人高龄补贴制度和困难失能老年人护理补贴（保险）制度”及财社〔2014〕113号文件提出的“尽快出台有关经济困难的高龄、失能等老年人补贴政策”的要求细化为具体的政策措施，有效推动养老服务体系发展；充分发挥财政资金的引导和示范效应，吸引社会资本投入养老服务业，形成多元化的投入格局；减轻经济困难的高龄、失能等老年人的养老服务负担，有效缓解部分老年人的实

际困难；推动实现基本服务均等化。力争“十三五”期间，全省范围内基本建成覆盖广泛、内容丰富、衔接紧密的经济困难的高龄、失能等老年人补贴制度，确保保障水平不断提高，服务类型日益丰富，基本养老服务基本均等。

三、基本原则

（一）因地制宜，分类指导。各市县要根据当地经济社会发展水平、人口老龄化程度，因地制宜制定经济困难的高龄和失能等老年人的补贴政策。同时，根据经济困难的高龄和失能等老年人的不同需求，分类指导，制定具体可行、有针对性的补贴方案，提高补贴政策的实效。

（二）统一要求，分散决策。各市县要按照豫政〔2014〕24号文件要求，尽快出台有关经济困难的高龄、失能等老年人补贴政策，明确补贴范围、补贴标准和保障措施。具体补贴标准、补贴方式，由市县人民政府根据当地经济困难的高龄、失能等老年人实际情况、充分考虑财力状况自主决定。

（三）统筹兼顾，公开透明。各市县在制定经济困难的高龄、失能等老年人补贴政策时，要科学测算，合理确定补贴标准，既要考虑这部分老年人的养老服务需要，也要做好新出台的补贴政策与其他老年人社会保障政策的衔接。补贴政策要公平、公开、透明，主动接受社会各界监督。

四、补贴内容

（一）补贴范围。补贴人员范围为经济困难的高龄、失能等老年人。其中：经济困难的高龄老年人原则上是指80岁以上（含80岁）的城乡低保对象、特困供养等人员，需经县、乡级民政部门核定；经济困难的失能老年人原则上是指60岁以上的失能老年人，需经县级以上医疗卫生机构鉴定核定。各市县也可结合本地实际情况，对经济困难的高龄、失能老年人的年龄和补贴发放对象做适当调整，清晰界定补贴人员范围，明确补贴发放对象。

（二）补贴内容。各市县应建立经济困难的老年人高龄补贴制度和困难失能老年人护理补贴（保险）制度。上述老年人的生活困难，原则上通过基本养老保险、城乡低保制度、社会救助制度和临时救助制度解决。

（三）补贴标准。对经济困难的高龄、失能等老年人的高龄和护理补贴标准，由各市县根据当地经济社会发展水平、物价变动情况和财力状况等因素自行确定。有条件的地方，可制定全市统一标准，没有条件的地方由县（市）人民政府根据实际情况确定。

（四）补贴方式。原则上按月给符合条件的老年人发放现金、代金券。具体发放方式由各市县自定，确保及时、足额、透明、便捷。

（五）经费保障。按照事权与支出责任相匹配的原则，经济困难的高龄、失能等老年人的养老服务补贴经费由市县财政负担。市县财政部门应准确测算养老服务补贴所需资金，统筹列入年度财政预算。

五、工作要求

（一）健全工作机制。要建立健全政府统一领导、部门分工协作、社会广泛参与的工作机制，明确目标任务，精心组织实施，确保补贴政策的及时出台和各项工作的顺利进行。民政部门、老龄工作部门要尽快摸清底数，建立完整的统计台账和档案，建立和完善养老服务评估机制；财政部门要建立稳定的经费保障机制，切实保障养老服务补贴政策的顺利实施。各有关部门要加大工作力度，及时研究解决制度实施中出现的新情况和新问题，切实把好事办好，实事抓实。

（二）抓好政策实施。尚未出台相关补贴政策的市、县，要根据本通知的要求，结合当地实际，于2016年6月30日前制定出经济困难的高龄、失能等老年人补贴制度的具体实施方案，明确具体补助项目、补助范围、补助标准、资金筹集渠道、申请条件和审查公示、发放程序以及监督管理措施等内容。已经出台了相关补贴政策的地方，要进一步完善补助政策，强化资金管理，不断提高资金使用效益。

（三）建立评估制度。各市县要按照《中华人民共和国老年人权益保障法》和豫政〔2014〕24号文件的要求，建立统一规范的养老服务评估制度。认真制定评估方案，合理设计评估流程，委托第三方独立机构开展服务评估。在服务评估中，要注重受益对象对养老服务的满意度评价。通过建立服务评估制度，营造平等参与、公平竞争的市场环境，使养老服务方便可及、价格合理，更好地满足经济困难的高龄、失能等老年人的养老服务需求。

（四）加强监督管理。各市县财政、民政、老龄工作部门要加强监督，建立起事前、事中、事后相结合，日常监督和重点抽查相结合的监管体系、确保补贴政策落实到位，补贴资金使用规范、安全、有效。对虚报冒领、截留挪用补贴资金等行为，依据《财政违法行为处罚处分条例》等有关法律法规严肃处理。对相应责任人员要依法依纪追究党纪政纪责任。

各市县要以建立健全经济困难的高龄、失能等老年人补贴制度为契机，进一步推动养老服务体系建设，转变政府服务供给方式。要引导社会组织和家政、物业等企业，兴办居家养老、社区日间照料、社区卫生、机构养老以及网络信息等服务，为老年人提供便利的居家社区养老服务和医疗、康复、护理等服务。同时，加强对养老护理人员的培训，不断提高服务技能，建设与老龄化社会需求相适应的专业化养老护理队伍。

河南省财政厅　河南省民政厅

河南省老龄工作委员会办公室

2015年12月17日

河南省财政厅、河南省发展和改革委员会、河南省民政厅、河南省老龄工作委员会办公室关于做好政府购买养老服务工作的指导意见

豫财社〔2015〕201号各省辖市财政局、发展改革委、民政局、老龄办，有关县（市）财政局、发展改革委、民政局、老龄办：

为贯彻落实《国务院关于加快发展养老服务业的若干意见》（国发〔2013〕35号）、《河南省人民政府关于加快发展养老服务业的意见》（豫政〔2014〕24号）和《河南省政府办公厅关于推进政府向社会力量购买服务工作的实施意见》（豫政办〔2014〕168号）精神，根据《财政部国家发展改革委民政部全国老龄工作委员会办公室关于做好政府购买养老服务工作的通知》（财社〔2014〕105号）要求，加快推进我省政府购买养老服务工作，结合我省实际，提出如下指导意见：

一、基本原则

（一）坚持需求导向，注重创新机制。以老年人基本养老服务需求为导向，重点安排与老年人生活照料、康复护理等密切相关的项目，优先保障经济困难的孤寡、失能、高龄等老年人的服务需求，加大对基层和农村养老服务的支持，并逐步拓展服务领域和范围。

（二）坚持政府引导，培育市场主体。政府要加强对购买养老服务的组织领导，充分发挥市场配置资源的决定性作用，将推动政府购买养老服务与逐步使社会力量成为发展养老服务业的主体相结合，按照公开、公平、公正原则，坚持费随事转，通过竞争择优的方式选择承接主体，确保具备条件的社会力量平等参与竞争。

（三）坚持规范操作，注重绩效评估。明确各方责任、权利和义务，建立以项目申报、项目评审、资质审核、组织采购、合同签订、项目监管、绩效评估等内容的规范化购买流程。加强绩效管理，建立评估机制和动态调整机制，降低成本，提高效率，增强政府购买养老服务的针对性和有效性。

（四）坚持体制创新，完善政策体系。要做好相关政策的完善和相互衔接，推进政事分开、政社分开，坚持与事业单位改革相衔接，推进管办分离，放开市场准入。凡社会能够提供的养老服务，尽可能交给社会力量承担。要及时总结行之有效的管理办法和政策措施，尽快形成各方衔接配套、操作性强的政府购买养老服务政策体系。

二、购买主体

政府购买养老服务的主体是承担养老服务的各级行政机关和参照公务员法管理、具有行政管理职能的事业单位。纳入行政编制管理且经费由财政负担的群团组织，也可根据实际需要，通过购买服务方式提供养老服务。

三、承接主体

承接政府购买养老服务的单位，应是依法在民政部门登记成立的社会组织或依法在工商管理部门登记成立的企业、机构等社会力量，具有独立承担民事责任的能力，具备提供养老服务所必需的设施、人员和专业技术的能力，具有健全的内部管理和监督制度、财务会计制度和资产管理制度，具有良好的社会和商业信誉，具有依法缴纳税收和社会保险的良好记录，参加政府采购活动前三年内，在经营活动中没有重大违法记录。承接集中供养困难老年人的养老服务机构，应是经有关部门评定的示范性养老服务机构，老年人居住的房屋应符合《老年人建筑设计规范》，为老年人提供的各项服务应符合《养老服务机构服务质量规范》要求。

四、购买内容

政府购买养老服务内容应突出公共性和公益性，按照量力而行、尽力而为、可持续的原则确定。各市县要全面梳理现行由财政支出安排的各类养老服务项目，凡适合市场化方式提供、社会力量能够承担的，应按照转变政府职能要求，通过政府购买服务方式提供方便可及、价格合理的养老服务。要根据养老服务的性质、对象、特点和地方实际情况，重点选取生活照料、康复护理和养老服务人员培养等方面开展政府购买服务工作。

（一）在购买居家养老服务方面，主要包括为符合政府资助条件的老年人购买助餐、助浴、助洁、助急、助医、护理等上门服务，以及养老服务网络信息建设；

（二）在购买社区养老服务方面，主要包括为老年人购买社区日间照料、老年康复文体活动等服务；

（三）在购买机构养老服务方面，主要为“三无”（无劳动能力，无生活来源，无赡养人和扶养人或者其赡养人和扶养人确无赡养和扶养能力）老人、低收入老人、经济困难的失能半失能老人、计划生育失独困难家庭老年人购

买机构供养、护理服务；

（四）在购买养老服务人员培养方面，主要包括为养老护理人员购买职业培训、职业教育和继续教育等；

（五）在养老评估方面，主要包括老年人能力评估和服务需求评估的组织实施、养老服务评价等。

各市县应结合本地经济社会发展水平、财政承受能力和老年人基本养老服务需求，科学合理制定政府购买养老服务项目目录，明确服务种类、性质、内容，并根据实际工作开展情况，及时进行修改调整。对不属于政府职责内的服务项目，政府不得向社会力量购买。

五、购买程序

政府购买养老服务原则上按照部门预算和政府采购的程序、方式等有关要求组织实施。购买主体应结合自身职能和业务需要，合理确定购买内容、服务项目、价格、目标和评价标准等，编报政府购买养老服务预算，经财政部门审核后确定。

购买主体要按照政府采购等有关规定，采取公开招标、邀请招标、竞争性谈判、竞争性磋商、单一来源等方式确定承接主体。不宜实行政府采购的，积极探索定额补助，以奖代补等承接方式。对具有特殊性、不符合竞争性条件的，可以采取委托、雇用等承包方式确定承接主体。购买主体应与承接主体及时签订购买养老服务合同，明确双方责任义务等相关内容。

购买主体应对服务成果进行检查验收，并按照项目进度和合同约定支付资金。承接主体应严格履行合同义务，严禁转包行为，按时完成服务项目任务，保证服务数量、质量和效果。

六、资金保障

政府购买养老服务资金在现有养老支出预算安排中统筹考虑。对于新增的养老服务内容，市县财政要在科学测算养老服务项目和补助标准基础上，列入同级财政预算。政府购买养老服务所需资金应根据购买服务合同确立的付费方式和时间要求，按照现有政府采购和国库集中支付有关规定拨付资金，确保规范管理和安全使用。

七、工作要求

（一）加强组织领导。推进政府购买养老服务工作，事关困难老年人晚年生活，是保障和改善民生的一项重要工作。各市县要把这项工作列入重要议事日程，加强统筹协调，立足当地实际认真制定并逐步完善政府购买养老服务的措施和实施办法。市县财政和民政部门要加强对政府购买养老服务的指导和监督，总结推广成功经验，积极推动相关制度法规建设。

（二）健全监管机制。各市县要加强政府购买养老服务的监督管理，完善监管体系，严格遵守相关财政财务管理规定，确保政府购买养老服务资金规范管理和使用，防止截留、挪用和滞留资金。购买主体要严格按照政府购买服务的操作规程，公平、公正、公开选择承接主体，建立健全内部监督管理制度，按规定公开购买养老服务相关信息，自觉接受社会监督。承接主体应当健全财务制度，严格按照服务合同履行服务任务，保障服务数量、质量和效果。服务完成后，购买主体应委托第三方独立审计机构对金额较大、服务对象较多的项目进行审计，并出具审计报告。

（三）加强绩效评价。各市县要建立健全由购买主体、养老服务对象以及第三方组成的综合评审机制，加强购买养老服务项目绩效评价。绩效评价结果要向社会公布，并作为政府选择购买养老服务承接主体、编制以后年度政府购买养老服务项目预算的重要参考依据，建立承接主体的动态调整机制。

河南省财政厅　河南省发展和改革委员会
河南省民政厅　河南省老龄工作委员会办公室
2015 年 12 月 17 日

湖北省关于支持社会力量发展养老服务业的实施意见

鄂民政发〔2015〕16 号

各市、州、县民政局、发展改革委、教育局、财政局、人力资源和社会保障局、国土资源局、住房城乡建设委（局）、规划局、房管局、卫生计生委（局），各银监分局，各保险省级分公司：

为支持社会力量发展养老服务业，根据民政部等十部委《关于鼓励民间资本参与养老服务业发展的实施意见》（民发〔2015〕33 号）、《湖北省人民政府关于加快发展养老服务业的实施意见》（鄂政发〔2014〕30 号），结合我省实际，提出如下意见：

一、鼓励支持社会力量全面参与养老服务业

鼓励社会力量参与社区居家养老服务。鼓励社会力量举办或运营城乡社区居家养老服务中心、老年人活动中心等养老服务设施，重点为高龄、空巢、独居、生活困难的老年人提供集中就餐、托养、助浴、保健、休闲和上门照护等服务，并协助做好老年人信息登记、身体状况评估等工作。鼓励社会力量举办家政服务企业、居家养老服务专业机构或企业，上门为居家老年人提供助餐、助浴、助洁、助急、助医等定制服务。支持社区居家养老服务网点引入社会组织和家政、教育、物业服务等企业，兴办或运营形式多样的养老服务项目。鼓励专业居家养老机构对社区养老服务组织进行业务指导和人员培训。支持社会力量运用互联网、物联网、云计算等技术手段，对接老年人服务需求和各类社会主体服务供给，发展远程医疗服务和电子商务，为老年人提供紧急呼叫、家政预约、健康咨询、物品代购、服务缴费等服务项目。有条件的地方，可为居家老年人免费配置“一键通”等电子呼叫设备。

鼓励社会力量参与机构养老服务。支持社会力量采取股份制、股份合作制、PPP（政府和民间资本合作）等模式建设或发展养老机构。鼓励民办养老机构整合资源，跨区联合，异地互动，实现规模化、连锁化发展。支持机关、企事业单位将所属的度假村、培训中心、招待所、疗养院等转型为养老机构。鼓励将政府投资举办的养老机构特别是新建机构，在明晰产权的基础上，通过公开招投标，以承包、联营、合资、合作等方式，交由社会力量来运营，实现运行机制市场化。有条件的地方可以把专门面向社会提供经营性服务的公办养老机构转制成为企业，完善法人治理结构。鼓励通过政府购买服务的方式，支持民办养老机构接收城乡特困人员或政府承担照料责任的其他老年人。

鼓励社会力量参与医养融合发展。支持有条件的民办养老机构内设医疗机构或与医疗卫生机构签订协议提供医疗卫生服务，支持通过财政补贴等政策扶持和发展民办护理型养老机构，支持民办医疗卫生机构为老年人家庭提供医疗服务。各级卫生计生行政部门要对社会力量参与医养融合发展提供便利，按规定进行设置审批和执业登记。养老机构内设医疗机构符合职工基本医疗保险、城镇居民基本医疗保险和新型农村合作医疗定点医疗机构条件的，要按规定申请纳入定点范围。在定点医疗机构发生的符合规定的医疗康复项目费用，可按规定纳入基本医疗保险支付范围。要对民办养老机构内设医疗机构及其医护人员在资格认定、职称评定、技术准入和推荐评优等方面，与其他医疗机构同等对待。要加强对民办养老机构中医师、执业护士、管理人员等的培训，强化医养融合发展的人才保障。鼓励医师和执业护士到民办养老机构、医疗机构中提供服务。

鼓励社会力量参与养老产业发展。鼓励和引导社会力量提供针对老年人的文化娱乐、教育、体育健身、休闲旅游、健康服务、精神慰藉、法律维权等服务。支持社会力量发展老年用品市场，鼓励发展老年人电商服务。鼓励社会力量参与老年公寓和居住区养老服务设施建设以及既有住宅适老化改造。按照《城市居住区规划设计规范》、《老年人居住建筑设计标准》等建设标准规划建设的适老住区和老年公寓项目，对其配套的符合独立登记条件的养老机构按规定享受相应的扶持政策。扶持发展龙头企业，培育一批以社区居家养老服务企业为重点的知名企业品牌，形成一批产业链长、覆盖领域广、经济社会效益显著的产业集群。鼓励和支持商业银行、保险公司、证券公司等金融机构开发适合老年人的理财、信贷、保险等产品。

二、进一步加大资金扶持力度

加大对养老服务业发展的财政资金投入。有条件的地区，可设立专项扶持资金。充分利用支持服务业发展的各类财政资金，探索采取建立产业基金、PPP等模式，支持发展面向大众的社会化养老服务产业，带动社会资本加大投入。各地要进一步提高对民办非营利性养老机构的建设补贴和运营补贴标准，对新建机构每张床位给予不低于1500元、改造和租赁用房每张床位给予不低于1000元一次性补助（每个机构最高补贴不超过500张床位）；按收住失能对象每人每年不低于1500元、其他对象每人每年不低于1000元给予补贴。

充分利用服务业发展专项资金，支持发展居家养老服务业。

按照《财政部　发展改革委　民政部　全国老龄办关于做好政府购买养老服务工作的通知》（财社〔2014〕105号）要求，积极建立政府向社会力量购买养老服务制度，重点保障农村五保和城镇“三无”老人、低收入老人、经济困难的失能半失能老人等特殊对象的养老服务需求，保障城乡社区居家养老服务中心正常运营、可持续发展，支持养老服务人员培养、养老服务网络信息建设和养老评估等。

各级政府用于社会福利事业的彩票公益金，要将50%以上用于支持发展养老服务业，并随老年人口的增加逐步提高投入比例。其中，支持民办养老服务发展的资金不得低于30%，重点用于向社会力量购买养老服务，支持民办养老服务实体建设运营以及消防设施的升级改造、补助意外伤害保险和责任保险等。

民办非营利性养老机构应当为捐资举办，机构享有对其资产的法人财产权，捐资人（举办者）不拥有对所捐赠财产的所有权。对于举办者没有捐赠而以租赁形式给予组织使用的固定资产、以及以借款方式投入组织运营的流动资金，允许其收取不高于市场公允水平的租金和利息。行业管理部门和登记管理机关应当对其关联交易进行披露并进行必要监管。

民办非营利性养老机构停办后，应当依法进行清算，其剩余资产由民政部门负责统筹，以捐赠形式纳入当地政府养老发展专项基金。原始捐资有增值的，经养老机构决策机构同意并经审计符合规定的，可对捐资人（举办者）给予一次性奖励。

三、积极支持融资信贷需求

鼓励金融机构发展养老服务业。通过财政贴息、补助投资、风险补偿等方式，支持金融机构加快金融产品和服务方式创新，推进实施健康与养老服务工程。研究以养老服务产业为基础资产的证券化产品，稳步推进金融机构直接或间接投资养老服务业。引导、推动设立由金融和产业资本共同筹资的养老产业投资基金。

对社会力量举办的养老服务实体，当年新招用登记失业人员、就业困难人员、退役军人、高校毕业生和农村劳动者达到在职职工人数规定比例的，可按规定申请最高不超过200万元的创业担保贷款，由财政部门按中国人民银行公布的贷款基准利率的50%给予贴息（展期不贴息），中央财政和贷款所在地财政各承担一半。

鼓励民办养老服务业投保责任保险，保险公司承保责任保险。养老机构运营补贴中，应当确定一定比例专项用于支付养老机构责任保险费用。地方政府发行债券应统筹考虑养老服务市场需求，积极支持民办养老服务设施建设及无障碍改造。

拓宽信贷抵押担保物范围，允许民办养老机构利用有偿取得的土地使用权、产权明晰的房产等固定资产办理抵押贷款，不动产登记机构要给予办理抵押登记手续。

四、落实税费优惠政策

对民办养老机构提供的育养服务免征营业税。养老机构在资产重组过程中涉及的不动产、土地使用权转让，不征收增值税和营业税。

进一步落实国家扶持小微企业相关税收优惠政策，对符合条件的小型微利养老服务企业，按照相关规定给予增值税、营业税、所得税优惠。对家政服务企业由员工制家政服务员提供的老人护理等家政服务，在政策有效期内按规定免征营业税。

对符合条件的民办福利性、非营利性养老机构取得的收入，按规定免征企业所得税。

对民办福利性、非营利性养老机构自用的房产、土地免征房产税、城镇土地使用税。对经批准设立的民办养老院内专门为老年人提供生活照顾的场所免征耕地占用税。中小型居家养老服务企业缴纳城镇土地使用税确有困难的，可按国家政策规定程序报批减免；因有特殊困难，不能按期缴纳税款的，可依法申请在3个月内延期缴纳。

对企事业单位、社会团体以及个人通过公益性社会团体或者县级以上人民政府及其部门，用于《中华人民共和国公益事业捐赠法》规定的公益事业的捐赠，符合相关规定的不超过年度利润总额12%的部分，准予扣除。对企业公益性捐赠支出超出年度利润总额12%的部分，允许结转以后年度扣除。对个人通过非营利性的社会团体和政府部门向福利性、非营利性的民办养老机构的捐赠，在缴纳个人所得税前准予全额扣除。

对民办非营利性养老机构建设免征有关行政事业性收费，对营利性养老机构建设减半征收有关行政事业性收费，对养老服务机构提供养老服务适当减免行政事业性收费，养老机构用电、用水、用气、用热按居民生活类价格执行。清理和取消对养老服务实体不合法、不合理的行政事业性收费项目。除法律法规明确的收费项目外，不得对民办养老服务实体另行收费。凡收费标准设置上、下限的，按有利于民办养老服务实体发展收取。

境内外资本举办养老机构享有同等的税收等优惠政策。

五、切实保障用地需求

规范编制养老服务设施供地计划。养老服务设施用地供应应当纳入国有建设用地供应计划。新建城区和居住小区配建养老服务设施用地的，建设规模应一并纳入住房建设用地供应计划；新建养老机构服务设施用地的，应根据城乡规划布局要求，统筹考虑，分期分阶段纳入国有建设用地供应计划。对社会力量兴办的养老服务项目，按床位数100张、300张和500张的标准，分别列入县（市、区）、市（州）和省级服务业重点项目，优先给予用地保障。对闲置土地依法处置后由政府收回的，规划用途符合要求的，可优先用于养老服务设施用地，一并纳入国有建设用地供应计划。

细化养老服务设施供地政策。经养老主管部门认定的非营利性养老服务机构，其养老服务设施用地可采取划拨方式供地。社会力量举办的非营利性养老服务机构，经养老主管部门认定后同意变更为营利性养老服务机构的，其养老服务设施用地应当报经市、县人民政府批准后，可以办理协议出让（租赁）土地手续，补缴土地出让金（租金）。但法律法规规章和原《国有建设用地划拨决定书》明确应当收回划拨建设用地使用权的除外。营利性养老服务设施用地，应当以租赁、出让等有偿方式供应，原则上以租赁方式为主。土地出让（租赁）计划公布后，同一宗养老服务设施用地有两个或者两个以上意向用地者的，应当以招标、拍卖或者挂牌方式供地。以招标、拍卖或者挂牌方式供应养老服务设施用地时，不得设置要求竞买人具备相应资质、资格等影响公平公正竞争的限制条件。房地产用地中配套建设养老服务设施的，可将养老服务设施的建设要求作为出让条件，但不得将养老服务机构的资格或资信等级等作为出让条件。

鼓励租赁供应养老服务设施用地。为降低营利性养老服务机构的建设成本，各地可制订养老服务设施用地以出租或先租后让供应的鼓励政策和租金标准，明确相应的权利和义务，向社会公开后执行。市县国土资源管理部门与用地者应当签订养老服务设施用地租赁合同，约定租赁国有建设用地的出租人和承租人、地块的位置、用途、面积、空间范围、容积率、租期、租金标准及调整时间和方式、到期处置与续期或出让等内容。

实行养老服务设施用地分类管理。新建城区和居住（小）区按规定配建养老服务设施，依据规划用途可以划分为不同宗地的，应当先行分割成不同宗地，再按宗供应；不能分宗的，应当明确养老服务设施用地、社区其他用途土地的面积比例和供应方式。新建养老服务机构项目用地涉及新增建设用地，符合土地利用总体规划和城乡规划的，应当在土地利用年度计划指标中优先予以安排。新建养老服务设施用地依据规划单独办理供地手续的，其宗地面积原则上控制在3公顷以下。有集中配建医疗、保健、康复等医卫设施的，不得超过5公顷。新建城区和居住（小）区按规定配建养老服务设施用地，应当在《国有建设用地使用权出让合同》或《国有建设用地划拨决定书》中予以特别说明，应明确配建的面积、容积率、开发投资条件和开发建设周期，以及建成后交付、运营、管理、后续监管的方式等。

鼓励盘活存量用地用于养老服务设施建设。对营利性养老服务机构利用存量建设用地从事养老设施建设，涉及划拨建设用地使用权出让（租赁）或转让的，在原土地用途符合规划的前提下，可不改变土地用途，允许补缴土地出让金（租金），办理协议出让或租赁手续。在符合规划的前提下，在已建成的住宅小区内增加非营利性养老服务设施建筑面积的，可不增收土地价款。若后续调整为营利性养老服务设施的，应补缴相应土地价款。企事业单位、个人对城镇现有空闲的厂房、学校、社区用房等进行改造和利用，兴办养老服务机构，经规划批准临时改变建筑使用功能从事非营利性养老服务且连续经营1年以上的，5年内可不增收土地年租金或土地收益差价，土地使用性质也可暂不作变更。农村集体经济组织可依法使用本集体所有建设用地，为本集体经济组织内部成员兴办非营利性养老服务设施。社会力量举办的非营利性养老机构与政府举办的养老机构可以依法使用农民集体所有建设用地。

六、加强人才队伍建设

支持职业院校设立养老服务相关专业点，扩大人才培养规模，培养老年服务与管理、老年医学、中医骨伤、康复、老年护理等方面的专门人才。拓展人才培养渠道，打通技术技能人才的培养发展通道，充分发挥开放大学作用，开展继续教育和远程教育，进一步提升养老服务从业人员整体素质。

加大对养老服务业从业人员特别是护理人员职业技能培训力度，依托职业院校、技工学校和社会培训机构开展培训，对符合条件的人员，按规定给予职业培训补贴和职业技能鉴定补贴。

允许符合条件的医师到民办养老机构医疗机构开展多点执业。鼓励民办养老机构引入社会工作人才。对在民办养老机构就业的专业技术人员执行与公办机构同类人员相同的执业资格、注册考核政策。

做好养老护理员工资指导价位发布工作，指导民办养老机构和组织合理确定养老护理员劳动报酬。养老机构和组织应当依法足额缴纳社会保险费，对吸纳就业困难人员就业的养老机构，按规定给予社会保险补贴。就业困难人员以灵活就业方式从事居家养老服务的，可按规定享受灵活就业人员社会保险补贴。积极改善养老护理员工作条件，加强劳动保护和职业防护。高校毕业生、转业退役军人、退役运动员、失业人员和农民工创办养老服务实体的，自首次注册登记之日起5年内免收各项行政事业性收费。民办非营利性养老服务机构招用就业困难人员，签订1年以上劳动合同并缴纳社会保险费的，按其为就业困难人员实际缴纳的基本养老保险费、基本医疗保险费和失业保险费给予补贴，所需资金从就业专项资金列支。

七、促进民办养老服务业规范有序发展

各地要建立完善政府领导、民政牵头、相关部门参与的工作机制，加强政策创新、协调和落实，合力推进民办养老服务业发展。民政部门要切实履行监督管理、行业规范、业务指导职责，科学编制养老服务规划；发展改革部门要将发展民办养老服务业纳入经济社会发展规划，大力支持养老服务体系建设；财政部门要积极筹集民办养老服务设施管理运营补贴资金、购买养老服务资金等；国土资源部门要预留安排民办养老服务设施用地，并优先审批；人力资源和社会保障部门要落实好公益性岗位补贴、培训和技能鉴定补贴、社会保险补贴和创业担保贷款等相关政策；住房城乡建设部门要制订养老服务设施建设标准，组织编制养老服务设施专项规划，指导养老服务设施有序建设。其他有关部门要各司其职，按照职责分工，做好鼓励民间资本参与养老服务业发展工作。

完善市场机制，建立公开、透明、平等、规范的养老服务业准入、退出、监管制度，营造平等参与、公平竞争的市场环境，积极鼓励支持社会力量发展养老服务业。实行“非禁即入”，凡是法律法规没有明令禁入的养老服务领域，都要向社会资本开放；凡是对本地资本开放的领域，都要向外地资本开放。规范养老机构设立许可程序，简化各类养老服务组织、实体审批手续，取消不合理的前置审批事项，及时发布养老设施设置和规划布局调整等相关信息，指导和服务民办养老服务业发展。加快制订和完善养老服务相关标准，建立健全养老服务标准体系，不断提升养老服务的规范化和标准化水平。加强对民间资本进入养老服务业的跟踪监测和服务。

培育发展养老服务行业协会和基层老年协会，充分发挥行业自律、监督评估、沟通协调和服务管理等方面的作用，推动形成政府、社会组织、养老服务实体三者相结合的管理服务机制。

湖北省民政厅　湖北省发改委　湖北省教育厅　湖北省财政厅　湖北省人社厅　湖北省国土资源厅　湖北省住建厅　湖北省卫计委　湖北银监局　湖北保监局

2015 年 7 月 2 日

湖南省实施《中华人民共和国老年人权益保障法》办法

（2015 年 9 月 25 日湖南省第十二届人民代表大会常务委员会第十八次会议通过）

第一条　根据《中华人民共和国老年人权益保障法》和其他有关法律、行政法规，结合本省实际，制定本办法。

第二条　本办法所称老年人是指六十周岁以上的公民。

第三条　县级以上人民政府应当根据国家老龄事业发展规划，制定本行政区域的老龄事业发展规划和年度计划，将老龄事业经费纳入财政预算，将老年人权益保障工作纳入政府工作考核内容。

各级人民政府应当支持老年人组织发展，发挥老年人组织的教育、引导、服务作用，为老年人参与社会发展创造条件。

乡镇人民政府和街道办事处应当确定人员具体负责老年人权益保障工作。

第四条　县级以上人民政府负责老龄工作的机构负责组织、协调、指导、督促、检查有关部门做好老年人权益保障工作；其他部门按照各自职责，做好老年人权益保障工作。

工会、共青团、妇联等人民团体和企业事业单位应当结合自身职能和实际，做好老年人权益保障工作。

鼓励志愿者为老年人义务服务。鼓励老年人在自愿和身体条件允许的前提下从事志愿服务活动。

第五条　每年重阳节所在月为本省敬老宣传月。全社会应当在本月组织开展敬老、养老、助老的宣传教育活动，表彰敬老孝亲模范，在全社会形成尊重、关心、帮助老年人的行为规范和社会风尚。

第六条　老年人养老以居家为基础。赡养人应当履行对老年人经济上供养、生活上照料和精神上慰藉的义务。

第七条　对赡养人不履行赡养义务，或者赡养人之间相互推诿以及家庭成员侵害老年人合法权益的，村民委员会、居民委员会、老年人组织以及志愿者组织可以进行调解，或者支持、协助老年人向人民法院起诉。

第八条　老年人与赡养人或者其他亲属共有的房屋，改建或者产权调换时，赡养人或者其他亲属应当保障老年人的共有份额和其他权利。

第九条　村民委员会、居民委员会、老年人组织和老年人所属单位发现对老年人实施家庭暴力的，应当及时报告公安机关，并予以劝阻、制止、调解或者采取临时庇护等措施，保护老年人的人身安全。

第十条　县级以上人民政府应当制定基本养老服务体系建设规划，完善养老服务业多元投入机制，建立居家养老、社区养老、机构养老相结合的养老服务体系。

第十一条　各级人民政府和县级以上人民政府有关部门应当落实社会保险、社会福利、社会救助等社会保障制度，并根据经济社会发展、收入增长、物价变动以及老年人生活需要等情况，逐步提高老年人社会保障水平。

县级以上人民政府应当将本级留成的社会福利彩票公益金按照国家规定的比例用于支持发展养老服务业。

第十二条　县级以上人民政府应当对经济困难的老年人给予养老服务补贴，对经济困难且生活长期不能自理的老年人同时给予护理补贴。

鼓励对八十周岁以上的老年人给予高龄生活津贴。县级以上人民政府应当对八十周岁以上的低收入老年人给予高龄生活津贴。

第十三条　县级以上人民政府民政主管部门应当推进养老服务业规范化、标准化建设，加强对本行政区域内养老机构的指导、监督和管理。

养老机构应当按照国家和本省有关规定，建立健全消防、安全值守、设施设备、食品药品等安全管理制度，定期开展安全检查，及时消除安全隐患。

第十四条 各级人民政府应当推动养老服务信息化建设，建立或者支持社会力量建立为老年人提供紧急呼叫、家政预约、医疗救助、健康咨询、物品代购、服务缴费、申请政府补贴等养老服务信息的平台。

第十五条 县级以上人民政府城乡规划主管部门应当会同民政、国土资源等部门编制养老服务设施布局专项规划，经本级人民政府批准后，落实到控制性详细规划。

各级人民政府及城乡规划主管部门在制定城乡规划时，应当按照不低于国家规定的人均用地标准，分区分级规划设置养老服务设施。

第十六条 县级以上人民政府应当将养老服务设施建设用地纳入土地利用总体规划和年度计划，合理安排建设用地。

社会力量举办的非营利性养老机构与政府举办的养老机构享受相同的土地使用政策，可以依法使用国有划拨土地或者农村集体所有的土地。营利性养老机构建设用地，按照国家对经营性用地依法办理有偿用地手续的规定，优先保障供应。

禁止改变养老机构建设用地用途或者容积率等土地使用条件。

第十七条 新建城区和新建住宅区，应当按照养老服务设施布局专项规划和配置标准，配套建设适应老年人需要的生活服务、文化娱乐、体育健身、日间照料、康复护理等养老服务设施。县级以上人民政府城乡规划主管部门在审查新建城区以及住宅区工程建设方案时，应当就涉及养老服务设施的规划设计征求同级人民政府民政主管部门的意见。

养老服务设施应当与住宅区同步规划、同步建设、同步验收交付使用。

老城区和已建成住宅区无养老服务设施或者现有设施未达到配套标准的，应当通过购置、置换、租赁等方式予以完善。

因城市建设需要依法拆迁养老服务设施的，应当遵循先建设后拆除以及就近补建的原则，且补建的规模和标准不得低于原有规模和标准。

第十八条 乡镇人民政府、街道办事处应当加强对配套建设的社区居家养老服务设施和网点的运营管理。

村民委员会、居民委员会应当将居家养老服务照料中心与文化、体育、教育、卫生等公共服务设施的功能相衔接，组织开展适合老年人的群众性文化、体育、娱乐等活动，丰富老年人的精神文化生活，为老年人提供及时、便捷的预防保健和基本医疗服务。

第十九条 村民委员会、居民委员会应当建立老年人信息档案和日常联络制度，了解老年人特别是困难家庭和单独居住老年人的生活状况。

城乡社区以及村民委员会、居民委员会依法设立的老年人协会等老年人组织，应当结合老年人自身特点、健康状况，组织开展有益于老年人身心健康的活动。

支持老年人开展互助式养老。村民委员会、居民委员会应当对互助式养老给予指导和帮助。各级人民政府应当对互助式养老给予扶持。

第二十条 城乡无劳动能力、无生活来源且无赡养人和扶养人的老年人选择集中供养的，政府举办的养老机构应当无偿提供供养和护理服务；选择分散供养的，县级以上人民政府应当及时足额发放供养资金。

政府举办的养老机构在未满足前款规定选择集中供养的老年人养老服务需求时，不得擅自向社会其他老年人提供养老服务。

第二十一条 县级以上人民政府应当加大对社会力量举办的养老机构的财政扶持力度，逐步建立床位建设补贴、床位运营补贴和政府购买服务等制度，落实公益性岗位补贴政策。

县级以上人民政府及其有关部门应当按照国家和本省规定对非营利性养老机构建设免收行政事业性收费以及有关基金，对营利性养老机构建设减半征收行政事业性收费以及有关基金，对养老机构养老服务运营适当减免行政事业性和服务性收费。

养老机构用电、用水、用气、用热等执行居民生活类价格。对养老机构办理和使用通信、有线电视等业务给予优惠。

第二十二条 县级以上人民政府应当合理布局、统筹养老服务与医疗服务资源。

县级以上人民政府有关部门应当促进医养结合，推动医疗卫生资源进入养老机构、社区，支持养老机构设置医疗机构。支持社会力量举办为老年人服务的医疗卫生机构。

对于养老机构内设的医疗机构，符合城镇职工基本医疗保险和新型农村合作医疗定点条件的，县级以上人民政府有关部门应当将其纳入定点范围。

第二十三条 医疗保险机构应当会同医疗机构将经鉴定需要长期持续服药的老年病纳入特殊门诊，并逐步提高医疗保险支付比例。

对经评估需要持续住院治疗的老年病人，医疗机构和医疗保险机构应当建立定期结算机制保障其持续治疗。

第二十四条 县级以上人民政府应当推动养老服务机构责任保险工作，建立政府、社会和养老机构养老服务业风险分担机制。

县级以上人民政府应当推动老年人意外伤害保险和长期护理保险工作，对经济困难的老年人投保意外伤害保险和长期护理保险给予适当补助。

第二十五条 鼓励金融机构在符合信贷要求的前提下，优先对养老机构给予信贷支持；在国家允许的贷款利率浮动幅度内给予利率优惠，合理确定贷款期限。

金融机构对办理转账、汇款或者购买金融产品等业务的老年人，应当提示相应风险。

第二十六条 工商行政管理、食品药品监督、质量技术监督等部门应当加强监督管理工作，营造安全、便利、诚信的老年人消费环境，及时处理侵害老年人消费权益的举报投诉。

公安机关应当及时受理、依法查处针对老年人的传销、诈骗和非法集资等行为，保障老年人人身和财产安全。

第二十七条 各级人民政府应当建立失踪老年人寻找机制。社会求助服务平台应当设立老年人失踪免费报警热线。

第二十八条 县级以上人民政府应当鼓励、支持养老服务人才队伍建设。

鼓励、支持高等院校、职业技术学校以及职业培训机构开设养老服务相关专业和课程，开展养老服务专业人才教育和从业人员培训。

养老机构应当加强对养老服务管理、护理人员培训，提高养老服务人员职业道德素养和业务技术水平。

第二十九条 鼓励和支持养老服务机构吸纳高等院校和职业技术学校毕业生从事养老服务工作。

政府举办的养老服务机构和民办非营利性养老服务机构招用符合条件的高等院校和职业技术学校毕业生在公益性岗位就业，并签订一年以上劳动合同、依法缴纳社会保险的，按照国家和本省有关规定给予社会保险补贴和岗位补贴。

养老机构从业人员参加养老护理职业技能培训和职业技能鉴定的，按照国家和本省有关规定享受培训和鉴定补贴。

第三十条 提供公共服务、公共产品的政府部门、企业事业单位和其他组织，应当设置老年人优先窗口，设立醒目的优惠优待标识，公示相关优惠优待内容；对有特殊困难、行动不便的老年人提供特别服务或者上门服务。

第三十一条 医疗卫生机构应当为老年人就医提供方便和优先优惠服务，通过完善挂号、诊疗系统管理，开设专用窗口或者快速通道、提供导医服务等方式，为老年人挂号、就诊、转诊提供便利条件。

城乡社区卫生服务机构应当根据国家和本省规定建立老年人健康档案，定期为老年人免费提供健康检查和健康指导服务。

第三十二条 城市公共交通和公路、铁路、水路、航空客运等企业应当为老年人提供便利服务。

对乘坐城市公共客运交通工具的老年人按照政府有关规定实行免费或者提供票价优惠。

第三十三条 政府举办的公共文化设施和体育场馆应当向老年人免费开放。鼓励社会力量开办的公共文化设施和体育场馆向老年人免费或者优惠开放。

收取门票的风景名胜区、自然保护区、名胜古迹、公园、园林等旅游景区（点），应当对老年人免费或者提供票价优惠。

老年大学（学校）、老年人活动中心应当为经济困难老年人减免相关费用。

第三十四条 县级以上人民政府及其有关部门应当制定老年人优惠优待具体办法，并根据经济社会发展水平逐步扩大优惠优待范围，提高优惠优待水平。

第三十五条 违反本办法第十六条第三款规定，改变养老机构建设用地用途或者容积率等土地使用条件的，由县级以上人民政府国土资源主管部门和城乡规划主管部门依法处理。

违反本办法第十七条规定，新建城区、住宅区未按照养老服务设施布局专项规划和配置标准建设养老服务设施的，或者依法拆迁养老服务设施未进行补建的，由县级以上人民政府城乡规划主管部门责令限期补建；逾期未补建的，由城乡规划主管部门依法处理。

第三十六条 违反本办法规定，有关单位未落实对老年人优待服务的，由其主管部门责令改正、通报批评，并追究相关责任人的责任。

第二十七条 承担保护老年人合法权益职责的政府相关部门不履行相应职责的，由本级人民政府责令改正，对直接负责的主管人员和其他直接责任人员依法给予处分。

第三十八条 本办法自2016年1月1日起施行。2001年1月8日湖南省第九届人民代表大会常务委员会第二十次会议通过的《湖南省实施办法》同时废止。

重庆市关于进一步做好老年人优待工作的实施意见

各区县（自治县）老龄办、人民法院、党委宣传部、发展改革委、财政局、教委、城乡建委、交委、农委、商委、公安局、民政局、司法局、人力社保局、规划局、市政局、文化委、卫生计生委、国资委、体育局、旅游局、园林局、总工会：

根据全国老龄委办公室等24个部门《关于进一步加强老年人优待工作的意见》（全国老龄办发〔2013〕97号）精神，为进一步做好我市60岁以上老年人优待工作，结合我市实际，提出如下实施意见：

一、重庆市老年人优待服务的主要内容

（一）政务服务优待

1. 政府投资兴办的养老机构，在保障“三无”老年人、“五保”老年人服务需求的基础上，优先照顾经济困难的孤寡、失能、高龄老年人。

2. 在实施廉租住房、公共租赁住房等住房保障制度时，要照顾符合条件的老年人，优先配租配售保障性住房；进行危旧房屋改造时，优先帮助符合条件的老年人进行危房改造。

3. 有关部门在办理房屋权属关系变更等涉及老年人权益的重大事项时，应依法优先办理，并就办理事项是否为老年人的真实意愿进行询问，有代理人的要严格审查代理资格。

4. 有关部门要为老年人及时、便利地领取养老金、结算医疗费和享受其他物质帮助，创造条件，提供便利。鼓励和引导公共服务机构、社会志愿服务组织优先为老年人提供服务。

5. 农村老年人不承担兴办公益事业的筹劳、筹资任务。经农村集体经济组织全体成员同意，将未承包的集体所有的部分土地、山林、水面、滩涂等作为养老基地，收益供老年人养老，纳入国家和地方湿地保护体系及其自然保护区的重要湿地除外。

6. 有关部门要完善老年人社会参与方面的支持政策，充分发挥老年人参与社会发展的积极性和创造性。

7. 对具有我市常住户籍、死亡后实行火葬的低保老人、城镇三无老人、农村五保老人和重点优抚对象中的生活困难老人，实施免除普通殡葬专用车遗体接运费、三天内普通冷藏（冻）柜遗体存放费、遗体接运专用尸装费、普通火化设备遗体火化费、骨灰盒（价值200元以内）购置费等基本丧葬费用。鼓励区县（自治县）对去世老人生态安葬以及在土葬改革区自愿实行去世老人火葬的家庭，给予补贴或奖励。

8. 鼓励各区县（自治县）对80周岁以上低收入老年人建立高龄津贴制度，对100周岁以上老年人的高龄津贴标准每人每月不得低于200元。

9. 各区县（自治县）要逐步建立经济困难老年人养老服务补贴制度。对具有本地户籍生活长期不能自理且经济困难的老年人，要根据其失能程度等情况给予失能护理补贴。

（二）卫生保健优待

10. 基层医疗卫生机构要根据国家基本公共服务项目要求，优先为辖区内65周岁以上常住老年人免费建立健康档案，每年提供1次免费体格检查、中医体质辨识和健康指导，开展健康管理服务。积极宣传老年疾病防控知识和中医药预防保健，开展老年慢性病和老年期精神障碍等疾病预防控制工作。积极探索社区卫生服务机构与老年人家庭医疗契约服务关系，开展上门诊视、健康查体、保健咨询、护理指导等服务。

11. 鼓励设立老年病医院，支持社会资本开办护理院、康复医院和提供临终关怀服务的医疗机构。全市二级及以上综合医院要创造条件开设老年病科，增加老年病床数量。

12. 医疗卫生机构对60岁以上老年人免交普通门诊挂号费，为老年人就医提供方便和优先优惠服务。通过完善挂号、诊疗系统管理，开设专用窗口或快速通道、提供导医服务等方式，为老年人特别是高龄、重病、失能老年人挂号（退换号）、就诊、转诊、综合诊疗提供便利条件，提倡为老年人义诊。

13. 倡导医疗卫生机构与养老机构之间建立业务协作机制，开通预约就诊绿色通道，协同做好老年人慢性病管理和康复护理。探索推进面向养老机构的远程医疗服务试点。

14. 支持符合条件的养老机构依法设立医疗机构。对养老机构内设的医疗机构，符合城镇职工基本医疗保险和城乡居民合作医疗保险定点条件的，可纳入定点范围。

（三）交通出行优待

15. 城市公共交通、公路、铁路、水路和航空客运，要为老年人提供便利服务。交通场所和站点应设置老年人优先、优惠标志，设立等候专区，根据需要配备升降电梯、无障碍通道、无障碍洗手间等设施。对于无人陪同、行动不便的老年人给予特别关照。

16. 对70周岁以上具有本地户籍和在本地居住半年及以上的外埠老年人，城市公共交通工具实行免费，各级政府对落实老年优待任务的公交企业要给予相应经济补偿。

17. 倡导广大老年人投保意外伤害保险，保险公司对参保老年人应给予保险费、保险金额等方面的优惠。

18. 公共交通工具要设立不低于坐席数10%的“老幼病残孕”专座。铁路部门要为列车配备无障碍车厢和座位，对有特殊需要的老年人订票和选座位提供便利服务。

19. 严格执行《无障碍环境建设条例》、《社区老年人日间照料中心建设标准》和《养老设施建筑设计规范》等建设标准，重点做好居住区、城市道路、商业网点、文化体育场馆、旅游景点等场所的无障碍设施建设，优先推进坡道、电梯等与老年人日常生活密切相关的公共设施改造，适当配备老年人出行辅助器具，为老年人提供安全、便利、舒适的生活和出行环境。

20. 公厕应配备便于老年人使用的无障碍设施，并对老年人实行免费。

（四）商业服务优待

21. 各地要根据老年人口规模和老年人衣、食、住、行、医、文化娱乐等需要，支持企业积极开发安全有效的康复辅具、食品药品、服装服饰等老年用品用具和服务产品，引导商场、超市、批发市场设立老年用品专区专柜。

22. 商业饮食服务网点、日常生活用品经销单位，以及水、电、暖气、燃气、通讯、电信、邮政等服务行业和网点，要为老年人提供优先、便利和优惠服务。提倡设立老年人用餐点。

23. 金融机构为老年人办理业务提供便捷服务，设置老年人取款优先窗口，并提供导银服务，对有特殊困难、行动不便的老年人提供特需服务或上门服务。鼓励对养老金客户实施减费让利，对异地领取养老金的客户减免手续费。对办理转账、汇款业务或购买金融产品的老年人，应提示相应风险。

（五）文体休闲优待

24. 各级各类博物馆、美术馆、科技馆、纪念馆、公共图书馆、文化馆等公共文化服务设施，向老年人免费开放。减免老年人参观文物建筑及遗址类博物馆的门票。

25. 公共文化体育部门对老年人优惠开放，免费为老年人提供影视放映、文艺演出、体育赛事、图片展览、科技宣传等公益性流动文化体育服务。关注农村老年人文化体育需求，适当安排面向农村老年人的专题专场公益性文化体育服务。

26. 公共文化体育场所应为老年人健身活动提供方便和优惠服务，安排一定时段向老年人减免费用开放，有条件的可适当增加面向老年人的特色文化体育服务项目。提倡体育机构每年为老年人进行体质测定，为老年人体育健身提供咨询、服务和指导，提高老年人科学健身水平。

27. 提倡经营性文化体育单位对老年人提供优待。鼓励影剧院、体育场馆为老年人提供优惠票价，为老年文艺体育团体优惠提供场地。

28. 对具有本市户籍及外埠老年人，公园、旅游景点、风景名胜区对老年人实行门票费减免，鼓励景区内的观光车、缆车等代步工具给予优惠。

29. 老年人活动场所、老年教育资源要对城乡老年人公平开放，公共教育资源应为老年人学习提供指导和帮助。具有我市户籍的贫困老年人进入老年大学（学校）学习的，给予学费减免。

（六）维权服务优待

30. 各级人民法院对侵犯老年人合法权益的案件，要依法及时立案受理、及时审判和执行。

31. 各级司法机关应开通电话和网络服务、上门服务等形式，为高龄、失能等行动不便的老年人报案、参与诉讼等提供便利。

32. 老年人因追索赡养费、扶养费、养老金、退休金、抚恤金、医疗费、劳动报酬、人身伤害事故赔偿金等提起诉讼，交纳诉讼费确有困难的，可以申请司法救助，缓交、减交或者免交诉讼费。因情况紧急需要先予执行的，可依法裁定先予执行。对老年人提出的法律援助申请，要简化程序，优先受理、优先审查和指派。

33. 司法行政部门要建立健全市、区县（自治县）、镇（街）、村（社区）四级老年人法律援助体系，把涉及老年人养老、医疗、人身损害赔偿、社会保障等与老年人民生权益保护密切相关的事项纳入法律援助补充事项范围，不断拓展老年人申请法律援助的渠道，科学设置基层法律援助站点，简化程序和手续，为老年人就近申请和获得法律援助提供便利条件。

二、加强领导，积极营造老年人优待工作实施的社会环境

各区县（自治县）要按照本意见的要求，认真组织落实。要建立健全政府主导、老龄委组织协调、相关部门各司其职、企事业单位和社会团体以及志愿者积极参与的工作体制和运行机制，并结合本地实际制定老年人优待政策和具体实施办法。充分调动社会各方力量积极为老年人提供优待服务，加强敬老养老助老思想教育和道德宣传、老年维权法制教育活动，增强社会成员优待老年人的自觉性，提高老年人自我维权意识和能力，进一步营造尊老敬老社会氛围。

三、各尽其职，切实加强老年人优待工作的落实

各级老龄工作委员会负责老年人优待工作的组织协调和监督指导，建立有关涉老优待职能部门的联席会议制度，各级老龄工作委员会办公室承担老年人优待工作的日常事务管理，要会同有关部门定期开展监督检查。各级涉老优待职能部门要按照本意见的精神和本地老年人优待法规政策的要求，结合部门职能和所负责管理行业的特点，制定具体的实施办法。争取在2015年底前，实现各区县（自治县）以上地方人民政府全面建立健全老年人优待政策，社会敬老氛围更加浓厚，各项优待规定得到有效落实；在2020年前，实现优待工作管理进一步规范，优待项目进一步拓展，优待水平进一步提升，老年人过上更加幸福的小康生活。要规范服务，加强管理，进一步发挥行政监督和社会监督的作用，建立健全信息反馈和监督机制，设立服务和监督热线，依法妥善解决好举报和投诉问题。

四川省关于进一步加强老年人优待工作的实施意见

各市（州）老龄工作委员会办公室、中级人民法院、党委宣传部、发展改革委、科技局、公安局、民政局、司法局、财政局、人力资源社会保障局、住房城乡建设局、交通运输局、农业局、商务主管部门、文化局、卫生计生委、新闻出版广电局、体育局、林业局、旅游局、民航四川监管局、文物局、总工会，成都铁路局：

为进一步做好老年人优待工作，增进老年人福祉，根据《中华人民共和国老年人权益保障法》和全国老龄办等24部门《关于进一步加强老年人优待工作的意见》（全国老龄办发〔2013〕97号）的有关规定，经省政府领导同志同意，结合我省实际，现就进一步加强老年人优待工作提出如下实施意见：

一、优待范围

优待的基本对象为户籍在本省行政区域内年满60周岁及以上的老年人。

对常住本省行政区域内的外埠老年人在卫生保健、交通出行、商业服务、文体休闲、维权服务等方面给予同等优待。

外埠老年人来川观光旅游、探亲访友等，在参观博物馆、美术馆、科技馆、纪念馆、公共图书馆、文化馆、文物建筑、公园、风景名胜区、旅游景点等方面享受本省老年人同等优待。

各市（州）、县（市、区）人民政府及其有关部门可根据本地经济社会发展情况逐步拓展优待范围。

二、优待项目

（一）政务服务优待

1. 各市（州）、县（市、区）人民政府在落实和完善社会保障制度和公共服务政策时，应对老年人予以适度倾斜。

2. 鼓励县级以上人民政府建立八十周岁以上低收入老年人高龄津贴制度。高龄津贴发放的具体范围和标准由县级以上人民政府根据实际情况确定，资金由当地政府负担。

3. 各地要积极探索建立养老服务补贴和护理补贴制度，结合实际制定补贴办法。对经济困难的老年人逐步给予养老服务补贴；对生活长期不能自理、经济困难的老年人，根据其失能程度等情况给予护理补贴。

4. 免除农村老年人兴办公益事业的筹劳任务。经农村集体经济组织全体成员同意，符合乡村规划的，可以将未承包的集体所有的部分土地、山林、水面、滩涂等作为养老基地，收益供老年人养老。依法划定并纳入湿地保护体系及其他规划控制的地域除外。

5. 城乡生活困难家庭老年人去世的，减免其基本殡葬服务费用，或者为其提供基本殡葬服务补贴。具体办法由县级以上人民政府制定。

6. 各级各有关部门要完善老年人社会参与方面的支持政策，进一步加强老年大学（学校）的建设，支持老年协会等老年群众组织建设，为老年人老有所为搭建平台，充分发挥老年人参与社会发展的积极性和创造性。

（二）卫生保健优待

1. 医疗卫生机构应为老年人就医提供方便和优先优惠服务。基层医疗卫生机构要坚持为辖区内65周岁以上常住老年人免费建立健康档案，每年至少提供1次免费体格检查和健康指导，开展健康管理服务。积极开展老年慢性病和严重精神障碍患者的随访管理工作。

2. 鼓励设立老年病医院，加强老年护理院、老年康复医院建设，有条件的二级以上综合医院应设立老年病科。有条件的城镇，可以为老年人设立家庭病床，开展巡回医疗等方面的服务。鼓励各地医疗机构减免老年人普通门诊挂号费和贫困老年人诊疗费。提倡为老年人义诊。

3. 倡导医疗卫生机构与养老机构之间建立业务协作机

制，开通预约就诊绿色通道，协同做好老年人慢性病管理和康复护理，加快推进面向养老机构的远程医疗服务试点，为老年人提供便捷、优先、优惠的医疗服务。支持符合条件的养老机构内设医疗机构，申请纳入城镇职工（居民）基本医疗保险和新型农村合作医疗定点范围。

（三）交通出行优待

1. 城市公共交通、公路、铁路、水路和航空客运，要为老年人提供便利服务。城市公共交通工具要设立不低于坐席数10%的“老幼病残孕”专座。

2. 城市公共交通工具应为老年人提供票价优惠，鼓励对65周岁以上老年人实行免费，有条件的地方可逐步覆盖全体老年人。县级以上人民政府根据实际情况制定具体的优惠办法，对落实老年优待任务的公交企业要给予相应经济补偿。

3. 严格执行《无障碍环境建设条例》等建设标准，重点做好居住区、城市道路、商业网点、文化体育场馆、风景名胜区、旅游景点等场所的无障碍设施建设，优先推进坡道、电梯等与老年人日常生活密切相关的公共设施改造，适当配备老年人出行辅助器具，为老年人提供安全、便利、舒适的生活和出行环境。公厕应配备便于老年人使用的无障碍设施。

4. 倡导老年人投保意外伤害保险，保险公司对参保老年人应给予保险费、保险金额等方面的优惠，鼓励组织和个人为老年人购买意外伤害保险。

（四）商业服务优待

1. 各地要根据老年人口规模和消费需求，合理布局商业网点。商业饮食服务网点、日常生活用品经销单位，以及水、电、暖气、燃气、通讯、电信、邮政等服务行业和网点，要为老年人提供优先、便利和优惠服务。

2. 金融机构应设置爱心窗口，优先为老年人办理业务提供便捷服务。对有特殊困难、行动不便的老年人，在风险可控的前提下，尽量提供柜台延伸上门服务。鼓励对养老金客户实施减费让利，对异地领取养老金的客户减免手续费。对办理转账、汇款业务或购买金融产品的老年人，应提示相应风险。

（五）文体休闲优待

1. 全省各级各类美术馆、科技馆、纪念馆、公共图书馆、文化馆等公共文化服务设施和国有或国家投资为主体的公园，向老年人免费开放。国有或国家投资为主体的风景名胜区、旅游景点以及国有文物建筑和遗址类博物馆，对60—69周岁老年人实行门票半价优惠，对70周岁以上老年人免收门票。国有或国家投资为主体的风景名胜区、旅游景点以及国有文物建筑和遗址类博物馆，在老年节等特定假日期间将免收门票的范围扩大到所有老年人。鼓励社会力量兴办的公园、风景名胜区、旅游景点、文物建筑和遗址类博物馆对60—69周岁老年人实行门票半价优惠，对70周岁以上老年人免收门票。鼓励景区内的观光车、缆车等代步工具对老年人给予优惠。

2. 全省公共文化体育部门应对老年人优惠开放，免费为老年人提供文艺演出、体育赛事、图片展览、科技宣传等公益性流动文化体育服务。

3. 提倡经营性文化体育单位对老年人提供优待。鼓励影剧院、体育场馆为老年人提供优惠票价，为老年文艺体育团体优惠提供场地。

4. 老年活动场所、老年教育资源要对城乡老年人公平开放，公共教育资源应为老年人学习提供指导和帮助。贫困老年人进入老年大学（学校）学习的，给予学费减免。

（六）维权服务优待

1. 不断完善老年人法律援助体系，拓展老年人申请法律援助的渠道，科学设置基层法律援助站点，简化程序，为老年人就近申请和获得法律援助提供便利条件。

2. 各级人民法院对侵犯老年人合法权益的案件，要依法及时立案受理、及时审判和执行。

3. 老年人因其合法权益受到侵害提起诉讼，因经济困难没有委托代理人的，可以向法律援助机构申请法律援助。对老年人提出的法律援助申请，要简化程序，优先受理、优先审查和指派。

4. 老年人因追索赡养费、扶养费、抚恤金、养老金、医疗费、劳动报酬、人身伤害事故赔偿金等提起诉讼，交纳诉讼费确有困难的，可按规定申请减免诉讼费；老年人因追索赡养费、扶养费等，因被执行人没有履行能力，造成老年人生活困难的，可按规定申请司法救助；因情况紧急需要先予执行的，可依法裁定先予执行。

5. 鼓励律师事务所、公证处、司法鉴定机构、基层法律服务所等法律服务机构，为经济困难的老年人提供免费或优惠服务。

三、组织实施

（ ）加强对老年人优待工作的领导。各级人民政府要高度重视老年人优待工作，切实加强对老年人优待工作的领导，县级以上人民政府要结合本地实际，制定老年人优待政策和具体实施办法。健全政府主导、老龄委组织协调、相关部门各司其职、企事业单位和社会团体以及志愿者积极参与的工作体制和运行机制。保障老年人优待工作经费，进一步按规定落实各项财税优惠政策。加强对老年人优待工作年度目标责任考核，确保责任到位、任务落实。

（二）发挥相关职能部门作用协力推进实施。各级涉老主管单位要规范服务、加强管理，督促各优待服务场所、设施和窗口设置优待标志，公布优待内容。有关部门要加强尊老敬老思想教育和道德宣传、老年维权法制教育活动，增强社会成员优待老年人的自觉性，提高老年人自我维权意识和能力。深入推进“敬老爱老助老”主题教育、“敬老月”活动和创建“敬老模范县（市、区）”、“敬老文明号”、“老年人维权示范岗”等活动，在全社会弘扬孝亲敬老传统美德，进一步营造关爱老年人的社会氛围。

（三）建立落实老年人优待工作的长效机制。各级老龄工作委员会负责老年人优待工作的组织协调和监督指导，各级老龄工作委员会办公室承担老年人优待工作的日常事务管理，会同有关部门定期开展监督检查。对不按规定履行优待老年人义务的，由有关主管部门责令改正。

省老龄办　省高级人民法院　省委宣传部　省发展改革委　科技厅　公安厅　民政厅　司法厅　财政厅　人力资源社会保障厅　住房城乡建设厅　交通运输厅　农业厅　商务厅　文化厅　省卫生计生委　省新闻出版广电局　省体育局　林业厅　省旅游局　成都铁路监督管理局　民航西南地区管理局　省文物局　省总工会

2015年7月27日

甘肃省老年人权益保障条例

甘肃省人民代表大会常务委员会公告（第27号）

《甘肃省老年人权益保障条例》已由甘肃省第十二届人民代表大会常务委员会第二十次会议于2015年11月27日通过，现予公布，自2016年1月1日起施行。

甘肃省人民代表大会常务委员会

2015年11月27日

甘肃省老年人权益保障条例

2015年11月27日省十二届人大常委会第二十次会议通过

第一章　总　则

第一条　为了保障老年人合法权益，促进老龄事业发展，弘扬中华民族敬老、养老、助老的美德，根据《中华人民共和国老年人权益保障法》等法律、行政法规，结合本省实际，制定本条例。

第二条　本条例所称老年人是指六十周岁以上的公民。

第三条　老年人依法享有从国家和社会获得物质帮助的权利，有享受社会服务和社会优待的权利，有参与社会发展和共享发展成果的权利。

第四条　县级以上人民政府应当建立健全老年人社会保障制度和养老服务体系，改善老年人生活、健康、安全以及参与社会发展的环境，实现老有所养、老有所医、老有所为、老有所学、老有所乐。

第五条　县级以上人民政府应当履行下列职责：

（一）将老龄事业纳入国民经济和社会发展规划，制定本行政区域的老龄事业发展规划和年度计划；

（二）将老龄事业经费列入财政预算，并建立与老年人口增长和经济社会发展水平相适应的经费增长机制；

（三）社会福利彩票公益金本级留成的百分之六十以上用于支持发展养老服务业；

（四）制定养老服务规范和标准，配置辖区养老服务设施，建设养老服务信息网络；

（五）培育和发展养老服务产业；

（六）支持和鼓励社会力量参与老龄事业发展。

第六条　县级以上人民政府老龄工作机构负责组织、协调、指导、督促和检查有关部门做好老年人权益保障工作。

第七条　乡（镇）人民政府、街道办事处负责本辖区老龄工作任务的组织落实，并确定专职工作人员负责老龄工作。

居民委员会、村民委员会应当建立老年人信息档案和巡访制度，建立老年人基层组织，开展敬老、养老、助老的宣传教育活动和有益于老年人身心健康的文化体育活动，督促赡养人承担赡养义务，反映老年人的需求，维护老年人的合法权益。

第八条　国家机关、社会团体、企事业单位和其他社会组织应当按照各自职责，做好老年人权益保障工作。

青少年组织、学校和幼儿园应当对青少年和儿童进行敬老、养老、助老的道德教育和维护老年人合法权益的法制教育。

广播、影视、报刊和网络等媒体应当开展老年人权益保障法律、法规和尊重、优待、服务、赡养老年人先进事迹的宣传。

第九条　任何单位和个人发现侵犯老年人合法权益的行为，有权向所在村民委员会、居民委员会、老年人组织、侵害人所在单位、乡（镇）人民政府、街道办事处、老龄工作机构或者其他职能部门举报。受理单位应当及时了解处理。举报人要求回复的，受理单位应当及时回复处理结果。

第二章　家庭赡养与扶养

第十条　老年人养老以居家为基础，家庭成员应当尊重、关心和照料老年人。

第十一条　赡养人应当履行对老年人经济上供养、生活上照料和精神上慰藉的义务，照顾老年人的特殊需要，保证老年人的基本生活不低于家庭成员的平均水平。

赡养人是指老年人的子女以及其他依法负有赡养义务的人。老年人的子女，包括婚生子女、非婚生子女、养子女和形成抚养关系的继子女。子女死亡后或者子女无赡养能力的，有赡养能力的晚辈直系血亲有赡养老年人的义务。

赡养人的配偶应当协助赡养人履行赡养义务。

老年人配偶之间有相互扶养的义务。

由兄、姐扶养的弟、妹成年后，有负担能力的，对年老无赡养人的兄、姐有扶养的义务。

第十二条　赡养人应当使患病的老年人得到及时治疗和护理；对没有收入来源或者经济困难的老年人，赡养人应当提供医疗费用。

对生活不能自理的老年人，赡养人应当承担照料责任；不能亲自照料的，可以按照老年人的意愿委托他人或者养老机构等照料。

第十三条　赡养人有义务耕种或者委托他人耕种老年人承包的田地，照管或者经老年人同意委托他人照管老年人的林木和牲畜等，收益归老年人所有。

赡养人应当将政府拨付的属于老年人的各种补贴领取后及时交付老年人。

第十四条　赡养人有保证老年人居住和改善老年人居住条件的义务，不得强迫老年人居住或者迁居条件低劣的房屋。

老年人与赡养人或者其他亲属共同出资购买、建造的住房，老年人依法享有相应的权益。

老年人自有的或者承租的住房，赡养人或者其他亲属不得侵占，未经老年人同意不得改变产权关系或者租赁关系。

老年人自有的住房，赡养人有维修的义务。

第十五条　老年人对个人的财产依法享有占有、使用、收益和处分的权利。子女或者其他亲属不得以窃取、骗取、强行索取等方式，侵犯老年人的财产权益。

有劳动能力的成年子女或者其他亲属要求老年人给予经济资助的，老年人有权拒绝。

老年人依法立遗嘱处分个人财产或者与他人签订遗赠扶养协议，子女或者其他亲属不得干涉。

第十六条　鼓励家庭成员与老年人共同生活或者就近居住，照料老年人的日常生活。与老年人分开居住的家庭成员，应当经常回家看望老年人，并通过电话、网络、书信等方式问候老年人，妥善安排老年人生活和家庭劳务事宜。

第十七条　丧偶、离婚的老年人有依法再婚、复婚的权利。提倡老年人对婚前财产进行公证或者书面约定。老年人离婚、再婚后的家庭生活，赡养人或者其他亲属不得干涉。

赡养人的赡养义务不因老年人的婚姻关系变化而解除。

赡养人不得以老年人的婚姻关系变化为由，强占分割老年人的财产或者限制老年人对其财产占有、使用、收益和处分的权利，不得扣留老年人的证件。

第十八条　成年养子女解除收养关系的，养父母可以要求养子女补偿收养期间的抚养费用。

第十九条　赡养人不得侮辱、虐待或者遗弃老年人，禁止对老年人实施家庭暴力。

赡养人要尊重老年夫妇共同生活的意愿，不得强行分开赡养。

赡养人不得要求老年人承担力不能及的劳动。

赡养人不得以放弃继承权或者其他理由拒绝履行赡养义务。

第二十条　老年人可以与居民委员会、村民委员会、集体经济组织、养老机构等或者法定继承人以外的个人签订遗赠扶养、以地以房养老协议或者其他扶助养老协议。

第三章　社会保障

第二十一条　县级以上人民政府应当根据当地经济社会发展以及职工平均工资增长、物价上涨等情况，适时提高养老保障水平。

第二十二条　老年人享有的养老金、救助金等待遇应当得到保障。老年人领取各种补助、结算医疗费和享受其他物质帮助的，政府经办机构应当按时足额支付，不得克扣、拖欠或者挪用。

对患病残疾、行动不便的老年人，政府经办机构应当提供上门服务。

第二十三条　县级以上人民政府应当完善职工基本医疗保险、城镇居民基本医疗保险、新型农村合作医疗体系和大病保险，保障老年人的基本医疗需要。

卫生和计划生育部门应当将符合条件的老年人纳入计划生育家庭奖励扶助和独生子女伤残死亡家庭特别扶助等范围，给予扶助。

享受最低生活保障的老年人和特困供养人员中的老年人参加城镇居民基本医疗保险、新型农村合作医疗和大病保险所需个人缴费部分，由政府给予补贴。

第二十四条　县级以上人民政府应当建立老年人高龄生活补贴制度。高龄补贴最低标准由省人民政府制定。

县级以上人民政府应当逐步建立经济困难的失能老年人护理补贴制度，对经济困难生活长期不能自理的老年人，根据其失能程度给予护理补贴。

第二十五条　老年人无劳动能力、无生活来源、无赡养人和扶养人，或者其赡养人和扶养人确无赡养能力或者扶养能力的，由各级人民政府依照有关规定给予供养或者救助。

第二十六条　城乡生活困难家庭老年人去世后火葬的，县级以上人民政府应当提供基本殡葬免费服务；对在土葬改革区自愿实行火葬的，免除基本殡葬（火化）费用。

第四章　社会服务

第二十七条　县级以上人民政府应当将养老服务设施建设用地纳入城镇土地利用总体规划和年度用地计划，优先安排养老服务用地。

社会资本举办的公益性养老机构与政府举办的养老机构享有相同的土地使用政策，可以依法使用国有划拨土地或者农民集体所有的土地。对营利性养老机构建设用地，按照国家对经营性用地依法办理有偿用地手续的规定，优先保障供应。

第二十八条　县级以上人民政府和有关部门在制定城市总体规划、控制性详细规划时，应当按照人均占用地不少于0.1平方米的标准，分区分级规划设置老年人日间照料中心、托老所、老年活动中心等养老服务设施。

第二十九条　新建居住区的养老设施，应当与住宅同步规划、同步建设、同步验收、同步交付使用。已建成居住小区没有养老服务设施或者现有设施未达到配建指标的，所在县（市、区）人民政府应当通过新建、改建、购置、置换、租赁等方式达到养老设施配建标准。

第三十条　市（州）、县（市、区）人民政府应当整合社会资源，制定鼓励政策，扶持农村互助老人幸福院和城镇社区老年人日间照料中心等建设。引导农村地区依托行政村、较大自然村，优先建设互助型养老服务设施；闲置的公共场所和设施，优先用于养老服务。

市（州）、县（市、区）人民政府应当对符合条件的农村互助老人幸福院和城镇社区老年人日间照料中心等养老服务设施给予运营补贴，并建立增长机制。

第三十一条　县级以上人民政府应当建立适合老年人需求的生活、文化、体育、医疗、护理与康复等服务设施，通过购买服务、政策扶持等方式，支持民间资本兴办养老服务企业，建立健全居家养老服务网络平台和服务网点，为老年人提供助餐、助浴、助洁、助急、助医等多种便捷服务。

鼓励社会各界及志愿者为老年人提供帮助，开展认亲养老、扶贫助老等活动，为孤寡、残疾、失能、失独等老年人提供帮助。

第三十二条　县级以上人民政府应当采取补助投资、贷款贴息、运营补贴、以奖代补、购买服务等方式，引导支持社会力量兴办、运营养老服务机构。

县级以上人民政府民政、财政等相关部门应当加强对政府养老设施、养老服务投入资金的监督管理。

第三十三条　县级以上人民政府和相关部门对公益性养老机构建设免收行政事业性收费，营利性养老机构减半征收。

养老机构用电、用水、用气、用热按照居民生活类价格执行，并免收相应的配套费；免收养老机构有线（数字）电视、固定电话、宽带互联网一次性接入费（安装费），有线（数字）电视基本维护费按照不高于当地居民用户终端标准的百分之五十收取。

第三十四条　公共养老服务设施未经县级以上人民政府批准，不得改变用途或者拆除；经批准改变用途或者拆除的，应当及时还建，还建的规模和标准不得低于原有规模和标准。养老服务设施用于其他用途的，应当收回用于养老服务。

第三十五条　卫生和计划生育部门应当组织基层医疗卫生机构为辖区内常住老年人免费建立健康档案，并提供健康指导和每年一次的免费体格检查。

鼓励社区和乡镇卫生医疗机构对老年人开展巡回医疗、保健、护理、康复、临终关怀等服务。

第三十六条　人力资源和社会保障、卫生和计划生育等部门应当完善基本医疗保险社区服务制度，保证基层卫生服务机构为老年人就近治疗常见病、慢性病。

第三十七条　卫生和计划生育、民政等部门应当制定医疗卫生资源进入养老服务机构办法，支持有条件的养老机构设置医疗机构，符合条件的纳入职工基本医疗保险、城镇居民基本医疗保险和新型农村合作医疗定点范围。

第三十八条　鼓励支持高等院校、中等职业技术学校、职业培训机构等创造条件，设置养老服务相关专业或者课程，依托养老机构、医疗机构建立养老服务人员实习培训基地，培养养老服务专业人才。

第三十九条　县级以上人民政府应当建立养老护理员岗位补贴制度，制定鼓励大中专院校毕业生从事养老服务工作的优惠政策，把养老护理人员技能培训纳入城乡就业培训范围，落实职业培训和技能鉴定补助政策。

第四十条　养老机构应当改善养老护理员工作条件，加强劳动保护和职业防护，依法缴纳养老、医疗、工伤等社会保险，提高工资福利待遇。

对养老机构就业的专业技术人员，执行与公立医疗机构、公办福利机构相同的执业资格、注册考核、职称评审等政策，逐步提高其薪酬和福利待遇。

获得初级以上资格证书的养老护理员，在本省养老机构累计服务时间满三年，且满足当地政府确定的住房保障条件的，可优先向养老机构所在地申请公共租赁住房。

第四十一条　各级人民政府应当培育、扶持和发展老年文化教育、体育健身、休闲旅游、健康养生、精神慰藉等老龄产业。

鼓励社会资本参与发展养老服务产业，扶持企业开发、生产、经营安全有效的老年产品，鼓励设立老年用品专柜、专卖店和举办老年产品展示会，促进老年消费市场健康发展。

禁止以欺骗方式诱导老年人消费。

第四十二条　鼓励保险机构开发推广适合老年人的健康、意外伤害和长期护理等保险产品。金融机构对办理转账、汇款业务或者购买金融产品等业务的老年人，应当提示相应风险。

第四十三条　公安、人力资源和社会保障、卫生和计划生育、民政、住房和城乡建设等有关部门应当根据国家有关规定制定具体办法，为老年人随配偶或者赡养人迁移，与家庭成员共同生活或者就近居住、照料提供条件。

第四十四条　公安、司法、新闻出版广电等部门，以及村（居）委会、养老机构、老年学校等应当对老年人开展防火、防盗、防骗等宣传教育活动。

第四十五条　各级司法行政机关应当健全完善法律服务和法律援助体系，鼓励律师事务所、公证处、基层法律服务所和其他法律服务机构为老年人提供免费或者优惠服务，为患病残疾、行动不便的老年人上门服务。

经济困难的老年人合法权益受到侵害而提起诉讼的，可以申请法律援助。

乡（镇）人民政府、派出所、司法所和村民委员会应当为农村老年人维护合法权益提供帮助。

第五章　社会优待

第四十六条　县级以上人民政府及其有关部门应当根据经济社会发展情况和老年人的特殊需要，制定优待老年人的办法，逐步提高优待水平。

第四十七条　老年人持身份证、优待证或者离休证等有效证件，按照下列规定享受优待：

（一）尚未向社会免费的历史遗址类博物馆、地质公园、文物建筑、风景区应当向老年人免费开放。体育场馆应当安排一定时段向老年人免费开放。影剧院门票、旅游景区内的观光车、缆车等代步工具应当对老年人给予优惠。

（二）社会力量投资兴办的文化、旅游等设施，对老年人实行免费或者半价优惠服务。

（三）公共文化体育部门应当安排面向农村老年人的公益性文化体育服务。

（四）国有医疗机构对老年人实行普通门诊挂号免费，专家门诊挂号半价，优先就诊、化验、检查、交费、取药等优待。倡导民办医疗机构实行上述优待规定。

（五）火车站、汽车站、机场、码头等客运站（点）应当为老年人购票、乘坐公共交通工具提供优先服务，对行动不便的老年人应当给予照顾和帮助。候车室、候机室、公共汽车、地铁等不实行对号入座的公共场所和交通工具应当设置总座（席）位不少于百分之十的“老幼病残孕”座（席）位。

（六）六十周岁以上老年人半价乘坐城市市内公共交通车，逐步实现六十五周岁以上老年人免费乘坐市内公共交通车。

（七）免费使用收费厕所。

（八）其他优待服务。

为老年人提供优待服务的场所，应当挂牌明示优待服务内容。车站、机场、码头、医院等应当设立老年人优待服务窗口。

常住本省行政区域的外埠老年人享受同等优待。

第六章　宜居环境

第四十八条　县级以上人民政府在制定城乡规划时，应当根据人口老龄化发展趋势、老年人口分布和老年人特点，统筹安排适合老年人的生活服务设施、医疗卫生设施和文化体育设施等公共基础设施建设。

第四十九条　新建、改建、扩建公共建筑和其他公共场所，应当按照无障碍设施工程建设相关标准和规范，建设无障碍设施。

县级以上人民政府住房和城乡建设部门应当会同民政、财政、残联、老龄等部门，对现有公共场所和设施制定无障碍设施改造计划，推动和扶持老年人家庭无障碍设施的改造，推进坡道、电梯、扶手、座椅等与老年人日常生活密切相关的公共设施改造，方便老年人生活。

公园、城区主要街道两侧、居民小区等公共场所，应当设置老年人休息座椅；养老机构、老年人活动场所等应当按照有关规定设置安全辅具。

第七章 参与社会发展

第五十条 政府有关部门应当为老年人参与社会发展创造条件，鼓励老年人依法从事力所能及的社会活动。

第五十一条 制定涉及老年人权益的重大政策时，应当听取老年人组织和老年人的意见。

第五十二条 各级人民政府应当把老年教育纳入终身教育体系，加大老年教育投入，鼓励和支持社会力量兴办各类老年学校。

第八章 法律责任

第五十三条 人民法院、公安机关和有关部门对侵犯老年人合法权益的申诉、控告、检举应当依法及时受理，不得推诿、拖延。

被侵害的老年人行动不便的，人民法院、公安机关或者有关部门应当上门调查了解情况。

第五十四条 老年人与家庭成员因赡养、扶养或者住房、财产发生纠纷，可以申请人民调解委员会或者其他有关组织进行调解，也可以直接向人民法院提起诉讼。

人民法院对老年人向赡养人追索赡养费、扶养费、医疗费的申请，在查明案情后应当优先裁判、及时执行；也可以依法裁定先予执行。

第五十五条 干涉老年人婚姻自由，对老年人负有赡养义务、扶养义务而拒绝赡养、扶养，虐待老年人或者对老年人实施家庭暴力的，由有关单位给予批评教育；构成违反治安管理行为的，依法给予治安管理处罚；构成犯罪的，依法追究刑事责任。

第五十六条 赡养人、扶养人、其他家庭成员或者他人盗窃、诈骗、抢夺、侵占、勒索、故意损毁老年人财物，构成违反治安管理行为的，依法给予治安管理处罚；构成犯罪的，依法追究刑事责任。

第五十七条 不履行保护老年人合法权益职责的部门或者组织，其上级主管部门应当给予批评教育，责令改正。

国家工作人员违法失职，致使老年人合法权益受到损害的，由其所在单位或者上级机关责令改正，或者给予处分；构成犯罪的，依法追究刑事责任。

第五十八条 对老年人负有履行优待义务的单位或者个人不按照规定履行优待义务的，由其主管部门责令改正。

第五十九条 养老机构及其工作人员侵害老年人人身和财产权益，或者未按照约定提供服务的，依法承担民事责任；由主管部门依法给予行政处罚；构成犯罪的，依法追究刑事责任。

第九章 附则

第六十条 本条例自2016年1月1日起施行。1999年5月29日省九届人大常委会第十次会议通过的《甘肃省实施〈中华人民共和国老年人权益保障法〉办法》同时废止。

甘肃省关于进一步完善老年人优待工作的意见

各市（州）、县（市、区）老龄工作委员会办公室、人民法院、党委宣传部、机关工委、发展改革委、教育局、科技局、工信委、民委、公安局、民政局、司法局、财政局、人力资源社会保障局、国土资源局、住房城乡建设局、交通运输局、商务局、文化局、卫生计生委、外事办、地方税务局、新闻出版广电局、体育局、统计局、旅游局、国家税务局、总工会、团委、妇联、保监局、铁路局：

为切实保障老年人的合法权益，弘扬中华民族敬老养老助老的传统美德，促进老年人共享经济社会发展成果，依据《中华人民共和国老年人权益保障法》、全国老龄办等24部委《关于进一步加强老年人优待工作的意见》（全国老龄办发〔2013〕97号）和《甘肃省人民政府关于加快发展养老服务业的实施意见》（甘政发〔2014〕50号）等有关法律政策的规定，结合本省实际，现就进一步完善老年人优待工作，提出如下意见。

一、总体要求和目标任务

（一）总体要求

以邓小平理论、“三个代表”重要思想、科学发展观为指导，贯彻落实“四个全面”战略布局，坚持政府主导、社会参与，因地制宜、积极推进，突出重点、适度普惠，统筹协调、和谐共融的原则，从老年人的特殊需求出发，立足我省基本省情和经济社会发展状况，不断完善优待政策，逐步拓展优待项目和范围，提升优待水平，让老年人更好地享受经济社会发展成果，为建设幸福美好新甘肃作出积极努力。

（二）主要目标

2015年，实现县级以上地方党委政府全面建立健全老年人优待政策，社会敬老氛围更加浓厚，优待规定得到有效落实；2020年，实现优待工作管理进一步规范，优待项目全面落实并进一步拓展，优待水平进一步提升，老年人过上更加幸福的小康生活。

二、优待项目和范围

优待对象为60周岁以上老年人。各地要根据本地实际合理确定优待范围和优待标准，逐步拓展优待内容，要重点在政务服务、卫生保健、文体休闲、交通出行、商业服务、维护权益等方面为老年人提供优待服务。

（一）政务服务优待

1. 建立完善城乡老年人救助长效机制。按照“保基本、兜底线”的要求，落实国家《社会救助暂行办法》、《甘肃省社会救助条例》及省上相关法规政策，将符合条件的老年人纳入政府供养范围，供养标准按照不低于上年度全省城镇居民人均可支配收入的40%和农民人均纯收入的70%确定。低收入老年人、经济困难的失能半失能老年人，由政府提供无偿或者低收费供养、护理服务。

2. 建立完善高龄老年人生活补贴制度。将高龄老年人生活补贴纳入城乡居民基本养老保险待遇发放范围，补贴标准为100周岁以上每人每月不少于100元，90—99周岁每人每月不少于60元，80—89周岁每人每月不少于25元。各级人民政府要建立正常的高龄老年人生活补贴增长机制。

3. 逐步建立经济困难的高龄、失能老年人补贴制度。对经济困难的高龄老年人，应当逐步给予养老服务补贴；对经济困难、生活不能自理的老年人，应当根据其失能程度等情况给予护理补贴。各级人民政府应根据经济发展水平和财力状况确定具体补贴标准和补贴方式。

4. 各级人民政府应当在财政、税费、土地、融资等方面采取措施，鼓励、支持企事业单位、社会组织兴办、运营养老机构和设施，完善以居家为基础、社区为依托、机构为支撑的社会养老服务体系。

5. 政府举办的养老机构，要在保障城乡“三无”老年人基本养老服务需求的基础上，优先照顾经济困难的孤寡、失能、失独、高龄老年人。

6. 加快推进社区居家养老服务。坚持政府引导、企业和社会组织参与、市场化运作、社会化服务，建立居家养老服务平台，着力打造“15分钟养老服务圈”，为居家老年人提供生活照料、紧急救援、家政服务、健康管理等便捷周到的服务。

积极推进城市社区日间照料中心、农村互助老人幸福院（日间照料中心）建设，发挥基层老年协会为老服务作用，参与城乡老年人日间照料中心等老年福利设施服务管理和监督，开展就近便捷的老年互助服务。

7. 建立养老服务评估制度。各地应当组建评估组织或委托第三方，依据有关标准和工作程序，对老年人生理、心理、精神、经济条件和生活状况等进行综合分析评估。评估结果可作为政府购买养老服务、确定照料护理等级、发放养老服务及护理补贴等的依据。

8. 政府有关部门在实施保障性住房制度时，要优先照顾符合条件的老年人，优先配租配售保障性住房；进行危旧房屋改造时，优先帮助符合条件的老年人；优先办理老年人房屋权属关系变更事项，并就办理事项是否为老年人的真实意愿进行询问。

政府有关部门和基层群众自治组织应当对农村老年人随子女进城生活提供便利和优待服务。

9. 免除农村老年人兴办公益事业的筹资筹劳义务。经农村集体经济组织全体成员同意，可将未承包的集体所有的部分土地、山林、滩涂、水面等作为养老基地，收益供老年人养老，纳入国家和地方湿地保护体系及其自然保护区的重要湿地除外。

10. 各级人民政府应当对符合条件的老年人优先给予临时救助。城乡生活困难家庭的老年人去世火葬的，县级以上人民政府应当为其提供基本殡葬免费服务；对在土葬改革区自愿实行火葬的，免除基本殡葬（火化）费用。

11. 各级人民政府和全社会都应当重视、珍惜老年人的知识、技能、实践经验和优良品德，发挥老年人的专长和作用，保障老年人参与经济、政治、文化和社会生活，为经济社会建设再做贡献。全社会应当为老年人参与社会发展创造条件。

（二）卫生保健优待

12. 持续推进国有医疗机构对老年人实行“一免一半五优先”（普通门诊挂号免费，专家门诊挂号半价，优先就诊、化验、检查、交费、取药）优待，开设绿色通道，并挂牌明示，免费提供担架和轮椅等助老服务器具，对需要住院的老年人优先安排床位。倡导民办医疗机构实行“一免一半五优先”及其他优待服务。

13. 卫生计生部门应当组织基层医疗卫生机构为辖区内六十五周岁以上常住老年人免费建立健康档案，每年提供一次免费体格检查和健康指导，并逐步覆盖全体老年人。建立社区卫生服务机构与老年人家庭契约服务关系，为老年人开展上门巡诊、健康查体、保健咨询等服务。

14. 各级人民政府要积极推动医养融合发展，支持有条件的养老机构设置医疗机构，符合条件的分别纳入城镇职工基本医疗保险或新型农村合作医疗定点范围；鼓励有条件的医疗机构举办养老机构，转型为护理院或者增设老年护理床位；支持社会资本兴办、建设医养结合的养老院、护理院、康复医院和提供临终服务的医疗机构，为老年人提供便捷、优先、优惠的医疗服务。

15. 各级人民政府应当将符合条件的老年人纳入大病医疗救助范围。完善医保报销制度，解决老年人异地就医结算问题。

16. 加强老年人医疗保健工作，积极开展老年疾病防控知识的宣传，开展老年慢性病和老年期精神障碍的预防控制工作。支持高校和科研院所建立老年病防治研究机构或开设相关专业。

17. 鼓励设立老年病医院或老年人医疗康复中心，有条件的二级以上综合医院应当设立老年病科。

（三）交通出行优待

18. 火车站、汽车站、机场等客运站（点）应当为老年人提供优待服务。候车室、候机室、公共汽车、地铁等不实行对号入座的公共场所和交通工具应当设置总座（席）位不少于10%的“老幼病残孕”座（席）位。老年人优先购买火车票、长途汽车票、飞机票等，优先上下火车、飞机，对行动不便无陪护的老年人，车站和机场服务人员要给予协助，老年人乘坐公共交通工具，乘务员和乘客应当给予照顾和帮助。

19. 城市公共交通工具应当为老年人提供票价优惠服务，逐步实现65周岁以上老年人免费乘坐城市市内公共交通车。鼓励有条件的地方对60周岁以上老年人乘坐城市市内公共交通车实行半价或免费优待。

20. 各级人民政府和有关部门应当按照国家《无障碍设施建设条例》、《社区老年人日间照料中心建设标准》、《养老设施建设设计规范》等建设标准，优先推进与老年人日常生活密切相关的公共服务设施的建设和改造。

城市道路、车站、机场、商场、公园、居民小区、养老机构等老年人活动场所，应当落实国家无障碍设施建设标准，优先推进坡道、电梯等与老年人日常生活密切相关的公共设施改造，适当配备老年人安全辅具，为老年人提供安全、便利、舒适的生活和出行环境。

21. 加快老年宜居环境建设，鼓励和支持社会各界积极建设适宜老年人生活、卫生、文化、体育、娱乐等设施，开发老年宜居住宅和代际亲情住宅，支持老年人家庭无障碍设施改造，满足老年人对环境的特殊需求。

22. 公厕应当配备便于老年人使用的无障碍设施，对老年人免收费用，并在醒目位置挂牌明示。承包经营者不得以承包为由拒绝执行。

23. 各级人民政府应当引导、鼓励保险机构开发推广适合老年人的保险产品，保险公司对参保老年人应给予保险费、保险金额等方面的优惠。鼓励老年人投保意外伤害保险、长期护理保险和健康保险等。有条件的市（州）、县（区）可适时开展老年人住房反向抵押养老保险。

（四）商业服务优待

24. 政府有关部门应当根据老年人口规模，围绕适合老年人的衣、食、住、行、医、文化休闲等需求，合理布局商业网点，引导商场、超市、批发市场等设立老年用品专区专柜。

25. 商业饮食服务网点、日常生活用品经销单位，以及通讯、邮政、金融机构等服务行业和社区服务单位要为老年人提供优惠、优先、优质服务和照顾，对行动不便的老年人提供上门服务。对老年人办理转账、汇款业务或购买金融理财产品的，应当提示相应风险。

26. 鼓励水电、燃气、供热、广播电视、电信、邮政等部门对特困的独居、“空巢”和残疾老年人家庭提供减免优惠服务。

（五）文体休闲优待

27. 博物馆、美术馆、科技馆、纪念馆、公共图书馆、文化馆、公园、风景区向老年人免费开放，文物建筑及遗址类博物馆门票对老年人给予减免，旅游景区内的观光车、缆车等代步工具对老年人给予优惠。社会兴办的文化、旅游等设施为老年人提供半价优惠服务。

28. 省内各旅游景点应当在售票窗口等醒目位置明示老年人免费或者优惠游览的规定。常住本省行政区域内持身份证、优待证或者离休证的外埠老年人享受同等优待。

29. 公共文化体育部门应当免费为老年人提供文艺演出、体育赛事、图片展览和科技宣传等方面的公益性文化体育服务。公共文化体育场所应当为老年人健身活动提供方便和优惠服务，安排一定时段向老年人减免费用开放。文化体育部门应当重点关注农村老年人文化体育需求，安排面向农村老年人的公益性文化体育服务。建立农村老年人活动中心，为老年人提供活动场所，配备健身器械。

30. 老年教育资源、老年活动场所要对城乡老年人公平开放，公共资源应当为老年人学习提供指导和帮助；建立各级各类老年大学（学校），鼓励支持社会力量兴办老年教育。城乡贫困老年人参加老年大学（学校）学习，享受学费减免。

（六）维权服务优待

31. 各级人民法院对侵犯老年人合法权益的案件，要依法优先立案、优先审判、优先执行。

32. 各级司法行政机关应当设立老年人法律援助服务窗口，开通法律服务热线，通过免费解答咨询、发放联系卡、上门服务等措施，简化程序和手续，为老年人就近申请和获得法律援助提供便利条件。

33. 按照国家有关规定，对老年人因追索赡养费、扶养费、养老金、退休金、抚恤金、医疗费、劳动报酬、人身伤害事故赔偿等提起诉讼，缴纳诉讼费确有困难的，可以申请司法救助，缓交、减交或者免交诉讼费。因情况紧急需要先予执行的，可依法裁定先予执行。

对老年人提出法律援助申请，要简化程序，实行接待、审查和指派“三优先”原则。

34. 各级司法行政机关应当重点关注高龄、空巢、失独、失能半失能、失智及经济困难老年人法律服务和法律援助需求，适度放宽老年人经济困难标准，将更多与老年人权益保护密切相关的事项纳入法律援助补充事项范围，扩大老年人法律援助覆盖面。

律师事务所、公证处、基层法律服务所和其他法律服务机构应当为经济困难的老年人提供免费或者优惠服务，对80岁以上的老年人办理遗嘱公证予以免费，对70岁以上以及行动不便的失能、半失能、患病残疾老年人实行电话和网上预约、上门服务。

农村老年人维护合法权益有困难的，其所在乡镇人民政府和村民委员会应当提供帮助。

三、组织落实

（一）加强组织领导

各级党委、政府要高度重视老年人优待工作，健全党委领导、政府主导、老龄部门组织协调、相关部门各司其职、企事业单位和社会团体以及志愿者积极参与的工作体制和运行机制。同级人大代表和政协委员视察、监督工作时，要将老年人优待政策落实情况列为重要内容，进行定期和专项检查。要保障老年人优待工作经费，建立老年人优待服务的财政支持机制，加大投入力度，并通过福彩公益金资助、社会捐助等多种形式，为老年人优待服务工作提供必要的资金保障。要进一步落实各项财税优惠政策，引导社会力量积极参与。领导干部要带头关爱老年人，支持老龄事业，各地应将党政干部敬老爱老助老表现作为提拔任用的考核内容。各级党委、政府要将老年人优待政策制定、落实情况纳入年度目标责任考核，确保责任到位、任务落实到位。

（二）合力推进实施

优待老年人是全社会的共同责任。国家机关、企事业单位、社会团体和其他组织，要履行职责义务，积极为老年人提供优待服务。涉老优待职能部门要规范服务，加强管理，督促优待服务场所、机构和窗口落实优待服务。宣传、新闻媒体、司法等部门要加强敬老助老养老传统美德宣传教育和老年人维权法制教育活动，将老年人优待服务工作作为社会公德、职业道德、家庭美德和个人品德建设的主要内容，作为开展社会主义核心价值观教育，创建文明单位、文明社区、五好文明家庭的重要内容。深入推进“敬老爱老助老”主题教育和“敬老文明号”、“老年人维权示范岗”创建活动，进一步营造孝亲敬老的社会氛围，使老年人优待政策落到实处。

（三）强化监督检查

各级老龄工作委员会负责老年人优待工作的指导、组织、协调和监督，强化联席会议制度和运行机制，发挥各级老龄工作委员会在老龄事业发展中的领导作用。各级老龄工作委员会办公室要会同有关部门，定期对成员单位和有关部门执行老年人优待服务工作情况进行监督检查、评议通报。要进一步发挥行政监督、社会监督和第三方评估的作用，建立健全信息反馈和监督机制，设立服务和监督热线，依法妥善解决好举报和投诉问题，对老年人优待工作中反映强烈的突出问题，要尽早发现、及时解决。对不按规定履行老年人优待服务职责的单位，由其上级行政机关（主管部门）责令改正。

青海省关于进一步加强老年人优待工作的实施意见

青老龄办〔2015〕30号

各市（州）老龄办、人民法院、党委宣传部、发展改革委、科技局、公安局、民政局、司法局、财政局、人力资源社会保障局、住房城乡建设局、交通运输局、农牧局、商务局、文化新闻出版局、卫生计生委、广电局、体育局、林业局、旅游局、总工会，青藏铁路公司、青海机场有限公司：

老年人优待是政府和社会在做好公民社会保障和基本公共服务的基础上，在医、食、住、用、行、娱等方面，积极为老年人提供的各种形式的经济补贴、优先优惠和便利服务。做好老年人优待工作，是增进老年人福祉的重要举措，也是社会文明进步的重要标志。根据《中华人民共和国老年人权益保障法》和全国老龄办等24部门联合下发的《关于进一步加强老年人优待工作的意见》（全国老龄办发〔2013〕97号）的有关规定，结合省情实际，现就我省进一步加强老年人优待工作，提出如下实施意见：

一、老年人优待工作的总体要求

（一）指导思想

立足省情和经济社会发展现状，针对老年人的特殊需求，积极完善优待政策法规体系，逐步拓展优待项目和范围、创新优待工作方式、提升优待水平，让老年人更好地共享经济社会发展成果，不断提升老年人生活质量。

（二）基本原则

——政府主导，社会参与。发挥政府在政策制定、督查检查、示范引领方面的主导作用，在社会保障、基本公共服务等方面积极为老年人提供优待，采取措施鼓励、引导社会力量参与优待工作。

——因地制宜，积极推进。根据经济社会发展实际，合理确定优待范围、优待对象和优待标准。积极推进优待工作，坚持积极稳妥、循序渐进，稳步提升。

——突出重点，适度普惠。从不同老年群体的实际需求出发，对各优待项目的服务对象进行细分，优先考虑高龄、失能等困难老年群体的特殊需要，逐步发展面向老年人的普惠性优待项目。

——统筹协调，和谐共融。统筹社会优待与社会保障、优待工作与老龄事业、物质帮助与精神关爱协调发展；统筹推进城乡老年人优待工作，加快发展农牧区老年人优待项目；统筹不同年龄群体的利益诉求，促进代际共融与社会和谐。

（三）主要目标

2020年，实现县级以上地方人民政府全面建立健全老年人优待政策，社会敬老氛围更加浓厚，各项优待规定得到有效落实；实现优待工作管理进一步规范，优待项目进一步拓展，优待水平进一步提升，老年人过上更加幸福的小康生活。

二、优待工作的项目和范围

优待的基本对象为60周岁以上的老年人。各地可因地制宜，在本意见基础上合理确定优待对象和优待标准，率先在卫生保健、交通出行、商业服务、文体休闲等方面，逐步拓展优待内容和范围，对常住本行政区域内的老年人给予同等优待。各涉老部门要积极营造关心、支持和参与老年人优待工作的社会氛围，增强社会成员依法维护老年人权益的自觉性，提高老年人自我维权的意识和能力，进一步推动全省老年人优待工作的落实。

（一）政务服务优待

1. 各地在落实和完善社会保障制度和公共服务政策时，应对老年人予以适度倾斜。

2. 健全完善高龄补贴制度。根据全省经济发展程度，进一步建立健全70周岁以上老年人高龄补贴调整机制。各地可结合本地区实际，适当扩大发放范围、提高补贴标准。

3. 政府举办的养老机构要科学规划、合理布局、实用适用，要充分发挥托底作用，为城乡“三无”老人和经济困难的失能半失能老人、失独老人、高龄老人提供无偿或低收费的供养、护理服务。

4. 加大政府向社会力量购买养老服务力度，优先保障特殊困难老年人的基本养老服务需求。通过政府购买服务的方式，引导老年人投保意外伤害保险，提高老年人抵御意外伤害风险的能力。

5. 各地在实施保障性住房建设工程时，要照顾符合条件的老年人，优先配租配售保障性住房；进行危旧房屋改造时，优先帮助符合条件的老年人进行危房改造。

6. 政府有关部门要为老年人及时、便利地领取养老金、结算医疗费和享受其他物质帮助，创造条件，提供便利。鼓励和引导公共服务机构、社会志愿服务组织优先为老年人提供服务。

7. 政府有关部门在办理老年人的房屋权属关系变更等涉及老年人权益的重大事项时，应依法优先办理，并就办理事项是否为老年人的真实意愿进行询问，有代理人的要严格审查代理资格。

8. 农牧区老年人不承担兴办公益事业的筹劳义务。经农村牧区集体经济组织全体成员同意，将未承包的集体所有的部分土地、山林、水面等作为养老基地，收益供老年人养老，纳入国家和地方湿地保护体系及其自然保护区的重要湿地除外。

9. 政府有关部门要完善老年人社会参与方面的支持政策，开展适合老年人的群众性文化、体育、娱乐活动，丰富老年人的精神文化生活，充分发挥老年人参与社会发展的积极性和创造性。

10. 对有老年人去世的家庭，自愿实行火葬的，减免其基本殡葬服务费用；选择生态安葬方式的，或者捐献遗体的，地方政府要给予补贴或奖励。

（二）卫生保健优待

11. 医疗卫生机构要为辖区内60周岁以上常住老年人免费建立健康档案，并对65周岁以上常住老年人每年至少提供1次免费体格检查和健康指导，开展健康管理服务，各地可结合本地区实际，适当扩大年龄范围。要定期对老年人进行健康状况评估，及时发现健康风险因素，促进老年疾病早发现、早诊断、早治疗。积极开展老年疾病防控的知识宣传，开展老年慢性病和老年期精神障碍的预防控制工作。通过政府购买服务的方式，鼓励社会力量为行动不便的老年人提供上门服务。

12. 鼓励设立老年病医院，加强老年护理院、老年康复医院建设，有条件的二级以上综合医院应设立老年病科，增加老年病床数量，做好老年病防治和康复护理。鼓励医疗机构转型为老年护理机构或增设老年护理设施。

13. 医疗卫生机构应为老年人就医提供方便和优先优惠服务。通过完善挂号、诊疗系统管理，开设专用窗口或快速通道、提供导医服务等方式，为老年人特别是高龄、重病、失能老年人挂号（退换号）、就诊、转诊、综合诊疗提供便利条件。

14. 医疗卫生机构应减免70周岁以上老年人普通门诊

挂号费，鼓励各地将此范围扩大到60周岁以上老年人。对特困老人就诊实行“一免七减”的优惠政策，即门诊病人免收挂号费，住院病人药费、诊查费、检查费、检验费、麻醉费、手术费、住院床位费减免10%。鼓励和提倡为老年人义诊。

15. 倡导医疗卫生机构与养老机构之间建立业务协作机制，开通预约就诊绿色通道，协同做好老年人慢性病管理和康复护理，加快推进面向养老机构的远程医疗服务试点，为老年人提供便捷、优先、优惠的医疗服务。

16. 支持符合条件的养老机构内设医疗机构，申请纳入城镇职工、城乡居民基本医疗保险定点医疗机构范围。支持社会资本举办护理院、康复医院和提供临终关怀的医养融合式服务机构。

（三）交通出行优待

17. 城市公共交通、公路、铁路和航空客运，要为老年人提供便利服务。

18. 交通场所和站点应明示老年人优待服务内容，设置老年人优先标志，设立等候专区，根据需要配备升降电梯、无障碍通道、无障碍洗手间等设施。对于无人陪同、行动不便的老年人给予特别关照。

19. 城市公共交通工具应为老年人提供票价优惠，鼓励对65周岁以上老年人实行免费，有条件的地方可逐步覆盖全体老年人。各地可根据实际情况，制定具体的优惠办法。

20. 公共交通工具要设立不低于坐席数10%的“老幼病残孕”专座。铁路部门要为列车配备无障碍车厢和座位，对有特殊需要的老年人订票和选座位提供便利服务。

21. 严格执行《无障碍环境建设条例》、《无障碍设计规范》、《社区老年人日间照料中心建设标准》和《养老设施建筑设计规范》等建设标准，重点做好居住区、城市道路、商业网点、文化体育场馆、旅游景点等场所的无障碍设施建设，优先推进坡道、电梯等与老年人日常生活密切相关的公共设施改造，适当配备老年人出行辅助器具，为老年人提供安全、便利、舒适的生活和出行环境。

22. 公厕应配备便于老年人使用的无障碍设施，并对老年人实行免费。

（四）商业服务优待

23. 各地要根据老年人口规模和消费需求，合理布局商业网点，有条件的商场、超市设立老年用品专柜，引导商贸服务企业入社区设立服务网点。

24. 商业饮食服务网点、日常生活用品经销单位，以及水、电、暖气、燃气、通讯、电信、邮政等服务行业和网点，要为老年人提供优先和便利服务。

25. 金融机构应为老年人办理业务提供便捷服务，设置老年人取款优先窗口，并提供导引服务，对有特殊困难、行动不便的老年人提供特需服务或上门服务。鼓励对养老金客户实施减费让利，对异地领取养老金的客户减免手续费。对办理转账、汇款业务或购买金融产品的老年人，应提示相应风险。

（五）文体休闲优待

26. 各级各类博物馆、美术馆、科技馆、纪念馆、公共图书馆、文化馆（站）等公共文化服务设施，向老年人免费开放。

27. 公共文化体育设施应对老年人优惠开放，免费为老年人提供文化体育服务。关注农村和牧区老年人文化体育需求，适当安排面向农村和牧区老年人的专题专场公益性文化体育服务。

28. 公共文化体育场所应为老年人健身活动提供方便和优惠服务，安排一定时段向老年人减免费用开放，有条件的可适当增加面向老年人的特色文化体育服务项目。提倡体育机构每年为老年人进行体质测定，为老年人体育健身提供咨询、服务和指导，提高老年人科学健身水平。

29. 提倡经营性文化体育单位对老年人提供优待。鼓励影剧院、体育场馆为老年人提供优惠票价，为老年文艺体育团体提供优惠场地。

30. 各旅游景区（点）应在售票窗口显要位置悬挂老年人门票优待的规定。风景名胜区、自然保护区、公园、文物建筑、遗址类博物馆、纪念馆等收费旅游景点，对60—69周岁老年人实行门票半价，70周岁以上老年人实行门票全免。鼓励景区内的观光车、缆车等代步工具对老年人给予优惠。

31. 老年活动场所、老年教育资源要对城乡老年人公平开放，公共教育资源应为老年人学习提供指导和帮助。贫困老年人进入老年大学（学校）或老年活动中心学习的，给予学费减免。

（六）维权服务优待

32. 各级人民法院对侵犯老年人合法权益的案件，要依法及时立案受理、及时审判和执行。

33. 司法机关应开通电话和网络服务、上门服务等形式，为高龄、失能等行动不便的老年人报案、参与诉讼等提供便利。

34. 老年人因其合法权益受到侵害提起诉讼，需要律师帮助但无力支付律师费用的，可依法获得法律援助，对老年人提出的法律援助申请，要简化程序，优先受理、优先审查和指派。各地可根据经济社会发展水平，适度放宽老年人经济困难标准，将更多与老年人权益保护密切相关的事项纳入法律援助补充事项范围，扩大老年人法律援助覆盖面。

35. 要健全完善老年人法律援助体系，不断拓展老年人申请法律援助的渠道，科学设置基层法律援助站点，简化程序和手续，为老年人就近申请和获得法律援助提供便利条件。

36. 老年人因追索赡养费、扶养费、养老金、退休金、抚恤金、医疗费、劳动报酬、人身伤害事故赔偿金等提起诉讼，交纳诉讼费确有困难，符合《诉讼费用交纳办法》有关免交、减交、缓交诉讼费用规定的，可以申请司法救助，免交、减交或者缓交诉讼费。因情况紧急需要先予执行的，可依法裁定先予执行，以保证老年人的基本生活。

37. 鼓励律师事务所、公证处、司法鉴定机构、基层法律服务所等法律服务机构，为经济困难的老年人提供免费或优惠服务。

三、组织实施

（一）高度重视优待工作，切实加强领导

各地要高度重视老年人优待工作，健全政府主导、老龄委组织协调、相关部门各司其职、企事业单位和社会团体以及志愿者积极参与的工作体制和运行机制。各级政府要保障老年人优待工作经费，进一步落实各项财税优惠政策，调动社会力量积极参与。加强对老年人优待工作年度目标责任考核，确保责任到位、任务落实。县级以上地方人民政府和相关部门要结合实际制定老年人优待政策和具体实施办法。

（二）切实履行优待职责，协力推进实施

优待老年人是全社会的共同责任。国家机关、社会团体、企事业单位和其他组织，都要履行为老年人提供优待的职责义务，积极为老年人提供优待服务。各级涉老主管单位要规范服务，加强管理，督促各优待服务场所、设施和窗口设置优待标识，公布优待内容。要广泛开展尊老敬老思想教育和道德宣传、老年维权法制教育活动，不断增强社会成员优待老年人的自觉性，提高老年人自我维权意识和能力。要在全社会大力弘扬孝亲敬老传统美德，进一步营造尊重老年人的社会氛围。

（三）积极协调优待工作，监督检查落实

各级老龄工作委员会负责老年人优待工作的组织协调和监督指导，各级老龄工作委员会办公室承担老年人优待工作的日常事务管理，要会同有关部门定期开展监督检查。要充分发挥行政监督和社会监督的作用，建立健全信息反馈和监督机制，设立服务和监督热线，依法妥善解决好举报和投诉问题，对老年人优待工作中反映强烈的突出问题，要尽早发现、及时解决。对不按规定履行优待老年人义务的，由有关主管部门责令改正。

《青海省人民政府办公厅转发省老龄工作委员会关于在全省范围内实施青海省老年人优待证办法的通知》（青政办〔2002〕110号）文件和各市（州）自行制定的优待内容、范围优于本《实施意见》的，继续执行；与本《实施意见》内容不一致的，依据《实施意见》执行。

本《实施意见》自2016年1月1日起施行，有效期至2020年12月31日。

青海省老龄工作委员会办公室　青海省高级人民法院　中共青海省委宣传部　青海省发展和改革委员会　青海省科学技术厅　青海省公安厅　青海省民政厅　青海省司法厅　青海省财政厅　青海省人力资源和社会保障厅　青海省住房和城乡建设厅　青海省交通运输厅　青海省农牧厅　青海省商务厅　青海省文化新闻出版厅　青海省卫生和计划生育委员会　青省广播电影电视局　青海省体育局青海省林业厅　青海省旅游局　青海省总工会　青藏铁路公司

西部机场集团青海机场有限公司

2015年12月1日

西藏自治区建立经济困难的高龄失能等老年人补贴制度的实施意见

根据《财政部、民政部、全国老龄工作委员会办公室关于建立健全经济困难的高龄、失能等老年人补贴制度的通知》（财社〔2014〕113号）以及《西藏自治区人民政府关于加快发展养老服务业的实施意见》（藏政发〔2015〕37号）的有关要求，为有效解决经济困难的高龄、失能等老年人养老服务保障问题，进一步推进我区养老服务业的发展，特制定本实施意见。

一、指导思想

以邓小平理论、“三个代表”重要思想、科学发展观为指导，认真贯彻落实习近平总书记系列重要讲话精神，贯彻落实党的十八大提出的“积极应对人口老龄化，大力发展老龄服务事业和产业”部署，以及自治区党委、政府关于“大力发展老龄服务事业和产业，加快建立以居家为基础、社区为依托、机构为支撑的社会养老服务体系”要求，进一步加大公共财政支持力度，切实解决经济困难的高龄、失能等老年人的后顾之忧，推动实现基本养老服务均等化。

二、基本原则和主要目标

（一）基本原则

——保基本、可持续原则。充分考虑各地（市）经济社会发展水平，注重补贴范围、标准与其他保障制度相衔接。

——属地管理原则。高龄、失能等老年人补贴对象以户籍为基础，实行属地化管理，资金由自治区财政、地（市）财政、县（区）财政分级承担。

——公开、公平、公正原则。建立公开透明的管理制度，规范操作、严格审批、加强监管，接受社会监督。

（二）主要目标

全区以县（区）为单位，建立经济困难的高龄、失能等老年人补贴制度（以下简称老年人两项补贴），并逐步完善老年人两项补贴。

三、补贴范围

（一）低保家庭中70周岁以上的老年人。

（二）低保家庭中60周岁以上70周岁以下（含70周岁）的失能老人。

既符合老年人两项补贴，又符合残疾人两项补贴（即：困难残疾人生活补贴和重度残疾人护理补贴）、老年人福利、因公致残、离休等福利性生活补贴、护理补贴范围的老年人，可择高申领其中一类补贴。

四、补贴标准

老年人两项补贴标准为每人每月50元。已实施老年人两项补贴的地（市）、县（区）超出此补助范围或高于此标准的，继续按原规定执行，超出部分由出台超出范围或高于此标准的地（市）、县（区）财政部门承担。

五、资金安排

经济困难的高龄、失能等老年人补贴所需资金由自治区财政承担60%，地（市）、县（区）财政各承担20%。

六、补贴资金的申报、审辕、审批、公示、发放

（一）个人申请。申请经济困难的高龄老年人补贴须填写《西藏自治区老年人两项补贴申请表》一式三份，并提供居民户口本、居民身份证、低保证。申请经济困难的失能老年人补贴，还需提供县级以上劳动能力鉴定委员会出具的完全或大部分丧失劳动能力鉴定结论。符合条件的老年人通过向户口所在地的乡镇人民政府或街道办事处提出申请，其中申请人无行为能力的，可由其法定监护人、指定监护人或村（居）委会代为提出申请。

（二）乡（镇）人民政府、街道办事处审核。乡（镇）人民政府、街道办事处在收到申报材料后，应在7个工作日内完成审核，并在《西藏自治区老年人两项补贴申请表》上签署审核意见，同时将有关证件和证明材料一并报县（区）民政部门、老龄办审批。对经审核不符合条件的，要书面向申请人说明理由。

（三）县（区）民政部门。老龄办审批。县（区）民政部门、老龄办接到申报材料后，应在10个工作日内完成对申报对象材料的审核、调查和审批工作。对符合条件的，在《西藏自治区老年人两项补贴申请表》上签署审批意见。不符合条件的要书面通知乡（镇）人民政府或街道办事处，并由乡（镇）人民政府或街道办事处书面向申请人说明理由。

（四）公示。县（区）民政部门、老龄办审批后，要将批准老年人两项补贴情况在各村（居）委会公示7天，做到应补尽补，不漏补、不错补。对无异议的，在每年12月31日前将所辖地区经济困难的高龄、失能等老年人补贴数据汇总、填列《西藏自治区老年人两项补贴汇总表》并联合上报地（市）民政部门、老龄办，各地（市）民政部门、老龄办将各县（区）经济困难的高龄、失能等老年人补贴人数汇总，上报自治区民政亍、老龄办备案。

（五）发放。自治区财政通过一般性转移支付给予补助。各级财政部门要会同司级民政部门、老龄办在1个月内按规定将补贴发放给申请人。

老年人两项补贴实行动态管理，严格进入、退出机制。乡（镇）人民政府、街道办事处每年对补贴对象核查一次，并将补贴对象在其住地公示一次，接受公众的监督。

七、资金管理

（一）各级财政部门、民政部门、老龄办要加强经济困难的高龄、失能等老年人补贴资金的监督管理，切实做到专款专用，杜绝出现“错补、漏补”和冒领等现象发生。

（二）应由各地（市）、县（区）财政承担的补贴资金，要及时足额安排，根据同级民政部门、老龄办上报的经济困难的高龄、失能等老年人补贴人数提前将老年人两项补贴纳入预算。

八、监督管理

（一）各地（市）、县（区）及各有关部门要按规定的范围和程序，对申请人的条件认真审查、审核、对符合条件的人员，在发放补贴资金前应张榜公示。各地（市）、县（区）民政部门、老龄办要向社会公布举报电话，自觉接受群众监督。

（二）从事老年人两项补贴工作的有关单位和具体工作人员应依法办事，自觉接受社会监督。有以下行为之一的，视情节给予批评教育或行政处分；情节严重涉嫌构成犯罪的，依法移交司法机关处理。

1. 无故对符合条件约申请人拒不审批残拖延签署审核、审批意见的；

2. 违反规定为不符合条件的申请人办理事受老年人两项补贴手续的；

3. 贪污、挪用、截留、拖欠补贴资金的；

4. 其他玩忽职守、徇私舞弊、滥用职权行为的。

（三）对采取虚报、伪造证明材料等不正当手段骗取老年人两项补贴的居民，情节较轻的由县（区）民政部门、老龄办给予批评教育，追回冒领的补贴资金；情节严重涉嫌构成犯罪的，移交司法机关处理。

九、本意见自2016年1月1日起执行。

宁夏回族自治区社区老年人日间照料中心管理办法（试行）

第一章 总 则

第一条 为加强和规范社区老年人日间照料中心的基础设施建设和管理运营，促进社区为老服务功能的发挥，不断提高老年群体生活福祉，推进我区养老服务业发展，根据国家、自治区的相关法律法规和政策，制定本办法。

第二条 本办法所称社区老年人日间照料中心，是指为以生活不能完全自理、日常生活需要一定照料的半失能老年人为主的日托老年人，提供膳食供应、个人照顾、保健康复、娱乐和交通接送等日间服务的设施。

第三条 社区老年人日间照料中心的管理运营应遵循公益化主导、专业化服务、规范化运行、社会化参与的原则，以提供无偿、低偿或有偿服务为主，志愿服务和市场服务为补充。

第四条 自治区民政厅负责指导全区社区老年人日间照料中心的运营管理；各市、县（区）民政局负责本辖区内社区老年人日间照料中心的监管检查，街道社区居委会或承包运营的企事业单位、社会组织负责日常管理运营。

第二章 建设标准

第五条 社区老年人日间照料中心应按照国家民政部、住房和城乡建设部颁布的《社区老年人日间照料中心建设标准》和《社区老年人日间照料中心标准设计样图》进行设计和建设。

社区老年人日间照料中心的建设坚持就近便利、小型多样、功能配套、实际实用的原则，以满足日托老年人在生活照料、保健康复、精神慰藉等方面的基本需求，做到规模适宜、功能完善、安全卫生、运行经济。

第六条 社区老年人日间照料中心建设应根据实际需求，合理设置老年人的生活服务、保健康复、文体娱乐及辅助用房。

（一）老年人生活服务用房包括休息室、沐浴间和餐厅。

（二）老年人保健康复用房包括医疗保健室、康复训练室和心理疏导室。

（三）老年人文体娱乐用房包括图书阅览室、书画室、棋牌室、网络室和多功能活动室。

（四）辅助用房包括办公室、厨房、洗衣房、公共卫生间和其他用房。

第七条 社区老年人日间照料中心，建设标准按照服务人口规模分为三类：

一类：社区人口规模30000～50000人，建筑面积上限为1600m^2，其中老年人用房不低于1040m^2，设置床位30张以上。

二类：社区人口规模15000～29999人，建筑面积上限为1085m^2，其中老年人用房不低于705m^2，设置床位20张以上。

三类：社区人口规模10000～14999人，建筑面积上限为750m^2，其中老年人用房不低于487m^2，设置床位10张以上。

第八条 社区老年人日间照料中心应配置生活服务、保健康复、文体娱乐、消防安全、交通工具等设备，并有室外活动场地。

第九条 社区老年人日间照料中心具有居家呼叫服务和应急救援服务信息网络。

第十条 社区老年人日间照料中心具备采暖和通风换气设施。

第十一条 老城区和已建成居住（小）区可通过改（扩）建、购买、置换等方式，建设符合规范要求的社区老年人日间照料中心。新建社区的老年人日间照料中心，应与社区办公设施和居民活动场所及社区卫生服务站同步规划、同步建设，资源共享、综合利用，并充分体现国家节能减排的要求。

第十二条 社区老年人日间照料中心在坚持公益化主导的基础上，鼓励公建民营、民办公助等多种形式进行建设，开展短期托养和居家养老服务。

第三章 服务功能

第十三条 社区老年人日间照料中心应根据老年人的实际需求，具备紧急援助、日间照料、入户服务、文体娱乐、保健康复、法律维权、精神慰藉等多种功能，并不断拓展服务项目。

第十四条　社区老年人日间照料中心的服务对象为居住在本社区和邻近社区的60周岁以上的老年人，重点服务高龄老人、失能半失能老人、残疾老人、优抚老人或低保老人。

第十五条　社区老年人日间照料中心为老年人提供以下服务：

（一）生活照料：以提供集中式的日间照料为主、分散式的居家照顾为辅，为老年人提供日间休息、临时托管、用餐配送、家政服务等一般照料和户外陪护等服务，方便老年人的日常生活。

（二）健康保健服务：建立社区老年人健康档案，并提供健康教育、定期体检、疾病防治、康复训练、心理卫生等康复保健服务。有条件的应为老年人提供陪诊就医、购药送药等服务。

（三）文化娱乐服务：为老年人提供有益身心健康的文化娱乐、知识讲座、教育培训、棋牌书画、图书阅览、网络学习等服务，丰富老年人的精神文化生活。

（四）法律维权服务：提供法律咨询、法律援助，维护老年人赡养、财产、婚姻等方面的合法权益。

（五）精神慰藉服务：引入心理咨询师，组织社会工作者、社区志愿者或邻里义工，为老年人提供聊天谈心，亲情慰藉、协助交友、节假日或纪念日关怀等服务，疏导老年人心理，舒缓老年人的精神压力。

第十六条　社区老年人日间照料中心应根据居家老年人的实际需求提供服务：

（一）上门服务：由经过专业培训的人员上门为居住在家中的失能半失能、空巢、独居及失独老人提供照料服务。

（二）日托服务：为在日间照料中心接受服务或委托服务的老年人提供生活照料、休闲娱乐、康复护理和精神慰藉等日托服务，也可受子女的委托提供短期留宿服务。

（三）信息服务：通过现代便民信息技术、12349便民为老服务热线，为居家老年人提供多种形式的上门服务。

第十七条　社区老年人日间照料中心在为老年人提供服务时，要引入社会工作理念，采取社会工作方法，为老年人提供专业化、规范化、优质化的服务。

第四章　管理运营

第十八条　社区老年人日间照料中心的管理运营应坚持福利性、公益性、非营利性和自我服务、自我管理、自我发展的原则。

第十九条　社区老年人日间照料中心在管理运营中，要严格执行国家在建筑、卫生、防疫、消防、防灾等方面的相关规定和要求，为老年人提供安全周到的服务。

第二十条　各级政府应为经济困难老年人购买服务；鼓励支持慈善公益组织、企事业单位、社会组织和个人为老年人服务捐款捐物。

第二十一条　社区老年人日间照料中心的运营应遵循政府主导和社会力量参与相结合的办法。各级政府应对中心设施建设、公益性岗位服务人员的薪酬、基本运营经费、困难老年群体服务补贴等给予补助。

第二十二条　社区老年人日间照料中心可由街道社区直接管理运营或委托、租赁、承包给社会福利机构、公益性非营利组织、社区老年人群众组织、社团组织、企事业单位和个人管理运营，并受各市、县（区）民政局、街道办事处（乡镇）和社区居委会的检查监督。

第二十三条　社区老年人日间照料中心按老年人服务需求、服务内容和经济收入等情况实行无偿、低偿和有偿服务。收费性服务项目实行“三定”、“三公开”，即定服务项目、服务内容、收费标准，公开服务内容、服务标准、服务价格。

第二十四条　社区老年人日间照料中心提供服务要严格执行国家和自治区相关服务标准，并接受群众的民主评议、民主监督。

第二十五条　社区老年人日间照料中心应当建立健全各项规章制度和服务标准，张贴公布，并报县（市、区）民政局备案。

第二十六条　社区老年人日间照料中心应当与服务对象或家属（监护人）签订委托服务协议书或合同，明确双方的责任、权利和义务。

第二十七条　社区老年人日间照料中心工作人员、护理人员应接受岗前培训，取得相应的职业资格证书，并经用人单位考评合格后持证上岗。

第五章　资产管理

第二十八条　社区老年人日间照料中心应明晰资产所有权和使用权，防止国有资产流失。

（一）各级政府（含国家养老彩票公益金资助）建设的，应按照国有资产管理有关规定，进行国有资产登记，产权归当地政府民政部门所有。

（二）属各级政府（含彩票公益金资助）和企业或社会组织、个人共同建设的，按投资比例明晰产权，并签订具有法律效应的协议或合同，其中国有资产属当地民政部门所有。

（三）已建成运营的社区老年人日间照料中心应及时办理房屋及场所的产权证、土地使用证和国有资产登记证。

（四）租赁并已运营的要签订使用合同，明确双方的责、权、利。

（五）新建社区或新建小区，按照《城镇老年人设施规划规范》（GB50437－2007）由开发商根据规划和建设标准配套建设，并无偿提供给社区使用，所有权属开发企业，使用权属当地民政部门，并签定具有法律效应的协议或合同。

（六）由社会力量兴办的社区老年人日间照料中心，按照《物权法》资产归属的相关规定确定产权。

第二十九条 社区老年人日间照料中心应建立财务制度，健全财务账目及设备、物资、日常用品台帐，人员调整时，应按规定办理交接手续。

第六章 考核与奖惩

第三十条 各地民政部门应会同财政、老龄、审计等部门每年对社区老年人日间照料中心进行评估考核，对运行管理不善、群众满意率低的社区老年人日间照料中心，提出整改意见，整改达标后方可运营，整改后仍不达标的，注销其管理运营资格。

第三十一条 经各地民政、财政、老龄、审计等部门考核及群众评议达标的社区老年人日间照料中心应给予奖励，具体奖励办法由各市、县（区）制定。

第七章 附 则

第三十二条 各市、县（区）可依据本办法结合实际制定实施细则。

第三十三条 本办法由自治区民政厅负责解释。

第三十四条 本办法自 2015 年 12 月 01 日起施行。

宁夏智能化社区居家养老服务平台建设管理办法（试行）

第一章 总 则

第一条 为加强和规范宁夏智能化社区居家养老服务平台建设及管理运营，促进社区为老服务功能的发挥，满足居家老年人日益增长的多层次、个性化服务需求，形成机构养老和居家养老服务相结合的服务网络，根据《自治区人民政府关于加快发展养老服务业的实施意见》和相关法律法规，制定本办法。

第二条 本办法所称智能化社区居家养老服务平台，是指通过现代通信信息技术建设的集为老服务热线、紧急救援系统、数字网络系统和“一键式”紧急呼叫服务为一体的，为居家老年人提供多种社会化服务的公益性平台。

第三条 宁夏智能化社区居家养老服务平台建设坚持“政策引导、社会参与、市场运作、老人受益”原则，采取社会力量投资、市场化运作、政府资助并监管的方式建设运营。

第四条 自治区民政厅、老龄办负责全区智能化社区居家养老服务平台的建设规划和监督检查；合作单位负责自治区级智能化社区居家养老服务平台指挥中心的运营管理；市、县（区）民政局、老龄办负责本行政区域内智能化社区居家养老服务平台的规划建设和运营管理，也可以委托其他社会组织、企事业单位和个人运营管理。

第二章 规划与建设

第五条 宁夏智能化社区居家养老服务市、县级平台，由自治区民政厅、老龄办统一规划和设计；街道（乡镇）呼叫中心、社区（村）网点由县（区）民政局、老龄办规划和设计。

第六条 各市、县（区）按照自治区的统一规划和部署，结合当地信息化发展需要，制定具体的建设方案。各地的方案在突出实用性、可操作性的同时，应兼顾技术上的超前性，确保全区智能化社区居家养老服务各级分支平台技术标准的统一性、养老数据的安全性、应急呼叫应答的联动性、上门服务的便捷性和服务质量监督的有效性。

第七条 各市、县（区）应坚持统一规划、统一标准、统一管理的原则，在现有社区居家养老服务站、社区老年人日间照料中心、社区卫生服务中心（站）的基础上，针对本地实际，制定信息接入实施方案，从技术上保障业务办理和相关信息共享的同步，推进资源整合和互联互通，为老年人和社会公众提供更多的信息和更便捷的服务，最大限度的发挥平台的效益。

第八条 市、县（区）级智能化社区居家养老服务平台的建设，应向自治区民政厅、老龄办申报。申报材料应包括项目申请报告、项目建设的可行性分析报告、项目选址、资金筹措、人员配备、运营管理等。

第九条 宁夏智能化社区居家养老服务平台建设项目

应符合下列要求：

（一）设有综合办公区、机房、会议室、呼叫中心及专业值机坐席，并配备相应的办公设备；

（二）网络中心机房要安装数据库服务器、应用服务器、搜索服务器、防火墙、网络交换机、通信服务器、语音板卡等硬件设施；

（三）开设12349便民服务热线电话，配备热线呼叫设备，能为老年人和社会公众提供24小时响应服务。

第十条　宁夏智能化社区居家养老服务平台，分为自治区级、地市级、县级、街道（乡镇）级、社区（村）级五级平台：

自治区级：是全区智能化社区居家养老服务平台的系统运行中心、数据存储及处理中心，也是全区各市、县（区）分级平台的运行管理中心和服务监督中心，其建设由自治区民政厅、老龄办和合作单位共同负责。

地市级：是地级市行政区域内所辖县（区）级平台的运行管理和服务监督中心，其建设由市级民政局负责。

县级：是县（市、区）级行政区域内所辖街道（乡镇）、社区（村）级居家养老服务站的呼叫中心、服务派工中心和投诉受理中心，其建设由当地民政局负责。

街道（乡镇）级：是所辖村（居）委居家养老服务站呼叫运行中心、服务派工中心和服务投诉中心，其建设由当地民政部门负责。

社区（村）级：是建立在社区（村）的智能化居家养老服务工作网点和服务窗口，其建设由当地民政部门负责。

第十一条　各地应多方筹集建设资金，通过整合资源、探索政府与企事业单位、社会组织或个人共同建设等形式，创新投入方式，拓展筹资渠道，加快智能化社区居家养老服务平台建设。

第十二条　宁夏智能化社区居家养老服务平台信息系统应符合下列要求：

（一）信息平台应有较强的信息系统支持，包括社区为老服务信息管理系统和呼叫救助服务系统，各系统应包含诉求、办理、监督和反馈等子系统；

（二）为老服务信息管理系统，包括居家养老基础数据管理系统、电子工单系统、紧急救助服务系统、服务费用结算系统、短信系统、门户网站等多种应用系统及相关接口。要充分利用先进技术不断创新和扩展健康管理、慢性病管理、云服务、为老服务管理、质量管理审计、地图服务和居家安防报警等新的服务系统；

（三）居家养老基础数据管理系统应具备老年人健康档案、居家养老服务机构档案、志愿者档案等资源信息的录入和查询功能，并逐步实现动态管理，及时更新和增删相应信息。

第三章　服务与管理

第十四条　宁夏智能化社区居家养老服务平台的运营遵循政府主导、公益性为主、规范化运行、专业化服务、市场化运作的原则。

第十五条　宁夏智能化社区居家养老服务平台，按照“互联网＋养老服务”的“线上＋线下”服务模式，网络覆盖所辖城乡社区，为居家老年人提供助餐、助医、助洁、助乐和紧急求救（助）呼叫、走失定位搜寻等应急服务。

第十六条　各市、县（区）为困难老人安装的“一键式”呼叫器费用，由自治区老龄办给予补助，使用费由当地政府统筹解决；为符合条件的残疾人安装的呼叫器和使用费由当地残联统筹解决；社会公众自愿安装的呼叫器和使用费由使用者承担。鼓励支持慈善公益组织、企事业单位、社会组织和个人为老年人捐助呼叫器的安装和使用费。

第十七条　由政府购买服务安装呼叫器的困难老人，其服务由平台运营单位统一整合资源，组织服务力量，提供上门服务。其他社区居民，由委托单位提供市场化服务。运营单位要不断拓展服务项目和服务范围，不断满足老年人日益增长的个性化服务需求。

第十八条　各级平台运营管理单位要吸收、筛选各种为老服务企事业单位、社会组织和个人加盟，并签订服务合约，接受老人及社会各界的监督。

第十九条　各级平台运营管理单位要建立稳定的服务队伍，争取配备公益岗位人员，并建立质量管理评估体系、为老服务标准和从业人员培训体系，不断提升专业技能和服务水平。

第二十条　各级平台运营管理单位要有专业的技术支持团队，充分利用先进的现代信息通信、智能化应用与服务、云平台和互联网技术，提高信息化创新支持能力和资源整合能力，不断满足老年人的服务需求。

第二十一条　宁夏智能化社区居家养老服务责任由各级平台运营管理单位承担，各市、县（区）民政局、老龄办负责检查监督。平台运营管理单位要定期向当地民政局、老龄办上报相关情况，并定期公布服务项目、服务价格、服务质量及用户满意度，做到公开、公平、公正。

第二十二条　各地要建立健全严格的资金管理制度，对项目资金实行专款专用，专账管理，杜绝不合理开支，严禁截留、挤占、挪用，确保平台运营的可持续性。

第四章　资产管理

第二十三条　自治区级智能化社区居家养老服务平台场地及配套的硬件设备设施产权，属宁夏老年人福利服务中心所有；市、县级、街道（乡镇）及社区（村）建设的平台，其资产属当地政府民政部门所有，并列入固定资产进行管理；平台软件系统及知识产权属合作单位所有。

第二十四条　各级智能化社区居家养老服务平台建成运行后，平台配套的硬件网络设备设施的更新，由当地人民政府民政部门负责；平台软件系统的维护升级由合作单位负责。

第五章　附　则

第二十五条　各市、县（区）可根据本办法结合实际制定实施细则。

第二十六条　本办法由自治区民政厅负责解释。

第二十七条　本办法自 2015 年 12 月 01 日起施行。

厦门市老龄委办公室
关于在全市推动实施老年人幸福安康险的通知

厦老龄办〔2015〕15 号

各有关单位：

实施“厦门市老年人幸福安康险”是 2015 年市委、市政府为民办实事项目，也是老年人期盼已久的一项重要的民生工程。厦门市老龄办牵头，市财政局、市民政局、市卫计委、厦门保监局、各区人民政府共同承办的老年人意外伤害险——厦门市老年人幸福安康险，经政府采购，公开招投标，已选定中国人寿保险股份有限公司厦门市分公司作为承保单位。目前宣传发动等各项筹备工作正抓紧进行，希望各有关单位按照《厦门市老年人幸福安康险实施办法》的要求，积极配合作好此项目的推广实施工作，把好事办好，把实事办实，让更多老年人受益。

附件：厦门市老年人幸福安康险实施办法

厦门市老龄委办公室
2015 年 6 月 19 日

附件

厦门市老年人幸福安康险实施办法

为落实《国务院关于加快发展养老服务业的若干意见》（国发〔2013〕35 号）中“引导和规范商业银行、保险公司、证券公司等金融机构开发适合老年人的理财、信贷、保险等产品”的要求，发挥商业保险的重要补充作用，提高老年人抵御意外风险的能力，结合厦门市实际情况，特制定本办法。

一、目的意义

老年人由于身体机能下降、腿脚不便等因素，日常生活中遭受意外伤害的风险概率大大高于其他年龄群体，由此产生的费用支出，不仅给基本社会保障带来压力，也增加了家庭经济负担，影响到老年人的身心健康和生活质量。开展老年人意外伤害保险工作，发挥商业保险在养老保障中的作用，有利于构建多层次、多元化的老年人社会保障体系，增加养老保障渠道、减轻政府和个人负担、提高老年人的生活质量和幸福指数，是一项为老年人办好事、办实事的民心工程、惠老工程，符合关注民生、改善民生和以人为本精神，是关爱老年人群体的实际行动，是构建和谐社会的重要组成部分，同时有助于推动养老产业的发展。

二、基本原则

（一）政府引导。政府通过宣传推广、出台配套政策等措施，引导保险企业开发适合老年人的保险产品；引导老年人通过购买商业保险，提高抵御意外风险的能力。

（二）市场运作。老年人幸福安康险按照市场化运作方式推行。通过招标方式，确定承保的保险公司。项目推广、保险承保等具体事宜均由中标公司按市场化原则运作。

（三）第三方服务。老年人幸福安康险项目引进经纪公司提供专业中介服务。保险经纪公司接受市老龄办的委托，全程参与项目，协助作好招标工作，为老年人提供专业的保险咨询、协助投保、协助索赔等服务，切实维护老年人的保险利益。

（四）社会参与。鼓励各级政府、企事业单位、社会组织和个人为老年人群体集体投保幸福安康险。

（五）自愿参保。由老年人或老年人亲属自愿投保。

三、参保对象

年满60周岁以上（含投保当年满60周岁）的老年人（含外地户籍老人）均可参保。

（一）本市户籍60岁以上困难老年人：本市户籍60岁以上的城乡低保（含“三无”）老人、农村“五保”对象、享受定期抚恤补助金的优抚对象、失独老人等（简称“困难老年人”）的参保保费由厦门市财政统一支付；

（二）本市户籍60岁以上非困难老年人参保：保费由参保人自行承担，鼓励各级政府、企事业单位、社会组织和个人为老年人群体集体投保。为推动老年保险工作的开展，增强老年人的参保积极性，“厦门市老年人幸福安康险”推出的第一年，每份由市财政补助1/3的保费；

（三）非本市户籍的60岁以上老年人：保费由参保人自行承担。

四、年度缴费标准

通过市财政公开招标，2015年厦门市老年人幸福安康险年度保费为每人27元。

五、保险期限

一年。以保险合同载明保险期限为准。

六、保障地域

厦门市行政区域内。

七、保障范围和保险金额

保险项目	保障内容	赔付标准	保险金额
意外伤害身故	因意外伤害导致身故（含猝死）	身故按保险金额一次性给付	2万元
意外伤害伤残	因意外伤害导致伤残	伤残按评残等级比例给付	10万元
意外伤害骨折	因意外伤害导致骨折	根据骨折程度按比例给付	2万元
意外伤害医疗	因意外伤害在门诊或住院就诊发生的医疗费用	免赔额100元/次；给付比例100%	2万元

八、投保方式

原则上采取先团体后个人的办理方式，具体如下：

（一）困难老年人将由市老龄办作为投保人与中标保险公司签订保险合同，并根据协议由市财政向中标保险公司统一支付保费；

（二）各级政府、企事业单位、社会组织或个人为户籍老年人集体投保，将由投保人作为代表与中标保险公司签订保险合同，并向中标保险公司统一支付2/3保费，剩余1/3保费由市财政向中标保险公司统一支付；

（三）户籍老年人个人自行投保，可到中标保险公司指定地点办理投保手续，支付2/3保费，剩余1/3保费由市财政向中标保险公司统一支付；

（四）非户籍常住老年人，如有参保意愿，可到中标保险公司指定地点办理投保手续，支付全额保费。

九、投保办理时间

考虑到财政年度结算问题，户籍老年人投保办理时间截止2015年9月30日。

十、工作要求

（一）中标保险公司和保险经纪公司成立老年人幸福安康险专项工作组，耐心、细致地做好项目的解释、办理工作，及时办理投保手续，及时发放投保简介，及时办理理赔申请，建立理赔服务绿色通道，确保提供最及时、最优质的保险服务。

（二）要广泛宣传开展老年人意外伤害保险工作目的意义、参保条件、保障范围、保险金额、赔付方式、理赔程序等，让老年人清楚明白，积极支持、参与试点工作。

（三）市老龄办和中标保险公司、保险经纪公司建立定期沟通机制，及时反馈、改进、解决项目推广和服务中的问题。

（四）请各级公安、民政、卫计部门给予配合支持，提供参保对象个人的有关信息。中标保险公司和保险经纪公司要做好对参保对象个人信息的保密工作，不得用于除本项目外的其他用途或向任何第三方提供。

（五）各区老龄办要高度重视，把推动老年人幸福安康险项目实施作为今年的一项重点工作，积极配合做好宣传推广和发动工作，并在投保办理工作中给予协调支持。对各区、街道在老年人幸福安康险推广工作中，积极认真、效果明显、参保覆盖率高的单位将给予表彰。

十一、附则

本办法由市老龄办负责解释。

厦门市民政局、厦门市财政局关于提高革命五老人员及其遗孀定期生活补助标准的通知

厦民〔2015〕25号

各区民政局、财政局：

为进一步提高我市革命“五老”人员及“五老”遗孀生活水平，经研究确定，从2015年1月起提高我市革命“五老”人员及“五老”遗孀定期生活补助标准。现将有关事项通知如下：

一、提高后定补标准

按略高于2014年全市农民人均可支配收入增长幅度（10.6%）的标准，提高我市革命“五老”人员及“五老”遗孀定期生活补助标准。

（一）革命“五老”人员每人每月由1020元提高至1130元，增加110元。

（二）革命“五老”人员遗孀每人每月由540元提高到600元，增加60元。

二、发放办法

革命“五老”人员及“五老”遗孀定期生活补助金由各区民政局实行社会化发放，并做好用款计划及统计工作，确保按时足额发放到位。

此文有效期为1年，厦民〔2014〕34号有效期届满自动失效。

厦门市民政局　厦门市财政局

2015年3月16日

厦门市民政局关于印发厦门市农村幸福院管理办法的通知

厦民〔2015〕138号

集美、海沧、同安、翔安区民政局：

为规范我市农村幸福院管理，促进农村养老事业健康发展，根据有关规定，我局制定《厦门市农村幸福院管理办法》，现印发给你们，请遵照执行。

厦门市民政局

2015年7月10日

厦门市农村幸福院管理办法

第一章　总　则

第一条　为规范我市农村幸福院管理，促进农村养老事业健康发展，根据《厦门市人民政府加快发展养老服务业的实施意见》（厦府〔2014〕128号）、《福建省民政厅福建省财政厅关于推进农村幸福院建设的通知》（闽民福〔2014〕176号）和《福建省财政厅福建省民政厅关于印发〔农村幸福院省级专项补助资金管理办法〕的通知》（闽财社〔2014〕88号）等文件精神，特制定本管理办法。

第二条　农村幸福院的建设管理应坚持“村级主办、政府支持、社会参与、自主互助”的原则。

第三条　农村幸福院的建设应按照“有固定场所、有设施设备、有服务内容、有人员队伍、有管理制度、有筹资渠道”的标准内容，由村（居）民委员会（以下简称村（居）委会）主办和管理，并接受镇政府（街道办事处、场）监管和民政部门的指导。

第四条　农村幸福院是指为农村老年人提供生活照顾、就餐服务、日间休息、文化娱乐、精神慰藉等综合性

日间照料服务的公益性互助养老服务场所，实行村民自主、自治，由镇政府（街道办事处、场）指导村（居）委会建立经费使用、人员聘用、就餐住宿、设备管理等规章制度。

第二章　对象与条件

第五条　对具有本村户籍、年满60周岁以上生活能够自理或半自理的老年人均可入院活动。

第六条　需入院活动的老年人由本人或子女提出申请，经村（居）委会研究同意并签订协议书后，即可入院活动。生活不能自理、患有精神病、传染病及其他严重疾病的老年人不宜在院活动。

第七条　入院老年人签订的协议书，应明确农村幸福院与在院老年人及赡养人的权利与义务，具体由各区民政部门和镇政府（街道办事处、场）指导村（居）委会根据实际情况制定。

第八条　在院活动的老年人应当遵守院内的各项规章制度，爱护公共财物，文明礼貌，团结互助。对严重违反院内规章制度，不服从管理者，院方有权责令其离开农村幸福院。

第九条　农村幸福院应为在院活动的老年人建立老年健康档案，包括个人基本信息、健康情况、赡养人（代表）基本信息等。

第十条　农村幸福院应按照相关法律法规建立健全安全、消防、卫生、医疗、财务、档案管理制度。

第三章　院务管理

第十一条　农村幸福院由院长负责日常事务管理。院长由村（居）委会选派，报镇政府（街道办事处、场）备案，其主要职责为：

（一）全面负责本院的管理工作，认真贯彻落实党和政府的各项方针政策，遵纪守法，处事公开、公正、公平，主动接受群众监督；

（二）及时处理解决院内具体事务，调解矛盾，化解纠纷，并将处理情况及时向村委会反映并向院民通报；

（三）加强院务管理，完善规章制度，创新管理方式；

（四）开展适合老年人特点的康复活动和文化体育活动；

（五）督促专职服务人员及其他工作人员履行职责，努力提高管理水平和服务质量，关爱入院活动老年人，不得歧视、虐待、遗弃，维护老年人的合法权益。

第十二条　农村幸福院以提高老年人幸福指数为目的，开展自我教育、自我管理、互助服务。围绕生活照料、养生保健、精神慰藉形成互帮互助、互谅互让、和谐共处的老年互助集体。

第十三条　建立值班制度，做好老年人看护工作，定期对老年人使用的餐具和住处及活动场所进行卫生消毒，保持室内外整洁。

第十四条　农村幸福院管理人员和工作人员的工作岗位补贴，由区、镇政府（街道办事处、场）给予适当补助。

第四章　运营管理

第十五条　农村幸福院是农村老年人的活动场所，不得在幸福院内开展与幸福院公益性无关的、不合时宜的其他活动。

第十六条　农村幸福院运行，坚持统一管理与老年人互帮互助相结合，家庭自理与政府、社会公益资助相结合，以自我保障为主。

第十七条　农村幸福院投入应坚持村集体经济为主，运营资金可通过社会捐赠、老年人缴费等渠道筹集；对每个农村幸福院项目补贴运营经费，具体由各区根据实际情况自行确定。

第十八条　农村幸福院可根据村（居）集体经济和服务老年人家庭情况，对具有本村户籍、年满60周岁以上生活能够自理或半自理的重点优抚对象、“五保”和“三无”老年人、革命“五老”人员、低保老年人和低收入家庭老年人，视情况提供无偿、低偿、有偿服务。对餐饮、洗浴等项目可适当收费，收费标准按成本价计算，所收费用纳入幸福院运营经费，具体收费标准由村（居）委会提出方案，报镇政府（街道办事处、场）研究确定。

第十九条　农村幸福院聘用或自行安排的炊事人员需持健康证。

第二十条　农村幸福院按照自愿购买原则为在院活动的老年人办理人身意外伤害保险，保险费用由参保人自行承担，有条件的地方可按比例给予适当补助。

第二十一条　鼓励和引导有经济能力、有爱心的企业、村办集体经济和个人对农村幸福院进行捐赠。

第二十二条　有条件的村（居）委会，可为幸福院提供一定的生产用地，鼓励支持老年人参与力所能及的劳动，形成以劳动为乐的兴趣爱好。

第五章　财产管理

第二十三条　农村幸福院的土地、房屋、设备和其他财产依法归村集体所有，属地管理，接续使用，任何单位和个人不得侵占。

第二十四条　农村幸福院一切财物由院方统一登记造册后按功能分区配置。对故意损毁，私自出售、变卖、挪用的要按照原价赔偿，并进行批评教育；情节严重者，依法由相关部门处理。

第二十五条　农村幸福院隶属村（居）委会，不具备独立法人资格，不拥有独立银行账户，其财务收支（含接受社会捐款）统一纳入村（居）委会财务管理，实行专款专用，做到财务公开、账目清楚、定期公布。自觉接受村民和在院老年人及社会有关方面的监督，财会人员离职时，必须清查账目，审计后，按规定办理移交手续。

第六章　附　则

第二十六条　由社会组织负责运营的农村幸福院可参照本办法管理。

第二十七条　本办法自发布之日起施行，有效期5年。

青岛市养老服务促进条例

（2014年12月31日青岛市第十五届人民代表大会常务委员会第二十三次会议通过，2015年4月1日公布，2015年5月1日起施行）

第一章　总　则

第一条　为了促进养老服务健康发展，保障老年人、养老服务组织及其从业人员的合法权益，根据有关法律、法规，结合本市实际，制定本条例。

第二条　养老服务发展应当与本市经济社会发展水平相适应，坚持政府主导、社会参与、统筹发展、保障基本的原则，建立和完善以居家为基础、社区为依托、机构为支撑的养老服务体系。

第三条　市、区（市）民政部门负责本行政区域内养老服务工作的管理、指导和监督。

发展改革、财政、卫生、教育、国土资源、城乡规划、城乡建设、人力资源社会保障、工商行政、公安消防、食品药品监管等部门以及政府的老龄、残疾人工作机构，应当按照各自职责，做好养老服务的有关管理工作。

镇人民政府、街道办事处应当按照本条例规定，做好养老服务相关工作。

村（居）民委员会应当协助做好相关养老服务工作。

第四条　市、区（市）人民政府应当将发展养老服务纳入国民经济和社会发展规划、年度计划，建立与人口老龄化程度以及养老服务发展要求相适应的经费保障机制，所需事业经费纳入同级财政预算。

第五条　鼓励社会组织和个人以投资、捐赠、捐助等方式支持养老服务发展。

鼓励社会组织和个人开展为老志愿服务活动，建立为老志愿服务时间储蓄制度。

发展养老服务协会等社会组织，发挥其在行业自律、监督评估、中介服务、沟通协调等方面的作用。

第二章　规划与设施建设

第六条　市、区（市）民政部门应当会同有关部门，根据当地经济社会发展水平、人口老龄化程度和发展趋势、养老服务需求，制定养老服务发展专项规划，报本级人民政府批准后组织实施。

养老服务发展专项规划应当包括养老服务发展目标、服务设施布局以及规模、从业人员培养培训、保障措施等内容。

第七条　城乡规划部门在编制城市总体规划、控制性详细规划时，应当按照人均用地不少于0.2平方米的标准，分区分级规划设置养老服务设施。

第八条　市、区（市）人民政府应当将养老服务设施建设用地纳入土地利用总体规划和年度用地计划。国土资源部门应当根据民政部门编制的养老服务设施建设用地年度计划，保障养老服务设施建设用地指标。

非营利性养老服务设施用地可以依法使用国有划拨土地或者农民集体所有的土地。

第九条　城市新建居住区（含居住小区、组团，下同），按照每百户不少于二十平方米的标准，配套建设社区养老服务设施。社区养老服务设施应当与居住区同步规划、同步建设、同步验收、同步交付使用。

已建成居住区和老城区中未达到居住区规模的居民片区，按照每百户不少于十五平方米的标准配置社区养老服务设施。达不到前列标准的，区（市）人民政府应当通过购置、置换、租赁等方式解决。

城乡规划部门应当根据前两款规定的标准和建设区域及其毗邻区域的现实、预期需求，按照方便老年人和适当集约的原则，统筹考虑社区养老服务设施的建设地点、建设规模。

第十条　农村社区养老服务设施按照占地不少于二亩、建筑面积不少于四百平方米、床位不少于二十张的标准建设。农村五保供养服务机构应当按照能够满足规定服务范围内百分之七十以上五保供养对象集中供养的标准建设。

镇人民政府应当将农村养老服务设施纳入农村公共服务设施统一规划，优先建设。

第十一条　以划拨方式用地、由政府投资建设的社区养老服务设施，建设单位应当在工程竣工验收合格后三个月内，将有关建设资料全部移交给所在地的区（市）民政部门或者镇人民政府，并协助办理产权登记。以划拨方式用地的其他社区养老服务设施，区（市）人民政府可以委托建设单位代为配建或者建成后回购，并将产权移交所在地的区（市）民政部门或者镇人民政府。

以出让方式用地的社区养老服务设施，区（市）人民政府可以与建设单位协商后回购，并将产权移交所在地的区（市）民政部门或者镇人民政府。

第十二条　任何组织和个人不得擅自改变养老服务设施建设用地用途或者养老服务设施使用性质，不得侵占、破坏养老服务设施。

第十三条　养老服务设施因公共利益需要搬迁、拆除的，应当征求市、区（市）民政部门的意见，并根据养老服务发展专项规划予以重建或者易地建设。建设期间，应当安排过渡用房，满足老年人养老需求。

第十四条　市、区（市）人民政府应当组织推动老年宜居社区建设，扶持与老年人日常生活密切相关的公共服务设施和老年人家庭设施的无障碍改造。

第三章　养老服务体系

第十五条　赡养人应当依法履行对老年人经济上供养、生活上照料和精神上慰藉的义务。

区（市）人民政府应当组织为有需求的赡养人免费提供养老服务技能培训。

第十六条　鼓励家政、物业等企业以及其他社会组织为老年人提供多样化的居家养老服务。鼓励居民开展互助式养老服务。

区（市）人民政府应当采取措施，支持提供养老服务的机构、企业以及其他社会组织（以下简称养老服务组织）利用互联网、物联网等，为居家老年人提供便捷服务。

第十七条　对本市未入住养老机构的城市无劳动能力、无生活来源、无赡养人和扶养人或者其赡养人和扶养人确无赡养和扶养能力的老年人（以下简称三无老年人）和农村五保老年人、城乡享受最低生活保障人员中的失能和半失能老年人、贫困重度残疾老年人以及经济困难的“失独”老年人，区（市）人民政府应当按照规定为其购买居家养老服务。

第十八条　区（市）、镇人民政府应当根据养老服务发展专项规划，综合考虑社区老年人数量、服务半径等因素，设置社区日间照料中心、老年人助餐点、农村幸福院等（以下统称社区养老服务中心）。

区（市）、镇人民政府应当通过招标或者其他公开的方式，选择家政、物业等企业或者其他社会组织举办、运营社区养老服务中心。

第十九条　社区养老服务中心应当为社区内有需求的老年人提供日间照料、短期托养、配餐助餐、休闲娱乐等服务。具备条件的，可以为社区内的老年人提供居家养老服务。

第二十条　社区养老服务中心应当建立社区内老年人电子健康档案。社区卫生服务机构已经建立老年人电子健康档案的，应当与社区养老服务中心共享有关信息。

第二十一条　镇人民政府、街道办事处应当实现社区养老服务设施与社区服务中心以及社区卫生、文化、体育等设施的功能衔接，统筹发挥社区公共服务设施的养老服务功能。

第二十二条　市、区（市）人民政府应当按照养老服务发展专项规划，建设公办养老机构，重点保障本市城市三无老年人、农村五保老年人入住；优先满足属于享受最低生活保障待遇、重度残疾、“失独”、八十周岁以上等情形的老年人和享受国家定期抚恤补助的失能、半失能老年人的入住需求。

本市城市三无老年人、农村五保老年人，选择到民办养老机构养老的，由市、区（市）人民政府按照有关规定给予民办养老机构补贴。

第二十三条　鼓励和支持社会组织或者个人举办、运营养老机构。政府投资建设的养老机构可以委托社会组织或者个人管理运营。

市、区（市）、镇人民政府可以向符合规定条件的民办养老机构购买养老服务，以及通过以奖代补等方式对其予以补助。

第二十四条　养老机构应当具备法律、法规规定的条件，依法登记。

养老机构变更或者终止的，应当妥善安置收住的老年人，并依照规定到有关部门办理手续。民政部门应当为养老机构妥善安置老年人提供帮助；必要时，可在一定期限内实施托管。

第二十五条　市、区（市）人民政府应当统筹医疗服务与养老服务资源，使养老机构与医疗、护理、康复疗养等专业机构合理布局、功能互补。

支持医疗机构举办医养结合的养老机构。鼓励规模较大的养老机构通过自建或者合建联营方式设立医疗机构。对符合医疗机构设置条件的，卫生部门应当依法予以批准。

二级以上综合医院应当开设针对老年病的专科或者门

诊，适当增加老年病床数量。

第二十六条　市民政部门应当会同卫生、人力资源社会保障部门制定失能、半失能老年人评估认定标准。失能、半失能评估认定结论作为老年人享受基本养老服务等有关待遇的重要依据。

对提出为老年人作自理能力评估申请的，由区（市）民政部门委托第三方机构进行评估。第三方机构应当根据失能、半失能老年人评估认定标准提出评估报告，出具评估认定结论。

申请人对评估认定结论不服的，可以向老年人自理能力评估认定复核委员会申请复核。复核委员会由区（市）民政部门组织医疗卫生、社会保障等方面的专家组成。

第四章　服务规范与监督

第二十七条　市民政部门应当会同市标准化行政主管部门制定养老服务规范，规范养老服务行为。

养老服务组织提供的服务应当符合有关的服务标准和规范。

第二十八条　养老服务组织应当配备与运营规模、服务内容相适应的从业人员，并定期组织对从业人员进行职业道德教育和业务培训。

养老服务组织中，按照国家规定实行职业、专业技术资格管理的岗位，其从业人员应当取得相应资格持证上岗。其他直接为老年人服务的岗位，其从业人员应当经专业技能培训并考核合格。

第二十九条　养老服务组织应当与接受服务的老年人或者其代理人签订服务协议，明确双方的权利和义务。

享受政府养老服务补贴的老年人，可以自主选择养老服务方式和养老服务组织。

第三十条　养老服务组织应当为接受服务的老年人建立信息和服务档案，妥善保管相关原始资料。

第三十一条　养老服务组织应当按照规定建立健全消防、安全值守、设施设备、食品药品等安全管理制度，确定专人负责，定期开展安全检查，及时消除安全隐患。

养老服务组织应当制定养老服务意外事件处置应急预案，并定期组织演练。发生意外情况时，应当及时启动应急预案。

公安消防、食品药品监管等部门应当加强对养老服务场所的消防安全、餐饮安全检查。

第三十二条　社区养老服务中心、养老机构应当加强对机构内感染性疾病的防控，预防交叉感染。

第三十三条　社区养老服务中心、养老机构可以通过与医疗机构合作或者设立医疗机构等方式，为接受服务的老年人提供医疗服务。

养老机构设立的医疗机构，可以与社会医疗机构协作，为患病老年人提供双向转诊服务。符合规定条件的，可以承担社会保险、长期医疗护理保险等服务。

卫生部门应当完善和落实促进医养结合的措施，加强对养老机构设立的医疗机构、与养老服务组织签订合作协议的医疗机构的监管。

第三十四条　养老服务收费标准按照价格管理有关规定执行。养老服务组织应当公开服务项目、服务内容以及收费标准。

城市三无老年人、农村五保老年人等政府供养人员的养老服务价格，按照政府招标购买服务时确定的价格执行。

第三十五条　民政部门应当建立社区养老服务中心、养老机构评估制度，定期组织对其人员、设施设备、管理、服务、经费、信誉等情况进行综合评估，评估结果按照规定向社会公布。

第三十六条　民政部门应当建立养老服务监督举报、投诉网络，对接到的举报、投诉及时进行核实处理。

第三十七条　民政部门应当建立覆盖城乡、互联共享的养老服务信息化平台，及时发布老年人养老服务需求和养老服务资源供给情况，公开养老服务组织设立情况、接受政府补助情况以及其他有关信息。

镇人民政府、街道办事处和村（居）民委员会应当及时将辖区老年人养老服务需求和养老服务资源供给等信息录入养老服务信息化平台。

第五章　扶持保障

第三十八条　市、区（市）人民政府应当设立养老服务发展专项资金。地方留成的福彩公益金百分之五十以上应当用于支持发展养老服务。

市、区（市）人民政府应当对社区养老服务中心按照有关规定给予财政补助。

举办养老机构，按照有关规定享受建设、运营补助。

市、区（市）人民政府对适合采取市场化方式提供、社会力量可以承担的养老服务事项，应当通过购买社会服务的方式实现。

第三十九条　养老服务设施建设项目，按照规定免征城市基础设施配套费。

养老服务设施建设项目因地质、地形等条件限制不宜修建防空地下室的，经人民防空主管部门核准，按照规定减免易地建设费。

第四十条　养老机构或者其他社会组织提供养老服务，依法应当减免税收的，按照规定执行。

社区养老服务中心、养老机构免缴有线（数字）电视建设费（入网费）、有线（数字）电视终端用户收视维护费。

非营利性养老机构免缴征地管理费、水土保持补偿费；在达标排放污染物并经环保部门核准后，免缴排污费；适当减免与环境行政管理有关的监测服务费。

第四十一条　社区养老服务中心、养老机构的生活服务设施的用电，按照国家规定的居民用电的非居民用户电价执行；用水、用暖、用气价格按照规定的居民用户价格执行；固定电话、宽带互联网费用按照规定的住宅用户价格执行。

第四十二条　鼓励养老服务组织为接受服务的老年人购买意外伤害保险，鼓励养老服务组织购买责任保险。市、区（市）人民政府按照有关规定给予补助。

第四十三条　建立长期医疗护理保险制度。对经认定为失能、半失能的老年人，应当按照规定纳入长期医疗护理保险的服务范围。

第四十四条　市、区（市）人民政府应当建立养老服务专业人才培养、激励机制。

鼓励开展老年医疗护理专业和生活护理专业相结合的培训，培养复合型养老护理人才。

支持高等院校和职业学校开设养老服务和管理专业，培养老年医学、康复、护理、营养、心理和社会工作等专业人才。

第四十五条　市、区（市）人力资源社会保障、民政部门应当依托社会培训机构、职业学校和养老机构建立养老服务实训基地，对养老服务从业人员进行技能培训。

养老服务从业人员参加职业培训，符合条件的，按照规定享受培训费以及职业技能鉴定费补贴。

第四十六条　市、区（市）人民政府建立养老护理人员岗位补贴制度。

大中专院校毕业生在本市从事养老服务工作每满五年的，按照有关规定予以奖励。具体办法由市民政部门会同人力资源社会保障、财政等部门制定。

第四十七条　养老机构设立的医疗机构，其执业医生、护士、康复医师等专业技术人员，在执业资格、注册考核、职称评定等方面，享受与社会医疗机构同类专业技术人员相同的待遇。

第四十八条　城市公办养老机构应当与农村五保供养服务机构建立长期稳定的对口支援和合作机制，对农村五保供养服务机构进行人员培训、技术指导、设备支持。

第六章　法律责任

第四十九条　政府、政府有关部门及其工作人员违反本条例规定，有下列行为之一的，由市、区（市）人民政府或者有关部门责令限期改正；情节严重的，对直接负责的主管人员和其他直接责任人员依法给予处分：

（一）未按照规定分区分级规划设置养老服务设施，或者未将农村养老服务设施纳入农村公共服务设施统一规划、优先建设的；

（二）未按照规定保障养老服务设施建设用地指标的；

（三）未按照规定安排养老服务发展专项资金的；

（四）擅自改变养老服务设施或者其用地用途的；

（五）不依法履行职责，侵犯老年人接受养老服务权益的。

第五十条　养老服务设施的经营管理者擅自改变养老服务设施使用性质的，由民政部门责令改正，退还补贴资金等有关补助费用，处十万元以上五十万元以下罚款。

社区养老服务中心、养老机构未按照有关的服务标准或者规范提供服务的，由民政部门处五千元以上三万元以下罚款。

第五十一条　违反价格、公安消防、食品安全、公共卫生等有关管理规定的，由有关部门依法处罚。

第七章　附　则

第五十二条　本条例自 2015 年 5 月 1 日起施行。

第四部分

老龄工作综述

全国老龄工作委员会办公室

综 述

2015年，全国老龄工作紧紧围绕“积极应对人口老龄化，开创老龄工作和老龄事业新局面”这一工作目标，理清老龄工作和事业发展思路、推进《老年人权益保障法》的贯彻落实、推进重点任务、重点工作的落实完成、营造敬老养老助老的良好社会氛围。

一、多方调研理清老龄事业发展“十三五”规划思路

针对经济发展新常态下，我国人口老龄化的新形势和老龄事业发展面临的突出问题，全国老龄办将2015年定为“调查研究年”。

（一）做好配合调研。积极配合中央有关部门做好老龄问题专题调研，提供了《国家应对人口老龄化战略研究成果总报告》，组织人员集中力量撰写了10个分领域报告，协助形成了《我国人口老龄化的严峻形势与挑战》、《我国老龄工作存在的问题及对策建议》两份专报，得到了习近平总书记、李克强总理、张高丽副总理等中央领导重要批示。配合全国人大常委、中国社会保障学会会长郑功成牵头组织的调研，提供了内容丰富、数据详实的材料，并通过其向中央和国务院呈报了《老龄化的科学应对及建议》报告，也得到了习近平总书记、李克强总理、张高丽副总理等中央领导的重要批示。另外，还配合全国政协开展了养老服务体系建设的专题调研，做了大量的基础性工作。积极参加发改委开展科学应对人口老龄化问题研究工作小组，梳理、提供了《我国人口老龄化的发展趋势、严峻挑战及对策建议》报告，向中央深改办提供了积极应对人口老龄化的有关调研材料。

（二）抓好重点调研。以全国老龄委的名义对3个省（区）“十二五”规划执行情况进行了检查，并以全国老龄委的名义下发通知，要求各地开展老龄事业“十二五”规划检查评估和调研工作，各地上报调研报告260多篇。以全国老龄办的名义确立了老龄事业发展“十三五”规划研究十大选题，并建立了西南交通大学、华中师范大学、中国人寿和太平洋保险公司等4个老龄政策研究基地。向社会公开发布2015年度全国老龄政策理论研究课题指南，60多家研究机构、120多名专家学者申报。在调研中注重充分发挥老龄委成员单位的作用，先后协调邀请全国妇联、中国科协等领导带队赴内蒙、云南等地进行评估检查和调研，邀请中央国家机关工委、国家旅游局等部门同志参加调研。通过调研，最终形成了“十三五”时期老龄事业发展的思路，即规划编制要抓住有效窗口期，注重连续性、针对性、前瞻性，树立一个目标、抓住一个重点、回应一个关切、夯实一个保障，同时把握和处理好十个关系。

（三）组织专题调研。2015年全年组织安排多个专题调研组，分赴30个省（区、市）进行调研。围绕《老年人权益保障法》贯彻落实情况、老龄事业发展“十二五”规划执行及“十三五”规划编制、养老服务业发展政策落实、第四次中国城乡老年人生活状况抽样调查、基层老龄系统工作机构现状等重点任务，进行了专题调研。由全国老龄办7名领导带头，深入基层，形成专题调研报告20余份，其中有8份报告得到了全国老龄办主任、民政部部长李立国的重要批示。组织派员赴韩国、泰国、美国等国家参加国际会议、专题培训等，组织力量整理了《国际和港澳台涉老政策法规汇编》。

（四）开展抽样调查。为做好第四次中国城乡老年人生活状况抽样调查，成立了抽样调查领导机构，制定了调查方案，设计了科学的调查问卷，召开了抽样调查骨干培训会，全国31个省230余名调查骨干参加了培训。调动全国老龄系统的力量参与，全国老龄办派出10个组到20个省市进行督查督导，共组织4万多名调查员、督导员和检查员，历时6个月，调查样本达22.4万多份，覆盖了31个省市、600多个县，是我国开展老年人生活状况调查以来样本数量最多的一次，抽查结果将为制定应对人口老龄化战略、规划、政策提供支撑。

二、推进《老年人权益保障法》的贯彻落实

（一）积极配合全国人大开展《老年人权益保障法》执法检查工作。赶赴天津、河南、湖南等地先期进行了调研，起草并提供了执法检查的内容和建议，提出了重点检查省份的建议。2015年11月，全国人大内司委秦光荣副主任带队到我办征求意见，组织机关全体人员提出的意见建议，得到了全国人大领导的好评。

（二）根据《老年人权益保障法》确定的制度安排，加强政策创制工作。牵头出台了《关于进一步加强城乡社区老年协会建设的通知》；联合司法部下发了《关于深入开展老年人法律服务和法律援助工作的通知》；联合体育总局、发展改革委等12部门印发了《关于进一步加强新形势下老年人体育工作的意见》；联合财政部、保监会等部门制定了《关于老年人意外伤害保险工作的指导意见》(正在会签)；联合住房城乡建设部、民政部等4部门下发了《关于加强村镇无障碍环境建设的指导意见》；牵头会同全国老龄委成员单位研究起草了《关于推进老年宜居环境建设的指导意见》、《关于促进中医药养老服务发展的实施意见》、《关于鼓励和指导物业企业发展社区养老服务的意见》、《关于进一步加强老年旅游发展的指导意见》等10余个政策性文件（有的正在征求部门意见）。

（三）指导、督促地方加快制定实施《老年人权益保障法》的地方性法规政策。2015年共有甘肃、吉林、湖南等3个省出台了地方性法规，有广西、湖北、辽宁等6个省列入了立法计划，此外，北京、上海、天津出台了居家养老条例，湖南、新疆出台了居家养老的意见。

三、推进重点任务、重点工作的落实完成

（一）贯彻落实中央领导对老龄工作的重要批示。中央领导对老龄工作作出重要批示后，全国老龄办主任、民政部李立国部长组织专门研究，全国老龄办提出了贯彻落实具体方案，并向王勇国务委员作了专门汇报，会同民政部向国务院呈报了学习贯彻的专题报告，国务院领导作出批示。召开了老龄委成员单位信息员会议，收集了解相关领域的学习贯彻情况。积极与发改委沟通协商，将老龄事业发展的重大制度、重点任务和措施纳入正在制订中的国家“十三五”规划纲要相关内容；协调推动将《中国老龄事业发展“十三五”规划》列为国家专项规划编制。

（二）组织召开全国老龄委第17次全会，落实会议精神。召开了全国老龄委第17次全会，全国老龄委主任、国务委员王勇出席会议并讲话。召开了全国老龄办主任会议，传达学习全国老龄委全会精神。调整了全国老龄委成员单位，增加、扩大到32家，涵盖党政军群等领域。恢复了老龄委成员单位联络员制度，召开了联络员会议，并研究印发了联络员信息员工作规则。与国家中医药管理局等成员单位签署了战略合作协议，促进中医药养老服务发展。

（三）推动老龄领域评选表彰活动的深入开展。向人力资源和社会保障部申请并获批了全国老年法律维权工作先进集体评选表彰项目，牵头会同最高人民法院、最高人民检察院、公安部、民政部、司法部成立了评选表彰工作领导小组，联合6部门下发了通知，明确了评选表彰的范围、条件、名额、程序和要求。

（四）引导全国基层老年协会健康发展。在贵州召开了全国基层老年协会建设推进会议，辽宁、湖北、云南、陕西、遵义、杭州等6个地区介绍了经验。下半年召开了部分省（区、市）基层老年协会建设座谈会，引导社会力量积极参与基层老年协会建设。截至目前全国基层老年协会数量已超过50万个。

四、营造敬老养老助老的良好社会氛围

（一）开展敬老养老助老专题教育活动。以全国老龄委名义下发《关于开展2015年全国“敬老月”活动的通知》，启动了“以培育敬老家风，建设和睦家庭”为主题的系列活动，邀请王勇国务委员在老年节期间亲切看望慰问了老年人代表。据不完全统计，2015年“敬老月”活动期间，各地走访慰问高龄、空巢、失独、特困、残疾和功勋老年人665万人，发放慰问金和各类物品价值15.56亿元；组织开展各类为老志愿服务591万人次；老年优待、法律援助、文化活动、为老服务等惠及4849万老年人。“敬老月”活动结束后，向国务院上报了专题报告。

（二）举办第二届“敬老文明号”全国创建活动。召开了“敬老文明号”创建活动经验交流会，统一创建思想，提高创建认识，在全国“敬老文明号”创建活动中广泛开展双关爱活动，在继续抓好现有涉老行业创建工作的同时，把创建活动向其他涉老部门、为老服务社会组织和公共服务窗口单位扩展，推进了整体创建活动。

（三）探索为老志愿服务新模式，推进“银龄行动”。继续鼓励和倡导各地开展东部地区援助西部地区、边远山区、少数民族地区，一大批老年知识分子发挥了积极作用。协调将“老有所为”先进个人和集体纳入中宣部2015年“最美系列”宣传活动，下发了《关于继续开展“老有所为”先进典型人物宣传活动的通知》，在全国范围内开展最美老有所为典型人物推荐活动。编辑出版了《中国最美老人》图书。

（四）推动全国老龄新闻联合报道活动。联合中国记协首次开展“主流媒体走基层”活动，深度挖掘和报道了基层老龄工作者的先进经验和做法。联合中国记协在北京召开了主题为“宣传老年法 关爱老年人”的全国老龄宣传工作研讨会，进一步提高了老龄工作队伍的宣传能力和水平。开展了全国“老龄新闻好作品”评选活动，会同国家新闻出版广电总局开展了老年人最喜欢的出版读物评选活动。同时，编印了《老年人权益保障法》英文版，加强了对外宣传工作。

中央组织部

综　　述

2015年，中央组织部认真学习贯彻党的十八大、十八届三中、四中、五中全会精神和习近平总书记系列重要讲话精神，全面贯彻落实全国离退休干部先进集体和先进个人表彰大会、全国老龄工作委员会第十七次全体会议精神，坚持老干部工作要为党和人民的事业增添正能量的价值取向，充分发挥职能作用，注重为老同志办实事做好事，采取有效措施，扎实抓好各项工作落实，老干部工作取得新成效。

一、深入学习贯彻习近平总书记等中央领导同志在全国离退休干部先进集体和先进个人表彰大会上重要讲话精神

指导各地各部门深入学习领会《中共中央组织部关于认真学习贯彻习近平总书记等中央领导同志在全国离退休干部“双先”表彰大会上重要讲话精神的通知》要求，重点组织学习《学习贯彻习近平总书记等中央领导同志在“双先”表彰大会上重要讲话精神宣传提纲》。先后应邀安排局处级干部为地方和中央单位老干部工作部门举办的培训班宣讲50多场，近6000名老干部工作者现场听取了对表彰大会精神的解读。分阶段组织3次不同层面的督促检查，深入了解各地各部门贯彻落实会议精神情况，实现了对31个省区市、新疆生产建设兵团的全覆盖，并涵盖了部分中央和国家机关、国有重要骨干企业离退休干部工作部门。通过《老干部工作情况交流》《离退休干部党支部学习参考》《中国老年报》和老干部工作部门主管主办的17家刊报、“老干部之家”网站等，开辟学习专栏，加强对会议精神的宣传。督促各地各部门充分利用党报党刊党网、广播电视等主流媒体，大力宣传离退休干部先进集体和先进个人事迹和贯彻落实会议精神的好经验好做法，进一步营造尊重老同志、爱护老同志、学习老同志的良好社会氛围。

二、认真组织开展为党的事业增添正能量活动

指导推动各地各部门在离退休干部中开展以“展示阳光心态、体验美好生活、畅谈发展变化”为主要内容的为党的事业增添正能量活动。编写印发《在离退休干部中开展以“展示阳光心态、体验美好生活、畅谈发展变化”为主要内容的为党的事业增添正能量活动宣传提纲》，要求各级老干部工作部门深入学习，进一步统一思想、提高认识。通过到基层调研座谈等方式，多次进行督查，其中4次调研督查，覆盖31个省区市、新疆生产建设兵团。同时，还对45个地市、85个县和41家中央单位进行督查指导。10月，在北京召开正能量活动推进会，16个省区市、1个地级市、16家中央单位、北京市两个区的老干部局局长及有关同志参加，浙江省委老干部局、人民日报社离退休干部局、河南省商丘市委老干部局、北京市东城区龙潭街道工委等10家单位负责同志作交流发言，有力地推动了活动的开展。会后，各地各部门各单位陆续召开了正能量活动推进会。下发《关于组织离退休干部在国内主要媒体网站开展为党的事业增添正能量活动的通知》《关于召开老干部工作要为党的事业增添正能量理论研讨会的通知》，组织各地各单位积极开展理论研讨，总结提炼出一批理论与实践相结合的成果。

三、认真研究起草《关于进一步加强和改进离退休干部工作的意见》稿

以习近平总书记等中央领导同志在全国离退休干部先进集体和先进个人表彰大会上重要讲话精神为指导，充分吸收近几年开展老干部工作转型发展深度调研和“我看这一年”“我看党的建设”等反映老同志心声调研取得的成果，由中央组织部牵头，会同有关部委认真做好文件研究起草工作。《意见》初稿形成后，从2015年2月开始，采取不同方式，多次征求各方面意见，反复推敲修改；12月，《意见》稿经中央党的建设工作领导小组审议后，按程序报请中央审批。

四、精心组织开展“我看十八大以来的变化”调研活动

延续2013年“我看这一年”、2014年“我看党的建设”调研做法，2015年7月中旬至9月中旬，围绕“我看十八大以来的变化”主题，组成5个调研组，分赴8个省区、22个地市和6个中央单位进行实地调研，同时委托部分省区市和中央单位的老干部工作部门作配合调研。全方位了解省部级老同志、市县级老同志、基层老同志和社会老人、经济科技教育老专家、边疆少数民族老同志对十八大以来变化的看法。调研结束后，起草“我看十八大以来的变化”综合调研报告和4个分报告。综合调研报告得到习近平总书记和刘云山同志、赵乐际同志签批。

五、以纪念中国人民抗日战争暨世界反法西斯战争胜利70周年为契机，努力为老同志办实事做好事

及时研究起草印发《关于提高抗战时期参加革命工作

的部分离休干部医疗待遇的通知》《关于为抗战时期及以前参加革命工作的离休干部发放一次性慰问金的通知》，惠及抗日战争时期及以前参加革命工作的全体离休干部。按照中央纪念抗日战争暨世界反法西斯战争胜利70周年系列活动总体方案，协调组织3300多名离退休干部及随员参加7场相关纪念活动。有关工作总结报告得到习近平总书记和刘云山同志、赵乐际同志签批。

六、从严从实抓好老干部工作部门自身建设

以开展“三严三实”专题教育为契机，引导各级老干部工作部门进一步转变作风，加强自身建设，提高工作水平。先后在全国组织干部学院举办第16期全国老干部局长轮训班和第2期全国老干部工作部门中青年干部培训班，共培训省、市两级老干部局长180多人，中央单位离退休干部工作部门主要负责同志130多人列席部分课程。中央组织部分管老干部工作的部领导与全国老干部局长轮训班学员进行座谈，中央组织部老干部局主要负责同志两次就开展正能量活动的几个问题到班授课。各地各部门也普遍加大培训力度，采取专题辅导、岗位练兵、交流轮岗等多种方式，进一步开阔视野和思路，提高谋划推动工作的能力水平。

中央国家机关工委

综　　述

2015年，中央国家机关工委老龄办（以下简称“工委老龄办”）、国务院机关老干部活动中心（以下简称“活动中心”）在工委的领导下，深入学习党的十八大和十八届三中、四中、五中全会精神，深入学习习近平总书记系列重要讲话精神，学习宣传贯彻全国离退休干部“双先”表彰大会精神，积极开展“三严三实”专题教育，深入开展中央国家机关离退休干部工作调研和总结支部工作法活动，举办纪念抗战胜利70周年系列活动，办好老年大学与老干部合唱团，积极开展各项文体活动，做到工作有内容、有规模、有效果，并形成了一些新的工作亮点。

一、深入学习宣传贯彻全国离退休干部“双先”表彰大会精神，积极引导老同志为党的事业增添正能量

（一）发挥网络平台作用，大力宣传“双先”典型事迹。在紫光阁网“老干部和老龄工作”子网站开设了“学习‘双先’表彰大会精神，宣传先进典型事迹专栏”，让老同志学有榜样、比有目标，对各部门学习贯彻大会精神的典型经验和做法进行交流推广。为进一步丰富网站内容、提升宣传效果，举办了中央国家机关离退休干部工作第三期信息员培训班，邀请相关领域专家，进行解读授课，对近70名信息员进行了培训。

（二）学习宣讲《学习贯彻习近平总书记等中央领导同志在“双先”表彰大会上重要讲话精神宣传提纲》和《为党的事业增添正能量活动宣传提纲》，贯彻“双先”表彰大会精神落地有声。在京西宾馆举办了中央国家机关离退休干部学习宣讲“两个提纲”活动主题报告会，邀请国家发展改革委副主任宁吉喆作了《关于当前宏观经济形势和深化经济体制改革有关情况》的报告。宣讲会直接面对中央国家机关97个离退休干部工作部门近1200名离退休干部党支部书记和委员、离退休干部工作者，“一竿子插到底”搞宣讲，作用和效果直达基层党支部。

（三）圆满完成中组部和工委交办的各项任务。积极协调中央国家机关各离退休干部局（办、处），继续组织承办了中央国家机关副部级以上老同志及遗属参加党中央、国务院春节团拜会的有关工作，并圆满完成任务，受到上级单位、各部门和老同志的肯定。

二、深入开展离退休干部工作调研和总结支部工作法活动，发挥党支部在离退休干部基层工作中的战斗堡垒作用

（一）扎实开展中央国家机关离退休干部工作调研，为做好离退休干部服务管理工作和加强基层党组织建设提供参考。以老同志“想什么、干什么、盼什么”为主题，围绕“中央国家机关离退休干部工作及基层党组织建设”开展调研。先后派3个调研组深入到高法院、国土资源部、水利部、交通运输部等10个单位蹲点调研，召开座谈会16个，座谈访谈省部级领导5位、老红军2位、抗战老战士7位、离退休干部局长（党委书记）19位、离退休干部工作者68位、离退休干部118位、社区工作人员13位、涉老机构工作人员13位，考察离退休干部文化养老、社会养老服务、社会养老机构等创新工作点12处。经过20多次修改后已形成1个调研主报告、3个数据分析报告。通过调研，用大数据分析方式摸清了中央国家机关离退休干部工作底数和基层党组织建设情况，找准了存在的突出问题，抓住了做好今后工作的关键，为全面做好离退休干部工作提供了借鉴和参考。

（二）开展“走进离退休干部党支部，总结支部工作法”活动，探索离退休干部基层党建工作规律。按照工委领导指示和组织部要求，开展了总结离退休干部支部工作法活动。中央国家机关各离退休干部部门共推荐上报了78家支部工作法，经过三轮评审，选出了8家支部工作法，在中央国家机关宣讲；收到了66篇“支部书记谈党建”征文，集中反映支部书记围绕“服务中心、建设队伍”所做的实践探索及在理念方法等方面的思考。

三、把握时代精神，弘扬优良传统，举办纪念中国人民抗日战争暨世界反法西斯战争胜利70周年系列活动

（一）开展书画及诗、辞、赋作品征集活动，展示老同志艺术风采，抒发老同志爱国热情。老龄办与中国老年报社联合举办了中央国家机关离退休干部纪念中国人民抗日战争暨世界反法西斯战争胜利70周年书画及诗、辞、赋作品征集活动。共征集来自84个部门的书画作品880幅、诗词赋作品282首。经专家评审，选出书画作品314幅，举办了书画作品展，各离退休干部部门负责同志及离退休干部近1500人参观了展览。

（二）举办主题教育活动，回顾峥嵘岁月，弘扬光荣传统。以“铭记历史、缅怀先烈、珍爱和平、开创未来”为主题，在中国人民抗日战争纪念馆举办了中央国家机关离退休干部、团员青年纪念中国人民抗日战争暨世界反法西斯战争胜利70周年主题教育活动，中央国家机关抗战老战士代表、离退休干部工作者代表、团员青年代表、中央国家机关老干部合唱团近300人参加。

四、研究老年教育工作规律和发展趋势，办好有特色的示范性老年大学

（一）坚持动静结合，提升教学效果，实现寓教于乐。全年开设深受老同志喜爱的12门课程，招收学员近200名，每周约400人次参加学习。不断创新教学方式，活跃课堂气氛，进一步调动老同志们的积极性和创造性，提高了教学效果。

（二）多管齐下，加强内部管理，保障教学秩序。提高教师授课费标准，进一步激发教学积极性。开学前与教师详细沟通教学计划，教学中密切跟踪进度，期末考核学员学习成果，从各环节抓紧抓好教学质量。建立学员电子档案，统一制作学员证，杜绝插班、串班现象发生。严格执行安全制度，寒暑假重点开展安全教育，增强安全意识。坚持课前、课中、课后巡查，经常跟班听课，全面掌握教学情况，保障教学过程和谐有序。

（三）广搭平台，展示华龄风采，发挥老同志作用。老年大学发挥自身优势，组织学员们开展了“笔墨丹青献爱心——向广东省工伤康复医院捐赠书画作品”公益活动。老同志们精心创作、踊跃捐赠，用55幅满载深情的书画作品为工伤职工送去关爱和鼓励，搭建起跨越南北的爱心桥梁。

五、开展科普学习、文艺娱乐、体育健身等三方面活动，丰富老同志的精神文化生活，弘扬健康向上的老年文化

（一）举办群众性文化活动，展现离退休干部的精神风貌。继续开展了中医药文化科普专场讲座活动，继续举办了中央国家机关离退休干部第八届“怡寿杯”象棋赛和离退休干部艺术欣赏活动。

（二）充分发挥老干部合唱团示范引领作用，带动离退休干部群众文化活动蓬勃发展。合唱团积极开展走进部委、走进军营、走进基层“弘扬主旋律，传播正能量”交流演出活动，搭建凝聚力量、振奋精神的舞台。参加了高法院、国家地震局离退休干部迎新春团拜会，应邀赴青岛市和北海舰队开展慰问演出，参加了第二十二届京华之声合唱音乐会和“长城颂歌”第九届北京市老年合唱暨首届京津冀老年合唱大赛。

六、结合“三严三实”主题教育活动，提升干部队伍业务素质，激发党员干部干事创业的动力

（一）积极开展专题教育活动，严格践行“三严三实”要求。按照工委安排，结合自身特点，做好工委规定动作，扎实开展好“三严三实”主题教育活动。与法制教育中心开展了专题教育支部联学活动，以“学理论、强业务、带队伍、创特色”为主题，就确保运转稳定、设施安全、服务优质等相通方面和业务范围、服务对象等差异方面展开热烈讨论，互相学习、互促互进。

（二）坚持理论学习与业务实践相结合，建设一支素质高、作风硬的离退休干部工作队伍。积极鼓励党员干部参加工委理论学习和各项培训，通过讲政策、学业务、学写作，搞好传帮带，进一步增强责任担当意识和业务能力。青年读书会举办了“爱学习、乐分享、提素质、促发展”主题读书活动，鼓励青年干部走上讲台交流读书心得和科技人文知识，营造健康向上、崇尚学习的读书氛围。

（三）继续推进建章立制，建立管理科学、运行规范的长效机制。制定了《国务院机关老干部活动中心文件交换暂行办法》《国务院机关老干部活动中心文件传阅暂行办法》《国务院机关老干部活动中心老干部活动证管理办法（暂行）》，进一步加强了内部管理。

教育部

综 述

老年教育是我国教育事业和老龄事业的重要组成部分。发展老年教育，是积极应对人口老龄化、实现教育现代化、建设学习型社会的重要举措，是满足老年人多样化学习需求、提升老年人生活品质、促进社会和谐的必然要求。2015年，我部主要开展了以下老年教育相关工作：

一、研究编制《老年教育发展规划（2016—2020年）》

教育部联合中组部、民政部、文化部、全国老龄办起草了《老年教育发展规划（2016—2020年）》。《规划》坚持问题导向、改革创新，按照国务院关于稳增长、促改革、调结构、惠民生、防风险的部署，以扩大老年教育供给为重点，以创新老年教育体制机制为关键，整合社会资源、激发社会活力，努力形成具有中国特色的老年教育发展新格局，明确提出了老年教育到2020年的发展目标、主要任务和重点项目计划。

二、召开院校老年教育工作座谈会

2015年9月22日，由教育部职业教育与成人教育司主办、黑龙江省教育厅承办、高校第三年龄大学联盟协办的院校老年教育工作研讨会在黑龙江省哈尔滨市召开。中组部、民政部、全国老龄办等部门有关司局代表，教育部有关司局（单位）代表，全国25个省份、5个计划单列市和新疆生产建设兵团的继续教育有关负责人，中国成人教育协会、中国老年大学协会主要负责人及分支机构代表，普通高校、中高职院校、广播电视大学、社区教育学院等代表，共300余人参加了会议。教育部副部长鲁昕出席会议并讲话。研讨会上，各地各类院校的代表就如何办好老年教育进行了学习交流。会议期间，成立了高校第三年龄大学联盟，搭建院校发展老年教育的交流平台。目前已有160多所普通高校、职业院校、广播电视大学（开大）、社区学院等加入。中国成人教育协会和中国老年大学协会还联合举办了全国第三年龄教育成果展示活动，以图片展、老年学员才艺技能展示、文艺展演等形式，集中展示了第三年龄教育成果。500余名来自黑龙江以及全国部分省市的各类老年教育机构的学员参与汇演。

三、完成“科学应对人口老龄化政策建议专题研究报告”

2015年11月，教育部积极参与国家发展改革委牵头组织的科学应对人9老龄化政策建议研究工作，组织北京大学、清华大学、中国人民大学、复旦大学、南开大学、吉林大学、华东师范大学、南京大学、浙江大学、西安交通大学、中山大学、四川大学、西南财经大学、辽宁大学等14所在人口学有较高研究水平的高校分别开展专题研究，深入分析我国人口老龄化的趋势和问题，研究提出“十三五”时期应对人口老龄化的总体思路和重点任务的建议。收集到各校提供的“科学应对人口老龄化政策建议专题研究报告”28篇，报送国家发展改革委，供决策参考使用。

四、推进尊者、爱者、敬老教育

将“勤劳笃行乐奉献”“热心志愿服务”“孝亲尊师善待人”“孝父母敬师长”写入《中小学生守则（2015年修订）》，布置各地依据《中小学生守则（2015年修订）》制定小学生日常行为规范、中学生日常行为规范，引导中小学生在日常学习生活中养成孝亲敬老的良好品质。会同中央文明办、共青团中央、全国妇联等部门，支持中央电视台举办“寻找最美孝心少年”活动，录制颁奖典礼并在综合频道黄金时间播出，为青少年树立了孝亲敬老的榜样典型。在社会主义核心价值观教育中加强中华优秀传统文化教育，评选出了临沂市兰山区白沙埠镇中心小学“以新孝道教育，践行社会主义核心价值观”等全国中小学社会主义核心价值观教育优秀案例。开展“少年传承中华传统美德”系列活动，教育引领学生传承中华民族敬老爱老的优良传统。

科技部

综　　述

人口老龄化是21世纪我国社会经济发展中的重大国情，是我国社会经济发展中遇到的新问题、新挑战。“十三五”时期是全面建成小康社会的决胜阶段，也是人口老龄化形势日益严峻、老龄问题日益凸出的关键时期，同时也是我国应对人口老龄化的重要机遇期。

按照协调推进“四个全面”战略布局要求，牢固树立和贯彻落实创新、协调、绿色、开放、共享“五大发展”理念，认真贯彻落实习近平总书记、李克强总理重要指示批示精神，以及《国务院关于加快发展养老服务业的若干意见》、《国务院关于促进健康服务业发展的若干意见》等重要文件精神，着力加强对科技支撑老龄化工作部署。2015年围绕科技应对老龄化发展重点开展以下几方面重点工作。

一、完成《“十三五”老年服务子领域战略研究报告》

根据人口与健康领域“十三五”规划编制工作的总体部署，组织老龄科技产业各方面的专家完成了《“十三五”老年服务子领域战略研究报告》。报告围绕构建基本养老服务科技支撑体系，增加社会服务供给；提高老年人群健康水平，预防功能障碍，减少护理照料需求；加快培育养老产业，促进社会经济健康持续增长三大目标，对我国老年服务领域的战略需求、国内外研究现状、发展趋势进行了认真的梳理研究，对“十三五”拟开展的重点任务进行了凝练，明确了研究方向：一是寿命遗传基础研究、遗传环境交互作用、细胞和衰老、老龄社会认可经济社会因素等基础研究方向；二是老龄健康综合评估监测及预警技术、健康促进干预节点和适宜技术、康复辅具产品研发、健康信息管理系统等共性适宜技术研发方向；三是依托科技促进老龄健康示范基地开展的医养结合、老龄健康教育、慢病管理、老龄生理、心理等健康干预、老龄中长期照护等综合连续服务模式等老龄健康促进转化示范方向。

二、启动老龄服务共性技术研究

2015年启动科技支撑计划“老龄服务共性技术研究及应用示范”项目。项目重点围绕老龄服务共性技术开展研究，一是开展老年人无线定位与安全监护网络化系统、辅助站立移位机、卧床平移转运机、电动移位与升降一体化浴椅、多功能电动护理浴椅等关键技术与产品的研发；二是构建以社区管理为核心，家庭、医院、企业和专业服务机构共同参与的老年人认知和平衡功能障碍的三级干预模式，研发相关工程干预产品，制定相关干预指南和服务标准、社区干预推广模式及示范应用；三是研究适合家庭及机构使用的老年人能力评估方法，研发专业化生活与医疗护理养老服务知识库和专业化辅具养老服务支撑知识库。结合机构生活护理技术解决方案和社区老年人健康促进解决方案，建立覆盖“医、养、康、护”一体化的服务体系架构；四是构建区域养老信息协作平台，建立医院与社区卫生服务机构、预防保健机构、社区服务机构等合理的分工协作关系，以老年脑血管病防治为切入点，通过三级培训，实现医联体、社区与居家养老服务的有效衔接，为居家老人提供是“医—护—养”一体化服务。

三、推动中医药养生保健服务产业发展，促进医养结合

为充分发挥中医药“治未病”在健康养老产业的优势，2015年9月成立了国家中医药现代化科技产业创新联盟，以提高老年群体生活质量和全生命周期不同阶段的健康水平为目标，重点加强中医药治未病技术和以中药养生保健理论为基础的功能性食品、保健品等新型健康产品研发的科技部署，推动从“治已病”向“治未病”转变，积极培育中医药“大健康”产业。

四、布局了6家老年临床医学研究中心建设，强化老年重大疾病防控研究

为进一步发挥国家临床医学研究中心协同研究机制的优势，促进医学科技体系化、机制化转化推广体系的建设，2015年科技部会同卫生计生委、原总后勤部卫生部和食品药品监管总局批准了依托中国人民解放军总医院、中南大学湘雅医院、四川大学华西医院、北京医院、复旦大学附属华山医院、首都医科大学宣武医院等单位建设6家国家老年疾病临床医学研究中心。国家老年疾病临床医学研究中心突出老龄疾病特点和服务需求，着力加强老年疾病诊疗技术和服务模式研究，优化建立老龄人群预防—监测—诊疗—康复一体化医疗服务体系，减少失能发生，降低医疗负担。

民政部

综　　述

一、贯彻落实老年人权益保障法，完善养老机构许可制度，保障老年人各项合法权益

结合工商登记制度改革和国务院常务会议精神，配合全国人大修改了《中华人民共和国老年人权益保障法》（以下简称《老年人权益保障法》），将经营性养老机构许可改为“先照后证”。根据全国人大常委会颁布的《老年人权益保障法》修正案，修改了《养老机构设立许可办法》（民政部令第48号），调整了许可条件和工作程序。按照国务院关于规范行政审批行为、改进行政审批工作的要求，制定了中央财政投资兴办的发挥实训、示范功能的养老机构审批受理单、服务指南、工作细则和服务规范。总结分析了各地在实施《养老机构设立许可办法》中存在的问题和困难，提出了相关意见和建议。北京、天津、浙江、江苏制定了养老服务业方面的地方性法规。全国23个省份建立了80周岁以上高龄老人津贴制度，20个省份建立了经济困难老人养老服务补贴制度，8个省份建立了失能老人护理补贴制度。

二、贯彻落实国务院35号文件，制定完善配套政策措施，优化养老服务业发展政策环境

围绕《国务院关于加快发展养老服务业的若干意见》（国发〔2013〕35号）（以下简称国务院35号文件）重点任务，联合有关部门加快制定相关配套政策，为养老服务业发展提供政策支持。会同卫生计生委起草并报请国办转发了《关于推进医疗卫生与养老服务相结合的指导意见》（国办发〔2015〕84号），参与了起草国务院《关于加快发展生活性服务业促进消费结构升级的指导意见》（国办发〔2015〕85号）和《关于积极发挥新消费引领作用加快培育形成新供给新动力的指导意见》（国发〔2015〕66号）两个重要文件，联合有关部门印发了《关于鼓励民间资本参与养老服务业发展的实施意见》（民发〔2015〕33号）、《关于规范养老机构服务收费管理促进养老服务业健康发展的指导意见》（发改价格〔2015〕129号）、《关于进一步做好养老服务业发展有关工作的通知》（发改办社会〔2015〕992号）、《关于开发性金融支持社会养老服务体系建设的实施意见》（民发〔2015〕78号）、《关于进一步加强城乡社区老年协会建设的通知》（全国老龄办发〔2015〕23号）、《关于进一步加强新形势下老年人体育工作的意见》（体群字〔2015〕155号）、《关于金融支持养老服务业加快发展的指导意见》（银发〔2016〕65号）等文件。此外，《养老体系建设“十三五”规划》正在修改完善。与教育部等部门联合编制的《全国老年教育发展规划（2016—2020年）》拟以国务院办公厅名义转发。北京市制定了公建民营、公办机构入住评估等系列文件。山西、贵州等省政府制定了支持社会力量发展养老服务业的政策措施。

三、贯彻落实养老规划，加强养老服务设施建设，提供多样化、多层次的养老服务

深入实施《社会养老服务体系建设规划（2011—2015年）》，继续开展“社会养老服务体系建设推进年”活动，实施养老服务设施建设“敬老爱老助老工程”。会同发展改革委安排中央预算内补助投资28亿元，支持各地老年养护机构和社区日间照料中心建设。联合财政部下发《关于做好2015年度中央专项彩票公益金支持农村幸福院项目管理工作的通知》（财综〔2013〕56号），拨付10亿元中央专项彩票公益金支持地方3.33万个农村幸福院项目。安排14亿元部本级福利彩票公益金支持地方老年福利设施建设。“十二五”期间，地方各级财政累计投入487亿元，地方福彩公益金累计投入249.7亿，总计约737亿元支持社会养老服务体系建设。截至2015年底，全国养老床位总数达到669.845万张，每千名老人拥有床位数从2010年底的17.8张增长到30.2张。全国居家养老服务设施已基本覆盖城镇社区和50%以上的农村社区。

四、推动出台医养结合政策，促进多种形式的医养结合

联合卫生计生委等相关部门，积极推进医养结合工作，取得了明显成效。在政策制定方面，北京、四川等省（市）民政部门联合相关部门下发了医养结合政策文件或启动了地方试点工作。上海、青岛等地探索建立了长期照护保障制度。在服务开展方面，重点发展养护型、医护型养老机构，截至2015年底，全国有23.61%的养老机构内设有医院、医务室等医疗服务设施。在保障措施方面，联合发展改革委、卫生计生委等部门实施健康养老重大工程、远程医疗合作试点等。各地通过政府试点、机构探索、社会协作方式，基本形成了“整合照料”“联合运行”“支撑辐射”三种医养结合模式。在调查研究方面，先后到北京、湖南等地，深入居家社区、养老机构和医疗机构进行调研。国办转发卫生计生委等部门《关于推进医疗卫生与养老服务相结合的意见》（国办发〔2015〕84号），卫生计生委印发《关于印发医养结合重点任务分工方案的通知》（国卫办家庭函〔2016〕353号），实现“养”和“医”无缝对接，促进养老服务业健康有序发展。为进一步做好医养结合行政审批工作，联合卫生计生委下发了《关于做好医养结合服务机构许可工作的通知》（民发〔2016〕52号）。

五、组织开展养老机构消防安全整治等重大活动，继续推进创新试点工作，激发各类服务主体活力

针对河南鲁山县康乐园老年公寓特别重大火灾事故，派员参加国务院事故调查组，调查处理事故原因，协助当地做好善后处理。下发了《关于立即开展各类福利、救助机构安全隐患排查整治工作的紧急通知》（民电〔2015〕71号），组织在全国民政系统开展各类福利、救助机构安全隐患排查整治工作。联合公安部下发了《组织开展社会福利机构消防安全专项治理工作的通知》（民函〔2015〕281号）和《〈社会福利机构消防安全管理十项规定〉的通知》（民函〔2015〕280号），指导地方开展消防安全整改，建立消防隐患排查治理常态化工作机制。联合公安部、住房和城乡建设部研究《建筑消防设计规范》等标准实施工作。

继续开展各类养老服务业改革试点工作，鼓励先行先试，逐步使社会力量成为发展养老服务业的主体。开展养老服务业综合改革试点和公办养老机构改革试点。全国推行公建民营的养老机构达到1179家，占比3.6%。开展养老信息惠民工程试点，下发了《确定首批养老服务和社区服务信息惠民工程试点单位和地区的通知》（民办函〔2015〕315号），确定了151家养老机构信息惠民试点单位、137家居家和社区养老信息惠民试点单位。推进国家智能养老物联网示范工程建设，指导试点单位编制应用技术规范。此外，上海探索开展老年照护统一需求评估和社区“长者照护之家”试点，河南漯河市探索成立国有养老产业发展投资有限公司。

六、加强养老服务专业化、标准化、信息化建设，提升服务管理水平，促进养老服务业健康规范发展

联合教育部等部门，推进全国职业院校养老服务类示范专业点建设，加强养老服务业人才培养。运用现代技术手段开展养老护理员现场和远程培训，服务人才培养初见成效。全国养老护理员持证比例平均达到33.73%，指导地方建立人才培养、使用和激励机制。天津于2015年3月开始试点，对养老服务用工单位和从业人员，给予职业技能培训、岗位和社会保险三项补贴，人均每月可享受1415元。组织开展养老服务管理服务人员培训和教材编写。研究制定了《养老服务标准体系建设规划（2016—2020年）》和《养老服务业标准化建设体系框架》，正在征求意见。研究制定了养老机构分类与命名、社区老年人日间照料中心服务基本要求、养老机构服务满意度测评等标准，正在走报批程序。上海、北京等地制定了老年人照护等级评定、入住公办养老机构资格评定等标准或工作规程。推进“互联网＋”养老行动，加快国家养老服务信息系统建设、应用和推广，推进城乡社区养老服务网络平台建设。全国建有城市养老服务信息平台840个。

七、开展多种形式督查、检查、评估和政策研究工作，做好建议和提案办理工作，确保政策科学制定和真正落地

配合全国人大，开展了老年人权益保障法执法专项检查。受国务院办公厅委托，开展了养老服务业发展政策落实情况专项督查。开展了养老服务民生领域重要指标和任务完成情况督查。完成了代表委员提出的177件涉及养老服务的全国人大建议和政协提案的办理工作。作为主要部门参与了国家全面实施“两孩”相关政策和法规的论证、起草和修改完善工作。正在委托相关单位研究论证新的养老服务业税收优惠政策。

八、回应中央领导和社会关切重点问题，研究促进养老服务业发展的关键政策

贯彻落实习近平、李克强等中央领导同志关于应对人口老龄化的重要批示和党的十八届五中全会精神，以推进养老服务供给侧结构性改革为抓手，按照政府加强引导、监管和托底，社会主体广泛参与和竞争，家庭发挥基础作用的原则，全面放开养老服务市场，合力推进养老服务多元发展，更好地满足老年人多层次服务需求。

九、其他相关工作

民政部、全国老龄办共同主办了第四届中国国际养老服务业博览会。

2016年主要围绕以下方面开展工作：一是制定社区居家养老服务支持政策。二是大力发展农村养老服务，制定加强农村留守老年人关爱服务工作的意见。三是召开全国养老服务工作会议，出台养老体系“十三五”规划，推动落实医养结合、金融支持养老服务业等政策。四是深入贯彻落实《国务院关于加快发展养老服务业的若干意见》，制定提高养老服务质量等政策。五是推动各地加快出台老年人高龄津贴、护理补贴和养老服务补贴制度。六是完善养老服务业信息统计和动态监测制度。七是完善养老机构设立许可、监管等办法，落实养老机构年度报告和综合评估制度。八是制订完善养老机构、社区老年人日间照料中心和养老服务需求评估等标准。九是深化养老服务业综合改革、公办养老机构改革，推动养老服务区域、城乡统筹和体制机制创新。

司法部

综　　述

2015年，司法部认真贯彻落实党的十八大和十八届三中、四中、五中全会关于老龄工作的决策部署和全国老龄委第十七次全会精神和《老年人权益保障法》，按照《司法部全国老龄工作委员会办公室关于深入开展老年人法律服务和法律援助工作的通知》（司发通〔2015〕29号）要求，采取有效措施，充分发挥法律服务、法律援助和法治宣传职能作用，努力为推动老龄事业发展服务，取得良好成效。

一、积极开展老年人专项法律服务工作，切实增强老年人法律服务实效

一是明确服务重点。引导和推动律师、公证、基层法律服务机构及人员参与涉及老年人合法权益的诉讼、调解、仲裁和法律咨询等法律服务活动。围绕老年人最关心、最直接、最现实的利益问题，积极在老年人医疗、保险、救助、赡养、婚姻、财产继承和监护等领域开展法律服务，重点关注高龄、空巢、失独、失能半失能、失智及经济困难老年人法律服务需求。二是加大服务力度。倡导律师事务所、公证处、基层法律服务所对经济困难但不符合法律援助条件的老年人减免法律服务收费，对无固定生活来源的老年人追索赡养费案件，予以费用减免；倡导对80岁以上的老年人办理遗嘱公证，予以免费。建立和完善各项便老助老措施，引导广大法律服务和法律援助工作者对老年人，特别是70岁以上以及行动不便、患病残疾的老年人实行电话和网上预约、上门服务。对经济困难的老年人提供免费政策咨询、慈善捐助等服务。三是开展专项法律服务活动。2015年10月在全国开展了“法治阳光温暖老龄”活动，继续深入开展“老年人维权示范岗”活动，搭建服务平台，集中开展服务活动，方便老年人进行法律咨询和寻求法律服务，努力为老年人提供适应其群体特点、满足其特殊需求的法律服务，切实维护老年人合法权益。倡导律师事务所、公证处、基层法律服务所与当地老龄工作机构签订法律服务协议，在老龄委派专职律师、公证员、基层法律服务工作者，免费为老年人提供法律服务，有效维护老年人的合法权益。四是建设专门队伍。推动各地依托律师事务所、公证处、基层法律服务所，设立一定数量的老年人公益法律服务中心，整合现有公益法律服务工作者和法律服务资源，统筹规划，协调发展，建设一支正规化、专业化的老年人公益法律服务队伍。每个中心视情况安排律师、公证员、基层法律服务工作者相对集中为老年人提供公益法律服务。不断加强老年人公益法律服务队伍的思想政治、业务能力、职业道德和党的建设，定期开展老年人法律服务工作培训，邀请行业专家、学者为老年人公益法律服务工作者授课，不断提升做好老年人法律服务工作的能力。

二、积极开展老龄法律援助工作，切实保障老年人合法权益

一是进一步扩大老年人法律援助范围。各地结合实际，推动不断拓宽老年人法律援助范围，进一步降低老年人法律援助门槛，把民生领域与老年人权益保护密切相关的事项纳入法律援助范围，着力解决医疗、保险、救助、赡养、婚姻、财产继承和监护等老年人最关心、最直接、最现实的法律问题，最大限度满足老年人法律援助需求。北京、山东、广东对老年人提出申请，只要符合经济困难标准，不再审查事项范围，直接给予法律援助。重庆将老年人“遭受家庭暴力、虐待、遗弃的，农村土地承包经营权及其流转、交通事故、医疗纠纷、食品药品安全事故、产品质量责任事故等造成权益损害请求赔偿的，唯一住房、养老金、救济金被子女侵占请求归还的，继承权、婚恋自由权受到侵害主张权益的”等事项纳入了法律援助补充事项范围。云南、陕西规定70岁以上以及患有重大疾病的老年人，视为符合经济困难标准，不论事项范围，一律给予法律援助。许多地方都将老年人多发的赡养、婚姻、继承、医疗、消费维权等纠纷案件纳入法律援助事项范围。特别是对80岁以上高龄、“三无”老人、失能半失能老人、空巢老人、享受低保待遇、特困供养待遇的老人，以及有特殊困难的老人，一律免予经济困难审查，亦不论事项范围，直接给予法律援助，努力实现“应援尽援”。2015年，全国法律援助机构共组织办理老年人法律援助案件111524件，解答老年人法律咨询374104人次，有效维护了老年人合法权益。二是建立健全“便老助老”措施。各地法律援助机构着眼于老年人特点，积极提供方便、快捷、高效服务，提升老年人满意度。健全服务网络，积极依托老龄系统有关部门，以及在老年人较为集中场所，建立老年人法律援助工作站或联系点。截至2015年12月底，全国共建立老年人法律援助工作站2047个。优化服务方式，对老年人申请法律援助实行优先受理、优先审查、优先指派，并优化受理审查程序。北京、山东等地对80岁以上高龄、空巢、失能等行动不便的老年人一律实行上门服务。许多地方法律援助机构都在接待窗口设立老年人接待专区，配置适老用品，或由专人引导和协助，为老年人提供人性化服务。提高服务质量，注重指派有爱心、擅长与老年人沟通、办案经验丰富的法律援助人员办理涉老案件。加强诉前调解工作，尽量选择对老年人最有利的方式解决纠纷，如对涉老赡养、赠与、继承、婚姻家庭等方面矛盾纠纷，注重融情理法于一体，尽量采用调解方式结案，减轻诉累，促进家庭和谐。对有心理疾患的老人，在提供法律援助的同时，聘请专业人士开展心理辅助，帮他们解开“心结”。三是开展专项服务活动。各地结合实际，以老年人为特定服务对象，开展形式多样的专项活动。黑龙江、北京等地于10月份组织开展为期1个月的“法援阳光　温暖老龄”法律援助专项服务活动。山西省法律援助中心组织律师参加省老年健康产业博览会，积极开展法律咨询活动，散发宣传资料3000余份，接待咨询800余人（次）。山东省滨州市法律援助中心连续6年在全市组织开展“老年人法律援助月”活动，该项活动于2015年被评为“山东省十大老年维权公益活动”。许多地方法律援助机构都在重阳节组织人员深入“老年公寓”、福利院等老年人集中的场所，举办老年人法律援助知识讲座，零距离接受老年人法律咨询，发放法治宣传材料，增强老年人法治意识、维权意识。

三、积极开展老年人法治宣传教育，切实营造尊老爱老的社会氛围

一是加强组织领导。把老年人相关法治宣传列入年度普法内容，高度重视，周密部署。加强对老年人法治宣传教育工作研究，积极推动法治宣传教育与服务相结合。指导各地各部门在“六五”普法总结验收中加强对老年人法治宣传教育工作的检查，增强老年人法治宣传教育工作实效。二是结合“法律六进”等主题宣传活动开展老年人法治宣传教育。适应老年人口数量不断增加的新形势，在“法律进社区”、“法律进乡村”主题宣传活动中加强对老年人的法治宣传。在社区，利用老年活动中心等场所，广泛开展《老年人权益保障法》等相关法规宣讲活动。在农村，开展送法下乡活动，组织普法宣讲团、文艺宣传队、志愿者，深入田间地头进行宣传，培养法律明白人，提高老年人依法维权意识。三是适应老年人需求不断创新和丰富法治宣传教育方式方法。积极利用广播、电视、报刊、宣传橱窗等，把老年人法治宣传融入健康养生、文体活动中，推动老年人法治文化产品创作展播，引导老年人学习法律知识，感受法治氛围。四是注重发挥老年人在法治宣传教育中的积极作用。吸收离退休法律工作者参加普法讲师团，发挥其专业优势和实践经验。鼓励老年人参加普法志愿者队伍，面向社会开展义务法治宣传教育。积极与关心下一代工作委员会密切合作，面向青少年、监狱服刑人员等开展法治宣传教育。2015年，司法部与中国关工委共同举办第三届“关爱明天、普法先行”——青少年普法教育活动，组织“五老”法治宣讲员面向青少年开展法治宣传活动。

国家体育总局

综　述

中国已经进入老龄化社会，对国家经济发展和社会和谐稳定提出了十分严峻的挑战，应对人口老龄化已经成为国家一项长期发展战略。提高老年人健康水平是提高老年人生活质量的基础和前提，老年人体育工作是中国老龄事业和体育事业的重要组成部分，中国老体协在体育总局的领导下，在群众体育司的指导下，在相关部门和各级政府、协会的支持下，积极认真的完成了以下主要工作。

一、认真组织学习落实12部门联合下发的《关于进一步加强新形势下老年人体育工作的意见》的通知

《意见》是贯彻落实党的十八届五中全会精神，推动老年体育事业发展的重要的指导性文件。

（一）《意见》下发时机好。从文件起草到下发历时两年多，这期间，全民健身上升为国家战略和健康养老工程的部署要求在不断充实和丰富着《意见》的内容。

（二）《意见》的主体内容把握得好。围绕着积极应对人口老龄化，强调指出老年人体育健身和提高老年人健康的内在关系，指出推进老年人体育工作四个战略布局的重要举措是带动全民健身的有效办法。

（三）政府的职能部门表率做得好。体育总局作为牵头单位，12个国务院的职能部门和工作机构以会签的形式，从各自部门的职责角度提出了加强老年人体育工作的措施，体现了为民政府、服务民生的执政理念，体现了“部门尽责”的履责意识。

《意见》的学习要在准确理解政策、领会精神、转变观念上下功夫，落实要在把握协会功能作用、主动作为和协助推进上做实事。《意见》明确提出，要切实建立“党政主导、部门尽责、协会组织、社会支持、重在基层、面向全体”的老年人体育工作格局。新形势下，加强老年人体育工作已绝不是政府一个部门、社会一个单位所能做到的，必须切实贯穿在国家经济、社会、民生等工作中协同发展，真正进入到社会的老年人体育工作格局中去运行。老体协是为老年体育健身提供服务的社会团体，是党和政府联系老年人的桥梁和纽带，是实现老年人公共体育服务职能的得力助手。

12部门联合下发通知后，中国老体协立即将《意见》转发到各省区市老体协，并且下发了中国老体协关于学习落实这个文件的通知，强调了《意见》对加强老年人体育工作的重要指导意义，除了学习领会精神，更重要的是认真推动落实。

各地、各级老体协对12部门的《意见》反响热烈，并及时转发了文件，普遍召开协会办公会议，学习领会《意见》精神，一些省还举办了地市级协会负责人学习班。各地老体协普遍反映，《意见》是贯彻党的十八大精神和习近平总书记对体育工作一系列讲话精神的重要体现，是做好新时期老体育工作的重要指导性文件，体现了党和政府对老年人的切实关怀和对老年人体育工作的高度重视。各地老年人体协通过学习，纷纷表示，要结合各自的实际，认真学习和贯彻落实《意见》。有的省老体协按照省体育局的要求，结合当地老年人体育发展现状和特点，已经开始协助体育部门制定贯彻落实《意见》的措施。

二、积极认真完成协会2015年各项工作

（一）在总结各项目发展特点的基础上，继续开展各项老年体育示范活动。共举办了健身球操、气排球、柔力球、健步走、门球、太极拳（剑）、网球、钓鱼、乒乓球等9个项目共12次交流活动，同时积极推动健身球操、气排球，柔力球专项委员会开展“全国老年（健身球操、气排球、柔力球）之乡的交流活动”，全年共举办15次全国老年体育交流活动，约7000名各地老年体育健身爱好者参加。

（二）由中国老体协主办，四川省老体协、广安市人民政府承办的2015年全国老年人健步走大联动主会场活动于11月11日在四川省广安市市民广场举行，来自广安各区县、街道、老年体育组织的7000余名健步走爱好者参加此次活动。全国有24个省市根据自己本地区特点及气候情况，举办全国健步走大联动分会场活动，参加人数约550万人。

（三）中国老体协积极指导和推动专项（推广）委员会开展工作，创新举办健身球操、气排球、柔力球、健步走项目的培训班。如柔力球项目为避免一次培训班人数过多，分别在上半年和下半年各举办一次培训班；气排球将今年的培训班安排为晋升国家教练员、裁判员的培训班；健身球操培训班着重在提高授课老师水平上下功夫；健步走积极推动服务基层的理念，分别在河北廊坊、吉林长春、新疆石河子举办了三次培训班，由中国老体协安排部分经费，选派授课老师，承办单位提供场地，组织学习，周边省市老体协安排技术人员参加学习的方式，有针对性的对科学健步走开展基层培训，扩大培训参与人群、提高培训实效，推动各地健步走培训和活动的科学发展。四个项目共计培训各类技术骨干1300余人。这些健身骨干在基层较好地发挥了健身指导和交流活动组织工作。

（四）2015年4月29日，第八届全国老年体育科学大会在云南大理举行。大会由中华全国体育总会群体部、科教部支持，中国老体协和中国体育科学学会主办。中国老体协、中国体育科学学会、各地老体协代表以及科学大会征文的入围作者总计300余人与会。中国老体协主席张发强，中国体育科学学会副理事长兼秘书长田野，体育总局群体司司长刘国永作了主题发言。部分优秀论文作者在大会上报告论文。

大会共收到全国各省区市、计划单列市、行业老体协、大专院校等有关单位报送的论文292篇，比上届增加了15%。经过专家评审，入围大会报告16篇，书面交流160篇。论文质量比上届明显提高，整体呈观了选题立意高，研究范围广，实用性强，内容新，论文作者老中青结合、社会参与研究面更广的特点。

（五）2015年10月13日至14日，中国老体协率队参加于韩国大邱举办的“国际健康健美长寿论坛”，中国老体协柔力球和健身球操专委会组织的展演队伍在论坛开幕式上进行了健身项目展演，展示了中国老年体育健身爱好者的风采，推广了中华传统的健身项目，与会代表反响热烈，国际健康健美长寿协会主席黄晴宜给予了高度评价。

三、协助群体司落实有关老年体育工作

（一）积极配合群体司做好研发、政采老年体育健身器材工作。经群体司批准，中国老体协联合体育总局装备中心和北京国体世纪体育用品质量认证中心于2015年4月27至30日在云南省大理市体育健身中心举办“老年体育健身器材展示会”。展示会与中国老体协工作年会、第八届全国老年体育科学大会结合举办，展示期间，我们组织了与会代表、部分省市群体处同志对展示的器材进行了参观和试用，并通过问卷的形式对参展产品进行了科学的评估。在此基础上制定了采购产品种类和技术要求，资助了内蒙古、吉林、黑龙江、新疆生产建设兵团等14家单位老体健身设施。

（二）组织参与编写老年人体育指导丛书。在群体司的指导、协调下，中国老体协积极配合人民体育出版社，开展编写，推广一套真正适合老年人的科学健身指导丛书的工作，并以丛书内容为依托，充分利用各种宣传推广手段、各种渠道，向全社会宣传老年人科学健身、健康生活、合理养生、伤病防治的方法和理念，引起全社会对老年人健康问题的关注和支持。现已编写出两本健身书籍初稿，为系列丛书的编写打下了良好的基础。

国家统计局

综　　述

2015年，国家统计局根据全国老龄工作委员会成员单位职责分工，结合我局工作，围绕收集、整理、发布老年人口统计数据和提供统计信息服务积极开展工作。

一、2015年主要工作

（一）2015年2月，国家统计局发布2014年国民经济和社会发展统计公报，公报中发布了2014年末我国60岁及以上和65岁及以上老年人口数、占总人口的比重，向社会发布了最新老年人口数据。

（二）组织开展2015年1%人口抽样调查工作。调查内容包括人口的年龄结构和老年人口生活健康状况等。

（三）参与《老龄工作年鉴》的编制，提供相关文章；为配合全国老龄委开展老龄化研究，提供了有关老龄人口年龄分布的数据。

二、2016年工作设想

（一）继续做好老年人口最新数据统计发布工作。2016年2月，我局将发布2015年统计公报，内容包括2015年老年人口数据。

（二）编印2015年全国1%人口抽样调查数据资料，为开展老龄人口研究提供详细的统计数据支持。

（三）充分发挥1%人口抽样调查的社会效用，组织开展老龄化课题研究。

中华全国总工会

综　　述

2015年，全国总工会认真贯彻党的十八大、十八届三中、四中、五中全会精神和习近平总书记系列重要讲话精神，按照全国老龄委第十七次全体会议部署，结合工会工作实际，充分发挥工会组织在协调推进“五位一体”总体布局、“四个全面”战略布局、实现“两个一百年”奋斗目标中的作用，积极参与涉老法律法规和政策的制定，反映离退休职工的意见和要求，对困难退休职工开展帮扶，推动健全、完善和落实老年社会保障制度。

一、积极参与养老保险顶层设计工作，综合推进多层次养老保障体系建设

人口老龄化高峰期的到来，是未来几十年我国养老保险制度面临的最严峻挑战。今年以来，我们多次参加国务院会议，研究、讨论养老保险顶层设计有关工作。就《基本养老保险基金投资管理办法》《2015年养老保险顶层设计工作计划》《关于完善养老保险个人账户问题汇报提纲》和人社部关于养老保险制度的改革方案认真进行研究并提出了工会意见。

二、积极参与医改工作，着力为老年人提供全面的健康保障

参与《推进药品价格改革的意见》《关于推进分级诊疗制度建设的指导意见》《关于推进医疗卫生与养老服务相结合的指导意见》《关于加强公立医疗卫生机构绩效评价的指导意见》《关于引导和规范政府办公立医院改制的通知》《关于整合城乡居民基本医疗保险制度的意见》《关于维护医疗秩序构建和谐医患关系工作进展的汇报》《关于控制公立医院医疗费用不合理增长的若干意见》《国家卫生计生委办公厅关于征求设立国务院重大疾病防治工作部际联席会议制度意见的函》等政策文件的研究制定，并提出2016年国务院医改办重点督导事项建议。

三、继续做好工会帮扶工作，加大对困难退休职工的帮扶救助力度

各级工会广泛开展对困难退休职工互助互济帮扶活动。截至2015年底，全国工会共建立3515个县级以上困难职工帮扶中心和20万个基层工会帮扶站点，并通过自建或联建方式，建立爱心医院1193个、爱心药店2277个、扶贫超市2362个、爱心学校922个。2015年元旦春节期间，全国工会共筹集送温暖资金40.5亿元，慰问包括退休职工在内的困难职工428.5万户。

四、积极配合全国老龄委开展各项老龄工作

参加全国老龄委联络员信息员座谈会、保护和促进老年人人力资源开发座谈会，参与修订《关于2014年全国老龄工作情况和2015年工作安排的报告》，参加全国老龄办开展的"老有所为"先进典型人物宣传活动评审会议等。

中华全国妇女联合会

综　述

2015年，全国妇联深入贯彻落实党的十八大、十八届三中、四中、五中全会精神和习近平总书记系列重要讲话精神，按照全国老龄委第十七次全体会议的安排部署，认真履行成员单位职责，紧密结合妇联工作实际，努力推动老龄妇女工作的开展。主要做了以下几个方面的工作：

一、认真履行职责，努力维护老龄妇女合法权益

一是积极参与老龄妇女相关法律的立法工作，源头维权有新突破。全国妇联积极配合国务院法制办开展对反家庭暴力法草案的调研论证，坚持维护妇女儿童老年人权益的立场，推动反家庭暴力法顺利提请全国人大常委会一审。推动刑法修正案（九）作出一系列有利于妇女儿童权益保护的修改。加大对虐待妇女儿童犯罪的惩处力度。针对近年来儿童、老人等弱势群体遭受教育、服务机构虐待，以及对家庭暴力施暴者处罚过轻等问题，提出扩大犯罪主体、提高刑期、儿童受虐案件作为公诉案件处理等建议，全部被刑九修正案采纳。二是在大力开展的"建设法治中国·巾帼在行动"活动中，注重老年人权益的维护。2015年2月全国妇联在北京启动"建设法治中国·巾帼在行动"暨2015年"三八"妇女维权周活动，宋秀岩同志亲自参加北京市妇联组织的"如何维护老年人房屋财产权"现场法律知识讲座，同时号召各级妇联利用遍布城乡的70多万个"妇女之家"，以万家联动、送法到家为主题，引导广大妇女群众，特别是老年妇女尊法学法守法用法，维护自身合法权益。在全国妇联发布的2015年"依法维护妇女儿童权益十大案例"中，就有一个是人身保护裁定在维护老年妇女权益上的成功实践案例，最大限度保护了当事人的人身安全，在当前老年人权益问题日益凸显的情况下，这一做法可为同类案件借鉴。三是努力做好老年妇女信访个案服务。截至2015年11月底，老年人信访案件共1101条，占全国妇联信访处全部信访案件的15.188%，与去年同期相比下降1.395%。老年人信访特点一是反映民生方面问题，二是对社会热点问题反映较多反映出老年人对社会负有的责任感。三是指导22个省区市实施"中国妇女法律援助行动"项目。完成本年度法律援助案件1254件，申请法律援助案件补贴款225万元，帮助农民工、老年人、妇女、未成年人及残疾人总计1378人，挽回经济损失近7451万元，有效维护了弱势群体的利益。四是在妇女问题研究中关注老龄妇女群体生存状况。在举办的"中国妇女社会地位调查研讨会"和"北京世妇会20周年深入贯彻男女平等基本国策论坛"中设置社会性别与老龄化专题，如有老年妇女的照料资源、中国女性丧偶老人基本状况及其主观幸福感、第四次世界妇女大会后我国妇女养老保障的发展、农村老人健康状况影响因素的性别差异和中老年失独母亲自我发展困境及对策研究等论文。这些研究成果为推动解决老龄妇女面临的相关问题提供了参考借鉴。

二、以家庭为阵地，开展敬老助老活动、倡扬中华传统美德

全国妇联继续认真贯彻落实习近平总书记关于"注重家庭、注重家教、注重家风"指示精神和《中共中央关于加强和改进党的群团工作的意见》精神，坚持以培育社会主义核心价值观为主要内容，开展了丰富多彩的家庭文明建设活动，将孝老爱亲内容融入其中。一是组织开展寻找"最美家庭"活动和"好家风好家训"宣传展示活动。2015年在推选出的100个全国"最美家庭"中有许多是几世同堂、孝老爱亲家庭；继续与中宣部向全社会发布刘学洪等10户"全国孝老爱亲最美家庭"，宣传这些家庭敬老爱老、奉行孝道，倾心孝顺父母公婆，倾情照顾孤寡老人，志愿服务困难群体的先进事迹。二是通过开展活动在青少年中倡扬敬老传统美德。继续举办"我爱我家"2015年全国家庭情景剧展示活动，吸引了7100多万张网络选票，其中许多情景剧展示了孝老爱亲等良好家风，蕴含着孝道等中华民族传统美德，传递着敬老助老的正能量。积极参与中央电视台2015"寻找最美孝心少年"大型公益活动，面向儿童进行生动形象的社会主义核心价值观宣传教育，传播中华孝行新观念，全国妇联作为指导支持单位，组织各级妇联推荐候选人229名，其中110余名候选人事迹在央视活动官网展播，10余名候选人事迹在央视《朝闻天下》栏目播出，湖南省湘潭市妇联推荐的杨沛锦同学被评为2015年度"最美孝心少年"。辽宁省东港市妇联推荐的丛欣同学被评为2015年度"特别关注孝心少年"。三是强化宣传，积极营造敬老爱老的社会氛围。2015年中国妇女报开设"最美夕阳"专版，宣传中国老龄事业发展成果、解读党和国家有关推动积极人口老龄化的政策措施，宣传敬老助老先进典型，为人们践行、传承孝老爱亲美德树立榜样。中国妇女儿童博物馆举办"传承与新风——中国好家风好家庭展"。全国妇联所属中国家庭文化研究会开展了"中国好家风万户城乡家庭大型调查"，对于当代好家风，86.0%的被调查者首选"赡养老人，孝敬长辈"。调查不仅为相关工作提供了数据支撑，同时宣传了家风建设、弘扬了敬老孝亲的传统美德。全国妇联与中宣部在山西省运城市召开"弘扬德孝文化践行核心价值"现场交流会。推广山西省运城市盐湖区把传承弘扬德孝文化，作为培育和践行社会主义核心价值观的有效抓手的做法，大力弘扬中华孝道，持续深化家风家教培育，推动社会主义核心价值观在家庭里生根、在亲情中升华。

三、发挥优势，努力为老龄妇女做好事办实事

全国妇联从关注老龄妇女民生、服务老龄妇女特殊需求出发，在大力推进家政服务、创业就业、健康检查等工作中帮助老龄妇女实现"老有所养、老有所医、老有所为"。一是开发家政服务项目，为老龄妇女居家养老服务提供便利。目前，我国已进入老龄化社会，老年人的居家养老、护理问题日益凸显，妇联组织拓宽家政服务项目，将养老护理作为家政服务培训的一项主要内容。今年与阿里巴巴集团共同举办了首届全国家政公益"O2O"培训，将居家养老服务项目列入其中，运用互联网技术，将线下服务机构与用户之间连接，为用户提供最大的便利。重庆市妇联开发"迷你空间·巾帼创业O2O社区服务店"，设立家政服务、居家养老等项目，为妇女提供家政、养老就业岗位。吉林长春市妇联巾帼家政服务中心将居家养老服务作为一项重要内容，为学员讲授养老护理知识。北京市妇联联合市总工会、商务委，以"技能提升服务品质"为主题，在全市开展"北京市商业服务业服务技能大赛"，将失能老年人护理等18类岗位技能列为竞赛项目，参赛人员达20万人次。通过开展上述活动，提高居家养老服务水平。二是组织老龄妇女参与手工编织。今年10月，全国妇联在浙江义乌举办了中国妇女手工制品博览会，邀请机关及直属单位离退休老同志到现场参观，感受妇女手工编织文化的魅力。参展作品中，不少是老龄妇女参与制作的，通过手工编织，既丰富了她们的退休生活，又增加了收入，为生活增添了很多乐趣。天津河东区鲁山道街道彩丽园社区，五位酷爱手工编织的老人，用她们的巧手，将五彩珠、五彩线编织成一件件精美实用的物品，也编织出晚年幸福快乐的新生活。深圳罗湖草埔东社区服务中心开展"老年人手工坊"活动，在社工的引导下，社区老年妇女互帮互助、巧手编织，分享自己的编织心得，在编织过程中，还不时聊起家常，其乐融融。她们由衷地说，这是巧手编织夕阳红！三是关爱老龄妇女健康。今年全国妇联继续大力开展"两癌"（乳腺癌、宫颈癌）防治宣传工作，并结合"三八"妇女节、"世界乳腺癌防治月"，举办健康知识大讲堂，印发宣传海报和防治知识手册20万份，为老龄妇女普及健康保健知识，增强她们的健康意识。组织老龄妇女参加"两癌"免费检查，对患病贫困妇女给予救助。四是全国妇联持续开展多年的"母亲水窖"、"母亲健康快车"、"农村留守妇女儿童关爱行动"、"贫困母亲两癌救助专项基金"等民生项目，为众多老龄妇女提供了切实的帮助。促进农村妇女互助组发展，目前在全国建立农村留守妇女互助组数十万个，实现了包括老龄妇女在内的留守妇女在生产上相互帮助、生活上相互扶持、情感上相互依靠、安全上相互关照。五是广泛开展巾帼志愿者为老服务活动。2015年全国妇联下发了《关于全面启动实施"邻里守望·姐妹相助"巾帼主题志愿服务活动的通知》，提出集中力量打造"邻里守望·姐妹相助"巾帼主题志愿服务活动品牌活动，重在基层、重在社区、重在邻里、重在长久，以解决妇女和家庭特别是困难妇女、儿童和家庭日常生活领域所需所盼为主要任务，其中重要内容就是为孤寡老人、空巢家庭等困难家庭提供帮助。如在12月5日第30个国际志愿者日，从全国妇联到省、地、县、乡妇联及村居妇代会，70余万妇联干部走进祖国各地城乡社区，开展志愿服务活动，为众多老年人提供温暖贴心的关爱服务，送去祝福，送去欢笑。

2016年全国妇联将认真学习贯彻党的十八大、十八届四中、五中全会精神，深入学习贯彻习近平总书记系列重要讲话特别是中央党的群团工作会议上的重要讲话精神，按照全国老龄委的工作部署，认真履行成员单位职责，紧密结合妇联工作实际，满腔热情做好服务老龄妇女群体工作，努力推动老龄妇女工作新发展。

一要继续把维护老龄妇女合法权益作为工作重点。推动各级妇联在源头维权、建言献策和参与推动相关法律法规和政策制定过程中，重点关注老龄妇女在养老、医疗和住房等方面存在的特殊困难和问题。推动反家庭暴力法顺利出台和贯彻落实。为维护老龄妇女合法权益提供切实帮助和服务。

二要继续以家庭为阵地开展敬老助老活动，营造敬老助老社会氛围。推动各级妇联组织开展寻找“最美家庭”和“好家风好家训”宣传展示活动，继续与中宣部选树“全国孝老爱亲最美家庭”；依托全国70多万个“妇女之家”发挥老年妇女在家庭文化、社区文化、广场文化活动中的骨干作用。继续与全国老龄委等单位联合开展“敬老月”和“敬老文明号”等活动。

三要继续发挥优势，尽心竭力为老龄妇女做好事办实事。在巾帼家政服务工作中，进一步规范老年人护理项目和服务细则；开发适合老龄妇女参与的手工编织项目，使她们在参与的过程中能够享受其中的乐趣；组织老龄妇女参与“两癌”免费检查。大力开展巾帼为老志愿服务活动。

四要加大新闻宣传和调查研究力度。启动我会外文期刊社《中国女性》（海外版）设立“夕阳无限”或“老龄视窗”栏目；继续在中国妇女报开设“夕阳最美”专版。继续对老龄妇女的特殊困难和问题开展多层次的调研。

五要在2016年国务院妇儿工委对《中国妇女发展纲要》全国中期督导检查中，把“妇女养老服务水平提高，以城乡社区为单位的养老服务覆盖率达到90%以上”这一主要目标的落实情况作为重点检查目标之一。充分了解和掌握目标落实情况，以及目标落实过程中遇到的问题和困难，在今后的工作中加强协调推动，确保目标任务如期实现。

北京市

3月26日，市老龄委召开全体会议暨贯彻落实《北京市居家养老服务条例》工作会，对全年养老重点工作进行了安排部署。

10月21日，2015年度北京十大“孝星榜样”正式揭晓。

综　　述

2015年是全面深化改革的关键之年，是全面推进依法治国的开局之年。北京市老龄办以党的十八届五中全会及习近平总书记系列重要讲话精神为统领，认真贯彻落实市委、市政府的决策部署，以实施《北京市居家养老服务条例》（以下简称《条例》）为抓手，坚持养老服务社会化、产业化的发展方式，积极推动我市老龄工作实现创新发展。

一、统筹规划，构建全市老龄工作一盘棋的新格局

积极协调成员单位开展涉老工作，指导区县落实工作任务，加强顶层设计，扩大社会参与，在新形势下全面推进首都老龄事业再上新台阶。

（一）加强老龄工作的统筹协调

为强化对全市养老服务业发展工作的组织领导和统筹协调，市老龄委对其成员单位职责进行了修订，制定成员单位年度述职实施办法和老龄工作督查督办办法，对成员单位和各区老龄委在落实法律法规、重大决策、重点工作部署等事项情况进行督查督办。市老龄委于2015年3月份召开全体会议暨贯彻落实《北京市居家养老服务条例》工作会，对全年养老重点工作进行了安排部署，将《北京市居家养老服务条例》分解成26项任务落实到各有关委办局和各区县政府，由主管老龄工作副市长与责任单位签订责任书，逐一明确工作任务和完成时限，保证政策的精确性和落实的实际效果。

（二）以全国人大、市人大开展执法检查为契机，推

进居家养老服务工作落实

5至10月，市人大重点对贯彻落实《北京市居家养老服务条例》情况进行执法检查，听取8个区县政府的情况汇报，深入近三十个街道、社区，实地检查托老所、日间照料机构、养老服务机构、养老设施场所开展居家养老服务情况；专题调研5次，集中检查和座谈18次。9月23日至25日，全国人大常委会副委员长张宝文带队来京开展《老年人权益保障法》贯彻落实情况执法检查。老龄协会（老龄办）按照市人大、市政府的要求，积极协调政府相关部门和各区县政府，协助做好全国人大、市人大执法检查工作，并得到充分肯定。围绕落实《条例》，市老龄委各成员单位及相关政府部门2015年出台了《养老服务设施专项规划》、《居住区无障碍设计规程》、《养老照料中心建设三年行动计划》、《支持养老照料中心和养老机构完善社区居家养老服务功能的通知》、《开展养老助餐服务体系试点建设工作的通知》、《开展经济困难的高龄和失能老年人居家养老服务试点工作的通知》、《社区卫生服务机构支持居家养老服务指导意见》、《进一步完善老年人健康管理工作的通知》、《开展居家养老护理员培训试点工作的通知》、《养老助残卡管理办法》、《进一步加强北京市老年人优待工作的意见》等一系列政策措施，进一步完善了居家养老服务政策体系。

（三）强化顶层设计，编制发展规划

开展《北京市“十三五”时期老龄事业发展规划》编制工作，并首次将其列为全市重点专项规划。在规划编制过程中，紧密结合北京作为“四个中心”的功能定位和京津冀协同发展有关要求，根据养老服务需求向居家养老服务发展的新特点，在大力推进养老服务社会化、产业化、信息化、体系化发展，构建四级养老服务网络，打造幸福养老工程方面科学谋划。

二、抓好重点，创出首都老龄工作新特色

为促进“9064”养老服务模式均衡、协调发展，市老龄协会按照市政府的要求，将养老工作重心转移到加快发展居家和社区养老上来，完善社区养老服务设施，培育发展居家养老服务单位，围绕需求做市场，围绕居家做服务，围绕体系做创新。

（一）先试先行，创新发展模式

一是试点开展养老助餐服务体系建设，集中力量解决老年人居家生活难题。2015年投入资金4495万元，在城六区和顺义、房山共8个区开展养老助餐服务体系建设试点，培育养老助餐特色品牌。鼓励大型社会餐饮企业通过建立“远郊中央厨房＋冷链输送＋社区配送站”的社区配餐网络，包片为老年人提供配餐、助餐和送餐服务。根据老年人的生理特点和营养需求，制定并推广符合老年人需求的老年营养餐标准。

二是试点开展经济困难的高龄和失能等老年人补贴工作，完善基本养老服务制度。为落实财政部、民政部、全国老龄办《关于建立健全经济困难的高龄、失能等老年人补贴制度的通知》，印发了《关于2015年开展经济困难的高龄和失能老年人居家养老服务试点工作的通知》和《关于经济困难的高龄和失能老年人居家养老服务试点工作中有关服务事项的通知》、《关于在本市建立经济困难高龄失能老年人补贴制度的实施办法》、《关于建立养老服务评估制度的通知》等配套文件，投入市级补助和评估资金8816万元，选择西城、海淀、朝阳、顺义、密云五个区开展试点工作，向经评估符合条件的经济困难失能老人提供护理服务。民政、卫生计生、人力社保、财政等多部门联合建立老年人能力评估体系，开展老年人综合评估和需求调查，全面掌握本市失能老年人的精准数据。

三是试点开展居家养老护理员培训，提高养老服务专业化水平。印发《关于开展居家养老护理员培训试点工作的通知》，委托市老龄产业协会开展培训工作，召开专家评审会，确定了教材、教学大纲、考核题库、服务标准，确定7家培训机构纳入市人保局培训管理平台子系统。

四是支持开展政策性长期照护保险试点。海淀区试点通过引入商业保险，借助其市场运作优势，采取政府补贴和个人缴纳的运营模式，为失能老人提供长期照护保障。试点方案已经形成，对保障对象、缴费方式、保险待遇、服务项目等条款做出了规定。

（二）突出重点，完善居家养老服务

建设街乡镇层面为老服务综合专业平台。2015年，先后印发《关于依托养老照料中心开展社区居家养老服务的指导意见》和《关于支持养老照料中心和养老机构完善社区居家养老服务功能的通知》，投入市级资金5720万元，对已建的96个养老照料中心开展短期托管、助餐、助洁、助浴、助医等10项重点服务内容进行扶持，打造区域性养老服务平台。

完善家政和照料服务。将养老服务作为家政服务培训重点，加强家政从业人员岗位技能培训和素质教育，规范老年人家庭护理、保洁、助浴、辅助出行等家政服务。支持社区托老服务发展，按照每床每月300至500元的补贴标准，全年给予社区全托型托老所提供的2万服务床次共计675万元床位补贴。

完善居家配送服务。发展居家养老服务单位14788家，包括了百货购物、餐饮、医药医疗、家政服务、生活照料、日间照料、养老机构、文化娱乐、社区便利等九大类服务。引导超市企业为老年人购物提供免费送货上门服务，引导购物网站采取货到付款方式为老年人网络消费提供方便。为边远山区老年人提供订单服务，按季度以订单形式预定，利用邮政配送体系将产品配送入户；为农村老年人提供大篷车特供产品服务。

全面推进养老助残券“券变卡”工作。打造北京市96156小帮手养老助残服务平台，实现“北京通—养老助残卡”的社会化发放和养老服务商的社会化管理。截至2015年12月29日，全市累计制卡510220张，累计充值6.14亿元，累计消费5.27亿元，带动老年人消费5亿元，发展服务单位14788家，服务资金结算时间由90天缩短为2天，每月交易数据百万条。通过全面掌握持卡老年人的需求信息，为科学决策和完善服务提供了重要支撑。

扶持培育养老服务优秀品牌。2015年投入资金1260万元，重点培育与老年人居家生活紧密相关的老年餐饮、康复护理、养老家政等8个行业100个优秀养老服务品牌，扶持养老服务单位专业化、品牌化、连锁化发展。

（三）加强老年福利和优待服务，完善保障服务政策体系

完善老年人社会优待服务。在既有优待服务基础上，2015年将优待服务内容扩展到政务、卫生、交通、商业、文娱、维权等六大类44项，在政务服务、卫生保健、商业服务等方面对有特殊困难、行动不便的老年人新增了提供上门服务的内容。

完善困难老人关爱服务。为有需求的失智老年人配备防走失手环，有步骤地为有需求的高龄、失能、独居、空巢老年人家庭安装紧急呼叫救援设备。2015年投入资金1200万元，扶持社会组织为老年人提供心理疏导、矛盾化解、法律援助、心理健康教育等精神关怀公益服务。

完善老年人福利保障。做好办理优待卡证、高龄津贴发放、高龄医疗补助和老年人意外伤害保险等工作。截止到12月底，为287744人办理优待卡，为102409人办理优待证。建立老年人意外伤害保险制度，为7万名特殊困难老人统一投保。为2875人次95周岁及以上老年人报销医药费786.61万元。发放高龄津贴90至99周岁458114人次，发放金额4581.14万元；100周岁及以上老年人8052人次，发放金额161.04万元。为符合条件的3333人发放高龄困难老年人慰问金199.98万元。

（四）全面动员，积极培育尊老敬老文化

大力宣传社会敬老爱老模范和老有所为榜样，积极引导老年人参与社会发展，营造社会良好道德氛围。

1. 评选万名孝星，传承敬老美德。评选命名5000名“孝星”，并从历年评选命名的55000名“孝星”中推选出百名“孝星榜样候选人”，从中产生10名“孝星榜样”。评选活动的系列宣传实行社会化运作，依托专业媒体全面策划执行，通过电视、网络、新媒体等多种渠道进行集中投放，积极宣传孝文化，形成“大众积极参与，人人为孝行代言”的社会氛围。

2. 举荐老有所为，提倡积极养老。动员社会积极推选“老有所为”典型人物，委托社会组织和媒体举办“老有才啦”、“银发达人秀”评选节目。在敬老月、老年节期间，组织动员政府部门、社会组织、各区和社会各界，开展形式多样的老年人活动。

3. 注重扶持发展，发挥老年协会作用。目前，全市共有各级老年人协会5330个、参加人数35.1万。积极推进区县、街（乡）、居（村）三级基层老年协会建设，鼓励有条件的基层老年协会社团登记，重点强化街乡镇老年协会承上启下的枢纽作用。结合2015年第九届社区换届选举做实社区老年协会发展平台，要求各区在老年人口集中的社区增设老龄工作委员会。

重要会议和活动

【《中华人民共和国老年人权益保障法》执法检查】9月23日至25日，全国人大常委会副委员长张宝文带队来京开展《中华人民共和国老年人权益保障法》执法检查，通过听取市政府及市发改委等相关委办局专题汇报，深入西城区、朝阳区、丰台区、通州区的城乡社区和多种类型养老服务场所实地考察，与市人大代表、专家学者、养老服务机构、老龄工作者、社会组织代表和老年人代表等进行座谈交流，全面了解我市实施老年人权益保障法和完善老年人合法权益保护机制、社会养老服务体系建设、老年人社会救助和社会参与等情况，广泛听取改进工作和完善制度的意见和建议。9月23日上午，中共中央政治局委员、市委书记郭金龙，全国人大常委会副委员长张宝文，市人大常委会主任杜德印，全国人大内务司法委员会副主任委员秦光荣进行了座谈；下午，执法检查组在市人大机关召开会议，市人大常委会主任杜德印致欢迎词，副主任牛有成主持会议，副市长张延昆代表市政府汇报贯彻落实老年人权益保障法总体情况，市发改委、市民政局、市财政局、市人力社保局、市国土局、市住建委、市卫计委、市老龄办进行专题汇报。检查组对北京市的贯彻落实工作充分肯定，认为北京市在全面深化改革中统筹推进，着力解决实施过程中存在的突出问题，不断完善工作机制，创新工作方法，整体工作取得了新进展。特别是在坚持政府主导作用、强化政府责任、做好系统规划推进，加强财政资金保障，引导社会力量进入养老服务领域、开展社会化居家养老服务等方面北京市已经走在了全国前列，提供了值得借鉴的宝贵经验。

【国务院督查组开展养老服务业发展政策措施落实情况进行督查】受国务院办公厅督查室委托，民政部对促进养老服务发展政策措施落实情况开展督查，对河南等10省进行实地督查，对包括北京在内的20个省市进行交互督查。市民政局副局长李红兵带队督查天津，新疆民政厅副厅长张贞德带队督查北京。10月9日至13日，督查组赴怀柔

区、昌平区、东城区、朝阳区的 12 个养老服务单位进行实地督查，听取怀柔区、朝阳区政府汇报，并与相关机构、社会组织和老年人代表进行座谈交流。10 月 13 日下午，督查组听取市民政局、市发改委等 9 个委办局汇报养老服务业发展政策措施落实情况，查阅相关出台政策文件，反馈督查意见，市民政局党委书记、局长李万钧主持会议。督查组对北京市落实国务院出台的促进养老服务业发展的政策措施给予充分肯定，认为北京市民政局及各委办局具有创新的工作理念、扎实的工作态度、过硬的工作素质和良好的工作作风，北京在加强养老服务业发展方面走在了全国前列，工作有特色、有亮点、有创新，用市场意识、市场思维、市场手段解决社会主义市场经济条件下的养老服务发展问题。

【召开北京市老龄工作委员会 2015 年第一次全体会议暨贯彻落实《北京市居家养老服务条例》工作会】3 月 26 日，北京市老龄委召开市老龄委 2015 年第一次全体会议暨贯彻落实《北京市居家养老服务条例》工作会。副市长、市老龄委主任戴均良，全国老龄办副主任吴玉韶，市老龄委常务副主任、市民政局局长、市老龄办主任李万钧等领导出席会议并讲话，市政府副秘书长、市老龄委常务副主任戴卫主持会议。会议对全年养老重点工作进行了安排部署，戴均良同志分别与市发改委、市卫计委的有关负责同志签订了《贯彻落实〈北京市居家养老服务条例〉责任书》。吴玉韶同志希望北京市从新时期首都城市战略定位和努力破解人民群众关心的热点难点问题出发，发挥政府主导作用和发挥市场的决定性作用，要大力发展专业服务队伍，还要广泛动员社会参与。戴均良副市长强调要深刻认识人口老龄化的严峻形势，变压力为动力，变挑战为机遇，积极谋划，主动作为，大力发展首都新常态下的老龄工作。市老龄委成员单位委员、联络员，各区主管民政工作区长、民政局局长、主管局长、老龄办主任，市老龄办处级以上领导干部及新闻媒体共 160 人参加了会议。

【举办贯彻实施《北京市居家养老服务条例》宣传月启动仪式】《北京市居家养老服务条例》于 5 月 1 日正式实施，为营造良好社会氛围，促进《条例》实施，加快居家养老服务发展，4 月 30 日，由北京市人大常委会法制办、内司办，市民政局，市司法局，市老龄办主办《条例》宣传月启动仪式。全国老龄办副主任肖才伟，北京市民政局党委书记、局长李万钧致辞，市人大常委会副秘书长、内务司法办公室主任刘维林宣布“《条例》宣传月”启动。市人大常委会法制办副主任邹维萍，市民政局副局长李红兵等领导出席活动。市人大、市政府、市老龄委部分成员单位，城六区民政、老龄、司法部门有关人员，部分街乡、社区代表，养老服务单位、社会组织代表共 300 余人参加了活动。

【召开居家养老服务视频工作会】4 月 15 日，北京市老龄办召开居家养老服务视工作会，市民政局副局长李红兵作业务培训培训会上，详细讲解了《北京市居家养老服务条例》和《依托养老照料中心开展社区居家养老服务的指导意见》，并就全面落实《北京市居家养老服务条例》、制定“十三五”老龄事业发展规划、老年助餐、养老照料中心建设等工作进行了任务分析和重点工作部署。各区民政局、老龄办及相关街（乡、镇）负责同志参加会议。

【召开首届养老照料中心负责人培训班】4 月 14 日，北京市民政局党委书记、局长李万钧作开班动员。全市 100 多家养老照料中心的负责人和各区民政、老龄部门相关负责人共 150 余人参加为期 3 天的培训。此次培训班为全市养老照料中心负责人搭建平台，相互交流学习，对目前发展运营中存在的问题共同研讨，推动政府下一步工作的展开。主要培训内容包括照料中心建设要求和管理、负责人综合素质与能力建设、康复辅具的配置和使用、照料中心安全管理、照料中心无障碍卫浴设备的配置等。

【召开养老助餐服务体系建设试点经验交流会】5 月 14 日，北京市民政局、市老龄办在西城区召开养老助餐服务体系试点经验交流会。东城、西城、朝阳、海淀、丰台、石景山区负责养老助餐工作的民政、老龄工作负责人参观了月坛街道广电部 302 食堂和广内街道老年餐吧，听取了西城区民政局、西城区广外街道社区中心、庆丰包子铺集团经验介绍，并就相关工作经验和存在困难进行了座谈交流。会议强调要进一步明确目标任务，运用好社会化专业化手段，打造好养老助餐服务体系品牌。

【召开全市基层老年协会建设工作培训视频会】6 月 10 日，北京市民政局、北京市老龄办召开会议通报全国老龄办关于加强基层老年协会的文件精神，安排部署全市推进基层老年协会建设的重点任务。市民政局副局长李红兵做辅导讲话。会议强调，各区要制定本区基层老年协会发展目标、重点任务以及推进方案；重点推进街乡镇老年协会发展，强化其承上启下的枢纽作用；借助第九届社区换届选举工作，做实社区老年协会建设发展平台；把基层老年协会纳入社团登记，鼓励具备法人资质的老年协会参与政府购买服务，逐步实现规范管理。各区民政局主管副局长、老龄办主任、社团部门负责人、各街乡镇主管负责人以及基层老年协会代表等参加了培训。

【召开 2015 年居家养老服务优秀品牌推广会】为增强养老服务品牌宣传社会效应，12 月 17 日召开居家养老服务优秀品牌推广会，北京市民政局局长李万钧出席活动并讲话。会议强调，一要把握养老服务发展的重要机遇，加大扶持力度；二要树立养老服务社会化、市场化、产业化的发展理念，建立统一开放、平等参与、竞争有序、充满活力的市场环境；三要积极推进居家养老服务品牌化、规模化发展，拓宽服务领域，规范服务标准和流程，促进城乡服务一体化，培育优秀养老服务品牌。市民政副局长霍军、李红兵，市商务委、市财政局、市残联负责同志出席会议，市老龄办常务副主任王小娥主持会议，300 余家居家养老服务单位负责人参会。

【召开全市老龄办主任工作会暨“十三五”老龄事业发展规划研讨会】11 月 27 日至 28 日，北京市老龄办召开会议，市民政局副局长李红兵出席会议并对老龄重点工作任务和市、区老龄办自身建设方面提出了具体要求：一是着力推动老龄办管理体系的改革，根据老龄办“统筹、协调、组织、指导”的职能作用，积极适应在工作定位、工作方式、人员构成方面的变化和调整。二是各级老龄部门要加强与本级老龄委成员单位的横向联系协调，充分发挥各部门涉老工作职作用。市老龄办要根据各区实际情况加强对区老龄办的指导、沟通和业务工作的跟踪考核，区老龄办要加强对街道（乡镇）的工作指导，切实提高各级老龄工作部门政策执行的水平和能力。三是要树立社会化运作养老服务工作理念，多方听取专业组织和专家学者的意见，挖掘有为老服务热情、具备一定实力的专业机构参与为老服务，加强与社会组织的交流与合作，给予社会单位养老服务支持。四是各区老龄办按照《北京市居家养老服务条例》主动推进工作，从顶层设计层面，将思想和行动统一到中央领导人对老龄工作的系列重要指示和决策部署上来，做好本地区“十三五”时期老龄事业发展的谋篇布局，加强调研，明确方向；从实际操作层面，要根据问题和需求安排项目、资金，按照市场规律积极开展政府购买服务的探索，做好政策落实和各项服务的跟进。市老龄办副处长以上干部、16 区老龄办主任及首都部分高校专家、学者参加会议。

【召开北京市老龄委成员单位联络员会议】12 月 31 日，为做好北京市老龄工作委员会 2016 年第一次全体会议的筹备工作，贯彻落实市人大常委会关于《老年人权益保障法》执法检查报告审议意见的意见、建议，召开市老龄委成员单位联络员会议。会议介绍市老龄委 2016 年第一次全体会议筹备情况、市人大常委会关于《老年人权益保障法》执法检查情况报告审议意见的任务分解（征求意见稿）情况，市老龄委成员单位联络员就任务分解进行了研讨。市民政局副局长李红兵出席会议并讲话，市发改委、市财政局等 15 家成员单位的联络员和市民政局、市老龄办相关处室负责同志参加会议。

【参加第四届中国国际养老服务业博览会暨“第四届中国国际养老服务业发展论坛”】5 月 6 日至 8 日，第四届中国国际养老服务业博览会开幕式暨“第四届中国养老服务业发展论坛”在北京国家会议中心举行。博览会由民政部、全国老龄办，中国社会福利协会、中国老龄产业协会、北京市民政局、北京市老龄工作委员会办公室共同承办。来自 11 个国家和地区，以及国内 27 个省、自治区、直辖市养老服务领域的政府部门、养老服务机构、品牌企业、老年产品研发机构参展。第四届中国养老服务业发展论坛以“凝智聚力创新服务人人共享和谐发展”为主题，从宏观视角积极探讨了制度建设、政策创新的经验，探索了推进老年福利事业发展的路径，北京市民政局局长李万钧在论坛中介绍了政府职能作用如何推动首都养老产业发展。

各项业务进展

【贯彻落实《北京市居家养老服务条例》】3 月 26 日，市老龄委召开全体会议暨贯彻落实《北京市居家养老服务条例》（以下简称《条例》）工作会，对全年养老重点工作进行了安排部署，将《条例》分解成 26 项任务落实到各有关委办局和各区政府，由主管老龄工作副市长与责任单位签订责任书，逐一明确工作任务和完成时限。市老龄办、市司法局联合下发《关于学习宣传贯彻〈北京市居家养老服务条例〉的通知》，要求各区广泛深入开展居家养老服务政策法规的宣传。4 月 30 日，市人大常委会法制办、内司办，市民政局，市司法局，市老龄办等单位，在中山公园举办《条例》宣传月活动启动仪式，为老年人开展《条例》解读、心理健康咨询、法规政策咨询服务活动。6 月至 10 月，协助市人大开展贯彻落实《条例》执法检查工作，积极协调政府相关部门和各区落实迎检工作，开展专题调研 5 次，集中检查和座谈 18 次。

【加强老龄工作统筹协调】根据《北京市老龄工作委员会工作制度》和《北京市老龄工作委员会成员单位职责》，制发《北京市老龄工作委员会督察督办实施办法（试行）》和《北京市老龄工作委员会成员单位年度述职评议实施办法（试行）》，发挥市老龄委对老龄工作的统筹协调作用，对成员单位和各区老龄委在落实法律法规、重大决策、重点工作部署等事项情况进行督查督办。

【编制《北京市“十三五”时期老龄事业发展规划》】《北京市“十三五”时期老龄事业发展规划》列为市级重点专项规划，按照“四个全面”战略布局要求，牢固树立创新、协调、绿色、开放、共享的发展理念，以探索构建中国特色养老服务体系的北京模式为统领，全面实施居家养老幸福工程，强化社会化、产业化、体系化、信息化的方向引领，凝聚居家、社区和机构养老的整体合力，建设市级指导、区级统筹、街乡落实、社会参与的四级服务网络，健全养老保障、养老服务、老龄工作和老龄政策四个体系，按照试点先行，全面推进的原则，着力推进“医养结合”、“互联网＋”养老服务、养老服务队伍建设和老龄产业发展四项重点工作，完善养老重大政策和制度，全面放开养老服务市场，为增进老年群众福祉，使首都的老年人有更多的获得感、幸福感做出新贡献。

【出台《关于进一步加强北京市老年人优待工作的意见》】市民政局、市高法、市委宣传部、市老龄办等27个部门联合印发《关于进一步加强北京市老年人优待工作的意见》(以下简称《意见》)。《意见》对我市现有老年人优待政策进行梳理总结，在保留现有优待内容的基础上，扩展到政务服务优待、卫生保健优待、交通出行优待、商业服务优待、文体休闲优待、维权服务优待六大项共44条具体优待政策，侧重于填补优待项目和内容的空缺。其中，加快建立养老服务评估制度、推进“医养结合”养老服务模式和远程医疗服务模式、65周岁及以上的本市户籍和常住外埠老年人持北京通—养老助残卡免费乘坐市域内地面公交车、完善老年人意外伤害保险制度、利用养老助残卡数据信息合理规划养老服务商发展等居家养老服务需求热点和促进我市养老服务业发展等内容均被列入优待项目之内。9月16日，市民政局就出台《关于进一步加强北京市老年人优待工作的意见》召开新闻发布会，副局长李红兵向新闻媒体通报有关内容。

【完成养老助残券变养老助残卡工作】年内，将原老年人使用的“养老（助残）券”变为集养老服务补贴额度账户、金融借记账户、电子现金账户、市政交通一卡通应用等多功能于一体的北京通—养老助残卡，截至2015年12月29日，全市累计制卡510220张，累计充值6.14亿元，累计消费5.27亿元，带动老年人消费5亿元，发展服务单位14788家，包括了百货购物、餐饮、医药医疗、家政服务、生活照料、日间照料、养老机构、文化娱乐、社区便利等九大类服务，服务资金结算时间由90天缩短为2天，每月交易数据百万条。打造北京市96156小帮手养老助残服务平台，实现“北京通—养老助残卡”的社会化发放和养老服务商的社会化管理。

【加强养老照料中心社区居家养老服务功能辐射】印发《关于依托养老照料中心开展社区居家养老服务的指导意见》和《关于支持养老照料中心和养老机构完善社区居家养老服务功能的通知》，投入市级资金5720万元，对养老照料中心开展短期照料、助餐、助洁、助浴、助医、精神关怀、教育培训、志愿服务、信息管理、拓展服务等10项重点服务内容，按照“成熟一项、开展一项、支持一项、完善一项”的原则，支持286个分项目建设。4月14日，市民政局、市老龄办主办，北京养老行业协会承办养老照料中心负责人培训班，进行照料中心建设要求和管理、负责人综合素质与能力建设、康复辅具的配置和使用、照料中心安全管理、照料中心无障碍卫浴设备的配置等内容的培训。

【试点开展经济困难失能老人护理补贴】落实财政部、民政部、全国老龄办《关于建立健全经济困难的高龄、失能等老年人补贴制度的通知》，印发《关于2015年开展经济困难的高龄和失能老年人居家养老服务试点工作的通知》和《关于经济困难的高龄和失能老年人居家养老服务试点工作中有关服务事项的通知》、《关于建立养老服务评估制度的通知》等配套文件。年内，投入市级补助和评估资金8816万元，在本市四类功能区中分别选择西城、海淀、朝阳、顺义、密云五区开展经济困难失能老人护理补贴试点工作，向经评估符合条件的失能老人发放一定额度的护理服务补贴，组织专业护理服务机构向老年人提供服务，改善其生活条件。建立老年人能力评估体系，培训29家社会评估机构500余名评估员，启动对困难老年人的综合评估和需求调查，为全市开展居家护理服务奠定基础。

【试点开展养老助餐服务体系建设】年内，投入资金4495万元，在城六区和顺义、房山共8个区开展养老助餐服务体系建设试点，培育养老助餐特色品牌。鼓励大型社会餐饮企业通过建立“远郊中央厨房＋冷链输送＋社区配送站”的社区配餐网络，包片为老年人提供配餐、助餐和送餐服务。每个养老助餐点满足区域内城市聚集区约15%、城乡集合区约10%、农村地区约6%老年人就餐需求，午餐价格在15元左右。

【开展为失智老年人配备防走失手环工作】对手环产品性能、外观、需求开展调研、专家论证等前期工作。在开展市场调研的基础上，制定了实施方案，确定了配备条件、手环功能、运行模式、配备流程等，完成了政府采购公开招投标、委托第三方信息审核、签订相关协议、制定宣传方案、研发系统申请平台等工作。

【试点开展居家养老护理员培训】印发《关于开展居家养老护理员培训试点工作的通知》，委托市老龄产业协会开展培训工作，召开专家评审会，确定了教材、教学大纲、考核题库、服务标准，确定7家培训机构纳入市人保局培训管理平台子系统。9月10日，市人大内司委、市民政局、市人力社保局、市财政局、市老龄办、市老龄产业协会共同举办启动仪式。

【扶持社区托老服务发展】落实《社会办全托型托老所床位补贴办法（暂行）》，按照每床每月300至500元的补贴标准，给予各区全托型托老所提供的2万服务床次共计675万元床位补贴，引导和扶持社会力量积极参与，为老年人提供照料服务。

【支持开展政策性长期照护保险试点】支持海淀区试点通过引入商业保险，借助其市场运作优势，采取政府补贴和个人缴纳的运营模式，为失能老人提供长期照护保障。试点方案已经形成，对保障对象、缴费方式、保险待遇、服务项目等条款做出了规定。

【扶持培育养老服务优秀品牌】年内，投入资金 1260 万元对 100 家居家养老服务优秀品牌单位进行资助，扶持我市居家养老服务业向专业化、规模化发展。12 月 17 日，我市召开 2015 年居家养老服务优秀品牌推广会，增强养老服务品牌宣传社会效应，市民政局、市商务委、市财政局、市残联负责同志出席会议，300 余家居家养老服务单位负责人参会。

【老年人社会保障、救助和优待】截止到 12 月底，共为 287744 人办理优待卡，其中本市 206463 人，外埠 81281 人；为 102409 人办理优待证，其中本市 91229 人，外埠 11180 人。全市共计 44.2 万人购买老年人意外伤害保险，其中包含政府统保人群 7 万人；承保保费 859.96 万元，其中 105 万元为市财政统保资金支出，共受理老年人意外险理赔案件 2528 件，累计理赔金额 657.88 万元；完成 2016 年度老年人意外伤害保险项目采购工作。共为 2875 人次 95 周岁及以上老年人报销医药费 7866101.25 元。发放高龄津贴 90 至 99 周岁 458114 人次，发放金额 45811400 元；100 周岁及以上老年人 8052 人次，发放金额 1610400 元。为符合条件的 3333 人发放高龄困难老年人慰问金 199.98 万元。为部分区空巢老年人家庭安装 5000 个“一按灵”和 5000 个烟感器。落实小帮手电子服务器配备使用工作整改措施，自 2014 年底开始免费为全市低保、“三无”、“五保”、优抚对象等困难老年人每人发放一台小帮手电子服务器，截至 2015 年 10 月底共向各区配送用于向困难人群发放的 29896 台“小帮手”电子服务器，完成了原定 225000 台“小帮手”电子服务器的配备使用工作。

【精神关怀】年内，投入资金 1200 万元，扶持社会组织为老年人提供心理疏导、矛盾化解、法律援助、心理健康教育等精神关怀公益服务。

【发布北京市 2014 年老年人口信息和老龄事业发展状况报告】截至 2014 年底，全市户籍总人口 1333.4 万人，其中，60 岁及以上户籍老年人口 296.7 万人，占总人口的 22.3%；65 岁及以上户籍老年人口 200 万人，占总人口的 15.0%；80 岁及以上户籍老年人口 51.6 万人，占总人口的 3.9%；百岁老年人共计 643 人，其中男性 203 人，女性 440 人。在 60 岁及以上户籍老年人口中，男性老年人口 142.7 万人，占 48.1%，女性老年人口 154 万人，占 51.9%；性别比为 92.7。在 60 岁及以上户籍老年人口中，60～69 岁老年人口 156 万人，占 52.6%；70～79 岁老年人口 89.1 万人，占 30%；80～89 岁老年人口 48 万人，占 16.2%；90 岁及以上老年人口 3.6 万人，占 1.2%。全市 16 个区中，60 岁及以上户籍老年人口排在前三位的是朝阳区、海淀区和西城区，分别为 51.3 万人、45.1 万人和 35.7 万人。首都功能核心区、城市功能拓展区、城市发展新区和生态涵养发展区 60 岁及以上老年人口分别为 60.6 万人、135.7 万人、66.9 万人和 33.6 万人，分别占全市老年人口的 20.4%、45.7%、22.5%和 11.4%。

【推进区、街（乡）、居（村）三级基层老年协会建设】6 月 10 日，召开全市基层老年协会建设工作培训会，要求各区制定发展目标、推进方案，鼓励有条件的基层老年协会社团登记，重点强化街乡镇老年协会承上启下的枢纽作用。结合 2015 年第九届社区换届选举做实社区老年协会发展平台，要求各区在老年人口集中的社区增设老龄工作委员会，截至年底，东城区、朝阳区、丰台区、大兴区、怀柔区、延庆区基本落实。鼓励各区开展基层老年协会承接政府购买服务试点，加强培训交流，扶持和推动其规范、健康发展。

【“孝星”命名暨“孝星榜样”评选活动】2015 年，命名 5000 名“孝星”，并从历年评选命名的 55000 名“孝星”中推选出 119 名“孝星榜样候选人”，从中产生魏发团等 10 名“孝星榜样”。本次评选活动的系列宣传实行社会化运作，依托专业媒体全面策划执行，通过电视、网络、新媒体等多种渠道进行集中投放，鼓励大众寻找身边孝行、晒晒眼中的孝行，积极宣传孝文化，形成“大众积极参与，人人为孝行代言”的社会氛围。在《北京晨报》公示“孝星榜样”候选人，在全市 38 个地铁站台投放 50 块“孝星榜样”投票灯箱广告，在人流密集的王府井工美大厦、东直门来福士广场、世贸天阶广场、春平广场、双井富丽城 5 块户外大屏幕循环播出“孝星榜样”投票海报 164 次；顺利完成“孝星榜样”官方微信投票工作；制作“孝星榜样”主题曲《孝是点点滴滴》；微电影《遇见 20 年后的父母》经多家视频网站转载，网络点击量 2 亿次，北京卫视、辽宁卫视、安徽卫视、东南新闻频道、凤凰视频频道对视频进行了全程播放和解读；开展“免费孝心大餐”活动；与北京人民广播电台合作“讲述孝星背后的故事”栏目，宣传百名“孝星”事迹；举办 2015 年度“孝星榜样”评选活动颁奖典礼，并于 10 月 21 日重阳节当日在北京电视台新闻频道播出。

【“老年节”和“敬老月”系列宣传工作】按照全国老龄委关于开展 2015 年“敬老月”活动的通知要求，2015 年“敬老月”的活动时间为 10 月 1 日至 10 月 31 日，活动主题为“培育敬老家风，建设和睦家庭”。在此期间，全市共举办涉及孝亲敬老家庭建设、走访慰问送温暖、志愿服务、法律援助和维权、老年文体和老年人健康促进 6 大类 326 项敬老活动，其中包括“孝星”命名和“孝星榜样”评选活动、第三届“老年节”开幕式及现场活动、发布《北京市 2014 年老年人口信息和老龄事业发展状况报告》、“老有所为”典型人物评选和事迹宣传活动等。9 月 29 日，市老龄办召开“敬老月”活动新闻发布会，向媒体介绍了全市“敬老月”总体安排。

【开展第四次中国城乡老年人生活状况抽样调查北京地区调查工作和数据开发工作】根据全国老龄办、民政部、财政部有关通知要求，积极组织开展调查工作。选取东城、西城、朝阳、海淀、丰台、房山、顺义区的28个街乡镇112个居村委会，确定3360名老年人为入户调查对象。联合北京大学人口所和中国人民大学老年学研究所组成调查队，聘请高校教师、研究生加入调查督导队伍，于7月27日、28日对全市近200名督导员、调查员进行了培训。8月3日上午，全国老龄办副主任吴玉韶带领第四次中国城乡老年人生活状况抽样调查全国督导组第一组，对北京市组织开展第四次调查工作进行督导。8月1日到8月31日顺利完成入户调查工作，9月份完成问卷扫描、数据录入与数据处理工作。12月份开始以抽样调查获得的基础数据为依托，设定7个研究课题，委托有关研究院所开展首都应对人口老龄化“战略性＋应用型”研究。

【维护老年人合法权益】年内，共办理老年人来访来电来信2095人（次、封）。其中，接待来访28人次，答复咨询（求助）电话1696人次，办理“政风行风热线”来信、“12345非紧急救助热线”来信、“民政信息网信访服务系统”来信、“市信访办公系统”来信及其他渠道来信371封，办结率100%。

天津市

综　　述

2015年末天津市60岁以上老年人230.37万，占户籍总人口的22.43%，80岁以上高龄老人33.41万，占户籍总人口的14.31%。

积极协助市人大常委会做好执法检查有关事务工作，深入到和平区、河西区、津南区、静海区进行了执法检查，实地察看了和平区五大道街老年日间照料中心居家养老、社工服务情况，河西区马场街社区卫生服务中心医养结合、失能失智老人专业护理、临终关怀情况，市老年人大学开展老年教育情况，并与养老服务机构和社会组织代表、老年人沟通交流。

总结我市老龄事业发展“十二五”规划执行情况。对照《天津市老龄事业发展“十二五”规划检查评估量化指标表》，共包括老年社会保障、老年医疗卫生保健、老年家庭建设、老龄服务、老年人生活环境、老年人精神文化生活、老年社会管理、老年人权益保障等8项一级指标，52项二级指标，检查评估本区县“十二五”期间老龄事业发展取得的成绩、经验，存在的主要问题及原因；各成员单位检查评估的主要内容包括老龄政策创制、老龄活动开展、老龄工作数据的基本情况等。

完成第四次中国城乡老年人生活状况抽样调查工作，此次调查由全国老龄办、民政部、财政部共同主办，全国31个省级老龄办协办，除香港特别行政区、澳门特别行政区和台湾省之外，共有31个省、自治区、直辖市以及新疆生产建设兵团的466个县（区）、1864个乡镇（街道）、7456个村（居）参与调查工作，首次实现覆盖全国范围的调查目标。第四次调查涉及我市滨海新区、南开区、红桥区、武清区4个区，16个街道（乡镇）、64个社区（村），样本量为1920。

会同市财政局提高我市百岁老人营养补助费，从2015年1月起将百岁老人营养补助费由每人每月200元提高至每人每月500元。

开展敬老月活动。举办“建设美丽天津共享美好生活——天津市百岁老人”主题摄影展。开展“法治阳光温暖老龄”为主题的助老维权义务法律咨询活动。举办2015（第二届）天津市幸福养老论坛；我市老年学学会会长、天津社科院原院长王辉被全国老龄办评为全国最美老有所为人物、市第二教育局原局长缪礼寅为全国“老有所为”先进典型人物。建立新闻通报制度，解读老龄工作的方针政策、发布老龄事业权威数据，通报近期重点老龄工作动态。

河北省

全国老龄办党组成员、副主任肖才伟率领民政部督查组到河北督查养老服务业发展政策落实情况，省民政厅副厅长王云等陪同督导。

省民政厅厅长赵凤楼、副厅长许祯科在石家庄市调研养老机构建设情况。

综　　述

截至2015年底，河北省60岁以上老年人口已达到1212万，占全省总人口的16.3%，比上年度增加96万人，1.2个百分点。老年人口呈现大幅增长，逐年加速态势。2015年，河北省老龄系统紧紧围绕年度目标任务，着力推进老年优待政策落实，倾力打造老龄工作特色品牌，努力营造敬老、养老、助老氛围，大力夯实为老服务工作基础，克服困难、勇于担当、开拓创新、扎实工作，在履行法定职能、发展老龄事业上又做出了新的尝试和探索。

一、着力推动涉老政策落实，老年维权优待取得新突破扎实做好“一法一条例”执法检查

积极协调省老龄委成员单位和各市老龄办，深入调研、总结《老年人权益保障法》和《河北省老年人保护条例》施行情况，精心起草省政府贯彻落实“一法一条例”情况报告，会同省人大执法检查组深入石家庄、衡水、保定、廊坊等市，开展执法检查，在准确分析我省老年人权益保障工作现状的基础上，对如何加强和改进工作提出了有针对性的意见建议，形成检查情况报告，报省十二届人大常委会第十八次会议审议通过。全力督导老年人优待办法落实。2015年是省优待办法全面施行的第一年，各地高度重视，主动作为，大力推动本地实施细则出台。经过全省各级老龄工作机构共同努力，优待办法中70岁以上老年人免费乘坐公共交通车辆、旅游场所对70岁以上老年人全免门票和60岁以上老年人半价优惠等优待政策都得到较好落实。全省169个县（市、区）全部建立高龄津贴制度，其中155个县（市、区）实现了全覆盖，总计惠及116.7万高龄老人。深入开展老年维权工作。积极协调各地各有关部门广泛开辟老年人维权“绿色通道”，大力推广法律援助上门服务，热情接待来访老人，解决涉老维权优待问题。联合省直六部门，扎实做好老年维权先进集体评选表彰工作，向全国评选表彰工作领导小组推荐表彰“全国老年法律维权工作先进集体”11个，评选表彰省级先进集体30个，有效调动了为老维权工作的主动性和积极性。

二、倾力打造特色工作品牌，系列敬老活动开创新局面积极推进第二届全国“敬老文明号”创建

将“敬老文明号”创建活动评比表彰项目列入省级行政职能权力清单，纳入地方法制化管理轨道。采取强化主体责任意识、强化典型培养、强化督促指导等措施，推动创建活动深入开展。10月份在邢台市威县召开全省第二届“敬老文明号”创建工作现场观摩推进会，推出了一批具有引领示范作用的先进典型，提高了各窗口行业参与创建活动的积极性。更多市、县将创建工作纳入了党委政府议事日程。在全国老龄办召开的创建活动经验交流会上，做了典型经验介绍。石家庄、保定、沧州、承德、廊坊、张家口、邢台、辛集等市，工作更扎实，效果更明显。精心组织“敬老月”系列活动。紧紧围绕“培育敬老家风，建设和睦家庭”主题，组织协调各地、各有关部门积极开展丰富多彩的尊老敬老和惠及老年群体的爱老助老活动。全省组织了全省中老年人才艺风采大赛和“健康之星”评选，石家庄市老龄办组织了“我们的节日·重阳敬老”系列活动；保定市老龄办协调市财政资金152万元，集中为市区15.2万老年人免费购赠了“助老健康御险”；廊坊市老龄办协调资金5万元，为100名高龄困难老人作了健康检查；秦皇岛市老龄办与市电视台联合拍摄了《孝在港城》专题教育片，衡水市老龄办印制出版了《百名百岁老人风采画册》，唐山、定州、辛集市老龄办为部分老年人组织了健康义诊和免费体检，邯郸、邢台、沧州、承德、张家口等市分别组织了多种形式的老年文体活动。据不完全统计，“敬老月”期间，全省各级各部门领导参加走访慰问老年人活动达1200余人次，发放慰问金、慰问品合计价值金额500多万元；向1000余万手机用户发送敬老公益短信2000多万条，在全社会尤其是老年群体中引起强烈反响。成功举办第二届中国（河北）国际老年产业博览会。由省老龄办发起，省老年产业协会承办的以“关爱老人、创新服务、交流合作、共谋发展”为主题的老博会，全方位、多层次地展示了国内外老年产业发展的科研和实践成果，来自国内外的200余家商企参展，观展人数近10万人次，成交金额逾千万元，签订意向协议近2亿元。以上三项全省性活动，组织有序，影响广泛，品牌效应日趋显现。

三、大力加强为老服务工作，老龄事业发展迈出新步伐有序推进基层老年协会规范化建设

从加强基层老年协会规范化建设、提升协会“三个自我”（自我管理、自我教育、自我服务）能力素质入手，指导各地打造协会建设标杆，探索适应我省城乡实际的基层老年协会建设模式。截止2015年底，全省城镇社区和农村行政村分别建立基层老年协会3668和39812个，建会率分别达到95.2%和82%以上，在维护老年人权益、参与社会公益事务、组织老年人参与经济社会建设、丰富老年人精神文化生活等方面的作用发挥日趋明显，100个示范性城乡社区老年协会受到省通报表彰。扎实推进“爱心护理工程”建设。坚持把“爱心护理工程”建设作为构建养老服务体系的重要内容，加大资金奖补力度，广泛开展宣传动员，有力推进项目健康发展。2015年，全省有13家社会办养老机构被列为全国“爱心护理工程”建设基地，2家被评为全国示范基地。截止目前，我省累计保有全国爱心护理工程建设基地70家、示范基地6家，拥有床位1.6万张，收养失能老人6900多人。在第十次全国爱心护理工程工作会议上，国家老龄办领导评价我省为“全国护理服务机构、设施发展最快和最多的省份”。深度推进“助老安康工程”建设。省民政厅和省老龄办联合制发了《关于进一步推进老年人意外伤害保险工作的指导意见》，督促各地抓好工作落实。一年来，各地通过对标先进，查找差距，跨越追超，参与“助老安康工程”的老年人数量不断增加，1536名老人及时领取了意外伤害保险赔偿，更多参保老人得到了有效的健康保障。

四、协力推行全面科学创新，老龄基础工作取得新进展多法构建老龄工作平台

省老龄办克服缺人员、少经费等诸多困难，建立完成工作网站，并已实现常态化运行。这一门户网站，通过有效整合省内3个涉老专题网站、1份老年杂志、1份老年报刊、省电视台和广播电台2个老年专题栏目等资源，搭建起了集老龄政策法规宣传、老年权益维护、全省老龄工作动态等一体的比较权威的宣传阵地，形成了省一级老龄宣传工作新格局。同时，开发完成河北省老龄事业发展数据统计系统，使我省老龄系统数据统计工作一跃迈入信息化时代。培树宣扬涉老工作典型。积极开展“银龄行动”，充分调动广大老年人参与社会的积极性、主动性，鼓励他们“夕阳更红”，实现人生价值。燕山大学材料科学与工程学院退休教授王文魁、冀州市医院主任医师吴殿华被评为2015年“全国老有所为先进典型人物”，高英等13名个人、1个群体被评为“河北省老有所为先进典型人物”，成为众多“老有所为”工作者的杰出代表。大力弘扬敬老养老助老社会风尚，深入挖掘孝亲敬老先进典型。先后推出以“敬老爱心餐”推进尊老敬老示范村建设的威县、将“敬老文明号”创建活动纳入县委、县政府治县方略的行唐县、关爱孤寡留守老人的威县孙家寨村党支部副书记付宏伟、衡水润露食品有限公司董事长张秀忠、承德县玉龙山庄幸福家园负责人丁玉龙、涞水县宏路敬老院院长艾宏路等一大批先进集体和个人，有效促进了中华敬老文化的传承和创新。高效完成“十二五”规划执行情况检查评估。按照全国老龄委统一部署，省老龄办协调省老龄委各成员单位和各市老龄办，结合本地、本部门实际，实事求是地做好了自查自评，同时组织专门力量，对部门市、县进行了抽查和第三方评估。从检查评估结果看，我省如期完成老龄事业发展“十二五”规划目标任务，其中，企业职工养老保险参保率及增长比例、社区居家养老服务中心数量、农村互助幸福院数量、养老床位数量等重要控制性指标全部达标。省老龄办在系统总结省老龄事业发展“十二五”规划执行的经验和不足基础上，形成正式评估报告，上报全国老龄办和省政府。同时，还如期完成了第四次城乡老年人生活状况抽样调查、老龄政策调研等工作，从而，为制定我省老龄事业发展“十三五”规划提供了准确、详实的数据和理论支撑。

重要会议和重大活动

【河北省2015年老龄工作会议】2015年3月20日，河北省2015年老龄工作会议在石家庄召开。各设区市和省直管市（县）分管老龄工作的民政局副局长、老龄办主任及部分省级涉老社会组织负责人参加会议。石家庄、唐山等

11个各设区市和定州、辛集市老龄办作了特色经验交流。河北省民政厅党组成员、老龄办副主任王云做重要讲话，河北省民政厅党组成员、老龄办专职副主任许祯科作了题为《适应新常态，谋求新跨跃，着力开创河北老龄工作新局面》的工作报告，总结了全省2014年老龄工作，部署了2015年工作任务，要求各地要提高工作主动性、前瞻性、创新性和执行力，通盘考虑年度任务，科学制定工作计划，确立工作目标，明确责任分工，把握工作节奏，抓好工作落实。

【河北省老龄委成员单位联络员工作座谈会】2015年3月20日下午，河北省老龄办在石家庄召开省老龄委成员单位联络员工作座谈会。会上27个成员单位分别汇报了贯彻落实《河北省老龄工作委员会2014年老龄工作要点》情况，提出了2015年老龄工作安排意见。河北省民政厅党组成员、省老龄办专职副主任许祯科出席会议并讲话。

【举办河北省养老护理员职业技能大赛】2015年中国技能大赛河北省养老护理员职业技能大赛于4月27日在石家庄正式开赛，来自全省各市31名养老护理精英参加了竞赛，充分展示了我省养老护理员精湛的职业技能和良好的精神风范，大赛中取得前三名成绩的选手已获得“河北省技术能手”称号。

【第二届中国（河北）国际老年产业博览会】2015年5月10日，第二届中国（河北）国际老年产业博览会在石家庄市人民会堂正式拉开帷幕。全国老龄办副主任肖才伟、河北省民政厅厅长赵风楼在开幕式上致辞。此次博览会以“关爱老人、创新服务、交流合作、共谋发展”为主题，全方位、多层次地展示了国内外老年产业发展的科研和实践成果。参展内容涵盖养老服务产业、老年健康产品、老年养生保健、老年生活用品、老年休闲旅游文化和老年政策服务等。博览会为期三天，近200家企业参展，观展人数近10万人次，成交金额逾千万元，签订意向协议近2亿元。

【开展“惠民利老进社区”大型公益活动】2015年5月16日河北省“惠民利老进社区”大型公益活动的正式启动。活动通过社区、爱心机构、居民、爱心人士互动的方式，更好地调动爱心机构与人士为老服务的积极性、更好的提升自身公益形象。省民政厅党组成员、省老龄办专职副主任许祯科参加启动仪式并讲话。

【举办第四次中国城乡老年人生活状况抽样调查河北骨干培训班】2015年7月8日，第四次中国城乡老年人生活状况抽样调查河北骨干培训班在石家庄举办。全省11个设区市和23个被抽中县（市、区）调查骨干参加此次培训。国家老龄科学研究中心助理研究员曲嘉瑶同志应邀授课。河北省民政厅党组成员、省老龄办专职副主任许祯科同志出席开班式并作动员讲话。

【老年人权益保障“一法一条例”执法检查】2015年10月12日至15日，河北省民政厅党组成员、老龄办专职副主任许祯科带领省老龄办相关人员，参加河北省人大常委会老年人权益保障“一法一条例”执法检查组，对各地《中华人民共和国老年人权益保障法》和《河北省老年人保护条例》实施情况进行了执法检查。检查期间，检查组先后听取了受检市政府及相关部门的情况汇报，察看了16个民政事业服务中心、民办养老机构、日间照料中心和农村互助幸福院，并同200余位老年人、社区负责人、法律工作者及老年人家属进行了座谈。

【精心组织“敬老月”系列活动】2015年“老年节”期间，全省各地、各有关部门紧紧围绕“培育敬老家风，建设和睦家庭”主题，积极开展丰富多彩的敬老爱老助老以及走访慰问等“敬老月”系列活动。“敬老月”期间，全省各级各部门领导参加走访慰问老年人活动达1200余人次，发放慰问金、慰问品合计价值金额500多万元；向全省1000余万手机用户发送敬老公益短信2000多万条，倡议大家孝敬老人、关爱老人，“老年节”回家看看，在全社会尤其是老年群体中引起强烈反响。

【组织河北省第二届“健康之星”颁奖系列活动】2015年10月20日至21日，由河北省老龄办、省委老干部局、省文明办、省新闻出版广电局、省妇联、省疾控中心主办，河北人民广播电台承办的河北省第二届“健康之星”颁奖系列活动在石家庄以岭健康城成功举办。该活动旨在传播健康的生活理念，树立当代老年人自立自强、乐观向上的先进典型，引领“我健康，我快乐”的生活方式。颁奖活动期间，“健康之星”畅游健康城、健康互动礼不断、北大营养博士签名赠书、“健康之星”颁奖仪式、“健康之星”与吴以岭院士面对面话养生、重阳节京津冀名医大型义诊、戏曲名家票友大联欢等连台好戏依次上演，累计有5000多人次到场分享了此次“健康盛宴”。

【召开京津冀老年产业协同发展座谈会】2015年10月22日至23日，京津冀老年产业协同发展座谈会在河北省保定市涞水县召开。河北省民政厅厅长赵风楼、河北省老龄办专职副主任许祯科出席座谈会。全国老龄办副主任吴玉韶、民政部政研中心副主任刘更光、北京市老龄办常务副主任王小娥、天津市老龄办陈开勇、河北省省委原书记叶连松，以及北京大学、华北电力大学老年产业课题组，中国保健品协会养老分会会长，河北华银集团等进行了座谈交流。会上，许祯科副主任作了题为《抢抓机遇　主动作为　共同推进京津冀养老产业协同发展》的大会发言，同与会专家学者和省内外从事养老产业的知名企业家代表，共同交流探讨在京津冀协同发展背景下，河北养老产业面临的发展机遇与未来的发展方向。

【召开河北省“敬老文明号”创建活动现场观摩推进会】2015年10月27日，河北省第二届“敬老文明号”创建活动现场观摩推进会在河北省邢台市威县召开。河北省民政厅党组成员、老龄办专职副主任许祯科出席会议并讲话。会议听取了石家庄、保定、沧州市和威县、行唐县、魏县开展“敬老文明号”创建活动的经验介绍，以及衡水润露食品有限公司董事长张秀忠、承德县玉龙山庄幸福家园负责人丁玉龙和涞水县宏路敬老院院长艾宏路传承中华敬老文化的事迹宣讲，并实地观摩感受了威县孙家寨村“敬老爱心餐”的感人场景。通过现场实际观摩、典型事迹介绍、交流经验做法，深入探索了开展创建活动的形式、内容和方法，为进一步推动全省“敬老文明号”创建活动的深入开展，提供了重要的借鉴和参考。

【举行河北省第二届中老年才艺风采大赛颁奖典礼】2015年11月3日，河北省第二届中老年才艺风采大赛颁奖典礼在石家庄市青少年宫举行。河北省民政厅党组成员、老龄办专职副主任许祯科到场致辞并为获奖选手颁奖。大赛本着鼓励广大中老年朋友积极参与、快乐老人的宗旨和“公平、公正、公开”的原则，设置了丰富多彩、各具特色比赛项目，为广大中老年朋友搭建了一个展示自我、展现才艺、沟通交流的大平台，实践着全省老龄事业发展“文化养老”的大构想。

【举行河北省“关爱困难高龄慈爱母亲”公益活动】2015年11月13日，由河北省老龄办、省老年事业促进会等单位共同举办的中央财政支持社会组织示范项目“关爱困难高龄慈爱母亲”公益活动在沧州黄骅市举行。来自沧州市19个县（市）区的119位困难高龄慈爱母亲家庭得到爱心救助，每人得到1000元现金、价值700元的米、面、油、棉被和300元人身意外保险。省民政厅党组成员、省老龄办专职副主任许祯科参加了本次活动。

【河北省民政厅厅长赵风楼调研医养结合养老工作】2015年11月19日，河北省民政厅厅长赵风楼带领相关处室负责同志，到邯郸市广平县、邱县调研医养结合养老工作。赵风楼一行先后来到广平县刘贵芳爱心敬老院、邱县福康老年公寓，详细查看了养老院的宿舍、餐厅等设施，详细了解养老院的建设和运营情况，并与老人们亲切交谈。赵风楼指出，医养结合的新型养老模式在解决供需矛盾、提高老人生活质量上有着巨大潜力，是应对老龄化、增进亿万家庭福祉的惠民举措。

各项业务进展

【老年维权优待工作】协调各地广泛开辟老年人维权“绿色通道”，及时优先办理涉老事项，大力推广法律援助上门服务做法，热情接待来访老人，积极协调各地各有关部门解决涉老优待问题，切实维护了老年人合法权益。10月份，随省人大常委会老年人权益保障“一法一条例”执法检查组深入石家庄、衡水、保定、廊坊等市，对《老年人权益保障法》和《河北省老年人保护条例》实施情况进行了执法检查，共同拟制了《关于开展老年人权益保障“一法一条例”执法检查情况的报告》，在准确分析我省老年人权益保障工作现状的基础上，对如何加强和改进工作提出了有针对性的意见建议，并报省十二届人大常委会第十八次会议审议通过。12月份，协调省公检法司等部门，推荐11个单位为“全国老年法律维权工作先进集体”，评选30个单位为“河北省老年法律维权工作先进集体”。

【基层老年协会建设】根据全国老龄办、民政部《关于进一步加强城乡社区老年协会建设的通知》要求，从加强基层老年协会规范化建设、提升协会“三个自我”（自我管理、自我教育、自我服务）能力素质入手，有序推进了基层老年协会规范化建设。利用3个月时间对协会建设情况进行督导调研，针对调研中发现的协会建设覆盖面不够高、规范性不够强和作用发挥不够好等突出问题，及时下发督导整改通知，指导各地打造协会建设标杆，探索适应我省城乡实际的基层老年协会建设模式。通过半年时间推动，截止2015年底，全省城镇社区和农村行政村分别建立基层老年协会3668和39812个，建会率分别达到95.2%和82%以上，在维护老年人权益、参与社会公益事务、组织老年人参与经济社会建设、丰富老年人精神文化生活等方面的作用发挥也日趋明显，100个示范性城乡社区老年协会受到省通报表彰。

【“银龄行动”】紧紧围绕党和政府中心工作，把服务经济发展作为“银龄行动”重点工作领域，与省老教授协会、老科协联合大力开展“万名科技专家讲科普”活动，组织老专家、老教授、老科技工作者深入农村开展科技培训，在农业、教育、科技、医疗等方面进行帮扶指导，帮助农民脱贫致富。先后举办科普报告会800多场，印发科技资料近万册，受教育群众10万人；累计创办科普示范基地97个，促进了农村经济发展。

【《中国老龄事业发展“十二五”规划》执行情况检查评估工作】按照全国老龄委要求，把检查评估工作作为一项重点任务，周密安排部署，下发了有关通知，制定了具体方案，组织专门力量，采取定性与定量相结合、自查与抽查相结合的办法，对我省落实《中国老龄事业发展“十二五”规划》进行了全面检查和评估，并及时向全国老龄办写出了检查评估报告。对我省“十二五”期间老龄事业发展成就，《河北日报》《燕赵都市报》《中国老年报》等多家新闻媒体予以宣传报道。

【“爱心护理工程”建设】始终把“爱心护理工程”建设作为构建养老服务体系重要内容。先后制定下发了《关于规范做好“爱心护理工程”建设基地申报工作的意见》和《关于实施“爱心护理工程”项目奖补扶持政策的意见》，推进“爱心护理工程”建设基地规范有序发展。经逐级考察推荐，2015年有13家社会办养老机构被列为全国“爱心护理工程”建设基地，有2家被评为全国示范基地。目前，我省累计全国爱心护理工程建设基地发展到70家、示范基地6家，拥有床位1.6万张，收养失能老人6900多人。在2015年10月，第十次全国爱心护理工程工作会议上，国家老龄办副主任阎青春同志在工作报告中两次表扬河北，指出：“河北省目前已成为全国护理服务机构、设施发展最快和最多的省份”。

【社会养老保障工作】养老保障制度实现了全覆盖。全省养老保险参保4619.66万人，企业退休人员养老金标准2281元，略高于去全国平均水平。全省参加基本医疗保险1697.52万人，农村居民参加新农合5234.96万人。城镇职工、城乡居民医保政策范围内住院费用支付比例均达到70%以上。全省262万老年热恩享受了最低生活保障待遇，22.8万城市“三无”、农村“五保”老年人纳入供养范围。169个县（市、区）全部建立高龄津贴制度，惠及82.8万高龄老人。

【社会养老服务体系建设】社会养老服务体系基本建立。以居家为基础、社区为依托、机构为补充的社会养老服务体系基本建立。全省共建立社区居家服务中心2388个，覆盖率达70%；建有各类养老机构1283家，拥有床位19.73万张；建有城市社区居家服务中心和农村互助幸福院31050家，拥有床位23.93万张，每千名老年人拥有床位数达到30张以上。

【老龄新闻宣传】全省老龄系统继续充分发挥信息宣传工作在促进老龄事业发展中的重要作用，采取多种形式挖掘老龄典型、宣传老龄成就、推广老龄经验，为全省老龄事业又好又快发展营造了积极的舆论氛围，提供了强力支撑。一是努力搭建宣传平台。建成省老龄办业务网站，网站共设立24个栏目、撰写近百万字资料，搭建起涉及老龄政策法规宣传、老年权益维护、全省老龄工作动态等内容的老龄事业宣传阵地。同时有效整合了省内3个涉老专题网站、1份老年杂志、1份老年报纸、省电视台和省广播电台2个老年专题栏目的资源，形成了省一级老龄工作宣传格局。一年来，《金色年华》栏目播出144期，《河北老年》杂志出版54期，《燕赵老年报》出版134期，《河北老年网》发布老年信息及稿件万余条，点击率上亿次。树立涉老宣传典型。全省老龄系统以宣传河北“忠孝慈善”传统文化为依托，弘扬社会主义价值观，通过“银龄行动”和开展“培育敬老家风，建设和睦家庭”主题活动，挖掘、培树了一批老龄先进典型，在全社会大力宣传他们尊老爱老的先进事迹。省老龄办协调相关单位举办了“尊老敬老爱老”优秀书画作品暨非物质文化遗产精品展、“善行河北——关爱困难高龄慈爱母亲”公益活动、中老年才艺风采大赛和“健康之星”评比活动，打造了河北老龄宣传工作的靓丽“名片”。

【老龄综合性基础工作】省老龄办着力夯实老龄工作基础，创新性工作取得新进步。一是开发老龄事业发展数据统计系统。为了做好我省老龄事业发展数据统计工作，省老龄办历时半年开发了河北省老龄事业发展数据统计系统，并组织了统计培训工作，目前2015年各项基础数据统计已基本结束，标志着我省老龄数据统计工作将步入正轨。二是培树宣扬涉老工作典型。积极开展“银龄行动”，充分调动广大老年人参与社会活动的积极性、主动性，鼓励他们“夕阳更红”，实现人生价值。2015年，2人被评为“全国老有所为先进典型人物”，13名个人、1个群体被评为“河北省老有所为先进典型人物”。先后推出“敬老爱心餐”、关爱孤寡留守老人等一大批先进集体和个人，有力促进了中华敬老文化的传承和创新。三是高效完成“十二五”规划执行情况检查评估。省老龄办协调省老龄委成员单位和各市老龄办，认真组织、科学分析，圆满完成了“十二五”规划执行情况检查评估任务。

【老年文体活动】广泛开展老年文化活动，建成基层老年文化活动设施33000余个，老年广场文化、公园文化已成为社会新常态。注重发展老年体育事业，深入开展老年体育示范区创建活动，建成省级老年体育示范点432个，方便老年人参加体育健身活动。省老龄办与省委老干部局、省文明办、省民政厅、省文化厅、省新闻出版广电局共同举办河北省第二届中老年才艺风采大赛和“健康之星”评选。活动辐射全省11个设区市，全省参与其中的中老年文艺组织和社区老年活动站点共850多个，参加人数达5万多人，取得极好的社会效果。组织名医义诊13场，累计有100多位省级三甲医院的权威专家现场为5000多名群众进行了义诊。在“敬老月”期间，各市老龄办还积极组织协调有关部门开展丰富多彩的尊老敬老文体活动。

山西省

4月29日上午，2015年全省老龄工作会议在太原隆重召开。

7月8日至9日，山西省第四次中国城乡老年人生活状况抽样调查督导员骨干培训班在并举行。

综　　述

2015年，在全国老龄办的科学指导下，在省委、省政府的正确领导下，全省各级老龄部门和广大老龄工作者主动适应人口老龄化形势，全心全意为老年人服务，科学谋划，扎实工作，全省老龄工作取得了新的进步和发展。

一、推进全面发展，老龄事业“十二五”规划顺利收官

2015年是《山西省老龄事业发展“十二五”规划》的收官之年。各级老龄办高度重视，围绕规划目标，逐项对照，逐一推进，积极采取措施，确保任务完成。7—9月，省老龄办在全省各级老龄部门、成员单位、涉老组织和为老服务窗口行业开展了老龄事业“十二五”规划检查评估工作，全面总结了“十二五”时期全省老龄事业发展取得的主要成绩，客观分析了存在的困难和问题，针对性地提出了对策建议，形成《山西省老龄事业发展“十二五”规划执行情况自查评估报告》，上报了全国老龄办。

总体看来，“十二五”时期，全省各级党委、政府、老龄部门、相关单位及社会各界认真贯彻实施老龄事业发展“十二五”规划，不断健全老年社会保障体系，着力维护老年人合法权益，全力推进老年文化、教育、体育、社会管理、老龄服务、老龄产业等工作，全省老龄事业呈现出持续健康发展的良好态势，为“十三五”时期奠定了良好基础。

二、加大工作力度，老年人合法权益得到有效保障

（一）做好《山西省实施〈老年法〉办法》修订工作。省老龄办根据2013年修订的《老年法》的新条款、新规定，结合新形势、新任务，深入调研，广泛征求各级老龄办及相关部门意见，起草了《山西省实施〈老年法〉办法》（修订稿），并列入省人大2016年立法计划。

（二）配合全国人大开展执法检查。2015年初，《老年法》被列入全国人大年度执法检查计划。10月20日—24日，由全国人大常委会委员、内务司法委员会主任委员马馼带队的全国人大执法检查组对我省贯彻实施《老年法》情况开展执法检查。检查组听取了省政府及发改、民政、财政等部门的汇报，并先后赴太原、晋城、晋中3个市的基层老年协会、老年日间照料中心、社会福利中心等19家单位进行了检查。通过检查，马馼组长对我省实施《老年法》情况给予了充分肯定，有力促进了《老年法》的贯彻落实。

（三）加强老龄法治宣传。12月3日，省老龄办参加了省普法依法治理办公室在省政府南广场举行的法治宣传活动，为过往群众解答问题、提供法律咨询，共发放《老年法》读本和知识问答卷近2000份，接待群众咨询160余人次。同时，省老龄办下设的省老年法律援助工作站组织老年志愿者开展老年法律法规宣传活动，收到了很好的效果。

（四）做好老年法律援助和服务工作。省老龄办依托省老年法律援助工作站，积极发挥调解作用，全年共协调处理赡养、继承等老年人纠纷48件，接待咨询102人次，法律援助36人。同时，与山西省、太原市法律援助中心建立合作关系，借助其专业化的法律资源帮助老年人解决法律问题。与山西晚报、山西电视台《小郭跑腿》栏目合作，借助媒体平台开展老年法律援助和纠纷调解活动，收到了良好的社会效应。省老年法律援助工作站开展“法律援助送到家”活动，在田间地头组织村民学习《老年法》，解答群众疑问，打通法律援助的“最后一公里”，受到广大群众的一致好评。

（五）推进老年优待政策落实。省老龄办加强对老年优待政策落实情况的督导检查，对部分景区未对60—64岁老年人实行门票半价的问题，与省物价局协调，及时纠正，保证了老年人应当享有的优待。为进一步改进老年证办理工作，省老龄办出台了《关于进一步做好老年优待证办理发放工作的通知》，放宽办证条件，简化办证程序，提高办证效率，使老年人得到了更加快捷便利的办证服务。

三、坚持重心下沉，基层老龄工作扎实开展

（一）加强基层老年协会建设。省老龄办、省民政厅联合印发《关于进一步加强城乡社区老年协会建设的通知》，对老年协会组织建设、依法登记、设施配套等方面提出要求，使基层老年协会建设工作实现了制度化、规范化。朔州市召开基层老年协会规范化建设现场会，推进全市12个品牌老年协会建设。晋中市举办基层老年协会骨干培训班，推进基层老年协会规范化建设“131计划”。太原、吕梁、运城等市为基层老年协会资助老年文体活动器材，提升了基层老年协会服务水平。

（二）推进爱心护理工程建设。省老龄办争取省福利彩票公益金120万元，对6家爱心护理院升级改造进行扶持。全省“爱心护理工程建设基地”已达26家，“爱心护理工程示范基地”6家，床位共6910张，使越来越多的老年人得到了临终关怀照料服务。在10月22日召开的第十次全国爱心护理工程工作会议上，我省3人荣获全国“敬老奉献杯”模范护士长称号，8人荣获“敬老服务杯”优秀护理员称号。

（三）深化“敬老文明号”创建。省老龄办开展“敬老文明号”先进单位和参创单位“双关爱”活动，深入社区、家庭为失能、半失能、贫困老人提供物质帮扶和精神关爱，使“敬老文明号”服务老年人的宗旨和内涵得到进一步深化。省老龄办推动窗口行业开展创建活动，会同省卫计委联合下发《关于在全省卫生计生系统开展“敬老文明号”创建活动的通知》，为广大老年人提供更加优质便捷的医疗服务。

四、聚焦社会热点，老龄调研工作成效显著

（一）认真开展“第四次中国城乡老年人口状况抽样调查”。“第四次中国城乡老年人口状况抽样调查”是经国务院领导和全国老龄委批准开展的一项重大老龄国情调查，涉及我省7个市、11个县（区）、44个乡镇（街道）、176个村（居）委会。省老龄办成立领导小组、制定调查方案、积极筹措经费、召开动员会议、组织专题培训。参加调查的市、县（区）老龄办积极配合，认真做好相关工作。8月1日—31日，按照全国统一时间段，开展了入户调查工作。各地300余名调查员不畏酷暑、走村入户，对老年人养、医、住、行、用、娱等情况进行问卷调查，共完成5280份个人问卷、176份社区问卷、44份乡镇问卷和11份县（区）问卷，经审核无误后全部上报全国老龄办，并得到了全国老龄办的充分肯定。

（二）扎实开展专题调研。各级老龄办深入基层、深入老年群众，扎实开展调查研究。太原、晋中、晋城、吕梁等市，和顺、灵石、太谷、榆社、祁县等县分别就居家养老服务、空巢老人现状、老年人商业保险发展等课题进行调研，对推进老龄工作起到了重要作用。各市、县老龄办积极参加全国老龄办2015年专题政策调研评选活动，上报调研报告10篇，其中晋中、阳泉两市各有一篇获优秀奖。在全国老年宜居城市和医养服务业高峰论坛上，运城市老龄办作了会议发言，得到了与会代表的一致好评。

五、健全宣传机制，老龄宣传工作不断深化

（一）加强宣传阵地建设。省老龄办将传统媒体与新兴媒体相结合、平面媒体与立体媒体相结合，强化老龄宣传阵地建设。对“山西省老龄网”进行了改版升级，使网站的页面效果、信息容量、操作便捷度得到大幅提升；坚持办好每月一期的《山西老龄工作》，发挥宣传交流老龄工作的积极作用；与山西电视台建立合作关系，针对老龄工作重大事件进行宣传报道，扩大老龄宣传工作社会影响力。朔州市老龄办开通新浪官方微博，临汾市老龄办利用“微孝临汾”微信公众平台开展宣传，创新了宣传形式，提高了宣传覆盖面。

（二）完善信息采集统计制度。准确详实的数据信息是科学决策的重要依据和基础。省老龄办编印了《山西省2014年老年人口与老龄事业发展基本情况》小册子，为老龄工作决策和信息共享提供依据。省老龄办与省卫计委信息中心建立长期联系，利用全员人口信息管理系统即时掌握全省老年人口变化情况，实现了数据信息的动态化管理。

六、扩大社会参与，老有所为水平不断提升

（一）开展“银龄行动”援助活动。全省各地积极组织开展“银龄行动”，为支援和促进贫困地区发展贡献力量。晋城、忻州、朔州、晋中、临汾、汾阳、太谷等市县开展扶贫助老、医疗卫生服务、农业技术指导等多种形式的援助活动。省老龄办组织山医大二院老专家，赴革命老区、国家级扶贫开发重点县——平顺县和壶关县开展送医送药义诊活动，共接诊患者近两千人次，免费发放价值一万元的药品。同时，各级老龄办积极参加全国老有所为楷模和先进典型人物评选，太原市的杜丽星和晋中市的杨金虎荣获“全国老有所为先进典型人物”称号。

（二）组织敬老志愿服务活动。太原市成立“千名优秀老年志愿者服务队”，临汾老龄志愿服务队的服务分队发展到270多个，队员2.5万余名，每支队伍重点结对帮扶1—2名空巢、困难老人，社会反响良好。朔州、忻州、山阴、原平、河曲、汾西等市县组织老、中、青各年龄层的敬老志愿服务队，活跃在城市农村，使敬老志愿服务蔚然成风。省老龄办下设的省老年法律援助工作站组织老年志愿者赴敬老院、老年大学、老红军住所进行服务，并开展老年志愿者与空巢、失能、困难、高龄老人“一对一”结对帮扶献爱心活动。9月29日，在全国首届敬老志愿服务表彰会上，省老龄办荣获“敬老志愿服务模范单位”，我省7人获“最美敬老志愿者”称号，83人获“优秀敬老志愿者”称号。

七、关心关爱老人，“敬老月”活动蓬勃开展

（一）以公共平台扩大社会影响。“敬老月”前夕，省民政厅党组成员、省老龄委专职副主任吴建强同志在太原广播电台“老年之声”频道发表了全省“敬老月”活动动员讲话，标志着2015年全省“敬老月”活动的正式启动。10月21日“老年节”当天，吴建强主任再次通过广播向全省老年人致以节日的祝贺，提高了“敬老月”活动的社会知晓度。

（二）以慰问救助彰显党政关怀。太原、大同、长治、晋城、晋中等市，柳林、永济、稷山、盐湖、芮城、新绛等县（市、区）党政主要领导对百岁、空巢、困难老人、抗战老兵等不同类型老年人进行慰问，使党和政府的关怀温暖了越来越多的老年人。省老龄办开展农村特困老年人救助工作，对五台、静乐等10个国家级贫困县和参加第四次中国城乡老年人口生活状况抽样调查的10个重点县，每县救助50名特困老人，每人发放救助金1000元。同时，委托各市老龄办，为全省227位新进百岁老人颁发了“寿比南山、福如东海”长寿匾。

（三）以层层联动助推敬老高潮。一是加强尊老敬老宣传教育。大同、晋城、阳泉、忻州、晋中等市利用报纸、电视、宣传单、宣传车、宣传标语、召开事迹报告会、艺术节等传统方式的同时，运用网络平台、移动终端、电子广告等新媒体，全方位、立体化宣传报道尊老敬老先进典型、事迹和活动，形成了良好的社会环境和舆论氛围。二是增强全社会老年维权优待意识。省老龄办与山西电视台《小郭跑腿》栏目合作，集中播放老年维权主题案件，用生动的事例宣传老年法律知识，提高老年人的维权意识和社会公民的守法意识。三是广泛开展为老志愿服务活动。各级老龄办与工会、妇联、共青团等部门密切配合，组织机关干部、企事业单位职工、青少年学生走进养老机构和老年人家庭，开展家政、照料、护理、信息咨询、心理疏导、精神慰藉等志愿服务。大同市组织小学生与家长赴边远山区，为当地老年人开展“重阳敬老、山区献爱”活动。临汾市志愿者协会组织“社区公益行”活动，为社区空巢、失独、贫困老人送去温暖。据统计，“敬老月”期间全省参加为老志愿服务的志愿者达120多万人，全社会对老年人的关爱如春风化雨，滋润着老年人的心田。四是积极开展老年文体活动。太原、忻州、晋城、朔州、晋中、临汾、运城等市，原平、定襄、岢岚、繁峙、河曲、文水、平鲁、浮山、和顺等县组织开展舞蹈、歌唱、戏曲、书画、太极拳等多种形式的活动，展示了老年人健康向上的精神风貌，将“敬老月”活动推向了高潮。

重要会议和活动

【2015年全省老龄工作会议】4月29日，2015年全省老龄工作会议在省城太原召开。会议传达了全国老龄工作委员会第十七次全体会议和全国老龄办主任会议精神，总结了2014年全省老龄工作，部署了2015年工作任务，太原、晋城、忻州、小店区、灵石县、临汾志愿者服务队等6个单位作了经验交流发言，对荣获2014年全省老龄工作先进单位的太原、晋城、晋中、忻州市老龄办进行了表彰。省民政厅厅长、省老龄委常务副主任、省老龄办主任薛维栋出席会议，全省各市和省直机关老龄办负责同志、综合科长、参加第四次中国城乡老年人口生活状况抽样调查的县（市、区）老龄办负责同志、受表彰单位的代表、省城各大新闻媒体记者参加了会议。

【2015年山西省老龄意外伤害保险工作座谈会】1月16日，省老龄办与国寿山西分公司联合召开2015年全省老龄意外伤害保险工作座谈会。会议对2014年全省老龄意外伤害保险业务发展情况进行了总结，对晋城市老龄办、晋城市国寿分公司、晋中市老龄办、晋中市国寿分公司、运城市老龄办、运城市国寿分公司、大同市老龄办、大同市国寿分公司、吕梁市老龄办、吕梁市国寿分公司10个荣获“2014年度老龄意外伤害保险工作先进单位”的市老龄办和国寿分公司进行了表彰，高平市老龄办、运城市老龄办、祁县国寿分公司、大同市国寿分公司作了会议交流发言。省老龄办副主任续爱峰、国寿山西分公司总经理助理张文庆出席会议并讲话，各市老龄办主任、各市国寿分公司分管领导及省老龄办、国寿山西分公司相关处室负责同志50余人参加了会议。

【第四次中国城乡老年人生活状况抽样调查工作】4月28日，省老龄办在太原召开了山西省第四次中国城乡老年人生活状况抽样调查动员会。省老龄办副主任续爱峰传达了全国第四次调查动员会上王建军主任和吴玉韶副主任的讲话精神，并对全省第四次调查工作提出具体要求。各市、省直机关老龄办主任、综合科科长以及参加调查的县（市、区）老龄办负责同志参加了会议。5—7月，按照全国调查办要求，省老龄办认真做好抽中村（居）委会名单上报、村（居）委会老年人名单整理及抽中老年人信息审核等工作。在督导员、调查员选择上，各级老龄办统一选拔工作责任心强、业务熟悉的基层老龄、民政、社区干部及大学生村官担任督导员和调查员，学历均在大专以上。为促进工作交流，省老龄办建立了“山西省第四次调查督导员交流QQ群”，第一时间将全国调查办的要求传达落实下去，并及时解决各级老龄办在调查工作中遇到的各类问题。7月8—9日，各市、县（区）、乡镇（街道）130余名督导员参加了全省统一培训。省老龄办邀请中国老龄科学研究中心罗晓晖助理研究员和刘吉实习研究员为督导员进行问卷内容和调查技巧培训，并针对学员提出的问题进行答疑。各县（区）也进行了调查员的集中培训。通过培训，各级督导员和访问员掌握了调查程序和调查方法，为入户调查工作的开展做好充分准备。8月1日至31日，历时31天，我省7个市、11个县（区）、44个乡镇（街道）、176个村（居）委会的各级督导员140人和调查员300人，开展了入户调查工作，共完成4752份个人短卷，528份个人长卷，176份社区问卷，44份乡镇问卷，11份县（区）问卷。全部问卷经乡镇、县（区）、市老龄办逐级审核确认无误后，上报中国老龄科研中心。

【全省老龄宣传工作会议】9月18日，全省老龄宣传工作会议在省城太原召开。会议传达了2015年全国老龄宣传工作会议精神，对即将开始的“敬老月”活动进行了安排部署。省民政厅党组成员、省老龄委专职副主任吴建强出席会议并作重要讲话，各市老龄办主任、综合科长参加了会议。吴建强主任指出：老龄宣传工作要把握正确导向，宣传老年人“自尊自爱自强”的生活理念，加强对老年人的教育和引导工作，宣传正面典型，弘扬正风正气，传播社会正能量。

【“敬老月”活动】按照《全国老龄工作委员会关于开展2015年全国“敬老月”活动通知》（全国老龄委发〔2015〕5号）要求，全省各级老龄组织、成员单位、涉老部门及社会各界深入贯彻落实习近平总书记关于注重家庭家教家风建设重要讲话精神，以培育和践行社会主义核心价值观、实施积极应对人口老龄化战略为根本任务，紧紧围绕“培育敬老家风，建设和睦家庭”主题，将敬老文化与建设和睦家庭、传承优良家风有机结合，面向基层，面向广大老年人，以老年人满意不满意为标准，想老年人所想，急老年人所急，积极为老年人办实事、做好事、献爱心，使全社会对人口老龄化国情和老龄工作重要性的认识更为深刻，尊老敬老的意识更加增强，爱老助老的文明和谐氛围愈加浓厚。9月27日，省老龄办召集各市老龄办主任召开了“敬老月”活动专题会议暨2015年全省“敬老月”活动启动仪式，并向各市老龄委和各成员单位下发了《山西省老龄工作委员会关于开展2015年“敬老月”活动的通知》。省老龄办、各市、县（市、区）老龄办作为“敬老月”活动的牵头单位，组织开展了大规模的系列活动。各成员单位、涉老部门和社会各界积极响应，开展了形式多样、各具特色的活动，全省上下层层推进，不断将“敬老月”活动推向高潮。各级各地在利用报纸、电视、印制传单、宣传车、宣传标语等传统宣传方式的同时，广泛运用网络平台、移动终端、电子广告等新媒体和召开事迹报告会、艺术节等形式，全方位、立体化宣传报道，形成了党政领导重视、社会广泛参与的良好社会环境和舆论氛围。各地各部门把宣传《中华人民共和国老年人权益保障法》与弘扬中华民族尊老敬老爱老助老传统美德相结合，与人口老龄化国情教育相结合，与“六五”普法教育相结合，与发扬光大传统家庭美德相结合，积极开展老年法律援助和涉老政策、法律咨询活动。法院为老年人诉讼提供便利条件，集中办理涉老案件。公安部门积极开展老年人预防诈骗、提高防范能力宣传教育。法律服务组织主动深入社区和老年人比较集中的地方为老年人进行法律宣传辅导。基层老年协会把普及老年法律知识同趣味活动结合起来，寓教于乐。“敬老月”期间，全省各地共发放《老年法》单行本20多万册，印刷涉及赡养、继承、婚姻等宣传资料、知识问答近百万份，《老年人防诈骗手册》《古今二十四孝图》《老年人健康保健知识》等数十万册，组织法律工作者和在校法律专业大学生开展法律宣传和咨询五百多场次。各级老龄办与工会、妇联、共青团等相关部门密切配合，以“敬老月”为平台，以感恩社会为核心，以奉献爱心为纽带，组织青年学生、妇女儿童、身体健康的低龄老人，从我做起，从身边事做起，走进养老机构、老年人社会组织和老年人家庭，与高龄、空巢、失独、困难、抗战老兵家庭结对子，开展了家政、照料、护理、信息咨询、心理疏导、精神慰藉等各种服务。在各级老龄委的精心组织和发动下，老年人舞蹈、秧歌、合唱、书画、太极拳、健步走，模特、乒乓球、柔力球、票友会等各种活动此起彼伏，一浪高过一浪，遍布大街小巷，平时不怎么出门的老年人也纷纷在老友们的邀请下、儿女们的动员下走出家门，精神面貌焕然一新。

【全国人大常委会老年法执法检查组莅晋检查】10月20—24日，由全国人大常委会委员、内务司法委员会主任马馼带队的全国人大执法检查组对我省贯彻实施《老年法》情况开展执法检查。20日上午，山西省老年法执行情况汇报会在省人大会议室举行，副省长、省公安厅厅长刘杰代表省政府进行了汇报，省发改委、民政厅、财政厅、卫计委、人社厅、住建厅、国土厅等单位负责人参加会议并汇报本部门老年法执行情况。会后，全国人大检查组先后赴太原、晋城、晋中三个市的基层老年协会、日间照料中心、居家养老服务站、社会福利中心等19家单位进行了实地检查。通过检查，检查组对我省实施老年法情况给予了充分肯定，有力地促进了老年法的贯彻落实。

【参加全省法制宣传日活动】 12月3日上午，在我国第二个国家宪法日和第十五个全国法制宣传日来临之际，省老龄办参加了省普法依法治理办公室组织省直有关单位在省政府南广场举办的大型宣传活动。副省长、省公安厅厅长刘杰在活动现场巡视指导，省民政厅党组成员、省老龄工作委员会专职副主任吴建强出席了宣传活动。同时，省老龄办老年法律援助工作站组织50名老年志愿者在太原市府东街等主要街道开展了法律宣传活动，共发放《中华人民共和国老年人权益保障法》单行本、《老龄政策法律知识问答》1000多份，接待群众法律咨询160余人次。

各项业务进展

【老年维权工作】 按照党的十八届四中全会全面推进依法治国的总要求，各级老龄办积极配合有关部门做好相关立法工作，加大老年人权益保障督查力度，加强老龄法治宣传教育工作，充分发挥老龄部门在促进社会主义法治国家建设中的应有作用。一是加大老年人权益保障工作力度。《老年法》明确规定："县级以上人民政府负责老龄工作的机构，负责组织、协调、指导、督促有关部门做好老年人权益保障工作"。全省各级老龄办切实履行法律授予的权力，积极协调有关部门，不断完善老年人权益保障机制，做好老年人法律服务和法律援助工作。同时，认真贯彻实施全国《关于进一步加强老年人优待工作的意见》和我省《关于进一步加强老年人优待工作的实施意见》，落实老年优待政策，加强老年优待工作。二是加强老龄法治宣传教育工作。各级老龄办严格履行"谁执法谁普法"的职责，积极开展老年法律法规的宣传、教育、普及工作，利用"国家宪法日"、老年节、"敬老月"等重大节日开展老年法治宣传活动，使全体社会公民知晓老年法、懂得老年法、用好老年法。三是做好修订《山西省实施〈老年法〉办法》前期工作。新修订的《老年法》已于2013年7月1日实施，我省《实施〈老年法〉办法》是2003年7月1日施行的，亟待修订。2015年，省老龄办根据老年法的新条款、新规定，结合新形势、新问题，深入基层，开展调研，广泛征求各方意见，起草了《山西省实施〈老年法〉办法》（修订案），并列入省人大2016年立法计划。

【老龄宣传工作】 全省各级老龄办认真贯彻落实全国老龄办等10部门联合下发的《关于培育和践行社会主义核心价值观，加强老龄宣传教育工作的通知》精神，不断加大宣传工作力度，扩大老龄工作社会影响力。一是进一步加强同宣传部门、新闻媒体的联系与合作。各级老龄办主动协调联系，充分发挥宣传部门和新闻媒体的作用，加强老龄重点工作、重点内容、重点时段宣传，及时回应社会关注的老龄热点问题。二是进一步加强老龄宣传平台建设。各级老龄办不断提高老龄工作刊物、网站、专栏、专版的质量和水平，使其成为宣传老龄工作的重要平台和阵地。充分发挥老龄宣传通讯员队伍的作用，各市、县（市、区）通讯员积极宣传各级老龄工作的好做法、好经验，推动全省老龄工作取得不断进步和发展。

【"敬老文明号"创建活动】 全省各级老龄办组织发动各窗口服务行业，积极开展"敬老文明号"创建活动，把尊老敬老作为创建活动的主题，渗透到社会服务窗口行业的各个方面，贯穿于各项工作的始终，把创建活动所传承的敬老美德作为社会公德、职业道德、家庭美德、个人品德的重要内容来倡导，把创建活动所体现的敬老文明价值取向作为社会主义核心价值体系的重要内容来建设，使尊老敬老成为公民的美德、社会的风尚。进一步加大创建活动的宣传力度，宣传敬老文明单位的事迹，通过创建先进单位取得社会效益的现实例证，增强社会服务窗口行业创建的积极性和内在动力，使创建活动成为倡导尊老敬老良好社会风尚的孵化器、道德建设的助推器。

【"银龄行动"】 全省各地积极组织开展"银龄行动"，5月25日—30日，省老龄办组织山大二院等省城主要医院的康复科、中医科、口腔科、皮肤科、骨科、普外科的知名专家，组成"银龄行动"医疗志愿服务队，赴革命老区、国家级扶贫开发重点县——平顺县和壶关县，开展送医送药义诊活动。专家们不辞劳苦，6天时间共接诊患者近两千人次，免费发放价值一万元的药品。晋城、忻州、朔州、晋中、临汾、汾阳、太谷等市县开展扶贫助老、医疗卫生服务、农业技术指导等多种形式的援助活动，受到当地政府和广大群众的一致好评。

内蒙古自治区

截至2014年底，据最新统计，我区60岁以上人口为382.2万人，占人口总数的比例达到15.5%，这一比率已经超过全国平均水平，远高于西部省区。在此基础上，2015年，内蒙古自治区老龄委较好的完成了年初制定的各项工作任务。

综　　述

一、贯彻落实新修订的《中华人民共和国老年人权益保障法》

一是积极配合自治区人大开展执法调研，于9月15日—26日到赤峰市、兴安盟和包头市进行了实地调研，进一步了解掌握《老年法》的具体落实情况及贯彻实施中存在的问题，并结合调研情况代自治区政府起草了汇报材料，通过了人大审议；二是做好了修订《内蒙古自治区实施〈中华人民共和国老年人权益保障法〉办法》的前期准备工作，在征求各成员单位意见建议的基础上，对修改稿作了进一步调整完善，现已协调人大将本项工作列入明年立法计划，待明年人大审议通过后即可正式出台。

二、圆满完成了第四次中国城乡老年人生活状况抽样调查任务

内蒙古自治区作为全国第一次开展老年人抽样调查的省区，工作涉及到6个盟市、7个旗县（市、区），28个苏木乡镇街道，112个村、嘎查（社区）。

（一）成立领导机构，健全组织网络：成立了内蒙古第四次调查领导小组，领导小组办公室设在内蒙古自治区老龄办，老龄办办公室负责调查具体工作，制定了四次抽样调查工作方案。

（二）组建调查队伍抓好人员培训：1. 建立抽样调查。我区第四次调查实行自治区、盟市、抽中县（区）、乡镇（街道）四季督导，由各级老龄业务骨干担任，全程督导抽样调查期间的工作，调查员由县级统一选拔，各地根据不同的情况，从乡镇（街道）民政老龄干部、老年协会骨干、社区干部、社会工作者、中小学教师、大学生村官、在校大学生等人员中选拔。2. 大力加强培训工作力度。自治区于2015年4月份，在包头市进行了模拟抽样调查培训及首次启动，对全区各盟市的督导员及调查员代表集中到包头市进行了培训并模拟调查，全国老龄办国际部主任王珣同志全程参加培训工作，制定了培训方案、督导方案、宣传方案。并将培训文件印发到全区抽样调查工作盟市、旗县。7月份，自治区老龄办举行了全区抽样调查的培训班，将参与此次工作的6个盟市，7个旗县区的28个苏木乡镇、112个村级工作人员、督导员、调查员代表全部邀请到呼和浩特进行一次大规模的集中培训，会议邀请全国老龄办的翟德华老师做了为期两天的培训。8月份，全区的摸底调查工作正式启动前，各抽中旗县区均参加时间举办了一次启动仪式和培训班，把所有参加抽样调查的调查员、督导员培训，充分加强了调查工作准备。

（三）自治区老龄办按照全国老龄办的要求，严格时间节点推进工作：5月份自治区老龄办统筹汇总了抽中盟市旗县区的村镇名单，进行第一次上报。根据全国抽中的村级名单自治区老龄办6月初按要求第二次上报村级全部老年人花名册（名单），及时报送全国老龄办抽样。

（四）做好调查督导，确保调查质量。

（五）全程做好宣传工作：为配合做好抽样调查工作，个抽样调查旗县、旗县市、镇、社区（嘎查村）采取印制宣传单、出版报、悬挂标语等方式，各旗县在各地的社区（嘎查村）开展了宣传；旗电视台、广播电台还开辟了“全国第四次老年人生活状况抽样调查”专栏等内容，主要是宣传调查的重大意义、政策规定和工作要求。自治区老龄办印发了全国第四次抽样调查工作任务文件汇编，印发了三套手册，发到个旗县，让个抽样带哦差地区，让督导员、调查员人手一册，尽快熟悉政策、工作流程、方法。

三、完成了老龄事业发展“十二五”规划的总结工作

根据全国老龄办、民政厅的要求，积极与各成员单位沟通配合，对照《规划》提出的目标任务，进行了全面对照检查，完成了“十二五”规划的总结任务，如实反映了各项工作的落实情况、存在的问题及原因，为下一步编制老龄事业发展“十三五”规划奠定了基础。

四、“十个全覆盖”中的高龄津贴全覆盖工程

依照自治区党委、政府要求，做好统计核查，协调自治区财政下拨本级配套资金，确保所有高龄老人按时足额领取高龄津贴，全年共计为46.5万名高龄老人发放5.6亿元高龄津贴，其中自治区本级配套2.5亿元。

五、继续开展敬老“孝星”评选表彰

敬老孝星评选表彰，继续坚持公开、公平、公正的原则，在年初印发了《开展第六届敬老“孝星”评比表彰工作的通知》，组织各地严格按照有关程序要求，经过旗县、盟市、自治区三级公示后进行表彰，授予“内蒙古自治区敬老孝星”荣誉称号，奖励1000元现金，今年共评选了3300名尊老孝老先进个人。

六、“敬老文明号”创建活动

敬老文明号创建，在总结去年工作经验的基础上，严格按照全国老龄办要求，在各地的涉老窗口单位推进创建工作，为老年人在出行、就医、政务服务等方面提供更加优质、便捷的服务。

七、基层老年人协会建设“乐龄工程”

按照《内蒙古自治区基层老年协会建设“乐龄工程”实施意见》，在各地切实帮助管理规范、运转良好的老年协会解决资金困难，今年共下拨700万元专项资金用于基层老年协会建设，共资助234个基层老年协会。

八、“安康关爱行动”为老年人办理意外伤害保险

与中国人寿内蒙古分公司的沟通，就制定出台老年人意外伤害保险方案进行了多次磋商，最终确定了保险的对象、保障标准、范围等具体内容，并联合下发了《关于开展“安康关爱行动”为老年人办理意外伤害保险工作的通知》，在全区范围内启动了安康关爱行动。

九、敬老月活动

在中国传统的敬老节日“九九”重阳节，全区各地开展了敬老月活动。包头市一机厂安排了从7月—10月庆祝老年节系列活动，组织退休职工纪念抗战70周年主题征文活动、书画展和大合唱演出，走访慰问建国前老党员、孤寡、90岁以上退休职工、患病和住养老院离退休干部，庆祝老年节退休职工游园大联欢及退休职工才艺展示。

在老年节来临之际，鄂托克旗举办以“安康、吉祥、快乐”为主题的“布龙湖杯”老年文艺比赛及“敬老孝星”、“敬老文明号”表彰活动。2015年“老年节”前夕，鄂尔多斯市老龄办深入到鄂旗乌兰镇、木凯淖尔镇百岁老人、空巢老人和困难老人家中进行了慰问，同时对百岁老人发放高龄津贴每人6000元，给空巢、困难老人发放饿了慰问金。10月16日，鄂尔多斯市民政局局长、副局长及老龄专职副主任等深入高龄贫困老人家中和养老机构进行走访慰问，此次慰问不仅给老人们送去当和政府对他们节日问候，也为为老工作打下坚实的基础。东胜区民政福利中心从10月19日—10月21日，开展了以“情满九月九爱在夕阳红”为主题的系列活动，活动由益智游戏、文艺演出、颁奖午宴三部分组成。10月21日上午，鄂尔多斯市12349便民为老服务热线启动仪式在东胜区举行。便民为老服务热线为鄂尔多斯市民，尤其是65岁以上的老年人提供了全天紧急救助、家政服务、政府服务、健康咨询、法律维权、生活照料、康复护理、医疗保健、文化娱乐、精神慰藉等项目，从而构建起了一处“没有院墙的养老院”。12349便民为老信息服务平台是鄂尔多斯市民政局委托东胜区民政局着手打造的立足东胜、覆盖全市的以为老服务为突出特点的全民服务热线，实行24小时工作制。10月21日上午伊旗老龄办开展了“金秋十月，温暖重阳”慰问活动，慰问组都会询问老年人，听取他们的意见和好的想法，同时向老人们表达了节日的问候和祝福，送去了节日的问候和祝福，送去了慰问金。

十、老龄工作宣传

大力进行宣传报道，在老年节、敬老月等重点时段，组织各地进行集中报道，通过多媒体、多渠道、多形式的宣传，为社会大众特别是老年人进一步了解《老年法》提供便利。敬老月期间开展主题宣传教育，根据全国老龄办工作部署，下发了我区开展敬老月实施方案，组织各地及成员单位扎实开展敬老月活动，同时，我办与内蒙古日报、电台合作开展了集中宣传报道，共计播发20篇主题报道，营造了良好的舆论氛围。

重要会议和活动

【内蒙古自治区第四次中国城乡老年人生活质量抽样调查拉开帷幕】第四次中国城乡老年人生活状况抽样调查模拟调查暨内蒙古培训动员大会4月27到29日在包头市召开。这标志着第四次调查工作的培训动员工作在内蒙古拉开了帷幕。在动员培训会上，全国老龄办国际部主任王珣首先指出这次调查活动的背景和意义，强调这是一个针对老年人城乡生活调查的升级版，是一次关于老龄化社会的“国情调查”，是一个依照《中华人名共和国老年人权益保障法》而展开的“法定调查”，是一次关乎老年人健康幸福生活的“民生调查”。内蒙古自治区老龄办办公室主任哈斯对浙西调查活动做了动员。这是内蒙古自治区首次开展中国城乡老年人生活状况抽样调查活动，包头市青山区、呼和浩特市、通辽市、呼伦贝尔市、巴彦淖尔市、赤峰市等地的七个旗县区也按照要求排除督导员和调查员参加了这次活动培训。

【我区举办第四次中国城乡老年人生活质量抽样调查五级培训班】7月13至14日，自治区老龄办在呼和浩特市召开第四次中国老年人生活状况抽样调查培训会。中国老龄科学研究中心副主任翟德华，自治区老龄办专职副主任韩奇出席培训会。培训会长，韩奇副主任做了重要讲话，翟德华秘书长也做了重要讲话。培训会议上哈斯同志就抽样调查督导工作进行了部署。这次培训的主要内容包括背景介绍、问卷讲解、现场模拟培训和总结评估、颁发培训证书。参训人员共同学习了第四次中国城乡老年人生活质状况调查模拟调查问卷及询问方式，并在会场现场模拟调查培训，积累了经验。来自全区6个盟市、7个旗县、28个乡镇、112个村居社区级调查员工185人参加了培训。这次全区老年人抽样调查工作进行了五级培训，培训达到了预期的效果，最后为全部学员颁发了合格证书。

【自治区老龄办组织开展第四次老年人生活状况抽烟调查督导工作】我区于8月1日零时正同全国一样进入了抽样调查工作阶段。自治区老龄办非常重视督导工作。自治区老龄办制定了《关于开展第四次老年人生活质量抽样调查工作督导方案》，对各级老龄办的督导工作进行了细化任务措施。8月份，自治区老龄办组织人员同各抽样调查盟市老龄办联合督导组分赴全区7个旗县市区进行了督导检查工作。督导工作对各地先进的做法和经验进行了总结，对存在的问题请示了上级，并及时解决。针对抽样调查工作的新情况、新问题，自治区老龄办及时沟通协调解决，有力地推动了工作的开展，确保第四次老年人生活状况抽样调查工作在五区的顺利开展。

【自治区老龄办配合自治区人大开展老年人权益保障法执法检查工作】根据自治区人大办公厅关于开展《中华人民共和国老年人权益保障法》执法检查的通知（内人常办发电〔2015〕35号）精神，以自治区人大常委、内司委主任副主任田继生为组长，自治区人大常委云丽珠、自治区人大内司委副主任王耀湘等领导、自治区人大《老年法》执法检查组，检查组对兴安盟、赤峰市、包头市贯彻实施《中华人民共和国老年人权益保障法》执法情况和对《内蒙古自治区老年人权益保障条例（修订草案）》立法修订工作进行了调研，自治区老龄办配合人大参加了检查工作。检查组深入旗县、市区、乡镇苏木、嘎查村、这区居委实地抽查老年服务机构和社区居家养老、老年服务设施建设情况和养老服务、管理及运营情况、主要做法亮点和存在的困难和问题、对养老机构的扶持措施、服务人员培训上岗状况、农村幸福养老院建设、农村新型社会养老保险、贫困老年人救助、最低生活保障、农村“五保供养”、老年人供养、医疗、住房、救助情况和了解老年人实际生活状况等。

【呼和浩特市老龄办主办“孝不能等”主题大型公益宣传活动】8月11日呼市老龄办与新城民政局在呼市阿尔泰广场共同举办此次活动，此次活动得到了市福源服务信息中心、中国人民财产保险公司呼和浩特市分公司、呼和浩特广播电视台交通广播、呼和浩特在线网、东风路办事处等多个部门的大力支持。活动中，通过知识抢答的形式宣传“孝文化”及福源社区服务信息中心为一、二、三等奖的每名获奖者分别发放面值600元、400元、300元便民服务卡和电子保姆，并为参加活动的200名老年人免费发放宣传袋和礼品。来自新城区各办事处的老年人分别表演了大合唱、独唱、二人台、快板和广场舞等11个文艺节目。

【巴彦淖尔市举办各类活动】5月9日，由市老龄委员会主办，市民政局、市体育局、市老干局、市老年教育协会、巴彦淖尔老年大学承办的巴彦淖尔市第二届老年人运动会及巴彦淖尔第五届运动会在市蒙中开幕。本届老年人运动会为期三天，来自个旗县区、市直单位、街道办事处的26支代表队共700多名老年选手参赛。此次运动会共有运动员、工作人员等3500多人参与，数历年最多，平均年龄超过60岁，最大84岁。

由巴彦淖尔市体育局、老年教育协会、体育总会、老年人体育协会共同主办，老年大学承办的巴彦淖尔市首届体育健身大赛于11月6日至7日在老年大学举行。比赛项目分为健身气功、柔力球、太极和瑜伽四种类型，全市共有48个代表队，408名队员参加。

市疾控中心于2014年在巴彦淖尔老年大学建立了健康驿站，专门为老年大学的学员和老年教职工提供健康咨询、健康讲座及体格检查等一系列健康教育服务活动，每年定期开展一次免费体检。从10月19日至26日专门安排了19名医务工作者利用7天时间为老年大学的638名老年学员免费进行了体检，并全部建立了个人健康档案。

【书连南北，情系沪蒙】11月9日，在巴彦淖尔老年大学礼堂，上海市闵行区—内蒙古巴彦淖尔市“你读书，我买单”活动捐赠仪式在此举行，来自上海市闵行区教育局及四所社区学校的领导同志带着闵行人民的爱心出席了现场捐赠仪式。6月，上海市闵行区号召240多万闵行居民线上线下参与“送一本书、捐一元钱，献一份爱心”，通过众筹的方式捐来图书7000多册帮助老年大学建了一个图书馆，现场捐助了价值18万元人民币的器材设备，帮助老年大学建一个数字化阅览室，购买一些有关医疗、保健、养生等方面的知识关盘和配套设备，建一个电脑室，可以满足更多老年人渴望学习电脑的需求。

各项业务进展

【基层社区老龄工作】鄂尔多斯市老龄办与杭锦后旗民政局联合锡尼镇民政办对社区的空巢老人进行慰问，上门看望了3户高龄贫困空巢老人，并给每户老人送去慰问金1000元。鄂尔多斯市哈巴格希村给61位高龄老人发放老年人津贴，在五个工作日内累计发放125250元。

巴彦淖尔市杭锦后旗全年为4459位80岁以上符合领取老龄金条件的老年人发放老龄金498万元。发放老年优待证847个。此外，为农村80岁以上老年人3563人办理了农房保险。

鄂尔多斯市哈巴格希街道创新社区互助养老模式，主要以社区引导和组织辖区内的空巢老人、孤寡老人，按照其兴趣爱好、生活习惯、身体状况等，自愿组成3～5人的互助养老“小家庭”，由社区选定一名身体健康状况良好、有责任心的老年人担任“小家庭”的“大家长”，共计组成互助养老“小家庭”11个。社区为这些互助养老

"小家庭"建立"关爱台账"，将老年人的年龄、身体健康状况、紧急联系人等基本情况登记造册，结合在职党员进社区活动，定期安排在职党员到这些互助养老"小家庭"进行养老。66名在职党员到这些互助养老"小家庭"上门走访，了解老年人的所思、所想、所需，共计解决老年人生活上的困难和问题7个。不定期为老年人组织文艺演出、书法绘画兴趣班、棋牌比赛等丰富多彩的文化娱乐活动。

乌海市社区实行"网格化"管理，每栋楼设立了一个网格长，由低龄老年人担任。随时了解反映辖区内的事情，协助社区为辖区居民服务。

【老年文体活动】乌海市各社区全年组织文体赛事活动达350余场次，丰富活跃这区老年人文化生活。一些退休专业技术人员参与到教育培训、医疗卫生、法律咨询、健康保健等服务社会的活动中。市老龄办今年会同市老科技工作者协会，组织卫生、教育、司法和农林牧退休的老专家、老教师，在社区和农区大讲堂讲座56余场次，并在社区开展常见病预防、健康保健、关心教育下一代、自我维权等银铃志愿者咨询服务等活动。乌海市老龄办在全市10个居家养老试点社区和3个规模较大的养老机构，启动"幸福养老大课堂"远程教育活动，由社区老年协会负责安排组织播放教学课件。

鄂尔多斯市康巴什新区新北社区联合"夕阳红"爱心摄影队为辖区内60岁以上老人开展免费拍照活动，在康苑小区门前的小广场上活动持续3天，共为300多人拍照。由鄂尔多斯市老龄委主办，康巴什新区民政局承办的首届书画展在滨河道开幕，参展的近百幅书画作品，均出自社区老年人之手。

【乌海市组织实施"银龄行动"】一是在制定老龄工作政策和规划时，开展老龄工作调研活动，召开各界老年人代表座谈会，听取老年人的意见和建议，防止和避免老年人权益受到侵害。二是组织动员低龄健康老年人投身社会公益事业，在治安巡逻、社区服务、关心下一代等方面发挥老年人的作用。三是积极培育发展老年热群众组织。目前，全市有老年体协、老年书协、老科技工作者协会和各类老年文化艺术团体等43个，注册的老年群众组织36个，各级老龄部门充分发挥他们的作用，培育老年文化、文艺、体育骨干队伍，依托社区活动室，组织开展社区老年文体健康活动。据不完全统计，走出家门参加各类文体健身活动的老年人占到老年人总数的68%以上。各级老年体育协会、书画协会和文化艺术团的群众组织，每年有计划有安排有组织地开展有益于老年人身心健康的活动等。

【鄂尔多斯市成立老年人法律维权站】5月5日鄂尔多斯市老龄办与鄂尔多斯律师事务所共同组建的"鄂尔多斯市老年人法律维权站"正式成立。"维权站"将针对老年人的一系列合法权益，提供法律的咨询与服务。老年人可以随时电话咨询法律问题，并由律师事务所的律师给予专业的解答，最大限度的让遇到法律问题的老年人及时得到帮助。

【乌审旗老龄办积极做好2016年享受高龄津贴老年人统计工作】乌审旗利用两个月时间，完成了全旗2016年75周岁以上享受高龄老年人统计工作。一是通过微信平台、电话通知、"三下乡"活动、嘎查村社区宣传栏等多种形式对高龄津贴发放工作进行广泛宣传；二是联合公安部门，调取75～79、80～99、100周岁以上三个年龄段老年人花名，通过个嘎查村社区进行逐户核查，对统计人数信息进行录入登记，并与上年度老年人数进行比对，保证每位人员信息真实准确；三是将统计人数提前送至市旗两级财政部门（7：3比例）保障高龄津贴资金能够及时到位，使每位符合条件的高龄老人都能享受到这项惠民政策。

【鄂托克旗老龄办推行"八个有"服务模式打造养老服务新格局】乌珠尔社会工作服务中心是鄂托克旗民政局、老龄办在棋盘井地区推广为老购买服务的社会组织。中心在与这区共同利用现有办公活动场所的基础上，增设了爱心餐厅、亲亲理发、清心沐浴、轻松浣洗、健康驿站、贴心家政、快乐互助、老年日托站等八个有服务项目，为棋盘井地区鄂旗籍老年人提供送餐、理发、打扫卫生、跑腿办事等服务。并对年老体弱、行动不便的老人提供上门服务，据不完全统计，中心共为286名老人提供了服务，其中三无老人5人、低保特困老人29人、空巢独居老人20人、其他老人232人。

【鄂托克旗蒙西社区日间照料中心深化为老服务设立"温馨老饭桌"】鄂托克旗蒙西镇蒙西社区在社区日间照料中心设立了"温馨老饭桌"，这个安排的主要经济来源为爱心人士捐赠，主要服务对象为辖区内65周岁以上具有鄂托克旗户籍常住社区的孤寡、独居、空巢等行动不便老人，并每天为老人们提供早、中、晚三餐服务，目前，该服务已为社区11名老人解决了吃饭难问题，此项工作的开展对鄂尔多斯市社区养老服务工作起到了一定的推动作用。

【鄂尔多斯市高龄津贴发放工作达到预期目标】鄂尔多斯市高龄津贴发放工作作为"十个全覆盖"工程的一项重要内容，截止目前为止高龄津贴发放工作达到预期目标。东胜区、鄂旗、鄂前旗已将全年的高龄津贴发放到了老年人手中，其他旗区已经发放了上半年的，全市高龄津贴惠及老年人70641人。

辽宁省

10月9日，王建军主任（左二）视察铁岭开原市沁园春老年康乐中心。省老龄办主任马艳竞（左一）、铁岭市副市长魏闻（右二）陪同视察。

10月19日，副省长薛恒（左一）亲切慰问锦州市养老院。省老龄办主任马艳竞（左三）、锦州市副市长王立维（左二）陪同走访。

综　述

2015年，在省委、省政府的正确领导和全国老龄办的精心指导下，全省老龄系统深入贯彻落实党的十八大、十八届三中、四中、五中全会精神及习近平总书记系列重要讲话，以贯彻落实《老年法》、《省老年人权益保障条例》、《省老龄事业发展“十二五”规划》为重点，履职尽责、真抓实干，开创了老龄工作新局面，促进了老龄事业长足发展。我省老龄工作得到了省委、省政府和全国老龄办的充分肯定。省长陈求发两次对老龄工作作出重要指示。省人大党组书记、常务副主任李峰，副省长薛恒、刘强也分别对老龄工作给予高度评价和批示。全国老龄办常务副主任王建军亲自批示“在‘三严三实’教育中认真学习辽宁省老龄办这种工作劲头”，全国老龄办工作简报2015年第六期以“辽宁：勇于担当、主动作为，推动老龄工作取得新突破”为题，全版刊发我省老龄工作经验。

一、老龄民生实事取得扎实成效

在各市积极配合和共同努力下，省委省政府确定的两件重点民生实事顺利完成。80～89周岁低收入老年人高龄津贴制度得到落实。全省共为9.87万名80～89周岁低收入老年人发放近6000万元高龄津贴。朝阳市，沈阳、营口、辽阳、铁岭等市的部分县（区）实现了普惠制发放；大连、葫芦岛等市将津贴标准提高至每人每月100元以上。关爱老年人健康工程效果显著。省办通过召开总结表彰会、推进会，印发工作方案，举办培训班，深入基层检查指导等形式，加以推动。各市高度重视和积极响应，全部落实为8.5万名城乡特困老年人免费提供意外伤害保险。10个市还扩大了受益老年人范围，免费为36.8万名低保和低保边缘户老年人提供意外伤害保险。

二、老龄工作机构机制建设取得重大突破

为推动我省老龄事业发展，省人大出台《关于进一步促进全省老龄事业发展的决议》。省办协调多部门研究落实措施，并赴5市调研、征求意见。副省长薛恒向省人大专题汇报《决议》落实情况，省办与省编委办、财政厅联合下发《关于进一步落实省人大常委会〈决议〉的通知》，明确市县老龄工作机构及经费保障等重大问题，并对强化惠老政策、落实好各项惠老工程等作出规定。《通知》的出台有力地解决制约基层老龄工作发展瓶颈问题，得到全国老龄办高度评价，并在全国宣传推广。与此同时，各市也加强与编办、财政部门的沟通，下发相关文件，督促落实。

三、基层老年协会建设更加科学规范

省办下发了《关于开展基层老年协会建设促进工程的通知》，在全省选取2000个党政重视、有积极性、基础条件好、老年人参与度高的老年协会，开展促进工程。两年共协调省财政500万元经费支持。省办组织人员对试点县（市、区）经费使用情况、工作开展情况进行指导。12月份，召开了全省基层老年协会建设培训会，促进老年协会提升规范化水平。部分积极争取市级财政的经费支持；大连、鞍山等市老年协会基本实现了“五有”，即有组织机构、有规章制度、有工作经费、有活动场所和活动内容。目前，全省共有村（社区）15648个，其中有14868个村（社区）建立了基层老年协会组织，建会率达到了95%以上。6月份，全国老龄办专题调研时，充分肯定我省在基层老年协会建设方面取得的成绩。5月份和12月份，省办先后两次在全国老龄工作会议上作经验介绍。

四、第二届“敬老文明号”创建活动得到深化

为使第二届创建活动取得良好效果，省办制定了工作方案，召开工作推进会，进行再动员再部署。各级党政机关、老龄工作部门和成员单位统一思想、统一行动，把创建活动作为促进社会和谐、提高为老服务水平的重要举措安排部署；各服务窗口、基层为老服务组织踊跃参与，使创建活动继续深化。沈阳、大连、鞍山、营口、阜新、葫芦岛等市活动部署早，参创单位多；大连市引入第三方评估机制，参创效果好；本溪、铁岭等市将创建活动与文明城市建设、“孝道文化”宣传紧密结合，深受群众欢迎。目前，第二届“敬老文明号”创建活动已经在全省14个市、20多个行业中轰轰烈烈展开，增强了全社会为老服务意识，提升了服务质量。

五、敬老月活动有声有色、蓬勃开展

省办下发了开展敬老月的通知，指导各地开展形式多样系列活动，营造敬老氛围。开展走访慰问和为老志愿服务活动。10月19日，副省长薛恒赴锦州等地，走访慰问百岁老人和养老院。各级党委政府主要领导也纷纷深入基层，走访慰问老年人，为老年人送去党和政府温暖关怀。9个市还开展了为老助老志愿服务活动。培育选树先进典型。省办与省委宣传部联合开展，“辽宁好人·最美老有所为人物”评选表彰活动，并于10月29日在辽宁好人发布厅向全社会公开发布张菊香等10位先进人物的典型事迹。铁岭以市委市政府名义表彰了10名“铁岭孝星标兵”，盘锦市在全市范围投票评选敬老先进人物。通过表彰和宣传典型事迹，带动了全社会关爱老年人、关心老龄事业，弘扬敬老爱老助老的社会风尚。精心组织老年活动。省办举行了全省老年人乒乓球比赛。指导省老龄产业协会成功举办“中国·辽宁第二届国际老龄产业博览会”。辽宁老年报社与中国人寿辽宁分公司联合举办“把爱带回家·辽宁省首届老年文化节”。各市利用重大节日普遍组织大型文艺汇演、体育健身活动、书画展示、舞蹈大赛等，烘托“敬老月”欢乐祥和的节日气氛。7市主要领导参加了各类主题庆祝活动。开展了敬老文化宣传教育活动。围绕今年“培育敬老家风，建设和睦家庭”的主题，省市积极利用广播电视、报刊等主流媒体，宣传党和政府有关老龄工作的方针政策、取得的工作成就。在LED、公交移动车载电视等新兴媒体上，播放敬老公益广告，营造社会敬老、社区助老、家庭养老良好风气。积极为老年人“老有所为”搭建平台。组织农业、畜牧业、医疗方面老专家、老教授，赴鞍山岫岩县、锦州义县开展银龄行动20余场次，千余人参加学习培训，反响良好。

六、老龄调研和统计工作成果丰硕

圆满完成“第四次中国城乡老年人生活状况抽样调查”。按照全国老龄办要求，完成我省10个市288个村（社区）8640户问卷调查。由于领导重视、组织严密、审核严格，问卷质量较高，被全国老龄办评为第四次抽样调查组织工作优秀单位。不断强化老龄统计工作。5月份，省办举行了《2014年老年人口信息和老龄事业发展状况报告》的新闻发布会。《辽宁日报》、辽宁电视台、新华网、全国老龄办网站专题报道，国内数十家媒体网站转载刊发。《报告》为各级党委政府科学决策和宏观指导提供了重要参考。我省老龄统计工作经验，在全国推广。扎实开展老龄调研工作。省办组成5个调研组，深入14个市及基层单位，围绕全省老龄工作进展情况，开展了两次集中调研，促进老龄工作在基层的全面落实。积极探索研究农村养老状况。与省统计局联合开展农村老年人生活状况和养老意愿调研，撰写的调研报告在2015年全国老龄政策调研成果评选活动中获得二等奖。

七、老龄系统自身建设得到加强

按照党中央、省委省政府关于作风建设的工作要求和部署，省办在全体党员干部中继续深化党的群众路线教育实践活动，深入开展了“讲诚信、懂规矩、守纪律”和“三严三实”专题教育。省办领导及各位处长分专题为全体党员干部上党课，各党支部分别召开组织生活会加强学习，着重培养了党员干部“对党的事业无限忠诚、对人民群众有深厚感情、对所从事的工作高度负责”的服务意识，树立了“讲政治、讲大局、讲团结、讲纪律、讲奉献”的工作理念。先后选派13人次参加清华大学、省委党校、省直机关工委党校、大连理工大学、辽宁行政学院等院校的学习培训，拓宽了党员干部的政治视野，提升了大家的理论水平和党性修养。

重要会议和活动

【全省老龄工作会议】1月22日，全省老龄工作会议在沈阳召开。总结2014年老龄工作，安排部署2015年工作任务。马艳竞主任作重要讲话，李雅珍副主任主持会议。各市老龄办主任及综合科（处）室负责人，省老龄办机关，辽宁老年报社、省老龄事业发展基金会、省老龄产业协会负责人参加了会议。7月27日，全省老龄办主任年中分析会在沈阳召开。会上，各市老龄办主任汇报了工作进展情况，省老龄办主任马艳竞就圆满完成全年老龄各项工作任务进行安排部署。

【全省“关爱老年人健康工程”工作会议】 3月25日，省老龄办会同中国人寿保险公司辽宁省分公司联合召开全省“关爱老年人健康工程”工作会议。总结2014年工作，对年度优秀单位进行表彰，交流先进经验。

6月8日、7月28日，省老龄办与中国人寿辽宁省分公司分别召开“关爱老年人健康工程”工作协调会、推进会，会议通报了“关爱老年人健康工程”进展情况，研判形势、分析问题，部署下步工作。

【全省首届老年人美术书法摄影大赛】 2月，省老龄办与辽宁老年报社联合举办了全省首届老年人美术书法摄影大赛。此次大赛共收到全省1050名老年人的1700多幅作品，美术、书法、摄影作品各评选出一等奖5名，二等奖10名，三等奖15名。在全省老年朋友中掀起了热爱、传播传统文化的热潮，丰富了广大老年人的业余文化生活。

【全省第三届老年人乒乓球比赛】 6月23—26日，省老龄办在抚顺成功举办了省第三届老年人乒乓球比赛，来自全省14个市的42名老年乒乓球爱好者参赛。

【“大爱无疆”辽宁地区捐赠仪式】 11月26日，中国老龄事业发展基金会在沈阳市举行了“大爱无疆”（辽宁地区）资助贫困老年人大型公益捐赠仪式，捐赠仪式由省老龄办主任马艳竞主持，中国老龄事业发展基金会章国荣理事长出席捐赠仪式，并现场向70多名老人捐赠了30万元的棉衣棉被和2万元的慰问金。

【第二届全省“敬老文明号”创建活动推进会】 11月19日，第二届全省“敬老文明号”创建活动推进会在葫芦岛召开。会上，总结部署了工作任务，7个先进单位介绍了经验做法，参观学习了锦西石化“敬老文明号”创建情况。老龄委部分成员单位，省老龄办及各市老龄办分管领导共计55人参加会议。省老龄副李雅珍副主任到会并讲话。

【走访慰问活动】 走访慰问老年人活动在我省已形成常态，每年两节前，各级党政领导积极参加走访慰问高龄、贫困及养老机构老年人，并在主流媒体上为全省老年人送去节日的关怀和祝福。10月19日，副省长薛恒赴锦州市走访慰问养老机构和百岁老人。省政府副秘书长郭富春、省老龄办主任马艳竞陪同走访。6月下旬、10月中旬，省老龄办各党支部分别赴省内部分市、县（区）走访慰问高龄贫困老年人。

【“辽宁好人·最美老有所为人物”表彰活动】 10月29日，省委宣传部、省老龄办联合在辽宁电视台“辽宁好人”发布厅，隆重举行“辽宁好人·最美老有所为人物”颁奖仪式，现场发布10位最美老有所为人物的先进事迹。12月27日，省委在辽宁电视台举办“2015辽宁好人年度盛典晚会”，10位最美老有所为人物受邀出席，并受到省委省政府领导接见。

【全省基层老年协会建设推进会】 12月12日—13日，在鞍山市台安县举办了全省基层老年协会建设工作培训暨促进工程推进会，省老龄办李雅珍副主任出席会议并讲话。会议总结了2015年基层老年协会建设工作，部署2016年工作。各市老龄办主任、分管老年协会科（处）长、各县区老龄办主任以及部分先进单位和个人的代表共150余人参加会议。会上，鞍山市老龄办等6个单位及个人作典型经验介绍，参会人员参观学习了台安县基层老年协会规范化建设成果。

【全省老龄宣传统计培训工作会议】 12月26日，在朝阳市召开了全省老龄宣传统计培训工作会议。会议总结了全省宣传统计工作，部署了下一步工作任务，交流了各地工作经验和做法。全省各市、县（市区）老龄办负责同志参加会议。省老龄办副主任李雅珍出席会议并讲话。

各项业务进展

【老年维权工作】 全省建立健全了老年维权工作网络，积极协调法院、检察院、公安、司法、民政等成员单位及相关部门，开展老年法律服务和司法援助工作，在维护和保障老年人合法权益方面发挥了重要作用。

【基层老年协会建设】 省老龄办下发了《关于开展基层老年协会建设促进工程的通知》，并组织人员对试点县（市、区）经费使用情况、工作开展情况进行检查指导。召开了全省基层老年协会建设推进会，促进老年协会提升规范化水平。

【敬老爱老活动】 省老龄委下发了《关于开展2015年“敬老月”活动的通知》。在走访慰问活动中，薛恒副省长亲自走访养老机构和老年人。各市党政领导也主动参加走访慰问活动；省老龄办联合省委宣传部开展了“辽宁好人·最美老有所为”评选表彰活动。各市也广泛开展了敬老爱老先进人物评选活动；省老龄办指导各地在敬老月期间广泛开展了“老年文化艺术节”、老年体育健身展示、老年书画展、老年舞蹈大赛、“医疗助老”和“文化敬老”行动等活动，丰富了老年人精神文化生活，提升了全社会敬老意识。

【“敬老文明号”创建】 省老龄办认真总结第一届参创单位先进经验和做法，并通过督导检查巩固第一届创建活动成果。同时，召开了第二届敬老文明号创建工作推进会，进行动员部署。各地各行业积极响应，把创建工作作为促进社会和谐、提高为老服务水平的重要举措安排部署，使创建活动在全省继续深化。

【关爱老年人健康工程】 省老龄办召开了总结会、推进会，举办培训班，并深入基层检查指导工作，加以推动落实。全省免费为45万名困难老年人免费办理的意外伤害保险。

经宣传推动，全省共有160余万老年人参加了意外伤害保险，赔付率达到60%，使老年人减轻了意外伤害带来的经济负担，社会反响良好。

【银龄行动】11月份，省老龄办组织“银龄行动”科技支农服务组到鞍山市岫岩县开展涉农政策、法律和实用技术培训。培训针对鞍山岫岩县农业主导产业的培训需求，邀请省农科院、省农业经济学校等单位退休老教授、老专家，以三农政策和绒山羊养殖、食用菌栽培、柞蚕放养等农业实用技术为重点，为岫岩县10个乡镇近千名农业、畜牧业从业者进行了16天的技术培训。同时，组织“银龄行动”医疗专家组到锦州市义县对医务人员进行技能培训。由医大一院著名老专家、老教授对县、乡镇、村三级医疗机构的300余名中层干部和医务人员进行业务培训。

【老龄调研】4月、11月，省老龄办由办领导带队，组成4个调研组，深入省内各市及部分县区，分别开展了两次老龄工作调研，有力地推动了全省老龄工作任务的全面完成。年内，省老龄办与省统计局组成联合调研组，开展了辽宁省农村老年人口生存状况及养老意愿调研，撰写的调研报告在2015年全国老龄政策调研优秀成果评选活动中获得二等奖。全省各地还分别举办了中韩、中日等养老产业国际研讨会，老龄事业发展高峰论坛等，拓宽了老龄事业发展国际交流合作的新领域。

【老龄宣传】省老龄办制定详细地宣传计划，对重点时段、涉老政策和老龄活动进行专题宣传。建立健全了信息报送、宣传报道、评选“老龄新闻宣传好作品”等系列制度，形成了领导重视、上下联动，共同推动老龄宣传工作健康发展的可喜局面，为老龄事业开展提供了良好的舆论环境。2015年，省及各市在国家级、省级媒体，人民网、新华网等主流网站刊发大量涉老新闻稿件。部分市在电台电视台开办了老年专题，在报纸等媒体上开设了老年专刊。

【老龄统计】年初，召开会议部署老龄统计工作，下发文件及填表说明，同时对老龄统计工作人员进行培训。5月，省老龄办发布《2014年辽宁省老年人口信息和老龄事业发展状况报告》。公布了我省老年人口信息、养老保障、养老服务及社区养老等方面的情况，为积极应对人口老龄化提供了科学、详实的数据。

为配合全国老龄办开展的“第四次城乡老年人生活状况抽样调查”工作，省老龄办举办了培训班，部署调查任务，邀请专家对调查问卷进行讲解及答疑，并组织模拟调查演示。全办人员分成6个督导组，深入10个市19个县（市区）40余个社区（村），督导抽样调查实施情况，现场答疑。召开了第四次调查问卷检查情况通报会，听取各组在督导工作中发现的问题，并有针对性地下发了《关于进一步做好全国第四次老年人生活状况抽样调查工作的通知》，指出问题的同时，提出了整改方案。由于领导重视，组织有力，问卷质量高，省老龄办被全国老龄办评为第四次抽样调查组织工作优秀单位。

吉林省

5月15日下午，吉林省老龄办召开了全省老龄办主任会议暨省老龄委成员单位联络员会议。会议由吉林省老龄办常务副主任杜文革主持。吉林省民政厅厅长、吉林省老龄办主任郑国君作了重要讲话。

8月17日，省老龄委副主任、民政厅厅长、省老龄办主任郑国君在全省推进居家养老社会化服务工作座谈会期间，视察长春市绿园区温馨养老院并看望入住老人。

综 述

一、养老保障

全省城镇基本养老保险覆盖总人数达到693.2万人，比上年末增加17万人，增长2.5%。其中，参保职工419.9万人，比上年末增加4.4万人，增长1%。全省共筹集城乡低保资金49.57亿元。城市低保月标准和月人均补助水平分别达到403元和339元，比上年增长8.33%和10.06%；农村低保年标准和年人均补助水平分别达到2719元和1552元，增长9.20%和15.13%，有效保障了全省155万城乡低保对象的基本生活。省财政列支农村五保供养补助经费7153万元，共保障农村五保供养对象11.3万人，其中，集中供养对象2.4万人，分散供养对象8.9万人，集中供养对象年人均补助标准为4900元，分散供养对象年人均补助标准为3300元。

二、医疗保障

全省城镇基本医疗保险参保人数达到1380.5万人，比上年末增加0.58万人，增长0.04%。其中，职工医疗575.8万人，居民医疗804.7万人。全省所有县（市、区、开发区）均实行了新型农村合作医疗，覆盖率达100%。有1327.39万农民参加了新型农村合作医疗，参合率达99.7%，全年有688.55万人次从中受益，支付补偿资金53.50亿元。全年共筹集医疗救助资金6.89亿元，资助救助城乡困难群众156.74万人，直接救助80.8万人次。以省、市、县三级公立医院为骨干，以社区卫生服务中心、农村卫生院为依托，构建了老年医疗卫生服务网络，全省建有社区卫生服务中心425个，床位数3288张；建有乡镇卫生院776个，床位数17554张。

三、为老服务设施建设

全省兴办各类养老服务机构2028所，床位总数13.7万张，入住老人7.71万人，床位利用率56.3%。其中，城市公办养老机构共94个，床位1.7万张，入住老人0.96万人，床位利用率56.5%；农村社会福利服务中心516所，床位3.7万张，入住老人2.2万人，床位利用率为59.5%。全省民办养老机构共1418个，床位8.3万张，床位数量占全省养老机构床位总数60.1%，入住老人4.5万人，床位利用率54.2%。各类养老机构在岗养老护理员11644人。

四、居家养老服务

在城镇，推进社区居家养老服务工作，建立城市社区老年人日间照料中心1416个，实现全覆盖，年度服务老年人95万人次；在农村，探索建立以居家养老服务大院为辐射中心的养老服务体系，建立农村居家养老服务大院3500个。2015年，全省依托社会力量开展居家养老服务的社区有536个，占城市社区总数的37.8%。

五、老年权益保障

颁布了《吉林省老年人权益保障条例》（以下简称《条例》)。2015年11月20日，第十二届吉林省人大常委会第二十一次会议审议通过了《条例》，2016年5月1日正式实施。吉林省成为《中华人民共和国老年人权益保障法》修订实施后，全国第4个出台地方性老年法规的省份。全省各地采取有效措施，积极贯彻落实《吉林省优待老年人规定》。目前全省统一发放的老年优待证累计达到1215575个，其中，为70周岁以上老年人免费办理红证739704个，为60至69周岁老年人免费办理绿证475871个。为老年人办免费乘车卡275238张，财政年度补贴资金4651.58万元。全省共有向老年人免费开放的文化设施110处，对老年人实行减免门票优待的公园园林景点133处。有105处收费体育设施对老年人实行免费，有11处实行半价。继续做好高龄老人津贴发放工作，全省向112814位80周岁以上高龄老年人发放12678.6万元。

六、老年教育文化

全省创办老年学校488所，在校老年人数53858人。全省拥有文化馆78个（包括群众艺术馆），艺术表演团体40个，公共图书馆66个，博物馆76个。充分利用这些阵地，为老年人提供学习、娱乐等服务，丰富了老年人的精神文化生活。全省城市社区全部建立了社区活动室，老年人依托社区开展丰富多彩、有声有色的文化活动。全省登记备案的老年文艺团体196个，参加老年人数8666人。全省建有老年体协8677个，建有老年健身场所10470处，其中室内5610处，室外4860处。

重要会议和活动

【重要会议】4月7日下午，吉林省老龄办召开了市（州）老龄办主任座谈会。省老龄办常务副主任杜文革，省老龄办各处室负责人，各市（州）老龄办，梅河口市、公主岭市老龄办专职主任，部分县（市、区）老龄办主任参加了会议。省老龄办副巡视员李安华主持会议。会议通报了2015年全省老龄工作安排；研讨了《吉林省老龄办关于基层老年协会规范化建设推进方案》（征求意见稿）；就《吉林省涉老数据统计指标体系》（征求意见稿）向与会人员征求了意见。

5月15日下午，吉林省老龄办召开了全省老龄办主任会议暨省老龄委成员单位联络员会议，各市（州）、县（市、区）老龄办专职主任，市（州）老龄办科（处）长，省老龄委各成员单位联络员，省老龄办机关及事业单位全体工作人员，所属社会团体负责人参加了会议。会议由省老龄办常务副主任杜文革主持。省老龄办副主任初晓姝首先传达了全国老龄办主任会议暨第四次中国城乡老年人生活状况抽样调查动员会议精神。省老龄办副巡视员李安华宣读了吉林省副省长隋忠诚对全省老龄工作的重要批示。吉林省民政厅厅长、省老龄办主任郑国君作了重要讲话。会议对2015年全省老龄工作做出了部署。会上，长春市、大安市、和龙市以及绿园区分别做了经验交流。

7月28日，吉林省老龄办在延边州召开了全省基层老年协会规范化建设现场推进会。全国老龄办相关同志出席会议，省老龄办常务副主任杜文革发表讲话，会议由省老龄办副主任初晓姝主持，延边州政府副秘书长田延杰出席会议并致辞。会议对全省基层老年协会建设工作进行了阶段总结，并对进一步加快基层老年协会建设做出了部署，提出了要求。与会人员观看了延边州推进基层老年协会建设专题片，听取了延吉、龙井、磐石等地的经验介绍。会议宣读了《关于表彰全省优秀基层老年协会会长的决定》，表彰了21名基层老年协会会长。全省各市（州）老龄办、长白山管委会社会办、各县（市、区）、梅河口市、公主岭市老龄办负责同志和基层老年协会代表近200人参加了会议，并实地参观了延吉市、龙井市5个各具特色的基层老年协会。

【重要活动】4月7日，朝鲜民主主义人民共和国照料老年人联合会副会长李中惠一行，结束北京的考察后赴吉林省，采取听讲座与实地看相结合的方式，对长春市九台区九郊街道办事处新立村老年协会、九台区龙嘉镇红光村老年协会和绿园区纺织佳园温馨养老院进行了实地考察。

7月7日至10日，全国老龄办副主任鲍学全一行赴吉林省就“十二五”规划执行情况、老龄事业“十三五”规划编制工作、民族区域老龄事业发展及养老服务工作情况进行考察调研。调研组到延边朝鲜族自治州实地考察了延吉市建工街道延清社区，龙井市智新镇龙丰村、东盛涌镇东盛涌村、东盛涌镇仁化村，和龙市西城镇城南村、东城镇太兴村的日间照料中心、农村居家养老服务大院、农村基层老年协会建设情况。7月10日，调研组在长春市召开了专题座谈会，听取了省老龄办常务副主任杜文革关于吉林省老龄事业发展“十二五”规划实施情况的汇报以及省司法厅、省体育局、省住建厅、省人社厅、省发改委、省民政厅、省卫计委、省文化厅等相关部门关于“十三五”规划编制工作的意见和建议。

7月15日至16日，吉林省老龄办在长春市举办了“第四次中国城乡老年人生活状况抽样调查”培训班，省老龄办常务副主任杜文革出席开班式并作开班讲话，中国老龄科学研究中心助理调研员罗晓辉应邀对调查问卷、调查方法与技巧进行了现场讲解。全省被抽中的6个地区9个县（市）、区，36个乡镇的督导员、调查员320余人参加了培训。会上，杜文革对第四次调查做出了安排部署。培训班进行了模拟调查、互动交流、具体答疑等活动。通过系统培训，参与调查的督导员、调查员进一步明确了调查问卷及指标解释的内容，熟练掌握了询问技巧及调查员手册，为圆满完成第四次调查任务打下了基础。

8月4日至5日，全国老龄办副主任吴玉韶一行赴吉林省对第四次抽样调查工作进行督导。督导组一行检查了梅河口市、长春市绿园区第四次中国城乡老年人生活状况抽样调查工作的开展情况，并深入到被调查的老年人家庭，入户了解调查情况。省老龄办常务副主任杜文革、副主任初晓姝陪同督导。吴玉韶对吉林省调查工作的开展情况，对调查督导员组织工作和业务流程的落实情况给予了充分肯定。吴玉韶副主任还就“新型城镇化进程中农村老年人社会保障和服务体系建设问题”作了专题调研，先后前往梅河口市李炉乡永强村、长春市绿园区合心镇新农家村开展调研。调研组在长春召开了部分老龄委成员单位代表、市县老龄办负责人及东北师大学者参加的“新型城镇化进程中农村老年人社会保障和服务体系建设研究”专题座谈会。

各项业务进展

【老年维权工作】全省建立老年人法律援助中心70个，老年人法律援助工作站35个。各地加大老年维权力度，建立困难老人法律援助绿色通道，通过落实首问责任制等信访接待制度，对涉及高龄津贴发放、家庭赡养纠纷等问题进行解释、疏导和督办服务。年度办理涉老案件数1560件，受援老年人1560人。

【基层老年协会建设】吉林省政府将“加强城乡基层老年协会建设，力争60%的基层老年协会达到规范化标准”纳入重点工作目标责任制。省老龄办印发了《吉林省基层老年协会规范化建设推进计划》，将具体目标任务层层分解到各市（州）、各县（市、区）。在延边州召开了全省基层老年协会规范化建设现场推进会，推广了延吉市、龙井市、磐石市、长岭县等基层老年协会建设先进经验。省老龄办坚持把老年协会建设与社区建设、新农村建设、基层组织建设、基层政权建设、宣传文化建设、群众体育建设、城乡养老服务等各项工作捆绑起来抓，推行城市社区“协会＋日间照料中心”模式和农村“协会＋养老大院”模式。省老龄办采取以奖代补的方式，投入资金320万元，用于支持基层老年协会建设。省老龄事业发展基金会为资助基层老年协会建设，制订了“三年投入计划”，为部分基层老年协会购置了设备。全省全年完成规范化建设标准基层老年协会5404个，超额完成目标任务。

全省建有城镇社区老年人协会1388个，参加协会的老年人数为485130人，占社区老年人总数的22%；建有农村老年人协会6423个，参加协会的老年人数为594872

人，占农村老年人总数的25%。社区老年人协会有经济实体的133个，年纯收入285.5万元；农村老年人协会有经济实体的1036个，年纯收入1087.6万元。

【扶老助困活动】元旦、春节、国庆节和重阳节期间，全省各地、各部门组织开展慰问百岁老年人、养老机构老年人和帮扶特困老年人活动，资金达662.8万元。

2月15日下午，吉林省副省长、省老龄委主任隋忠诚在省政府副秘书长张凤春，省民政厅厅长、省老龄办主任郑国君，省老龄办常务副主任杜文革，长春市政府副市长桂广礼，及市民政局和市老龄办有关同志的陪同下走访慰问了长春市部分高龄、贫困老人，看望了入住在民办养老机构的老年人，并向他们致以新春问候和良好祝愿。

2月2日至4日，为贯彻落实中共吉林省委办公厅、吉林省政府办公厅《关于做好2015年元旦春节期间有关工作的通知》（吉办电〔2014〕72号）精神，吉林省老龄办于春节前夕在全省范围内进行走访慰问及开展调研活动。省老龄办领导带队，分成三个小组，走遍9个市州，车行近4000公里，踏查各地农村居家养老服务大院建设情况和基层老年协会工作开展情况及老年人优待工作落实情况，走访慰问贫困、高龄老人。

“敬老月”期间，吉林省老龄办划拨60万元，每县（市、区）1万元，用于全省集中开展慰问高龄（百岁以上）老年人、基层老年协会、社区日间照料中心、农村居家养老服务大院活动。

【老年文体活动】1月29日晚，由吉林省老龄办、吉林省文明办、吉林省音乐家协会、吉林省舞蹈家协会和吉林省电视台联合举办的“2015金羊开泰·吉林省老年迎春晚会”在吉林省电视台演播大厅完成录制。300多名演职人员参加演出，献上20个精彩节目，整场晚会节目为老年人自编自演，形式多样，体现了吉林老年人的幸福生活和别样风采，弘扬了中华民族尊老敬老的传统美德。省老龄办常务副主任杜文革、副主任初晓姝、副巡视员李安华以及全省荣获“全国最美老有所为人物”、“中华孝亲敬老楷模”称号的先进典型也出席了晚会。

7月16日，由吉林省老龄办、吉林省文明办等单位共同组织开展的第二届吉林省市民文化节“老年好声音专场演唱会”隆重举行。省老龄办常务副主任杜文革出席了活动。

吉林省老龄办、吉林省文明办、吉林省音乐家协会、吉林省舞蹈家协会、吉视乡村频道联合主办了“银龄风采·百团争艳”吉林省老年百团歌舞大赛。这项大型老年文化活动从7月开始，经过3个月激烈的比赛和评审，于9月15日圆满落下帷幕。本次大赛规模空前，初赛在长春市、吉林市、白城市等地设立分赛区进行初赛海选，参加复赛的老年歌舞团队达107支，人数达4000多人，全省参与此项活动总人数突破10000人。本次大赛共决出舞蹈、合唱一等奖各1个，分别奖励1万元；二等奖各2个，分别奖励5000元；三等奖各3个，分别奖励2000元。长春市绿园区文化馆爱乐合唱团与白城市洮北区老年艺术团分别以歌曲《在银色的月光下》和舞蹈《路》摘得本次大赛两个组别的桂冠。省老龄办常务副主任杜文革、副主任初晓姝出席决赛现场并为获奖团队颁奖。

【“敬老月”活动】10月1日至10月31日，吉林省老龄委在全省范围内组织开展了“弘扬敬老文化，培育敬老家风，建设和睦家庭，构建和谐社会”为主题的“敬老月”活动。下发了《省老龄工作委员会关于开展2015年“敬老月”活动的通知》，要求各市（州）老龄办，省直成员单位，中央、省驻吉单位，驻吉部队结合各自实际，积极开展各项活动。“敬老月”期间，利用报纸、电视、电台、手机短信、网络等各种媒体和平台，广泛宣传，在全省掀起了敬老爱老的活动高潮。省老龄委在《吉林日报》发表了《致全省老年人的慰问信》，向全省469万各族各界老年人致以节日的祝福和问候。省老龄办协调移动、联通、电信三大通讯公司向社会各界发送敬老短信1000多万条。吉林卫视制作了向全省老年人祝贺节日的开机画面，全省有520余万人次收看了该画面。省老龄委对“双百”评选活动进行了表彰，并将表彰决定在《吉林日报》、吉林电视台、省老龄工作网站上颁布和刊登。基层街道、社区普遍开辟了宣传栏，创办了老年活动园地，利用板报、标语、公交广告等形式大力宣传尊老敬老传统美德，倡导全社会敬老、爱老、助老。

【老龄新闻宣传】加强了老龄新闻宣传工作，全省各级老龄办共创办刊物24个，其中定期刊物3个，发行期数29期，不定期刊物21个，发行期数34期。全省共有老年类报纸12个，总印数597947份，各种媒体涉老栏目24个，老龄网站6个。全省在市级以上媒体刊发老龄工作宣传稿件673件，其中广播69件、电视130件、报纸333件、网络141件。

2月15日下午，隋忠诚副省长来到长春市特困老人马占彬家，看望了67岁的马占彬和其86岁的老母亲，并向他们致以新春的问候。

5月15日下午，吉林省老龄办召开了全省老龄办主任会议暨省老龄委成员单位联络员会议。会议由吉林省老龄办常务副主任杜文革主持。吉林省民政厅厅长、吉林省老龄办主任郑国君作了重要讲话。

8月17日，省老龄委副主任、民政厅厅长、省老龄办主任郑国君在全省推进居家养老社会化服务工作座谈会期间，视察长春市绿园区温馨养老院并看望入住老人。

2月4日，吉林省老龄办常务副主任杜文革走访慰问长春市绿园区合心镇新农家村，实地考察了养老服务大院、村老年协会建设情况，看望了在大院活动的老年人。

9月15日，吉林省老年百团歌舞大赛圆满收官。

黑龙江省

2015 年全省基层老年协会会长培训班。

第四届中国国际养老服务业博览会黑龙江天鹅颐养联盟特装展区。

综　述

2015 年是我省落实《黑龙江省老龄事业发展“十二五”规划》的收官之年，全省老龄工作紧紧围绕省委、省政府深入实施“五大规划”发展战略和“十大重点产业”建设的工作部署，以习近平总书记“四个全面”战略布局为统领，以全面落实党的十八届三中、四中、五中全会和中央经济工作会议精神为重点，认真贯彻落实《国务院关于加快发展养老服务业的若干意见》和省政府《关于加快发展养老服务业的实施意见》，落实全国老龄委第十七次全体会议及全国老龄办主任会议精神，创新工作思路，转变工作作风，加强政策创制。

一是发挥老龄办联络协调作用，推进形成大老龄工作合力。认真履行综合协调、参谋助手、督促检查职能，积极推进形成大老龄工作合力，呈现出明显变化。党政主导，加快养老服务业发展纳入各级党委政府的中心工作成为新常态。省委书记王宪魁，省委副书记、省长陆昊，副省长孙永波高度重视老龄工作，并亲自参加涉老活动。春节前夕，省委书记王宪魁赴兰西县、省农垦系统调研，看望和慰问老年人。省委副书记、省长陆昊在全国两会、韩国经贸合作推介会及重要会议中多次强调、专题部署、重点批示，全力推进我省养老服务业发展。孙永波副省长积极倡导“养老＋N”模式，鼓励探索养老服务业多元发展，领导筹建黑龙江天鹅颐养联盟、亲自带队赴外省、市开展系列宣传推介。哈尔滨、齐齐哈尔、牡丹江、佳木斯、大庆、伊春、黑河市人民政府、大兴安岭地区行署高度重视本地养老服务业发展，由分管市长亲自带队赴外省进行宣传推介，并下大力气做好候鸟养老服务工作。据不完全统计，全省养老、旅游机构直接组织和接待来我省的“候鸟老人”近 5 万人，并摸索推出了十多条“旅居养老”品牌线路，总结出一套“宣传推介、组织对接、服务接待”的成型做法。伊春市建立了 30 家候鸟养老基地，并与江苏、天津、北京等地开展了候鸟养老交流与合作，同时还创建海峡两岸养老产业合作开发示范基地和异地养老基地。黑河市与俄阿州打造跨国异地“候鸟式”康疗养老模式，接待 2 万多名国内外老年人度假养，拉动消费支出达 1.8 亿元以上。全省各市（地）广泛开展了“关爱老人送温暖”活动，哈尔滨市、黑河市、伊春市、省森工总局党委书记带头在春节前夕慰问老年人，为老年人送去节日祝福。其他市（地）分管领导、各级民政部门、老龄委成员单位、老龄部门开展了不同形式的慰问活动。据不完全统计，全省 2015 年春节期间，共为老年人送去慰问金五十余万元。

部门参与，为老龄事业发展保驾护航成为成员单位及相关部门的自觉行动。各级老龄委成员单位制定为老服务办实事计划，开展调查研究，加强政策创制，积极落实老龄事业发展“十二五”规划，深入开展“爱心助老 1＋1”活动。省民政厅作为省养老服务业推进组办公室，带动四个部积极开展候鸟异地养老联盟组建、宣传推介和服务工作，联合省人社厅、省卫计委、中医药管理局出台关于加快推进医养结合发展的指导意见。省老龄办联合省委组织部、省文明办、省民政厅、省卫生厅、省文化厅、省司法厅、省妇联、团省委实施“爱心 6＋1”志愿服务敬老工程。省精神文明办联合十一个部门厅局开展党员、青年、巾帼、法律等志愿服务“十队进社区”活动，积极开展形式多样的为老志愿服务活动。省老龄办推动省卫计委积极探索健康老龄化，深化健康龙江行动。

社会参与，倾情助力老龄工作已成为社会各界的普遍共识。全省人大、政协“两会”高度关注老龄事业发展，涉老提案数量呈快速上升趋势。新闻媒体普遍关注老龄事业发展，尤其天鹅颐养联盟成立大会及赴外省六市系列宣传推介活动期间，涉老报道数量和水平攀升，形成强势的老龄工作宣传氛围。人民网黑龙江频道策划主办“我陪爸妈去看病——空巢老人爱心陪诊大型公益活动”。黑龙江交通广播开展“回家的路”爱心手环大型公益活动，为老人送去温暖。哈尔滨道里区人大代表企业家栾景通等在“暖心工程”启动仪式上捐资共计 10.5 万元，并为老年人购置设备。中国人寿保险公司黑龙江省分公司举行“健康中国梦国寿公益行”活动，投资 300 万元购置 22 辆医疗急救车捐赠贫困地区，并向养老机构倾斜。哈尔滨银行鸡西和平支行打造助老服务站，为老年人免费提供活动场所、提供金融服务绿色通道。哈尔滨市南岗区养老互助点，开辟了热心老人以家庭为基础，社区居家养老服务站为依托的居家养老模式；道里区爱心驿站，为老人提供了免费休息休闲的空间，为越来越多的企业和商家提供了奉献孝心的舞台。

二是参与政府中心工作，提升老龄工作部门影响力。按照省委、省政府发展健康养老服务业的要求，省老龄办围绕中心工作，主动参与，积极作为。勇挑重担，如期完成天鹅颐养联盟的筹建工作。省老龄办划分四组组成联合工作小组，进驻养老服务行业协会，采用倒逼法开展工作，完成了包括《时代的使命》宣传片的制作、联盟章程、联盟组织机构搭建、会议领导讲话、嘉宾致辞、联盟宣言、论坛活动策划等近万字的文字材料的起草，及协调人民网对活动进行整体宣传策划，周六、周日连续工作，用短短 12 天完成了召开联盟大会、跨省邀约加盟等大量工作。大胆创新，出色完成第四届中国国际养老服务业博览会展厅设计。依据“绿色健康、生态养老、大美龙江、养生天堂”的参展主题，与设计公司沟通策划 180 平方米的形象展位，并以“天鹅回归的地方”作为创意发端，最终完成了共十四大板块、三大功能区、两大标准化精品区的整体设计，其“春之声、夏之情、秋之歌、冬之韵”设计理念，完整地展现了龙江一年四季的风光，创意新颖、图文并茂，得到了大会的主办方、全国老龄办的领导、养老服务业同仁的高度关注与广泛赞誉。专门聘请 72 岁的原省民族博物馆研究员高慧敏担任讲解员，增加了现场感染力与表现力。服务大局，高质量完成北京、上海等六城市的系列宣传推介活动会务保障工作。省老龄办按照省政府的责任分工，在会务接待、签约对接、文稿起草、推介现场布置、联络媒体、新闻发布等方面作了大量细致的工作，高标准、高质量完成了系列宣传推介会的整体会务工作。

三是履职尽责，参与民政部对养老服务业发展政策落实情况督查工作。省老龄办与民政厅相关处室组成检查组完成了对上海市的督查和对吉林省的迎检工作。省老龄办专职副主任李淑梅带队赴沪，通过召开分类座谈会、听取情况汇报、实地督导（徐汇区、闵行区）的方式，圆满完成了民政部要求的工作内容，组织起草了反馈意见，上报民政部。

四是注重打基础谋长远，扎实推进基层老龄工作持续发展。省老龄办实施“一文一会一训一导”一套组合拳，强力提升基层老年协会建设覆盖率。省老龄办和省民政厅印发了《关于进一步推进城乡社区老年协会建设实施“乐龄工程”的通知》，召开全省基层老年协会建设推进会；举办基层老年协会会长培训班，邀请全国老龄办领导和省民政厅相关处室领导授课，并邀请基层老年协会会长进行实践分享，组成调研组，对各地落实全省基层老年协会推进会进行专项督导，对推进基层老年协会建设中出现的问题进行现场指导。我省老年协会的城镇社区覆盖率达到 96%，农村社区（行政村）达到 83%，超额完成“十二五”老年协会建设的目标任务。

五是开展调研工作。积极开展第四次中国城乡老年人生活状况抽样调查工作，为老龄事业发展“十三五”规划的预研提供数据支撑。省老龄办、民政厅、财政厅下发《关于开展第四次中国城乡老年人生活状况抽样调查的通知》，积极向国家及省级财政申请经费。制定下发我省第四次中国城乡老年人生活状况抽样调查方案。举办全省督导员骨干培训班，对我省抽中的 12 个县（市、区）45 名督导员进行专题培训。各级老龄部门落实调查经费，办好各级督导员和调研员培训班，积极开展入户调查及调查督导工作，如期圆满完成第四次人口抽样调查任务。开展基础调研，完成全省老龄事业发展“十二五”评估。省老龄办联合省政府发展研究中心开展候鸟养老调研，调研报告上报省四大班子，陆昊省长、孙尧副省长给予批示。省老龄办印发了《关于开展 2015 年专题政策调研工作的通知》，各市（地）结合工作实际，积极开展调查研究工作。哈尔滨市老龄办与黑龙江大学联合开展的《发挥老年人力资源作用的研究与思考》被市政府列入重点调研课题；齐齐哈尔市完成了《齐齐哈尔市失能老人养护现状及提升养护质量对策》、《促进居家养老可持续发展对策》的调研；佳木斯市老龄办对空巢老人现状进行了深入调查；鹤岗市对全市老龄事业发展现状进行调研，并形成调研报告上报主管领导。省老龄办完成《黑龙江省老龄事业发展“十二五”规划》实施情况评估报告，如期上报全国老龄办及省政府。

六是加强老龄宣传工作，营造浓厚敬老氛围。省老龄办通过加强与主流媒体的沟通，实现了新闻媒体由被动邀请到主动联络寻求新闻线索的转变。宣传工作呈现新常态：借助省政府系列宣传推介活动，做大宣传。在北京、上海、杭州等六城市的系列宣传推介过程中，采用立体宣传、多媒介合作，形成宣传报道热潮。推介会所到之地，引起了当地传统媒体及新媒体的强烈反响，形成了争相报道、转载的宣传热潮。据不完全统计，5 场候鸟养老推介会共 1300 余名嘉宾参会，签约 73 项。近 70 家媒体出席了会议并进行了高质量、大幅度、高频率的宣传报道。“8＋1”试点单位的民政局、旅行社、养老机构负责人均接受了多家媒体采访。黑龙江省政府牵头推介养老服务业成为 2015 年初夏的养老服务业界头条热议话题，黑龙江天鹅颐养联盟成为网络搜索的关键词，东北这块神奇的黑土地再次成为全国养老业聚焦热点，达到了宣传预期。

开展候鸟老人优质服务季活动，强化宣传。为进一步落实候鸟养老宣传推介活动系列成果，深化“绿色健康生态养老大美龙江养生天堂”主题宣传力度，省老龄办开展黑龙江省候鸟养老优质服务季活动，并召开了大型启动仪式，旨在通过打造旅居服务优、机构养老优、康养医疗优、养老文化优、惠老维权优“五优”服务，培育龙江养老品牌，夯实养老服务业内功，延伸养老产业链条，提升服务候鸟老人标准化水平。

开展“敬老月”，提升宣传。黑龙江省老龄委以“孝行天下，培育敬老家庭；德润万家，建设和谐社会”为 2015 年“敬老月”主题，在全省实施“9461”工程，开展 9 项助老活动、4 项助老主题示范性活动、树立 6 方面典型及助老“1＋1”慰问活动。省老龄办印制《老年法》宣传手册、刊登“敬老月”专版、制作“敬老月”专刊，推出“敬老月”公益广告，发送敬老公益短信 1460 万条，依托黑龙江老龄网、黑龙江省老年网进行集中报道，扩大影响、烘托氛围，形成党政领导主导、行业参与、老龄部门示范、社会关注、全民关爱的敬老爱老的大宣传格局。哈尔滨组织 2015 年“舞动松江”健康快乐舞赛事及第 27 届老年舞蹈百花赛；牡丹江市老龄办以“情系华龄爱洒重阳”为主题举办庆祝老年节文艺演出，联合市法律援助中心、卫生局及相关助力单位开展“送文化、送法律、送健康、送服务”四进社区活动；鸡西市老龄办联合残联开展“为老助明”，联合交通局开展“提素质传美德助老悦乘似亲人”公交助老服务，联合文明办开展助老志愿服务进社区活动；双鸭山市老龄办与曹艳萍心理咨询中心联合举办关爱老年人心理健康座谈会，组织市“老年志愿者服务队”，广泛开展结对帮扶送温暖等系列活动；伊春市举行了“最美林都孝子”、“十大长寿之星”、“十佳阳光老年人”颁奖仪式。

宣传贯彻《老年法》，老年维权工作取得新进展。《老年法》宣传贯彻在全省深入持久地开展。各市（地）老龄办采取举办培训班，印发宣传资料、海报，制作展板等形式宣传《老年法》。哈尔滨市老龄办与市电视台联合制作 8 集老年人预防诈骗术电视专题片，在电视台播出并制作光碟发放给老年人；鸡西市借助新《老年法》颁布两周年契机，组织《老年法》宣传日活动，主管副市长发表署名文章；鹤岗市制定《“老年法”活动宣传实施方案》下发至各县、区及成员单位。伊春市举办了大型宣传咨询活动，向老年群众发放了《中国老年人防诈骗指南》、《中华人民共和国老年人权益保障法》等书籍和宣传单、宣传画，收到了较好的效果。大兴安岭地区老龄办联合农工民主党、地区政协开展全区老年维权调研工作，专门召开全区老年维权调研工作协调会。

七是配合省人大大力实施《老年人权益保障法》执法检查。省人大赴牡丹江、鸡西、七台河、鹤岗等市及农垦牡丹江管理局，对政府及其有关部门实施老年人权益保障法、完善老年人权益保护机制、社会养老服务体系建设、老年人社会救助、老年人参与社会发展等情况进行检查，并就社会保障政策措施、养老机构运营、宜居环境建设、医养结合、老龄工作机制体制等方面提出了意见与建议，在黑龙江省第十二届人民代表大会常务委员会第二十二次会议上审议通过。积极推进制定《黑龙江省老年人权益保障条例》。《黑龙江省老年人权益保障条例》已被省政府法制办列为《省政府 2016 年立法工作计划》中的调研项目。

重要会议和活动

1 月 5 日，刚就任不到一周的省老龄工作委员会副主任，省老龄办党组书记、主任，省民政厅党组书记、负责人蔡炳华同志来到省老龄办看望同志们，听取省老龄办党组成员、副主任李淑梅同志的工作汇报，对下一步工作做出指示。调研处处长高玉萍参加汇报。

1 月 9 日，按照省政府办公厅会议通知要求，省老龄办副主任李淑梅列席省政府第 38 次常务会，讨论《省政府 2015 年立法计划（草案）》、《关于推进政府法律顾问工作的意见》和《黑龙江省人民政府法律顾问工作规则》。《黑龙江省实施〈老年法〉条例》列入《省政府 2015 年立法计划（草案）》调研项目。

1 月 13 日，由省老龄办和省政府发展研究中心组成的异地养老产业联合调研组赴哈尔滨市进行调研，并与哈尔滨市民政局、市发改委、市财政局、市旅游局、市老龄办等部门，就哈尔滨市异地养老产业的发展及相关工作进行了座谈和深入交流。省老龄办副主任李淑梅、省政府发展研究中心张兴洋处长参加调研。哈尔滨市民政局陈实副局长整体介绍了哈尔滨市近年来在探索异地养老工作机制、为“候鸟老人”提供服务等方面的主要尝试，异地养老调研工作中发现的主要问题，以及哈尔滨市目前养老服务业的实际发展情况。

1月15日，上午，省老龄办副主任李淑梅和省政府发展研究中心五处处长张兴洋、副处长古燕萍组成的异地养老产业联合调研组一行五人到省森工总局进行调研。调研处处长高玉萍等工作人员陪同调研。

同日，省老龄办和省政府发展研究中心组成的异地养老产业联合调研组一行五人，深入黑龙江省森工总局进行了调研，并与森工总局民政局、老龄办、政策研究室、社保局、旅游局、产业项目办、财务处、计划处等部门的负责同志就森工系统发展异地养老及相关工作进行了座谈和交流。省森工总局姜传军副局长介绍了全省森工的基本情况和远景规划。森工总局民政局刘庆文局长作了森工林区发展异地养老产业情况汇报，他从森工林区发展养老产业的基本情况、发展异地养老产业面临的突出问题和对省里发展异地养老产业的建议三个方面对森工林区的发展异地养老进行了全面客观地阐述。森工总局旅游局、老龄办、社保局、产业项目办等单位负责人也从不同层面对我省异地养老提出一些意见和建议。

1月16日，上午，按照省政府办公厅会议通知要求，省老龄办副主任李淑梅列席省政府第39次常务会，讨论《省政府2015年立法计划（草案）》《黑龙江省千户科技型企业三年行动计划工作方案（2015—2017年，讨论稿）》。

1月19—21日，我省异地养老产业联合调研组一行八人，调研组由省老龄办和省经济研究中心人员组成，赴伊春和黑河考察调研两市的异地养老产业情况，并分别与两市的民政局、发改委、财政局、旅游局、老龄办、商务局、规划局等有关部门的负责同志就发展异地养老产业、旅游及其他相关工作进行了座谈。座谈会后又分别对两地的部分养老机构进行了实地考察调研。调研组一行对黑河市第二福利院、黑河市爱辉区颐心苑老年公寓进行了考察调研。

2月11日，副省长、省老龄委主任孙永波慰问哈尔滨市道里区松河小区的百岁老人翟德溥，省政府副秘书长、省老龄委副主任王大为，省民政厅副厅长王国黎，省老龄办副主任李淑梅、哈尔滨市老龄办常务副主任张伟林陪同慰问。

2月12日，省委副书记、省长陆昊到黑河市民政福利园看望慰问儿童、老年人、军休干部和退休职工，并致以新春祝福。黑河市民政福利园是集社会福利院、儿童福利院、军休干部服务中心、失能老人养护中心、城乡老年活动中心和未成年人救助中心为一体的综合性福利机构

同日，省老龄办副主任李淑梅带领有关处室同志组成慰问组到巴彦县走访慰问贫困、百岁老年人，并送上慰问金和慰问品。哈尔滨市老龄办副主任刘秀杰，巴彦县老龄办的相关同志陪同慰问。

3月9日，省民政厅厅长、省老龄办主任蔡炳华主持召开黑龙江省养老服务产业发展推进会。省老龄办副主任李淑梅参加会议。会议确定，成立黑龙江省养老服务产业发展推进办公室，办公室主任蔡炳华，副主任王国黎、李淑梅、刘凤兰，办公室下设四个部，分别为对外联络部、重点工作推进部、养老产业评估部、综合工作部。对外联络部部长为李淑梅，副部长那翠兰（省民政厅老年服务中心主任），组员付会仁（省民政厅社会福利处副处长）。

3月18日，为进一步推进立法工作，提高立法质量，黑龙江省人民政府法制办公室于2015年3月18日组织省直相关部门召开了立法工作推进座谈会。省法制办副主任钱世民主持会议并就如何科学、民主立法讲了意见。钱世民副主任对省老龄办开展《黑龙江省实施〈老年法〉条例》修订工作给予了肯定，建议参会单位对老年人权益保障工作给予关注和支持。省老龄办副主任李淑梅参加会议并介绍情况。会上，省住建厅、省民政厅、省司法厅、省外事办、省卫生厅、省文化厅、省计生委、省科技局、省老龄办等10个部门关于本单位被列入2015年立法工作计划项目的前期工作开展情况。省法制办立法处朱江处长传达了省人大常委会组织召开的落实2015年立法计划项目推进会精神，并就进一步提高立法质量征求参会代表意见。

3月21日，省老龄办副主任李淑梅参加人民网黑龙江频道空巢老人爱心陪诊大型公益活动启动仪式。“我陪爸妈去看病——空巢老人爱心陪诊大型公益活动”正式启动在哈尔滨医科大学体育广场举行。此项活动由黑龙江省民政厅、黑龙江省老龄办、黑龙江省卫生和计划生育委员会、共青团黑龙江省委员会、黑龙江省精神文明办、人民网黑龙江频道主办，哈尔滨网络广播电视台医疗频道承办。

3月25日，省老龄办副主任李淑梅主持召开黑龙江省养老服务产业发展推进办公室联络部座谈会，省发展研究中心、省民政厅社会福利处副处长付会仁参加会议，省老龄办各处室负责人参会。

3月27日，省老龄办副主任李淑梅参加省政府召开的全省养老服务业“医养结合”现场推进会。孙永波副省长出席会议并讲话。会上，省民政厅、卫生计生委负责同志分别作了发言。各市（地）、省直管县政府分管领导、民政局长、卫生局长和省发改委、财政厅、人社厅有关负责

同志参加了会议。3 月 30—31 日，黑龙江省民政厅厅长、老龄办主任蔡炳华率领省养老产业推介组参加“2015 年黑龙江—韩国经贸合作推介会”，并与韩国疗养机关协会朴姬贞会长为首的代表团进行了产业项目对接洽谈，对韩国常青医疗财团开办的鲍巴斯纪念医院开展老年人医疗康复服务情况和三星生命公益财团开发建设的三星 CCRC 社区养老模式进行了实地考察。

4 月 10 日，为落实孙永波省长“养老＋N”工作模式设想，积极筹备组建天鹅联盟，省民政厅王国黎副厅长率省养老产业推进组对外联络部相关人员赴省旅游局调研。省旅游局李局长对调研组表示欢迎，表示全力支持工作，并对相关问题同与会的同志进行探讨交流，做出积极回应。省民政厅省养老服务中心娜翠兰主任、优抚处王秀丽副处长、省老龄办宣传处、秘书处负责人参会。

4 月 13 日，为落实孙永波副省长在全省养老服务业“医养结合”现场推进会议上的讲话精神，进一步巩固和深化养老服务业招商引资成果，加快筹建“天鹅养老服务联盟”，省老龄办副主任李淑梅赴哈尔滨城市高端养老服务品牌银耀荟调研。该单位副总经理潘正昉介绍了哈尔滨银耀荟基本情况，该项目是星浩资本旗下健康管理公司自主运营的高端城市养老服务品牌，以打造黑龙江省创新型、规模化老年服务设施的标杆为目标，秉承“创新养老用心服务”的品牌理念，汇集全球医疗、护理、健康、养老、旅游、服务等医疗品牌资源，提供“省心信心放心贴心称心舒心安心开心”八心级服务，项目规划总面积 4 万平方米，有单人间和双人间两种户型，共 800 张床位。省老办龄秘书处一同志陪同调研。

4 月 15 日，省民政厅厅长、省老龄办主任蔡炳华，省老龄办副主任李淑梅参加孙永波副省长主持召开的专题会议。会议为贯彻陆昊省长批示要求，做好我省参加第四届中国国际养老服务业博览会有关工作，听取了省民政厅、省老龄办关于我省参加第四届中国国际养老服务业博览会方案设计、黑龙江省天鹅颐养联盟筹备和养老服务业外省推介招商活动准备工作的汇报，对下步工作进行了研究部署。省政府副秘书长王大为，省民政厅办公室主任田俊学，社会福利和慈善事业促进处副处长付会仁，省养老服务指导中心主任那翠兰参加会议。

4 月 28 日，黑龙江天鹅颐养联盟成立大会暨启动仪式在哈尔滨市举行，副省长、省老龄委主任、省养老服务业发展推进组组长孙永波出席活动并讲话。省老龄办副主任李淑梅参会。大会通过了黑龙江天鹅颐养联盟章程，省政府副秘书长王大为当选为联盟总召集人，省民政厅厅长蔡炳华当选为联盟召集人。

5 月 5 日，第四届中国国际养老服务业博览会在北京国家会议中心开幕，黑龙江省人民政府副省长孙东生出席会议并讲话。

5 月 8 日，作为第四届中国国际养老服务业博览会的一项重要内容，由黑龙江省养老服务业发展推进组办公室主办，黑龙江省天鹅颐养联盟承办的黑龙江省养老服务业招商宣传推介会在北京国际会议中心举行。民政部社会福利和慈善事业促进司副司长甄炳亮、中国社会福利协会会长刘光和出席会议，黑龙江省民政厅副厅长王国黎主持会议。民政部社会福利和慈善事业促进司副司长甄炳亮、中国社会福利协会会长刘光和先后致辞，黑龙江省旅游局副局长李兵介绍了黑龙江省旅游休闲养老的独特资源优势，黑龙江省财政厅副厅长施烜介绍了省本级可开发利用的各类闲置公共接待资源、省老龄办副主任李淑梅介绍了黑龙江省支持养老服务业发展的优惠政策、各市（地）政府闲置资产招商项目情况以及黑龙江“天鹅颐养联盟”加盟推介宣传，省政府副秘书长王大为就黑龙江省养老服务的资源优势、发展愿景做主旨演讲。国内外的媒体、参展商，黑龙江“天鹅颐养联盟”成员共计 300 人参加了会议。

5 月 27 日，由黑龙江省人民政府主办的“黑龙江天鹅颐养联盟候鸟养老推介会”在上海举行。黑龙江省政府副省长孙永波出席会议并作主旨演讲。上海市民政局巡视员高菊兰、上海市社会福利协会会长张燮树到会致辞。会议由黑龙江省人民政府副秘书长王大为主持。黑龙江省旅游局副局长侯伟同志介绍了黑龙江省旅游休闲养老的资源优势。黑龙江省民政厅副厅长王国黎同志介绍了“黑龙江天鹅颐养联盟”的服务形式、候鸟式养老服务能力以及黑龙江省养老服务业招商项目的有关情况。黑龙江省政府副省长孙永波同志就黑龙江省发展候鸟式养老及养老服务业发展规划愿景作主旨演讲。大兴安岭地区行署漠河县人民政府分别与中华知青总会和上海星浩健康管理咨询有限公司就发展候鸟式养老服务业签订战略合作框架协议。齐齐哈尔市龙沙区人民政府与三胞集团有限公司就居家养老服务项目签订合约。同江市民政局与湖南（香港）颐养养老服务有限公司、大庆市第二福利院与上海老童智文化传播公司、黑河市民政局与知青中国颐养股份有限公司等现场签订了候鸟养老战略协议。上海市养老服务业和旅游业发展有关行业组织、机构、企业负责人，天鹅颐养联盟试点市地政府分管副市长、副专员，各有关行业组织、机构、企业代表及相关媒体共 200 多人参加了会议。

6 月 18 日，由黑龙江省人民政府主办的“黑龙江天鹅颐养联盟候鸟养老推介会”在福州举行。黑龙江省政府副省长孙永波出席会议并作主旨演讲。福建省民政厅厅长赖军到会致辞。福建省省卫计委保健办主任王喜瑛、省旅游局纪检组长林叶萍、省民政厅党组成员、省老龄办常务副主任方少雄出席会议。会议由黑龙江省人民政府副秘书长王大为主持。黑龙江省旅游局副局长李兵同志介绍了黑龙江省旅游休闲养老的资源优势。黑龙江省民政厅副厅长王国黎同志介绍了“黑龙江天鹅颐养联盟”的服务形式、候鸟式养老服务能力以及该省养老服务业招商项目的有关情况。黑龙江省政府副省长孙永波同志就黑龙江省发展候鸟式养老及养老服务业发展规划愿景作主旨演讲。黑龙江天鹅颐养联盟分别与黑龙江浙江商会、福建省社会福利协会就发展候鸟式养老服务业签订战略合作框架协议。牡丹江市民政局分别与福建省中老年人养生协会、福州市西园老年公寓签订异地养老合作协议。伊春市国际康体养老中心与福建武夷山养老中心签订候鸟式度假养老合作协议。黑河市第二社会福利院与福建医科大学附属第一医院护养中心签订异地养老合作协议。齐齐哈尔市海外国际旅行社与福州市中青年旅行社签订异地养老合作协议。大兴安岭地区行署漠河县人民政府与福建省恒联坤投资管理有限公司签订异地养老合作协会。哈尔滨市安康社会福利院、齐齐哈尔市卜奎金色世纪老年公寓、佳木斯市老年公寓等分别与当地养老机构现场签订了候鸟养老战略协议。福州市民政、财政、卫生计生、旅游、老龄、福利协会等有关部门和单位负责同志，福州市、三明市、南平市、宁德市和平潭综合实验区有关行业组织、机构、企业负责人；天鹅颐养联盟试点市地政府分管副市长、副专员，各有关行业组织、机构、企业代表及相关媒体共280多人参加了会议。

7月13日，为进一步落实候鸟养老宣传推介活动系列成果，深化“绿色健康生态养老大美龙江养生天堂”主题宣传力度，由黑龙江省民政厅、老龄办、省农垦总局主办的黑龙江省候鸟养老优质服务季启动仪式暨农垦系统首批候鸟老人来哈欢迎仪式在农垦北大荒养老中心举行。省民政厅厅长、省老龄办主任蔡炳华同志，省司法厅副厅长潘志学、省交通厅副厅长张志权、省旅游局副局长李兵、省农垦总局党委书记王兆力、省精神文明办副主任王政玺，省老龄办副主任李淑梅、黑龙江天鹅颐养联盟、省养老服务行业协会秘书长那翠兰出席会议。省民政厅副厅长王国黎主持会议。省农垦总局党委副书记邹积慧致欢迎词，省老龄办副主任李淑梅宣读《黑龙江省候鸟养老服务季活动方案》，省旅游局副局长李兵代表推进组作表态发言，积极推介我省旅游资源。离休老将军王殿忠代表虹枫养老集团的候鸟老人发言。省民政厅副厅长王国黎宣布黑龙江省候鸟养老优质服务季活动正式启动。会议邀请哈西社区志愿者协会的老年朋友为大家表演了几个具有浓郁东北特色的节目。省老龄办、省农垦总局、农垦哈尔滨管理局等有关部门的工作人员，新闻界、来自江苏溧阳市及入住北大荒养老中心的老年朋友共约300人出席了启动仪式。

7月23日，黑龙江省第四次中国城乡老年人生活状况抽样调查骨干培训班在哈尔滨举办。中国老龄科学研究中心党委办公室主任牟新渝应邀出席授课，省老龄办副主任李淑梅参加会议并作动员讲话，调研处处长高玉萍主持会议并作培训总结。全省被抽中的6个市（地）12个县（市、区）的老龄办负责人及督导员、调查骨干等共45人参加培训。

8月24日，省老龄办副主任李淑梅参加省人大常委会召开的执法检查动员会，并在会上介绍贯彻实施“一法一例”情况。本次会议是为积极应对人口老龄化，更好地保障老年人合法权益，省人大常委会将对《中华人民共和国老年人权益保障法》和《黑龙江省实施〈中华人民共和国老年人权益保障法〉条例》的实施情况进行检查。省人大常委会副主任庞义华在动员会上讲话，并将带队开展执法检查活动。此次执法检查的重点是，政府及其有关部门实施适时老年人权益保障法、完善老年人权益保障机制的基本情况，社会养老服务体系建设情况，老年人社救助情况，老年人参与社会发展情况。执法检查的方式为，召开人大代表、有关部门工作人员、老龄社会工作者和专家学者座谈会，听取意见和建议；深入城乡社区和养老服务机构等场所进行实地考察，与养老服务机构和相关社会组织代表、老年人家庭成员座谈交流；个别走访、随机抽查等，了解老年人实际生活状况和法律实施情况。检查组分为2个小组，分别赴牡丹江、鸡西、七台河、鹤岗等4个市及所属的一个县以及农垦牡丹江管理局开展执法检查，执法检查报告将提请12月份召开的省人大常委会议审议。会上，省发改委、卫生计生委、省民政厅、老龄办、农垦总局汇报了贯彻实施“一法一例”情况。

9月16日，黑龙江省暨哈尔滨市2015年“敬老月”启动仪式在哈尔滨理工大学体育馆召开。本次活动由黑龙江省老龄委、黑龙江省民政厅、黑龙江省教育厅、黑龙江省卫计委、黑龙江省文明办、共青团黑龙江省委员会、黑龙江省旅游局、黑龙江省体育局、哈尔滨市政府主办，哈尔滨市老龄委承办。启动仪式由省老龄委副主任、省政府副秘书长王大为同志主持，省老龄委副主任、省民政厅厅长蔡炳华同志作动员讲话，哈尔滨市副市长曲磊代表哈尔滨市政府讲话、团省委副书记王淑滨作表态发言，哈尔滨理工大学大学生志愿者代表作志愿者宣言，省老龄委主任、副省长孙永波同志宣布黑龙江省2015年“敬老月”活动正式开始。省老龄委副主任、省人社厅厅长夏立华等领导出席活动。启动仪式后，体育馆里进行了“舞动松江”广场舞展演展现了龙江老人的风采。

9月17日，全省市（地）老龄办主任会议在大庆市召开。会议由黑龙江省老龄办副主任李淑梅主持并讲话。会议对“敬老月”活动进行了专项安排和部署。会议是利用全省基层老年协会建设推介会间隙召开的。各市（地）老龄办，绥芬河、抚远县老龄办，省森工、农垦老龄办负责同志，省老龄办各处室处负责人等近30人出席了会议。

9月17—18日，黑龙江省基层老年协会建设推进会在大庆市召开。省民政厅民间局、福利处、政权处、社工处、低保局及省老龄办各处室负责人、全省各市（地）民政局负责老龄工作的领导，各市（地）和部分县（市、区）老龄办主任，以及各市（地）老龄办负责基层老年协会建设工作的主要负责人、各媒体同志共150余人参加会议。省老龄办副主任李淑梅主持会议并讲话，省民政厅副厅长魏峰出席会议并讲话，大庆市副市长赵中超出席会议并致辞。大庆市、哈尔滨市、泰来县、海林市、密山市、海伦市、哈尔滨市双城区、桦南县老年协会总会等8家单位在会上做典型发言。与会代表观摩了大庆市萨尔图区拥军社区工作站绿洲老年协会、让胡路区乘风社区乘新一老年协会和让胡路区喇嘛甸镇新华村老年协会3处建设典型。

10月8—13日，按照国务院办公厅督导要求，受国家民政部委托，根据《民政部办公厅关于对2015年养老服务业政策落实情况进行督察工作的通知》精神，黑龙江省成立了由省老龄办副主任李淑梅任组长，民政厅、老龄办相关人员为成员的黑龙江省督察组，对上海市养老服务业发展政策落实情况进行了督察。

9月19—22日，根据省人大会议通知要求，省老龄办党组副书记、专职副主任李淑梅在19日、20日、22日列席了省人大第十二届二十二次会议第一次全体会议、分组审议会议和第二次全体会议。第一次全体会议听取和审议了省人大内司委副主任委员马春波作的《关于黑龙江省常委会执法检查组关于检查“一法一例”贯彻实施情况的报告》（以下简称《报告》）；分组审议会议听取7位省人大常委会委员对《报告》提出的意见和建议；第二次全体会议听取了省人大内司委副主任委员马春波做对《报告》审议情况的汇报。

9月20日，在老年节到来前夕，副省长、省老龄委主任孙永波带领省老龄委等相关单位负责人，先后来到哈尔滨市道里区兆麟社区、百岁老人董振久家和祥源老年公寓走访慰问，为老人们送上节日的祝福及党和政府的关怀。省政府副秘书长王大为、省民政厅厅长蔡炳华、省老龄办专职副主任李淑梅、哈尔滨市副市长张万平、哈尔滨市民政局局长、老龄办主任张伟林、市老龄办副主任孙凤龙陪同慰问。

9月23日，为深入贯彻全国老龄委关于开展“敬老月”活动的通知精神和全国老龄办开展“双关爱”活动的要求，进一步推动全省老年协会推进会议的落实。黑龙江省老龄办专职副主任李淑梅一行三人赴绥化市青冈县开展调研。调研组走访慰问了百岁老人、贫困老人及县老年人体育协会，并送去了慰问金。青冈县民政局长苏方山，县老龄办主任王孝春陪同慰问。

9月28日，省老龄办专职副主任李淑梅参加省政府副秘书长王大伟主持召开的第二次全省老龄产业推进会，副省长孙永波在会上讲话。

11月10—13日，省老龄办专职副主任李淑梅为组长的调研组一行三人，到黑河市调研指导老龄工作，重点检查“敬老月”和“双关爱”活动开展情况，指导推进基层社区老年协会建设及十二五规划目标任务完成情况。调研组先后深入到市第一社会福利院、第二社会福利院，爱辉区花园街长海社区、四嘉子满族乡卡伦山村，五大连池风景区石龙西社区、名镇社区、禧年合颐养中心，北安市城郊乡新华村、庆华办事处人和社区、庆华老年公寓、北安市养老护理中心等地走访调研。

12月10—13日，省老龄办专职副主任李淑梅带领调研组（办调研处、维权处各一名同志）到漠河县调研老龄工作，先后到北极镇、图强镇、西林吉镇、北红村、县福利院、候鸟养老基地等地走访慰问，调研组慰问了2个社区的老年协会和2名贫困老年人，并送去慰问金。漠河县副县长王立才，民政局局长张起鹏，社区主任顾颖全程陪同走访慰问。

12月16日，省老龄办专职副主任李淑梅参加省民政厅厅长办公会，讨论研究《黑龙江省养老服务业发展“十三五”规划》。

各项业务进展

【老年维权工作】老年维权机制的有效运行是推动维权工作长足发展的有力保障。多年来，黑龙江省老龄部门不仅坚持发挥沟通协调，主动作为的作用外，更重要的是积极争取党政领导和省直部门及老龄委成员单位的支持配合，充分发挥他们在老龄工作中的杠杆作用，更好地推动老年维权工作的发展。与省人大内司委、法工委，省法制办、省法院、省民政厅、省公安厅、省司法厅、省妇联、省残联、省政府督办室等部门保持着密切的工作联系，并建立联动机制，创新思路、互通信息、推动工作。一是创新拓展：根据国家老龄办和司法部下发的《关于深入开展老年人法律服务和法律援助工作的通知》要求，积极协调省法院、司法厅、省公安厅联合下发了《关于进一步深入开展老年人法律服务和法律援助活动的通知》，和我省“法制阳光，温暖老人”启动仪式的筹备工作。二是主动汇报：向全国老龄办、省人大内司委、民政厅起草上报了《关于老年人权益保障“一法一例”贯彻落实情况的汇报》材料。三是根据全国老龄办下发的《关于报送老年维权和优待工作有关材料的通知》，我们向17个市地下发了文件通知，组织各市地老龄办填写老年维权和优待工作情况统计表。四是完成了向国家老龄办上报《黑龙江省老年人长期护理保障工作的汇报》的材料。五是加强指导：向各市地下发《老年法》宣传手册，共发放15000册，《中国老年人防诈骗指南》2000册。六是根据省政府督办室下发的《关于对黑人大办函〔2015〕68号进行督办的函》的要求，代督办室起草向人大反馈《关于办理黑人大办函〔2015〕68号文件的通知》，得到了省督办室的大力支持，将老龄办定位牵头单位，负责协调省直相关部门落实执法检查情况，并向省人大递交督办报告。七是按照全国老龄办下发的《关于评选表彰“全国老年法律维权工作先进集体”的通知》，经协调省法院、省检察院、省公安厅、省民政厅、省司法厅成立了我省老年法律维权工作先进集体评选表彰工作领导小组。向全国老龄办上报了《黑龙江省老年维权工作先进集体评选表彰工作领导小组的报告》。与省高院、省检察院、省司法厅、省公安厅、省民政厅进行沟通，协调评选事宜，下发《关于成立黑龙江省老年法律维权工作先进集体评选表彰工作领导小组的函》，在年底前完成评选材料的收集工作。

【老年优待工作】黑龙江省老龄办按照国家老龄办要求，认真下发《黑龙江省老龄委关于印发2015年“敬老月”活动方案的通知》，组织开展全省“敬老月”活动。联合省文明办、省民政厅、省教育厅、团省委、哈尔滨市老龄办等部门在哈尔理大学体育馆举办2015年黑龙江省“敬老月”启动仪式，副省长、省老龄委主任孙永波出席并宣布敬老月启动。重阳节前夕，副省长孙永波副省长走访慰问哈市基层老年协会、养老机构、百岁老人，宣传处组织省城主流媒体进行了全方位宣传报道。联合团省委、人民网黑龙江频道举办孝行龙江、情暖夕阳敬老志愿服务大型文艺演出活动。重阳节当日，在黑龙江日报刊发敬老月专版，并在黑龙江日报显著位置刊登公益广告，在人民网黑龙江频道刊登敬老家风倡议书，在黑龙江电视台新闻夜航播放邮资广告。协调省通信管理局在中国移动、中国联通、中国电信发送公益短信1460万条。并认真总结全省敬老月活动情况上报全国老龄办。同时联合黑龙江省妇联、黑龙江省精神文明办下发《关于在“敬老月”期间开展家风建设系列活动的通知》。

【老龄调研工作】黑龙江省老龄办修改并印发了《2014黑龙江省老龄事业统计报表》，并陆续开展数据的收集、整理和汇总工作。印发了《关于开展2015年专题政策调研工作的通知》，对上报调研成果进行了严格评审，择优上报全国老龄办，参加全国老龄系统优秀调研成果评比活动。配合省政府发展研究中心，赴齐齐哈尔、伊春、黑河、牡丹江等地开展候鸟养老调研，并对形成的调研报告提出意见和建议，上报省四大班子。参加省参事室“社区居家养老服务与管理机制构建”课题座谈会，形成参会材料，并配合赴哈尔滨、齐齐哈尔等地开展相关的调研。深入牡丹江、鸡西、七台河、齐齐哈尔、大庆、哈尔滨等市地，开展敬老月慰问调研活动，并形成汇报材料。

【老龄宣传工作】黑龙江省老龄宣传工作以各项主题宣传活动为载体，宣传工作取得良好效果。由黑龙江省民政厅、黑龙江省老龄办、黑龙江省卫生和计划生育委员会、共青团黑龙江省委员会、黑龙江省精神文明办、人民网黑龙江频道主办，哈尔滨网络广播电视台医疗频道承办的敬老爱老医疗系列活动，包括老年常见病主题就诊日、护士节“最美护士”进社区为老人服务、爱心送诊车、名医走区县——健康专车送健康等活动，以及多种形式的网络活动和关爱“空巢”老人爱心公益摄影活动。活动同时配合人民网黑龙江频道的宣传加大了活动的影响力，在全省范围内掀起敬老爱老风潮。

黑龙江省老龄办还联合组织部、文明办、民政厅、文化厅、计生委、司法厅、体育局、团省委、妇联、文联、科协等十一部门，共同推进党员、青年、巾帼、老年、文化、文艺、卫生、司法、体育健身和科普志愿服务队建设工作，并下发了通知，为全省各专项志愿服务组织建设提供示范，提升了为老志愿服务活动水平。省老龄办联合省委组织部、省文明办、省民政厅，省卫计委等部门下发了关于《黑龙江省爱心6＋1志愿服务敬老工程实施方案》的通知。省老龄办与团省委、文明办、民政厅、残联联合举办举办黑龙江省青年志愿服务项目大赛，并下发了《关于举办黑龙江省志愿服务项目的赛的通知》。省卫计委在卫生系统开展老文明号评选，在医疗卫生系统引起强烈反响，形成了尊老爱老的良好氛围。2015年据不完全统计国家老龄网、人民网、腾讯以及黑龙江日报、黑龙江电视台、东北网等主流媒体通过各种形式宣传候鸟养老，老龄工作新闻稿共计780余件。组织我省老有所为先进人物材料上报国家老龄办，我省大庆市爱心大姐，荣获全国老有所为典型十佳人物。评选出我省老有所为先进典型人物15名，在龙江老龄网上进行公示并表彰。参加省委宣传部、省文明办等单位举办的“传立家风家训，凝聚道德力量，绽放龙江风采”家书主题活动启动仪式。组织我省相关新闻媒体，市地老龄办上报国家2015年好新闻评选作品黑龙江日报6篇、人民网2篇、东北网2篇、哈尔滨市老龄办5篇，共计12篇。

【银龄行动】黑龙江省老龄办联合省老科协下发《2015年黑龙江省银龄行动工作要点》，年初，联合老科协召开了银龄行动工作座谈会，赴双城银龄行动基地调研，并与当地农业专家和农民座谈。另外还联合各市地老龄办，组织农业专家赴部分银龄行动基地进行银龄援农，受到广大农民朋友的欢迎。黑龙江省老龄办还对部分银龄行动基地进行了经费上的支持。

上海市

截至2015年底，全市60周岁以上户籍老年人口占总人口比重超过30%。庞大的老年人口既对上海经济社会发展带来了严峻挑战和发展机遇，也是上海城市生活中的独特风景。2015年是“十二五”规划的收官之年，上海老龄工作坚持以老年人需求为导向，以落实“五位一体”社会养老服务目标为重点，以养老服务实事项目落实、老年宜居社区扩大试点、老龄事业机制转变为抓手，深化改革创新，强化顶层设计，优化为老服务，圆满完成年度各项工作任务，全面完成“十二五”老龄事业发展指标。

综　述

一、养老保障

稳步提高各类人员养老金水平，切实保障各类养老金领取人员基本生活，自2005年起上海综合考虑本市经济社会发展状况及物价上涨情况，每年调整“职保”、“镇保”和“城乡居保”养老金水平。大力拓展企业年金，截至2015年底，保险行业企业年金受托服务覆盖7500家机构，受托资产规模554.5亿元，投管资产规模495.3亿元，管理企业年金账户82.2万户。其中，2015年当年，保险行业新增企业年金签约客户250家机构，新增受托资产90亿元，新增投管资产58亿元，新增管理企业年金账户2万户。在全国省、自治区、直辖市率先实现了城乡低保标准统一，与2014年相比城镇低保标准的增幅为11.27%，农村低保标准的增幅为27.42%。截至2015年底，全市低保老人为19300人。在元旦、春节期间继续对“职保”离退休人员、“镇保”年满80周岁及以上、离休干部、建国前参加革命工作的老工人、两航起义人员等人员发放一次性生活补助费。

二、医疗保障

大力促进医养结合相关工作，鼓励有一定规模、符合标准和条件的养老机构设置医疗机构，护理站、医务室、门诊部、老年护理院等，并开辟绿色通道。依托社区卫生服务中心平台整合医疗服务资源，为养老机构提供医疗服务和医疗支持。开展老年护理院、养老设置医疗机构的医保联网结算工作，完成市政府实事项目“新增50家养老机构内设医疗机构”的任务，实现社区卫生服务机构和养老机构签约服务全覆盖。截至2015年底，全市共有189家养老机构设置医疗机构。

加强社区卫生服务中心平台建设，依托现有的社区老年日间照护中心、社区生活服务中心等社区托养机构，为老年人提供包括社区医疗护理、生活照料在内的社区一站式照料和护理服务。目前，社区卫生服务中心与社区托养机构签约率达28%，全市已有11家社会办护理站提供上门社区和居家老年护理服务。

加快老年护理服务体系建设，按照区域卫生规划，调整完善卫生资源功能布局和结构，逐步形成有梯度的老年医学和护理体系。规划各级老年医疗体系，鼓励三级医院发展老年医学科，建立和完善区级老年医院、综合性医院老年专科设置，鼓励二级医院转型为区域老年医疗中心和老年护理院；并将社区卫生服务中心床位定性为护理床位。

积极开展高龄老人医疗护理计划试点，2015年在6个区28个街镇的试点范围基础上，进一步降低自负比例、丰富服务方式、整合医养资源、加强服务体系建设等，继续在全市扩大试点，为居家老人提供基本的医疗护理服务。继续开展老年人健康服务，加强健康管理和健康教育。

三、养老服务

加强养老机构管理，实行保基本类养老机构名单管理，并向社会公布第一批保基本养老机构名单。进一步落实养老机构税收优惠政策，截至2015年底，本市累计享受税收减免企业户数为681户。2011年至2015年11月份累计减免各项税收53043.88万元。强化养老机构行业监管，从加强行业自律、标准化建设等角度，促进养老机构提升管理和服务水平，探索开展养老机构等级划分与评定。开展养老机构督导，从全市遴选出首批18位督导专家，组建一支督导专家队伍，围绕“服务安全”专题对50家养老机构开展督导工作。推出“以奖代补”政策，重点针对当前养老机构发展的医疗服务资源少、服务人员技能弱、运营管理水平低等突出问题，进行补贴支持。

加强养老床位建设，全年新增养老床位7186张，完成市政府实事项目“新增7000张公办养老床位”的任务，全市养老床位总数达到12.6万张，完成到“十二五”期末达到12.5万张的目标。推进“长者照护之家”建设，进一步明确长者照护之家建设的原则、目标、服务功能、设置与管理要求以及扶持办法等，2015年全年新增22家“长者照护之家”，完成市政府实事项目“新增20家长者照护之家”的任务，下拨补贴资金691万。

完善养老服务政策支持，明确纳入养老服务补贴范围标准并进一步完善和调整补贴政策：对低收入家庭的老年人、80周岁及以上、本人月收入低于城镇企业月平均养老金的老年人、无子女或90周岁及以上等特殊人群，适当增加优惠力度。开展老年照护统一需求评估体系建设，在2014年试点基础上，加强评估员培训工作，全年开展15期评估员培训班，700余名评估员参加了培训。

加快老年宜居社区试点建设，在首批40个社区试点的基础上，2015年新增60个老年宜居社区建设试点社区，达到100个。努力推动服务设施网点化、服务资源集约化、服务方式智能化、服务主体多元化、服务项目特色化。切实加强社区养老服务，居家养老服务覆盖30.2万人，享受政府补贴的13万人。社区老年人助餐点新设58个，老年人日间服务中心新建61家。全年完成新建100家、改建200家老年活动室。累计建成标准化老年活动室5407家，对全市600家标准化老年活动室开展专项评估，为老年活动室“以奖代补”工作提供了有力的参考和依据。继续实施“老伙伴计划”，3万低龄老人志愿为15万高龄老人服务。通过市老年基金会、市慈善基金会等社会组织，实施对1000户低保困难老年人家庭提供居室适老改造。开展社区居家养老服务从业人员培训，组织老年照护等级评估工作新评估员上岗培训，和社区居家养老服务信息管理系统升级改造新系统操作培训，不断提升本市社区居家养老服务队伍的专业化水平。

加强农村养老服务工作，按照城乡基本养老公共服务均等化的要求和因地制宜、政府主导、邻里互助等原则，探索适合农村特点、满足农民实际需求的农村养老服务模式。

四、老年教育

稳步推进远程老年教育，2015年市老龄办会同上海开放大学、上海老年大学打造全新电视媒体、网络媒体的传播渠道，讲授以保健、养生和健身等为主要内容的课程，在《上海老年人学习网》开设网上课程500门，5745单元；老年微课堂APP开设课程80门，807单元。创建学习收视点5486个，参与远程学习的老年学员560945名。大力培育老年学习团队，全面完成培育万个老年人学习团队任务，全市共培育12609个老年学习团队，超额完成了“十二五”发展规划提出的培育目标，为发展老年团队学习奠定了基础。完成市政府实事项目“扶持老年学校开展标准化建设”，完成了扶持51所有条件的老年学校开展标准化建设任务，街镇老年学校的功能教室总数达到489个，比改造前翻了一番。新增及改扩建1500多个老年教育功能教室，改善了老年教育设施设备，统一了老年教育机构的标识，提升了老年学校办学能力，各项指标均比建设前翻番。完成42本老年教育普及教材的编写出版工作，“十二五”规划中完成100本教材编写出版工作的任务已全面完成。继续推进“养教结合标准化学习点”创建和评选工作，促进老年教育师资队伍专业化培训，针对管理人员开设了“百名校长读书班”、“校长论坛”、“教务主任研讨班”等课程班4期。依托市总工会、市退管会网络，为上海市行业老年教育工作提供指导服务。

五、老年优待

尊老社会一条龙服务，上海自1990年10月起开展尊老社会一条龙服务工作，截至2015年底，加盟的为老服务实施单位有54家，2015年发放优待证4.3万余张，五年来，累计发放33.78万余张。继续实施老年人出行优待，积极采取各项措施服务老年人出行，地面公交、轨道交通设置专座、专用候车座位、无障碍设施设置等，2015年首批50辆无障碍出租汽车投入使用，优先服务于残障人士和老年人等特殊群体。公园、科普教育方面继续实施老年优待，不断提升服务质量。开展帮扶工作，继续关注老龄妇女健康。

开展百岁老人统计慰问工作，2015年共有897位新增百岁老人获赠“百岁寿星生日贺卡”、慰问金、鲜花束和生日蛋糕。敬老月期间，在上海工商界爱国建设特种基金会的大力支持下，向全市的1935位百岁老人发放了慰问金，光明乳业有限公司继续坚持为百岁老人免费赠送牛奶，展现全社会对百岁老人的关爱之情。

六、老年文娱、敬老宣传

开展主题为“培育敬老家风，建设和睦家庭”的敬老节系列活动，走访慰问，切实关心老年群体；开展“十、百、千、万、十万、百万”系列活动，让老年人得实惠；办好“九九关爱・上海市2015年老年节全天电视大放送”、老年节文艺晚会、百岁寿星评选、千名老人重阳佘山登高、大型为老咨询服务、老年艺术节展演等受老年人欢迎的活动；开展2015年上海十大寿星评选，评选“上海市十大男、女寿星”、“上海市十佳百岁风采寿星”、“上海市百岁夫妻”。女寿星李素清（116岁）和男寿星秦茂堂（113岁）继续保持本市男女寿星最高龄记录。

大力开展司法领域老年人权益保护法律法规的宣传教育，积极举办老年人权益保护类专题讲座，深受老年人喜爱。全市各级妇联组织在“三八”节、家庭文化节、重阳节等重要节点，采取上街宣传、发放宣传资料、现场咨询、版面展示等多种形式，深入基层、社区，广泛宣传《老年法》《婚姻法》《妇女权益保障法》等法律、法规，开展老年妇女专项宣传教育工作。市教委、市民政、市残联通力合作，依托上海教育电视台，在全国率先推出首个老年居家康复护理电视栏目“银龄宝典”，普及老年人、残疾人康复护理的基础知识。开展科学健身和健康科学讲座，和老年残疾预防和康复知识宣传，宣传普及老年人科学健身意识。

以广场舞大赛、手工艺和书画比赛三大主题赛事，举办上海市第九届老年文化艺术节。围绕中国人民抗日战争暨世界反法西斯战争胜利70周年主题，以“胜利歌声多嘹亮”为主题，举办“常青树杯”合唱展演活动。成功举办“九九关爱重阳歌会”。

七、老年体育

根据广大老年人健身需求搭建展示平台，不断丰富赛事活动内容，搭建健身展示平台；在市民体育大联赛中专设了“银发豪情”板块，升级赛事品质，全面参与上海市民体育大联赛；承办全国老年赛事，全年共组织老年人组队外出参加全国或地区以上赛事活动19次，参与人数达680余人，“十二五”期间共组织老年人组队外出参加全国或地区以上赛事活动138次，参与人数达2800多人，推进老年体育交流。

推行科学健身，开展老年体育健身项目培训，“十二五”期间开展各类老年体育健身项目培训、交流、展示活动，参与培训市民达到316万人次。大力开展以社区公共体育服务设施为主的实事项目建设，拓展老年人活动空间，体育健身设施基本实现城乡社区全覆盖，针对老年人喜欢在公园绿地中晨练、健身的特点，增加公园绿地内设体育设施建设，“十二五”期间共完成40余座公园改造。

八、老年维权

《上海市老年人权益保障条例》的修订被列为市人大常委会正式立法项目。修订重点解决老年人权益保障领域三大主要问题：围绕老年人现实需求，突出老年人权益保障工作的系统设计；围绕“四社”（即社会保障、社会服务、社会优待和参与社会发展）主要问题，丰富老年人权益的内涵；针对社会养老服务中的瓶颈问题，明确规定建立长期护理保障制度、建立统一的老年照护需求评估体系、加强规划引领实现医养结合、建立健全养老服务人才机制；合理界定政府、社会和家庭的职责和义务，强调家庭赡养责任的基础性地位，由政府提供一定支撑和补充，辅之以社会化的服务支持，并明确社会各方参与的优惠扶持措施，调动社会、市场力量参与养老服务的积极性。

加大老年人法律援助工作力度，切实维护老年人合法权益。上海年市老年维权服务中心进一步充实接待队伍，加强老龄维权人员培训，提高服务咨询水平。加强宣传力度，提升维权意识，上海市老龄办与第一财经广播FM97.7《为您服务》涉老栏目、《上海老年报》法制栏目等合作，为老讲解涉老法律知识，剖析、讲解维权案例，继续开展“老年普法进社区行动”，上海公安机关通过持续组织开展一系列专项打击整治行动，大力推进治安案件回访制度，依法严厉打击侵害老年人人身、财产安全的违法犯罪行为，为老年人创造良好的社会治安环境，切实维护老年人合法权益。

九、老有所为

开展第十三期沪疆“银龄行动”，组织17名志愿者分赴喀什地区、克拉玛依市的9家单位，开展为期近2个半月的志愿服务。上海市委老干部局把社区作为离退休干部发挥作用的主阵地，持续开展“争当六大员，共筑中国梦”活动，认真组织老同志开展“网上正能量活动”，开展“学智能手机，做网宣达人”组织网宣队伍进行培训，发布正能量的信息和学习资料。

老年科普教育活动常办常新，继续组织老年人参与“科普在社区　科普进家庭”活动，为进一步拓展老年教育活动形式，促进终身学习，推进学习型社会建设。推进“百万老人刷卡无障碍”服务计划，由上海银行和上海市老年学学会2007年起创办的“百万老人刷卡无障碍”导银志愿者服务计划，8年来，老年人使用ATM机领取养老金由开始的13%提高到目前的51%。

上海市老年志愿者总队围绕“如何推动志愿服务的机制化、项目化、专业化发展”开展2015年上海市优秀老年志愿服务集体（团队）评选活动，加强老年志愿者队伍建设，联合市社会工作者协会，对在2014年度市政府实事项目“老伙伴”计划中涌现出的先进社会组织和优秀志愿者进行评比表彰。

各项业务进展

上海市老龄办牵头开展本市老龄事业发展“十二五”规划终期评估工作，全面、客观总结本市老龄事业发展“十二五”规划确定的目标任务和相关指标完成情况。围绕“五个老有”的老龄工作目标和老龄事业发展的总体目标、主要任务、重点项目、保障措施、主要指标，编制上海市老龄事业发展“十三五”规划。

一、信息发布和老龄科研

定期发布老年人口信息。依据“上海市老年人口和老龄事业监测统计调查制度”，上海市民政局、市老龄办、市统计局完成2014年老年人口和老龄事业发展监测统计工作，向社会公开发布《2014年上海市老年人口和老龄事业监测统计信息》、《2014年上海市老龄事业发展报告书》和《2014年上海市老年人口和老龄事业数据手册》。

组织“第四次中国城乡老年人生活状况抽样调查”上海地区调查工作。为进一步摸清新时期中国城乡老年人生活状况和养老服务需求，了解老龄工作的新情况、新问题，经国务院批准、全国老龄办组织，圆满完成调查工作。

聚焦重点，组织老龄科研课题研究。依托市政府决策咨询平台面向全市组织涉老专项课题研究两项《上海市养老机构行业监督研究》和《上海市老龄产业发展对策研究》。结合上海城市总规整体部署，上海市老龄科研中心组织、开展了《上海市城市总规（2040）养老设施布局专项规划》《上海农村老年人养老状况调查》《上海老年人日间照料中心功能和服务模式研究》和《老年人照顾者帮助政策研究》等课题研究。

组织老龄论坛和交流会。以“养老服务需求与供给的有效对接”为主题，由国家民政部、全国老龄办指导，上海市民政局、上海市老龄办、上海市贸促会主办，中国老龄产业协会联合主办，上海国际展览中心有限公司、上海市老龄科学研究中心承办，成功举办“2015 中国国际老龄产业高峰论坛”。论坛期间同步举办平行分论坛，其中包括“2015 中国养老机构发展高峰论坛”和“中日（上海）老龄产业交流会”等。上海市老龄科学研究中心积极搭建交流平台，组织以“城市让老年人更幸福”为主题的专题交流会，邀请全市养老服务领域的企业和社会组织做交流，分享经验、探讨问题、谋求发展。

二、重要会议

召开 2015 年老龄委全体（扩大）会议。2015 年 5 月 28 日，本市召开 2015 年老龄委全体（扩大）会议，落实全国老龄工作委员会第十七次全体会议确定的各项任务，总结 2014 年以来的老龄工作，分析当前老龄工作面临的新形势，安排部署当前及今后一个时期的重点工作。

举行第四次上海市老年教育工作会议。会议于 2015 年 10 月 27 日召开，会议总结了“十二五”老年教育工作，明确了下一阶段发展老年教育的思路和举措，公布了全国首个基层老年教育机构建设标准的试行指导意见：《上海市老年学校建设标准指导意见（试行）》，宣读了上海市老年教育工作先进集体和先进个人表彰决定。

三、为老专项活动

持续推进老年宜居社区建设试点市级配送项目。建设老年宜居社区是推进本市建设老年友好城市的重要内容，也是推动构建“五位一体”社会养老服务体系的重要举措。根据项目周期安排，2015 年上海市老年宜居社区建设 3 个市级配送项目均为跨年度实施。

失能老人家庭照料者培训。延续 2014 年项目周期，2015 年度项目已于 10 月全面启动，共有 13 个区县、43 个试点街镇参与，计划培训学员 8600 人。同时为进一步规范该项目的实施，市老龄办编制完成了护老者培训项目市级统一教材《失能老人家庭照护必读》一书。

喘息服务。喘息服务旨在建立将失能老人临时转入养老服务机构等专业机构进行短期照护服务的机制，帮助减轻其家庭的照料压力。2014 年项目周期内，共有 13 个区县委托 19 家养老机构承接了喘息服务项目，共有 224 位老人享受到该项服务，累计入住 6307 天，有 200 多个长期照护失能老人的家庭通过该项目获得了宝贵的自我调节机会，缓解了照料压力。

电动爬楼机租赁服务。旨在让更多居住在老式多层无电梯住宅、出行不便的老年人走出家门，融入社区，享受便捷生活。截至 2015 年 11 月，开展试点工作的 4 个区 11 个街镇共有 4903 人次享受了服务，其中静安区 112 人次、闸北区 126 人次、虹口区 649 人次、浦东新区 4016 人次。

“银发无忧”保障工作。经过十年的发展，该项目已逐步成为老年人意外伤害保障方面的品牌工程。据统计，2015 年约有 81 万老年人参保，政府从福利彩票公益金出资 204.6 万元。大幅增加保障范围，将意外住院津贴、意外骨裂伤害保险、居家意外身故、居家意外伤害残疾保险纳入进来，打破了以往固定时间与固定地点的投保模式，开通了网上投保模式的试点工作。试点区域的市民只需要关注“银发无忧直通车”微信公众服务号，就可以随时随地参与“银发无忧”老年人意外伤害综合保障计划。

举办老年人健康促进行动暨科普周活动。继续开展上海市老年人健康促进行动暨“2015 年老年健康生活科普周”活动。举办“老年人慢性病的预防”、“药食同源话常见病食疗”等专题科普健康讲座，委托上海市健康产业发展促进协会邀请来自高校、医院和科研院所的 12 位专家，深入社区开设 38 场知识讲座。两项活动直接参与老年人数逾万人。

举办第十届中国国际养老及康复辅具医疗博览会。博览会于 2015 年 4 月 22 日至 24 日举办，吸引了德、美、英、澳、日等 16 个国家和地区的逾 300 家企业踊跃参展，有 26000 多人次参观博览会，获得来自 40 多家专业媒体、21 家公众主流媒体的全方位支持与持续报道。博览会期间举办了第四届中国老年福祉产品设计大赛颁奖仪式暨老年康复护理器材捐赠仪式。大赛以“为老年人设计美好生活”为主题，面向全社会广泛征集作品，共有 236 件作品参赛，最终有 9 件作品获奖。上海市慈善基金会作为爱心捐赠企业的代表，捐赠了价值 100 万元的电动轮椅车，通过上海市社会福利行业协会，分配至辖区内的为老服务单位。

开展住房反向抵押养老保险试点工作。2015 年，开展了住房反向抵押养老保险试点项目，通过住房反向抵押与终身年金相结合，使老年人享有房屋居住权的同时可从保险公司获得养老金。截至目前，已有 9 位老人办理了投保申请，房屋价值总计 2598 万元，其中 8 位老人已开始领取养老金；另有 4 位老人签署投保意向。

组织“申城万名老人看发展”活动。继续组织开展“申城万名老人看发展”一日游活动。采取全市统筹，各区县自主开展的新模式，使活动的开展更灵活多样、符合本地区实际，共有 16568 名独居、困难老人参与活动，受益面较往年有较大增长。

四、合作与交流

与波兰开展合作交流活动。2015 年 7 月，应国家民政部邀请，波兰劳动和社会保障部副部长拉多斯罗？勒兹科一行来沪访问，了解本市老龄及社会救助工作开展情况。

继续深化国际合作交流，2015 年 4 月，荷兰劳伦斯基金会代表团一行7人来访上海市民政局，继续加强养老服务领域的友好交流合作，参观了本市相关区县的长者照护之家、养老机构等，并分享了荷兰在高科技养老服务领域的经验和最新成果。9月，上海市民政局代表团访问荷兰，参观鹿特丹市的养老机构。10月，荷兰卫生、福利和体育部副部长、荷兰大使馆参赞、荷兰企业代表等一行访问上海，期间拜会上海市民政局，就在社会福利领域继续深化友好合作与市民政局进行探讨交流。

与日本旭川庄方面就在养老福利人员培训领域继续开展合作交流展开探讨，并就双方下一步的合作意向进行明确。此外，接待了来访的日本养老行业交流团、日本丰田老年福祉车项目团队、日本大和总研亚洲事业开发本部等友好人士，商谈养老服务领域的合作意向。

2015年，上海市民政局与澳大利亚蓝宝石养老集团、独立认证老年护理培训机构、澳大利亚驻华使馆及驻沪领馆、巴布特社区照料组织等机构代表分别就养老护理人才队伍建设合作可行性展开积极探讨。

五、政策法规

（一）上海市民政局和市财政联合下发《关于调整本市城乡居民最低生活保障标准的通知》（沪民救发〔2015〕12号）。

（二）上海市民政、卫生计生、发展改革、人社等相关部门制定了《关于全面推进本市医养结合发展的若干意见》（沪民福发〔2015〕19号）。

（三）《上海市护理站管理办法》。

（四）《老年护理院出入院标准实施工作规范》。

（五）《上海市老年护理院服务管理规范》。

（六）《上海市养老机构设置医疗机构工作指南》。

（七）各区县完成养老设施布局专项规划的编制工作，根据《上海市养老设施布局专项规划》总要求，各区县开展本区养老设施布局专项规划编制工作，做到规划引领、提前布局和有序推进。一季度在媒体上公布了17个区县的专项规划；到2015年底所有区县专项规划全部批复出台。

（八）上海市民政局、市财政局联合出台《关于加快推进本市长者照护之家建设的通知》。

（九）上海市民政局与市财政局联合出台《关于调整本市养老服务补贴政策有关事项的通知》（沪民老工发〔2015〕7号），2015年6月。

（十）《上海市老年照护统一需求评估员培训工作方案（试行）》和《关于进一步加强上海市老年照护统一需求评估员管理和培训的通知》。

（十一）上海市民政局和市财政局联合出台了《关于对本市非营利性养老机构实施"以奖代补"扶持政策的通知》（沪民福发〔2015〕2号），2015年1月。

（十二）《养老护理人员队伍建设规划（2015—2020年）》上海市人力资源与社会保障局编制。

（十三）上海市民政局出台《关于保基本类养老机构名单管理的指导意见（试行）》（沪民福发〔2015〕9号），2015年4月。

（十四）上海市民政局、市发改委、市农委等八部门出台《关于加强本市农村养老服务工作的实施意见》（沪民老工发〔2015〕15号），2015年11月。

江苏省

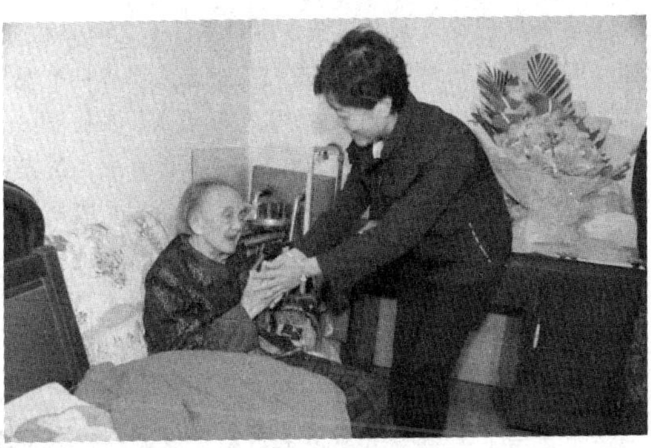

重阳节暨第三个"老年节"到来前夕，副省长、省老龄委主任许津荣来到南京市鼓楼区走访慰问老人，代表省委、省政府向老人们送去节日的问候。

南京玄武区民政局庆祝敬老月活动。

综　述

一、老年社会保障更加完善

（一）健全基本养老保险制度。构建了以企业职工养老保险和城乡居民养老保险制度为核心，覆盖城乡各类人群的全民养老保险制度体系，参保率稳定在97%左右，企业退休人员基本养老金和城乡居民基础养老金稳定增长，连续11年按10%左右幅度提高全省企业退休人员养老金，2015年调整后全省企业退休人员月人均养老金水平达到2460元，人均增加224元。2015年全省城乡居民养老保险基础养老金最低标准已提高到每人每月105元。

（二）完善基本医疗保险制度。全省城镇基本医疗保险参保覆盖率稳定在95%以上，全省城镇职工医保、城镇居民医保政策范围内住院医疗费用基金报销比例分别稳定在84.2%、72%以上。在全省全面推进大病保险制度建设，老年人符合规定的大病医疗费用可得到进一步报销。推进异地就医结算平台建设，实现省级异地就医结算平台与13个省辖市市区双向贯通和联网实时结算。同时，建立参保地与就医地协作管理机制，在目前尚未联网的地区，为省内异地安置退休人员报销提供便利。

（三）加强对困难老年人的社会救助。截至2015年底，全省共有"三无"供养对象7046人，"五保"供养对象197952人，全省符合特困供养条件的老年人，实现动态下的应保尽保。其中，集中供养和分散供养的"三无"对象分别为3802人和3244人，供养标准分别为每人每年11414元和10073元；集中供养和分散供养的"五保"对象分别为89202人和108750人，供养标准分别为每人每年8735元和7665元。把困难老年人作为临时生活救助、医疗救助、司法救助的重点对象，加大救助力度，将城镇户籍居民低收入住房困难家庭的纯老年人户优先纳入廉租住房保障范围。

（四）提升老年人社会福利水平。全省全部落实了80周岁以上老年人尊老金发放制度，完善尊老金发放管理和操作办法。80至99周岁老年人的尊老金发放标准，由设区市、县（市、区）人民政府确定，一般80岁到89岁每月50元，90岁到99岁每月100元，各地根据实际情况可提升标准；100周岁及以上老年人的尊老金，按照每人每月不低于300元的标准确定，2015年全省对百岁以上老年人共计发放尊老金1656万元，惠及5304名百岁老人。落实了失独家庭老年人补助政策。落实了老年人各项优待服务政策，为老年人乘坐城市公共汽车和轨道交通，进入政府投资主办的公园、公益性文化设施、旅游景点、公共体育健身场所提供免费或优惠服务。全省现有老年病医疗特色的医院12所；康复医院56家，床位5380张；74家护理院，开放床位9815张；其中民营护理院62家，占总数的83.8%；109所二级以上医院开设老年病专科，566家医疗机构开设康复医学科。每2年为老年人做1次健康检查，实行不间断的健康管理，全省普遍建立老年人健康档案，65岁以上老年人建档率接近95%。

二、社会养老服务体系快速发展

十二五时期是社会养老服务体系快速发展的时期，形成事业产业协同推进、居家机构统筹发展、线上线下联动服务，建设以居家为基础、社区为依托、机构为补充、信息为支撑的多层次养老服务体系。一是坚持政策引导。省、市、县三级密集出台促进养老服务业发展的政策文件，形成了地方法规、政府规章、部门制度衔接配套、呼应支持的政策体系。《江苏省养老服务条例》已经省十二届人大常委会第十九次会议审议通过，将于2016年3月1日起实施。在省政府出台《关于加快发展养老服务业完善养老服务体系的实施意见》的基础上，省民政厅联合财政、卫计、商务、公安等23个相关部门，制定出台了推进医养融合发展、加强养老服务设施规划建设、金融财政支持养老服务业发展、推进养老责任保险、实行政府购买养老服务等15部系列配套文件，全方位强化、细化加快发展养老服务业的保障措施。二是强化资金保障。坚持以公共财政为导向，整合各类资源，引进社会资金，以持续性、常态化的资金投入，推动养老服务业发展。在全国率先统一公办、民办养老机构补贴标准，对符合条件的自有产权和租赁房产护理型床位分别给予不低于1万元和5000元每张的建设补贴。在实行尊老金制度的基础上，建立了养老服务补贴和政府购买养老服务制度，对低保家庭中的失能老人、低保家庭和分散供养的特困对象中80周岁以上老年人，分别给予每月100元和60元以上补贴。政府采用发放服务券等形式，为城乡低保对象等经济困难的失能、高龄等老年人入住养老机构、接受社区居家养老服务提供无偿或低收费的供养、护理服务。三是注重均衡发展。在加快发展城市养老服务业的同时，统筹推进农村养老服务业发展。着力保障好城乡困难老年人的基本生活，建立实施城市"三无"老人和农村五保老人供养标准增长机制，保障标准与城镇居民人均可支配收入、农村居民人均纯收入保持同步增长。探索居家养老与医疗服务的融合机制。加快推进农村五保供养机构转型升级，全省所有农村五保供养机构按标准升级改造任务全面完成，明显改善了农村五保供养条件。根据农村、农民特点，大力推动村办"养老院"、家办"托老所"和农村社区居家养老服务、"老年关爱之家"建设等，在全国产生了广泛影响。四是突出创新驱动。瞄准养老服务业最新发展方向，坚持改革、勇于创新，形成了许多具有江苏特色的服务品牌。积极运用现代信息化手段，大力推进"虚拟养老院"、"一键通"、养老服务呼叫平台建设，使老年人足不出户就可以享受到专业化的服务。积极稳妥推进公建民营，进一步激发公办养老机构的发展活力。大力推广政府购买养老服务，连续三年在全省开展以为老服务为主体的社会组织公益创投活动。

各项业务进展

【老年人口概况】江苏省老龄化比例居全国各省区之首，具有基数大、增速快、寿龄高、空巢多、失能半失能加剧、区域不平衡、两代老人家庭增多等特点。截至2015年底，全省60周岁以上老年人口达到1648.29万人，占户籍总人口的21.36%，同比增长69.06万人，增幅4.37%。60周岁以上老年人口占总人口数20%以上的设区市有九个，老龄化比例由高到低分别是南通、无锡、苏州、泰州、镇江、常州、扬州、盐城、南京，其中南通老龄化比例高达27.33%，盐城、南京2015年底新跨入20%以上行列，宿迁老龄化比例最低，占15.4%。全省80周岁以上高龄老年人口达到254.96万人，占老年人口总数的15.47%。

【老龄政策创制】江苏老龄事业法规政策体系日趋完备，在2014年省政府及各部门密集出台8个老龄政策文件的基础上，2015年又出台了7个文件。省政府办公厅出台开展适宜养老住区建设试点示范工作、完善医疗救助制度的实施意见。探索“居住宜老、设施为老、活动便老、服务助老、和谐敬老”的方式和路径。完善医疗救助制度，托住底线，与相关社会救助、医疗保障政策相配套；省发改委、民政厅等多个部门联合签发了关于加快养老服务产业发展的若干意见、鼓励外资参与养老服务业发展的意见。将养老服务产业列入省现代服务业重点支持方向，建设开放型养老服务体系；关于居家养老方面制定了江苏省养老服务条例、城乡托底保障对象的关爱照料制度、社区老年人助餐点项目建设标准等法规政策文件。从规划引导、建立保障制度、托底困难群体、激活社会力量、加强管理和监督等方面强化政府责任。各设区市出台的涉老政策文件数量多，质量高。苏州市率先出台苏州市居家养老服务条例；南京市印发了社区居家养老服务的标准化建设指标；镇江市出台政府购买养老服务实施办法；南通市出台建立基本照护保险制度的意见，这些地方性政策都成为全国借鉴的样本，成为各地前来学习考察的热点。

【老年维权工作】江苏省围绕《江苏省老年人权益保障条例》，把老年维权作为老龄工作的重点，调动社会各方面的积极性，形成工作推进的合力，全面构建包括老年维权在内的大老龄格局。民政部门托底保障，建立了分散供养的城市“三无”和农村“五保”老人的关爱照料制度。对困难群体，签订“1+1+1+1”（一名乡镇民政办干部、一名村（居）干部、一名供养对象的邻居或亲属和一名分散供养对象）的关爱照料服务协议，开展关爱服务，并将此项工作作为硬任务，做到一户不漏全覆盖，民政办履行主体责任。司法部门积极构建维权网络，在省市县区普遍建立了法律援助中心或工作站，打造“半小时法律服务圈”，“一站式服务”、网格化管理。使老年人常见的赡养、继承、住房、社会保障等等纠纷能得到及时解决。法院系统开辟老年维权绿色通道，对涉老案件“优先立案，优先保全，优先审理，优先执行”；探索涉老案件专业化审判、调判方式化解涉老纠纷，有效修复亲情；建立涉老案件联动化解机制。基层法院联合工会、妇联、老龄办及村委会、居委会等组织建立老年维权联动机制，充分发挥社会的力量化解矛盾。将案件裁判的法律效果与社会效果统一，成为部分法院工作需要考量的重要内容。泰州市中级人民法院还专门出了一本《老年人权益保障审判白皮书》。公安、检察院等部门在案件的审理中，加大对涉老案件的追查力度。多角度保护老年犯罪嫌疑人合法权益，积极维护老年被害人合法权益，最大便利照顾老年证人，重点打击针对老年人犯罪的专项活动成绩显著。各部门不仅注重维护老年人合法权益的法律法规的宣传，同时注重敬老传统文化的宣传和教育，使社会孝亲敬老之风得到较好的提升。

【社区居家养老服务建设】2015年底，全省共建有居家养老服务中心（站）2万余个，当年新建2000个社区居家养老服务中心。在省级层面出台了居家养老服务规范、评估指标体系及相关建设标准，推进社区居家养老服务的规范化、标准化建设。省政府已是连续7年将新建2000个社区居家养老服务中心列入五十项重点工作和十项为民办实事项目，各级政府也都把社区居家养老服务纳入老龄事业总体规划，建立了相应的经费增长机制。全省城市社区居家养老服务中心实现全覆盖，农村社区覆盖率苏南达到90%、苏中达到80%，苏北达到70%。

【社区老年人助餐点建设】2015年，省政府将建设老年人助餐点列入保障改善民生十件实事的内容，当年新建2031个社区老年人助餐点。着重满足居家老年人特别是高龄、空巢、失能半失能和经济困难老人的助餐需求。本着“政策引导、政府扶持、社会参与、市场推动”的基本原则，有序地推进社区老年人助餐点建设。2031个助餐点约占全省社区总数的10%，按照苏南、苏中、苏北各自社区总数的15%、10%、5%进行项目分配，助餐点设置在社区居家养老服务中心、养老机构（含敬老院、社会福利院、老年公寓）和其他具备助餐条件的服务机构，在基础设施、功能设置、服务队伍、饮食安全、管理制度等方面均制定了建设标准。政府根据运营状态予以相应补贴，对困难群体进行购买服务，或免费提供场所等扶持政策，鼓励餐饮业承接为老助餐服务。助餐是政府新政，尚属探索阶段，总体效果城区好于农村，苏南优于苏北。

【养老服务网络平台建设】2015年末，基本建成涵盖养老服务管理的“省级开发、五级应用、全业务、全流程”的江苏省老龄工作系统，14家养老服务组织和机构被确定为国家智慧养老服务试点，建成“虚拟养老院”、“一键通”等社区居家养老服务信息平台95个，覆盖90%的县（市、区），为老年人提供多样化、多层次的养老服务。

【老年教育】“十二五”期间，全省逐步完善以江苏开放大学为龙头，由市级社区大学、县级社区学院、乡镇（街道）社区教育中心和居民学校构成的四级社区教育网络体系。至2015，全省已建成标准化社区大学4所、社区学院103所、社区教育中心683个、居民学校3809个。此外，全省各乡镇（街道）依托社区教育中心成立老年学校9343所，村（居）老年活动中心15852个。通过这些组织单元牵头对区域内老年教育资源进行有效整合和共享利用，结合老年学习者的需求和特点，着力构建老年人十分钟学习圈，让老年教育覆盖的范围更广，老年人学习更为便捷。

【老年文化体育生活】全省各市、县建有老年人或老干部活动中心，99.9%的乡镇建有500平方米以上综合文化站，90%以上的行政村建有达标文化活动室。广播、电视、报纸等媒体开设老年专栏，省《老年周报》、省广电总台《美丽夕阳》、《晚霞》等报刊、栏目广受老年人欢迎。每年老年节和敬老月各地广泛举办大型老年文化活动。全省建有省市县乡镇村五级老年人体育协会组织网络，所有村皆有老年健身活动场所。总投入经费250万元，进行老年人新优项目的研发、推广、培训、交流，2015年共开展老年人培训近50期，竞赛30余项次。连续10年每年举办一次老年体育节，每年100多万老年人参与。

【“医养融合”典型】江苏探索建立“医养融合”模式体系，在全国产生影响，成为全国可借鉴的样本。苏州市建设了一批集“医疗、护理、康复”为一体的“医养融合”民办护理院，形成了具有时代特点、苏州特色的民办护理院品牌，其中苏州市福星护理院的“福星模式”就被作为“医养融合”养老服务模式建设的典型，辐射到江苏、安徽、上海等70多家护理院。此外，新建养老机构“就近、就便”安排社会养老服务体系建设项目，与大型医疗卫生机构合作，建立了120急救联动机制，为老人就诊设置绿色就医通道。

镇江市自2013年开展“医疗助老行动”试点。为医疗助老对象提供相应的医疗优待服务，对住院老人医保账户自费部分予以减免。经过几年建设，镇江医疗机构与普通养老院对接的医养融合绿色通道已经建成。镇江扬中以覆盖全市79个村（社区）的居家养老服务中心为载体，依托市镇两级医疗服务资源，探索建立了“医养共建工作室”，为农村居家养老老人尤其是失能老人提供“保姆式”医疗卫生服务，弥补养老机构在医疗服务上的“短板”。同时，扬中启动智慧养老服务中心，通过“95002”热线，利用互联网、物联网和大数据、云技术等手段，构成了健康服务、安全管理、快乐支持、生活助理的整体解决方案。通过试点引导、部门联合、资源整合等方式，镇江进行“医养融合”的多方面尝试。一是养老机构内设医疗机构；二是养老机构与社区卫生服务中心对接；三是开设专业养老护理院；四是医院下设养老康复机构；五是社区居家养老服务中心提供医疗服务；六是设立智慧养老服务中心。

重要会议和活动

【第四次中国城乡老年人生活状况抽样调查】中国城乡老年人生活状况抽样调查每五年开展一次，2000年以来，全国老龄办已开展了三次城乡老年人生活状况抽样调查，2015年8月第四次中国城乡老年人生活状况抽样调查在全国范围内开展，江苏省有11个市、33个县（市、区）、132个乡镇（街道）、528个村（社区），15840名老人被抽中，样本规模列全国第3位。调查内容涵盖老年人口基本特征、家庭状况、健康状况、经济状况、社会参与状况等各个方面，调查结果将为政府统筹制定应对人口老龄化战略、“十三五”规划和政策提供基础数据支持。

【“老年法律维权先进集体”评选表彰活动】2015年11月，江苏省开展了“全国老年法律维权工作先进集体”评选表彰推荐活动。由省老龄办牵头，省法院、省检察院、省公安厅、省民政厅、省司法厅等六家单位联合开展此项活动。经过省市二审二公示，推荐出11个先进集体，上报“全国老年法律维权先进集体”评选表彰工作领导小组。这11个先进集体分别是：南京市律师协会、无锡市北塘区人民法院、苏州市老龄工作委员会办公室、江苏省如东县公安局、连云港市法律援助中心、淮安市司法局律师工作管理处、盐城市法律援助中心、镇江市司法局、泰州市中级人民法院民事审判第四庭、宿迁市人民检察院侦查监督处、泰兴市民政局。被推荐出来的单位有一个共同点，就是在维护老年合法权益的同时，注重敬老传统文化的宣传和教育，开展道德情感的重塑与弘扬。使当地的孝亲之风得以提升，敬业之气得以弘扬，彰显了此次活动的现实意义和价值所在。

【安康关爱行动】“安康关爱行动”是2012年8月江苏省老龄办与中国人寿江苏省分公司联合启动实施的老年人意外伤害商业保险。截至2015年底，全省共有593.97万老年人参保，同比增长23%，较上年全年净增104.49万人；参保覆盖率达38.72%，较上年提升6.02个百分点；当年保费规模1.8亿元，人均保费30元；各地市中，苏州、徐州、盐城参保人数位居全省前三，镇江、苏州、宿迁参保率位居全省前三；全省累计支付保险赔款1.16亿元，较上年度增加3346万元；获得理赔人数达到7.22万人次，较上年度增加1.36万人次；简单赔付率达64.6%，较上年提升近5个百分点。2015年，“安康关爱行动”重点在老年人健康服务上进行了探索，联合第三方合作机构针对参保老年人提供健康管理服务，累计提供客户来电咨询及预约挂号服务17476人次，发送短信服务128526条，举办讲座、义诊等宣传活动45场，通过健康动力站设备为客户提供健康数据测量服务4900余人次。

【老年产业暨康复福祉博览会】9月11日上午，由江苏省民政厅、江苏省残联、江苏省老龄办和中国国际贸促会江苏省分会联合主办的2015南京老年产业暨康复福祉博览会在南京国际博览中心开幕。本届博览会为期三天，主题是“联动老龄事业建设，推动老年产业发展”。博览会分为养老服务区、康复辅具区、养老地产及老年旅游区、老年金融区、家居用品区、健康食品区、净水设备区、日本展区、台湾展区和公益展区等10大区域，共有250家参展商参展，多数产品都代表着目前国际和国内老年产业和康复产业最新的设计理念和较高的制造水平。展会举办了多场配套活动，民政（老龄）系统、残联系统和医药商业协会参与了三场展商对接会；南京民政（老龄）系统举办了专场对接会；日本贸易振兴机构上海代表处举办了“中日（江苏省）老龄产业交流会”；展商合作自主举办了“企业家论坛”，各参展企业充分利用展会平台，主动举办了丰富多彩的产品和服务推介活动，例如：泰乐城一元竞拍、黄山灵台石斛产品推广、兴业银行“安愉人生”养老金融服务推广、卡布奇诺手机演示等。

【老年春晚】由江苏省民政厅、江苏省老龄办、中国人寿江苏省分公司联合主办，云媒体电视江苏老年承办的江苏省“第三届中国人寿杯老年春节联欢晚会”于2015年2月7日举行。本届老年春晚以“孝行天下 情暖江苏”为主题，自2014年4月启动以来在全省范围内进行了多场海选，全省各地1500多支团队，近三万名老年人参与其中，分别在南京、无锡、徐州、南通举办了声乐、舞蹈、戏曲和综艺四个专场汇演，最终选拔出了歌舞、戏曲、器乐、小品、魔术、服饰走秀等28个精彩节目登上春晚舞台。老年春晚经过三年的打造，已经成为全省知名老年活动品牌之一。

浙江省

2015年10月21日是浙江省第二十八个“老人节”，浙江省委书记夏宝龙来到杭州市西湖区社会福利中心看望慰问老人，并接见“浙江孝贤”模范人物。

2015年8月20日，浙江省民政厅副厅长、省老龄办主任苏长聪到兰溪市督导第四次中国城乡老年人生活状况抽样调查。

综　　述

2015年，全省老龄工作全面贯彻党的十八大和十八届三中、四中、五中全会和省委十三届历次全会精神，深入学习贯彻习近平总书记系列重要讲话精神，认真执行省委省政府积极应对人口老龄化战略部署，按照“党政主导、社会参与、全民关怀”的老龄工作方针，深化改革，强化落实，进一步推动老龄事业全面发展。年报统计数据显示，全省老年人口持续快速增长，高龄化日益明显，养老和医疗保障水平进一步提高，社会养老服务体系建设加快推进，老年活动设施进一步改善，老年文化、教育、体育工作稳步发展，老年维权工作成效明显，基层老年人组织建设得到加强。

（一）社会保障水平进一步提高。近年来，各地全面实施城乡居民社会养老保险制度和高龄补贴制度，截至2015年底，企业基本养老保险参保人数为2398万人（其中企业离退休人数为541万人），正常缴费人员养老金月均水平超过2750元。城乡居民基本养老保险参保人数1286万人，其中60周岁以上领取养老金人数为550万人，基础养老金最低标准提高到120元/人月。享受高龄补贴的老年人有135.99万人，月人均60.61元。标准最高为温州市，月人均119.83元；其次为绍兴市和湖州市，月人均分别为116.15元和69.56元；最低的月人均30元。不断完善医疗保障和医疗救助制度，全省城镇基本医疗保险参保人数达到5195万人，其中城镇职工医保1993万人、城乡居民医保3202万人，参保率达95%以上，农村老年人基本达到应保尽保。资助特困供养人员、低保家庭和低保边缘家庭中的老年人参加城乡居民医保，其中个人缴费部分由当地财政负责解决。全省得到医疗救助323万人次，其中有33.99万老年人得到医疗救助。截至2015年末，全省有在册低保对象66.50万人，其中老年人25.35万人，城乡低保平均标准分别为每人每月653元和570元。

截至2015年末，全省有67个县（市、区）实施老年人意外伤害保险，占县（市、区）总数的74.44%，参保老年人366.11万人，占老年人口总数的37.21%。全省投保金额为8620.39万元，其中财政补助金额为4529.11万元，享受财政补助人数为296.78万人。嘉兴市、杭州市参保老年人分别达到87.49%、63.97%。

（二）社会养老服务体系建设加快推进。截至2015年末，全省共有各类养老机构2240家，养老床位数34.79万张，百名老人拥有养老床位3.54张；其中民办养老机构1208家，床位19.04万张，民办养老床位占总床位的54.72%。全省已建市、县（市、区）养老服务指导中心101个，乡镇、街道养老服务中心1279个，城乡社区居家养老服务照料中心19374个，城市社区居家养老服务站和具有居家养老服务功能的农村星光老年之家分别有1693个和10030个，日间照料及托老床位21.32万张，专职护理人员3.32万名；建有老年食堂10306个；建立居家养老志愿者服务队伍18301支，参与志愿者39.27万人。享受政府购买养老服务的老年人达到25万人，各级政府补贴总额达3.69亿元。

（三）老年活动设施建设加快，管理和服务水平进一步提高。2015年省财政继续安排专项资金400万元，资助25个市、县的老年活动中心建设。“十二五”期间，省财政专项资金下拨2000万元，资助60个市、县老年活动中心和85个乡镇老年活动中心（室）建设。截至2015年末，全省共有各类老年活动中心（室）3.42万个，总建筑面积1204.66万平方米。全省进一步加强老年活动中心规范化建设，“四星级”、“三星级”、“二星级”、“一星级”老年活动中心（室）分别达到57个、1159个、9420个和3478个，各级老年活动中心（室）建设和管理水平不断提高。

（四）老年教育健康发展，文体活动日趋活跃。截至2015年末，全省已建立老年电大分校及教学点12687个（所），比上年同期减少108个（所），减少0.8%。注册学员人数93.82万人，本年止累计毕（结）业学员371.27万人次。全省老年大学及分校超过208所，在校学员16.90万人；老年学校2041所，在校学员15.05万人。各类老年文艺团队1.62万个，参加活动老年人达47.35万人；老年体协3.15万个，有会员372.37万人，经常参加体育活动的老年人有628.79万人。

（五）老年人依法维权意识增强，基本权益得到有效保障。2015年，各级人民法院按照涉老案件“三优先”的原则，受理涉老案件4671起，比上年同期增加458起，上升了10.87%，共审结案件4386起，占受理案件总数的93.90%；执行2509起，占审结案件总数的53.71%。全省各级已建老年法律援助中心690个，援助涉老案件2901件；已建各类老年维权机构4348个，从事老年维权工作的专兼职工作人员6611人。各级老龄办和基层老年组织收到涉老群众来信4509件，比上年增加11.86%，得到妥善处理的3346件，占总数的74.21%；接待涉老来访21942人次，比上年增加13.10%，反映问题得到妥善处理的19583人次，占总数的89.25%。2015年，全省救助经济困难老年人48.05万人（含纳入“低保”25.35万人），比上年减少3.85%，其中城镇7.28万人、农村40.77万人。救助总金额15.92亿元，比上年增加25.06%。

（六）基层老年组织规范化建设进一步加强。截至2015年末，全省共建立31384个老年人协会，其中158个街道办事处和399个乡（镇）建立了老年人协会。共有3746个社区建立老龄工作小组，占社区总数的92.61%。有3706个社区建立老年人协会，占社区总数的91.62%。全省社区老年人入会总人数220.57万人，占社区老年人口总数的69.57%，入会率最高的是丽水市，为89.69%。社区老年人协会达到规范化建设标准的有3502个，占已建社区老年人协会总数的94.50%。全省行政村建立老年人协会27094个，其中舟山、宁波、嘉兴、绍兴等4个市建会率均达到100%。老年人入会总人数508.18万人，占行政村老年人口总数的79.42%。入会率最高的是舟山市，为90.52%。依法登记和备案管理的行政村老年人协会分别有 2311 个和 16750 个，占协会总数的 8.53％和 61.82％。经各级老龄办评定，全省达到规范化建设标准的行政村老年人协会已有 23662 个，占已建老年人协会总数的 87.33％。

重要会议和活动

【《浙江省社会养老服务促进条例》实施新闻发布会】2 月 27 日，省政府新闻办举行《浙江省社会养老服务促进条例》实施新闻发布会，对该条例进行了解读。

【“孝行为善—关怀特殊困难老人”活动】10 月 10 日下午，省老龄办、中国人寿浙江省分公司联合举办“孝行为善—关怀特殊困难老人”活动启动仪式。活动期间对全省 12 个县（市、区）的 300 余名 80 周岁以上失能失智低保老人进行了走访慰问。同时，中国人保浙江分公司在全系统青年团员中组织开展为老志愿服务活动。

【全省老龄重点工作推进会】10 月 23 日，省老龄办在杭州召开全省老龄重点工作推进会。会议总结交流全省老龄工作，研究部署下半年工作，对全省老龄重点工作进行专题部署。

【浙江省 2015 年“敬老月”暨第十五届老年文化艺术周开幕式】10 月 16 日，2015 年浙江省第六个“敬老月”和第十五届老年文化艺术周活动开幕式在浙江电视台演播厅举行，“九九重阳大型青年基层公益行”活动同步启动。

【第四届浙江国际养老服务业博览会】11 月 12 日—16 日，“第四届浙江国际养老服务业博览会”（浙江国际老龄产业博览会）在杭州和平国际会展中心举行。本届老博会包括首届浙江省养老服务业采购商大会、浙江养老服务论坛·智慧养老、中日（浙江省）老龄产业论坛、浙江省首届金婚老人典礼暨“去吗”旅游千人广场舞总决赛等活动。

各项业务进展

【老龄调查研究工作】2015 年，第四次中国城乡老年人生活状况抽样调查共涉及我省 7 个市、20 个县（市、区）、80 个乡镇（街道）、320 个村（居），样本量达到 9600 份，是全国 12 个样本量在 8000 份以上的省区之一，全省督导员、调查员近千名，是我省老龄系统有史以来开展的规模最大、范围最广的一次抽样调查。省老龄办做好前期各项准备工作的基础上，于 8 月份进行了入户调查阶段，期间分三组对抽中的地区进行全程督导，及时发现并纠正实施环节中的问题，依托简报、网站等媒介及时宣传推广各地的好做法，较好地保障了抽样调查的质量。各地老龄办积极配合开展第四次调查工作，认真组织，精心安排，严守计划，严格把关，确保了调查工作的顺利进，按时完成了数据录入和汇总工作，撰写和编印了抽样调查数据集和调查报告，受到全国老龄办的通报表扬。

【老年宜居环境建设】2015 年初，省老龄办、省建设厅联合出台《关于进一步深化“老年友好城市”建设工作的意见》，明确了生活环境和设施、社会保障和援助、社会服务和健康、文化教育和体育、社会参与和优待等五个方面的主要任务，并制定了首轮“老年友好城市”测评体系，推动创建工作走向科学化、制度化、常态化。7 月起，省老龄办会同省建设厅、省老年宜居环境建设专家委员会在实地审核的基础上确定了首轮创建单位名单，并与 9 个地方政府签订创建工作责任书，明确有关市县创建工作的目标任务和保障措施。同时，积极承办全国部分省市老年宜居环境建设座谈会，省老龄办、杭州市老龄办分别作了经验介绍。围绕老年人宜居环境建设的要求，省老龄办积极推动各地开展“老年宜居社区”创建。很多地方都作出了具体的安排。如杭州市推出“老年宜居环境建设特色标准”，共选树 39 个示范社区，打造老年宜居社区样板。宁波市积极推进“长寿村”建设，试点“老人友好社区”建设，研究编制建设标准，探索推进社区老年宜居环境建设。省老龄办还联合省旅游局开展老年养生旅游示范基地评定工作，累计已命名 37 个。

【老年人关爱服务】2015 年，省老龄办紧紧围绕行业联创、质量管理、标准制定等工作环节，指导各地深化和推进“敬老文明号”创建工作。为帮助失能半失能、贫困老人改善生活生命质量，并推动“敬老文明号”创建活动持续深入开展，省老龄办在全省开展了“双关爱”活动，组织引导“敬老文明号”先进单位或参创单位深入社区和家庭为失能半失能老人、贫困老人开展物质帮扶和精神关爱的服务活动，包括爱心捐赠、上门服务、心理支持、权益维护、文化帮扶五项服务内容。老年人意外伤害保险工作推进力度进一步加大，到 2015 年底 74.44％的县（市、区）已开展了老年人意外伤害保险工作，杭州、温州、湖州、绍兴、衢州、舟山等地整体联动，全面开展。各级党委政府非常重视，各地财政普遍为困难、高龄、失独等老年人参保提供经费支持，此项工作有力缓解了老年人意外伤害带来的经济负担，深受广大老年人欢迎。省老龄办通过政府购买服务方式，在省内 11 个县（市、区）开展特殊困难老人社会工作示范服务项目，并于 12 月底举办了首轮骨干培训班，努力通过项目实施，探索具有本土特色的老年人社会工作服务模式，培育发展一批为老服务的社会工作专业人才和专业机构，为各地创新养老服务资金投入方式、推进养老服务社会化、专业化提供支持。

【老年文化和宣传工作】2015 年，省老龄办联合省文化厅部署了“敬老月”和第十五届老年文化艺术周，广泛动员有关部门、社会组织和企事业单位、家庭和个人开展孝亲敬老家庭建设活动、老年维权优待活动、走访慰问和为老志愿服务活动、“老有所为”宣传教育活动、老年文化体育活动。省老龄办安排了9项系列活动，其中影响较大的是：联合省文化厅举办老年文化艺术周开幕式文艺演出活动，重阳节当天在浙江影视娱乐频道播出；组织“培育好家风、弘扬孝文化”送文化下乡活动，在11个市共组织演出活动72场次；联合中国人寿浙江省分公司开展“孝行为善——关怀特殊困难老人”活动，在11个县（市、区）走访慰问80周岁以上失能失智低保老人324名；联合省老年事业发展基金会开展第17次助老济困送温暖活动，救助慰问生活困难的失能、半失能及失独老年人2100名；联合团省委、中国新闻社浙江分社开展“岁月美如歌、人间重晚晴”浙江“九九重阳”大型基层公益行活动。省老龄办下发了《浙江老年电视大学分校实体化办学工作指导意见》。联合省记协开展2015年浙江省“老龄新闻宣传好作品”评选活动。开展新闻联合报道活动，广泛动员各级老龄办、各级新闻媒体组织记者下基层，围绕老龄重点工作进行深度采访报道，扩大宣传影响。对116件来自全省各级各类媒体刊发的老龄新闻作品进行了评审，共有33件作品获奖，并择优推荐参加全国老龄新闻评选。

【老年人社会参与】2015年，省老龄办扎实推进“圣奥·独居老人暖巢行动”，有力地促进了“银龄互助”活动长效机制建设。实施一年来，全省150个实施点依托基层老年协会共帮扶1100余名独居老年人，参与结对帮扶的老协骨干、社区工作人员近3000名。不少地方在省里暖巢行动的基础上，作了进一步的深化和拓展，成效比较明显，如杭州市在全市农村地区实施“爱暖空巢行动”，舟山市普陀区4+1+X“博爱家园”模式。这项工作也得到了全国老龄办的肯定，全国老龄办王建军常务副主任同志认为“圣奥·独居老人暖巢行动，创意新，效果好，影响大，代表了下一步基层老年协会在资金争取上的主要方向”。省老龄办组织省级老年社团开展了12个项目的送医、送科技、送文化、送服务下乡活动，动员各类老年人才200多人参加。

安徽省

11月3日，“安徽国寿”杯安徽省第四届老年人运动会于在滁州市开幕。图为副省长梁卫国宣布老运会开幕。

2015年10月至12月，省老龄办分别在合肥、淮北、蚌埠、滁州、六安、宣城6个市各举办1期培训班，培训人数超过600人。

综　　述

截至2015年底，安徽省60周岁及以上人口为1062.2万人，占常住人口的17.29%，占户籍人口的15.29%。65周岁及以上人口为720.6万人，占总人口的11.73%。面对日益严重的人口老龄化形势，2015年，全省各级老龄部门坚持“以人为本、服务老龄”的工作理念，“党政主导、社会参与、全民关怀”的工作方针和“五个老有”的工作目标，围绕老年法实施办法修订等重点工作，创新方法思路，强化基层基础，全省老龄事业和老龄工作取得了较好发展。

一、深入推进老年人权益保障立法工作

通过积极汇报和争取，安徽省人大常委会将修订《实施办法》列为2015年度提请审议类立法计划。围绕此立法计划安排，以省人大常委会内务司法工作委员会为主导，省人大常委会法制工作委员会、省民政厅、省老龄

办、省政府法制办等单位密切配合，修订工作稳步推进。省人大常委会三位副主任分别带队进行老年法及省实施办法执法检查，省老龄办积极参与并主动为检查组做相关准备工作。执法检查结束时，代省政府起草完成了关于老年人权益保障工作情况的报告。同时，配合省人大完成对省内7个立法联系点的检查调研。起草小组两次通过安徽人大网和省老龄委22家成员单位官网，公开征求社会各界意见。召开立法协调会、论证会，广泛听取省直相关部门和专家学者、律师、老年人权益保障工作实务部门、人大代表及政协委员意见。根据公开征求的意见和专家论证意见、省政府领导意见和政协社会法制委意见，起草小组先后对修订草案征求意见稿进行8次修改。9月、12月，省人大常委会第二十三、二十五次会议分别对修订草案稿进行了两次审议。

二、精心组织“敬老月”系列活动

围绕“敬老月”安排，省老龄办共策划组织了四项大型活动。一是联合省体育局、省老年体协，举办“安徽国寿杯”安徽省第四届老年人运动会。副省长、省老龄委主任梁卫国出席开幕式并宣布老运会开幕。老运会共设11个比赛大项，全省各市和省直32支代表团、近千名老年运动员参与角逐，是我省历届老运会中参赛选手最多、设项最广、规模最大的一届老年人体育盛会。二是联合省贸促会、省民政厅、合肥市人民政府，举办第二届中国（安徽）国际养老产业博览会。本届老博会共设置四个展区八个板块，展出面积超过1.2万平方米。来自18个省市的216家企业参展，现场成交1916万元，意向成交6200多万元，现场观众近7万人次。同期举办了“中部养老产业高峰论坛”，全国老龄办副主任吴玉韶等境内外十多位专家学者围绕“助推互联网＋养老行动，引领产业＋集群化发展”主题，为全省养老产业发展建言献策。三是与省福彩中心、市场星报社联合开展“祝福百岁老人活动”。在入户慰问时，老龄工作部门为每位百岁老人送去不低于500元的慰问金（品）。目前，全省百岁老人信息已基本整理、汇总完毕，媒体宣传报道正在持续进行中。四是指导首届安徽省老年文化艺术节。全省6000余人进入初赛、决赛，共有4支队伍获得金奖，8支队伍获得银奖，12支队伍获得铜奖，44支队伍获得优秀奖，153支队伍获得风采奖。

三、严格开展“十二五”规划自查评估

按照全国老龄委指示精神，依据省人民政府《安徽省老龄事业发展“十二五”规划》和省老龄委主要任务分解方案，省老龄委组织各地各有关单位对规划执行情况进行自查自评，重点检查8项一级指标、41项二级指标的实现度。至年底，规划自查自评工作圆满结束。总体来看，“十二五”期间，我省老龄事业实现又好又快发展，除个别指标外，规划各项目标任务得到了有效落实。此外，与安徽大学共同组织实施的《安徽省市场化方式发展养老服务业研究》，获2015年度全国老龄政策调研优秀成果一等奖。

四、如期完成老年人抽样调查

第四次中国城乡老年人生活状况抽样调查共涉及我省9个市、24个县（市、区）、95个乡镇（街道）、377个村（居），抽取调查样本11310份，样本规模列全国第7位，全省督导员、调查员1500余名，是我省老龄系统有史以来开展的规模最大、范围最广的一次抽样调查。省老龄办及时召开调查动员会暨骨干培训会，并在8月入户登记阶段，分三组对抽中的地区进行全程督导。各级老龄办在财政等部门的支持下，周密部署安排，有力保障了调查质量，问卷、入户调查和汇集上报按时完成。全省上下组织工作安排有序、措施得力，得到全国老龄办通报表彰。

五、扎实推进老龄基础工作

一是强化老龄宣传。充分调动新闻媒体、老年媒体两方面的积极性、能动性，着力健全省级媒体宣传机制。强化新闻媒体宣传主渠道地位。2014年起，与中国社会报、安徽省电台、市场星报、新安晚报、安徽商报、中安在线等多家媒体建立合作关系。2015年，又进一步确立了定期会商制度，共谋老龄重点工作、重点内容、重点时段的宣传策划，引导新闻媒体对老龄工作进行全方位、立体式宣传，实现持续舆论造势。强化老年媒体专业地位，做大做专“一刊一网一报”。抓好《中国老年·下半月》出版发行，2015年度省内发行总量3.3万份。重视网站建设，新增公共服务、互动交流等两个一级栏目，同时调整一级栏目2个，更新、删除、合并子栏目16个。顺利通过国务院办公厅、省政府办公厅政府网站普查，申领中文域名“安徽省老龄工作委员会办公室．公益”，加挂事业单位标识，全年更新老龄新闻一千余条。编印《安徽老龄》工作简报13期。二是推进“银龄安康行动”。截至年底，全省投保量超过110万人（份），覆盖率接近11%，累计赔付5000余人，理赔总额超过1300万元。三是开展对外学习交流。应台湾“中华社会福利发展协会”之邀，继2014年首次赴台湾考察交流老年社会工作后，省老龄办再次组织省市县老龄工作负责同志赴台参观学习。通过赴台看、听、问，交流座谈，进一步开阔了眼界，拓宽了思路，为做好我省老龄工作提供了有益借鉴。

重要会议和活动

【召开安徽省老龄信息管理系统工作专题会议】省民政厅党组成员、省老龄办专职副主任张文达出席会议并讲话。会议强调，各地要紧紧依靠当地民政部门和基层老年协会，紧紧抓住政府购买服务的有利时机，尽早完成任务。

要加快建立信息系统专管员制度，做好系统应用和服务工作。

【分组检查调研各地重点工作进展】5月中下旬，根据年度重点工作安排，按照转作风、摸实情的要求，省老龄办分三个组，分别赴江淮、皖北、江南进行检查调研。检查组采取召开座谈会、听取情况汇报、查阅档案材料、实地调研检查等方式，重点督促检查各地“敬老文明号”创建、老龄信息管理系统建设、“银龄安康行动”和省老龄事业发展“十二五”规划执行等四项重点工作推进情况。通过检查调研，掌握了推动工作的主动权，既督促了有关方面进一步重视老龄工作，又帮助各地梳理工作运行状况，总结好做法好经验，分析现存问题，提出应对措施，促进各地创新思路，创新举措，如期实现各项重点工作目标任务。

【召开全省老龄办主任会议】会议的任务是贯彻落实全国老龄办主任会议精神，总结交流2014年以来老龄工作，推动完成全年的重点工作任务。省老龄委副主任、省民政厅厅长、省老龄办主任吴旭军出席会议并讲话，省民政厅党组成员、省老龄办专职副主任张文达主持会议并作总结讲话。会议强调，各级老龄办要按照习近平总书记“四个全面”战略布局的要求，着力提高老年人权益保障法治水平，着力做好“十二五”规划收官工作和“十三五”规划编制工作，着力完善老龄事业发展体制机制，着力营造敬老爱老助老的社会氛围，着力组织第四次老年人生活状况抽样调查，着力提升老龄履职能力，在新常态下推动老龄工作创新发展，提质增效。

【召开安徽省第四次中国城乡老年人生活状况抽样调查动员会暨骨干培训会】会议的主要任务是传达落实全国老龄办第四次调查动员会精神、培训掌握抽样调查的实际操作并部署此次抽样调查的后续工作和相关安排。省民政厅党组成员、省老龄办专职副主任张文达出席会议。

【召开全省老龄宣传暨几项重点工作推进会议】会议的任务是传达贯彻全国老龄宣传工作会议精神，总结部署老龄宣传、老龄信息管理系统建设、“十二五”规划检查验收、“银龄安康行动”、“敬老月”等几项重点工作，确保圆满完成年度工作计划。省民政厅党组成员、省老龄办专职副主任张文达主持会议并讲话。

【承办全国部分省市老年宜居环境建设等三个文件征求意见座谈会】全国老龄办副主任吴玉韶出席会议并讲话。全国老龄办事业发展部主任庞涛主持会议。国家发展改革委社会发展研究所所长杨宜勇等专家学者，安徽省老龄办专职副主任张文达和天津、黑龙江、上海、江苏、浙江、福建、江西、山东、湖北、湖南、四川、青岛、南京、湖州等省市的老龄工作负责同志参加了座谈会。

【召开全省“敬老文明号”创建活动推进会】会议的主要任务是总结交流各地“敬老文明号”创建情况，学习借鉴蚌埠市创建经验，促进全省创建工作深入开展。省民政厅党组成员、省老龄办专职副主任张文达出席会议并讲话。

【举办2015年度全省基层老年协会业务知识培训班】省老龄办争取福彩公益金34.33万元，在合肥、淮北、蚌埠、滁州、六安、宣城等六个市分别举办一期基层老年协会业务知识培训班，培训对象为辖区内在民政部门登记或备案的基层老年协会的业务骨干，培训人数总计600余人。

各项业务进展

一、老年维权工作

一是加大老年法制宣传力度。将《老年法》、《安徽省老年法实施办法》、《民法》、《婚姻法》、《继承法》等纳入普法计划。据不完全统计，2015年全省共编印、发放各种老年法制宣传材料、音像制品500多万份，出动宣传车2.6万台次，组织开展送法下乡、法律服务咨询、法制教育展览、法律知识竞赛等活动1万多场次。二是落实老年优待政策。免费为60周岁以上老年人办理老年人优待证，落实60周岁以上老年人持优待证免费进入公园、博物馆、纪念馆、文化馆等场所，落实70周岁以上老年人持优待证免费乘坐市内公共交通工具、免费进入旅游景点、在医疗机构就诊免收普通门诊挂号费。三是做好法律援助工作。全省共有老年维权协调组织391家，涉老法律援助中心398家。2015年全年共受理老年人来信来访2383人次。

二、老年社会保障工作

一是提高养老保险待遇水平。连续11年调高企业退休人员养老金，2015年人均月增资196元，实际增幅10.7%，高出全国平均水平0.7个百分点，达到月人均2024元。城乡居民基本养老金由月人均55元提升至70元，参保人数近3400万，参保率达98.56%。二是发展老年医疗卫生保健。至年底，参加职工基本医疗保险的退休人员为221.1万，城镇基本医保覆盖率连续保持在96%以上，基本实现应保尽保。至10月底，共为5111多万人建立城市居民健康规范化电子档案，其中65周岁以上老人的建档率超额完成目标任务，达到134%。三是加大老年社会救助力度。至年底，全省农村五保供养对象42.24万人，集中和分散供养水平分别达到月人均387元和217元，较2014年底分别提高23%和21%。104个县区建立了低收入老人高龄津贴制度，发放人数近104万人。79个县区建立了低收入老人居家养老服务补贴制度，补贴对象近21.8万人。全省养老床位达到35.1万张，每千名老人拥有床位数31.3张。四是规范老年宜居环境建设。联合省住建厅、省民政厅、省经信委、省残联等有关单位，对合肥、淮北、黄山、铜陵、马鞍山等5市创建全国无障碍环境地市工作进行复核。

三、老龄综合性基础工作

健全安徽省老龄信息管理系统。该系统分省、市、县（市、区）、乡镇（街道）、村（居）五级，包括老年人口信息管理系统等五个子系统，其中老年人口信息管理系统是工作重点。系统建成后，将涵盖全省所有老年人的基本信息，并在人口城乡分布、年龄结构、男女比例等方面作出分析，为党委政府制定政策和出台宏观规划提供数据服务和决策支持。为加快系统建设步伐，省老龄办两次召开专题会议进行专项部署。各地加强组织领导，明确目标任务，集中人力、集中时间，按照老龄基本信息录入工作的总体部署，不断克服困难，创新方式方法，工作总体上进展顺利。截至年底，老年人信息录入总数1010多万条，达到老年人口总数的98%左右；55至59周岁人员信息近百万条，为系统动态化管理和应用奠定了有利基础。

四、老年社会参与工作

一是开展老年文体活动。建立起以老年大学为龙头，以基层老年学校或社区教育培训中心为基础，省、市、县（市、区）、乡镇（街道）四级办学网络。全省共创办老年大学（学校）近4000所，在校学员近50万人，专业近百种。二是搭建“老有所为”平台。联合省内各大医疗机构、科研单位和老年社会组织，开展“银龄行动”。广泛开展老年志愿服务活动，加强基层老年协会建设，重视发挥老年人在社区服务、关心教育下一代、调解邻里纠纷和家庭矛盾、维护社会治安等方面的积极作用。

福建省

综　　述

2015年是实施“十二五”规划的收官之年。在省委、省政府的坚强领导下，在各成员单位的共同努力下和各级老龄工作部门的密切配合下，全省共出台涉老政策文件26份，实施养老服务重大项目40个，开展涉老重点科研课题3个，累计投入资金近200亿元。经过努力，“十二五”规划的可量化指标总完成度达到92.94%。其中，约束性指标完成91.99%，预期性指标完成94.88%，有效推动了老龄事业发展再上新台阶，为我省“十三五”的良好开局奠定了坚实的基础。

截至2015年底，全省60周岁及以上老年人口515万，同比净增19万人，占总人口的13.41%；65周岁及以上老年人口324万，同比净增5万人，占总人口的8.44%；80周岁及以上老年人口86.55万人，同比净增7.17万人，占总人口的2.25%。全省有空巢老人114.31万人，同比增加4.82万人，占老年人口的22.2%。此外，全省健在离休干部10063人。其中，土地革命时期的（老红军）9人，抗日战争时期的1368人，解放战争时期的8686人。健在的“5·12”退休干部3637人。全省最高寿老人为三明市三元区中村乡杜水村的邓发姬（女），当年年龄为118岁。最高龄男性为漳州市诏安县深桥镇仕江村沈细龙，当年年龄为113岁。

一、社会养老保障

城镇基本养老保险。截至2015年底，全省城镇基本养老保险参保人数（含离退休）883.67万人，比上年增加50.82万人。其中，企业参保职工676.76万人，企业退休人员124.1万人，机关事业单位参保职工59.82万人，机关事业离退休参保人员22.99万人。顺利完成企业退休人员基本养老金第17次连调工作，2015年4月，全省106.88万名企业退休人员养老金调整发放到位，月人均增加217元，调整后月人均养老金达到2322元。

城乡居民社会养老保险。2015年，全省城乡居民养老保险参保人数1480.41万人，参保率达97.75%。省级（含中央）财政共筹集城乡居民社会养老保险补助资金35.49亿元，从2014年7月1日起补发，将老年居民的基础养老金省定最低标准提高到每人每月85元，其中51个县（市、区）基础养老金在省定最低标准上又有所提高，最高的每月达245元。2015年，全省共有404.07万名60周岁以上的老年居民领取53.03亿元的基础养老金。其中有63.47万名被征地农民叠加享受被征地农民养老保障金14.2亿元，历年累计发放42.77亿元。

社会救助。2015年，省级财政安排9.35亿元，将省定农村最低生活保障标准从家庭年人均2100元提高到2300元，并安排2.8亿元落实城市最低生活保障政策，全省享受低保的老年人达27.71万人；安排6.76亿元落实重点优抚对象和革命“五老”人员抚恤和生活补助标准。到2015年末，全省农村“五保对象”为80123人（其中，集中供养9612万人，集中供养率为12%），月人均补助555元，比上年增加95元，全年共发放供养金5.49亿元；

全省城市“三无”老人5432人，均得到有效保障。

农村计划生育家庭奖励扶助。2015年，全省农村计划生育家庭夫妇，60周岁后每年享受不低于1200元（其中低保户每年享受2400元）奖励扶助金的家庭为86875户，比去年增加19282户，共兑现奖励扶助金1.154亿元。

二、社会医疗保障

2015年，我省深化医改工作全面推进。全省所有公立医院均实行了以药品、耗材零差价率为切入点医药、医保和医疗的“三医”联动综合改革，全面破除以药补医机制，同步调整了医疗服务价格、医保支付政策和财政补偿政策，以“公益性”为主要目标的公立医院综合改革取得了阶段性成效。截至2015年底，全省有医疗结构27921家，公立机构11216家，民营机构16705家。其中有老年专科医院4家，开设老年科室的医院208家。此外，全省设有乡镇卫生院880所、社区卫生服务中心225所、村卫生室19010所、社区卫生服务站520所，每千人拥有医疗床位数4.51张。基层中医药服务能力提升工程持续推进，全省67.3%的县级中医院达到二甲水平，约90%的社区卫生服务中心、75%的乡镇卫生院、70%的社区卫生服务站、60%的村卫生室能够提供中医药服务。2015年，全省新农合人员中民政医疗救助对象104.56万人，受益82.35万人次，累计报销资金2.94亿元。2015年全省累计建立并管理老年人健康档案319.76万份，开展老年人免费体检221.66万人次。

城镇基本医疗保险。2015年，全省城镇基本医疗保险参保人数达到1301.24万人。其中，城镇职工参保759.38万人（含退休人员146.79万人），参加城镇居民医保541.86万人。城镇居民医保政府补助标准从每人每年不低于320元提高到380元，城镇职工和城镇居民政策范围内报销比例分别为75%和70%。

新型农村合作医疗保险。2015年，新农合筹资标准实际达到每人每年476元。其中，个人缴费90元，政府补助不低于380元。新农合乡级住院补偿不低于85%，县级、县级以上医保定点机构新农合住院补偿分别不低于75%和50%。全省政策范围内新农合住院报销比例稳定在60%，次均补偿达到2897元，较上年增加4.34%。此外，对低收入家庭60周岁以上的老年人医保个人缴费部分给予再补助。

三、社会养老服务

2015年，省政府批准设立资金规模为60亿元的福建省养老产业投资基金，将对养老基础设施建设、养老综合体建设、养老产品开发、养老服务类及与养老产业相关的其他具有一定成长性的项目进行重点投资。2015年，全省共批准养老设施用地14.39公顷，为4家养老服务企事业单位累计减免税费12.62万元。

居家养老。2015年，我省发布《城市社区居家养老服务规范（DB35/T 1518—2015）》（以下简称“标准”），这是我省城市社区居家养老服务工作的首个地方标准。该标准的发布实施，对城市社区居家养老服务站提高建设标准、拓展服务内容、提升服务品质，将起到重要的推动作用。目前，全省共有城市社区居家养老服务中心（站）2219个，设有日间照料室1722个，有各类专兼职服务队伍3984支、37936人。全省共建成农村幸福院3116个（含五保幸福园和慈善幸福院），农村居家养老服务站1092个，设有日间照料室1829个，有各类专兼职服务队伍1515支、11957人。

机构养老。2015年，省级财政下拨1556.9万元用于民办养老服务机构床位运营补贴，安排600万元用于支持部分社会福利中心建设。到2015年底，全省共有养老机构1212家（有34家养老机构取得《医疗机构执业许可证》），各养老机构共有床位14.9万张，比上年增加1.256万张。其中：公办养老机构946家、床位74403张，民办养老机构266家、床位49229张，每千名老年人拥有床位数为30.1张。此外，拥有城市日间照料床位7800张，农村日间照料床位17600张。到2015年底，全省养老机构有管理人员1888人，服务人员4072人，持证上岗1649人，持证上岗率为40.5%。

涉老保险。截至2015年底，全省各类保险企业共有涉老保险产品12个，购买保险的老年人数为14630人次，累计购买金额为3151.26万元。

四、老年权益保障

司法救助。全省9个设区市和84个县（市、区）全部设立法律援助中心，1105个乡镇（街道）设立法律援助站，16761个村（居）设立法律援助联络员，建立各类人民调解委员会1.98万个，形成了以法律援助机构为主导，社会团体、乡镇（街道）法律援助站积极参与上下一致、纵横协调的老年人法律援助工作服务网络。2015年，全省共受理老年人法律援助案2343件，为老年人节省律师代理费1405.8万；各级司法部门共调理涉老纠纷3007件，成功调解2978件；全省法院系统为孤寡老人免交诉讼费5件共计5530元，缓交6件共计15327元。

普法维权。2015年，全省共开展《老年人权益保障法》和《福建省老年人保护条例》普法宣传教育活动2761次；各级人大组织开展《老年人权益保障法》和《福建省老年人保护条例》执法检查9次；全省老龄系统共接待老年人来信来访6205人次（件），办结率为96.04%。2015年，全省公安机关共受理侵害老年人合法权益报警、检举和救助23947件，其中，人身侵害案367件、财产侵害案863件、家庭暴力案39件，妥善处理8623件。

志愿服务。2015年，全省共组织志愿者为老年人服务8590次，参与志愿服务的队伍780支、人员3万多人，受益老年人达10万余人。组织开展“一助一”长期结对助老服务“金辉行动”，建立“一助一”长期结对服务对象达18万对。

老年优待。2015年，全省发放《福建省老年人优待证》17.28万张，历年累计发放251.97万张（其中，60至69周岁老年人优待证7.74万张，历年累计发放121.05万张，70周岁及以上老年人优待证9.54万张，历年累计发放130.92万张）。已开通城市公交线路的所有县（市、区）均落实70周岁及以上老年人免费乘坐市内公交车优待（其中，厦门市、大田县和尤溪县将免费乘公交车优待年龄降低到65周岁，惠安县、安溪县降低到60周岁，华安县则实行了60至69周岁老年人乘公交车半价的优待）。此外，全省199个A级旅游景区中有96个（其中5A级景区8个）向老年人实行首道门免票优待，全年为老年人减免门票累计1.24亿元。

高龄津贴。截至2015年末，全省84个县（市、区）均建立了高龄津（补）贴制度。其中，建立80周岁及以上高龄津（补）贴制度的县（市、区）72个，建立90周岁及以上高龄津（补）贴制度的县（市、区）11个，建立95周岁及以上高龄津（补）贴制度1个区。此外，全省有3422个村（居）建立了老年人固定生活补贴制度，受惠的老年人达44.23万人。

五、老年文体活动

老年文化。2015年，我省安排62.4万元为208位60周岁及以上省级非物质文化遗产项目代表性传承人每人每年补助3000元。全省有相对固定的激情广场群众性文化活动点近2000处，常年参加活动的群众性文艺队伍1万多支，约10万人。截至2015年底，全省共出版涉老图书6种，共计19册；电视台开办老年类节目32个，播出时长达2632.5个小时；全年录播老年类题材电视剧53部。省老年书画艺术协会全年展出各类作品1066件，出版《枫叶集》四期，刊登诗词2000首，编撰的《福建历代名人书画选集》荣获全国第二十三届中国优秀美术图书金牛奖殊荣。

老年教育。到2015年底，全省共创办各类老年大学（学校）12529所，较上年同期增加377所。其中：省级1所，地级市9所，县（市、区）级84所，乡镇（街道）级996所，村（居）级11415所，部队1所，企事业单位23所。全省累计在校学员104.4万人，较上年同期增加9万人，占全省老年人口总数的20.71%，建校率和老年人参学率均居全国前列。

老年体育。2015年，各级体彩公益金投入老年体育场所建设资金累计2.77亿元（其中省级投入6880万元），新建或修缮老年人体育活动场所203处，新建面积3.22万平方米。目前，全省拥有老年人健身活动中心（室）9457座（间），同比新增198座（间）；老年体育活动场地18134处，同比新增311处；20人以上的纳凉点27782处，同比新增6331处。全省有67.2%的县（市、区）建有老年人活动中心，71.2%的乡镇（街道）和51.3%的村（社区）建设了老年文体中心（室）及活动场地。全年经常参加体育锻炼的老年人口达289万人，占全省经常参加体育锻炼居民的41.43%。此外，2015年全省共组织老年体育活动11.03万场次，参与活动的老年人达389.5万人次。其中，我省组织开展的“邮爱夕阳红 喜迎青运会”全省老年人系列公益建设活动，共举办赛事280多场，直接参赛老年人达3万余人，很好地响应了“一起动起来，全民健身与青运会同行”的号召。

六、老龄工作队伍

老龄工作机构。截至2015年底，全省市、县（市、区）级共有老龄工作机构96个，工作人员282人。其中，专职人员191人，兼职人员91人。设有老龄委的乡镇（街道）1131个（乡镇936个、街道195个），其中，配有工作人员的老龄委1047个。

老年群众组织。全省有老年体育协会组织17337个，同比新增411个。其中，省、设区市及行业系统17个，县（市、区）级98个，乡镇（街道）和村（居）老年体育协会13783个，机关、企事业单位3439个，共有会员257万人。全省有乡镇（街道）、村（居）老年协会15853个，会员215.79万人。其中，乡镇（街道）老年协会869个，村（居）老年协会14984个。其中，规范化基层老年协会4988个，规范化建设率达31.46%。

重要会议和活动

【开展“十二五”规划终期落实情况检查】2015年是“十二五”的收官之年，为全面掌握和评估全省老龄事业发展状况，当年11月，省老龄委协调省人大、省政协，组织省委老干部局、省发改委、省住建厅、省教育厅、省卫计委、省人社厅、省民政厅、省统计局和省司法厅，组成三个分别由省政协原副主席、老龄事业发展基金会理事长李祖可、省政协社法委副主任黄序和、省老龄办常务副主任方少雄担任组长的检查组，对九个设区市和平潭综合实验区落实省老龄事业发展“十二五”规划情况进行全面的检查。检查结果显示，我省的各项老龄事业均取得了较大的发展，规划的绝大多数目标值都可如期实现，这为我省“十三五”老龄事业发展的良好开局，奠定了坚实的基础。

【开展第四次老年人生活状况抽样调查】根据全国调查办的统一部署，我省先后培训督导员、调查员600多人次，对我省6个地市的11个县（市、区）的44个乡镇（街道）的176个村（居）的5280名老年人进行了问卷调查，同时还进行了231份的老龄工作机构问卷调查。以这次抽样调查为契机，较全面地摸清了我省老龄工作情况和服务经济社会发展的情况。

【组织开展全省老年人公益健身活动】利用我省举办首届全国青年运动会的有利时机，积极推进我省老年人健身活动开展。联合省老体协、省邮政公司举办“邮爱夕阳红·喜迎青运会”全省老年人系列公益健身活动。活动自7月中旬启动并举行县级比赛到10月中旬的全省总结赛，在为期三个月的活动中，各级共举办赛事280多场，直接参赛老年人达3万余人，很好地响应了“一起动起来，全民健身与青运会同行”的号召，在全省范围内掀起一股老年人参与健身活动的热潮，取得了丰硕的成果。黄琪玉副省长对这种由政府主导扶持、老年组织充分发挥作用、爱心企业履行社会责任的活动形式给予充分肯定，并指示今后要多组织安排这样的活动，让尊重、关心、帮助老年人成为全社会的共识。

【调整省老龄委成员单位及其职责】当前我省人口老龄化程度进一步加深，人口老龄化已经成为我省经济社会发展的新常态，老龄工作所面临的环境和任务，都发生了很大的改变。为适应人口老龄化的新常态，新增省交通厅、省商务厅、省科技厅、省国土厅、省通信管理局为老龄委成员单位。同时，按照《中华人民共和国老年人权益保障法》的规定，根据各成员单位“三定方案”职责，结合我省老龄工作实际，对老龄委成员单位的老龄工作职责进行了必要的修改。

【编制城市社区居家养老服务规范标准】根据民政部、国家标准化管理委员会、商务部、国家质量监督检验检疫总局、全国老龄办印发的《关于加强养老服务标准化工作的指导意见》（民发〔2014〕17号）的相关要求，结合我省实际，省老龄办组织福州市金太阳老年综合服务中心、福建省工业产品生产许可证审查技术中心和福建东南标准认证中心共同编制《城市社区居家养老服务规范》地方标准。在历时14个月的工作中，编制小组先后进行了资料收集、实地调研、征求意见、专家论证等大量编制研讨工作。2015年11月，省质量技术监督局正式批准发布了《城市社区居家养老服务规范》标准。该标准的发布实施，对规范我省城市社区居家养老服务工作，拓展服务内容、提高服务品质，将起到重要的推动作用。

【加强老龄宣传工作队伍建设】为充分发挥老龄宣传在老龄事业发展中的推动力作用，进一步规范宣传队伍建设，建立起了一支由省、市、县三级组成的97人的信息员队伍，举办了首批信息员培训班，为学员们制发《福建省老龄信息员证》。

【开展老龄重点课题调研】为进一步提高我省老龄系统调查研究能力，发挥在牵头、参与、推荐政策创制中的积极作用，省老龄办以研究编制《福建省老龄事业发展“十三五”规划》为重点，围绕全面依法治国背景下老年人权益保障、老年群体社会治理、老年宜居环境建设、养老服务业改革发展和老龄产业发展政策等课题开展调研，并完成了36篇有代表性的调研论文。

江西省

7月9日，省民政厅长、省老龄办主任徐毅视察南昌市青云谱区居家养老服务中心。

11月5日，省老龄办专职副主任罗良意视察南昌市高新区昌东镇赵围村老年协会。

综　　述

2015年，全省老龄工作坚持以党的十八届三中、四中、五中全会和省委第十三届十次、十一会议精神为指导，按照《江西省老龄事业发展“十二五”规划》提出的目标任务，认真组织了完善老龄法规政策、推进居家养老服务、加强基层老龄和老年优待工作、开展“敬老文明号”创建和“敬老月”活动等各项任务，老龄事业得到了长足发展。

一、社会养老保障制度进一步完善

一是社会养老保险制度取得重大突破。建立了覆盖全省城乡的基本社会养老保险制度，启动了新农保和城居保的合并工作，完善了职工基本养老保险省级统筹制度，推进了机关事业单位养老保险制度改革，落实了城镇职工与城乡居民养老保险制度之间转移接续政策并规范了相关业务经办程序。各地以非公有制企业职工、城镇个体工商户、灵活就业人员、被征地农民和农民工为重点征缴养老保险，全省基本养老保险覆盖面不断扩大。截至2015年6月，城乡居民基本养老保险参保人数达到1811万人。保障水平不断提高，全省企业退休人员月人均基本养老金较2010年增加574元，增长51%。城乡居民基础养老金每人每月由55元提高到80元。企业退休人员社区化管理比例达97.81%，高于全国平均水平。二是老年人社会救助制度逐步健全。推进城乡低保制度化、规范化建设，将困难老年人家庭和困难老年人列入低保“常补对象”按低保标准实行全额救助，落实了社会救助和保障标准与物价上涨挂钩的联动机制。截止2015年底，城镇低保标准和农村低保标准分别达到每人每月450元和240元。为解决城乡困难老年人等困难群众遇到的临时性、突发性生活困难，省财政每年安排专项救助资金给予应急性、过渡性的救助，全年救助金额14000万元。三是老年人社会福利水平得到提高。2011年以来，全省连续4年提高了农村“五保”、城镇“三无”老年人供养标准，农村“五保”分散和集中供养对象年均补助标准分别达到3120元和3660元，城镇“三无”对象年均补助标准达到7200元。22.4万名农村“五保”对象均实现了应保尽保。全省普遍建立了80周岁以上高龄老年人津贴制度，有66.72万高龄老年人每月享受了30元～1000元不等的高龄津贴。有9个设区市为家庭经济困难且生活难以自理的老年人发放了养老服务补贴。进一步提高了老年计生家庭奖励扶助标准，60周岁以上农村计划生育家庭奖励标准提高到每人每月100元，60周岁以上计划生育“失独家庭”老年人特别扶助金标准提高到每人每月500元。

二、老年医疗卫生服务水平进一步提高

一是医疗保险和医疗救助制度快速推进。城乡居民基本医疗保险制度覆盖全省居民，截至2015年6月，全省城乡3项基本医疗保险参保人数达4600万人。2015年，城乡居民基本医疗保险人均筹资标准、最高支付限额与报销比例不断提高，城镇居民医保、新农合人均筹资标准分别为500元、470元，最高支付限额统一标准为10万元，政策范围内住院费用的报销比例为73.18%、70%。在全国率先建立了全省统一的城镇大病保险制度，11个设区市全面建立了以政府为主导、政策统一、管理规范、市级统筹、委托承办、公开招标、服务一体为特色的城镇大病保险制度，并在全国推广。同时，建立了新农合重大疾病保障机制，将24种大病纳入了新农合保障范围，其中8种大病实现了治疗费用全免，其余16种在三级、二级医院住院补偿比例分别提高到70%和75%。医疗救助制度进一步规范，省级层面设计了统一的城乡医疗救助制度，对全省城乡低保中困难老年家庭、五保户全部实施了门诊救助，明确了救助比例。我省还实施了“光明·微笑”工程、矽肺病患者救治、爱心医疗救助、尿毒症免费透析救助、重性精神病患者救治、农村贫困家庭妇女两癌免费手术等重大疾病的免费专项救助。二是老年人健康管理和疾病预防工作成效显著。各地免费为65周岁以上老年人提供健康管理服务，提供疾病预防、自我保健及伤害预防、自救等健康指导，每年坚持开展一次免费体检，并建立健康档案，截止2015年6月，全省纳入健康管理的65周岁以上老年人已达383.04万人，健康管理率达85.12%。同时，对高血压、糖尿病等慢性病开展了健康因素监测，对已确诊的275.65万高血压患者和63.8万糖尿病患者都纳入相应的慢性病患者健康管理。吉安市还在城乡社区开展了家庭医生签约服务，13772户城市家庭、91.5%行政村的农民都拥有自己的“家庭医生”。三是老年医疗服务设施建设进展加快。省卫计委出台了《江西省卫生计生服务能力提升工程实施方案（2015—2017年）》，提出“二级以上综合医院（含中医医院）应设立老年病科，到2017年，全省老年病床数力争达到2万张左右，100%的设区市至少有一所二级以上老年病医院或护理院”，明确了未来几年的老年医疗事业发展目标。截止2015年6月，我省设有老年病专科、康复医学的医院和能提供康复医疗服务的乡镇卫生院、社区卫生服务中心、护理院（站）数量达到2103个。

三、社会养老服务体系建设步伐进一步加快

一是养老机构服务能力明显增强。2014年，省政府召开了全省推进民办养老机构建设现场会，鼓励和支持民办养老机构的发展，通过采取资金扶持、税费减免、土地保障等一系列扶持政策，进一步调动了社会力量兴办养老机构的积极性。截至2015年6月，全省各类养老机构数量达到1737家（其中民办机构167家），床位数18.7万张

（其中民办机构2.6万张），平均每千名老年人拥有床位达到30.6张。地级以上城市专业性养老护理机构数量达到30家。二是城乡社区居家养老服务网络逐步形成。2015年，我省以"以奖代补"的形式投入省级福彩公益金3000万元，用于开展居家养老服务试点工作。市、县两级政府积极出台和落实扶持政策，对居家养老服务站点分别给予2～5万元不等的建设补助和1万元不等的运营补贴，有力推动了居家养老服务站点建设步伐。截止2015年6月，全省共建设城乡社区居家养老服务中心（站）3437个，农村老年人颐养之家585个、农村幸福院2523个；有7个设区市建立了居家养老信息化服务平台，可以提供居家养老（日间照料）等服务的城镇社区综合服务设施覆盖率达到70.99%，农村社区综合服务设施覆盖率达到46.73%。三是社会养老服务机制不断创新。2014年，我省启动了养老服务业综合改革试点工作，南昌市、抚州市被列入全国养老服务业综合改革试点市。认真总结推广"公办民营"、"民办公助"等养老机构运营与管理的经验做法。截止2015年6月，已有36家公办养老机构采取租赁、承包、合作经营等方式，实行市场化管理。推动敬老院开展社会化养老服务试点，利用空余床位开展有偿供养服务，目前全省敬老院共为2720名社会老人提供了养老服务。"医养融合"进一步加快，我省已有12家养老机构独立设置了老年病医院、护理院，153家养老机构内设了医疗所（站、室），550家养老机构与各类医疗机构合作医疗服务，其中84家纳入医疗定点单位。

四、老年人居住环境和生活条件进一步改善

一是老年宜居环境建设得到加强。为满足老年人休闲、娱乐、健身场所建设等用地需求，市、县两级政府把老年人养老配套设施建设纳入了城乡规划编制，有7个设区市老年人养老设施人均用地达到或超过0.1平方米。开展了生态宜居城市（县城）创建活动和无障碍环境县（市、区）创建活动，城市公园（广场）和休闲绿地大幅度增加，新建和改建城市道路、公共建筑、养老机构场所的无障碍设施配套，无障碍环境县（市、区）达标率达到70%。二是老年人居住和出行条件逐步改善。2011年以来，全省各级财政安排补助资金1.8亿元，对12835户分散供养"五保"老年家庭实施了危房改造，面积达85.8万平方米。扩大了老年人城市交通免费乘车线路，南昌市将70周岁以上老年人免费乘坐市内公交线路增加到2015年的123条，为老年人出行、休闲提供了便利条件。新余市将老年人免费乘坐公交车年龄降至65周岁，上饶市对60～69岁老年人乘坐公交车实行半价。三是老年人体育教育设施明显增多。实施了县级基层体育场地设施建设项目134个，建设农民体育健身工程7752个，覆盖44.67%的行政村，乡镇体育健身工程640个，覆盖45.78%的乡镇，全民健身路径点2500多个，县级老年人活动中心85个，乡镇（街道）、村（社区）老年活动中心6150个，经常参加锻炼的老年人数达350多万人，占老年人口57.3%。全省各类老年大学（学校）数量从2010年的433所增加到2015年的1510所，在校老年学员20.54万多人，初步形成了省、市、县、乡、村五级教学网络，教育内容涉及政策法规、书法绘画、音乐摄影、舞蹈健身等方面。

五、老年人合法权益保障进一步强化

一是老年法律援助服务更加便捷。各地依托老龄办成立老年法律援助工作站69个，乡镇（街道）、村（社区）普遍设立了法律援助工作站、联系点，为老年人法律援助提供了方便。全省统一了"12348"法律援助咨询专线，方便老年人寻求法律咨询和申请法律援助，开展了"老年维权示范岗"创建和"法律援助为民服务创先争优"活动，对老年人法律援助实行"一站式"服务，妥善处理涉老纠纷，尽量满足老年人法律服务和法律援助需求，并将老年人在人身财产权益方面受到损害的事项纳入法律援助范围，对老年人法律援助经济困难标准放宽2倍执行。二是老年人合法权益得到有效维护。我省基层通过开展《家庭赡养协议书》的签订工作，明确赡养标准和责任，规范家庭养老行为，有效预防和减少城乡老年家庭赡养纠纷。各级公安机关认真受理老年人的报警和求助，加大了对老年人的合法权益的维护力度。基层法院对涉老诉讼案件做到优先立案、优先调解、优先审理、优先执行，强化对老年犯罪的缓刑适用。对没有独立经济来源，生活拮据的贫困老年人，全省各级法院依法减、缓、免老年当事人的诉讼费用，对涉及老年人家庭内部矛盾的案件，各级法院始终坚持"调解优先，调判结合"，努力缓和当事人之间的矛盾，做到案结事了，避免纠纷复发。三是老年人优待工作更加扎实。2014年11月，省政府办公厅转发了省老龄办等24个部门（单位）《关于进一步加强我省老年人优待工作的意见》（赣府厅发〔2014〕65号），明确在医、食、住、用、行、娱等方面，积极为老年人提供各种形式的经济补贴、优先优惠和便利服务的36条具体措施。2012年以来，省财政每年安排2000万元，为全省70周岁以上老年人办理了免费乘坐城市公交车意外伤害保险。旅游部门将建设无障碍设施、设置老年人优待标识、明示老年人优先优待内容等列入了景区景点创评工作的重要内容，鼓励景区内观光车、缆车等代步工具对老年人给予优惠，并为老年人提供绿色通道，井冈山、庐山、三清山等著名景区都对老年人实行优惠或免费。赣州市70周岁以上老年人白天免费到市、县、乡的公办影剧院观看电影、录像或者本市剧团的商业演出，吉安市中心城区体育场（馆）对老年人健身娱乐活动收费减免。四是敬老爱老助老社会氛围更加浓厚。我省以敬老爱老助老为主题，广泛开展了"敬老文明号”创建和“敬老月”系列活动。重阳节期间，积极组织由领导干部带队走访慰问老年人活动，给困难和高龄老年人送去慰问金和慰问品。

六、老年人社会管理工作进一步加强

一是老龄工作机构建设得到夯实。省、市、县三级都设立了老龄工作机构，配备了工作人员，1436个乡镇（街道）设立了以分管民政工作的领导为主任的老龄工作委员会，村（社区）大都落实了涉老工作人员，上下贯通的老龄工作管理体系在全省逐步形成。南昌、赣州、吉安等地按照当地老年人口总数安排市、县两级老龄工作经费，并列入同级财政预算予以保障。二是基层老年群众组织更加规范。省老龄办、省民政厅先后下发了《关于加强基层老年人协会建设的意见》《关于进一步加强城乡社区老年协会建设的通知》，提出了基层老年协会建设5条标准，降低了老年协会进行社会团体直接登记门槛，并将城乡社区居家养老服务中心（站）、农村老年人颐养之家等养老服务设施委托给老年协会进行管理，扎实推进了基层老年协会建设。截止2015年6月，全省城镇社区老年协会2433个，农村社区老年协会12395个，占城乡社区总数的73%。三是老年人社会参与作用日益明显。基层老年协会、老科协等老年群众组织，积极发动有专业特长的老年群众，宣传中国特色社会主义理论，宣讲法律科技、健康保健等方面知识，传授实用技术，参与当地经济社会发展、新农村建设、维护社会治安、调解邻里纠纷。“十二五”期间，广大老干部、老战士、老专家、老教师、老模范等“五老”人员积极开展关心下一代工作，深入各类学校、城乡社区作报告8800余场次，教育青少年254万人次，筹集6500多万元帮扶贫困学生20余万人次，协助建立乡村学校营养厨房264个、学校卫生室20个。

重要会议和活动

【举办全省老龄办负责人培训班】为提升全省老龄干部业务水平，9月7日—9月10日，全省老龄办负责人培训班在南昌举行。此次培训专门邀请了全国老龄办吴玉韶副主任解读《老年法》，并集中学习了社会组织参与老年服务、章贡区PPP模式、居家养老服务、基层老年协会、老年人优待与维权、老龄信息宣传、“敬老月”活动等重要工作业务。各设区市、县（市、区）老龄办负责同志共120余人参加了培训。

【开展“老年节”庆祝活动】10月17日，省老龄办联合省广播电视台、南昌市老龄办、江西广播电视报社等单位，在南昌八一广场开展了以“传承中华美德　弘扬敬老文化”为主题的老年节庆祝活动。来自全省11个设区市的各阶层的60对金婚夫妇来到南昌八一广场，参加庆祝活动。在活动现场，省老龄办组织了老龄工作人员现场解答老年群众有关涉老政策法规问题，邀请了江西省肿瘤医院、南昌市第九医院、省法律援助中心、省平安保险、省人保财险、省人保寿险和部分涉老企业到现场为广大老年人提供老年用品、医疗保健、老年意外伤害保险、法律知识等免费咨询服务，组织南昌市老干部艺术团等多支老年文体队伍在现场表演了节目。活动共吸引各界群众约500人到现场观看，体验浓厚敬老氛围。

【召开全省老龄办主任会议】11月5日—6日，全省设区市老龄办主任会议在南昌召开。各设区市老龄办负责人和老龄业务科长30余人参加会议。会议代表首先参观了南昌县莲塘镇墨山村居家养老服务中心、高新区昌东镇赵围村居家养老服务中心，现场视察指导各中心功能区设置及活动开展情况，与中心活动的老年人交流，了解老年人的服务需求，并详尽询问当前开展居家养老工作的难点和困难。会议认为，2015年，全省老龄工作真抓实干、亮点纷呈：居家养老服务工作稳步推进，老年协会建设基础夯实，老年人权益保障工作有效落实，老龄宣传工作深入开展，第四次中国城乡老年人生活状况抽样调查圆满完成，“十二五”规划执行情况评估工作顺利完成。各设区市老龄办在完成既定任务的同时，从政策、机制、手段等各方面进行摸索，创新老龄工作思路，更好地为全省老年人服务。会议还集体讨论了老年优待工作督查、老年人意外伤害保险有关工作开展、居家养老服务站点的建设、营运和管理、如何充分发挥老龄委成员单位作用，以及老龄宣传工作等老龄工作中的重点难点问题。与会人员群策群力，集思广益，为2016年全省老龄工作的开展出谋划策，为“十三五”规划开好局、谋好篇。

各项业务进展

【老龄政策调研】省老龄办组织调研组先后赴全省11个设区市进行《江西省实施〈老年法〉办法》修法座谈，并配合省人大内司委开展我省老年人权益保障专题调研，就修订草拟稿广泛征求了各地和老龄委成员单位的意见。目前形成的初稿第三稿，由现行省实施办法未列章的38条增加到九章73条，其中条文不变的有3条、修改的25条、全新的45条。拟提交省法制办。向各设区市老龄办下发了《关于开展2015年老龄政策理论调研的通知》（赣老龄办发〔2015〕10号），组织全省老龄系统围绕老龄事业发展“十三五”规划编制和年度重点工作任务进行调研。

【居家养老服务】利用中央福彩公益金551万元，资助了29个项目单位（城镇社区养老服务设施21个，城乡为老服务信息网络平台建设项目8个）。运用省级福彩公益金3000万元，在全省打造了268个省级示范点（城镇社区112个，农村社区156个）。通过以点带面、“以奖代补”，推动市、县两级加快了居家养老服务平台建设步伐，2015年底，全省共建成居家养老服务中心（站）4283个。为提高居家养老服务队伍建设质量，在省民政学校举办了2期居家养老服务管理服务人员培训班，共有100人参加培训，并经考核取得了国家认可的养老护理员证书。

【省政府民生工程】由各级老龄办牵头，民政、财政、老龄、交通、保险等部门共同参与，组织开展了70周岁以上老年人免费乘坐公交车人身意外伤害保险的宣传活动。会同省财政厅要求各地将省级补助和本级负担保费拨付到位，投保金总额为1720.83万元，投保人数达到161.93万人，比去年增加了4.07万人。截止12月10日，全省发案56起，理赔金额61.52万元。

【基层老龄工作】按照省老龄办下发的《关于加强基层老年协会建设的意见》和“设施完善、制度健全、班子有力、经费落实、作用明显”五条规范化建设标准，指导城乡老年协会开展规范化建设。为加强基层老龄工作，省老龄办联合省民政厅下发了《关于进一步加强城乡老年协会建设的通知》（赣老龄办发〔2015〕11号），要求各级福彩公益金都要安排对城乡老年协会建设的投入，支持协会设施和场地建设；做好登记备案，依法实施管理等。按照《江西省基层老年协会星级评定办法》，组织全省城乡基层老年协会开展第一届“四星级”评选，有30个城乡老年协会受到表彰。

【老年维权工作】为进一步落实省政府办公厅批转《关于进一步加强我省老年人优待工作的意见》，省老龄办指导督促各地出台本地老年人优待办法，目前南昌、吉安、上饶等市出台了相关老年人优待办法。督促全省建立80周岁以上老年人高龄补贴制度，到目前为止，全省11个设区市80周岁以上老年人高龄补贴制度实现了全覆盖。认真做好《江西省老年人优待证》免费办理工作，全年发放优待证8.4万本。接待来访人员40人次，来信4件，来访7件。

【老龄新闻宣传】在全省范围内组织开展了第六个“敬老月”活动，走访慰问部分高龄、困难老年人和组织志愿者到抗战老兵家中开展志愿活动，组织开展文化娱乐和体育活动，开展老年法律援助和涉老政策法律咨询。江西广播电视台二套《都市现场》栏目、南昌电视台《每日新闻》栏目系列播出了各地开展敬老活动内容。重阳节期间，与江西省广播电视台在八一广场举行的“江西省2015年‘老年节’暨‘半世纪牵手·五十年同心’金婚庆祝活动”，进一步弘扬中华民族敬老爱老传统美德。组织开展好全省第二届“敬老文明号”创建活动，从医疗机构、旅游景点、城市公交、基层养老机构等公共服务窗口和行业入手，指导创建单位提升了为老服务水平。在“敬老文明号”创建活动中广泛开展“双关爱”活动，对失能半失能老人、贫困老人开展物资帮扶和精神关爱服务活动。

【老年文体活动】各地重视老年群体的精神健康需求，立足社区和依托基层老年协会组织，积极开辟面向基层的文化广场、社区活动站等老年文化体育活动场所，鼓励支持老年人开展自发、健康的文化娱乐健身活动。一是开展老年节文艺活动。南昌市、抚州市、新余市、宜春市、赣州市分别举行了以“培育敬老家风，建设和睦家庭”为主题的庆祝“老年节”和敬老系列活动。抚州市各级以老年艺术团、老年体协为依托，开展好送戏下乡进敬老院活动，进社区、进广场、进企业活动。南昌市、鹰潭市还联合文联、书画协会等部门开展老年书画优秀作品展示会和重阳诗会等活动。二是开展老年体育健身活动。鹰潭市投入资金近8万元，举行庆重阳系列文体活动，开设门球、气排球、广场舞3个比赛项目和1个陀螺表演项目；共有51支代表队千余名老年人参加了比赛。上饶市老干部局举办第三届省直、上饶市、鹰潭市离退休老干部斯诺克联谊赛。

【“第四次调查”工作】成立了第四次中国城乡老年人生活状况抽样调查领导小组，进行动员部署，下发了《江西省老龄办、江西省民政厅、江西省财政厅关于开展第四次中国城乡老年人生活状况抽样调查的通知》，制定了调查实施方案，争取了调查经费40万元。分别在南昌市青山湖区和吉水县召开了第四次中国城乡老年人生活状况抽样调查模拟调查和调查骨干培训班，对110名调查骨干进行业务培训。全省选拔了调查员416名，督导员286名，8月份开展入户调查工作。省老龄办罗良意专职副主任亲自带队，赴南昌、九江、景德镇、宜春、萍乡、赣州、吉安、抚州等地对第四次调查工作进行督导。

【“十二五”规划检查评估工作】按照《江西省老龄事业发展“十二五”规划》和《省老龄委成员单位落实〈江西省老龄事业发展“十二五”规划〉主要任务责任分工意见》要求，下发了《江西省老龄工作委员会关于开展〈江西省老龄事业发展“十二五”规划〉执行情况检查评估的通知》。9月份组织了4个检查组，采取座谈和实地查看方式进行，对全省《江西省老龄事业发展“十二五”规划》执行情况进行抽查。省老龄委各成员单位，结合工作职能，把老龄事业发展纳入了本部门工作规划，认真部署，抓好落实。各地能深入养老机构和基层单位调查研究，帮助解决老龄事业发展中遇到的困难和问题。全省老年社会保障水平得到提高，养老服务体系建设得到推进，老年文化教育得到发展，老年人合法权益得到有效保障。

山东省

2015年10月21日，山东省庆祝老年节大会在济南召开。时任山东省委常委、组织部长高晓兵出席会议并讲话，省四大班子领导出席会议。

2015年10月23日，向沂蒙老功臣捐赠军被褥活动启动仪式在济南南郊宾馆举行。

综　　述

截至2015年底，山东省60岁以上人口1890万人，占全省总人口的19.23%。面对人口老龄化持续加快的新形势，全省各级积极开展应对人口老龄化行动，加快推进老龄法规政策落实，着力提高养老保障水平，发展养老服务事业和产业，完善老年人权益保障机制，突出加强老年文化建设，全省老龄事业实现了较快发展，老年民生状况得到进一步改善。

一、社会养老保障水平进一步提升

2015年，全省城乡居民基本养老保险基础养老金标准提高到每人每月85元；企业退休人员基本养老金连续十一年提高，月均达到2454元。城乡居民基本医疗保障制度政府补助标准提高到450元以上，大病保险制度全面落实，人均最高补偿标准达到30万元。全省25万失能困难老年人每人每月领到不低于60元的护理补贴，156万城乡低保老年人每人每月享受到472元和282元的最低生活保障金；城镇“三无”老人集中和分散供养标准达到每人每月830元和705元，农村“五保”老人达到每人每年5915元和4126元。2015年，“银龄安康”老年人意外伤害组合保险参保人数达到570万人，承保金额700亿元，全年赔付被保险人8500万元。90岁以上老年人高龄津贴发放、65岁以上老年人免费乘坐市内公共交通工具、免费接受查体和健康管理，老年人入院诊疗费用优惠、困难老年人救助等优待政策得到有效落实。

二、社会养老服务体系建设更加完善

截至2015年底，全省共有养老服务机构3127家，其中民办养老服务机构1030家；各类养老床位达到60.5万张，比上年增长6.5万张，千名老年人拥有床位数达到32张。城市社区日间照料中心3679个，比上年增长46.92%；农村幸福院7845个，比上年增长36.55%；全省从事居家养老的家政服务企业达到540家，养老服务信息平台达到89处，养老服务的规范化、精细化、信息化水平得到提高。此外，全省建有志愿助老服务站4647个，助老服务基地2538个，家庭互助养老点6500多个，依托社区的居家养老的基础性作用日益明显。建立全方位、多层次的养老服务人才培养体系，全省15所高校设立了养老服务专业，依托高职院校建立了7处省级养老服务培训基地；省财政安排1000万元培训高级养老护理员和管理人员，全年培训从业人员1.2万人次，失能老人家庭成员10万人次。

三、老年人权益保障工作推动有力

2015年1月1日，《山东省老年人权益保障条例》正式实施，成为新《老年法》颁布实施后全国首个修订的地方条例。根据《条例》内容，省老龄委制定了部门贯彻落实任务分工，推动惠老政策的全面实施。枣庄、东营、烟台、临沂、聊城、滨州等市出台了新的《优待老年人规定》。全国人大、全国政协，省人大、省政协对山东落实《老年法》的情况进行了专项检查调研。济南、青岛、淄博、枣庄、烟台、潍坊、济宁、菏泽等市协调市人大或市政府督查室，及时开展了落实优待老年人政策专项检查。敬老月期间，各级有关部门集中开展了以法律服务、法律援助为重点的法治阳光温暖老龄行动，省老龄办评选了20个“老年维权典型案例”进行发布，并印制《老年维权知识手册》赠予老年群众。省老龄办、省综治办、省检察院、省法院、省公安厅、省司法厅、省民政厅，联合开展了老年公益维权服务示范站创建和老年维权先进集体评选活动。印发了《山东省老年人公益维权服务示范站创建办法》，命名了160个示范站，向全国推荐上报了14家老年维权先进集体。2015年起，省综治办将老年人公益维权服务示范站创建工作列入全省综合治理工作考核体系。

四、养老服务产业转型升级稳步推进

省政府将养老服务业列入推动经济转型升级的17个重点服务产业，2015年4月28日，郭树清省长主持召开全省养老服务业转型升级座谈会，要求把养老服务业培育成强大的服务产业。省有关部门起草了《山东省养老服务业转型升级实施方案》，提出了规划约束、土地保障、资金扶持、融资支持、行业监管5个方面的创新性措施，着力推进养老服务市场化、产业化、社会化发展。6月5日至7日，省老龄办、省外事办、省工商联、省贸促会成功举办了第七届中国（山东）国际老龄产业博览会，展品种类较往期更加丰富，质量和科技含量更高，展会层次和水平显著提高。养老产业交流研讨活动频繁，9月19日，省老龄办与中国老年学学会联合主办了全国老年宜居城市和医养服务业高峰论坛；9月25日，2015中日韩健康养老产业论坛在潍坊市举办；11月20日，省民政厅、省老龄办、齐鲁晚报等单位联合举办了2015山东首届养老高峰论坛；12月中旬，2015中韩国际健康产业暨养生养老博览会在烟台开幕。

五、老年文化体育事业更加繁荣

2015年，省内举办了多项大型老年文体活动。省老龄办、省文化厅联合举办了“银龄风采”全省老年人艺术大赛，省老龄办、省文联、省摄影家协会等单位主办了第三届老年书画大赛和第二届老龄主题摄影大赛，省老龄办、省邮政公司举办了首届“邮爱夕阳”全省中老年广场舞大赛；全年县以上举办的老年文艺演出达到600多场次。老年文化发展政策体系逐步健全。省委办公厅、省政府办公厅印发了《关于加快构建现代公共文化服务体系的实施意见》，并着手研究落实国务院《关于推进基层综合性文化服务中心建设的指导意见》。基层老年文体设施建设成果显著。据统计，年底全省老年文体场馆达到了7624个，老年健身站点6.32万个；市级老年文艺团体达到220余个，县级老年文艺团体1570余个，各类老年文体组织骨干成员61万余人，参与老年文体活动的老年人达到1260余万人。

六、老龄宣传工作不断强化

省老龄委启动了第二届“山东省敬老文明号”评选活动，在全省各级涉老部门、为老服务组织、公共服务窗口中命名300家单位；评选了150位敬老模范个人和100名模范老人。省社科联、省旅游局、省卫计委、省老龄办等11部门开展了第二批“德耀齐鲁”道德示范基地和首届道德公民评选活动，30家养老机构、爱心企业和60位孝亲敬老模范个人获得表彰。省老龄办组织开展了第十届“山东省十大孝星”评选活动，发布了20件老年维权典型案例，并与省新闻工作者协会联合评选了2015年山东省十大老龄新闻和老龄新闻宣传好作品。省老龄事业发展基金会面向社会公开评选了第五届山东省十佳敬老企业和十佳敬老企业家；蓬莱市被评选为第十个“山东省长寿之乡”。“敬老月”期间，全省各级广泛开展了以“倡树敬老家风，建设和睦家庭”为主题的系列活动。10月21日召开了全省庆祝老年节大会，省委书记姜异康、省长郭树清向全省老年人和老龄工作者致信慰问，省四大班子领导出席会议；全省390余名市、县党政领导干部参加了走访慰问活动，各级各界共走访养老机构老年人、困难老年群众、老党员等100多万人次，发放慰问金和物资价值3.42亿元，营造了良好的社会氛围。

重要会议和活动

【《山东省老年人权益保障条例》正式实施】2014年9月26日山东省第十二届人大常委会第十次会议修订的《山东省老年人权益保障条例》，自2015年1月1日起正式实施。《条例》实施后，山东省各级有关部门针对《条例》内容要求，结合任务分工，制定了相关落实措施，进一步改善了老年人权益保障和优待环境。截至2015年底，全省17个市、137个县（市、区）建立了90岁以上老年人高龄津贴制度；17市全部建立了65周岁以上老年人免费乘坐市内公共交通工具政策。《条例》的实施，弘扬了中华民族敬老、养老、助老的传统美德，促进了家庭和睦、社会和谐。进一步夯实了老年人养老的社会基础，强化了全社会依法维护老年老年人权益和老年人自我维权的意识，提升了老年人优待水平，为推进老龄事业和产业发展提供了法律保障。

【省老龄委召开第二十三次全体（扩大）会议】3月17日，省老龄委第二十三次全体（扩大）会议在济南召开，省政府副省长王随莲出席会议并讲话，省老龄委副主任、省老龄办主任丁希滨代表省老龄委做工作报告，省民政厅、司法厅、人社厅、文化厅的负责同志作了典型发言。会议总结了2014年全省老龄工作情况，分析了山东老龄工作面临的形势，明确了2015年全省老龄工作主要任务。

【省政府召开养老服务业转型升级座谈会】4月28日，省委副书记、省长郭树清主持召开养老服务业转型升级座谈会。会议听取了全省养老服务业转型升级情况汇报，部分养老服务机构、教育培训机构和政府有关部门的代表进行了座谈交流，从发展居家养老、养老机构“公办民营”、推进医养结合、加强人才培养、创新融资方式等方面提出了具体意见建议。郭树清省长对加快养老服务业发展提出要求。副省长王随莲、季缃绮出席，丁希滨等参加座谈会。

【举办山东省第四届老年健康与长寿理论研讨会】5月30日，省老龄办、省老年学学会在蒙阴县召开山东省第四届老年健康与长寿理论研讨会。省政协原副主席、省老年学学会会长李德强、省老龄办主任丁希滨出席会议并讲话。会议主要围绕“饮食文化与老年健康长寿”进行了研讨。省老龄办副主任、省老年学学会副会长兼秘书长肖培树、临沂市委副书记张宏伟出席会议。省老年学学会、蒙山管委会有关负责人，各市老龄办及市级老年学学会有关负责人、省老年学学会部分常务理事、获奖论文作者共100余人参加了会议。

【第七届中国（山东）国际老龄产业博览会成功举办】6月5日至7日，由山东省老龄办、省外办、省工商联、省贸促会共同主办的第七届中国（山东）国际老龄产业博览会，在济南舜耕国际会展中心成功举办。本届“老博会”共有全国17省（市、自治区）的389家企业、62家养老机构以及来自德国、法国、荷兰、加拿大、日本的20多家贸易机构和涉老企业参展，展出面积近10000平米，折合标准展位数392个。展览内容涉及养老产品研发、养老地产、养老服务、家庭服务、信息服务、健康养生等行业以及与老年人生活有密切关系的医疗、商业、科技、通信、互联网、教育、休闲等领域。会展期间共接待全国各地参观、采购和商务洽谈人员2.7万人次，现场交易额2000多万元，签订意向协议额8000多万元。

【全国老年人意外伤害保险工作交流座谈会议在济南召开】6月19日，全国老年人意外伤害保险工作交流座谈会在济南召开。全国老龄办和中国保监会有关领导，各省（自治区、直辖市）、计划单列市老龄办负责人及部分省、市保险企业的代表参加会议。会议总结交流了老年人意外伤害保险工作经验，讨论了《关于推进老年人意外伤害保险工作的指导意见》，部署了当前和今后一个时期老年人意外伤害保险工作。全国老龄办副主任鲍学全出席会议并讲话，山东省政府办公厅副主任卢杰出席会议并致辞，山东省老龄办主任丁希滨作大会发言，介绍了山东省老年人意外伤害保险工作情况，中国人寿山东分公司、贵州、镇江、衢州、潍坊、漯河等地老龄办负责人交流了老年人意外伤害保险工作的经验做法。

【开展第四次城乡老年人生活状况抽样调查】按照全国老龄办安排部署，山东省第四次城乡老年人生活状况抽样调查工作于8月1日正式启动，8月31日结束。全省37个县（市、区）、148个街道（乡、镇）、592个社区（村、居）、17760名老年人参加了调查，抽样样本数占全国样本总数的8%，居全国首位。此次调查，主要围绕老年人的生活状况和养老服务需求展开，重点了解城乡老年人健康、照料护理服务、家庭、经济、社会参与、维权意识与行动、宜居环境以及精神文化生活等方面的状况，对进一步了解全省老龄化形势、老年人的需求，对各级党委政府统筹制定应对人口老龄化方针、政策、规划，对于各地编制老龄事业“十三五”规划，推动老龄事业和产业发展，具有重要意义。

【民政部党组成员、全国老龄办常务副主任王建军到山东调研工作】8月3日至7日，民政部党组成员、全国老龄办常务副主任王建军率领由中国社会科学院社会政策研究中心、全国老龄办政策研究部、中国老龄科研中心有关人员组成的联合调研组，到山东省调研老龄事业发展“十二五”规划执行情况、老龄基层组织建设、第四次中国城乡老年人生活状况抽样调查、老年人长期护理保险试点等工作。8月4日，调研组在济南召开由9个省直部门参加的老龄工作专题座谈会，随后赴聊城、泰安、临沂、青岛四地开展调研。在鲁期间，副省长季缃绮会见调研组一行，省老龄办主任丁希滨全程陪同。

【全国爱心护理工程（山东省）抗战老兵照护中心揭牌仪式在沂南县举行】8月21日，由中国老龄事业发展基金会主办，全国老龄办和民政部优抚局指导，山东省老龄办、山东省老龄事业发展基金会和华夏人寿保险股份有限公司共同承办的“致敬·抗战老兵——全国爱心护理工程（山东省）抗战老兵照护中心揭牌仪式”在沂南天河老年公寓（山东沂蒙老功臣休养所）举行。全国老龄办巡视员曹健、中国老龄事业发展基金会副理事长张志鑫、华夏保险副总裁刘冬、山东省老龄办巡视员钟永诚、山东省老龄事业发展基金会副理事长兼秘书长高慧、华夏保险助理总裁兼山东分公司总经理徐连梽、临沂市委常委组织部部长李刚等领导出席仪式，仪式由临沂市委常委、组织部长李刚同志主持。沂南县委书记县长姜宁、县委副书记张云超等领导陪同。期间，与会领导为“全国爱心护理工程建设基地”和“抗战老兵照护中心”揭牌，为15名抗战老兵献上鲜花并合影留念。

【开展全省老年公益维权服务示范站创建活动】8月24日，省老龄办、省综治办、省法院、省检察院、省公安厅、省民政厅、省司法厅7部门在济南南郊宾馆召开了老年人公益维权服务示范站创建座谈会。会议分析了山东省人口老龄化形势和老年人权益保障基本状况，认定了开展老年人公益维权服务示范站创建活动的重要意义，讨论了《山东省老年人公益维权服务示范站创建办法》。座谈会上，7部门决定共同开展老年人公益维权服务示范站创建和命名活动，以为全省老年人提供更加方便快捷优质优惠的维权服务。10月20日，经基层推选、各市评审推荐、省评审委员会审定，济南市市中区检察院派驻党家检查室等160个单位成为首批山东省老年人公益维权服务示范站。

【全国人大常委会副委员长王胜俊到山东开展执法检查】9月9日，全国人大常委会副委员长王胜俊带领执法检查组，到山东省就《中华人民共和国老年人权益保障法》贯彻实施情况开展执法检查。9日上午，检查组在济南南郊宾馆召开会议，听取省政府及有关部门工作汇报，王胜俊出席会议并讲话，省人大常委会副主任于建成主持会议，副省长张务锋代表省政府做工作汇报。省老龄办主任丁希滨汇报了贯彻实施《老年法》的有关情况。

【全国老年宜居环境和医养服务业高峰论坛在济南举办】9月17日至20日，由中国老年学和老年医学学会、山东省老龄办主办，山东省老年学学会承办的以“老年宜居环境”和“医养结合”为主题的“全国老年宜居环境和医养服务业高峰论坛”在济南珍珠泉宾馆举行。中华慈善总会会长、中国老年学和老年医学学会会长李本公，山东省政协原副主席、省老年学学会会长李德强，全国老龄办副主任、中国老龄科学研究中心主任吴玉韶，省老龄委副主任、省老龄办主任丁希滨出席论坛开幕式并分别致辞。全国老龄办原副主任、中国老年学和老年医学学会常务副会长赵宝华主持开幕式。论坛共举办了两场大会主旨演讲和8个分论坛。来自政府部门、科研院所、养老机构、医疗机构和“长寿之乡”的400多名代表参加了此次论坛。

【开展2015年“敬老月”活动】9月29日，由省老龄办、济南市老龄办和济南市槐荫区政府联合举办的“山东省暨济南市2015年‘敬老月’活动启动仪式”在槐荫广场举行。丁希滨、钟永诚、肖培树、于振业及济南市老龄办有关同志出席启动仪式，济南市老龄办、济南市律师协会、济南市槐荫区政府有关人员，部分医务人员和法律从业人员，各界群众代表等约1000余人参加了启动仪式。来自21家医院和20家律师事务所的志愿者现场为老年人提供了健康和法律咨询服务。“敬老月”期间，全省各级党委政府和社会各界共走访慰问老年人100余万人次，赠送慰问品、慰问金合计3.42亿元，广大老年人更加切实全面的感受到了党和政府的关心关怀。

【召开山东省庆祝老年节大会】10月21日，山东省庆祝老年节大会在济南南郊宾馆礼堂召开，省委常委、组织部长高晓兵出席会议并宣读了姜异康书记、郭树清省长致全省老年人和老龄工作者的慰问信；省人大常委会副主任于建成、省政协副主席许立全，省里老领导时立军、曹学成、李德强出席会议；副省长王随莲讲话。会议隆重表彰了全省老龄工作先进单位和先进个人、山东省敬老模范个人和模范老人、第十届“山东省十大孝星”，并为山东省“敬老文明号”、山东省老年人公益维权服务示范站和山东省“长寿之乡”蓬莱市授牌。省老龄委副主任、委员、联络员，各市老龄办主任，获奖代表和老年人代表400多人参加了会议。

【省领导老年节期间走访慰问老年人】10月21日，副省长王随莲到济南市历下区第二人民医院老年公寓、历下区老年公寓走访慰问入住老年人，并代表省委、省政府向老人们致以节日问候和美好祝愿。走访过程中，王随莲详细了解了老人们的生活情况。她指出，尊老敬老是中华民族的传统美德，关爱老年人、让他们晚年幸福是政府和社会义不容辞的共同责任。各级要进一步采取有力措施，引导社会力量兴办为老服务设施，为老年人提供更多更好的服务，让广大老年人幸福地安享晚年。

【开展2015年度老龄政策专题调研】2015年6月至10月，根据全国老龄办关于开展年度专题政策调研的通知要求，山东省老龄办、各市老龄办和省老龄委成员单位，围绕老龄事业发展“十三五”规划编制和年度重点工作任务开展了系列专题调研，形成了丰富的调研成果。本次调研共形成调研报告103篇，其中省老龄办机关8篇；有60篇调研报告获奖，其中9篇获得全国老龄办表彰。

河南省

综　　述

2015年是社会养老服务体系“十二五”规划的收官之年。河南省老龄系统以贯彻落实党的十八大和十八届三中、四中、五中全会、《国务院关于加快发展养老服务业的若干意见》及我省实施意见为主线，紧紧围绕党委政府中心工作，坚持“党政主导、社会参与、全民关怀”的老龄工作方针，以解决养老服务业发展中的瓶颈问题为抓手，以推进城乡居家养老服务为重点，养老服务体系建设成效明显，养老服务业发展中的财政支持、规划和土地供应政策得到进一步完善，养老服务各项优惠政策得到较好的落实，社会力量参与养老服务业的积极性高涨。

一、以会促管，推进工作开展

（一）召开2015年度全省老龄工作会议。9月24日，2015年全省老龄工作会议在漯河市召开，全省各省辖市、直管县（市）民政局主管老龄工作的副局长、老龄办（科）主任（科长）参加会议。省老龄办主任、省民政厅厅长冯昕出席会议并讲话。冯昕厅长充分肯定了老龄工作取得的新成绩，就老龄工作面临的形势及突出问题进行了阐述和分析，对做好下一步老龄重点工作提出具体要求。他指出，当前和今后一个时期，河南老龄事业发展要按照中央“四个全面”战略布局的要求，认真学习贯彻习近平总书记、李克强总理等中央领导系列重要批示指示精神，紧紧围绕省委省政府中心工作，贯彻落实国家和我省老龄工作法规政策，着力做好以下工作：一是大力推进养老服务体系建设，鼓励社会力量发展养老服务业，加快推进社区和居家养老服务，促进医养结合型养老服务发展，加大财政投入力度，加强对养老机构的监管，扎实推进养老服务业综合改革试点工作。二是进一步加强老龄事业法制建设。三是做好老龄事业发展“十二五”规划评估和“十三五”规划编制工作。四是大力推进基层老年协会建设。五是圆满完成第四次中国城乡老年人生活状况抽样调查任务。要求各地抓住机遇，凝神聚力，开拓创新，真抓实干，努力开创老龄工作新局面，为加快中原崛起河南振兴富民强省、让中原在实现中国梦进程中更加出彩做出新的更大的贡献。

（二）召开全省老龄委第十次全体会议。10月19日，河南省老龄工作委员会第十次全体会议在郑州召开。会议认真贯彻落实全国老龄委第十七次全体会议精神及国务院养老服务业政策落实情况督查反馈意见，总结工作，分析形势，交流做法，安排部署了下一阶段工作。省老龄委主任、省政府副省长李亚出席会议并作重要讲话。会议指出，全省老龄事业在各方共同努力下得到长足发展，政策创制成果显著，老年人公共服务水平进一步提高，养老服务体系不断完善，养老服务机构监管力度得到切实加强。会议要求，一是着力健全完善养老服务体系，大力推进社区和居家养老，认真落实人均0.1平方米养老建设用地要求，创建一批养老服务示范社区；抓紧健全服务网络，完善12349居家养老服务信息平台；积极推进医养结合，促进“卫生准入、民政扶持、医保定点”工作。二是着力加大养老服务的资金投入，拓宽融资渠道，鼓励和吸引社会力量参与养老服务；加大财政支持力度，建立动态增长机制，扎实推进养老健康产业发展示范园区（基地）建设。三是着力加强养老服务基础建设，提升养老服务从业人员整体素质；积极开展各种敬老爱老助老活动以及“敬老月”宣传教育活动；切实维护老年人合法权益，加强法制宣传、法律服务和法律援助；强化养老服务机构的安全监管，坚决防范和遏制各类养老服务机构安全事故的发生。四是着力加强农村养老服务设施建设，探索建立“以敬老院、幸福院为载体，以基层老年协会为纽带，以政府投入为主导，以自我教育管理服务为方式”的农村养老服务体系；切实关爱农村留守老人，加大对农村困难老人社会救助力度。五是着力做好“十二五”收官和“十三五”谋划，重点围绕养老发展趋势、全面建成小康社会的目标要求，在体系建设、基础建设、困难群众兜底保障等方面，谋划一批打基础、管长远的重大举措。会议强调，省老龄委要加强统筹协调，各成员单位要发挥部门优势，形成合力；要不断探索创新，开阔视野和思维，致力多办实事；要强化督导督查，确保政策落地见效，共同推进河南老龄事业健康发展。省老龄委副主任、省民政厅厅长冯昕就全省老龄工作情况和近期工作意见作报告。省发展改革委、财政厅、人力资源和社会保障厅、住房和城乡建设厅、卫生计生委五部门负责同志作了典型发言。

（三）召开全省关爱农村留守老人工作推进会。10月29日，召开了全省关爱农村留守老人工作推进会，听取了各地关爱农村留守老人工作机构建立及工作开展情况，对下一步工作提出了要求：一是要进一步提高思想认识；二是要加强统筹协调；三是要加强宣传引导；四是要加强检查监督。

（四）召开全省老龄工作座谈会。8月28日下午，省老龄办在民政厅召开全省老龄工作座谈会，分析“十二五”“短板”，共商“十三五”老龄事业发展大计，听取了专家学者、基层老龄工作者、产业协会、养老机构和其他有关单位负责人等20名代表关于老龄事业发展的意见建议。各方面意见建议主要有：一是理顺工作体制机制；二是部门联动，落实优惠政策；三是加快推进居家和社区养老服务；四是完善养老机构设立许可工作；五是加强养老服务队伍建设；六是整合基层文化大院、留守儿童之家、日间照料中心（托老站）、农村幸福院等有效资源，发挥作用；七是规范养老机构建设和服务；八是创新模式，智慧养老；九是加大贷款贴息力度，解决融资难问题；十是加快推进养老机构责任保险工作。

二、督导检查，促进政策落实

10月10日至12日，受国务院办公厅委托，民政部李立国部长一行7名同志组成的督查组对河南省养老服务业发展政策和社会救助工作落实情况进行了督导检查。在豫期间，督查组通过听取省市政府和有关部门的工作汇报，调研洛阳市、郑州市的养老机构、居家和社区养老服务设施、民政所等基层单位，召开座谈会，查阅全省养老服务自查报告和洛阳等地民政部门相关材料，征求有关方面和老年人的意见和建议，充分肯定河南省在贯彻落实国务院决策部署和有关部门出台的政策措施上所做的大量工作。在督查反馈会上，李立国部长对我省提出如下希望和建议：一是狠抓各项养老服务政策法规的制定完善和贯彻落实。二是深刻吸取教训，进一步强化养老服务安全管理。三是强化政府支出责任，加大对养老服务业的资金投入。四是抓好规划布局，加快居家和社区养老服务设施建设。五是进一步加快发展农村养老服务业。六是积极破解养老服务业用人难问题。李亚副省长代表省政府向督导组汇报了我省养老服务业发展和社会救助工作情况。11月中下旬，参照国务院对全国养老服务业政策落实情况进行督导检查的做法，河南省政府办公厅下发通知并派出工作组对全省各地养老服务业政策落实情况进行了督导检查。

三、建章立制，提供政策保障

2015年省政府出台《养老健康产业发展示范园区（基地）规划建设推进计划》（豫政办〔2015〕123号），省商务厅、省民政厅联合下发《关于鼓励外国投资者在河南设立营利性养老机构从事养老服务的通知》（豫商资管〔2015〕19号），省发改委、省民政厅等部门联合下发《关于支持民间资本参与养老服务业发展的若干意见》（豫民〔2015〕2号），省财政厅、省发改委、省民政厅、省老龄办联合下发《关于做好政府购买养老服务工作的指导意见》（豫财社〔2015〕201号），省财政厅、省民政厅、省老龄办联合下发《关于建立健全经济困难的高龄 失能老人补贴制度的通知》（豫财社〔2015〕206号）。

四、多措并举，推进体系建设

积极争取国家资金支持我省养老服务业发展，向国家发改委、民政部上报了我省2015年养老服务体系建设项目20个，争取资金1.5亿元。开展养老服务和社区服务信息惠民工程试点工作，国家发改委、民政部批准我省养老机构和社区信息惠民工程项目19个。争取中央彩票公益金6459万元，用于支持2153个农村幸福院建设。在此基础上，2015年省本级又拿出7000万元用于支持全省养老服务体系建设。截至2015年底，全省有各类养老服务机构3913个，养老床位47.3万张，每千名老人拥有床位数32.2张，比十一五末增长了98%。大力推进居家养老服务网络建设，创新智慧养老服务模式，推进“互联网＋养老”，鼓励各地建设“12349”居家养老服务信息平台。截至2015年底，全省已建成养老服务信息平台37个，入网老年人数达200多万。在2015年河南省“互联网＋”开放合作大会上，我厅邀请30多家客商与我省签订了“互联网＋”养老服务项目20个。

五、牵头协调，建立健全关爱农村留守老人关爱服务体系

2015年4月，河南省委办公厅、省政府办公厅下发《关于进一步做好关爱农村留守儿童、留守妇女、留守老人工作的通知》，对关爱农村“三留守”人员工作作了安排部署。我省成立了关爱农村“三留守”人员工作联席会议，下设三个协调小组。各地也都成立了相应组织。省民政厅作为关爱农村留守老人协调小组牵头单位，认真履行职责，积极协调成员单位，共同推进我省关爱农村留守老人工作。一是根据省委统一部署，及时研究制定了《河南省关爱农村留守老人工作协调小组2015年工作计划》。二是组织召开了成员单位联络员会议，进行动员部署，进一步明确各成员单位职责，强化责任落实。三是认真调研，摸清底数。在全省范围内开展了农村留守老人基本情况调查，分年龄段对老年人数量、身体状况、家庭状况、生活需求等方面开展调查。四是下发了《关于进一步加强农村留守老人关爱服务工作的通知》，要求各地迅速进行隐患大排查，切实做好留守老人关爱服务工作，并要求对留守老人及其家庭基本情况分类建档，建立信息管理数据库，实行动态管理，提升服务效能。派人赴驻马店遂平、西平等地就当地开展留守老人关爱服务工作进行了调研。五是召开全省关爱农村留守老人工作推进会，推进工作。目前全省初步建立了留守老人关爱服务机制，逐步形成了各部门齐抓共管、全社会共同参与的良好局面。

六、周密部署，完成“第四次调查”任务

第四次中国城乡老年人生活状况抽样调查是2015年全国老龄系统的一项重点工作，调查采取入户访谈、问卷调查和座谈的形式，着重了解老人的健康情况、照料护理、家庭经济、社会参与、维权意识、宜居环境以及精神文化生活等方面的状况，对进一步了解我国老龄化新形势，摸清我国老龄事业发展底数，提升老龄工作科学决策水平具有重要意义。此次调查涉及我省12个省辖市、31个县（市、区）、124个乡镇（街道）、496个村（居）委会，共计14880份个人问卷和651份老龄工作问卷，占全国总样本量将近7%，调查任务量排在全国第4位。有调查任务的市、县（区）民政部门高度重视，与当地政府及财政部门密切配合，落实工作责任制，扎实做好调查人员的选拔、培训、入户等核心工作。4月下旬，全国老龄办在郑州市中原区成功进行了模拟抽样调查。7月中旬，我省在信阳市举办了全省抽样调查骨干培训班，并对开展调查工作进行了动员部署。由于各地高度重视，准备工作充分，我省被抽中的31个县（市、区）按规定时间，于8月1日全部开展实地调查，并顺利完成入户调查、问卷填报工作。8月中旬，全国督导组到我省洛阳市洛龙区、洛宁县，对抽样调查工作开展情况进行了督导检查，给予我省充分肯定。

七、强化宣传，营造浓厚氛围

全省各地广泛开展《老年人权益保障法》宣传教育活动，开展敬老爱老助老主题教育活动、“敬老文明号”创建活动、弘扬孝亲敬老传统美德。大力开展了以“培育敬老家风、建设和睦家庭”为主题的敬老月活动，共评选出44个先进单位和95个先进个人。按照全国老龄办等部门通知要求，做好我省“全国老年法律维权工作先进集体”评选推荐工作，我省10个单位被评为“全国老年法律维权工作先进集体”。不断扩大老年人社会参与，积极倡导“老有所为”，因事迹突出，南阳市社区志愿者协会会长李相岑被评为“全国老有所为楷模”，张继胜、张振民、张文生被评为“全国老有所为先进典型人物”。

湖北省

10月16日（老年节前夕）上午，湖北省人民政府甘荣坤副省长（右）一行专程到八路军老战士李兰成（左）家中，对他进行慰问。图为甘荣坤副省长为李兰成老人送上慰问金。

11月27日，全国老龄办党组书记、常务副主任王建军一行来湖北省检查老龄事业发展“十二五”规划执行情况。图为王建军常务副主任（前排左3）调研咸宁市碧桂园社区老年人活动中心。

综　　述

截至2015年底，全省常住人口5851.5万人，60岁以上1042.35万人，占总人口的17.81%。2015年，是老龄事业“十二五”规划收官之年。全省老龄工作在省委、省政府的正确领导下，在全国老龄办、省民政厅的具体指导下，深入贯彻党的十八大和十八届三中、四中、五中全会以及全国老龄委第十七次全体会议、全国老龄办主任会暨第四次中国城乡老年人生活状况抽样调查动员会精神，紧紧围绕中央“四个全面”战略布局要求，克难攻坚，积极进取，认真抓好老龄法规政策落实，广泛开展老龄宣传，扎实推进城乡老年协会建设，努力满足广大老年人不断增长的物质文化生活需求，不断推动全省老龄事业持续健康发展。

一、积极发挥参谋督办作用，抓好老龄政策法规贯彻落实

（一）认真做好老龄问题的调查研究。围绕老龄工作的热点、难点问题，深入开展调查研究，积极为省委、省政府决策当好参谋助手。一是开展城市困难老人情况调研，已形成课题调研初稿。二是联合省政府办公厅、省人社厅开展失能老人长期护理保险制度的调研，就建立失能老人长期护理保险（补贴）制度进行深入论证。三是组织开展第四次中国（湖北片区）城乡老年人生活状况抽样调查，为确保深度调查质量，分别在孝感和宜昌举办了2期近600人的调查员、督导员培训班，从全国统一时间8月1日开始进行为期1个月的入户调查，并委托中南财经政法大学对问卷原始数据进行录入和分析，研究报告已完成，2016年初将以蓝皮书形式公开发行。

（二）精心组织老龄事业发展“十三五”规划编制工作。在对《湖北省老龄事业发展“十二五”规划》完成情况进行检查评估的基础上，形成了评估总结，研究提出进一步推进老龄事业发展的措施建议。采取公开招标的形式，委托省社科院编制我省老龄事业发展“十三五”规划，争取明年出台。

（三）努力推动高龄津贴制度落实。为积极推动全省80岁以上老人高龄津贴的落实，以定期发通报的形式督促各地加快落实进度，提请省政府定向发文督办，对未落实全覆盖的恩施、荆州、天门、仙桃进行了有力推动。截至目前，全省共有112个市县区初步建立了80岁以上老人高龄津贴制度，99万高龄老人享受高龄津贴，年发放经费近5亿元。为规范高龄津贴发放和管理工作，提高发放效率，我办投入23万元研发了高龄津贴发放管理系统，专门安排经费举办操作员培训班，进一步提高了各地信息员的操作水平。

（四）启动《湖北省实施〈中华人民共和国老年人权益保障法〉办法》修订工作。参加省人大执法检查组，对各地贯彻执行《老年法》情况进行了抽查。完成了湖北省《老年法实施办法》（修订草案）的起草工作。先后两次召开会议对《老年法实施办法》（修订草案）进行论证。经申请争取，省人大常委会已将修订我省《老年法实施办法》纳入了《湖北省第十二届人大常委会立法工作规划（2013—2017年）》，列入了“立法项目库”。

二、养老保障、医疗保障、医疗服务体系建设稳步推进

（一）养老保障水平显著提升。2015年底，全省基本养老保险参保人数已达3496万人，其中：企业职工基本养老保险1219万人，城乡居民基本养老保险2277万人。企业退休人员基本养老金实现连续五年增长，月均标准由2010年的1227元提高到2015年的2206元，增长了80%，年均增长16%。从2014年7月1日起，我省参加城乡居民基本养老保险的居民，年满60岁后每月领取基础养老金由55元提高到70元。

（二）医疗保险制度不断健全。2015年底，全省参加城镇职工基本医疗保险达到921.2万人，其中：退休人员264.7万人；参加城镇居民基本医疗保险人数1069.1万人；新农合保险参保率99.2%，提前实现应保尽保目标。全省基本形成了以城镇职工基本医疗保险、城镇居民基本医疗保险、新型农村合作医疗为主的覆盖城乡、无缝衔接的医疗保障体系。

（三）养老服务业取得长足发展。截至2015年底，全省城乡共有养老机构2436个，其中，公办城市养老机构128家，床位3.9万张；社会办城市养老机构497家，床位7.3万张；农村福利院1811家，床位18.6万张。全省养老床位总数29.8万张，每千名老年人拥有养老床位30张。城市社区居家养老服务中心2465个，农村老年人互助照料活动中心5880个。城乡社区居家养老服务中心覆盖率分别达到59%和27%。有效解决了城乡“三无”老人自愿集中供养问题，并为社会老人提供多样化、多层次的养老服务。

三、落实老年优待政策，维护老年人合法权益

（一）老年优待政策得到全面落实。深入贯彻全国老龄办等24部委《关于进一步做好老年优待工作的意见》，目前我省老年优待政策在市、州层面已得到全面落实，60%以上的县（市、区）落实了65周岁以上老年人免费乘坐城市公交优待。武汉市在此基础上还增加了免费乘坐地铁、轻轨内容；襄阳市老年人当年未使用完的限次余数可以累计到下年继续使用；仙桃市、天门市对公交公司实行全额补贴。全省共计向老年人提供优待服务有：免费公交线路1284条，车辆2.1万辆；免收普通门诊挂号费医院4013所；门票执行半价或全免的景区景点318个，纪念馆204个，宗教活动场所433个。全年为40万老年人免费办理了《湖北省老年人优待证》。

（二）扎实开展老年维权工作。一是办好老年维权热线节目。联合省司法厅、湖北广播电台共同开设老年维权热线直播节目，全年播出48期，累计播出200多期，成为老年法制宣传和老年维权的重要平台。二是认真做好老年信访维权工作。各地建立了老年人信访接待制度，及时督促、协调有关部门解决老年人的实际问题。据不完全统计，全省各级各部门接受老年人维权投诉2万多人次，解决疑难问题3000余件；开展老年法律维权咨询活动50余场次，为近5万人次老年人提供法律服务，帮助解决涉老纠纷近5000余件。三是联合省法院、省检察院、省公安厅、省民政厅、省司法厅联合开展“全国老年法律维权工作先进集体”评选表彰申报工作。

四、老龄宣传工作卓有成效，努力营造敬老助老社会氛围

（一）“敬老模范集体”创建活动正式启动。“敬老模范集体”创建活动是经中央批准我省保留的省级评比达标表彰项目，经省委、省政府批复同意后，与省人社厅联合下发《创建通知》。各地各单位对此项活动高度重视，正积极开展创建活动。今年年底前，我办将组成工作组对各地创建活动进行指导、督办，以发现典型、推广经验，推进全省创建活动的深入开展。

（二）继续深入开展全国第二届“敬老文明号”创建活动。根据全国老龄办要求，已向全省安排部署开展第二届全国“敬老文明号”创建活动，并在创建活动中广泛开展“双关爱”（由“敬老文明号”先进单位或创建单位以“一对一”或者“多对一”的形式深入社区和家庭为失能半失能、贫困老人开展物质帮扶和精神关爱服务）活动。

（三）认真组织第十届全省中老年人才艺大赛。继续联合省文化厅举办第十届全省中老年人才艺大赛，经过层层选拔，有2000多人参加了在省歌剧舞剧举行的复赛、决赛，决出各类节目、作品金奖18个、银奖45个、铜奖

55个、特别奖1个，以及组织奖15个。

（四）做好“敬老歌”的创作工作。为营造尊老敬老爱老助老的良好社会氛围，委托省群艺馆创作脍炙人口的“敬老歌”，争取明年通过广播、电视等多种方式进行推广、传唱，使敬老观念内化于心，外化于形。

（五）继续抓好日常老龄宣传工作。一是利用机关门户网站宣传。全年刊发全省老龄部门稿件2250篇，转发新闻资讯2450条，更新相关栏目信息1050条，访问点击量达108万。二是认真做好《湖北老龄》编撰赠送工作。全年编撰6期48万多字，每期1000份。三是依托媒体开展老龄宣传。在湖北广播电台《老年天地》、湖北资讯广播《枫林漫步》栏目等开辟专刊、专栏集中进行宣传，在《中国老年报》、全国老龄办网站、湖北日报等媒体上刊发文章10余篇进行宣传，做到电视有画面、广播有声音、报纸有报道、手机有讯息，取得了良好的社会效果。四是继续在全省开展老年人读书征文活动，积极引导广大老年人多读书、读好书，不断丰富老年人的精神文化生活。

五、老年群众工作进一步活跃，老年人精神文化生活不断丰富

（一）扎实开展“银龄行动”。安排专项经费50万元，在全省16个市州组织老年科技工作者开展了以“科技援农”为主题的送科技、送医疗、送文艺、助老帮扶等23个“银龄行动”项目，关爱农村老年人，带动农民增产增收，丰富农村文化生活。据不完全统计，各地共为群众义诊3万余人次，免费送药价值20余万元；举办科技讲座200余人次，培训农民5000多人，发放科技资料6000多册；组织文艺志愿者480余人，下乡演出60多场，观众达1.2万多人。

（二）认真开展“敬老月”活动。围绕活动主题，层层发文部署，精心组织安排，确保一年一度的“敬老月”活动广泛深入开展。“敬老月”前夕，省委书记李鸿忠、省长王国生等省领导看望慰问了王群等抗战老兵，副省长、省老龄委常务副主任甘荣坤高度重视“敬老月”活动，签发《湖北省老龄委关于开展2015年“敬老月”活动的通知》，并于10月16日率领省民政厅、省老龄办、武汉市相关负责同志前往武汉市武昌区、洪山区走访慰问抗战老战士、高龄老人和民办养老机构。办领导班子成员也分别到鄂州市、团风县走访慰问老年人和民办养老机构。“敬老月”期间，孝感、黄冈、荆州、荆门等市党政主要领导纷纷走访慰问贫困高龄老人，县市区也广泛开展了走访慰问活动。

（三）稳步推进基层老年协会建设。继续加大全省城乡社区老年协会会长培训工作的力度，上半年分别在黄石、荆州、孝感市等市举办3期基层老年协会会长培训班，培训会长297名。11月中下旬在鄂州、荆门举办2期基层老年协会会长培训，培训会长200多名，大幅度提高基层老年协会的组织管理和为老服务能力。全省已建基层老年协会2.18万个，城乡覆盖率分别达到85%和75%。

（四）“老年宜居社区”创建试点工作取得明显成效。年初，联合省民政厅、省住建厅在获评“老年宜居社区”的百步亭社区举办了湖北省首批“老年宜居社区”授牌仪式，对10个获选示范社区进行隆重表彰，并向全社会发出了“打造老年宜居环境，共建美好幸福家园”的倡议，取得了较好的成效和积极的社会反响。11月下旬召开全省老年宜居社区创建试点经验交流会，把老年宜居社区创建工作不断引向深入。

（五）广泛组织老年志愿服务活动。各级老龄工作部门广泛组织老年志愿者积极参与经济社会建设，为“两个文明”建设做出了积极的贡献。据不完全统计，全省各地组织10万多人次志愿者，为高龄、特困、空巢、抗战老兵、失能半失能老年人提供志愿服务20余万人次，送医送药100多万元。

重要会议和活动

【省领导看望慰问老年人】2月14日，省领导李鸿忠、王国生、张昌尔、傅德辉、贺家铁、王晓东、张岱梨、尹汉宁、王玲、王建鸣、甘荣坤、王振有等省领导在武汉分五路看望慰问了老干部及遗属，向他们致以新春问候和美好祝福。10月16日，在我国法定第三个老年节来临之际，副省长甘荣坤率武汉市和省直相关单位负责同志，走访慰问了抗战老战士、高龄老人和民办养老机构，并向全省广大老年人送去节日的问候和美好的祝愿。

【全国老龄办领导来鄂调研】5月18日至20日，全国老龄办副主任鲍学全率政策研究部主任张民巍、综合部处长李明镇、政策研究部处长岳琳琳和主任科员孙娟娟一行5人来鄂，就老龄事业发展“十三五”规划编制和老年旅游发展情况开展调研，先后听取了湖北老龄事业发展情况汇报，观摩了第八届华中旅游博览会暨首届长江旅游博览会，考察了英山县孔坊乡神峰山庄和武汉市黄陂区木兰湖银龄养老公寓，并召开座谈会，深入了解老年旅游发展情况。

【全国老龄办领导来鄂督导我省第四次城乡调查】8月3日，由全国老龄办主任助理曾琦、综合部副处长郭勇、中国老龄科研中心副研究员魏彦彦组成的全国第八督导组到达我省，就第四次中国城乡老年人生活状况抽样调查（湖北片区）工作开展督导。督导组一行认真听取了省老龄办党组成员、副巡视员、省抽样调查领导小组副组长王建楷关于我省第四次城乡老年人生活状况抽样调查工作开展情况的汇报，并就我省人口老龄化形势和“十二五”以来老龄工作开展情况进行座谈。随后，督导组深入武汉、孝感等地开展了督导工作。

【全省老龄办主任会议】9月29日，全省老龄办主任会议在武汉召开。会议认真贯彻全国老龄委第十七次全体会议和全国老龄办主任会暨第四次中国城乡老年人生活状况抽样调查动员会议精神，表彰了2014年度全省老龄调研优秀成果，进行了典型经验交流，全面总结了去年以来全省老龄工作情况，部署了下一步重点工作任务。会议由省老龄办党组成员、副巡视员王建楷主持，省老龄办主任、党组书记尹本武出席会议并讲话。各市、州、直管市、神农架林区老龄办主任，民政局分管老龄工作的领导及老龄工作部门相关同志参加了会议。

【第四次中国城乡老年人生活状况抽样调查（湖北片区）总结表彰暨老年宜居社区创建经验交流会】11月24日，第四次中国城乡老年人生活状况抽样调查（湖北片区）总结表彰会暨老年宜居社区创建经验交流会在武汉召开。会议对在本次抽样调查工作中表现突出的武汉市老龄办等14个先进集体和83名优秀个人予以通报表彰，并颁发奖牌和证书。武汉市东亭社区、百步亭社区，孝感市晒书台社区，襄阳市乔营社区，咸宁市碧桂园社区等5个单位负责人作了大会发言，从“环境建设、无障碍设施、老有所助、老有所医、老有所乐、社区机构、人文关怀”等七个方面介绍了取得的成效。省老龄办主任、党组书记尹本武出席会议并讲话，对本次抽样调查工作进行全面总结，安排部署了抽样调查数据开发利用和今后一段时期全省老龄调研工作。参会代表参观考察了武汉市武昌区东亭社区（我省首批老年宜居示范社区之一）。全省各级城乡老年人生活状况督导员、调查员代表及宜居社区创建单位代表100多人参加会议。

【全国老龄办领导来鄂检查《中国老龄事业发展“十二五”规划》执行情况】11月25日至28日，民政部党组成员、全国老龄办党组书记、常务副主任王建军率全国老龄办综合部主任高成运以及全国老龄委部分成员单位联络员等一行赴湖北，就《中国老龄事业发展“十二五”规划》执行情况开展终期检查。省老龄委副主任、省民政厅厅长、党组书记彭军受省政府委托，汇报了老龄事业发展“十二五”主要目标完成情况、主要做法、面临的主要困难和问题及下一步老龄工作和老龄事业发展的打算和建议。检查组一行先后调研了武汉市东亭社区、咸宁市咸安区浮山办事处梅园社区居家养老服务中心、咸安碧桂园老年宜居社区和嘉鱼县新街镇港东村老年人日间照料中心，查看了宜居社区建设和居家养老服务等情况，并分别听取了武汉市、咸宁市贯彻执行老龄事业发展“十二五”规划情况，座谈了解老龄委成员单位、相关部门、基层单位及老年人代表对编制老龄事业发展“十三五”规划的期待与建议。王建军常务副主任对我省贯彻落实老龄事业发展“十二五”规划情况给予了充分肯定，对我省“十二五”期间老龄事业发展存在的不足、对规划“十三五”期间老龄工作问题提出了明确意见。省政府副省长甘荣坤热情接待了检查组一行；省政府副秘书长聂昌斌，省老龄办主任、党组书记尹本武，武汉市、咸宁市以及有关县（市、区）党政主要领导和老龄办负责人陪同调研。

【基层老年协会会长培训班】根据全国老龄办《基层老年协会建设“乐龄工程”实施方案》的通知精神和我省年度工作安排，先后在黄石、荆州、孝感、鄂州、荆门等地举办了5期基层老年协会会长培训班。来自全省城乡的近500名基层老年协会会长参加了培训。聘请有关专家学者和有实践工作经验的老龄工作者，采取理论讲座、视频教学、经验介绍、现身说法、讨论交流、提问解答等多种方式，从老年协会建设、老年健康保健、运动养生、老年心理等方面进行专门辅导。参加培训学习的老年协会会长纷纷表示，通过学习，进一步了解了人口老龄化的严峻形势，认识了基层老年协会的重要作用，增强了做好基层老年协会工作的信心和决心。

【省老龄委成员单位联络员会议】12月25日，省老龄委成员单位联络员会议在武汉召开。会议全面总结了“十二五”期间我省老龄事业取得的成绩，认真分析了老龄工作面临的形势，安排部署了下一步的主要工作任务。除因工作特殊情况未能到会外，省老龄委30个成员单位的联络员参加了会议，会议由省老龄办党组成员、副巡视员王建楷主持，省老龄办主任、党组书记尹本武同志出席会议并讲话。

各项业务进展

【养老保障和养老服务体系建设】2015年底，全省基本养老保险参保人数已达3496万人，其中：企业职工基本养老保险1219万人，城乡居民基本养老保险2277万人。企业退休人员基本养老金实现连续五年增长，月均标准2206元。城乡居民基础养老金70元/人月。全省参加城镇职工基本医疗保险达到921.2万人，其中：退休人员264.7万人；参加城镇居民基本医疗保险人数1069.1万人；新农合保险参保率99.2%，提前实现应保尽保目标。全省城乡共有养老机构2436个，其中，公办城市养老机构128家，床位3.9万张；社会办城市养老机构497家，床位7.3万张；农村福利院1811家，床位18.6万张。全省养老床位总数29.8万张，每千名老年人拥有养老床位30张。城市社区居家养老服务中心2465个，农村老年人互助照料活动中心5880个。城乡社区居家养老服务中心覆盖率分别达到59%和27%。

【老龄事业发展“十二五”规划终期评估】根据全国老龄办和省委省政府要求，采取自查和抽查相结合的方法，省老龄办组织全省对老龄事业发展“十二五”规划执行情况进行终期评估，形成《湖北省老龄事业发展“十二五”规划执行情况检查评估报告》，上报全国老龄办和省政府。“十二五”期间，全省老龄事业快速发展，城乡居民基本养老保障制度逐步健全，保障水平逐年提高；城乡居民基本医疗保障制度逐步完善，老年健康支持体系指标稳步提升，人均预期寿命76.17岁；社会养老服务事业较快发展，为老服务设施逐步增多，有效缓解社会养老服务供需矛盾；老年优待政策全面落实，福利水平逐步提高；老年人广泛参与经济社会发展，作用进一步发挥；尊老敬老社会氛围进一步浓厚；老年文体活动条件和老年居住环境逐步改善。同时，也存在农村老年人养老保障问题突出、城乡社会养老服务体系发展偏慢、老年精神文化阵地建设滞后、基层老年协会建设困难多、老龄工作体系不健全等困难和问题。11月份，全国老龄办常务副主任王建军对湖北老龄事业发展“十二五”规划执行情况进行检查，给予充分肯定。

【高龄津贴制度全面落实】通过政府督查室督办，全省市、州、县80岁以上老年人高龄津贴制度实现全覆盖。2015年，享受高龄津贴的人数120.11万人，发放经费7.02亿元。武汉市高龄津贴起步标准为每人每月100元，神农架林区将享受高龄津贴的年龄放宽到75周岁。省老龄办印发《关于进一步做好高龄津贴发放管理工作的通知》，加强对高龄津贴资金管理使用的监督检查，防止监管不严、徇私舞弊、冒领骗领等现象发生；进一步完善高龄津贴发放管理软件系统，推进高龄津贴信息化规范化管理。

【城乡社区老年协会建设】省民政厅、省老龄办联合转发全国老龄办、民政部《关于进一步加强城乡社区老年协会建设的通知》，并提出36条贯彻意见。先后在黄石、荆门、孝感、鄂州等地举办5期培训班，全年培训基层老年协会会长497人，总结推广基层协会建设经验，探讨完善老年协会组织领导体系，充分发挥其效能。全省共建立基层老年协会2.18万个，综合建会率达83%。省老龄办下发《关于做好基层老年协会规范化建设的通知》，对基层老年协会组织和阵地建设进行科学规范，提出有健全的组织机构、完善的办公及活动场所、规范的工作制度、相应的活动经费、经常性的老年活动等“五有”建设标准；统一规定基层老年协会六项工作和管理制度，并全部上墙公示；统一建立基层老年协会工作基础资料“一册两档三簿”台帐制度。5月份，在贵州遵义召开的全国基层老年协会推进会上，湖北作了经验介绍。

【维护老年人合法权益】参加省人大执法检查组，对各地《老年法》贯彻实施执法检查进行抽查。完成《湖北省实施〈中华人民共和国老年人权益保障法〉办法》（修订草案）起草工作，组织对《实施办法》（修订草案）进行论证。省人大常委会已将修订《实施办法》纳入《湖北省第十二届人大常委会立法工作规划（2013—2017年）》，列入“立法项目库”。省老龄办与省司法厅、湖北电台联合，坚持每周举办1期《老年维权热线》直播节目，宣传涉老政策法规，开展老年法律援助，维护老年人合法权益。贯彻落实全国老龄办等24部委《关于进一步加强老年人优待工作的意见》，全年免费为老年人办理《湖北省老年人优待证》47万张，全省市州层面全面落实老年优待政策，60%以上的县（市、区）落实了65周岁以上老年人免费乘坐城市公交优待。建立老年人信访接待制度，及时督促、协调有关部门解决老年人的实际问题。全省各级各部门接受老年人维权投诉2万多人次，解决疑难问题3000余件；开展老年法律维权咨询活动50余场次，为近5万人次老年人提供法律服务，帮助解决涉老纠纷近5000余件。联合省直6部门开展“全国老年法律维权工作先进集体”评选表彰活动，确定10个单位申报“全国老年法律维权工作先进集体”。

【营造尊老敬老氛围】组织开展“敬老模范集体”创建活动。经省委、省政府批准，省老龄办、省人社厅联合下发《关于组织开展首届“湖北省敬老模范集体”创建活动的通知》，在全省各级各类社会组织、优待服务单位、为老服务部门中开展创建活动；制定《创建活动考评细则》，下发各地贯彻执行。2016年将以省委省政府名义评选表彰模范集体20个。继续开展“敬老文明号”创建活动。根据全国老龄办部署要求，下发《关于开展第二届全国“敬老文明号”创建活动的通知》，各地认真组织创建活动，2016年参加全国评选。创作敬老歌曲。与省群艺馆联合创作敬老歌曲。在全省广泛开展“敬老月”活动。10月份，省委书记鸿忠、省长王国生、常务副省长王晓东、分管副省长甘荣坤带头走访贫困老年人、为老服务机构，为老年人解决实际困难。组织开展“微孝行动”等系列尊老敬老宣传，动员社会各界广泛开展敬老助老服务活动，扎实为老年人做好事、办实事。全省各级各部门走访慰问各类高龄、特困、留守老人近100万人次，发放慰问金2.6亿元，物资折款1000多万元。

【组织老年人参与社会活动】开展“银龄行动”。安排专项经费50万元，在全省16个市州组织老年科技工作者开展以“科技援农”为主题的送科技、送医疗、送文艺、助老帮扶等23个“银龄行动”项目，关爱农村老年人，丰富农村老年人精神文化生活。全省为群众义诊3万余人次，免费送药价值20余万元；举办科技讲座200余人次，培训农民5000多人，发放科技资料6000多册；组织文艺志愿者480余人，下乡演出60多场。组织老年志愿服务活动。全省各地组织老年志愿者，为高龄、特困、空巢、抗战老兵、失能半失能老年人提供志愿服务20余万人次，送医送药100多万元。联合省文化厅举办纪念抗战胜利70周年暨第十届全省中老年人才艺大赛，2000多人参加复赛、决赛，评选各类节目、作品金奖18个、银奖45个、铜奖55个、特别奖1个、组织奖15个。在全省开展老年人读书征文活动，共收到读书征文稿300余篇。

【老龄问题调研】省老龄办自主开展城市困难老人生活状况、老年人健康管理等课题调研；联合省政府办公厅、省人社厅开展失能老人长期护理保险制度调研。《湖北省失能老人长期照护问题的调查报告》、《湖北老年人力资源开发及利用调研报告》获评全国老龄调研成果二等奖，《建立失能老人长期保险制度保障老年人生命生活质量》获三等奖。根据全国老龄办统一部署，组织开展第四次中国（湖北片区）城乡老年人生活状况抽样调查。研究制定抽样调查实施方案并获省政府批准；7月份分别在孝感、宜昌两市举办督导员和调查员培训班，共培训督导员、调查员590名；从8月1日开始，利用1个月时间，在全省11个市州、20个县（市、区）、80个乡镇（街道）的320个村（居）委会进行入户调查，完成9600份老年人个人问卷和420份涉老机构问卷调查任务；委托中南财经政法大学对问卷原始数据进行录入和分析，形成《湖北省第四次城乡老年人生活状况抽样调查数据分析》专著。抽样调查工作受到全国老龄办通报表彰。

湖南省

综　　述

2015年，在湖南省委、省政府的正确领导下，全省老龄工作以十八大和十八届三中、四中、五中全会精神为指导，认真贯彻“党政主导、社会参与、全民关怀”的老龄工作方针，紧紧围绕党中央国务院省委省政府的决策部署和“五个老有”工作目标，锐意进取、攻坚克难，推进老龄事业迈上新台阶。

一、老年人口基本信息与老龄化发展状况

（一）老年人口基本信息

1. 老年人口情况。截至2015年底，全省常住人口6783.03万人。其中，60岁及以上老年人口1164.42万人，占全省常住人口总数的17.17%，较上年度上升0.45个百分点；65岁及以上老年人口773.96万人，占全省常住人口总数的11.41%，较上年度上升0.39个百分点。80岁以上高龄老人144.03万人，90岁以上高龄老人12.26万人，分别占60岁及以上老年人口总数的12.37%和1.05%。

2. 百岁老人情况。全省有百岁及以上老人2189人，较上年同期增加253人。其中：男性486人，女性1703人，男、女性分别占百岁及以上老人总数的22.2%和77.8%，男女比例基本体现为2∶8。

3. 特殊老人情况。全省有空巢老人620.12万；完全失能老人54.52万；部分失能老人109.34万；城市“三无”老人5.60万；农村五保老人35.9万；重点老年优抚对象33.72万；失独老人5.89万。

（二）人口老龄化发展状况

“十二五”期间，全省60周岁以上老年人口由2010年956.35万增长到2015年1164.42万，老龄化程度由14.56%上升到17.17%，净增老年人口208万，人口老龄化形势日益严峻，呈现如下特征。一是老年人口基数大。60岁以上老年人口约占全国老年人口总数的1/19；二是老年人口增速快。老年人口年均增长率4%，约为全国年均增速的1.2倍，年均净增老年人口41.6万；三是高龄老人增速加快。80岁以上高龄老人从2010年的113.07万人增长到2015年144.03万，年均增长率达5%，是老年人口年均增长率的1.25倍；四是未富先老。2015年人均GDP为42968元，低于全国平均水平（全国人均GDP为49351元），是典型的未富先老省份。

二、老龄事业发展状况

（一）养老保障

1. 城镇职工基本养老保险。2015年，全省参加基本养老保险的离退休城镇职工369万人，较“十一五”末增加105万人，全年累计发放基本养老金678.84亿元。为2014年底前已办理退休手续的286.84万企业退休人员增加了基本养老金，月人均增加187元，达到2007元/月，比“十一五”末增长854元/月，年均增幅14.9%，顺利完成11年连调任务。

2. 城乡居民基本养老保险。2015年，城乡居民基本养老保险参保人数达到3280万人，其中60周岁及以上享受待遇人数达到931万人，比上年增加40万人，全年发放养老金95.87亿元。“十二五”期间，城乡居民基本养老保险的基础养老金最低标准由每人每月55元提高到75元，增幅达36.4%。全省有19个地区在城乡居民基本养老保险中也探索建立了丧葬费制度。

3. 社会救助。

（1）城乡最低生活保障。2015年，60岁以上的城乡低保对象169.53万人。其中，城市低保老年人30.4万人，月低保标准为360元/人，月人均救助261元，比上年提高2%；农村低保老年人139.13万人，月低保标准为204元/人，月人均救助116元，比上年提高3.6%。

（2）农村五保老人供养。2015年，农村五保老人分散和集中供养标准年均分别达到3000元/年和5856元/年，比上年分别提高257元和168元。

（3）城乡医疗救助和临时救助。2015年，包括老年人在内的城乡医疗救助达500万人次，发放医疗救助资金13亿元。农村五保老人、城市三无老人、低收入家庭中的老年人全部纳入医疗救助范围。全年救助包括老年人在内的城乡困难家庭（特别是低保边缘家庭）51万户，救助资金达3.6亿元。

（4）老年乡村医生生活困难补助。截至2015年底，共为5.7万年满60周岁且符合相应条件的老年乡村医生发放生活困难补助1.2亿元。

（二）医疗保障

1. 城镇职工基本医疗保险。2015年，城镇职工基本医疗保险参保人数819万人，其中退休人员267万人，比2014年增加5万人，全省城镇职工医保政策范围内报销比例达到80%以上。

2. 城镇居民基本医疗保险。2015年，包括老年人在内的城镇居民基本医疗保险参保人数1844万人，基本医疗保险整体参保率稳定在95%以上。全省居民医保政策范围内报销比例达到62.1%。全省普遍开展了门诊统筹，郴州、常德、永州等地启动了居民大病保险。

3. 新型农村合作医疗。2015年，包括老年人在内的参合人数达4414.5万人（不含长沙、益阳），参合率达99.1%。新农合报销比例达60.52%，政策范围内住院费用报销比例达77.06%。

（三）养老服务

1. 机构养老服务。2015年，新建和改扩建农村敬老院168所；县级社会福利院（福利中心、老年公寓）35所。全省现有敬老院2065所，床位12万张；五保之家1973所，床位1.59万张；城市公办养老机构121所，床位2.41万张；登记注册的各类民办养老机构205所，床位3.14万张。截至年底，老年人养老床位占有率约为23‰。

2. 社区居家养老服务。

（1）社区小型养老机构。2015年，全省启动社区小型养老机构建设，帮助城乡社区完善养老服务设施，为社区老年人提供日间照料、居家养老、夜间托养和医养结合服务中两种以上的服务，且必须具备重点针对社会失能、失智、失独和空巢老人的夜间托养功能。

（2）日间照料服务中心（站、点）。2015年，全省建有城市社区日间照料中心666所，农村社区日间照料中心1419所，累计服务老年人84.7万人次。

（3）城乡养老服务示范点。2015年，投入省级彩票公益金2000万元，省财政专项资金200万元，建成省级城市社区养老服务示范点249个、农村村级养老服务示范点301个，累计服务城乡老年人170万人次；市县级财政、彩票公益金共投入资金243万元，建成市县级城市社区养老服务示范点30个，农村村级养老服务示范点42个，累计服务老年人39万人次。

（4）农村互助幸福院。2015年中央专项彩票公益金投入6384万元，建成农村幸福院2129所，养老床位10645张。

（5）居家养老服务信息平台。2015年10月，省老龄办、省财政厅联合印发《湖南省居家养老服务信息平台建设管理办法》（湘老龄办发〔2015〕13号），提出到2020年，全省建成居家养老服务信息平台150个以上，实现每个县市区建成1个居家养老服务信息平台的目标。在省财政资金和中央彩票公益金的支持下，组织建设了46个省级居家养老服务信息平台，为周边有养老服务需求的老年人提供紧急救援、生活照料、家政服务、心理慰藉等服务。

3. 医疗卫生服务。截至2015年底，全省在173所综合医院设立有老年病科（其中三级医院56所、二级医院107所、一级医院10所），设立老年病院6所、康复医院16所，拥有老年医疗护理床位数13115张。全省从事健康养老的卫生技术专业人员5559人。基层医疗卫生机构免费为辖区内65周岁及以上老年人提供健康管理服务，全省累计为663.55万老年人建立健康档案，占全省65岁以上老年人的89.38%；为529.64万老年人免费健康体检，体检率达71.34%。

4. 基本养老服务补贴。2015年，全省122个县市区全部发放基本养老服务补贴，覆盖目标人群75.8%，平均补贴标准42.8元/月·人。

5. 老年人意外伤害险。2015年，全省参加老年人意外伤害保险的老人达192.9万，参保率16.57%，保额达6155.4万元。其中，政府为112.13万五类特殊困难老年人参保提供资金支持，投保金额达2561.57万元。

（四）老年优待维权

1. 社会优待服务。2015年，发放老年人优待证53.1万本。全省认真贯彻落实65岁以上老年人免费乘坐城市公交车的规定，石门、嘉禾等一批县市将这一优待规定延伸到了城乡公交线路；全面落实城乡低保老人、城镇“三无”老人、农村五保老人和贫困老年重点优抚对象的基本丧葬服务费、到公安系统办理各种证件费、再婚前检查费全免政策；公益性文化设施、风景名胜区和自然保护区等景点为老年人提供减免优待；文化体育场馆等场所为老年人提供优先优惠服务。

2. 高龄老人生活补贴。2015年，全省有112个县市区提高了百岁老人长寿保健补助费标准。其中：攸县、湘乡市、东安县、双峰县达到600元/人·月；长沙县、天元区、株洲县、雨湖区、岳塘区、韶山市达到500元/人·月；常德市、益阳市、郴州市、永州市达到400元/人·月。全省为百岁老人发放长寿保健补助费1022万元。全省有103个县市区建立高龄补贴制度。其中：长沙、湘潭、常德、张家界、永州等地90～99岁无固定收入老年人补贴标准为100元/人·月，长沙、株洲、湘潭、常德、郴州等地为80～89岁低保老人发放50元/人·月以上的高龄补贴。全年为34万80～99岁高龄老人发放高龄补贴1.95亿元。

3. 独生子女父母（老年人）奖励。

（1）城镇独生子女父母奖励。2015年，全省享受奖励金的城镇年老独生子女父母达98万人，发放奖励金80元/月·人，全年共计发放奖励金9.5亿元。

（2）农村部分计划生育家庭奖励扶助。2015年，全省农村部分计划生育家庭享受奖励扶助金的老年人达到40.86万人，标准不低于960元/年，全年共计发放奖励扶助金3.92亿元。"十二五"期间，累计发放农村奖励扶助金14.36亿元。

4. 重度残疾老人护理补贴。截至2015年底，全省为23.1万名60岁以上的重度残疾老人发放护理补贴1.7亿元。

5. 贫困残疾人家庭无障碍改造。全年投入628万元，帮助1048户老年贫困残疾人家庭进行无障碍改造，占比为34.48%。

6. 军队离退休老干部护理费。2015年，全省为1486名军队离退休老干部发放护理费6241.2万元。

7. 老年人法律援助。继续依托各级法律援助机构开展老年人法律援助工作，对涉老案件遵循"三优先"原则，即优先受理、优先审查、优先指派。2015年，新增各级法律援助站70个。目前，全省有法律援助中心140个，法律援助站4267个。各级法律援助机构接待老年人来信来访7429件（次），来信答复率99%以上；共办理涉老法律援助案件3198起，同比增长12%，占全省法律援助案件总数9%，为老年人优惠减免法律服务费用1500余万元。

（五）老年群众工作和社会治理

1. 文教体活动

（1）老年文化。2015年，全省有各类老年合唱团、艺术团3946个，常年参加活动的老年团员26.5万人。组织株洲群星合唱团、长沙老干枫叶艺术团和湘西魅力之声民族合唱艺术团三支老年合唱团参加文化部第十七届中国老年合唱节，获得"翔鹤杯"奖。湖南省文化馆老年大学被文化部评为全国10所文化系统老年大学试点单位之一。

（2）老年教育。2015年，全省新建、改建老年大学4所。截至年底，全省共有老年（老干部）大学177所，在校学员18.09万人（其中，全省市州级老干部党校11所、县市区级80所，开办率分别为78.6%和64%）；老年学校1034所，在校学员14.76万人；老年教育网站和网页55个，老年教育电视栏目9个。

（3）老年体育。2015年，湖南省举办老年人气排球赛、乒乓球赛、门球赛等13个单项运动会，老年参赛选手达5300余人。目前，全省有县级及以上老年体育协会150个，乡镇级及以上老年体育协会2000多个。全省有各类体育活动场地11165个，经常性参加体育活动的老年人530多万人次。

2. 老年社会参与。2015年，全省老龄系统继续组织开展"银龄行动"，组织老年人在建言献策、调查研究、科技攻关、服务"三农"、科学普及等方面老有所为，为我省经济建设、社会治理、环境保护以及关心下一代工作做出了积极贡献。据统计，全年参与"银龄行动"的老年知识分子近27万人，投身公益事业的老年人超过40万人，参与经济建设的老年人超过140万人。

3. 基层老年协会。截至2015年底，全省共建立农村村级老年协会35458个，占全省行政村总数的87.3%，拥有老年会员数349.3万；城市社区老年协会3879个，占城市社区总数的93.9%，拥有老年会员数156.6万。

重要会议和活动

【湖南省启动第四次中国城乡老年人生活状况抽样调查入户访问工作】2015年8月1日，湖南省与全国调查同步，启动了中国第四次城乡老年人生活状况抽样调查入户访问工作。这是继2005、2010年来，湖南省第三次参与中国城乡老年人生活状况调查。调查持续时间1个月，有12个市州、25个县市区、100个乡镇（街道）、400个社区（村）参与这次调查工作，接受入户访问的老年人共计达到1.2万人。调查问卷分为老年人问卷，社区（村居）问卷、街道（乡镇）问卷和县（市、区）问卷。老年人问卷涵盖了基本状况、家庭状况、健康医疗状况、照料护理服务状况、经济状况、宜居环境状况、社会参与状况、维权状况、精神文化状况等9大方面的内容，较为全面地覆盖到了老年人的生活情况。本次调查，将为全面了解湖南省老年人生活的各种情况、困难和问题，为党委政府统筹制定应对人口老龄化战略、规划和政策提供科学支撑，为编制《老龄事业发展"十三五"规划》提供基础数据支持。

【湖南省发布2014年度老龄事业发展统计公报】10月20

日，湖南省民政厅、省老龄办召开老龄工作媒体通气会，发布2014年省老龄事业发展统计公报、通报2015年有关老龄工作。省民政厅党组成员、省老龄办主任参加通气会。发布会向媒体通报了2014年全省老年人口的基本情况，介绍了2014年我全省养老保障、老年社会救助、老年优待福利、养老服务等方面取得的成果，通报了2015“敬老月”期间的活动安排，重点介绍了《湖南省实施〈中华人民共和国老年人权益保障法〉实施办法》主要情况及宣传贯彻设想。

【2015中国湖南国际老年产业博览会在长沙开幕】10月21日，2015中国湖南国际老年产业博览会在湖南国际会展中心举行。本届博览会由全国老龄办、中国老龄产业协会支持指导，中国老龄事业发展基金会、湖南省民政厅、湖南省住建厅、湖南省老龄办、长沙市人民政府主办。全国老龄办巡视员闫青春、湖南省人民政府副秘书长王光明、湖南省民政厅厅长、省老龄委常务副主任段林毅、湖南省民政厅党组成员、省老龄办主任陈毅华、长沙市人民政府副市长黎春秋、新加坡驻广州总领事罗德伟、长沙市老年协会会长刘晓明等领导出席开幕式。本届老年产业博览会是目前中国中部地区规模最大的行业盛会，强调为老年产业实现展前品牌宣传、展中促进销售、展后全面落地的深度服务，推动老年产业的全面、健康发展。展会为期3天，穿插举办博览会开幕式、2015第二届中国中部国际老年产业发展高峰论坛、2015中国爱心护理工程工作大会、湖南十大百岁健康之星评选、中国中部老年广场舞大赛等活动。

【2015年全省老龄重点工作暨老年人意外伤害保险工作会议召开】11月5日，全省老龄重点工作暨老年人意外伤害保险工作推进会在长沙召开。会议回顾总结了前十个月的老龄重点工作推进情况，对下阶段的工作作了安排部署。省民政厅党组成员、省老龄办主任陈毅华、中国人寿湖南分公司副总经理蔡郁青出席会议并讲话。长沙市雨花区、株洲市石峰区、湘潭市岳塘区等5个县市区就老龄亮点工作作了典型发言，常德市、邵阳市、长沙市、鼎城区等6个市县介绍了开展老年人意外伤害保险工作的先进经验，14个市州老龄办负责人全面汇报了老龄重点工作进展情况，省老龄办负责同志就分管工作作了说明。省民政厅规划财务处、信息中心、政策法规处、纪检监察室主要领导，省老龄办全体人员，各市州民政局分管老龄工作的局领导、老龄办负责人，各县市区老龄办负责人，中国人寿部分市州分公司和县市区支公司负责人共200余人参加会议。

各项业务进展

【《湖南省实施〈中华人民共和国老年人权益保障法〉办法》审议通过】9月25日，湖南省第十二次人大常委会第十八次会议审议通过《湖南省实施〈中华人民共和国老年人权益保障法〉办法》，新修订《湖南省老年人权益保障法实施办法》于2016年1月1日起正式实施。新修订的《办法》共38条，比原办法增加13条。修改和新增内容集中在养老服务、老年优待等方面。养老服务主要对养老服务用地、设施建设、人才培养、引导社会力量兴办养老机构支持政策等做了明确规定；老年优待主要体现在政务服务、交通出行、卫生保健等方面。

【湖南省建立健全基本养老服务补贴制度】2015年9月30日，湖南省财政厅、湖南省民政厅、湖南省老龄办联合制发《关于建立健全基本养老服务补贴制度的通知》，在全国率先从省级层面全面建立基本养老服务补贴制度，有效解决经济困难老年人养老服务保障问题。基本养老服务补贴主要通过政府购买服务方式实现。目标到2015年底、2020年，基本养老服务补贴覆盖率要分别达到50%、70%以上，最终要覆盖所有符合条件的老年人。

【居家养老服务信息平台】2015年10月，湖南省老龄办、省财政厅联合印发《湖南省居家养老服务信息平台建设管理办法》(湘老龄办发〔2015〕13号)，提出到2020年，全省建成居家养老服务信息平台150个以上，实现每个县市区建成1个居家养老服务信息平台的目标。在省财政资金和中央彩票公益金的支持下，组织建设了46个省级居家养老服务信息平台，为周边有养老服务需求的老年人提供紧急救援、生活照料、家政服务、心理慰藉等服务。

广东省

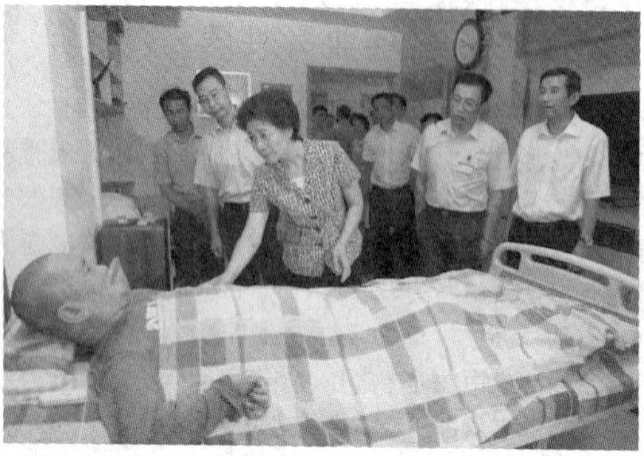

7月22日省委常委、组织部长李玉妹看望慰问老荣军。

8月28日，省老龄委副主任、省民政厅厅长看望慰问抗战老战士。

综　述

2015年，广东60岁以上户籍老年人达到1270万人，老龄化率为14%。在省委、省政府的正确领导下，我省各涉老工作机构坚持以邓小平理论、“三个代表”重要思想、科学发展观为指导，全面贯彻落实党十八大、十八三中、四中、五中全会全会精神和习近平总书记重要讲话精神，紧紧围绕“三个定位、两个率先”的总目标，按照省老龄委第十二次全会的部署要求，各项工作都取得了明显成效。

一、老年社会保障体系建设稳步推进

一是老年社会保障政策不断完善。基础养老金省级统筹扎实推进。城乡居民社会养老保险制度逐步完善。2015年，全省平均养老金水平达到2400元，比调整前增加218.7元，增幅10%；城乡居保基础养老金最低标准提高至每人100元/月；城乡居保参保率稳定在99%，60周岁以上参保人数达886万。2015年7月底前给机关事业单位离退休人员增加离退休费全部兑现。二是老年医疗保障水平不断提高。城乡居民大病保险工作全面推进。部分老年慢性疾病门诊医疗费纳入统筹基金支付范围。职工医保、居民医保政策范围医保基金最高支付限额达到52万和44万。退休职工医保住院费用报销比例高于在职职工，达到89%。家庭病床试点将参保失能老人的家庭病床医疗费用纳入医保基金支付范围。全省712.39万名老年人享受免费健康管理服务，健康管理率达到80.3%。三是特殊老年群体救助力度不断加大。对符合低保条件的城乡老年人实现应保尽保。对失独家庭年满60岁以上老年人优先安排到公办养老机构。逐步建立起对生活长期不能自理、经济困难的高龄老年人发放护理补贴制度。截至2015年底，全省年人均农村五保集中、分散供养标准分别为8400元、6500元，全省困难群众政策范围内住院自负医疗费用的救助比例提高到70%以上，年均每人次住院医疗救助标准提高到1708元。

二、养老服务体系建设成效显著

一是养老服务政策措施进一步完善。出台了《广东省人民政府关于加快发展养老服务业的实施意见》（粤府〔2015〕25号）和《广东省人民政府办公厅关于印发加快发展养老服务业工作分工方案的通知》（粤办函〔2015〕360号）。制定扶持民办养老机构发展、养老机构用地保障、养老服务人才队伍建设、养老机构设立许可、养老服务业发展监测指标、养老机构责任保险制度、养老服务评估工作、经济困难的高龄失能等老年人补贴制度等一系列配套政策文件，初步构建了我省养老服务业发展政策体系。二是城乡养老服务工作成效突出。截至2015年底，全省共有养老床位数34.2万张，每千名老人拥有床位28.6张；城乡社区养老服务设施3.2万个，城市社区养老服务覆盖率达到95%，农村达到83.7%。农村五保集中、分散供养标准年人均分别提高至8400元、6500元；全省累计组织养老护理人员鉴定22305人，获得国家职业资格证书18357人。全省350万企业退休人员纳入社区管理，社区管理服务率为85%。三是医养融合发展迅速。截止2015年底，全省共有内设医疗卫生机构的养老机构201家，设置老年病科或老干科的医疗机构共213家，设有临终关怀床位的医疗机构共175家，临终关怀床位超过1500张。符合条件的养老机构内设医疗机构全部纳入医保定点。四是城市居家养老服务示范项目和农村养老服务"幸福计划"扎实推进。截至2015年底，全省有城乡社区养老服务设施3.2万个，城市社区养老服务覆盖率达到95%，农村达到83.7%。五是老年宜居环境明显改善。全省无障碍环境城市数量不断增多。广州、深圳、中山、惠州、东莞、江门等市成为我省"无障碍文明城市群"的试点城市。

三、老年优待和维权工作有新突破

一是高龄津贴制度实现全覆盖。截至2015年底，全省各地21个地级以上市均建立普惠型80岁以上高龄老人津贴制度，其中广州、深圳、东莞3市以及佛山市禅城、南海、高明3个区将发放范围下延至70周岁以上老人。全省各地领取高龄津贴的老年人总数达到224万余人，每年用于发放高龄津贴的资金超过14亿元，成为全国高龄津补贴制度覆盖面最广，受益老年人数最多的省份之一。二是老年人意外伤害保险覆盖率不断扩大。2015年，全省20个地级市实现了财政出资为符合条件的老年人购买意外伤害保险，各类参保受惠人数达到352万，占老年人总数的30%，投保费用超过1.2亿，累计保障金额超过500亿，理赔2万人次以上，赔付金额超过3300万元。三是老年维权工作更加扎实深入。公安部门积极开展专项整治行动，严厉打击欺诈老年人的各种违法行为。司法法律服务部门对80岁以上老年人办理遗嘱公证予以免费，对行动不便的老年人提供上门服务。惠州市老龄部门实行干部职工轮流到法律咨询室坐班接访服务，认真做好涉老纠纷调解工作。阳江市对典型涉老案件采取公开审理、媒体曝光的形式，有力遏制了各种侵害老年人合法权益案件的发生。四是尊老爱老氛围越来越浓厚。河源、东莞、惠州、江门、茂名、韶关、阳江、肇庆等地在节庆期间为老年人送上慰问品和祝福。清远市把节日慰问老年人资金列入年度财政预算。

四、老年精神文化生活日益丰富

老年文体教育事业取得长足的进步。一是老年教育覆盖面不断向城乡扩大延伸。广州、深圳市开通市民终身教育网，老年人只要有需求，即可在开通的部分在线学习相关的课程。珠海市老年大学将办学面向社会，不论本地或外地的老年人均可报名参加。佛山市老年大学将办学规模向镇街、乡村延伸，形成市、区、镇（街）三级教育网，为老年人读书学习提供便利。如禅城区、南海区几乎所有街镇都有老年大学，顺德区65%的村居社区设有老年课堂。二是老年人文化生活设施得到加强。省文化部门下拨资金1亿多元资助山区文化设施建设，各地结合乡村建设利用闲置学校、村居委会会议室、旧民居屋、居家养老服务点等开设老年活动室，为当地老年人文化学习、体育锻炼、休闲娱乐提供活动场所，中山市村村都设有老年文化室或老年书屋。三是老年文体活动丰富多彩。省委老干局联合有关部门连续八届举办全省老年人运动会，激发老同志健康生活热情。省老年文化协会坚持让老年文化"贴近基层、贴近群众、贴近生活"，在中秋和元旦春节期间举办全省性各种主题老年文化风采大赛，让老年人健康、快乐。广州、珠海、东莞市连续多年举办老年文体活动，惠州市财政每年拨款32万元资助老年人开展各种有益身心健康的活动，阳江、云浮市组织老年健身、体育、歌唱队到各地巡回演出。

五、老年社会参与不断扩大

一是"银龄行动"取得新成效。省老龄办连续十二期开展"银龄行动"，组织超过300人次老专家、老教授，对广宁、揭西、梅县、乳源4个经济欠发达县进行帮扶，3万多群众直接受益。二是开展关爱留守老人试点工作探索有新突破。省老龄办会同省老龄产业协会在清远佛冈县组织开展老年邻里互助服务试验，让老年人结对帮扶，不断扩大社会参与。三是各地广搭平台，积极组织老年人参与，引导老年人为社会发展作贡献。如阳江市发挥老年组织作用，帮助化解矛盾，维护社区稳定。湛江市老联会、关工委、老促会分别发挥优势，帮助改善落后地区农业、教育条件。深圳市、珠海市、潮州市组织健康的老年志愿者为困难老人提供力所能及的帮助。在全国老龄办2015年"老有所为"先进典型的评选中，省老科联科普团、广州岭海老人大学和崔同碧个人获得殊荣。

重要会议和活动

【召开全省老龄办主任会议】2015年5月18日，全省老龄工作会议在广州市三寓宾馆召开，会议由省民政厅党组成员、巡视员叶秀仁主持，省老龄委副主任、省民政厅厅长刘洪出席并讲话，省老龄办主任方炎松做工作报告。各地级以上市、顺德区民政部门分管老龄工作的领导及老龄办主任，省老龄委成员单位联络员及省老龄办全体同志参加会议。

【认真做好广东省第四次中国老年人生活状况抽样调查】按照全国老龄办的部署，我省开展了第四次中国城乡老年人生活状况抽样调查。在本次抽样调查中，我省共有13440名老人作为调查对象，调查范围涉及16个地级以上市、28个区县、112个镇街、448个村居。经过各级老龄工作部门的共同努力，入户调查顺利完成，省老龄办被全国老龄办评为“第四次中国城乡老年人生活状况抽样调查组织工作优秀单位”。

【举办第二届中国国际老龄产业博览会】第二届中国国际老龄产业博览会于2015年11月6—8日在广州保利世贸博览馆举办，历时三天。本届博览会规模较上届扩大一倍，展览面积近20，000平米，200余家来自全球知名品牌参展，来观摩的海内外朋友近3万人次，博览会的规模和行业影响力进一步扩大。

【召开“银铃安康行动”表彰会议】12月18日，广东省民政厅、省老龄办、中国人寿广东省分公司在惠州市惠东县联合召开2015年度广东省“银龄安康行动”工作会议，总结2015年度“银龄安康行动”实施情况，部署2016年度任务目标，表彰先进工作单位。中国人寿广东省分公司团险部欧阳梅总经理作工作报告。广东省民政厅党组成员、副厅长王长胜，中国人寿广东省分公司副总经理黄胤立出席会议并分别讲话。

各项业务进展

【老年维权工作】全省法律援助机构开展了“法治阳光温暖老龄”专项服务活动。广州、深圳市积极开展老年法律维权集体评选活动，将老年维权工作不断引向深入。佛山市建立“三官一师”制度，让老年人在家门口解决矛盾。珠海、韶关、茂名、潮州等市法律援助部门主动将申请标准降低，畅通服务渠道，将法治阳光温暖送到老年人的心坎上。中山、阳江等市加大涉老案件的审理和执行力度，确保老年人的合法权益。东莞、肇庆、湛江市通过街头咨询、播放视频、悬挂条幅等形式宣传老年法，提高老年人维权意识。在去年9月全国人大执法检查中，我省老年维权得到了全国人大检查组的充分肯定。

【养老服务业】全省养老服务发展迅速，截止2015底，有养老机构2966个，养老床位数34.2万张，每千名老人拥有床位28.6张。城乡社区养老服务设施2.5万个，城市社区养老服务覆盖率达到91.2%，农村达到76.6%，社区照料和托老床位达到6万张。在全省养老机构中，民办养老机构297个，床位8.2万张；医养结合模式的养老机构247个，床位5.96万张。

【老年社会保障】全省企业职工基本养老保险在职参保人数4230.9万，同比增长5.65%；缴费人数2803.0万，同比增长0.6%；城乡居保参保人数2499.7万，其中60周岁以上人数886万，城乡居保参保率稳定在99%以上；基本医疗保险参保人数10136万人，参保率达98%。企业退休人员月平均养老金提高至2400元，比调整前增加218.7元。城乡居保基础养老金最低标准提高到100元。职工医保、居民医保政策范围医保基金最高支付限额分别达52万和44万元。其中退休职工医保政策规定的住院报销比例平均达89%。退休人员社会化管理服务稳步推进，社区管理服务率达85%。

【老龄新闻宣传】建立政策宣传解读机制。每逢政策法规以及重点工作出台都采用充分利用广东电视台、南方日报、羊城晚报、中国社会报、老人报、秋光杂志等主流媒体进行深度解读和广泛宣传，增强工作透明性和针对性。如围绕高龄津贴普惠制出台、第四次中国城乡老年人生活状况抽样调查开展、“敬老文明号”创建等重点工作，各级老龄办都结合实际进行深度解读，在全社会营造良好氛围。

【老龄政策研究】省老龄办完成了“养老服务业机构从业人员现状及需求”、“全面依法治国背景下老年人权益保障”、“居家、社区、机构养老服务融合发展”、“‘十三五’时期科技和信息化手段在老龄事业发展中的运用”等调研课题，并撰写了相关调研报告。在2015年度全国老龄政策调研优秀成果评选中，荣获一等奖1篇、二等奖1篇、三等奖1篇，省老龄办获“优秀组织奖”。

【老年文体活动】珠海、江门、湛江、韶关、肇庆、中山、东莞、清远市在老年人期间组织开展老人运动会、老年文艺演出；珠海、佛山、阳江、云浮市组织老年文艺巡演；潮州组织老年大鼓队进行定期排演，丰富老年人精神生活。佛山、东莞、潮州市将老年教育向社区（村）延伸。

【“银龄行动”】省老龄办会同省老科联开展了第十二期“银龄行动”，共组织老专家、老教授共计22批次、126人次到广宁、乳源、梅县和揭西等四个县，开展工业、农业、教育、医疗、科普和党建等方面的智力帮扶，取得了很好的经济和社会效益。老专家针对广宁县青竹系列产品生产，研发出四项国家发明专利，把原材料的加工能力提高了一倍。

广西壮族自治区

4 月 28 日，全区老龄办主任会议在南宁召开。图为自治区老龄办主任、民政厅党组成员梁丽玲在会上讲话。

8 月 17 日至 19 日，自治区老龄办主任、民政厅党组成员梁丽玲率队赴陕西省开展老年权益保障立法调研工作。图为调研组与陕西省老龄办召开老年人权益保障立法工作座谈会。

综　述

2015 年，在自治区党委、人民政府的正确领导和全国老龄办的大力指导下，广西各级老龄工作部门以及老龄委成员单位认真贯彻落实党的十八大、十八届三中、四中、五中全会精神，积极落实《老年人权益保障法》以及《国务院关于加快发展养老服务业的若干意见》精神，紧紧围绕全国老龄委第十七次全体会议和 2015 年全国老龄办主任会议工作部署，创新工作思路，转变工作作风，加强政策创制，加大资金投入，大力推动广西老龄事业取得新发展。

一、老年社会保障水平不断提高

坚持“全覆盖、保基本、多层次、可持续”的方针，不断建立健全老年社会保障法规政策，老年社会保障体系日益完善。一是老年人基本生活得到有效保障。广西城乡基本养老保险参保人数达 2268.39 万人，178.9 万名参加城镇企业职工基本养老保险的离退休人员按时足额领取基本养老金，月人均基本养老金水平由调整前的 1846.11 元增加到 2043.41 元，城乡居民社会养老保险基础养老金由每人每月 55 元提高到每人每月 90 元；二是老年人社会救助水平明显提高。城乡最低生活保障制度不断完善，符合条件的老年人全部纳入最低生活保障范围。2015 年底，广西城乡低保平均保障标准每人每月分别为 404 元和 213 元，比“十一五”期末分别增加 173 元和 116 元，年平均增长率分别为 11.8%和 17%。广西农村五保集中供养对象和分散供养对象人均供养标准分别达 344 元和 269 元，比“十一五”期末分别增加 138 元和 142 元。

二、老年权益保障工作取得新进展

贯彻落实新修订的《中华人民共和国老年人权益保障法》，2013 年，自治区人大将《广西壮族自治区实施〈老年法〉办法》（以下简称《实施办法》）列入五年立法计划，2014 年 12 月，自治区人民政府将《实施办法》列入 2015 年立法调研项目（二类立法项目）。为做好立法工作，自治区法制办、民政厅、老龄办共同成立了立法项目调研工作小组，制定了工作方案，在区内外深入开展立法调研，认真调查研究广西老年权益保障工作情况，深入查找分析广西在贯彻落实《老年人权益保障法》等方面亟需解决的困难和问题，在立法调研过程中，广泛听取全区各地各有关部门的意见和建议，积极学习借鉴兄弟省市的立法经验，努力争取把完善养老服务体系建设、老年宜居环境建设以及提高老年人优待水平等内容纳入《实施办法》重点条款。目前已顺利完成二类立法项目调研工作，正积极争取自治区人民政府将《实施办法》列入 2016 年一类立法项目。

三、养老服务业综合改革取得重大突破

认真贯彻落实王勇国务委员在广西调研期间关于认真

做好养老产业发展规划的重要指示精神，自治区党委、人民政府将规划建立广西养老服务业综合改革试验区作为重中之重，成立了由自治区发展改革委、民政厅、卫计委、老龄办等26个部门组成的联席会议制度，研究部署养老服务业综合改革试验区有关工作。2015年7月，自治区人民政府出台《关于建设养老服务业综合改革试验区的意见》（桂政发〔2015〕33号），提出了建设养老服务业改革试验区的总体要求、重点任务、重点布局以及保障措施，努力打造南宁养老服务业综合改革核心区、桂西养生养老长寿产业示范区、桂北休闲旅游养生养老产业示范区、北部湾国际滨海健康养老产业示范区、西江生态养老产业带示范区。自治区民政厅以及有关部门先后出台了《关于印发广西农村幸福院项目管理办法的通知》、《关于推进广西养老机构责任保险工作的实施意见》、《关于我区养老机构用水、用气价格有关问题的通知》、《关于进一步明确养老机构用电价格的通知》、《广西壮族自治区物价局关于降低广西养老机构有线视收视维护费等收费标准有关问题的通知》等一系列文件，为推动改革试验区各项工作提供配套政策保障。

四、社会养老服务体系建设稳步推进

认真贯彻落实《国务院关于加快发展养老服务业的若干意见》精神，加强政策创制，加大经费投入，加快建立以居家养老为基础、社区服务为依托、机构养老为补充的社会养老服务体系。2015年，集中中央和地方资金4.5亿元，实施“1521”养老服务示范园区建设工程，即：自治区本级建成一所1000张床位以上的综合性养老示范机构；各设区市建成1所500张床位以上的专业性养护示范机构；每个县建成1所200张床位以上的综合性社会福利机构；每个乡镇改造或者新建1所100张床位以上的区域性农村养老服务中心。截至2015年底，全区共建成各类收养性养老服务机构1500多家，拥有养老服务床位16.1万张，每千名老年人拥有床位20.61张。全区建成居家养老服务中心（站）和日间照料中心800多家，城市居家养老服务覆盖率和农村居家养老服务覆盖率达到61.2%和30.3%；全区建成乡镇敬老院1167个、6890个五保村，2000多个农村幸福院。社区为老服务信息平台稳步推进，在南宁、柳州、桂林基础上，新增梧州市社区为老服务平台，不断满足老年人居家养老服务需求。

五、老年人优待工作取得新成果

各地各有关部门认真贯彻落实国家24个部委《关于进一步加强老年人优待工作的意见》以及《广西壮族自治区老年人优待规定》精神，不断深化老年人优待工作，提高优待服务水平。一是老年人优待证制发管理工作得到强化。各级老龄工作部门认真做好老年人优待证申办、发放工作，积极加强与自治区公安厅居民身份证制作中心沟通，努力解决办证过程中存在的困难和问题，确保老年人及时领取优待证；各为老服务部门认真贯彻落实优待政策，积极提供各种优先优惠待遇。目前，全广西办理老年人优待证已超过130万张。二是高龄补贴政策覆盖范围不断扩大。目前，广西所有县（市、区）均为百岁老人发放高龄补贴，南宁、柳州、桂林、梧州、防城港、钦州、贵港、玉林、百色、河池、来宾、贺州等12个设区市先后出台了80周岁及以上老年人的高龄补贴政策，促进老年人共享经济社会发展成果。

六、圆满完成第四次中国城乡老年人生活状况抽样调查工作

根据全国统一部署，认真组织开展第四次中国城乡老年人生活状况抽样调查，此次抽样调查共涉及广西10个地级市、17个县（市、区）、68个乡镇（街道）、272个村（居）委会，共调查8160名老年人。为切实做好调查工作，自治区老龄办、财政厅、民政厅等部门高度重视，成立了广西第四次调查领导小组，制定了周密的调查方案，积极筹措调查经费，自治区本级落实调查经费135万元，各地落实调查经费65万元，举办抽样调查工作人员培训班，集中培训各级督导员、调查员共900多人。8月1日，全面组织实施入户调查工作，自治区组成4个督导组深入全区对入户情况进行检查指导，并抽调部分经验丰富的督导员对所有调查问卷集中审核，按照规范要求及时报送全国，圆满完成第四次中国城乡老年人生活状况抽样调查任务。

七、基层老年协会规范化建设取得新成效

一是继续抓好示范性村级老年协会规范化建设。统筹安排自治区财政资金2500万元，建成示范性村级老年协会833个，将基层老年协会打造成自我管理、自我教育、自我服务的示范性群众组织，充分发挥基层老年协会养老互助作用。二是启动政府购买基层老年协会养老互助服务试点工作。2014至2016年，分别落实自治区财政资金120万元、150万元和100万元在广西34个县（市、区）开展政府购买基层老年协会养老互助服务试点工作。广西老龄办在深入调研和广泛征求意见的基础上，研究制定了《关于开展政府购买基层老年协会养老互助服务试点工作的通知》，明确了政府购买基层老年协会养老互助服务的基本原则、购买程序以及考核标准，启动了政府购买基层老年协会养老互助服务试点工作。三是开展基层老年协会负责人培训。安排财政经费40万元，分批次、分区域在南宁、柳州、桂林、百色、河池、崇左等地举办基层老年协会负责人培训，培训人员总共超过1500人，切实提升基层老年协会规范化建设水平。四是开展基层老年协会规范化建设专项督查。广西老龄办组成4个检查组在全广西范围开展基层老年协会规范化建设专项督促检查，及时了解和解决基层老年协会规范化建设工作存在的困难和问题，提升基层老年协会规范化水平。

八、“银龄行动”工作内容更加丰富

自治区老龄办联合广西老科协继续广泛开展“银龄行动”，拓宽为老服务领域，以老年志愿者智力援助为基础，努力搭建基层老有所为服务平台，指导基层老年协会开展各种活动。一是老年志愿者智力援助取得成效。农业技术培训432场、培训农民3.4万人次，参加培训专家51人，内容涉及种养、植保、禽畜疾病防治等；医疗培训129场，培训医务人员5271人，参加培训专家21人，有效提高了当地医疗部门的医疗技术水平；在21个社区开展“医疗进社区”活动，义诊2912人；开展“三下乡”活动76次，受益群众达2.6万人；教师培训36场，培训中小学和幼儿教师3240人次；开展科普报告759场、听众19.4万人次，内容涉及医疗保健、科学技术、环保节能等；在18个县区培训指导基层老年协会开展文体娱乐活动，提高基层老年协会服务能力，丰富基层老年协会文化娱乐生活。

九、敬老爱老社会氛围日益浓厚

根据全国统一部署，2015年10月，各地各有关部门积极组织开展以“培育敬老家风，建设和睦家庭”为主题的“敬老月”活动。自治区老龄办深入南宁市马山县等17个县区，看望慰问高龄、特困老年人以及基层老年协会。各地各有关部门积极开展敬老慰问、老年维权、为老志愿服务等活动，大力弘扬尊老爱老的传统美德，努力营造敬老爱老良好社会氛围。据不完全统计，“敬老月”期间，广西各地共走访慰问老年人6万多人次，组织志愿服务老年人活动1100余次，送去慰问金（品）折合人民币500多万元。进一步加强敬老爱老宣传，自治区老龄办连续7天在广西电视台新闻频道播放敬老活动宣传口号，在《广西老年报》开辟为期一个月“敬老月”专栏，宣传报道“敬老月”活动开展情况；积极组织开展全国“老有所为”先进典型评选推荐工作，在广西老年报开设专栏对“老有所为”先进人物先进事迹进行宣传报道；各地各部门充分利用各类载体，积极宣传当前老龄工作形势、法规政策和尊老敬老典型事迹，引导社会各界进一步营造尊老敬老传统风尚。

重要会议和活动

【2015年全区老龄委办公室主任会议】4月28日，全区老龄办主任会议在南宁召开。会议传达学习全国老龄委第十七次全体会议、2015年全国老龄办主任会议精神，总结交流2014年全区老龄工作，研究安排2015年度工作任务，部署第四次中国城乡老年人生活状况抽样调查专项任务。自治区老龄办主任、民政厅党组成员梁丽玲出席会议并讲话，南宁、桂林、贵港、河池市及象州县在会上作经验发言，各市、县（市、区）老龄办负责人共150多人参加了会议。梁丽玲在讲话中指出，在自治区党委、政府的正确领导下，2014年全区各级老龄工作部门认真贯彻落实党的十八大、十八届三中、四中全会精神，积极贯彻落实《老年人权益保障法》以及《国务院关于加快发展养老服务业的若干意见》，创新工作思路，转变工作作风，加强政策创制，有力推进了广西老龄事业科学发展，老龄工作取得新成绩。一是《广西实施〈老年人权益保障法〉办法》立法工作取得新进展；二是养老服务政策创制取得新突破；三是老年社会保障水平不断提高；四是基层老年协会建设成效明显；五是社区为老服务信息平台建设加快发展；六是“银龄行动”工作深入推进；七是敬老爱老社会氛围日益浓厚。梁丽玲强调，2015年是全面深化改革的关键之年，是全面推进依法治国的开局之年，也是全面完成“十二五”规划的收官之年。各级老龄部门要理清思路，突出重点，推动全区老龄事业再上新台阶。要抓好《广西实施〈老年人权益保障法〉办法》立法工作，认真做好老龄事业发展“十二五”规划评估检查和“十三五”规划预研编制工作，加强老年优待工作，深入推进基层老年协会规范化建设，扎实推进12349社区为老服务信息平台建设，推动“银龄行动”工作创新开展，切实做好广西“第四次中国城乡老年人生活状况抽样调查”工作。

【2015年全区老龄工作系统业务培训班】为进一步提高各级老龄工作干部队伍的综合素质和业务水平，推动广西老龄事业科学发展，12月10—11日，自治区老龄办在南宁市举办2015年广西老龄工作系统业务培训班。自治区老龄办主任、民政厅党组成员梁丽玲出席开班仪式并作讲话。来自全区各市、县（市、区）的老龄工作干部共计180余人参加了本次培训。梁丽玲主任指出，广西是全国最早进入人口老龄化的省份之一，随着人口老龄化程度的加剧，老龄工作面临的形势日趋严峻，工作要求越来越高，举办老龄工作业务培训班，是积极应对人口老龄化、提升老龄工作者履责能力，加强老龄工作干部队伍建设的迫切需要。各级老龄工作者应当积极顺应时代要求，不断加强理论知识和业务知识学习，提高自身综合素质和能力，切实履行好工作职责，努力推动老龄事业科学发展。培训期间，自治区党校陶建平教授就《优化情绪智力，强化公共服务能力》、刘文娟教授就《当前国际国内经济形势与政策分析》为学员进行了专题授课。全体学员观看了全国首部养老系列电影科教片《科学养老，快乐生活》。

【老年人权益保障立法调研】《广西壮族自治区实施〈中华人民共和国老年人权益保障法〉办法》已列入自治区人大五年立法规划。为做好该立法项目的调研起草工作，2015年5月—6月，自治区老龄办主任、民政厅党组成员梁丽玲率领调研组先后到南宁、桂林、崇左、百色市开展开展区内立法调研。8月—9月，又率领调研组赴陕西、湖南两省开展区外立法调研工作，调研组一行分别与陕西省老龄办、湖南省老龄办相关领导就老年人权益保障立法等工作进行了座谈。座谈会上，两省老龄办领导均就本省开展老年人权益保障立法、老年人优待、老年人意外伤害保险等工作的情况和先进经验进行了详细的介绍。调研组和两省老龄办领导还就发展老龄事业的重点工作进行了深入的探讨和交流。通过座谈，调研组深入了解了先进省份开展老年人权益保障立法和老龄工作的经验做法，为广西开展《广西壮族自治区实施〈中华人民共和国老年人权益保障法〉办法》立法和推进广西老龄事业发展提供了新思路、新做法。自治区民政厅法制处、社会福利和慈善事业促进处、相关领导和工作人员参加了调研。

【2015年自治区示范性村级老年协会规范化建设督查】为全面了解掌握2015年自治区示范性村级老年协会规范化建设进展情况，11月16日至20日，自治区老龄委办公室组成四个督查组，采取查阅档案资料、实地走访考察等方式，分别对全区14个市2015年自治区示范性老年协会的组织机构、章程制度、基础设施、活动开展、扶持资金落实使用等规范化建设情况进行督查。督查结束后及时印发《2015年自治区示范性村级老年协会规范化建设情况通报》，针对存在问题提出整改完善意见，要求各示范性村级老年协会严格按照《广西基层老年协会规范化建设实施办法》实施规范化建设，确保达到自治区绩效考核目标。

【基层老年协会规范化建设工作业务培训班】为进一步提高广西各地基层老龄工作队伍的业务素质和综合能力，推动全区基层老年协会建设规范化发展，自2015年6月开始，自治区老龄办安排财政经费40万元，分批次、分区域在南宁、柳州、桂林、百色、河池、崇左等地举办基层老年协会负责人培训，培训的主要内容是老龄工作业务知识、基层老年协会建设规范、老年人权益保障等。五市基层老龄办负责人、自治区示范性村级老年协会负责人等共1500多人参加了培训。

【自治区老龄委成员单位联络员会议】12月21日，自治区老龄委成员单位联络员会议在南宁市召开。会议主要是总结回顾广西“十二五”以来老龄工作取得的成效，学习领会党中央和自治区有关老龄工作新部署、新要求，通报近期主要老龄工作。自治区老龄办主任、民政厅党组成员梁丽玲出席会议并讲话，20家自治区老龄委成员单位的联络员参加会议。会上，自治区老龄办主任、民政厅党组成员梁丽玲通报了广西老龄事业发展“十二五”规划实施情况，传达了党中央、自治区一系列关于积极应对人口老龄化的重大部署和法规政策，总结近期主要老龄工作，并对下一阶段老龄工作发展提出了明确要求。各成员单位联络员认真座谈交流单位履行职责情况。

【广西“敬老月”活动】根据全国统一部署，2015年10月，各地各有关部门积极组织开展以“培育敬老家风，建设和睦家庭”为主题的“敬老月”活动。自治区老龄办深入南宁市马山县等17个县区，看望慰问高龄、特困老年人以及基层老年协会。各地各有关部门积极开展敬老慰问、老年维权、为老志愿服务等活动，大力弘扬尊老爱老的传统美德，努力营造敬老爱老良好社会氛围。据不完全统计，“敬老月”期间，广西各地共走访慰问老年人6万多人次，组织志愿服务老年人活动1100余次，送去慰问金（品）折合人民币500多万元。

【广西第四次中国城乡老年人生活状况抽样调查骨干培训班】为切实增强各级督导员、调查员政治责任感，全面掌握抽样调查的任务和要求，7月15日—22日，自治区老龄办在首府南宁市举办第四次中国城乡老年人生活状况抽样调查骨干培训班，分两期统一集中培训各级督导员、调查员共900多人。为确保培训质量，培训班邀请了参与此次调查问卷设计的中国老龄科研中心专家亲自授课，讲解调查问卷以及调查流程和方法，并当场指导点评各县（市、区）开展模拟调查。自治区老龄办主任、民政厅党组成员梁丽玲作了开班动员讲话，要求各级督导员、调查员要增强政治责任感，坚持做到有责任心、有耐心、有爱心；要加强督促指导，协调解决抽样调查过程中存在的困难和问题；同时要求各级老龄、民政部门要加强协作，密切配合，集中时间，集中力量，按规范要求，确保每一份调查不走样，确保如期高质量完成调查任务。会议期间，自治区老龄办还统一发放了督导员、调查员工作证和调查用包、调查工具。

各项业务进展

【老年人权益保障立法工作】为深入贯彻落实《老年人权益保障法》，2014年12月，自治区人民政府将《广西实施〈老年人权益保障法〉办法》列入2015年立法调研项目（二类立法项目）。为做好立法工作，自治区法制办、民政厅、老龄办共同成立了立法项目调研工作小组，制定了工作方案，在区内外深入开展立法调研，认真调查研究广西老年权益保障工作情况，深入查找分析广西在贯彻落实《老年人权益保障法》等方面亟需解决的困难和问题，在立法调研过程中，广泛听取全区各地各有关部门的意见和建议，积极学习借鉴兄弟省市的立法经验，努力争取把完善养老服务体系建设、老年宜居环境建设以及提高老年人优待水平等内容纳入《实施办法》重点条款。目前已顺利完成二类立法项目调研工作，正积极争取自治区人民政府将《实施办法》列入2016年一类立法项目。

【养老保障工作】坚持“全覆盖、保基本、多层次、可持续”的方针，老年社会保障体系日益完善。老年人基本生活得到有效保障。2015年广西城乡基本养老保险参保人数达2268.39万人，178.9万名参加城镇企业职工基本养老保险的离退休人员按时足额领取基本养老金，月人均基本养老金水平由调整前的1846.11元增加到2043.41元，城乡居民社会养老保险基础养老金由每人每月55元提高到每人每月90元。

【养老服务政策创制】认真贯彻落实王勇国务委员在广西调研期间关于认真做好养老产业发展规划的重要指示精神，自治区党委、人民政府将规划建立广西养老服务业综合改革试验区作为重中之重，成立了由自治区发展改革委、民政厅、卫计委、老龄办等26个部门组成的联席会议制度，研究部署养老服务业综合改革试验区有关工作。2015年7月，自治区人民政府出台《关于建设养老服务业综合改革试验区的意见》（桂政发〔2015〕33号），提出了建设养老服务业改革试验区的总体要求、重点任务、重点布局以及保障措施，努力打造南宁养老服务业综合改革核心区、桂西养生养老长寿产业示范区、桂北休闲旅游养生养老产业示范区、北部湾国际滨海健康养老产业示范区、西江生态养老产业带示范区。自治区民政厅以及有关部门先后出台了《关于印发广西农村幸福院项目管理办法的通知》、《关于推进广西养老机构责任保险工作的实施意见》、《关于我区养老机构用水、用气价格有关问题的通知》、《关于进一步明确养老机构用电价格的通知》、《广西壮族自治区物价局关于降低广西养老机构有线视收视维护费等收费标准有关问题的通知》等一系列文件，为推动改革试验区各项工作提供配套政策保障。

【老年人优待工作】各地各有关部门认真贯彻落实国家24个部委《关于进一步加强老年人优待工作的意见》以及《广西壮族自治区老年人优待规定》精神，不断深化老年人优待工作，提高优待服务水平。一是老年人优待证制发管理工作得到强化。各级老龄工作部门认真做好老年人优待证申办、发放工作，积极加强与自治区公安厅居民身份证制作中心沟通，努力解决办证过程中存在的困难和问题，确保老年人及时领取优待证；各为老服务部门认真贯彻落实优待政策，积极提供各种优先优惠待遇。目前，全广西办理老年人优待证已超过130万张。二是高龄补贴政策覆盖范围不断扩大。目前，广西所有县（市、区）均为百岁老人发放高龄补贴，南宁、柳州、桂林、梧州、防城港、钦州、贵港、玉林、百色、河池、来宾、贺州等12个设区市先后出台了80周岁及以上老年人的高龄补贴政策，促进老年人共享经济社会发展成果。

【基层老年协会规范化建设】一是继续抓好示范性村级老年协会规范化建设。统筹安排自治区财政资金2500万元，建成示范性村级老年协会833个，将基层老年协会打造成自我管理、自我教育、自我服务的示范性群众组织，充分发挥基层老年协会养老互助作用。二是启动政府购买基层老年协会养老互助服务试点工作。2014至2016年，分别落实自治区财政资金120万元、150万元和100万元在广西34个县（市、区）开展政府购买基层老年协会养老互助服务试点工作。广西老龄办在深入调研和广泛征求意见的基础上，研究制定了《关于开展政府购买基层老年协会养老互助服务试点工作的通知》，明确了政府购买基层老年协会养老互助服务的基本原则、购买程序以及考核标准，启动了政府购买基层老年协会养老互助服务试点工作。三是开展基层老年协会负责人培训。安排财政经费40万元，分批次、分区域在南宁、柳州、桂林、百色、河池、崇左等地举办基层老年协会负责人培训，培训人员总共超过1500人，切实提升基层老年协会规范化建设水平。四是开展基层老年协会规范化建设专项督查。广西老龄办组成4个检查组在全广西范围开展基层老年协会规范化建设专项督促检查，及时了解和解决基层老年协会规范化建设工作存在的困难和问题，提升基层老年协会规范化水平。

【第四次中国城乡老年人生活状况抽样调查】根据全国统一部署，认真组织开展第四次中国城乡老年人生活状况抽样调查，此次抽样调查共涉及广西10个地级市、17个县（市、区）、68个乡镇（街道）、272个村（居）委会，共调查8160名老年人。为切实做好调查工作，自治区老龄办、财政厅、民政厅等部门高度重视，成立了广西第四次调查领导小组，制定了周密的调查方案，积极筹措调查经费，自治区本级落实调查经费135万元，各地落实调查经费65万元，举办抽样调查工作人员培训班，集中培训各级督导员、调查员共900多人。8月1日，全面组织实施入户调查工作，自治区组成4个督导组深入全区对入户情况进行检查指导，并抽调部分经验丰富的督导员对所有调查问卷集中审核，按照规范要求及时报送全国，圆满完成第四次中国城乡老年人生活状况抽样调查任务。

【“银龄行动”】自治区老龄办联合广西老科协继续广泛开展“银龄行动”，拓宽为老服务领域，以老年志愿者智力援助为基础，努力搭建基层老有所为服务平台，指导基层老年协会开展各种活动。一是老年志愿者智力援助取得成效。农业技术培训432场、培训农民3.4万人次，参加培训专家51人，内容涉及种养、植保、禽畜疾病防治等；医疗培训129场，培训医务人员5271人，参加培训专家21人，有效提高了当地医疗部门的医疗技术水平；在21个社区开展“医疗进社区”活动，义诊2912人；开展“三下乡”活动76次，受益群众达2.6万人；教师培训36场，培训中小学和幼儿教师3240人次；开展科普报告759场、听众19.4万人次，内容涉及医疗保健、科学技术、环保节能等；在18

个县区培训指导基层老年协会开展文体娱乐活动，提高基层老年协会服务能力，丰富基层老年协会文化娱乐生活。

【社区为老服务信息平台建设】加快建立和完善以居家养老为基础的养老服务体系，扎实推进社区为老服务信息平台建设。一是在南宁、柳州、桂林取得显著成效基础上，自治区安排福利彩票公益金100万元扶持梧州市建设社区为老服务平台，梧州市将平台建设纳入政府为民办实事项目，投入当地资金320万元，完善信息系统，扩大服务范围。目前，加入平台的服务对象超过13000户，加盟服务商达650家。二是继续实施政府购买服务12349社区为老服务平台提供居家养老服务项目，为11万名老年人免费发放“防走失蓝手环”并提供服务。目前，12349社区为老服务信息平台呼叫坐席达到50个，采集老年人信息数据超过40万份，签约服务加盟商达3000家，志愿机构30多家，志愿者超过3000名。2015年，在国家民政部、发展改革委等6部委确定首批养老服务和社区服务信息惠民工程试点单位和地区中，广西南宁、柳州、桂林、梧州、玉林市被列为社区公共服务综合信息平台建设试点；南宁市江南区二桥南社区居家养老服务中心、桂林七星区毛塘社区等被列为居家和社区养老信息惠民试点。

【老龄宣传工作】根据全国统一部署，2015年10月，各地各有关部门积极组织开展以“培育敬老家风，建设和睦家庭”为主题的“敬老月”活动。自治区老龄办深入南宁市马山县等17个县区，看望慰问高龄、特困老年人以及基层老年协会。各地各有关部门积极开展敬老慰问、老年维权、为老志愿服务等活动，大力弘扬尊老爱老的传统美德，努力营造敬老爱老良好社会氛围。据不完全统计，“敬老月”期间，广西各地共走访慰问老年人6万多人次，组织志愿服务老年人活动1100余次，送去慰问金（品）折合人民币500多万元。进一步加强敬老爱老宣传，自治区老龄办连续15天在广西电视台新闻频道播放敬老活动宣传字幕，在《广西老年报》开辟为期一个月“敬老月”专栏，宣传报道“敬老月”活动开展情况；积极组织开展全国“老有所为”先进典型评选推荐工作，在广西老年报开设专栏对“老有所为”先进人物先进事迹进行宣传报道；各地各部门充分利用各类载体，积极宣传当前老龄工作形势、法规政策和尊老敬老典型事迹，引导社会各界进一步营造尊老敬老传统风尚。

海南省

9月16日，省人大常委会副主任陈海波带领执法检查组到澄迈县开展《中华人民共和国老年人权益保障法》和《海南省实施〈中华人民共和国老年人权益保障法〉若干规定》执法检查。县委书记杨思涛、县人大主任陈平辉、县长吉兆民陪同检查。

4月10日至12日，全国老龄办副主任李耀东利用参加海南省老龄产业博览会机会，深入我省海口、文昌、澄迈等市县，调研了基层老年协会建设，省老龄办副主任谢池春陪同。图为李耀东副主任考察海口市社区居家养老求助信息服务中心。

综　　述

2015年，全省认真贯彻落实“积极应对人口老龄化，大力发展老龄服务事业和产业”的指导方针，加快推进老龄法规政策落实，全面提高养老保障水平，积极发展养老服务事业和产业，不断完善老年人权益保障机制，努力加强老年文化建设，全省老龄事业实现了较快发展，全社会尊老敬老氛围更加浓厚，老年民生状况得到进一步改善。

一、惠老政策落实力度进一步加大

一是进一步加大惠老政策的财政支持力度。2015 年，将城乡居民基本养老保险基础养老金标准 135 元提高到每人每月 145 元，共拨付补助资金 21.59 亿元；连续十一年按国家规定提高全省企业退休人员基本养老金，全省企业退休人员养老金平均达到 1964 元/月。加大城镇居民基本医疗保险财政补助力度，对城镇低收入家庭 60 周岁以上老年人的参保费用，由财政根据有关规定全额拨付，各级财政先后投入补助资金近 3 亿元，支持落实城乡居民基本医疗保险政府补助政策；安排 15.78 亿元资金支持社会养老服务体系建设；中央和省级拨付补助资金 24 亿元，帮助农村包括老年人在内的符合条件的 2.28 万户困难家庭完成了危房改造；将失地农民纳入城镇居民和从业人员养老保险制度管理，解决被征地农民的后顾之忧。二是建立城乡统一的居民基本医疗保险和大病保险制度。城乡居民大病保险实行省级统筹，按照“统一购买大病保险、统一报销政策、统一资金使用、统一经办管理”原则，全省城乡居民享受平等大病医疗保险待遇和服务。2015 年城乡居民医疗保险补助标准从 2011 的 200 元提高到 380 元；稳步推进异地就医结算服务，建立省内异地就医联网结算平台，异地看病的报销问题得到解决。目前与我省签订异地就医结算协议的达到 17 个省（市区）89 个统筹区，解决了异地医疗结算“两地跑”老大难问题。基本医疗保险坚持向高龄人员倾斜，报销比例得到提高，有效地减轻老年人特别是患慢性病和重症老年人的经济负担。三是老龄社会救助渠道更加多元化。坚持把老年人群作为社会救助的重点，从制度设计上对老年人倾斜，较好地保障老年人基本生活。五保供养保障能力得到加强，农村敬老院的管理运营经费以地方性法规形式纳入市县财政预算，提高了五保供养保障标准，农村敬老院的养老管理水平明显提升，琼海等地的敬老院出现了“一床难求”的现象。老年社会救助城乡最低生活保障制度进一步完善，符合条件的贫困老年人家庭全部纳入了最低生活保障范围，适时上调了低保标准，提高保障水平。2015 年，全省有 2.97 万名困难老年人纳入城乡低保，城乡低保保障标准分别为 370 元和 260 元。城乡医疗救助制度逐步完善，符合长期保持的困难老年人纳入全省医疗救助范围。强化医疗救助和基本医保制度衔接力度，资助符合医疗救助条件的困难老年人参合参保，缓解老年人看病难、看病贵。全面推进了城市医疗救助和城镇居民医疗保险、农村医疗救助和新型农村合作医疗的“一站式服务”机制。建立完善了临时生活救助制度，切实保障了因突发性或临时性原因造成基本生活出现暂时性困难急需救助的老年人基本生活。四是进一步完善老年人福利制度。全省普遍建立高龄津贴制度，在省级确立的百岁以上老人高龄津贴制度的基础上，全省 80 岁以上老年人高龄津贴实现全覆盖。其中，陵水县对 75 岁以上老年人发放高龄津贴。建立了困难失能老年人护理补贴制度，按照每人每月不低于 60 元的标准为高龄、困难失能老年人、残疾老年人发放护理补贴；全面落实农村“五保”老年人集中供养和分散供养制度，供养标准分别提高到 464 元和 380 元；新建、改（扩）建一批农村敬老院，进一步改善五保老人集中供养条件。省级拨付资金 45 万元，帮助 2 万城乡困难老年人购买老年人意外伤害综合保险，对完善养老保障体系、降低社会风险成本、补偿家庭经济损失发挥了积极作用。五是老年人优待水平进一步提高。为方便老年人乘车、乘船、乘机、就医等提供优待服务，各地先后制发老年人优待证 50 万张；交通运输部门根据各自条件，为不同程度的老年人提供购票、上下车（船、飞机）、托运行李等优待服务，在长途车站候车室，设立了“老幼病残孕”专座，在公交车上设立“老幼病残孕”爱心专座，张贴相关标识，营造敬老氛围，改善老年人乘车环境；客运站为老年人设立购票、乘车绿色通道，为老年人提供优先服务。此外，在推动 65 岁以上老年人免费查体、入院诊疗费用优惠、贫困老年人水电费减免、游览旅游景点优惠等政策落实方面都取得了良好进展。为改进为老服务，海南省社区居家养老信息服务中心，设立了专门配备专人为老年人提供法律政策咨询、居家养老、权益保障等服务的为老服务平台。

二、社会养老服务体系建设加快推进

省政府出台了《关于加快发展养老服务业的意见》，明确了加快发展养老服务业的总体目标和工作措施，尤其在建设规划、土地供应、资金支持、民办公助、税费减免、价格优惠、加强农村养老服务、推进医养结合、繁荣养老服务消费市场等方面出台了一系列政策措施。省人大审议通过《海南省养老服务条例》，以地方性法规的形式规范了养老机构的准入、监管和退出机制，激发了社会力量参与养老服务设施建设的积极性，全省民办养老服务机构发展到了 36 家。2015 年，省级对养老机构建设运营、社区老年人日间照料中心和农村幸福院建设、养老服务信息平台建设、培训机构设立养老服务专业等项目给予扶持，以居家为基础、社区为依托、机构为支撑的社会养老服务体系建设快速推进。全省年内新增各类养老床位 13984 张、总量达到 33586 张，每千名老年人拥有床位 26.7 张；全省除三沙市外稳步推进社区居家养老服务试点工作，实现全省 18 个市县主城区开展社区居家养老服务工作，服务网点覆盖了全省 421 个社区；新建社区日间照料中心 15 个、总量达到 56 个；建设一批农村互助幸福院，为老年人提供就近、方便、快捷、多样的日托和文娱活动场所；已建成省级社区居家养老服务信息平台开通“12349”服务热线，率先在全国实现全省养老服务信息网络全覆盖，为老年人提供了便捷高效的居家养老服务。

三、老年人权益保障机制进一步强化

一是结合实际继续开展《老年人权益保障法》的学习宣传活动。深入贯彻落实《老年人权益保障法》，配合有关部门推进贯彻《老年人权益保障法》相关条例，启动了《海南省实施〈中华人民共和国老年人权益〉若干规定》修订工作，并建议修订为《海南省老年人权益保障条例(修正草案)》。新修订的《海南省老年人权益保障条例》于2016年列入省人大常委会研究起草项目计划。新修订的《条例》将从家庭赡养与扶养、社会保障与服务、社会优待、宜居环境、参与社会发展、法律责任等方面进一步强化了对老年人特别是失能、空巢、高龄老年人的权益保障，突出居家养老惹出作用，建立老年人养老服务补贴制度和长期护理保障制度，明确“医养结合”新路径，全省实行老年照护统一需求评估，其中对高龄、无子女的老年人予以优先保障，对经济困难老年人给予适当补贴。二是启动制定了《海南省养老服务业发展“十三五”规划》，按这一规划，到2020年基本建成以居家为基础、社区为依托、机构为补充的制度完善、规模适度、结构优化、布局合理、监管到位、覆盖城乡的养老服务体系，新增各类养老床位1.03万张，全省机构养老床位数达到4.39万张，其中，康复护理床位数达到4400张，占机构床位数的10%。加强和改进农村敬老院和公办养老机构管理，进一步提升养老服务保障水平，提高入住率。扶持和培育一批带动力强的龙头企业和大批富有创新活力的中小企业，形成养老服务产业集群。实现养老服务与医疗康复、旅游休闲、文化教育、家庭服务、金融保险等相关领域互动发展，互补互促的养老服务新业态。三是进一步健全老年人法律援助网络。在全省依托各市县老龄办、乡镇（街道）司法所等设立法律援助工作站，在所有村（居）委会设立法律援助联络点，并在每个村（居）委会均悬挂法律援助指示牌，让更多老年人成为法律的“明白人”，有效化解老年人“打不起官司”的后顾之忧；为方便老年人法律求助，省司法厅设立功能齐全的省级“12348”法律援助便民服务大厅，为老年人等困难群众提供接待法律咨询、案件受理审查、组织法律援助案件调解和案件质量投诉受理等一站式服务；开展了“绿岛法援——幸福夕阳”的法律援助活动，为符合条件的老年人提供便捷高效服务；援助老年人814人次，对贫困的老年人做到“应援尽援”，全省法律援助机构办理各类老年人法律援助案件814例。进一步加强老年优待工作，配合公安、司法等机关开展形式多样的老年维权活动。四是高度重视老龄信访工作，建立健全工作台账，定期分析相关情况，积极回应和协调解决老年人信访反映的实际问题，进一步维护老年人的合法权益。

四、养老服务业和养老产业取得新发展

围绕健全养老服务体系、完善养老服务发展政策、强化养老服务信息管理、培育养老服务产业集群、加强养老服务队伍建设等方面进行深入有序地探索。2015年省财政拨出268.54万元奖励扶持了36家优秀养老服务机构，有力地促进了基层和民办养老服务机构发展。省老龄办举办了两期养老护理员培训班，并通过技术鉴定培养一批养老护理员。依托省级社区居家养老服务信息平台的资源共享优势，启动实施了智慧养老工程，逐步建立和完善养老服务人才市场，已在海口、三亚、儋州、琼海等市县签约了183家连锁加盟服务商，扩展服务站点260余个，涵盖家政服务、医药配送、维修服务和精神关爱等服务内容，签约自费购买服务老年人6800多人，为老年人免费赠送老年人意外伤害综合保险6800份/人。居家养老服务除三沙市外，实现全省市县主城区全覆盖，覆盖社区达421个，为老年人提供就地、就近、便捷、规范的服务。

五、老年文化体育事业繁荣发展

各级认真贯彻中组部等16部委下发的《关于进一步加强老年文化建设的意见》。一是老年人精神文化生活丰富多彩。各级老龄部门不断加强组织协调，成员单位积极支持参与，组织老年人开展大型文体赛事、文艺汇演和老年书画作品展等活动，丰富老年人的精神文化生活。为带动和引导全省老年文化活动开展，省里打造“迎国庆 庆重阳”为主题的茶话会、座谈会、运动会、“海南省中老年人健身操（舞）大赛”等具有鲜明特色的老年文化活动品牌。全省上有84%的乡镇（街道）、农场和60%的村（居）委会成立老年体协，省里每年为基层体协组织培训辅导员、教练员、裁判员等，推动老年体育事业繁荣发展。二是老年教育事业发展呈良好趋势。全省老干部系统老年大学已形成网络，开设适合老年人的书画、音乐、诗词、计算机、舞蹈、摄影、插花、武术等各类课程和专业，为老年人提供特色的教育服务，全省参与特色老年教育的有3万人。三是老有所为开创新局面。各级老体协、老舞协、老书协、老科协等老年组织快速发展，为广大老年人搭建了展示自我、发挥余热的广阔舞台，老年人参与社会管理和各类活动的热情日益高涨。开展送科技、送医疗、送文艺、送教育、助老帮扶为内容的“银龄行动”。老年人才资源得到更加合理地开发和利用。省里加快整合老年人才资源，建立了老年人才信息、老年人才市场需求和老年人才交流平台，利用海南区位优势，重点挖掘“候鸟”人才资源，成立海南省“候鸟”人才协会，实现老年人才资源与行业需求的完美对接；“候鸟”人才对海南生态省建设献计献策，如“候鸟”老人罗九如，原是国家海洋局的研究员，从2002年开始，每年冬季便来到三亚，12年间，她和众多赋闲在三亚的退休老教授们一道，致力于三亚的生态环境保护。三亚市天涯区召开第一次党代表大会，就特别邀请了罗九如等两名退休后在三亚养老的“候鸟”老人列席党代会。据介绍，这是三亚实施撤镇设区以来，第一个召开的区党代会，“候鸟”老人列席党代会在三亚尚属首次。罗九如称，这次党代会提出的诸多部署中，都从长远考虑，在发展的同时坚守生态红线，让她感到自己曾经多次向三亚市相关单位提的建议终于得到重视。各级关工委积极发挥在社会主义核心价值体系教育、创新社会管理等方面的独特作用，充分利用“学雷锋活动月”、建党节、国庆节等重要节庆日，组织“五老”到青少年中间宣讲历史文化、理想信念、社会美德；广泛开展法制教育和帮教工作，在预防和减少青少年违法犯罪方面发挥了积极作用。老年志愿者队伍日渐壮大，参与社会公共事务更加积极。重点在海南岛中西部地区开展精准扶贫、送智扶贫，举办各类农科讲座、进行技术示范、传授农科技术，开展地方常见病义诊活动，普及健康养生知识，进一步关爱农村老年人，带动农民增产增收，丰富农村老年人精神文化生活。涌现出了一批老有所为先进典型人物和感人事迹。我省昌江黎族自治县政协原主席林芝栋和琼海市委统战部原副部长王裕超被全国老龄办评为2015年度“全国老有所为先进典型人物”。各地老年志愿者结合本地实际和经济社会发展的需要，广泛开展社会公益活动，为提升社区管理水平和社区精神文明建设做出了积极贡献。

六、老龄宣传工作进一步强化

深入贯彻落实全国老龄办等10部门《关于培育和践行社会主义核心价值观加强老龄宣传教育工作的通知》精神，进一步加强老龄宣传工作，发挥“海南省老龄办网站”宣传主阵地的作用，加强与宣传部、精神文明办等部门的配合，充分发挥主流媒体的媒介作用，开设了老龄宣传板块和专栏，广泛宣传人口老龄化的严峻形势，宣传老龄工作方针政策，宣传老龄事业发展成就，宣传敬老爱老助老典型人物和感人事迹，全社会对老龄事业关注程度不断提高。社会尊老爱老敬老助老风气日益浓厚。老年节前夕，期间，全省上下开展“培育敬老家风，建设和睦家庭”等一系列主题活动，参加活动的省、市县两级党政领导走访慰问百岁、高龄贫困老年人，送去慰问品、慰问金，向他们致以节日的祝福，并详细询问老年人的低保发放、重大疾病救助、贫困帮扶措施落实等情况，帮助老年人解决实际困难。各地围绕社会主义核心价值观和新型孝道文化建设，精心组织开展2015年“敬老月”活动，依托各级老年文体组织，广泛开展丰富多彩的老年文化体育活动。

七、老龄调研和科研工作取得了新成果

有关老龄委成员单位结合当前老龄事业和产业发展存在的问题，开展了一系列调研活动，为党委、政府决策提供了有力参考。省人大常委会开展《中华人民共和国老年人权益保障法》和《海南省实施〈中华人民共和国老年人权益保障法〉若干规定》执法检查。为贯彻落实国务院关于养老服务业发展政策落实情况的督查工作，省民政厅、省老龄办等部门深入各地开展了养老服务业发展状况进行调研；省老龄办联合省人大内司委和省民政厅，先后到省内市县和山东、福建等省市开展立法调研，在广泛征求社会各方意见的基础上，对《海南省实施〈中华人民共和国老年人权益保障法〉若干规定》着手修订，并建议修订为《海南省老年人权益保障条例》。积极配合全国政协农工党中央秘书长何维一行在海南开展“医疗和养老融合发展”的相关调研工作；积极配合第四次中国城乡老年人生活状况调查工作，全省抽查3个市县、12个乡镇、48个村（居）委会、共1503份调查样本，分三个工作组分赴各地深入到村（居）和老年人家中了解调查情况。全省从8月1日起正式入村入户调查，共有150人访问员和督导员进入了被抽中调查的老年人家庭，对老年人的基本人口信息、家庭、健康、医疗、照护、经济、宜居环境、权益保障、社会参与以及精神文化生活等多方面的状况和需求进行了详细的摸底调查。经各级各部门和广大调查员督导员的共同努力下，我省抽样调查工作如期完成。基层老龄科研工作水平进一步提高，我省调研报告《打造养老基地——特色风情小镇的“镇兴之路”》和《养老消费与基本护理保险：社会养老服务的发展》分别获得2015年度全国老龄政策调研优秀成果三等奖和优秀奖。

重要会议和活动

【海南省老龄工作委员会第五次全体会议召开】12月4日下午，海南省老龄工作委员会第五次全体会议在海口举行。会议总结回顾了海南省“十二五”老龄事业发展情况，审议了《海南省养老服务业发展“十三五”规划（讨论稿）》。省委常委、常务副省长、省老龄委主任毛超峰出席会议并讲话，副省长、省老龄委常务副主任何西庆主持会议。毛超峰在会议中肯定了“十二五”时期我省老龄工作和老龄事业发展取得的显著成绩。他指出，老龄问题是关系国计民生和长治久安的全局性、战略性问题，也是重要的民生工程和民心工程。全省上下要坚持“老有所养、老有所医、老有所教、老有所学、老有所为、老有所乐”的目标，统筹兼顾，突出重点，全面推进，努力开创全省老龄事业新局面。目前，全省60岁及以上户籍老年人口125.52万人，占总人口的13.7%。“十二五”期间，我省养老服务体系建设取得重大发展，2011年以来，我省规划建设省市县中心养老院14个，投入资金5亿多元。大力推进社区居家养老服务、老龄救助渠道更加多元化、老年人优待政策得到进一步落实。按照我省养老服务业发展“十三五”规划要求，到2020年，我省将基本建成以居家为基础、社区为依托、机构为支撑的养老服务体系，全省养老床位达到4.39万张，其中健康护理床位达到4400张，占机构床位的10%。改进和加强农村敬老院和办公养老机构管理，进一步提升养老服务保障水平、提高入住率，扶持和培育一批带动力强的龙头企业和大批富有创新活力的中小企业，形成养老服务产业集群。实现养老服务与健康医疗、旅游休闲、文化教育、家庭服务、金融保险等相关领域互动发展，互补互促的养老服务新业态。

【省人大常委会开展老年人权益保障法执法检查】9月11日，省人大常委会从今天起至18日在全省范围内开展以保障老年人权益为主题的执法检查。老年人权益保障法和海南省实施《中华人民共和国老年人权益保障法》若干规定执法检查组全体会议今天上午在海口召开。会上，省人大常委会听取了副省长陆俊华代表省政府所做的贯彻实施老年人权益保障“一法一规”情况的汇报，省政府相关部门负责人介绍了开展老年人权益保障工作的相关情况。至2014年底，全省60岁以上户籍老人人口已达125.52万人，占总人口的13.7%；80岁以上老年人口18.4万人，占老年人口总数的14.66%，标志着我省已进入老龄化社会。从今年1月1日起，我省已连续11年提高企业退休人员基本养老金，调整后全省企业退休人员月人均养老金达到1964元，农村居民基础养老金标准也连续5年提标，惠及63.28万老年人。但是，随着我省老龄化进程的加快，老龄事业和老龄工作出现了不少亟待解决的问题：比如农村老年人经济收入普遍偏低，日间照料中心、露天健身广场等社会养老服务设施缺失严重等。听取汇报后，省人大常委会副主任贾东军指出，要充分认识开展老年人权益保障法执法检查的重要意义，通过这次执法检查，查找问题，加强监督，督促整改，为老年人权益保障法和海南省实施《老年人权益保障法》若干规定的修改完善提供意见和建议。省人大常委会副主任陈海波指出，执法检查组成员要按照执法检查方案和今天会议上对执法检查工作的部署和要求，认真扎实开展执法活动，着力在重点问题上有所突破，取得实效。会后，省人大常委会将组成2个执法检查小组，分赴海口、三亚、儋州、琼海、澄迈、保亭等地开展执法检查工作。

【开展第四次中国（海南片区）老年人生活状况抽样调查】7月16日，省民老龄办举办第四次中国（海南片区）老年人生活状况抽样调查工作培训班，对参与入户调查工作的督导员和调查员进行培训。倪陈兴副厅长在培训班上讲话。中国城乡老年人生活状况抽样调查是由全国老龄办主办、各省级老龄办协办的专项老龄国情调查。此次调查围绕老年人生活状况和养老服务需求，采取入户访谈和调查问卷的形式，重点了解城乡老年人基本人口信息、家庭、健康、医疗、照护、经济、宜居环境、权益保障、社会参与、以及精神文化生活等多方面的状况和需求，目的是通过调查进一步摸清我国城乡老年人生活现状和养老服务需求，调查结果将为党中央、国务院及相关部门统筹制定应对人口老龄化战略、规划和政策提供科学支撑，为编制《国民经济和社会发展“十三五”规划》《中国老龄事业发展“十三五”规划》和全国老龄委成员单位制定“十三五”专项规划提供基础数据支持。其中涉及海南所形成的专项调查报告，将对我省各级党委政府制定推动老龄工作、发展老龄事业提供科学决策依据。根据全国老龄办、民政部、财政部关于开展第四次中国城乡老年人生活状况抽样调查的通知，我省目前已经完成调查准备、动员和老人抽样工作，入户调查工作将于8月1日至31日展开。此次调查对象为居住在我省60周岁及以上常住公民。根据时间安排，实地抽样调查将持续一个月。我省文昌、澄迈、乐东3个市县的12个乡镇（农场），48个村（居）委会列入调查范围，调查样本规模为1503份调查问卷。倪陈兴副厅长要求，入户调查是此次调查的重中之重，要做到三个“严格遵循”。一是必须严格遵循抽样要求，不能随意改变调查对象，确实无法调查的要按规程调整调查对象。二是必须严格遵循问卷，要把问卷精神吃透，根据调查问卷释义进行调查，不能凭自己理解任意发挥，准确掌握老人应答的内容。三是严格遵循调查方法和要求，不能随意改变调查方式，做到保质保量完成此次入户调查工作。

【海南百岁老人图片展在京举行】6月17日，由海南省委宣传部指导，海南广播电视总台主办，中共澄迈县委、县人民政府，中共万宁市委、市人民政府协办，国际旅游岛之声承办，中央部委老干部局、中国助老网支持的《海南百位百岁老人北京图片展》在北京中华世纪坛艺术厅展出。展览旨在广泛宣传和挖掘海南长寿文化，让更多的人了解、受益长寿文化，弘扬尊老、敬老、爱老的传统美德，努力在全社会推动形成尊老敬老、养老助老的良好社会氛围。此次图片展是蕴涵时代精髓的一次长寿岛文化活动。目前，海南全省有百岁及百岁以上长寿老人1944人，平均每10万人就有百岁老人19人，是全国百岁老人密度最大的省份，是名副其实的“长寿岛”“健康岛”。图片展首次在全国范围内解读海南省百岁老人的长寿秘诀，他们当中有曾经出国留学深造的文昌百岁老人侯元松，目前还在出诊的文昌百岁老中医朱志任，上树砍柴毫不费力的昌江百岁老人林亚友等等，从他们积极、乐观向上的生活状态中，让人们感受到海南百岁老人们“老当益壮”的精气神，与此同时，图片也折射出海南的历史变迁。海南广播电视台国际旅游岛之声的记者们历时近一年的时间，走访了海南的18个市县、乡镇和海口市的4个区，收集了大量的百岁老人素材，通过寻找“百岁老人——长寿之旅”的大型采访让世人近距离走近海南百岁老人的生活，并在采访结束后，在近2000幅图片中筛选了100幅图片，集结成百位百岁老人北京图片展内容，展出海南百岁老人的幸福生活。通过采访，人们在百岁老人身上发现共同的特征：一是心态平和，凡事顺其自然；二是饮食节制，粗茶淡饭；三是勤劳好动，终身劳作；四是家庭和睦，子女孝顺；五是不与人结怨，时常心怀感恩。主办方希望通过此次在北京举行的图片展，树立海南“世界长寿岛”这一闪亮名片和人文坐标，弘扬敬老美德，关注中国愈来愈严重的老龄化问题。

【发放民办养老服务机构床位建设补助】5月底，为进一步鼓励和引导社会力量兴办养老服务机构，省民政厅研究决定，对海南蓝色老人行宫等4家民办非营利性养老服务机构发放床位建设补助。2012年2月，省政府出台《关于支持社会力量兴办非营利性养老服务机构的若干政策》（琼府〔2012〕15号），在规划、土地、税收、财政、信贷、医疗、收费等方面给予政策优惠。按照文件规定，符合建设标准的非营利性民办养老服务机构，按照核定的床位数，新建的每张床位给予不低于2500元的一次性建设补助；对租赁开办养老机构每年每张床位补助不低于300元，补助期5年。对收住本地户籍老年人的非营利性养老服务机构给予运营补贴，补贴标准为每人每月50元；非营利性养老服务机构收住本地户籍城乡低保、农村五保、城镇“三无”人员和孤老优抚对象、贫困残疾人及低收入高龄、独居、失去行动能力等养老困难老年人的，市县财政按每人每月100元的标准给予寄养补助。近年来，民办养老机构已经成为我省养老服务体系建设的重要力量，在服务老年人，提供养老服务保障方面做出了重要贡献。目前，在省民政厅登记注册的非营利性养老服务机构共有6家，有4家符合补助标准。建筑面积34140.40平方米，设置养老床位1092张，发放补助资金149.8万元，进一步调动了社会力量参与社会养老服务的积极性。

【开展火灾隐患专项督查】5月27日，针对河南养老院火灾事故对全国养老机构敲响警钟。我省对福利机构、养老机构、救助机构进行安全大检查，排查存在的安全隐患，并提出整改措施。据悉，河南省鲁山县琴台办事处辖区康乐园老年公寓发生火灾，造成重大人员伤亡和财产损失。火灾发生后，民政部立即作出安排部署。27日，海南省民政厅召开会议，对相关工作进行了安排。根据福利机构、养老机构、救助机构的情况，由3名副厅长负责对各自分管范围内的这些机构，进行安全大检查。排查存在的安全隐患，特别是消防方面的安全隐患，及时提出整改措施。同时要向省政府、民政部报告这些公共服务机构的管理和运行情况，以及存在的安全隐患，并提出整改意见和措施，对存在的问题进行整改。会议特别强调了我省敬老院的管理问题。目前，我省敬老院存在薄弱的问题，主要体现在管理人员和资金保障上。通过这次检查，能够针对性提出整改意见，及时消除事故的隐患，有利于下一步加强这些公共服务机构的工作。截至2015年5月，我省共有各类养老服务机构254家，其中公办养老机构226家（含农村敬老院210所），民办养老服务机构28家，养老床位数共计19602张。

【世界长寿岛海南迎来首届国际老龄产业博览会】4月10日，第一届海南国际老龄产业博览会今天在海南国际会展中心开幕。海南是中国的养老胜地。研究数据表明，中国养老产业的市场规模在2010年达到1万亿元人民币。到2020年，这个数字将达到22万亿元。2015年全国“两会”上，中国国务院总理李克强在政府工作报告中指出，2015年要大力发展健康、养老等生活和生产服务业。与积极明确的政策支持相呼应的，是中国加速老龄化带来的巨大商业前景。截止到2014年底，中国60周岁及以上人口数为2.12亿人，占总人口比重为15.5%。预计到2020年，这一数据将变为19.3%，2025年则将达到38.6%。本次博览会由中国新闻周刊杂志社主办，海南中桥世纪会展有限公司承办。来自海南省和内地老龄工作专业机构和企业参会。展位面积约1.5万平方米，包括养老社区与地产、养老服务、老龄设备康复护理用品、食品保健品四个展区，涵盖整个老龄产业链。博览会期间，组委会将组织以“‘老’话题新挑战”为主题的政企研学术交流。全国政协人口资源环境委员会副主任、海南省政协原主席钟文，中国老龄新闻出版集团筹备委员会主任、中国老年报社长李耀东、海南省老龄办副主任谢池春等为博览会开幕剪彩。本届老博会得到海南省商务厅和海口市会展局的大力支持。

【海南城乡居民基础养老金提标】从2015年1月起，省委、省政府将城乡居民基础养老金标准统一从每人每月120元提高到每人每月140元，并列入了2015年为民办实事十大重要事项和重点工作，优先安排资金予以保障。我省实施统一的城乡居民养老保险制度，连续4年调整农村居民基础养老金，今年1月提高至每人140元，城镇居民基础养老金也由每人每月130元提高至140元。我省农村居民基础养老金标准经过逐年提高后，已由制度建立之初的每人每月55元增加到去年上半年的每人每月100元，而城镇居民基础养老金标准自2011年以来保持每人每月130元。城乡居民基础养老金标准的差距，既不符合实现城乡居民基本公共服务均等化的目标，也不利于构建城乡统一的养老保险制度。为了进一步缩小与城镇居民基础养老金标准的差距，2014年初，省委、省政府决定将农村居民基础养老金标准由每人每月100元进一步提高至120元。

【“敬老月”活动】9月14日，以省老龄工作委员会名义下发《关于开展2015年“敬老月”活动的通知》，以“培育敬老家风·建设和睦家庭”为“敬老月”活动的主题。省老龄委常务副主任、副省长何西庆带领省民政厅、省老龄办、省卫计委、省人社厅负责人和海口市政府分管领导到省托老院看望慰问老年人。各市县、各部门广泛开展了送温暖、献爱心活动。由南海网策划发起的“海南省第六届中老年广场健身操（舞）大赛”，吸引不少热爱健身操（舞）中老年人参赛和支持。省老干部局开展智力扶贫帮困活动，联合相关部门的老专家组成医疗服务团、科技服务团、教育服务团等深入贫困地区进行智力支援。本地社团老年艺术团和“候鸟”老年艺术团在“敬老月”期间活动十分活跃，举办各种文艺汇演，还组织开展送科技、送文化、送文艺下乡活动。

【民政部督查组对海南省养老服务业发展政策落实情况进行督查】10月12日至15日，为深入了解国务院《关于加快发展养老服务业的若干意见》（国发〔2013〕35号）文件落实情况，发现各地工作中存在的瓶颈和难点问题，总结好的经验和做法，不断满足养老服务需求，促进养老服务业持续健康发展，受国务院办公厅委托，民政部派督查组对我省养老服务业发展政策和相关民生领域惠民政策落实情况进行了实地督查。10月12日下午，受省政府委托，省民政厅厅长苗建中向督查组汇报了2015年全省养老服务业发展政策落实情况，省发改、财政、教育、人社、卫计、国税、地税、省老龄办等养老服务工作联席会议成员单位参加了汇报会。会后，督查组先后听取了海口、琼海市政府的工作汇报，实地考察了社区老年人日间照料中心、居家养老信息服务中心、省托老院、民办养老机构、农村敬老院、农村互助幸福院等各类养老服务机构（设施），查阅了相关文件和资料，组织了民办养老机构和老年人座谈会。通过听、看、查、访等多种形式的检查调研，督查组认为，海南省委、省政府高度重视养老服务工作，各级党委、政府在贯彻落实养老服务政策措施特别是国务院35号文件方面做了大量扎实有效的工作，同时，还根据本省实际，改革创新，进行有益的探索和尝试，探索出了一条适合海南省情、满足养老服务需求和符合养老服务业发展趋势的新路子。督查组指出，海南省高度重视养老服务工作，充分利用区位优势，进一步明确了促进养老服务业发展的思路，积极开展养老服务政策创制，注重规划的引领作用，大力推进高龄补贴和社区居家养服务，加大投入建设养老服务设施方面工作，海南省在工作推进上精心安排、狠抓落实，并取得了实效。但与国务院35号文件相对比，还存在促进养老服务依法健康发展的法制体系还不够健全、医疗卫生和养老服务整合发展有待加强、养老服务业仍处于起步阶段等困难和问题，需要引起重视，认真加以解决。督查组建议，要充分发挥省级养老服务工作联席会议制度作用，确保各部门主动作为、认真履责。要进一步加大对居家养老的支持力度，多措并举优先发展社区居家养老服务。要有针对性地进一步完善扶持社会力量参与养老服务业的政策措施，在投资补助、贷款贴息、运营补贴、设立引导基金、购买服务等方面继续加大支持力度，进一步吸引和鼓励民间资本投入。要进一步加大对养老服务用地的保障力度。按照人均用地不少于0.1平方米的标准，分区分级规划养老设施用地，尽快编制省级养老服务土地供应中长期规划和年度计划，完善养老服务用地供应政策，切实解决好土地供应这一难题。

【林芝栋王裕超入榜全国“老有所为”先进典型人物】12月20日，全国老龄办印发了《2015年全国“老有所为”先进典型人物推选结果的通知》，全国共9位同志和1个集体被推选为“全国老有所为楷模”，85位同志和6个集体被推选为2015年“全国老有所为先进典型人物”。我省推选的昌江黎族自治县政协原主席林芝栋和琼海市委统战部原副部长王裕超被评为“全国老有所为先进典型人物”。

林芝栋同志，今年71岁，自从2004年退休后，怀着“奉献余热，服务桑梓，惠及子孙”的心愿，忙碌在服务青少年的最前沿，踏遍了全县革命老区和黎村苗寨，谱写了人生最美夕阳红。他倾情振兴民族教育，每年都积极奔走呼吁，下机关、进企业，走商户，千方百计动员社会各界捐资，在他的呼吁下，先后有昌江华盛、华润、鸿启等大企业资助昌江58名贫困新生圆大学梦；海尾镇南罗村连续7年集资赞助本村大学新生。为弘扬核心价值观，亲自起草在全县青少年中开展普法教育宣传活动的实施方案，亲自到昌江中学、海尾中学、坝王岭中学等三所中学开专题报告会，引起社会极大反响。为了更有效地开展青少年思想教育，先后组织关工委“五老”深入校园开展社会主义核心价值观宣传教育58场次，受教育学生达8万多人次。创新新农村管理，开创“四零”工作先河。主持创建“四零”村级管理工作即“零失学、零犯罪、零吸毒、零不孝敬父母”，亲自到昌化镇浪炳村抓试点，得到了省关工委和县领导的高度重视。省关工委专程到昌江听取汇报，进行总结，并在全省各市县加以推广。通过“四零”创建活动，树立了十月田镇、浪炳村等第一批典型标杆，构建起学校、家庭和派出所“三位一体”的“大帮教”格局，“四零”社会管理模式在全省得到推广。为老区人民办实事做好事。为解决革命老区饮水难、行路难、看病难、上学难、住房难、照明难等“六难”问题。经常跋山涉水搞调查，体察民情，了解民意，为老区出谋献策。先后在海尾、进懂等老区村庄解决自来水引水工程65宗，解决了老区5万多人口饮水难问题。还帮助王下乡浪伦至大炎新村铺路7.5公里，解决了革命老区“行路难”问题。

王裕超同志，今年67岁，自2008年退休后，利用自己的文学与摄影艺术之专长，凭着一颗热爱家乡、宣传家乡的责任感，倾心宣传家乡的建设新貌和精神文明建设，深受到社会各界的肯定和人们的赞扬。早在上世纪八十年代，电影《红色娘子军》中琼花的扮演者祝希娟来琼海时，她就写文章拍照片发表在广东省的《南方周末》杂志上，成为本地红色宣传的第一人。王裕超利用娘子军这个红色品牌大力著文摄影宣传，其摄影作品《夕阳别样红》、红色的传奇》画册、《美哉万泉河》画册、《老树·老屋·老人》《百岁还童》等作品陆续在全国主要媒体和摄影专业杂志上发表，并有一些摄影作品在省级、国家和国际影展中获奖。2008年还撰写出版了10万字图文并茂的《琼海企业家风采》一书，向社会和广大青少年介绍琼海二十多位杰出企业家的创业奋斗事迹。

各项业务进展

【老龄工作概况】2015年，全省60岁及以上户籍老年人口129.46万人，老龄化程度占全省户籍人口的14.26%，比上年度增长0.56个百分点；全省老龄化不断加剧，老龄化程度最高的市县已达到19.41%，最低的市县也达到10.63%。80岁以上的老年人口达22.5万人，占户籍老年人口的17.37%。全省老龄化不断加剧，老龄化程度最高的市县已达到19.41%，最低的市县也达到10.63%。人口老龄化趋势中呈现的特点：老年人口规模不断扩大，老年人口发展不平衡，呈北高南低，区域差异明显，高龄化发展趋势比较快并明显高于全国，长寿岛的特征进一步突显，农村老龄化程度高于城镇，空巢化、失能化的比重持续上升，“候鸟”养老规模不断扩大，养老问题面临严峻挑战和压力。老龄事业呈健康发展态势，老年人民生保障进一步加强，老年人基本公共服务水平进一步提升，涉及老龄工作的相关领域改革进一步深化，老年人权益保障和优待工作的贯彻落实力度进一步加大，老年群众工作进一步活跃，老龄事业得到新的发展。

【养老保障】进一步落实老年人各项保障政策，城乡居民养老保险待遇不断提高。一是连续提高养老保险待遇水平。截至2015年连续11年提高企业退休人员基本养老金，全省企业退休（职）人员的月人均养老金达到1964元，在此普调基础上，再对缴费年限长、70岁以上的高龄人员进行特别倾斜，增发养老金，有效保障和改善了全省企业退休（职）人员的基本生活。二是建立城乡一体化的居民社会养老保险制度。截至2015年，省委省政府连续4年将城乡居民基础养老金标准列入为民办实事行动计划，将城乡居民基础养老金标准统一提高到145元，比现行国家统一的基础养老金标准70元高出107%，打破了城乡户籍限制，建立城乡一体化的居民社会养老保险，进一步保障城乡老龄居民基本生活。三是启动机关事业单位养老保险制度改革，建立起“广覆盖、保基本、多层次、可持续”的综合保障体系，从城里人到农村人、从公务员到企业职工，各主要的老年群体均做到“应保尽保”，全体老年人老有所养、老有所医的民生愿景已成为现实。

【医疗保障】2015年，提高新型农村合作医疗和城镇居民基本医疗保险补助标准，两项保险财政补助标准从2011年的200元/人提高到2015年的380元/人，全年下达城镇居民医疗保险和新农合医疗保险资金215，978万元，其中中央财政138，435万元，省财政77，453万元。为落实老年优待政策，为老年人提供医疗优待服务，卫生部门出台一系列政策，优化简化就医流程，推进老年患者志愿服务，降低参合老年人的自付医疗费用，全省参合老年人受益270.34万人次，补偿金额6.34亿元，实际补偿比61.07%。实行定点医疗机构垫付制，基本做到出院即时报销，减轻农村老年人的医药费用负担，使老年疾病得到及时救治，切实解决农村老年人老有所医问题。稳步推进城乡一体化基本医疗保险制度建设，城乡居民基本医疗保险筹资标准、待遇水平实现全省统一。实施基本公共卫生服务均等化计划，在全省开展65岁及以上老年人体检、登记和疾病预防、保健等健康指导管理。开发老年健康管理信息化模块，建立省、市县、乡镇三级健康管理体系；在村级推广应用健康一体机，开展老年人健康检查和随访工作，扩大信息化管理范围。2015年底，所有老年人健康管理资料均录入海南居民健康管理档案管理系统，65岁及以上老年人健康管理率为51%。初步实现老年人信息化健康管理工作。加强社区健康服务设施建设，引导和鼓励医疗机构、社区卫生服务机构将康复护理服务延伸至居民家庭，为社区老年建立健康档案，逐步建立与老年家庭医疗契约服务关系，提供日常护理、慢性病管理、康复、健康教育和咨询、中医保健等服务。加强老年健康教育及长寿科学研究，提高老年人自我保健能力，促进健康老龄化。稳步推进跨省异地就医结算工作，扩大跨省异地医疗结算合作区域，截至2015年末，与我省签订异地就医结算合作协议的达到17个省（市区）、89个统筹区，解决了异地就医结算“两地跑”的老大难问题；实施“金保工程”建设，实现省内跨市县就医住院费用联网结算，累计发放社保卡301万张，更加方便参保老年群众缴费和报销记录查询等，较好地解决老年患者异地就医结算问题。

【老年人社会救助】2015年底，全省城乡居民最低生活保障人数31.75万人，其中城乡老年人享受最低生活保障人数2.97万人，城乡低保月平均保障标准分别达到420元、280元。全省五保供养人数3.00万人，集中、分散供养标准分别达到464元、380元。健全覆盖城乡居民的基本医疗保障体系和重特大疾病保障和救助机制，将所有老年人纳入医保和救助制度范围，逐步提高保障标准。积极开展扶老助困活动，在春节、重阳节期间，由各地党政领导带队走访慰问贫困老年人，帮助解决实际困难。全省认真落实农村部分计划生育家庭年老父母奖励扶助制度，对农村只生育一个子女或两个女孩的夫妇年满60岁后，每人每年的奖励扶助标准由900元提高到1200元。对享受低保的空巢、独居、孤寡老人，以及子女残疾重病无力承担赡养义务的特殊家庭老人，由政府通过购买服务的形式，提供无偿或低偿送时服务；在分配保障性住房时，主动公开分配政策、程序、房源等信息，主动接受社会监督，确保分配工作公开、公平、公正，确保符合条件的老年人优先获得住房保障；农村危房改造时，重点保障农村分散供养五保户、低保户、贫困残疾老人家庭及其他贫困户，农村危房改造补助标准由平均每户7500元提高到15000元，保障了包括老年人在内的2.28万贫困农户改造危房，缓解了困难老年人的“住房难”问题。

【养老服务体系建设】公办养老机构建设稳步推进，三亚、陵水、澄迈、屯昌等市县中心养老院建成并投入使用，儋州、万宁、文昌、乐东等市县中心养老项目竣工。支持社会力量举办养老服务机构扶持政策得到进一步落实，发挥了市场主体的作用。截止2015年末，全省年内各类养老服务机构213家，新增各类养老床位13984张、总量达到33586张，其中公办养老机构177家，床位数达17074张，占床位总数50.84%，民办养老服务机构36家，床位数达16512张，占床位总数49.16%，每千名老年人拥有床位26.7张，养老服务保障能力明显增强。社区居家养老服务试点工作稳步推进，全省除三沙市外，继续完善居家养老网络服务信息平台建设，全省居家养老信息系统由1个省级信息平台省级管理系统，覆盖18个市县管理系统、实现了18个市县主城区开展社区居家养老服务工作，服务网点覆盖了全省421个社区和老人终端，信息系统由奥维通讯集团公司建设、管理，负责对整个系统的信息输入、输出以及服务的兜底。省级管理系统负责对全省18个市县的居家养老服务进行监管、统计、分析；市县管理系统负责对辖区内社区养老服务进行监管、统计、分析；社区居家养老服务中心负责老人信息对接，指派人员对老人提供服务。主要为享受政府购买居家养老服务的3099名老年人开展服务，海口市社区居家养老服务工作触角已向龙泉、龙桥、云龙、灵山、三江、长流等六个乡镇农村社区延伸。为落实海南省政府《关于支持社会力量兴办非营利养老机构的若干政策》（琼府〔2012〕15号）精神，通过一次性拨付268.54万元民办养老机构建设补贴、床位运营补贴和寄养补贴发放，扶持社会力量参与兴办社会养老机构，加快养老服务体系建设步伐。加强了养老护理人员培训工作，通过政府购买服务方式，委托有资质的培训机构，培训100名养老护理员，并通过技能鉴定，持证上岗；组织医护机构、大专院校、社会社团等开展为老志愿服务活动。探索开展医养融合发展的养老服务模式，有条件的养老机构均设立了医疗诊所或医疗机构，并与周边医疗机构签订合作协议，开通医疗服务“绿色通道”。逐步形成政府主导、部门联动、市场运作、社会参与的养老服务保障格局。

【老年人优待工作】认真贯彻落实老年人各项优待政策，一是高龄津贴制度性保障覆盖全省。2006年起，率先在全国建立了百岁以上老年人长寿补助制度，目前省级百岁长寿补助标准达到每人每月300元，截至2015年末，全省共有1936名百岁及以上老年人领取了长寿补助金。全省18个市县（不含三沙市）和洋浦开发区全部建立了80岁以上老年人高龄津贴制度，高龄津贴制度性保障覆盖全省。陵水黎族自治县还把享受高龄津贴的年龄段降低至75岁以上，让老年共享经济社会发展成果。二是积极开展扶老助困活动。在春节、重阳节期间，由各地党政领导带队走访慰问贫困老年人，帮助解决实际困难。实施农村计划生育家庭奖励扶助金制度，从2012年起提高全省奖励扶助金标准，对农村只生育一个子女或两个女孩的夫妇年满60周岁后的奖励扶助标准由每人每年900元提高到1200元。全年全省享受计划生育家庭年老父母奖励扶助金的有1.02万人，发给奖励扶助金4294.39万元。三是老年优待相关政策稳步推进。在分配保障性公共租赁住房时优先保障城市“三无”老人，在农村危房改造时重点保障农村五保老人，缓解了“三无”和孤寡老年人的住房困难。2015年，省财政投入资金45万元，为2万名城乡低保、五保、独居等困难老年人购买老年人意外伤害保险。在改善城乡老年人居住环境方面，根据国家的有关标准要求，积极开展无障碍建设城市创建工作，海口和三亚市被列入100个创建全国无障碍建设城市之列。全省各地制发老年优待证50余万张，为老年人乘车、乘船、乘机、就医等提供优待服务。在推行城乡最低生活保障制度中，采取降低进入低保“门槛”，提高救助标准等多种措施，对贫困老年人给予了倾斜，做到“应保尽保”。维权服务优待方面，司法部门对贫困老年人实施法律援助给予简化程序和优待先服务，对涉老案件，优先立案、优先审理、优先执行，律师事务所、公正处、基层法律服务所和其他法律服务机构为老年人提供减免法律咨询费和其他有关服务。全省农村老年人免去“一事一议”筹劳、筹资义务。此外，在推动65岁以上老年人每年免费一次体检、老年人入院诊疗费用优惠、贫困老年人水电费减免、游览旅游景点优惠等政策落实都取得了良好进展。

【老年人维权工作】加大老年人法律法规的宣传力度，做好老年人合法权益保障工作。一是开展“绿岛法援—幸福夕阳行动”宣传咨询活动。深入全省市县街区免费为老年人解答法律问题并现场受理法律援助申请。通过海南电视台新闻频道《说法》进行开展“法律援助公益宣传月”活动，发放《海南省法律援助规定》《老年人法律援助手册》《法律援助优秀案例集》等小册子，及发放印有法律援助常识的便民拉画笔、便民折扇、春联等老年人喜闻乐见的宣传品，提高老年人法律意识。二是开展法律援助活动。司法部门以“困难群众无钱打官司，法律援助免费来帮你”为主题，开展法律援助指示牌“村村通”活动，全省每个村（居）委会均悬挂法律援助指示牌，让更多的老年人成为法律援助的“明白人”，有效化解了老年人“打不起官司”的后顾之忧。三是健全完善各项服务措施，便捷老年人申请法律援助。为方便老年人法律求助，设立功能齐全的省级“12348”法律援助便民服务大厅，为老年人等困难群众提供接待法律咨询、案件受理审查、组织法律援助案件调解和案件质量投诉受理等一站式服务。在各市县老龄办、乡镇（街道）司法所等设立法律援助工作站，在所有村（居）委会设立法律援助联络点，积极开展老年法律援助工作，更好地满足老年人多层次、多形式的需求，为老年人提供更加便捷的法律援助服务，为老年人权益保障撑起一片蓝天。

【老龄宣传工作】老龄宣传工作以《中华人民共和国老年人权益保障法》和《海南省实施〈中华人民共和国老年人权益保障法〉若干规定》（以下简称“一法一规”）为主线，以活动载体，策划一系列主题宣传活动。在全省开展“敬老月”活动、第二届“敬老文明号”创建活动、及“全国老年法律维权工作先进集体”和“全国老有所为先进典型人物”评选表彰推荐活动，各地通过活动，以典型为榜样，宣传老龄工作；各级老龄机构以宣传贯彻“一法一规”为主线，组织开展老年人文艺汇演、送文化下乡、送科技下乡、关医疗下乡、慰问贫困老人等活动，弘扬中华民族孝亲敬老的传统美德，营造尊老敬老养老爱老的良好社会氛围；省老龄办通过海南省老龄门户网站及时传递老龄工作法规政策和工作动态等信息，为社会各界关注和了解我省老龄工作动态和老龄问题搭建交流互动平台。各地与主流媒体合作，开辟专栏、设立专题访谈、电话互动咨询、在线广播解答等多种形式，宣传老龄工作政策法规，宣传尊老敬老的先进典型，推广成功经验；加强社会主义核心价值观宣传教育工作，将尊老敬老教育与中小学德育、公民道德建设、“海南文明大行动”、弘扬和践行社会主义核心价值观有机结合，不断扩大老龄工作的影响力度，老年人权益保障和服务等工作普遍得到社会各界广泛关注。

【老年人教育与文体生活】老年群众性文化、健身活动蓬勃发展。一是老年人精神文化生活丰富多彩。我省各级老龄部门不断加强组织协调，成员单位积极支持参与，组织老年人开展大型文体赛事、文艺汇演和老年书画作品展等活动，丰富老年人的精神文化生活。如举办以“迎国庆、庆重阳”为主题的茶话会、座谈会等；省老体协举办全省老年人运动会、省直机关老年人运动会，每年举办一届“海南省中老年人健身操（舞）大赛”等。二是老年教育事业迅速发展。全省老干部系统老年大学已形成网络，各市县相继开设书法、国画、音乐、诗词、计算机、舞蹈、健身、太极、摄影、英语等适合老年人的具有鲜明特色的课程，老年教育稳步推进，丰富老年人文化教育生活。三是老年人参与社会活动收效明显。近年来，我省大力支持老年人参与社会活动。组织老年人参与全省经济社会建设。省老年协会、老年科协、关心下一代工委等老年社团机构，组织老教师、老专家、老学者、老干部等参与全省经济建设、公民道德建设和社区精神文明创建等活动。文体、卫生、科技、农业、林业、教育等部门组织老专家深入贫困市县开展文艺下乡、医疗义诊、科技帮扶、支教等活动，为精准扶贫添砖加瓦。

重庆市

2015年5月20日全国老龄办常务副主任王建军来渝调研老龄工作。

2015年6月16日重庆市老龄委第十二次全体会议召开。

综　述

2015年，重庆市老龄工作紧紧围绕全国老龄委第十七次全体会议、全国老龄办主任会议和市老龄委第十二次全体会议精神，市、区县老龄办，老龄委成员单位，老年社会组织同心合力、积极作为，全面完成各项工作目标任务，同时也为老龄事业发展“十二五”规划收官划上圆满句号。

一、进一步贯彻落实国家老年法，老年人合法权益得到有效维护

一是广泛深入学习宣传老年人权益保障法，对各级各方责任、老年宜居社区、老年人参与社会有了更深更全的了解。二是配合市人大开展老年人权益保障法执法检查，听取相关区县、部门和单位的汇报，召开了人大代表、社会工作者和专家学者的座谈会，实地考察养老公寓、社区养老服务中心、老年人家庭，了解了新老年法在重庆实施的总体情况。三是开展了“五个一”老年人法律服务和法律援助工作，针对当前妨碍老年人再婚、虐待、遗弃、财产分割、欺诈、骗取老年人财物等行为开展维权行动。四是联合23个部门出台了关于进一步加强老年人优待工作的实施意见，让老年人切实享受政务服务、卫生保健、交通出行、商业服务、文体休闲、维权服务等6个方面33条的优待内容。五是扎实推进老年人意外伤害保险。去年9月份开始实施一年多来，全市有48.7万人投保，保费总额1530.99万元。已有3056人次获得了赔付，赔付总金额1040.2万元。

二、加大老龄问题调查研究力度，建立老龄问题科研基地

一是在西南大学、重庆工商大学、重庆师范大学、重庆社会科学院、重庆医科大学附属第一医院、重庆医科大学附属第二医院和中国四联仪器仪表集团有限公司等7个高等院校和科研院所成立重庆市老龄问题科研基地，研究老龄事业、老龄产业方面面临的热点、重点、难点问题，为党和政府决策提供有力的智力支持，为推动老龄事业快速健康发展提供科学依据。二是在市委市政府有关领导的安排下，对重庆市人口老龄化对经济社会发展的影响进行了深入调查研究并提出了对策建议报告，有关内容纳入了市委关于制定“十三五”规划的建议当中。三是在全市开展老龄问题调研论文评选。共收到老龄系统、各老龄问题科研基地报送的论文58篇，组织编印了《重庆老龄政策调查研究成果选编（2015）》。四是按照全国老龄委统一部署，组织涪陵、秀山等13个区县认真做好第四次全国老年人生活状况抽样调查工作，完成6240份调查对象个人问卷和273份社区、乡镇（街道）、县（区）问卷，保时保质保量完成全国调查任务。

三、积极统筹调动各方，营造敬老养老助老社会氛围

举办了重庆市老龄事业发展在“老有所养、老有所医、老有所为、老有所学、老有所乐”五个方面的成就展，得到广大老年人的充分肯定。召开了以“九九重阳节·浓浓敬老情”为主题的2015年老年节庆祝大会，市政府办公厅副秘书长李世奎在会上向全市老年人表示了节日的祝福，并要求各级各有关方面要考虑老年人的实际需求，建设与重庆经济社会发展水平相适应、与老年群体期盼相符合的老龄事业发展体系，确保老年人同步进入小康社会。加快第二届“敬老文明号”创建活动，基本覆盖全市卫生计生服务行业所有窗口单位。电视台、电台、报刊、杂志、网络等媒体大力开展敬老助老典型人物和先进事迹宣传，全年全市各类媒体发布涉老新闻、公益广告等近1万次，发出了好声音、传递了正能量、引导了新风尚。

四、充分发挥老年社会组织作用，为老年人参与社会发展创造条件

一是协助老年社会组织积极履职。市老年事业发展基金会今年募集扶助资金（含物资折价）1339.52万元（其中专项市级福彩资金资助350万元），惠及27个区县居家养老及机构养老的失能半失能老人、贫困老人4052人。支持市阳光助老中心开展城市社区空巢老人心理团辅导公益活动，2600多名空巢老人参与了心理疏导；在“阳光助老行动—复明工程”公益活动中，共筛查206场、9000度人次，为937名老年人进行手术。市老年学学会积极配合市老委办组织开展老龄政策调研工作，牵头撰写的《老年产业财税政策的现状调查与思考—以重庆市老年产业财税政策为例》等文章荣获一等奖。市老科协组织老专家、老教授，赴永川、南川等区县开展了为当地经济社会发展建言献策，农业种、养殖技术现场指导及培训讲座，医疗卫生保健咨询、义诊等活动，收益人群超4000人次。二是千方百计促进基层老年协会加快发展。按照“数质并举、点面结合”的原则，全力推行一手抓“覆盖率“，一手抓“速度、质量、成效”提升的措施办法，完成“十二五”规划提出的“城市社区老年协会覆盖率95%，农村社区老年协会覆盖率80%”的指标。同时，开展了“我创作·我表演”活动，积极为基层老年协会搭台唱戏，宣传弘扬社会文明风尚，吸引老年人自愿组织、参与基层老年协会。

五、大力推动养老服务业发展，满足老年人日益增长的养老服务需求

一是围绕养老服务业中的热点、难点问题，推动相关成员单位发挥职能作用，出台了一批促进养老事业发展的政策和制度规范。相关单位完成了我市《关于加强养老服务设施建设用地管理工作的实施意见》起草工作，目前正在进一步修改完善；制定出台了《重庆市养老机构设立许可实施办法》，进一步简化了养老机构申办手续，降低养老机构床位设置门槛；拟定《关于推进医疗卫生与养老服务相结合指导的意见》，尽量将养老设施与相应级别医疗卫生设施进行集中布置，对申请财政支持的新建养老院，优先支持医养结合型。二是举办了第十届中国（重庆）老年产业博览会，通过举办展会、高端论坛、老年义诊、健康知识讲座、新品推介会等活动，为国内外养老机构、老年用品、老年保健、康复器具及老年日用品等企业提供现场展示和经验交流的平台。三是支持各类企业积极开发建设和改造老年宜居住宅和老年社区。全国智能化养老示范基地明月绿洲、如恩岁月等一批高质量的医疗、商业、娱乐等配套完善的老年社区已建成并投入使用。同时，鼓励旅游风景区建设养老服务设施，为社会老人提供休闲养老服务。支持中国四联集团将旧厂房场地改造为老年康复医院，专门收治失能老年人。四是贯彻落实《国家中医药管理局和全国老龄办关于推进中医药健康养老服务发展的合作协议》，鼓励和支持中医药管理部门和老龄机构之间、相关社会组织之间以及有关企业与中医健康养老机构之间开展合作，推动养老服务业与中医药健康服务的深度融合。

六、始终坚持“大老龄”工作思路，全面完成老龄事业发展“十二五”规划

一是老年社会保障水平进一步提升。截至2015年底，全市参加城乡居民养老保险人数达到1960万人，参保率95%，城乡居民基础养老金最低标准从80元增加到95元，企业退休人员月人均养老金由“十一五”末的1400元增加到2400元。医保筹资标准、最高支付限额和报销比例逐步提高，截至“十二五”末，全市参加医疗保险人数为3266万人，参保率达96%。我市城镇、农村最低生活保障标准分别为375元/月、220元/月；农村五保集中供养标准5580元/年，集中供养能力达到85.5%。二是老年医疗卫生保健需求进一步保障。目前提供老年医疗保健服务的医疗机构数（所）达到73个。80%的城市老年人步行20分钟、农村老年人步行30分钟，即可到达最近的医疗点就诊。全市38个区县全部实行了65岁以上老年人免费体检等制度。60岁以上老年人健康档案建档率达92.37%，65岁以上老年人健康管理率为74.51%。2015年底，全市人均期望寿命为76.7岁。三是老龄服务事业进一步加强。截至“十二五”末，全市城乡养老机构1397所，床位19.8万张，每千名老人拥有床位30.2张；全市城镇社区养老服务中心（站）621个、农村幸福院2868个，城乡社区养老服务机构覆盖率分别达到43.5%和25.1%。四是老年人生活环境进一步优化。基层体育建设设施覆盖率为55%，老年人参与体育健身比例为54.5%。我市新建公共设施和养老场所无障碍率达100%，老年人设施总用地面积61.72公顷，老年人设施人均用地达到了0.094平方米。五是老年人精神文化生活进一步丰富。全市现有老年大学（学校）1593所，在校人数约14.84万人，老年人参与教育比例为8.4%。老年人参与社会积极主动。市老年学学会大力开展老龄问题研究，近几年独立或联合其他单位撰写具有指导性和参考性的调研文章数十篇，其组织编写的《重庆市人口老龄化对经济社会发展的影响及对策研究》获市委书记孙政才重要批示和要求。市老年事业发展基金会积极开展助老扶老工作，动员吸收社会企业参与支持老年事业发展，广泛募集资金和物资，为困难、失能半失能老年人提供物资、辅助器具等。市老体协组织老年人参加体育健身活动，举办各种体育健身活动和参加各类老年人体育健身大会，不断增强我市老年人身体素质，积极践行健康老龄化。市老科协每年都积极动员老专家、老教授、老学者开展“银龄行动”。六是老年社会管理力度进一步增强。目前，全市共建有基层老年协会9000多个，参加活动的人数约180万人。企业退休人员社区化管理比例达84%。七是老年人权益保障和敬老优待进一步强化。老年法重庆实施办法修订工作扎实推进。全市建立了23个老年人法律援助工作站，基层老年法律援助覆盖率达90%，为3000多名老年人提供了法律援助服务。此外，敬老优待工作有力落实。完善老年人高龄津贴制度；70岁以上老年人享受免费乘坐主城公交、轨道交通、过江索道、扶（电）梯等政策，已落实免费乘坐公交线路457条；全市62个收费公园、旅游景点、风景名胜区免费向70岁以上老年人开放。

重要会议和活动

【重庆市老龄委第十二次全体会议】2015年6月16日，重庆市老龄委第十二次全体会议在市政府会议室召开。会议内容为贯彻落实全国老龄委第十七次全体会议、全国老龄办主任会暨第四次中国城乡老年人生活状况抽样调查动员会、全国基层老年协会建设推进会议精神，总结交流我市2014年老龄工作开展情况，安排部署2015年全市老龄工作任务。谭家玲副市长参加会议并作了重要讲话，强调以改善老年民生为重点，从六个方面加大工作力度。一是科学编制老龄事业发展规划，突出规划引领作用。加强调查研究，扎实开展好第四次中国城乡老年人生活状况抽样调查工作，为制定老年人的规划、战略、政策提供基础依据；注重加强老龄事业发展“十三五”规划与四个规划的衔接。二是着力完善养老保障和服务体系。要进一步明确养老服务业的内涵、养老服务业发展体系机构、养老服务事业重点对象，大力发展养老服务业，加大养老服务、养老保障改革创新力度。三是加强统筹，为老龄事业发展提供保障。抓好老龄事业发展规划的落实，完善涉老政策法规的支持，制定细化老年人优待政策，要将养老产业纳入扶持行业目录。四是加强宣传教育，营造浓厚的敬老社会氛围和良好的社会环境。加大对青少年爱老、敬老、孝老的教育；宣传部门、新闻媒体要营造敬老、孝老、养老、助老的社会舆论氛围；开设为老年人服务的项目、栏目，加大对老年人维权的宣传，加大对孝老敬老典型事迹的宣传；开展丰富多彩的敬老爱老孝老活动。五是开展老龄问题研究，结合重庆实际设置调研课题，并注重研究成果的转化。六是办实事，强化“四优”。卫生计生、人力社保、交通、园林、教育、司法等部门要从职能职责出发，切实为老年人谋幸福、办实事。

【重庆市老龄办主任会议】2015年6月26日，全市老龄办主任会议在雾都宾馆召开。全市38个区县（自治县）和万盛经开区老龄办主任（负责人）及老龄工作人员参加了会议。会议传达学习了全国四个会议主要精神以及市老龄委第十二次全体会议精神；区县代表作经验交流发言；举行老龄政策调研成果评选表彰仪式；市老龄办主任沈文彪讲话。沈文彪同志提出2015年工作要做到九个“切实抓好”和九个“努力创建”。

【市老龄办主任会议】2015年12月14日，市老龄委办在世纪同辉酒店组织召开了“市老龄办主任会议”，会议议程有四项，一是传达全国老龄系统干部培训会议精神；二是老龄问题政策调研经验交流；三是老龄统计培训和探讨老龄科研成果转化；四是老年人意外伤害保险工作经验交流。各区县（自治县）老龄办负责人及科长参加了此次会议。

【老年节庆祝活动】为庆祝2015年“老年节”，大力弘扬敬老养老助老传统美德，积极营造党政关心、社会关爱、家庭关切的良好氛围，2015年“老年节”庆祝大会在雾都宾馆·太阳城举行。主城九区老龄委办负责人及工作人员、市老龄委成员单位负责人和联络员、失能老人代表、关爱失能老人志愿者领奖代表、重庆市“老年科研基地”领奖代表及老年人代表参加了庆祝大会。市政府分管副秘书长李世奎代表市老龄委在会上作了重要讲话。此外，还展示了重庆市老年事业发展成果，老年人开展了文艺演出。

四川省

四川省政府副省长、省老龄委主任曲木史哈（右一）和省民政厅厅长、省老龄委副主任、省老龄办主任黄明全（左二）看望慰问成都市“乐水苑”老人。

四川省民政厅厅长、省老龄委副主任、省老龄办主任黄明全在万源市看望慰问困难老人。

综　　述

2015年是老龄事业发展“十二五”规划的收官之年，在省委、省政府的正确领导下，在全国老龄办的指导下，全省老龄系统以科学发展观为指导，深入贯彻党的十八大、十八届三中、四中、五中全会和全国老龄委第十七次全会以及省委十届六次全会精神，紧紧围绕“党政主导、社会参与、全民关怀”的老龄工作方针，以实现“五个老有”为目标，充分发挥“综合协调、督促检查、参谋助手”作用，全面完成了2015年各项工作任务和《四川省老龄事业发展十二五规划》提出的各项目标任务，老龄事业发展成绩喜人。城乡养老保障制度实现全覆盖，养老保障水平稳步增长，城市街道和社区基本实现了居家养老服务网络全覆盖，养老服务体系建设步伐进一步加快，老年教育进一步发展，老年人精神文化生活日益丰富，老年维权和优待工作进一步得到落实，“银龄行动”成效显著，敬老爱老助老氛围日渐浓厚。

重要会议和活动

1月22日浙川“银龄行动”援助乐山茶叶发展项目第二阶段工作总结会在乐山市召开。

2月10日上午，2015年省老龄工作会议在成都市金堂县召开。

3月27日，省人社厅和省老龄委联合下发了《四川省人力资源和社会保障厅四川省老龄工作委员会关于评选表彰四川省敬老爱老助老活动先进集体和先进个人的通知》，决定在全省老龄系统及涉老部门中评选出四川省敬老爱老助老活动先进单位60个、先进个人70名。

4月18日，四川省第八届老年人运动会在遂宁召开。

5月14日至15日，第十九届川渝老年大学协作会在四川省乐山市召开。

5月21日，省老龄办在沙湾会展中心召开了老龄事业发展“十三五”规划编制、老年旅游发展情况座谈会。

6月17日，第四次中国城乡老年人生活状况抽样调查骨干培训班在成都举行。来自北京、天津、内蒙古、山西、四川等全国31个省、自治区和直辖市老龄系统200余人参加了培训。

6月23日—25日，省政协、省老区促进会组织调研组到巴中、达州农村调研革命老区留守老人生活情况。

7月6日，省政府常务会议召开关于加快商业养老保险实施意见的会议。

7月27日，省老龄办等24部门印发《关于进一步加强老年人优待工作的实施意见》。

8月1日—31日，四川省开展第四次城乡老年人生活状况抽样调查工作。

9月23日，由国家体育总局社会体育指导中心、中国门球协会主办，四川老龄工作委员会办公室指导，四川省门球协会、宣汉县人民政府、达州市老龄办、达州市门球协会共同承办，上海市汇宇精细化工有限公司协办的“宣汉杯”2015年全国老年人门球赛在宣汉县西门运动休闲广场隆重举行。

9月28日，四川省民政厅联合省委宣传部、省委老干部局、省发展改革委、省财政厅、省老龄办等11部门共同印发了《关于加强老年教育工作的意见》。

9月28日—29日，省人大检查组到达州市、南充市，就贯彻执行《中华人民共和国老年人权益保障法》进行执法检查。

10月20日，省人大检查组到成都市龙泉驿区，就成都市贯彻执行《中华人民共和国老年人权益保障法》进行执法检查。

10月20日，由省民政厅、省老龄办主办，老年大学、省老年大学协会承办的“乐龄人生·风华夕阳——四川省老年教育30周年暨四川老年大学建校30周年教学展演”在成都隆重举行

10月30日，省政府第101次常务会议，审议《四川省养老健康服务业发展规划（2015—2020年）（送审稿）》。

12月4日，四川省委宣传部、省文明办举行“四川志愿·携手圆梦”第三届四川省志愿服务评选展示交流活动。

12月17日—18日，省政府组织相关人员到巴中调研民政和老龄工作。

12月23日，全国部分省（市、区）基层老年协会建设座谈会在成都召开。

12月23日至24日，2015年全省老龄工作业务培训暨老龄问题理论研讨会在成都市召开。

各项业务进展

【第四轮敬老模范县（市、区）创建工作圆满完成，各地老龄工作进一步整体提升，创建工作影响进一步扩大】2015年是我省开展的第四轮创建敬老模范县（市、区）工作的最后一年，为圆满完成四年一轮的创建工作，我们在2014年组织市（州）老龄办交叉检查的基础上，要求各地对照检查验收标准，进一步查缺补漏，提高创建水平。各地按照要求认真开展自查。遂宁、宜宾、广安、眉山等地还层层同步开展了敬老模范乡镇（街道）和敬老模范村（社区）的创建和检查验收工作。为确保创建工作的公平公正，巴中市等成立了检查验收组，对各申报县进行了逐项检查打分，最后按照优中选优的原则确定推荐创建省级敬老模范县名单。为搞好全省创建检查验收工作，省级成立了由曲木史哈副省长任组长的检查验收领导小组，省政府办公厅下发了开展检查验收工作的通知，并组成了由省政府办公厅和省委老干部局、民政厅、人力资源社会保障厅、省卫生计生委、省老龄办相关领导任组长的6个检查验收组。各检查验收组对市（州）推荐的县（市、区）进行了检查验收评分，在对成都市锦江区等39个第四轮创建敬老模范候选县（市、区）进行公示后上报了省政府。省政府110次常务会议审定通过，并发文认定了39个省级敬老模范县（市、区）。四年的艰辛创建，提升了各地老龄工作整体水平，我省的老龄事业也取得长足发展，创建工作在全社会引起了广泛的关注。

【注重统筹协调，高质量完成第四次城乡老年人生活状况抽样调查工作】这次抽样调查工作，我省共有17个市34个县（市、区）被抽中，涉及136个乡镇（街道），544个村（居）委会，调查样本规模为1.632万个，样本量居全国第二，抽样调查工作任务相当繁重。为搞好抽样调查工作，我省高度重视，成立了由省老龄委副主任、民政厅厅长、省老龄办主任黄明全任组长，民政厅、财政厅、省老龄办等有关领导为成员的领导小组。突出抓好经费支持、业务培训、督查指导和宣传造势四个环节。省老龄办与民政厅、财政厅联合下发通知，确保了调查经费的落实，还积极向全国老龄办申请了100余万的专项工作经费，用于补助我省各抽中县（市、区）的工作经费。配合全国老龄办在成都召开了第四次中国城乡老年人生活状况抽样调查骨干培训班，并组织我省市县两级督导员和访问员参加了业务培训。2015年8月1日全省为期一个月的入户调查工作正式启动后，省老龄办先后派出3个督导组到各地督导抽样调查工作。各市（州）、县（市、区）、乡镇的督导员和访问员进村入户，积极开展调查工作，并在规定的时间内上报了相关问卷资料，为全国老龄办开展的第四阶段分析报告工作提供了大量详细的第一手数据材料。同时，省老龄办还及时向各市（州）发放了宣传画，编印20多期第四次抽样调查工作简报，及时反映我省开展有关工作的完成进展情况和有关县（市、区）的经验做法。德阳、绵阳、达州、眉山等地还大胆创新，在开展抽样调查工作的同时开展人口老龄化宣传和针对老年人的惠民活动，取得了较好的效果。在广大访问员和督导员的共同努力下，我省抽样调查工作如期顺利完成。我省的抽样调查工作得到全国老龄办表彰，被评为抽样调查组织工作优秀单位。

【着力拓展协会功能，基层老年协会建设取得突破性进展】2015年是我省基层老年协会大发展的一年，基层老年协会建会率超过预期目标，作用发挥进一步凸显。目前，全省基层老年协会已达47773个，其中城市社区建会率达98.4%，农村行政村建会率达80.3%，“十二五”期间城乡建会率增加了40%多，超额完成了《中国老龄事业发展“十二五”规划》提出的任务。基层老年协会作用进一步发挥，全省基层老年协会除了在宣传党的路线方针政策、传播先进文化、反映社情民意、调解邻里纠纷、关心教育下一代、维护老年人合法权益等方面发挥作用外，还积极参与基层社会治理，参与农村空巢老人居家养老服务。老年协会结合本地特色积极开展农村空巢老年人居家养老服务工作，引导组织会员开展结对养老、邻里互助和助老巡

访等活动，帮助解决农村（社区）空巢老人养老中亟需的助医、助浴、缴费等日常需求。通过近年来的探索，我省逐步形成了以成都市金堂县和南充市西充县为代表的开展“助老巡访”模式和以广元、巴中、达州等地为代表的“十户联防”互助模式。初步探索出了新形势下符合我省实际具有四川特色的农村养老服务新路子。特别是金堂县基层老年协会开展“助老巡访”的做法引起了全国老龄办的高度关注。2015年6月，全国老龄办常务副主任王建军实地调研了金堂县官仓镇红旗村居家养老服务中心、互助养老服务点，对当地创造性试点开展农村养老服务新模式取得的成绩给予充分肯定，认为金堂的经验破解了我国农村养老服务的难题。金堂的经验也得到了中央电视台、人民日报、新华社等13家来川采访的主流媒体的一致好评。

【深入贯彻《老年人权益保障法》，老年人优待和老年维权工作持续推进】积极配合省人大常委会到达州市渠县、南充市仪陇县和成都市龙泉驿区等地开展《老年人权益保障法》执法检查。同时，省人大常委会还委托攀枝花、绵阳、遂宁、眉山、资阳、阿坝六市（州）人大常委会对本行政区域内《老年人权益保障法》实施情况进行检查。通过执法检查，进一步促进了各地《老年人权益保障法》的贯彻执行。经省政府领导同意，联合省级24部门出台了我省进一步加强老年人优待工作的实施意见。老年人优待工作得到进一步加强。截止2015年6月，全省建立80周岁及以上老年人高龄津贴的县（市、区）132个，占县（市、区）总数的72.13%，90周岁及以上老年人高龄津贴的县（市、区）169个，占县（市、区）总数的92.35%。深入开展了老年人法律服务和法律援助工作。与司法部门联合在去年10月开展了为期一个月的以法律服务和法律援助为主题的“法治阳光温暖老龄”专项服务活动。与省法院、省检察院、公安厅、民政厅联合开展了“全国老年法律维权工作先进集体”推荐工作，推荐了成都市法律援助中心等11个单位参评“全国老年法律维权工作先进集体”。加强了老年人优待证制作发放的规范化工作。2015年省老龄办继续利用省级福彩采购了70套老年人优待证电脑制证设备，并全部下发各地，目前已累计下发200余套，基本实现了全省老年人优待证的电脑制证办理。

【积极开展“敬老月”活动，老年文化体育活动丰富多彩】2015年省老龄办与有关单位联合先后举办纪念四川老年教育30周年暨四川老年大学建校30周年教学展演活动、四川省纪念中国人民抗日战争暨世界反法西斯战争胜利70周年书画展览、老年教育30周年书画摄影作品展和为期数月的四川省第八届老年人运动会，开展了敬老爱老公益广告征集活动，这些活动的开展极大的丰富我省“敬老月”活动的内容，为带动全省各地开展活动起到了示范作用。各地围绕“传承中华美德，弘扬敬老文化”主题组织开展了一系列内容丰富、形式多样、影响广泛的活动。成都、眉山、广安、雅安、资阳、阿坝、甘孜、凉山等地党委、政府和老龄委主要领导带头深入养老机构、高龄困难老年人家中走访慰问。成都市举办了第十四届老年人艺术节，达州市组织开展了中老年广场展演活动和老年文化下乡活动，遂宁市组织了庆祝“老年节”暨建市三十周年老年文艺演出活动和书画展活动，全国长寿之乡的眉山市彭山区和资阳市雁江区都举行了声势浩大的长寿养生文化节。宣汉县成功举办由国家体育总局、全国门球协会主办的大中华区老年人门球比赛。通过全省各级老龄系统开展的一系列敬老活动，在全省营造了浓厚的尊老、敬老、爱老的社会氛围。

【积极拓展宣传平台，加强人口老龄化国情意识宣传】积极编印《四川省老龄事业发展“十二五”成果画册》。编发《四川老龄》期刊6期，《四川老龄工作简报》22期，上报工作信息200多条、调研信息20余篇，其中大量信息材料被全国老龄办网站、中国社会报等中央媒体采用。配合全国老龄办接待了13家中央主流媒体进川采访活动。在人民日报、新华社等中央主流媒体已发稿文章近60篇，网络检索相关文章约23万条。各地老龄宣传也呈现百花齐放的良好局面。泸州电视台、《泸州日报》等新闻媒体以重阳节为契机，高密度刊播敬老爱老助老报道，营造了浓厚的舆论氛围；德阳市在《德阳日报》上以“老年维权与优待”和“社会敬老”为主题开展老龄专版宣传；绵阳市级各大新闻媒体集中投放敬老爱老助老公益广告，开办宣传专栏，制作专题节目；宜宾市积极采取互联网、移动通讯等现代媒体科技，开通建设了“宜宾老龄通”网站和“宜宾老年手机报”等，宣传效果十分明显，因宣传工作成绩突出，宜宾市老龄办还参加了2015年全国老龄宣传工作会并作交流发言。

【围绕老有所学和老有所为，进一步加强了老年教育工作】经省政府领导同意，以民政厅、省委宣传部、省老龄办等11个部门的名义联合印发了《关于加强老年教育工作的意见》，这是我省第一个有关老年教育的规范性文件，为我省老年教育的发展提供了制度保障。开展了老年大学第三轮评估定级工作，认定了四川省A级、B级、C级老年大学共计220所。通过评估定级工作，进一步促进了老年大学办学规范化、科学化，提高了老年教育覆盖率。开展了形式多样的银龄行动，为老年人老有所为搭建了平台。乐山银龄行动川茶项目开展8年来取得了丰硕成果。目前，茶园面积由4.5万亩增加到10万亩，茶叶产值由8006万元增加到25200万元。成为乐山市政府在五通桥区、犍为县、沐川县打造“50公里、50万亩茶叶产业带”的助推器。积极开展“银龄助教”行动，组织一批老年艺术工作者和有专长的志愿者到各地老年大学开展教学培训活动。充分发挥涉老组织带头人作用，鼓励他们发挥余热，实现老有所为。2015年，在涉老组织领头人的带领下，很多地方的老有所为活动开展得丰富多彩。西充县观音庙村老年协会与村“两委”一起，开展了帮扶困难老年人“五队”帮扶服务活动；资阳市雁江区老年大学坚持每月一次的“激情广场”文艺演出活动、为百岁老人贺寿的慰问演出活动；达州市高穴镇老年协会在一穷二白的情况下，通过老协会会员的努力，现自建三层小楼一座，存款10多万元。银龄行动的广泛开展，使老年人力资源得到进一步开发，老有所为所显现的成效更加明显。

【调研工作力度进一步加强，老龄调研工作成效显著】 2015年初，省老龄办印发了年度的重点调研课题，对各地开展老龄问题调研提出了新的要求，并首次对老龄委成员单位安排调研任务。年底召开了全省老龄调研工作暨老龄问题理论研讨会，开展了优秀调研成果评选活动，编印了《四川省老龄政策调研优秀成果选编（2015）》。对全省荣获优秀成果奖的40篇调研文章和荣获优秀组织奖的11个市（州）老龄办予以通报。省老龄办与省老区促进会对农村留守老人等热点问题开展了专题调研，撰写了《关于四川省革命老区农村留守老人生活状况的调查报告》，并被省老区促进会评为“四川省老区工作先进集体”。2015年全省共收到各地各部门上报调研文章100余篇，择优向全国老龄办上报11篇调研，共有5篇获奖，其中省老龄办撰写的《四川省老年人优待工作调研报告》获得2015年度全国老龄政策调研优秀成果一等奖，成都市老龄办舒发、高学伦撰写的《成都市深化农村留守老人关爱服务的思考》获得三等奖，省民宗委撰写的《关于四川省宗教界开展养老服务事业的探索与思考》和乐山市老龄办郑大桥撰写的《浅谈老年人力资源开发利用的乐山实践》等3篇调研报告获得优秀奖。

【全省老龄系统认真开展了“三严三实”专题教育】 加强了老龄干部的教育培训，老龄工作队伍建设出现新气象，促进了老龄综合能力的全面提升。

贵州省

综　　述

一、省老龄委第十四次全体会议召开

3月26日，省老龄委召开第十四次全体会议。省委常委、省委组织部部长、省老龄委主任孙永春，省委常委、副省长、省老龄委常务副主任慕德贵和全体委员出席会议。会议总结回顾了2014年全省老龄工作情况，安排部署2015年老龄工作，孙永春部长作了重要讲话。

二、社会养老保障制度不断完善

2015年，全省城乡居民基本养老保险基础养老金、企业退休人员基本养老金、企业离休人员基本养老金、省本级统筹的自收自支事业单位退休人员基本养老金等发放标准较2014年有了明显提升。基本医疗保险制度不断健全，城镇居民医疗保险人均筹资达到500元左右，新农合统筹基金支付限额提高到20万元，全省医疗卫生服务网络搭建成形，各大医院、社区卫生服务中心（站）、乡镇卫生院和村卫生室开展了针对老年人的医疗、卫生保健、健康监测等服务，极大地方便了老年人看病就医。

三、老年人社会救助力度进一步加大

城乡低保平均保障标准分别达到464元/月、2695元/年，农村五保对象集中供养率提高到40%，五保集中供养和分散供养年补助标准提高到6291元和4175元，医疗救助政策范围内支付费用救助比例提高到70%。

四、普惠型高龄老人补贴制度逐步建立

贵阳、遵义等6个市（州）建立80岁以上高龄老人生活补贴制度，80岁以上高龄补贴制度覆盖63个县（市、区），72个县（市、区）建立了90岁以上高龄补贴制度，79个县（市、区）在省级每年1200元百岁老人补贴制度的基础上建立了百岁老人生活补贴制度。全省全年共有39万名80岁以上老年人领取高龄补贴，共计发放高龄补贴资金约2.4亿元。

五、《贵州省老年人优待办法》颁发实施

2015年12月，《贵州省老年人优待办法》（黔委厅字〔2015〕83号）由中共贵州省委办公厅、贵州省人民政府办公厅联合印发实施。《办法》进一步拓宽了老年人优待范围，丰富了优待内容，提升了优待水平。《办法》对百岁老人长寿保健补贴发放标准、老年人健康管理服务、老年优待等作出多项规定，并对外省籍来黔老年人同等享受的优待内容进行了说明。

六、经济困难的高龄失能老年人补贴制度于年底出台

2015年12月，省民政厅、财政厅、卫生计生委、老龄办联合下发《关于建立经济困难的高龄失能老年人补贴制度的通知》（黔民发〔2015〕42号）。该项补贴制度的实施，对于应对人口老龄化、保障老年人权益、维护社会公平正义、保持社会稳定都具有十分重要的意义。目前，贵阳、黔南及黔东南共有27个县（市、区）建立了经济困

难的失能老人养老服务补贴制度。

七、《关于进一步加强留守老人关爱服务体系建设工作的实施意见》印发实施

为贯彻落实习近平总书记视察贵州时重要讲话精神，省人民政府办公厅下发《关于进一步加强留守老人关爱服务体系建设工作的实施意见》（黔府办函〔2015〕218号）。《意见》就落实赡养人主体责任、加大救助力度、提高社会保障水平、健全应急机制、加快设施建设、提升服务能力等十二个方面内容对各地各部门工作任务进行了详细分解。

八、居家养老服务工作有序开展

全省继续加快建立以居家为基础、社区为依托、机构为补充的养老服务体系。截止2015年底，全省建成养老床位16.37万张，每千名老年人拥有养老床位31张。全省建成城市社区居家养老服务中心（站）及社区老年人日间照料中心共计1011个。2014—2015年，中央集中彩票公益金资助我省社区老年人日间照料中心项目95%已经主体完工。省福彩公益金资助全省12个城市社区居家养老服务中心（站）和8个社区老年人日间照料中心项目建设100%完工，80%已投入使用。省老龄办组织开展城市社区居家养老服务从业人员培训，培训人员共计400余名。农村居家养老服务试点工作依托现有农村幸福院、老年活动室、乡镇敬老院等为老服务设施广泛开展。

九、基层老年协会建设创新发展

截至年底，全省98%的城市社区和93%的农村成立了老年协会。基层老年协会在加强社区管理服务、丰富社区文化生活、调解邻里纠纷、维护老年人合法权益等方面的重要作用进一步凸显。5月，全国基层老年协会建设推进会在我省遵义市召开，副省长陈鸣明致辞并介绍了我省基层老年协会建设取得的成果和经验，民政部党组成员、全国老龄办常务副主任王建军对我省基层老年协会建设给予高度评价。9月，全国人大常委会副委员长沈跃跃一行赴我省开展《中华人民共和国老年人权益保障法》执法检查期间，也对我省基层老年协会建设工作给予充分肯定。

十、农村幸福院建设全面推进

2015年，我省第二批1465个农村幸福院建设项目圆满完成。共计投入资金7088.4万元，完成床位数9467张，农村幸福院乡镇覆盖率达87.7%，覆盖老年人270万余人。贵阳、安顺、六盘水、铜仁市及黔南州将农村幸福院建设列入2015年政府“十件民生实事”。中央专项彩票公益金支持我省第三批1067个农村幸福院项目申报工作顺利完成，项目经费已于11月底下拨各地。

十一、老年人权益保障力度不断加大

老年人居住条件保障措施日趋完善。省政府办公厅出台有关文件，明确将城镇低收入、住房困难的孤寡老人或无子女的老年家庭等优先纳入公共租赁房和廉租房保障范围；对农村计生“两户”年满60周岁以上的夫妻，入住老年公寓或敬老院给予优先，并由民政部门给予每人不低于3000元的补贴，住建部门给予保障性住房优惠。城乡规划建设中将养老服务设施用地等作为强制性内容纳入城市总体规划，与城镇建设同步实施。孝亲敬老传统美德日益弘扬。通过敬老爱老助老“四个十佳”评选表彰等活动，全省树立一批孝亲敬老先进典型，极大增强了全社会敬老爱老助老意识。各地进一步规范完善村规民约、居民公约，积极倡导签订《家庭赡养协议书》，确保家庭赡养责任落实到位。老年法律援助工作更加规范。省、市（州）、县（市、区）三级老龄办成立本级“法律援助老龄工作站”，进一步提升了老年维权的规范化水平。省老龄委各成员单位结合自身业务广泛开展法律维权工作。

十二、积极配合完成第四次中国城乡老年人生活状况抽样调查

作为全国老龄系统的一项重点工作，本次抽样调查我省共有12个县（市、区）、48个乡镇（街道）、192个村（居）委会被抽中参加此次调查，个人访问样本量达5760份，规模大，任务重。省老龄办及时安排部署，协调落实经费，注重培训指导，认真组织实施。经过调查员进村入户进行问卷访谈，县乡两级督导员回访、复核、审核，圆满完成各类问卷6000余份，并按要求及时报送全国老龄办。

十三、开展《省老龄事业发展“十二五”规划》检查评估和《省老龄事业发展“十三五”规划》预研工作

省老龄委组织有关成员单位，组成3个检查评估小组对各地执行情况进行了调研和检查，完成了《“十二五”贵州老龄事业发展综述》等情况报告。同时省老龄办组织各市（州）和部分县（市、区）召开了《贵州省老龄事业发展“十三五”规划》预研座谈会，初步拟定了《贵州省老龄事业发展“十三五”规划》编制框架方案。

十四、“敬老月”活动扎实开展

“敬老月”期间，各级党委、政府及有关部门广泛开展了走访慰问、老年文体、为老志愿服务、敬老爱老助老宣传、普及涉老法律法规、举办义诊义演等丰富多彩的一系列活动，营造出热烈、温馨的敬老爱老社会氛围。10月14至15日，省老龄办和省委老干部局在贵阳联合成功举办了第三届贵州“福彩杯”老年合唱大赛。全省9个市（州）、省直机关及贵阳地区推荐的34支合唱队参赛。10月23日，由省老龄办、省民政厅、省文联、省养老服务行业协会联合举办的“敬老爱老，大孝贵州”主题宣传活动在贵州电视台演播厅举行，省委常委、省委宣传部长张广智，省政协副主席陈敏，省人大原副主任、省养老服务行业协会会长顾久出席晚会，省老龄委20余家成员单位领导、各市（州）老龄办主任参加活动。晚会实况在贵州电视台进行了两次播出，取得了较好的社会反响。

云南省

2015年10月19日李纪恒在东河街道龙泉社区看望百岁老人和彦娣。

2015年10月19日李纪恒在象山社区看望百岁老人桑文一。

综　述

2015年，在云南省委、省政府的正确领导下，全省老龄工作部门坚持以党的十八届三中、四中、五中全会、省委九届十次全会、全国老龄委全会、全国老龄办主任会议以及习近平总书记系列重要讲话和考察云南时重要讲话精神为指导，认真贯彻落实全国、全省老龄事业发展和社会养老服务体系建设“十二五”规划，锐意进取、开拓创新，各项老龄工作有序推进，老龄事业持续发展。

一、加强政策创制，老龄法规制度体系不断完善

为认真贯彻落实《国务院关于加快发展养老服务业的若干意见》（国发〔2013〕35号）和《云南省人民政府关于加快发展养老服务业的实施意见》（云政发〔2014〕64号）文件精神，加快我省养老服务体系建设，省老龄办深入开展调查研究、广泛征求意见，出台了《关于居家养老服务设施建设及运营管理意见》（云老办〔2015〕29号），进一步明确了居家养老服务设施建设的目标任务、功能作用、建设的标准以及申请该项目补助的程序等，为下一步做好该项目工作提供了有力的政策依据。委托云南省经济研究院和云南省财经大学对云南省老龄产业发展进行研究，起草了《云南省老龄产业发展五年规划》和《云南省老龄产业发展中长期规划》。各州市出台了“关于加快发展养老服务业的实施意见（实施办法）”，曲靖市出台了《曲靖市人民政府办公室关于印发〈曲靖市养老服务业综合改革试点工作的实施方案〉》（曲政办发〔2015〕34号），楚雄州出台了《楚雄州人民政府办公室关于鼓励社会力量兴办养老服务机构的实施意见》和《楚雄州开展幸福和谐晚年老年人意外伤害保险工作实施方案》。

二、加大经费投入，养老服务设施建设加快推进

省政府将加强养老服务体系建设纳入2015年度十件惠民实事，加大资金投入和督促检查力度。省老龄办利用各级资金11727万元建设303个居家养老服务中心，建立了居家养老服务中心项目建设月报告、季通报制度，加大农村幸福院项目建设的督查力度，委托会计师事务所对居家养老服务中心项目建设进行绩效评估，确保项目建设稳步推进。2015年，省利用部级福彩公益金3396万元，扶助建设1132个农村幸福院；安排省级福彩公益金200万元，扶助100个农村老年协会建设；协调210万元资金，加强昆明市老年人活动中心社区养老服务信息平台建设、玉溪市江川县和腾冲县养老服务信息平台建设。

三、持续跟踪督查，惠老优待政策进一步落实

各级老龄办将提高高龄补贴标准纳入年度老龄工作目标考核范围，积极协调省级财政部门加大经费投入，持续跟踪督促各地提高补贴标准，规范高龄补贴审批发放工作。2015年全省有79.36万名80周岁以上老年人领取高龄补贴4.99亿元，80～99周岁老年人的保健补贴标准达月人均55元，百岁老人的长寿补贴标准达月人均404元。各地各相关部门在医院、旅游景点、公厕、商业网点等主要服务窗口设置老年人优先、优惠和免费的标志，全面落实60周岁以上老年人持老年优待证免费乘坐城市市内公交车、进公园公厕和就医减免挂号费等优待政策，积极组织65周岁以上老年人免费体验。仅老年人免费乘坐城市市内公交车一项，昆明市各级财政全年补贴公交公司3.21亿元。省老龄事业发展基金会争取到政府购买服务资金200万元，帮助100户“五老”解决住房困难。按照每个州（市）15万元的标准，安排120万元资助8个州（市）18个县（市、区）实施“老年希望工程”，共有1432名失能、半失能老人受益。

四、广泛宣传发动，全社会敬老助老氛围更加浓厚

2015年老年节前，省委书记、省长在《云南日报》、《云南老年报》头版发表致致全省各族老年朋友、各级老龄组织和全体老龄工作者的节日慰问信；省老龄办协调了273.7万元组织开展了以“六个一”为主要内容的“彩云百岁寿星关爱行动”，省委书记、省长等领导分别在丽江市古城区和昭通市镇雄县走访慰问了4名百岁老人；围绕2015年全国“敬老月”活动主题“培育敬老家风、建设和睦家庭”，省老龄办组织摄制了敬老公益微电影《爷爷的电话》，评选了第七届“云岭十大孝星”及其提名奖，举行了“云南省2015年敬老月活动暨‘云岭十大孝星’颁奖典礼”，在全省范围发送了手机公益短信。省老龄办通过“全国老龄委办公室门户网站”、“云南省民政厅政府信息公开网站”、《云南日报》《云南老年报》《春城晚报》、微信平台等多渠道宣传老龄法律法规政策、老龄工作成效、敬老爱老助老模范和“老有所为”先进事迹，扩大老龄工作的社会影响，引导社会关心关爱老年人，支持老龄事业发展；进一步营造“关爱老人、共建和谐、共享和谐”的良好社会氛围；各地结合实际开展“老年友好城市”、“敬老文明号”、敬老先进村等创建活动，深入开展敬老爱老助老主题教育活动，举办经常性的老年文艺演出、书画展、健康知识讲座、义务助老、法律维权等活动，老龄工作的地位和作用更加凸显，全社会的尊老敬老意识进一步增强。

五、健全工作机制，敬老文明号等创建活动扎实推进

在认真总结第一批“敬老文明号”创建活动成功经验的基础上，省老龄办继续推动第二批“敬老文明号”创建活动，得到了各地积极响应。各级老龄办加强“敬老文明号”创建活动的组织领导，定期、不定期深入创建单位检查指导，对照创建标准提出整改意见，指导督查创建单位及时研究解决困难和问题，确保工作落到实处；深入开展宣传发动，积极营造创建活动的浓厚氛围，形成了上下联动、部门协同的良好局面。根据全国老龄办等六部门通知要求，在全省法院、检察院、公安、司法、民政、老龄六个工作系统中，通过层层推荐、公示，评选推荐了10个老年法律维权工作先进集体上报全国。各地深入开展基层老年协会“乐龄工程”建设，积极开展基层老年协会登记备案，加强老年协会班子建设，完善各项规章制度，组织实施“百村建设计划”完善文体活动设施，推进基层老年协会规范化建设。

六、加强部门联动，齐抓共推老龄事业发展的工作格局逐步形成

省老龄委各成员单位充分发挥部门优势，积极参与、支持老龄工作，逐步形成齐抓共推老龄事业发展的工作格局。省人大、省政协积极组织人大代表、政协委员深入各地视察养老服务业，开展养老政策调研；省民政厅、省政府法制办积极协助省老龄办，加强与省人大、省政协等部门的沟通协调，组织召开了立法协商会，启动《云南省老年人权益保障条例》新一轮修订工作；省发改委、财政厅积极采取措施，进一步减化城乡社区居家养老服务建设项目的立项审批程序，积极加大老龄项目的财政资金支持力度；国土、住建、税务等部门积极参与、配合省老龄办开展养老服务政策调研，为省政府出台优化发展养老服务业的规范性文件奠定了基础。省老龄办与中国人寿云南分公司组织开展了老年人意外伤害保险工作；省老龄办联合省老龄产业协会共同组织10余家涉老企业和部分老龄机构参加了中国国际老龄产业博览会，既展示了我省老龄产业成果，也学习了省外的成功经验。

七、注重统计调研，不断探索老龄工作规律

认真组织开展老龄事业发展情况统计工作，对全省各地的老年人口数量、老龄机构编制和落实、老年福利服务设施、经费投入、贫困老年人生活保障和为老服务情况等进行了全面的调查统计，为有针对性地开展老龄工作提供了详实的依据。按全国老龄办“第四次中国城乡老年人生活状况抽样调查”统一部署，邀请中国老龄科研中心专家授课、模拟实操，在大理举办两期共400人的督导员、调查员培训；8月初接受全国督导，在全省8州（市）14县（市、区）完成了6720份样本报表数据的调查上报。省老龄办协同省人大内司委组织开展了《中华人民共和国老年人权益保障法》和《云南省老年人权益保障条例》实施情况调研；组织省人大、法制办、省财政厅、法学专家赴甘肃、陕西、山东、山西等省进行修法考察。省老龄办协同省老年学会进行老年人失能状况鉴定课题研究；组织各地积极开展老龄事业发展情况调研工作；组织省级医养结合专题座谈研讨会。

八、强化教育培训，老龄干部队伍的能力素质进一步提高

为积极适应新时期老龄工作新形势、新任务的要求，针对全省老龄系统队伍建设的现状，省老龄办把加强队伍能力建设作为推动工作、促进发展的重要抓手，委托昆明学院组织了80名养老护理员培训，同时组织了职业资格证书鉴定考试；委托四川省委党校举办了80余人参加的“云南省老龄部门工作人员暨养老机构管理人员能力提升研修班”；自行组织了全省推进居家养老服务中心项目建设工作培训；组织部分成员单位及州（市）老龄部门负责人共 14 人，到台湾考察养老服务业。各州市也积极组织开展县乡老龄干部和成员单位联络员的业务培训。通过各类培训和组织外出学习考察，进一步拓展了各级老龄干部的视野，提高了老龄干部队伍的综合素质，推动了各级老龄工作的创新发展。

重要会议和活动

【严密组织召开全省老龄办主任会】省老龄办召开了 2015 全省老龄办主任会暨第四次城乡老年人生活状况抽样调查动员会，认真传达学习了全国老龄委全会、全国老龄办主任会暨第四次中国城乡老年人生活状况抽样调查工作动员会议精神，全面总结了 2014 年以来全省老龄工作，部署安排了 2015 年全省老龄工作任务。

【认真开展老龄目标责任制考核】省老龄办抽调各州市老龄办相关人员组成 8 个考核组，按照 2014 年老龄工作目标责任制考核内容及评分标准，认真检查考评各州市贯彻落实老龄工作目标管理责任制情况，并及时通报考核结果。

【省委书记、省长祝贺全省老年朋友老年节快乐】“老年节”前夕，省委书记李纪恒、省长陈豪在《云南日报》和《云南老年报》头版发表了致全省各族老年朋友、各级老龄组织和全体老龄工作者的节日慰问信。

【老年节庆祝活动丰富多彩】围绕 2015 年全国“敬老月”活动主题“培育敬老家风、建设和睦家庭”，省老龄办组织摄制了敬老公益微电影《爷爷的电话》，评选了第七届“云岭十大孝星”及其提名奖，举行了“云南省 2015 年敬老月活动暨‘云岭十大孝星’颁奖典礼”，协调 273.7 万元组织开展了以“六个一”为主要内容的“彩云百岁寿星关爱行动”，在全省范围发送了手机公益短信。

【组织实施“彩云百岁寿星关爱行动”】老年节期间，省老龄办在全省组织实施以“六个一”为主要内容的“彩云百岁寿星关爱行动”：投入 273.7 万元，为全省每一名百岁老年人赠送 1 张老年节贺卡、1 份 2000 元的慰问金、1 份慰问品、1 次免费体检、拍 1 张全家福照片、建立 1 项志愿者为百岁寿星送温情制度。省委书记李纪恒、省长陈豪等领导分别在丽江市古城区和昭通市镇雄县亲自走访慰问了 4 名百岁老人，拉开了 2014 年“彩云百岁寿星关爱行动”序幕，“彩云百岁寿星关爱行动”惠及全省 1329 名 100 周岁以上老年人。

【组织开展“十二五”老龄规划终期评估检查】在各地自查评估的基础上，省老龄办协调省老龄委成员单位领导带队组成 8 个检查组深入各地，利用《云南省老龄事业发展“十二五”规划评估指标体系》，对《规划》贯彻执行情况进行实地评估检查。撰写了“十二五”规划终期评估报告上报省政府和全国老龄办。

各项业务进展

2015 年，云南省始终坚持“党政主导、社会参与、全民关怀”的方针，紧紧围绕实现“五个老有”的工作目标，以保障和改善民生为重点，真抓实干，开拓进取，务求实效，各项老龄事业呈现出持续健康发展的良好局面。

【领导高度重视老龄工作】“老年节”前夕，省委书记李纪恒、省长陈豪在《云南日报》和《云南老年报》头版发表了致全省各族老年朋友、各级老龄组织和全体老龄工作者的节日慰问信，并分别在丽江市古城区和昭通市镇雄县亲自走访慰问了 4 名百岁老人。

【认真开展老龄目标责任制考核】省老龄办抽调各州市老龄办相关人员组成 8 个考核组，按照 2014 年老龄工作目标责任制考核内容及评分标准，认真检查考评各州市贯彻落实老龄工作目标管理责任制情况，并及时通报考核结果。

【组织开展“十二五”老龄规划终期评估检查】在各地自查评估的基础上，省老龄办协调省老龄委成员单位领导带队组成 8 个检查组深入各地，利用《云南省老龄事业发展“十二五”规划评估指标体系》，对《规划》贯彻执行情况进行实地评估检查。撰写了“十二五”规划终期评估报告上报省政府和全国老龄办。

【加强养老服务政策创制】省老龄办牵头组织开展调研、召开座谈会、征求意见等，出台了《关于居家养老服务设施建设及运营管理实施意见》（云老办〔2015〕29 号），进一步明确了居家养老服务设施建设的目标任务、功能作用、建设标准以及申请该项目补助的程序等。委托云南省经济研究院和云南省财经大学对云南省老龄产业发展进行研究，起草了《云南省老龄产业发展五年规划》和《云南省老龄产业发展中长期规划》。

【深入开展老龄课题研究】省老龄办协同省人大内司委组织开展了《中华人民共和国老年人权益保障法》和《云南省老年人权益保障条例》实施情况调研。组织省人大、法制办、省财政厅、法学专家赴甘肃、陕西、山东、山西等省进行修法考察。协同省老年学会进行老年人失能状况鉴定课题研究。组织各地积极开展老龄事业发展情况调研工作。组织省级医养结合专题座谈研讨会。

【城乡社区居家养老服务设施不断完善】省老龄办争取了昆明市老年人活动中心社区养老服务信息平台建设、玉溪市江川县和腾冲县养老服务信息平台建设项目，投入资金 210 万元。2015 年共安排 303 个居家养老服务中心项目，补助资金 11727 万元。通过招标，由会计师事务所对全省城乡居家养老服务中心项目进行绩效评价，进一步加强城乡居家养老服务中心项目监督和管理，全面了解掌握财政资金和福彩公益金资助的项目建设及运营情况。

【农村基层养老服务设施建设加快】争取中央福彩公益金3396万元，扶助建设1132个农村幸福院；安排省级福彩公益金200万元，扶助100个农村老年协会加强规范化建设，极大地改善了农村基层老年人的养老服务设施和文体活动条件。委托会计师事务所对全省农村幸福院项目进行绩效评价。统一制作下发了3440块农村幸福院牌扁。

【惠老优待政策落实到位】各地各相关部门在医院、旅游景点、公厕、商业网点等主要服务窗口设置老年人优先、优惠和免费的标志，全面落实60周岁以上老年人持老年优待证免费乘坐城市市内公交车、进公园公厕和就医减免挂号费等优待政策，积极组织65周岁以上老年人免费体验。仅老年人免费乘坐城市市内公交车一项，昆明市各级财政全年补贴公交公司3.21亿元。

【高龄补贴政策全面落实】省老龄办将提高高龄补贴标准纳入年度老龄工作目标考核范围，积极协调省级财政部门加大经费投入，持续跟踪督促各地提高补贴标准，规范高龄补贴审批发放工作。全省有79.36万名80周岁以上老年人领取高龄补贴4.99亿元，80～99周岁老年人的保健补贴标准达月人均55元，百岁老人的长寿补贴标准达月人均404元。

【加强基层老年协会建设】加强基层老年协会“乐龄工程”建设，积极开展基层老年协会登记备案，组织实施“百村计划”完善文体活动设施，推进老年协会规范化建设，督促各地强化老年协会班子建设，完善各项规章制度。和向群副主任在全国基层老年协会建设推进会上作交流发言，全面介绍了近几年来我省扎实推进基层老年协会建设的成绩和经验。

【助老工作成效明显】省老龄办把基层老促会建设纳入老龄工作目标管理责任考核内容，督促各地加快建设老龄事业发展促进会。2015年，省老龄事业发展基金会争取到政府购买服务资金200万元，帮助100户“五老”解决住房困难。按照每个州（市）15万元的标准，安排120万元资助8个州（市）18个县（市、区）实施“老年希望工程”，共有1432名失能、半失能老人受益。

【老龄宣传工作成效显著】省老龄办通过“全国老龄委办公室门户网站”、“云南省民政厅政府信息公开网站”、《云南日报》、《云南老年报》、《春城晚报》、微信平台等多渠道宣传老龄法律法规政策、老龄工作成效、敬老爱老助老模范和“老有所为”先进事迹，扩大老龄工作的社会影响，引导社会关心关爱老年人，支持老龄事业发展。

【老年节活动丰富多彩】围绕2015年全国“敬老月”活动主题“培育敬老家风、建设和睦家庭”，省老龄办组织摄制了敬老公益微电影《爷爷的电话》，评选了第七届“云岭十大孝星”及其提名奖，举行了“云南省2015年敬老月活动暨‘云岭十大孝星’颁奖典礼”，协调273.7万元组织开展了以“六个一”为主要内容的“彩云百岁寿星关爱行动”，在全省范围发送了手机公益短信。

【第四次中国城乡老年人生活状况抽样调查工作顺利完成】按全国老龄办统一部署，邀请中国老龄科研中心专家授课、模拟实操，在大理举办两期共400人的督导员、调查员培训；8月初接受全国督导，在全省8州（市）14县（市、区）完成了6720份样本报表数据的调查上报。

【敬老文明号等创建活动扎实推进】省老龄办继续督促各地切实加强第二批“敬老文明号”创建活动的组织领导，各级老龄办定期、不定期深入创建单位检查指导，对照创建标准提出整改意见，指导督查创建单位及时研究解决困难和问题。

【为贫困老人购买意外伤害保险】争取到由中国老龄事业发展基金会发起的淘宝支付宝爱心网友承办的“大爱无疆”资助贫困老人大型系列公益活动——“孤老救助（保障）大行动”保险金50万元，为西双版纳州景洪市1万名农村少数民族贫困老人免费办理了意外伤害保险。

【加强云南老年之家敬老院建设，设立抗战老兵照护中心】投入220万元，对云南老年之家敬老院3幢养护楼进行无障碍设施装修改造，进一步改善了入院老人的养护条件。争取到华夏人寿保险公司捐赠资金7万元，在云南老年之家敬老院设立了抗战老兵照护中心，目前已接收4名抗战老兵入住。

【组队参加中国老龄产业国际博览会】省老龄办联合省老龄产业协会共同组织省内10余家涉老企业和部分老龄机构的主要领导，参加在山东举办的第七届中国（山东）国际老龄产业博览会和在广州举办的第二届中国国际老龄产业博览会，展示我省老龄产业发展成果，学习省外的成功经验。

【扎实开展老龄事业发展情况统计】认真组织开展老龄事业发展情况统计工作，对全省各地的老年人口数量、老龄机构编制和落实、老年福利服务设施、经费投入、贫困老年人生活保障和为老服务情况等进行了全面的调查统计，为有针对性地开展老龄工作提供了详实的依据。

【成功创建机关档案管理示范单位】省老龄办在原有档案管理工作制度的基础上，进一步修改完善了档案管理相关制度，积极组织开展机关档案示范单位创建活动。2015年11月初，创建机关档案管理示范单位工作通过了省档案局的检查验收。

【评选推荐全国老年法律维权工作先进集体】根据全国老龄办等六部门通知要求，在全省法院、检察院、公安、司法、民政、老龄六个工作系统中，通过层层推荐、公示，评选推荐了10个老年法律维权工作先进集体上报全国。

【强化老龄干部教育培训】省老龄办委托昆明学院组织 80 名养老护理员培训，同时组织了职业资格证书鉴定考试。委托四川省委党校举办了 80 余人参加的“云南省老龄部门工作人员暨养老机构管理人员能力提升研修班”。自行组织了全省推进居家养老服务中心项目建设暨培训。

【组团赴台湾学习考察养老服务业】2015 年 8 月 29 日至 9 月 4 日，省老龄办组组织部分成员单位及州（市）老龄部门负责人共 14 人，到台湾考察养老服务业。

西藏自治区

综　述

多年来，在自治区党委、政府的正确领导下，全区上下认真贯彻实施《中华人民共和国老年人权益保障法》和《西藏自治区实施〈中华人民共和国老年人权益保障法〉办法》（以下简称“一法一办法”），以实现“老有所养、老有所医老有所教、老有所为、老有所乐”为目标，立足西藏经济社会发展实际，采取积极有效措施，不断加强和完善老年人权益保障工作，老龄工作得到较好发展，特别是老年人的基本生活和医疗保障取得了显著成效。

一、重视老年人权益保障工作，配套出台一系列政策文件

自治区党委、政府历来高度重视老龄工作，始终将贯彻实施“一法一办法”作为实现科学发展，保障和改善民生、加强社会管理创新、维护社会和谐稳定的一项重要工作来抓，调整充实了以自治区副书记为主任、30 家职能单位为成员的老龄工作委员会，加强老年人权益保障工作。基本形成了“党政主导、部门协同、社会参与、全面关怀的养老工作格局。老龄工作总体发展势头良好，社会尊老敬老、助老、爱老氛围浓厚。

二、养老服务体系建设快速发展

以自治区人民政府名义出台了《西藏自治区人民政府关于强快发展养老服务业的实施意见》（西藏发〔2015〕37 号），明确了今后一个时期全区养老服务业发展的指导思想，目标任务，优惠政策，以及各相关单位的职责任务等。实现“有意愿”集中供养的五保对象在县以上供养机构供养率达到 100%的目标。

三、养老保险制度实现城乡全覆盖

2012 年我区城乡居民的基本养老保险制度全面建立。2014 年，按照国家和自治区规定，将“新农保”和“城居保”两项制度进行整合，出台了《西藏自治区城乡居民基本养老保险实施办法（试行）》。目前，已参加城乡居民基本养老保险的近 190 万人，领取基本养老保险金的老年人已达 24 万人，年满 60 岁以上参保老人可享受每人每月 140 元的基础养老金。

四、老年人医疗保障能力不断提高

（一）2015 年城镇居民基本医疗保险财政补助标准达到每人每年 380 元，统筹基金年度最高支付限额提高到了 6 万元。在医保统筹基金支付住院治疗和门诊特殊病政策范围中，参加城镇职工基本医疗保险的老年人年度最高支付限额达达 30 万元（含 22 万元大病医疗费商业补充保险）；参加城镇居民医疗保险的老年人年度最高支付限额达到 20 万元（含 14 万元大病医疗费商业补充保险）。

（二）全区以政府投入为主导，全面建立了家庭账户、大病统筹和医疗救助相结合的农牧区免费医疗制度。目前，农牧区医疗保险财政补助标准达到每人每年 420 元，住院费用限销比例平均达到 80%。全区基本实行了县级医疗机构住院费用即时结算。与此同时，将老年人常见多发的糖尿病、恶性肿瘤等 22 种重大疾病纳入保障范围，为农牧民购买大病医疗商业保险，对超出医疗最高支付限额的部分，可申请最高 7 万元的赔付。大病统筹基金门诊可报销比例提高到 70%，住院费用报销比例提高到 85%，农牧民看病就医的经济负担大幅度降低，农牧区免费医疗制度基本形成。

五、连续提高各类补助标

（一）2008 年以来，自治区大力实施五保供养工程，将农牧区符合条件的年满 60 周岁和年满 16 周岁的农牧民、残疾人全部纳入了供养范围，先后 13 次提高农村五保供养标准，将 2003 年的年人均 588 元提高到 2015 年的 4400 元，部分经济发展较好的县，已将该标准提高到 10000 元左右。截至目前，全区集中供养对象已达 15811 人。

（二）不断完善城乡居民最低生活保障工作，建立了城乡低保标准动态调整机制和与物价上涨挂钩的联动机制。先后 14 次调整了城市居民最低生活保障标准，从 1997 年的月人均 130 元提高到 2015 年的 590 元；9 次调整了农村居民最低生活保障标准，由 2007 年的人均 800 元提高到 2015 年的 2350 元。截至目前，全区城市低保对象达 46612 人，农村低保对象达到 321009 人。

（三）先后6次提高“三老人员”（老党员、老劳模、老干部）补贴标准。对1959年、1965年前后加入中国共产党的老党员按月发放400—600元的生活补贴；对获得省部级、国家级老劳模分别按月发放400—450元的生活补贴。寿星老人健康补贴（含80岁上）按照80岁以上每人每年补助300元，90岁以上每人每年补助500元，100岁以上每人每年补助800元标准发放补贴。

六、强化老年救助、注重老年优待

除基本养老和基本医疗外，政府临时救济、慈善救助、社会救助、住房救助和法律援助等专项救助机制已基本建立，为困难群众提供了较为全面的保障。全区60岁以上老年人持《老年人优待证》、《寿星证》可免收医院普通挂号费、免费乘坐市内公交车以及免费进入公园、博物馆、展览馆、图书馆、纪念馆、老年活动中心等公共服务场所。各级政府及相关部门因地事宜、多措并举，为老年人参与社会发展创造条件，倡导科学、健康、文明的社会方式。引导、鼓励和支持老年人在自觉自愿、量力而行的基础上发挥余热，老年人文艺演出队、普法宣传队、政策宣讲团、治安巡逻队等广泛活跃在城镇社区、乡村地头，为西藏经济的快速发展和社会局势的长期持续稳定做出了积极贡献。

七、重视关心离退休老干部的晚年生活

截至2014年年底，全区离退休干部33671人，其中区内安置22252人，区外安置4434人，区内未安置1990人，区外未安置4995人。2013年，区党委专门召开全区老干部工作会议，制定出台了《关于进一步加强离退休干部工作的意见》。老干部的政治、生活两项待遇得到落实，离退休费等按时足额得到发放。自治区设立了年300万元的特困帮扶经费，加强对特困离退休老干部的帮扶救济；重视离退休干部的政治学习和组织建设，积极组织开展党支部活动，明确了每人每年200元的活动经费。全区设有离退休干部党总支部26个，党支部633个，老干部党员22187人。

各项业务进展

（一）加大老年人优待的宣传力度，下发通知核准老年人健康补贴发放对象，按时足额兑现2014年度老年人健康补贴。同时，我办为60岁以上老年人办理优待证600余本，为80岁以上老年人办理寿星证300余本。

（二）根据《全国老龄办关于做好“第四次中国城乡老年人口状况抽样调查工作的通知》（全国老龄办发〔2014〕31号)、《全国老龄办、民政部、财政部关于开展第四次中国城乡老年人生活状况抽样调查的通知》（全国老龄办发〔2015〕2号）要求，圆满完成我区第四次中国城乡老年人生活状况抽样调查工作，入户调查480位老人。

（三）认真做好经济困难的高龄、失能老年人统计工作，与自治区财政厅共同起草了《西藏自治区财政厅 西藏自治区民政厅 西藏自治区老龄工作委员会办公室关于呈报〈西藏自治区关于建立经济困难的高龄、失能等老年人补贴制度的实施意见〉的请示》，已经2015年11月27日自治区人民政府第18次常务会议研究通过，并于2016年1月1日起正式施行。

（四）根据《全国老龄办关于继续开展“老有所为”先进典型人物宣传活动的通知》（全国老龄办发〔2015〕35号）精神，认真做好“老有所为”先进典型人物筛选工作，并按要求将两名先进人物及先进材料上报全国老龄办。

（五）贯彻党的十八大和十八届三中、四中全会及中央办公厅《关于培育和践行社会主义核心价值观的意见》精神，落实习近平总书记关于重视家庭家教家风建设，促进家庭和睦的指示，大力组织开展2015年“敬老月”活动，开展慰问活动7次，慰问金额246000元，老年文艺队慰问演出1次，联合15家老龄委成员单位开展敬老月“宣传一条街”活动，发放资料1万余份。

（六）对自治区老龄工作委员会成员单位及组成人员进行了逐一核对及调整，根据《国务院办公厅关于调整全国老龄工作委员会成员单位和组成人员的通知》（国办发〔2013〕31号）及实际工作需要，我办拟将区发展和改革委员会、区财政厅、区住房和城乡建设厅、区统计局（国家统计局西藏调查总队）、区民族宗教事务委员会、共青团西藏自治区委员会、中国保险监督管理委员会西藏监管局、区公安厅、区外事侨务办公室、区国家税务局、区旅游发展委员会等十一家单位纳入自治区老龄委成员单位，并电话征求了各单位意见。已报政府待批。

（七）撰写关于贯彻实施“一法一办法”基本情况、存在的困难和问题、下一步的意见和措施等情况的汇报材料，配合自治区人大对我区《中华人民共和国老年人权益保障法》、《西藏自治区〈老年人权益保障法〉实施办法》进行执法检查活动。

陕西省

《陕西省实施〈中华人民共和国老年人权益保障法〉办法》于2014年11月27日经陕西省第十二届人民代表大会常务委员会第十四次会议修订通过，自2015年3月1日起施行。2015年3月，以省政府令第184号发布了《陕西省实施〈无障碍环境建设条例〉办法》，于2015年5月1日起实施。

综　述

2015年末，全省60岁以上老年人口601万人，占常住人口总数的15.84%。全省老龄工作以党的十八大、十八届三中、四中、五中全会精神为指引，深入学习贯彻习近平总书记系列重要讲话精神，认真完成老龄事业发展“十二五”规划目标任务，全面贯彻落实《陕西省实施〈中华人民共和国老年人权益保障法〉办法》，努力保障和改善老年民生，努力维护老年人合法权益，努力实现“五个老有”；全年发放高龄补贴20.12亿元，办理陕西省敬老优待证21.09万余张。全省城镇社区基层老年协会覆盖率为95.8%；村委会基层老年协会覆盖率为85.2%，实现老年人自助组织基本覆盖。按照全国部署，开展第四次中国城乡老年人生活状况抽样调查工作，共完成6市12县（区）5760老年人的抽样调查，如期完成验收。2015年4月28日，省老龄办与中国人寿保险公司陕西分公司正式签订《战略合作框架协议书》，促进了陕西省老年人意外伤害保险工作的健康发展。

重要会议和活动

2015年10月，开展第六个“敬老月”活动。围绕“敬老文明号”创建活动，成立工作机构，制定实施方案，创办活动简报，召开“敬老文明号”创建活动推进会，推广典型、带动全局。广泛组织动员全社会力量，开展走访慰问和为老志愿服务活动。“敬老月”期间，由冯新柱副省长及省老龄委其他领导委员带队，赴全省12个地、市、区，走访慰问高龄老人和养老服务机构，向困难、高龄、孤寡老人送温暖。积极开展敬老文化宣传教育、老年文化体育、老年维权优待等活动；积极开展“老有所为”先进典型宣传活动。利用广播电台、报纸、网络、微信等手段进行专题报道，扩大宣传我省老龄事业发展中的亮点、热点和典型经验，宣扬了尊老敬老的优良传统文化，弘扬了社会主义核心价值观，赢得良好社会效益。

各项业务进展

【开展《陕西省老龄事业发展“十三五”规划》预研工作】 2015年5月，下发《陕西省老龄办关于开展2015年专题政策调研的通知》（陕老龄办发〔2015〕33号），开展2015年度政策调研工作，全年收报调研成果110余篇，经过专家组评审，共评选出《西安市老年人权益保障工作情况调研报告》等38篇获奖成果，其中一等奖3篇，二等奖5篇，三等奖10篇，优秀奖20篇。2015年2月，下发《陕西省2015年基层老年协会工作安排的通知》，对全省基层老年协会建设进行了进一步规范。积极协调建设资金，为宝鸡市、杨凌区、咸阳市、铜川市、渭南市、商洛市共落实基层老年协会建设及培训资助费共80万元。举办了咸阳市、渭南市、铜川市规范化基层老年协会建设示范培训班，对9市44县（区、市）的老龄办主任、老年协会会长等共计400余人进行了集中培训，推动基层老年群体自助组织建设。2015年5月23日下午，陕西省第二届老年人体育健身大会在西安召开。本届运动会有来自全省49个代表团，3600多名运动员报名参赛，无论是赛事规模还是参赛人数，均创造了我省老年人体育健身运动会的历史之最。据悉，本着面向大众、面向基层的项目设置原则，本次比赛设有老年元老篮球、门球、乒乓球、柔力球、气排球、保龄球、台球、健身球操、健身秧歌（腰鼓）、花绳操、健身气功、太极拳（剑）、钓鱼、桥牌、围棋、中国象棋共16个项目。比赛不设物质奖，只设团体赛奖、个人项目奖、体育道德风尚奖、优秀组织奖和参赛纪念奖。2015年12月，积极落实上报“全国老年法律维权先进集体”。

【科研成果和调研报告】 2015年11月，推荐11篇调研成果参与全国老龄专题政策调研评审，其中《陕西省“十三五”社会养老服务体系建设研究》（作者：陕西省政府研究室、省老龄办联合调研组）获得全国老龄专题政策调研优秀成果一等奖；《陕西省老年人养老现状与需求调查报告》（作者：陕西省老龄办、省老年学学会、省社会科学院联合调研组）、《西安市老年人权益保障工作情况调研报告》（作者：西安市老龄办、市人大内司委、市老年学学会、市社科院联合调研组）等2篇获得全国老龄专题政策调研优秀成果二等奖；《推动养游互动发展应成为加快发展养老服务业的重要内容》（作者：骆忠学 西安市长安区老年学学会、长安区老龄办）获得全国老龄专题政策调研优秀成果优秀奖。

甘肃省

老年协会观摩现场。

全省老龄工作骨干培训班现场。

综　述

2015年，全省老龄工作深入贯彻党的十八大和十八届三中、四中、五中全会精神，认真落实省委、省政府决策部署，从积极应对人口老龄化的战略高度出发，积极谋划，主动作为，全省老龄工作在政策法规创制、养老服务业发展、项目建设和老年协会发展方面都有新的突破，呈现出良好发展的局面。

一、2015年工作完成情况

（一）加大老龄法规政策创制

2015年我省在老龄政策法规创制方面迈出了新步伐，做出新成绩。一是随着新修订的《中华人民共和国老年人权益保障法》颁布实施，省老龄办主动谋划，经过与省人大内司委反复沟通协调，广泛调研、征求意见、专家论证和反复修改，于11月27日省人大常委会议通过，正式出台了《甘肃省老年人权益保障条例》，老年人权益保障的法律基础进一步得到完善。二是提请省委同意，联合31个老龄委成员单位共同制定出台了《甘肃省关于进一步完善老年人优待工作的意见》，从政务服务、卫生保健、交通出行、商业服务、文体休闲和维权服务6个方面为老年人提供多种形式的优先优惠和便利服务，全面提升了老年人生活质量。三是省老龄办围绕基层老年社会组织建设，与省民政厅联合印发了《关于加快城乡社区老年协会建设的通知》，出台了《甘肃省关于进一步加强基层老年协会规范化建设的实施意见》，进一步规范了老年协会建设。四是出台了《甘肃省示范农村社区老年人日间照料中心标准（试行）》、《农村社区老年人日间照料中心管理规范》等文件，对农村互助老人幸福院建设发展提出了明确要求，推动了农村幸福院建设工作。五是制定了《2015年市州目标责任考核通知》、《全省各市州工作目标任务及考核标准》等指导文件，转发了王勇国务委员在全国老龄委第十七次全委会议上的讲话精神和李立国部长在全国老龄办主任会议上的讲话精神，为老龄工作的顺利开展提供了强有力的政策保障和支持。

（二）加强组织领导

我省高度重视老龄工作组织领导，积极构建大老龄工作格局，应对人口老龄化问题，一是省委、省政府多次调整充实省老龄委领导机构，健全老龄工作体制机制。根据全国老龄委第十七次全体会议精神，与全国老龄委成员单位相对应，省委下文增加省科学技术厅、省工业和信息化委员会、省国土资源厅、省交通运输厅、省商务厅和省保监会等6家单位为成员单位，成员单位达到31个，涵盖了党委、政府主要涉老部门，为发展老龄事业提供了坚实的组织保障。二是多次召开了省老龄委成员单位会议及成员单位联络员联席会议，总结成员单位老龄事业“十二五”规划完成情况，听取成员单位对全省老龄事业发展“十三五”规划编制的意见建议，坚持把老龄工作与全省经济社会发展大局协同安排部署，做好老龄事业发展的顶层设计，在《中华人民共和国国民经济和社会发展的第十三个五年规划纲要》和《甘肃省国民经济和社会发展的第十三个五年规划纲要》的基础上，编制我省老龄事业发展“十三五”规划，目前，初稿已经完成。三是全面加强老龄系统党风廉政建设，认真开展“三严三实”专题教育、贯彻落实中央“八项规定”和省委“双十条”要求，组织开展“转作风、守纪律、提绩效”学习教育活动，增强干部廉洁从政意识和依法行政能力，转变工作作风，改进工作方法。提高老龄干部的政治素养、组织协调能力、调查研究能力和服务群众能力，全面提升老龄工作队伍综合素质和能力水平。

（三）健全养老服务体系

我省把农村互助老人幸福院建设作为老龄事业发展的一项重点工作来抓，一是2015年省委、省政府1号文件规定把建设1000个农村互助幸福院列为2015年重要任务，今年共协调筹资3808万元建成幸福院1269个，加上历年建设任务累计达到4098个，占行政村总数的25.6%。12月省老龄办组织联合检查工作组，按照幸福院规范建设的标准要求对全省农村互助老人幸福院建设情况进行了全面检查验收。二是省老龄办出台了《示范农村互助老人幸福院标准》，从建筑面积、功能设置、设施配备、活动开展、规范管理等方面提出明确要求，为这项工作的健康发展打下了良好基础。在地方层面，金昌市印发了《关于落实县级领导包抓新型农村互助老人幸福院和城市社区日间照料中心项目建设的通知》，全面加强了对幸福院建设工作的领导。三是在张掖市甘州区和天水市甘谷县召开了协会与幸福院协同发展现场推进会，探索推广了“院会合一、一院两会、一体两制、医养融合”等发展模式，有效解决了幸福院管理主体缺位问题，这一发展模式已成为省民政厅“金点子”项目在全省及全国加以推广。

（四）推进基层老年协会建设

省老龄办注重加强基层老年协会建设，着力健全基层老年协会组织，目前全省已有95%的城市社区和90%的农村行政村建立了老年协会组织，在全省基本形成了规模，联成了网络。一是省老龄办、省民政厅联合出台《关于进一步加强城乡社区基层老年协会建设的通知》，指导各地加强老年协会的规范化建设，降低基层老年协会和涉老组织登记门槛，为涉老民间组织融入社会、参与发展提供便利条件。二是各级政府坚持政府主导与社会参与相结合，指导基层老年协会组织制定章程，建立完善“七有四薄三册一档案”制度，积极创造条件鼓励和扶持老年人参与老年协会管理。三是加大对基层老年协会建设资金支持，各级政府积极协调财政安排基层老年协会建设专项经费，并通过以奖代补、转移职能、购买服务等多种形式，在完善设施建设、开展活动等方面给予支持。四是各地积极发展和壮大为老服务志愿者队伍，建立了以社区干部、公益性岗位服务人员、义工和健康老年人为主体的养老服务志愿者队伍，为高龄、失能、空巢老人开展家政、照料、探视、救助、联络等爱心服务。

（五）开展老龄事业调查研究

我省高度重视老龄事业相关数据统计工作，把其作为老龄事业科学发展的重要依据。一是根据全国老龄办安排部署，省老龄办认真安排实施第四次中国城乡老年人口状况抽样调查工作，精心制定了实施方案，与兰州大学签署委托合作协议，举办了抽样调查骨干培训班，对督导员和调查员进行专业培训，配合全国老龄办督查组对调查进行了全程督导。全面完成了兰州、庆阳、天水、定西、陇南5市，18个县区，32个乡镇，128个村的抽样调查工作，样本量达到3840个，受到了全国老龄办督查组的充分肯定，指出“甘肃省数据整理质量较高，清理后数据与原始数据差异不大，所有样本没有一个废卷，问卷有效率达到100%”，并于2015年11月对甘肃等18省区市通报表扬。二是全面完成《甘肃省老龄事业发展“十二五”规划》的总结汇报工作和《甘肃省老龄事业发展“十二五”规划评估量化指标表》的收集、整理、统计工作，在《中国老龄事业发展“十二五”规划》实施情况检查评估量化指标表41项指标的基础上，我省又增加了13项自选项目，全面检查评估了我省老龄委各成员单位、14个市州的所有县区老龄部门完成《甘肃省老龄事业发展“十二五”规划》的目标任务情况，为科学设定“十三五”时期老龄事业发展的战略目标、主要指标、重点领域、重大任务和重要项目，编制“十三五”规划工作提供了重要资料。三是省老龄办委托省人口委西北人口信息中心，深入全省各地进行调查，运用由中国人口与发展研究中心、神州数码公司共同研发的最新一款人口预测软件PADIS-INT，对全省及14个市州人口发展做了预测研究，基础数据源于历年人口普查数据和甘肃省全员人口信息系统汇总的历年人口发展统计数据。对部分重要参数的估计，征求了相关专家的意见建议，形成了我省老龄事业发展“十三五”规划基础研究课题报告——《甘肃省60岁及以上老年人口状况预测研究》，为我省实现“健康老龄化”、“积极老龄化”，提高老年群体生活质量进行了初步研究，为全省老龄事业发展“十三五”规划的制定提出了建设性建议。四是省老龄办高度重视全省老龄人口基础数据统计工作，积极参加全国老龄办组织的部分省市老龄基础数据统计工作座谈会，了解当前老龄基础数据统计存在的问题，学习借鉴兄弟省市成功经验和做法。我们专门下发通知，收集整理14个市州及各县区的60岁以上老龄人口数据，汇总全省老龄人口数据和各年龄段老龄人口与老龄总人口的占比，向省民政厅、省统计局通报。五是全省老龄系统广泛开展调研活动，着重对老龄工作的重点、热点、难点和前瞻性问题开展调研，坚持问计于民、问需于民、问策于民，征集各市州专题政策调研文章50篇，并向全国老龄办上报调研论文8篇；召开了老龄工作理论研讨会，邀请获奖人员、企事业单位离退处负责人参加，探讨养老服务、老年协会建设及发展等问题，交流各地政策研究和老龄调研工作的经验、做法，进一步凝聚共识，推动工作。通过调研评优活动和召开理论研讨会，形成了老龄干部“人人有课题，个个勤研究”的良好氛围。

（六）全面落实老年优待政策

维护老年人权益是一项“民生工程”，更是一项“民心工程”。我们在这方面的工作，一是建立80周岁以上老人高龄补贴制度，全省80—89岁、90—99岁、百岁及以上老年人每人每年享受300元、720元、1200元高龄补贴。甘南、金昌、庆阳、嘉峪关等市州将享受高龄补贴的年龄延伸到75岁以上，标准最高的嘉峪关市百岁老人可享受每年1万元补贴。二是逐步建立70周岁以上老人免费乘坐城市公交车制度，嘉峪关、金昌等市将免费乘车范围已扩大至60岁以上，其它各地普遍对60—64岁老年人实行半价乘车。三是县级以上医院门诊设立老年优待窗口，积极开展了医疗“一免一半五优先”（普通门诊挂号免费，专家门诊挂号半价，优先就诊、化验、检查、交费、取药）活动。这些优待政策使老年人享受经济和社会发展成果越来越多。四是全省除敦煌莫高窟外，全部实现了对60岁以上老年人实行博物馆和旅游景点免费的优待政策。五是建立了困难残疾人生活补贴和重度残疾人护理补贴制度，标准分别为每人每月100元，覆盖了全部符合条件的老年人。

（七）宣传营造社会氛围

宣传引导是老龄工作的重要内容，宣传工作越深入，社会各界关注老龄事业的氛围越浓厚。一是加强《老年人权益保障法》和《甘肃省老年人权益保障条例》等法律法规的宣传，制定下发《关于做好〈甘肃省老年人权益保障条例〉宣传贯彻工作的通知》，指导全省《条例》的宣传工作。二是以“敬老文明号”创建活动和“敬老月”活动为契机，开展专题活动，在《甘肃日报》和省广播电视台《早高峰》栏目大力宣传“敬老文明号”先进集体、“好儿女”，“好儿媳”典型人物和“老有所为”先进事迹，用榜样的力量带动全社会形成尊老、敬老、爱老、助老的良好风气。三是与省电视台合作，在甘肃卫视频道播出第四次抽样调查图标和宣传广告，在社会上引起了较大关注。四是在甘肃卫视播放公益广告，广告词“关爱今天的老人就是关爱明天的自己”被广大群众熟知认可；录制《大爱夕阳　情暖陇原》和《退而不休》专题片，在甘肃电视台公共频道《今日聚焦》栏目中播出；在甘肃都市频道开设老龄事业宣传专题栏目，每期15分钟，广泛宣传老龄事业发展动态，老有所为典型人物等，进一步营造尊老敬老的良好社会氛围。五是改版《甘肃老龄》杂志，增设聚焦热点、老年生活、伟人轶事等栏目，聘请专人负责杂志编辑，扩大杂志发行量，从过去的900本增加到2000本，满足了老龄工作者和老年读者的需求。兰州市开办的《相约银龄》栏目，定西市主办的“孝亲敬老杯”征文摄影比赛活动，陇南市举办的“培育敬老家风，建设和谐家庭”重阳节文艺晚会，酒泉市举办的首届老年人书画展，不断创新了尊老、敬老、爱老、助老的文化内涵，弘扬了中华民族的传统美德。

（八）开展主题教育创建活动

敬老爱老助老主题教育活动是弘扬中华孝道，增强敬老意识，促进老年优待政策落实的有效手段。一是按照全国老龄办的统一部署，积极开展第二届“敬老文明号”创建活动，城建、司法、交通、教育、卫生、电信、新闻出版、旅游、体育等10个服务行业，100多个省直单位和企事业单位参与了这项活动，兰州市公交集团有限公司等41个单位荣获“甘肃省第二届敬老文明号创建活动先进集体”荣誉称号。二是在“敬老月”期间，省、市、县老龄办深入养老福利机构、民办养老服务机构、老年公寓、农村互助老人幸福院和老党员、老劳模、百岁老人家中开展慰问活动，走访看望部分老干部、老党员、老劳模、百岁老人、老知识分子和困难老人，并为养老服务机构和农村互助老人幸福院送去了慰问品。三是积极搭建助老爱老志愿服务平台，广泛开展对特困和高龄老年人的“定点定时定人”探视救助活动。开展助老爱老志愿活动，鼓励志愿者深入社区、农村、企业、养老机构等开展法律援助、文艺表演、医疗义诊、日常护理活动，引导老年人互帮互助。四是组织开展了“甘肃省第二届老有所为先进个人”的评选表彰活动，引导老年人积极参与社会经济建设，为党委政府当好参谋助手、促进社会和谐发展。2015年甘肃省人民检察院政治部老干部处等8家单位荣获“全国老年法律维权工作先进集体”荣誉称号，岳达昌等50人荣获“全省老有所为先进典型”荣誉称号。

（九）深入推进“双联”工作

按照省委做好“精准扶贫、精准脱贫”工作的要求，省老龄办把“双联”行动作为检验老龄工作成效的平台和宣传老龄工作法规政策的重要契机，认真做好此项工作。一是省民政厅党组成员、省老龄办主任徐亚荣带领厅第四联村工作小组，深入通渭县什川乡八里村，与乡、村干部和联系户沟通研究，商定八里村的发展项目和帮扶措施。为八里村筹措帮扶资金，扶持联系户发展养羊业；安装路灯50盏改善了村民居住环境；实施以奖代补，奖励种养殖大户，鼓励其扩大规模，带动村民共同致富；硬化川来社活动场地，满足村民日常活动需要。积极开展义诊活动和健康知识培训，组织八里村村组干部及种植户、养殖户共计20余人前往陇西县云田镇、首阳镇和漳县武阳镇参观学习借鉴致富经验。二是省老龄办副主任文新农带领厅第十工作小组帮扶礼县上坪乡黄咀村，成立“双联”工作领导小组，召开座谈会进行工作对接，制订计划，完成入户调查摸底统计等工作，共筹措资金64万元，建设二层楼的黄咀村老年活动中心，目前主体工程已建成。协调有关单位解决种植大黄苗木600亩，蚕豆种子700斤，邀请甘肃农业大学老教授进行培训；协助乡村落实低保、五保、医疗救助政策，做到应保尽保，协助解决贫困户申请精准扶贫专项贷款共17户49万元。在“敬老月”期间，争取资金22600元，对32名贫困、残疾、空巢、孤寡老人和22名70岁以上老年人进行了慰问。争取省老年基金会和乡上资金6万元维修排水沟60米，田间道路130米，重修农作物晒场大小共两个（1089平方米）。三是严格落实干部轮流驻村蹲点制度，选派责任心强、工作能力突出的巴图同志到礼县黄咀村担任驻村工作队队长，宣传党的强农惠农富民政策及民政、老龄工作政策，帮助完善联扶村年度脱贫致富计划和五年帮扶工作规划，理清发展思路，协调解决突出问题。

（十）协调指导老年产业发展

我省的老年产业起步较晚，但发展势头良好。一是省民政厅、发改委、商务厅等部门出台了《关于切实做好养老服务业发展有关工作的通知》等系列扶持政策文件。全省老年产业现已涵盖老年旅游、老年中医药、老年健康服务、老年生活用品等多个方面。其中老年中医药和老年旅游的发展走在全国前列。省老年之家夕阳红旅行社组织了4个专列3200多人，16多架次旅游包机的800多名老年人赴海内外旅游。二是探索老年产业发展的新路子，大力开发老年用品和服务市场，指导兰州市老龄办举办第三届中国西部（兰州）老年产业暨健康养生博览会，吸引了来自全国十几个省市100多家养老服务企业参展，商品种类涉及老年用品、老年旅游、理财、保险等4000多个种类，涵盖老年人生活的各个方面。三是召开老年产业发展研讨会，来自高等院校、养老机构、社会组织的专家学者和企业负责人，从养老服务和消费需求、养老服务模式、智慧养老、老年产业发展方向等进行了多角度、全方位的探讨，推进了我省老年产业的发展。

二、存在的问题

我省老龄工作虽然取得了一些成绩，但是，由于经济发展滞后，农村老年人口多，贫困程度深，老龄事业发展还存在一些亟需解决的问题。

一是老龄事业发展不够平衡。全省人口老龄化快速发展，高龄化、空巢化日益突出，区域、城乡养老服务业发展不平衡，河西地区情况好，中东部地区相对一般，农村养老服务远远落后于城市。我省作为农业劳动力输出大省，农村空巢化现象严重，养老问题越来越突出，对基层公共服务构成了越来越严峻的挑战。

二是老龄事业资金投入不足。甘肃是西部欠发达省份，经济社会基础比较薄弱，老年社会保障水平与老年人日益增长的物质文化需要之间，养老服务资金投入与老年人多样化养老需求之间，仍然存在着较大的差距。老龄事业发展与经济社会发展还不平衡，老年社会保障和福利水平偏低，贫困老年人口多，脱贫任务十分艰巨。农村养老服务资金短缺，农村互助幸福院建设投入资金少，缺少运行经费保障。

三是养老服务体系建设仍有差距。居家养老服务网络还不健全，存在服务范围不宽，资金投入不足等问题。养老机构建设档次低，缺乏专业技术人员，难以满足老年人多样化、多层次的养老服务需求。养老服务不仅供给严重不足，且质量效益偏低。

四是社会资本参与度不高。我省社会资本投入养老服务主要集中在养老机构，但受经济发展水平制约，社会办养老机构收费偏低，成本支出高，普遍运营困难，处于微利或亏损状态。尽管已出台政策对社会办养老机构给予较高的床位补贴，但政策落实有困难，政府资金引导社会资本投入效果不明显。

三、2016年工作要点

2016年是全面建成小康社会决胜阶段的开局之年，全省老龄工作要全面贯彻党的十八届五中全会精神，深入学习贯彻中央领导同志重要指示批示精神，按照“四个全面”战略布局，牢固树立“五大发展理念”，围绕“五个老有”目标，落实老年法规政策，维护和保障老年人合法权益，强化基层老龄组织建设，推进养老服务业发展，不断提高老龄工作法治化和规范化水平。

（一）贯彻落实中央关于老龄工作的决策部署。组织各地各部门认真学习十八届五中全会关于“积极开展应对人口老龄化行动”决策部署，学习贯彻习近平总书记和李克强总理对老龄工作重要指示批示精神，充分认识中央领导重要指示批示的重大意义，深刻领会其思想内涵和精神实质，切实将思想认识统一到指示批示精神上来。科学分析老龄工作面临的机遇和挑战，找准工作的着力点，统一思想、强化措施、狠抓落实，扎实推进老龄事业各项工作开展。筹备召开省老龄工作委员会第十次全体会议，切实增强做好老龄工作的责任感、紧迫感，增强履职尽责的自觉性、主动性，推动老龄工作和老龄事业新发展。

（二）做好老龄事业发展“十三五”规划编制工作。按照及时应对、科学应对、综合应对人口老龄化的新要求，统筹规划、突出重点、发挥优势、补足短板，注重与省国民经济和社会发展“十三五”规划及全国老龄事业发展“十三五”规划相衔接，编制并实施我省老龄事业发展

“十三五”规划。同时，指导和督促市州编制并实施本地区老龄事业发展“十三五”规划。

（三）加大老年法规政策的创制和督查落实工作。认真贯彻落实国务院关于老龄工作的重要文件精神，出台我省关于进一步加强老龄工作的实施意见，同时协调制定和完善老年人有关政策。以落实《老年法》《甘肃省老年人权益保障条例》和《关于进一步完善老年人优待服务工作的意见》为重点，进一步加强与成员单位的协调沟通联络，明确细化各部门责任、创新思路，形成整体推进老龄事业发展的合力，严格履行法规政策规定的职责义务，加强督促检查。省老龄委对各级老龄工作部门和成员单位履职情况进行督查，并适时协调省人大、省政协开展执法检查和调研，推动各项政策法规落到实处。

（四）扎实做好基层老年协会与农村互助老人幸福院协同发展。今年省委、省政府再次将建设1000个农村互助老人幸福院写入1号文件，要从全省发展大局和政治任务的高度，加强领导，加大投入，精心组织，积极协调，全面完成1000个农村互助老人幸福院的建设任务，并根据省委、省政府关于精准扶贫的决策部署，向建档立卡、具备建设条件的贫困村倾斜，探索建立农村互助老人幸福院的运转经费保障机制。认真落实《关于进一步加强基层老年协会规范化建设的实施意见》《关于推进基层老年协会与农村互助老人幸福院协同发展的实施意见》等精神，按照科学化、规范化、制度化的要求，完善老年协会组织与农村互助老人幸福院建设相结合，打造老年人自我管理和自我服务的平台，做实老年协会与幸福院协同发展的若干模式，积极创造经验。适时举办基层专题培训班，推进协同发展。

（五）强化老龄调研工作。调查研究是科学决策的重要依据，要把调查研究做为掌握基本情况，创新工作思路的重要方法。按照全国老龄办统一安排，开展2016年度全省老龄系统专题政策调研活动。制定调研计划，以第四次中国城乡老年人口生活状况抽样调查、贫困老年人如何脱贫、老年优待政策落实、基层养老服务需求及现状、基层老年协会与农村互助老人幸福院协同发展等为重点课题，推进市州和县市区的调研工作力度。积极开展老龄科研合作，促进工作规范发展。下半年适当时候召开老龄科研成果经验交流会。

（六）加强老龄宣传工作。强化老龄新闻宣传，在甘肃日报、甘肃电视台等主流媒体开辟老龄工作专栏，加大中央领导对老龄工作重要指示批示精神和《甘肃省老年人权益保障条例》等老龄政策法规的宣传力度，开展“孝亲敬老”和“老有所为”等先进典型系列宣传活动。通过集中宣传，营造声势，进一步浓厚敬老爱老助老的良好社会氛围。继续办好《甘肃老龄》刊物，鼓励各地积极投稿，优化栏目，丰富内容，把刊物打造成全省老龄宣传的主阵地。各市州要制定宣传计划，围绕老龄化新形势和老龄法规政策开展重点宣传，使党和政府的老龄工作决策部署、老年人的合法权益和敬老助老的美德家喻户晓，深入人心。

（七）继续开展“敬老文明号”创建和“银龄行动”。致力于促进全社会关爱优待老年人，壮大老龄事业发展的社会基础，积极动员社会服务组织和行业部门参与老龄事业。做好全国第二届“敬老文明号”评选推荐工作、第七届“全国敬老助老爱老主题教育活动”评选推荐工作，精心安排好“敬老月”活动。深入开展“银龄行动”，注重培育和发现典型，适时召开现场推进会予以表彰。

（八）开展老年人意外伤害保险工作。老年人意外伤害保险是全国老龄事业发展的一项探索性工作，对老年人改善生命生活质量具有重大意义，社会需求强烈。根据全国老龄办要求，将在兰州、天水、武威三市开展老年人意外伤害保险试点工作，总结经验，逐步在全省普遍推广。

（九）扎实推进双联工作。按照双联行动和扶贫攻坚深度融合的要求，进一步加强组织领导，积极协调引导双联干部围绕年度重点任务开展帮扶工作。关注困难群体，帮助群众解决最直接、最现实、最迫切的困难和问题。通过强化产业培育，不断夯实增收基础，拓宽群众增收渠道。转变作风，提高各级双联干部做好双联工作的能力和水平，进一步密切干群关系，促进双联工作取得新成效。

（十）加强机关自身建设。按照全面从严治党的要求，加强老龄系统干部队伍建设，深化“三严三实”专题教育成果。认真开展“两学一做”活动，建立健全各项规章制度，切实增强政治纪律和政治规矩意识，做到廉洁从政和依法行政。努力提高业务素质，提升调查研究、文字材料、组织协调、服务群众能力。根据工作需要举办专题培训班，进一步提高老龄工作水平，推动老龄工作上台阶。

青海省

副省长匡湧与省民政厅厅长罗松达哇通过视察养老服务示范基地建设规划，深入探讨我省养老服务发展。

副省长匡湧一行实地考察城北区居家养老呼叫服务中心的养老服务工作开展情况。图为城北区居家养老呼叫服务中心工作现场。

综　　述

2015年以来，全省各地各涉老部门在省委省政府的正确领导和全国老龄办的精心指导下，以党的十八大及十八大五中全会精神为指导，突出重点，真抓实干，各项老龄工作和老龄事业取得新突破、新发展。

一、在养老保障制度方面

2015年以来，继续积极落实“民生创先”工程，社会保障体系日趋完善，城乡养老保险制度建设取得突破性进展。养老保险省级统筹成果进一步巩固，超额完成省政府下达的各项社会保险扩面征缴、待遇发放等年度目标任务，确保了企业退休人员基本养老金按时足额发放，切实保障了企业离退休人员“老有所养”的权益。截止2015年11月底，全省城镇职工基本养老保险参保人数达到99.22万人，其中离退休人员29.97万人。从1998年起连续18年确保养老金按时足额发放率和社会化发放率两个100%；全省已建立街道、社区、乡镇退休人员管理服务站428个，实行社会化管理服务退休人员24.8万多人，离退休人员社会化管理服务率达到86%。新型农牧区和城镇居民社会养老保险制度着力推进。截至2015年11月底，全省城乡居民养老保险参保人数达到231万人，参保率为95%；新农保、城居保基础养老金由每人每月85元提高到125元，城乡老年居民受益人数为47.9万。调整后，新农保、城居保基础养老金水平居西北第一位。城乡养老待遇水平稳步提高。我省企业退休人员月人均基本养老金从2005年的935元提高到2015年的2910元，居西北五省区之首。在近年来的调待方案中，对65周岁以上的老年人在普遍调整的基础上给予了倾斜照顾。建立了企业退休人员死亡后遗属抚恤金制度，从2014年10月1日起，参加我省城镇职工基本养老保险的退休人员因病或非因工死亡后，其遗属可以领取一次性按其死亡时上年度全省企业退休人员月人均基本养老金10个月标准计发的抚恤金，这较好地解决了企业退休人员死亡后遗属的抚恤问题，进一步完善了我省养老保险政策体系。

二、在医疗卫生服务方面

全省基本医疗保障工作立足“保基本、强基层、建机制”的总要求，不断完善、巩固和发展医疗保险制度，使人人享有基本医疗保障的目标基本实现，医疗保障水平显著提高、服务能力明显增强。加大政府投入力度，进一步扩大基本医疗参保率。截至年底，全省城镇职工医保和城乡居民医保参保人数分别达到94.66万人和455.12万人，参保率均达到98%以上。城乡居民医保人均筹资标准提高到550元，其中财政补助水平达到人均466元。有效落实大病医疗保险制度，逐步统一城乡居民医保待遇。城乡居民、城镇职工大病医疗保险报销比例分别达到80%和85%，有效减轻了老年患者的医疗负担。统一了城乡居民医保门诊慢性病、特殊病、住院医疗保险待遇等主要政策，进一步推进了城乡居民医保一体化建设，缩小了城乡居民医保待遇差距，增加了保障制度的公平性。积极开展特困老人的医疗救助，努力营造老年人就医良好环境。各级医疗机构设立的济困助困病床作用，继续对特困老人就诊实行“一免七减”的优惠医疗服务，即门诊病人免收挂号费，住院病人药费、诊查费、检查费、检验费、麻醉费、手术费、住院床位费减免10%。我省二级以上医疗机构广泛开展创建“平安医院”和“医疗质量万里行”、“进一步改善医疗服务行动计划”活动，简化服务流程、增加服务项目、降低医疗费用，并为老年患者提供了挂号、就诊、住院优先，门诊就诊全程导医陪诊、办理出入院手续、电话预约挂号等人文关爱服务。广泛开展预防保健宣传活动，强化老年人常见病和多发病的防治工作。各级医疗机构和健康教育部门与传媒密切配合，利用节假日以及卫生宣传日结合科技文化卫生“三下乡”活动，广泛开展老年人健康知识宣传、咨询和义诊等活动，提高老年人群的自我保健意识和防病能力。2015年省卫计委依托“健康快车”项目实施老年人白内障复明手术1463例，实施百万贫困白内障复明工程1256例。

三、在特殊老年群体保障方面

健全完善城乡低保和五保制度。我省建立了保障对象和保障标准自然增长机制。2015年，连续第七年调整提高城乡低保标准，城市低保标准平均达到370元/月，农村低保标准平均达到200元/月。在实施低保补助的同时，对困难老年人实行分类施保政策，城市低保对象中的老年人每人每月增发40元的分类施保金，农村低保对象中的老年人每人每年增发200元分类施保金。同时，对已纳入低保范围的老年人家庭生活仍有困难的，通过开展临时救助保障其家庭基本生活；未纳入低保范围的低收入老年人家庭，如遇突发性、临时性困难，将根据家庭困难程度给予3000元到2万元不等的临时救助。农村五保分散和集中供养标准分别达到每人每年5098元和5826元。积极探索农牧区代养服务新模式。启动困难老年人居家养老服务试点工作，按照每月每名老人日托500元、全托800元的标准，重点为当地长期分散居住的农村牧区五保、三无、空巢、独居等困难老人，提供日间照料、助餐助医、卫生保洁、事务代办、精神慰藉、安全守护等基本居家养老服务。完善落实高龄补贴政策。2015年完成《高龄补贴管理办法》的修订，并将全省70周岁以上老年人高龄补贴标准在原基础上月人均提高20元。提标后，月人均补贴标准分别达到70～79周岁70元，80～89周岁80元，90～99周岁100元，100周岁及以上140元。2015年全省享受高龄补贴政策的老年人近29.60万人，发放资金达2.5亿多元。

四、在普惠性社会养老服务方面

健全完善社会养老服务相关政策体系。青海省政府认真贯彻落实国务院35号文件精神，及时制定下发了实施意见。省民政厅、财政厅、发改委等部门先后出台了12个有关养老机构管理、政府购买养老服务、医养融合等方面政策措施。特别是2014年出台的政府购买养老服务和2015年出台的政府购买老年人意外伤害保险、养老机构综合责任险等实施办法，走在了全国各省市前列，具有较强的推广价值和示范意义。加快养老服务设施建设。“十二五”期间，中央预算内投资补助共支持我省社会养老服务体系建设项目资金达1.68亿元。同时，省财政近两年下拨财政性资金3.1亿元，省政府安排地方债券资金5000万元，持续加大了对养老服务设施建设的资金投入。省民政厅将省本级福彩公益金的65%以上投入养老服务领域，为养老服务业发展提供了资金保障。截止2015年底，各类养老服务设施总数达1890个，社会养老床位21036张，实现了每千名老年人拥有30张社会养老服务床位的“十二五”规划目标。2015年安排中央预算内资金6000万元，建设8个养老服务老年养护楼、敬老院和13个社区养老服务设施，同时，下达藏区专项资金8380万元，建设藏区5个县级社会福利中心。积极推进“互联网＋养老服务”新模式。2015年，率先在西宁市建设养老服务呼叫中心，全年实现呼叫53万通、登门服务10万小时、实现服务8万人次。同时，积极筹资1000多万元，开发建设全省养老服务信息平台，着力构建省、州（市）、县（区）、乡（镇）、村（社区）五级养老服务信息系统，逐步推行“互联网＋养老服务”的新型智慧养老服务模式。

五、在老年人优待工作方面

为进一步加强全省老年人优待工作，省老龄办与省高法、省发改委等23个省直部门于12月1日联合印发《青海省关于进一步加强老年人优待工作的实施意见》（青老龄办〔2015〕30号），从政务服务、卫生保健、交通出行、商业服务、文体休闲、维权服务等方面完善优待内容。其中，在政策服务优待方面，如2015年出台的《政府向社会力量购买老年人意外伤害保险实施办法》中，规定凡具有青海户籍或在青常住（三年以上）的60岁以上老年群体均可参加老年人意外伤害保险，重点给予特殊困难老年人每年30元参保补贴，其他社会老年人每年10元补贴，省财政厅下拨保费补贴886万元。在卫生保健优待方面。从2011年起，按照每人每年80元的标准，全省启动了65周岁以上老年人健康体检及健康危险因素评估工作，每年对全省城乡年满65周岁以上常住居民进行一次免费健康体检，并开展针对性健康教育和健康干预服务，探索建立起一套集“年度体检—疾病筛查—健康教育—患者管理—追踪随访”为一体的老年人综合健康管理服务体系。2014年起，将老年人健康体检补助标准提高至每人每年130元。在出行休闲优待方面。城市公共交通工具为老年人提供票价优惠，鼓励对65周岁以上老年人实行免费。公共交通工具设立一定数量的“老幼病残孕”专座。各旅游景区（点）在售票窗口显要位置悬挂老年人门票优待的规定。风景名胜区、自然保护区、公园、文物建筑、遗址类博物馆、纪念馆等收费旅游景点，对70周岁以上老年人实行门票全免。全省已建成乡镇文化站公共电子阅览室140个，省图书馆成立“青海省老年网上俱乐部”，为老年人获取文化知识、进行信息化学习提供便利。

六、在老年人维权方面

我省公安、司法系统以积极开展老年人法律援助为切入点，不断扩大法律服务、法律援助和法制宣传的覆盖面，充分发挥法律援助职能作用，高度重视和切实维护老年人合法权益，努力将老年人的合法权益保障落到实处。健全维权机构。省司法厅积极指导全省各级法律援助接待大厅设立老年人法律援助绿色通道，全面开展老年人涉法、涉诉等合法维权工作，并积极与老龄部门配合，成立了“老年人法律援助工作站”，协同为老年人提供法律援助。目前全省建立56个法律援助管理服务机构，958个法律援助工作站。完善援助制度。制定出台了《青海省老年人法律援助工作办法》，明确了老年人法律援助的申请、受理审查、指派等工作事项。2014年以来，省委省政府将法律援助工作纳入民生工程，省法律援助管理局始终将老年人作为法律援助的重点人群，制定完善了《青海省法律援助案件质量评估标准和办法》等10余项法律援助制度，让老年人法律援助工作机制更加制度化、规范化、标准化。2015年10月出台了《关于调整法律援助经费标准的意见》进一步加大老年人法律援助经费保障力度，调动各级法律援助机构和广大法律援助工作者为老年人法律援助的积极性、主动性。提供便捷的维权服务。在受理老年人援助案件过程中做到程序简化、优先受理、优先审查、优先指派，积极拓展老年人法律援助工作领域，重点关注并努力满足高龄、失能半失能、贫困以及空巢老人的法律援助需求，对70岁以上高龄老人给予免审查，做到应援尽援。开通法律援助咨询服务电话“12348”，规范各级老年人法律援助服务窗口建设标准，配备轮椅、老花镜、急救药等老年人特需品，并在2015年配备55台法律援助电子触摸屏。2015年，全省公安机关处理伤害老年人人身安全和对侵犯老年人财产安全的违法犯罪行为治安处罚的43起，构成犯罪依法追究刑事责任的7起，调解和矛盾纠纷化解78起，坚持主动服务，为行动不便和有紧急事项的老年人提供上门服务90多人次。

七、在老龄工作宣传和老年文体活动方面

各级各部门把加强老年事业宣传和老年文化建设作为老龄工作的重要内容，继续整合社会文化资源，不断丰富广大老年人的精神文化生活。继续加强老龄工作宣传力度。为大力弘扬中华民族传统美德，营造敬老爱老助老的浓厚社会氛围，省内各大媒体在“老年节”来临之际以不同方式广泛宣传。10月21日在《青海日报》上组织刊发了一期专版，介绍了我省老龄工作取得的成就、成员单位老龄工作、百岁老人平凡故事等内容，对我省的老龄工作进行了有力宣传。此外，省老龄办开展了关爱百岁老人活动，收集老人心愿，选树“健康百岁老人”的典型人物形象，宣传百岁老人延年益寿的健康生活方式和生活态度，积极营造社会关心、重视百岁老人健康的良好氛围。“老年节”当天，省老龄办通过青海省广播电视台采访的形式，进一步宣传了全省老龄工作，使广大老年朋友对老龄工作有了更深入的了解。鼓励老有所为，为老年人提供展示自我的空间。2015年在西宁市和海南州共建设实施了50个乡村基层老年协会“乐龄工程”项目，下拨帮扶资金用于购买协会文体娱乐设施设备，充分发挥老年协会推动老龄工作发展的积极作用。继续协同西宁市老龄办开展“银龄行动”，组织农牧局、老科协等单位人员组成“银龄服务队”，发挥离退休干部参与社区建设、化解社会矛盾等作用。此外，继续在全省广泛开展“老有所为”先进典型人物评选活动，使老年人真正参与到经济社会发展中来。省司法厅积极组织动员“五老”人员，深入学习为未成年人开展法制宣传，使青少年从小树立法制意识。

八、在老年宜居环境建设方面

省住建厅从城市的发展定位出发，立足于完善城市基础设施和增强城市载体功能，围绕城市环境无障碍化方面开展了大量工作。完善无障碍设施法规、规章制度，创造城市无障碍环境。国家《无障碍建设“十二五”实施方案》出台后，住建厅结合省情实际，联合14个部门制定出台了《青海省无障碍建设“十二五”实施方案》，为“十二五”无障碍环境的建设奠定了坚实的基础。召开了青海省无障碍设施建设示范城工作协调小组联席会。逐步形成了一整套与城市规划、城市建设、城市管理融为一体的领导体制、工作体系、工作制度。发挥行业职能作用，扎实做好无障碍设施建设工作。省住建厅对新建公共建筑、市政设施建设工程中项目规划、设计、施工、验收等各个环节的无障碍设施建设作为重点审查和监督内容，对城市新建道路的主次干道、大型公共建筑、居住区等进行规划审查时，对不符合规范要求和不按规定要求建设无障碍设施的项目律不予批准，不予核发《建设工程规划许可证》。加大无障碍设施配套情况及设施监督检查和改造力度。从2011以来，先后对西宁市市区黄河路、胜利路、解放路等十条道路的无障碍设施进行改造，涉及缘石坡道、盲道、人行横道、过街音响信号装置等，使城市无障碍设施有了很大改观。

宁夏回族自治区

2015年5月13日，自治区党委常委、副主席李锐带领有关部门负责人对银川市部分民办养老服务机构、社区日间照料中心、农村互助养老院及在建的养老服务项目工程进行调研。图为李锐在贺兰县立岗镇通义村“老来乐”互助养老院向该院负责人了解情况。

2015年10月21日是一年一度的“重阳节”，也是全国第3个、宁夏回族自治区第26个“老年节”。受自治区政府分管领导的委托，自治区民政厅原巡视员李治贵、老龄办常务副主任李作忠在银川市副市长李守银的陪同下看望慰问了银川市的两位百岁老人和“老有所为”先进人物。图为在“春蕾奶奶”姜丽娟老人家中看望。

综　　述

截至2015年底，我区60岁以上户籍老年人口达到83.8万，占总人口的12.6%。预计到2020年老年人口将达100万以上，占总人口的15%左右。针对人口老龄化进程加快、高龄老人增多和“空巢”、“留守”、“独居”老人增加的实际，自治区党委、政府高度重视，切实采取措施，加强养老保障制度建设，健全完善养老服务体系和关爱体系，老年人基本权益得到保障，老年人获得更多实惠，老龄事业实现了跨跃式发展。

一、社会保障体系日趋完善

大力开展全民参保登记计划和建筑业参加工伤保险“同舟计划”，全区城镇职工养老、医疗保险参保人数分别达到157.5万人、114.77万人；城乡居民养老、医疗保险参保人数分别达到183.1万人、470万人。

一是基本养老、医疗保障水平进一步提高。启动实施机关事业单位养老保险制度改革。力推参保登记，实现入库人数达到21.25万人。继续调整企业职工基本养老金和城乡居民基础养老金，企业退休人员养老金提高10%，人均月增加232元；城乡居民基础养老金最低标准在国家普调15元的基础上我区再调增15元，调整后基础养老金最低标准达到115元，同比增长35.3%，全区月人均养老金水平达到134元，同比增长12.6%。加快推进被征地农民养老保险政策全面实施，将全区4.05万被征地农民纳入养老保险体系。进一步巩固并逐步提高基本医疗保险住院报销比例，居民医保、职工医保住院报销比例分别达到65%、76%（均为预计数）；统一门诊大病病种，自治区门诊大病病种由17种增加到28种；开展了职工医保普通门诊统筹，最高报销比例达到70%。

二是基本医疗保险制度进一步完善。自治区政府印发了《关于城乡居民基本医疗保险自治区统筹管理的意见》，城乡居民医保自治区级统筹工作率先在全国实施。进一步提高城乡居民医保财政补助标准，人均财政补助标准从372元提高到432元，增加基金收入2.8亿元，同比增长16.1%。在全国范围内率先出台全省统一的职工基本医疗保险普通门诊统筹意见和基本医疗保险转诊转院办法。进一步加强和完善大病保险工作，出台政策建立筹资支付动态调控机制、明确支付范围、建立重大疾病解决机制、实行大病保险即时结算、完善风险共担机制和费用监管机制，确定了2015年和2016年城乡居民大病保险起付标准和筹资标准。推动落实普惠性健康体检政策，31万人享受免费体检。启动实施“五险合一”经办体制改革。制定出台《宁夏城乡居民基本医疗保险自治区统筹管理经办规程（试行）》、《宁夏城乡居民基本医疗保险基金自治区统筹管理暂行办法》，规范了居民医保经办行为及基金运行规则、调剂办法。出台了《宁夏基本医疗保险异地就医即时结算管理暂行办法》，实现了区内异地就医联网即时结算。加快推进人力资源社会保障信息系统“省集中”和“社保云”建设，率先实现系统数据“省集中”。加快推进社会保障卡综合应用工作，累计发放社会保障卡600.2万张，覆盖90.7%的人群。

三是不断完善老年人社会救助制度。根据自治区人民政府2015年民生计划要求，经第41次常务会议研究决定，将我区低保标准由城市每人每月300元、农村每人每年1930元，提高到城市每人每月380元、农村每人每年2400元，从4月1日起开始执行新的标准。同时，下发了《关于调整高龄低收入老年人基本生活津贴发放标准的通知》，从4月1日起上调全区高龄低收入老人津贴发放标准，具体为：80～89周岁城市高龄津贴标准由每人每月300元提高到400元；80～89周岁农村高龄津贴标准由每人每月150元提高到220元；90周岁以上城乡高龄津贴标准由每人每月350元提高到450元。截至2015年12月底，全区共保障城乡低保对象57.6万人，其中城市低保对象15.4万人，月人均补助水平306元（含补贴），比上年同期增加54元；农村低保对象42.2万人，月人均补助水平204元（含补贴），比上年同期增加44元。制定下发了《自治区民政厅关于做好特困人员供养工作的意见》，进一步规范和加强特困人员供养工作。提高农村五保供养资金自治区补助标准，其中：集中供养对象自治区补助标准由每人每月300元提高到380元，分散供养对象自治区补助标准由每人每年1930元提高到2400元，有效保障农村五保对象基本生活。截至四季度，全区保障农村五保供养对象13583人，其中：入院集中供养4668人，分散供养8915人，集中供养率为34.4%。全区现有农村敬老院56所，设置供养床位7332张。2015年集中供养水平达到6367元，年分散供养水平达到2971元。2015年，自治区政府印发了《宁夏回族自治区医疗救助办法》，实现了医疗救助城乡统筹，标准统一，重特大疾病救助标准由原来的最高5万元提高到了8万元。

四是基层医疗卫生服务能力不断增强。新建30所城市社区卫生站，完成118所乡镇卫生院周转房、供暖设施建设，为875个村卫生室配置健康一体机。创建25所“群众满意的乡镇卫生院”。培训基层卫生人员5000余人，有1000名大专村医落实到岗。基本公共卫生服务人均补助提高到40元，服务项目增加至12类53项。

二、社会养老服务体系建设成效显著

一是以政策创制引领养老服务业发展。自治区民政厅、老龄办在深入调研的基础上，联合自治区相关部门联合下发了一系列的养老服务配套文件。一是根据国家发展改革委、民政部等10部委《关于加快推进健康与养老服务工程建设的通知》要求，印发了《自治区关于加快推进健康与养老服务工程建设实施方案》。《实施方案》聚焦引导市场精准发力，从市场准入、规划用地、投融资、财税价格、人才保障等提出了一系列政策措施，为鼓励社会力量参与建设和运营养老服务项目，满足个性化、多样化养老服务需求提供了有效的政策支持。二是为了充分发挥市场在资源配置中的决定性作用和更好地发挥政府作用，逐步使社会力量成为发展养老服务业的主体，出台了《关于鼓励民间资本参与全区养老服务业的实施意见》、《关于政府向社会力量购买养老服务的实施意见》。三是进一步加大公共财政支持力度，切实解决经济困难的高龄、失能等老年人的后顾之忧，推动实现基本养老服务均等化，印发了《关于建立经济困难失能失智老年人补贴制度的通知》、《关于开展老年人意外伤害综合保险工作的通知》、《宁夏回族自治区社区老年人日间照料中心管理办法》、《宁夏智能化社区居家养老服务平台建设管理办法》等配套文件。

二是大力推进社会养老服务体系建设。2015年，自治区安排10亿元中央彩票专项资金用于基本养老服务体系建设，至2016年底在全区建设25所老年活动中心、25所敬老院、420个老饭桌、73个日间照料中心和34个农村互助养老院。建设了3个县级智能化社区居家养老服务信息平台，为2000名困难老人安装了“一键式”呼叫器。自治区民政厅、老龄办与中国人寿宁夏分公司签定了老年人意外伤害保险合作协议，开展老年人意外伤害综合保险，投保老年人达5.5万余人；与中国平安宁夏分公司联合开展了民办养老服务机构综合责任保险项目，14所民办养老服务机构参与投保。

三是持续推进养老护理员职业能力培训。2015年，自治区民政厅、老龄办对全区各级各类养老机构的179名从业人员进行了为期一个月的养老护理职业技能培训，对全区养老机构的169名从业人员进行了职业技能鉴定，159人取得了五级（初级）养老护理员资格证书。同时，又委托宁夏节能低碳科技服务中心，对全区一线56名养老服务人员进行了“老年人心理疏导”培训。

四是扎实做好成第四次中国城乡老年人生活状况抽样调查工作。按照全国老龄办、民政部、财政部《关于开展第四次中国城乡老年人生活状况抽样调查的通知》精神，各级老龄办高度重视、周密部署，扎实推进“第四次中国城乡老年人生活状况抽样调查”工作的组织与实施。7月26日、28日，分别在银川市和西吉县举办“第四次调查”宁夏区督导员、调查员培训班。8月5日至13日，调查办先后对抽样县（区）的调查工作进行了跟踪指导。各级督导员按照职责对自己分管的乡镇、街道和地区全程督导，有力的保证了“第四次调查”工作的优质高效。

三、老年人权益得到有效保障

以贯彻落实新修订的《老年人权益保障法》为重点，采取多种形式广泛深入宣传《老年法》，提高社会知晓率。10月13日至14日，自治区人大常委会对我区实施《中华人民共和国老年人权益保障法》和《宁夏回族自治区老年人权益保障条例》情况进行了执法检查，促进了各地老年人优待政策的落实。10月底，自治区法工委、民政厅、老龄办赴浙江、福建、江苏开展《老年人权益保障法》立法调研，推动我区《老年人权益保障条例》修订进程。办理涉及老年人养老、优惠待遇等问题的政协提案14件，做到件件有着落，事事有回音。

四、不断丰富老年人精神文化生活

广泛组织开展适合老年人特点的文化教育、体育健身、养生保健等活动；与宁夏书法家协会、宁夏美术协会、宁夏老年书画协会举办了庆祝世界反法西斯战争胜利暨抗日战争胜利70周年老年书画展，弘扬了中华民族优秀传统文化；在全区举办了“最美夕阳红”宁夏阳光老人大赛，共举行62场海选赛，1070名老年人上台展示了风采，77个社区和32000多名观众参与活动，有力的推动了老年文化艺术的交流，丰富了老年人精神文化生活。

五、扎实开展宣传教育活动

围绕老龄中心任务和重点工作，进一步加强与新闻媒体的联系，采取灵活多样的形式开展老龄工作宣传报道，不断增强全社会的老龄意识。结合创建活动，主题教育活动和“敬老月”活动，通过自办刊物、报纸和信息不断加大宣传力度。组织开展老龄政策调研，收到调研论文22篇，择优上报全国老龄办8篇，获全国三等奖1篇，优秀成果奖1篇，7篇获全区优秀成果奖。全年中央和自治区各媒体刊载了276篇老龄宣传稿件，取得了良好的宣传效果，荣获全国老龄办组织的“新闻宣传好作品评选活动”优秀组织奖。

重要会议和活动

【全区老龄办主任会议】 2月12日，“第六届全区敬老爱老助老主题教育活动”、“老年法律维权工作先进集体”表彰暨全区老龄办主任会议在银川召开，自治区老龄委副主任、民政厅厅长、老龄办主任杜正彬出席会议并作了重要讲话，民政厅副厅长余瑞东主持会议，自治区老龄办常务副主任李治贵作了工作报告。会议总结了2014年老龄工作，表彰奖励了2014年度全区《宁夏老龄工作信息》、老龄政策研究成果和老龄工作先进单位，安排部署了2015年全区老龄工作。全区各市、县（区）老龄办主任或专职副主任、民政厅有关处室负责人参加了会议。

【积极配合我区社会养老服务体系建设专题调研】 为深入推进我区社会养老服务体系建设，自治区人大于今年5月由刘慧芳副主任带队对我区部分养老服务机构的建设和运营情况进行了深入调研；6月至8月，自治区政府李锐副主席带队先后三次赴全区五个地级市对养老服务体系建设情况进行了调研。

【加强养老服务机构从业人员职业技能培训鉴定】 为全面提高我区养老机构从业人员的综合素质和服务技能，更好的为老年人服务。6月份，自治区民政厅、老龄办组织对全区各级各类养老机构的179名从业人员进行了养老护理专业技能培训。培训对象系统学习了养老服务业发展现状与趋势，老龄工作法规政策，老年人护理技能，老年人急救知识及操作，老年人生理、心理特点，养老护理从业人员职业道德，食品、营养与健康，常见老年病康复等专业知识及老年社会工作，有159人通过全国统一鉴定考试取得了养老护理员初级职业资格证书。

【举办“最美夕阳红”宁夏阳光老人大赛】 在全区举办了“最美夕阳红”宁夏阳光老人大赛，共举行了62场海选赛，1070名“身怀绝技”的老年人上台展示了风采，77个社区和32000多名观众参与活动，有力的推动了老年文化艺术的交流，丰富了老年人精神文化生活。

【开展老年人意外伤害保险工作】 为缓解老年人日常生活中遭遇意外伤害风险时给家庭和社会保障带来的压力，发挥商业保险机构在养老保障中的作用，减轻政府和个人负担、提高老年人的生活质量。6月份，自治区民政厅、老龄办与中国人寿保险公司宁夏分公司签定了老年人意外伤害保险合作协议，在全区开展老年人意外伤害综合保险。

【持续开展养老服务机构综合责任保险工作】 为提升我区养老服务机构的服务保障功能，提高养老服务机构发生意外责任风险时的应对能力和善后处置能力。10月份，自治区老龄办与中国平安财产保险股份有限公司宁夏分公司联合在全区14家民办养老服务机构开展了养老服务机构综合责任保险工作。

【第四届“九九重阳情·健康伴我行”大型广场公益活动】 10月17日，自治区老龄办、卫生与计划生育委员会与宁夏人民广播电台新闻广播频率在银川市光明广场联合举办了第四届“九九重阳情·健康伴我行”大型广场公益活动。邀请宁夏医科大学总医院、宁夏人民医院等6家医院的12位专家组成的“名医团”为老年人现场进行义诊。自治区老龄办常务副主任李治贵，自治区广电总台负责人亲临活动现场并为老人送上了诚挚的祝福。

【民政部督查组对我区养老服务业发展政策落实情况进行了实地督查】 受国务院办公厅委托，民政部于10月12日至14日对我区养老服务业发展政策落实情况进行了督查。民政部督查组对自治区党委、政府及民政厅党组高度重视养老服务业的发展表示赞赏，充分肯定了宁夏在养老服务业发展取得的积极成效，并表示宁夏养老服务业很多经验做法在西部乃至全国都值得推广和借鉴。

各项业务进展

【涉老政策和制度建设】在广泛调研论证的基础上，根据国务院《关于加快发展养老服务业的若干意见》精神，联合相关部门下发了《关于建立经济困难失能失智老年人补贴制度的通知》、《关于政府向社会力量购买养老服务的实施意见》、《宁夏回族自治区社区老年人日间照料中心管理办法（试行)》、宁夏智能化社区居家养老服务平台建设管理办法（试行)》等文件，为加快推进我区社会养老服务体系建设提供了政策支撑。同时在全区开展了老龄工作政策调研活动，共征集调研论文 25 篇，上报全国老龄办 8 篇，其中有 2 篇被全国老龄办评为三等奖和优秀奖，7 篇被自治区老龄办评为一、二、三等奖。

【养老服务设施建设】2015 年，全区各地认真贯彻《自治区人民政府关于加快发展养老服务业的实施意见》，加大对社会参与养老服务业发展的支持力度，2015 年新建民办养老机构 8 家，设置床位 1500 张。积极协调自治区财政厅等相关部门拨付 18 家已投入运营的养老机构一次性床位补助资金 754 万元。自治区民政厅、老龄办与中国人寿宁夏分公司签定了老年人意外伤害保险合作协议，开展老年人意外伤害综合保险，投保老年人达 5.5 万余人；与中国平安宁夏分公司联合开展了民办养老服务机构综合责任保险项目，14 所民办养老服务机构参与投保。

【居家养老服务工作】加强社区居家养老服务信息平台建设，为 2000 户困难老年人安装“一键式”呼叫器任务圆满完成。按照年初工作安排，2015 年计划建设平罗县、中宁县、贺兰县 3 个县级社区智能化信息服务平台，为 2000 户困难老人安装“一键式”呼叫器。截止目前，3 个智能化社区养老服务平台已建成并投入使用。

【老年人权益保障】以贯彻落实新修订的《老年人权益保障法》为重点，采取多种形式广泛深入宣传《老年法》，提高社会知晓率。10 月 13 日至 14 日，自治区人大常委会对我区实施《中华人民共和国老年人权益保障法》和《宁夏回族自治区老年人权益保障条例》情况进行了执法检查，促进了各地老年人优待政策的落实。10 月底，自治区法工委、民政厅、老龄办赴浙江、福建、江苏开展《老年人权益保障法》立法调研，推动我区《老年人权益保障条例》修订进程。办理涉及老年人养老、优惠待遇等问题的政协提案 14 件，做到件件有着落，事事有回音。11 月份，自治区老龄办、人民法院、人民检察院、公安厅、民政厅、司法厅联合开展了“全区老年法律维权工作先进集体”评选表彰活动，有 23 个单位被评为“全区老年法律维权工作先进集体”；其中，自治区检察院控告申诉处、自治区司法厅法律援助管理处等 8 个单位被评为“全国老年法律维权工作先进集体”，起到了很好的示范引领作用。

【老龄宣传工作】围绕老龄中心任务和重点工作，进一步加强与新闻媒体的联系，多角度、多侧面、多形式地开展老龄工作宣传报道，不断增强全社会的老龄意识。结合创建活动，主题教育活动和“敬老月”活动，通过自办刊物、报纸和信息不断加大宣传力度，编辑《宁夏老龄工作》杂志 6 期，编发《宁夏老龄工作信息》64 期。全年中央和自治区各媒体刊载了 276 篇老龄宣传稿件，取得了良好的宣传效果，荣获全国老龄办组织的“新闻宣传好作品评选活动”优秀组织奖。

新疆维吾尔自治区

10 月 21 日，自治区党委常委、自治区老龄委主任肖开提·依明同志在老年节当天赴新疆仁和春天养老院慰问老年人。

6 月 15 日，自治区副主席、自治区老龄委常务副主任吉尔拉·衣沙木丁同志赴昌吉州基层老年协会调研。

综　述

2015年是老龄事业快速发展之年，也是老龄工作取得显著成效的一年。在自治区党委、自治区人民政府的正确领导下，各级老龄办坚持以科学发展观为统领，认真贯彻落实中央第二次新疆工作座谈会和自治区党委八届十次全委（扩大）会议精神，坚持“党政主导、社会参与、全民关怀”的老龄工作方针，紧紧围绕老龄工作目标，解放思想，凝聚力量，抢抓机遇，扎实工作，努力推进自治区老龄工作发展，取得了可喜的成绩。

一、党政主导，“十二五”期间老龄工作成果丰硕

“十二五”时期，各级党委、政府把老龄工作纳入议事日程，纳入党政综合目标考核管理和经济社会发展总体规划，积极出台涉老惠民政策措施，基本完成了“十二五”规划目标任务，为自治区老龄事业发展提供了坚实保障。“十二五”期间，全区养老保障体系逐步完善，城镇职工基本养老保险制度、新型农村社会养老保险和城镇居民养老保险制度实现了全覆盖。为提高老年人医疗保障和健康服务水平，缓解老年人看病难、就医难的问题，自治区建立了以城镇职工基本医疗保险、城镇居民医疗保险为主要内容，覆盖城乡全体居民的医疗保障制度体系，城镇职工基本医疗保险制度覆盖范围不断扩大，退休人员医疗待遇水平不断提高，老年人看病就医得到保障。昌吉、克拉玛依等地党委、政府高度重视老龄工作，不断健全社会服务保障体系，为老年人居家养老提供了有力支撑。

二、社会参与，为老服务水平不断提高

老龄委成员单位合力推进为老服务体系建设，民政、发改、卫生、人社、住建等部门围绕自治区人民政府《关于加快发展养老服务业的实施意见》，结合各自实际，研究制定相关配套措施，助推为老服务体系建设。各级重视为老服务工作，大力宣传《中华人民共和国老年人权益保障法》和《自治区保护老年人合法权益条例》、《自治区优待老年人规定》等涉老法规政策，采取多种措施优待老年人，全区134.7万持证老年人享受到了各种优惠、优待，8.25万79岁以下老年人享受了生活补贴。哈密等地结合实际不断提高优待标准，拓宽优待领域和优待范围。各地重视加强农村老龄服务，关注失能、特困、留守、空巢、低收入老年群体的特殊需求，有效地保障了农村老年人的基本生活。我们配合自治区人大对全区《老年人权益保障法》实施情况进行执法检查，向自治区人大常委会提交了执法检查报告。自治区老龄办、民政厅、新疆保监局联合下发《关于共同推进老年人意外伤害保险工作的指导意见》，督促各地做好老年人意外伤害保险工作。自治区老龄办、住建厅、经信委、民政厅、残联共同组成检查组，对南北疆的6个市县创建无障碍环境工作进行了检查。在全社会的共同努力下，我区为老服务水平再上新台阶。

三、夯实基础，老龄事业与经济社会协调发展

我们以基层老年协会建设为重点，不断加强基层老龄工作，与民政厅联合下发《关于加强城乡老年协会建设的通知》，并派出工作组对部分地区基层老年协会建设工作进行检查，督促各地按照《自治区基层老年协会规范化建设标准》开展规范化建设，我们组织召开自治区基层老年协会建设推进会，取得显著成效。2015年新建的基层老年协会已超过700个，1698个社区成立老年协会，占全区社区总数的82.8%，完成自治区老龄十二五规划目标。3058个行政村建立了老年协会。各地基层老年协会积极组织广大老年人开展丰富多彩的文体活动，在宣传党的方针政策、维护社会稳定、调解邻里纠纷、加强民族团结、维护老年人合法权益、丰富老年人精神文化生活等方面发挥了积极的作用。阿勒泰、吐鲁番、和田、克州等地加大老年协会建设力度，老年协会在基层各项工作中的作用越来越突出。各级涉老部门认真贯彻落实肖开提常委关于“老年人是家庭的核心，也是反对民族分裂、维护社会稳定的重要力量”的指示精神，在广大老年人中深入开展民族团结教育。实践证明，加强民族团结工作，促进民族团结进步事业，充分体现了各族人民休戚与共、团结一心共建美好家园、创造幸福生活的共同心愿。各族老年人积极参与值班巡逻、普法讲座、志愿服务等多种义务活动，在维护社会稳定和促进经济社会发展中发挥了重要作用，为基层的社会稳定做出了积极贡献，在加强民族团结、社情舆情收集和调解矛盾纠纷方面，老年人成了政府的“千里眼”、“顺风耳”和“稳定器”，发挥着不可替代的作用。

四、树立品牌，不断拓展“老有所为”新途径

为了让更多的老年人发挥余热，释放潜能，我们不断加强组织引导和政策推动，积极开展省际“银龄行动”，发挥示范带动作用，推动区域内“银龄行动”工作，各族老年人主动参与社会管理和服务活动，使“老有所为”取得突出成效。各援疆省市把省际“银龄行动”作为贯彻落实中央第二次新疆工作座谈会精神的重要组成部分，阿克苏等地和浙江、深圳等省市已就“银龄行动”工作达成初步合作意向。在省际“银龄行动”开展的同时，伊犁州、巴州等地开展的区域内“银龄行动”也取得较好的成效，各地积极探索“老有所为”新途径，开展形式多样的活动，促进各族老年人参与经济社会发展，一大批医疗、教育、农牧系统退休老年人在基层发挥着光和热，涌现出一批积极践行社会主义核心价值观的楷模，展现了老年群体服务社会、无私奉献的良好形象。

五、老有所教，老年人精神文化生活不断丰富

各级采取多种方式推进老年教育事业发展，老有所教、老有所学范围和领域进一步扩大，老年人参与、融入社会行动更加积极广泛，效益明显。全区老年教育网络初步建成。各地、县级老年大学数量继续增加，一批地市级老年大学相继建成并开展教学，吸引了众多老年学员。老年教育事业经费投入不断加大，博州、塔城等地不断改善老年大学办学条件，提高教学质量，发挥社会效益。在自治区成立60周年之际，我们以“乐龄迎大庆·共筑中国梦”为主题，举办自治区第三届老年文化艺术节，相继组织开展了形式多样、丰富多彩的老年文化体育活动，各地州市和68个区直单位、老年团体创作报送了文艺节目335个、书画摄影作品962幅，参加活动人数达8256人，展现了各族老年人热爱生活、积极向上的精神风貌。我们组织区直85家单位近千名老年人举办乒乓球赛和刀郎木卡姆健身操比赛，在新疆国际会展中心举办自治区老年书画摄影作品展，参观人数达1.36万人次。在新疆人民会堂举办庆祝自治区成立60周年暨自治区第三届老年文化艺术节颁奖文艺演出，自治区四套班子领导和区直机关群众团体等2000余人观看了演出。自治区老龄办、老干局、关工委等联合举办了“我与新疆”主题征文活动。目前，全区有各级各类老年文艺团体540个，成员2.8万余人，全年组织文艺演出2436场次，参与人数达17万人次；体育比赛1030场次，9.3万人参与；举办各类座谈会2090场，6.2万人次参加。这些活动的开展，极大地丰富了老年人的精神文化生活，营造了欢乐祥和、健康文明的社会文化氛围。

六、广泛宣传，营造发展老龄事业的良好氛围

为深入贯彻落实习近平总书记关于注重家教家风建设的讲话精神，我们在全区组织开展了“敬老月”系列宣传活动。组织“敬老、爱老、助老”公益广告征集和《前进中的新疆老龄事业》敬老宣传片拍摄，展示30年来自治区老龄工作取得的辉煌成就。通过“新疆老龄”微信公众平台发布“老年节”当天为自己的父母、为身边需要帮助的老年人传递一份温暖、奉献一片爱心的图文提示，得到“粉丝”的广泛关注传播。在“老年节”当天，肖开提常委带队慰问了部分老年公寓和高龄、贫困老人，送去了节日的问候。自治区广播、电视、报纸等主流新闻媒体也刊登、播出大篇幅、长时段敬老公益广告。《老年康乐报》围绕自治区党委、政府中心工作，坚持“贴近各级涉老部门，贴近基层老年群众组织，贴近各族老年人”，发挥老龄宣传主阵地作用，组织开展宣传报道，受到各族老年人的赞誉。

七、分类指导，为老龄事业发展提供保障

我们提出年度调研课题和要求，举办调研工作业务培训班，开展老龄优秀调研报告评选表彰活动，一些切实可行、具有较强可操作性的调研成果被采用，老龄调研工作迈上新台阶。不断加大老龄事业统计工作力度，完善统计参数，举办统计培训班，编制统计手册，老龄事业统计已经成为各级党委、政府制定出台涉老政策的数据支撑。通过扎实的基础工作，我们在《条例》修订工作中有了更为清晰的方向，向自治区法制办提交了立法项目建议报告，起草了《条例》修订草案及立法后评估报告等，推动《条例》修订工作进入实质性阶段。在第四次中国城乡老年人生活状况抽样调查工作中，圆满完成了南北疆5个区县抽样调查点2040名各族老年人的入户调查。

重要会议和活动

【自治区老龄工作会议】2月7日，自治区党委召开自治区老龄工作会议，自治区老龄委各成员单位领导，各地州市分管领导、老龄办专职副主任参加会议。会议深入贯彻第二次中央新疆工作座谈会和自治区党委八届八次全委（扩大）会议精神，回顾总结老龄工作的成绩和经验，分析研判当前形势，紧紧围绕自治区党委中心工作，全面安排部署2015工作任务，把思想统一到自治区党委的决策部署上来，推动自治区老龄事业取得新进展。自治区党委常委、自治区老龄委主任肖开提·依明同志作重要讲话。自治区老龄委副主任、老龄办常务副主任任继民同志作工作报告。乌鲁木齐市、伊犁州、阿克苏地区、昌吉州、和田地区、哈密地区作大会交流发言。下午，自治区副主席、自治区老龄委常务副主任吉尔拉·衣沙木丁同志作总结讲话，就贯彻落实肖开提常委讲话精神和2015年工作进行了安排部署。

【自治区基层老年协会建设推进会】6月15日，自治区基层老年协会建设推进会召开，自治区党委、政府分管老龄工作的领导、副秘书长，民政厅、司法厅、财政厅、住房和城乡建设厅、文化厅领导，各地州市老龄办负责人，地州市所在地的市老龄办负责人，老龄办机关各处负责人参加了观摩会。观摩了5个基层老年协会。6月16日上午，自治区老龄委在乌鲁木齐昆仑宾馆召开大会，交流老年协会建设经验。会议由吉尔拉·衣沙木丁副主席主持，乌鲁木齐市、昌吉州、自治区老龄办和民政厅负责人分别发言，介绍各地各部门在推进基层老年协会建设中采取的方式方法以及取得的成效。肖开提·依明常委在会上作了重要讲话。

【自治区老龄事业发展第十二个五年规划检查】为认真总结《自治区老龄事业发展第十二个五年规划》落实情况，我们广泛征求意见建议，制定了规划执行情况检查评估方案和10大类46项138个量化评估指标体系，与民政厅联合组成工作组对6个地州市进行了调研和检查，评估情况表明，自治区初步形成了覆盖城乡的老年社会保障体系。

【老年人权益保障法执法检查工作】受全国人大常委会委托，自治区人大常委会组成由人大法制委、纪检组、内司委，自治区老龄办等部门为成员的执法检查组，于 9 月 14 日至 17 日对全区《老年人权益保障法》实施情况进行执法检查。听取了自治区人民政府和伊犁州、乌鲁木齐市政府及发改、民政、财政、人社、国土、住建、卫计、老龄等部门专题汇报，邀请人大代表、社会工作者、专家学者进行座谈，听取意见建议，并实地考察城乡社区和养老服务机构等场所，了解老年人的实际生活状况和法律实施情况。

【自治区第三届老年文化艺术节】组织自治区老年书画摄影作品展，全疆各地州市和自治区各委、办、厅、局、人民团体、大专院校、自治区大中型企业、中央驻疆单位等单位经过选拔比赛，选送节目和作品，讴歌了 60 年来特别是中央新疆工作座谈会以来新疆的巨大变化。各地州市和自治区机关企业事业单位、中央驻疆等单位的维、汉、哈、蒙、回等 10 多个民族老人的 962 幅作品参加了在新疆国际会展中心的展出，参观人数达 1.36 万人次。组织"庆祝自治区成立 60 周年暨自治区第三届老年文化艺术节颁奖演出"，自治区四套班子领导和机关群众团体等二千余人观看了演出，共同庆祝全国"老年节"。组织开展的刀郎木卡姆健身操，对弘扬敬老文化，促进民族团结发挥了积极作用。对《夕阳韵律》《中华民族一家亲》等 344 个优秀节目和作品及自治区道路运输管理局等 62 个优秀组织单位进行了通报表彰，进一步丰富了全区各族老年人的精神文化生活，推动了自治区老年文化事业的繁荣与发展，对弘扬中华民族敬老文化，唱响时代主旋律，促进民族团结和老龄事业发展，起到了积极的作用。

【"敬老、爱老、助老"公益广告征集活动】开展"敬老、爱老、助老"公益广告征集活动征集到 299 个（幅）作品，并进行了评选和宣传推广，对《晚霞夕照别样红》等 8 个宣传片作品、《父母的笑，儿女的孝》等 23 个"敬老、爱老、助老"公益广告作品和 7 个敬老短语进行了通报表彰。

【"敬老月"活动】自治区党委常委、老龄委主任肖开提·依明等领导，在老年节当天走进乌鲁木齐仁和老年公寓（民办）和部分老党员、高龄、贫困老人家庭及孝亲敬老之星家中进行慰问。围绕"敬老、爱老、助老"主题，对 2014 年全国老龄好新闻，好作品活动获奖作品进行了通报表彰，新疆人民广播电台、新疆电视台、新疆日报、新疆经济报、老年康乐报等新闻媒体对"敬老月"活动情况及时进行了宣传报道，新疆卫视在老年节的《新疆新闻联播》中对全疆各地敬老月和庆祝"老年节"活动情况进行了综合报道，新疆电视台相对集中播放了有尊老、敬老内容的广告，新疆老龄微信公众平台发布了"老年节"为自己的父母和身边的老年人传递一份温暖，奉献一片爱心的图文提示。新疆经济报等报刊在"老年节"当天专版刊登敬老公益广告，自治区老龄委刊发了致全疆各族老年朋友的慰问信。协调各地州市老龄办，以孝亲敬老家庭为核心内容，组织开展了以"比孝心、讲孝道、比和睦"为主要内容的传统家庭美德和评选表彰"十大孝亲敬老之星"宣教活动，宣传慰问全国"中华孝亲敬老之星"称号家庭活动，"培育敬老家风，建设和睦家庭"为主题的退休职工座谈会。通过新疆老龄微信公众平台发出倡议，动员广大网友用实际行动来关爱身边的每一位老人。"敬老月"期间，各级党委、政府慰问各族老年人 10.1 万人，慰问金额 1462 万元，解决老年人生活中遇到的各类困难 9199 件，参与为老服务人数达 4.6 万人。全区各级发送敬老公益短信 334 万条，地州以上报刊、网络刊登老龄工作稿件 1601 篇，县级以上电台、电视台播发老龄工作内容 3213 次，各类媒体宣传敬老公益广告 1.8 万次。

【"敬老文化"论坛的论文评选表彰活动】收到和审核各地州市和自治区厅局团体论文 48 篇，评选出一等奖 2 篇、二等奖 4 篇、三等奖 6 篇，对新疆科技发展战略研究院黄婷婷的《浅谈敬老文化中精神文化养老的重要性》等 12 篇敬老文化论坛论文进行了通报表彰。

各项业务进展

【老年维权工作】各地始终坚持"以人为本"的维权理念，认真贯彻落实涉老法律法规，广泛开展普法宣传，加大维权工作力度，协调相关部门开展执法检查和调研，依托老年维权工作站点为老年人排忧解难，切实维护老年人合法权益。各级重视研究解决老年人关心的热点难点问题，积极协调有关部门及时解决老年人来信来访反映的问题。各级主动为老年人提供就地就近优质的法律服务，县乡村三级老年维权网络基本形成，全区老年维权组织达到 479 个，专兼职老年维权工作人员 1097 人，全年办理涉老法律援助案件 1428 件，涉老法律服务 10788 人次。

【老年优待工作】各级各有关部门认真落实《自治区优待老年人规定》，组织开展优待规定贯彻落实情况专项检查，进一步规范优待证的发放、管理和使用，及时发现和协调解决老年优待工作中出现的新情况、新问题。同时，结合实际不断扩大老年人优待范围，除了乘公交车、入公厕、进公园借阅图书等免费以外，部分地方还对老年人实行门诊免交普通挂号费、公共活动场所免费开放等优待措施。大部分地方把高龄老年人补助金和免费体检资金纳入财政预算，鼓励有条件的地区根据当地经济社会发展水平逐步提高高龄老人生活补贴标准。

【老龄信息宣传工作】各级老龄办高度重视老龄宣传工作，不断加大宣传力度，采取各种措施广泛开展以贴近老年人、贴近老龄工作实际为重点的老龄宣传。围绕老龄化形势、老龄工作方针政策、孝亲敬老活动、老年权益维护、养老服务业发展等宣传重点，不断提升信息宣传水平和质量，全年上报各级老龄工作信息2086条，推荐各大媒体刊用522条。工作中，不断强化老龄新闻信息队伍建设，建立老龄干部全员参与的新闻信息宣传工作机制，对身边出现的孝亲敬老好人好事、好经验、好做法、好建议，及时发现、总结、报道。定期召开老龄宣传报道工作例会，总结经验做法，明确报道重点，提出工作要求，并把任务完成情况列入干部的年终考核内容。坚持强化宣传报道工作的制度建设，明确目标、细化任务、落实责任，形成老龄系统人人重视、支持、参与撰写新闻信息的工作氛围。

【为老服务】居家养老服务工作的开展，政府主导是关键，政策引导是基础，领导支持是前提，老年人参与是动力，市场运作是方向，有效监管是保障。大力加强为老服务工作是解决老龄问题、切实关注老年民生的重要举措。为老服务工作以新疆跨越式发展为有利契机，不断提高服务质量，以求居家养老服务取得老年人满意、运营者满意和管理者满意的实际效果。关注失能、特困、留守、空巢、低收入老年群体的特殊需求，坚持政府主导、社会参与，积极走社会化、产业化的路子，养老服务体系不断得到完善。各地、州、市制定了居家养老工作实施方案，部分街道安装了“一键通”热线。

【疆沪第十三期“银龄行动”】上海17名医疗、旅游、职业教育、心理学、城市规划的老年志愿者从6月10日至8月20日在喀什地区第二人民医院、克拉玛依市第二人民医院、叶城县人民医院和叶城县妇幼保健医院、克拉玛依市产业园区、喀什大学、喀什地区老年大学、地区中等职业学校、地区社会福利院开展了“银龄行动”，取得了较好的经济和社会效益。据统计，70天共计接诊检查病人2044人次，院、科内讲座29次，培训医护人员930余人次，带培助手24名，疑难病例讨论430例，教学查房24次，开展大中型手术65台，参加义诊12次，查阅、录入病历2000份，审阅医学影像报告2000余份。

【老年教育】各地贯彻落实自治区人民政府《关于加强老年教育工作的意见》，切实采取措施稳步推进老年大学（学校）规范化建设，使老年大学成为老年人的学习之家、活动之家、有为之家，成为“老有所学”和对老年人进行思想政治教育的重要阵地，在自治区“三个文明”建设中发挥了重要作用。各级老年大学、老年群众团体组织开展老年文化体育活动，举办老年文化艺术节、运动会、书画展等，经常化、制度化、多样化的老年文体活动，丰富了各族老年人的精神文化生活。9月，自治区老年大学建设项目在自治区发改委立项，投资1亿元，建设2.2万平方米自治区老年大学。

新疆生产建设兵团

图为7月31日至8月1日，自治区党委副书记、兵团党委书记、政委韩勇在七师调研。韩勇来到七师一二三团曙光里社区与基层职工亲切交谈。

9月22日，自治区党委副书记，兵团党委书记、政委韩勇出席四师七十二团红军团纪念馆开馆式。图为韩勇在纪念馆观看展品。

综　　述

兵团历史的特殊性决定了人口老龄化比全国来得早，速度快，老年人口基数大，呈现出“三个加快”的显著特点：一是老年人口增速加快。兵团现有人口270.14万人，

60岁以上老年人口47.54万人，占兵团总人口的17.6%，高于全国16.2%的平均水平，老龄化速度在未来十年中将呈现持续加快的态势，兵团老龄工作的压力将越来越大，老龄事业发展面临新的挑战；二是高龄老人、失能半失能老人增速加快。高龄人群中失能或半失能生活不能自理的老人较多，他们对社会养老服务要求将越来越高；三是空巢老人增速加快。兵团现有空巢老人5.6万人，驻地大部分在条件艰苦的地方，经济发展相对滞后，自身解决子女就业的能力弱，造成了兵团青壮年离开父母外出务工、异地安居较多的现实，这些原因加快了兵团空巢老人的增速。

重要会议和活动

【兵团领导走访慰问】5月23日至25日，中共中央政治局委员、自治区党委书记、兵团党委第一书记、第一政委张春贤在巴音郭楞蒙古自治州和二师考察调研。在三十六团调研期间，张春贤书记看望了老军垦。7月31日至8月1日，自治区党委副书记、兵团党委书记、政委韩勇在七师调研，看望123团曙光里社区退休职工和“三老”巡逻队员。9月24日，在古尔邦节、中秋节、国庆节和自治区成立60周年大庆来临之际，兵团党委常委、副司令员于秀栋，兵团党委常委、副政委卢晓峰，兵团党委常委、副政委、兵团党委组织部部长宋浩代表兵团党委、兵团，亲切看望金云辉、郭刚、刘双全、王传友、陈德敏等兵团老领导。10月19日，在“老年节”到来之际，兵团党委常委、八师石河子市党委书记、政委徐志新亲切看望了向阳街道23社区百岁老人池详文，并送去慰问金。

【韩勇出席四师七十二团红军团纪念馆开馆式】9月22日，四师七十二团红军团纪念馆正式落成开馆。自治区党委副书记，兵团党委书记、政委韩勇出席开馆式，亲切慰问前来参加开馆式的老战士代表，并参观展馆。七十二团是一支有着光荣历史的英雄部队，其前身为战功赫赫的八路军一二〇师三五九旅七一七团。此次新落成的七十二团红军团纪念馆占地面积6590平方米，展厅面积1740平方米，共设置展柜41个，展出12类实物400多件，展出历史照片900多张，以丰富的历史文物、翔实的文史资料、现代化多媒体表现形式，全面展示了七十二团从土地革命、抗日战争、解放战争、驻守南疆三县、移防北疆伊犁、屯垦肖尔布拉克的战斗历程，生动记述了老一辈兵团创业者革命、建设、改革的奋斗历程。韩勇在参观展馆时指出，七十二团走过的光辉历程是兵团事业的一个缩影，是兵团精神的生动写照。要继承光荣传统弘扬兵团精神 不断开创兵团事业新局面。

【兵团向三五九旅老战士赠书】12月4日，兵团向三五九旅七一九团老战士捐赠《从渤海到天山》系列丛书仪式在乌鲁木齐举行。兵团党委副书记、司令员刘新齐出席捐赠仪式并讲话，刘新齐指出，《从渤海到天山》记载了老战士们转战大江南北、扎根边疆的奋斗经历，告慰先烈、勉励后人，让兵团广大干部职工群众重温兵团老兵这个英雄群体激情燃烧的岁月，弘扬对祖国忠诚、对人民热爱、对青春无悔的老兵精神，进一步凝聚改革发展稳定共识，意义重大。捐赠仪式上，《从渤海到天山》系列丛书作者冯建江介绍了丛书的创作过程。三五九旅七一九团老干部代表、兵团老领导刘双全作了发言。

【兵团领导慰问抗战老干部】8月18日，兵团党委常委、副政委、兵团党委组织部部长宋浩来到兵团医院，亲切看望慰问了兵团老领导、离休抗战老干部毛乃舜、彭熙程，代表兵团、兵团党委向老领导致以亲切的问候，感谢他们为新疆、兵团的开发建设和改革发展稳定事业作出的贡献，并送去慰问金和慰问品。

【欢庆老年节文艺晚会】10月9日，兵团老龄委、老干部局、兵团老军垦文艺协会联合举办欢庆老年节专场文艺晚会。今年的老年节恰逢自治区成立60周年，晚会上，来自兵团老军垦文艺协会、兵团歌舞剧团、六师五家渠市党委老干部局、老体协、十二师党委老干部局的老同志表演了舞蹈、独唱等15个精彩的节目，表达了兵团广大离退休干部职工热爱党、热爱祖国、热爱新疆、热爱兵团的深厚情怀，体现了兵团老同志老有所乐、快乐生活、健康生活的时代精神风貌。

【老龄新闻好作品】为进一步加强老龄宣传教育工作，创新宣传形式，丰富宣传内容，努力营造老龄事业发展的良好社会环境，兵团老龄办开展了2015年度全国“老龄新闻宣传好作品”评选活动，通过好新闻作品的通报表扬，树立典型，表彰先进，提升兵团老龄工作的宣传水平，增强宣传效果，扩大老龄工作的社会影响力，促进社会和谐和兵团老龄事业的发展。经全国组委会评选，第六师103团香甜社区王利同志题为《老年群体社会治理体制创新研究》调研成果、103团团结街社区娜仁才才克同志题为《团场留守老年人关爱服务体系建设研究调研报告》调研成果获全国三等奖，第七师125团社区沈娟辉同志题为《社区居家养老服务调研报告》调研成果获全国优秀奖。兵团老龄工作委员会办公室获优秀组织单位。

【兵团首次召开生活困难及鳏寡孤独、空巢老干部帮扶工作会议】10月25日，兵团在八师石河子市召开兵团生活困难及鳏寡孤独、空巢老干部帮扶工作会议，会议对近年来兵团生活困难及鳏寡孤独、空巢老干部帮扶工作进行总结，安排部署今后的帮扶工作，为党的事业增添正能量。兵团党委常委、副政委、兵团党委组织部部长宋浩出席会议并讲话。他指出，要找准定位、敢于担当，采取有力措施，动员各方力量，认真抓好帮扶工作，加强沟通协调，形成合力，及时解决存在的困难和问题。

【敬老月】“敬老月”活动是由全国老龄工作委员会组织的一项全国性敬老爱老助老社会活动，为全面落实习近平总书记关于“重视家庭建设，促进家庭和睦”的指示，根据全国老龄工作委员会第十七次全体会议部署，在兵团营造尊老敬老、爱老助老的良好社会氛围，按照《全国老龄工作委员会关于开展2015年全国“敬老月”活动的通知》（全国老龄委发〔2015〕5号）要求及2015年度兵团老龄工作安排，以培育和践行社会主义核心价值观、实施积极应对人口老龄化战略为根本任务，广泛组织和动员有关部门、社会组织、企事业单位、家庭和个人，为老年人办实事、做好事、献爱心，积极引导广大老年人自尊自立自强，建设和睦家庭，传承优良家风，安度幸福晚年，进一步营造尊老敬老社会氛围。在“培育敬老家风，建设和睦家庭”的主题指引下，创新形式，以丰富多彩的活动为老年人办实事、做好事、解难事，认真开展老年维权优待活动、走访慰问和为老志愿服务活动、“老有所为”宣传教育活动、老年文化体育活动，产生了广泛的社会影响，活动取得圆满成功，取得丰硕成果。各级领导深入老年公寓、敬老院，看望慰问百岁老人、高龄老人、空巢老人和困难老人，认真检查有关待遇的落实情况，采取“一帮一”结对子等措施，帮助特困老人解决实际困难，组织志愿者对老年人开展家政、照料、护理、健康咨询等助老服务活动，开展各类文体活动，庆祝老年节文艺汇演、老年体育比赛等活动。

【“第四次调查”】第四次中国城乡老年人生活状况抽样调查工作兵团区域第八师121团、134团、143团被抽中360个样本量，兵团成立以王辉副局长为组长的领导小组，通过组织动员、领会精神、宣传学习、上报数据、参加培训、模拟调查、实地考察、解疑答惑、填表上报等几个阶段。兵团老龄办、八师老龄办精心准备，严格要求，认真督导，组建专家团队，制定调查方案、宣传方案，明确任务分工和时间节点，自觉接受全国老龄办督导组的检查指导，调查工作完成情况好，质量高，圆满完成抽样调查任务。

【老年优待】兵团老年人优待工作在各级领导的关怀下不断深入开展，老年人优待政策体系更加完善，优待服务范围更加扩展，敬老优待氛围更加浓厚。在政务服务方面，建立了高龄津贴制度，出台了经济困难老年人养老服务补贴政策，建立了失能老年人护理补贴制度，完善了兵团医疗救助政策，建立重特大疾病医疗救助制度，65岁以上老年人均能享受每年一次免费健康体检并建立健康档案，纳入健康管理体系，在交通出行方面，城市公共交通实现65岁以上老年人免费乘坐。在文体休闲方面，各级各类博物馆、美术馆、纪念馆等公共文化服务设施实现对所有老年人免费开放。在法律服务方面，充分利用兵团普法网、“148”基层法律服务热线、“12348”法律援助服务热线等渠道举办涉老维权专题法制宣传活动，开通法律援助绿色通道，为老年人提供优质高效的法律服务。对涉老维权案件做到依法及时立案、及时处理、及时执行，并通过多种方式为老年人维权提供便利，较好地保障了老年人的合法权益。

【老年维权】在党中央、国务院正确领导下，全国各地、各有关部门认真贯彻落实《中华人民共和国老年人权益保障法》，依法维护老年人合法权益，做了大量卓有成效的工作，涌现出一批先进典型。为发挥先进典型的示范引导作用，进一步推动新形势下老年法律维权工作，经中央批准，全国老龄办、最高人民法院、最高人民检察院、公安部、民政部、司法部决定，联合开展“全国老年法律维权工作先进集体”评选表彰活动。根据《关于评选表彰“全国老年法律维权工作先进集体”的通知》（全国老龄办发〔2015〕52号）要求，2015年11月，兵团老龄办、法院、检察院、公安局、民政局、司法局联合成立“兵团老年法律维权工作先进集体”评选表彰工作领导小组，组织评选表彰工作，各单位积极踊跃参加。经兵团评选表彰领导小组推荐上报，全国老年维权评选表彰领导小组评选出第十三师老龄办、石河子市法院、第七师司法局一三七团司法所三家单位为全国老年法律维权工作先进集体。

【老有所为】为展示兵团老年人的时代风采，树立新风，弘扬正气，兵团老龄办开展了“老有所为”先进典型人物宣传活动。经逐级选拔、择优推荐、专家评审，第三师克力木·依莫拉洪老人被全国老龄办授予十佳“全国老有所为楷模”称号，第四师罗元祥老人被授予“全国老有所为先进典型人物”称号。三师老龄工作委员会办公室等4个单位获优秀组织奖。

【老有所乐】由中国老年学学会、老年文化委员会、七彩夕阳全国老年文化活动组委会联合在山东威海举办“第九届七彩夕阳全国中老年才艺大赛”中，兵团老军垦舞蹈团表演的舞蹈《欢庆》《我们新疆好地方》双双获得凤凰金奖。11月11日，兵团党委老干部局、兵团体育局、兵团老年人体育协会联合开展了“2015年全国老年人持杖健步走大联动”活动，并将此作为兵团乌市分会场。近百名离退休老人组成“夕阳红健步走队”，围绕新疆冬季运动管理中心，进行3公里持杖健步走。

【社会组织为老服务】2015年6月5日，中央财政支持社会组织参与社会服务项目由兵团企业家联合会主办、兵团老龄委、兵团民政局、八师一五〇团协办的“钟爱军垦，关爱功臣”150团军垦老人关爱示范项目启动实施。现场捐赠仪式在150团老年公寓举行，共有100余位嘉宾参加此次活动。按项目计划向150团老年公寓捐赠5万元服务设施，向首批接受现金捐赠的50位军垦老人发放10万元关爱救助金，各级领导分三组深入到6户建国前老军垦战士家中进行慰问，每人发放2500元现金和大米清油，共计1.56万元。通过社会组织和公益人士送去的温暖与快乐，呼吁社会不要忘记当年为了祖国和平稳定无怨无悔来到边疆戍守，奉献青春，抛洒热血奠定和谐繁荣新疆的老军垦。2015年10月31日，“弘扬兵团精神，抒发军垦情怀”兵团老年书画作品联展在兵团机关老年活动中心开幕。兵团有着深厚的文化底蕴，长期以来，兵团高度重视文化事业发展，大力支持开展老年书画活动，组织书画爱好者深入兵团重点项目建设现场和人文自然景点写生采风，创作出大量情系兵团、贴近兵团、讴歌兵团的优秀作品。书画联展内容丰富，展出了包括纪念中国人民抗日战争暨世界反法西斯战争胜利70周年、庆祝中华人民共和国成立66周年、自治区成立60周年等内容的书画作品233幅，作品出自兵团老年书画爱好者之手。

【兵团企业退休人员上调养老金】2015年4月17日，经兵团党委财经领导小组会议审议通过，兵团人力资源和社会保障局、财务局联合下发《关于调整2015年企业退休人员基本养老金有关问题的通知》的文件。此次养老金调整的时间为2015年1月1日，惠及兵团57.8万名企业退休人员，调整前企业退休人员月人均养老金水平为2330元，调整后月养老金水平达到2500元以上。

【免费健康体检】2015年，兵团为20万名65岁以上老年人进行免费健康体检。总投资4180万元，其中申请中央资金2180万元，兵团本级财务资金2000万元。

【养老机构建设】“十二五”期间，兵团投入资金4.6亿元，建成养老机构65个、社区老年人日间照料中心31个，兵团养老设施由58个发展到118个，床位由7225张增加到1.26万张，每千名老年人床位数由10张增加到26张，养老设施数、床位数分别增加51%和43%。全年以兵团“十件实事”下达了社区综合服务中心建设项目28个，总投资5797万元。

【高龄津贴】2015年，兵团对80岁以上老年人50563人发放基本生活津贴。总投资3576.19万元，其中兵团本级财务资金1810.22万元，单位自筹1261.51元。

厦门市

举办“第五届厦门市老年文化艺术节”。

组织外埠老人参观美丽厦门共同缔造示范点。

综　　述

2015年，全市老龄工作认真按照全国、全省老龄委工作部署，围绕市委、市政府《美丽厦门战略规划》，以“幸福晚年行动计划”为抓手，全面落实全国、省、市老龄事业发展“十二五”规划，老年人的幸福指数显著提升。

一、全面落实老龄事业发展“十二五”规划

2015年是“十二五”的收官之年，“十二五”期间，我市的老龄工作在社会各界的共同努力下取得了显著的成效。在全国率先建立城乡统一的居民养老和全民医疗保险制度；实施老年意外伤害险——幸福安康险；出台一系列加快养老服务业发展的优惠政策；建成和启动一批养老设施；进一步落实了老年优待政策；扩大了高龄补贴范围并提高了标准。老年社会保障体系已全面建立，老年文化体育事业快速发展，老年人权益的保障力度进一步加大，全社会尊老、敬老、助老的氛围日益浓厚，老年人参与经济

和社会建设的积极性逐步提高。省检查组对“十二五”期间厦门老龄工作取得的成效给予充分肯定，称赞厦门许多工作走在全国全省前列。

二、共同谋划老龄事业发展“十三五”规划

市老龄办在广泛征求各区、市老龄委成员单位、各涉老部门意见的基础上，起草了《厦门市老龄事业发展十三五规划》，《规划》以实施“厦门市幸福晚年行动计划”为抓手，突出统筹和融合，突出市场在资源配置中起决定作用，突出发挥科技作用，突出老年群体主体作用。内容包含提升社会福利水平，提升养老设施建设，提升养老服务水平，提升医疗健康管理，提升精神文化生活，提升老年自身素质，提升敬老助老氛围，提升老年人社会化管理。12月17日，《规划》经市政府第97次常务会议审议通过。

三、兴建养老服务配套设施

全市建立“养老项目库”。按照“一市一区一中心”的基本布局，建设一批规模大、质量高、设施全的公办养老机构。10月，厦门市老年活动中心改扩建项目动工，此项目被列为市重点项目、省重大项目，由市老龄办负责组织实施工作，分两期建设。一期工程预计总投资9389万元，计划2017年7月竣工。11月，总投资2.25多亿元的爱鹭老年养护中心，也正式动工。湖里区老年活动中心投入使用。社会资本投资的市爱心护理院改扩建、厦门慈心颐养院项目等重大老年设施正抓紧推进。

四、实施文化养老工程

积极促进老年文体活动的开展。举办第五届厦门市老年文化艺术节，历时6个月，吸引了上万名老人参与。结合纪念抗战胜利70周年举办各种文艺演出活动。组织老年文化艺术团体在植物园、中山公园“美丽夕阳”文化点开展公益性文艺演出活动。办好“幸福老人乐园”和“厦门市美丽夕阳老年服务中心”，为老年人打造休闲旅游环境。举办元宵节“万人健步行活动”、重阳节“万人登山活动周”，老年人体育健身大会，千人参加的健身气功、功气球操展示和持杖健走等大型体育活动，推动群众性老年健身活动的开展。加强基层老年教育，推广“老年云课堂”教学，开展“助老上网”工程，开办老年微信培训班，增加了老年人融入社会的途径。

五、开展志愿服务活动

我市市级老年群众组织有近20家。市老龄办积极引导市老年社团组织根据自身特点，在募集资金资助兴办老年福利事业，救助困难老人，关心下一代成长，组织老年文体休闲活动，开展公益咨询服务，调研老龄问题等方面，为我市老龄工作的开展发挥积极的作用。针对在厦外埠老人不断增多的情况，市老龄办把帮助外来老人融入厦门作为一项重要工作，选取外来老人占九成（来自全国二十几个省份）的集美康城社区作试点，开展共建，指导社区老年协会开展工作，引导外埠老人参与社区管理服务、开展文体活动和结对互帮互助，打造“八方银龄荟”的品牌，让老年人在志愿服务中增强获得感和幸福感。

六、营造大老龄工作格局

市老龄办积极向社会各界征集为老年人办实事项目，发动全社会共同参与老龄工作，为老年人办实事。全市形成了老龄工作齐抓共管的局面。“敬老月”期间，市老龄委成员单位、各区、各涉老部门及相关单位推出近200项惠老项目，内容包括为老年人免费投保意外伤害险；落实养老项目建设；老旧小区适老化改造；公共场所无障碍建设；免费办理遗嘱公证；免费法律咨询；优先受理案件；免费体检、义诊；免费或优惠开放景区、博物馆、文化馆、活动场所；设立老年图书专柜；走访慰问高龄、困难老人；开展关爱老人眼健康活动；免费打印、复印材料；举办文体活动、庆祝活动；组织老人看新厦门等。

重要会议和活动

【区老龄办主任会议】3月24日，市老龄办在幸福老人乐园召开“区老龄办主任会议”。总结2014年全市老年工作，研究布置新一年度工作。

【市老龄委全体扩大会议】4月28日，市老龄委召开全体扩大会议。会议总结2014年全市老龄工作，部署2015年工作任务。副市长、市老龄委主任倪超出席会议并讲话。会上还书面传达了全国、全省老龄工作会议精神。

【厦门市老年人幸福安康险新闻发布会暨项目合作签约仪式】6月24日，在厦门宾馆明宵厅举行“老年人幸福安康险新闻发布会暨项目合作签约仪式”。市老龄办、中国人寿保险股份有限公司厦门分公司、江泰保险经纪股份有限公司厦门分公司三方代表签订“厦门市老年人幸福安康险协议书”。

【厦门市2015年老年节庆祝大会】10月19日，市委市政府在市老年活动中心隆重举行“厦门市2015年老年节庆祝大会”。会后举行了“第五届厦门市老年文化艺术节闭幕式文艺演出”。

【全市加强基层老年协会规范化建设工作推进会】11月20日，市老龄办在前埔北社区召开“全市加强基层老年协会规范化建设工作推进会”，表彰25个“优秀基层老年协会示范点”。

【全国“敬老文明号”创建活动交流研讨会在厦召开】12月4日，全国部分省市“敬老文明号”创建活动交流研讨会在厦门召开。来自18个省（区、市）和3个地级市老龄办负责人和重庆市、厦门市卫计委相关负责人参加了会议，并观摩了鼓浪屿医院在“敬老文明号”创建活动中开展养医结合、三师共管工作的成果。全国老龄办副主任吴玉韶给予肯定："厦门老年人幸福感强，敬老工作可为全国典范"。

【厦门银龄微信平台合作签约仪式】2015年12月31日，市老龄与厦门晚报社在厦门日报报业大厦举行"厦门银龄微信平台合作签约暨天翼厦门老友俱乐部成立仪式"。厦门晚报社为老年微信班固定培训点授牌。电信文灶智慧便民站和邮政松柏夕阳红俱乐部成为首批固定培训点。

【举办培训班】1月14—15日，举办"全市老龄系统工作人员培训班"。9月17日，举办"全市基层老年协会规范化建设培训班"。

【开展"情系老人爱涌鹭岛"系列活动】1月10日，市老龄办联合市民政局举办"迎新春送温暖 关爱孤寡贫困老人"志愿服务系列活动走进翔安区马巷镇郑坂社区，开展义诊、保健咨询、分发宣传册、送春联活动，慰问100户孤寡、贫困老人，并演出了文艺节目。启动了2015年全市"情系老人爱涌鹭岛"系列活动。

【开展"四下乡"活动】1月28日，市老龄办联合市卫生局和集美区老龄办、灌口镇政府在陈井村开展"迎新春·四下乡·关爱老人"活动。现场开展义诊、写春联、送保健书活动，并演出了文艺节目。

【举办暖春围炉宴】2月2日，由市老龄委、市残联、市老年基金会主办的"百孝儿女心·暖春围炉宴"活动在厦门探索酒店举行。百名孤寡、困难、残疾老人代表受邀参加围炉活动。厦门电视台移动电视频道承办此次活动。厦门探索酒店等爱心企业提供了赞助。

【开展迎新春慰问活动】2月11日，市老龄办分四路走访慰问全市六个区38位困难老年人代表。拉开了全市新春慰问高龄、孤寡、生活困难老年人的序幕。

【评选"图说老龄"摄影大赛优秀作品】4月28日，联合厦门晚报社主办，兴业银行厦门分行协办的全市"图说老龄"摄影大赛在市老年活动中心会议室举行颁奖总结会。共有65幅作品获奖。本次大赛有300多名摄影爱好者参与，征集作品近千幅。

【举办第五届厦门市老年文化艺术节】5月13日，由市老龄委、市委老干部局、市文广新局、市体育局主办的"第五届厦门市老年文化艺术节"启动仪式隆重举行。活动内容包括文艺演出，健身操展示，诗词创作、书画、摄影、集邮、收藏、手工艺制作展览，其中手工艺制作和诗词创作展是本届新推的展项，整个艺术节从5月份启动到10月份结束，历时6个月，吸引上万名老人参与。

【举办厦门市老人康复居家自理产品展示会】6月11日，联合市民政局主办，市老年基金会、市老年活动中心协办的"厦门市老人康复居家自理产品展示会暨爱心捐赠仪式"在市老年活动中心展厅举行。英国高登爱利斯公司等参展商向市老龄办、市民政局捐赠老人居家自理产品坐式马桶垫高辅具和老年人助力扶手各100套。

【举办纪念抗战胜利文艺演出】8月14日，市老龄办在湖里区五通社区凤头社"日寇杀人场遗址"，举办"纪念中国人民抗战胜利暨世界反法西斯战争胜利70周年的文艺演出"。数百名居民接受教育并观看了演出。

【举办"邮爱夕阳红　喜迎青运会"老年人健身活动】市老龄办联合市老体协、厦门市邮政分公司举办"邮爱夕阳红　喜迎青运会"老年人系列公益健身活动。9月16日—17日，举办乒乓球交流活动。9月28日，举办广场舞总决赛。

各项业务进展

【养老保障工作】全市基本养老保险人数达234万，企业退休职工平均养老金达3118元，被征地人员退养金达1332元，城乡居民养老保险基础养老金为245元。年满60周岁独生子女或农村两个女孩的父母每人每年可领取1800元奖励扶助金。全市基本医疗保险参保人数达321万。城乡居民医保标准为每人每年600元。住院医疗费用报销比例职工为85%，居民为75%。基本医疗保险加上补充医疗保险，城镇职工每年可报销额度为50万元，城乡居民为45万元。2015年，市政府出台了《关于进一步做好社会救助工作的意见》。全市城乡统一低保标准为每人每月550元，低保家庭中70周岁以上老年人每月增发保障金110元，其中80周岁以上老年人再发100元的高龄补贴。特困老人分散供养的标准770元。特困供养对象的医疗年救助一般限额，门诊为3000元，住院为4万元。本市户籍百岁以上老人每人每月市财政发放500元，区财政发放200—600元的高龄津贴；90岁以上老人市财政每年老年节每人发放500元过节费，各区每人每月发放100—200元的高龄津贴；大部分区高龄津贴扩大到80—89岁的老人。机关、企事业单位离退休人员70岁起可享受100元以上的高龄津贴。

【养老服务工作】2015年，市、区两级财政共投入5223.17万元，其中，市财政投入2722.28万元，区财政投入2500.89万元。福利彩票公益金60%以上用于支持发展养老服务。全市共有各类养老床位9759张，其中养老机构32所，床位8280张，护理人员1130人。每千名老年人拥有养老床位32.7张。共有15所养老服务机构内设医疗机构，占养老服务机构46.87%。护理型床位4078张，占养老服务机构总床位49.25%。本市户籍参保人员入住有内设医疗机构的养老机构，可医保结算普通床位费和门诊医疗费用。开通了养老服务信息化平台暨12349养老服务专用号，成立"厦门市市民养老服务中心"。建成居家养老服务站366个，实现城区居家养老服务的全覆盖，农村居家养老服务的基本覆盖。出台了《厦门市农村幸福院管理办法》。2015年底，全市有社区老年人日间照料点6个，农村幸福院43个。财政每年给予每个居家养老服务站不少于2万元的运营经费。2015年市、区两级政府共投入1257万元用于政府购买15个养老服务项目，受惠人群1.6万人。

【老年维权工作】全市形成了各级法院、公安部门、市长专线、法律援助中心、司法所、人民调解委员会、老龄办等多机构受理的老年人维权网，有效地维护了老年人的合法权益。全年共审理各类涉老案件201起，办理老年人法律援助案件836起，排查调解各类涉老矛盾纠纷273起，解答老年人法律咨询560余次，免费办理遗嘱公证296件。受理各类来信来电来访92起，其中市长专线电话17起。办理市人大建议和政协提案18件。办理“福建省老年人优待证”7896份，“公园风景点门票优惠证”8154份。2015年我市中级人民法院民一庭和鹭江公证处被推荐参评“全国老年法律维权工作先进集体”。

【老龄宣传工作】市老龄办与本市媒体联合开办《厦门晚报·老年周报》和《海西晨报·夕阳红周刊》。在全国、省、市的报刊、广播、电视、网络上积极投稿宣传我市老龄工作，有上百篇次被采用，其中，《中国老年报》头版刊登了4篇，《福建老年报》头版刊登了8篇，《中国社会工作》杂志2015年第11期作了专题报道《厦门：惠老助老要从实事入手》。在《八闽快讯》、《特区快讯》、《组工信息》等省、市级简报上，老龄工作的宣传也实现零的突破。此外，充分运用“互联网＋”的新途径宣传老龄工作，市老龄办与厦门晚报社联合开通了全省首个地市级老龄工作微信网络平台——“厦门银龄”微信平台。“集美银龄”也正式上线。敬老月期间，还利用移动电视在全市公交车、楼宇等场所播放敬老公益广告，利用街道、社区宣传栏张贴敬老标语，营造了浓厚的舆论氛围。

大连市

综　　述

截至2015年底，大连市户籍总人口为5，935，638人，其中60周岁以上户籍老年人口1，360，268人，占户籍总人口的22.9％，增速4.98％；80周岁及以上高龄老人199，469人，占户籍总人口的3.36％。多年

来全市户籍人口首次出现负增长，全年户籍人口减少7，400人，户籍老年人口增加了64，500人，老年人口增速快、高龄化、空巢率高的老龄化形势进一步严峻。

2015年，全市老龄部门按照国家、省老龄办要求，在有关部门、社会各界的大力支持下，全面贯彻党的十八大及十八届三中、四中、五中全会精神，按照市委市政府的有关部署和工作落实年的要求，以落实《大连市老龄事业发展规划纲要（2014—2020年）》《关于加快发展养老服务业的实施意见》二个文件为抓手，各级老龄部门努力工作，不断创新工作思路，全市老龄工作整体水平进一步提升，老龄事业发展再上新台阶。

一、覆盖城乡的老年服务保障体系不断发展

一是进一步完善养老保障制度。新型农村养老保险和城镇居民社会养老保险制度全面建立，全市农村居民和城镇居民已全部纳入养老保险覆盖范围，率先在全省将“新农保”和“城居保”两项制度合并实施，建立了与经济社会发展水平想适应、覆盖城乡的养老保障体系。城镇企业职工养老保险政策进一步完善，养老保险覆盖范围不断扩大，人人享有基本社会保障的目标基本实现。

二是老年群体生活补助标准动态增长。逐年提高企业退休人员养老金，由“十一五”末的1418元/月提高到2302元/月，增长62.34％，居全省第一位。城乡居民基本养老保险基础养老金月支付标准，从2011年启动之初的60元提高到当前的195元，增长225％。99.7％的企业退休人员实现了社会化管理，为80万名退休老人建立信息库和健康档案，将2.37万名城乡特困老年人纳入最低生活保障范围，实现了应保尽保。连续提高百岁老人高龄生活补贴标准，2015年7月1日，百岁老人高龄补贴每人每月不低于610元（主城区1000元）、90～99周岁老年人的高龄生活补贴每人每月不低于200元标准。

三是老年医疗服务体系建设不断加强。落实《大连市医疗机构设置规划（2012—2015）》，进一步加强老年病医院、护理院、老年康复医院和综合医院老年病建设，推动老年医疗卫生服务全面发展。鼓励和引导医疗机构开展老年病治疗、康复、护理等为老年人医疗服务项目，推进医养结合养老服务业工作。2015年，在市财政部门配合下，继续提高新农合筹资水平，新农合筹资标准提高到每人每年580元，其中个人缴费100元，各级财政补助480元。全市9个统筹地区户籍农业人口参合人数达到200.6万人，参合率99％。

四是养老设施建设水平稳步提升。截至2015年底，全市有养老机构320家、养老床位4.5万张，每千名老人

拥有床位34张。市财政给予新建每张床位补贴10，000元，改扩建每张床位补贴6，000元，每收住1名本市户籍老年人，按照其自理（含半失能）、失能的身体情况，市财政给予每人每月200元、400元补贴。对给予城市60周岁以上“三无”老年人、遗属孤老、低保家庭中的老年人的居家养老服务补贴，按照困难老年人身体自理、半失能和失能状况，给予每人每月200元、400元、600元资助；给予遗属孤老、低保家庭中的老年人的入住养老机构补贴，按照其身体半失能、失能状况，资助每人每月800元、1200元。2015年拨付各项补贴资金1703.063万元，其中非营利性养老机构运营补贴1081.142万元、非营利性养老机构新增床位补贴169.79万元、困难老年人居家养老及入住养老机构补贴452.131万元。

二、会议督导，落实民生实事工作

一是召开全市老龄委全委工作会议。年初，召开市老龄委全委工作会议，常务副市长曹爱华、副市长朱程清、市政府副秘书长刘小平、市老龄委39个成员单位的委员及联络员参加了会议。市老龄委副主任、市民政局局长王范茗作老龄工作报告，曹爱华副市长作重要讲话，强调老龄办要发挥对全市老龄委成员单位督促协调职能。会议充分肯定了全市老龄工作所取得的成绩，指出了全面推进老龄工作需要注意的问题，对老龄工作下步开展提出了要求。本次老龄委全委工作会议的召开，对推动全市老龄事业发展、提升老龄工作影响力具有重要意义。

二、进一步落实老年优待工作。一是抓好重点老年民生实事落实。2015年，省委省政府将“关爱老年人健康工程”列为省重点民生实事，由政府出资为城乡分散供养的特困老年人办理意外伤害保险。市老龄办下发了《关于转发省老龄办深入推进关爱老年人健康工程有关问题的通知》（大老委办发〔2015〕2号），市民政局与市财政局联合下发了《关于为全市城乡分散供养的特困老年人办理意外伤害保险的通知》（大民发〔2015〕77号），政府出资为全市城乡分散供养的特困老年人办理了意外伤害保险。与大连市地铁公司协商，落实了本市户籍老年人乘坐地铁享受优惠优待，60—69周岁的老年人享受半价优惠，70周岁以上的老年人免费。二是做好老年人权益保障工作。老年法律援助中心免费为老年人提供法律咨询服务及维权律师代理，有效维护了老年人合法权益，处理和解答的各类案件中，赡养费纠纷占比60%，继承权纠纷占比15%，债权纠纷占比5%，老年农民工欠薪案件占比15%，退休待遇问题、人身损害赔偿纠纷以及其他类型案件占比5%。老年群体对法律援助工作的满意度达到95%以上，受到了老年人和社会各界好评。

三、老龄调查研究工作持续深入

一是完成市老龄事业发展“十二五”规划自查评估。按照全国、省老龄办《关于做好老龄事业发展“十二五”规划执行情况检查评估工作通知》要求，市老龄办积极开展自查评估工作，组织动员14个区市县老龄办及老龄委39个成员单位，采取相关部门先自查评估，老龄办汇总评估的方式，形成《大连市老龄事业发展“十二五”自检评估报告》，上报省老龄办和全国老龄办。

二是完成第四次全国城乡老年人生活状况抽样调查。根据《全国老龄办、民政部、财政部关于开展第四次中国城乡老年人生活状况抽样调查的通知》，我市沙河口区、金州新区、普兰店市的8个街道被列为抽查对象，共计960个样本，涉及到城乡各类老年人口，调查问卷信息量之大、调查指标之细致全面，在以往的调查工作中前所未有。通过精心组织抽样调查的筹备、调查员督导员选拔培训、抽样调查、数据整理等各阶段工作有序开展，圆满完成了此次抽样调查工作。

三是全市养老服务业发展调研。按照市委市政府领导指示要求，副市长带队，市老龄办会同市政府督查室、市民政局等相关部门、部分大学及涉老社团等单位共同组成督察调研组，分别到市内4区和金州、庄河、旅顺等地区，通过听取工作汇报、实地调研等形式，全面了解和掌握全市各地区养老服务发展现状，深刻分析当前全市养老服务业发展存在的困难和问题，研究提出当前和今后一个时期全市养老服务业发展的具体措施，形成了《关于加快推进我市养老服务业发展的情况报告》。

四、基层老年协会建设进一步加强

截止2015年4月，全市共有各类老年基层协会组织1580个，624个城镇社区、976个农村社区（行政村）的老年自治组织覆盖率分别达到100%和86.4%。大部分老年协会都建立了老年人活动室，组织老年人开展健康讲座、文体娱乐等活动，积极发挥老年人在维护社会稳定、维护老年人合法权益等方面的作用。为进一步推进老年协会建设，按省老龄办要求，全市推荐了200家具有代表性的基层老年协会，参加省老年协会促进工程，并得到了省、市两级给予的50万元资金扶持。

五、“敬老文明号”创建活动深入

按照全国、省老龄委的总体部署，自2014年起，全市开展了第二届“敬老文明号”单位创建评选活动。共有130多家单位申报，经市“敬老文明号”创建活动领导小组办公室初选，91个单位进入考评阶段，通过第三方评估机构对91个初选单位进行调查考核及评估，45个单位通过了评估审核，被授予了第二届大连市“敬老文明号”荣誉称号。在评估过程中，对获得第一届“敬老文明号”的33个单位进行了复核。“敬老文明号”创建活动的经验做法，得到了全国、省老龄办的充分肯定，经验做法在全国部分地方“敬老文明号”创建活动交流研讨会上交流。

六、“敬老月”活动丰富多彩

一是开展“敬老月”走访慰问。结合中央、省、市委精简会议的规定和要求，取消了“敬老月”启动仪式，由各区市县领导走访慰问老年人和老年协会，分别送上祝福和慰问金、慰问品。二是广泛开展敬老文化宣传及为老志愿服务工作。开展老年人普法宣传工作，发放《老年法》给广大市民；积极动员社会各界开展多种形式的为老服务和送温暖、献爱心活动；发挥老年群众组织和老年志愿者的作用，推动老年志愿服务活动深入开展。三是举办首届大连市老年人书画大赛。大赛由市老龄办、大连日报社、市文联主办，大连市老龄产业联合会承办，以“展乐龄风采，绣美丽大连”为主题。精选优秀作品，与特约的20位知名专业书画家的作品一道，在大连市图书馆进行了为期一周的老年书画作品展，部分获奖作品还在《大连日报》上刊登。四是举办老年文艺汇演，丰富老年人的文化生活。今年恰逢中国人民抗日战争暨世界反法西斯战争胜利七十周年，“敬老月”文艺汇演与之融合，一系列纪念题材为主题的老年人文艺汇演在大连世博广场、大连人民文化宫等场所隆重举行。

七、举办老龄产业博览会及中日老龄论坛

由市民政局、市老龄办、中国国际贸易促进委员会大连市分会、大连市老龄产业联合会主办的2015大连国际老龄产业博览会，于9月6—9日，在大连市星海会展中心举办。参展商来自美国、英国、日本、新加坡、中国香港、中国台湾等10多个国家和地区近200多家企业。展会分为海外及港澳台展区、养老地产展区、康复医疗区、养老服务区、健康养生保健（食）品区、老年医疗咨询服务区等六大主题展区，展出千余种老年产品。展会还现场为老年人提供服务咨询、法律维权、免费义诊等服务。博览会期间还举办了中日老龄产业论坛，通过相互介绍大连市老龄产业发展情况及日本在老龄化道路上的经验，为双方进一步开展交流与合作、探索符合大连市情的养老服务模式奠定了基础。

重要会议和活动

【召开市老龄委全委会工作会议】4月17日，召开大连市老龄委全委会工作会议。大连市老龄工作委员会作为议事协调机构，2014年5月重新调整后由39个成员单位组成，委员会成员39人。会议审议通过了大连市老龄工作报告，审定了《大连市老龄工作委员会各成员单位职责》（修订稿），审议了《〈大连市老龄事业发展规划纲要（2014—2020年）〉主要任务及保障措施分解方案》。强调2015年是老龄事业发展承上启下的关键一年，全市老龄事业发展要按照事业发展的战略布局要求，全面落实全国老龄委、省老龄委工作部署，紧紧围绕全市中心工作，认真贯彻市委、市政府关于老龄工作要求，不断推进养老服务体系建设，完善老龄工作政策法规，推进老龄事业全面发展，开创大连市老龄工作新局面。

【组织慰问老年人活动】“重阳节”敬老月期间，由大连市民政局领导和各区领导带队走访慰问了全市10家养老机构和老年组织、42名百岁老人和部分困难老人，各街道、社区在敬老月期间积极开展慰问活动，让老人充分感受到党和政府的关怀和温暖。

【“敬老文明号”创建活动】按照全国、省老龄委的总体部署，全市开展“敬老文明号”创建活动3年来，全市各级涉老职能部门、公共服务窗口行业、基层为老服务单位以及各区市县、街道（乡镇）积极响应，已成为创优为老服务环境的品牌，收到了良好的社会效益。第二届创建活动共有130多个单位申报，涉及的服务范围更广，窗口单位和基层单位所占比例更大，经市“敬老文明号”创建活动领导小组批准，45个单位被授予第二届大连市“敬老文明号”荣誉称号。

【大连国际老龄产业博览会】第十届大连国际老龄产业博览会于9月6—9日，在大连星海会展中心举办。此次博览会在延用了往届的招商特点基础上，又投入了巨额资金进行深层次、全面化、立体化的宣传推广，包括大众媒体宣传、主流媒体宣传、新兴媒体宣传、行业媒体宣传、户外广告宣传、社区宣传、现场广告等，并取得了可喜的成绩。参展商来自美国、英国、日本、新加坡、中国香港、中国台湾等10多个国家和地区近200多家企业，共近300个展位，其中海外展商有20多家，此次展会还为医疗机构、咨询服务单位、公益组织、民间团体、媒体等提供了30个公益性质的展位。

【开展第四次城乡老年人生活状况抽样调查工作】按照《全国老龄办、民政部、财政部关于开展第四次中国城乡老年人生活状况抽样调查的通知》要求，各级政府对抽样调查工作高度重视。市领导在全市老龄委全委会上做出指示要求，专门成立了由民政、财政、统计等相关部门组成的调查工作领导小组，负责组织协调抽样调查工作。各有关地区精心组织各级全员培训，有序地开展调查工作，保证抽样调查数据的真实性，并及时反馈问题，确保高质量完成抽查任务。全国老龄办检查组对我市抽样调查的筹备、调查员督导员选拔培训、抽样调查工作完成情况等给予高度评价。

【首届大连市老年书画大赛】

敬老月期间，成功举办了首届大连市老年书画大赛，大赛以“展乐龄风采，绣美丽大连”为主题，由大连市老龄工作委员会办公室、大连日报社、大连市文学艺术界联合会主办，大连市老龄产业联合会具体承办。大赛共收到了全市各区市县以及省外老年书画爱好者2000余幅书法、绘画作品，精选出其中100幅优秀作品，会同特约的全国20位知名书画家的作品进行展览。本次活动的成功举办，为全市老年书画爱好者和艺术家们搭建起了一个相互交流和学习的平台，营造出浓厚的文化氛围。不仅是对全市老年人深厚的文化造诣的一次展示，更体现出了全市老年人丰富多彩的文化生活和积极向上的精神风貌。

宁波市

综　述

在市委、市政府的正确领导下，市老龄委各成员单位和各级老龄工作部门认真贯彻落实积极应对人口老龄化战略部署，紧扣中心工作，围绕“六个老有”目标，统筹谋划，突出重点，开拓进取，扎实工作，推动全市老龄工作和老龄事业实现新发展。

一、城乡融合，老年社会保障体系更加完善

（一）社会养老保障水平稳步提高。以“推进制度全覆盖向人群全覆盖”为目标，不断扩大基本养老保障人群覆盖面，户籍人员各类养老保险（障）参保率达到93%。全市参加职工基本养老保险人数达到402.85万人，其中60周岁以上人数48.73万人；参加城乡居民社会养老保险人数131.87万人，其中60周岁以上人数71.83万人；参加被征地人员养老保障人数40.53万，其中享受人数32.59万（含55～59周岁女性参保人员）。同时，落实“两个确保”任务，自1月份起调整提高各类养老保障待遇，基本养老金全市人均提高241元/月，市辖各区基础养老金从190元/月提高到210元/月，其他各县（市）也相应提高，还对城乡居民社会养老保险待遇和被征地人员养老保障待遇的享受人员发放了150至300元不等的一次性补贴。进一步加大老年残疾人帮扶力度。

（二）老年医疗保障服务不断深化。全市基本医疗保险60周岁以上参保人数达到135.03万（含非甬籍老年人），其中，职工基本医疗保险参保人数39.28万人、城镇居民医疗保险人数22.19万、新型农村合作医疗人数73.56万人，基本实现了全市户籍老年人口全覆盖。基本医保待遇水平稳定，住院和大病政策范围内医疗费的职工医保基金支付比例在86%以上；城乡居民医保基金支付比例在75%以上，基层医疗机构普通门诊政策范围医疗费的基金支付比例在45%以上。同时，落实医保综合减负政策，实施家庭病床和代配约制度，开展退休人员健康体检工作和医疗互助保障活动，完善异地就医管理办法，老年医疗保障水平不断提高。全年市区共有近13.8万人次退休人员享受减负金额8449万元，较上年增加35.7%；约有4.1万、20万人次享受退休人员互保保障理赔金2800多万元。以推行契约式家庭医生制服务为契机，进一步深化社区基本卫生服务内涵，以老年人和慢性病人为主的签约居民已达12万人，已享受诊疗服务43.1万人次、体检3.6万人次，老年社区医疗保健服务水平不断提高。

二、多措并举，养老服务体系建设加快推进

（一）养老服务设施建设大力推进。以市政府民生实事项目实施为抓手，加大财政投入，出台居家养老服务机构建设和运营资金补助办法等制度，大力推进养老机构床位和城乡居家养老服务设施建设。贯彻落实《浙江省养老服务促进条例》和市政府68号文件精神，围绕收费管理、政策保险、资金扶持、政府购买等方面出台8个配套政策文件，促成国家开发银行宁波分行达成金融支持协议，推动民办养老服务业快速发展。截至12月底，全年新增建设床位4120张，全市现有养老机构239张，机构养老床位46439张，每百名老人拥有社会养老床位3.6张，其中，民办养老机构床位数21728张，占比46.79%。全市新建城乡居家养老服务站点199个，新建区域性居家养老服务中心15个；全市共有城乡居家养老服务中心（站）总数2308个，覆盖82%的城市社区和72%的农村。

（二）养老服务管理水平不断提升。大力推进省级养老服务综合改革、公办养老机构运营体制改革、“医养融合”发展、“智慧养老”建设等一系列改革创新试点工作，加大养老服务人才培训培养力度，推动养老服务业更好更快发展。深入贯彻落实《养老机构设立许可办法》和《养老机构管理办法》，在全市养老机构开展消防安全大排查和整改落实情况“回头看”活动，全面推行养老服务机构政策性综合保险制度，制定养老服务机构纠纷预防与处置办法，强化养老机构风险防范管理。加强养老服务机构规范化、标准化管理，拟订养老机构等级评定办法，深入开展居家养老服务机构等级评定工作，A级以上居家养老服务机构占比达到95%。建立公办养老机构入住评估制度，重点保障城乡特困对象、重点优抚对象以及低保、低保边缘等9类困难家庭老年人的基本养老，全市城镇“三无”对象和农村“五保”对象的集中供养率分别达100%和98%。继续实施政府为困难老人购买或补贴养老服务制度，惠及全市2万多名高龄、独居、失能、失智和经济困难的老年人，还有4.2万多户老年人家庭享受应急求助信息服务。

三、文体兼顾，老年文化生活丰富多彩

（一）老年文体娱乐活动日益丰富。全市新建门球场、气排球场、地掷球场39个，新增各类老年体育健身场地1.2万平方米，新增老干部活动中心面积8000平米，支持欠发达农村建设老年活动室48个。全市共举办县以上老年人运动会11次，参加人数8700多人次，其中市第八届老年人运动会参加人数超过2000人；举办乡镇（街道）运动会和各级各类单项比赛活动千余次，参加人数近10万人次；全市经常参加体育活动的老年人约80万，约占老年总人口的60%。通过"天然舞台"和"天天演"平台全年送戏下乡6000多场次，为老年人提供了丰富多彩的文化活动。深化基层老年协会"乐龄"工程，全面开展银龄互助、"以老助老"活动。

（二）老年教育覆盖面不断拓展。截至年底，全市老年大学总面积6万多平米，老年学员3.5万人，新增3362人；积极推动老年电大实体化和基层网点建设，举办了宁波老年电视大学，老年电大教学点达到1110多个，在学老人约14万人次，较上年增加3370人次。同时，加强老年教育招生和教学管理，优化老年教学课程设置和师资队伍，不断提高老年教育质量。

四、完善制度，老年人优待和维权工作水平提升

（一）老年人优待政策进一步完善。认真贯彻落实老年人在公共交通、参观游览、就医等方面优待政策，交通运输部门在公交、出租车等公共交通行业大力推进"敬老文明号"、敬老文明岗创建活动，提升老年人优待服务水平。进一步扩大高龄老人乘坐市区公交车优待范围，明确乘车保险费由财政承担，外地老年人可凭证免费乘车等。将人均住房建筑面积低于10平方米的最低收入老年家庭、无赡养人的孤寡单身老人、无房低收入老年家庭等优先纳入廉租住房保障体系，可直接申请配租。认真落实老干部各项优待政策待遇，优化提升老干部服务管理水平。继续为全市19.9万多名高龄老人按月发放高龄津贴，全年各级财政共支出约1.5亿元。认真落实农村部分计划生育家庭奖励扶助制度，2015年发放奖励扶助金1.3亿多元。

（二）老年权益保障工作力度更大。创新创设多种宣传形式与载体，广泛开展老年法律普法宣传，深入社区、家庭、机构开展宣讲咨询活动，让广大老年人知法懂法，更好地保护自身合法权益。采取优先解答、优先受理、优先办理等优老措施，深入开展老年法律援助工作，将老年人法律援助经济困难标准随最低工资标准提高到每月1860元，不断扩大法律援助的覆盖面。全市全年各级法律援助机构共接待老年人来访咨询12470人次，"12348"法律援助热线接听老年人电话7024人次，办理老年人法律援助案件86件，同比增长4.24%，为受援人挽回经济损失或取得利益4632.9万元。

五、多方参与，社会敬老氛围更加浓厚

（一）各项敬老主题活动蓬勃开展。一是组织开展"敬老月"系列活动。深入开展老年节走访慰问活动，市四套班子领导分四路对百岁老人以及养老机构、居家养老服务机构进行了走访慰问，市老龄办会同市老年事业发展基金会对300名生活困难老人开展了"送温暖"活动。联合宁波广电集团组织开展了"寻找最美老人"主题公益活动，评选出"博学多才"、"活力时尚"、"快乐奉献"、"健康长寿"、"幸福美满"等5类共20组"最美老人"，并于老年节当天举办颁奖典礼，弘扬主旋律、传播正能量，收到了较好的社会效果。二是开展"敬老文明号"创建活动。加强行业联创和指导，确立了一批重点创建单位，广泛发动全市"敬老文明号"及参创单位开展"双关爱"活动，为困难老人开展物质帮扶和精神关爱等服务。

（二）老年宜居环境建设有序推进。一是组织开展首次"长寿村"认证工作。研究编制了《宁波市"长寿村"认证标准及测评细则（试行）》，组织老龄、医疗卫生、环保、林业和精神文明建设等领域的专业人员进行实地测评，评选出宁波市首批"十大"长寿村并举行命名授牌仪式。二是试点推进"老人友好社区"建设。在江北区中马街道试点建设"老人友好社区"，研究编制建设标准，探索推进社区老年宜居环境建设。此外，认真贯彻执行城市无障碍设施建设管理相关规定，拟订《宁波市无障碍城市自检自查与建设手册》，积极推动老年人家庭及居住区公共设施无障碍环境建设改造工作，并在城市公共设施的改造维护工作，充分考虑老年人群的特殊需求，增设老年人座便器，加装扶手、衣帽钩、紧急报警器等装置。

重要会议和活动

【"寻找最美老人"主题公益活动】8月，宁波市老龄委、宁波市民政局、宁波广电集团联合举办的"寻找最美老人"主题公益活动在全市全面启动。活动以关注老人之需、发现老人之美、弘扬老人之德为宗旨，旨在通过广泛发动、深度挖掘，多层次多角度展示老年人老有所养、老有所学、老有所乐、老有所为的生动事迹，传递社会正能量。活动本着公开、公平、公正的原则，采取老年人个人自荐和组织推荐相结合的方法，通过报名、初选、巡展和大众投票，最终评选出"快乐奉献老人"、"博学多才老人"、"活力时尚老人"、"健康长寿老人"、"幸福美满老人"等5类"最美老人"。为方便老年人参与、扩大社会影响力，活动坚持走进社区、贴近老人，设置了信函、现场活动和微信平台等多种参与渠道，并采取广播、网络、电视、报纸等全媒体推动，加强活动宣传。

【“长寿村”认证工作】8月，市老龄委、市民政局在全市启动“长寿村”认证工作。这是我市第一次围绕长寿主题开展的专业认证活动。为顺利开展这项工作，市老龄委、市民政局前期组织医疗卫生、农林、环境、精神文明建设等领域的专业人士，在深入调研和充分论证的基础上，编制了《宁波市“长寿村”认证标准及测评细则（试行）》。认证标准共21项，分为基本标准和参考标准。基本标准为人口长寿比率，反映区域长寿老人现状及一定时期保持长寿趋势的相对稳定程度，是申请认证的资格条件；参考标准涉及医疗服务、养老服务、生态环境、森林植被、乡风文明等方面，反映影响区域长寿的综合因素。具体测评采取计分制，每项指标均有详细解释、计分分值和测评方法。

【慰问百岁老人】10月，杨立平、苏利冕、李关定、蒋剑巍等代表市委、市人大、市政府、市政协分别前往慰问百岁老人及江东区福明街道居家养老服务中心、社会福利中心，北仑区陈山社区居家养老服务中心、小港街道福利院，镇海区耆老园居家养老服务中心、金生怡养院，江北区洪塘街道欣和苑民生养老爱护中心，宁波市老年疗养院，向他们致以老年节问候，送上慰问金。

【“长寿村”授牌仪式】10月，市老龄委、市民政局发文公布了首批“长寿村”名单，并在宁波大剧院举办了隆重的授牌仪式。市政府李关定副市长出席仪式，并亲自给十大“长寿村”授牌。“长寿村”认证工作坚持自愿申报、公平规范、务求实效、严格把关的原则，经过各级审核推荐、专家实地测评、媒体公示等多个环节，最终，慈溪市周巷镇劳家埭村、鄞州区章水镇李家坑村、奉化市大堰镇万一村、余姚市黄家埠镇十六户村、镇海区蛟川街道陈家村、江北区慈城镇半浦村、宁海县深甽镇溪滨村、宁海县胡陈乡大赖村、宁海县梅林街道河洪村、象山县高塘岛乡花岙岛村等10个行政村，被命名为宁波市首批“长寿村”。

【“寻找最美老人”颁奖典礼】10月，由市老龄委、市民政局、宁波广电集团联合举办的“寻找最美老人”主题公益活动颁奖典礼在宁波大剧院隆重举行。宁波市政府副市长李关定出席典礼并致辞，全国老龄办宣传部主任刁海峰到会祝贺并致辞，市委组织部常务副部长陈安平、市政府副秘书长何国强、市民政局局长杨雄跃、市委老干部局局长俞小勋、市广电集团总裁张松才等有关单位领导出席典礼并为获奖老人颁奖，市老龄委成员单位和各县（市）区民政局、老龄办有关负责人与老年群众代表共约500人参加了典礼。颁奖典礼分“最美老人之魅力篇”、“最美老人之快乐篇”、“最美老人之美满篇”、“最美老人之长寿篇”等四个篇章，分批揭晓“最美老人”名单，并通过老人才艺展示、歌舞、情景剧、小品等文艺节目表演，以及视频、现场采访等方式，展示五类“最美老人”的风采。

【宁波市老年电视大学开学典礼】11月，新挂牌成立的宁波市老年电视大学举行开学典礼并举办首期教学点负责人研修班。各县（市）区老龄办主任、老年电大教学工作负责人以及部分教学点负责人等共70余人参加了活动。市老龄委副主任、市民政局副局长俞曹平在开学典礼上作了重要讲话。

青岛市

综　述

截至2015年底，我市60周岁以上老年人达158万人，占总人口的20.69%。80周岁以上老年人口24.6万人，占老年人口的15.6%。2015年，在市委、市政府的正确领导和上级老龄部门的指导支持下，我市老龄工作围绕中心，服务大局，改革创新、锐意进取，推动老龄工作和老龄事业取得了新的进展。

一、不断完善养老保障体系

截至2015年末，全市城镇企业职工养老保险参保缴费人数达325.14万人，领取养老金人数85.39万人，支付养老待遇223.95亿元。居民养老保险参保人数达199.59万人，领取养老金人数97.47万人，支付养老待遇26.49亿元。连续11年提高企业退休人员基本养老金，人均月增长265元，将居民养老保险基础养老金提高到每人每月130元。贯彻落实《青岛市社会医疗保险办法》，实现医保基本制度、管理体制、政策标准、支付结算、信息系统和经办服务“六统一”，城乡居民统一享受基本医疗保险、大病医疗保险、大病医疗救助三层医疗保障，长期医疗护理保险、大病医疗救助制度向农村延伸，形成了覆盖900万市民的公平、普惠医保新格局。截至2015年末，城镇职工参加医疗保险人数324.37万人，城乡居民医疗保险人数496.7万人。

二、加快养老服务设施建设步伐

截至2015年末，新增社区日间照料中心177个，城市、农村社区日间照料中心总数分别达到524个、685个，覆盖率分别达到100%、65%。全市新登记养老机构18家，新增养老床位6000张；全市养老机构总数达到193家，床位数5.84万张，千名老人拥有养老床位36.8张，在15个副省级城市中位居第6位。全市登记医养结合养老机构71家，占养老机构总数的40%，开展长期医疗护理保险服务的38家，享受医养结合机构提供长期护理服务的失能老年人达3000多名。

三、全面完成《青岛市老龄事业发展“十二五”规划》调研、评估

对全市各区市、市直各部门老龄规划指标进行了逐项落实、核对。起草上报了《关于我市老龄事业“十二五”期间规划完成情况的调研报告》报局政策法规处；起草完成了《青岛市老龄工作委员会办公室关于青岛市老龄事业发展“十二五”规划评估的自查报告》(青老办字〔2015〕15号)，报全国老龄办；开展了青岛市“十三五”老龄事业发展规划的调研工作，起草完成了《关于〈青岛市老龄事业发展“十三五”规划〉的调研报告》。

四、大力开展“敬老文明号”创建活动

在全市各行各业服务窗口开展“敬老文明号”创建、推荐、评比活动，通报命名青岛市精神卫生中心老年一科等2015年度青岛市“敬老文明号”80个。对23个第一届山东省“敬老文明号”集体进行了复核，并从往届青岛市“敬老文明号”集体中择优推荐13个集体参与省“敬老文明号”单位评选，被省老龄委命名为第二届山东省敬老文明号。

五、广泛开展老年节走访慰问进机构入家庭活动

元旦春节和“老年节”期间，市、区(市)、街道、社区广泛开展了走访养老机构、老领导、百岁老人和抗战老兵活动，发放了大量慰问金和慰问品。其中，市南区区长、副书记、政协主席、人大常委副主任、副区长等组成慰问团走访；黄岛全区走访老年人22461人，发放慰问金516.42万元，慰问物品价值95.75万元。

六、全面贯彻落实“一法一条例一规定”

市老龄办每年定期检查“一法一条例一规定”落实情况，市、区(市)、窗口单位普遍进行自查和普查，总体结果令人满意。市老龄办联合司法部门开展了“法治阳光温暖老龄活动”，深受老年人欢迎。开展了山东省老年维权公益示范站创建活动，并推荐了11个优秀单位参加省七个部门联合开展的评选表彰活动，全部获得山东省老年维权示范站称号。2015年，共办理老年信访案件1253件，其中来信56件，来访96件，来电(包括网络)1101件，全部办结，满意率99%以上。

七、老龄工作调查研究创新年硕果累累

完成了全国第四次中国城乡老年人生活状况抽样调查，市南、城阳、黄岛区、胶州、即墨、莱西、平度七区市入户抽样调查，全面完成了抽查和长短表的填报，共报表格3360个样本，一次通过，数量、质量均列全省前茅。市老龄委在全市开展了青岛市老龄工作调查研究创新年活动，收到了一批质量好、水平高、有价值的调研报告和论文，评选出十佳调研报告、十佳调研报告提名奖和优秀奖共35篇，结集成册出版《青岛市老龄工作调查研究创新年获奖优秀论文集》。开展了老年人优待规定修订前期调研，起草完成了《关于开展修订〈青岛市优待老年人规定〉调研工作的报告》。组织参加山东省第四届老年健康与长寿理论研讨会，我市2篇论文荣获二等奖，市老龄办荣获优秀组织奖。

八、老年人口信息统计工作圆满完成

根据省老龄办统计要求，对青岛市老年人口、老年人比例、养老机构及床位、财政养老投入等老龄事业统计体系报表数据进行了统计报送。选取了平度市、城阳区两个区市，完成了10.0097万人的老年人口信息登记工作，选定了80个社区(村)作为老年人口动态监测点。

九、“孝亲敬老、孝满岛城”系列活动丰富多彩

市、区(市)围绕“孝亲敬老、孝满岛城”主题，开展了一系列丰富多彩的老年宣传、文体活动。开展“孝亲敬老，孝满岛城”主题教育活动。评选出30个青岛市“最美孝心少年”，其中一人被评为全国“最美孝心少年”；今年新挂牌成立“爱心陪伴空巢老人”志愿者活动基地37个，新入户结对空巢老人108户，新增爱心陪伴空巢老人1000余人次，目前“爱心陪伴空巢老人”注册志愿者团队达到117个，志愿者11000余人；“银龄欢歌大舞台”公益演出进养老机构、进基层活动，全年完成70场次；完成了新春民族音乐会、青岛音乐节老年专场音乐会、青岛市老年服务中心暨青岛老年艺术专修大学成立十周年文艺联欢会、庆祝老年节文艺演出等大型演出活动；开展了学会爱老一起敬老、我给父母写家书、献给爷爷奶奶的歌等系列敬老爱老活动；举办了老年文艺节目选拔、老年书法美术、老龄主题摄影、中老年广场舞、老年人国际象棋、量贩式KTV“老年人免费娱乐”活动和K歌大赛等多项比赛、展演，开办“空中老年大学”，丰富老年人精神文化生活，10万余名老年人参与；联合移动、联通、电信三大通讯公司，为广大手机用户发送“老年节”敬老短信400多万条；深化孝亲敬老社会公益宣传，办好《青岛老龄》杂志、《老龄好时光》等老年专题节目，选树青岛老人先进典型，敬老月期间，青岛电视台综合频道每天《青岛新闻》前播出敬老宣传片《孝亲敬老，从你我做起》，《青岛老人·2015》系列专题片电视展播，青岛新闻广播每天在《行风在线》栏目中间时段播出敬老宣传片《陪伴是最好的孝心》，推动积极老龄化，大力宣传孝亲敬老先进典型，进一步浓厚了敬老爱老助老的社会氛围。

深圳市

综　　述

一、老龄工作政策制度不断健全

一是积极贯彻落实国家、省市有关政策，出台系列制度文件。2013年开始，国家、省市密集出台了老龄工作的法规和政策性文件，从全国人大《中华人民共和国老年人权益保障法》颁布实施、国务院印发《国务院关于加快发展养老服务业的若干意见》、全国老龄办等24部委联合印发《关于进一步加强老年人优待工作的意见》，到广东省出台《广东省老年人优待办法》、市委市政府出台《深圳市人民政府关于加快发展老龄服务事业和产业的意见》等"1+2"文件，老龄工作在这一系列政策指导下迎来了一个快速发展的阶段。2015年，深圳以制度创新促老龄工作改革发展，以制度完善促老龄工作提升规范，分别研究出台和补充完善一系列老龄工作制度。如在《深圳市"老有所乐"公益金使用管理暂行办法》的基础上，积极落实市政府常务会议精神，协调市财政委、市公益金管理中心出台《关于加强市福彩公益金"幸福老人计划"项目管理的通知》，对福彩公益金资助老年活动项目重新科学定位，面向基层老年社会组织，94%的经费用于支持基层老年社会组织发展，同时注重项目的监管和评估，充分体现市委市政府对基层老年社会组织的重视和关怀，为打造"民生幸福城市"贡献了力量。又如践行问题导向工作方法，完善高龄津贴发放制度，制订《关于加强高龄津贴发放管理工作通知》，借助大数据和信息化技术，实现业务数据与殡葬数据的有效对接，建立高龄津贴发放工作报告和核查机制，切实提高了高龄津贴服务和管理工作水平。

二是研究出台政策，积极引导发挥老年社会组织自我管理、自我教育、自我服务的积极作用。2015年，全国老龄办、民政部印发《关于进一步加强城乡社区老年协会建设的通知》，要求不断加大对城乡社区老年协会的扶持力度，促进城乡社区老年协会健康有序发展。市老龄办积极协调各相关部门，根据文件精神，结合我市实际，研究起草了《深圳市贯彻落实全国老龄办、民政部〈关于进一步加强城乡社区老年协会建设的通知〉的实施意见》。

三是积极推进老龄政策法规调研课题进展。2015年为积极贯彻落实《老年人权益保障法》、24部委《关于进一步加强老年人优待工作的意见》《广东省老年人优待办法》等精神和要求，认真探索落实全国老龄工作创新试点城市建设，经局务会研究通过，分别与中国老龄科学研究中心和深圳大学达成合作意向，积极开展创建国际老年友好型城市、老年人权益保障和老年优待调研，目前已经形成《深圳市创建国际老年友好城市研究》《深圳经济特区老年人权益保障法实施暂行条例（草案）》和《深圳市老年人社会优待办法（草案）》。二是认真评估、总结我市老龄事业发展"十二五"规划实施。结合国家、省老龄工作有关规划精神以及市委市政府的工作部署，在全市老龄事业发展"十二五"规划中期评估的基础上，对规划的落实完成情况进行细致的评估和总结，重点关注实施中出现的问题，为接下来科学规划"十三五"期间的工作打下良好的基础。

二、老年群体受益内容不断扩展

一是"幸福老人计划"项目扩大范围。2014年，市政府常务会研究通过增加"幸福老人"计划项目经费，每年的活动经费从2500万元增加至5000万元。市老龄办努力协调市财政部门、市公益金中心和各区，圆满落实了市政府常务会议精神，指导出台《福彩公益金资助"幸福老人计划"项目经费分配方案》和《关于加强市福彩公益金"幸福老人计划"项目管理的通知》，引入老年人口数、老年社会组织活动数量、规模等因素对项目资金进行更加科学、有效的分配，同时进一步规范了福彩公益金用于老龄服务事业的分配和使用，加强幸福老人计划资助项目的流程管理，健全监督机制，进一步提高公益金资助项目的使用效果，使"幸福老人计划"产生更大的社会效益。

二是老年优待服务方便快捷。积极践行"三严三实"和群众路线教育，创新敬老优待服务办理流程，积极协调市社工委、市网络中心等部门提升老年人口数据质量，加快信息共享频率，在罗湖区试点基础上，进一步完善服务流程，梳理相关工作规范，为下一步在全市实施打下基础。同时为做到与深圳实施的新居住证条例有效衔接，主动多次对接市发改委、市人大和市公安局等部门，简化办理程序，满足优待年龄的非户籍老年人只需在社区进行居住信息登记，而不必再去办理居住证就可以免费办理《免费乘车证》，同时积极协调市公安局，推进优待证办理系统与居住登记系统的无缝对接。2015年共办理各类老年优待证（免费乘车证）7万余张，经测算全年累计享受乘车（地铁）优待8000万人次，切实保障老年人享受到市政府的各项优待政策。

三是高龄老人福利政策实施规范有效。我市从2011年1月开始，为全市80周岁以上户籍老人按月发放高龄老人津贴，但是几年来一直未能实现与死亡人口数据的对接，出现个别老人去世仍在发放津贴的情况。经市老龄办积极协调，实现了高龄老人津贴发放和殡葬数据的对接，各区每月都能掌握辖区内老年人的殡葬数据，提高了高龄老人津贴发放工作的准确性和有效性。同时市老龄办印发加强高龄老人津贴发放工作的通知，提出建立核查机制，加强监督检查等要求，对各区做好高龄老人津贴发放工作进行指导。我市老年福利制度、福利水平、绩效管理再次走在全国前列。另外，2015年为6000名高龄独居老人安装紧急救助呼援系统，并不断拓展服务内容，为老年人提供紧急救助、走失定位、政策咨询、精神关爱、居家养老、医疗康复、"社工＋义工"服务等10项为老服务。

四是为老服务活动效果显著。以为老年朋友办好事、办实事为出发点，从老年朋友最迫切需要和关心的问题着手，在法律维权和卫生健康方面积极组织推进第二届全国"敬老文明号"创建。主动走访，积极推进，在市司法系统、市卫计系统有针对性组织开展创建活动，号召职能部门和窗口单位积极开展为老服务活动。同时按照全国评选表彰"全国老年法律维权工作先进集体"的统一部署，积极推荐树立为老服务典型，比如深圳市公安局反信息诈骗中心开展"反信息诈骗进社区活动—长者大讲堂"活动，使全市很多老年人避免受骗，成效明显。又比如针对老年人易成为涉众型经济犯罪案件的主要被害群体的情况，南山检察院采取一系列的措施打击侵犯老年人权益的违法犯罪行为，积极挽回老年人的经济损失，定期开展涉老普法宣传活动，切实保障和维护了老年人的合法权益。另外还积极发挥"银龄行动"等项目作用，组织各级老年社会组织和老年人才，广泛开展老有所为、老有所乐、老有所学活动，全民参与，组织老年人才队伍分赴全市各社区、民办中小学及中小微企业开展智力援助，取得了非常好的社会效果，得到了社会和媒体的一致赞誉。

三、老龄工作改革创新全面启动

一是积极开展老龄工作改革创新试点。2015年开始在罗湖区试点改革创新敬老优待证、高龄津贴审批等为老服务事项网上办理，此举提高了工作效率和服务效能，提升服务百姓民生的能力，精简优化了审批程序，大大减少辖区老年人申请办理各项优待政策的往返次数，降低成本，取得了很好的社会效果。2015年，在盐田区开展了老年志愿者队伍试点建设，通过结对服务，低龄老人帮助高龄老人，健康老人照顾患病老人，老年志愿者在帮助他人的同时，自身价值也得到了体现，共同营造出和谐友爱的社区氛围。老年志愿者已经成为深圳又一道亮丽的风景线。

二是积极探索全国老龄工作创新试点建设。从基本市情出发，积极应对人口老龄化机遇和挑战，从创新老龄工作发展理念、加强老龄工作顶层设计、提升老龄社会服务创新、提高老龄工作基础研究水平等方面积极研究、探索。特别是结合"十三五"的规划任务和国家养老服务业综合改革试点建设，积极开展深圳创建国际老年友好城市研究，形成深圳创建国际老年友好城市实施方案以及深圳创建国际老年友好城市指标体系。

三是积极推进"银龄安康"行动等新型为老服务产品。在连续推出5期"为户籍80周岁以上户籍老年人购买意外伤害及意外医疗保险项目"的基础上，按照全省的统一部署，积极推动"银龄安康"行动，努力将项目的覆盖人群扩大到60周岁以上的在深常住的老年人，大大提升老年人的抗风险能力，使老年朋友在深圳乐享晚年的时候免去后顾之忧。

四是积极创新发动全社会参与老龄工作。2015年，通过"敬老月"、"老年节"和"敬老文明号"创建活动，通过多渠道的媒体宣传和积极引导，组织和协同发动政府职能部门和社会各界积极投入到老龄事业和产业中来，积极为老龄工作和养老服务献言献策。2015年各类报刊媒体刊登老龄工作信息50多篇，电视专题节目30多期，大型专项活动10余场，"敬老月"期间各级部门开展为老服务活动项目1000多项，有力的营造了全社会尊老爱老的良好社会氛围。

四、老龄组织队伍建设不断加强

一是老年社会组织队伍得到培育发展。2015年"幸福老人计划"资助总额和资助范围进一步扩大，1300多家各类老年社会组织得到了资助，组织开展了各式各类的老年活动，惠及全市超过20万老人。"幸福老人计划"的实施，有力的推动了各级老年社会组织的发展壮大，老年朋友实现了"老有所乐"、"老有所学"，极大的丰富了精神文化生活。

二是通过培训提升老龄队伍能力。2015年上半年组织开展老年社会组织服务与治理能力建设培训，全市基层老年社会组织骨干200多人参加，通过培训进一步提升全市老年社会组织服务能力，为充分发挥老年社会组织作用，有力推动老年服务体系建设打下基础。2015年下半年组织全市各区、各成员单位80余人参加老龄工作创新培训，培训内容涵盖了人口老龄化现状、发展趋势和对策、创新管理体制、培育发展老年社会组织等，取得了良好的效果，为全市老龄工作队伍创新工作奠定了基础。

三是注重发挥党支部的先锋模范作用。积极开展政治理论学习，组织全体干部学习"三严三实"专题教育，深入学习领会党和国家"全面建成小康社会、全面深化改革、全面依法治国、全面从严治党"的全面战略布局，促进老龄工作作风提质提效。

第五部分

调查报告

中央国家机关离退休干部工作调研报告（节选）

中央国家机关工委老龄办

根据中组部全国离退休干部“双先”表彰大会和全国老干部局长会议精神，按照工委领导的指示并结合中央国家机关离退休干部工作实际，工委老龄办今年5月—8月，先后派3个调研组围绕“中央国家机关离退休干部工作及基层党组织建设”，召开中央国家机关部分离退休干部局长（党委书记）座谈会，深入到最高人民法院、国土资源部、交通部、水利部等10部委蹲点调研，通过个别访谈、座谈交流、实地考察、问卷调查等形式，开展了调查研究。

一、中央国家机关离退休干部基本情况

截至2014年底，中央国家机关在京机关离退休干部39723人，其中，离休干部5949人，退休干部33774人；党员34351人，民主党派248人，无党派人士2283人；老红军85人，抗战老战士1383人。中央国家机关离退休干部部门现有党委46个，党总支51个，党支部1111个，其中离休干部党支部45个、退休干部党支部152个、离退休干部合编党支部881个、离退休干部与在职干部合编党支部33个（以上数字均不含直属事业单位、垂直管理机构和代管工人）。

二、中央国家机关离退休干部工作的主要经验和做法

多年来，中央国家机关各部门认真按照党中央“关于全面做好离退休干部工作”的要求和中组部《关于进一步加强新形势下离退休干部工作的意见》（中组发〔2008〕10号）精神，认真落实离退休干部“两项待遇”，积极为离退休干部安度幸福晚年创造良好条件，有力推动了中央国家机关离退休干部工作。主要经验和做法有：

（一）各部门党组（党委）高度重视离退休干部工作

各部门党组（党委）对离退休干部工作非常重视，一是成立离退休干部工作领导小组部署和协调工作。各部门纷纷成立离退休干部工作领导小组，专题研究相应的落实措施、提出具体要求，并坚持每年召开领导小组会议，总结布置年度工作，特别是对老干部工作需要解决的难点问题，提出解决办法，明确责任单位和完成时限。二是主要领导亲力亲为。各部门主要领导坚持每年向老同志通报部门工作，并主持召开老干部座谈会，听取老同志代表提出的意见建议，重大节日带领党组成员看望慰问老同志，党组成员经常深入到老干部中间，参加老干部的活动，对老干部工作做出指示和批示。三是落实机构和人员编制。中央国家机关各部门落实机构设置，明确领导责任，形成了党政主要领导和分管领导，离退休干部工作部门与人事、财务等部门齐抓共管的良好局面。

（二）坚持抓好离退休干部的思想政治建设

中央国家机关各部门对离退休干部的思想引领工作毫不放松，通过一系列行之有效的做法提升离退休党员的思想素质，形成了示范效应。

（三）不断增强党支部的凝聚力和战斗力

各部门坚持以基层党组织建设为抓手，充分发挥组织优势，引导广大离退休干部凝聚、团结在党的周围，为党的中心工作服务。一是创新党支部设置方式。二是选准配强支部班子。三是开辟新型支部阵地。

（四）认真落实“两项待遇”，让老同志满意，让党中央放心

各部门积极回应“两项待遇”。在政治待遇方面，各单位通过政治学习、形势报告会、知识竞赛、按时发放日常学习资料等方式及时帮助老同志了解政策、跟上形势。在生活待遇方面，各部门积极协调筹措资金，确保老同志离退休费足额发放、医疗费及时报销，坚持探望住院、住养老院老同志制度，通过专题健康讲座、健康体检、康复护理、预约挂号等方式帮助老同志解决医疗、护理等方面的实际困难。

（五）“量体裁衣”创新文体活动方式

各部门准确把握离退休干部需求发生的变化，创新文体活动方式，突出文化养老，努力满足老同志在精神关怀和心理慰藉方面的需求。一是组织开展适宜的文体活动。二是以工作站为平台开展丰富多彩的日常活动。三是举办老年大学和老年课堂。四是举办专题培训班。

（六）弘扬正能量，搭建“老有所为”的平台

各部门充分发挥老干部的政治优势、经验优势和威望优势，激励老干部唱响主旋律，激发正能量。一是树立榜样。二是发挥专长。三是开展公益。

（七）不断提升服务能力和水平

面对离退休干部工作出现的新情况、新问题和老同志的新诉求、新期盼，各部门不断提升服务能力和水平，探索为老服务的新路径。一是优化组织职能。二是提升干部素质。三是开发应用信息化工作平台。

三、中央国家机关离退休干部出现的新情况

目前，中央国家机关离退休干部队伍正在发生显著的结构性变化，同时他们的思想观念、精神慰藉、养老需求也正在发生深刻的多样性变化。

一是离退休干部绝大部分理想信念坚定，但有少数同志思想观念日益多样化，必须加强思想政治引领。

二是退休干部已经成为离退休干部队伍的绝对主体，迫切需要对退休干部工作做出制度安排。

三是离退休干部精神需求日趋多元，文化养老和精神养老工作亟待加强。

四是离退休干部养老需求日趋凸显，创新服务管理方式方法迫在眉睫。

五是离退休干部具有较高的知识水平和专业特长，发挥余热愿望日益强烈。

六是离退休干部在意自己“组织人”和“单位人”的身份特征，参与社区活动的积极性不高。

四、中央国家机关离退休干部工作存在的突出问题

调研中大家认为，近年来，中央国家机关各部门在加强离退休干部思想政治建设、党组织建设，落实两项待遇，取得了很大成效，也存在一些问题，需要认真研究解决。

（一）支部建设问题有的仍较突出。一是支部班子选配难。二是活动开展难。首先是难在场地。其次是难在经费保障。第三是难在支部工作方式方法创新不足。三是个别党员管理难。四是党支部设置方式尚需改进。五是有的支部制度落实不到位。

（二）安享幸福晚年不易。一是收入较低。二是看病住院难。三是部分老同志养老难。

（三）服务管理面临新难题。一是老同志的诉求日益多样化。二是老同志现有的福利保障与新政策衔接存在真空。三是当前老干部工作中存在缺位和越位。四是当前老干部工作队伍中少数同志能力和动力不足。五是涉老行政资源统筹难度大。

五、对策与建议

习近平总书记在全国离退休干部“双先”表彰大会上指出，爱护老干部就是爱护党的宝贵财富，学习老干部就是学习党的优良传统和作风，重视发挥老干部作用就是重视党的重要政治资源。依据总书记的重要指示精神，结合实际情况，对做好当前和今后一个时期的中央国家机关离退休干部工作，提出如下建议：

（一）进一步明确工作职能、完善相关政策。老干部工作是党管干部的重要体现和延伸，要引导老同志与党同心同德、同心同向。一是成立中央国家机关离退休干部工作办公室。二是建立协作机制。三是完善相关政策。

（二）不断加强离退休干部思想政治工作。新形势下离退休干部思想政治工作成为老干部工作的重心。一是引导离退休干部学理论明方向。二是组织离退休干部开展以“展示阳光心态、体验美好生活、畅谈发展变化”为主要内容的为党的事业增添正能量活动。三是大力加强离退休干部和谐心理建设。

（三）切实加强离退休干部基层党组织建设。一是创新党支部设置方式。根据“一方隶属，多方管理”的原则，积极探索按照行业相似、兴趣相投、地域相近的原则设立离退休干部党支部的方法，探索“非建制性”党支部的组织设置方式和属地、就近管理单元，确保每名离退休干部党员都有组织、在组织。二是配齐配强支部班子。坚持把选优配强班子作为加强离退休干部党支部建设的关键，立足离退休干部党员队伍实际，选配党性强、威信高、讲奉献、作风好、身体好、相对年轻的老同志担任离退休干部党支部书记和支委。三是保障活动条件。要创造条件，为开展工作提供足够的经费、场地等，使老同志们学习有保障、活动有场所。确保有离退休干部的地方就有党的工作，有离退休干部党员的地方就有离退休干部党支部，有离退休干部党组织的地方就有离退休干部党员正常的组织生活。四是履行服务职责。一方面离退休干部局、党支部要为老同志服务好，比如开办老年大学等；另一方面要组织老同志利用所长，发挥余热，传播正能量，落实中央“老有所为”的要求，把离退休干部这个“宝贵资源”关心好、挖掘好、开发好、运用好，努力为党的事业增添正能量。五是加强教育管理。按照从严治党的要求，对担任过重要职务的老同志尤其要强调严格遵守党的政治纪律、组织纪律、生活纪律，对办公用房、用车、社会兼职等问题依据相关政策，做出规范，提出要求。六是实行党费收缴“双轨制”。根据老同志身体情况分类进行党费收缴。年高体弱、行动不便的老党员，可委托老干部工作部门党组织从其离退休金中扣除党费，其他党员则按照党章规定个人主动缴纳党费。七是加强离退休干部党支部的考核。对离退休干部党支部做得好的要表彰，做得不好的要批评。通过对离退休干部党支部建设情况考核评价，不断改进支部工作，增强党支部的凝聚力、创造力和战斗力，为协调推进“四个全面”战略布局、实现中华民族伟大复兴的中国梦贡献力量。

（四）大力推进离退休干部文化养老。一是营造离退休干部“文化养老”氛围。要强化文化养老的舆论引导，畅通内外交流渠道，通过网站、报刊杂志、电视广播等新闻媒介，提高文化养老工作的关注度，增强全社会“文化养老”意识。要注重培养老干部的“文化养老”新理念，让老干部更多地“走出来、学起来、动起来、乐起来”，鼓励更多的老干部树立起“文化养老”的自觉和自信。二是加强老干部活动中心、老年大学场所的基础设施建设。要尽可能的争取政府财政补助，成立专项资金，同时借助社会各界力量，为“文化养老”工作提供人力、财力和物力支持，不断加强对各级“两个阵地”的建设力度，使广大老同志活动有去处，心情有乐处，求知有学处，交流有言处，作为有展处。三是要努力满足离退休干部的精神文化需求。要准确把握离退休干部需求发生的变化，从有益于老同志身心健康出发，组织开展适合老同志身体状况、符合兴趣爱好等富有特点的文体活动，更好地满足他们的精神文化需求。

（五）挖掘、开发、运用好银龄资源。开发利用老干部资源要着重把握几个问题：一是要把握面向社会、拾遗补缺的导向。突出发挥“银龄人才”特别是其中的中高级领导干部、专业技术人才的作用。引导一些老同志融入社区，发挥老干部“六大员”的作用。通过这些平台，使老干部“想做事、能做事、有威望、有经验、群众基础好”的优势得到充分发挥。二是坚持自觉自愿、量力而行的原则。老同志退下来后，第一要务就是享受晚年生活，组织发挥作用要适度，不宜大张旗鼓部署、检查和考核。三是严守帮忙不添乱，获利不违规的底线。允许离退休干部发挥作用，获得符合党纪国法和市场规则的正当、合理取酬，但要防止发生期权交易和非法牟利。纪委等相关工作部门必须对离退休的党政领导干部到企业和社会组织兼职（任职）严格掌握、严格把关，避免在社会上产生不良影响。

（六）全面推进“四就近”工作。一是倡导离退休干部到社区报到。引导党员干部退休后到社区报到、党的组织关系到社区落户，推进离退休干部社会化服务管理工作。构建“关系在单位、活动在社区、奉献在社会”的服务管理工作新格局。二是依托社区党组织凝聚离退休干部党员。在居住比较集中的中央国家机关公务员住宅小区，可以把离退休干部党员编入“楼宇党小组”，组织引导区域内不同系统、不同单位的离退休干部党员参与社区事务。三是丰富社区服务老干部的工作内容。离退休干部工作部门要主动与街道、社区联系，可以分别与社区卫生服务中心、助老服务中心、文化活动中心、党员服务中心签约，有针对性开展离退休干部服务工作，特别是居家养老服务照料。

（七）推动建立离退休干部养老保障和社会养老服务机制。

一是着眼共享改革发展成果，建立离退休干部养老保障待遇正常协调机制。根据权利公平、机会平等的原则，以制度的方式，明确离退休费正常调整的原则、机制、办法、时机和资金保障渠道，使离退休费随着社会经济发展合理增长，至少保证在一定时期内离退休费的增长速度高于同期物价上涨水平。二是调节二元分配结构，实现同城同待遇。理顺分配关系，形成合理的工资收入分配格局，使同一行政区域内、同职务同条件的人员享有相同的地区津贴及相关福利，形成公开透明公正合理的分配秩序。三是利用社会资源，逐步健全离退休干部社会养老服务机制。围绕“六个老有”，培育社会组织，凝聚社会力量，搭建社会平台。积极推进利用社区社会资源为离退休干部服务工作，全面建成以居家为基础、社区为依托、机构为支撑，就近就地、功能完善、全面高效的服务管理网络。四是着力在构建多层次、多元化、可选择的服务体系上下功夫。灵活运用市场资源满足老同志多样化需求，把政府购买服务引入老干部工作领域，积极探索市场化管理方式，将部分服务项目“外包”给社会组织来承接，让老同志自主选择服务。

（八）加强老干部工作者队伍建设。老干部工作部门要逐步改变“服务员”的角色，逐步向教育、管理与服务并重转型。把培养提高干部素质放在更加重要的位置，探索提升能力、提振士气的有效途径。一是要注重精神激励。各级领导要真正重视、真情关怀、真心爱护老干部工作队伍，加强对他们的教育培养，满腔热情地关心他们的成长进步，增强老干部工作者队伍的创业热情、创造活动和创新动力。二是持续强化学习培训。要进一步加强培训，通过多种方式提高老干部工作者运用政策、服务管理和改革创新的能力，改变老干部工作者专业化不够、竞争力不强的局面，努力把老干部工作队伍建设成为政治强、业务精、作风正、形象好的高素质干部队伍。三是促进结构优化。要严把“入口”，畅通“出口”，不断改变老干部工作队伍的结构。一方面要精心选拔能力强、作风正、甘于奉献的年轻人充实到老干部工作队伍。另一方面，也要切实加强老干部工作者的交流和使用，特别是创造多部门轮岗交流的机会，形成正常流动机制，使老干部工作者“进的来、出的去，有发展、有前途”，每个人都有展示风采的舞台。

老年人住房反向抵押养老保险试点调研报告

中国保监会

2013年9月,《国务院关于加快发展养老服务业的若干意见》(国发〔2013〕35号,以下简称国发35号文)提出,开展老年人住房反向抵押养老保险试点。保监会认真筹划,积极推动此项工作,2014年6月,发布《关于开展老年人住房反向抵押养老保险试点的指导意见》,选择在北京、上海、广州、武汉四地开展为期2年的试点;2015年3月,批准幸福人寿的首款住房反向抵押养老保险产品上市,试点进入实质性运作阶段。

一、试点基本情况

从保险业试点情况看,总体进展顺利、运行平稳,取得了阶段性成效,得到了参保老人的高度评价。截至2015年底,参与试点的幸福人寿保险股份有限公司已与45户家庭62位老人签订了投保意向书,完成承保手续的有29户38位老人;参保老人平均年龄70.5岁,平均每户月领养老金8465元,月领金额最高的是上海一位76岁的单身女性老人,月领额达到19003元。

二、试点初步效果

老年人住房反向抵押养老保险是将反向抵押与终身养老年金保险相结合的创新型养老保险业务,是保险业参与“以房养老”的一种探索。试点的目的,是发挥保险特长,填补这一市场空白,为拥有房产且能自主支配房产的特定老年群体增加养老资金来源的一种选择。试点开展以来,尽管规模尚小,但从已承保对象来看,基本达到了预期效果,为下一步扩大试点打下了良好基础。

(一)得到了参保老人的高度评价,提高了参保老人的生活质量。据了解,参保老人普遍对该业务给予高度评价。以北京康先生夫妇(男70岁,女68岁,失独家庭)为例,参保前二人每月只有7000元的退休金收入,其房产市场评估价300万元左右。参保后每月可领取养老保险金9000多元,夫妇二人每月养老收入增加到了16000多元。两位老人表示,过去省吃俭用,除了最基本的日常开支外什么钱都不舍得花,都要存下来用于以后的医疗、护理费用支出,还担心不够,参保后生活水平得到了极大改善,主要体现在三个方面:一是敢于出境旅游了,以前只有想法但经济条件不支持。目前已准备近期港澳游,明年打算去欧洲旅游;二是敢于日常消费了,在吃,穿、用方面更讲究品质了,使用十多年的旧家电已开始更新换代;三是敢于亲戚朋友之间的走动了,在人情往来方面更大方了。北京的黄女士(75周岁,孤寡老人),参保前每月只有3000多元的退休金收入,参保后每月可领取养老保险金13400元,她表示:“关注以房养老5年多了,投保这款产品,可以领取养老金直至终身,还可以继续住在这房子里做我喜欢的事,一方面自己的生活水平提高了,另一方面甚至还有能力去做公益了。等我再老一些住养老院,房子还可以租出去,每月的养老金和租金收入足够支付我住养老院的费用了。”

(二)增加了老年人的养老选择,探索出一条养老融资的新路径。反向抵押养老保险的最大特点是将反向抵押与养老年金保险相结合,60至85岁拥有房屋独立产权的老人均可参保,参保后可以继续在家居住,并依照保险合同约定按月领取养老年金直至身故,不受房价波动影响。从试点情况看,这项业务为有房产但养老资金短缺的老人提供了一种新的养老融资途径,满足了老年人居家养老和增加养老收入两大核心需求,解除了老年人的后顾之忧,尤其适合中低收入家庭,失独家庭、“空巢”家庭及单身高龄老人。

(三)取得了社会的广泛关注,积累了潜在客户。尽管目前试点面仍比较小,作为新生事物包括保险公司在内,不少人都在观望,但作为养老保障市场化进程中的重要创新领域,反向抵押养老保险实施情况得到了社会各界和媒体的高度关注。除试点地区外,长三角、珠三角、环渤海地区以及重庆、西安等地老年人对此项业务也较为关注。预计随着其积极效果的逐步显现,试点覆盖面将进一步扩大。

三、存在的困难和问题

保监会密切跟踪试点情况,与试点地区保监局和保险公司深入开展市场调研,发现存在以下困难和问题,严重制约了反向抵押养老保险发展。

(一)养老观念转变仍需时间。“以房养老”是一种突破传统养老理念的创新型养老方式,本身属于小众业务,在世界范围内的总体占比都不高。我国受“养儿防老”等传统文化的影响,发展此项业务实属不易,不少有意参保老人遭到了亲戚朋友的反对,个别已参保老人甚至因子女反对而中途放弃。总体上看,尽管有条件参加“以房养老”的老年人群体很大,但有意识有意愿参加的比例仍不高，公众对其了解、接受和参与需要一个比较长的过程。此外，长期以来我国房地产市场一直处于上升通道，形成了房价刚性的心理预期，且中国家庭普遍将房产作为财富传承的主要载体，选择“以房养老”在情感上和经济上都有疑虑。

（二）缺乏配套支持政策，交易和运营成本较高。据测算，如果未来房产处置按照正常交易过户办理，相关税费相当于老年人1—2年的养老金给付，影响了客户的参保积极性。从国外“以房养老”发展较成熟的国家经验看，由于需要承担未来数十年房地产市场走势变化的风险，为了鼓励保险公司和老年人参与，政府对“以房养老”业务普遍给予一定的财税扶持政策，比如在房产交易处置环节给予一定的税收优惠，免征部分营业税；给予参保老人一定的贴息，提高养老金给付水平；对房价系统性下跌风险给予一定托底保障等。目前这些政策我国尚不具备。

（三）部门协同还需加强，实务操作层面的问题有待解决。反向抵押养老保险业务流程复杂、存续期长，涉及房地产、金融、财税等多个领域，风险因素复杂，除传统保险业务需要应对的长寿风险和利率风险外，还增加了房地产市场波动风险、房产处置风险、法律风险等，特别是法律法规还存在空白，需要多部门协作推进。国发35号文分工中涉及的部门仅有保监会，民政部、老龄办三家，但房屋抵押、公证等实务操作层面涉及国土资源部，住房与城乡建设部等部门，相关机构对反向抵押养老保险政策还不了解，主要遇到的问题包括：公证项目较多，收费标准较高；对保险公司办理房产抵押按个案处理，耗时较长；现有制度规定以银行抵押的最高期限（多为30年）为参照，但反向抵押养老保险的保险责任是到被保险人身故为止，难以确定具体期限，导致抵押登记不能顺利完成。

四、下一步工作思路及建议

长期来看，我国“4－2－1型”家庭群体庞大，失独家庭已超百万，“空巢”家庭群体也有相当数量，随着家庭结构小型化，老年人独居比例上升以及护理费用的上升，传统的依靠家庭成员互助的养老模式将逐步让位于市场化养老。从参保情况看，不少有子女家庭对住房反向抵押养老保险也有需求，占参保家庭的六成，“以房养老”仍然具有较大的发展潜力。下一步，保监会建议从以下三个方面做好工作，促进此项业务健康发展。

（一）加强统筹协调，完善配套制度。加强同发改委、住房和城乡建设部、国土资源部、财政部、国家税务总局等相关部委的沟通配合，共同研究解决住房反向抵押养老保险业务试点和发展过程中遇到的问题，并积极协调相关地方政府，取完善相关配套政策。

（二）加强保险公司能力建设，积极准备扩大试点。保监会将进一步要求保险公司发挥保险业长寿风险管理特长，增强对房屋价值波动风险的应对能力。认真总结试点经验，在现有四个试点城市的基础上，选择经济条件较好、房地产市场较为规范、当地政府支持的城市和地区，扩大业务经营区域，鼓励更多保险公司参与，使更多老年人享受到这项优惠政策。

（三）加强正面宣传，引导观念转变。加大正面宣传力度，普及住房反向抵押养老保险的基础知识，充分了解老年人的需求，引导社会公众客观理性看待，树立利用市场手段解决养老问题的观念，积极利用政策红利和新型金融工具提升老年生活质量。

2015年我国人口发展状况

国家统计局

根据2015年全国1%人口抽样调查结果，2015年我国人口总量继续保持低速增长；在低生育水平上，人口出生率略有下降；劳动年龄人口继续减少，人口老龄化程度进一步加深；人口受教育程度向更高水平发展，人口素质进一步提高；城镇化进程稳步推进，人口发展保持平稳态势。

一、人口总量继续保持低速增长

2015年末，全国总人口为137462（见表1）万人，其中，男性人口70414万人，占总人口的51.22%，女性人口67048万人，占总人口的48.78%。总人口性别比为105.02（以女性人口为100.00）。与2014年相比，总人口净增680万人，人口总量继续保持低速增长。2010年以来，我国每年增加的人口总量都在600到700万左右。这是因为我国的人口规模庞大，虽然增长率较低，但每年的人口增量仍然比较大。较低的增长率和较大的增长量是目前我国人口增长的主要特征。

表 1　2010—2015 年全国人口增长情况

年份	总人口（万人）	出生人口（万人）	死亡人口（万人）	净增人口（万人）	出生率（‰）	死亡率（‰）	自然增长率（‰）
2010	134091	1592	951	641	11.90	7.11	4.79
2011	134735	1604	960	644	11.93	7.14	4.79
2012	135404	1635	966	669	12.10	7.15	4.95
2013	136072	1640	972	668	12.08	7.16	4.92
2014	136782	1687	977	710	12.37	7.16	5.21
2015	137462	1655	975	680	12.07	7.11	4.96

资料来源：根据人口普查、1%抽样调查和人口变动调查数据计算。

二、出生人口减少，出生率略有下降

2015 年，全年出生人口 1655 万人（见表 1），比 2014 年减少 32 万人；人口出生率为 12.07‰，比 2014 年下降了 0.30 个千分点。影响出生人口减少的因素主要有两个：一是育龄妇女数量的减少。2011 年我国育龄妇女数量达到峰值后开始减少，2015 年 15 岁至 49 岁育龄妇女数量比 2014 年减少 500 多万人，其中 20 岁至 29 岁生育旺盛期育龄妇女数量减少约 150 万人；二是育龄妇女生育水平下降和生肖偏好的影响。受我国育龄妇女婚姻生育年龄的推迟以及不婚不育比例上升的影响，近年来育龄妇女的生育水平不断下降，加之 2015 年是我国农历羊年，一些家庭选择推迟生育，这对出生人口减少产生了一定的影响。

尽管出生人口数量略有减少，但从孩次结构看，2015 年的二孩出生人口仍在增加，二孩出生人口比重达到 39.42%（见表 2），比 2014 年提高 3.52 个百分点，表明单独二孩政策实施的效果在逐步显现。

表 2　2012—2015 年分孩次出生人口所占比重

指标	2012	2013	2014	2015
一孩出生人口（%）	65.17	63.63	57.63	53.55
二孩出生人口（%）	30.44	31.72	35.90	39.42
三孩出生人口（%）	4.39	4.65	6.47	7.03

资料来源：根据 1%抽样调查和人口变动调查数据计算。

2015 年，出生人口性别比为 113.5，比 2014 年降低 2.4 个百分点。2010 年以来，我国出生人口性别比呈现先缓后快地下降走势（见图 1），一方面表明我国近几年出生人口性别比综合治理工作取得了显著成效，另一方面也反映出党的十八届三中全会调整完善生育政策以来，人们的生育观念和性别偏好也在发生转变。

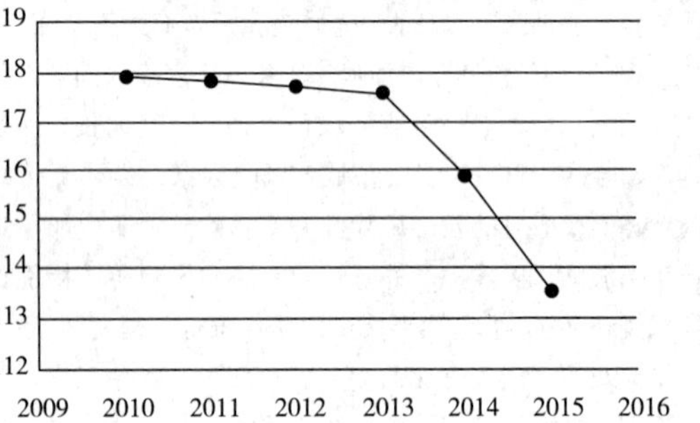

图 1　2010—2015 年全国出生人口性别比

三、劳动年龄人口减少，老年人口比重提高

2015 年，0～15 岁人口为 24166 万人，占总人口的 17.6%，比 2014 年增加了 209 万人；16～59 岁劳动年龄人口为 91096 万人，占总人口的比重为 66.3%，比 2014 年减少 487 万人。这是继 2012 年我国劳动年龄人口总量出现首次减少之后，劳动年龄人口连续第四年减少。

2015 年，60 周岁及以上人口达到 22200 万人，占总人口的 16.1%（见图 2），比 2014 年增加 958 万人，比重提高了 0.6 个百分点；65 周岁及以上人口达到 14386 万人，占总人口的 10.5%，比 2014 年增加 631 万人，比重

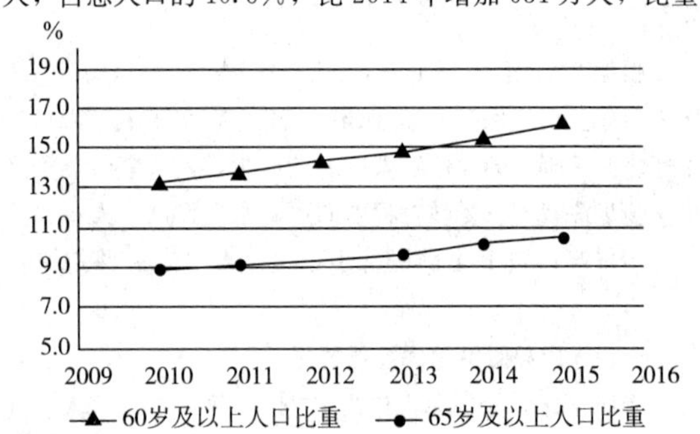

图 2　2010—2015 年全国老年人口比重

提高了 0.4 个百分点。老年人口数量不断增加，比重继续提高，说明我国人口的老龄化程度在进一步加深。

四、人口受教育水平进一步提高

2015 年我国具有高中及以上教育程度的人口保持增长态势。同 2010 年相比，每 10 万人中具有大学（指大专以上）教育程度的由 8930 人上升为 12429 人；具有高中教育程度的由 14032 人上升为 15797 人；具有初中教育程度的由 38788 人下降为 35432 人；具有小学教育程度的由 26779 人下降为 24564 人。从绝对量看，具有大学教育程度的人口已达到 17085 万人，比 2010 年增加了 5121 万人，年均增加 1024 万人。15 岁及以上人口的平均受教育年限达到 9.42 年，比 2010 年提高了 0.37 年。从这些数据看，我国人口受教育程度的结构重心继续稳步上移，国民整体受教育水平明显提升，人口素质进一步提高。

五、城镇化进程稳步推进

2015 年，城镇人口为 77116 万人，比 2014 年增加 2200 万人；乡村人口为 60346 万人，比 2014 年减少 1520 万人；城镇人口比重为 56.10%，比 2014 年上升 1.33 个百分点。2010—2015 年，我国的城镇化率由 49.95%上升到 56.10%，五年提高 6.15 个百分点，年均提高 1.23 个百分点；城镇人口由 66978 万人增长到 77116 万人，五年增加 10138 万人，年均增加 2028 万人。

城镇化水平稳步提高的主要因素有三个：一是城镇人口的自然增长；二是城镇区域规模扩大，增加城镇人口；三是乡村人口持续向城镇迁移流动。

六、流动人口有所减少

2015 年，全国人户分离的人口（居住地和户口登记地所在乡镇街道不一致且离开户口登记地半年以上的人口）为 2.94 亿人（见表 3），比 2014 年减少 377 万人；其中，流动人口（人户分离人口中扣除市辖区内人户分离的人口）为 2.47 亿人，比 2014 年减少 568 万人。

表 3　2010—2015 年全国流动人口情况

指标	2010	2011	2012	2013	2014	2015
人户分离人口（亿人）	2.61	2.71	2.79	2.89	2.98	2.94
其中：						
流动人口（亿人）	2.21	2.30	2.36	2.45	2.53	2.47

资料来源：根据人口普查、1%抽样调查和人口变动调查数据计算。

影响流动人口减少的原因主要有三个：一是随着推进以人为核心的新型城镇化，加大农业转移人口市民化的力度，一些农民工在中小城市和小城镇落户，使得人户分离人口和流动人口总量相应减少；二是 16～59 岁劳动年龄人口持续减少，2015 年比 2014 年减少 487 万人，使得每年流动人口的潜在增量在下降；三是随着区域协调发展和产业调整转移，一些农民工返回自己家乡就业、创业，也相应减少了流动人口数量。

附件

中华人民共和国 2015 年国民经济和社会发展统计公报

中华人民共和国国家统计局

2016 年 2 月 29 日

……

年末全国大陆总人口 137462 万人，比上年末增加 680 万人，其中城镇常住人口 77116 万人，占总人口比重（常住人口城镇化率）为 56.10%，比上年末提高 1.33 个百分点。全年出生人口 1655 万人，出生率为 12.07‰；死亡人口 975 万人，死亡率为 7.11‰；自然增长率为 4.96‰。全国人户分离的人口 2.94 亿人，其中流动人口 2.47 亿人。人均预期寿命 76.34 岁。

表 1　2015 年年末人口数及其构成

指标	年末数（万人）	比重（%）
全国总人口	137462	100.0
其中：城镇	77116	56.10
乡村	60346	43.90
中：男性	70414	51.2
女性	67048	48.8
其中：0～15 岁（含不满 16 周岁）	24166	17.6
16～59 岁（含不满 60 周岁）	91096	66.3
60 周岁及以上	22200	16.1
其中：65 周岁及以上	14386	10.5

……

2015年辽宁农村老年人口生活状况及养老意愿调查报告（节选）

辽宁省老龄办、辽宁省统计局调查队联合调研组

第一部分　调查背景及调查情况简要说明

一、调查背景

据辽宁省老龄统计数据显示，2014年末，全省户籍总人口为4274.5万人，60岁及以上户籍老年人口837.3万人，占总人口19.6%。其中，城镇老年人口445.1万，占53.2%；农村老年人口392.3万，占46.8%。随着全省老龄化程度的不断加剧，农村人口老龄化面临的挑战更加严峻，带来的农村老年人口养老问题尤为突出。鉴于此，辽宁省老龄办在全省范围内开展了“辽宁农村老年人口生活状况与养老意愿”调查工作。目的就是为了准确、客观的地把握全省农村老年人口的总体状况，针对其需求及存在问题，研究提出能够有效满足我省农村老年人生活养老需求的对策，促进农村老年人口生活质量的持续提高和社会和谐发展。

二、调查情况简要说明

根据辽宁省老龄办的要求和辽宁人口分布情况，本次调查样本设计为1400人。调查对象全部为60岁及以上的老年人口。本次调查覆盖了沈阳、鞍山、抚顺、本溪等10个市的14个县（市、区），按照随机等距抽样原则，从每个县（市、区）村委会单位目录样本框中，各抽选100个调查样本，并保证样本性别、年龄合理性。

第二部分　调查样本基本情况

一、性别构成

在1400名被调查者中，男性801人，占57%，女性599人，占43%。男性占比略高于女性，一般来说，按照这种比例能更科学地反映我省农村老年人口的生活状态与养老意愿。

二、年龄构成

在1400名被调查者中，60～64周岁的470人，占33%；65～69岁的340人，占24%；70～74岁的253人，占18%；75～79岁的162人，占12%；80周岁及以上的175人，占13%，调查涉及了老年人口的各个年龄层次，基本反映了老年人口年龄层次的分布规律，即随着年龄的增长，高龄老年人口比重逐渐下降，符合人类生命的发展规律，能更科学的反应真实情况。

三、文化程度

在1400名被调查者中，文盲223人，占16%；小学772人，占55%；初中328人，占23%；高中/中专/职高69人，占5%；大专8人，占1%；大学本科及以上0人。数据反映，农村老年人口的文化水平大多集中在“小学文化”，其次是“初中文化”、位列第三的是“未上过学”，“大学本科”、“研究生学历”的农村老年人占比为零，可见农村老年人的整体文化程度不高。

四、婚姻状况

在1400名被调查者中，有配偶997人，占71.2%；再婚有配偶31人，占2.2%；丧偶366人，占26.1%；离婚2人，占0.1%；未婚4人，占0.29%。七成左右的老年人口属有配偶，多于两成的老年人口为丧偶状态。

五、和老年人同吃同住的人员情况

近七成的老年人和配偶居住在一起，近五成的老年人和子女（含媳婿）居住在一起，是我省农村老年人家庭结构的主要存在形式，也决定了家庭养老是老年人养老的主要方式。

第三部分　农村老年人口经济状况

调查结果显示，超过六成的农村老年人不再工作，而超过九成的老年人无需再接济子女生活，超五成的老年人在生活上没有经济压力，收入支出平衡，有相当部分老年人在出行上存在问题。

一、养老收入水平及来源

我省农村老年人口具有稳定的收入来源，但收入水平较低，约有一半的老年人月收入在200～500元之间。养老金主要来源是“农村养老保险”、“个人劳动收入”及“子女供养”。

二、老年人从业情况

从全省1400名受访者来看，有941人未从事有收入的工作，占比67%；有459人从事有收入的工作，占比33%。然而，在从事有收入工作的459人中，有363人愿意工作，占比83%；有76人不愿意工作，占比17%。

老年人存款用于的经济活动情况：有83%的人用于银

行存款；有 9%的人没有参与调查所列的经济活动；有 4%的人用于民间借贷；用于买彩票、买卖股票、其他金融活动、买卖国债形式的经济活动分别占比 1%、1%、1%、1%；没有人用于买卖其他有价证券。

三、老年人给子女每月提供生活费情况

从全省 1400 名受访者来看，有 96%的人不需要给子女生活费用；有 4%的人需要给子女生活费用，主要原因是子女收入低。

四、老年人对经济情况自我评价

从全省 1400 名受访者来看，有 55%的人认为基本够用；有 25%的人认为比较困难；有 12%的人认为比较富裕；有 7%的人认为很困难；有 1%的人认为很宽裕。

五、生活费是老年人最担心的问题

从全省 1400 名受访者来看，有 529 人担心没有生活费来源，位居第一；有 507 人担心父母问题，位居第二；有 195 人担心配偶父母问题，位居第三。

第四部分　农村老年人口健康状况及就医情况

本次调研通过科学赋值，精确得出我省老年人口的现实健康评价水平。经计算，我省农村老年人口目前的健康状态得分为 62.04 分，处于一般水平。

一、我省农村老年人对自我健康状况的评价

男性老年人的健康评价要好于女性；低龄老人好于高龄老人，普遍呈现出年龄与健康的正常关系；学历越高的老人健康评价越好；从婚姻状况来看，有配偶的老人健康评价最高，其他婚姻状况的老年人健康评价值差距不大。丧偶老人最低；经济收入对健康评价也基本呈正相关关系，月收入在 3000～4000 元的老人自身健康评价值最高，月收入不到 200 元的健康评价值较低。

二、农村老年人对患有疾病或存在的身体障碍的自我评价

从受访者来看，绝大多数的老年人都患有某些疾病，其中患高血压的占比 31.42%，糖尿病占比 5.85%，冠心病占比 19.57%，脑卒中/中风占比 6.07%，骨关节病（关节炎/风湿/腰背痛）占比 37.21%，尿失禁占比 2.78%，慢性肺部疾病（慢肺阻/气管炎/肺气肿）占比 10.42%，肿瘤占比 0.42%，白内障（或其他视力障碍）占比 10.07%，听力障碍占比 16.21%，其他疾病占比 23%；健康无病的人占比 8.21%。

三、老年人日常生活上遇到的困难

在受访者中，吃饭、穿衣有问题的占 3%；上厕所有问题的占 4%；在室内活动有问题的占 4%；洗澡有问题的占 7%；做饭有问题的占 12%；洗衣有问题的占 14%；扫地有问题的占 3%；日常购物有问题的占 13%；上下楼梯有问题的占 12%；乘坐公交车有问题的占 13%。由此可见，随着进入老年状态，老年人在生活上都会有各种各样的困难，需要有人帮助照料。

四、农村老年人的辅具用具及健康知识需求

（一）辅助用具需求。老年人由于步入老龄化在生活上会需要一些必不可少的所需品，在受访的 1400 人中，经常会用到一些辅助用品来协助他们的生活，只有 385 人平时不使用所列辅助用品，其中用到老花镜、假牙的占比较多，血压计、拐杖/助行器占比次之，而轮椅、坐便器、洗澡椅/洗澡凳、血糖仪、吸氧机、紧急情况呼叫装置等辅助工具占比较少。

（二）日常健康知识需求。老年人以“自治”的方式调节健康情况，通常希望获得一些健康知识，在受访的 1400 人中，有 794 位希望获得老年常年病的预防及早期症状识别、有 734 位老人希望获得老年人用药安全知识、有 541 位希望获得老年人饮食和营养知识，而只有 99 人认为不需要获得健康知识，有 162 位希望获得老年人体育锻炼知识、有 170 位希望获得老年心理健康和疏导、有 250 位希望获得康复和护理知识。

（三）农村老年人就医需求。农村老年人在身体不适的时候首选自己诊治的方法，如果实在需要就医时，大多数老年人会选择就近的个体诊所。

1. 老年人身体不适时所采取的治疗方法

在受访的 1400 人中，当身体不适时，有 733 位老年人到药店买药自己诊治、有 374 位老年人到医院就医、有 200 位老年人先自行诊治再不好就去医院。

2. 老年人到医疗机构所需的时间

在受访的 1400 人中，有 73%的老年人需要不到半小时就可以到达医疗机构，有 23%的老年人需要半小时以上方可到达医疗机构，有 4%的老年人需要一个小时以上才可到达医疗机构。可见，农村医疗机构的分布还是满足了大部分农民的就医需要，绝大部分老人可以在相对短的时间到达医疗机构。

3. 老年人需要就诊时首选机构

在受访的 1400 人中，当老年人需要就诊时首选就医地点，有 477 位老年人选择就近的个体诊所，有 362 位老年人选择村级卫生院，有 268 位老年人选择县级卫生机构，有 251 位老年人选择乡镇级卫生院，有 40 位老年人选择市级卫生机构，而只有 2 人会选择省级就以上的卫生机构。

从以上数据，可以看出，农村老年人在就医时，为了节省时间和费用，还是会首选附近的个体诊所，比如感冒打点滴也方便些，而选择去省级以上的卫生机构的老年人则非常稀少，更多的是考虑到经费问题，不是重大疾病，都不会直接去大医院就医。

4. 老年人对看病就医的看法

在受访的1400人中，有706人、50%的老年人对看病就医满意，有601人、43%的老年人对看病就医评价一般，有93人、7%的老年人对看病就医不满意。

而针对93位老年人对看病就医不满意的原因进行调查发现，82人认为医疗费用高，41人认为看病手续繁杂，32人认为等候时间长，22人认为医疗技术水平低，而3人认为挂号难。

从上表数据可以看出，医疗费用高成为老年人就医不满意主要原因，有些农村老年人没有医疗保险，即使有医疗保险的老人，在看病时也要承担一些费用，因此看病费用是农村老年人最担忧的问题。

第五部分　农村老年人口居住状况

经计算，我省老年人口对目前的居住状态给出了71.98分的评价分值，介于一般满意和比较满意之间。

一、农村老年人住房状况

在1400名被调查者中，有属于自己产权房子的1144人，占82%；无属于自己产权房子的256人，占18%。数据显示，超八成的老年人有属于自己产权房，七成老年人拥有宅基地自建房。

二、居住房子的生活设施情况

在1400名被调查者中，所居住的房子有自来水的有709人，占比50.64%；有暖气土暖气的546人，占比39%；以上都没有的有415人，占比29.64%；有洗澡淋浴设施的144人，占比10%；有室内厕所的90人，占比6.42%；有沼气天然气的73人，占比5.21%。可见，有超两成以上的农村老年人的居住设施情况并不乐观，有室内厕所、洗澡淋浴设施的占比分别只有6.42%、10%，对于行动不便的老年人来说，生活有诸多困难。

三、老年人住所附近的配套设施情况

在受访的1400人中，调查老年人居住的房子附近的配套设施，有35%的居所附近有商场/超市/小商店，有24%的居所附近有医院/诊所，有13%的居所附近有公交站点，有9%的居所附近有集市/早市，有6%的居所附近没有选项中的项目，有5%的居所附近有银行/储蓄所，有4%的居所附近有休闲娱乐场所，有3%的居所附近有食堂或餐馆，有1%的居所附近有公园。

四、老年人对社区（村）现状不满意情况

在受访的1400人中，有528人对居住村（社区）卫生环境不满意，占比37.7%；有230人对居住村（社区）道路照明不满意，占比16.4%；有224人对交通情况不满意，占比16.4%；有100人对绿化环境不满意，占比7%；有80人对活动场所不满意，占比5.7%；有76人对生活便利情况不满意，占比5.4%；有14人对居住村（社区）治安环境不满意，占比1%。调查显示，村（社区）的卫生环境、道路照明、交通情况是老年人最关心的三个主要问题。

第六部分　农村老年人口社会参与及精神文化生活状况

一、老年人社会参与情况

（一）超八成老年人参加了村（居）委会选举。从全省1400名受访者来看，有83%的老年人参与了上一次的村（居）委会选举；有11%的老年人没有参与上一次的村（居）委会选举；有6%的老年人记不清是否参与了上一次的村（居）委会选举。

（二）超六成的老年人关心村（社区）事务公开情况。从全省1400名受访者来看，有63%的老年人关心村（社区）事务公开；有37%的老年人不关心村（社区）事务公开。

（三）仅有近三成老人最近参加过的社会活动。调查显示，村（社区）虽有文艺表演、专业咨询服务、传授文化、科技知识等活动，但老年人参与度并不高；全省1400名受访者中没参加任何社会活动的人高达1039人，占比74%。

（四）有近四成老年人参加村（社区）老年协会。调查数据显示，有36%的老人参与了基层老年协会组；有64%的老人没有参加。

（五）老年人希望村（社区）老年人协会开展活动情况。权益维护、涉老政策、文体活动、国家时政大事是广大老年人最想了解和关心的问题。其中，老年人对权益维护关注度最高，这是一个社会进步的标志。

（六）老年人对老年优待政策实施表示满意。在1400名受访者中，有87%的老年人对本地目前实施的老年人优待政策表示满意，有13%的老年人对本地目前实施的老年人优待政策表示不满意。

（七）老年人家人对老年人行为情况调查。在1400名受访者中，有1353户老年人家人没有做出任何调查项目中的事情；有21户老年人家人有不照顾行为；有20户老年人家人有不提供基本生活费行为；有13户老年人家人有很少探望或问候的行为；有11户老年人家人提供的住所条件差。

（八）老年人普遍认为子女孝顺。在1400名受访者中，有87.79%的老年人认为子女孝顺；有12.07%的老年人认为子女孝顺程度一般；有0.14%的老年人认为子女不孝顺。

（九）老年人合法权益受到保障。在1400名受访者中，有92%的老年人认为自己的合法权益得到了保障；有8%的老年人认为自己的合法权益没有得到保障。

二、老年人精神文化生活情况

（一）老年人参与文体活动情况。从全省1400名受访者来看，有1279人文体活动以看电视听广播为主，位列第一；有539人文体活动以和邻居或朋友聊天为主，位列第二；有259人文体活动以读书看报为主；有226人文体活动以打麻将打牌下棋为主；只有3人以上网为文体活动。

（二）老年人家庭和睦情况。从全省1400名受访者来看，有86.93%的老年人家庭和睦；有12.93%的老年人家庭和睦情况一般；有0.14%的老年人家庭不和睦。

第七部分　我省农村老年人口生活的现实问题

一、农村老年人养老金水平较低

在农村，近一半老年人每月养老收入不足300元，大多数农村老年人经济上不能独立。养老金仍是老年人最担心的问题，标准高低、来源是否稳定直接影响农村老年人生活质量。农村老年人一直从事繁重的体力劳动，收入水平却依然很低，严重阻碍生活水平的提高，而且这种状况很难短时间改善。

二、农村老年人患病就医情况不容乐观

目前，新农保虽然已经普及，但是报销的比例和额度有限（住院费用补偿比例75%，农村居民住院自付医药费比例为49.6%），老年人患病比例高，康复慢，不高的收入水平难以承受医疗费用。老年人因病致贫、返贫的现象时有发生。

三、农村老年人养老服务需求还未得到有效解决

农村老年人传统的居家养老观念根深蒂固。农村受环境及自然因素限制，村居各项养老服务还不到位，难以满足老年人日益多样化的服务需求。

第八部分　我省农村养老问题建议与对策

根据目前我省农村老年人口的生活状况及养老意愿的调查分析，联系我省实际，我们提出如下建议和措施：

一、建立养老保障稳定增长机制，鼓励和引导商业保险进入养老保障领域，破解农村老年人“医、养”难题

一要在有序提高城乡居民基础养老金标准的基础上，加大对生活困难老年人的救助力度。二要逐渐形成多元化养老保障筹资渠道，保障养老保险基金持续增长。三要建立就医分级报销制度，适度提升农村老年人报销比例。四要鼓励商业保险研究开发养老、医疗险种，为农村老年人提供更多保障。

二、加快农村养老服务体系建设，满足农村老年人养老需求

调查显示，90%的农村老年人选择居家养老。在农村，我们应着力构建以居家为基础、机构为支撑、村居为依托，在制度、设施、标准、补贴、队伍等各要素相互支持互为补充的社会养老服务体系，切实提高保障农村老年人的生活质量和生命质量。一要切实履行政府保基本的职责。加强农村公办养老机构设施标准化建设。二要鼓励民办养老机构发展。三要加快农村养老服务设施建设。四要积极倡导家庭自我照料养老。使95%左右老年人的生活照料问题在家庭得到较好解决。

三、支持和培育基层老年协会组织，充分发挥老年人自我服务、自我教育、自我管理的积极作用

农村基层老年协会的发展，极大地弥补了农村家庭养老功能和社会管理方面的不足，在老年人医疗保健、日常生活、康复护理、权益保障、文化娱乐以及精神慰藉等方面提供志愿服务。当前，我们需要广为培育农村基层老年协会并形成致密的体系，直接面对老年人和家庭，搭建需求与服务的桥梁。组织老年人通过基层老年协会实现互助服务。发挥基层老年协会帮扶、关怀和服务于老年人的良好作用。

四、大力弘扬尊老、爱老、助老的传统美德，加强孝道文化建设，营造浓郁敬老氛围

一要坚持以孝亲敬老为核心的文化取向，形成老龄社会的文化储备。二要以“敬老月”、“敬老文明号”创建活动为载体，增强全社会敬老意识。三要以敬老典型事迹宣传为核心，弘扬孝道文化。

苏州市“医养融合”模式推进路径探析

苏州市老龄办　中国人民大学社会工作系

一、引言

人口问题历来是影响各国经济与社会发展的重要因素，事关重大。当前，人口老龄化问题已成为国际社会普遍关注的热点话题。21世纪伊始，我国60岁及以上老年人口的比例就已超总人口的10%，正式进入老龄化社会。近十年来，我国老龄人口持续增加，老龄化趋势日益严峻。然而这种快速增长的趋势在可预见的年份里并未减缓。据《中国老龄产业发展报告》预计：2022—2030年间我国老龄人口急速增长，60岁及以上老年人数量将由2.6亿增长到3.7亿，老龄化水平将达25%。在不断老去的人群中，高龄及失能、部分失能老年人群尤其引人关注。有数据显示，2010年全国失能老人共计3300万，到2015年将增至4000万，5年增加超1/5；其中，完全失能老人将由1080万增至1240万，占总体老年人口的6.05%。庞大的失能与部分失能老人群体带来了迫切的长期护理需求。一方面他们由于生理机能的退化和生活自理能力的丧失急需要日常生活照料服务，另一方面罹患疾病的风险愈来愈高，他们对医疗照顾的需求也日益迫切。“医”与“养”的共同需求都成为失能与部分失能老年人的显著特征。然而我国目前的现状是，养老服务和医疗服务各成系统，互不衔接，老年人的综合需求未能得到满足。因此，加快推进“医养融合”模式，满足老年人医养需求成为当务之急。

正是在这样的背景下，我国政府出台了加快推进养老服务与医疗服务资源整合的一系列政策。卫生部早在2011年就出台《中国护理事业发展规划纲要（2011—2015年）》，明确到2015年，通过开展试点，探索建立针对老年、慢性病、临终关怀患者的长期医疗护理服务模式，大力发展老年护理、临终关怀等服务，探索建立长期护理服务体系；鼓励养老服务机构与当地医疗卫生机构建立长期合作关系，为养老机构的老年患者提供医疗护理服务。2013年9月13日，国务院发布的《关于加快发展养老服务业的若干意见》中更加强调：积极推进医疗卫生与养老服务相结合，推动医养融合发展，要探索医疗机构与养老机构合作新模式。我国高度重视人口老龄化及其带来的老年人养老与医疗需求，各地政府也根据城市发展现状，积极探索推进“医养融合”。苏州作为我国较早步入老龄化的城市，老龄人口基数大，养老服务与医疗服务需求迫切，因此，本文试图提出苏州市“医养融合”推进路径，具有重要的政策意义与现实意义。

二、苏州“医养融合”模式的发展现状

“医养融合”作为近年来流行于国际社会的养老模式，以其得天独厚的医养资源整合优势，成为各国解决人口老龄化压力的有益尝试。此模式区别于传统的单纯养老服务，强调养老服务中老年人的医疗照护服务。该模式的服务对象为全体老年人，尤其是失能与部分失能老年人，主要包括残障老年人、慢性病老年人、易复发病老年人、大病恢复期老年人及绝症晚期老年人等；其服务载体主要有老年公寓、护理院、临终关怀院、各级医院、社区卫生服务中心和社区居家养老服务中心等机构；具体服务内容不仅包括提供日常生活照料、精神慰藉和社会参与，更为重要的是提供预防、保健、治疗、康复、护理和临终关怀等方面的医疗护理服务。

早在1982年，苏州就已进入老龄化社会。截至2014年底，全市60周岁以上老年人已达159.2万，占户籍总人口的24.1%，其中80周岁及以上的高龄老人就已达23.91万人；预计到2020年，60周岁以上的老年人将达到200万人。苏州老年人口的养老和医疗照顾需求日益迫切，养老和医疗照顾问题已成为社会各界关注的热点，解决广大老年人特别是失能、半失能老人的养老及就医问题已成为保障和改善民生的关键。

随着国家深化医药卫生体制改革步伐的加快，江苏省民政厅等四部门也下发了《关于全面推进医养融合发展的意见》（苏民福〔2014〕26号）。为促进医疗服务进入养老机构、社区和家庭，探索医疗卫生机构和养老服务机构、居家养老合作的模式，不断满足老年人的生活需求，苏州市委、市政府结合实际，积极探索建立“医养融合”模式体系。充分发挥医疗资源优势，强化养老机构医疗能力，提高养老护理水平的基础上，建设了一大批集“医疗、护理、康复”为一体的“医养融合”民办护理院，形成了具有时代特点、苏州特色的民办护理院品牌，其中由苏州市福星护理院形成的“福星模式”就被作为“医养融合”养老服务模式建设的借鉴，辐射到江苏、安徽、上海等70多家护理院。此外，在新建养老机构时以“医养结合”为导向，充分考虑依托现有医疗资源，“就近、就便”安排社会养老服务体系建设项目，并积极督促有条件的养老机构与大型医疗卫生机构合作。建立了120急救联动机制，为老人就诊设置绿色就医通道。目前，苏州市“医养融合”体制建设已取得了一定的成就，全市建有护理院52家、老年病医院和康复专科16家，护理型床位26417张，占养老机构总床位数的45.6%，基本建立了“住、养、医、护、康”五位一体的养老服务模式。苏州市把专业的医院和养老院办成一体，让老人在安居养老的同时，又能够享受便捷的医疗服务，较好地破解了高龄、失能、失智等老年群体“养老难、护理难、看病难”的问题，受到老年人及其家庭与社会的认可。

然而，在“医养融合”模式推进的过程中也存在一些现实困境与问题。其推进路径需要进一步明确，同时也需完善模式的保障措施，以推进“医养融合”模式持续性发展。

三、苏州“医养融合”模式推进路径

目前国内探索“医养融合”模式的实践主要集中在大中城市，但尚未形成统一的模式。各省市根据省情市情，纷纷设立试点，展开实践，并由此形成了各具特色的“医

养融合”养老模式。学者刘华将国内“医养融合”的探索总结为合作模式（双向转诊模式）、内设模式、转化模式以及输出模式等四种模式，并分别总结了各模式的优缺点。根据苏州市“医养融合”实践的发展现状，以及医疗服务资源的现实情况，本文提出了以下五种适宜苏州推进“医养融合”模式的路径。

（一）发展护理院路径。护理院是介于医院和敬老院之间的一种医疗机构，它有别于单纯设立医疗机构或养老机构，主要为长期卧床、生活需要半护理全护理的老年人提供生活照料、医疗护理、康复促进、临终关怀等服务。苏州的护理院建设由民政、卫生和人社三个部门，按照各自职能和分工，共同负责。卫生部门负责护理院的设置、审批、执业登记，核发《医疗机构执业许可证》；民政部门主要按照《养老机构建设规范》进行验收，纳入养老床位进行管理，并给予相关政策扶持和资金补助；人社部门根据护理院的服务对象、服务范围给予医保定点，并确定医保日床位费的标准。早在2004年我市就开展了护理院的建设，从当时一家机构、单纯从事医疗护理的150张床位，经过十多年的发展，目前，已拥52家护理院（其中民办护理院47家）、床位达到14612张，配有健全的医务科室、全面的诊疗项目，能为老年人提供生活照料、医疗护理、精神慰藉、大病康复、临终关怀等全方位的养老服务。

（二）养老机构内设医疗机构路径。机构养老是专业化的养老服务，也是医养融合的最佳载体。我们对床位在100张以上的养老机构，要求设立相应的内设医疗机构，配备必要的药品、医疗器械、康复器具等，聘请具有执业资格的医师、护士，为入住老人提供基本的医疗护理服务；床位在100张以下的养老机构，具备条件的可开设对内服务的卫生室、医务室；不具备条件的，应就近与医疗服务机构签订合作协议，通过定期巡诊、上门服务、建立应急通道等方式，满足入住老人的基本医疗卫生服务。

（三）医疗机构开展延伸服务路径。主要有以下几种方式：一是医疗机构直接开办护理院。鼓励有条件的医疗机构独立或与社会资本合作开办护理院，充分发挥医疗机构优质医疗资源在养老方面的溢出效应，将医疗、护理、保健、康复、心理等医疗服务纳入养老机构日常工作范畴，让老年人享受无缝隙衔接的健康养老服务。如我市红十字会医院、张家港民办澳洋医院、太仓新安康复医院均开办专为老年人服务的护理院。二是医疗机构托管、承包养老机构，充分发挥医疗机构的专业技术优势和运行管理能力。如高新区狮山敬老院将经营权交给具有较强经营管理能力、并能够承担经营风险的苏州附一院进行有偿经营；工业园区娄葑敬老院在明晰敬老院所有权、经营权关系基础上，由娄葑医院指派专业的运营团队进行医院化管理，派驻医疗和护理人员，将医疗资源融入养老服务，从而实现医养融合。三是利用闲置医疗资源通过结构调整、功能改造等方式转变为护理院。如太仓市第一人民医院、相城区望亭中医院搬迁后，民政部门及时跟进协调，将原址改建为医养融合养老场所。四是鼓励医疗资源配置较充分的医疗机构调整、增设老年康复护理病区，增强区域内养老服务能力，开辟一种“医养融合、以养促医”的发展方式。如昆山市锦溪镇医院专门拿出150张床位开办老年康复护理服务；同时，我们还针对部分乡镇街道的卫生院和敬老院床位利用率不高的现状，积极与卫生部门沟通协调，调整为养老护理床位，或转型为老年照护中心。通过这些资源的整合，最大程度满足老年人医疗养老一体化的服务。

（四）推进居家医疗服务路径。居家养老是处于主导地位的养老方式，为散居的老年人提供医疗服务是医养融合的重中之重。目前，我市正在推广以社区全科医生为核心，以卫生服务站为依托，以家庭为单位、以全面健康管理为目标，在自由选择的基础上，家庭医生与居民家庭签订协议，通过契约服务的形式重点为患有高血压、糖尿病以及行动不便的高龄、独居等特殊老年人开展签约服务，通过开设家庭病床，开展家庭护理和健康管理服务。

（五）建立社区照料服务路径。社区养老是居家养老服务的延伸和功能的提升，加强社区养老的医疗服务建设与发展是医养融合的关键环节。我们在建设社区日间照料中心时，对有条件的日间照料中心要配备医务室、护理站等设施设备；条件不具备的老居民区，按照就近原则与社区医疗服务中心建立契约合作机制；明确规定新开发住宅要配套建设医养融合服务设施，为社区老年人提供完备的医养融合服务。

四、苏州“医养融合”模式的保障措施

（一）政策保障。近年来，为促进医疗服务进入养老机构、社区和家庭，推动“医养融合”的开展，我市先后颁布实施了《加快发展养老服务事业意见》、《居家养老服务体系建设实施意见》、《加快发展养老服务业实施意见》、《加快发展医养融合养老服务的实施意见》等文件政策，对医养融合型养老机构在投融资、土地供应、税费优惠、财政补贴、床位建设、医护比例、日间照料中心护理站建设和家庭病床开设的数量等方面都给予了明确，已形成较为完备的政策支持框架，有效推动了我市医养融合养老服务事业的快速发展。同时，为使医养融合能够可持续发展，我们正在研究和建立由政府主导的长期护理保险制度，通过商业保险公司的介入，以减轻老年人入住护理院费用大的压力，降低医保基金的运行风险。

（二）经费保障。为鼓励医养融合型养老服务机构的发展，各级财政按老年人口每年每人260元预算投入养老服务事业经费；各级福彩公益金留存部分不少于50%用于发展养老事业；市本级设立首期5000万的养老服务业发展引导基金，增强创医养融合养老服务组织的投融资能力。主要用于“三补贴一定点一保险”：建设补贴。对具有介助、介护性质的护理型床位，给予4000～10000元不等的床位建设补贴。运营补贴。对收住介助、介护老年人的每张床位每月分别给予120元、200元的运营补贴；对每张老年家庭病床每年给予不低于500元的运营补贴。特岗补贴。在护理院工作的护理人员，凡符合相关条件，每人每月由财政给予100～800元不等的特岗补贴，以增加护理人员的收入，保持护理队伍的稳定。医保定点。对符合条件的护理院，均可纳入医保定点单位，每天每床的医保费用在83～120元之间，不仅降低了入住老人的养老成本，也为护理院分担了医疗成本。床位综合责任保险。由市福彩公益金每年为所有养老机构床位购买一份综合责任保险，通过社会保险的介入，解决了护理型机构日常运行的后顾之忧。

（三）规划保障。为统筹全市医养融合养老服务设施科学布局，指导护理型养老机构建设，在分析我市老年人口分布、失能半失能老年人数量的基础上，结合《苏州市医疗卫生设施布局专项规划》，编制并出台了《苏州市养老服务设施布局专项规划》。规划要求按照相邻就近的原则，依托现有医疗资源，设置养老机构和居家养老服务组织，实现养老资源与医疗服务的优势互补；按照有利于医疗服务和养老服务双向转介机制，考虑现有养老机构的医疗需求，设置医疗机构，实现养老资源与医疗服务的无缝对接，全面推进医疗与养老服务的深度融合发展。按照每万名老年人口配备230张护理型床位的标准来设置相应的护理机构，通过分区分级规划居家、社区、机构养老服务设施，科学设定近期、中期、远期护理院、护理站、家庭病床发展目标，对我市今后各类护理型机构建设的地理位置、规模大小、配套标准、用地布局等方面给予了明确。

（四）监管保障。为规范护理院的发展，我市先后颁布并实施了《养老机构服务指南》《护理院收治对象规范》《护理院考核规范》《护理院分级护理制度》《护理院主要医疗制度》《加强护理院床位和用工管理制度》等“一指南、二规范、三制度”系列文件，从老年人入院评估、康复护理评价、护理院等级评定、人员配备、科室设置、设备完善等多方着手，多措并举，已形成较为完备的监督管理框架，有效规范了我市护理院的发展。另外，每年市民政局、人社局、财政局、卫生局组成联合检查组，对护理院的服务标准、服务内容、服务质量、医疗资质、医保资金使用情况等进行检查，将检查结果向社会公布，接受社会监督，并根据结果进行分级定位，兑现相关政策。同时，还开展老年人养老服务需求评估。明确了评估要求、对象、类型、内容等方面，根据评估结果，合理安排老年人养老方式和医疗护理等级。监管制度的建立，促进了全市医养融合养老服务健康有序的发展，使老年人的合法权益得到保障。

建立失能老人长期护理保险制度 保障老年人生命生活质量

湖北省政府办公厅、人社厅、老龄办联合调研组

2013年，《国务院关于加快发展养老服务业的若干意见》（国办发〔2013〕35号）提出“各地要加快建立养老服务评估机制，建立健全经济困难的高龄、失能等老年人补贴制度。”为贯彻落实国务院35号文件精神，积极应对人口老龄化进程加快的严峻形势，省政府办公厅、省人社厅、省老龄办组成联合调研组，对我省失能老人生活状况进行了调研，现借鉴国内外经验做法，对我省有步骤地推进建立失能老人长期护理保险制度提出如下建议。

一、我省失能老人的现状、发展趋势和主要特征

（一）失能老人数量随人口老龄化速度同步增长

调查显示，我省城乡失能老人为81万人，占60岁以上老年人口的8.4%，占全省常住总人口的1.4%。按照吃饭、穿衣、上厕所、上下床、在室内走动、洗澡六项指标评估，轻度失能者（1～2项不能完成的）有39万人，占48.16%；中度失能者（3～4项不能完成的）有18.5万人，占22.83%；重度失能者（5～6项不能完成的）有23.5万人，占29.01%。在未来50年人口老龄化快速发展进程中，失能老人数量将伴随人口老化速度同步较快增长，预计到2020年、2033年、2050年将分别达到105万人、165万人和186万人。

（二）失能老人呈现“五多”的特征

1. 高龄多。在1704名失能老人中，平均年龄为76.8岁，其中76岁以上的占42.90%。

2. 女性多。在1704名失能老人中，男、女性比为4∶6。

3. 丧偶多。失能老人丧偶者占51.39%，其中入住养

老机构的失能老人“丧偶”者占67.6%。

4. 疾病多。失能老人多因疾病所致占60.19%；同时，80%以上的失能老人又患有多种疾病，其中高血压、中风、心脏病、类风湿分别占49.27%、25.89%、19.96%和19.60%。5、低收入家庭多。在1704名失能老人中，近70%的老人没有离退休费等固定收入。家庭收入较好的仅有176人，占10.3%；困难家庭287人，占16.81%。

（三）近半数失能老人得不到基本照护服务

调查显示，失能老人对生活照护基本满意的占36.33%，不满意的占8.33%，近半数失能老人得不到最基本的照护服务。失能老人及其家庭期望得到政府救济、补助的占77.1%，反映多数失能老人经济压力较大；期望政府提供康复和医疗保障的占57.53%，反映半数以上失能老人医疗保障有困难；希望有良好护理服务的占26.08%；渴望更多精神慰藉的占11.75%。

二、失能老人养护工作面临的主要问题及挑战

（一）失能老人护养资源严重不足，生存质量不高

1. 养老保障水平较低。从总体上看，养老保障水平仍然较低。城市离退休职工只能维持较低的生活保障水平；而农村老年人所享受的新农保月人平仅有70元，绝大多数老年人的生活来源仍为“自食其力”或子女接济。在调查的1704名失能老人中，人均月收入为993.77元。其中月均收入在500元以下的50.06%，月收入不足200元的占20%。相当一部分农村失能老人的基本生活难以得到保障。

2. 养老保障措施单一。除城乡社会养老保险外，目前我省尚未针对失能老人的其他有效保障举措。失能老人护理补贴仅在武汉等少数地方开展试点，且仅限于极少数特困失能老人，标准也很低；国外通行的长期护理保险制度尚未提上议事日程；商业保险产品也属空缺，且很难推广。目前情况下，即使收入水平较高的行政事业单位离退休人员，有限的养老金也无法兼顾失能后养、护两个方面，养老院一床难求，护工更是请不起。

3. 家庭负担沉重。子女成为失能老人的双重依赖，既要靠子女供养，又要靠子女照料。调查显示，失能老人的日常照料70.51%靠子女，生活费支出60%以上由子女负担，农村达90%以上。由于失能老人依赖子女照料，子女择业受到限制，发展机会减少；家庭开支加大，导致经济困难，体力、精神压力增大。类似感动中国2014年度人物中朱晓晖为照顾瘫痪父亲，辞掉工作、丈夫离异的现象并非个别。

（二）失能老人照护服务体系建设严重滞后

近几年来，我省养老服务体系建设发展仍较滞后，存在规模不大、定位不准、功能不全、服务质量不高等问题。

1. 养老机构总量不大。到2014年底，全省城乡养老机构总数为2572个，床位23万张，平均每千名老人近23张床位。除用于集中供养城市“三无”老人和农村“五保”对象外，能调剂用于代养社会老人的床位不超过10万张，与失能老人的比例为1：8。民办养老机构由于投入严重不足，大部分为租赁简易改建而成，极少为自建房，设施普遍较差，不仅收费较高，而且安全隐患突出。今年4月，河南省鲁山县民办养老机构发生火灾，由于改建所用的都是易燃材料，入住的大部分是高龄失能老人，行动不便，来不及逃生，造成38名老人被烧死，4人烧伤的惨剧，这种隐患在我省民办养老机构也同样存在。

2. 护理型养老机构严重匮乏。传统的民政救助职能，导致公办养老机构主要功能是供养“五保”、“三无”老人；而民办养老机构由于投入不足，普遍没有专业护理设备。全省现有养老机构具备护理功能的床位不足30%，专业护理人员不足20%。调查显示，在养老机构代养的失能老人仅40%左右在公办养老机构，60%以上在护理功能更弱的民办养老机构。由于养、医属于多部门管理，养医结合难成气候，养老机构不能设置医疗机构，大部分民办养老机构无医务室，医疗机构不能设置养老床位。大型医院无法提供护理和临终关怀服务，无法使老人有尊严地度过人生最后阶段。

3. 支持居家照护的服务体系不健全。一是社区居家养老服务中心覆盖面窄，且不具备护理功能。目前全省共建有城市社区居家养老服务中心1965个，占社区总数的48%；农村互助养老照料中心2838个，占农村社区总数的11.1%。这些居家养老服务中心基本的功能就是娱乐健身，90%以上不具有护理功能。二是居家养老服务信息平台多数地方虽已建成，但后台服务管理跟不上，老人普遍反映“一键难通”。三是政府对“三无”老人、和少数困难失能老人开展“政府购买服务”，只有少数市县实行，落实较好的武汉市，为困难失能空巢老人每天提供1小时的上门服务，覆盖面小，解决不了根本问题。

（三）失能老人照护的社会环境较差

1. 公共硬环境较差。城市居民建筑设计强调经济型、小户型住宅，不利于多代同居，也不便失能老人居家生活；城市老旧社区多为七层以下建筑，普遍没有电梯，社区道路及其他公共建筑无障碍设施不配套，失能老人轮椅出行不便；农村公共服务设施严重匮乏，失能老人居家生活十分不便。

2. 社会软环境不优。随着市场经济的发展，社会尊老敬老意识逐渐淡化，社会歧视老人，子女不赡养老人甚至虐待老人现象时有发生。据相关调查数据显示，60%以上子女不愿与父母共同居住，24.5%的子女不愿照料老人，16%的异地就业子女常年与父母失联。

3. 养老政策氛围不浓。政府在制定相关政策法规时，对应对人口老龄化的社会积极作用考虑不够。如住宅规划指标，小户型占比较多；购买大户型住房，不分家庭人口数量和实际需求，都必须按豪宅征税；水、电、气消费实行阶梯价格，多代同居家庭日常消费开支明显增大；国家的社会福利政策，对哺乳期的妇女有相对宽松的假日安排，但对照护失能老人的家庭成员却无相关优待政策等。

（四）失能老人居家照料面临三大挑战

1. 少子女家庭结构的挑战。据第六次人口普查统计，2010 年，全省家庭规模为平均每户 3.16 人，比上世纪 80 年代的每户 5.6 人减少了 2.44 人，60～65 岁老人平均养育子女为 2.5 人，其中城市有近 70%的家庭只养育 1 个子女。“四二一”的超小型家庭结构逐渐增多，一对年青夫妻，一旦有一位老人失能，家庭生活、工作矛盾凸显。不少失能老人为不给子女增添负担走极端的不在少数。前些年发生在我省京山县老人非正常死亡的报道，惊动了中央领导，两届国务院总理均对此作出批示进行调查核实。失能老人生存状况的严峻性由此可见一斑。

2. 空巢家庭环境的挑战。调查显示，目前全省农村老年人空巢率约占 40%，局部村镇高达 60%以上。受子女外出打工区域经济发展不平衡和产业布局等影响，异城择业或同城跨区、跨县市就业成为普遍，加之子女多不愿与老人共同居住，部分城市老人实际空巢率高于农村。

3. 照护能力严重不足的挑战。调查显示，失能老人需要生活护理的比例高达 73.46%。其中城市和农村养老机构需要护理服务的比例分别为 90.45%、81.70%；城市和农村居家失能老人需要护理服务的比例分别为 77.22%和 64.29%。有 30%的重度失能老人需 24 小时专人护理。家庭成员在护理失能老人中将会面临三大考验：首先是 24 小时离不开人的守护考验；其次是相对专业的技能考验；第三是久病床前有孝子的耐性考验。

三、有关建议

（一）建立老年人长期护理社会保险制度

建立老年人长期护理社会保险制度，有助于保障失能老人生命尊严和生活质量，是治本之策。以德国、日本为代表的，通过采取“国家＋企事业单位＋个人”的筹资模式，将长期护理社会保险纳入国家大社保框架，成为目前世界发展趋势，是发达国家和发展中国家解决失能风险的首选。其建立在低成本、广覆盖基础上，符合社会主义优越性的普惠性和保障性要求。在今年的全国老龄委第十七次全体会议上，民政部和人社部对尽快建立长期护理保险制度已达成共识，并正在做摸底论证工作。现阶段我国有 4 省份建立了失能老人护理补贴制度。2012 年青岛市建立了独立于医保基金之外的长期医疗护理保险制度，不需要社会人群重新缴费，采取从医疗保险中分离部分资金，财政适度补充的运作方式，已取得良好的社会效果。随着我省近两年经济跨越式发展，已为建立老年人长期护理保险制度奠定了基础，建议尽快组织研究论证，早日建立我省老年人长期护理保险制度。

（二）建立失能贫困老年人养老服务政府补贴制度

上世纪 50 年代，我国将“三无”、“五保”老人的生老病死纳入政府救助保障，是最早的政府补贴兜底形式。天津市从 2007 先期对城市低保、特困、优抚对象中需要护理的老年人纳入护理补贴范围，2012 年又覆盖到农村范围，城乡统一补贴标准设定每人每月 150 元、200 元和 400 元三个档次。武汉市采取政府购买服务形式，对少部分困难老人实行政府补贴，我省目前还没有专门针对失能困难老人的补贴制度。建议尽快建立对贫困失能老人养老服务政府补贴制度，可先行对部分困难失能老人实行政府补贴制度，有助于缓解这类失能老人的生存危机，为特殊困难老年群体兜底。

（三）建立商业护理保险制度

建立商业护理保险作为社会保险的补充形式，可以满足不同层次的护理需求，以节省政府资源，更好服务弱势群体。以美国为代表的商业长期护理保险，其产生背景基于人口老龄化及长期护理社会保障不足，美国除对 65 岁以上和低收入人群由政府兜底，其余人群均采取商业保险为主导模式。我国北京、天津、上海等地商业保险公司开发一些商业性长期护理保险产品的做法值得借鉴。建立商业护理保险制度，作为老年人长期护理保险制度的补充形式很有必要，建议研究出台支持政策，引导、鼓励保险企业研发长期照护保险产品，以保障失能老年人的差异化、个性化的需求。

（四）建立护理机构准入及失能老人等级评估机制

借鉴天津市的做法，建立第三方专业评估机构，通过准入评估机制对护理机构进行全面评估，给予准入资格的同时给予相关补贴。制定对失能老人等级标准和评估机制，对符合条件的失能老人，按规定程序进行失能等级评估，按照不同等级发放照护补贴或报销照护发生的相关费用。

调研组成员：王建楷、孙志刚、田　莹、秦尚伟、邵晶晶、张泽文

关于居家、社区、机构养老服务融合发展研究

广东省老龄办课题组

近几年来，国务院和全国老龄办、民政部印发了一系列建立社会养老服务体系的文件（包括“意见”、“通知”、“规划”等），2012年新修订的《老年人权益保障法》还专列了第五条，其中第二款是“国家建立和完善以居家为基础、社区为依托、机构为支撑的社会养老服务体系”。于是乎，“居家养老”、“社区养老”、“机构养老”成了社会养老服务体系的三个组成部分，全国上下都在热议、热干所谓居家养老、社区养老和机构养老。国家有关部门提出要开展居家、社区、机构养老“三合一”融合发展研究，自然顺理成章——试图在研究三者配合方面取得研究成果，以指导实际工作。因为社会养老体系建设是由居家、社区、机构养老“三合一”组成，本研究涉及的其实是整个社会养老服务体系建设问题。

一、居家、社区、机构养老服务现状评估

（一）居家养老服务

居家养老服务，如前所述是指国家和社会为家庭养老的老年人提供的替代性服务，是社会养老的主要部分或基础。按照国发〔2013〕35号文的要求，包括生活照料、医疗护理、精神慰藉、紧急救援等主要内容。居家养老服务基本项目，部分大中城市的普遍做法是政府给部分老年人发放居家养老服务补贴或养老服务券，由老年人自主选择服务项目和时间。

深圳市，人口老龄化程度比较低、户籍老年人较少的城市（据称非户籍老人80万左右，户籍老人只有20万左右），该市大约十年前开始率先开展居家养老服务，主要做法是给深圳户籍的不同类型的政府兜底养老对象发放居家养老服务券，由老人自主选择政府审定的服务商提供上门服务。其养老服务券发放标准是60岁以上、生活不能处理的低保家庭老人每人每月500元；60岁以上生活不能自理的非低保家庭的老人每人每月300元；60岁以上、分散供养的城市“三无”老人每人每月300元；60岁以上、生活能自理的低保家庭老人每人每月300元；60岁以上、重点优抚对象老人每人每月300元；所有80岁以上非低保家庭老人每人每月200元；65岁以上的空巢老人每人每月100元。这个标准在当时是全国最高的标准了。

东莞市，居家养老服务对象分为无偿服务对象、低偿服务对象和有偿服务对象三类：凡低保家庭60岁以上生活不能自理或与残疾子女同住的，“三无”老人生活不能自理的、市级以上劳动模范而且生活不能自理并独居或与残疾子女居住的，优抚孤老、六等以上残疾军人，百岁老人为无偿服务对象；80岁以上、独居或与残疾子女居住的为低偿服务对象；其他老人为有偿服务对象。政府（市和镇、街两级）负责筹集无偿、低偿服务资金，资金来源为福彩公益金、财政资金、慈善资金三个渠道。

再说居家养老服务中的非基本服务项目，全国大中城市经过多年的努力还是有不少的，十多年前最早的有社区星光老年之家，后来又有一些地方建立社区老年人活动中心等等。“十二五”期间，在大力推进养老服务事业的大背景下，各地又陆续建立了一些综合性的或专门性的老年人社区服务设施，如社区服务中心、家庭综合服务中心等服务设施。

（二）社区养老服务

社区养老虽然有时被单列为一种养老服务方式，甚至有的地方还给它规定了所要承担的养老服务任务（解决7%、6%的老年人养老服务问题）。所谓社区性养老服务设施、项目等等，一类是属于居家养老基本服务（如家政服务、护理服务、日间照料、托老服务等），一类是属于居家养老非基本服务（文化、体育、保健康复、活动、交往等）。2011年9月17日国务院《关于印发中国老龄事业发展“十二五”规划的通知》（国发〔2011〕28号）时，就已明确把社区服务、社区依托作为巩固和支持家庭养老的手段，文件要求“充分发挥家庭和社区功能，着力巩固家庭养老地位”。

（三）机构养老服务

机构养老服务的主要考核指标一是床位数量，二是床位利用率。首先，我们来看床位数量。民政部要求“十二五”期末各类养老机构的总床位要达到老年人总数的3%，估计全国很多地区达不到。其主要原因是由于老年人有支付能力的需求不足和政府对养老机构的扶持优惠政策力度不够或不落实，社会资本还没有足够动力投资养老机构。

二、居家、社区、机构养老服务建设存在的问题

（一）居家养老服务

从居家养老服务补贴（服务券）的发放范围和标准看，这种最基本的、老年人最需要的支持服务并没有发挥多大作用。例如，北京市是居家养老服务搞得最早，也是力度最大的直辖市，其居家养老服务补贴范围是“北京户口、满60周岁、符合高龄、低收入、纯收入、纯老户等

条件的老人”；其补贴标准是每人每月 50～250 元，其真正享受此项服务的老年人也仅 10 万人左右。

广州市的居家养老基本服务项目不仅覆盖的老年人面很小、人很少，就是覆盖到的老年人，每月居家养老服务补贴每人每月也只有区区一百多元，二百多元，三百元，相对于高龄、失能老年人来说也只是杯水车薪。客观说，广州市作为经济大省的省会城市，其居家养老服务的重视程度、工作力度、投入力度在全省来讲是最大的城市之一，尚且如此，其他城市就更不用说了。

深圳市近些年养老服务券制度有所调整，标准也有所提高。但是，仅凭这几百元居家养老服务，对解决高龄、失能这样的重点养老对象的养老服务所起的作用也是十分有限的。

广大农村地区，除少数村委会建有老年人活动室外，其他服务设施基本上是空白。城市的社区型老年人服务设施由于管理体制问题（政府有关部门管建设不管运作，强行推给基层，甚至推给居委会、村委会，又不提供运作经费），其服务功能发挥不出来，央视批评的社区星光老人之家就是一个典型代表。

（二）社区养老服务

社区日间照料中心和托老所是作为社区养老服务设施主要形式看待的，许多文件都要求尽快覆盖到城市的每个街道，广东省进一步明确每 3 万人的地方有一间日间照料中心。但是广州、深圳、佛山、韶关、湛江等市的调查表明，由于运营主体、经费支持以及服务方式等问题的困绕，真正来接受服务的老人门可落雀，基本上没有发挥出功能作用。

（三）机构养老服务

据中国老龄事业研究院的报告披露，2014 年底，全国养老机构 3.4 万个，554.4 万张床位，入住老人 288.7 万人，床位利用率仅 52%（48%空置），北京市床位利用率约为 50%～60%，上海不足 70%，郊区为 20%；南京市为 50%；（广东省的床位利用率也不会超过 50%）。一方面我们在追求床位迅速增长的目标，另一方面又出现大量床位空置、造成资源浪费的结果。北京、上海、广州等大中城市也出台了一些资助老年人入住养老机构的政策，即所谓给予“住院补贴”。补贴政府兜底的社会养老服务对象（与居家养老基本服务项目相似），部分地区开的口子稍大一些，凡有本市户籍的老年人入住养老机构也给予补贴，但加起来老年人的受惠面不过 1%。补贴标准低。例如广州市 2009 年出台的《广州市民办养老福利机构资助试行办法》规定，凡有本市户口、60 岁以上老人、残疾人经过评估以后给予住院资助：特、一级护理的每人每月 100 元，二级护理的每人每月 80 元，三级或其他一般护理每人每月 60 元。相对于每月几千元的养老费用，起不到多大的作用。

三、居家、社区、机构养老服务体系建设的若干结论

根据前面两个部分的分析和评估，我想可以、而且应当对当今居家、社区、机构养老服务体系建设作如下结论：

（一）政府及其有关部门推动社会养老服务体系（居家、社区、机构养老建设），考核社会养老服务事业应当实现从“物”到“人”的转变

要认真检视、反思这些年我们推动社会养老事业的得失和经验教训，在顶层设计时实现从“物”到“人”的转变。

所谓从“物”到“人”的转变是，顶层设计中不规定诸如床位、设施的数量，而对老年人的服务作出制度设计和规定。无论是机构养老还是居家养老，只要能解决老人的养老服务问题都可以。依照法规和政策，这些老人是政府供养对象，也是政府负责养老服务的对象，是政府要一刀切负责的。此外，还有其他政府负责的诸如低保家庭中失能老人、失独家庭中高龄、失能的老人及其他类型经济特别困难处于无助中的高龄、失能老人等，顶层设计也要提出具体的养老服务要求和指标，并纳入考核之中去。考虑到各地经济和社会发展水平的差异，除了顶层设计的考核指标和要求，还可以引导各地根据政府财力状况确定其他低收入困难老人、荣誉老人中的高龄、失能者社会养老服务的资助项目和标准，直接补贴老人由老人自主选择机构养老还是居家养老服务支持。这些自选动作，民政部可以通报、表扬、以奖代补进行鼓励。

各种城乡社区养老服务设施都是为居家的老年人提供支持服务的，一般都是非基本养老服务项目。在顶层设计时，可以把某地区、某社区的老年人获得服务的项目、人次、满意度作为考核指标和要求。这样不仅使地方有建设各种社区养老服务设施的压力，而且还有发挥这些服务设施功能、服务好老人的压力。社会养老服务实现由“物”向“人”的转变后，有了服务对象、服务需求就不怕没有服务设施（床位等设施），也不怕各地不建设服务设施（因为没有设施这些硬件完成不了服务老人的任务）。

（二）政府和有关部门推动社会养老服务体系建设要实事求是，一切从实际出发，不要大跃进

社会养老服务事业作为一项重大的民生政策，涉及到全社会的千家万户，关系到亿万老年人的利益。我们必须在顶层设计前通过调查研究，进行统计分析，譬如说政府兜底养老服务对象一共多少？多少是生活能自理的，多少是生活不能自理或高龄的？分布在哪里？目前已经通过机构养老和居家养老服务解决了多少？还有多少需要解决养老服务问题？除了必须兜底老年人，社会老年人还有多少？分布在哪里？其中生活能自理的多少？失能和高龄的

多少？目前这些老年人的养老服务现状如何？我们政府根据财力可以为其中哪些“急”、“难”、“危”、“重”的低收入老人（高龄、失能者）提供他们最急需的社会养老服务支持（资助入住养老机构或提供居家养老基本服务），为哪些生活还能自理的其他老年人提供一般的社会养老服务（如机构养老床位补贴、居家养老非基本服务支持）？根据这些不同的养老服务需求，先看看政府的钱袋子（包括撬动社会资本），然后再分轻、重、缓、急，出台有服务目标人群、有服务内容、有服务标准、有责任主体承担、有检查监督的政策法规，这就可以实事求是、脚踏实地、卓有成效地真正推动惠及亿万老年人的养老服务事业。

（三）推进“居家、社区、机构养老”社会化服务体系要发挥市场对资源配置的基础作用，走市场化路子

要想从根本上撬动民资进入养老服务业，发挥市场对于资源配置的基础作用，至少要满足以下三个条件：其一，要尽快完成公办养老机构的公办民营、公建民营改革，使之成为市场主体。其二，要加大对民资参与社会养老服务业的政策扶持力度。既要加大扶持民资进入养老市场的力量，又要落实好已有的扶持优惠政策，真正撬动社会资本注入养老产业。其三，要发挥政府价格管理的杠杆作用。对于企业性质的社会养老机构和组织，其收费价格全部放开，全部由市场调节，对公益性质的（民办非企业）应实行政府指导价，由政府物价部门原则下按照市场收费定出指导价，但要根据其档次和服务水平采取不同档次的收费指导价，同时抑制不合理的、高利润的收费，保证绝大多数公益性养老机构和组织有所赢利。

（四）居家、社区、机构养老社会化服务体系建设，一定要有政府的养老服务补贴和老年人长期护理保险制度予以配套

尽快普遍建立起这种补贴制度，并且逐步提高补贴标准，对兜底的养老服务对象来讲是真正兜好底的问题；此外，按照国家建立适度普惠型社会福利制度的要求，政府要对中低收入的老人也给予适当帮助（补贴），对广大社会老年人尤其是低收入的老年人来说（重点是高龄、失能、独居者）是提高其有支付能力的需求。只有这样，才能使这项公共服务落到实处，同时培育和发展养老服务市场。

（五）居家、社区、机构养老社会化服务体系建设必须明确责任主体，强化县级政府的保障能力

推进社会化养老服务体系建设首先要明确责任主体，在顶层设计中认真框算全国、各省、各市、各县的财政投入总额，然后明确各级政府的承担比例，再按照目前的财政体制和制度以及财权与事权相匹配的原则进行资金调整；县级以上上级政府按照所承担的比例把社会化养老服务的资金列入本级财政预算并及时拨入县级政府财政；县级财政统一安排本级和上级预算的资金用于社会化养老服务体系建设。只有这样，才能使县级政府既承担起社会化养老服务的责任，又有相应的财力予以保障；同时，建议今后国家以及省、市层面的各种社会化养老试点一律停止，重点研究如何增强县级政府的保障能力，并把各种试点经费由专项转移支付转变为一般转移支付，切实增强县级财政对社会养老事业的保障能力。

老龄商业保险发展研究

重庆市老年学会　重庆工商大学财政金融学院

第一节　我国老龄风险管理状况分析

一、人口老龄化背景下的老年风险分析

可通过家庭养老、社会养老、社会保险、企业补充保险和个人商业保险与储蓄等多种老龄风险管理方式减缓老年风险。

1. 老龄风险的定义

老龄风险指在老年期，由于其经济、健康和社会功能的弱化、同时社会及家庭能够给予的支持不足，老龄人口在经济、生活、健康和精神方面面临的窘迫境况。

2. 老龄风险类别及风险分析

（1）收入下降与贫困风险

（2）健康风险及衍生而来的支出增加风险。

（3）意外伤害、残疾等风险及衍生的护理支出

（4）身故死亡风险

二、我国城乡居民老年风险管理状况

1. 我国城乡居民老年风险管理的整体状况

对于老年风险，主要处理方式有自我保障、家庭保障、社会保险、商业保险、储蓄投资、国家、社会、亲友救助等多种风险管理方式。对于城镇职工、机关事业单位人群，其主要的与老龄风险相关的社会保险主要是城镇职工基本养老保险和城镇职工基本医疗保险，以及基本医保基础上的职工大病医保。对于农民和城镇居民，在养老及医疗方面主要是城乡居民养老保险及城乡居民医疗保险。

对于老人意外伤害和残疾风险，目前都还没有纳入社会保险的范围（工伤保险只是针对在职职工的），同时，对于意外或疾病，或者年老导致的残疾、瘫痪、或者生活自理能力部分或全部丧失，目前社会保险还尚未顾及到，从另一方面看，这也正是老龄商业保险需要发挥作用的方面。

2. 不同群体老龄风险管理状况

（1）城镇职工和机关事业单位的老龄风险保障现状

机关事业单位未来退休人员的老年风险保障能力整体上明显高于企业退休人员。

（2）农村居民和城镇居民养老保险现状

家庭养老、自担风险等仍是其基本的风险管理方式，但随着诸如城乡居民养老医疗保险等社会保险制度的逐步建立和全面覆盖，非传统的风险管理方式已经开始逐步让位于社会保险、商业保险等正式风险管理方式。

（3）特殊与困难群体养老保险现状

目前国家向困难群体提供了最低生活保障，同时对失独老人提供失独生活补助、住院护理险和养老关怀。

3. 总结与启示

总体而言，目前城镇职工的养老和医疗风险依靠社会保险加以初步解决，部分中高收入群体还通过商业保险和个人储蓄提升自己的养老金和医疗费用，少数建立了企业年金制度的，或者参加了补充医疗保险的职工，还享有补充养老金和医疗费报销。而城乡居民由于社会保障水平较低，一些人群尚未覆盖到，他们的养老基本上主要靠自己和家庭自担风险解决。因此，在人口老龄化背景下，由于家庭保障功能的弱化，社会保障程度的覆盖面不足、保障程度低等，诸如护理保障等保险缺失等原因，大力发展老年商业保险尤显必要。

第二节 发展老龄商业保险的必要性及重要意义

一、老龄商业保险概念界定

本课题研究的老龄商业保险，是指针对老年群体或为了未来老年之需而提供的各类商业保险的产品或险种集合。

二、大力发展老龄商业保险的必要性

1. 人口老龄化、家庭小型化背景下面临紧迫的老龄养老保障需求

2. 现有社会保险不足以满足老龄风险保障需求

3. 现有商业保险难以满足老龄人口的保障需求

三、发展老龄商业保险的重要意义

1. 有助于减轻政府的社保财政负担，为政府分忧解难

2. 有助于为老年群体提供更加充分的保障渠道，满足老年人的多元保障需求

3. 有助于丰富我国保险市场，促进保险市场丰富和完善。

第三节 我国老龄商业保险发展状况及发展环境分析

一、我国老龄商业保险发展的整体状况及存在的问题

1. 产品品种较为单一，创新型产品缺失

目前，个人养老、医疗、意外伤害等保险、企业年金、护理保险等产品有一定发展，而失独老人养老医疗保险、住房反向抵押养老保险、个税递延型养老保险，以及衍生的养老护理机构责任保险等保险产品缺失或少见。

2. 老龄群体的商业保险针对性不强

与普通商业保险相比，老龄商业保险品种较为有限。

3. 保险公司经营老龄保险积极性不高

保险行业经营积极性不高。现阶段，市场机制在我国老龄商业保险体系中的作用还十分有限。

4. 政府引导下的老龄商业保险区域发展不平衡，政府支持力度有限

各地政府也在探索促进老龄商业保险发展，但各地发展差异大。

二、我国老龄商业保险发展滞后的原因分析

1. 尚未建立起促进老龄商业保险发展的有效机制

2. 老龄保险的高保费抑制保险需求

3. 风控难度大制约保险的有效供给

4. 老龄保险的发展受社会保险挤出效应的影响较大

5. 政府扶持老龄商业保险的力度不足

三、我国老龄商业保险发展的环境与机遇分析

1. 有利环境与发展机遇

（1）政策环境

党和政府近年来陆续出台重要纲领性文件，明确了商业保险在老年风险管理和社会保障中的重要作用。

（2）人口环境

老龄化将长期影响我国的经济和社会的各个层面，老龄人口对养老和医疗、护理的需求规模大、程度深，以基本保障为宗旨运行的社会保险难以提供的充足保障，社会保障缺口及不足给发展老龄商业保险提出了巨大的需求。

（3）经济环境

人们的收入水平和财富积累提高，目前中国已产生相当规模的中产阶层，这对老龄商业保险来说也是非常有利的发展机遇。

（4）社会文化环境

我国内涵丰富的尊老文化体现出强大的影响力和普遍适用的社会价值，将为发展老龄商业保险创造有利的环境和机遇。

2. 不利环境与挑战

(1) 老人和公众的风险意识薄弱，保险观念误区导致投保有效需求不高

(2) 家庭结构变化，老人话语权弱化制约老龄保险的购买

(3) 老龄商业保险发展面临政策优惠不足及财力限制

(4) 老龄商业保险自身特性制约其大力拓展

四、商业保险参与老龄社会保障建设的模式与途径选择

按照政府与商业保险在制度安排中各自的职能和责任，商业保险公司可以通过四种方式介入老龄社会保障体系。

1. 商业保险独立经营模式

2. 商业保险委托代办模式

3. 政府主导的商业团体保险合同模式

4. 政府与商业保险合作模式

第四节　普通老龄商业保险发展及对策研究

一、老年个人商业保险

1. 商业养老保险

(1) 传统型养老保险

(2) 分红型养老保险

(3) 万能型养老保险

(4) 投资连结型养老保险

2. 老年意外伤害保险

老年意外保险是针对老年人发生意外伤害所设立的一种保险类别。目前的意外伤害保险大都是通用型的，真正针对老年人的意外伤害保险不多，保费也相对较贵。

3. 老龄商业医疗保险

老龄商业医疗保险是对被保险人因疾病遭受的经济损失的补偿，可分为费用补偿和费用津贴两种类型。

4. 政府企业合作型老年商业保险模式及发展对策

对于个人商业保险，除了企业自主经营模式外，部分地区也在探索政府推动模式，现行一般老龄商业保险经营模式主要为“政府引导，企业运作”，以政府财政支持为企业提供现实支撑。

二、老年团体保险与企业年金

1. 我国企业年金发展现状及存在的问题

(1) 发展规模有限，发展结构不平衡

(2) 覆盖面狭窄，替代率较低

(3) 投资范围有限，年均收益率低

2. 促进企业年金发展的对策建议

(1) 完善企业年金监管机制，构建规范健全的企业年金市场

第一，从立法上细化明确企业年金相关各方的具体法律责任和监管主体的监管方式、监管手段；第二，从制度上明确各个监管主体的职责范围，并建立各监管部门协调沟通机制，提高监管效率。

(2) 鼓励中小企业加入企业年金计划

建议适当提高企业所得税的税前列支比例，并可以采取企业分别对待的鼓励机制，充分调动中小企业的积极性，缩小企业年金发展的行业差距和地域差距。

(3) 拓宽年金基金投资渠道

在考虑不同投资组合保证基金收益率的同时，使实业投资和债券投资并重，国内资本市场证券投资和国外投资并重。

(4) 增强职工参保的积极性

第一，建议引入宽松的年金领取机制，即当职工面临高额医疗费用、购房支出时可以提前支取部分养老金。第二，提供补贴，政府可以考虑对参保者提供补贴。

第五节　特色创新性老龄商业保险发展及对策研究

一、长期护理保险

1. 发展长期护理保险的重要意义

2. 我国长期护理保险及产品分析

(1) 我国的长期护理保险及保险责任

我国目前的长期护理保险产品类型较少，险种较单一。

(2) 不同长期护理保险的比较及存在的问题

目前市场中的各类长期护理保险，都是追求多保险责任以扩大保障范围，对仅需要护理保障的客户来说，保险责任中的疾病、身故、生存保障略显多余，且因为保险责任较多，提高了产品费率，丧失部分中低收入客户。不足以满足老年人长期护理的实际经济支出需求。

3. 我国发展长期护理保险面临的障碍

(1) 传统文化习俗的影响

(2) 产品类型较少、费率偏高

(3) 护理标准不统一、产品定价困难

4. 我国各地长期护理保险的实践探索

鉴于人口老龄化的发展态势和老年人长期护理的客观需求，上海市作为我国人口老龄化最早和最严重的城市之一，对长期护理模式进行了探索。

山东省青岛市社保部门和保险机构合作形成了“公益＋效益”的创新模式。

5. 我国长期护理保险发展思路与模式选择

(1) 发展思路

我国的长期护理保险应当立足我国的国情，结合各省市的实际情况，应该鼓励各地区根据自身的经济发展水平

和财政收支状况，建立不同层次的长期护理保险发展模式，有计划有步骤地进行建立不同形式的、不同层次的长期护理保险模式。

（2）我国的长期护理保险产品的改进完善措施

保险公司应重点研发只针对长期护理费用，不含各种疾病治疗费用和身故保险金等保障的产品，降低保险费，并利用各种渠道进行产品宣传，让老百姓了解、接受并最终购买。

（3）我国的长期护理保险的推进步骤

我国的长期护理保险的推进步骤可分地区、分人群、分步骤，逐步推广。

二、个税递延型养老保险

1. 个税递延型养老保险实施背景

2. 个税递延型养老保险的运行机理及好处

（1）保险运行机理示例

（2）实施个税递延型养老保险的好处

首先，通过减轻个税负担，可以改善被保险人生活质量。其次，提高工资替代率，促进个人购买养老保险，完善养老保障体系。

3. 我国建立个税递延型养老保险的制度设计与解决措施

（1）税收优惠方案尽可能体现公平性

政策制定时，应针对不同年龄参与者制定不同的缴费额度。同时，为了保证低收入群体的利益，防止高收入群体过度享受税收优惠政策，应规定每月缴费限额。

（2）明确政策、加强监管

税务部门要对参与资格、税务信息核对与计算、征收延迟税金等环节进行实时监管，以防止投保人利用个税递延型养老保险逃税、避税或漏税。保险监管部门要对产品销售过程、产品信息披露、养老基金的资金运作管理和保险公司的偿付能力进行有效监督。

（3）分步实施，逐步到位

从可行性来说，我国推行个税递延型养老保险时只能采取“个险团做，企业安排”的模式，建议暂在机关、企事业单位等一些税收征缴机制较为完善的机构开展。在未来条件允许的情况下，再推广个人参加。

三、住房反向抵押养老保险

1. 开展老年人住房抵押反向养老保险业务的背景

2. 开展住房抵押反向养老保险的困难

（1）传统养老观念束缚，市场需求较低

（2）保险公司市场风险较大

（3）土地政策等影带来的隐忧

3. 以房养老的适应人群

我们认为，“以房养老”仍然是小众群体保障，适用于三类人群。首先是有产权住房的无子女老人家庭；其次是子女不孝或不承担赡养责任的老人；第三类是子女经济条件可以。

4. 我国开展住房抵押反向养老保险业务的措施与政策保障

（1）加强宣传力度，改变人们的养老观念

（2）长寿风险及利率防范

（3）成立专门的房屋资产评估机构

（4）政府明确其帮扶政策

四、失独家庭养老医疗保险制度

1. 我国失独家庭基本状况

2. 失独家庭面临的保障困境

（1）遭遇经济困难

（2）缺乏精神慰藉

（3）生活照料无着

3. 现有失独家庭扶助与保障政策及实践

4. 失独家庭商业保险制度保障措施与对策

（1）健全相关政策立法，厘定政府责任

（2）加大财政支持力度

（3）建立失独家庭长期护理综合保障制度

五、养老机构责任保险

1. 发展养老机构责任保险的背景

2. 各地养老机构责任保险的保险责任与运作模式比较分析

（1）保险责任

保险公司承保的养老机构责任总体类似，但各有差别。

（2）各地运作模式

从各地试点看，来自政府的补贴都占到保费的大头。

3. 发展养老机构责任保险的对策建议

（1）针对保险机构的对策建议

首先，明确责任保险模式，适当拓宽保险责任。

第二，科学厘定保费水平。

第三，完善保单设计。

第四，扩大参保规模。

（2）对政府部门的对策建议

第一，采用灵活的补贴形式与标准。第二，采用奖惩补贴机制。第三，建立健全养老机构服务质量监督机制。

关于四川省革命老区农村留守老人生活状况的调查报告（节选）

四川省老龄办调研组 四川省革命老区促进会

为调查了解我省革命老区农村留守老人生活状况及存在的问题，研究探讨对策措施，为省委、省政府出台加强农村留守老人帮扶工作的有关政策提供参考依据。今年5月至6月，四川省老龄办联合省革命老区促进会到雅安市汉源县、宜宾市宜宾县、巴中市通江县、达州市宣汉县等地进行调研，制发了调查问卷，召开了座谈会，听取了当地政府及有关部门的汇报，并深入部分农村留守老人家中进行调查。现将有关情况报告如下：

一、四川革命老区农村留守老人的基本情况

我们调查的四川革命老区（以下简称“老区”），指的是土地革命战争时期中国共产党在四川境内创建的革命根据地和游击区。省政府已认定的革命老区县（市、区）共有83个，它们分布在广元市、广安市、达州市、雅安市、巴中市和阿坝州全域，成都市、泸州市、绵阳市、遂宁市、内江市、南充市、眉山市、宜宾市、资阳市、甘孜州和凉山州的部分区域，涉及17个市（州）的83个县（市、区）。区域面积25.5万平方公里，占全省的51.8%；总人口4168.6万人，占全省的46.4%。

我们调查的老区农村留守老人，主要指老区因子女长期离开农村户籍地进入城镇务工、经商或从事其他生产经营活动而在家留守的60周岁以上的人员。

从对汉源、通江、宣汉三县的调查情况来看，三县总人口为246.9万人，其中60周岁以上老人达44万人，约占17.82%，老龄化程度超全国2.3个百分点，农村留守老人25.5万人，约占老年人的57.96%。按此推算，我省老区60周岁以上老年人约有740万人，老区农村留守老人约有430万人。

调查发现，目前我省老区农村留守老人还有以下几个方面的新情况：

（一）老区农村留守老人问题逐步受到各级重视，各地正积极探索关爱农村留守老人的方式和途径

在调查中，达州市和巴中市积极探索发挥基层老年协会作用，组织开展邻里相帮，在农村留守老人中组织低龄、健康老人关爱高龄、残疾老人。2014年以来，两市积极开展基层老年协会参与农村空巢老人居家养老服务试点工作，建立居家养老服务点和老年志愿服务队，为留守老人提供服务。针对山区农村留守老人居住分散的特点，两市还开展了助老巡访活动。由村（社区）“两委”牵头组织，老年协会参与实施，组织低龄、健康老人每周到留守老人家中巡访1～2次，为他们提供生活照料、代购代送、陪诊就医和精神关爱等服务。助老巡访工作流程为：锁定巡访对象（建立失能、高龄、空巢等困难老人花名册）→招募巡访员（热心老龄事业、有奉献精神的老协会员、爱心人士）→建立巡访制度→签订巡访协议并发放联系卡→开展巡访、关爱服务并做好记录。村（社区）“两委”定期或不定期进行抽查，对助老巡访情况进行公示，接受群众评议监督。此外，达州市还探索建立“十户电话联防”工程，与通信公司合作，由村居委会牵头，基层老年协会组织实施，将居住相邻或相近使用同一通信公司的手机用户，以每10户左右组成一个群组，由通信公司开通群组通话功能，群组成员遇到紧急情况时，只需要在电话上拨打一个特定的号码（由通信公司确定），系统平台就可自动呼叫群组内其他用户号码，并发出报警声讯信息，从而使相邻的9户人员迅速赶来相助，帮助留守老人救急难。政府还为特定对象购买服务，每月支付一定的通信服务费。这些探索对解决农村留守老人问题发挥了积极的作用。

（二）老区农村留守老人社会保障水平正逐步提高，衣食住行和医疗保障等有较大改善

调查中，老人们反映，随着国家近年来各种惠民政策的出台，留守老人的基本生活得到了保障，吃穿住的问题得到了基本解决。由于农村道路等基础设施的大力推进，农村留守老人出行条件也得到了极大改善。此外，按照有关政策，符合农村享受低保条件的留守老人基本享受了低保，享受低保老人占留守老人的30%左右；80%以上留守老人参加了新农合，随着报销比例的增加，留守老人病有所医的问题虽未从根本上解决，但有较大的好转。各地认真落实了新农保政策和老年人优待政策，今年60周岁以上老年人基础养老金标准提高了15元，达到每人每月75元，加上各地出台的标准不一的高龄津贴政策，多数地方80～89岁的老年人每月能领到20元左右的高龄津贴，90～99岁的老人每月能领到50～100元的高龄津贴，100岁以上老人每月能领到200～300元的高龄津贴。这个钱虽然不多，但对农村老人尤其是老区农村留守老人是一个巨大的帮助，减少了他们经济上对子女的依靠，使他们更

加有尊严的生活。

（三）老区农村留守老人数量总体有所减少，但比重进一步增加，并呈现出高龄化的特点

据汉源县、通江县和宣汉县统计，留守老人分别占该县老年人的10.41%、55%和84%，但留守老人占农村留守人员的比例却高达80%以上。随着外出打工人员的进一步增加，农村40岁以上的人员已屈指可数，一些50～65岁的人员也逐步流向城市从事环卫、家政和小区门卫等工作。一些外出务工在城里购买了住房或经济条件较好在城里租下了住房的子女也纷纷把留守农村的父母接到城里一起生活，举家进城。这使近年来老区农村留守老人总体数量有所减少，但占农村留守人员的比重却进一步上升。如宣汉县白山镇白耳村有一个组户籍上人口有80余人，但实际居住的只有4名留守老人。

二、老区农村留守老人存在困难和问题

（一）老区农村留守老年人经济收入普遍较低，个人劳动所得占比高

农村留守老人养老保障水平普遍不高，除享受低保、高龄津贴和每月75元的新农保等政府性政策外，农村留守老人的生活来源主要依靠自己劳动所得和子女补贴，经济能力非常微弱，缺乏稳定性。

（二）老区农村留守老人普遍从事繁重的传统农业生产劳动，但他们对从事农业生产的兴趣正在逐步淡化

随着老区大量农村青壮年劳动力常年外出务工、经商，60～75岁的农村留守老人逐渐转变成农业生产的主体，个别身体健康的80岁左右的留守老人仍在从事着劳动强度较小的农业生产劳动。但是，随着外出子女务工收入的增加，很多外出子女要求留守在家的父母不要种地和少种地。一些年迈的留守老人也逐渐减少了种地的数量，致使很多田地荒芜，农业生产出现前所未有的衰败局面。

（三）老区农村留守老人体弱多病，医疗健康问题堪忧

调查发现，多数农村留守老人患有高血压、颈椎病、风湿病、心脑血管病、老年痴呆病等多种疾病，但由于支出习惯和现实经济能力等原因，农村留守老人一般不会自己掏钱体检，生了重病大病才进医院，普遍存在“小病扛、大病熬”和“生不起病、买不起药”的情况。虽然健康状况不佳，但老人们用于医疗的费用却并不多，每年花费1001～5000元用于医疗的仅有18%。同时，农村基础医疗设施、医疗队伍建设发展不均衡，总体水平不高，留守老人无法享受到便捷优质的医疗服务，对65岁以上的老人免费体检以及高龄老人的上门巡诊等优惠政策在很多地方落实不力。另外，新农合可以报一些门诊费用，但太低，且把个人账户上的钱扣完就不能报了。一方面导致很多老年人为了能够报销而在不需要住院治疗时也去住院，造成极当地医疗资源的浪费；另一方面，老人因门诊不能报销或报销得太少，小病就拖，使小病拖成大病，极大地影响了身体健康。

（四）老区农村留守老人文化生活贫乏，精神孤单寂寞

革命老区地处偏远山区，相比其他农村地区，地形更加复杂，老年人居住更加分散，老年人的精神文化生活更加贫乏。据汉源县调查，农村留守老人中有54%的人靠务农打发时间，19%的老人打牌娱乐，12%的老人基于自身性格和经济条件、居家位置的原因只能呆坐。边远山区没有配建文化体育设施，即使有也很简陋。送文化下乡也主要集中在交通便利、设施较好的新农村，更多的山区老年人没有惠及。另外，农村留守老人的子女平日很少回家看望父母，有的甚至好几年没有回家，老人们难免有孤寂之感。随着外出务工子女将小孩带到城里就读的增多，农村留守老人更加孤寂

（五）老区农村留守老人文化水平普遍偏低，居家养老生活上安全隐患较多

绝大多数留守老人文化程度不高，在看病、购物、取款以及用电、用气和用手机等方面缺乏应有常识，还有很多农村留守老人用不来手机。另外，老年人安全意识淡薄，尤其是一些寡居、独居的留守老人，由于眼花耳聋，在烤火、用电方面存在较大安全隐患。

（六）老区农村“孝文化”日渐衰微，个别子女不孝，侵害老年人权益的行为还时有发生

随着经济大潮的冲击和社会价值观的变化，传统的“孝文化”正在衰微，尊老敬老观念和家庭伦理道德正逐步淡化。尊老敬老的意识逐渐被代际之间的平等意识所取代，甚至出现了“轻老重小”的代际逆倾斜。多子女的老人却往往无人照顾成为留守老人，传统的多子多福正被无情的颠覆。一些留守老人的子女还为赡养费的多少斤斤计较，甚至个别子女不仅没有履行赡养义务，不给父母一分钱，反而让年迈的父母负担上学的孙子孙女的生活费用。

三、对策建议

（一）加强组织领导，强化政策保障

一要加强领导，健全机构。要在不增加编制的情况下，在乡镇民政和社会事务办公室增挂老龄工作委员会办公室牌子，由民社办主任兼任老龄办主任，并落实专人负责老龄工作。在村（社区）设置老龄工作员（可由老年协会会长担任），给予一定的劳务补贴。

二要依托正在开展的精准扶贫，加强和推动老区农村留守老人关爱工作。在定点帮扶贫困村的基础上，建立机关党员干部联系帮扶农村贫困留守老人制度。切实落实精准扶贫措施。

三要从战略和全局的高度，把农村尤其是老区农村留守老人、留守妇女、留守儿童（简称“三留”人员）问题，全面纳入我省经济社会发展“十三五”发展规划，纳入年度民生工程建设及其考核内容。

（二）加大财政投入力度，健全农村养老服务体系

一要加大对老区的财政倾斜力度。各级财政，特别是省级财政要加大对老区养老保障体系、医疗保障体系和养老服务体系建设的支持力度，通过转移支付等形式加大对老区新农合、新农保、高龄津贴和80周岁以上老人居家养老服务补贴的财政支持，适当提高省级补助标准。有条件的地方要探索建立长期护理保险制度。

二要进一步完善农村养老服务设施。将农村养老服务设施纳入农村公共服务设施统一规划，优先建设。要求新建的新农村综合体、新村聚居点必须配套建设养老服务设施。充分利用农家大院、闲置校舍等，建设幸福院、日间照料中心、托老所、老年活动站等养老服务设施，让留守老人就近接受养老服务。

三要加大政府购买养老服务的力度。通过政府向社会组织购买服务的形式推进农村留守老人养老服务工作。坚持市场导向，鼓励和扶持民间组织参与养老服务。

四要发挥基层老年协会等组织的作用，引导基层老年协会参与农村留守老人居家养老服务。针对农村留守老人居住分散的实际，推广“十户电话联防”办法和“助老巡防”工作。以日间照料中心、幸福院、老年活动中心为依托，建立养老服务中心。针对行动不便、身体有病、不能“走出来”参加活动的留守老人的情况，采取助老巡访、邻里互助的办法，实行“送上门”服务。

（三）落实老年人优待政策，提高老区农村留守老人优待水平

一要认真落实我省老年人优待政策。二要鼓励各地提高老年人优待水平。

（四）提高农村医疗服务水平，解决老区农村留守老人看病难题

一要加强老区乡镇卫生院和村卫生服务站标准化建设。增加必要的急救设施，解决老区留守老人就近看病问题。明确乡村医生关爱留守老人职责，建立定期巡诊、上门问诊等制度。

二要加强老区农村留守老人重大疾病医疗救助工作。全面落实农村医疗救助、大病救助等政策，逐步提高符合条件的农村留守老人救助标准和救助比例。推进医疗救助与基本医疗保险“一站式”即时结算，方便农村留守老人就医看病。

三要完善新农合门诊报销制度。针对农村新农合门诊报销比例太低的问题，进一步扩大农村新农合门诊报销比例。对一些地方没有实行新农合门诊报销的，要研究新农合门诊报销制度，并研究对70周岁以上患慢性非住院性疾病的贫困老年人在新农合门诊报销上予以优待。

四要开展老年人意外伤害保险，建立老年人风险分担机制。鼓励子女和老年人自己购买老年人意外伤害保险，化解因意外伤害带来的养老难题。

（五）大力发展老区经济，鼓励和引导外出务工人员回乡创业

一要大力发展老区经济。解决老区农村留守老人养老问题，关键是增加留守家庭的经济收入。老区各级政府要在促进经济发展上找出路，通过精准扶贫等政策，加快老区基础设施建设，特别是要推进老区通乡道路的建设，进一步改善老区留守老人的生产生活条件。

二要出台政策鼓励和引导外出务工人员回乡创业。全面落实省政府鼓励和引导外出务工人员回乡创业政策，推动各地出台返乡务工人员创业实施办法，积极开展返乡农民工就业培训，加强就业指导，落实小额贷款、个体经营税费减免等优惠政策，吸引有农业技能的中青年人留在家乡从事农业生产，为农村人才提供更多的创业、就业岗位，让农民在家门口就业创业，实现就业与照料老人有机结合。

（六）实施文化惠民工程，丰富老区农村留守老人精神生活

一要加强老区农村老年活动阵地建设。结合中共中央办公厅、国务院办公厅印发的《关于深入推进农村社区建设试点工作的指导意见》的要求，进一步加强农村老年活动阵地建设。深入实施广播电视村村通、文化信息资源共享等文化惠民工程。加强乡镇、村公共文化体育设施建设，依托老年活动中心建设农民健身点、农家书屋和老年之家，为老区农村留守老人提供休闲娱乐场所。

二要组织贴近农村老年人生活的文化下乡活动。特别是针对老区农村留守老人，每年组织开展1—2次送文化下乡活动，以丰富老年人的精神文化生活。

三要教育引导农村留守老人学习新事物。除了加强用电、用气等生活安全知识的学习外，要教育引导留守老人逐步认识手机、电脑等新事物，并学会使用。教育引导留守老人调整心态，主动寻找精神寄托，热心公益事业，充实晚年生活。

（七）弘扬孝亲敬老的家庭美德，营造关爱农村留守老人的良好氛围

一要广泛开展尊老敬老爱老助老传统美德宣传教育。二要进一步强化法制观念、家庭观念。不断强化子女赡养老人的法律意识和社会责任。三要将孝敬父母作为党员干部的一项基本要求。四要在青少年中广泛开展孝亲敬老教育。

全省居家养老服务中心建设总体形势

云南省老龄办

一、积极推进居家养老服务中心建设项目实施

进入21世纪以来，云南老龄化社会程度日益加深。目前，全省人口老龄化呈现出程度高、增速快、空巢化现象严重等特点，多样化、多层次、全方位的养老服务变得日益迫切和需要。老龄工作中作为主体的居家养老服务正在受到重视，从国家到地方各级政府积极应对、多措并举。

（一）全省居家养老服务中心建设项目安排情况

2012年根据国家安排和省老龄事业发展“十二五”规划要求，我省全面开展居家养老服务中心项目建设。至2014年底，全省共投资建设居家养老服务中心（含日间照料中心）941个，共投入资金35569万元。其中，2010年投入中央资金220万元、省级资金50万元，建设2个日间照料中心；2011年投入中央资金500万元、省级资金385万元，建设6个日间照料中心；2012年投入中央资金400万元、省级资金8133万元，建设251个居家养老服务中心；2013年投入中央资金480万元、省级资金13699万元，建设404个居家养老服务中心；2014年投入中央资金1287万元、省级资金10442万元，建设278个居家养老服务中心。941个居家养老服务中心公建778个、民办163个；农村534个、城市407。

（二）项目建设标准和地区分布

为落实各项规划目标，除大力推进政府建设居家养老服务中心外，还出台了《云南省社会养老服务体系建设规划（2011—2015年）》，进一步支持民办居家养老服务中心建设，项目属城市的，新建项目每个一次性补助建设资金30万元，租赁用房的每个一次性补助资金10万元。属农村的，新建项目每个一次性补助建设资金15万元，租赁用房的每个一次性补助资金5万元。民办居家养老服务中心建成后投入使用的，每个每年补助24000元运营经费。

从居家养老服务中心建设的地区分布看，城市项目407个，占城市社区的21%；农村项目534个，加上2082个农村幸福院，占农村村委会的21.4%。已建成的居家养老服务中心中，城市占比达43.3%，农村占比达56.7%。

（三）已完成项目的运营情况和效果

已完成的项目主要通过新建、改扩建、整合村（居）委会办公用房共同建设等方式推进。各级民政、老龄部门和乡镇政府在落实国家及省各项政策的基础上，运营中积极筹备和协调，组织管理能力不断加强。部分投入使用的项目，对60周岁以上的子女不在身边的“空巢老人”、生病老年人可以提供生活照料、休闲娱乐、康复护理、送餐配餐、医疗保健等多方面服务，受到老年人的欢迎，实现了下岗职工再就业，老人受益，中心盈利等多赢目标。部分州市依托社区信息服务平台，通过居家养老服务中心建设搭建助老信息服务平台，按照建设“数字云南”的总体规划和要求，与中国电信等通信公司建立合作，开通助老信息服务，24小时为老年人提供一键呼叫、紧急救援、活动定位、医疗陪护、信息关爱、健康咨询、精神慰藉等“诚信、便捷、安全、标准”的全方位立体式服务。就目前已投入运营的项目来看，老年人对已投入运营的居家养老服务中心的设施及服务都较为满意，缓解了城乡居家养老压力，促进了社会和谐，取得了显著的社会效益和经济效益。

二、云南居家养老态势和服务需求

（一）云南省老龄化基本态势

近年来，人口老龄化问题越来越突出。云南省从2000年起人口就已开始进入老龄化，截止到2013年底全省60周岁及以上人口达544万人，占总人口的11.6%。老龄人口高龄化呈急剧增长态势，从2000年到2010年，高龄人口增长年均6.10%，且高龄人口主要集中在农村地区。随着社会转型的加快、生活居住条件的改善、人口迁移和流动的加速、劳务输出的扩大，云南省老龄人口独居比例逐年上升，空巢化问题十分突出。呈现出老龄人口基数大、高龄老人激增、家庭空巢化加剧、失能老人大幅增加等共性特征外，云南还具有“未富先老”、“城乡倒置”、贫困老人多等特征，迫切需要多样化、多层次、全覆盖的养老服务。

（二）城市与农村居家养老的不同特点

全省城乡发展差距大，城市和农村老人生活习惯、消费观念等方面差异很大。城市老年人群大多在退离工作岗位的转型中存在很大的心理落差，又基本具有经济的独立性，因此，除满足基本生活照料需求外，对心理和娱乐方面的需求也会相应更多一些。大部分农村地区老人观念相对保守，对居家养老服务存在不同看法，且受农村生活习惯和劳作需要等因素的制约，农村老人对居家养老服务的需求相对较小，其需求大部分局限在解

决餐饮、住宿的基本层面。在居家养老服务中心建设方面，由于农村人口相对较少且居住地分散，其居家养老服务中心的区位选择与城市也截然不同，农村基本遵循就近方便原则，而城市人口相对集中在居住地社区，不少老人也更偏好到环境秀美、生活设施健全的城郊地区活动。

（三）不同社区对居家养老服务的主要需求及趋势

当前，全省居家养老服务中心建设，致力于在不改变老人居住家中的生活习惯的基础上，同样为老年人提供助餐、助洁、助浴、助医等服务使其得以安度晚年，使老年人老有所养、老有所医、老有所为、老有所学、老有所乐的期望落到实处。在此基础上，把孤老、独居、高龄、失能或半失能、贫困老人作为居家养老服务的重点，做好生活照料、家政服务、精神慰藉、医疗保障、应急救助等服务工作。

当前云南省老龄人口城市相对人口密度大，对居家养老服务的需求较大，呈现供不应求的态势，而农村及边疆地区则由于人口分散、服务中心区位差等因素易造成了资源的闲置。受老年人观念影响，很多居家老人对床位需求不高，而活动场地、健身器材配置和娱乐设施逐渐成为主流需求。因此，在“三圈两带四化”的规划引导下，我省居家养老服务中心须逐步走向以老年人群、养老机构、产品服务“三位一体”协同发展为基点，实现居家养老服务中心发展的社区化。

三、居家养老服务中心建设中的主要问题和困难

（一）建设资金缺口较大，地方配套困难

当前我省虽已投入大量资金扶持居家养老服务中心建设，但就落实到各市县来看，由于城乡居家养老服务体系建设项目前期工作经费未列入预算，仍然存在建设资金缺口大的问题。加之我省属少数民族聚居地存在众多贫困市县，大部分地方财力困难，无法再保障项目工作经费。工作经费的不足，一定程度上影响工作的顺利开展，造成项目上的拖延。

（二）土地规划调整，项目落地困难

随着城镇化建设快速发展，州（市）、县（区、市）级城区建设用地均已大面积完成商业化开发，城区基本没有可供政府调配的建设用地。另外，在城市建设用地市场化过程中，建设用地造价成本提高，很多城市无法安排建设用地，少数项目无法落实。而对于农村及边疆地区而言，现今农村地区土地承包到户后，大部分地区没有集体土地，建设用地也需要通过征收获得，一定程度上也同样陷入了用地难的窘境。

（三）项目建设协调难，施工进度缓慢

居家养老服务中心项目从申报、建设到运营整个过程周期长，项目协调极其困难。老龄工作各相关部门的具体责任和任务没有明确的规定，且居家养老服务中心落实情况并未纳入到各级党政年度目标责任制中进行绩效考核，导致各部门合作不协调，相关部门配合支持力度不够，致使项目建设进度受到极大影响，居家养老服务中心建设缓慢。

（四）运营主体难明确定位，运营资金缺乏

对居家养老项目建成后的运营管理，目前尚没有建立健全的运营管理机制，大部分居家养老服务中心都存在内部服务和管理规范化水平不高、服务人员和管理人员工资报酬、长期运转资金保障未建立统一的长效规范机制等问题，导致运营主体难明确定位，居家养老服务中心常态化管理成为问题。居家养老服务中心的正常运营需要一定的运营经费进行支撑，但目前多数州市的运营配套资金难以落实，造成了大多数居家养老服务中心运营中资金缺乏。

（五）相关部门配套协同配合不到位，扶持政策难落实

居家养老服务中心建设项目审批下达后，各地区没有明确的建设主体和监管责任主体，大多将项目交由街道或乡镇自行建设，老龄办只负责指导和监督，且在建设、运营中没有形成有序的工作机制，相关部门配合不到位，致使一些项目遇到问题久托难决。

四、对策建议

（一）加大扶持力度，全面提高建设标准

为全面落实《国务院关于加快发展养老服务业的若干意见》及省民政、国土、财政、住建、老龄等5部门联合下发的《云南省关于推进城镇养老服务设施建设工作的通知》的要求，各州、市、县要落实城市发展规划人均用地不少于0.1平方米的标准，分区分级规划设置养老服务设施，在老年人口较为集中或老龄化程度较高地区，适当加大养老服务设施建设规模，特别是在新建居住小区和社区要把养老服务设施与住宅同步规划、同步建设、同步验收、同步交付使用。

为使居家养老服务中心建设项目按计划顺利推进，要根据市场变化情况，全面提高基础设施建设标准，使每平方米建设资金平均达到2000元以上，并根据地质情况和社区基础条件，实事求是地适当增加一些地区的项目建设费用，同时要求地方配套资金同比增加，以提高项目建设的资金保障度。

各级要安排一定的设备购置资金和项目运转经费，并根据居家养老服务中心项目实际情况，搭建社会服务参与平台，鼓励社会爱心帮扶多种参与方式，提供养老保障服务，确保居家养老服务中心正常运转。

各地要适当调整政策导向，逐步建立以居家养老为基础的社区养老服务体系，并积极培育养老市场化主体，明确用地政策、补贴政策、税费优惠政策、融资政策和医疗

政策，使政府投资起到“四两拨千斤”作用，使社会力量成为养老服务业的主力。

（二）因地制宜，合理布局居家养老服务中心

我省城乡经济发展差异大，各地要按照实事求是原则，根据当地实际情况建设居家养老服务中心，选择自身适合的布局和结构。农村及偏远地区应当与美丽家园建设相结合，基于人口分散的现状适当选择区位，集中建设居家养老服务项目。而对建设用地相对短缺的城市而言，需要在进一步合理落实土地供给的前提下，合理布局，整合资源优质利用。

（三）加强领导，全面落实奖励政策

各地州要明确州、县党委、政府责任，紧密结合当地的实际情况，从融资、土地供应、税费优惠、财政补贴、人才培养等方面大力推动居家养老服务中心建设，并积极引导社会力量投资发展养老服务，进一步完善养老服务配套设施。同时要明确各地居家养老服务中心的管理机构设置、职能职责、服务人员配备、承担的责任和义务、运营收费、意外情况处理等制度，建立与老龄事业发展要求相适应的长效机制。州市各部门要明确其自身所担负的具体责任，确保各司其职，齐抓共管。

各级政府及相关部门要积极落实各项奖励政策，特别是对居家养老服务中心建设和运营好的单位和部门，要及时给予奖励，对推进工作不力的地区给予处罚，以推动此项工作顺利开展。

（四）创新方式，强化居家养老服务中心运营管理

1. 多样化运营管理，及时发挥设施功效。居家养老服务中心在运营管理方面要不断拓宽思路，多渠道开展运营管理服务。各地可以根据自身发展情况和条件，形成居家养老服务中心运营方式多样化，满足老年人多层次的需求。各中心或站点要综合考虑城乡贫富差距，针对不同的人群，提供不同的养老服务。在运营方式上，可积极发展“医养结合”模式。同时，要以公建公办为示范点，落实公建民营和民办公助的补助标准，还可通过对现有养老机构的资源整合推进其发展。在运营管理方面，农村及边疆贫困地区可以交由老协会管理，条件相对完善的城市及周边地区可引进有意愿且有居家养老服务方面经验的企业参与，推动居家养老服务社会化、市场化。

2. 明确运营主体，落实营运资金。建立健全居家养老服务中心运营团队，明确居家养老服务中心运营主体，在内部管理、人员工资报酬、长期运转资金保障等方面建立统一规范的长效机制，制定规范详细的工作流程和标准，实现标准化管理运营。各级政府部门在进一步加大对居家养老服务中心运营管理资金投入的基础上，要拓宽资金来源渠道，逐步形成以社会筹资为主、政府资助为辅的多元化投资发展机制。积极加大招商引资力度，鼓励社会团体、企事业单位和个人向居家养老服务机构提供资金支持，形成运营主体，动员社会服务业经营者参与居家养老服务中心的运营，为居家养老服务中心的运营管理提供有力支撑。

3. 强化培训交流，培育专业服务人才队伍。服务质量是居家养老服务中心运行的“生命线”。老年人对居家养老服务中心的服务质量有着较高期待值，服务质量将直接决定老年人对这种服务形式的认同以及运行效果。因此，除了硬件设施需要加强外，还需要不断提高居家养老服务的质量，加大政府对居家养老服务中心公益岗位配备力度，对工作人员进行入职前培训传授专业知识，并实行相关考核机制，督促工作人员提高自身素质；在各大专科院校设立相关专业；进一步调动社会志愿者队伍参与居家养老服务的积极性，扩大志愿者队伍。此外，要健全和细化义工制度，组建社区爱心义工联合会，为居家养老服务中心提供服务。

全省农村互助老人幸福院建设运营情况调查研究

甘肃省老龄办

长期以来，农村老龄问题一直是整个老龄工作的重点，也是难点。如何破解农村养老服务难题，实现城乡老龄公共服务均等化，一直是各级老龄工作者努力探索的课题。甘肃省作为西部欠发达省份，近年来开展的农村互助老人幸福院建设，对解决农村老年人的日间照料和养老服务问题产生了明显的示范效应，也对农村养老服务的可持续发展积累了有益的经验，暴露了潜在的问题，值得我们认真研究分析。

一、全省农村老龄化和养老服务的基本情况

甘肃是一个农业为主的省份，决定了农村养老服务事业的重要性和紧迫性。2013 年底，全省 60 岁以上老年人达 348 万人，其中 200 万人以上在农村。甘肃是一个劳动力输出大省，农村青壮年的外出务工比例达到 60%，有的地方达到 80%，情况严重的地方如定西市的某些农村全村没有一个 60 岁以下的男劳力。这种情况导致农村的独居

和空巢老人越来越多，据我们统计，目前全省农村的空巢化率已接近40%。与城市老年人相比，农村老年人收入严重低下，在新农保制度实施以前，绝大多数农村老年人是没有或很少有现金收入的，所以，农村老年人特别是空巢老年人面临的养老问题异常严峻。2012年，国家开始实施新农保，中央财政对60岁以上老年人每月给付50元基础养老金，地方财政适当配套，到今年，全省农村老年人每月可以领到60元养老金，经济困难的状况有所缓解，但仍然难以解决问题。加之农村养老服务总体上起步晚，基础差，投入欠账多，发展严重滞后，全省农村的养老服务问题已经急迫地摆到了各级政府和全社会的面前。在这种情况下，2010年，我们在白银市白银区开展试点，利用农村闲置学校和村委会场地设施，就近就便改建成老年人日间照料中心，为老年人提供互助养老服务，产生了良好的社会效益，也引起了省委、省政府的重视，2012年，这项工作纳入了省委开展的“联村联户、为民富民”行动内容。全省农村日间照料中心的建设进度明显加快，并正式定名为农村互助老人幸福院，从2010年到2013年，共建成2116所，床位20294张。2013年底，省委、省政府决定，将建设1000个农村互助老人幸福院列入2014年为民办实事项目，这项工作从力度和广度方面都得到了极大的加强。

二、农村互助老人幸福院建设的主要做法和成就

省委、省政府对这项工作高度重视，制定了实施方案，安排了进度要求。为保证办实事项目投资及时到位，省财政厅、省民政厅积极协调，提前下拨了互助老人幸福院建设补助资金1000万元。与此同时，主动赴民政部汇报争取，得到了民政部的重视支持，在中央福彩公益金中安排我省互助老人幸福院建设补助资金3054万元。在各级共同努力下，中央和省级补助幸福院项目资金增加到4054万元，各地也千方百计筹措资金支持项目建设，平凉、庆阳两市分别自筹900余万元和200余万元资金，嘉峪关、白银、酒泉等地也安排了相应的配套资金，为项目的顺利实施提供了有力保障。

各地按照以人为本，为老服务的工作理念，把这项工作作为一项重要的民生工程，加强领导，狠抓落实，强力推进。整合社会各方面力量，形成合力，探索创造出了加快幸福院建设的多种模式。一是政府和集体投入为主。通过争取地方财政或福彩公益金资助，或者集体经济组投入的方式建设幸福院，这是最主要的一种方式。张掖市甘州区利用村委会改、扩建机遇，高标准建设示范性互助幸福院，小满镇店子闸村将新建村委会全部用作互助幸福院。二是双联单位资助为主。双联单位具有各自不同的职能和资源优势，在互助幸福院建设中发挥了四两拨千斤的重要作用，平凉市灵台县通过联村单位资助和社会帮扶等形式筹资120多万元，建成互助老人幸福院30多所。三是企业和爱心人士捐建为主。采取企业帮一些、致富能人或爱心人士捐一些、村委会集一些、子女拿一些等多种方式，为幸福院建设筹集资金。定西市漳县武当乡中岭村致富能人徐升投资80万元，渭源县杨庄乡村民卜永红投资5万元建设了本村互助老人幸福院。白银市白银区四龙村村支书是农民企业家，每年投入3万元保障村互助老人幸福院运行。四是整合闲置资源和原有项目为主。各地因地制宜，整合各类资源，充分利用闲置的校舍、社区（村）办公或活动场所、敬老院、五保家园、寺院等公共服务设施，通过维修改造或改扩建等方式进行建设。一些地方还积极创新建设方式，如平凉、陇南、张掖等地将农村互助老人幸福院与“五保家园”、“幸福寓所”、美丽乡村建设有机结合起来，张掖市甘州区将腾退的公用房屋优先安排用于互助老人幸福院建设，甘谷县在幸福院统一配建“爱心超市”，秦安、镇原、泾川等地依托社区（村）老年人协会进行自我管理，为实事项目建设提供有力支撑的同时，放大了社会效应。

各地在加强硬件建设的同时，不断建立健全幸福院管理服务机制。一是完善设施配备。按照标准化、规范化建设的要求，在床位设置上采取固定床、简易床和躺椅等多种形式，在就餐、活动等设施的配备上充分考虑老年人的生活习惯和实际需要，进行布局和设置，最大限度地实现了幸福院的实际实用。二是加强规范管理。许多幸福院制定了老年人活动的有关制度和安排，建立完善了老年人协会组织，让他们实现自我管理、自我服务。特别是利用中心敬老院建设的幸福院，在满足五保供养需求的基础上，合理划分时段向其他老年人开放，为农村老年人日间照料、活动聚会提供了相应服务。三是实现持续运营。各地通过购买服务等多种方式对幸福院给予补助，建立了常态化的运行机制。酒泉市为每个幸福院每年补贴运行经费2万元，金昌市采取村办商店与幸福院联建委托承包等方式，实现了可持续发展，甘谷等县区创造了7种互助服务模式（村委会、村卫生所、村小学、志愿者、爱心超市、村民及入院老人与幸福院互助），为幸福院健康运营提供了支撑。

三、存在的困难和问题

全省互助老人幸福院建设在创新中发展，在发展中完善，已经形成了一定的规模效应，但也逐渐暴露了一些影响可持续发展的问题，需要在今后的工作中加强注意并有计划地解决。

（一）持续运营存在困难。不少互助老人幸福院用水、用电、取暖和维护等运营经费没有明确的来源渠道，大都由街道或社区解决或垫付，给基层造成很重的负担，影响后续运营。部分地方管理不够科学，存在单纯依赖管理人员提供为老服务的现象，还没有形成老年人互帮互助、自我管理的服务模式。

（二）设施配备不够规范。部分地方互助老人幸福院在建设过程中没有严格执行省上的有关建设规范，存在床位设置不合理、使用率低等不足，不能充分保障老年人活动。

（三）地方投资偏少。目前，农村互助老人幸福院建设资金除省级补助外，不少地方政府财政投入较少或者根本没有投入，大多依靠上级或福彩公益金资助，投资渠道单一，导致互助老人幸福院建设层次不高，设施配备简陋，影响了功能和作用的发挥。

（四）管理服务不到位。农村互助老人幸福院普遍存在服务人员缺乏问题，聘用人员大多数没有经过专门培训，业务技能水平低，服务质量和水平亟待提高。一些地方的农村互助老人幸福院内部管理制度不健全，群众知晓率低，活动安排没计划，群众受益面较窄。

四、今后工作的意见和建议

农村互助老人幸福院建设是一项事关人民群众根本利益的民生工程、德政工程，可以与“双联”行动和群众路线教育实践活动无缝对接。我们建议加大工作创新，使幸福院建设借上扶贫攻坚和教育实践活动的东风，结出更加丰硕的果实。第一，争取各级党委、政府重视和支持。按照国务院《若干意见》规定，各地要把社会养老服务体系建设工作纳入国民经济和社会发展规划，纳入城乡规划和土地利用总体规划，纳入新农村建设规划。要明确农村互助老人幸福院是我省社会养老服务体系的重要内容，要将建设经费列入各级财政支持范围，引导县乡两级把这项工作纳入领导班子绩效考核。省福彩公益资金将继续给予适当补助。第二，规范管理。中央政策已明确，社会养老体系建设将进一步向社会开放，向市场开放，今后养老服务将更多地由政府直接提供向民间提供转变。所以要探索互助幸福院建设和运营的多种模式，充分动员和鼓励社会力量投资幸福院建设，政府建机构可在明晰产权的基础上实施公建民营，探索以承包、委托运营、合资合作等方式，通过公开招投标，转给社会组织或企业运营。利用国家进行养老服务业综合改革试点的机会，制定相关扶持政策，在财政、金融、用地、税费、人才、技术及服务模式等方面对幸福院建设进行探索创新。第三，健全机制。建立健全政府负责、民政老龄牵头、部门参与的领导体制，加强对互助幸福院建设的领导和指导，定期研究解决工作中的重要问题。健全各种创新激励机制，在项目分配、资金资助等方面，优先向建设成效显著、群众满意度高的地方倾斜。对规划建设项目实行严格管理，定期指导，定期通报，确保任务落实到位、责任到位、考核到位、奖惩到位。第四，完善评估激励机制。2014 年我们评比表彰了农村互助老人幸福院建设的十佳县区，是对 2013 年工作的基本总结和对今后工作的有力推动。这项活动今后应继续开展下去，进一步完善创建指导标准，完善评定方式方法，努力实现创建活动制度化和科学化。要研究制定创建示范单位管理办法，实行动态管理，避免出现牌子到手，创建到头现象。充分发挥示范单位的典型带动作用，在全社会营造更加浓厚的敬老、养老、助老氛围。

厦门市农村老年人医疗状况调查及对策建议（节选）

厦门市同安区老年学学会

厦门市已经迈入人口老龄化高峰期，由于岛内外一体化进程中存在的城乡差异，农村老年人的健康问题已成为我市卫生工作不可忽视的重大问题。同安区老年学学会承担了《厦门市农村老年人医疗状况调查及对策建议》的专题调研。现将结果报告如下。

一、厦门市农村老年人医疗现状

厦门市四个涉农区中，同安区是最大的并最有代表性的区，因此，以同安区为此次调查的重点，按农村地理位置分布和经济状况的差异，选取有代表性的汀溪镇五峰村、新民镇乌涂社区、祥平街道阳翟社区、洪塘镇石浔社区、莲花镇白交祠村等 5 个行政村（居），每个村（居）按老年人的不同年龄段，选取调查对象 30 人，填写调查问卷；选取莲花镇卫生院、五显镇卫生院等 2 个卫生院，获取相关资料。同时，翔安区、集美区农村点各发放 30 份问卷。

（一）同安区 5 个村（居）老年人的基本情况

2015 年“厦门市城乡居民基本医疗保险”的年缴费 130 元/人，各村（居）老年人的参保率为 100%，除五峰村由村委会统一支付外，其余村（居）由个人支付。在社区卫生服务中心/乡镇卫生院、村卫生所，每个参保人员每年享有由社会统筹医疗基金提供的 500 元免费国家基本药物。在失地、失海村（居）因有政府贴息贷款的支持，“厦门市城乡居民养老保险”的参保率较高，未参保老年人享有基础养老金，65 岁以上还有生活补助费（各区标准不一，同安区的标准是每人 200 元/月）；未征地村的老年人均未参保，仅享受基础养老金。满 70 岁老年人均享有高龄补贴。

（二）问卷调查情况及分析

1. 基本情况：本次问卷调查中同安区 5 个乡镇各 1 个行政村，以召开座谈会的形式召集 60 岁及以上老年人集中到村老年协会，由本学会会员指导填写调查问卷，共 126 份；翔安区、集美区各发放问卷 30 份，回收 60 份，回收率 100%，剔除不符合要求的问卷 6 份，有效问卷 54 份。

2. 卫生服务需要

（1）个人身体功能及自我评价：调查显示，行动有些不便的占 1/5，生活起居需要他人照顾的占 1/4，平常活动有些不便的占 1/4，身体不适或疼痛的占 1/3，精神不爽的占 1/4；健康状况自我评价中属较差的占 1/6。说明老年人随着生理功能的逐步衰退，给生活质量带来的负面影响不容忽视。

（2）近六个月内的身体功能：老年人视力衰退比较明显，占 36%，其次是听力衰退，占 15%，再次是四肢活动能力，表现在行走和起居自理方面，约 6～8%，语言表达衰退较缓慢。由于本次调查采用集中开座谈会形式，被调查对象都是能自主走动的老年人，故老年人身体功能的实际衰退率要比上述结果显著。

（3）个人健康行为：180 名被调查对象中有吸烟习惯的 53 人（29.44%）；有饮酒习惯的 41 人（22.78%）。每周运动 6 次以上的 52 人（28.89%）、3～5 次的 50 人（27.78%）、少运动及不运动的 78 人（43.33%）。每年接受一次免费体检的 111 人（61.67%），因同安区执行满 65 岁方可接受免费体检，故 60 岁以上不满 65 岁老年人未能享受免费体检。再者，老年人对健康体检的偏见也是影响体检率的一个重要因素。

（4）两周病伤情况：包括两周内新发、急性病两周前开始发病、慢性病持续到两周内。“患病”的涵义：①自觉身体不适，去医疗卫生单位就诊确认有病或伤或中毒，接受了治疗；②自觉身体不适，未去医疗单位诊治，但自服药物或采取一些辅助治疗；③自觉身体不适，未去就诊治疗，也未采取自服药物或辅助疗法，但因身体不适休工、卧床一天及以上者。上述三种情况有其一者，均认为“患病”。

被调查的 180 名老年人中，两周患病者 74 人，均为两周前延续至今的慢性病人，两周患病率 41.11%，其中男性患病率 44.76%（47/105），女性患病率 36.00%（27/75），男性略高于女性，但两者间无显著差异（x2=1.39，P=0.24）。农村老年人一般小毛病能忍就忍，是“两周内新发”病例少的主要原因。

（5）慢性病患病情况：180 名被调查老年人中，慢性病患者 74 人，其中：高血压 47 人、心脏疾病 10 人、糖尿病 8 人、胃肠疾病 5 人，失聪 2 人，前列腺肥大 2 人，甲亢 1 人，脑梗塞 1 人，眼疾 1 人，慢性肺疾病 1 人；患一种慢性病的 57 人、患两种及以上的 17 人。慢性病患病率 41.11%。

3. 卫生服务需求与利用情况

180 名老年人中 12 个月内因病住院的 11 人，对医疗机构的服务的总体评价：满意的有 4 人，占 36.36%，一般可以接受的有 7 人，占 63.64%，没有不满意的。对医疗费用的评价是：医疗费用贵的占 5 人，占 45.45%，一般可以接受的 6 人，占 54.55%。因病需要住院而未住院的 2 人，都是山区农民，原因都是经济困难。

（三）基层医疗机构情况

本次调查走访了同安区的莲花镇、五显镇 2 个卫生院。

1. 乡镇老龄人口结构

莲花镇、五显镇老龄人口结构（省）

2. 开展涉老卫生工作（以五显镇卫生院为例）

（1）老年疾病门诊：除日常门诊外，每周 3 个下午由二、三级医院专家坐诊，2014 年接诊 60 岁以上老年人达 9375 人次，占门诊量的 27.79%。

（2）老年健康体检：65 岁以上老年人每年免费体检 1 次，体检率达 70% 以上。体检项目包括体格检查、血常规、尿常规、血糖、肝功能、肾功能、心电图等，老年人中医药健康管理服务达 2 万人次以上。

（3）老年人慢性疾病诊疗：实行新型慢性病分级诊疗制度，建立健康小屋和健康管理师诊室，由健康管理师和全科医师预约，对病人进行免费体检和健康生活方式指导。每年进行一次免费体检和健康评估，每 2 周随访 1 次，对糖尿病患者免费测血糖等。五显镇 60 岁以上老年人高血压、糖尿病患者 2254 人，占老年人群发病率 38.12%，其中兼有两病者 326 人。现已纳入“三师共管”网络的 326 人。

（4）老年人健康宣传教育：结合下乡体检或举办专题活动开展健康教育讲座，今年开展 35 场次，其中与老年人慢性病、健康生活方式及疾病防控相关的 15 次；发放宣传材料 5000 余份。

二、主要问题

（一）老年人的身心健康状况堪忧

1. 老年人慢性疾病患病率高。随着生理功能的衰退，以及不良生活方式等多方面因素的共同影响，超过 4 成的老年人患有慢性疾病，其中 1/4 患有多种疾病。

2. 老年人心理健康不容乐观。由于代沟致长幼沟通不顺畅、老年失伴等原因，约1/4老人缺乏亲情慰藉，造成明显精神焦虑或抑郁。

3. 低收入家庭承受疾病的能力不足。低收入家庭占37.78%，一般收入家庭占36.11%。近3/4家庭无法承受老人大病住院所支付的高额医疗及照料费用。

（二）基层医疗机构医保药品供应不足

1. 医保药品采购渠道不顺畅。患者普遍反映卫生院、卫生所医保药品长期短缺，看病拿不到治疗药物；这些“缺货药品”都是价格低廉疗效好的普通药品，药店都有销售。但由于采购渠道不顺畅，基层医疗单位进不到货。

2. 医保药品品种不能满足诊疗需求。卫生院、卫生所实行国家基本药品制度的规范药物已远不能满足基层医疗需求。这既不利于患者就近就医，也增加二、三级医院的医疗负担。

3. 社会统筹医疗基金的使用设计不合理。我市自2010年8月1日起，在38家公立基层医疗卫生机构门诊就医，参保人员每人享有由社会统筹医疗基金支付的500元国家基本药物，许多病人得到免费治疗。但象高血压、糖尿病等慢性疾病需要长期规范治疗，500元的社会统筹基金根本不能满足治疗需要。

4. 农村基层医疗机构设施不能满足医疗需求

（1）卫生院、卫生所硬件设施与规范要求存在明显差距。莲花镇、五显镇卫生院的诊疗办公用房都比较陈旧，场所远远达不到标准基层医疗机构办公使用面积，有些医疗设备还没配备。村卫生所也存在类似问题。

（2）全科医生的规范化培训与实际应用技能的差距。卫生院医务人员到上级医院培训，技能操作实践少，抄写病历多，学不到实用诊疗技术。

5. 老年人健康教育和慢病防控收效不尽如人意。部分老年人由于文化程度偏低、健康意识淡漠，对于健康教育处于被动接受，甚至有抵触情绪，新的健康观念难于接受。部分老年人讳疾忌医或毫不在意，对于每年一次的免费体检认为没有必要。对于慢性病如高血压、糖尿病等的治疗，认为吃药对身体不好，或是时断时续，不规则治疗，病情难于有效控制。这些使得基层卫生医疗单位健康教育和慢性病防控成效不尽如人意。

三、对策与建议

（一）医疗卫生资源配置向农村倾斜

加强农村基层医疗机构建设，包括硬件设施建设、医务人员执业道德和技术水平的提高等；理顺基层医保用药的供需矛盾，适时增加基本药物目录。

1. 加速推进城乡医疗卫生资源配置的均等化进程。医疗卫生资源的规划布局向涉农区倾斜，消除城乡差别，真正岛内外一体化。

2. 加强乡镇卫生院的建设。政府应当在医疗建设用地、资金等优先安排乡镇卫生院，同时添置相应的器材设备，改善医疗条件。

3. 加强全科医生实践技能培训。加强理论知识学习，注重实践技能操作，使培训后的全科医生具备基本岗位服务能力，提升基本医疗和公共卫生服务能力。

4. 加强村级卫生所的建设。村卫生所的建设应与农村幸福院、社区居家养老服务中心的建设有机结合起来，发挥乡村医生的作用。要规范建设村级卫生所，加强乡村医生的人员配置和知识更新，完善医保刷卡制度，确保医保药品的足量供应，配合卫生院做好慢性病患者的治疗和随访。

5. 从体制机制上破解药品供需矛盾。政府相关部门应当采取适当的干预措施，规范药品供应商的行业行为，同时，在医保药品采购合同中加入刚性的违约追责条款。以确保医保药品能全部中标，并且能按时足量供应。

6. 适时增加基本药物目录。应当根据基层医疗单位规范化诊治需求，适时增加药品目录，以满足患者在基层医疗单位就诊治疗的用药需求。

（二）医疗保险政策向老年人倾斜

全民医疗保险的门诊、住院医疗费用自付比例，社会统筹医疗基金等问题，应当向老年人特别是农村老年人倾斜。

1. 取消老年人门诊、住院医疗费用统筹前的自付部分。对于本市参加全民医保的老年人，门诊或住院所发生的医疗费用，在纳入统筹前需自付部分费用。建议取消农村老年人统筹前的自付费用，减轻其经济负担。

2. 降低老年人住院医疗费用自付比例。目前住院医疗费用在1万元以下自付比例已降至35%（三级医院）、25%（二级医院）和15%（一级医院）；万元以上2万元以下自付比例各降低5%；2万元以上再各降5%。建议在此基础上再各降低5%，减轻农村老年人住院的经济负担。

3. 将社会统筹医疗基金由“按人平均分配”改变为“单病种按需分配”。建议社会统筹医疗基金向老年慢性病患者倾斜，即对纳入“三师共管”网络规范化治疗的老年高血压、糖尿病等患者实行全程免费治疗。逐步将其他老年慢性病纳入单病种独立结算，提高报销比例，最终实现免费治疗。

（三）加大低收入家庭老年人重大疾病的救助力度

本调查农村低收入家庭占近4成，低收入家庭较经济承受十分脆弱，一旦老年人发生重大疾病，对整个家庭将造成重大影响，因此，本着救急不救穷的原则，在医疗救助和社会救助方面加大扶持力度。

（四）提升为老年人医疗服务的质量

1. 规范医疗机构诊疗程序，回归公益性。承担医疗保险诊疗的医疗机构要规范疾病诊疗程序，杜绝不必要的重复检查、大处方、包围疗法等以追求经济效益为目标的经营方式，规范医务人员的执业道德，注重公益事业性质。

2. 开通为老年人医疗服务的绿色通道。老年人因病到医疗机构就诊时，应当实行优先服务制度，减少病人就诊的等待时间。

3. 有效控制老年人慢性病的患病率。目前厦门市正在加快构建“基层首诊、双向转诊、急慢分治、上下联动”的就医秩序，将慢性病患者引导到基层就诊，推行“三师共管、上下联动”服务模式，规范治疗，定期随访，有效控制患病率。

（五）加强全民健康生活方式和慢性病防控教育

实施国民健康行动计划，将健康教育纳入国民教育体系。倡导健康的生活方式，引导科学就医和安全合理用药。提高基本公共卫生服务均等化水平。

1. 加强全民健康生活方式教育。平衡饮食、适量运动、戒烟限酒、心理健康是维护健康的四大基石。结合以“全民健康生活方式行动”和“公民健康素养促进行动”为主的健康促进与教育工程，通过各种宣传渠道，改变不良生活方式。

2. 加强老年人的慢性病防控教育。要让老年人知道老年疾病的产生原因、如何预防控制、如何就医诊治。

3. 加大医保相关政策的宣传力度。要让农村老年人了解社保、医保相关政策，改变就医观念，不再因惧怕经济负担而讳疾忌医，做到无病预防、有病就治，提高健康水平。

4. 要创新宣传教育模式，提高成效。发挥各种媒体（电视、广播、报纸、网络、专栏等）的作用，将宣传材料编成顺口溜、答嘴鼓等群众喜闻乐见的方式，用通俗易懂的方言，形象生动的图片，简短的科教片，深入浅出，提高宣传效果。

（六）整合资源，提高为老年人服务的效能

1. 加速推进养老服务体系的建设。加速推进社区（村）居家养老服务中心（站）和农村幸福院等养老服务体系的建设，整合资源，提高效能，实现养老服务与医疗、家政等相关领域互动发展。

2. 充分发挥基层老年协会的作用。整合社区（村）关工委、老年学校、老体协等基层老年组织，组织老年志愿者队伍，强化功能，发挥效能。充分发挥老年人的专长，组织力所能及的活动，丰富老年人精神文化生活。

3. 弘扬中华孝道文化，尊老敬老。把孝文化融入和谐社会的建设，积极开展关怀老人、孝敬长辈的活动，子女对老人既有生活照料又有精神赡养，共享天伦之乐。

课题负责：吕金山
课题设计：杨碰狮
课题组成员：蔡秋湖　杨碰狮　吴伟忠
许友金　陈丁酉　刘冬卿
执　笔：杨碰狮

完善老年人权益保障法律体系的思考

河北政法职业学院国际法商系副主任　孙文胜

人口老龄化已经成为一个世界性的社会问题。我国于1999年进入人口老龄化国家的行列，占总人口的11%，并以年平均3.2%的较高速度持续增长，人口老龄化的发展趋势非常严峻。在这种背景下，涉老问题日渐成为一个需要引起全社会关注的重要问题。为了真正切实保障老年人权益，应重视老年立法的研究，不断完善老年人权益保障法律体系。笔者拟就有关问题进行粗浅的思考，以抛砖引玉。

一、国外老年人权益保障法律体系的主要内容

国外的老年立法大都围绕着社会保障、健康维护以及身心调适等方面来保障老年人的权益，内容主要包括以下方面：

（一）老年人的经济保障

经济保障是老年人权益保障的基础。1935年，美国第一部《社会保障法》诞生。几十年来，历届美国政府对该法各项主要规定不断进行修改和补充。最初社会保障法规定，只有退休人员才能领取退休金。1939年的修正案，增加了相关受益者，即退休人员的配偶和未成年儿童。1950年修正案扩大了社会保障覆盖的范围，并大幅度提高了现存退休人员的退休金水平。1956年修正案，为年龄在50～64岁的残疾工作人员及其残疾子女提供补助金；允许女性工作人员在62岁到64岁之前退休领取减额退休金，1961年把这一规定扩大到男性工作人员。1972年修正案，建立了补偿保障收入制度，引入了退休金调整机制，1975年退休金开始根据消费价格指数每年进行调整。1977年修正案的主要目的是解决社会保障的财政问题，同时也增加了工资中社会保障税的征收幅度。1983年修正案扩大了社会保障的覆盖范围，提高了社会保障税的税率，并拟在21世

纪初期逐步提高退休年龄。

1959年4月，日本制定了《国民年金法》，并于11月份实施，开始叫“福利年金”，被保险人免收保险费，年金由国家财政负担。1961年10月改收保险费，它规定，凡20～60岁的日本公民都必须加入国民年金，均为国民年金的被保险人。厚生年金制度始于1941年3月，在国民年金实行“全民皆保”后就作为养老年金的第二档保险存在。厚生年金的覆盖对象是在民间企业工作的工薪阶层。其他年金包括共济年金、福利年金、企业年金等。相对于前两种年金，其他年金的覆盖面要小得多。

德国对老年人的经济保障是非常全面的。100多年前，德国就颁布了《事故保险法》(1884年)和《养老保险法》(1889年)。此后，1911年制定了《职员保险法》，1923年制定了《帝国矿工联合会法》，1927年制定了《失业保险法》，1957年制定了《农民老年援助法》，由此建立了一个非常完备的经济保障体系。

(二) 老年人的医疗保健

完善的医疗保健对于老年人具有极其重要的作用。自1965年至20世纪90年代末美国陆续颁布了有关老年医疗保健的一系列法令和条文，其主要内容有二：一是扩大老年医疗保健服务对象的范围；二是扩大老年医疗保健的服务项目。这一扩大服务项目的趋势一直到1997年平衡预算法案的颁布为止。

日本1983年开始实施的《老人保健法》，经过了几十年的发展，现已基本构成了一个比较完善的法律体系和以预防为主的医疗保健体系。老人保健制度包括医疗和保健两大部分，医疗是针对70岁以上者，及65岁以上至70岁卧病不起者实施的医疗费保障；而保健是针对40岁以上，即从壮年期开始，实施防病与身体功能恢复训练。此外，还有老年人保健设施的应用等内容。

(三) 老年人护理保险

随着老龄人口的增加，生活不能自理的老人越来越多，护理问题成为社会最关心的问题，老年护理保险法应运而生。日本政府于1997年12月，制定了《护理保险法》，并从2000年4月开始实行“护理保险制度”。该制度主要是通过社会保险来共同支持老年人护理所需的设施、服务等费用，由国家、地方政府、企业、40岁以上的人和老年人负担保险费。护理保险制度的对象分为两种被保险人：一是65周岁以上的老人，称为第一种被保险人；二是40周岁到64周岁的参加了医疗保险的人，称为第二种被保险人。当这两种被保险人因卧床不起、痴呆等原因需要起居护理或需要有人帮助料理家务和日常生活时，可以得到护理保险服务。

在德国，从1995年正式推行强制性社会护理保险制度，它和医疗保险、事故保险、失业保险和养老保险金一起构成德国公民必须缴纳的基本社会保险体系，被称之为“社会保险的第五根支柱”，并被誉之为“填补了社会保障体系的最后一大空白”。护理保险金目前为税前收入的1.95%，雇主和雇员各承担护理保险费用的一半，失业人员保费由劳工局支付。这笔护理保险金用来支付生活不能自理的德国公民的护理费用，是一项长期性的护理保险。受益人按照需要护理的强度分成三大类，主要在个人饮食、卫生和行动方面得到不同等级的补贴金。

(四) 老年人福利

老年人福利是针对老年人社会保障的一项不可或缺的重要内容。在美国，《老年人法》等与老年人相关的法律出台，为老年人建立了很多公共帮扶项目，比如补充收入计划、住房帮助计划和食品券等项目。老年人的终身教育，对老年人精神慰藉、情感交流、自身认知和提高等方面有着特殊的意义。世界上第一个《终身教育法》是由美国于1976年制定的，到目前为止，美国建立了世界上最为完善的终身教育制度。

《老人福利法》是日本政府在老龄社会到来之前颁布的一部老人福利大法，被日本各界称为“老人宪章”。该法强调国家和社会应该通过兴建福利设施，收养那些在家中养老有困难的老人，并通过老人福利院、福利服务和开展终身教育等福利措施来保障老人的身心健康和生活安定。它第一次明确了老人福利的权利与义务，并通过法律的形式对老人的各项权益予以保障。

(五) 禁止歧视、虐待老人

“禁止歧视、虐待老人”是保护老年人人权的最好响应。美国老年人法第102条对何为“虐待老年人”进行了具体界定。并于1967年制定了《反就业年龄歧视法》，明确禁止在雇用、晋升、待遇、裁员等方面的年龄歧视。

1986年，日本通过《稳定高龄者雇佣法》，明确规定企业和公司雇佣的55～64岁的职员，必须占到在职员工的6%以上。

英国的《反年龄歧视法》2006年10月正式生效，这项新的法律禁止雇主以年龄为由，解雇或拒绝招收雇员，“禁止年龄歧视”所涉及的范围相当广泛，适用于企事业单位的招募、培训、升迁、裁员和退休等各个领域。

二、我国老年人权益保障法律体系的现状

我国当前老年立法形成了以《老年人权益保障法》为专门法，以宪法为根本法，包括其他法律、法规和规章乃至政策规范等在内的规范体系。一是宪法中有关老年人的立法。《宪法》第45条第1款规定：“中华人民共和国公民在年老、疾病或者丧失劳动能力的情况下，有从国家和社会获得物质帮助的权利。”第49条第3款规定：“父母有抚养教育未成年子女的义务，成年子女有赡养扶助父母的义务。”该条第4款规定：“禁止破坏婚姻自由，禁止虐待老人、妇女和儿童。”二是《老年人权益保障法》以法律的形式将党和政府有关老年人权利保护的一系列方针政策稳定下来，明确了保护老年人权益的基本原则、主要措施及侵犯老年人权益应承担的法律责任，并且把负有保护老年人权益不受侵犯义务的主体从家庭成员扩大到政府和全社会，是我国老年人权益保护方面的基本法律保障。三是其他法律法规中老年人权益保护方面的立法，如：婚姻法、民法、刑法、行政法、社会保险法等都对维护老年人合法权益做出了具体的规定和要求。除此之外，近年来，我国还制定出台了一系列有关保障老年人权益的法规政策，国务院颁布了《关于建立统一的企业职工基本养老保险制度的决定》、《关于建立城镇职工基本医疗保险制度的决定》、《城市居民最低生活保障条例》《关于加快实现社会福利社会化的意见》等行政法规和政策。各涉老职能部门先后颁布了《关于加快养老保险社会化发放的通知》《赡养协议公正细则》《关于加强老年卫生工作的意见》《老年人建筑设计规范》《老年人社会福利机构基本规范》《社会福利机构管理暂行办法》《关于加强老年人文化工作的意见》《关于做好老年教育工作的通知》《关于对老年服务机构有关税收政策问题的通知》等一批规章和政策性文件。2003年2月，我国老龄委办公室、司法部、公安部联合下发了《关于加强维护老年人合法权益工作的意见》。另外有29个省（自治区、直辖市）出台了《老年人权益保障条例》或《〈老年人权益保障法〉实施办法》等地方性法规。

三、我国老年人权益保障法律体系存在的问题

我国的老年人权益保障法律体系尚处于由行政法规向国家立法过度的初始阶段和由国家分散立法向集中立法的过渡时期。法律及法规、规章的内容有一定的局限性：

（一）不能完全适应人口老龄化的需要。随着人口老龄化的发展，退休职工越来越多，大多数人领取退休金的时间越来越长，而国家的负担也越来越重，我国现行的老年人权益保障立法内容的基本特征是由国家包揽下来，这在退休人员并不太多的人口年轻型、成年型时期是可以做到的。但是，随着人口老龄化的发展，退休人员激增，并且养老时间由于平均寿命延长而大幅度增加，于是涉老问题日渐突出，相关立法滞后于老龄化的发展。比如，在处理涉老的民事纠纷方面，缺乏专项法律和法规依据。

（二）对老年人权益保障覆盖面狭窄。在我国，养老保障与就业是联系的，由于城乡就业方式不同，养老保障的城乡差别很大。社会保障一般只限于城镇的机关以及国有、集体的企业事业单位职工。而占老年人口多数的农村老年人，基本上与社会保障无缘。他们中的绝大多数人靠家庭子女赡养，其中一部分孤寡老人，靠民政部门救济。同时，随着多种经济形式的日益发展，一些中外合资、外商独资、私营企业、个体劳动者也尚未完全纳入社会保障的范围。老年人权益保障立法，没有做到对老年人的全覆盖。

（三）老年人权益保障立法缺乏科学性。老年人权益保障立法是一种严肃的法律行为。一般而言，一个国家的法律体系由宪法、法律和行政法规、地方性规章三大部分组成。宪法是一个国家的根本大法，是制定一切法律、法规和规章的基本依据，而行政法规、地方性规章的制定必须以宪法和相关的法律为依据。在我国，虽然宪法对老年保障做了原则规定，但多年来老年立法实践，基本上是通过行政法规、地方性规章加以规范的。许多法规、规章都带有明显的应急性、临时性的色彩，权威性不高、科学性不强。有关法规、规章和政策不统一，甚至互相矛盾，以至于出现执法不力、执法不严等问题。

四、完善我国老年人权益保障法律体系的建议

（一）完善老年人权益保障法律体系，既要着眼于当前需要，又要考虑长远发展。老年人权益保障法律体系，具有浓厚、鲜明的国情特色，包括历史的、民族的、思想文化道德等方面的优良传统和色彩，既具有法律性，又具有道德性（即伦理性）。确立老年人权益保障法律体系结构应该遵循的原则是：以宪法为法源，以民事、刑事、经济、行政等法律确定的原则为指导，以老年人权益保障法为龙头。这样，既维护了法制的统一和法律规范之间的相互协调一致，又突出了涉老法律的特点，便于执法机构执行法律，更好地、全面地维护老年人的合法权益。

（二）完善老年人权益保障法律体系，普适性规定和针对性规定要紧密结合。总体而言，《老年人权益保障法》作为维护老年人权益的一部专门法，是以年龄而不是需要来划分对象的，这忽视了老年个体的差异性。现实中，不同老年群体的需要和问题各不相同。一方面，老年人作为社会群体的一部分，维护老年人的合法权益，应该把握老年人的实际生活状况，深入了解老年人的共同性需求和差异性需求，在满足老年人基本生存需求的基础上，努力实现老年人的发展性需求和价值性需求，这是老年立法的起点和归宿。另一方面，我国老年人口众多，各地区经济和社会发展不平衡，使得我国的老年人群体在年龄层次、经济能力、生理状态、知识技能等方面存在较大差异，这就要求通过立法来保障老年人权益时，不能忽视这些方面的区别，要综合考虑不同情况来制定老年法规范，使立法符合老年人实际需求。客观上就要求老年立法不能搞一刀切，要区分地区、年龄、不同保险制度、不同健康状况的人群，区别对待、分类指导。老年人权益法律保障体系的完善要充分考虑到经济发展的不平衡性，不同年龄阶段，不同性别老年人的特殊需求，有计划分阶段的进行。

（三）完善老年人权益保障法律体系，需要制定如下法律规定。保障方面的法律：《养老保险法》、《医疗保险法》、《社会救济法》、《家庭赡养法》、《老年保健法》；老年事业和老年福利方面的法律：《老年事业发展法》、《老年福利法》、《社区服务法》；其他方面的法律：《退休法》、《职业培训法》以及城市规划和住宅方面的法律等。需要制定的行政法规：老年福利设施（福利院、敬老院、养老院、老年公寓、老年护理院、老年活动中心、老年医疗康复机构等）的管理条例或办法；扶持老年福利设施建设和经营的优惠办法；老年教育、老年大学、老年学校方面的法规；老年人参与社会发展方面的办法；农村老年人养老、医疗保险条例以及其他需要制定的规章、规定及决定等。

应对人口老龄化　破解养老难题
构建覆盖城乡的居家养老服务体系

山西省民政厅党组成员　省老龄工作委员会专职副主任　吴建强

老龄化问题、艾滋病问题、贫困问题是21世纪世界性的三大社会问题。截止2015年底，我省60岁及以上老年人口达530万人，占人口总数的14.45%，同期全省人口自然增长率为4.42‰，老年人口增长率为5.37%，相差12倍。据预测，全省老年人口将于2020年突破600万，2032年突破900万，2046年突破1000万，2050年将达到全省总人口数的31.79%。届时，每3个人中就有1位60岁及以上老年人。

随着人口老龄化的不断加剧，广大老年人的养老问题日益凸显。正如李克强总理所言，是“民之疾苦，国之要事”。积极应对人口老龄化，着力破解养老难题，不断满足老年人持续增长的养老需求，关系到每位老年人如何安度晚年，关系到千千万万个家庭的幸福合睦，关系到全社会的和谐稳定，是我们必须认真研究和解决的重大民生课题。

一、居家养老模式是破解养老问题的最佳选择

养老模式的选择是破解养老问题的前提和关键。目前，主要存在三种养老模式，即家庭养老模式、机构养老模式和居家养老模式。

从古至今，家庭养老模式一直是老年人养老的第一选择。但随着经济社会的发展，家庭养老模式遇到了前所未有的挑战。第一，伴随计划生育政策的实施和人们生育观念的变化，家庭养老功能正在不断弱化。尽管目前计划生育政策已经放开，但其效应的体现还需要相当长的时间。第二，随着工业化、城镇化进程的不断推进，劳动年龄人口迁移流动越来越频繁，范围越来越广泛。年轻人无论在时间上还是空间上都无法赡养老人。第三，老年人的养老观念发生了变化，许多老年人不再把“养儿防老”当作坚守的信条。

机构养老模式有其特殊作用，也有其无法解决的问题。第一，老年人口持续快速增加，养老机构的数量和容量根本无法满足。第二，高档公寓式养老机构，收费较高，中低收入老年人负担不起；中低端养老机构的建设、运营、管理需要投入大量的人力、物力、财力，政府财政压力很大；还有一部分是民办机构，但层次参差不齐，收费较同档次的公办机构高，社会信任度较低，大部分老年人不愿意选择。第三，老年人住在养老机构，离开了亲人和自己熟悉的生活环境，缺少感情交流，严重影响心理和精神状态。

居家养老模式是在社区由社会为高龄、空巢、独居、失独、失智、失能半失能等特殊老年人及普通居家老年人提供生活照料、医疗护理、家政服务、文化娱乐、精神慰藉等各方面服务的一种社会化养老服务形式。其优势有：第一，居住方式上的优势。居家养老模式在居住方式上与家庭养老模式相同，这既符合老年人需求，也缓解了投入大量资金建设养老机构的压力，吸取了家庭养老模式的优点，克服了机构养老模式的弊端。第二，服务形式上的优势。居家养老模式依托社会机构提供多种形式的服务，这是家庭养老模式和机构养老模式无法比拟的。第三，促进经济发展和劳动就业的优势。建立完善的居家养老服务体系需要医疗、餐饮、家政、零售、物流、通讯、法律等多行业的参与，能够直接带动和促进相关行业的发展，对于扩大劳动就业、促进服务业发展、形成新的经济增长点具有非常现实的作用和意义。

家庭养老模式虽延续多年，但已难以为继，机构养老模式侧重于少数特殊老年群体，无法解决大部分老年人的养老问题，唯有居家养老模式才是破解日趋突出的养老问题的重要出路和最佳选择。

二、构建覆盖城乡的居家养老服务体系

城市与农村地域环境不同，经济社会发展水平不同，基础设施条件不同，老年人的思想观念、经济收入、文化背景、养老服务需求也不同。因此，构建居家养老服务体系，必须区别予以设计、建设、运行和管理。

（一）城市社区居家养老服务体系

1. 基本架构

城市社区居家养老服务体系以社区综合服务中心（非营利性法人单位）为平台和枢纽，由五部分组成，分别是：社区信息系统（包括老年人及其家庭基本信息数据库、居家养老服务综合管理系统、呼叫系统、视频监控系统等）、服务供应商、服务人员（包括社会工作者、公益岗位人员、志愿者等）、社区及物业公司、监督管理部门。

2. 建设方式

在城市社区建立社区综合服务中心。全省城市社区共2407个，人口在5000人以上的社区均须建立1所综合服务中心，5000人以下的社区可按照就近原则，与邻近社区共用1所综合服务中心，或2～3个社区建立1所综合服务中心。通过新建、扩建、改建、购置等方式，因地制宜的在社区建设综合服务中心。鼓励通过整合、置换、转变用途等方式，将闲置房屋改造成用于综合服务中心办公用房。可与日间照料中心、“星光老年之家”等整合使用。

3. 资金来源及投入方式

（1）政府投入。

（2）社会力量（包括企业法人、社会组织、民间资本等）投入。

4. 运作方式

（1）服务受理和提供。老年人有服务需求时，向社区综合服务中心提出预约申请，申请经服务中心受理后，需按照收费标准先行缴纳费用，确认缴费后，由服务中心联系服务供应商和服务人员，确定服务时间并提供上门服务。

（2）服务项目和收费。由政府管理监督部门选择确定服务供应商，与其签订服务协议，确定服务项目和收费标准。服务供应商按照社区综合服务中心提供的服务需求、服务时间，安排服务人员提供服务。服务费用由社区综合服务中心按照收费标准，于接到老年人服务预约申请时先行收取并保管，待确认服务完成并回访反馈无异议后，定期与服务供应商结算。

（3）服务分类和补贴。老年人思想观念、经济收入、文化层次、工作性质、人生背景等各不相同，其养老服务的需求度和满足度存在较大差异。需要制定分类服务标准和细则，可以按照服务质量和收费，设置高、中、低三个档次，满足不同层次老年人的需求。同时，对于“三无”、失能半失能、失智、残疾、经济困难等老年人，政府应当给予分类补贴。采取政府购买服务的方式，按照老年人的困难程度，设置补贴档次，以服务券或服务卡的形式，按月或按季度，定期发放给受补贴的老年人。

（4）服务人员的职责和管理。参与居家养老服务的所有服务人员，均须在社区综合服务中心的统一管理和调配下开展服务工作，并在其服务得到社区综合服务中心的回访反馈确认后，进行费用结算。社会工作者和公益岗位人员采取向社会公开招聘的形式进行录用，签订劳动合同，由社区综合服务中心进行管理。社会工作者和公益岗位人员的基础工资由政府以购买服务的方式支付，同时根据提供服务的内容和次数进行定量计费，作为基础工资之外的收入。志愿者按照自愿原则，在社区综合服务中心的统一安排下，为老年人提供服务，服务期间的意外伤害保险由政府为其购买。鼓励开办“爱心时间银行”，由社区综合服务中心组织低龄健康老年人为高龄、空巢、病残老年人提供居家养老服务，并储存“爱心时间”，当自己需要服务时，从“爱心时间银行”提取相应的被服务时间，形成梯队服务效应。

（5）医疗机构的服务与衔接。按照就近原则，选择医疗机构作为社区综合服务中心指定医疗服务单位，并签订合作服务协议。基层医疗卫生机构要为社区高龄、重病、失能、部分失能以及计划生育特殊家庭等行动不便或确有困难的老年人，提供定期体检、上门巡诊、家庭病床、社区护理、健康管理等基本服务。

（6）意外和紧急情况的处理。社区综合服务中心依托呼叫系统和家庭视频监控系统进行老年人意外事件和紧急情况的处理。呼叫系统和家庭视频监控系统的安装和使用必须经过老年人或其赡养人同意，并签订协议。呼叫系统和视频监控系统发现老年人出现异常情况，须及时与赡养人取得联系，进行相应处理；如赡养人不能到达现场，经其同意，社区综合服务中心工作人员可持备用钥匙（签订协议时规定其保管和使用权限）入户，并视具体情况进行救援和处置。

5. 考评与监管

由民政部门牵头，协同老龄、发改、财政、卫生计生、司法、商务、综合治理、税务、工商、物价等部门组成联合考评组，对社区综合服务中心、服务供应商、服务人员，以自然年度为考核周期进行绩效考核评估。新闻媒体、社会各界可提出意见建议，发挥舆论监督作用。引入淘汰机制，对排名靠后的社区综合服务中心、服务供应商、服务人员作出相应处罚，对造成严重恶劣影响的予以解约。

（二）农村居家养老服务体系

随着农村青壮年劳动力大量流入城镇，农村老年人空巢化现象较城市更为严重，加之农村老年人的经济收入、社会保障、生活设施都明显落后于城市，解决农村老年人的养老问题面临更大的困难和挑战。

照搬城市社区居家养老服务的模式，显然不是解决农村老年人养老问题的有效方式。我省农村山区多、老区多、边区多、贫困地区多，农村老年人经济收入水平普遍较低，对居家养老服务的需求主要集中在医疗保健护理和日常生活照料方面。针对农村实际，应当着力构建和发展“以老年人邻里互助服务为主，社会工作者和志愿者服务为辅”的农村居家养老服务体系。

1. 基本架构

农村居家养老服务体系以村综合服务中心（非营利性法人单位）为平台和枢纽，由四部分组成，分别是：信息系统（包括老年人及其家庭的基本信息统计表、呼叫系统等）、服务人员（包括社会工作者、志愿者等）、村委会及村老年协会、监督管理部门。

2. 建设方式

我省现有建制村28079个，人口在500人以上的村需建立1所村综合服务中心，500人以下的村可与邻近村共用1所村综合服务中心。村综合服务中心办公用房，通过新建、扩建、改建、闲置房屋改造等方式取得，可与村老年协会、日间照料中心、“星光老年之家”等整合使用。

3. 资金来源及投入方式

（1）政府投入。

（2）社会力量（包括企业法人、社会组织、民间资本等）投入。

4. 运作方式

（1）服务的受理、提供、收费和人员管理。有服务需求的老年人向村综合服务中心提出申请，按照收费标准预交费用，并由村综合服务中心先行保管。由村综合服务中心联系安排本村居民或低龄健康老年人，为邻近居住的老年人提供服务，村综合服务中心根据服务反馈，定期向服务人员支付报酬。社会工作者按照村综合服务中心的安排，为老年人提供服务，基础工资由政府以购买服务方式支付，并根据服务的内容和次数收取费用作为基础工资之外的收入。参照城市居家养老服务体系，鼓励开办“爱心时间银行”。

（2）服务分类和补贴。参照城市社区居家养老服务标准，结合农村实际进行设置。

（3）医疗机构的服务与衔接。参照城市社区居家养老服务模式进行，并可与乡村民间医生合作开展日常医疗服务。

（4）意外和紧急情况的处理。村综合服务中心依托呼叫系统和服务人员反馈进行老年人意外事件和紧急情况的处理。呼叫系统或服务人员发现老年人出现异常情况，须及时与赡养人取得联系，进行相应处理；如赡养人不能到达现场，经其同意，村综合服务中心工作人员或服务人员可持备用钥匙（签订协议时规定其保管和使用权限）入户，并视具体情况进行救援和处置。

5. 考评与监管

参照城市居家养老服务体系考评与监管方式进行。

三、保障措施

构建覆盖城乡的居家养老服务体系是一项庞大的系统工程，当前，需要着力做好以下几方面工作：

（一）完善相关政策

2008年全国老龄工作委员会办公室会同国家发改委、民政部等十部委联合出台了《关于全面推进居家养老服务工作的意见》，2013年国务院印发的《关于加快发展养老服务业的若干意见》中提出要“大力发展居家养老服务网络”，2014年省政府出台的《关于加快发展养老服务业的意见》中提出要“推进居家养老服务网络建设”。但目前，我省省级层面还没有制定关于全省居家养老服务工作的专项政策。

同时，与居家养老服务配套的相关标准、具体实施办法也需完善，例如，政府在规划立项、用房用地、财政资助、税收减免、金融扶持、水电用工等方面的优惠政策，失能半失能、失智、残疾、经济困难等老年人的补贴标准，服务供应商准入标准和服务标准，服务项目分类标准和收费标准，服务人员薪酬标准，监督管理和考评办法等。

（二）推进市场化进程

政府推进居家养老服务体系建设，不应采取包办方式，而应明确职责定位，从居家养老服务的生产领域退出，转换为引导者、推动者和监管者。随着市场在资源配置中决定性作用的日益凸显，政府需要承担的是居家养老服务的兜底功能，其余的绝大部分服务需求必须通过市场来解决。因此，要大力引导和鼓励企业法人、社会组织、民间资本等社会各界力量参与到居家养老服务体系建设中来，满足广大老年人多层次、多样化的服务需求。

（三）探索资金投入机制

引导社会力量投入居家养老服务体系的建设和运行，需要一个组织，将他们汇集在一起，进行协调管理并发挥作用。建立实行理事制、会员制，是一种有效的方式。

组建“山西省居家养老产业发展促进会（联盟）”，或依托“山西省老龄事业发展基金会”，作为汇聚社会力量开展居家养老服务的组织载体。将有公益心、有意愿参与居家养老服务业的企业法人、社会组织、民间资本等社会各界力量，吸纳为理事、会员，组织协调他们参与居家服务体系的建设和运行，既可以缓解政府财政在居家养老服务方面投入不足的压力，也畅通了社会力量参与居家养老服务业发展的投入渠道和运作方式。

（四）加强人才队伍建设

逐步实行居家养老服务从业人员职业资格认证和持证

上岗制度。引进专业社会工作者和高等院校社工专业毕业生，提高服务的专业化水平。

建立志愿者激励制度和回报制度。人社、工会等有关部门应建立激励制度，对长期从事志愿服务并受到老年人好评的志愿者，进行表彰，并同其本人的考核、职务晋升、工资调整等挂钩，形成激励机制。通过激励制度和回报制度，激发志愿者服务的积极性，吸引更多的人参加志愿服务，使居家养老服务志愿者队伍不断壮大。

党的十八届五中全会提出“积极开展应对人口老龄化行动”，构建覆盖城乡的居家养老服务体系正是贯彻落实全会精神的具体举措。随着我省经济建设、政治建设、文化建设、社会建设、生态文明建设水平的不断提高，随着老年人养老观念的不断变化和生活方式的不断改变，居家养老服务必将迎来越来越广阔的发展空间。坚持发展居家养老服务，不断满足老年人日益增长的养老服务需求，努力构建社会化、市场化、规范化、专业化的居家养老服务体系，三晋大地503万老年人的养老问题必将得到积极有效的解决。

兴安盟地区养老机构信息化建设研究

内蒙古自治区兴安盟老龄办　王为峰

一、背景

中国目前已经有2.03亿多老人，近期老人事故频频发生，从5月份的河南某敬老院失火造成38位老人死亡，到目前的长江翻船432人遇难；再追溯去年的湖南某敬老院8位老人被护工杀死，黑龙江某敬老院4名老人睾丸被割掉。从重庆9个敬老院连续被盗，近4万元老人现金被盗；再到护工虐待老人等等。这些令人悲伤、令人愤慨的事件都和信息化建设有密不可分的关系。举例分析，如果在河南失火的敬老院有烟雾传感器和温度传感器，在发生火灾前就会提前告警，就会把火灾消灭在萌芽中，就不会燃起如此大的火灾；如果老人都佩戴室内定位卡，求援就不会持续几个小时；就不会有如此多鲜活的生命化为灰烬。同样，如果老人睾丸被割敬老院安装警告系统，这样的悲剧就不会发生。而防火系统、告警系统、防盗系统都属于信息化建设的内容。

同样在兴安盟地区也分布着几个大大小小的养老机构，有公办的也有民营的。据调查，不少民办养老机构连基本的报警系统都没有安装。居住在里面的老人，存在各种安全的隐患。因此，信息化建设是当务之急。

二、信息化建设的基本要求

尽管本地区的经济发展相对一线和二线城市落后，养老机构的信息化建设不可照搬一线和二线城市的模式。但信息化必须满足老人在生命安全、财产安全、健康安全、食品安全和服务安全的需求。那么，下面一些配置能满足这几方面需求。

（一）避免火灾的设施

任何物品都有燃点，比如棉质物燃点一般为150度左右，而木制品的燃点为250～300度。对敬老院而言，可以增加温度传感器，在这些易燃物品达到之前就进行报警，这样就可以预防火灾的发生。对烟雾传感及温度传感参数的传递及报警属于信息化的内容之一。

（二）避免财产被盗的措施

在敬老院要安装高灵敏度的防盗系统，比如通过压力或震动传感器来进行报警。目前的门磁和红外技术，是当盗窃者破门或破窗后才进行报警，属于事后报警。对于年迈的老人，听力和视力都跟不上，即使发现小偷也无能为力。所以高灵敏度的防盗系统也属于信息化系统的内容。

（三）确保健康安全的措施

为了确保老人的健康就要经常进行体检，最快捷的就是把体检设备搬到老人的身边。所以，利用电子检测设备，比如电子血压计、电子血糖仪、电子心电仪、血氧仪、尿检仪、脂肪仪等，老人自己或者在护工帮助下可以做经常性的检测，这些参数通过网络被推送到监护医生或老人子女手上，这样就可以进行健康呵护，疾病预防。因此，确保老人的健康安全也是信息化建设的依据。

（四）确保食品安全的措施

病从口入，对蔬菜要进行农药残留的检测，把这些检测数据公开，并放在数据库存底，不合格的蔬菜一律不能食用。这些检测的数据的传输也要依赖于信息化网络。因此，敬老院信息化网络也要传递和存储食品检测数据。

（五）确保服务安全的措施

敬老院要推崇阳光下的服务，护工在做服务时可以开启无线监控系统，把过程自动记录下来，利用网络传递数据库。管理者可以根据这些视频对护工的工作进行评价，家属可以根据这些视频对护工进行奖赏。所以，服务视频化是信息化建设的一项内容，这样可以杜绝虐待老人的悲剧发生。

（六）信息化建设要保证老人的生活方便

信息化建设要一方便老人生活为依据，比如老人记性差，可以做一些提醒的产品，比如：电子药盒。对于手不方便的老人，可以在产品功能省增加语音识别功能。房间的电器可以用一个简单的装置进行控制等等。老人的手机也要以方便生活为依据，而不能一味地追求便宜。

三、信息化建设的基本配置

为了实现上述所列的各种需求和措施，该系统必须包含下列基本设备：

1）烟雾报警系统

2）温度告警系统

3）紧急呼叫系统

4）高灵敏防盗系统

5）身体参数检测系统

6）微型视频监控系统

7）蔬菜农药残留检测

四、信息化系统选择

目前市面上的信息化系统有下列几种：

1）纯信息化软件系统

该系统包括老人基本信息，比如年龄、性别、常见病、爱好、职业、家属信息、享受的各类服务列表、护工基本信息、养老基本信息等等，该系统对日常工作管理非常有好处。

2）紧急报警系统

该系统以433M系统居多，类似于医院的呼叫系统。由于该系统只有9.6Kbps宽带，只能传递告警信息。

3）智慧养老综合管理系统

该系统采用WiFi作为骨干系统，最底宽带11Mbps，可以传递各类报警信息，包括火灾报警、防盗报警、视频监控、下行广播、电话会议、食品检测和身体参数检测等。目前北京金坤科创开发的智慧养老综合管理系统，无论在性能还是在功能上都走在了业界的前列，完全满足养老的五个安全要求，是敬老院的首选系统。

农村留守老年人关爱服务体系建设研究

吉林省四平市老龄办　李凯

农村留守老人是指常年居住在户籍所在地、年龄不低于60周岁且子女外出务工6个月以上的老人。农村留守老人关爱服务体系是指与经济社会发展相适应，以满足老年人服务需求、提升老年人生活质量为目标，面向农村留守老人这一特殊群体所提供的生产帮助、生活照料、康复护理、精神慰藉、紧急救援和社会参与等设施、组织、人才和技术要素形成的网络，以及相应的服务标准、运行机制和监管制度。

随着我国城市化进程的推进和农村转移人口的增多，农村留守老人问题日益突出，已经引起社会各方面的关注。目前，农村留守老人普遍存在收入水平低、社会保障不健全、缺乏生活照料和精神慰藉等问题。完善农村留守老人关爱服务体系，满足留守老人经济、生活照料和精神方面的需求，不仅是党和政府以人为本执政理念的要求和社会公平正义的体现，同时也有利于创新农村社会管理，推进城乡一体化建设和构建社会主义和谐社会。

为了获取我市农村留守老年人关爱服务体系建设方面的资料，2015年8月，四平市老龄办同梨树县老龄办共同对梨树县的3个镇12村的留守老人进行了抽样调查，调查的形式为问卷调查和访谈。本次调研共发放调查问卷136份（农村留守老年人调查问卷120份，村/社区调查问卷12份，乡镇调查问卷3份，县调查问卷1份），共收回有效调查问卷120份（农村留守老年人调查问卷105份，村/社区调查问卷11份，乡镇调查问卷3份，县调查问卷1份）。

一、目前农村留守老年人状况

（一）留守老人的基本状况

从年龄上看，60～69岁的老人占62%，70～79岁的占37%，80岁以上的则很少，仅占1%。从有无配偶上看，82%的老人有配偶，丧偶的占15%，从未结婚的占3%。在文化程度上，留守老人的文化程度普遍较低，其中文盲占24%，具有小学文化（包括私塾）程度的占58%，初中及以上的仅占18%。

（二）经济收入状况

从收入状况看，留守老人的收入主要由四部分组成：

一是养老保障收入。我国农村养老保障实行低支付、广覆盖的政策，中央确定的基础养老金标准为每人每月55元，地方政府可以根据实际情况提高基础养老金标准。梨树县农村一般标准是每人每月75元，保障水平较低。

二是土地收入。部分留守老人虽然年纪较大，但由于子女在外地务工，难以回家，播种收割等主要农活不得不由老人承担，农忙时期需要雇人完成，除去成本，每户来自土地的收入年均1.47万元。由于身体原因不能自行播种的，则会将土地转租给他人，土地租金年均收入为每户8000元。本次调研中，有32%的老人可以自行从事农业活动，其余68%的留守老人选择转租。

三是做零工收入。本次调研中，有18%的留守老人能够通过打零工来增加家庭收入，但由于年龄偏大，以及身体等原因，只能做一些看门、打扫卫生的工作，无法从事重体力劳动，每月收入只有1200元左右，每年也只能保证工作6个月，但却能为家庭带来7200元的年收入。

四是来自子女的供养。由于子女对老年人的态度不同，再加上自身务工的收入水平不同，留守老人从子女那里取得的收入也有比较大的差异。有72%的留守老人的子女每年能给父母3000元，28%的留守老人不能通过此项增加收入。

总体来说，如果留守老人身体条件较好，能够从事农业劳动、打零工并且子女孝顺，一年的收入可以达到2.58万元。本次调查的留守老人，平均年收入为1.4万元。

（三）健康医疗状况

接受调查的105位留守老人，身体状况比较健康，有72%的老人能够独立接受咨询和自行填写问卷，20%的老人需要协助完成调查，8%的老人需要有人代为完成。在“您患有下列慢性病”选项中（多选），患有心脑血管疾病的人数最多，达到了52名，其次的是骨关节病47名，排名第三的是高血压和慢性肺部疾病，各10名，有18名的老年人身体完全健康。当问询老人去的最多的医疗机构时，有42%的老年人选择在村内私人诊所或卫生室接受治疗，33%的老年人选择乡镇/街道卫生院，25%的老年人选择县级以上医院。目前得益于医疗保障水平提高，105位留守老人全部参加了新型农村合作医疗保险，达到了100%覆盖，但这105位留守老人都没有参保商业医疗保险。

105位老年人在对自己健康状况自评时，有63%的老人对自身状况表示满意，37%的老人表示比较差或非常差。

（四）照料护理情况

接受调查的留守老人，身体比较健康，仅有10%需要照料护理，且目前都有护理人，护理人全部为配偶。在向其询问“愿意在哪里接受护理服务”选项时，由于传统观念的影响及经济条件的制约，84%的老人选择在家，仅有16%的老人选择可以考虑养老机构，费用绝大多数选择1000元每月以下。当问到老人目前需要哪些社区老龄服务项目时（多选），57名老人希望能提供了上门看病服务，18名老人希望能有康复护理服务，35名老人需要助餐服务、助浴服务、上门做家务等服务，由此可见留守老年人的需求已经多元化。

（五）社会参与状况及精神文化生活状况

调查结果显示，留守老人有68%没有参加过社会公益活动，105名老人中，仅有5人参加了基层老年协会，其余100名老人没有参加。没有参加的原因中，比例最大的是村一级没有成立基层老年协会，占到了67%，排在第二的原因是对基层老年协会没有兴趣，占到了19%。在精神文化生活上（本选项为多选），105名老人有102名老人选择了看电视/听广播，30名老人选择了散步/慢跑，5名老人选择了读书/看报，可以看出，留守老人的精神文化生活比较匮乏。

由于子女经常在外工作，每年回家时间较短，因此有11%的老人感觉到自己很孤独，36%的老人选择了有时会感觉孤独，有12%的老人认为自己的生活很不幸福。

二、留守老人面临的困难和问题

不同年龄段的老年人，尽管他们会有不同的需求，但把这些需求归纳后，基本都会涉及经济供养的需要、生活照顾的需要、精神慰藉的需要三个方面。因此，本次调研把目前留守老人面临的困难和问题，将按这三个方面进行阐述。

（一）经济供养方面的问题

经济供养方面主要包括满足老年人对衣、食、住、行等方面的物质需求，健康保健需要以及医疗费用等的供给需要。

总体来说，目前留守老人的平均年收入为1.4万元，能满足目前老人物质方面的需求及健康保健的需求，老人面对最大的问题是医疗费用。

105位老人中，60～69周岁的留守老人身体比较健康，医疗支出为人均1500元每年；70～79周岁的留守老人身体条件开始变差，医疗支出为人均2500元每年；80周岁以上的留守老人医疗支出递增明显，人均年支出已经达到5000元。虽然新农合已经达到了100%覆盖，但面对突发的、大额的医疗费用，新农合的保障力度则杯水车薪，难以满足，所以医疗费用的问题是农村留守老人面对的最为严重的问题。

（二）生活照顾方面的问题

生活照顾是指老年人得到衣食住行等方面的生活服务，特别是在半自理或完全不能自理的情况下，获得日常生活起居照料帮助和看护服务。留守老人面对的生活照顾问题主要有以下三个方面：

一是受到“养儿防老”等传统观念的影响，绝大多数选择居家养老，这在老人身体条件允许的前提下，确实是比较理想的养老方式。但随着年龄的增加，老人的自理能力逐渐下降，居家养老将无法满足老人的需求，居家养老的弊端逐渐突显。

二是目前养老机构覆盖范围严重不足，仅仅乡镇一级能够提供数量不多的床位，村一级则没有养老机构，无法满足农村留守老人的需求。

三是基层老年组织没有发挥出其应有的作用。近几年来，虽然我市在居家养老大院和基层老年协会建设上取得了一定的成就，覆盖的村屯逐年增加，但是由于专项资金的匮乏和专业的老年护理员数量上的严重不足，基层老年组织仅能提供日常娱乐活动，对于日间托养、家庭护理等服务暂时无法提供。

（三）精神慰藉方面的问题

精神慰藉就是老人在精神上有依靠，感情上有交流，满足老人日常交往，文化娱乐、亲情感受和社会赞誉等方面的需求。

人到老年以后，心理上特别需要受到理解、尊重和关爱。子女的孝顺、亲属的关心、社会的肯定都是老年人的精神需求。精神慰藉的满足可以体现在两个方面，其一是从家庭、社会中获得满足。其二是培养和发展兴趣爱好、养成良好的个人心态是许多老人在精神上感到满足的重要内容。农村留守老人由于子女长期工作在外，无法从家庭生活中获得满足，而基层老年组织由于功能不完备，不能很好的为老年人提供服务或组织老年人活动，因此，目前农村留守老人普遍无法获得精神慰藉，文化生活比较匮乏。

三、目前工作面临的困难和问题

（一）重视程度不够，资金投入不足

一些部门对关爱留守老人的工作仅停留在一般号召上，重视程度不够，即便已经出台了相关政策，但由于没有硬性规定，操作性不强，也无法落实。对此，党委、政府办公室也没有展开专项督查。并且由于工作机制不健全，部门间各自为战，无法形成合力，工作没有持续性。

资金投入方面，参与调研的11个村，在2014年度全部没有专项的老龄工作经费，资金匮乏是各村老龄工作最需要解决的问题。农村留守老年人关爱服务体系的建设需要大量的资金投入，目前省级财政没有给予倾斜，即便省级财政补助了一部分，市、县一级也无法进行配套。如2012年，我委的养老示范中心项目，虽积极争取到550万国家资金，但由于市财政资金无法配套，在一定程度上影响了建设质量和效果，限制了其作用的发挥。

（二）农村养老机构建设相对滞后，入住率不高

参与调查的3个乡镇和11个村中，乡镇一级都有养老机构，不过床位和服务人员非常有限；11个村中，仅有1个村有养老机构。可以看出养老机构建设非常滞后，但即便如此，农村养老机构的入住率仍然不足50%。

造成这种情况的原因主要有：一是乡镇养老机构的支出由乡镇政府负担，许多农村乡或镇财力有限，造成床位严重不足，居住条件不佳，并且缺乏专业护理人员，养老机构对于老人来说吸引力不大。二是受到固有的“养儿防老”思想的影响，许多老人认为，只有无儿无女的人员才去养老院，自己有子女，进入养老院会遭人笑话，不愿进入养老机构，入住养老机构老人数量的不足也一定程度上限制了民间资本投资兴建养老机构。

（三）基层医疗卫生条件落后，从业人员水平普遍较低

参与调查的11个村中，有8个村有私人诊所，1个村有社区卫生服务中心/站，2个村有乡镇卫生院。大多数农村存在基层卫生条件落后，从业人员水平低，只具备输液、伤口包扎等基本医疗技能，只能对感冒、上火等一些常见病进行治疗。农村老人患病，稍微严重一些，就必须到离家较远的县医院或市医院进行救治，而留守老人的子女又不在身边，一旦突发疾病，很难得到及时救治。

重大疾病医治方面，虽然新农合已经在农村实现了全覆盖，但由于规定不同级别的医院医疗费用报销比例不同，医院级别越高，报销比例越低，并且105名老人没有任何人购买商业健康保险，一些家庭条件不好的农村老人得了重病，仍存在难以支付医疗费用的问题。

（四）农村老人精神文化生活匮乏

对留守老人的调查问卷中，105名老人中有102名老人的日常消遣活动选择了看电视/听广播，可以看出目前农村留守老人精神文化生活十分单调。

参与调查的11个村中，由于专项资金不足，7个村没有任何文化娱乐设施，其余4个村有4个露天健身器材场地，1个老干部活动中心，和1个老年活动中心，数量上不能满足老人的需求。在2014年，有6个村没有组织老年人文化娱乐活动，截至到调研结束，2015年也只有3个村已经组织了老年人文化娱乐活动。

可以看出，目前农村老年文化娱乐设施建设滞后，大多数村庄没有建立老年活动中心。即使建立了老年活动中心，也存在设施简陋、资金短缺等问题，不能满足目前农村留守老人精神文化生活的需求。由于子女经常在外工作，每年回家时间较短，而文化娱乐设施建设的滞后，造成留守老人在精神文化生活方面十分匮乏，因此有11%的老人感觉自己很孤独，36%的老人选择了有时会感觉孤独，有12%的老人认为自己的生活很不幸福。

四、关于农村留守老年关爱服务体系的一些建议

（一）市委、市政府提高重视，各部门联动支持

市委、市政府应加强各级对老龄工作的重视程度，统一安排部署老龄工作，各部门相互联动支持老龄事业，严格落实优待老年人政策，切实加强各级对老龄工作的重视程度。

（二）引导老年人转变传统养老观念，积极参与社会活动

长期以来，养儿防老是农村老人的普遍心态。在大量农村劳动力转移的今天，社会化养老已是社会发展的必然

趋势。因此，在广泛倡导年轻人尊老、爱老、养老社会风尚，加强社区养老功能的同时，各级政府应通过宣传教育等多种途径，引导农村留守老人转变观念，树立新的养老观念，接受多元化的养老方式，积极进行再社会化，使农村留守老人能够主动参与各种社区活动，逐步转变“养儿防老”单一的养老方式，减少对子女心理上的依赖和孤独感，保持乐观、健康的心态，提高自身的生活品质。

（三）加快农村养老服务机构建设及规范化进程

按照居家养老为基础、社区服务为依托、机构养老为骨干的发展思路，建立覆盖城乡的社会化养老体系。

各级政府要加大资金投入，建设一批示范性的农村养老机构，既可以对后续建设的农村养老机构进行服务业指导，又可以提供养老服务人员的培训，逐步实现养老机构规范化运营。农村养老机构应拓展服务对象和服务方式，向农村老人提供寄养代养、日间托养、家庭护理、配送餐饮等服务，满足农村老人日益增多的需求。

积极引导、鼓励、培植民间服务机构，建立基层老年协会等非政府组织。对于民办养老院、老年服务中心等，应提供更多的优惠政策。

（四）完善农村医疗保障体系

老有所养、老有所医是社会主义和谐社会的重要建设目标。为满足农村居民的医疗卫生需求，应采取以下措施。

一是政府为主导，多渠道地筹集资金，改善农村医疗卫生条件。

二是加强农村卫生人才队伍的建设，提高医疗服务质量。由于农村经济的制约，很难吸引高素质的卫生人才。应调整农村医学教育方式，要有为农村专门培养医学人才的学制教育。同时应该完善继续教育机制，将在乡镇卫生院工作的中专以下学历的人员通过考试进入成人或医学院校进修学习，毕业后再回乡镇卫生院工作。并且要对基层医务人员进行适当补助，提高他们的工资待遇和生活水平。这样才能培养适合农村的、在农村能留得住的、素质较高的农村医疗卫生人员。

三是鼓励购买商业医疗保险，作为现行医疗保险制度有益的补充。不少农民认为：“合作医疗交小钱，保小病，没意思。”目前农民最担心的是突发的、大额的、能致贫返贫的医疗风险，而商业医疗保险则可以作为新农合的有益补充。如江苏江阴市，由政府牵头，建立由商业保险机构参与运作的全市性农村商业医疗保险制度。在确立了“行政领导、统一筹集、征管分离、定额补偿、专款专用、收支平衡”的总原则下，商业保险公司采用了定点医院、信息网络、医疗专项三管齐下的综合管理模式，为农民提供商业医疗保险。极大的解决了农民大病不敢就医的难题。

（五）加强土地流转，建立城乡统一的公共服务体制

农村留守老人由于身体原因，大多数不能亲自耕种，政府可以引导农村留守老人，将其承包土地经营权出租给大户、业主或企业法人等承租方，承租方可以现金或者提供养老服务等方式获得土地经营权。同时，可探索宅基地换住房，承包地换社保的方式，为农村留守老人开辟新路径。以重庆为例，被国家批准为统筹城乡综合配套改革试验区后，在土地改革领域率先进行大胆探索，创造了土地流转的九龙坡模式即宅基地换住房、承包地换社保。也就是说，农民放弃农村宅基地，宅基地被置换为城市发展用地，农民在城里获得一套住房。农民放弃农村土地承包经营权，享受城市社保，建立城乡统一的公共服务体制。

（六）健全城乡统筹的养老保障体系

目前农村老人养老金水平较低，一个月75元左右的养老金，很难让农村老人满足最基本的生活需求。因此，应尽快推进城乡统一的社会养老保险制度，不断提高农村居民基础养老金水平，让农村老人共享改革发展的成果。各级政府要将建立城乡居民养老保险制度列入当地经济社会发展规划和年度目标管理考核体系，切实加强组织领导。要优化财政支出结构，加大财政投入，为城乡居民养老保险制度建设提供必要的财力保障。

五、结束语

在大量农村劳动力转移的今天，农村留守老人的问题日益严峻，农村留守老人关爱服务体系的建立与完善十分迫切和必要。农村留守老年人关爱服务体系是一项系统工程，需要个人、家庭、政府、社会等多方支持力量的协同合作。其中政府应该发挥其主导作用，在发展农村经济、加快城镇建设的同时加大对农村留守老年人关爱服务体系的财政扶持，鼓励、支持、引导、监督社会化、市场化力量参与农村养老服务供给，探索多元化养老模式，并且要从老年人和农村的实际情况出发，构建不同层次、不同级别、多元化的关爱服务体系，以此满足不同老人的需要。只有这样才能逐步实现包括留守老人在内的农村老人都能老有所养、老有所医、老有所为、老有所学、老有所乐的目标。

加强农村养老服务平台建设的"永安经验"

——福建省永安市的"三自三助"颐老院养老模式调查报告

福建省老年学学会永安研究小组 吴刚毅 蒋丽萍

"出门一把锁，进门一盏灯"。这是当今农村不少空巢老人孤单生活的形象又真实的写照。根据《2014年永安市老龄事业发展统计公布》数字显示，目前全市60岁以上老年人达5.1万人，占全市人口的15.1%，其中农村老年人口2.75万人，全市空巢老人8150人，其中农村空巢老人6050人，全市空巢率16%，农村空巢率22%，比全市高出6%。如何有效解决农村家庭中的空巢老人养老保障问题，是促进推动农村改革发展所面临的一项重大社会课题。永安市自2011年以来，以"三自"（自愿、自费、自担）为原则，建立村民自治的农村空巢老人"三助"（自助、互助、帮助）颐老院，为破解农村特别是山区农村空巢老人养老难题，提供了一个可持续、可复制、可借鉴的样本。

三年多来，永安市从健全社会养老保障体系，建立新型农村养老制度出发，积极探索，努力实践，参照社区居家养老服务做法，通过开办互助食堂、增设照料订位，加强日间照料功能，建立农村空巢老人"三自三助"颐老院，开展适度集中互助养老服务，为空巢老人提供吃住、学习、健身、娱乐、康复等服务。目前，全市已建和在建的"三自三助"颐老院61个，已建成投入使用的50个，设照料床位210张。有开办老年互助食堂的"三自三助"颐老院20个，入住空巢老人200人。永安市创立的农村养老服务新模式在全省名列前茅，确实使农村老人享受到看得见摸得着的实惠。2014年3月份，全省老龄办主任工作会议设在永安召开，全体与会人员参观了西洋镇蚌口村、燕西街道上吉山村"三自三助"颐老院，2014年9月中共三明市委主办的《决策参考》、2014年11月12日福建日报视点栏目均做了全面介绍。以上是笔者对全市农村建点情况的调查了解后加以简要概述。

一、举措与成效

（一）坚持"三自"原则、"三助"方式办好颐老院，积极探索农村养老服务模式

1. 因地制宜，量力而行，强化自我管理意识，让农村困难老人能在家门口安享晚年。2011年，永安市在全省率先启动农村居家养老服务试点，探索农村适度集中互助养老模式，罗坊乡吴坊村建立了首个互助养老服务站"三自三助"颐老院。在该村的影响带动下，当年，全市就建成了8个农村居家养老服务站。颐老院的互助养老模式受到老年人及家庭和社会各界的好评。

2. 明确职责，强化自我服务意识，加快推进农村养老服务建设。把空巢、困难老人集中起来，实现统一管理服务是一个发展的方向，永安在实践中总结推出的"三自三助"模式，为农村养老解决了资金、场地、服务管理人员等系列问题。"三助"："自助"即依托家庭成员的赡养义务，老人尽其所能解决老人起居问题；"互助"即开展搭伙入住共同生活，老人各尽所长互相帮助解决生活照料问题；"帮助"即组织社会资源和志愿者义务帮助解决农村空巢老人生活照料和精神慰藉问题。"三自"："自愿"即老年 人自愿申请搭伙入住共同生活；"自费"即老年人搭伙入住生活费用由各人家庭自理；"自负"即搭伙入住的老年人风险责任自行承担。

3. 因陋就简，就近利用，整合公共资源，建设颐老院活动地点。各村把闲置的小学校舍、旧村部进行改造修建而成，建设了老年活动中心、建立了电教室、乒乓球室、棋牌室、健身室等。

4. 当日结清，民主理财，让老年人的钱花得明白。老人"三助"食堂伙食费开支使用，是大家所关心的事，为了减少质疑堵塞漏洞，通过民主选举出账目开销记录人员负责做好日常来往钱物的记录。

5. 动静结合，科学养生，组织老人适度参加体力劳动，既锻炼了老人的身体，又改善了老人的生活。在村颐老院里的老人，过着集体化的生活，除了要自我安排日常的伙食外，平时则根据老人的爱好参加跳舞、唱歌、做健身操、走棋、打牌、阅读书籍等娱乐活动。此外，有的建点村想办法找一块地，组织老人自己种菜，目前农村中60—70岁的老人，平时有适当参加体力劳动的习惯，适度参加体力劳动，能对老人起到锻炼身体的目的。

6. 以院为家，积极作为，注重发挥村老年协会主体责任。各养老试点村的老年协会都能自发地组织老人轮流值班。不仅负责开门、搞卫生、烧开水，还兼管了村里的农家书屋阅览室的管理，不拿一分报酬。

（二）共建"邻里友好、和睦相处"大环境，打造具

有永安特色的农村养老幸福家园

1. 推进服务平台建设，创新农村养老服务新格局。一是推进农村养老服务平台建设新进展。各乡镇依靠自身的力量，在社会各有关方面的支持下，依托颐老院服务中心，为老人解决食宿，养老娱乐等服务。二是发展农村志愿服务队伍。全市建立15个农村志愿者服务中心，150个服务站，244支服务队，农村志愿者人数达3656人。三是享受信息化社会特殊服务项目。吴坊村在村财十分困难的情况下，通过争取在电信部门的帮助下，率先在全市为本村老人配备89部“一健通”手机，拓宽了老人与外界联系的通道。

2. 推进农村养老文化发展，创新农村文明风尚。一是完善农村养老文体设施。建立村老年学校、老年日间照料室、健身活动室、棋牌室、图书阅览室、助老医疗保健室，建立家政服务网络，并增设了应急救助热线网络。各乡镇医院免费为老年人提供义诊，组织老年人参加知识讲座。二是发展农村老人文体队伍。以培育文化能人、骨干为抓手，发掘农村名人和草根精英，组建健身活动队伍和兴趣小组260多个。各村以“帮老、助老、敬老、爱老”为主题，开展组织山歌、红歌比赛，诗歌朗颂、知识讲座等丰富老年人的业余文化生活。三是开展修身养性高尚道德情操等主题教育活动。

3. 关心农村空巢老人的心理健康，减轻社会和家庭的压力，让老年人过上愉快而幸福的晚年生活。一是因人而宜，帮助解决心理疙瘩。组织青年志愿者与老年人聊天、沟通，讲故事等喜爱的活动，帮助他们做些事情，解除他们的困难。二是改善医疗保障措施，为他们建立健康档案。三是开展互助，减轻体力劳动负担。

4. 加强保障，把精神养老家园建设推向制度化、规范化。建立由政府牵头、老龄办主管、相关部门配合、乡镇农村具体实施的“三级联创”、“四体一位”精神养老家园建设组织体系，为精神养老家园建设奠定了坚实的基础，使这项工作经常化、制度化、规范化。

5. 搭建亲情呼叫系统，健全求救信息网络。以提供“紧急救援、生活照料、精神关怀”为内容，依托中心服务平台，构建居家养老服务热线、居家呼叫系统等便捷有效的求助和服务信息网络，为低保贫困老人免费安装“一键通”电话机，逐步实现农村养老呼叫网络全覆盖，有效解决老年人身体不安全、行动不方便导致的心理焦燥、心理波动等心理障碍。

6. 注重发展老年教育，提高老年群体文化知识素养。把老年教育纳入地方文化教育事业发展规划，政策上强化鼓励，经济上加大投入，形式上不断拓展，方法上加强引导，老年学校不但是老年人参加学习文化知识，丰富生活的重要阵地，同时也是老年人陶冶情操，实现精神养老的重要手段。

（三）加强组织领导和经费投入，不断强化基础保障

1. 摆上重要议事日程。市委市政府把农村“三助”康乐点建设列入为民办实事项目和服务业重点项目之一。通过市老龄办在调查总结的基础上，制定了《永安市农村空巢老人“三助”康乐点建设指导手册》，指导农村开展居家养老服务工作。

2. 及时总结推广典型。2012年3月通过召开现场会，积极推广罗坊乡吴坊村和小陶镇麟厚片建设“颐老乐园”（2013年全市统一称为“三助”康乐点）经验——开办老年互助食堂，提供住宿、娱乐等养老服务，有效地解决了农村空巢老人的生活照料、安全巡视和精神慰藉等问题。当年新建12个农村居家养老服务站。

3. 领导重视，提供经费保障。2013年7月1日，永安市委书记黄建平同志到吴坊调研，详细了解“康乐点”的运行管理，对吴坊村开展互助养老模式给予充分肯定，要求罗坊乡全面推广。10月8日，市委书记黄建平在市委常委（扩大）会议上部署，要求在有条件的村开展农村空巢老人“康乐点”建设。同时要求分管副市长亲自落实，年内各乡镇都要建立一个试点示范村。11月19日，市政府召开专题会议，提出建设实施意见，会议决定成立市农村空巢老人“康乐点”建设小组，分管副市长任组长，成员由相关部门组成。对每个示范村补助5万元。市财政预算安排补助资金65万元，采取以奖代补形式。今年3月，全省老龄办主任工作会议在永安召开，全体与会人员参观了西洋镇蚌口村、燕西街道上吉山村“三助”康乐点。

4. 试点村工作主动。西洋镇蚌口村新上任的党支书罗仙旺，新官上任三把火，第一把火就是拆掉祖宗房建“三助”康乐点。没有村财收入，他召开专题会议研究，把建设任务分解到村两委成员身上，2013年6月开会，8月动工，11月18日一个拥有290平米的“康乐点”建成，室外160平米广场供老人文体活动。“康乐点”建设用去26万元，其中的20万元是从市民政、老龄办、镇政府等各有关部门争取的。

永安农村“康乐点”融合了居家养老与机构养老两者优势，具有投资少、见效快、费用低、住得起、不离家又方便的特点，值得总结借鉴推广。

二、经验与特色

（一）把颐老院的建设列入经济社会发展的总盘子，为农村养老服务提供有力的保障。根据国家十二五社会养老服务体系建设规划和福建省政府关于加快社会养老服务体系建设的意见提出养老服务要覆盖半数以上的农村（建制村）的目标要求。永安市委市政府在（2014）28号会议纪要中提出坚持统筹兼顾的办法，把养老问题列入经济社会发展总规划，统一谋发、统一预算。2013年12月16

日，中共永安市第十二届委员会第五次全体会议讨论通过《中共永安市委关于贯彻党的十八届三中全会和省委三明市委全会精神深化重点领域改革的决定》，把“完善农村空巢老人康乐点建设机制”纳入“大胆探索实践，着力突破牵动永安发展的重点领域改革”，“创新完善农村发展的体制机制”内容，加快推进农村居家养老服务工作（永委〔2013〕58号）制定下发了《永安市委农村空巢老人“三助”康乐点建设意见》，为养老问题提供领导、资金、场地、设施等系列保障。

（二）立足实际，分清责任，确保养老事业的健康发展。永安的做法是选择自然条件、民风淳朴的村进行试点。在实施过程中，通过深入细致的做好思想宣传工作，使群众正确理解“三自三助”的深刻内函，尤其是风险自担，要正确认识对待这个问题，不能因为空巢困难老人入住居家养老后发生某种意外，就把责任推给社会政府，这不合情理。一个老人有这样那样的问题，或发生意外是正常的，关键是责任要分清。社会政府、居家养老、家庭都能履行各自应尽的责任。

（三）场地建设求实用，反对高档装修。农村闲置的公房都能充分利用起来，在场地建设上，各乡镇的态度是鼓励建设相对简易，投入较少的农村社区居家养老服务照料中心，主要以现有的农村老年活动中心为基础，因陋就简，整合利用现有基础设施、场地改造而成。有的是选择村里闲置或废弃的房子进行简单的改造装修。

（四）入住老人既是受助者又是志愿者。入住的空巢困难老人，平时他们都还有参加劳动的习惯，多数人都能生活自理，本着我为人人，人人为我的观念出发，彼此间，首先是建立相对稳定的结对互助关系，开展互助守望，其次是构建志愿者帮扶服务网络，借助团、妇、民兵等组织力量，建立由党员干部、热心村民及社会成员组成的志愿者队伍，规范志愿帮扶制度，为需要帮扶的困难老人提供各种义务服务。

三、困难与问题

人口老龄化发展，给经济社会发展、劳动力就业、社会保障等带来严峻挑战。在老年人口中，70%的老年人是生活在农村，农村养老方式正处在转型阶段，空巢老人日益增多，传统的家庭养老功能日益弱化，社会保障体系尚未健全形成等都影响着老人晚年的生活质量，对建立农村老人“康乐点”存在着一定的困难。

（一）社会养老保障体系不健全。家庭、集体和社会责任不明确，部分老人对建立“康乐点”、办老人食堂还处在观望当中。自己身上的一点小钱舍不得拿出来，一些子女总盼望父母由集体和政府承担养老费用，自己不承担主体责任。

（二）老年人的生活来源没有保障。许多老人身上没有太多积蓄，大部分老年人靠种地维持生活，每年靠种粮食、蔬菜等挣点小钱，或者靠子女一年给点零用钱，平时看病的钱，特别是老年慢性病的医疗费都难于支付，平时积蓄下来的几个钱都不够买药，出现了因病积贫、返贫。

（三）传统孝道观念淡薄。家庭养老的思想是体现传统的孝道观念，在很大程度上是决定了子女赡养老人义务的主要责任。因受到市场经济大潮的冲击和激烈的社会竞争，导致敬老、养老的价值观念日渐淡化，常常出现“娶了媳妇忘了娘”、“只顾小家不顾老家”、“宠幼轻老”的现象，这给老年父母的心理健康和晚年生活质量都产生了负面影响，经调查显示，有近三成的子女对父母感情麻木，不赡养甚至虐待老人的现象时有发生。

四、启示与建议

（一）建立完善农村养老责任体系的构想。解决农村养老问题是关系到促进农村深化改革，加快建成小康社会的重要课题。农村空巢老人养老问题必须建立由政府、社会和家庭共担当的机制。首先，当务之急必须构建符合农村实际的养老保障体系，健全法规，尽快完善法律责任。其次，充分发挥市场资源配置的作用，逐步使社会力量成为发展养老服务业主体，以社会化方式解决农村空巢老人生活困境；引导教育，弘扬孝道文化，营造良好的敬老爱老助老氛围；采取措施，督促子女依法履行赡养义务，让老人老有所养，老有所归，老有所终。

（二）要继续坚持宣传互助养老的“三助”原则不变。要通过不同场合、对象，采取不同形式，大力宣传家庭成员自助、老人之间互助、社会方面帮助是解决农村“空巢”老人生活照料和精神慰藉的重要渠道，要全面考虑统筹解决。要反复讲清“三助”责任的内容含义。进一步宣传“三自三助”颐老院采取“三自”（自愿、自费、自担）规范运作的重要现实意义。

（三）要拓宽自保自养的渠道，为促进加快建立完善农村养老社会保障体系的形成。在农村推行养老保险制度和发展老年福利基金，要本着“政府补一点、集体出一点、个人交一点”的原则，根据农村人口的现状特征，筹措资金发展养老保险和老年福利基金。有条件的地方，可以争取侨胞、台胞、企业家等社会名流等方面资助，也可以发动会员自我筹措或者通过村集体经济划拨等形式。创收基金以自我管理、自我服务、面向老人的“互助、互济”为准则，作为农村养老保障的一种有效补充，健全完善社会保障体系，切实提高农村老人的养老能力和后劲，从而推动加快建立完善农村养老社会保障体系的形成。

（四）要从实际出发，提高服务老人的能力。要因陋就简，不搞高档装修，不用高档家具，要体现安全、适用、方便，适合老人生活就行。在服务内容上突出“空巢”老人生活照料、精神慰藉和安全保护外，要让老人享受到医疗保健、文艺生活等其它服务。要整合卫生服务机构、乡村文艺的资源，在三助康乐点设置老年康复家庭病床和医疗室，定期向老人演出文艺节目，使老人减少寂寞，丰富老年人的精神文化生活，感受到社会的关爱，从真正意义上让农村老人在家门口享受到“养、医、乐、学”的各种养老服务。

（五）加强村老年协会的建设。村里已把关心老年事业发展摆上重要议事日程，老年协会要继续加强自身建设，做好服务老人的管理，特别是要以自然村为单位，建立养老互助小组。同时，老年人要主动关心村里集体公益事业的发展，带头树立良好的社会风气，为村里的发展当好参谋助手作用。尤其是要发挥老年人阅历深、经验丰富、有专业知识的特点，为村里的经济社会发展发挥余热，贡献自己的聪明才智。

构建失独家庭父母晚年幸福的思考与对策

江西省老龄办　肖守渊

一、形成失独家庭的现实特点

自计生政策和独生子女政策出台后，当今 421 家庭数量越来越多，一旦家中独生子女发生意外，家庭结构随之坍塌，失独父母将承受生理和心理双重风险。2013 年 3 月 3 日，中国致公党发表报告称我国现有 200 万老年人因无子女而面临养老、医疗、心理等困难，我国失独家庭数量不断增加且上升快的现状是不容忽视。为缓解失独家庭父母晚年生活困境，让失独老人老有所养、老有所尊、老有所乐，政府需要采取及时有效措施。失独父母因失独内心往往充满恐慌与生活绝望，对未来失去信心，无法及时适应身边社会环境而继续融入到社会，容易出现自我封闭与脱离社会现象，失独父母们养老就只能依靠政府和社会。

二、失独家庭父母再融入社会的主要困境

（一）政策性扶金低而无法确保基本生活。2008 年起，国家全面实施计生家庭特别扶助制度，独生子女伤残或死亡后未再生育或未合法收养子女的夫妻，自女方年满 49 周岁后，夫妻双方领取每人每月不低于 80 元（伤残）、100 元（死亡）的特别扶助金。2012 年起，特别扶助金标准提高到每人每月不低于 110 元（伤残）、135 元（死亡）。2014 年起，再次上调特别扶助金标准，其中城镇提高到每人每月 270 元（伤残）、340 元（死亡），农村提高到每人每月 150 元（伤残）、170 元（死亡），并建立动态增长机制。江西省 2013 年起计生家庭特别扶助进一步完善和提高标准，明确全省独生子女（含收养子女）死亡、女方年满 40 周岁且未再生育、未再收养子女的家庭，夫妻按不同年龄段发放特别扶助金，即：40～48 周岁的每人每月 150 元，49～59 周岁的每人每月 300 元，60 周岁以上的每人每月 500 元。针对独生子女（含收养子女）伤、病残、女方年满 49 周岁且未再生育也未再收养子女的家庭，夫妻按每人每月 130 元的标准发放特别扶助金。这些钱因物价因素对失独父母仍是杯水车薪。

（二）机构养老有门槛而出现安度晚年困惑。养老是失独家庭父母晚年的现实困惑。老人要入住当下养老机构都需有担保者签字，而签字担保人多为直系亲属，无直系亲属则须街道、社区或单位担保，但多数街道、社区或单位都不愿承担。笔者也走访南昌市部分养老机构，负责人都表示目前基本没有接纳失独老人，并告知机构养老必签入住协议和有担保人，否则出意外无人负责或监管。

（三）养医服务资源不足而造成日常照护缺乏。当前，我国养老服务和医护制度，因职业、区域不同的人员仍存在待遇的不同，加上社区服务和医疗资源的分布也多不合理、不均匀，带来突出的城乡差异、城城差异。调查的南昌市西湖区南浦街道据不完全统计有失独家庭 50 多户，其中 30%失独父母患了慢性疾病。

而且分散在社区的各类医疗服务机构如社区医院，其设备简陋，确实无法满足老人医疗需求，仅能看个小病。而失去独生子女后的父母，无子女关顾生活，常常易患各种慢性疾病，也易出现突发疾病，社区又无法满足老人的养老服务和医疗需要，特别是独居老人，独住家中因出意外较难被人及时发现。现实表明，受经济发展水平影响，针对失独家庭父母年迈和多病的政府性专门优先优惠、齐全到位的养护与就医等政策性保障很少，还存在保障水平参差不齐，保障效果难尽人意。

（四）社会关怀总体不足而隐含着群体性问题。笔者调查中感到，多数失独父母不愿与外界接触，不参加家庭外任何活动，也不愿向他人吐露心扉，甚至有的都不愿与亲戚朋友联系，形成失独父母长时间封闭自己而丧失社会能力，带来晚年生活郁闷、孤僻等心理与身体疾病，由此增加了失独家庭父母的社会关怀需求，这是失独老人忧伤心结急需帮助的主要环节。

不少失独家庭都不与外界接触而自我封闭中生活，假使家庭外主动关注少则他们极易出现潜在问题。相反，来自家庭外如社区和单位的关怀帮助及时到位，失独家庭父母就易走出失独阴影，重新面对生活。笔者查阅南昌市西湖区南浦街道社工组织的信息得知，多开展形式多样、独具特色的文体、健康、休闲的小组活动，帮助了不少失独者从悲伤中走出来，这种事例该街道有不少。

三、失独家庭父母再融入社会难的原因分析

失独家庭因独生子女死亡或残障，其稳固的家庭结构遭到破坏，失独家庭父母面临不少社会风险，容易被边缘化，出现物质匮乏、精神匮乏或物质与精神双重匮乏而往往难以融入社会。

（一）计生政策等制度性设计缺陷。制度设计的缺陷使失独家庭不断新增，且失独家庭与社会出现的隔膜，又难如从前正常参与社会活动，无法融入社会。国家在制定计生政策和独生子女政策时未料想到失独家庭的产生、未预估到意外的发生，使得公民积极履行计生义务时却遭受子女意外去世后的老无所养、老无所靠等痛苦。2001 年 12 月 29 日颁布的《人口与计划生育法》中第 4 章第 27 条规定："独生子女发生意外伤残、死亡，其父母不再生育和收养子女的，地方人民政府应当给予必要的帮助。"在法律上首次对失独者做出规定，但这种"给予必要的帮助"概念模糊，仅"帮助"而非强制性义务，这非强制性规定对地方政府是否实施就存在选择，且该条文中未明确标准，由地方政府自定标准，更难落实到位。现涉及失独家庭的政策主要由卫生计生委、民政或其他主管机构制定，实施中涉及多部门多领域，出现政策制定与实施脱节或不及时、好政策难切实执行等现象。来自江西省部分基层计生工作者、社区干部反映，因不同主管部门间政策不衔接、责任不明，出现申请扶助政策待遇屡屡遭拒的结果。同时，各地对失独家庭的保障也存在不平等问题，如独生子女伤残与死亡家庭的特别扶助政策，没有完善的法律政策体系，就无法真正保障失独家庭父母晚年幸福生活。

（二）社会保障总水平较低。对公民而言，国家财政支出的社会保险和社会福利（含社会救济等）总体偏低或补充不够。因此，只有国家财政提高对社会保障资金的支持力度，才能提高失独家庭所急需的社会福利性支出，促使失独家庭再次融入社会。目前我国社会养老保险制度处于完善阶段，我国基本养老保险制度囊括了新型农村养老保险、城镇居民养老保险、城镇职工养老保险、机关和事业单位养老保险等。对失独家庭，独生子女的失去，适度父母就面临老无所养、老无所靠境地，而养老是他们面对的最大问题，现行养老保险制度很难满足这类特殊家庭的养老需求。另据国家统计局江西调查总队服务业调查处 2011 下半年采用随机抽样的方法调查显示，南昌市老年人对社区养老服务有五大需求：体检、养生知识普及等保健服务，需求度达 100％；住房维修、家电维修服务，需求度达 98.15％；形式多样的文体休闲活动，需求度达 90.74％；家庭医生服务，需求度为 46.3％；保洁、送餐、上门做饭等家政服务，需求度为 38.89％。而这些需求在失独家庭中更为突出。

（三）医疗保障水平不足。依托问卷调查而显示，对"目前还不能满足老年人需要的服务"的选择，"诊治就医"位列第一；而在目前和今后主要担忧的问题，大多数家庭都首选"身体不好、行动不便"，次选"身体不好、行动不便"。护理照顾服务水平低下。护理照顾服务指主要面向病后、高龄、失能失独老人提供的生活照料、康复护理、精神慰藉、临终关怀等综合服务。随着老年人口高龄化，失独父母带病现象将更普遍，失能和半失能将逐渐增多，所需相关服务日益迫切。尤其是长期照料与护理服务，将是一个解决起来难度很大的社会问题。医疗保障水平不足成为失独家庭因病返贫主因。现实中，独生子女死亡原因多样，其中意外死亡与患病死亡占绝大多数，若意外死亡且责任不在死者时，父母或许能得到些经济赔偿。但若因病死亡，那父母就易因病返贫。数据显示，仅 2010 年我国 15～30 岁年龄段因病死亡者高达 264 万多，这些病逝子女的家庭往往因救治子女而倾家荡产甚至债台高筑。全国人大代表赵超在调查中发现，独生子女因病返贫比例高达 50％。我国不完善的医疗保障体制使父母往往得拼尽一切去救治处于重病中的子女，往往就导致其因病返贫。因地区间经济发展水平不一，各地政府对失独家庭医疗保障水平也参差不齐。失独家庭因缺乏较好医疗保障措施，看病难、看病贵成了他们对再融入社会新阻碍，若得不到很好医疗保障就容易阻碍他们再融入社会。

（四）社会支持体系零散。一个正常的家庭关系和稳定的家庭状态是家庭功能有效发挥的前提，失独作为重大的家庭事件则破坏了家庭正常结构，导致了家庭功能严重受损。独生子女死亡使原本稳定的家庭三角结构出现失衡。失独家庭的变故还带来亲属关系疏离，大部分失独父母表现出自我封闭与排斥外界、主动疏远亲朋好友。也有些亲属因担心会无意伤及失独父母而不知如何用适当的方式接触他们，加上中国传统"趋福避祸"思想，也导致亲友的疏离。因此，拓展失独父母社会支持网络，是打开失独者忧伤心结的重要手段。

（五）无子女赡养形成困境。失独家庭最大的困境就是失去唯一的孩子后出现养老难题，没有了孩子财力支持，虽然得到了政府部分补助，可物价因素，补助也难以维持日常基本生活，适度父母不可能有较好的养老水平，这种后顾之忧使得失独家庭较难再融入社会。

四、失独父母再融入社会与晚年幸福的对策

独生子女死亡后稳固的三角家庭结构被破坏，使家庭面临着更大的社会风险，失独父母常常处于被社会边缘化群体，物质和精神的匮乏或物质精神双重匮乏的失独父母，往往难以融入社会，为解决失独父母再融入社会和安度晚年生活，提出如下对策。

（一）要切实完善计生政策。我国长期实行独生子女政策，导致出现的421家庭，使得失独家庭成为了计生政策的负面结果。2013年11月，党的十八届三中全会通过《中共中央关于全面深化改革若干重大问题的决定》对外宣布单独二孩政策，继续坚持计生政策，启动实施一方是独生子女的生育第二个孩子。2015年1月，国家卫计委新闻发言人毛群安在国新办新闻发布会上针对2016年是否全部放开二胎政策问题回答了社会关切，明确提出了将逐步调整和完善现行计生政策，以实现我国人口合理结构和长期均衡发展。

（二）要着力落实养老医护保障。在制度上，要保障失独家庭的基本权利，目前国家没有相关的立法保障失独家庭基本权利，仅民政部有依照“三无”老人等优惠政策。失独家庭中，最为突出是养老与医疗保障问题。因此必须提高养老保险和医疗保险在社会保障中的地位来提高失独老人自身养老能力。我国现行的养老制度是城镇养老保险和新型农村养老保险，但实施的力度却不够，普遍性不足。建议加强完善统一的针对失独家庭社会保障的法律建设。同时，建议政府要加大对社会保障方面的财政投入，或设立专门针对失独家庭养老与医疗的保障性专项资金，切实保障失独父母晚年养医护的特殊需求。

（三）要专设失独父母养老场所。社区养老以居家养老为主体，以社区日间照料、配给居家养老资源为主要服务内容。建议政府要加强对社区养老的支持，加大养老服务设施投入力度，提高养老服务水平与标准，积极完善居家养老和社区养老的服务网络建设，对失独家庭中不愿意出门及行动不便的失独父母提供日常生活的护理及照料，或在社区建立老年人日间照料的站点，提供给失独父母短期的日常生活等服务。针对失独父母需要长期养老护理服务的，建议参照北京市2015年6月出台的失独老人养老机构接收方案来落实。据了解，北京市明确对北京第五社会福利院进行改造，使其成为专门接收失独老人的示范性养老机构。

（四）要织密社会支持网络。一是建议政府落实非政府组织的社会支持，使这些非政府组织为失独家庭提供各种服务，如非政府组织可以开展为失独家庭进行募捐、建立基金等筹集帮扶资金的活动，将所得资金通过各种方式赠与失独家庭。同时，这些非政府组织利用自身优势还可以为失独家庭和失独父母们提供一些专业的、免费的康复健身、上门理发、心理治疗等帮扶服务。当然，需要政府建立起完善的引导与监督机制，防止出现低效率或贪腐问题。二是建议政府推动慈善组织或志愿者的社会支持，为慈善机构在运行经费、活动场所、精神支持等方面提供资源，让各类志愿者通过孝行社区活动和结对帮扶、做爱心儿女等形式，帮扶失独家庭，缓解失独父母痛苦，化解失独者孤独情绪。三是建议政府强化社会工作者及其组织的专业支持，充分发挥好社会工作者特殊作用，使之集合社会多种力量来为失独家庭、失独父母提供专业疏导和积极帮助。对于社会工作者及其组织，建议政府加大培育社会工作者力度和逐步提高其待遇与社会地位，给予社会工作者各类组织更多便利。

（五）要优化社区医疗资源。建议政府加强对社区医疗资源的整合，增加失独父母就医的帮扶与资助。同时，建议政府要切实鼓励和引导企业事业单位、社会团体、个人等社会力量开办社区卫生服务机构，按照非营利性医疗机构要求、区域卫生规划，设置和健全包括综合医疗服务、专项护理服务等社区卫生服务网络，切实满足社区居民尤其是社区失独父母的医疗、康复等所需。

（六）要帮助失独家庭自救。要想失独父母走出心里阴影，最关键的是失独者自救。一是建议政府定期组织专业心理咨询专家走进失独家庭，用专业和有效的方式对失独父母进行心理疏导、抚慰其失去子女后受伤的心，帮助失独者进行自救。二是建议政府建立失独家庭教育机制，培育失独家庭对融入社会的意识，树立正确观念，让失独者通过教育学习而重新培养新的兴趣与爱好，增强与外界的沟通联系能力，形成积极乐观心态以面对生活和未来。三是建议政府有针对性经常组织健康有益的娱乐、文体、表演等活动，提供各种有效社会资源，让失独者通过抱团取暖等群体形式来相互鼓励、相互协助、相互送终而减轻失独带来的痛苦。

（七）要营造失独家庭融合社会环境。失独父母因失去子女，亲人的关怀和安慰显得尤为重要，如何使他们将内心的痛苦诉说释放、宣泄情绪，建议政府通过积极引导全社会对失独家庭的正确关注，有意识培育社会关心失独父母，让失独家庭和失独父母愿意融入社会，形成一种人人关心失独家庭、人人维护失独父母利益的社会氛围。

城乡养老保险关系转续与制度衔接的路径思考[①]

山东工商学院社会保障研究所 岳宗福

根据《中华人民共和国社会保险法》（以下简称《社会保险法》）的规定，我国城乡养老保险体系包括职工基本养老保险（以下简称职保）制度、新型农村社会养老保险（以下简称新农保）制度、城镇居民社会养老保险（以下简称城居保）制度、公务员和参照公务员法管理的工作人员养老保险（以下简称公保）制度，这四者共同构成了全民基本养老保险的制度框架。但是，在城乡二元化的社会背景下，由于养老保险全国统筹的目标迄今尚未能实现，我国城乡养老保险体系的正常运转仍面临在不同统筹地区之间转续养老保险关系（以下简称关系转续）和在不同制度之间衔接养老保险关系（以下简称制度衔接）的双重困境。党的十八大报告明确提出“以增强公平性、适应流动性、保证可持续性为重点，全面建成覆盖城乡居民的社会保障体系”，解决养老保险关系转续和制度衔接问题既是实现上述政策目标的必然要求，也是健全社会保障法制的重要课题。

一、城乡养老保险关系转续相关法律的梳理与分析

养老保险关系转续是指参保人员在某一项养老保险制度内部、因社会流动而发生的跨统筹地区转续养老保险关系的现象。

根据人力资源和社会保障部（以下简称人社部）发布的《实施〈中华人民共和国社会保险法〉若干规定》第5条的规定，《社会保险法》第19条的具体操作按照人社部、财政部2009年联合发布的《城镇企业职工基本养老保险关系转移接续暂行办法》（以下简称《转续暂行办法》）执行。显然，人社部是将“基本养老保险关系”完全等同于职保关系，这就使得公保、新农保、城居保3种养老保险关系的跨统筹地区转续失去了法律依据，对此需要立法专门作出安排。

根据《中华人民共和国公务员法》（以下简称《公务员法》）第77条的规定，国家建立公务员保险制度，保障公务员在“退休、患病、工伤、生育、失业”等情况下获得帮助和补偿；我国《社会保险法》第10条也明确规定“公务员和参照公务员法管理的工作人员养老保险的办法由国务院规定”。但是，我国公务员及参照公务员法管理的工作人员的社会保险方案一直没有出台，他们的养老保险依然停留在退休养老阶段，全国并未形成缴费型的公务员养老保险制度。因此，公保关系的跨统筹地区转续并不存在明显的地域壁垒和转接困难。

人社部和财政部于2012年11月底拟定了《城乡养老保险制度衔接暂行办法（征求意见稿）》（以下简称《衔接暂行办法（意见稿）》）并向社会公开征求意见，但该意见稿仅“适用于在职保、新农保、城居保这三种制度中参加过两种或两种以上制度的人员”，对于“在某一种制度中跨地区转移的参保人员，应按照各制度自身的规定转移接续养老保险关系”而“不适用本《暂行办法》”。因此，《衔接暂行办法（意见稿）》只是解决了新农保与职保之间、城居保与职保之间以及新农保与城居保之间的衔接问题，而新农保关系转续问题及城居保关系转续问题仍然“悬而未决”。

即便是职保关系的转续问题，《社会保险法》的解决思路与人社部、财政部发布的《转续暂行办法》规定的“具体操作办法”也并不一致。根据《社会保险法》第19条的规定，个人跨统筹地区就业的，达到法定退休年龄时，基本养老金“分段计算、统一支付”。人社部《实施〈中华人民共和国社会保险法〉若干规定》第5条要求，“基本养老金分段计算、统一支付的具体办法”按照《转续暂行办法》执行，而《转续暂行办法》第4条明确规定：参保人员跨省流动就业转移基本养老保险关系时，统筹基金（单位缴费）以本人1998年1月1日后各年度实际缴费工资为基数，按12%的总和转移，参保缴费不足1年的，按实际缴费月数计算转移。这与《社会保险法》“分段计算、统一支付”的思路存在明显差异：如果严格执行《社会保险法》的规定，参保人员跨统筹地区就业时只需转移基本养老保险关系、累计缴费年限，而根本不需要转移统筹基金。

二、城乡养老保险制度衔接相关法律的梳理与分析

养老保险制度衔接是指参保人员因社会身份变化而在各项养老保险制度之间衔接养老保险关系的现象。在我国养老保险体系中，从理论上讲，制度衔接应该包括职保与公保、新农保与城居保、新农保与职保、城居保与职保、

① 岳宗福，山东工商学院社会保障研究所所长，副教授，博士

新农保与公保、城居保与公保之间的制度衔接 6 种情况，如图 1 所示。

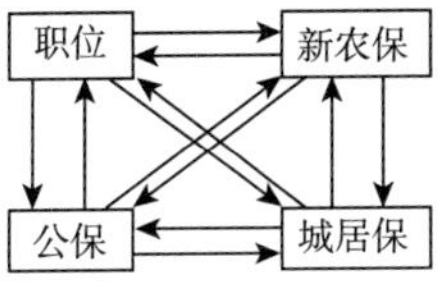

图 1　城乡养老保险制度衔接示意图

（一）职保与公保之间的制度衔接

在我国，人员在企业与国家机关、事业单位之间交互流动的机会比较多。我国企业经过多年改革已经形成了基本定型的社会养老保险制度，而国家机关和事业单位依然适用退休养老制度。原劳动和社会保障部、原人事部、财政部、中央机构编制委员会办公室于 2001 年联合下发了《关于职工在机关事业单位与企业之间流动时社会保险关系处理意见的通知》（以下简称《通知》），这是目前处理职保与公保两项养老保险关系衔接问题的基本制度依据。在企业缴费型养老保险制度下，缴费年限及缴费金额与养老金待遇之间存在正比例关系；而在国家机关、事业单位非缴费型退休养老制度下，工作年龄与退休金待遇之间存在正比例关系。

《通知》发布于十多年前，其中有的内容亟须修改。如当时之所以规定一次性补贴按照 120 个月的标准计算及“个人账户储存额每月按 1/120 计发”，是因为企业养老金的计发办法是基于参保人员退休后人均还有十年余寿命来确定的（即 10×12＝120）。而根据国务院发布的《关于完善企业职工基本养老保险制度的决定》（国发〔2005〕38 号）的规定，计发月数根据“职工退休时城镇人口平均预期寿命、本人退休年龄、利息等因素”确定。目前在我国，企业职工 55 岁退休的，其基本养老保险金计发月数实为 170 个月；60 岁退休的计发月数实为 139 个月。因此，《通知》中的补贴标准与计发标准应当适时予以相应的调整。此外，《通知》只是对同一统筹地区内职保与公保之间的制度衔接作出了安排，其中规定公务员转入职保的，其补贴由其原所在单位通过“当地”社会保险经办机构转入本人的基本养老保险个人账户；公务员进入企业工作后再次转入公保的，原给予的一次性补贴的本金和利息要上缴“同级财政”。随着人员社会流动性的不断增强，参保人员跨统筹地区流动且在职保与公保之间转接养老保险关系的情况已在所难免，对于这样的参保人员，如果仍要求“其原所在单位”通过“当地”社会保险经办机构转移一次性补贴，或者要求将原一次性补贴的本金和利息上缴“同级财政”，实际操作起来恐怕就有些窒碍难行了。

（二）新农保或城居保与职保之间的制度衔接

人社部和财政部拟定的《衔接暂行办法（意见稿）》主要解决新农保或城居保与职保之间的制度衔接问题。根据该意见稿的规定，从新农保或城居保转入职保的基本条件是“参加职保缴费年限满 15 年（含依据有关规定延长缴费年限）”，从职保转入新农保或城居保的基本条件是“职保缴费年限不足 15 年”且只随转个人账户基金而不转统筹基金；缴费年限的计算办法为：参保人员从职保转入新农保或城居保，其参加职保的缴费年限可“合并累加计算”，参加新农保、城居保的缴费年限则“不折算”为职保缴费年限。毋庸置疑，这些规定的出发点是为了“维护参保人员的养老保险权益”，但这些规定似乎又与“更有利于维护参保人员的权益”的目标有所背离。首先，缴费年限是否累计满 15 年直接决定参保人员有无享受养老保险待遇的基本资格，而缴费多少只影响参保人员享受养老金的数额，前者涉及养老保险权益的有无，后者只涉及在享有养老保险权益的前提下每个参保人员的具体养老保险待遇，两者是不同性质的问题，不可混为一谈。其次，新农保或城居保与职保缴费金额差距较大并不是参保人员自愿选择的结果，而是国家不同养老保险制度分割实施所致，让参保人员在养老保险关系转接过程中承受非自身原因造成的养老保险权益损失，存在明显的不合理性。

（三）其他养老保险制度之间的衔接问题

除了上述公保与职保及新农保或城居保与职保之间的制度衔接，我国还存在新农保与城居保之间、新农保或城居保与公保之间的制度衔接问题。关于新农保与城居保之间的制度衔接，《衔接暂行办法（意见稿）》考虑到二者在制度模式、基金筹集方式、个人账户规模、养老金计发办法等方面是一致的，所以明确规定参保人员办理新农保与城居保衔接手续的，“转移个人账户全部储存额，缴费年限合并累加计算”。有些将新农保与城居保合并实施的地区，由于实现了城乡居民社会养老保险的一体化，已经不存在此两种制度的衔接问题。一般而言，享受公保待遇的公务员几乎没有转入新农保或城居保的可能性，而参加新农保的农民（或参加城居保的市民）也很难有机会享受公保待遇，所以讨论公保与新农保或城居保之间的制度衔接问题似乎没有太大的现实意义。但是自 2011 年起，相关部门已经开始积极探索从村（社区）干部、优秀工人、农民中考录公务员的办法，并选择了一些中央直属部门的基层单位进行试点，这意味着农民或市民将来也有可能进入公务员行列，因而新农保或城居保与公保之间的转接也许已经不仅在理论上具有可能性，而且需要现实地作出具体制度安排。

三、城乡养老保险关系转续与制度衔接的

通过前文分析可以看出，在我国现阶段，养老保险制度模式的不统一、缴费年限累计方面的区别对待、养老金“分段计算”办法落实不到位、养老保险关系转接的相关

法律规定不完善等，已经成为制约城乡养老保险关系顺畅转接的关键症结。如果能够重点破解这些症结，其他转接难题基本上就可以迎刃而解。笔者为此提出如下立法建议。

（一）尽快将国家机关、事业单位养老保险制度改革纳入法制化轨道

国家机关、事业单位养老保险改革的滞后已经成为影响我国养老保险关系转续与衔接的制度性障碍，因此应尽快启动这项改革，将其纳入法制化轨道。我国事业单位养老保险制度改革虽已有初步方案并进行了局部试点，但效果并不理想，需要在总结经验的基础上继续推进。需要明确的是，为便于在全国范围内顺利转续养老保险关系和衔接相关制度，不论是国家机关还是事业单位养老保险改革，均宜采用与职保、新农保、城居保相统一的制度模式（即“统筹账户＋个人账户”的框架设计）。如果能够实现制度模式的统一，则前文提及的公保与职保之间的转接以及将来可能出现的新农保、城居保与公保之间的转接问题，都可以通过下述“合并累加计算”缴费年限及“分段计算”养老金的办法得以解决。

（二）参保人员缴费年限应不受地域或制度限制而依法“合并累加计算”

我国《社会保险法》第二章标题为“基本养老保险”，其中第19条规定个人跨统筹地区就业的，其“基本养老保险关系”随本人转移，“缴费年限累计计算”。这里的“基本养老保险关系”是单指职保关系，还是包含职保、新农保、城居保和公保4种养老保险关系，可能会有不同的理解。因此，养老保险关系是采取在确定养老保险待遇之前的最后时点转接，还是采取“随走随转”的实时衔接方式，完全可以根据实际情况灵活处理，但参保人员在不同制度下的缴费年限不应区别对待：既然参保人员在国家机关、事业单位的工作年限可以“视同”为职保缴费年限，则参保人员从新农保或城居保转入职保时，其缴费年限为何不能按照《社会保险法》的规定而“合并累加计算”呢?

（三）跨制度参保人员的基本养老金应依法“分段计算、统一支付”

我国《社会保险法》关于基本养老金“分段计算、统一支付”的规定，虽然只是针对“跨统筹地区流动就业”的参保人员作出的过渡性制度安排，但由于前述《转续暂行办法》明确规定跨统筹地区就业的参保人员可以“划转12%的统筹基金”，这就使得“分段计算、统一支付”的制度安排在职保关系转续方面失去了操作价值。不过，当参保人员发生跨制度衔接养老保险关系时，“分段计算、统一支付”的制度安排就有了实际意义，即只要参保人员累计缴费满15年，其达到法定退休年龄时，如果属于“在职保、新农保、城居保这三种制度中参加过两种或两种以上制度”的人员，其基本养老金就可以按照《社会保险法》的规定“分段计算、统一支付”。在城居保与职保之间转接养老保险关系的参保人员及其他参保缴费年限累计更长的参保人员，乃至在公保与其他三项养老保险制度之间转续养老保险关系的参保人员，他们的基本养老金计发办法都可以依此类推。

（四）适时完善《社会保险法》中关于养老保险关系转接的规定

《社会保险法》第19条是关于我国城乡基本养老保险关系转接的核心法条，该法条存在明显的局限性：一是“基本养老保险关系”的内涵模糊不清，容易导致实务操作的混乱；二是仅仅规范了个人跨统筹地区“就业”的基本养老保险关系转续，而回避了个人“非就业”状态下跨统筹地区流动时的基本养老保险关系转续问题，使得参加新农保或城居保的人员在“非就业”状态下跨统筹地区转续新农保或城居保关系失去了基本法律依据；三是对参保人员在不同养老保险关系之间的转续问题没有作出明确规定，使得养老保险制度之间的衔接没有直接法律依据。因此，将来应在适当时机对《社会保险法》进行修改和完善，建议将该法第19条修改为两款：第1款规定“个人跨统筹地区或跨制度参加基本养老保险时，其基本养老保险关系随本人转移，缴费年限累计计算”，这样就使该款涵盖了养老保险关系转续（不再区分就业与否）与制度衔接两种情况，成为指导职保、公保、新农保、城居保等基本养老保险关系转接的基本法律依据；第2款规定“个人跨制度参加基本养老保险的，达到法定退休年龄时，基本养老金分段计算、统一支付；个人跨统筹地区参加基本养老保险的，达到法定退休年龄时，基本养老金计发的具体办法由国务院规定”，如此既明确了跨制度参保人员的基本养老金计发办法，又可以避免《社会保险法》与《转续暂行办法》关于解决养老保险关系跨统筹地区转续问题的思路不协调。

关于宁夏社会养老服务体系建设的调研报告

宁夏回族自治区老龄办　李治贵　岳秀霞　肖振亚

按照据全国老龄办《关于开展2015年专题政策调研的通知》（全国老龄办发〔2015〕21号）精神，宁夏老龄办组织专题调研组就我区社会养老服务体系建设情况进行了专题调研。调研组先后赴全区五市及辖区各市、县（区）实地察看了部分社会养老服务机构、城乡社区居家养老服务站、社区医疗服务站、老年活动中心等养老服务基础设施建设和服务工作开展情况，并与基层广大干部群众、老龄工作者及部分老年人进行了面对面的交流和座谈，形成了一些意见和建议。现将调研情况报告如下。

一、充分认识老龄化形势的严峻性

我区于2009年进入人口老龄化社会，当年底全区总人口625.2万，其中老年人口65.2万人，占总人口的10.4%。这标志着我区已进入了人口老龄化社会。截至2014年底，我区60岁以上老年人口82.3万，占总人口的12.4%。预计今年，全区60岁以上老年人口将达到86万，占总人口的13%以上；到2020年老年人口将达100万以上，占总人口的15%左右。我区进入老龄化社会显然比全国晚了10年，但却呈现出增速加快的态势。全国老年人口由10%增加到15%，历经15年，而我区到2020年将超过15%，用了11年，全国老年人口每年增速为3.4%，而我区近5%。随着人口老龄化进程加快、高龄老人增多和“空巢”、“留守”、“独居”老人的增加，老年人在生活照料、康复护理、精神文化等方面的服务需求日益凸显。

我国老龄化形势的严峻性和特殊性是世界上独一无二的，主要表现在基数大，发展快。老龄化问题涉及政治、经济、文化和社会生活各个方面，是关系国计民生和国家长治久安的一个重大社会问题，已成为我国改革发展中不容忽视的全局性、战略性问题。

21世纪，我国社会经济发展的战略目标是，在2020年实现全面小康，在2050年基本实现现代化，实现中华民族伟大复兴——中国梦。要实现这一宏伟目标，就必须积极应对人口老龄化迅速发展，特别是2030—2050年间人口老龄化高峰的严峻挑战。对待这样一个重大问题，我们全社会对它的认识和了解还很不充分，特别对其严峻性、特殊性认识不足，更缺乏应对老龄化必要的思想准备、理论准备、物质准备和制度准备等。时光如箭，光阴荏苒。留给我们的时间十分有限，要全方位地做好应对人口老龄化高峰的准备，时间十分紧迫。因此，要把老龄社会作为21世纪中国的一个重要国情认真对待，树立老龄意识，增强应对人口老龄化和老龄社会挑战的紧迫性、责任性和自觉性。

养老服务是基本社会服务的重要构成，事关老年人权益保障，事关应对人口老龄化，事关人民群众共享改革发展成果。党和国家历来十分关怀老年人，始终高度重视养老服务，作出了一系列重大决策部署，制定了一系列重要政策措施。就“十二五”期间来讲，国家制定了养老服务业发展“十二五”规划及社会养老服务体系建设规划。特别是2013年9月国务院出台的《关于加快养发展老服务业的若干意见》，为加快养老服务业的发展，提供了政策依据。

二、着力推进我区社会养老服务体系建设

国务院35号文件中指出，推进社会养老服务体系建设的总体目标是：到2020年，在我国基本建立起制度完善、组织健全、规模适度、运营良好、服务优良、监管到位、可持续发展，与人口老龄化进程相适应，与经济社会发展水平相协调，以居家为基础、社区为依托、机构为支撑的社会养老服务体系。

就我区而言，社会养老服务服务体系的发展目标是：到2020年，养老服务业政策法规体系建立健全，行业标准科学规范，监管机制更加完善，服务质量明显提高，以居家为基础、社区为依托、机构为支撑、信息为辅助，功能完善、规模适度、覆盖城乡的社会养老服务体系全面建成。

近年来，自治区党委、政府高度重视养老服务业的发展，在加大财政投入力度，加强养老服务基础设施建设的同时，不断完善扶持政策，鼓励支持社会力量参与养老服务业发展，以居家为基础、社区为依托、机构为支撑的社会养老服务体系建设基本形成。

一是以政策创制引领养老服务业发展。近年来，自治区政府先后印发了《宁夏回族自治区老龄事业发展“十二五”规划》《宁夏回族自治区社会养老服务体系建设规划（2011—2015）》，出台了《关于加快推进社会养老服务体系建设的意见》《关于加快发展养老服务业的实施意见》。《实施意见》明确了土地供应、税费减免、投融资、民办养老机构一次性床位补助、运营管理补助和水电气热等方面的优惠政策，为社会养老服务体系建设提供了有力保障。同时，民政厅联合有关部门先后下发了《关于推进城镇养老服务设施建设工作的通知》《民办养老服务机构一次性床位补助资金管理办法》《民办养老服务机构管理办法》和《关于加强农村幸福院建设与管理工作的通知》等配套文件，有效地推进社会养老服务体系建设进程。

二是大力推进养老服务设施建设。在自治区发改委、财政厅的配合下，民政厅积极争取国家专项资金、中央福利彩票公益金，自治区本级安排福彩公益金，建成了一批养老机构基本设施。目前，全区有各级各类养老服务机构103所，设置床位17024张，每千名老人拥有机构养老床位22.6张；依托城乡社区建成居家养老服务站584个、社区老年人日间照料中心53所；在全国率先以省为单位建设了集为老服务热线、紧急救援系统、数字网络系统和“一键式”紧急呼叫服务为一体的宁夏智能化社区居家养老服务信息平台和14个县级平台，为两万余名老年人安装了“一键式”呼叫器，其中困难老人1.4万。同时，采取签约、协议加盟等方式，为居家老年人提供了45个平价收费服务项目。

三是积极引导社会力量参与养老服务业发展。继2012年4月自治区政府出台的《关于加快推进社会养老服务体系建设的意见》之后，2014年5月自治区政府又出台的《关于加快发展养老服务业的实施意见》将支持社会力量兴办的养老机构床位一次性开办补助由2012年的5000元提高到8000元，民办养老服务机构的用地实行划拨，收费实行政府指导价与市场调节相结合，用电、用水、用气、用热按居民生活类价格执行。目前，全区已建成并投入使用的民办养老服务机构20所，建筑面积15.1万平方米，设置床位3364张，总投资2.28亿元；正在建设中的民办养老服务机构8家，设置床位2597张，总投资2.5亿元。如果全部建成并投入运营后，今年全区民办养老机构的床位数将达到5961张，占各类养老机构床位数的37.5%。

四是统筹规划、合理布局。去年8月，自治区民政、国土、财政、卫计委等部门联合下发了《关于推进城镇养老服务设施建设工作的通知》，明确对土地方面的借给。今年自治区政府办公厅转发了由自治区发展改革委、民政厅、财政厅制定的《宁夏基本养老服务体系建设规划(2015年—2017年)》。《规划》进一步明确了指导思想、总体目标、建设原则、建设任务、投资安排和保障措施。这标志着宁夏的社会养老服务体系建设步入了快车道。

五是提升养老服务机构管理服务水平。近年来，自治区民政厅和相关部门制定了多项规范管理的政策措施。同时，为提高养老服务机构从业人员服务技能，将养老机构从业人员统一纳入自治区职业技能培训补贴范围，对663名养老机构从业人员进行了培训。目前，全区养老服务机构从业人员持证上岗率达70%以上。

三、存在的问题

我区的社会养老服务体系建设虽然取得了明显成效，但认真分析也还存在着一些困难和问题。

一是基础较薄弱，建设任务重。宁夏属西部少数民族经济欠发达地区，目前全区机构养老床位只有17024万张，每千名老人拥有机构养老床位22.6张。按照自治区政府《实施意见》中到2020年每千名老人拥有养老床位35张的要求，还需新增养老床位1.8万张。

二是结构不合理，发展不平衡。目前，我区在社会养老服务体系建设中存在着区域之间、城乡之间发展不平衡，布局不合理的问题。现有的各级各类养老服务机构103所，大部分为农村敬老院，为失能失智老人提供专业化服务的养老护理机构还不能满足养老服务多样性需求。社会力量参与不足，市场运作机制尚未形成，服务内容和形式还欠规范，为老服务市场还不够成熟。

三是民间资本投入养老服务业的积极性不高。目前，在我区建设一张养老床位的建筑面积需35平方米，社区日间照料中心、托老所需20平方米，加上辅助设施需10万元，政府的一次性床位补助只有8000元，补助资金不到10%，很难调动社会力量的积极性。

四是涉及部门多，政策落实难。在社会养老服务体系建设的过程中，虽然国家和自治区层面出台了相关政策，但因涉及部门多，特别是金融、税务、保险等部门政策要从国家层面争取出台，但就自治区和市、县（区）而言，有些优惠政策落实的不到位。

四、应对措施

一是建立健全养老服务体系建设的管理机制体制。目前，养老机构建设管理的主管部门大部分是民政部门，也有老龄部门主管的；居家养老服务工作既有民政部门承担的，也有老龄部门承担的；养老服务体系建设大部分由民政部门牵头负责，也有老龄部门牵头负责的。从组织机构、管理体制上看，各级老龄委办公室都设在民政部门，老龄工作已经成为民政工作的重要组成部分，所以说养老服务体系建设应明确民政部门具体负责，老龄办及相关处（科）室配合，要防止多人牵头、多处管理的弊端。

二是因地制宜构建多种形式并存的养老服务体系。在养老服务体系的建设中，要始终坚持政府主导、社会参与、家庭支撑的养老原则。政府不能大包大揽，家庭不能推卸责任，社会不能不尽义务。要通过家庭、政府和社会力量不断健全完善社会养老服务体系，不断满足老年人多层次、多元化、多需求的覆盖城乡的社会化养老服务体系，达到服务方式多元化，投资主体多样化，养老服务普及化，服务队伍专业化，全方位地为老年人提供优质温馨的服。

三是积极推进社区居家养老服务工作。居家养老让老年人在亲情融合的家庭氛围中享受社会对其提供的各项服务。这种服务方式较机构养老投入少、成本低，符合我市的市情和老年人的生活习惯，是当前破解养老难题的有效途径和实现形式，也是今后一个时期为老服务工作的发展方向。因此，要在城市全面推行社区居家养老服务，在农村逐步推广农村幸福院、小型互助养老院建设。养老服务是社区服务的重要组成部分，居家养老要以社区服务为依托，在社区建设中要注重社区养老服务设施、老年人社会组织和信息平台建设，配置必要的设备和器具，加快发展日托服务、餐饮服务、文体活动服务和志愿服务、互助服务，为居家老年人营造舒适、便利的生活环境和服务条件。

四是以优惠政策扶持民办养老服务机构发展。大力发展民办养老服务机构，能有效缓解政府资金投入不足的难题，推进多种形式并存的养老机构快速发展。因此，各级政府要制定优惠政策，加大推进民办养老机构发展，在这方面银川市走在了全区的前列。当前急需政府明确制定三项优惠政策：一是土地优待政策。在土地规划使用中要预留养老机构公益用地，对养老机构建设用地给予无偿划拨或优惠出售。二是建筑优惠政策。建设部门在批准新建居民商品住宅区时，明确要求开发商无偿提供老年公共服务活动场所，并对养老机构城市建设费、规划费给予减免优惠，税务、水电、通信等部门也要减免养老机构的营业税、所得税，按最低标准或优惠收取水、电、暖、气、通信等公用事业收费。三是服务补贴政策。财政、人社、民政、卫生、老龄等部门要根据养老机构类型和具体情况，采取直接发放床位补贴或以奖代补的形式，对民办养老服务机构（包括社区养老服务机构）给予相应的补贴，把符合条件的民办养老机构纳入基本医疗保险定点单位，把养老护理人员纳入公益性岗位给予适当的补助，不断提高养老护理人员的工资待遇。

五是建立健全养老服务人员教育培训机制。一是明确民政部门是养老服务、养老护理职业培训的业务主管单位，并制定养老服务人员中长期培训规划，进一步理顺养老服务职业培训准入体制，允许企业在工商行政部门审批注册营利性养老服务职业培训，使养老服务职业培训走向市场化，使更多的养老服务人员能取得职业技能资格。二是人社部门要在监督管理下，全权赋予民政、老龄部门对养老服务培训的职业资格发证权和技术职称评审权，并对养老服务培训给予补贴。三是教育部门要在高等院校开设养老服务（护理）专业，着力培养一批高层次的养老服务管理和技术人才。

附　　录

全国老龄工作委员会办公室2015年大事记

一月

▲1月4日，由全国老龄工作委员会办公室主办，中国老年报社承办的2014年全国“十大老龄新闻”评选结果在京揭晓。

▲1月7日，全国老龄办召开机关全体和直属单位中层以上干部会议。李立国部长出席会议并作重要讲话，邹铭副部长主持会议，全国老龄办党组书记王建军出席会议并讲话，民政部人事司包丰宇司长宣读中央和民政部党组关于邹铭和王建军同志的任命决定。副主任鲍学全、李耀东、吴玉韶、肖才伟、吕晓莉，巡视员朱勇及机关全体和直属单位中层以上干部参加。

▲1月14日，“第四次中国城乡老年人生活状况抽样调查”专家委员会成立仪式暨抽样方案论证会在京召开。全国老龄办党组书记王建军出席会议并讲话。

▲1月15日，全国老龄办印发《全国老龄办、民政部、财政部关于开展第四次中国城乡老年人生活状况抽样调查的通知》。

▲1月26日，第四次中国城乡老年人生活状况抽样调查领导小组办公室第一次全体会议在京召开。全国老龄办常务副主任，第四次中国城乡老年人生活状况抽样调查领导小组常务副组长王建军出席会议并讲话。

▲1月30日上午，全国老龄办常务副主任王建军与西南交通大学校长徐飞进行座谈，双方就合作发展老龄科学、共建老龄科学研究院达成初步共识。

二月

▲2月5日，民政部党组成员、全国老龄办常务副主任王建军与民政部社会福利和慈善事业促进司俞建良司长、甄炳亮副司长等同志就2015年老龄事业发展的有关工作进行座谈。副主任李耀东、吴玉韶、肖才伟及有关部门主任参加。

▲2月6日，全国老龄办常务副主任王建军与中国社会福利协会会长刘光和、副会长兼秘书长冯晓丽就涉及老年人社会福利的有关工作进行座谈，副主任吴玉韶、肖才伟参加。

▲2月26日，民政部党组成员、全国老龄办党组书记、常务副主任王建军主持召开座谈会，与中纪委驻民政部纪检组组长曲淑辉、民政部政策法规司司长陈百灵一行就有关问题进行专题研讨。副主任鲍学全、李耀东、吴玉韶、肖才伟及有关部门主任参加。

三月

▲3月4日，全国老龄办常务副主任王建军会见河南省人民政府李亚副省长一行，商谈老龄工作。副主任鲍学全、李耀东、吴玉韶、肖才伟参加。

▲3月11日，全国老龄办直属机关召开“践行‘四有’要求，深化作风建设”主题教育周和2014年年度考核总结大会。会议传达了习近平总书记在十八届中央纪委五次全会上的重要讲话精神，宣读了考核等次和奖励决定，总结了2014年年度考核工作，三名代表结合主题教育周学习和去年工作作了交流发言。全国老龄办党组书记、常务副主任王建军作讲话。民政部人事司司长许立群到会指导。全国老龄办党组成员、副主任鲍学全、李耀东、吴玉韶、肖才伟及机关全体干部，直属单位中层以上干部，全国老龄办所属社会组织有关负责人参加会议。

▲3月12日，全国老龄办副主任、中国老龄科学研究中心主任吴玉韶，应邀做客央视《今日说法》节目，参与了首期“防骗系列”节目——“老年人防骗”的录制。

▲3月19日，全国老龄工作委员会联络员信息员座谈会在京召开，全国老龄委27个成员单位的联络员、信息员出席了会议。会议通报了全国老龄办2015年主要工作，交流了各部门2014年全国老龄工作和2015年工作安排，讨论了“十三五”期间老龄工作基本设想。中宣部、发展改革委、教育部、民政部、人力资源社会保障部、住房城乡建设部、卫生计生委、司法部、旅游局等9部门代表作了重点发言。全国老龄办常务副主任王建军出席会议并讲话。

▲3月31日，全国老龄办副主任肖才伟在京接受了韩国KBS国家电视台记者的专访。

▲3月31日，全国老龄办常务副主任王建军在办机关会见了朝鲜照料老年人联合会副会长李中惠女士一行9人。全国老龄办肖才伟副主任等人参加了会见。

四月

▲4月2日，肖才伟副主任会见了来访的马耳他联合国国际老龄研究所所长马文·福尔摩沙（Marvin Formosa）先生。国际部王珣主任及中国人民大学杜鹏教授参加

了会见。

▲4月13日，全国老龄工作委员会在京召开全体会议，总结2014年工作，部署2015年老龄工作任务。国务委员、全国老龄工作委员会主任王勇作了重要讲话。会议审议通过了全国老龄工作委员会副主任、民政部部长李立国作的2014年全国老龄工作情况和2015年工作安排意见的报告。发展改革委、民政部、财政部、人力资源社会保障部、住房城乡建设部、卫生计生委等部门作了专题发言。全国老龄工作委员会32个成员单位负责同志出席了会议。

▲4月20日，全国老龄办主任会暨第四次中国城乡老年人生活状况抽样调查动员会在京召开。会议传达落实全国老龄委第十七次全体会议精神，总结交流去年工作，深入分析当前形势，研究安排年度工作，部署第四次中国城乡老年人生活状况抽样调查专项任务。全国老龄委副主任、民政部部长、全国老龄办主任李立国出席会议并讲话，全国老龄办副主任、民政部副部长邹铭出席会议，传达了王勇国务委员在全国老龄委第十七次全体会议上的讲话精神，全国老龄办常务副主任王建军主持会议。全国老龄办副主任吴玉韶对第四次中国城乡老年人生活状况抽样调查工作进行了部署。

▲4月21日，第四次中国城乡老年人生活状况抽样调查联络员座谈会在京召开。全国老龄办副主任、“第四次调查”领导小组办公室主任吴玉韶出席会议并讲话。各省、自治区、直辖市及各计划单列市，新疆生产建设兵团老龄办的第四次调查联络员，第四次调查领导小组办公室成员及中国老龄科学研究中心相关负责人约80人出席会议。

▲4月21日至25日，全国老龄办常务副主任王建军赴上海市、福建省就老龄事业“十三五”规划编制工作，进行专题调研。

▲4月22日，全国老龄办常务副主任王建军出席第五届中国国际老龄产业高峰论坛并讲话。

▲4月27日至29日，全国老龄办副主任吴玉韶一行赴河南省召开专题培训会、座谈会，指导第四次全国城乡老年人生活状况抽样调查模拟调查工作。来自河南31个市、县、区的70多位调查员和督导员参加了这次模拟调查。

五月

▲5月6日，第四届中国国际养老服务业博览会暨“第四届中国国际养老服务业发展论坛”在北京国家会议中心举行。本届博览会由民政部、全国老龄工作委员会办公室共同主办，中国社会福利协会、北京市民政局和北京市老龄工作委员会办公室共同承办，来自11个国家和地区，以及全国27个省、自治区、直辖市养老服务领域的政府部门、养老服务机构、品牌企业组团参展参会。博览会开幕式由民政部党组成员、全国老龄办常务副主任王建军主持，第十一届全国政协副主席张梅颖，民政部副部长邹铭，北京市委常委、副市长戴均良，国际老龄联合会（IFA）秘书长Jane Barrat出席开幕式并致辞。

▲5月7日，全国老龄办常务副主任王建军在办机关会见联合国人口基金驻华代表何安瑞先生一行。肖才伟副主任等人参加了会见。

▲5月10日，肖才伟副主任出席河北第二届国际老年产业博览会并致辞。

▲5月17日至23日，全国老龄办常务副主任王建军，就中国老龄事业发展“十三五”规划编制、社区居家养老、基层老年协会建设、智能化养老等，深入贵州、重庆、甘肃等地的农村、社区、养老机构进行调研。

▲5月19日，全国基层老年协会建设推进会在遵义召开。会议的主要内容是贯彻落实全国老龄委第十七次全会、2015年全国老龄办主任会议和《全国老龄办、民政部关于进一步加强城乡社区老年协会建设的通知》精神，深入分析当前形势，部署基层老年协会建设。全国老龄办常务副主任王建军出席会议并讲话，全国老龄办副主任吴玉韶、吕晓莉出席会议。贵州省副省长陈鸣明出席会议并致辞。民政部民间组织管理局副局长黄茹、社会福利和慈善事业促进司副司长甄炳亮到会祝贺并讲话。

▲5月18日至23日，全国老龄办副主任鲍学全率调研组一行赴湖北、四川两省调研老龄事业发展“十三五”规划编制和老年旅游发展情况。

▲5月29日，全国老龄办党组书记、常务副主任王建军作了《以“三严三实”专题教育为契机，全面从严加强办机关和直属单位党的建设》专题党课，对深刻理解“三严三实”的丰富内涵及其重大意义作了全面解读，对老龄办直属机关存在的“不严不实”问题及危害进行了深入剖析，对进一步加强学习、自觉践行“三严三实”、开展好专题教育提出了具体要求。办党组成员、机关全体人员，直属单位中层以上干部参加。

六月

▲6月8日至12日，全国老龄办副主任吴玉韶率队赴浙江省杭州市、绍兴市就老年宜居环境建设进行了专题调研，并在杭州市召开了老年友好型城市、老年宜居社区15个试点城市（城区）相关负责人参加的老年宜居环境建设座谈会。

▲6月10日至12日，全国老龄办副主任鲍学全带队，与国家旅游局组成联合调研组，赴陕西延安就老年红色旅游发展及红色文化建设情况开展调研。

▲6月17日，第四次中国城乡老年人生活状况抽样调查骨干培训班在成都举行。全国老龄办常务副主任、第四次调查领导小组常务副组长王建军出席开幕式并讲话。四川省政府副秘书长、省老龄委副主任陈越良出席并讲话。全国老龄办副主任、第四次调查领导小组副组长、办公室主任吴玉韶主持开幕式。

▲6月17日至18日，全国老龄办常务副主任王建军到四川省成都市金堂县、自贡市贡井区和荣县考察调研农村老年人养老服务工作。

▲6月23日，全国老龄办常务副主任王建军与来访的全国老龄委联络员、中组部老干部局局长李炎溪一行进行了座谈交流，双方就推动老龄事业发展、加强老龄工作合作交流了情况，达成了共识。中组部老干部局副局长赵庆、中组部老干部局副巡视员赵胜利、全国老龄办副主任吴玉韶及中组部老干部局和全国老龄办有关部门负责同志参加了座谈。

七月

▲7月16日，中国老龄科学研究中心在京发布《中国养老机构发展研究报告》。全国老龄办副主任、中国老龄科学研究中心主任、《中国养老机构发展研究报告》课题组组长吴玉韶参加了发布会。

▲7月21日至22日，全国老龄办副主任吴玉韶检查了辽宁省、沈阳市第四次中国城乡老年人生活状况抽样调查的准备工作，听取了辽宁省、沈阳市第四次调查工作汇报，实地检查了沈阳市铁西区第四次抽样调查准备工作。

▲7月28日，第四次中国城乡老年人生活状况抽样调查全国督导组动员培训会在京召开。会议总结第四次调查开展以来的工作情况，重点部署下一阶段调查的督导工作。全国老龄办常务副主任、第四次调查领导小组常务副组长王建军出席会议并作动员讲话。全国老龄办副主任、第四次调查领导小组副组长吴玉韶主持会议并介绍了督导方案。

八月

▲8月4日至7日，全国老龄办常务副主任王建军带领由中国社会科学院社会政策研究中心，全国老龄办综合部、政策研究部，以及中国老龄科研中心工作人员组成的联合调研督导组，到山东省调研老龄事业发展“十二五”规划执行情况，督导第四次中国城乡老年人口生活状况抽样调查，并召开基层老龄组织建设和老年人长期照护保障工作座谈会。

▲8月份，第四次中国城乡老年人生活状况抽样调查10个全国督导组赴北京、天津、河北、山西、辽宁、吉林、黑龙江、江苏、浙江、安徽、福建、山东、河南、湖北、湖南、广东、广西、贵州、云南、甘肃等20个省（区、市）进行调查督导。

九月

▲9月8日，由全国老龄办和中国记协主办的全国老龄宣传工作研讨会在京召开。全国老龄办常务副主任王建军、中国记协书记处书记王冬梅出席会议并分别讲话。全国老龄办副主任吴玉韶主持研讨会。

▲9月8日，2015年全国老龄宣传工作会议在京召开。会议贯彻全国老龄办主任会议精神，总结交流各地宣传工作经验，研究创新老龄宣传工作，安排布置今年“敬老月”活动。全国老龄办副主任吴玉韶出席会议并讲话。

▲9月11日，全国老龄办党组书记、常务副主任王建军主持召开机关全体和直属单位中层以上干部大会。民政部人事司司长许立群参加会议并宣读了民政部关于全国老龄办的有关人事任命决定，朱耀垠、王绍忠两位同志任全国老龄办党组成员、中国老龄协会副会长。

▲9月24日，全国老龄办常务副主任王建军与十八大代表、北京市青少年法律援助与研究中心佟丽华等就深入贯彻老年人权益保障法，探索建立老年人监护制度问题进行座谈。全国老龄办副主任朱耀垠、王绍忠等参加。

▲9月29日，全国老龄办常务副主任王建军与十二届全国人大常委会委员、全国人大内司委委员郑功成教授等专家会谈老龄领域合作。全国老龄办副主任朱耀垠等参加。

▲9月29日，全国老龄办党组书记、常务副主任王建军主持召开“三严三实”专题教育办党组理论学习中心组第二专题学习会议。办党组成员、机关全体和直属单位中层以上干部参加会议。全国老龄办党组成员、机关各部、各直属单位10位同志，就“严以律己，严守党的政治纪律和政治规矩，自觉做政治上的‘明白人’”这一主题，结合自身工作，在会上谈了认识和体会。

十月

▲10月8日至12日，按照国务院统一部署和委托，民政部党组成员、全国老龄办常务副主任王建军带队督查辽宁省养老服务业发展政策落实情况，社会福利和社会救助领域重要指标，以及2015年国务院《政府工作报告》中有关民政领域主要任务的完成情况。

▲10月8日至14日，全国老龄办副主任朱耀垠赴甘肃省对养老服务业发展政策落实情况进行了督促检查。

▲10月15日，全国老龄办在安徽省合肥市召开关于推进老年宜居环境建设的指导意见、关于促进中医药健康养老服务发展的若干意见、关于鼓励和引导物业服务企业发展社区养老服务的意见等3个文件征求意见座谈会。全

国老龄办副主任吴玉韶出席会议并讲话。国家发展改革委社会发展研究所所长杨宜勇、交通运输部科学研究院城市交通研究中心主任江玉林、民政部康复辅具中心主任樊瑜波等专家学者，以及天津、黑龙江、上海、江苏、浙江、安徽、福建、江西、山东、湖北、湖南、四川、青岛等省市的老龄工作负责同志参加了座谈会。

▲10月20日，全国老龄办在京召开2015年“老有所为”先进典型人物宣传活动专家评审会。全国老龄办副主任吴玉韶出席会议并讲话。中宣部、民政部、文化部、全国总工会、共青团中央、全国妇联、国家新闻出版广电总局、光明日报、中央电视台、中国青年报等单位的相关负责同志参加了此次评审会。

▲10月21日，国务委员、全国老龄工作委员会主任王勇到北京市走访老年人家庭，看望慰问老年人。

▲10月21日，全国老龄办常务副主任王建军与国家卫生和计划生育委员会副主任、国家中医药管理局局长王国强在京代表双方签署了《全国老龄办和国家中医药管理局关于推进中医药健康养老服务发展的合作协议》。全国老龄办副主任吴玉韶、国家中医药管理局副局长马建中等参加签约仪式。

▲10月26日，全国老龄办常务副主任王建军出席在福州召开的“第四届全国智能化养老战略研讨会暨智能养老产业展览会”并讲话。

▲10月26日，全国老龄办政策研究部就老龄事业发展规划编制工作在福州市组织召开了部分省市老龄办负责人、部分涉老企业代表参加的座谈会，全国老龄办常务副主任王建军出席会议并讲话。会议由全国老龄办副主任朱耀垠主持。

▲10月30日，全国老龄办邀请中央党校党建部蔡志强教授进行“习总书记关于全面从严治党的重要论述学习辅导”讲座，拉开了直属机关干部综合培训的序幕。全国老龄办机关全体人员、直属单位中层以上干部参加了讲座。讲座由全国老龄办党组成员、副主任、办直属机关党委书记王绍忠主持。办党组成员、副主任吴玉韶出席。

十一月

▲11月3日，“2015国际社会养老事业发展合作暨江浙沪养老服务业高峰论坛”在江苏省宜兴市召开。全国老龄办常务副主任王建军出席论坛并讲话。江苏省副省长许津荣到会并致辞，全国老龄办副主任朱耀垠参加了论坛。

▲11月13日，由全国老龄办立项的《中国智能养老产业发展研究》成果评审会在京召开。评审会由全国老龄办副主任朱耀垠主持，评审专家组由人社部社会保障研究所所长金维刚、中科院微电子研究所副所长陈大鹏、中国老龄科学研究中心副主任党俊武、中国人民大学教授姚远、北京科技大学教授王志良等组成。

▲11月17日，全国人大内司委秦光荣副主任委员、内司委工青妇室秦剑主任、王幼丽副主任等一行到全国老龄办，围绕《老年人权益保障法》执法检查情况进行了座谈，并征求执法检查报告的意见和建议。全国老龄办常务副主任王建军向秦光荣副主任委员介绍了全国老龄办贯彻落实《老年人权益保障法》的主要情况和总体工作思路，并就深入贯彻落实十八届五中全会精神，按照“四个全面”战略布局要求，以全面建成小康社会为引领，积极开展应对人口老龄化行动，提高全社会对老龄工作的认识，编制老龄事业发展“十三五”规划等方面进行了汇报，提出了建议。全国老龄办副主任吴玉韶、肖才伟、朱耀垠、王绍忠参加座谈会并发言。

▲11月19日，为深入学习宣传贯彻党的十八届五中全会精神，根据民政部学习宣传贯彻党的十八届五中全会精神工作方案和办党组部署，全国老龄办直属机关党委举办了党的十八届五中全会精神学习辅导报告会，中共中央党校原副校长、研究员、博士生导师、国务院政府特殊津贴享受者李君如教授进行了专题学习辅导报告。全国老龄办机关全体人员、直属单位中层以上干部参加了学习辅导。报告会由全国老龄办党组书记、常务副主任王建军主持。办党组成员、副主任吴玉韶、肖才伟、朱耀垠、王绍忠出席。

▲11月24日，《中国老年人避险与自救指南》专家审稿会在全国老龄办召开。全国老龄办副主任吴玉韶出席会议并讲话，民政部国家减灾中心相关负责人及灾害科普、宣教、应急管理、老年人健康管理专家参加了此次审稿会。

▲11月25日至28日，全国老龄办常务副主任王建军率中央国家机关工委、国家旅游局和全国老龄办有关同志参加的检查组，赴湖北省就《中国老龄事业发展“十二五”规划》执行情况开展终期检查。

▲11月30日，全国老龄办党组书记、常务副主任王建军主持召开“三严三实”专题教育办党组理论学习中心组第三专题学习扩大会议。办党组成员、机关全体党员干部和直属单位中层以上干部参加会议。全国老龄办党组成员、机关各部、各直属单位13位同志就“学习贯彻党的十八届五中全会精神和严以用权，真抓实干，实实在在谋事创业做人，树立忠诚、干净、担当的新形象”这一主题，结合自身工作，在会上谈了学习认识和体会。

十二月

▲12月4日，全国部分省市“敬老文明号”创建活动座谈会在厦门召开。会议认真贯彻落实党的十八届五中全会关于积极开展应对人口老龄化行动的精神，交流了第

二届“敬老文明号”创建的做法和经验，研讨了第二届“敬老文明号”评选表彰工作。全国老龄办副主任吴玉韶出席会议并讲话。厦门市副市长林锐出席会议并致辞，全国老龄办宣传部主任刁海峰主持会议。

▲12月7日至11日，全国省级老龄系统干部培训班在江西省南昌市举行。来自各省（自治区、直辖市）、计划单列市、新疆生产建设兵团老龄办的相关负责同志和业务骨干，江西省各地市和南昌市各区县老龄办部分干部，以及部分全国老龄委成员单位的同志，共130余人参加了培训。江西省人民政府副秘书长谢茂林出席开班仪式并致辞。全国老龄办常务副主任王建军以“适应新常态，积极开展应对人口老龄化行动”为题为培训班上了第一课。

▲12月11日，《中国老龄事业发展“十二五”规划指标体系修订及终期评估研究》专家评审会在京召开，近二十名老龄事业相关领域的著名专家学者参会进行评审，联合国人口基金驻华代表处、国家发展改革委社会发展研究所相关人员参加会议。全国老龄办副主任吴玉韶出席会议并讲话。

▲12月17日，由中国老龄科学研究中心、美国国家长期照护协会、美国品质生活集团主办的“老年人长期照护国际研讨会”在北京召开。会议的主题是“长期照护的未来发展战略”。全国老龄办常务副主任王建军出席开幕式并致辞，全国老龄办副主任、中国老龄科学研究中心主任吴玉韶主持会议。

▲12月23日，全国部分省（区、市）基层老年协会建设座谈会在成都召开。会议总结交流了“十二五”时期基层老年协会建设成就、经验及存在的问题，研讨了“十三五”期间基层老年协会深入发展的对策建议。全国老龄办副主任吴玉韶出席会议并讲话。

▲12月24日，全国老龄办召开了办领导班子副职2015年年度考核会议。全国老龄办常务副主任王建军主持会议。民政部考核组组长、人事司司长许立群和人事司人事处处长王晓东等出席会议。全国老龄办副主任吴玉韶、肖才伟、朱耀垠、王绍忠分别进行了述职述廉述法。王建军主任对全国老龄办2015年度工作做了全面总结。考核组组织对全国老龄办班子和班子成员进行了民主评议。机关全体干部和直属单位领导班子成员参加了会议和民主评议。

▲12月28日，全国老龄办在北京召开老年人监护制度建设工作座谈会。全国老龄办副主任王绍忠主持会议。全国人大、最高人民法院、最高人民检察院、公安部、民政部、司法部、财政部、人力资源社会保障部、国家卫生计生委和中国残联等部门有关人员和来自高校、律师事务所等研究老年人监护工作的部分专家、学者和律师参加。